中华人民共和国

证券法

制度精义与条文评注

郭 锋 等著

中国法学会证券法学研究会 审定

上册

中国法制出版社

CHINA LEGAL PUBLISHING HOUSE

本书统筹人

郭　锋（最高人民法院研究室副主任、教授、证券法学研究会会长）

各章统筹人

第 一 章　郭　锋（最高人民法院研究室副主任、教授、证券法学研究会会长）

第 二 章　卢文道（上海证券交易所副总经理、证券法学研究会副会长）

　　　　　冯　果（武汉大学法学院院长、教授、证券法学研究会副会长）

第 三 章　施天涛（清华大学法学院教授、证券法学研究会常务副会长）

　　　　　杜　晶（中央财经大学法学院副教授、证券法学研究会理事）

第 四 章　肖　伟（厦门大学法学院教授、证券法学研究会常务理事）

　　　　　甘培忠（北京大学法学院教授、兰州大学法学院院长、证券法学研究会副会长）

第 五 章　周友苏（四川省社会科学院研究员、证券法学研究会副会长）

　　　　　李有星（浙江大学光华法学院教授、证券法学研究会副会长）

第 六 章　巩海滨（中国证券投资者保护基金有限责任公司总经理、证券法学研究会副会长）

　　　　　周伦军（最高人民法院民二庭审判长）

第 七 章　付　彦（深圳证券交易所上市公司监管委员会副主任兼法律部总监、证券法学研究会副会长）

　　　　　徐　明（全国中小企业股份转让系统总经理、证券法学研究会副会长）

第 八 章　张国明（中信证券合规总监、首席风险官、法律部行政负责人）

　　　　　邢会强（中央财经大学法学院教授、证券法学研究会副会长）

第 九 章　牛文婕（全国中小企业股份转让系统总法律顾问、证券法学研究会常务理事）

　　　　　赵　磊（中国社会科学院法学研究所研究员、证券法学研究会常务理事）

第 十 章　侯东德（西南政法大学教授、高等研究院院长、证券法学研究会副会长）

第十一章　安青松（中国证券业协会党委书记、执行副会长）

第十二章　李东方（中国政法大学教授、证券法学研究会常务理事）

　　　　　王　丽（全国中小企业股份转让系统法律部总监）

第十三章　罗培新（上海市司法局副局长、证券法学研究会副会长）

　　　　　张保生（中伦律师事务所合伙人律师、证券法学研究会常务理事）

第十四章　冷　静（华东政法大学教授、证券法学研究会常务理事）

撰稿人、审稿人（以章节为序）

序　　言　郭锋
引　　论　郭锋
第 一 章　郭锋　邢会强　冷静　杜一华　姚一凡　周捷　郭雨滢
第 二 章　卢文道　冯果　陈亦聪　武俊桥　谢贵春　宋澜　张世俊
第 三 章　杜晶　芮晨宸　彭鲁军　丛怀挺　侯东德　郭雨滢　徐伟　张馨天
第 四 章　肖伟　赵吟
第 五 章　周友苏　李有星　李君临　潘政　邵瑜璐　康琼梅　刘佳玮　钱颢瑜　方朦朦　汤方实　侯凌霄
第 六 章　巩海滨　周伦军　龙非　王旭　孙彩霞　冯丹荔　杨宇非　李丹　张誉　罗丹　曹乙木　李建林　才丹吉　黄慧颖　卢梦
第 七 章　付彦　徐明　王丽　艾博　姚一凡　唐亮　常铮　乔强　赵磊　张国明
第 八 章　张国明　邢会强　巩海滨　徐伟　刘洋　张世俊　严之　王旭　冯丹荔　杨宇非　寇梦晨
第 九 章　牛文婕　赵磊　蒋岚　赵刚　李炜晔
第 十 章　侯东德
第十一章　安青松　郭锋　武裕恒　付宇
第十二章　李东方　陈曙光　宁天琦　张杨彪　王晓琛　舒珑琦　张思雨　俞奕婷　徐畅　谢子嫣　林嘉拥　李长颖
第十三章　罗培新　张保生　周伟　朱媛媛　郭锋　赵磊　侯东德　罗铉烽　吴韬　章鲁涛　张妍　徐凌婕　陈泽钦　王余　幸怡　李晋
第十四章　冷静

各章审稿：各章统筹人
总 审 稿：郭锋

序　言

现行《中华人民共和国证券法》为2019年12月28日第十三届全国人民代表大会常务委员会第十五次会议第二次修订、自2020年3月1日起施行的最新法律文本。此次修订发端于2013年，根据《十二届全国人大常委会立法规划》，“证券法（修改）”列为一类项目。2015年4月首次向立法机关提交审议，先后历经4次审议，时间跨度近7年。原证券法一共240条，这次共修改166条、删除24条、新增24条。主要修改内容包括：改革证券发行制度；大幅提高违法成本；专章规定投资者保护制度；进一步强化信息披露要求；完善证券交易制度；取消多项行政许可；进一步规范中介机构职责履行；建立健全多层次资本市场体系；强化监管执法和风险防控；扩大证券法适用范围，增加存托凭证为法定证券，将资产支持证券和资管产品写入证券法等。

法律制度的变革与创新，来自理论的变革与创新。作为专门研究证券市场法治建设的学术机构，中国法学会证券法学研究会（以下简称研究会）一直致力于倡导、推动证券法修改的理论研究、学术引领、实践探索。2011年8月，研究会接受中国证监会“《证券法》评估项目任务书”委托，组成由笔者为组长的课题组，对2005年证券法的实施效果进行全面评估，提出评估报告和证券法修订示范条款，和其他课题组一起，为中国证监会提供了本轮证券法修订的学术支持。自全国人大常委会开始证券法修订工作以来，部分理事全程参与修改论证、研究咨询工作。研究会数十次组织或参加证券法修订的理论研讨、修法评估、立法咨询。每年年会均包含证券法有关制度的修改议题。研究会高度重视通过承接课题、发表论文、提供咨询报告等，为本轮证券法修改提供理论支撑或对策建议。研究会主办的《证券法律评论》自2014年至2019年，共出刊6卷，发表了240多篇论文，合计300多万字，为证券法修改建言；研究会主办的《金融服务法评论》自2010年至2019年，共出刊10卷，合计600多万字，为证券法修改完善贡献智慧；研究会主办的《金融服务法研究咨询报告》

出刊50余期，为证券法修改提供研究咨询。在众说纷纭、修法徘徊的关键时刻，研究会不断凝聚学术力量和智慧，力促全面推行注册制。研究会及专家的大多数学术观点、修法建议被新证券法吸收采纳或与新证券法的修订思路一致。

特别值得指出的是，研究会一直为证券公开发行实行注册制进行理论研究。研究会认为，从核准制改革为注册制，对转变政府职能、简政放权、增强政府公信力，对激发市场活力、提高资本市场运行效率，使市场在资源配置中起决定性作用，对促进多层次资本市场合理竞争、协调发展具有重要意义。经过研究会和各界的共同努力，党的十八届三中全会决议中写入了注册制改革，并最终在上海证券交易所科创板实行。为推进注册制改革入法，研究会多次召开论证推进会，并向中国证监会、全国人大常委会财经委、法工委等机构提交研究报告，积极推动证券法修改中全面规定注册制。研究会提出，要处理好科创板试点注册制改革、全国人大授权国务院调整适用证券法的决定以及证券法修改出台这三者之间的关系，证券法修改应为科创板试点注册制等资本市场深化改革提供充分法治保障。

在证券法修订过程中，研究会有关专家还研究探讨了本次证券法修订的基本理念、思路、原则与重点条款。主张放松管制，鼓励创新，实行注册制；坚持市场化方向和私法自治；引入风险监管原则；明确“混业经营，功能监管”；扩大证券范围，引入“金融投资商品”概念；完善信息披露制度；扩大内幕交易知情人范围，强化投资者保护；规定利用未公开信息的民事责任；规范上市公司收购制度；建立投资者适当性制度；规定先行赔付制度；重视个人信息安全保护；优化立法技术，注重与相邻法的协调；进一步完善法律责任。研究会认为，证券法的修改需要做好三个平衡，即尊重市场、鼓励创新和防控金融风险的平衡，服务实体经济和虚拟金融交易的平衡，普通投资者保护和市场机构主体利益保护的平衡。

在证券法修法进入定稿和即将提请最终审议的关键时期，2019年6月22日，研究会在北京举办“加强证券立法制度供给 夯筑资本市场抗风险基石——证券法修改高端论坛”。紧紧围绕证券法修改的理念、定位、证券范围、科创板和注册制、投资者保护、法律责任等问题广泛而深入展开讨论。全国人大常委会法工委派员列席会议，最高人民法院、中国人民银行、中国证监会有关领导出席会议。研究会认为，在中美经贸摩擦不断升级的严峻形势下，通过证券法修改，加强制度供给，夯筑资本市场抗风险基石，增强资本市场韧性和抗风险能力，维护资本市场平稳健康发展，具有重要现实意义。证券法修改要有助于提升投资者信心，切实维护投资者权益，稳定证券投资收益；要服务实体经济，推动产业转型升级，促进经济高质量发展；要加强证券立法制度供给，进一步强化防范与化解金融风险的机制，打赢防范金融风险攻坚战；要贯彻落实党中央提出的“稳就业、稳金融、稳外贸、稳外资、稳投资、稳预期”战略目标。

一、本轮证券法修订的三个背景特征

一是西方主要金融大国已经完成了金融与证券立法现代化。自20世纪末页到21世纪初，西方一些主要金融大国通过变法革新实现了金融立法现代化。1999年11月，美国国会通过、克林顿总统签署《金融服务现代化法》，将数量庞杂的金融法律规范清理后，形成新的法案，在放松管制基础上重新整合了美国金融法律体系。该法颁布实施以来，在促进美国金融资本主义发展、提高金融效率、增加消费者福利等方面产生了巨大作用。英国国会2000年6月通过的《金融服务与市场法》，整合了《信用合作社法》《保险公司法》《金融服务法》《建筑融资协会法》《银行法》《互助协会法》等金融法规。日本从1996年桥本龙太郎首相发起的金融改革开始，一直到2007年9月最终完成并实施《金融商品交易法》，整合了《金融期货交易法》《外国证券业者法》《有价证券投资顾问业规范法》《抵押证券业规范法》，取代了原有的《证券交易法》。该法颁布后，还对《银行法》等89个金融法规进行了配合修订。韩国自亚洲金融危机后，从1998年3月起开始进行金融改革，2003年4月，韩国财政经济部委托首尔大学金融法中心、韩国开发研究院、韩国证券研究院、韩国金融研究院等四家研究机构开始共同进行资本市场整合法的立法研究工作，2007年8月公布了《资本市场整合法》，该法整合了原有的《证券交易法》《期货交易法》《间接投资资产运用业法》《信托业法》《综合金融公司法》《韩国证券期货交易所法》等资本市场法律，并对其他众多金融法规进行了修订。

二是中国金融与证券法律制度面临理论上的突破与创新性。法学理论界经过长期研究认为，为了做大做强中国金融资本市场，提高中国金融资本市场的国际竞争力，金融与证券法律制度应当适应中国金融资本市场混业经营、功能监管和国际化的发展趋势进行改革。我国金融法律制度经过多年的发展，形成了以中国人民银行法、商业银行法、银行业监督管理法、证券法、证券投资基金法、保险法、票据法等基础金融法律为核心、以行政法规和规章规范性文件为重要内容的制度框架。据2000年的统计数据，由全国人大颁布的金融法律有1部，即中国人民银行法；由全国人大常委会颁布的金融法律8部，包括商业银行法、证券法、保险法、票据法、担保法等；由国务院颁布的金融法规142部；由国务院各机构颁布的金融类规章3523部；由最高人民法院制定的金融类司法解释39部，最高人民检察院的相关司法解释的8部，① 上述总计3721部。经过十余年的发展，金融立法的数量又有了较大的增长。应当系统梳理、评估我国现有金融法律、行政法规、部门规章、司法解释。在金融法、证券法领域，应当创造或引入"金融投资商品"这一基础性概念，将所有金融产品进行横向打通。进一步通过金融投资商品概念来扩大证券的含义和范围，将所有金融投资商品纳入证券法或金融商品发行交易法予以调整。理论界提出在改造现行证券法基础上制定中国版《金融商品发行和交易法》。② 该法应当将具有投资性的金融商品，包括证券、投资性的银行理财产品和保险产品、集合投资计划单位、期权、期货等统一规制，采用统一的信息披露制度、反欺诈制度和投资者保护制度。为此，需要整合现有证券法、证券投资基金法、期货法规，相应修改现行银行法、保险法、信托法等法律。

三是数字科技对证券立法的影响正在加深。进入21世纪以来，人类步入了数字化转型时期。移动互联网、智能终端、大数据、云计算、高端芯片等新一代信息技术发展带动了众多产业变革和创新。当今世界最重要的突破性创新是数字化，数字技术带来的经济社会创新预示着"第四次工业革命"已经来临。数字科技的创新与发展对全球证券市场及其监管正在产生广泛而深远的影响。区块链、人工智能、云计算以及金融科技，向证券业广泛渗透，导致证券市场结构、环境、主体行为、监管理念与策略发生前所未有的变化。③ 证券法学术界有必要对数字科技对证券市场的影响、证券市场结构改革、证券监管科技、证券法的现代化应对等做出理论上的分析与回应。通过探索支持数字经济背景下证券市场创新发展的理论与实现路径，为我国建立面向未来的证券市场、推动经济高质量持续发展提供制度基础。

工业革命阶段构建的证券市场面临着数字科技的严峻挑战。比如，互联网金融减低了股权融资重要性；平台经济和网络另类证券交易动摇了证券交易所中心地位；区块链挑战传统证券交易、登记结算体制；智能投顾取代证券分析

① 吴志攀：《我国的金融法律制度》，载中国人大网，http：//www.npc.gov.cn/npc/c541/200012/899df3bd2b6c4ac491cf01418509f0da.shtml，最后访问日期：2010年5月20日。

② 郭锋：《呼吁制定金融商品交易法》，载《法制日报》2015年1月21日。

③ 郭锋：《数字科技对证券市场及其监管的影响》，载《证券法律评论（2019年卷）》，中国法制出版社2019年版。

师、咨询师的作用；大数据挖掘、区块链技术使中介机构作用日益衰微。与此同时，传统的证券监管困境凸显，主要表现为“去中心化”情景下行为监管视域越来越模糊，证券数字化后功能监管无法有效覆盖，大数据、云计算使得既有的以人力资本为特征的事中、事后监管乏善可陈。在市场端，证券市场边界日益模糊。比如随着另类交易市场崛起，出现了一种以互联网为基础，依据一定规则自动聚集并撮合投资者委托买卖证券指令的电子交易系统，其交易对象更广，交易流程更便捷，交易规则更特殊。在产品端，数字证券及其交易开始出现。在“投资端”，智能投顾开始改变投资决策机制和风险承担规则。在“信披端”，数字化信息披露迅速普及。在“风控端”，由于互联网化证券交易具有虚拟性、瞬息性、传染性、全域性，系统风险可能会瞬间爆发蔓延。在“技术端”，大数据挖掘、人工智能技术突飞猛进，区块链技术一旦最终全面采用，则可能会彻底改变现有金融证券的体系结构和基础设施。

二、我国证券法学面临的转型与变革

传统的金融法律制度发源于美国20世纪30年代所确立的商业银行与投资银行分业经营的体制。我国从20世纪90年代的亚洲金融危机以后，也按这种分业体制构建了中国的银行、证券、保险、信托等金融业分业经营、分业监管的模式。反映在我国的金融法学科体系中，这种分业经营和管理模式构成了我国金融法理论的制度基础。因此，在构建金融法的学科体系时，基本上都是按照银行业、证券业、保险业、信托业及相关金融业而分别展开，相互之间缺少共同的原则和理念。

我国金融法学者构建金融法学科体系，主要有三种模式：一是以金融主体和行为作为导向的体系模式，一般包括：金融组织法、金融交易法、金融调控法、金融监管法；二是以金融立法为导向的体系模式，主要包括银行法、货币法、票据法、证券法、期货法、保险法、信托法、外汇法、涉外金融法。三是金融主体和行为与金融立法兼容的体系模式，即将两者相互结合，采用总论、分论模式，或采用金融行为吸收金融法规模式。我国现有的金融法教科书采用了相当大的篇幅来论述一些商事法律制度，主要包括：证券法、证券投资基金法、信托法、票据法、保险法、融资租赁法等。这种现象说明了随着现代经济、金融的发展，金融法对相关的金融法律制度具有强大的吸收力和包容力，这也是金融法学科不断发展的生命力之所在。从另一个方面看，这在实质上也意味着传统商事法律制度和商法学科的衰落以及它们被金融法所渗透和取代可能是未来的发展方向。

研究表明，构建我国面向未来的金融服务法学科体系，应当以证券法的基本制度为核心，注重以下几个方面：

其一，金融服务法学研究的法律关系主体，应当纳入金融消费者、投资者。我国传统金融法学科体系几乎漠视金融消费者、投资者的主体地位。将金融主体界定为“金融机构”，“金融主体体系中居于主导地位的是金融机构，包括银行和非银行金融机构……在狭义上，金融主体就是指金融机构”①。在阐释金融法的功能时更注重金融监管而忽视金融服务。大多数金融法教科书基本上都是以金融机构的角度而展开，未对金融消费者、金融投资者的主体地位予以确认和重视。金融消费者和投资者的信息知情权、个人信息隐私权、金融欺诈情况下的民事索偿权未予以重视。

其二，金融服务法学研究的法律关系应当包括金融公司治理内容和董监高权利义务。比如，关于董事、监事、高管人员的忠实义务和注意义务，以往我们只是在公司法中予以研究，传统的金融法教科书基本上未予涉及，鉴于金融法的重要地位和金融业的特殊性，现代金融服务法学应当将忠实义务和注意义务予以引入。事实上，在我国证券法和相关金融法律中，已以不同形式强调了金融从业者的忠实义务和注意义务。

其三，金融服务法学研究的法律关系客体应当是金融商品、金融行为。从国际金融立法来看，英国模式是将金融投资商品和消费商品均放在一个主法中予以调整，而日本模式是将金融投资商品归入一个法中，将存款和保险等金融消费品主要放入银行法和保险法调整。在混业经营大背景下，我国应通过统一的立法将金融商品横向打通，根据这些金融商品的相同经济功能予以统一规制。

其四，金融服务法学所研究的信息披露应当基于金融商品流动性高低而分别设计。随着金融商品复杂化与多样化，金融商品所带来的投资风险日趋增加。为此，需要着力解决投资者信息不对称问题。应当将证券法中的强制信息披露制度逐步扩展至所有金融商品。日本金融商品交易法中的信息披露制度依据投资商品的特质制定不同的披露要件，采取较为弹性的信息披露要求。不同的投资商品类型以及不同波动性的投资商品，所要求之披露程度与频率不同。我国新证券法已经建立投资者适当性制度，下一步应当基于不同风险的金融商品设计不同的信息披露要件，并将信息披露向所有金融商品延伸。

其五，金融服务法学研究的法律责任应当主要是不公平交易及其产生的合

① 陶广峰主编：《金融法》，中国人民大学出版社2009年版，第4页。

同责任、侵权责任。现代金融法应当赋予不公平交易以更为广泛的内容，除了证券法中所规定的内幕交易、操纵市场、虚假陈述等行为，还应包括垄断、不正当竞争、隐瞒关键信息、欺诈消费者等行为。应当认识到，在传统的金融法教科书中，不公平交易法律制度基本上被忽视了。而禁止不公平交易应当成为现代金融法理论中的一项重要制度。

总之，金融法的未来发展方向是金融服务法，证券法的未来改革路径是金融服务法或金融商品交易法。金融服务法学应该发展成为一门独立的学科，具有自己特定的研究对象和研究范围，具有自己的学科体系。证券交易法及其相关法律（如证券投资基金法、期货法、交易所法等）应当被金融服务法或者金融商品交易法所取代，证券法的若干核心制度和原则（如信息披露制度、反欺诈制度）要向金融服务法、金融商品交易法进行全面渗透。

三、适应数字科技发展，改革完善证券监管与立法

一是应当树立证券市场为数字经济配置资源的新理念。新一代信息技术的快速发展对全球创新驱动发展和产业结构升级产生了颠覆性影响。数字技术、网络技术和智能技术日益渗透融入产品研发、设计、制造全过程，推动制造业由大批量标准化的生产方式转变为以互联网为支撑的智能化大规模定制生产方式。智能化、网络化、绿色化、知识化、服务化成为现代产业体系新特征。互联网技术与制造业的结合，使得生产布局更加分散化、工厂规模更加小型化，产业链分工发生巨大变化。证券市场必须考虑如何为这些新兴的数字产业配置资源，提供融资交易服务。二是高度重视预防和管控金融大数据风险。在数字经济时代，数据资源已成为新的核心竞争力。随着金融科技的发展，IT风险高度聚集，金融网络安全隐患增大。一些公司通过抢占入口和渠道，大量汇集信息流、资金流、产品流，成为“数据寡头”，对个人隐私、客户权益、金融安全构成威胁。大数据中还混杂不少虚假信息，可能导致商业机构、政府部门采取错误的风控措施、决策判断，进而引发金融市场局部或系统风险。一些信息技术尚未成熟，就在资本推动下盲目炒作概念，急于进入市场应用，出现安全漏洞，导致客户信息泄露、资金损失等风险。因此，应该进一步加强监管和立法，切实预防和管控金融大数据风险。三是证券监管的理念和体制机制要与时俱进。金融科技重在强调技术带来的金融创新，即能创造新的业务模式、应用、流程或产品。监管机构需要与时俱进，及时更新知识结构，有效配备专业资源，切实转变监管理念，认真改进监管思路。面对“去中心化”和“金融脱媒”，面对资质较低的科技企业进入金融行业，监管机构要将其交易活动纳入中央清算机制，增加风险敞口，强化风险监测和管控，而不是简单将其排除出金融证券市场。要充分利用大数据、高性能计算机分析以前不可穿透的信息集来提高监管效率，利用机器学习检测信息披露文件，对申请人行为进行预测，对潜在欺诈和不当行为进行评估。四是构建泛金融商品监管国际国内新体制。在国际金融治理加速推进的同时，随着双边、多边合作协议数量的增多和内容的深化，适应金融科技创新全球化趋势和金融商品跨国流动特征，对金融科技、监管科技的双边、多边合作，完全有条件达到并超越对传统金融机构的母国、东道国监管合作模式。目前，中美两国已经出现了超级庞大的金融科技公司，部分公司也正在进行全球化扩张。我们应当研究在全球范围内对“系统重要性”金融科技进行的联合评估，加强监管科技合作，构建泛金融商品监管国际国内新体制。五是适应数字经济、数字科技发展及时变革证券法。主要是对证券概念、证券品种、发行交易、信息披露、中介机构、证券监管等进行面向未来的全新设计与改造。面对数字经济、金融科技的挑战，不仅监管理念必须创新，立法原则、法规框架可能亦需要重构。很多观点认为，最为突出的挑战来自于区块链。当前各国法律和监管框架并不完全适用于区块链网络甚至存在冲突。例如，区块链并不需要传统法律提供的交易对手信用、第三方信用，而且区块链实行“代码即法律”。监管机构如何在“去中心化”的区块链网络中履行监管职责，权限多大，如何执法，等等问题，都需要在国际国内治理与立法层面予以研究解决。

四、加强对新证券法的宣传解读，助力新证券法贯彻实施

2020年2月29日，国务院办公厅发布《关于贯彻实施修订后的证券法有关工作的通知》（国办发〔2020〕5号）。其主要内容是：首先，指出要充分认识证券法修订的重要意义。本次证券法修订系统总结我国资本市场改革发展、监管执法、风险防控的实践经验，作出全面推行证券发行注册制、显著提高证券违法成本、完善投资者保护制度、强化信息披露义务、压实中介机构责任等制度改革，为打造一个规范、透明、开放、有活力、有韧性的资本市场提供了有力法制保障，对于深化金融供给侧结构性改革，健全具有高度适应性、竞争力、普惠性的现代金融体系，维护国家经济金融安全具有重要意义。各地区、各有关部门要充分认识本次证券法修订的重要意义，做好学习宣传，分类分层开展培训，不断提高证券行政执法人员依法行政、依法监管、依法治市能力。其次，强调要稳步推进证券公开发行注册制。要求证监会会同有关方面依据修订后的证券法和《关于在上海证券交易所设立科创板并试点注册制的实施意见》的规定，进一步完善科创板相关制度规则，提高注册审核透明度，优化工作程序。研究制定在深圳证券交易所创业板试点股票公开发行注册制的总体方案，并及时总结科创板、创业板注册制改革经验，积极创造条件，适时提出在证券交易所其他板块和国务院批准的其他全国性证券交易场所实行股票公开发行注册制的方案。相关方案经国务院批准后实施。同时，要落实好公司债券公开发行注册制要求，完善证券公开发行注册程序。第三，要求依法惩处证券违法犯罪行为。加大对欺诈发行、违规信息披露、中介机构未勤勉尽责以及操纵市场、内幕交易、利用未公开信息进行证券交易等严重扰乱市场秩序行为的查处力度。加强行政执法与刑事司法衔接，强化信息共享和线索通报，提高案件移送查处效率。第四，强调要加强投资者合法权益保护。有关部门要认真贯彻修订后的证券法，采取有力有效措施，依法保护投资者特别是中小投资者合法权益。要积极配合司法机关，稳妥推进由投资者保护机构代表投资者提起证券民事赔偿诉讼的制度，推动完善有关司法解释。严格执行信息披露规定，完善有关规则，明确信息披露媒体的条件，做好规则修订前后的过渡衔接，依法保障投资者知情权。第五，提出加快清理完善相关规章制度的任务。要求证监会、司法部等部门要对与证券法有关的行政法规进行专项清理，及时提出修改建议。有关部门要对照证券法修订后的新要求，抓紧组织清理相关规章制度，做好立改废释等工作，做好政策衔接。

中国证监会负责人指出，新证券法的施行，标志着中国资本市场发展进入了一个新的历史阶段。一是为进一步完善资本市场基础制度明确了方向。证券法修订完善本身就夯实了诸多资本市场基础制度，并对制定相应的配套行政法规和监管规章、规则作出了必要的授权。二是为全面推进以注册制为龙头的资本市场改革提供了坚强的法制保障。新证券法考虑到注册制改革是一个渐进过程，授权国务院对证券发行注册制的具体范围、实施步骤进行规定，为平稳实施注册制留出了必要空间。在注册制全面推开之前，根据上述法律授权，部分板块、证券品种的公开发行，还将会依国务院安排，继续按照修改前的证券法规定实行核准制。三是有利于进一步改善资本市场生态环境。新证券法通过顶层制度设计，厘清了不同市场主体的权利义务边界，有利于促进市场各方归位尽责，进一步树立守法诚信的法治观念和契约精神，逐步形成市场参与者自我约束、自我规范、自我促进的良性市场机制，加大对违法违规行为的威慑。四是有助于强化资本市场服务实体经济发展的功能发挥。新证券法不仅通过确立证券发行注册制，完善股票、公司债券公开发行制度来方便优质企业高效融资；

还通过完善上市公司收购制度，引导资源向更有利于实体经济发展的方向流动。五是大力加强投资者保护，有利于增强市场信心。新证券法为投资者保护建立了多项新制度，重点解决中小投资者信息来源不对称、“声音小”、维权贵、救济难等问题。

为了配合证券法贯彻实施，我们组织了中国法学会证券法学研究会部分专家学者对新证券法的创新制度、全部条文进行了研究、解读。本书内容以新证券法章节、条款为主线，每章包含两个层面：一是系统阐释本次修订写入的新制度，比如存托凭证、资产支持证券、资管产品等证券新品种，域外管辖，证券发行注册制，投资者适当性制度，投资者保护机构，支持诉讼、集体诉讼，交易所民事责任豁免，多层次资本市场体系，证券公司内控制度，监管执法新手段，大额、巨额罚款制度等；二是对新证券法全部226个条文，结合实务操作、立法背景、学术研究成果、国外立法经验等进行逐条分析、解读。应当说，本书作者队伍权威、专业、代表性强。编写人员包括最高人民法院、中国证券业协会、上海证券交易所、深圳证券交易所、全国中小企业股份转让系统、中国证券投资者保护基金有限责任公司、中信证券的权威实务专家，北京大学、清华大学、武汉大学、中国政法大学等高校法学院知名教授和律师事务所合伙人。他们大多参加了本轮证券法修订的研究、咨询、评估、论证等工作。

需要说明的是，本书基本于2020年5月底定稿，然而这之后证券市场制度建设出现了三方面的新情况：

一是中国证监会为落实新证券法规定，制定颁布了一系列配套部门规章（包括征求意见稿）。比如，在创业板方面，发布了《创业板首次公开发行股票注册管理办法（试行）》《创业板首次公开发行证券发行与承销特别规定》《创业板上市公司证券发行注册管理办法（试行）》《创业板上市公司持续监管办法（试行）》，修订了《公开发行证券的公司信息披露内容与格式准则第28号——创业板公司招股说明书》；在科创板方面，发布了《科创板上市公司证券发行注册管理办法（试行）》；在保荐业务方面，发布了《证券发行上市保荐业务管理办法》；在信息披露方面，发布了《上市公司信息披露管理办法（修订稿）》（征求意见稿）；在法律责任方面，发布了《证券期货违法行为行政处罚办法（征求意见稿）》。与此相适应，中国证券业协会、中国证券登记结算公司、沪深交易所等自律组织也制定或修改了有关自律管理规则。

二是为缓解新冠肺炎疫情对经济金融带来的冲击，金融管理部门决定延缓资管新规实施和资管业务规范转型。经国务院同意，2020年7月31日，人民银行会同发展改革委、财政部、银保监会、证监会、外汇局等部门决定将《关于规范金融机构资产管理业务的指导意见》（即资管新规）过渡期延长至2021年底。同时，为落实有关政策安排，《证券期货经营机构私募资产管理业务管理办法》及其配套规范性文件、《证券公司大集合资产管理业务适用〈关于规范金融机构资产管理业务的指导意见〉操作指引》过渡期同步延长至2021年底。

三是为配合落实证券法的有关规定，最高人民法院出台了相关司法政策、司法解释。其一，2020年7月15日印发了《全国法院审理债券纠纷案件座谈会纪要》，规定了案件审理的基本原则，诉讼主体资格的认定，案件的受理、管辖与诉讼方式，债券持有人权利保护的特别规定，发行人的民事责任，其他责任主体的责任，发行人破产管理人的责任等内容。其二，2020年7月31日开始实施《最高人民法院关于证券纠纷代表人诉讼若干问题的规定》，该规定确立了普通代表人诉讼和特别代表人诉讼审理规则，规定了代表人诉讼中的立案登记、先行审查、代表人选定、调解协议确认、诉讼审理与判决、上诉制度、效力扩张、执行与分配，以及特别代表人诉讼的集中管辖、启动程序、权利登记、当事人声明退出、投保机构诉讼义务、诉讼费用、财产保全等内容。证监会于同日发布了《关于做好投资者保护机构参加证券纠纷特别代表人诉讼相关工作的通知》。

鉴于以上情况，请读者注意将本书有关内容与这些新规定结合起来学习理解。如果书中表述与这些新规定不一致的，请以证券法条文与这些新规定内容为准。本书将来改版时，我们会更新相关内容。

对本书存在的不足之处，欢迎读者批评指正。

中国法学会证券法学研究会会长　郭锋

2020年8月1日

目　录

上　册

---

① 条文主旨为编者所加，下同。

下　册

引论：证券法（2019年修订版）本轮修订概述

成文法发展的经验表明，法律的发展与演化来源于社会生活的推动。法律的修改，就是对丰富多彩、不断变化的社会生活的回应。我国立法机关对法律的修改，采取“修改决定”“修订”两种形式。法律修改幅度不大、不涉及主要制度修改的，由全国人大或其常委会采用修改决定形式，以修正案草案、修正草案形式提请审议，表决通过时转化为法律修改决定。修改决定对有关修改内容分条表述，单独公布，独立于原法律而生效。自1979年以来，截至2019年3月，全国人大及其常委会共作出153件修改法律的决定。

修订，是指全国人大或其常委会对某部法律进行修改后，重新公布法律文本，以替代原有法律文本。修订通常适用于需要改变原法律重要内容、章节结构的大修改，是在前述修改决定这种形式无法容纳的情况下而采用的一种修改形式。立法机关从1996年起开始采用修订形式修改法律。截至2019年3月，全国人大及其常委会共修订法律53件次。

《中华人民共和国证券法》（简称证券法）于1998年12月29日第九届全国人民代表大会常务委员会第六次会议通过。此后，根据2004年8月28日第十届全国人民代表大会常务委员会第十一次会议《关于修改〈中华人民共和国证券法〉的决定》第1次修正，2005年10月27日第十届全国人民代表大会常务委员会第十八次会议第1次修订，根据2013年6月29日第十二届全国人民代表大会常务委员会第三次会议《关于修改〈中华人民共和国文物保护法〉等十二部法律的决定》第2次修正，根据2014年8月31日第十二届全国人民代表大会常务委员会第十次会议《关于修改〈中华人民共和国保险法〉等五部法律的决定》第3次修正，2019年12月28日第十三届全国人民代表大会常务委员会第十五次会议第2次修订。由于此次修订发端于2013年，根据《十二届全国人大常委会立法规划》，“证券法（修改）”列为一类项目，由全国人大财经委员会负责组织草案起草,[①] 2015 年 4 月首次向立法机关提交审议，先后历经 4 次审议，时间跨度近 7 年，因此我们称其为证券法“本轮修订”。

一、证券法本轮修订背景

（一）本轮修订是 2005 年证券法修订的延续

1998 年 12 月 29 日通过的证券法是在亚洲金融危机背景下制定的，其重心在于防止证券市场风险，较多体现了国家对证券市场的管制和干预。在本轮修订前，其经过 1 次修订、3 次修正，以与我国金融资本市场的发展情况相适应，顺应我国加入 WTO 和进一步放松管制的需要。其中 2005 年 10 月 27 日通过的修订是一次以放松管制为核心的较大修订，修订后的证券法自 2006 年 1 月 1 日起施行（以下简称 2005 年证券法）。

2005 年证券法主要解决对证券市场的过度管制问题，在相当程度上放松了管制。正是在这个意义上，学术界对该次修改理念的评价是：在国家干预与放松管制之间寻求平衡。[②] 比如，放松了对混业经营的管制（第 6 条规定：“证券业和银行业、信托业、保险业实行分业经营、分业管理，证券公司与银行、信托、保险业务机构分别设立。国家另有规定的除外。”）；允许证券衍生品种和期货期权交易；允许证券公司向客户融资融券；放开了国有企业、国有资产控股的企业以及银行资金入市限制。除放松管制外，还在提升市场的安全性、维护投资者权益方面增加了一些新的规定，设计了一些新制度。具体包含六个方面内容：一是完善上市公司监管制度，提高上市公司质量。具体包括建立证券发行上市保荐制度；增加上市公司控股股东或实际控制人及上市公司董事、监事、高级管理人员诚信义务的规定和法律责任；建立了发行申请文件的预披露制度，提高发行审核透明度。二是加强对证券公司监管，防范和化解证券市场风险。具体包括健全证券公司内部控制制度，保证客户资产安全，严格防范风险。明确了证券公司高级管理人员任职资格管理制度。增加了对证券公司主要股东的资格要求，禁止证券公司向其股东或者股东的关联人提供融资或者担保。补充和完善对证券公司的监管措施。三是加强对投资者特别是中小投资者权益的保护力度。具体包括建立证券投资者保护基金制度，明确对投资者损害赔偿

---

① 2013 年 12 月 10 日，全国人大财经委员会在人民大会堂召开证券法（修改）和期货法起草组成立暨第一次全体会议，正式启动证券法修改和期货法立法工作。

② 郭锋：《新证券法修订理念：国家干预与放松管制之平衡》，载《21 世纪经济报道》2006 年 1 月 7 日。

的民事责任制度。四是完善证券发行、证券交易和证券登记结算制度，规范市场秩序。具体包括明确界定公开发行行为，为打击非法发行行为提供法律依据；增加发行失败的规定，强化发行人的风险意识；改革证券账户开立制度，适应资本市场对外开放的需要；增加规范证券登记结算业务的要求，防范结算风险；为建立多层次资本市场体系留下空间。五是适度强化证券监管，赋予证监会若干强制执法权。新增加的执法权限包括现场检查权，财产权登记、通讯记录的查阅、复制权，银行账户查询权，资金账户、证券账户和银行账户的冻结、查封权，限制证券交易权。六是强化证券违法行为的法律责任，打击违法犯罪行为。

自2005年证券法实施以来，取得了以下成效：为各类市场主体进入资本市场融资提供了平等机会；市场容量扩大，金融改革发展得以深化；金融业综合经营取得进展；中国私募股权市场发展壮大起来；初步建立了多层次资本市场体系框架；发行审核透明度加大，造假上市在一定程度上得到遏止；彻底解决了历史遗留的挪用客户保证金问题；肯定了非公众股份公司的存在；打击证券违法行为取得新进展；证券市场国际化进一步发展。

但是，在证券市场发展中，也暴露出2005年证券法的短板与问题。比如，证券概念仍停留在分业经营体制之下，不利于证券品种创新；证券监管机构行政审批过多；证券公开发行核准制强化政府干预、降低市场效率；发行上市标准过于严苛，不符合企业融资、上市实际；信息披露规定分散、不系统；新三板、股权交易中心的法律地位不明确；证券公司内部治理、风险控制的制度约束不足，承销、保荐制度需要进一步完善；投资者适当性法律制度没有建立；投资者保护机制和措施有待进一步创新机制；自律监管与政府监管的界限不清；对证券违法行为打击效果不够理想；退市机制虽有规定但实施较难；行政罚款力度太轻。① 事实证明，2005年证券法在证券种类、证券范围、IPO审核、发行上市、多层次资本市场、并购重组、投资者保护、监管执法等方面的规定已不能完全适应市场发展需要。究其根源，2005年证券法中既有基于市场经济理念建构的制度，也有基于计划经济理念建构的制度；证券市场行政监管机制中，既有功能监管，也有行业监管，等等。②

---

① 郭锋：《大金融视野下的证券监管理念和证券法修改路径》，载《金融服务法评论（第4卷）》，法律出版社2013年版。

② 陈甦、陈洁：《证券法的功效分析与重构思路》，载《环球法律评论》2012年第5期。

（二）本轮修订是证券法现代化的需要

十余年来，以笔者为代表的一批学人提出了对现有证券法体系进行现代化、国际化改造的修法路径。首先，证券立法现代化压力来自金融法律制度现代化的全球竞争。现代证券法源于美国1933年证券法、1934年证券交易法。20世纪末以来，一些主要的金融大国不断完善金融市场、资本市场立法，力求构筑以各种投资（金融）商品为对象的横向的金融法制。金融业混业经营引发了多样化的金融产品创新，银行业、证券业和保险业之间的界线日益模糊，对金融产品分类监管的传统金融监管模式受到巨大挑战。各国力求构建与功能监管模式相适应的资本市场统合立法。金融统合立法出现了从以往纵向的金融行业规制到横向的金融商品规制的发展趋势。其中，尤其以美国、英国、德国、日本、韩国等为代表。

美国放松管制的金融法律变革的标志性成果是1999年11月4日国会通过、克林顿总统签署的《金融服务现代化法》。[①]该法的颁行，意味着《格拉斯－斯蒂格尔法案》寿终正寝，解除了对商业银行持股投资银行的禁令，为建立巨型金融服务集团打开了大门。作为20世纪70年代以来一部最重要、对美国乃至全球金融业的结构调整、发展方向、新制度建设产生深远影响的划时代金融法案，其最大的特点和意义，是该法全面接受新自由主义的理论和价值观，引入了“效率和竞争”概念，[②]并在这一全新的金融立法新观念的支配下，对美国金融法律进行了重大修改、调整、变革，[③]将数量庞杂的金融法律规范清理后集中在一个法律文件中，从而在放松管制的基础上重新整合了美国的金融法律体系。该法的颁布实施，标志着金融法律已经由规范金融活动、管理和防范金融风险，发展到了促进金融市场主体的联合、竞争和效率。其颁布实施以来直

---

① 《金融服务现代化法》又称《格拉姆－利奇－布利利法》（Gramm Leach Blileg Act），以法案的三位发起人名字命名，共7章219条。

② 该法开篇即规定：制定该法是为了建立一套允许银行、证券公司、保险公司和其他金融服务提供者之间可以联合经营、审慎管理的金融体系，从而加强金融服务业的竞争并实现其他立法目的。

③ 《金融服务现代化法》废除了《格拉斯－斯蒂格尔法》第20条和第23条，第20条规定：“任何联邦储备成员银行不得从事股票、债券的发起、发行、销售活动，也不得与从事证券发行、销售的证券公司或类似的机构发生联营关系，否则，将被联邦储备理事会处以罚款，并且，在联邦储备理事会提出警告后6个月内仍然未纠正上述行为的银行，如果是国民银行将被取消国民银行资格，如果是州银行则将被剥夺其在联邦储备系统中的所有权利。”第23条规定：“除经联邦储备理事会特别认定，任何从事股票、债券和类似证券发起、发行、销售的人，不得担任成员银行的官员、董事或者雇员。”

到次贷危机爆发，在促进美国金融资本主义发展、提高金融效率、增加美国消费者实际利益等方面的阶段性成就，是应当予以充分肯定的。①

为了迎接金融全球化、金融服务业自由化的挑战，英国1986年通过《金融服务法》（Financial Service Act 1986），内容涵盖证券、期货、保险等所有金融服务业。2000年，新的《金融服务与市场法》（Financial Services and Markets Act 2000）颁布，标志着英国金融监管从1986年《金融服务法》确立的“制定法框架下的行业自律”体制转变为“制定法规范的单一监管机构”体制（Statutory Single Regulator），并且确立了金融服务管理局的单一监管机构地位。该法取代了此前制定的一系列用于监管金融业的法律、法规，统一了监管标准，规范了金融市场的运作。欧盟以德国为代表的多数国家都相继颁布了统一的金融市场立法，建立了集中合一的金融监管机构。亚洲的日本、韩国也先后采取行动，日本2001年设立了统一的金融厅，2006年制订了《金融商品交易法》。韩国1998年成立了统一的金融监管委员会，2007年7月通过了《资本市场整合法》。

其次，证券立法现代化压力来自国内金融资本市场放松管制的内生动力。我国存在着资本和金融市场过度管制，导致结构不完善，发展不平衡，市场运行效率较低，国际化程度不高，创新不足，监管有效性不高，风险控制机制粗放，投资者权益保护不力等问题。我国立法规定的“分业经营，分业监管”，其实质是以“对象商品”或“金融机构”的概念型态为基础的商品类、机构类规制与监管。从国际金融市场的发展和监管、立法演变来看，各发达国家已完成了从传统的商品类、机构类规制向对“经济实质、金融功能相同”的金融商品进行统一的功能性规制的转变。我国自2005年修改证券法以来，以商业银行为主导的混业经营模式已较为普遍。在此情况下，如果短期内分业监管不能走向统合监管的话，将以“机构监管”为导向的分业监管转变为以“功能性监管”为导向的分业监管，应当是证券法修改的进路和方向性选择。从法律上解决这些问题或为解决这些问题创造条件，不但是中国资本市场改革开放面临的重大理论问题和实践问题，也是本轮证券法修改的重中之重和预期目标。

（三）本轮修订是统筹防控金融危机和促进金融创新发展的需要

2007年8月发端于美国、席卷欧洲和日本等世界主要金融市场的次贷危机（subprime crisis），导致次级抵押贷款机构破产、投资基金关闭、股市剧烈震

---

① 郭锋：《新自由主义、金融危机与监管改革》，载《金融服务法评论（第1卷）》，法律出版社2010年版。

荡，引发全球金融风暴，对国际金融秩序造成极大冲击和破坏，使金融市场产生强烈信贷紧缩效应，国际金融体系长期积累的系统性金融风险得以暴露。[①]中国也受到次贷危机广泛而深刻的影响。次贷危机引发的金融危机是美国20世纪30年代“大萧条”以来最为严重的一次。自次贷危机以来，全球经济金融形势、金融监管、金融立法、公司治理又发生了深刻的变化。美国在奥巴马总统执政时出台《多德·弗兰克华尔街改革和消费者保护法》，其核心是扩大监管机构的权力，破除金融机构“大而不倒”的问题；设立消费者金融保护局，并赋予它超越监管机构的权力，全面保护消费者的合法权益；采纳国会议员沃克尔的建议，提出了“沃克尔规则”——禁止商业银行从事高风险的自营交易，将商业银行业务与其他业务分割开来，反对商业银行拥有对冲基金和私人股份基金，限制衍生品交易，严格限制金融机构的规模。但是，特朗普上台后，在崇尚新自由主义价值观的驱使下，又向克林顿时代回归，认为过于严厉的金融监管阻碍了美国经济的增长，重新审议金融危机后有关大型金融机构的监管规定，美国财政部2017年发表评估报告《创造经济机遇的金融体系：资本市场》，提出减少资本市场的监管重叠、放松对中小银行包括社区银行的监管及对证券化限制等建议。2018年5月下旬，特朗普签署《经济增长、放松监管与消费者保护法》，一周后美联储宣布重新修订“沃克尔规则”、放松对特定中小银行自营交易限制。这次改革的核心内容包括：资产规模小于100万美元的社区银行，可免除“巴塞尔协议III”约束；系统性重要金融机构认定“门槛”从500亿美元升至2500亿美元；资产规模小于1000亿美元上述银行，不再被纳入美联储年度压力测试范围；资产规模不足100亿美元的上述银行，不受“沃克尔规则”限制等。这预示着2008年金融危机以来，美国坚持10年的金融监管政策，发生了根本性逆转。一般认为，此轮改革，释放了社区银行、信用社等中小银行业活力，提升其为普通家庭和中小企业提供信贷的能力，有利于刺激私人消费和中小企业投资，推动美国经济持续向好。

从国内来看，股权分置改革基本完成，混业经营已经成为常态，金融产品和创新日益丰富，互联网金融普及，金融服务普惠性增强，互联网技术、大数据分析全面融入证券发行与交易环节，智能投顾崛起，资本市场的环境和基础发生了很大变化。但是，随着金融资本市场的快速发展，风险也在不断积聚，

---

① 郭锋、刘燕、杨东、杜晶：《金融危机后美国金额监管体制与法律的改革》，载《金融服务法评论（第4卷）》，法律出版社2013年版。

2015年爆发了股市危机。上市公司发展动能不足；资本市场服务实体经济的功能没有很好体现；一些具有很好成长性的优质民企在国内上市遇到制度障碍，被迫到境外融资上市；证券市场欺诈违法行为日益猖獗，个别民营“金融大鳄”侵入资本市场兴风作浪；投资者亏损严重；金融监管能力不足。2015年股市危机爆发以来，如何处理好证券市场中的国家干预、放松管制与市场自治、金融创新的关系，成为一个非常现实的问题。在党的十八大以前，证券监管在市场化、国际化、公开化、规范化理念的指导下，已经开始对资本市场进行新一轮制度改革。在这一改革过程中，一是将金融创新提升到前所未有的高度；二是将市场自治贯穿于监管改革的各个环节。党的十八届三中全会《关于全面深化改革若干重大问题的决定》要求，进一步简政放权，深化行政审批制度改革，最大限度减少中央政府对微观事务的管理，市场机制能有效调节的经济活动，一律取消审批，并明确指出要推进股票发行注册制改革。但是，在2015年处理股市危机时，有关部门干预的手段、措施都大大超过了合理界限：证券监管机构超越证券法规定的8项职责（主要是规章规则制定权、审批或核准权、证券发行交易登记结算等监督管理权、市场主体证券业务活动监督管理权、信息公开监督管理权、对违法行为查处权等），直接把“看得见的手”伸向发行市场、交易市场进行价格干预和管制；习惯于代投资者作投资决策。另外，在股市繁荣时期，容易容忍内幕交易和市场操纵行为，在股市萧条时期，则不断强化对市场违规违法行为的查处。这反映了执法的不确定性，容易向市场传递错误信号。因此，本轮证券法修订，既要注重防控金融风险，又要进一步简政放权，抑制过度监管，鼓励金融创新与发展。

（四）本轮修订是贯彻落实党中央资本市场改革决策部署的需要

党的十八届三中全会审议通过的《关于全面深化改革若干重大问题的决定》指出，把经济体制改革作为全面深化改革的重点，核心是处理好政府和市场的关系，使市场在资源配置中起决定性作用。对资本市场的发展与改革，明确要求“健全多层次资本市场体系，推进股票发行注册制改革，多渠道推动股权融资，发展并规范债券市场，提高直接融资比重。”“鼓励金融创新，丰富金融市场层次和产品。”在此背景下，对证券法进行与时俱进的修订十分必要。在党的十八届三中全会确定股票发行注册制改革任务后，2015年12月27日，第十二届全国人大常委会第十八次会议审议通过《全国人民代表大会常务委员会关于授权国务院在实施股票发行注册制改革中调整适用〈中华人民共和国证券法〉有关规定的决定》的议案，明确授权国务院可以根据股票发行注册制改革的要求，调整适用现行证券法关于股票核准制的规定，对注册制改革的具体制度作出专门安排。根据决定，注册制具体实施方案由国务院作出规定，报全国人民代表大会常务委员会备案。该决定自2016年3月1日施行，期限为2年。

2016年发布的《中华人民共和国国民经济和社会发展第十三个五年规划纲要》明确提出要“创造条件实施发行注册制”。2017年7月召开的第五次全国金融工作会议强调：金融是国家重要的核心竞争力，金融安全是国家安全的重要组成部分，金融制度是经济社会发展中重要的基础性制度。并提出金融应当紧紧围绕服务实体经济、防控金融风险、深化金融改革三项任务进行定位、规划和发展。2018年12月召开的中央经济工作会议指出，资本市场在金融运行中具有牵一发而动全身的作用，要通过深化改革，打造一个规范、透明、开放、有活力、有韧性的资本市场，提高上市公司质量，完善交易制度，引导更多中长期资金进入，推动在上交所设立科创板并试点注册制尽快落地。2019年12月召开的中央经济工作会议强调，要加快金融体制改革，完善资本市场基础制度，提高上市公司质量，健全退出机制，稳步推进创业板和新三板改革。可见，党中央对资本市场的一系列决策部署，实际上对证券法本轮修订指明了方向和重点。在此情况下，证券法修订必须有利于健全现代金融企业制度、完善金融市场体系、保障国家金融安全、防控金融风险、促进经济金融良性循环、健康发展。修改好证券法，对推动我国金融资本市场的健康发展，更好地服务实体经济，促进供给侧结构改革，打好防范金融风险攻坚战，提升投资者信心，意义重大，影响深远。

二、证券法本轮修订的理念、价值取向与技术路径

（一）立足中国资本市场发展现状

中国资本市场总体上是一个新兴加转轨的发展中国家市场。其现状特征是：第一，发展方式粗放，市场结构不合理，金融产品不足，基础产品市场化程度不高，直接金融发展滞后。与银行、信托等金融同业和国际先进投行相比，我国证券业金融创新不足，为市场提供的金融产品、交易工具、中介服务都远远不够。第二，投资者缺乏金融资产的投资渠道，难以直接从国民经济增长中获得资产性收入，分享经济增长成果。我国是世界上少有的高储蓄国家，但是储蓄向投资的转化还不够顺畅，效率低，造成比较严重的资源错配和资源浪费，中小企业多但融资难，民间资本多但投资难。证券市场面临着产品、业务、机制创新，促进储蓄向投资有效转化，为不同规模、不同类型、不同成长阶段企

业提供有效的差异化服务的重要任务。第三，资本市场如何更好地为实体经济服务、促进实体经济发展的问题一直没有很好地解决。资本市场如何服务于经济发展新常态，为稳增长、调结构、惠民生、防风险服务，为实现宏观政策要稳、产业政策要准、微观政策要活、改革政策要实、社会政策要托底的总体思路服务，为国家实施去产能、去库存、去杠杆、降成本、补短板五大任务服务，是需要认真研究和解决的问题。这样的发展阶段和现状，是证券法修改的基本环境条件。因此，修订证券法，既不能因循守旧、故步自封，又不能超越国情，简单照搬国外立法。

（二）处理好管制与市场化改革的关系

中国金融市场发展的水平、发展阶段和特有国情，决定了我国目前仍然应当处理好金融发展、金融创新、金融风险防范和金融管制的关系。应当继续坚持放松管制的市场化改革方向，让市场配置资源，在风险可控的前提下鼓励金融创新，激发活力，切实提升市场运行效率。监管部门应当不断更新监管理念，创新监管手段，最大限度地放松行业管制，在新股发行、金融产品审批、公司治理等方面放松管制，提升监管效率，减少交易成本，监管重心后移，加强准入后的政府监管、动态监管，让市场自治失灵的领域回归到政府监管。尊重市场主体的私法自治权和契约自由。证券市场本身是一个契约交易市场。契约交易就是个人主义之下的、基于私权保护的自由交易，强调意思自治，以合同自由为规范基础。① 在国家干预和放松管制之间寻求平衡，是新一轮证券法修改中为证券监管提供的核心理念。因此，证券法在强化政府监管的同时，应当坚持市场化的改革方向和私法自治的基本原则，平衡好监管主体与市场主体的利益关系，让证券市场中的商业判断事项回归私法自治。一是建立证券公开发行注册制（在此不展开，下文将详论）。二是限制公权力对市场主体的过度干预。对上市公司、证券公司、基金公司、交易所的政府监管应严格限制在法律、行政法规规定的领域。三是优化自律管理。优化中国证券业协会、基金业协会、上市公司协会、证券交易所的自律管理功能和机制。四是尊重市场主体的私法自治权。充分尊重公司自治权，避免过多干预公司内部的商业判断，删除关于募集资金使用用途的严格限制，放宽证券市场购并条件和审批程序等。五是建立与注册制改革相适应的信息披露制度。构建与注册制相适应的信息披露制度，

---

① 冯果、段丙华：《公司法中的契约自由——以股权处分抑制条款为视角》，载《中国社会科学》2017年第3期。

贯彻以信息披露为中心的理念，应当设立信息披露专章，对包括发行信息披露和持续信息披露的基本原则和基本方式等内容作出专门规定。[①]

（三）有限扩大证券概念的内涵与外延

2005年证券法将政府债券、证券投资基金份额的上市交易、证券衍生品种的发行与交易纳入调整范围。但受分业经营、分业监管的制约，部分具有投资性质的保险产品、银行理财产品、集合投资计划未能纳入。由于证券法采列举式立法，至今尚无任何一种“国务院依法认定的其他证券”。对于未列举的其他以合同、集资、信托计划形式出现的实质证券产品，证监会无权监管，导致监管真空，给非法证券活动留下空间。不少学者指出，证券法定范围的不足造成具有实质性功能的证券活动无法科学判定，企业难以借用股票和公司债券以外的权益证券融资，打击非法集资及非法证券活动的范围过于宽泛，扩展我国的证券范围，赋予证券监管机构与法院证券认定裁量权，可解决我国证券定义不足造成的困境。[②] 学术界主流观点认为，证券法修改应当将我国在混业经营情况下证券、银行、保险、信托各业内部、交叉领域产生的金融投资商品以及非金融机构销售或发行的具有金融功能的投资性证券均纳入调整范围。[③] 从国际上看，现代金融法变革的核心或基础，是创造了“金融投资商品”的概念。传统法律条文中，投资银行可以经营的商品被具体列举为股票、债券、基金、权证、股指期货，等等，不在这个名单中的商品是不能经营的。自英国颁行《金融服务法》以来，各主要金融大国先后将“证券”扩展为“金融商品”的概念，对有价证券的范围进行了横向扩大。如英国《金融服务与市场法》的“投资商品”定义包含“存款、保险合同、集合投资计划单位、期权、期货以及预付款合同等”。德国《投资者保护改善法》写入了“金融商品”概念，对“有价证券、金融市场商品以及衍生品交易等”做了界定。欧盟《金融工具市场指令》引入“金融工具”的概念，涵盖可转让证券、短期金融市场工具、集合投资计划单位和衍生品交易。日本《金融商品交易法》将“证券”的定义扩展为“金融商品”的概念。韩国把以前几十个金融产品归纳成三种类型：证

① 周友苏、杨照鑫：《注册制改革背景下我国股票发行信息披露制度的反思与重构》，载《经济体制改革》2015年第1期。

② 李有星、杨俊：《论我国证券法定范围引发的问题及其解决方案》，载《时代法学》第10卷，2012年第4期。

③ 郭锋：《新一轮证券法修订的理念与若干基本性制度研究》，载《证券法律评论（2015年卷）》，中国法制出版社2015年版。

券、场内衍生产品、场外衍生产品。因此，我国证券法修改最理想的选择是引入金融投资商品的概念，这样可以实现证券含义的实质扩大。金融投资商品，是指由发行人为筹资而销售或发行，投资者以获得利益或避免损失为目的，在现在或将来特定的时点，约定以金钱或具有经济价值的物作为支付取得相应的权利，其权利可予以转让、变现、赎回的投资性金融产品。其特征是：第一，以金钱出资并有赎回金钱之可能性；第二，与资产或股价指数等相联动；第三，可期待获取较高收益，但也需承受投资风险。① 新证券法虽然没有完全接受这一立法建议，但通过新增存托凭证、资产支持证券、资产管理产品，实际上突破了2005年证券法的证券含义，采纳了金融投资商品的实质意义和功能，实现了证券内涵外延的有限扩大。

（四）逐步形成功能监管的理念与机制

我国目前对证券市场的监管，是统一在立法规定的证券业、银行业、信托业、保险业“分业经营，分业监管”模式下的。历史上，在金融业各部门分工比较明确、界线比较清楚的条件下，以对各类型金融机构性质的差别认识为出发点的机构监管效果明显。每家金融机构仅由一个监管者负责，可以避免不必要的监管交叉重叠。但要看到，分业经营，分业监管从制度上固化了金融市场分割状态，金融各业各自为政；监管部门出台的政策偏重于考虑本部门的监管利益和风险规避；一些监管政策相互矛盾，或出现监管真空相互推诿，金融投资者、消费者无所适从；金融创新受到抑制，市场效率不高，金融风险扩散，金融机构和消费者付出的成本过大。从国际上看，最近几十年来，金融监管体制一个核心的演变路线是从对象监管、机构监管转向功能监管。发达国家多已完成了向金融商品进行统一的功能性规制的转变。无论是英、德、日、韩的统合监管模式，还是美国分业监管向统合监管过渡的“中间”监管模式，都体现了功能监管的理念。我国自21世纪初以来，以商业银行为主导的混业经营模式

---

① 笔者等人曾经向立法机关建议，将证券法第2条修改为：“在中华人民共和国境内，证券的发行和交易，适用本法；本法未规定的，适用《中华人民共和国公司法》和其他法律、行政法规的规定。本法所称的证券，是指发行人为筹资而销售或发行，所筹资金用于投资或经营，投资者以获得利益或避免损失为目的，以货币或具有经济价值的物作为对价取得相应的权利，可以转让、变现或赎回，其收益或交易价格与资产或股价指数等相联动的投资性金融商品。包括但不限于以下品种：（一）普通股、优先股等股票及其他股权凭证；（二）债券和其他债务融资工具；（三）证券投资基金份额；（四）符合第二款规定特征的金融理财产品、集合性投资计划、资产支持证券等信托凭证；（五）权证、期货、期权等证券衍生品种及其他商品衍生品种；（六）其他符合投资性金融商品特征的财产权益凭证、合同或者证明。”

已较为普遍。在金融各业界限日益模糊的混业经营趋势下，机构监管的弊端不断显现，无法实现监管的全面性。在《中华人民共和国国民经济和社会发展第十三个五年规划纲要》中，已经采纳了学界多年来呼吁的功能监管、行为监管概念，并通过合并银保监会率先实现了银行业、信托业与保险业的统合监管和功能监管。

功能监管关注的不再是金融机构本身，而是金融机构的业务活动及其所能发挥的基本功能，可以实施跨产品、跨机构、跨市场的协调，规范和提高监管流程的秩序和效率。功能性监管的核心是将金融投资业、金融投资商品、金融消费者根据经济实质和金融功能进行分类，只要金融功能相同就适用同一的标准与规则，对同一金融功能的金融消费者适用同一的投资者保护制度。具体于证券这种金融商品而言，不论是哪些机构发行、销售、经营，也不论是否冠以“证券”的名称，只要符合证券的可转让性、投资性、风险性、标准化等特征，就应纳入证券法统一规制，由证券监管机构统一监管，或由证券监管机构和其他相关金融监管机构各自按证券法的规定条件和标准实施监管。在功能性监管下，金融商品的发行上市本质上由市场主体、中介机构、自律机构、交易场所负责或把关，监管机构负责对功能相同的金融商品适用同一的标准、规则和投资者保护制度。新证券法第 2 条第 3 款将资产支持证券、资产管理产品视为证券，规定其发行、交易的管理办法，由国务院依照本法的原则规定。这意味着对跨机构、跨市场的具有投资性、可进行标准化交易的资产支持证券、资产管理产品，均纳入证券法调整，可以由证券监管机构、银行保险监管机构实施功能监管。这是我国金融立法、证券立法的一大步跨越，具有重大意义。

（五）确立防范和控制金融风险的硬核价值

金融创新的实质是转移、分散、放大风险和规避既有的管制，因此在鼓励金融创新的同时，在立法上必须提高高风险金融创新产品的经济成本、税收成本和法律成本，在监管执法上必须通过降低系统性风险及其危害来维护市场安全，保护投资者权益。为此，本轮证券法修订，一是将创新证券产品存托凭证、资产支持证券、资产管理产品纳入规制范畴，强化对证券期货衍生品市场的监管，抑制过度信用，防止过高的风险承担，降低金融传染风险。二是加强对交易场所、证券登记结算机构等金融基础设施，证券公司、中介机构等市场主体内部治理、风险控制制度的严格要求，从审慎性公司治理、提高市场透明度和其他激励性措施等方面强化市场纪律约束。鼓励像投保基金公司这样的机构构建“监测识别、量化评估、预警提示”三位一体的证券公司风险监测体系，开展常态化风险监测。① 三是提倡“风险为本”的管理与发展理念，建立投资者适当性制度，促进公众对金融制度的理解，了解不同类型投资和金融交易的利益和风险，确保证券从业机构和个人有适当经营能力及健全财务结构；教育投资者正确认识投资风险；监督、防范和打击金融证券违法行为。四是证券法律制度尽可能动态覆盖金融创新环境下不断出现的监管真空，鼓励证券监管机构转变观念，对公司治理完善、低风险的从业机构，鼓励其加强自律；对中高、高风险从业机构强化监管，采取有效的风险缓释措施。监管执法必须通过降低系统性风险及其危害来维护市场安全，保护投资者权益。

（六）为多层次证券交易市场奠定法律基础

从 20 世纪 90 年代发展至今，我国资本市场已形成沪深交易所、新三板、区域性股权市场组成的交易场所体系。虽然原证券法第 39 条规定，依法公开发行的股票、公司债券及其他证券，应当在依法设立的证券交易所上市交易或者在国务院批准的其他证券交易场所转让，即承认“其他证券交易场所”，但在第五章只规定了证券交易所，没有规定其他证券交易场所。因此，新三板市场、区域性股权市场的法律地位并不明确。应当看到，新三板市场即全国中小企业股份转让系统，是经国务院批准成立的全国性证券交易场所，也是我国第一家公司制运营的证券交易场所，在为创新型、创业型、成长型民营中小企业发展提供服务，解决融资难融资贵、提升融资效率、改进市场流动性等方面发挥了重要而独特的作用。区域性股权市场是为其运营机构所在地省级行政区划内中小微企业私募证券的发行、转让及相关活动提供设施与服务的场所，是私募证券市场的一种形式，构成我国资本市场不可或缺的基础性市场，是中小微企业融资的新渠道、新兴产业的孵化园、区域经济转型的助推器。因此，本轮证券法修订的重要任务是将新三板市场、区域性股权市场的法律地位予以明确。另外，在同一交易市场内部，不同上市公司证券交易形成的市场层次日渐丰富，构成了主板（含中小板）、创业板、科创板等各板块协同发展的多层次交易市场结构。深交所的创业板、上交所的科创板作为独立于主板市场的新设板块，都取得了骄人业绩，在深化资本市场改革、完善多层次资本市场体系方面积累了成功经验。为此，新证券法第七章新增了关于多层次资本市场及证券交易场所的规定，明确“证券交易所、国务院批准的其他全国性证券交易场所的设立、

① 巩海滨：《新证券法开启投保基金公司投资者保护新篇章》，载《中国证券报》2020 年 3 月 15 日。

变更和解散由国务院决定。”并在第37条规定：公开发行的证券，应当在依法设立的证券交易所上市交易或者在国务院批准的其他全国性证券交易场所交易。非公开发行的证券，可以在证券交易所、国务院批准的其他全国性证券交易场所、按照国务院规定设立的区域性股权市场转让。第97条规定，证券交易所、国务院批准的其他全国性证券交易场所可以根据证券品种、行业特点、公司规模等因素设立不同的市场层次。由此，夯实了我国多层次证券交易市场的法律基础。

（七）系统性强化投资者权益保护体制机制

证券法的重要立法宗旨是保护投资者合法权益，为此，应实行“三公原则”，建立反欺诈制度，证券法还进一步完善了民事赔偿的有关条款。美国次贷危机后，我国金融监管机构纷纷设立了专门的投资者保护局。证券业和监管部门一直在推进完善投资者适当性制度、投资者保护基金制度、中小股东权益保护机制、先行赔付制度、代表人诉讼制度、多元化纠纷解决机制，等等。这些措施给本轮证券法修订提供了丰富的实践样板，给立法制度创新带来许多有益的启迪。为此，立法机关进行了开拓性的立法框架设计，专设第六章系统性规定投资者保护制度。一是将投资者适当性上升为法律制度。明确要求证券公司向投资者销售证券、提供服务时，应当充分了解投资者的基本情况、财产状况、金融资产状况、投资知识和经验、专业能力等相关信息；充分揭示投资风险；销售、提供与投资者上述状况相匹配的证券、服务。违反规定导致投资者损失的，应当承担相应的赔偿责任。二是借鉴国外立法例，将投资者区分为普通投资者和专业投资者。普通投资者与证券公司发生纠纷的，证券公司应当承担举证责任，证明其行为符合法律、行政法规以及国务院证券监督管理机构的规定，不存在误导、欺诈等情形；证券公司不能证明的，应当承担相应的赔偿责任。三是创设公开征集股东权利制度。上市公司董事会、独立董事、持有百分之一以上有表决权股份的股东或者法定投资者保护机构，可以作为征集人，自行或者委托证券公司、证券服务机构，公开请求上市公司股东委托其代为出席股东大会，并代为行使提案权、表决权等股东权利。四是强化债权人利益保护。规定公开发行公司债券的，应当设立债券持有人会议，发行人应当为债券持有人聘请债券受托管理人。债券受托管理人应当勤勉尽责，公正履行受托管理职责，不得损害债券持有人利益。债券发行人未能按期兑付债券本息的，债券受托管理人可以接受委托，以自己名义代表债券持有人提起、参加民事诉讼或者清算程序。五是创造性规定了先行赔付制度、支持诉讼制度、投资者保护机构作为代表人参加诉讼制度。规定：(1) 发行人因欺诈发行、虚假陈述或者其他重大违法行为给投资者造成损失的，发行人的控股股东、实际控制人、相关的证券公司可以委托投资者保护机构，就赔偿事宜与受到损失的投资者达成协议，予以先行赔付。(2) 投资者与发行人、证券公司等发生纠纷的，投资者保护机构对损害投资者利益的行为，可以依法支持投资者向人民法院提起诉讼。发行人的董监高执行公司职务时违反规定给公司造成损失，控股股东、实际控制人等侵犯公司合法权益给公司造成损失，投资者保护机构可以为公司的利益以自己的名义向人民法院提起诉讼，持股比例和持股期限不受公司法规定的限制。(3) 投资者提起虚假陈述等证券民事赔偿诉讼时，投资者保护机构受 50 名以上投资者委托，可以作为代表人参加诉讼，并为经证券登记结算机构确认的权利人依照前款规定向人民法院登记，但投资者明确表示不愿意参加该诉讼的除外。

（八）扩张我国证券法域外适用效力

中国证券市场是一个日益国际化的市场。几十年来，证券发行与交易活动随着经济全球化和交易电子化的发展而呈现日益扩大的跨国跨境趋势。中国境内发行人和投资者赴境外证券市场发行上市和参与证券交易已较为普遍，不少企业甚至实现了两地、多地上市。与此同时，跨境证券活动中的虚假陈述行为也时有发生。另外，美国越来越频繁地针对中国境内主体适用其国内法律进行域外管辖，不乏滥用域外管辖损害国际法中的主权平等、正当程序和国际礼让原则的现象，特别是将资本市场监管执法政治化。① 除了美国司法管辖的域外扩张，其执法管辖的域外扩张也愈演愈烈。

面对国内外复杂局势，我国已经开始加快研究和建立国内法的域外管辖制度，以应对日益严峻的国际贸易局势和日益激烈的全球金融市场竞争，反制美国域外司法、执法扩张对我国民商事主体合法权益和市场生存空间的打压。目前，国内的民商法、经济法范围内，仅有反垄断法纳入了类似条款。② 本次修订前的证券法在第 2 条第 1 款规定了该法的管辖范围只限于中国境内的证券发行和交易行为。新证券法在域外管辖问题上实现了突破，在第 2 条第 4 款规定，

---

① 2020 年 5 月 24 日，中国证监会就美国国会参议院通过《外国公司问责法案》答记者问指出：该法案的一些条文内容直接针对中国，而非证券监管的专业考虑，我们坚决反对这种将证券监管政治化的做法。载中国证监会网站，http：//www. csrc. gov. cn/pub/newsite/zjhxwfb/xwdd/202005/t20200524_ 376839. html，最后访问时间：2020 年 7 月 31 日。

② 我国国内法普遍地缺乏域外适用效力。条文中明确写入“长臂管辖权”的只有反垄断法第 2 条：“中华人民共和国境内经济活动中的垄断行为，适用本法；中华人民共和国境外的垄断行为，对境内市场竞争产生排除、限制影响的，适用本法。”

在中华人民共和国境外的证券发行和交易活动，扰乱中华人民共和国境内市场秩序，损害境内投资者合法权益的，依照本法有关规定处理并追究法律责任。因此，这是我国证券法的域外管辖效力首次在立法层面予以明确，将我国证券法的执法管辖权和司法管辖权适用范围扩张到我国属地管辖的领域之外。根据立法机关的说明，新增这一条款的出发点是明确证券法必要的域外适用效力。这为我国法院在证券法领域行使"长臂管辖权"提供了法律依据。从法理上说，证券法域外适用的宗旨是保护我国投资者合法权益和证券市场秩序免受侵害。如果某一行为发生在我国境外，即使行为人不是中国国籍的自然人和法人，但只要这一行为在我国境内产生了实质性影响，扰乱了我国市场秩序，损害了境内投资者权益，我国证券法就有权进行管辖。① "处理"的内涵，广义上可以包括证券监管各类主体、司法机关分别采取的处理措施，例如证券交易所自律处分措施、证监会行政监管和处罚措施，司法机关对于证券犯罪行为的追诉措施、受理审理证券民事纠纷案件等。"法律责任"包括民事责任、行政责任和刑事责任。

（九）完善公正严格执法的体制机制

证券监管机构拥有较强的执法权、处罚权，其执法公正性非常重要。证券监管本身具有局限性。一是监管会导致巨额成本，不仅市场运作存在交易费用，组织监管的成本也不可低估。监管的成本主要包括：（1）执法成本。即监管机构为制定和实施监管的制度安排，维持证券监管体系运行而付出的成本。我国证券监管与其他政府监管一样，较少进行成本效益分析，有时会抑制市场的发展，剥脱了投资者的预期收益，降低了监管的有效性。（2）守法成本。即被监管主体为遵守监管规定而额外承担的各种成本。证券监管同其他政府决策一样，有时存在认识滞后、决策滞后、实施滞后和生效滞后的问题。监管常是落后于市场的变化。监管越紧，成本越高，对证券机构提供更低廉，更富创新性和丰富多样产品与服务的竞争力施加了限制，最终损害消费者利益。因此，监管并不必然导致证券业发展，相反可能限制市场的发展。二是监管可能失灵。监管经济学认为，即使是在政治领域，个人也是严格按照"经济人"的方式行动，监管机构并不是总能代表公共利益，也有自利的动机和现象。监管者与监管对象同样具有自利性。不管是制定管制条例还是执行规定，他们都存在以公谋私、偏离和牺牲公众的利益的可能。即使通过公共选择制定的监管法律符合社会公

① 杨峰：《我国证券法域外适用制度的构建》，载《法商研究》2016 年第 1 期。

共利益，也不能保证这些法律得到有效的执行。

因此，监管必须受制度约束，即监管活动必须依法进行，防止权力滥用。对于市场参与者的监管必须有法律依据，不能超越法律。监管者本身必须接受法律监督和法律约束，防止滥用法律赋予的权力。必须合理界定监管机关的职能范围，明确其职权的合理限度。在制度设计上，一是国家立法要明确监管权限和职责，使其有法可依；二是要通过司法手段制约监管行为，防止权力滥用。我国行政诉讼法对证券监管模式已经产生较大影响，特别是立案登记制、经行政复议案件的“双被告制度”以及行政诉讼新的管辖规定对证监会的两级监管模式提出较大挑战。新证券法进一步完善了证券监督管理机构的监管职能和基本任务。内容包括：监管宗旨与任务；监管执法措施；行政执法和解制度，包括中止调查、终止调查、恢复调查的具体措施；对举报奖励及举报人身份信息保密；跨境监管。特别规定了证券监督管理机构依法履行职责的正当程序、处罚决定公开、监督管理信息共享、涉嫌犯罪案件移送，以及监督管理机构工作人员品质与行为规范、利益冲突禁止等要求。

（十）实行大额、巨额罚款制度

证券市场的发展史，同时也是反欺诈的历史。证券立法的演进，其核心一方面是信息披露制度的不断完善，另一方面是反欺诈制度法网越来越严密的编织。国内外一系列上市公司、欺诈者的恶行违法事件频频发生、屡禁不绝，说明其不能依靠市场主体的自律约束或市场竞争而自动避免，需要借助更有效的外部强制力量进行约束与调整，这就是公权力机构的监管执法与司法。在资本市场，执法与司法的直接法律依据主要来源于证券法。因此，法律责任制度设计的合理性至关重要。按照修订前的证券法，上市公司即使涉嫌千万元甚至亿万元的财务造假，也仅面临顶格60万元的行政处罚。法律责任与其巨大的违法收益严重不相匹配。根据邢会强教授对中国证监会2001年1月1日至2017年6月30日作出的200件内幕交易行政处罚案的分析，获利3万元以上的案例（共涉及140位内幕交易者）中，获利概率为83.26%，内幕交易者平均盈利为101万元，5位内幕交易者获利超千万元，另外一人甚至获利约为6538万元。但处罚倍数普遍较低，1倍的近七成，2~3倍的约占三成，4~5倍的非常少见，平均处罚倍数为1.56倍，处罚力度与境外（尤其是美国）相比属偏低水平。① 因

① 邢会强：《内幕交易惩罚性赔偿制度的构造原理与现实选择》，载《中国社会科学》2018年第4期。

此，在本轮修法过程中，众多专家学者、实务人士呼吁提高证券法罚款额度、加大民事赔偿、刑事处罚，以遏制猖獗的违法行为。从证券监管层面看，提高行政罚款数额对于增加违法成本树立监管威慑力而言，是最立竿见影的手段。严惩市场不法行为，保护投资者，虽会引发市场短期波动，但从长远看，它必定会为市场发展赢得坚实的基础。①

本次证券法修订很好地回应了各界人士的建议，大幅提高了证券违法行为的处罚力度，规定了诸如并处违法所得十倍、处以百万元甚至千万元的大额巨额罚款，提高罚款倍数或金额下限，将"买卖证券等值"作为罚款上限，部分实行双罚制。本书法律责任部分的条文分析中表明，新证券法规定了四种罚款方式：（1）数距式（设定某个区间，上限和下限为两个确定数额）共 20 项，如第 197 条第 1 款规定，对于信息披露义务人未按规定履行信息披露义务行为的罚款为五十万元以上五百万元以下；（2）倍数式（以某个基准计算整数倍的罚款方式）共 5 项，如第 182 条规定，对于作出虚假陈述或遗漏重要信息的保荐人处以业务收入一倍以上十倍以下的罚款；（3）计算方法式（以某一可度量的数额为基准，通过百分比的计算方法确定罚款数额）共 1 项，如第 180 条规定对于擅自或变相公开发行证券的处以非法所募资金金额百分之五以上百分之五十以下的罚款；（4）倍数式、计算方法式和数距式的结合（在倍数式、计算方法式罚款的基础上设置数距式罚款作为下限或者较轻情形），共 19 项，如第 183 条规定："证券公司承销或者销售擅自公开发行或者变相公开发行的证券的，责令停止承销或者销售，没收违法所得，并处以违法所得一倍以上十倍以下的罚款；没有违法所得或者违法所得不足一百万元的，处以一百万元以上一千万元以下的罚款；情节严重的，并处暂停或者撤销相关业务许可。给投资者造成损失的，应当与发行人承担连带赔偿责任。对直接负责的主管人员和其他直接责任人员给予警告，并处以五十万元以上五百万元以下的罚款。"

可见，数距式和结合式是新证券法最常用的两种处罚设定方式。此外，新证券法还广泛实行双罚制，比例达到 74%，即同时对"直接负责的主管人员和其他直接责任人员"或"发行人（上市公司）的控股股东、实际控制人"处以罚款。单独对直接责任人员处以罚款实行双罚制的共有 23 项，都采用数距式罚款方式；同时对直接责任人员以及发行人的实际控制人处以罚款实行双罚制的共有 3 项，主要采用数距式罚款方式；第 181 条还对发行人的控股股东、实际

① 罗培新：《美国新自由主义金融监管路径失败的背后》，载《法学评论》2011 年第 2 期。

控制人指使发行人欺诈发行的行为采用结合式罚款方式。相较于原证券法倍数式罚款的五倍上限，新证券法提高到了十倍；相较于2005年证券法数距式罚款最高额为三百万上限（第203条），新证券法的罚款区间普遍提高到了“百万级”和“千万级”。

三、证券法本轮修订前三次审议稿修订内容

（一）第一次审议稿

全国人大常委员会决定进行证券法修订后，全国人大财经委负责，依托证监会等机构和专家学者开始修订工作，并于2015年4月首次向第十二届全国人大常委会第十四会议提交审议证券法修订草案。该修订草案共16章338条，其中新增122条、修改185条、删除22条，主要修改内容包括：其一，实行股票发行注册制。取消股票发行审核委员会制度，规定公开发行股票并拟在证券交易所上市交易的，由证券交易所负责对注册文件的齐备性、一致性、可理解性进行审核，交易所出具同意意见的，应当向证券监督机构报送注册文件和审核意见，证券监督机构十日内没有提出异议的，注册生效。其二，加大处罚力度，严防欺诈发行。如果发行人在招股说明书中“隐瞒重要事实或者编造重大虚假内容”，尚未发行证券的，处以100万元以上1000万元以下的罚款，而之前处罚最高标准只有60万元；已经发行证券的，处以非法所募资金金额2%以上10%以下的罚款，之前最高标准为5%。其三，增设现金分红制度。修订草案要求，上市公司在章程中需明确现金分红的具体安排和决策程序。当年税后利润在弥补亏损及提取法定公积金后有盈余的，上市公司应当按照公司章程规定，分配现金股利。其四，为境外企业境内上市预留法律空间。修订草案有四个条款专门对境外企业在境内上市作出了相关规定。内容涉及境外发行人所在国家或地区的证券法律和监管制度，在境内上市的信息披露要求、财务会计报告要求以及证券登记结算方面的要求等。其五，取消七类行政许可。按照放松管制、加强监管的改革思路，修订草案取消了要约收购义务豁免，境内企业境外发行上市，证券公司设立、收购或撤销分支机构，变更注册资本，变更章程重要条款，在境外设立、收购或参股证券经营机构，董事、监事任职资格的行政许可。其六，允许证券从业人员买卖股票。证券经营机构、证券交易场所和证券登记结算机构的从业人员、国务院证券监督管理机构的工作人员以及其他证券从业人员，应事先申报本人及配偶证券账户，并在买卖证券完成后三日内申报买卖情况。其七，允许设立证券合伙企业，明确了设立证券公司、证券合伙企业应

当具备的条件。其八，新增条款禁止跨市场操纵。禁止跨市场操纵行为，防止在衍生品市场和现货市场之间进行价格操纵。禁止的行为主要包括：为了在衍生品交易中获得不正当利益，通过拉抬、打压或者锁定等手段，影响衍生品基础资产市场价格的行为；为了在衍生品基础资产交易中获得不正当利益，通过拉抬、打压或者锁定手段，影响衍生品市场价格的行为。其九，规定利用“未公开信息”交易的责任。禁止证券交易场所、证券登记结算机构、证券经营机构、证券服务机构和其他金融机构的从业人员、有关监管部门或者行业协会的工作人员以及其他因工作、职责获取未公开信息的人员，买卖或者建议他人买卖与该信息相关的证券，或者泄露该未公开信息。利用未公开信息进行交易给投资者造成损失的，应与内幕交易一样承担赔偿责任。其十，投资者提起虚假陈述、内幕交易、操纵市场等证券民事赔偿诉讼时，当事人一方人数众多的，可以依法推选代表人进行诉讼。国务院证券监督管理机构认可的投资者保护机构可以作为代表人参加诉讼或者清算程序。

（二）第二次审议稿

2015 年股市风波导致证券法修订、审议工作搁置。一直到 2017 年 4 月，十二届全国人大常委会第二十七次会议才对证券法修订草案二次审议稿进行审议。二审稿坚持稳中求进的工作总基调，聚焦落实党中央关于深化资本市场改革需求所急需的内容，着力解决资本市场运行中的突出问题。重点考虑证券市场的实际情况，主要针对 2015 年股市异常波动所暴露的问题，进一步完善证券交易规则，强化信息披露要求，加强证券市场监管，加大对证券违法行为的处罚力度，突出对投资者权益的保护。审议意见指出，推进股票发行注册制改革是党的十八届三中全会决定提出的重大改革任务，要求证监会按照 2015 年《全国人民代表大会常务委员会关于授权国务院在实施股票发行注册制改革中调整适用〈中华人民共和国证券法〉有关规定的决定》，积极开展注册制改革的相关准备工作，通过完善多层次资本市场体系，强化证券交易所一线监管职能，严厉惩治操纵市场、内幕交易等证券违法行为等，为推进股票发行制度改革创造条件。二审稿根据上述实际情况，就草案相关内容与注册制改革授权决定的衔接作出了安排，并明确提出国务院应当按照上述授权决定的要求，逐步推进股票发行制度改革，体现了改革的方向和要求。审议意见指出，证券法的修改涉及资本市场法律制度的顶层设计。将这部法律修改好，使之符合我国国情，符合证券市场发展规律，为我国证券市场的平稳健康发展提供有力的法律保障，让资本市场服务实体经济的基础功能得到充分发挥，投资者合法权益得到保障，意义十分重大。这几年，我国的证券市场在运行过程中，特别是在2015年股市异常波动中，暴露了许多问题，如何针对这些问题，在法律层面进行规制，应当进一步认真研究；同时，如何进一步加深对证券市场的规律性认识，预防新的可能出现的问题和风险，也要引起重视。建议二审后根据常委会组成人员的审议意见和有关方面的意见，继续坚持稳中求进的工作总基调，实事求是，对相关问题进行深入研究论证，对相关制度进行进一步的修改完善，切实做好证券市场的顶层设计。

（三）第三次审议稿

2015年股市风波之后，社会各界出现了注册制改革有没有必要，是否导致新的市场风险，是否会加大监管风险等疑问与担忧，使得监管部门对推进股票发行注册制改革的必要性、可行性、急迫性认识不足，而着重从严监管证券市场，导致证券法修订工作裹足不前。在社会各界推动下，立法机关与相关部门多次沟通，根据资本市场改革发展的新情况、新进展，对修订草案相关内容进行研究修改，2019年第一季度形成三次审议稿，于2019年4月20日提请十三届全国人大常委会第十次会议进行第三次审议。与草案二审稿相比，三审稿重点是根据股票发行注册制改革试点的进展情况，增加关于科创板注册制的相关规定，同时根据资本市场改革发展的实际情况，对其他相关制度，包括证券的范围、证券的公开发行、证券交易行为、投资者保护、证券监管等方面进行了修改完善。

1. 科创板注册制设专节。三审稿第二章“证券发行”中增加一节“科创板注册制的特别规定”，对科创板试点股票发行注册制作出规定。同时，将原证券法关于证券发行的专章规定作为“一般规定”，单列一节。为配合股票发行注册制改革，根据国务院提出的议案，十二届全国人大常委会第十八次会议于2015年12月通过了授权国务院在实施股票发行注册制改革中调整适用证券法有关规定的决定；2018年2月，十二届全国人大常委会第三十三次会议又作出决定，将上述授权期限延长至2020年2月29日。关于设立科创板并试点注册制的相关实施意见已由国务院报全国人大常委会备案。中国证监会已正式发布科创板试点注册制的相关制度规则，注册制改革已进入实质推进阶段。

2. 为员工持股和小额发行“开绿灯”。一直以来，“向特定对象发行证券累计超过二百人”即为公开发行，这让一些企业推行员工持股受到限制。此次修法明确“依法实施员工持股计划的员工人数不计算在内”，有助于鼓励企业开展员工持股计划，激发企业活力。三审稿还专门增加一条，就公开发行证券豁免核准、注册的情形予以规定。可以豁免的两种情形包括：通过国务院证券监督管理机构认可的互联网平台公开发行证券，募集资金数额和单一投资者认购的资金数额较小的；通过证券公司公开发行证券，募集资金数额较小，发行人符合规定条件的。这一条款为众筹发行、小额发行提供了便利，有利于鼓励创业创新。

3. 存托凭证纳入证券范围。三审稿中，关于证券的范围，在原有的“股票”“公司债券”之后，增加了“存托凭证”。2018 年，证监会出台创新企业境内发行股票或存托凭证试点相关办法，存托凭证已经国务院认定为一种证券，所以此次增列入证券品种。

4. 取消暂停上市交易制度。关于退市制度，证券法三审稿删除了“暂停”上市交易这一说法，取消了证券暂停上市交易制度。根据原证券法，如果上市公司出现相关规定的情形，由证券交易所决定暂停其股票上市交易或者终止其股票上市交易。根据上海证券交易所发布的科创板退市制度，取消了暂停上市和恢复上市，透出退市制度趋严的信号。其他板块的退市制度仍然保留暂停交易这一环节。证券法三审稿明确取消暂停交易制度，全面提升退市效率的用意十分明显。

5. 明确禁止违规利用财政资金、银行信贷资金买股票。在原证券法“依法拓宽资金入市渠道，禁止资金违规流入股市”这一条款中，三审稿加入了更为具体的内容：禁止投资者违规利用财政资金、银行信贷资金买卖证券。这一新增内容使得“禁止资金违规流入股市”更加具体化。

6. 增加证券纠纷调解规定。投资者保护是证券法从初次审议稿到三次审议稿都十分关注的内容。三审稿中增加了关于证券纠纷调解的规定。根据规定，投资者与发行人、证券公司等发生纠纷的，双方可以向国家设立的投资者保护机构申请调解；普通投资者与证券公司发生证券业务纠纷，普通投资者提出调解请求的，证券公司不得拒绝。三审稿还完善了股东代表诉讼制度。对于发行人的控股股东、实际控制人等侵犯公司合法权益给公司造成损失的行为，国家设立的投资者保护机构持有该公司股份的，可以为公司的利益以自己的名义向人民法院提起诉讼，持股比例和持股期限不受公司法规定的限制。近年来，中证中小投资者服务中心作为证监会设立的公益性机构，在代表中小投资者持股行权方面做出了有益探索。持股比例和持股期限限制的放宽将有助于投资者保护机构更好发挥中小投资者“娘家人”的作用。

7. 加大对证券违法行为打击力度。为加大对证券违法行为的打击力度，三审稿把限制被调查事件当事人的证券买卖期限，由“不得超过三十个交易日，案情复杂的可以延长三十个交易日”，修改为“不得超过三个月，案情复杂的可以延长三个月”。另外，三审稿增加了“证券市场禁入”的内容，规定对违法行为情节严重的有关责任人员，国务院证券监督管理机构可以禁止其在一定期限内在证券交易所、国务院批准的其他全国性证券交易场所交易证券。

四、证券法修订定稿版本（第四次审议稿）主要修订内容

2019 年 4 月 26 日立法机关公布《中华人民共和国证券法（修订草案三次审议稿）》并公开征求意见。证券业内专家、从业人员普遍对其仅仅规定科创板注册制，而不是普遍实行注册制提出强烈质疑。

之后，立法机关转变思路，决定用注册制全面取代核准制。经进一步修改，2019 年 12 月 23 日修订草案提请十三届全国人大常委会第十五次会议进行第四次审议。四审稿在改革证券发行制度、强化信息披露要求、加大投资者保护力度、大幅度提高证券违法成本等方面进行完善。新修改的证券法于 2019 年 12 月 28 日在十三届全国人大常委会第十五次会议闭幕会上表决通过。主要修改内容包括：

1. 全面推行注册制。修改后的证券法在总结上海证券交易所设立科创板并试点注册制的经验基础上，按照全面推行注册制的基本定位，对于证券发行注册制作了比较系统完备的规定。一是精简优化了证券发行的条件。将原证券法规定的公开发行股票应当“具有持续盈利能力”的要求改为“具有持续经营能力”。再如，在债券公开发行方面，取消了公开发行债券要求公司有净资产的数额标准。二是调整了证券发行的程序。在明确规定国务院证券监督管理机构，或者国务院授权的部门作为法定的注册机关这样一个基础上，取消了发行审核委员会制度，并明确证券交易所等机构可以按照规定对证券发行的申请进行审核。同时，授权国务院规定证券公开发行注册的具体办法。三是强化了证券发行中的信息披露。新证券法专设一章，对信息披露作了系统规定。新证券法规定，证券发行注册制的具体范围、实施步骤由国务院规定，为注册制的分步实施留出制度空间。

2. 加强投资者保护、创新证券民事诉讼制度。这次修改突出强调投资者保护，特别是就中小投资者的权益保护这一主线，进行制度设计。专章规定投资者保护制度，规定区分普通投资者和专业投资者，有针对性地作出投资者权益保护安排；建立征集股东权利制度，允许特定主体公开请求上市公司股东委托

其代为出席股东大会，并代为行使提案权、表决权等股东权利；规定债券持有人会议和债券受托管理人制度；建立普通投资者与证券公司纠纷的强制调解制度；完善上市公司现金分红制度；充分发挥投资者保护机构的作用，允许其接受50名以上投资者的委托作为代表人参加诉讼；允许投资者保护机构按照证券登记结算机构确认的权利人，向人民法院登记诉讼主体；建立了“默示加入”“明示退出”的诉讼机制，为投资者维护自身合法权益提供方便的制度安排。

3. 强化证券领域违法犯罪处罚力度。这次修改的证券法法律责任一章是所有章节中条文最多的，以更严厉地打击证券违法行为，提高违法行为成本，努力营造一个风清气正的市场环境，严厉震慑违法行为。在行政处罚方面，针对欺诈发行，规定尚未发行证券的，要给予发行人200万元以上2000万元以下的罚款，已经发行证券的，要处非法所募资金金额10%以上1倍以下的罚款。另外，对虚假陈述、内幕交易、操纵市场等违法行为，都大幅度提高了行政处罚力度。在行政处罚上实行“双罚制”，比如对欺诈发行，除了要对发行人进行处罚，对发行人直接负责的主管人员和其他直接责任人员也要给予处罚。发行人的控股股东、实际控制人组织指使导致欺诈发行的，也要给予高额的行政处罚。新证券法完善了证券市场的禁入制度，扩大了禁入范围。被禁入的违法行为人除不能从事证券业务，不得担任上市公司“董监高”以外还增加了规定，明确一定期限直至终身不得在证券交易所进行证券交易。

4. 设立专章规定信息披露。新证券法设立专章进一步完善了信息披露制度，包括：扩大信息披露义务人的范围；完善信息披露的内容；强调应当充分披露投资者作出价值判断和投资决策所必需的信息；规范信息披露义务人的自愿披露行为；明确上市公司收购人应当披露增持股份的资金来源；确立发行人及其控股股东、实际控制人、董事、监事、高级管理人员公开承诺的信息披露制度等。

5. 完善证券交易制度。新证券法规定证券公司不得允许他人以其名义直接参与证券的集中交易；优化有关上市条件和退市情形的规定；完善有关内幕交易、操纵市场、利用未公开信息的法律禁止性规定；强化证券交易实名制要求，任何单位和个人不得违反规定，出借证券账户或者借用他人证券账户从事证券交易；完善上市公司股东减持制度；规定证券交易停复牌制度和程序化交易制度；完善证券交易所防控市场风险、维护交易秩序的手段措施等。

6. 明确保荐人、承销的证券公司及其直接责任人员未履行职责时对受害投资者所应承担的过错推定、连带赔偿责任；提高证券服务机构未履行勤勉尽责义务的违法处罚幅度，由原来最高可处以业务收入五倍的罚款，提高到十倍，情节严重的，并处暂停或者禁止从事证券服务业务等。

7. 强化监管执法和风险防控。新证券法明确，证监会依法监测并防范、处置证券市场风险的职责；延长了证监会在执法中对违法资金、证券的冻结、查封期限；规定了证监会为防范市场风险、维护市场秩序采取监管措施的制度；增加了行政和解制度，证券市场诚信档案制度；完善了证券市场禁入制度，规定被市场禁入的主体，在一定期限内不得从事证券交易等。同时，落实“放管服”，要求取消相关行政许可。包括取消证券公司董事、监事、高级管理人员任职资格核准；调整会计师事务所等证券服务机构从事证券业务的监管方式，将资格审批改为备案；将协议收购下的要约收购义务豁免由经证监会免除，调整为按照证监会的规定免除发出要约等。

8. 规定证券法域外适用效力。为了适应我国资本市场对外开放需要，维护境内市场秩序，保护境内投资者合法权益，四审稿明确了必要的域外适用效力。

五、注册制改革成果法律化是本轮证券法修订的最大特色

（一）关于股票发行注册制改革的决策与授权

2013 年 11 月 12 日，党的十八届三中全会通过《中共中央关于全面深化改革若干重大问题的决定》。该决定第 12 条提出“完善金融市场体系”，具体要求健全多层次资本市场体系，推进股票发行注册制改革，多渠道推动股权融资，发展并规范债券市场，提高直接融资比重；完善保险经济补偿机制，建立巨灾保险制度；发展普惠金融；鼓励金融创新，丰富金融市场层次和产品。因此，股票发行注册制是党的十八届三中全会确定的改革任务。

2015 年 12 月 27 日，第十二届全国人民代表大会常务委员会第十八次会议通过《全国人民代表大会常务委员会关于授权国务院在实施股票发行注册制改革中调整适用〈中华人民共和国证券法〉有关规定的决定》。该决定指出：为了实施股票发行注册制改革，进一步发挥资本市场服务实体经济的基础功能，授权国务院对拟在上海证券交易所、深圳证券交易所上市交易的股票的公开发行，调整适用《中华人民共和国证券法》关于股票公开发行核准制度的有关规定，实行注册制度，具体实施方案由国务院作出规定，报全国人民代表大会常务委员会备案。本决定的实施期限为二年。国务院要加强对股票发行注册制改革工作的组织领导，并就本决定实施情况向全国人民代表大会常务委员会作出中期报告。国务院证券监督管理机构要会同有关部门加强事中事后监管，防范

和化解风险，切实保护投资者合法权益。决定自2016年3月1日起施行。

2015年股市风波之后，社会各界出现了对注册制改革的担忧，证监会也持慎重态度，注册制改革事实上处于停滞状态。

2018年2月24日，第十二届全国人民代表大会常务委员会第三十三次会议通过《全国人民代表大会常务委员会关于延长授权国务院在实施股票发行注册制改革中调整适用〈中华人民共和国证券法〉有关规定期限的决定》。决定指出：为了稳步推进实施股票发行注册制改革，进一步发挥资本市场服务实体经济的基础功能，第十二届全国人民代表大会常务委员会第三十三次会议决定：2015年12月27日第十二届全国人民代表大会常务委员会第十八次会议授权国务院在实施股票发行注册制改革中调整适用《中华人民共和国证券法》有关规定的决定施行期限届满后，期限延长二年至2020年2月29日。国务院应当及时总结实践经验，于延长期满前，提出修改法律相关规定的意见。国务院要进一步加强对股票发行注册制改革工作的组织领导，并将股票发行注册制改革具体实施方案报全国人民代表大会常务委员会备案。国务院证券监督管理机构要继续创造条件，积极推进股票发行注册制改革，并会同有关部门加强事前事中事后全过程监管，防范和化解风险，切实保护投资者合法权益。决定自2018年2月25日起施行。

（一）为什么要进行股票发行注册制改革？

注册制改革是党中央、国务院为促进中国资本市场长期健康稳定发展而部署的重大改革任务，是党中央、国务院充分听取和吸收了理论界、实务界的意见，根据我国资本市场的特点和国情而做出的重大改革部署。注册制改革具备两个基本条件：一是国家治理现代化背景下政府职能转变改革的深入推进、市场配置资源作用的日益强化；二是多层次资本市场已基本健全并初具规模。与股权分置改革相比，注册制改革的难度、风险实际上要小一些。注册制改革与资本市场的环境和条件是相辅相成、相互影响。①

第一，注册制改革是简政放权、进一步转换政府职能的必然要求。不应当把注册制改革仅仅当成股票发行审批机制的改变，而要深刻认识到这一改革对转变政府职能、简政放权、增强政府公信力、激发市场活力带来的革命性影响。与现有的以政府审批为特征的核准制相比，注册制意味着在企业向投资者全面、充分披露信息，审核、注册部门不对股票发行是否具有“投资价值”把关，不

---

① 中国法学会证券法学研究会：《股票发行注册制改革风险评估与对策建议》（执笔人：郭锋、邢会强、杜晶），载《财经法学》2016年第6期。

对企业发行规模、发行节奏进行管控，不对股票发行价格进行限制，不对市场价格的涨跌进行“维护”。因此，将股票发行审核制改革为注册制，实质上就是在资本市场进一步简政放权，证券监管部门不再对企业股票公开发行是否符合实质条件、是否具有投资价值进行判断，而是将这种判断权还给市场。另外，注册制改革有利于减少公权力寻租腐败现象，证券监管部门的职责是依法进行高效、独立、自主地监管。

第二，注册制改革有利于提高资本市场运行效率，使市场在资源配置中起决定性作用。我国现行的证券公开发行审核制度，既不同于美国的注册制，也不同于欧洲大陆国家传统上的实质管理制度。证券立法初衷是想在两种制度之间寻求折中，一是要保证投资者获得较为充分的信息，二是试图确保进入证券市场的上市公司的质量和投资价值。从实际运行效果来看，第一个目的基本达到，第二个目的并没有完全实现，很多公司上市以后就暴露出欺诈、亏损或其他问题，使投资者权益受到损害。实践证明，即使是拥有强大的公权力的证监会也不能确保上市公司的质量。在审批制下，证券监管部门对股票发行“管价格、调节奏、控规模”，虽然短期内可起到稳定证券市场和投资者心理作用，但却不利于市场自身机制发挥。注册制可以最大限度提高资本市场运行效率，使市场在资源配置中起决定性作用。其一，注册制能够更迅捷地满足筹资者需要，调节社会资金需求者与资金供给者之间的矛盾。其二，证券交易所自主行使发行上市审核权，可以解决在核准制下股票发行阶段交易所审核“缺位”、股票上市阶段交易所审核“虚位”，没有权力决定股票发行上市的问题。其三，在注册制下，法律不对企业发行设置发行条件，但证券交易所有必要对企业上市设置上市门槛，例如企业盈利能力等财务指标。证券交易所可以通过上市审核，淘汰那些不符合其上市条件的发行人，从而实现证券交易所应有的市场资源配置作用。

第三，注册制改革有利于促进多层次资本市场合理竞争、协调发展。我国已形成由主板、中小板、创业板、新三板、科创板构成的多层次资本市场体系。根据《国务院关于全国中小企业股份转让系统有关问题的决定》的规定，“在全国股份转让系统挂牌的公司，达到股票上市条件的，可以直接向证券交易所申请上市交易”，注册制事实上已在新三板市场实施。科创板一设立，即全面实行注册制。在注册制下，证券交易场所行使发行上市审核权，将促进交易所之间的良性竞争，激励交易所根据市场情况、自身特点、投资者构成等制定差异化上市条件；有利于提高交易所服务质量，完善多层次资本市场建设，加强投资者利益保护，促进企业提升公司治理水平。

需要指出的是，本次证券法修订将股票发行注册制扩大到债券发行，是非常正确的举措。证券法调整的证券，只要是公开发行，就应当实行统一的发行制度，注册制应当适用于所有的证券品种。如果不适用于债券这种投资风险更小的证券，反而采取较为严厉的核准制，正如有的学者指出的，这种制度安排显然不具合理性。①

（三）证券法修订充分吸收科创板注册制试点的成功经验

2018 年 11 月 5 日，习近平总书记宣布在上交所设立科创板并试点注册制。② 经过一年多的筹备，上交所制订了一系列科创板试点注册制方案和主要制度安排，科创板顺利启动推进，注册制试点有序推进。2019 年 4 月，证券法三审稿在“证券发行”一章中增加了专节“科创板注册制的特别规定”，对科创板发行股票的条件、注册程序、监督检查等基础制度作出规定；并明确国务院证券监督管理机构依照本法制定证券注册的具体办法。同时，将证券法关于证券发行的其他内容作为“一般规定”，单列一节。但在征求意见过程中，实务界、学术界对这种核准制与注册制并存的方案均不满意，纷纷建议修改为全面实行注册制。鉴于新三板、科创板试点注册制经受住了实践检验，2019 年 12 月证券法四审稿废除核准制，在参考吸收《关于在上海证券交易所设立科创板并试点注册制的实施意见》的基础上，规定全面实行注册制。

科创板在我国的推出，首先是具有国家层面的宏观战略思考。从根本上说是要服务国家经济创新驱动发展战略。在越来越激烈的国际竞争中，提升科技创新能力，通过创新引领驱动高质量发展，已经成为中国经济发展的迫切需要。资本市场在引导社会资本投向科技创新企业，带动资本流向科技创新领域方面，有着特殊的不可替代的作用。但传统上，我国资本市场股票发行融资制度侧重于传统产业和成熟企业，对于成长中的科技创新类企业如何利用资本市场配置资源，无论是观念和制度，还是机制和做法，都缺乏应有的包容性。在现有市场板块之外专门设立科创板，集中服务科技创新企业，正是为了对接国家创新驱动发展战略，尽快补齐资本市场的短板。其次是增强我国资本市场国际竞争力的重大举措。资本市场是高度开放的国际化市场，面临日益激烈的国际竞争。多年以来，很多本土优质企业特别是以“BAT”为代表的新经济公司，绝大多

---

① 李东方：《论股市危机后中国股票发行注册制改革的对策》，载《中国政法大学学报》2017 年第 5 期。

② 《上交所将设立科创板并试点注册制》，载新华网，http://www.xinhuanet.com/money/2018-11/06/c_129986637.htm，最后访问时间：2020 年 7 月 31 日。

数到境外市场上市，形成了一批“中概股”。这一现象直观对比出我国资本市场在吸引、促进科技企业发展方面的竞争劣势。在全球经济贸易国际化冲突加剧，我国经济发展外部环境发生深刻变化的大格局下，如何让优质科创企业首先能够利用境内资本市场做大做强，让境内投资者分享这些企业的创新发展成果，成为设立科创板并试点注册改革的重要考量因素。

上交所在设立科创板并试点注册制时，对标境外特别是美国等成熟市场科技创新板块实践，借鉴其以市场化和法制化为主导的发行注册制度，在《关于在上海证券交易所设立科创板并试点注册制的实施意见》中，规定了以下改革举措：（1）精简优化发行上市条件。一是取消了持续盈利、不存在未弥补亏损、无形资产占比限制等方面要求；二是设置了以“市值”为核心的上市标准，同时针对红筹企业和特殊股权结构企业，另行制定了上市标准；三是对涉及企业利润大幅度下滑、同业竞争和关联交易占有较大比重等隐性门槛，考虑通过充分信息披露和风险揭示来把握，不再成为发行上市障碍。（2）明确限定审核周期。交易所发行上市审核不超过3个月，发行人和中介机构的问询回复不超过3个月；交易所受理发行上市申请后，必须在20个工作日发出审核问询函。证监会收到交易所报送审核意见后，在20个工作日内履行注册程序。（3）市场化定价。市场化发行承销定价机制包括以专业机构投资者为参与主体的市场化询价、定价和配售机制；支持发行人采取战略配售、超额配售选择权等差异化业务安排，形成定价约束。在二级市场交易中，放开新股上市前五个交易日涨跌幅，将此后的涨跌幅限制放宽至20%。（4）交易所在审核中，采取以问询和现场督导相结合的审核方式，督促发行人提高信息披露质量，督促发行人及中介机构真实、准确、完整地披露信息。上交所的这些措施，为证券法全面采用注册制积累了经验、创造了条件、减少了风险。

（四）贯彻落实证券法规定的发行注册制的几点建议

1. 加强风险意识和底线思维。正如任何调整权力、利益分配机制的改革都有风险一样，注册制改革也存在一定的风险。长期以来，我国资本市场形成一种以股价为导向进行政策评价的舆论生态，即用股价涨落来衡量一项政策或改革措施是否具有合理性。可以说，正是这种具有急功近利、投机性的股市文化，严重影响和制约了资本市场的改革与发展。注册制改革，被一些市场人士、媒体错误解读为降低发行上市标准，市场大幅度扩容，会导致股价下跌。实际上，注册制改革并不直接决定供求关系，加之目前我国股市整体估值水平尤其是蓝筹股的估值水平普遍偏低，2015年股市风波后风险已经充分释放，下跌空间有限，注册制改革推出导致股市出现剧烈波动的概率很小。因此，监管机构、新闻媒体应该向市场和投资者正确宣传、解读注册制改革的政策目标和相关知识。

2. 监管部门要防止把注册制变为核准制。我国资本市场从建立开始就是在政府主导下发展起来的，政府管制色彩浓厚，对上市公司、中介机构、投资者具有"保姆"式呵护情结，具有根深蒂固的政府"护市"、"救市"和"维稳"思想，并由此引发、加剧了市场主体对行政管制的路径依赖。在此情况下，监管部门主导的注册制改革容易走入"实际控制人"误区，即名义上把审核权下放到交易所，但实际上通过内部行政程序、把持最终注册权对证券发行上市进行实际操控。这就会使注册制改革变形走样，使以前核准制下出现的问题依然存在，无法实现真正简政放权、市场自律、激发市场活力的目的。监管部门要致力于建立以投资者为导向的信息披露制度，对不同层次的投资者进行差异化的制度安排，整体提升信息披露的有效性。①

3. 防止交易场所恶性竞争。我国目前存在上海证券交易所、深圳证券交易所、全国中小企业股份转让系统（新三板）三大交易场所。注册制改革实施到位后，交易场所为了争夺上市资源，客观上会出现争揽客户的竞争局面。如果交易所自律约束不强，竞争规则不明确，监管部门执法不严格，很可能导致交易场所降低发行上市标准，产生标准"逐底"，使股票发行出现"劣币驱逐良币"风险。也有可能出现为竞争优质上市企业，而纷纷降低上市费用、放宽信息披露标准、提供过多增值服务，加大交易场所运营成本等现象。如果有的交易场所上市定价过高、缺乏服务精神、创新意识，就无法获得足够的企业资源，丧失客户，面临被淘汰的风险。

4. 大力发展机构投资者。切实加强普通投资者教育。证券投资是一种复杂的金融活动，客观上要求投资者为自己的投资决策进行信息分析和甄别，机构投资者具备明显优势，更具备这种智力和物质基础，可以根据自身对公司披露信息的消化判断能力来进行买卖操作和估价调整，从而影响证券交易价格、促进真实合理的价格形成，因此，我国应当一如既往地大力培育和发展机构投资者。加强对普通投资者教育，要让投资者正确认识注册制。

5. 推进证券交易所公司制改革。从国际上来看，几乎所有的大型证券交易所都是公司制交易所，并实现了上市。企业是与政府相对应的另一种存在，它

---

① 甘培忠、夏爽：《信息披露制度构建中的矛盾与平衡》，载《法律适用》2017 年第 17 期。

属于私人部门（private sector），崇尚的是交易自由，没有企业的自治，就没有交易，也就没有市场。① 对组织交易的交易所来说，这一原理同样适用。在金融全球化的国际竞争背景下，公司制交易所可以通过收购兼并迅速做大做强，在全球范围内吸收上市资源和资金。我国应该以新证券法实施为契机，推进沪深两个证券交易所的公司制改革。推进证券交易所公司制改革是强化其独立性的重要途径，在交易所主体地位、人员、财务真正从监管部门管控中分离出来以后，其独立行使注册职能，自主制定、执行发行上市标准以及实行个性化、差异化的退市制度等，就有了可靠的制度保障。

6. 进一步落实退市制度。党的十八届五中全会提出要“更加注重运用市场机制、经济手段、法治办法化解产能过剩，加大政策引导力度，完善企业退出机制”，中央文件多次强调要积极稳妥化解产能过剩，依法为实施市场化破产程序创造条件。在资本市场，要充分发挥破产清算程序在淘汰落后上市公司方面的积极作用。一是对资不抵债、丧失自我修复和自我发展能力的上市公司，及时启动破产清算程序，督促市场主体依法有序退出。公司强制清算中发现符合破产清算条件的，要及时转入破产清算程序。二是要充分利用破产重整程序在化解过剩产能方面的作用。对已陷入停产或半停产、债务负担沉重但符合产业政策调整目标的上市公司，要依法及时进行破产重整，通过设计可行的兼并重组方案压缩和合并过剩产能、优化要素配置。

7. 监管执法必须到位。注册制改革对证券监管部门最重要的价值是使得政府监管回归本位，重在对资本市场严格执法，制定规则，颁发准入牌照，监督市场主体活动，依法查处证券欺诈行为，维护投资者合法权益。这将促使证券监管实现真正转型，除可能出现系统性风险以外，不应当再把主要职能聚焦在对发行市场发行节奏、规模、价格等的管控，以及对交易市场交易价格的人为干预方面。通过政策、规章对资本市场进行宏观调控是必要的，但对市场和市场主体直接发号施令进行微观干预则要坚决避免。注册制改革后，证券监管部门的监管权威、执法公信力需进一步提升，特别是执法时要坚决排除不当的干预。如果监管执法不到位、不严格、不公正，资本市场就会出现大面积欺诈发行上市风险。注册制改革后，证券监管部门可以将之前集中于发行审核的人力、物力、财力转移至事中、事后监管，加大对证券市场欺诈行为的稽查和处罚力度，将“管控型”监管转为“执法型”的“事后威慑式监管”。通过加强稽查

---

① 施天涛：《公司治理中的宪制主义》，载《中国法律评论》2018 年第 4 期。

执法，打击违法违规行为，维护市场秩序，清除不合格的市场参与者，并在证券市场异常情况下进行风险处置。加大行政处罚执法力度，让行政处罚产生应有的震慑效应。

8. 不断完善证券民事诉讼机制。注册制意味着发行人、保荐人、中介机构的义务责任更重。要不断完善证券诉讼机制，严惩欺诈发行上市行为。要进一步落实、健全市场欺诈行为的民事责任制度，推出关于内幕交易民事责任和操纵市场民事责任的相关司法解释，准确界定证券侵权民事责任的构成要件，完善重大性、交易因果关系等制度，正确分配当事人的举证证明责任。依法受理和审理虚假陈述、内幕交易和市场操纵行为引发的民事赔偿案件，维护投资者合法权益。完善证券诉讼机制，鼓励支持诉讼、代表人诉讼、集体诉讼。充分利用庭审公开、裁判文书公开、执行信息公开机制，向证券市场、广大投资者宣传普及证券法律知识，警示违法犯罪者。

第一章 总 则

在立法学上，总则是对某一部法律的立法宗旨、调整对象、适用范围、基本原则、统领性制度等内容的纲领性、概括性表述。一部法律的总则就是总纲，贯穿于这部法律的始终，具有统领和指导其他各章的作用。总则部分的规定还有两个作用：一是向全社会特别是该法调整的当事人彰显立法的价值导向、基本理念，宣示提倡说明，禁止什么，制裁什么，为人们的行为界定合法与非法的界限，划定禁止的红线。二是可以起到对之后各部分条文进行法律解释的指导作用。法律具体条文是为解决社会关系具体问题的抽象规则，在法律适用时需要借助解释工具准确理解适用，使具体问题得到解决。总则部分的基本规定可以帮助执法者、司法者明了法条的真正含义，使对法条的理解适用符合立法者原意。

《中华人民共和国证券法》于1998年12月29日由第九届全国人民代表大会常务委员会第六次会议通过。后经2004年8月28日第1次修正、2005年10月27日第1次修订、2013年6月29日第2次修正、2014年8月31日第3次修正、2019年12月28日第2次修订。一共修正3次，修订2次，合计修改5次。

2019年12月28日第十三届全国人民代表大会常务委员会第十五次会议通过修订、2020年3月1日生效实施的《中华人民共和国证券法》（本书以后各部分均统称“新证券法”或“证券法”），共14章，226条。第一章“总则”，共8条，规定了证券法的宗旨和任务；证券法所调整的证券种类及其所适用的法律；证券法的域外管辖；证券发行、交易活动所应遵循的公开、公平、公正原则，当事人地位平等和自愿、有偿、诚实信用原则，合法性原则，分业经营、分业管理原则，证券市场统一监管原则，以及对有关主体依法进行审计。总体上说，总则的8条规定，特别是前7条规定，是统率证券法整部法律的纲领，是全部证券法律制度的基石，是证券发行交易活动必须遵循的基本制度规范，是所有证券市场参与主体的行为准则，是证券监管、证券司法的根本遵循。

与原证券法（指2014年8月31日修正后、2019年12月28日修订前的证券法，本书其他部分的含义相同）相比，新证券法条款减少了一条（从原法9条变为新法8条），内容主要变化是：第一，在第2条第1款新增存托凭证作为证券，为证监会2018年发布的《关于开展创新企业境内发行股票或存托凭证试点的若干意见》在境内开展存托凭证业务奠定法律基础。第二，删除原证券法第2条第3款的规定“证券衍生品种发行、交易的管理办法，由国务院依照本法的原则规定”。因为存托凭证作为衍生证券已纳入证券法调整；预计将由全国人大常委会审议颁布的《期货法》集中规定证券期货产品，不需要国务院再专门制定行政法规。第三，在第2条第3款新增规定“资产支持证券、资产管理产品发行、交易的管理办法，由国务院依照本法的原则规定”。这实际上承认了资产支持证券、资产管理产品的证券属性，意味着在法理上认可了金融投资商品的概念。只不过在我国分业监管体制还没有根本改革的情况下，相关金融投资商品仍然由不同机构监管，但规则应当遵循证券法的原则，实际上也意味着在证券法中引入了功能监管的理念与机制。第四，在第2条第4款新增规定“在中华人民共和国境外的证券发行和交易活动，扰乱中华人民共和国境内市场秩序，损害境内投资者合法权益的，依照本法有关规定处理并追究法律责任”。即增加了证券法的域外管辖，即长臂管辖原则。第五，将原证券法第3条“证券的发行、交易活动，必须实行公开、公平、公正的原则”中的“实行”修改为新证券法第3条中的“遵循”。第六，删除了原证券法第8条的规定“在国家对证券发行、交易活动实行集中统一监督管理的前提下，依法设立证券业协会，实行自律性管理”。原因主要是：“集中统一监督管理”这个前提在证券法第7条已经规定，文字上不必再重复；第十一章专章规定了证券业协会，证券业协会主要是以证券公司为主体会员的自律性组织，其职能作用主要针对会员，一般不直接涉及证券市场其他主体，即对其他主体不具有统一适用性，如在总则中规定与总则的立法定位不协调。

第一节　本章新制度

一、存托凭证

新证券法第2条规定了存托凭证，从而在我国法律中扩大了证券的内涵和外延。存托凭证（Depository Receipts，DR），又称为存券收据或存股证，在金融投资学意义上是指在一国（或地区）证券市场流通的代表境外公司有价证券的可转让凭证，属公司融资业务范畴的金融衍生工具。在证券法意义上，是指存托人受基础证券发行人委托，以基础证券发行人发行上市的证券为基础，在本国（或地区）证券市场发行并流通转让的具有股权性质的证券。存托人以自己名义独立签发存托凭证后，与基础证券相分离，并独立产生法律效力，投资者行使权利、享受利益以存托凭证为依据。存托凭证投资者，不是基础证券发行人登记在册股东，不能以股东身份直接行使股东权利，仅能根据存托协议的约定，通过存托人享有并行使有关权利。

按发行或交易地点不同，国际上通常有美国存托凭证（American Depository Receipt，ADR）、欧洲存托凭证（European Depository Receipt，EDR）、全球存托凭证（Global Depository Receipts，GDR）、①中国存托凭证（Chinese Depository Receipt，CDR）等。2019 年，上海证券交易所与伦敦证券交易所推出了互联互通存托凭证。这是基于上交所与伦交所的互联互通机制，符合条件的伦交所上市公司在上交所上市的存托凭证（CDR），以及符合条件的上交所上市公司在伦交所上市的存托凭证（ADR）。在此，CDR 是由存托人签发、以在伦交所上市的证券为基础在中国境内发行，代表境外基础证券权益的证券；GDR 是由存托人签发、以沪市 A 股为基础在英国发行、代表中国境内基础证券权益的证券。沪伦通 CDR 的上市、交易、跨境转换和信息披露等事宜，适用中国法律和监管政策、上交所交易规则。

（一）美国存托凭证（ADR）

存托凭证起源于美国证券市场。美国存托凭证（American Depository Receipt，ADR）是美国投资银行与商业银行合作，为促进外国证券在美国证券市场交易而发行的一种衍生证券，代表非美国公司可公开交易的股票和债券。1927 年，投资银行 J. P. 摩根公司（J. P. Morgan & Company）为便利美国人投资在美国上市的英国股票发明了存托凭证。当时的英国法律禁止英国公司将在国外发行的股份登记于外国证券登记机构，为规避这项规定，J. P. 摩根公司创设了代表英国公司股份的存托凭证。之后，存托凭证在美国资本市场得到了长足发展，大部分欧洲上市公司、中国赴美上市公司均在美国市场发行 ADR。目前共有数千家公司设立了 3000 多项 ADR。

① GDR 常用的交易所包括伦敦证交所、卢森堡证交所、新加坡证交所、法兰克福证交所。

发行ADR的优越性主要体现在：其一，从ADR产生的法律背景来看，根据美国证券法规定，在美国上市的企业注册地必须在美国。外国企业如果没有在美国注册，采取存托凭证方式进入美国资本市场是一种合法的途径。美国的一些机构投资者如退休基金、保险公司不能购买外国股票，但可以购买在美国上市的存托凭证。美国《1933年证券法》对境外发行人公开发行存托凭证进行规制。ADR所有发行都必须注册登记，发行人需要向SEC申报F-6表格。《1934年证券交易法》对ADR发行后在二级市场交易进行规制，如信息持续披露和定期报告。其二，借助全球最发达的资本市场进行融资。存托凭证的基本经济功能体现在，通过扩大发行人的有价证券市场，增加其在国外的股东，扩展国外融资渠道。美国证券市场容量大，筹资能力强，投资者权益保护力度大，发行人可以避开直接发行股票、债券的法律要求和繁琐程序，通过发行ADR以较低成本在短期内筹集到大量外汇资金。其三，扩展公司股东基础，提高发行人证券的流动性、分散风险，并增强长期筹资能力。可以通过调整存托凭证比率将存托凭证价格调整至上市地同类上市公司股价范围内，便于发行人进入该资本市场开辟新的筹资渠道，在该国拓展业务、实施并购战略。其四，对ADR投资者来说，可以投资全球优质上市公司，并用美元交易和获取股利，通过投资者熟悉的美国清算公司进行清算交割，按照美国法律保障投资者权益。某些机构投资者受投资政策限制，不能投资国外上市证券，投资ADR则可以规避这些限制。

参与美国存托凭证发行与交易的中介机构包括存券银行、托管银行和中央存托公司。存托凭证的发行流程是：美国投资者委托经纪人购入存托凭证，经纪人购入在市场上交易的ADR或要求存托银行发行新的ADR。在发行新ADR情况下，美国经纪人需联系非美国经纪人在非美国市场购入股票，并存托于非美国保管银行，保管银行收到股票后指示美国存托银行发行ADR。存托银行发行ADR，并提供给最初提出交易的经纪人，经纪人再将ADR交给保管信托公司。存托凭证可在纽约证券交易所、美国股票交易所或纳斯达克交易所挂牌上市。

美国存托凭证分为无保荐存托凭证（Unsponsored ADRs）和有保荐存托凭证（Sponsored ADRs）。无保荐存托凭证是由投资银行（证券商）应投资者要求，在国外直接购买已发行的基础证券并存入保管银行，再委托存托银行发行存托凭证。有保荐存托凭证是由发行基础证券的外国公司委托存托银行发行存托凭证，存托银行将基础证券存入保管银行。无保荐存托凭证由于不需要基础证券发行公司介入，向SEC注册的信息较为宽松，仅限于在OTC挂牌交易，且无法确保信息披露真实性，不利于控制投资风险，因此已经很少采用。①

根据筹资能力、交易场所、注册要求不同，有保荐存托凭证分为一级ADR、二级ADR、三级ADR。一级ADR（Level I），只能在柜台交易市场（OTC）交易，是最简便的上市交易方式。SEC的监管要求少，不要求发布年报，不要求遵守美国会计准则（GAAP）。二级ADR（Level II, listed），比一级ADR复杂，须向SEC注册并接受监管。必须定时提供年报（Form 20-F），并遵循美国会计准则。可以在证券交易所交易，而不仅限于柜台市场。三级ADR（Level III, offering），是最高一级ADR，SEC对其监管最为严格，与对美国本土上市企业的监管要求基本一致。最大优势是可以实现融资功能，而不仅限于交易。公司必须提供招股说明书（Form F-1），满足公开信息披露要求，以Form 8K表格形式向SEC注册。

（二）中国存托凭证（CDR）

从渊源上看，我国从20世纪90年代就开始介绍、研究美国存托凭证。中国公司在国外发行存托凭证已经具有较长历史。早在1993年，中国石化上海石油化工有限公司就在美国发行上市ADR。2003年12月，中国人寿保险股份有限公司在美国发行ADR，融资总额35亿美元，是当年全球最大的上市项目。从此以后，一些科技公司、互联网公司，先后在美国发行上市ADR。资料显示，截至2018年年初，共有93家中国公司在美国证券交易所发行ADR，其中，55家在纽交所发行，38家在纳斯达克发行。② 还有181家中国公司在美国场外交易市场（OTC）发行ADR。③

1997年亚洲金融危机后，在香港上市的一些公司希望进入内地融资。但存在的主要障碍是：按照当时对CDR的定义，只有注册地在中国境外的公司才能在国内发行CDR，这就将H股、S股公司排除在外，尽管这些公司大都已通过增发A股回到内地证券市场；人民币在资本项目下尚未实现完全可自由

① 此外，还有一种“限制性存托凭证（Restricted ADRs）”，是指依SEC《指导规则》（Guidance Clarifying Rule）第144（a）条规定发行交易的私募存托凭证，也称为“第144（a）条存托凭证”。允许限制性存托凭证转售给合格机构投资者（qualified institutional buyers，QIB），以增加私募市场的流动性。

② 这93家公司中，最多的是软件计算机服务业，共21家，包括百度、58同城、网易、搜狗、迅雷、陌陌、智联招聘等；其次是零售业，共12家，包括阿里巴巴、京东、唯品会、聚美优品、兰亭集势等；其他分布较广的行业依次为金融服务、新能源、传媒、旅游休闲、支持服务，如以和信贷、晶科能源、凤凰新媒体、携程、前程无忧等。

③ 主要集中在建筑材料、金融服务、工业运输、零售、能源、汽车及配件等行业。

兑换，国外公司通过发行存托凭证在我国 A 股市场上筹集的人民币资金无法自由汇兑出境；在国内 A 股市场上发行存托凭证的公司，按照我国法律规定还必须将募集资金投入在国内的投资项目，这就需要有项目支撑。为此，理论界、监管部门存在对试行 CDR 的质疑。如果在当时推出 CDR，只有香港红筹股符合 CDR 基本条件，如中国移动（香港）、中国联通（香港）等一批红筹股公司。

21 世纪初监管机构开始考虑推出中国存托凭证（Chinese Depository Receipt，CDR）。2016 年 6 月 21 日，中国人民银行发布《中国人民银行年报 2015》表示“可考虑推出可转换股票存托凭证（CDR）”。国务院发布《“十三五”国家信息化规划》，提出“研究特殊股权结构的境外上市企业在境内上市的制度政策”。但正式进行制度化设计是在2018 年。2018 年3 月22 日，国务院办公厅转发证监会《关于开展创新企业境内发行股票或存托凭证试点若干意见的通知》（国办发〔2018〕21 号）发布，允许试点红筹企业按程序在境内资本市场发行 CDR 上市。2018 年6 月6 日，证监会公布施行《存托凭证发行与交易管理办法（试行）》。该办法以部门规章形式对 CDR 基本制度作出规范，明确 CDR 发行与交易的监管要求和参与主体的基本权利义务，既为创新企业通过发行 CDR 回归境内资本市场奠定制度基础，也为开通“沪伦通”预留制度空间，做好规则准备。在这一制度安排下，香港的红筹上市公司可以将部分已发行上市的股票托管在当地保管银行，由中国境内的存托机构发行，在境内 A 股市场上市，以人民币交易结算、供国内投资者买卖。

2018 年 10 月 12 日，证监会发布实施《关于上海证券交易所与伦敦证券交易所互联互通存托凭证业务的监管规定（试行）》。① 该监管规定共 30 条，主要规定了沪伦通 CDR 发行审核制度，对相关核准程序、申报文件清单、保荐尽调、会计审计安排和 CDR 核准数量上限等作出规定；明确 CDR 跨境转换制度安排，对境内证券公司参与跨境转换的条件及相关资产和投资行为等作出规定；明确 CDR 持续监管要求，对季度报告、重大资产重组等事项作出差异化安排；明确境内上市公司在境外发行 GDR 的监管安排，对 GDR 发行条件、发行价格、限制兑回期以及参与 GDR 跨境转换的境外券商和存托人作出规定；明确相关市

① 《关于上海证券交易所与伦敦证券交易所互联互通存托凭证业务的监管规定（试行）》规定：沪伦通存托凭证业务，是指符合条件的在伦敦证券交易所上市的境外基础证券发行人在境内公开发行存托凭证并在上海证券交易所上市，以及符合条件的在上海证券交易所上市的境内上市公司在境外发行存托凭证并在伦敦证券交易所上市。

场参与主体的法律责任。

2019 年 6 月 17 日，沪伦通于伦敦证交所正式启动。中国证监会和英国金融行为监管局当日发布了沪伦通联合公告，原则批准上交所和伦交所开展沪伦通。[①] 据联合公告，起步阶段，对沪伦通跨境资金将实行总额度管理。目前在中国开展的 CDR 业务暂不允许直接融资，仅能以英国现有存量股为基础发行 CDR；上交所 A 股上市公司则可通过发行 GDR 直接在英国市场融资。同日，华泰证券发行的沪伦通下首只全球存托凭证（GDR）产品在伦交所挂牌交易。华泰证券成为首家按沪伦通业务规则登陆伦交所的中国公司。[②] 据英国驻华使馆估计，近 1500 家上交所上市公司中，超过 260 家公司可能有资格参与沪伦通并在伦敦上市。[③] 沪伦通开创了中国与国际市场联通新模式，对于促进中国资本市场双向开放，推动人民币国际化以及上海国际金融中心建设都有非常深远的意义。但在全球贸易摩擦加剧和新冠肺炎疫情冲击下，近期效果如何，还有待观察。

（三）中国存托凭证（CDR）的作用与意义

第一，为境外红筹上市公司扩展中国内地融资渠道，提高上市公司质量。在境外上市的中国公司，有着较强的内地直接融资需求。但我国现有法律和监管规章对这类公司在 A 股市场直接融资有着严格的限定。CDR 为这些公司在内地市场直接融资提供了制度支持，丰富了境外上市公司融资渠道，可以进一步优化公司的资本结构。CDR 的发行人一般是业绩较好、公司治理水平较高的公司，这些公司在内地市场发行 CDR，与 A 股市场上市公司一样接受内地日益完善的上市公司法律制度监管，可以促使那些业绩、治理等相对较差的境内上市公司借鉴先进治理经验，最终普遍提高 A 股市场上市公司整体质量。随着沪伦通存托凭证业务的开展，还可以吸引一大批优质外国公司进入中国资本市场，形成良性竞争、示范效应。此外，允许国内商业银行参与 CDR 发行，有利于增

---

① 根据中国证监会和英国金融行为监管局发布的沪伦通联合公告显示，沪伦通包括东、西两个业务方向。东向业务是指伦交所上市公司的基础股票，通过跨境转换等方式转换成中国存托凭证（CDR），在上交所挂牌交易；西向业务是指上交所 A 股上市公司的基础股票转换成全球存托凭证（GDR），在伦交所挂牌交易。

② 据公开报道，华泰证券在伦敦证券交易所发行全球存托凭证（GDR），每份 GDR 价格确定为 20.5 美元，行使超额配售权之前募资 15.38 亿美元。华泰证券 GDR 发行创下近年来欧洲资本市场的多项纪录——2017 年以来英国市场规模最大的 IPO、2013 年以来全球存托凭证市场规模最大的 IPO，同时也是 2012 年以来欧洲市场规模最大的纯新股募资上市。

③ 参见《沪伦通正式启动！境外资金要来 A 股了吗?》，载百度网，https://baijiahao.baidu.com/s?id=1636732097529608496&wfr=spider&for=pc，最后访问时间：2020 年 3 月 29 日。

强我国商业银行的业务及盈利能力，增强在国际资本市场的竞争优势，加快中国银行业国际化。

第二，丰富境内投资者的投资品种，优化投资组合。据中国人民银行 2020 年 2 月金融统计数据报告，2 月末，我国本外币存款余额 202.35 万亿元，同比增长 8.1%。月末人民币存款余额 196.83 万亿元，同比增长 8.1%。前两个月人民币存款增加 3.9 万亿元，其中，住户存款增加 4.12 万亿元，财政性存款增加 4210 亿元，非银行业金融机构存款增加 1.06 万亿元。2 月末，外币存款余额 7877 亿美元，同比增长 2.8%。前两个月外币存款增加 299 亿美元。[①] 据估计，到 2030 年，中国的资产管理规模将超过 17 万亿美元。高储蓄率现象的一个重要原因是投资品种不丰富、投资渠道不畅。我国证券市场自 2013 年股市危机以来一直处于低迷状态，债券市场规模较小，房产投资不断进行调控，新兴理财投资方式缺乏等，导致投资者可选择的投资品种非常有限。目前，发行 CDR 的公司为境外优质上市公司，有较大投资价值，可以丰富投资者证券投资组合，分散投资风险，提升投资者信心。

第三，适应双向开放新形势，加快资本市场国际化进程。我国资本市场的国际化包括机构、交易品种、交易制度、市场监管等多方面的国际化。在中美贸易谈判达成的第一阶段协议中，资本市场进一步开放是重要内容。CDR 作为一种金融创新品种，可以加强我国资本市场与境外市场的融合交流、双向发展，加快资本市场国际化进程，提高我国资本市场监管水平。以前，我国一些具有成长性的企业基本上是到美国单向发行 ADR，付出高昂的融资成本，包括维持上市费用、信息披露费用，还面临诸多法律风险，客观上也弱化了中国资本市场。[②] 从沪港通、深港通到沪伦通，我国资本市场的开放程度进一步扩大，而且呈双向开放态势。沪伦通是我国资本市场真正迈出国门的第一步，在我国资本市场逐步开放的进程中具有划时代意义。有利于 GDR 发行公司在全球发展国际业务，扩大海外布局，提升在国际资本市场的地位，增强核心竞争力。对我国而言，可以在人民币国际化方面吸引更多海外机构参与 A 股投资，推动人民币纳入伦敦金融投资机构的储备货币，加大其人民币资产配置额度。国内市场

---

① 《2020 年 2 月金融统计数据报告》，载中国人民银行网站，http：//www.pbc.gov.cn/goutongjiaoliu/113456/113469/3987299/index.html，最后访问时间：2020 年 3 月 31 日。

② 如奇虎 360 在美国发行和纽交所上市的 ADR 相关费用高达 322 万美元。参见袁达松、徐秋华：《中国企业美国上市的 ADR 模式》，载《证券法律评论（2015 年卷）》，中国法制出版社 2015 年版，第 222 页。

可借鉴伦敦成熟的监管机制、运行模式和投资理念，有助于建设更加开放、更具有影响力的国际金融中心城市。

二、资产支持证券

本次证券法修订，将资产支持证券增加为证券种类之一，规定其发行与交易的管理办法由国务院依照本法的原则规定。

受我国分业经营、分业监管金融体制的影响，我国的资产证券化业务从一开始就在不同监管部门主导下由不同金融机构分别进行试点，与此相适应，主要形成了对应的三套资产证券化操作模式和立法。一是证监会主导的企业资产证券化模式，主要适用《证券公司及基金管理公司子公司资产证券化业务管理规定》，由中国证券投资基金业协会进行备案管理，采用资产支持专项计划作为SPV，其基础资产范围包括企业资产、信贷资产，且不属于负面清单的范畴；发行人范围包括证券公司、基金公司、期货公司等证监会监管的其他公司，交易场所包括证券交易所、证券业协会报价与转让系统、证券公司柜台市场以及证监会认可的其他交易场所。二是中国人民银行、银保监会主导的信贷资产证券化模式，主要适用《信贷资产证券化试点管理办法》《金融机构信贷资产证券化试点监督管理办法》等，目前同样施行备案登记管理证券化操作，采用信托作为SPV，其基础资产范围主要限于信贷资产，发起人主要是商业银行、小贷公司、金融租赁公司等金融机构，且要求5%的风险自留，交易场所为银行间债券市场。三是中国人民银行领导下，银行间市场交易商协会主导的资产支持票据（Asset－backed Note，ABN）模式，主要适用《银行间债券市场非金融企业资产支持票据指引》，采用注册制管理ABN的发行，倡导由各方参与者通过自律或者合同安排处理证券化问题，强制性规定不多且相对简单。采用信托或其他特定目的载体作为SPV，也可以由发起人充当发行人，其基础资产范围包括公共事业收费权、保障房住房租金收入等，发起人主要为非金融企业，交易场所为银行间债券市场。①

在法理上，上述资产证券化产品都是证券即资产支持证券。但在本次证券法修改之前，只有证监会、国家发改委系统的资产证券化产品才被认定为证券，可以适用证券法，其他的资产证券化产品都未被认定为证券。这是因为我国原证券法只采取列举方式给出证券法的适用范围而不给证券下定义。这次证券法

① 邢会强主编：《证券法学》，中国人民大学出版社2019年版，第51页。

修订将所有资产证券化产品都纳入证券范畴，与美国等域外立法相衔接，适用证券法严格的法律制度（如注册制以及信息披露、投资者适当性、反欺诈制度等）对其进行规范。

三、资产管理产品

本次证券法修订，将资产管理产品明确列明为证券种类之一，并要求其发行与交易的管理办法由国务院依照本法的原则规定。

2005 年，原银监会发布《商业银行个人理财业务管理暂行办法》和《商业银行个人理财业务风险管理指引》，对我国银行理财业务进行监管。受 2008 年国际金融危机后“四万亿政策”的影响，银行理财逐步转向承接表内信贷业务，通过与信托、证券、基金等通道的合作实现影子银行化。原银监会自 2009 年开始出台大量监管规章或政策，对失控的银行理财进行纠偏。2013 年，国务院办公厅发出《关于加强影子银行监管有关问题的通知》。在经历了 2017 年的大整顿后，2018 年 4 月《关于规范金融机构资产管理业务的指导意见》（以下简称《资管新规》）发布后，2018 年 12 月银保监会出台《商业银行理财子公司管理办法》，商业银行的资产管理业务移交给理财子公司进行，后者也正式成为与基金管理公司、保险资管等并列的独立资产管理机构。

1999 年，证监会正式批准综合类券商从事资产管理业务；2003 年颁布了《证券公司客户资产管理业务试行办法》，确立了定向资管、集合资管、专项资管三种基本模式。2008 年 7 月证监会发布了《证券公司定向资产管理业务实施细则（试行）》和《证券公司集合资产管理业务实施细则（试行）》，券商资管业务的监管体系基本成型。2012 年和 2013 年的规则修订放松了对券商资管业务监管，导致“证银合作”、通道化成为券商资管的基本形态，再次背离资产管理的实质。2016 年 7 月，证监会发布《证券期货经营机构私募资产管理业务运作管理暂行规定》，确立了禁止刚兑、降低杠杆、限制结构化、限制通道业务等底线规则。

我国保险法第 107 条许可设立保险资产管理公司负责保险资金的投资运用，由此派生出保险资管牌照。2004 年 4 月，《保险资产管理公司管理暂行规定》颁布。2006 年 3 月，原保监会发布《保险资金间接投资基础设施项目试点管理办法》，业界迅速推出针对特定项目的债权投资计划、股权投资计划，成为独具特色的保险资管产品。2011 年后原保监会修改《保险资产管理公司管理暂行规定》，松绑保险资管公司受托管理的资金来源限制；2013 年《关于保险资产管理公司开展资产管理产品业务试点有关问题的通知》允许保险资管公司发行资产管理产品募集投资者的资金，并作为管理人为投资者的利益进行投资运用及管理。自此，保险资管从被动受托管理转向主动开展资管业务，受托管理的资金范围不再局限于保险资金，而是转型为全面资产管理。与此同时，《保险资金委托投资管理暂行办法》引入了证券公司、基金（子）公司来受托管理保险资金；《关于保险资金投资有关金融产品的通知》则放开对银行理财产品、集合资金信托计划、信贷资产支持证券、证券公司专项资产管理计划、保险资产管理公司基础设施投资计划、不动产投资计划和项目资产支持计划等金融产品的投资。

此外，2005 年后，我国资管市场中悄然出现了一种新业态——第三方财富管理机构。它们跨不同金融领域为客户提供理财建议，按照客户的自身财务状况、投资偏好、财富目标及风险承受情况完成不同金融资产的配置。第三方财富管理机构虽然在从事特定业务（如私募基金的募集或管理等）时会受到相关业务条线的监管或自律监管，但其作为一个整体却仍然游离于金融监管版图之外。①

《资管新规》统一了资产管理业务的规则。规定资产管理业务是指银行、信托、证券、基金、期货、保险资产管理机构、金融资产投资公司等金融机构接受投资者委托，对受托的投资者财产进行投资和管理的金融服务。资产管理产品按照募集方式不同分为公募产品和私募产品。公募产品面向不特定社会公众公开发行。公开发行的认定标准依照证券法执行。私募产品面向合格投资者通过非公开方式发行。实际上，并不是所有的资产管理产品都是证券。“定向资产管理产品”或“单一资产管理产品”的份额如果不可拆分转让，则不属于证券。如果其份额可对外拆分转让，则属于证券。② 集合资产管理产品是典型的证券。集合资产管理产品在日本法上被称为“集合投资计划”，并被作为日本《证券交易法》上的有价证券加以对待。因此，对符合证券属性的资产管理产品，必须依照新证券法的规定，适用证券法的监管机制，以规范资管产品销售，保护投资者权益。具体授权国务院制定管理办法。

---

① 刘燕：《我国大资管行业与立法的发展历程大资管法制建设二十年》，载《金融时报》2020 年 2 月 17 日。

② 邢会强：《我国〈证券法〉上证券概念的扩大及其边界》，载《中国法学》2019 年第 1 期。

四、对境外证券发行交易活动管辖权

新证券法第 2 条第 4 款规定了证券法的域外管辖条款，即将我国证券法的适用范围（主要指司法管辖以及行政管辖的范围）扩张到我国属地管辖的领域之外。1998 年证券法在第 2 条第 1 款规定了该法的管辖范围，在严格的属地管辖原则下，只管辖中国境内的证券发行和交易行为。① 多年以来，有专家持续呼吁在证券法中增设域外管辖条款。② 在本轮证券法修订工作中，对于是否增加有关证券法域外管辖的内容，立法机关的立场一直有所反复。2015 年 4 月公布的《证券法修订草案》（一审稿）中首次增设了证券法域外管辖的内容，主张当“中国的国家利益、社会公众利益和境内投资者的权益受到损害时”，将触发证券法的域外管辖效力。③ 2017 年 1 月的二审稿又回到了属地管辖的原则：“在中华人民共和国境内，下列证券的发行、交易及相关活动，适用本法……”。④而在 2019 年 4 月提交审议的《证券法修订草案》（三审稿）中，有关证券法域外管辖的规定仍然难觅踪影，证券法的适用范围再次确认了属地管辖的原则。⑤2019 年 12 月，最终提交审议的证券法在证券法域外管辖问题上实现了首次突破——在第 2 条第 4 款增加了有关域外管辖的内容：“在中华人民共和国境外的证券发行和交易活动，扰乱中华人民共和国境内市场秩序，损害境内投资者合法权益的，依照本法有关规定处理并追究法律责任。”至此，我国证券法的域外管辖效力在立法层面得以正式确立。

证券法第 2 条第 4 款涉及的关键概念是域外管辖（extraterritorial jurisdiction）、长臂管辖（long - arm jurisdiction）和域外适用（extraterritorial applica-

---

① 参见 1998 年证券法第 2 条第 1 款。

② 例如，张忠军：《美国证券法域外适用及其启示》，载《外国法译评》1994 年第 1 期，第 57 页；邱永红：《证券跨国发行与交易中的若干法律问题》，载《中国法学》1999 年第 6 期，第 3 页；彭岳：《美国证券法域外管辖的最新发展及其启示》，载《现代法学》2011 年第 6 期，第 17 页；杨峰：《我国证券法域外适用制度的构建》，载《法商研究》2016 年第 1 期，第 166 ~ 176 页；谢贵春：《跨境内幕交易与市场操纵：典型案例与执法策略》，载《证券市场导报》2019 年 2 月号，第 65 页；肖永平：《“长臂管辖权”的法理分析与对策研究》，载《中国法学》2019 年第 6 期，第 60 页。

③ 2015 年 4 月公布的《证券法（修订草案）》（一审稿）第 2 条第 2 款规定：“在中华人民共和国境外的证券发行和交易行为，损害中华人民共和国国家利益、社会公共利益和境内投资者合法权益的，适用本法。”

④ 《证券法修订草案》（二审稿），第 2 条第 1 款。

⑤ 三审稿第 2 条第 2 款：“在中华人民共和国境内，股票、公司债券、存托凭证和国务院依法认定的其他证券的发行与交易，适用本法……”，没有出现有关域外管辖权的规定。

tion)。鉴于以上三个概念的分野比较明晰地体现在了美国国内法中，在理解证券法第 2 条第 4 款的含义时，需要先借助美国法上的概念解析，并厘清其在中国法语境中的限制和区别。

（一）美国法上的域外管辖、长臂管辖和域外适用概念

美国法中的管辖权（jurisdiction）分为立法管辖权、司法管辖权和执法管辖权，三类管辖权互相依存、互为条件。例如，当司法管辖权与执法管辖权在现实中可以落实时，立法管辖权才有必要；又如，当法院地因与所涉及的人、利益、关系或者行为存在联系而具有立法管辖权时，司法管辖权才会被当事人接受。三者当中，执法管辖权的属地性最为突出，为各国公认，一国的政府官员如果没有得到其他国家的同意，便不得在后者的领土范围内行使执法管辖权，故执法管辖权在域外的行使特别依赖于国家间的合作。①

而域外管辖是指一国在其域外行使管辖权，包括域外立法管辖、域外执法管辖和域外司法管辖。域外管辖权既包括国家行使立法管辖权以制定域外管辖规则的权力，也包括通过执法管辖权和司法管辖权适用这类规则的权力。②

域外管辖不宜等同于长臂管辖。“长臂管辖”的概念辨析是美国法学界最为复杂、最具争议的问题之一。《布莱克法律词典》中，长臂管辖权是指法院对不在法院地居住、但与法院有某种联系的被告所享有的管辖权。③ 在这一语义上，长臂管辖权的行使主体集中指向法院，行使环节聚焦于司法诉讼程序。在美国国内法的实践中，长臂管辖是对人管辖权（personal jurisdiction）中的一种特别管辖权，意指法院依据立法机关制定的“长臂法规”（long - arm statutes），对非本国或非本州居民的被告行使司法管辖权的行为。④ 在此意义上，长臂管辖是域外管辖的一部分。法院行使长臂管辖的权力来源是长臂法规，而长臂法规主要是一个美国国内法上的概念，中国的立法体系中尚无与之相对应的概念和实践，因此讨论中国法院的“长臂管辖”问题时需要特别谨慎，必须界定讨论的语境。

---

① 《美国对外关系法重述（第四版）》，第 432 条，转引自肖永平，第 41 页。

② 李庆明：《论美国域外管辖：概念、实践及中国因应》，载《国际法研究》2019 年第 3 期；张迈：《瑞幸咖啡财务造假，中国证监会可否进行处罚？——且看证券法域外管辖条款的适用限度》，载北京大学金融法研究中心微信公众号，https：//mp. weixin. qq. com/s/tQU2YSyyvXd6eiVxEb2q9A，最后访问时间：2020 年 4 月 13 日。

③ 肖永平：《“长臂管辖权”的法理分析与对策研究》，载《中国法学》2019 年第 6 期。

④ 李庆明：《论美国域外管辖：概念、实践及中国因应》，载《国际法研究》2019 年第 3 期。

同时，美国法意义上的“长臂管辖”，也不同于我国政府在审视中美关系的视野下所理解的政治和外交领域中的“长臂管辖”，即一国依托国内法规的触角延伸到境外，管辖境外实体的“长臂管辖”。①

域外管辖也不是美国法的域外适用。美国法的域外适用是指美国行政机关和司法机关将美国国会立法适用于在美国境外的人和事的实践。美国法的域外适用经常与法院的事项管辖权（subject matter jurisdiction，更合适的译法或为“对事管辖权”）混同，但两者不是一个概念。混同的原因在于，虽然美国联邦法院行使事项管辖权的前提是美国国会通过的成文法的授权，即法院本应被动获得授权，但在美国特有的成文法解释和司法审查体制下，美国联邦法院在实践中经常反过来主动认定，因为一项成文法具有域外适用的效力，所以法院相应地享有事项管辖权。② 可见，美国法的域外适用指向的是成文法的适用地理范围的问题，而法院的事项管辖权指向的是法院可以受理哪些诉讼事项的问题，两者不宜混同。③

观察美国法院的长臂管辖权的行使流程，可以看到美国法院在民事诉讼中行使长臂管辖权时，一般会涉及三组法律关系：一是美国与其他国家之间就司法管辖权建立起来的分配关系，属于公法关系，应遵守主权平等原则；二是美国法院对外国的私人当事人行使管辖权的诉讼关系，应遵守正当程序原则，并不得过分使用；三是平等主体之间的诉讼关系，应适用平等保护原则，在个案中实现公平正义。④ 这三组法律关系也是中国法院在适用新证券法的域外管辖过程中所同样要涉及的，相关处理原则也应得以遵行。

（二）从“效果标准”和“行为标准”到“交易标准”

经过半个世纪以来的探索，美国法院（主要是联邦地区法院和联邦巡回上

---

① 国务院新闻办公室：《〈关于中美经贸摩擦的事实与中方立场〉白皮书》，载国务院网站，http：//www. gov. cn/zhengce/2018 –09/24/content_ 5324957. htm#1，最后访问时间：2020 年 4 月 20 日。

② 李庆明：《论美国域外管辖：概念、实践及中国因应》，载《国际法研究》2019 年第 3 期。

③ 如果美国行政机关或美国内外的私人当事人对中国企业和个人的某个行为在联邦法院提起诉讼，寻求民事罚款、损害赔偿金或其他救济，则联邦法院对原告提出的诉讼请求予以受理并作出裁判的权力就是事项管辖权。在确定事项管辖权后，美国联邦法院还需审查是否对被告具有对人管辖权，以及原告是否有实体法上的诉因，而判断实体法上的诉因则需要法院认定美国成文法是否可以适用于发生在美国领域外的人和事。此即美国法院在个案中建构其事项管辖权（对事管辖权）、对人管辖权以及确认诉因的逻辑过程。参见李庆明：《论美国域外管辖：概念、实践及中国因应》，载《国际法研究》2019 年第 3 期。

④ 肖永平：《“长臂管辖权”的法理分析与对策研究》，载《中国法学》2019 年第 6 期。

诉法院）在1934年《证券交易法》第10（b）条反欺诈条款所触发的涉外证券欺诈案件的域外管辖权问题上，已经建立起了一套以“效果”（effect test）和“行为”（conduct test）为标准的判例体系。

效果标准指的是当不当行为对美国资本市场或对美国投资者具有实质性效果时，美国法院对该证券行为就拥有了事项管辖权。这一标准是由第二巡回上诉法院在1968年的斯格伯尔姆案中首次确立的。① 第二巡回上诉法院认为，当不当证券行为被认定违反1934年《证券交易法》时，联邦法院对该行为就拥有事项管辖权，而不论该行为涉及的证券是否在本国发生或终止、行为人是否为美国国民。第二巡回上诉法院在后续的裁判案件中规定，“效果标准”下的“效果”应满足对美国境内权益足以造成“可预见的实质性损害”的要求。然而在后续发展中，第二巡回上诉法院通过对伯斯格案的裁决，进一步明确了仅当在美国境内的存在利益关系的投资者感受到了具体行为产生的影响时，才能使得美国法院拥有事项管辖权，从而适用美国的证券法。②

行为标准是指依据行为的发生地来确立法院的事项管辖权，也就是一个国家对于在其领域内发生的且为本国法律所禁止的行为，即使该行为仅仅对本国以外的领域产生了不良的效果，其也要受到本国法律的约束。然而，与效果标准不同的是，各个联邦巡回上诉法院对于如何确定涉案行为的性质以及行为和损害之间的关系存在一定分歧。其中，第二巡回上诉法院与哥伦比亚特区巡回上诉法院采纳“严格行为标准”，它们认为原告的损失与被告的行为具有直接性，且被告在美国境内所实施的行为对于被告实施的欺诈行为而言，不仅仅是纯粹预备性的，典型的案例就是利斯克案。③ 第三、第八、第九巡回上诉法院采取“宽松行为标准”，它们认为只要被告所实施的行为发生在美国境内，且被告的行为与欺诈行为相关，美国就具有管辖权，典型的案例就是大陆谷物公司案。④

然而，美国联邦最高法院在2010年“破冰”，在“莫里森诉澳大利亚国民银行”（Morrison v. National Australia Bank Ltd.）一案中，不仅开启了其对涉外证券案件审理的首次介入，还完全推翻了之前由下级法院常年积累起来的管辖

---

① Schoenbaum v. Firstbrook, 405 F. 2d 200 (2d Cir. 1968).

② Bersch v. Drexel Firestone, Inc. , 519 F. 2d 974 (2d Cir. 1975).

③ Leasco Data Processing Equipment Corp. v. Maxwell, 468F. 2d 1326 (2d Cir. 1972).

④ Continental Grain (Australia) Pty. Ltd v. Pacific Oilseeds Inc. 592 F. 2d 409 (8d Cir. 1979).

权确认标准先例，引发了一场美国证券法域外管辖权的革命。[①]

在该案中，美国联邦最高法院强调了对于“三重涉外案件”（F－cubed cases，即原告、被告和证券交易行为都发生在美国境外的案件）适用“反域外适用推定”（presumption against extraterritoriality）之解释规则的重要性。同时，针对1934年《证券交易法》第10（b）条反证券欺诈条款的域外适用范围，由已故的保守派大法官斯卡利亚提出了一项新的判断标准，即“交易标准”（transaction test），提出法院审查的重点并非欺诈行为发源于何处，而是在美国境内购买和销售证券的行为是否具有合法性。依据这项标准，法院在确定是否适用反欺诈条款时，需要考量购买或销售证券的行为是否发生在美国境内或者诉讼是否涉及在美国境内证券交易所登记的证券。[②] 交易标准相对于行为标准和效果标准而言，更加具有表述上的明确性和适用上的简易性。

“交易标准”在效果上严重缩限了美国联邦证券法的域外适用范围。该案判决受到了与发行人被告阵营利益一致的外国政府和跨国公司的普遍欢迎，但与原告阵营利益一致的境内外投资者和美国证监会却对这一判决持反对态度，仍然支持传统的行为与效果标准。[③] 判决的支持者认为，之前过于扩张的美国证券法的域外适用违反了国际礼让原则，损害了因疲于应付集团诉讼而无所适从的外国证券发行人的利益，也导致了诉讼泛滥和司法资源的浪费。[④]

这些支持判决的意见，对于我国法院在适用新证券法第2条第4款受理涉外证券欺诈案件时非常具有借鉴价值。除我国的司法资源较为紧张的原因之外，国内证券市场尚处于转型与发展并存的阶段且对外开放程度不高，目前我国证券监管和证券执法的关切重点仍在于维护国内市场的秩序和保护国内广大A股投资者的利益，主张证券法的域外适用尤需谨慎。

（三）《多德－弗兰克法案》与二元标准

戏剧化的是，就在莫里森案的判决公布后不到24小时之内，美国国会通过了《多德－弗兰克法案》（The Dodd－Frank Act）。[⑤] 该法案中涉及证券法域外

---

① Morrison v. National Australia Bank Ltd., 561U. S. 247, 252－253 (2010).

② Morrison v. National Australia Bank LTD., 130 S. Ct. 2869. (U. S. 2010).

③ 杜涛：《美国证券法域外管辖权：终结还是复活？——评美国联邦最高法院Morrison案及〈多德－弗兰克法〉第929P（b）条》，载《国际经济法学刊》第19卷第4期。

④ 杜涛：《美国证券法域外管辖权：终结还是复活？——评美国联邦最高法院Morrison案及〈多德－弗兰克法〉第929P（b）条》，载《国际经济法学刊》第19卷第4期。

⑤《多德－弗兰克华尔街改革和消费者保护法》（简称Dodd－Frank法案）是大萧条时期以来美国所进行的最为全面的金融改革。

管辖的相关条款，被视为对莫里森案判决的回应性立法。

其中的第929P（b）条和第929Y条又重新肯定了“行为与效果”标准，再次明确了美国证券法域外管辖的效力。题为“证券法反欺诈条款的域外管辖权”（Extraterritorial Jurisdiction of the Antifraud Provisions of the Federal Securities Laws）的第929P（b）条规定：对于证券交易委员会或者是联邦政府针对涉嫌违反《1933年证券法》第17（a）条、《1934年证券法》第10－（b）条反欺诈条款、《1940年投资顾问法》第206条，并涉及以下行为的涉案人提起的诉讼或者程序，联邦地区法院和任何州的联邦法院均具有管辖权：（1）在美国境内发生的行为，且该行为属于促成上述违法行为发生的关键因素（significant steps in furtherance of the violation），即使证券交易发生在美国境外且仅涉及境外投资者；（2）在美国境外发生的行为对美国境内产生过可预见重大影响（foreseeable substantial effect）的结果。①

对于《多德－弗兰克法案》法案是否推翻了美国联邦最高法院在莫里森案中所创设的“交易标准”，各界并没有形成统一的观点。

有的学者认为，由于《多德－弗兰克法案》没有区分立法管辖权和司法管辖权，导致莫里森案的判决所确立的“交易标准”并未被推翻。这些论者认为，由于法案的条文中使用了“管辖权”（jurisdiction）的措辞，因此该法只是赋予了美国法院对于审理涉外证券诉讼案件的事项管辖权（subject matter jurisdiction），鉴于法院在莫里森案中已经对法律的域外适用效力（extraterritorial application）和法院的事项管辖权进行了区分，联邦法院享有审理涉外证券诉讼案件的权力是无疑义的。② 并且，仅就文字表述来看，《多德－弗兰克法案》的规定只针对由美国司法部和证券交易委员会提起的诉讼，并不涉及对于私人诉讼的规定，因此并未冲击到法院对私人诉讼的事项管辖权。从之后的司法实践来看，莫里森案的判决结论确实得到了多起判例的采纳，包括影响较大的威望迪公司集团诉讼案和阿尔斯通集团诉讼案。有学者就这些趋势得出判断：美国证券法的域外适用效力在莫里森案之后暂时被冻结。③

但有的论者却认为，《多德－弗兰克法案》的内容实际上推翻了莫里森案

---

① Dodd－Frank Wall Street Reform and Consumer Protection Act，§929P（b）.

② 杜涛：《美国证券法域外管辖权：终结还是复活?》，载《国际经济法学刊》2012年第4期，第206页。

③ 杜涛：《美国证券法域外管辖权：终结还是复活？——评美国联邦最高法院Morrison案及〈多德－弗兰克法〉第929P（b）条》，载《国际经济法学刊》，第19卷第4期。

所设定的"交易标准"。原因在于，从该条款的标题中即可以读出，其意在授权美国法院管辖发生在境外的证券欺诈行为，这同时也赋予了美国证券法得以在域外进行适用的效力。因此，国会的立法意图就是试图确认美国证券法的域外效力，这直接否定了莫里森案判决意在冻结美国证券法域外适用效力的立场。①

此后，美国证券交易委员会曾就《多德－弗兰克法案》中规定的"行为测试标准"和"效果测试标准"能否适用于私人诉讼进行过调研，并于2012年4月发表了相应的研究报告，但该报告并没有给出明确的结论。②

而近两年的案例又显示出，美国证券法的域外管辖权又呈现出重新解冻的新趋势，并在区分诉讼提起当事人的公法主体（例如美国司法部和证监会）与私法主体（例如个人投资者）属性的基础上，适用宽严程度不同的管辖权确认标准的趋势——公法主体标准从宽，仍旧使用传统的效果和行为标准；私法主体标准从严，适用莫里森案确认的交易标准。这个阶段的代表性案例是2019年1月由美国第十巡回上诉法院审理的SEC v. Scoville一案。法院在该案判决中提出，只要能通过《多德－弗兰克法案》第929P（b）条所设置的"效果标准测试"或"行为标准测试"，在由美国证监会提起的诉讼中，便可触发美国证券法中反欺诈条款的域外效力。这也被视为第一个适用《多德－弗兰克法案》第929P（b）条处理证券法域外管辖问题的案例。③

因而，在美国证券法能否进行域外管辖问题上，目前暂时出现了"二元化"的现象：若诉讼由美国证券交易委员会或是司法部这样的公权力行使主体提起，则只需要通过"效果标准测试"或"行为标准测试"就可激活证券法的域外管辖效力；若诉讼由私人当事人提起，则仍需遵守莫里森案中所确立的"交易标准"，即遵循斯卡利亚大法官强调的"反域外适用推定"原则，证券法只管辖发生在美国境内的证券交易行为，而不具有进行域外管辖的效力。④

---

① 杜涛：《美国证券法域外管辖权：终结还是复活？——评美国联邦最高法院Morrison案及〈多德－弗兰克法〉第929P（b）条》，载《国际经济法学刊》第19卷第4期。

② SEC，"Study on the Cross－Border Scope of the Private Right of Action Under Section 10（b）of the Securities Exchange Act of 1934"：sec. gov，https：//www. sec. gov/reportspubs/special－studies/newsstudies2012929y－study－cross－border－private－rightspdf. html，最后访问时间：2020年4月26日。

③ SEC v. Scoville, No. 17－4059, 2019 U. S. App. LEXIS 2316（10th Cir. Jan. 24, 2019）.

④ 张迈：《瑞幸咖啡财务造假，中国证监会可否进行处罚？——且看证券法域外管辖条款的适用限度》，载北京大学金融法研究中心微信公众号，https：//mp. weixin. qq. com/s/tQU2YSyyvXd6eiVxEb2q9A，最后访问时间：2020年4月13日。

（四）新证券法的适用对象

新证券法第 2 条第 4 款的适用对象是满足“扰乱中华人民共和国境内市场秩序”和“损害境内投资者合法权益”这两个适用条件的（具体分析见后述）、在中华人民共和国境外的证券发行和交易活动。条文中虽然没有纳入“上市”一词，但结合上下文语境，应理解为也包括上市环节中的证券活动。条文使用的语言虽然笼统，但结合证券法的相关规定以及近年来国际国内的市场发展趋势和监管实践，可以理解为覆盖了以下的主体类别和相应的证券品类。

1. 境内注册的发行人的股票、公司债券、存托凭证（DR）、政府债券、证券投资基金份额、资产支持证券和资产管理产品在境外市场上的发行、上市与交易活动（作为证券法新增的证券品类，资产支持证券和资产管理产品不涉及上市）。

例如，在中国国内注册的企业，根据证券法附则第 224 条的规定，赴境外首次公开发行股票或者存托凭证，并在境外交易所上市的活动，以及境内投资者针对其所发行的证券进行交易的活动，应当受到第 2 条第 4 款的管辖。

虽然在我国现行的证券监督和资本项目管制制度下，境内的个人投资者尚未获得赴境外买卖证券的资格，但也可以通过一些特殊的渠道，例如通过在港中资和港资券商来认购企业在境外发行的新股，从而间接地参与到境外证券市场的发行和交易活动当中。① 该种投资行为在中国证券法语境下的合法性也并非完全不成立，而是属于“灰色地带”，需要在个案中分别判定。

同时，合格境内机构投资者（QDII）也可以在获批的外汇投资额度内，赴境外市场参与股权投资和证券投资。其在境外遭遇到的因违法证券行为导致的权益损失，应该得到第 2 条第 4 款项下的救济。根据证监会的官方数据，截至 2017 年年底，我国 QDII 的数量已达 172 家，主要类别有基金管理公司和证券公司。② QDII 获准可以投资的境外证券包括以下几种：政府债券、公司债券、可

---

① 例如，2014 年 9 月阿里巴巴在纽交所成功 IPO，多家内地在港的券商以及港资券商获得了一定的配额，其在内地的客户有机会参与新股认购，但需满足一系列要求，例如投资者需在该券商凯莉的账户内存有 100 万美元的流动资产，且在过去一年内使用该账户完成 40 笔以上交易，这样才能作为“专业投资者”参与阿里巴巴的新股认购；入场费 40 万美元起跳。业内人士认为，认购阿里巴巴新股的内地资金出境，其合法性问题不好判定，意即存在着合法性的灰色地带。参见杨刚、林金冰：《散户如何抢到阿里新股》，载财新网，http：//finance. caixin. com/2014 - 09 - 12/100727728. html，最后访问时间：2014 年 9 月 12 日。

② 参见中国证监会 2017 年年报。

转换债券、住房按揭支持证券、资产支持证券以及经中国证监会认可的国际金融组织发行的证券；已与中国证监会签署双边监管合作谅解备忘录的国家或地区的证券市场挂牌交易的普通股、优先股、全球存托凭证和美国存托凭证、房地产信托凭证。①

2. 境外发行人的股票、公司债券、存托凭证（DR）、政府债券、证券投资基金份额、资产支持证券和资产管理产品在境外市场上的发行、上市与交易活动。例如，中概股中的阿里巴巴在纽交所发行美国存托股票（ADS）并上市的活动，以及投资者针对其所发行的证券进行交易的活动。又如，境外注册的红筹股企业在上交所科创板实现了股票或者存托凭证的首次公开发行以后，又在境外市场二次发行股票或者存托凭证，或者在三地、多地市场同时上市。

3. 投资者在“沪港通”和“深港通”这类内地和香港的证券交易所之间“互联互通”框架下进行的证券交易行为。这类交易行为的违规风险已经体现在了沪港通框架下的“跨境操纵第一案”——唐某博案中，并印证了跨境监管执法合作所面临挑战的日趋严峻：在本案的操纵手法中，由于操纵市场行为（危害行为）与最终盈利结果（危害结果）分处内地和香港两地，对于相关市场失当行为的调查取证与最终认定都制造了困难。②

4. “沪伦通”框架下的境内A股公司赴伦敦证券交易所发行全球存托凭证（GDR）的行为，以及投资者在境外市场交易该GDR的行为。鉴于GDR的持有者为在伦交所的交易平台上投资中国境内公司证券的投资者，如果在境外交易GDR的过程中发生了内幕交易和市场操纵，损害了持有发行人基础证券的我国境内投资者的合法权益，或者扰乱了我国境内A股市场的秩序，则可能触发证券法第2条第4款的域外管辖效力。同理，如果GDR的发行人在信息披露、股权行使或者股利分配等公司治理事项上，向境外的GDR持有人提供了不合理的高于向境内基础证券持有人所提供之权益保护的待遇，对境外和境内投资者实行不公平对待，并损害到境内投资者的合法利益，则证券法第2条第4款也应得以适用。

5. 中投公司管理的中国主权财富基金（Sovereign Wealth Fund）赴境外进行证券投资的活动。比如，一家美国公司首次公开发行股票后在纽交所上市，中

---

① 《关于实施〈合格境内机构投资者境外证券投资管理试行办法〉有关问题的通知》（证监发〔2007〕81号）。

② 黄辉：《“一国两制”背景下的香港与内地证券监管合作体制：历史演变与前景展望》，载《比较法研究》2017年第5期。

国主权财富基金在其 IPO 前作为战略投资者入股，并在发行后持有相当的持股比例，上市后该公司出了财务造假事件，造成了中投公司的投资损失，则证券法第 2 条第 4 款的域外管辖条款应当得以适用。

（五）新证券法的适用标准

新证券法第 2 条第 4 款对于证券法域外管辖条款的适用条件采取了原则性和概括性的规定，以违法行为对于境内市场秩序和境内投资者合法权益的冲击效果为考察标准——即“扰乱”我国境内市场秩序和“损害”境内投资者合法权益。所以，我国证券法的域外管辖启动标准可以类比美国的“效果标准”(effect test)。条文关于“效果”的规定比较笼统，属于宣示性条款，特别是对于违法行为负面效果的评判没有提供具体指标，留待未来出台的证券法适用细则、证监会的规定以及人民法院的司法解释和判例加以精细化处理，以免沦为“僵尸条款”。例如，最高人民法院曾于 2003 出台的《关于审理证券市场因虚假陈述引发的民事赔偿案件的若干规定》可以为这类由境外证券违法行为所引发的境内证券诉讼的程序规则与证据规则提供设计参照。

结合上下文的语境，新证券法第 2 条第 4 款中“市场秩序”的场域指向应该理解为以证券市场为主，但又不限于证券市场——境内的外汇市场、银行业市场、保险市场、产品和服务市场等也可能受到境外违法证券活动的冲击和破坏。至于境内投资者“合法权益”所涵摄的具体内容，则可以根据公司法、证券法、证券投资基金法、未来可能出台的期货法以及其他法律法规和司法解释的相关内容予以界定。

此外，对国内市场秩序的扰乱和对国内投资者合法权益的损害这两个适用前提，是否需要同时满足才能启动域外管辖？还是两者中满足一项即可启动？换言之，第 2 条第 4 款的条文里，在“扰乱境内市场秩序”和“损害境内投资者合法权益”之间以逗号连接，这个逗号应如何解释？是“并”还是“或”？或者，这仅仅是一个语言有失周延的立法技术瑕疵？

多数情况下，境外发生的违法证券活动的后果确实既“扰乱”了境内市场秩序，又“损害”了境内投资者的合法权益。这方面最典型的例子，就是近年来发生频率越来越高、技术手段和隐蔽程度越来越强、对其予以追究和查处的挑战越来越大的跨境内幕交易和跨境操纵案件。①

① 谢贵春：《跨境内幕交易与市场操纵：典型案例与执法策略》，载《证券市场导报》2019 年第 2 期。

但是，境外证券违法行为可能在“扰乱”境内市场秩序的同时，又没有具体“损害”到境内投资者的合法权益，这种情形在逻辑上是成立的。例如，获得一定外汇投资额度的境内合资格投资者，将其额度违法转让给未获得境外投资资格的第三方，该第三方使用了该项外汇额度进行了境外投资。上述行为显然扰乱了境内的外汇管理秩序，但又没有具体损害到境内投资者的合法权益。

相应地，境外证券违法行为也可能在“损害”境内投资者合法权益的同时，并未达到“扰乱”境内市场秩序的程度。例如，在境内证券市场发行中国存托凭证的境外发行人，其存托机构在境外发生了违背境内委托人指示的证券交易（例如存托凭证和基础证券的转换），或者影响到境内存托凭证持有人的权益份额和权益内容的股权交易或资产交易，而该项交易不一定同时达到“扰乱”境内市场秩序的效果标准。又如，中投公司管理的中国主权财富基金有比较活跃的境外投资活动，持有相当数量的境外企业（包括上市公司）的股权，如果其投资对象发生了境外证券违法行为，导致中投公司的投资利益受损，也很难说该项行为同时造成了“扰乱境内市场秩序”的后果。

再如，得到热议的在美国纳斯达克上市、于开曼群岛注册的中概股企业瑞幸咖啡于2020年4月向美国证监会自曝财务造假引发的重大丑闻中，少数参与了其上市前融资、IPO募资以及后续增发的国内投资者无疑遭受了损失，其合法权益受到损害。① 但是，该次事件对国内市场（无论是证券市场还是以中国内地消费者为主要对象的产品与服务市场）秩序的冲击较小，更难言达到了“扰乱”的程度。②

值得注意的是，全国中小企业股份转让系统于瑞幸爆雷事件之后，向在其平台挂牌的瑞幸关联企业神州优车公司出具了问询函，要求该公司就其与

---

① 例如，2018年7月，瑞幸咖啡召开了成立以来第一场融资发布会，宣布获得来自GIC、大钲资本、愉悦资本和君联资本的A轮投资。公司融资2亿美元，投后估值10亿美元。在2019年4月完成B+轮融资后，瑞幸咖啡合计引入了6家机构投资人。2019年5月17日，瑞幸咖啡在完成B+轮融资后向SEC递交了注册申请和招股说明书，成功发行ADS并在纳斯达克上市。2020年1月14日，瑞幸咖啡增发ADS及发行可转债均告完成。1月17日，“绿鞋”机制行使完成，瑞幸咖啡的融资净额合计8.65亿美元，已超过其IPO的融资规模。在首次公开发行募资和第二轮的增发过程中，均有中国境内投资者直接或间接的参与，这些投资者在“爆雷事件”中因股价暴跌而损失惨重。参见孙良滋、刘雨锟、尉奕阳、钱童：《瑞幸谜题：2020造假第一股全调查》，载《财新周刊》2020年第15期。

② 参见孙良滋、刘雨锟、尉奕阳、钱童：《瑞幸谜题：2020造假第一股全调查》，载《财新周刊》2020年第15期。

瑞幸其他关联企业之间的收购交易、债务担保、债务偿还计划、公司与瑞幸的股权关系以及瑞幸事件对公司业务的具体影响作出说明。① 这至少说明瑞幸咖啡在境外的造假行为有可能冲击到境内关联企业的财务状况和业务状况，并进而影响到这些境内企业的投资者的合法权益。但可以预计的是，上述因果关系链条的建立可能是相当困难的，且后果更难以达到“扰乱市场秩序”的标准。

此外，除中国证监会就瑞幸造假事件发表过强烈谴责、国际合作、依法核查、坚决打击、保护投资者权益的声明之外②，银保监会也发表了意见。银保监会对瑞幸咖啡在国内银行发生的贷款风险和在国内保险机构购买的董事高管责任保险的赔付可能性进行了评估，指出瑞幸在境内银行系统的授信额度和贷款余额较小，不会对境内银行造成重大风险，而董责险的理赔因案情复杂存在着不确定性，并表示将积极配合主管部门依法严厉惩处造假行为。③

以上情况说明，境外违法证券行为确实可能引起境内的监管关切，但在“损害境内投资者合法权益”的同时，是否也达到了“扰乱国内市场秩序”的标准，答案不是肯定的，而是需要个案研究。

综上，对于新证券法第 2 条第 4 款两个适用条件之间的逻辑关系（是“并”还是“或”），还需要未来在相关规则中进行细化和确认。鉴于第 2 条第 4 款确立的域外管辖效果标准仅仅停留在“扰乱”、“损害”、“境内市场秩序”和“投资者合法权益”这类比较原则性的用语上，对这几个关键词分别加以界定和解释，势必成为下一步法律适用过程中的紧迫任务。

---

① 《关于对神州优车股份有限公司的二次问询函》，载全国中小企业股转系统网站，http：//www. neeq. com. cn/uploads/1/file/public/202004/20200410195427_ r50t24mwlq. pdf，最后访问时间：2020 年 4 月 25 日。

② 《中国证监会声明》，载中国证监会网站，http：//www. csrc. gov. cn/pub/newsite/zjhxwfb/xwdd/202004/t20200403_ 373199. html，最后访问时间：2020 年 4 月 25 日。

③ 《银保监会国新办新闻发布会答问实录》，载中国银行保险监督委员会网站，http：//www. cbirc. gov. cn/cn/view/pages/ItemDetail. html? docId = 899340&itemId = 4169&generaltype = 0，最后访问时间：2020 年 4 月 25 日。

第二节　条款释义

第一条　为了规范证券发行和交易行为，保护投资者的合法权益，维护社会经济秩序和社会公共利益，促进社会主义市场经济的发展，制定本法。

【条文主旨】

本条是关于证券法立法宗旨的规定。

【条文释义】

立法宗旨又称立法目的，是指通过法律的制定与实施要达到的目标。立法宗旨统领整部法律，整部法律都要为实现立法宗旨服务。制定法律实施条例、部门规章，开展行政监管，进行司法审判等，都应在立法宗旨的要求下理解、实施法律的具体规定，使最终结果符合立法宗旨的要求。①

证券法的宗旨是证券法规范意欲达到、为立法者所肯定之目的。② 作为维护资本市场秩序、规范证券发行和交易行为的重要法律，本条将证券法的立法宗旨概括为：规范证券发行和交易行为，保护投资者的合法权益，维护社会经济秩序和社会公共利益，促进社会主义市场经济的发展。

一、规范证券发行和交易行为

证券发行和交易中所涉及的“证券”规定于证券法第 2 条前 3 款，包括：“股票、公司债券、存托凭证和国务院依法认定的其他证券”；“政府债券、证券投资基金份额的上市交易，适用本法”；“资产支持证券、资产管理产品发行、交易的管理办法，由国务院依照本法的原则规定”。由此可见，凡是资本性

---

① 全国人大常委会法制工作委员会：《中华人民共和国证券投资基金法释义》，法律出版社 2013 年版，第 1 页。

② 郭锋：《金融发展中的证券法问题研究》，法律出版社 2010 年版，第 98 页。

质的证券,[1] 均由证券法调整。[2]

证券发行是指发行主体为筹集资金向投资者签发代表一定权利的有价证券，将投资者手中的闲置资金转化为建设资金或经营资本的一系列行为的总称。[3]筹资者发行证券以取得资金的使用权，投资者购买证券作为凭证后提供资金使用权。发行市场又称为一级市场。

证券交易是投资者在发行市场取得证券，然后再转让给其他投资者，也就是在投资者之间互相转让证券。由这种行为所形成的市场称为证券交易市场，又称为二级市场。[4]

规范证券发行和交易的必要性表现在：其一，维护证券市场秩序。鉴于由证券发行和交易产生的发行主体、投资者、服务机构和监管机构之间的不同法律关系，不仅涉及证券持有者权利义务的设定、转移和市场秩序，同时关系到投融资体制改革与发展，因此必须予以规范。没有证券发行与交易有序进行，就没有证券市场有序进行。从各国的实践经验来看，证券市场的稳定与否关系着一个国家的经济是否能够有序地发展。只有依靠法律的规范，才能够保证证券市场良好的秩序。我国证券法正是基于此，从规范证券发行和证券交易这两大基本的证券活动入手，为资本市场提供根本保障。其二，保障多层次资本市场规范发展。从理论上说，多层次资本市场能够最大限度地满足多样化的市场主体对资本的供给与需求，有效实现供求的均衡。我国多层次资本市场体系大体上可以分为五个层次：第一个层次是主板市场；第二个层次深圳证券交易所创业板市场和上海证券交易所科创板市场；第三个层次是全国股份转让系统；第四个层次即区域性股权交易市场；第五个层次是投资性众筹市场。[5] 规范和完善发行与交易制度是多层次资本市场法治建设的核心要义。其三，促进资本市场诚信化。加强诚信建设关系到我国资本市场改革与发展的成败。诚信化、市场化、法治化、透明化、公平化、国际化是我国深化资本市场改革的基本方向。证券发行与交易过程中不断涌现出各种证券违法行为或欺诈行为，例如上市公司及其董监高的虚假陈述以及券商对客户的误导交易，内幕交易、

---

① 不包括商品证券、货币证券等凭证、文书。

② 卞耀武：《中华人民共和国证券法条文释义》，法律出版社 1999 年版，第 29 页。

③ 高言、易平军：《证券法理解适用与案例评析》，人民法院出版社 1996 年版，第 46 页。

④ 本书编写组：《中华人民共和国证券法释义及实用指南》，中国民主法制出版社 2012 年版，第 49 ~ 50 页。

⑤ 邢会强：《证券法学》，中国人民大学出版社 2019 年版，第 63 页。

操纵市场、控股股东与上市公司之间严重不公允的关联交易等不公平交易行为，上市公司恶意不分红以及保荐机构和保荐代表人、资产评估机构、会计师事务所和律师事务所等市场专业人士等失信行为，严重损害我国资本市场的诚信化建设。① 有必要通过对证券发行和交易行为予以规范，促进资本市场诚信化建设。

新证券法规范证券发行和交易行为的主要路径是：（1）建立证券发行注册制。新证券法第 9 条第 1 款规定："公开发行证券，必须符合法律、行政法规规定的条件，并依法报经国务院证券监督管理机构或者国务院授权的部门注册。未经依法注册，任何单位和个人不得公开发行证券。证券发行注册制的具体范围、实施步骤，由国务院规定。"2020 年 2 月 14 日，证监会发布《关于修改〈上市公司证券发行管理办法〉的决定》《关于修改〈创业板上市公司证券发行管理暂行办法〉的决定》《关于修改〈上市公司非公开发行股票实施细则〉的决定》，规定证券法施行后，创业板和主板（中小板）继续实施核准制，注册制还需要等国务院的具体实施步骤。（2）完善证券交易制度。一是扩大内幕交易主体范围。新证券法第 51 条将证券交易内幕信息的知情人范围扩大到上市公司收购人或者重大资产交易方及其控股股东、实际控制人、董事、监事和高级管理的人员；因法定职责对证券的发行、交易或者对上市公司及其收购、重大资产交易进行管理可以获取内幕信息的有关主管部门、监管机构的工作人员。二是增加规定未公开信息。新证券法第 54 条规定，禁止证券交易场所、证券登记结算机构、证券公司、证券服务机构和其他金融机构的从业人员、有关监管部门或者行业协会的工作人员，利用因职务便利获取的内幕信息以外的其他未公开信息，违反规定，从事与该信息相关的证券交易活动，或者明示、暗示他人从事相关交易活动。利用未公开信息进行交易给投资者造成损失的，应当依法承担赔偿责任。（3）完善证券交易限制性规则。原证券法第 38 条规定，"依法发行的股票、公司债券及其他证券，法律对其转让期限有限制性规定的，在限定的期限内不得买卖"。但原证券法并没有对上市公司持有百分之五以上股份的股东、实际控制人、董事、监事、高级管理人员等传统上被视为公司"内部人"的主体的减持行为作出明确的限制性规定。新证券法第 36 条是关于证券交易的限制性规则，将原有关于证券转让的"禁售期"规定，扩

---

① 刘俊海：《打造投资者友好型证券法 推动资本市场治理现代化》，载《法学论坛》2015 年第 4 期。

展到对特定主体转让股份的时间、数量、方式、信息披露等综合性限售规定，完善了“禁售期”后的减持规制问题。目的是减少市场中的不公平交易，规范上市公司大股东、董监高等公司内部人减持行为，维护证券市场的公平公正。(4) 增加对程序化交易的规范。新证券法第45条规定，通过计算机程序自动生成或者下达交易指令进行程序化交易的，应当符合国务院证券监督管理机构的规定，并向证券交易所报告，不得影响证券交易所系统安全或者正常交易秩序。

二、保护投资者的合法权益

保护投资者的合法权益，是指保护各类投资者（包括自然人、法人和其他组织等）的合法权益，而不仅仅是保护某个方面的投资者的合法权益。是保护各类投资者依据法律应当得到的收益，并不是保护其违法所得。[①] 保护投资者的合法权益，并非以保障有价证券的价值，或确保能获得一定的利益为目的。因为证券投资本身就是一种风险投资。投资人必须以自己的判断及责任进行投资。证券法旨在尽量减少投资风险，维护证券市场发行与交易的正常秩序及安全，预防投资者上当受骗，在投资者权益遭受侵害时能提供适当救济。[②] 新证券法第六章专章设置了“投资者保护”，共8条。规定了证券公司向投资者销售证券、提供服务时的了解投资者、揭示投资风险制度；投资者适当性制度；建立先行赔付制度；投资者保护机构适用的强制调解、支持诉讼、提起诉讼制度等。

从证券法诞生的历史背景来看，维护投资者合法权益的需要是专门的证券法律得以出现的直接原因。从西方国家来看，证券法诞生之前，证券市场就已经存在。证券市场主体间的利益平衡和投资者利益的维护，主要靠市场主体之间的相互制约和自律。但是，在证券市场高风险的压力和高收益的刺激下，这种市场法律机制难以有效地控制主要以中小投资者为受害对象的证券欺诈等侵权行为。在私法自治失灵的情况下，需要国家的介入，即利用公权力来加强对投资者的保护，使投资者的利益得到切实的维护。因此，美国率先诞生了以加强国家干预为手段来实现维护投资者利益目的的专门的证券法，其对投资者的保护不再仅仅限于通过传统私法中的个案诉讼的形式来解决，而是通过立足于

---

① 刘淑强、赵雷、郝作成：《中华人民共和国证券法条文解释》，四川人民出版社1999年版，第499页。

② 顾肖荣：《准确理解“保护投资者合法权益”的原则》，载《政治与法律》1999年第2期。

建立、健全系统性的、整体的法律机制和制度来防范对投资者的欺诈，维护投资者利益。①

对证券投资者来说，要求其具备专业分析及预测能力是不现实的；借助专业机构提供的专业服务进行证券投资，往往意味着证券投资者要支付很高的交易成本。基于对投资回报的判断，众多中小投资者都会放弃寻求对证券投资的专业分析，出现非专业投资从事专业投资的情形，从而加剧投资风险。为适应证券市场的特殊规律性，证券法在证券发行、证券交易、证券欺诈、法律责任和监管措施等诸多方面，都显现着与民事一般法及合同法规则的差异。证券投资者在很大程度上是按照陌生规则从事着证券交易，证券投资极易被误导，投资风险自然会被放大。因此，证券投资者利益受损情况比较常见。② 随着金融创新的不断深入，投资者的知识与经验往往难以达到处理复杂证券投资所需要的水平，故投资者“理性人”假说在现实中也逐渐为追逐利益的泡沫所替代。因此，必须经由证券立法来扭转证券投资者的非理性行为。③

三、维护社会经济秩序和社会公共利益

社会经济秩序是指整个社会经济活动的合理有序。证券市场影响广泛，涉及广大投资者的切身利益，关系国民经济各行各业的健康发展，证券市场秩序是社会经济秩序的有机组成部分，与社会经济秩序息息相关。建立良好的证券发行和交易秩序，开展公平有序的竞争，制裁证券违法活动，是维护社会经济秩序的基础工作和重要前提条件。因此，证券法不仅有助于依法规范证券法律主体的组织和行为，将各项证券行为纳入法制轨道，而且有利于形成良好的市场环境。④

社会公共利益是指全体社会成员共有的经济利益和社会利益。⑤ 社会公共利益的特征一般可以概括为具有抽象性、价值性、不确定性（需要裁判）、社会公共性、非排他性等。其中，社会公共性是证券法维护社会公共利益的本质特征，社会公共性决定并表现在证券法的产生、价值、主体、权力（利）和义

---

① 李东方：《证券法学（第3版）》，中国政法大学出版社2017年版，第20页。

② 叶林：《证券法教程》，法律出版社2010年版，第45页。

③ 王灏：《论违反融资融券交易规则的侵权责任——以规范目的论为视角》，载《现代法学》2019年第4期。

④ 本书编写组：《〈中华人民共和国证券法〉释义及实用指南》，中国民主法制出版社2012年版，第51页。

⑤ 刘淑强、赵雷、郝作成：《中华人民共和国证券法条文解释》，四川人民出版社1999年版，第4~5页。

务以及属性等各个方面。证券法从社会公共利益出发，规定对证券发行和交易行为监管，使个体的发行和交易行为符合社会整体利益，对证券市场基础设施、企业设立、公司治理、信息披露、财务监管、退市退板、投资者适当性、证券业协会的自律管理等方面进行一定限制，赋予证券监管机构权力减少和矫正证券市场失灵，维护证券市场运行秩序。

新证券法中直接出现“社会经济秩序”和“社会公共利益”的条文主要有：第12条第1款规定：“公司首次公开发行新股，应当符合下列条件：……（四）发行人及其控股股东、实际控制人最近三年不存在贪污、贿赂、侵占财产、挪用财产或者破坏社会主义市场经济秩序的刑事犯罪……”第99条第1款规定：“证券交易所履行自律管理职能，应当遵守社会公共利益优先原则，维护市场的公平、有序、透明。”

证券法维护的经济秩序和公司法维护的经济秩序不尽一致，公司法维护的是组织法主体市场，证券法经济秩序的维护主要通过规范发行市场和交易市场等局部市场，使市场主体在一个具有稳定性、良好秩序性投资环境下的证券市场进行投融资活动，发挥证券市场对市场资源的优化配置功能。证券法上的公共利益与作为私权本位法的民法的公共利益亦不可等同。证券法公共利益主要通过维护资本市场的秩序建立一种融资的正当秩序，围绕保障投资者的投资自由和投资安全进行展开，利用各种途径和方法，加强对证券市场的监管，让证券市场这个公众参与度极高的市场，在公众投资者及整个社会面前更加透明和公开，从而使社会公众利益得到最有力的保护。①

本次证券法修订通过在以下六个方面的内容进一步维护社会经济秩序和社会公共利益：一是适应“放管服”改革中证监会分批取消和调整了有关行政审批事项的情况，证券法取消了原先规定的七类行政许可。具体是：要约收购义务豁免；境内企业境外发行上市；证券公司设立、收购或撤销分支机构；变更注册资本；变更章程重要条款；在境外设立、收购或参股证券经营机构以及董事、监事任职资格。二是在新制度供给方面，证券法第二章建立了证券发行注册制；第12条废除新股发行财务指标；第40条第3款允许证券公司可以实施股权激励计划或员工持股计划；第七章建立多层次交易市场体系；第119条允许证券公司开展融资融券、做市交易。三是扩大证券品种，强化金融风险防范化解措施。证券法第2条将“存托凭证”纳入证券范畴，将资产支持证券、资

① 马其加、李可佳、任欢：《证券法原理·规则·案例》，清华大学出版社2007年版，第3页。

管产品发行交易纳入证券法原则监管范围；第 19 条强调注册制下证券发行申请文件信息披露要求；第 29 条是对承销商承销证券的禁止行为的规定；第 37 条将非公开发行证券纳入市场交易并进行监管；第 111 条赋予证券交易所临时处置措施权及责任豁免；第 120 条强调证券公司开展融资融券业务要防控风险。四是确认多层次资本市场。证券法第 96 条第 1 款规定："证券交易所、国务院批准的其他全国性证券交易场所为证券集中交易提供场所和设施，组织和监督证券交易，实行自律管理，依法登记，取得法人资格。"第 98 条规定："按照国务院规定设立的区域性股权市场为非公开发行证券的发行、转让提供场所和设施，具体管理办法由国务院规定。"证券法实际上明确了全国中小企业股份转让系统的法律定位，并为新三板挂牌公司的公开发行、再融资制度预留相应空间。① 五是提高证券违法成本。对相关证券违法行为的法律责任规定于证券法第180～223 条，共计 44 条，较大幅度地提高行政罚款额度，按照违法所得计算罚款幅度的，处罚标准由原来的 1 至 5 倍，提高到 1 至 10 倍；实行定额罚的，由原来规定的 30 万元至 60 万元，分别提高到 200 万元至 2000 万元（如欺诈发行行为），以及 100 万元至 1000 万元（如虚假陈述、操纵市场行为）、50 万元至 500 万元（如内幕交易行为）等。六是规定证券法的域外适用效力。随着资本市场对外开放的程度加深，在海外发行证券、交易股票等行为越来越常见，显然也成为资本市场的新变化之一。即使相关行为发生在境外，只要扰乱了市场秩序，损害了投资者合法权益，就可以根据证券法追究法律责任。所以证券法第 2 条第 4 款规定："在中华人民共和国境外的证券发行和交易活动，扰乱中华人民共和国境内市场秩序，损害境内投资者合法权益的，依照本法有关规定处理并追究法律责任。"

四、促进社会主义市场经济的发展

党的十九届四中全会通过的《中共中央关于坚持和完善中国特色社会主义制度、推进国家治理体系和治理能力现代化若干重大问题的决定》，对社会主义市场经济体制是社会主义基本经济制度的内涵作出新的概括，提出："公有制为主体、多种所有制经济共同发展，按劳分配为主体、多种分配方式并存，社会主义市场经济体制等社会主义基本经济制度，既体现了社会主义制度优越性，又同我国社会主义初级阶段社会生产力发展水平相适应，是党和人民

---

① 中国法学会证券法学研究会：《股票发行注册制改革风险评估与对策建议》，载《财经法学》2016 年第 6 期。

的伟大创造。”①

中国市场经济发展的一个重要进程就是中国资本市场的发展。资本市场的兴起变化在一定程度上是中国社会主义市场经济的一个缩影。用证券法规范证券市场，直接规范的是证券发行和交易行为，规范证券市场秩序，最终将影响到社会主义市场经济的发展。健全的社会主义市场经济法律体系是市场经济法治化的必由之路，对于市场经济的发展具有重要的意义。市场经济是以市场机制作为资源配置的基础手段，调节经济活动的经济组织方式和经济运行方式。完备的市场经济法律体系的建立既是市场经济正常运行的条件，又是市场经济成熟的标志。市场经济关系是一种多重复合经济关系，其中包含着纵横交错、繁乱复杂的众多具体经济关系，市场交易行为是整个市场经济的中心，规范证券发行与交易行为的证券法则是市场经济法律体系的核心法。② 随着计算机、互联网技术的发展，区块链、人工智能、云计算以及金融科技，向证券业广泛渗透，导致证券市场结构、环境、主体行为、监管理念与策略发生前所未有变化。证券法必须以包容、开放的态度做出立法上的回应，为我国建立面向未来的证券市场、推动经济高质量持续发展提供制度基础。③

本次修订证券法对促进社会主义市场经济发展的重要举措之一就是废除证券发行核准制，全面推行注册制。建立证券发行注册制是证券法的主要制度创新。第一，注册制改革适应全面深化改革简政放权的形势，证监会回归监管执法本位；发行上市公司及其证券的质量、信息真实性由市场主体承担；注册制有利于降低交易成本，培养理性投资者，减少权力寻租。不应当把注册制改革仅仅看作股票发行审批方式的改变，而要深刻认识到这一改革对转变政府职能、增强政府公信力、激发市场活力所带来的深刻与长远影响。④ 第二，注册制改革有利于提高资本市场运行效率，使市场在资源配置中起决定性作用。在审批制和核准制下，证券监管部门对股票发行“管价格、调节奏、控规模”，虽然短期内可起到稳定证券市场和投资者心理的作用，但却不利于市场自身机制的发挥。⑤ 第三，注册制改革有利于促进多层次资本市场合理竞

---

① 顾海良：《社会主义市场经济是如何上升为基本制度的?》，载《红旗文稿》2020 年第 2 期。

② 郭富青：《论建立社会主义市场经济法律体系》，载《法律科学》1993 年第 4 期。

③ 郭锋：《数字科技对证券市场及其监管的影响——基于大数据、人工智能、区块链的视角》，载郭锋主编：《证券法律评论（2019 年卷）》，中国法制出版社 2019 年版，第 1 ~ 2 页。

④ 中国法学会证券法学研究会：《关于〈证券法〉修订的若干建议》，载郭锋主编：《金融服务法评论（第 9 卷）》，法律出版社 2018 年版，第 2 页。

⑤ 郭锋：《我国证券立法若干问题的探讨》，载《中国法学》1993 年第 1 期。

争、协调发展。在注册制下，由证券交易场所行使发行上市审核权，将促进交易所之间的良性竞争，有利于提高交易所服务质量，不断完善多层次资本市场建设。

第二条 在中华人民共和国境内，股票、公司债券、存托凭证和国务院依法认定的其他证券的发行和交易，适用本法；本法未规定的，适用《中华人民共和国公司法》和其他法律、行政法规的规定。

政府债券、证券投资基金份额的上市交易，适用本法；其他法律、行政法规另有规定的，适用其规定。

资产支持证券、资产管理产品发行、交易的管理办法，由国务院依照本法的原则规定。

在中华人民共和国境外的证券发行和交易活动，扰乱中华人民共和国境内市场秩序，损害境内投资者合法权益的，依照本法有关规定处理并追究法律责任。

【条文主旨】

本条是关于证券法调整对象与适用范围的规定。

【条文释义】

一、第 1 款释义

第 1 款规定：在中华人民共和国境内，股票、公司债券、存托凭证和国务院依法认定的其他证券的发行和交易，适用本法；本法未规定的，适用《中华人民共和国公司法》和其他法律、行政法规的规定。

（一）股票

1. 股票的概念

股票是股份有限公司依法发行的用以证明股东拥有公司所有权份额的书面凭证，亦即证明股权或拥有股份的凭证。股票是一种设权证券，其特征之一是按一定比例分享收益并享有投票权及承担责任①，持有股票即有股份和股权；有股份必须持有股票；股权以有股份为前提，故必须持有股票，此即股票、股份、股权三位一体②关系的体现；特征之二是具有投资性，其目的是获取利益或避免损失，购买股票的行为通常是以现在所有的金钱支付而获得在股票的市场价格高于现有价格时卖出从而获得收益的期待。③ 股票的发行与交易适用证券法的规定。

股权是股票持有者（即股东）对股份有限公司的所有权，其与所有权、债权、社员权均有不同，被视为一种独立的权利类型，④ 但其本质上仍具有明确的财产（权）属性。这主要体现在以下方面：第一，资产收益权能是股权权利束（the bundle of rights）中最为核心的内容；⑤ 第二，股权中各项权能的配置有助于降低交易成本和代理成本，防范利益冲突，体现了投资者对财产利益的追求；⑥ 第三，股权整体具有财产（权）的对世效力、可转让性和可救济性；⑦ 第四，参与公司决策的投票权。

股东是公司的所有者，凭借出资形成的股东权分享收益，承担风险。同一类别的每一份股票所代表的公司所有权是相等的。⑧ 每个股东所拥有的公司所有权份额的大小，取决于其持有的股票数量占公司总股本的比重。

2. 股票的种类

（1）根据利润、财产分配方式划分，可分为普通股和优先股。

普通股是公司的普通股份的表现形式，股份同时具有收益权和投票权。普通股是股份公司资本构成中最重要、最基本的股份。收益随着企业利润变动而变动。其投资收益（股息和分红）不是在购买时约定，而是在事后根据股票发行公司的经营业绩来确定。公司的经营业绩好，普通股的收益就高；反之，若

---

① 姚海放：《论证券概念的扩大及对证券监管的意义》，载《政治与法律》2012 年第 8 期。

② 朱锦清：《证券法学（第 4 版）》，北京大学出版社 2019 年版，第 4 页。

③ 郭锋、秦川川：《金融服务法视角下的金融投资商品类型化研究》，载郭锋主编：《金融服务法评论（第 9 卷）》，法律出版社 2018 年版，第 80 页。

④ 江平、孔祥俊：《论股权》，载《中国法学》1994 年第 1 期。

⑤ R. P. Ausin&I. M. Ramsay，Ford's Principles of Corporations Law（14th Edition），LexisNexis Butterworths，2010，p. 944.

⑥ 侯东德：《股东权的契约解释》，中国检察出版社 2009 年版，第 70 ~ 74 页。

⑦ 王涌：《财产权谱系、财产权法定主义与民法典〈财产法总则〉》，载《政法论坛》2016 年第 1 期。

⑧ 本书编写组：《〈中华人民共和国证券法〉释义及实用指南》，中国民主法制出版社 2012 年版，第 54 页。

经营业绩差，普通股的收益就低。在我国上海证券交易所与深圳证券交易所上市的股票都是普通股。普通股股票持有者享有以下基本权利：①公司决策参与权。股东有权参与股东大会，并有建议权、表决权和选举权。②利润分配权。股东有权从公司利润分配中得到股息。股息是不固定的，由公司盈利状况及其分配政策决定。③优先认股权。如果公司增发普通股股票，现有普通股股东有权按其持股比例，以低于市价的某一特定价格优先购买一定数量的新股。④剩余资产分配权。当公司破产或清算时，其剩余部分按先优先股股东、后普通股股东的顺序进行分配。

优先股是相对于普通股而言的，主要指在利润分红及剩余财产分配的权利方面，优先于普通股。即在公司分配盈利时，优先股股东分配在先，享受固定数额的股息；在公司解散分配剩余财产时，优先股在普通股之前分配。优先股股东不具有管理权、投票权。

（2）按照投资者、投资币种及上市地标准，可以将股票分为A股、B股、H股、N股等。A股又叫人民币普通股股票，B股、H股、N股又叫人民币特别股股票。

A股，即人民币普通股票，是由我国境内公司发行，供境内机构、组织或个人（不含台、港、澳地区投资者）以人民币认购和交易的普通股股票。

B股，即人民币特种股票，是以人民币标明面值，以外币认购和买卖，在中国境内（上海、深圳）证券交易所上市交易的外资股。B股公司的注册地和上市地都在境内。

H股，即人民币特种股票，也称“国企股”，指注册地在内地、上市地在香港的中资企业股票。H股为实物股票，实行“T+0”交割制度，无涨跌幅限制。中国内地机构投资者和个人投资者均可以投资买卖。

N股，即人民币特种股票，指在美国纽约（New York）证券交易所上市的外资股票。

证券法第225条规定：“境内公司股票以外币认购和交易的，具体办法由国务院另行规定。”

（3）按投资主体划分，可以分为国有股、法人股和社会公众股。

国有股，指有权代表国家投资部门或机构以国有资产向公司投资形成的股份，包括以公司现有国有资产折算成的股份。

法人股，指企业法人或具有法人资格的事业单位和社会团体以其依法可经营的资产向公司非上市流通股权部分投资所形成的股份。

社会公众股，指我国境内个人和机构，以其合法财产向公司上市流通股权部分投资所形成的股份。

（4）根据公司业绩划分，可以分为ST股、绩优股、蓝筹股。

ST股，指上市公司连续亏损或每股净资产低于股票面值，而被特别处理的股票。1998年4月22日，沪深交易所宣布，对财务状况或其他状况出现异常的上市公司股票交易进行特别处理（Special treatment），并在股票简称前冠以英文缩写“ST”给了投资者警示：该股票存在投资风险。一般是连续3年亏损，就有退市的风险。

绩优股，指业绩优良且比较稳定的上市公司股票。绩优股公司拥有资金、市场、信誉等方面的优势，对各种市场变化具有较强的承受和适应能力。

蓝筹股，指在股票市场上其所属行业内占有重要支配性地位，业绩优良、成交活跃、红利优厚的大公司股票。“蓝筹”一词源于西方赌场——在赌场中有三种颜色的筹码，其中蓝色筹码最为值钱。

（二）公司债券

1. 公司债券的概念

公司法第153条第1款给公司债券的定义为“公司依照法定程序发行、约定在一定期限还本付息的有价证券。”

公司债券的特征：

（1）发行债券的公司和债券投资者之间是债权债务关系。公司债券的持有人是公司的债权人，而不是公司的所有者，这是与股票持有者最大的不同点。债券持有人有按约定条件向公司取得利息和到期收回本金的权利，取得利息优先于股东分红，公司破产清算时，也优于股东而收回本金。但债券持有者不能参与公司的经营、管理等各项活动。

（2）公司债券与股票的收益风险性不同。公司债券到期不但要偿还本金，而且需支付一定的利息。利息的确定方式，有固定利息方式和浮动利息两种。而股票一经买入，就不能还本，只能在交易市场卖出，投资者可能获得高额回报，也具有承担极大亏损风险的可能。当然，由于债券的还款来源是公司的经营利润，而公司未来经营存在不确定性，因此债券持有人也承担着损失利息甚至本金的风险。

（3）公司债券与股票的权益保障方式不同。公司债权人保障其收益权的机制要优于公司股东。比如，在有限责任原则下，股东与债权人间的利益冲突主要表现为公司设立阶段之出资瑕疵而引发的资产虚空现象即资本不足,[①] 但债权人可以通过强制股东履行出资义务、发起人缴纳担保责任以及法人人格否认来保障其权益。

2. 公司债券的种类

(1) 普通公司债券。是指债券发行人到期还本付息的公司债券。

在我国，公司债券管理机构主要为中国证监会，发债主体为按照《中华人民共和国公司法》设立的公司法人，包括股份公司和有限责任公司。上市公司发行普通公司债券，其信用保障是发债公司的资产质量、经营状况、盈利水平和持续盈利能力等。公司债券在证券登记结算公司统一登记托管，可申请在证券交易所上市交易，其信用风险一般高于企业债券。在证券交易所挂牌交易的债券又叫上市债券；反之为非上市债券。上市债券信用度高，价值高，且变现速度快，故容易吸引投资者，但上市条件严格，并要承担上市费用。上市公司债券属于公募债券（Public Offering Bond），向不特定的多数投资者公开募集，任何投资者均可购买。

与公司债券有关的是企业债券。根据《企业债券管理条例》第 2 条规定，该条例适用于中华人民共和国境内具有法人资格的企业在境内发行的债券。但是，金融债券和外币债券除外。企业债券由国家发展和改革委员会作为主管机关，负责发行核准工作。企业债券可在银行间市场和交易所市场发行交易，是目前我国唯一的可以跨市场上市交易的信用债品种。

(2) 可转换公司债券。是指在一定时间内可以按照既定的转股价格转换为指定股票的债券。转股权是债券持有者的权利，投资者可以选择转股也可以选择继续持有债券。可转债可以看作“债券 + 股票期权”的组合。公司法关于可转换公司债券主要规定于第 161 条规定：“上市公司经股东大会决议可以发行可转换为股票的公司债券，并在公司债券募集办法中规定具体的转换办法。上市公司发行可转换为股票的公司债券，应当报国务院证券监督管理机构核准。发行可转换为股票的公司债券，应当在债券上标明可转换公司债券字样，并在公司债券存根簿上载明可转换公司债券的数额。”以及第 162 条：“发行可转换为股票的公司债券的，公司应当按照其转换办法向债券持有人换发股票，但债券持有人对转换股票或者不转换股票有选择权。”新证券法第 15 条、第 12 条第 2

---

① 南玉梅：《公司债券内部增信的规则构建——以限制条款为核心》，载《法商研究》2017 年第 6 期。

款规定了上市公司发行可转换公司债的条件。

（3）可分离公司债券。是指上市公司公开发行的认股权和债券分离交易的可转换公司债券，是公司债券加上认股权证的组合产品。分离交易可转债由可转债和股票权证两大部分组成，将传统可转换公司债券的转股权利剥离出来，以认股权证的形式送给债券购买者，该认股权证可以独立于债券本身进行转让交易。

（4）其他分类。按公司债券有无担保品、偿还方式和发行形式等可分为：①有担保品的公司债券。包括不动产抵押公司债券、动产抵押公司债券、抵押信托公司债券以及用其他债券或股票作为抵押品的公司债券。②信用公司债券。指仅凭发行债券公司的信用，而没有特定的抵押财产作为担保品的公司债券。③一次还本公司债券。④分期还本公司债券。⑤记名公司债券。⑥无记名公司债券。

（三）存托凭证

1. 存托凭证的概念与分类

中国证监会制定的《存托凭证发行与交易管理办法（试行）》第 2 条对存托凭证的定义是：本办法所称存托凭证是指由存托人签发、以境外证券为基础在中国境内发行、代表境外基础证券权益的证券。[①] 根据该办法第 59 条的定义，基础证券，是指存托凭证代表的由基础证券发行人在境外发行的证券；基础财产，是指基础证券及其衍生权益；存托人，是指按照存托协议的约定持有境外基础证券，并相应签发代表境外基础证券权益的存托凭证的中国境内法人；托管人，是指受存托人委托，按照托管协议托管存托凭证所代表的基础证券的金融机构。

按照不同划分标准，存托凭证可以分为：

（1）融资型存托凭证和非融资型存托凭证。这是以基础股票是通过增量发行还是原有存量为划分标准。融资型存托凭证是向公众投资者进行筹资，并在交易所上市；非融资型存托凭证是存托人将部分基础股票进行托管后发行新的存托凭证，在交易所交易。

（2）参与型存托凭证和非参与型存托凭证。这是以上市公司在存托凭证发行过程中的作用为划分标准。前者是由发行股票的公司与存托人签订存托协议，直接参与发行的存托凭证；后者是证券商或公司大股东以自己名义将其持有的

① 国务院办公厅转发的《关于开展优质创新企业境内发行股票或存托凭证试点的若干意见》（国办发〔2018〕21 号）中也重复了该定义。

股票交付托管人，并委托存托人发行的存托凭证，公司不参与发行，只需出具无异议函。

（3）私募型存托凭证和公募型存托凭证。这是按照是否允许公众投资者购买为划分标准。前者不公开发行，后者需公开发行。目前，国际市场主流存托凭证大多为融资型、参与型和公募型。①

2. 存托凭证的特征

（1）存托凭证是衍生证券。衍生证券（derivative security）种类繁多，并不断创新，包括各种形式的金融期权、期货和利率互换合约，其价值取决于作为基础标的物的资产或指数。由于衍生品的价值依赖于其他证券，因此可以套期保值，也可以投资，是投资者进行套期保值或者转移风险的工具。存托凭证是一种证券型衍生产品，其价值取决于基础证券，符合衍生证券特点。衍生证券可以分为契约型证券衍生品和证券型证券衍生品两类。契约型证券衍生品，以股票、债券等资本证券或者资本证券的整体价值衡量标准如股票指数为基础，包括各类期货、期权等品种。以证券交易场所设计的标准化、规格化的合约形式存在，而不以证券形式存在；不具备融资功能，主要是作为一种风险管理工具；没有发行人，交易方式为期货交易，实行保证金、持仓限制、逐日盯市等交易风险控制措施。证券型证券衍生品种，是股票等基础证券和一个权利合约相结合，并将其中的权利以证券的形式表现出来，形成一种新的证券品种。包括认股权证、可转换公司债、存托凭证等。存托凭证依托于基础股票，不是以标准化、规格化的合约形式存在，而是以证券形式存在，合约的内容已证券化为权证的基本要素。

（2）存托凭证是信托证券。信托是由委托人为自己或第三者（即受益人）的利益，将财产上的权利转给受托人，受托人按规定占有、管理、使用信托财产，并处理其收益。在存托凭证法律关系中，购买了存托凭证的投资者，委托存托人持有、负责安排托管基础证券，代为行使基础证券权利，办理存托凭证分红、派息。在这种关系中，信托行为是投资者作为委托人与受委托的存托人形成的事实合同；信托财产是通过信托行为从投资者转移到存托人的基础证券权益；信托目的是投资者通过投资存托凭证行使权利、享受投资收益；存托凭

---

① 王艳等：《中国存托凭证（CDR）：方案设计与运作》，上证联合研究计划第十九期课题报告（2008 年 11 月）。

证为享受信托利益的受益权证书。因此，存托凭证符合信托证券特征。[①] 此外，还存在其他三种法律关系。一是发行人与存托人的委托关系。发行人为筹集资金，将证券委托（相当于转让）给存托人，由存托人以自己的名义持有证券并签发代表基础证券权益的存托凭证，存托人是基础证券的名义持有人。二是存托人与托管人的委托关系。存托人通过托管协议，委托托管人托管存托凭证所代表的基础证券，在委托期间，基础证券由托管人占有和保管。存托人的委托权实质上来源于存托凭证投资者。三是基础证券发行人与存托凭证投资者的准股权关系。存托凭证的投资者，不是基础证券发行人登记在册股东，不能以股东身份直接行使股东权利，仅能根据存托协议的约定，通过存托人享有并行使分红、投票等权利。尽管存托凭证投资者实际享有的权益与境外基础证券持有人的权益相当，但因不直接持有基础证券，只能视为准股东，享有准股权。

（3）存托凭证是附属证券。存托凭证依赖于基础证券而产生，基础证券是主证券，存托凭证是附属证券。其一，基础证券是存托凭证产生的前提。只有发行人发行了证券，该证券交由存托人持有、托管人托管，存托人才可以签发存托凭证。存托人以自己名义独立签发存托凭证后，与基础证券相分离，并独立产生法律效力，投资者行使权利、享受利益以存托凭证为依据。其二，存托凭证的权益来源于基础证券。基础证券股东依法享有参与管理权、投票权、分红派息权、股份转让权等权利，存托凭证投资者继受取得这些权利。如果基础证券的这些权利丧失，比如破产清算，存托凭证的相应权利也因此而丧失。但存托凭证的价值与基础证券并非一一对应，即一份存股凭证不一定对应一股标的物股票，对应比例是由存托人确定的；存托凭证的价值由上市地交易市场供求关系决定，理论上可能是基础证券的溢价，也可能是折价，当然套利的压力会防止差别过大。[②] 其三，基础证券是存托凭证权益实现的根本保障。为了保障存托凭证投资者权益，法律注重维护基础证券的独立性，确保其独立于存托人、保管人的固有财产，独立于发行人破产财产，并与发行人、存托人、保管人个人债务相隔离。

---

① 有一种观点从股票信托角度认为，发行公司为设立股票信托的委托人，存托机构和保管机构充当受托人角色，存托凭证投资者处于受益人地位。这种观点的错误在于：发行人的目的是为自己融资，而不是为了第三者即存托凭证投资者（受益人）的利益；存托人不是对发行人负责，而是对存托凭证投资者负责。因此将发行人作为信托关系中的委托人不妥。参见万勇、张莉：《信托法上的思考：存托凭证投资者的权利保护》，载《证券市场导报》2002 年 1 月号。

② ［美］约翰·马歇尔等：《金融工程》，宋逢明等译，清华大学出版社 1998 年版，第 294 页。

（4）存托凭证是公募证券。在融资模式下，基础股票的来源是上市公司定向增发的股票，通过存托凭证取得新的融资。在非融资模式下，基础股票来自上市公司已发行的上市股票，一般通过大股东减持或证券商在二级市场收购，上市公司没有因存托凭证发行而筹集新资金。从融资发行角度，可以将存托凭证定性为公募证券。在我国，按证监会的相关规定，即使仅面向符合适当性管理要求的合格投资者发行，也必须采取公开发行方式。作为一种公开募集发行的证券，必须在证券监管部门注册。存托凭证融资发行与交易连为一体，发行完毕就进入上市交易环节。在发行阶段，与股票发行基本一样，基础证券发行人需要符合法律、监管政策规定的主体资格，符合股票公开发行基本条件，符合公司治理规范、公司经营合法合规、募集资金使用合法等要求。因此，虽然存托凭证发行人是存托人，但发行条件的要求是针对基础证券发行人的。基础证券发行人还应当聘请具有保荐资格的机构担任保荐人，由证券公司承销。在上市交易阶段，由基础证券发行人向交易所申请存托凭证上市，证券交易所审核同意后，双方签订上市协议。

（5）存托凭证是涉外证券。存托凭证具有涉外因素。在存托凭证法律关系主体、客体、权利义务因素中，有一个以上的因素涉及两个以上国家或地区。从主体来看，基础证券发行人、托管人与存托人、投资者、交易所往往处于两个不同的司法管辖区，有关法人主体或者其注册登记地在境外，或者其主要办事机构所在地在境外，或者控制该法人的股东具有外国国籍、境外籍贯。从客体来看，作为民事法律关系标的的基础证券位于境外，由境外托管人托管。从权利义务因素来看，形成存托凭证权利义务的法律事实，如基础证券的发行交易、基础证券发行人的委托行为发生于境外。涉外证券特征决定了因存托凭证产生的纠纷存在管辖权冲突，需要基于国际私法的有关原则、跨国（境）证券监管合作予以处理。

3. 存托凭证有关主体的职责与义务

在存托凭证产生的法律关系中，基础证券发行人一旦将基础证券转移给存托人，并登记在存托人名下，就丧失了对这部分基础证券的权利。作为对价，存托人通过发行存托凭证募集的资金交付给基础证券发行人。存托人将存托凭证销售给投资者以后，投资者成为存托凭证所有者。由于存托凭证与基础证券是相对应的关系，存托凭证实际上取代了基础证券所具有的所有权利，投资者成为基础证券实质上的权利人，成为基础证券发行人事实上的股东。因此，存托人是登记在册的名义股东，投资者是享有权利的实际股东（笔者将其称为准股东），存托人必须按照投资者的意愿和委托代为行使股东权利。作为托管人而言，仅仅是受投资者、存托人委托保管基础证券，使基础证券处于权利“冷冻”状态，防止与存托凭证形成权利冲突导致投资者权利落空。

（1）存托凭证法律关系主体

存托凭证法律关系主体包括：基础证券发行人、存托人、托管人、投资者。

基础证券发行人，是在境外发行股票、债券等证券并在境外证券交易所上市交易的公司，是证券原始持有人。为了在中国境内筹集资金或上市交易ADR，将基础证券交由存托人持有，授权存托人签发存托凭证。基础证券发行人在发行存托凭证时应符合证券法关于股票等证券发行的基本条件。

存托人，是接受境外基础证券发行人委托，通过继受方式持有基础证券，登记为基础证券所有者，在境内签发存托凭证，委托托管人托管基础证券，代表存托凭证投资者行使权利的金融机构。在我国，存托人必须是中国的法人，具体包括中国证券登记结算有限责任公司及其子公司，经批准的商业银行，证券公司。①

托管人，是接受存托人委托，负责托管存托凭证所代表的基础证券的境外金融机构。其应当具有相应业务资质、能力和良好信誉。

投资者，是通过购买方式（包括发行购买和交易所交易购买）持有存托凭证的机构或个人。享有存托凭证代表的境外基础证券权益，按照法律、监管政策规定和存托协议约定委托存托人行使其权利。

（2）基础证券发行人、存托人、托管人的职责与义务

①基础证券发行人

基础证券发行人的职责：将基础证券交付存托人，并由托管人托管；依法发行存托凭证并进行信息披露；确保存托凭证投资者实际享有的资产收益、参与重大决策、剩余财产分配等权益与境外基础证券持有人权益相当；按照存托协议约定，采用安全、经济、便捷的网络或者其他方式为投资者行使权利提供便利；与其境内实体运营企业之间的关系安排，不得损害投资者合法权益；具有股东投票权差异等特殊架构的，其持有特别投票权的股东应当按照所适用的法律以及公司章程行使权利，不得滥用特别投票权，不得损害投资者合法权益。

① 按照证监会相关规定，存托人必须具有法人资格，组织机构健全，内部控制规范，风险管理有效；财务状况良好，净资产或者资本净额符合规定；信誉良好，最近3年内无重大违法行为；拥有与开展存托业务相适应的从业人员、机构配置和业务设施；法律、行政法规和规章规定的其他条件。

基础证券发行人的义务：参与存托凭证发行，履行信息披露义务，接受监管机构和证券交易所监管；确保所披露的信息真实、准确、完整，不得有虚假记载、误导性陈述或者重大遗漏；其董事、监事、高级管理人员应当忠实、勤勉地履行职责，保证境外基础证券发行人所披露的信息真实、准确、完整；具有股东投票权差异、企业协议控制架构或者类似特殊安排的，应当披露相关情形及其对中国境内投资者带来的重大影响和风险；保证其在境外市场披露的信息同步在境内市场披露。

②存托人、托管人

存托人、托管人的职责：存托人的职责：与基础证券发行人签署存托协议，协助完成存托凭证的发行上市；委托托管人管理存托凭证基础财产，签订托管协议，督促履行基础财产的托管职责；为存托凭证基础财产单独立户，将基础财产与其自有财产有效隔离、分别管理、分别记账；建立并维护存托凭证投资者名册；办理存托凭证的签发与注销；向投资者发送通知等文件；向投资者派发红利、股息；代投资者行使表决权等权利；代投资者参加股东大会并行使表决权。

托管人的职责：托管股票、债券等基础财产；协助办理分红派息、投票等相关事项；向存托人提供基础证券的市场信息。

存托人、托管人的一般义务：

a. 忠实义务。忠实义务要求存托人、托管人应该忠实于存托凭证投资者利益，把维护、实现投资者利益作为管理基础证券、处置存托凭证事务的唯一标准，严禁损害投资者利益为自己或第三人谋利。存托人、托管人本质上均是接受存托凭证投资者信托，代表投资者行使权利、保管基础证券、监督基础证券发行人行为，因此，必须忠实、勤勉地履行各项职责和义务，不得使自己的利益与其责任相冲突，不得以受托人的地位谋取利益。法律、监管政策一般要求存托人、托管人不得与基础证券发行人有利害关系，公平对待存托凭证投资者，不得以任何形式持有发行人的证券或其他权益。存托人行使基础证券相应权利，应当按照存托协议约定事先征求投资者意愿并按其意愿办理，不得擅自行使相应权利或者处分相应存托凭证基础财产；不得将存托凭证基础财产归入其自有财产，不得侵占、挪用存托凭证基础财产；不得买卖其签发的存托凭证；不得兼任其履行存托职责的存托凭证的保荐人。托管人对所托管的基础证券没有使用权、处分权，不得以任何方式处分或变相处分基础证券，不得违背托管协议约定，损害基础证券权益；必须将不同委托人的基础证券独立管理，并与自己的固有财产相分隔。

b. 注意义务。注意义务要求受托人在处理信托事务时，应该像处理自己事务一样谨慎小心、尽职尽责。如果是因为符合较高的专业标准和能力而取得受托人资格，则应该尽到较一般人要求更高的注意标准。存托人、托管人作为基础证券持有人、保管人，在处理存托凭证事务时应该尽到专业的善良管理人义务；要确保基础证券的安全；加强对基础证券发行人的监督。要维护基础证券独立性，防御基础证券发行人、受托人、受益人的一般债权人违法追及基础证券，防止基础证券没有法律依据而被强制执行。存托人不得随意增发存托凭证，以免投资者持有的存托凭证所代表的股权被稀释。基础证券发行人配股导致存托证券变动，发行人因为办理现金、盈余或资本公积增发新股时，存托人应根据基础证券的变动对存托凭证的数量进行相应调整。

（四）国务院依法认定的其他证券

本款还规定了“国务院依法认定的其他证券”。这意味着从立法技术上，证券法对证券概念的界定采用的是“有限列举”加“兜底条款”的方式①。兜底方式即为“国务院依法认定的其他证券”。这一规定包含以下要素：（1）必须是经过国务院认定的证券。（2）国务院必须依法认定。何谓“依法”？证券法没有明确，笔者认为，一是要依照《立法法》规定的权限和程序，二是要依据证券法对证券概念与范围规定的原则与精神，符合证券的特质与功能。（3）新认定的证券，其发行与交易必须适用证券法。（4）证券法、公司法已规定的证券品种，不需要再进行认定。但证券法授权国务院进一步制定行政法规予以具体规范的，国务院可进行授权立法。截至目前，国务院尚未就“依法认定的其他证券”作出过认定，学术界的认识也不尽相同。在证券法本次修订过程中，有专家曾提出删除国务院依法认定的表述，而直接赋予国务院证券监管部门依法认定；还有学者主张直接规定人民法院的司法裁判有权认定新的证券品种。

对于我国证券的兜底条款是否可借鉴美国证券“兜底认定”的判例法规则，我国学者亦持不同观点。赞成者的立论出发点在于促进金融创新，即“中国证券法的证券概念主要以股票、债券为原型，其适用范围显然不足以应对金

---

① 参见郭锋：《证券法修改完善的六个重大问题》，载张育军、徐明主编：《证券法苑（第6卷）》，法律出版社2012年版，第38页；杜一华：《“金融投资商品”立法的类型化趋势研究》，载《经济与管理》2018年第2期。

融创新的新发展。"[①] 具体路径大致形成了两种思路：一种是"借鉴日韩两国导入'集合投资计划'概念的经验"[②]；另一种是借鉴美国判例法所确定的"Howey 规则"，将"投资合同"作为证券的一种新类型。[③] 包括作为企业直接融资工具的符合证券定义的各种"类金融产品"及所有符合证券定义的债权[④]。反对者认为美国判例法认定投资合同的"Howey 规则"所确立的"投资合同"概念不具有可移植性。[⑤]

既然证券法授权国务院可以认定"其他证券"，这就意味着在金融创新中，如果出现了具有证券性质、证券功能的新证券品种，中国证监会或有关功能监管机构可以提请国务院认定。当然，国务院也可以在有关行政法规中明确新的证券种类。获得国务院认定的新证券，其发行和交易必须遵守证券法的规定。

（五）关于适用其他法律

本款最后一句话规定："本法未规定的，适用《中华人民共和国公司法》和其他法律、行政法规的规定。"这是为了确保证券法和其他有关法律、行政法规相衔接而作出的一种特别规定。因为调整证券和因证券而产生的法律关系的法律，不仅仅是证券法，除适用公司法外，还包括民法、刑法、信托法、证券投资基金法等一系列法律，以及相关行政法规。其适用顺序为：证券法有规定的，首先适用证券法；证券法没有规定的，才适用其他法；证券法与其他法都有规定且不矛盾的，可以同时适用；证券法与其他法都有规定且理解有矛盾的，应该以证券法规定为依据，必要时提请立法机关进行立法解释后适用。另外需要严格把握，适用的前提条件是属于证券法规定的"证券"的发行和交易行为或活动，而不能作其他延伸。

二、第 2 款释义

第 2 款规定：政府债券、证券投资基金份额的上市交易，适用本法；其他法律、行政法规另有规定的，适用其规定。

---

① 姚海放：《论证券概念的扩大及对金融监管的意义》，载《政治与法律》2012 年第 8 期。

② 《发展多层次资本市场亟需扩大证券概念》，载《法制日报》2014 年 4 月 9 日；《洪磊：发展多元调解机制化解私募基金行业风险》，载《中国证券报》2019 年 11 月 19 日。

③ 万国华、王才伟：《论我国股权众筹的证券法属性》，载《理论月刊》2016 年第 1 期。

④ 参见邢会强：《我国〈证券法〉证券概念的扩大及其边界》，载《中国法学》2019 年第 1 期；彭冰：《非法集资活动规制研究》，载《中国法学》2008 年第 4 期；高振翔：《互联网金融语境中的非法集资风险及其刑法规制》，载《交大法学》2016 年第 2 期。

⑤ 参见余涛：《论美国证券法中"其他证券"的界定——规则演变及相互关系》，载《证券市场导报》2020 年第 2 期。

（一）政府债券

1. 政府债券的概念

政府债券是政府根据信用原则，为筹集财政资金或建设资金，以政府名义按一定程序向社会公众投资者发行的债券。政府债券市场是国家证券市场的重要组成部分。1981 年我国开始恢复发行国债，当时发行规模年度不到 50 亿元。1991 年尝试采用存购包销的方式发行。1993 年建立了国债一级自营商的制度；1995 年引入招投标的方式。2000 年开始组建国债承销团，面向承销团的成员采取市场化、电子化招标的方式发行，发行效率得到很大提高。[①] 2019 年我国国债发行 4 万亿元，地方政府债券发行 4.4 万亿元[②]。

按照发行主体是中央或地方政府，政府债券分为中央政府债券（又称国债）和地方政府债券（又称地方债）。

国债是国家为筹集财政资金，以其信用为基础，通过向社会筹集资金所形成的债权债务关系。记账式国债是国债的主要形式，可以上市和流通转让，托管在交易所市场的均为记账式国债。记账式国债又分为附息国债和贴现国债两类。附息国债定期支付利息、到期还本付息、期限为 1 年以上（含 1 年）。贴现国债以低于面值的价格贴现发行，到期按面值还本，期限为 1 年以下（不含 1 年）。实践中常见的国库券属于贴现国债。

地方债是地方政府、地方公共机构发行的债券。一般用于交通、通信、住宅、教育、医院和污水处理系统等的建设，以当地政府的税收能力和其他收入作为还本付息的担保。市政建设债券是地方政府发行的较为常见的债券。中国地方政府债券市场起步于 2009 年，当时是为了应对国际金融危机，国务院批准财政部代理发行了 2000 亿元的地方政府债券。[③] 2009 年 3 月 30 日，新疆维吾尔自治区首次发行 30 亿元记账式地方政府债券。[④]

2. 政府债券的特征

（1）安全性高，风险较小。政府债券以政府信誉作为担保，其偿付以税收

---

① 《王小龙：政府债券已发展成为财政宏观调控的重要工具》，载新浪网，http：//finance. sina. com. cn/zt_ d/chinabond/，最后访问时间：2020 年 3 月 8 日。

② 《2019 年我国债券市场共发行债券 45.3 万亿元》，载新华网，http：//www. xinhuanet. com/fortune/2020－01/19/c_ 1125482492. htm，最后访问时间：2020 年 3 月 8 日。

③ 《谢旭人：2000 亿元地方债券将采取公开发行的方式》，载中国政府网，http：//www. gov. cn/2009lh/content_ 1251725. htm，最后访问时间：2020 年 3 月 8 日。

④ 《新闻分析：首期地方债发行在即 投资者表示欢迎》，载中国政府网，http：//www. gov. cn/jrzg/2009－03/24/content_ 1267541. htm，最后访问时间：2020 年 3 月 8 日。

为后盾，在各类债券中，政府债券的信用等级是最高的，通常被称为“金边债券”。投资者购买政府债券，是一种较安全的投资选择。

（2）流通性强，容易变现。由于政府的资信程度最高，竞争力强，市场属性好，使得国家债券特别是国债的发行额十分庞大，发行相对容易，其二级市场也就十分发达，其流通和转让极其方便，容易变现。

（3）可以享受免税待遇。政府债券可以在证券交易场所上市，也可以在到期前用作抵押贷款的担保品，满足多种需要。而且，根据《中华人民共和国个人所得税法》的规定，可以免征个人所得税，即不征收债券收益所得税。

（4）收益相对稳定。政府债券的付息由政府保证，其信用度最高，风险最小，对于投资者来说，投资政府债券的收益比较稳定。因政府债券的本息大多数固定且有保障，所以交易价格一般不会出现大的波动，二级市场的交易双方均能得到相对稳定的收益。

（二）证券投资基金（份额）

我国1981年引入投资基金业务。证券投资基金是根据特定投资目的，通过发售基金份额向社会公众或特定对象募集资金形成独立的基金财产，由基金管理人按照证券组合方式管理，由基金托管人托管，基金份额持有人按其所持份额对基金财产享有收益分配权、清算后剩余财产取得权和其他相关权利，并承担相应义务的“投资组织”。证券投资基金是一种利益共享、风险共担的证券组合投资，基金的参与主体一般包括三类，即基金当事人、市场服务机构、监管自律组织。基金当事人包括基金管理人、基金托管人和基金份额持有人（即投资者）；市场服务机构包括基金销售机构、基金份额登记机构、律师事务所、会计师事务所；国务院证券监督管理机构负责审查，基金行业协会是证券投资基金行业的自律性组织。证券投资基金份额的募集一般经过四个步骤，即申请、核准、发售、基金合同生效。一旦招募的资金达到规定的数额或百分比，基金即告成立，否则，基金发起便告失败。

证券投资基金具有集合投资，专家理财，组合投资、分散风险，利益共享、风险共担的特征，具有安全性、流动性等比较优势。①

（1）集合投资。证券投资基金由不特定多数人的零散资金汇集而成。积少成多，集腋成裘，这正是证券投资基金的优点。证券投资基金的投资起点金额较低，对于一般投资者的投资极为便利，这使众多的投资者有可能加入其中。

---

① 郭锋、陈夏等：《证券投资基金法导论》，法律出版社2008年版，第6页。

（2）专家理财。证券投资基金由专门的基金管理人和基金托管人进行管理和保管。为了履行管理职责，基金管理人内部设置了相关机构，如投资部、交易部、研究部、市场部、监察部等，聚集具有相应理论知识和丰富实践经验的专业人士。直接负责基金财产日常投资运作的基金经理，大多精通投资银行、资产管理、风险投资等业务。作为专业的资产保管机构，基金托管人也汇集了大量的人才，不仅精通资产保管业务，也熟悉基金投资业务，能够对基金管理人进行有效监督，为基金财产的安全提供坚强保障。

（3）组合投资、分散风险。证券投资基金以分散投资为主，基金根据各自特色风格都有特定的投资目标、投资范围、投资组合和投资限制。在投资过程中，通过科学的投资组合和投资限制，实行分散化投资，实现资产组合多样化，并通过不同资产和不同证券的相互补充，达到降低投资风险和提高收益的目的。

（4）利益共享、风险共担。证券投资基金具有收益的共享性和责任的有限性。投资基金可以广泛地选择金融市场上各种金融商品。广泛的投资范围给众多的投资者带来综合的投资回报，投资者根据其持有基金份额的多少，分配基金投资的收益或承担基金投资的风险。

（三）政府债券、证券投资基金份额发行适用的法律法规

1. 政府债券

参照国外立法、监管通例，政府债券属于豁免证券，其发行不适用证券法。所谓豁免证券，是指免除证券监管机构对政府债券发行或上市交易的审查、注册。政府债券的发行主体是政府，其发行基于政府信誉和公信力，以税收等作为偿付的保障，信用高、风险低，不需遵循证券法规定的公司债券发行的信息披露义务，无须依证券法规定报经证券监督管理机构或者国务院授权的部门注册，亦无须遵循国务院规定的证券发行注册制的具体范围与实施步骤。豁免证券是源于美国证券制度的特殊概念。

我国调整国债的依据主要是国务院颁布的国库券条例。该条例是规范我国国债管理活动、调整国债主体之间关系的行政法规。从历史上看，新中国成立后，各期国债发行以前，均由国务院制定相关条例，具体规定国债的发行、转让、利率、还本付息及其他有关管理事项。1981 年 1 月，国务院通过国库券条例，决定发行国库券来弥补财政赤字，以后又发行了国家重点建设债券、财政债券、重点企业债券、保值公债、特种公债等。到 1992 年止，每年都颁布一个国库券相关条例，对发行对象与方式、发行数额及利率、还本付息的期限、国库券及其他债券的贴现、抵押和转让、国债法律责任、国债管理机构等内容予

以规定。1989～1991 年每年还颁布了一个特种国债相关条例，对特种国债的发行对象、发行数额、发行期限、利率及偿还期等内容予以规定。现行条例是 1992 年 3 月 18 日颁布、2011 年修订的国库券条例。由于该条例存在适用范围仅限于国库券而不能对所有的国债予以规范，主要规定国库券发行有关事项，对国债流通、国债使用等未作规定等问题，有关部门一直在研究起草“国债法”，统一调整国债在发行、使用、偿还和管理过程中发生的法律关系。为规范国债做市支持操作行为，促进债券市场健康发展，2016 年 9 月 30 日，财政部、中国人民银行印发《国债做市支持操作规则》，规定国债做市支持运用随买、随卖等工具操作，其中随买是财政部在债券二级市场买入国债，随卖是财政部在债券二级市场卖出国债。财政部、中国人民银行根据中央库款预测、银行体系流动性等情况，确定国债做市支持操作日期、操作数额等。国债做市支持操作是通过国债做市支持操作平台进行。

对地方债的规制，一直是管理债券的重中之重。2014 年修正的原预算法第 35 条明确规定，地方政府发行债券必须满足的三大硬性条件：第一，必须通过发行地方政府债券的方式筹措；第二，举债规模由国务院报全国人大或全国人大常委会批准；第三，发行地方政府债券的主体限定为省级政府。没有针对地方政府债务的其他问题做出进一步规范，而是授权国务院建立地方政府债务风险评估和预警机制、应急处置机制以及责任追究制度，并授权国务院财政部门对地方政府债务实施监督。2018 年 12 月修正通过的预算法在继续全面实行自发自还的原则下，于第 88 条将“监督检查本级各部门及其所属各单位预算的编制、执行”调整为“监督本级各部门及其所属各单位预算管理有关工作”。从政策和部门规章层面看，2014 年 10 月，国务院发布《关于加强地方政府性债务管理的意见》①。2015 年 3 月，财政部印发《地方政府一般债券发行管理暂行办法》②，规定一般债券由地方政府按照市场化原则自发自还，采用记账式固定利率附息形式。2019 年 4 月，财政部印发《关于做好地方政府债券发行工作的意见》③。2019 年 6 月，中共中央办公厅、国务院办公厅印发《关于做好地方政府专项债券发行及项目配套融资工作的通知》，对地方政府专项债券发行及项目配套融资的总体要求和基本原则作出了规定，坚持疏堵结合、协同配合、突出

① 国发〔2014〕43 号。
② 财库〔2015〕64 号。
③ 财库〔2019〕23 号。

重点、防控风险、稳定预期的基本原则。为了便利境外投资者到中国债券市场发行“熊猫债”，2018年9月中国人民银行、财政部发布《全国银行间债券市场境外机构债券发行管理暂行办法》①，第4条简化债券发行管理，除了金融机构发行“熊猫债”需要获得中央人民银行的核准，国际开发机构、境外非金融机构和境外政府类机构等发行“熊猫债”，只要到中国的交易商协会进行注册发行即可。

2. 证券投资基金份额

国家针对证券投资基金另行制定了证券投资基金法，规范公开或者非公开募集资金设立证券投资基金的行为，故证券投资基金的发行不受证券法调整。证监会相继发布了《证券投资基金管理公司管理办法》②《公开募集证券投资基金运作管理办法》③《公开募集证券投资基金信息披露管理办法》④《关于实施〈公开募集证券投资基金信息披露管理办法〉有关问题的规定》⑤。相关机构制定了配套的《中国证券登记结算有限责任公司关于交易所交易型开放式证券投资基金登记结算业务实施细则》⑥《公开募集证券投资基金信息披露管理办法》⑦等。

2003年10月颁布的证券投资基金法将基金局限于证券投资基金。2012年修订时增加了“非公开募集基金”一章，给予私募基金以法律地位。私募基金管理人是金融中介机构，豁免核准，实行向基金业协会登记制度，并规定符合条件的私募基金管理人经核准可以从事公开募集基金管理业务。证监会于2014年8月发布《私募投资基金监督管理暂行办法》⑧。中国基金业协会于2016年2月和4月先后发布《私募投资基金信息披露管理办法》《私募投资基金募集行为管理办法》等规范。

在信息披露方面，证券投资基金法第46条第2款规定：“公开募集基金的基金份额持有人有权查阅或者复制公开披露的基金信息资料；非公开募集基金的基金份额持有人对涉及自身利益的情况，有权查阅基金的财务会计账簿等财

---

① 参见中国人民银行、财政部公告（〔2018〕第16号）。
② 中国证券监管管理委员会令第84号。
③ 证监会令第104号。
④ 中国证券监管管理委员会令第158号。
⑤ 参见证监会公告（〔2019〕17号）。
⑥ 2020年1月17日发布。
⑦ 2019年7月26日中国证券监督管理委员会令第158号发布，2020年3月20日修改。
⑧ 证监会令第105号。

务资料。”第95条规定：“基金管理人、基金托管人应当按照基金合同的约定，向基金份额持有人提供基金信息。”

（四）政府债券、证券投资基金份额的上市交易适用证券法

证券法第2条第2款规定：“政府债券、证券投资基金份额的上市交易，适用本法……”政府债券、证券投资基金份额的上市交易和股票、公司债券等的上市交易并无显著差别，可以在证券交易所进行挂牌交易。因此，其交易必须遵守证券法规定的上市条件、交易制度、违法责任等。比如，需要一体遵守风险揭示、信息披露、投资者适当性、金融监管等制度。

国库券条例第9条规定：“国库券可以转让，但是应当在国家批准的交易场所办理。”政府债券市场的场内市场包括上海证券交易所、深圳证券交易所。证券法第46条第2款规定：“证券交易所根据国务院授权的部门的决定安排政府债券上市交易。”这表明政府债券属于双重豁免证券，不仅发行不适用证券法，而且上市交易亦无须经过证券交易所的审核，而是由国务院授权的部门决定，证券交易所根据决定安排上市。

证券投资基金份额的上市交易，由基金管理人向证券交易所提出申请，证券交易所依法审核同意的，双方签订上市协议。证监会发布了证券投资基金信息披露内容与格式准则第1号《上市交易公告书的内容与格式》、第2号《年度报告的内容与格式》、第3号《半年度报告的内容与格式》、第4号《季度报告的内容与格式》①、第5号《招募说明书的内容与格式》②、第6号《基金合同的内容与格式》③、第7号《托管协议的内容与格式》④等一系列管理和要求证券投资基金信息披露的文件。中国证券投资基金业协会发布的《私募投资基金管理人登记和基金备案办法（试行）》⑤第五章“信息报送”也有所涉及。

证券法第六章设专章规定投资者保护制度，第88条规定了解投资者、揭示投资风险的制度，第89条规定投资者适当性制度，证券法其他各章对证券交易的制度规定等，除豁免条款外，政府债券、证券投资基金份额的上市交易必须遵守。

---

① 第1~4号均发布于2004年6月14日，证监基金字〔2004〕72号。

② 证监基金字〔2004〕119号。

③ 证监基金字〔2004〕139号。

④ 证监基金字〔2005〕203号。

⑤ 中基协发〔2014〕1号。

（五）关于“其他法律、行政法规另有规定的，适用其规定”的理解

证券法第2条第2款规定：“政府债券、证券投资基金份额的上市交易，适用本法；其他法律、行政法规另有规定的，适用其规定。”对该款后半句的理解可分为三个层次：其一，即便是对政府债券、证券投资基金份额的上市交易，证券法也只是在其他法律、行政法规未作规定的范围才对这两种证券品种的上市交易进行调整。其二，如果其他法律、行政法规对政府债券、证券投资基金份额的上市交易作出了规定，不管其与证券法的规定是否一致，则直接适用其他法律、行政法规的规定。其三，如果行政法规对政府债券、证券投资基金份额的上市交易作出了规定，则直接适用行政法规的规定，不必比较证券法与行政法规的效力层级。

证券投资基金法、国库券条例、公司法的相关规定列表如下：

法律、行政法规名称	具体制度	核心内容
《中华人民共和国证券投资基金法（2015年修正）》	第61条、第62条、第63条、第64条规定了基金份额上市交易程序、条件、交易规则、终止上市情形与程序。	基金份额上市交易应经证券交易所审核同意；开放式基金等也可以上市。 基金份额上市交易应当符合的条件，其中“基金份额上市交易规则规定的其他条件”要结合该法第63条关于基金份额上市交易规则的制定和批准的规定； 基金份额上市交易由证券交易所依法审核同意，交易所应当就基金份额上市交易制定交易规则。 如果基金合同期限为5年以上，基金份额上市交易2年以后，并不导致该基金不再符合该法第62条第2项规定的“基金合同期限为五年以上”的条件，从而必须终止上市交易。只要基金合同期限未被变更或者变更后仍然为5年以上，随着上市交易时间的推移，只有满足第64条第2项规定的基金合同期限届满，基金份额上市交易才能终止。
《中华人民共和国国库券条例》（2011年修订）	第9条规定：“国库券可以转让，但是应当在国家批准的交易场所办理。”	不得在国家批准的交易场所外进行交易，亦不得将国库券作为货币流通。在非法的交易场所隐瞒真相转让伪造、变造的国库券与在国家批准的交易场所隐瞒真相转让伪造、变造的国库券，都符合有价证券诈骗罪的构成要件。
《中华人民共和国公司法（2018年修正）》	第25条、第81条规定的有限责任公司与股份有限公司章程应载明的事项。	设立管理公开募集基金的基金管理公司，应当有符合证券投资基金法和《中华人民共和国公司法》规定的章程。

三、第3款释义

第3款规定：资产支持证券、资产管理产品发行、交易的管理办法，由国务院依照本法的原则规定。

（一）资产支持证券

本次证券法修订，将资产支持证券明确列为证券种类之一，并要求其发行与交易的管理办法由国务院依照本法的原则规定。资产支持证券是资产证券化的产物。发起人（主要指原始权益人）将缺乏流动性但能在未来产生可预见的稳定现金流的基础资产，出售给特殊目的载体（Special Purpose Vehicle，SPV），由其通过一定的结构安排，分离和重组资产的收益和风险并增强资产的信用，转化成主要由基础资产产生的现金流担保本息偿付的资产支持证券（Asset－backed Securities，ABS），销售给资本市场上的投资者。[①] 下一步，国务院需要行使该项被授予的立法权，制定资产支持证券发行与交易的相关管理办法，结束由不同的监管部门分别制定规则的状态。

（二）资产管理产品

本次证券法修订，将资产管理产品明确列为证券种类之一，并要求其发行与交易的管理办法由国务院依照证券法的原则规定。2018年4月的《资管新规》统一了资产管理业务的规则。《资管新规》规定，资产管理业务是指银行、信托、证券、基金、期货、保险资产管理机构、金融资产投资公司等金融机构接受投资者委托，对受托的投资者财产进行投资和管理的金融服务。资产管理产品包括但不限于人民币或外币形式的银行非保本理财产品，资金信托，证券公司、证券公司子公司、基金管理公司、基金管理子公司、期货公司、期货公司子公司、保险资产管理机构、金融资产投资公司发行的资产管理产品等。

资产管理产品按照募集方式的不同，分为公募产品和私募产品。公募产品面向不特定社会公众公开发行。公开发行的认定标准依照《中华人民共和国证券法》执行。私募产品面向合格投资者通过非公开方式发行。资产管理产品按照投资性质的不同，分为固定收益类产品、权益类产品、商品及金融衍生品类产品和混合类产品。

理论上，并不是所有的资产管理产品都是证券。按照投资者人数的不同，资产管理产品可以分为只有一个投资者的“定向资产管理产品”或“单一资产管理产品”和同时拥有不少于2个投资者的“集合资产管理产品”。“定向资产

---

① 洪艳蓉：《资产证券化法律问题研究》，北京大学出版社2004年版，第6～7页。

管理产品”或“单一资产管理产品”的份额如果不可拆分转让（包括不可转让或只可整体转让），则不属于证券。如果其份额可对外拆分转让，则属于证券。[①] 集合资产管理产品是典型的证券。

四、第4款释义

第4款规定：在中华人民共和国境外的证券发行和交易活动，扰乱中华人民共和国境内市场秩序，损害境内投资者合法权益的，依照本法有关规定处理并追究法律责任。

（一）域外管辖、长臂管辖和域外适用的概念解析

第4款为我国证券法的域外管辖条款，即将我国证券法的适用范围（主要指司法管辖以及行政管辖的范围）扩张到我国属地管辖的领域之外，标志着我国证券法的域外管辖效力在立法中首次得以确立。根据立法机关的说明，新增这一条款的出发点是明确证券法必要的域外适用效力。[②]

从字面上看，第4款所称的对于境外证券违法行为将“按照本法规定处理”以及“追究法律责任”，应该解读为在国家行使立法管辖权的基础上，确认了超出国境适用范围的执法管辖权和司法管辖权。如果将第4款类比为美国法上的“长臂法规”的话，则第4款所确立的证券法的域外管辖，应包括但不限于我国法院的“长臂管辖”。

具体而言，上述条文中“处理”的内涵包括证券法各章所规定的各类证券监管和执法主体根据违法主体和违法事实的不同类别而分别采取的处理措施，例如证券交易所这样的自律监管机构的处分措施、证监会这样的政府机构采取的行政监管和处罚措施以及国际合作措施、刑事司法机关对于证券犯罪行为的追诉措施、人民法院作为司法机关所采取的受理和审理证券纠纷案件的措施，等等。对于就境外证券违法行为所欲追究的“法律责任”，则可以在本法第十三章“法律责任”专章中根据违法主体和违法行为之类别进行对接，包括民事责任、行政责任和刑事责任。

（二）域外管辖条款出台背景

证券法第2条第4款的出台背景可以从两个维度进行解析。

其一，打击跨国跨境证券违法活动，维护国内市场秩序和保护境内投资者

---

① 邢会强：《我国〈证券法〉上证券概念的扩大及其边界》，载《中国法学》2019年第1期。

② 《全国人民代表大会宪法和法律委员会关于〈中华人民共和国证券法（修订草案）〉审议结果的报告》，载中国人大网，http：//www. npc. gov. cn/npc/c30834/202001/a0524c6d17784fa9a0bcc955f3d8170e. shtml，最后访问时间：2020年5月6日。

合法权益的需要。近年来，证券发行与交易活动随着经济全球化和交易电子化的发展而呈现日益扩大的跨国趋势。在各国交易所纷纷谋求跨国合并或者业务合作的同时，境内发行人和投资者走出国门，赴境外证券市场发行上市和参与证券交易活动已是普遍现象。[①] 不少发行人甚至实现了两地、多地上市。

我国尚未实现资本市场的完全开放，然而即使目前的政策和法律尚未确认投资者自由进行境外证券投资活动的合法性，也通过在配额制下有限放开出境投资资格的“合格境内机构投资者”项目（QDII），逐步扩大规模的上海、深圳与香港三家交易所之间的股票交易互联互通项目以及刚刚“开闸”的支持上海和伦敦两地证券交易所在证券跨境发行和交易方面实现有限业务合作的沪伦通项目，而不断推进着境内投资者参与跨境证券交易活动的深度和广度。

此外，我国的主权财富基金中投公司近年来也越来越多地参与到境外股权投资和资产投资活动中，包括作为战略投资者参与境外企业的发行上市，并遭遇某些投资损失。例如，根据国家审计署 2014 年的公告，2008 年至 2013 年，中投公司的境外投资中有 6 个损失项目、4 个浮亏项目和 2 个面临损失风险项目。[②] 其中，中投对私募股权基金黑石集团 IPO 的投资损失较为惨重。[③]

同时，跨境证券活动中的内幕交易、市场操纵和财务造假等市场不当行为，近年来也层出不穷，而且愈演愈烈，并随着违法主体对于科技发展和技术进步的利用而越来越难以得到有力的规制和制裁。

随着中国境内企业和境内投资者参与国际资本市场融资活动的日益频繁以及境内资本市场的逐步开放，跨境投资者权益保护问题越来越受到公众和市场主体的关注，也逐渐提上了我国证券监管制度建设与改革的重点议程，并体现

① 交易所的跨国并购活动中，最为突出的例子有两个：一是纽约证券交易所、纳斯达克和德国交易所对伦敦证券交易所采取的并购行动，二是纽约证券交易所和德国交易所对欧洲联合股市采取的并购行动，均引起了全球范围内的广泛关注。交易所并购风潮背后的驱动力是当今世界几个大国在经济资源和国家地位上的竞争。参见祁斌、蒋星辉：《交易所并购风潮背后的大国博弈》，载《上海证券报》2007 年 2 月 7 日。

② 中华人民共和国审计署第 5 号公告《中国投资有限责任公司 2012 年度资产负债损益审计结果》，载审计署网站，http：//www. audit. gov. cn/n11/n536/n537/c46188/content. html，最后访问时间：2020 年 4 月 24 日。

③ 2007 年 5 月，中投以每股 29. 605 美元认购黑石集团占其扩大 9. 37% 的股份，总耗资 30 亿美元，投资锁定期为四年。2007 年 6 月 22 日，黑石集团以初始发行价为每股 31 美元在纽交所上市。受金融危机冲击，黑石上市之后，股价一泻千里，中投遭遇巨额损失，并被“套牢”，浮亏曾高达 27 亿美金。中投后续曾增资黑石集团，但最终转向了不断减持的投资策略，并于 2017 年 3 月彻底清仓退出，结束了其在黑石为期十一年的投资历程。参见周煊：《黑石事件的反思与中国主权财富基金运营策略的建议》，载《经济体制改革》2010 年第 3 期。

在本次修订后的证券法当中。在我国资本市场发展现阶段，对于跨境证券活动的监管涉及两个方面的制度挑战，分别对应着上市资源和投资者“走出去”和“引进来”的两个空间流向。

第一，跨境证券执法合作的难题。这方面的挑战主要体现为针对境外发行人及其高管，以及为其服务的中介机构及其从业人员因财务造假等证券欺诈行为侵害境外和境内投资者权益现象的跨境执法瓶颈。此外，跨境内幕交易和跨境市场操纵也是跨境证券执法合作的重点打击对象，但在探测、取证、查处、犯罪行为人引渡、违法财产的没收追缴等诸方面均存在着不便，成为跨境执法中的棘手问题。①

第二，境内法律法规及监管要求针对境外发行主体的适用与豁免（或调整）问题，包括上市标准、公司治理标准、信息披露标准、财务报告标准以及证券纠纷解决方式与程序标准等各个方面。② 科创板开板后，其对境外发行人、包括红筹股企业的发行资质相比过去大幅放宽，对尚未盈利、尚未拆除 VIE 架构、使用双层股权架构的境外创新企业，也允许其申请发行上市。③ 同理，沪伦通项目放开后，在伦交所挂牌的境外发行人到境内发行及投资者交易中国存托凭证（CDR）的过程中，也存在着类似的变通需要。④

本次新增的第 2 条第 4 款，主要意在对上述第一种“走出去”情形中所涉的扰乱境内市场秩序和损害境内投资者权益的境外证券活动施以法律制裁，为证券法的域外管辖确立法律依据。同时，对于上述第二种的“引进来”情形，鉴于境外发行人到境内发行股票或存托凭证的过程中，可能会发生其在境外的

---

① 谢贵春：《跨境内幕交易与市场操纵：典型案例与执法策略》，载《证券市场导报》2019 年 2 月号。

② 冷静：《中国存托凭证架构下跨境投资者保护中的制度冲突》，载《投资者》2019 年第 4 辑。

③ 冷静：《科创板注册制下交易所发行上市审核权能的变革》，载《财经法学》2019 年第 4 期；唐应茂：《独角兽、法律周期论与民族国家建构：红筹企业中国存托凭证制度的初步研究》，载《中外法学》2019 年第 2 期。

④ CDR 发行可区分为对应存量股的非融资型发行以及对应增发股的融资型发行两种情形。在互联互通制度创新的沪伦通框架下，只允许发行非融资型 CDR，即发行人以已经在境外发行的基础证券作为依托，在境内发行对应数量的存托凭证，不发行新股，也不从境内市场获得新的融资。沪伦通 CDR 境外发行人的激励主要在于为基础证券创造更多的流动性以及提高国际化声誉，其意倒并不在“圈钱”，所以对于资金压力较小、“不差钱”的发行人来说更有吸引力，其存托凭证的投资者主体是满足投资者适格性要求的境内机构投资者。而与此相对，红筹股 CDR 则允许发行增量新股，属于融资型发行，且由于估值优势，其在 A 股市场中可以预期的融资功能强大，意向中的投资者也主要针对的是广大散户。参见冷静：《中国存托凭证架构下跨境投资者保护中的制度冲突》，载《投资者》2019 年第 4 辑。

股权交易或资产交易损害到境内证券持有人的利益的情况，或者中介机构在境外将存托凭证转换为基础证券的行为存在违规情节，并扰乱境内市场秩序的情况，或者两地、多地上市的境外发行人在信息披露、股权行使保障、股利分配等事项上对境内境外投资者进行了不公平的对待并造成了境内投资者的损失，也将触发第2条第4款所确立的域外管辖。

其二，对美国针对我国实体和个人扩充适用域外管辖进行反制的需要。第2条第4款出台的另一个重要背景是近年来美国在贸易纠纷和国际竞争中，越来越频繁地针对中国境内主体适用其国内法律企图进行域外管辖，在此过程中已经涉及因过度使用，甚至滥用域外管辖而对国际法中的主权平等、正当程序和国际礼让原则带来的冲击。① 除了司法管辖的域外扩张，执法管辖的域外扩张更是近年来美国扩充适用其国内法域外管辖的显著体现：美国商务部制裁中兴通讯案件、美国财政部制裁中远海运等六家中国公司事件等引起中美之间重大争议的案件，都表现出美国政府机构对其执法管辖权的扩张行使。②

我国政府指出，近年来，美国不断扩充其国内法域外管辖的范围，涵盖了民事侵权、金融投资、反垄断、出口管制、网络安全等众多领域，并在国际事务中动辄要求其他国家的实体或个人必须服从美国国内法，否则随时可能遭到美国的民事、刑事、贸易等制裁。③ 可见，域外管辖，特别是法院的长臂管辖和政府机构的域外执法管辖，越来越成为美国强化其全球霸权和影响力的工具，也日益成为国际法领域和外交事务领域的一个纷争焦点。

数据揭示，美国法院自2000年以来受理的涉中国的“长臂管辖”案例大约有417件，案件类型林林总总，且集中在知识产权纠纷、刑事诉讼和反垄断诉讼领域。其中，因证券监管问题在联邦上诉法院和联邦地方法院触发的“长臂管辖”案件共计9宗，侵权纠纷（含证券侵权）共计40件。④

美国法院针对中国境内主体行使“长臂管辖”的频度不断强化的主要原因，包括2007~2008年国际金融危机的冲击、特朗普政府把“美国优先”作为

---

① 肖永平：《“长臂管辖权”的法理分析与对策研究》，载《中国法学》2019年第6期。

② 肖永平：《“长臂管辖权”的法理分析与对策研究》，载《中国法学》2019年第6期。

③ 国务院新闻办公室：《〈关于中美经贸摩擦的事实与中方立场〉白皮书》，载中国政府网，http：//www.gov.cn/zhengce/2018-09/24/content_5324957.htm#1，最后访问时间：2020年4月20日。

④ 肖永平：《“长臂管辖权”的法理分析与对策研究》，载《中国法学》2019年第6期。

其外交政策以及把中国视为主要战略竞争对手的影响。[①] 对此，中国政府已经开始加快研究和建立国内法的域外管辖制度，以应对日益严峻的国际贸易局势和日益激烈的全球金融市场竞争，反制美国强大的域外执法能力对我国民商事主体之合法利益和市场生存空间的打压。证券法第 2 条第 4 款正是这方面的一个有益尝试。同时，建立和完善国内法的域外管辖制度不仅是证券法要处理的问题，更是中国涉外立法亟待解决的普遍性问题，几乎涉及我国所有的部门法。目前，在国内的民商法、社会法范围内，仅有反垄断法纳入了类似条款。[②]

【适用指引】

证券法的域外管辖，特别是执法管辖，在现实中不仅受到国际法视野中的主权平等、正当程序和平等保护诸原则的制约，也受制于管辖权的属地性强度的掣肘。在证券法的域外执法管辖方面，美国证监机构所经历的从被抵触到被接受的经历，足堪品味。起初，主要国家和地区普遍对 PCAOB 的跨境检查比较反感。欧盟、日本等还专门制定了审计监管等效认定的规则，希望通过互相认可审计监管等效，实现相互依赖，避免 PCAOB 进入本国进行检查。但是，PCAOB 据以设立的萨班斯法案（The Sarbanes - Oxley Act）并未授权 PCAOB 认可审计监管的等效模式，而且由于资本市场开放程度和融资能力的差距，非美国国家的监管机构基本没有入境美国检查的需求，审计监管等效模式目前只能成为非美国国家之间的监管合作模式。而且，PCAOB 依据 SOX 法案的赋权，在进入他国检查其注册会计师事务所的问题上，始终保持咄咄逼人的态势：要么接受检查，要么相关公司退市。最终，PCAOB 以联合检查的名义或者类似合作的方式，成功地敲开了主要发达国家的大门——法国、德国、日本等主要国家都与 PCAOB 签订了合作协议，允许 PCAOB 以联合检查等方式入境检查。[③] 说到底，还是一个关乎各国经济实力和金融市场全球辐射力与影响力的问题，并制约着本国证券法的域外管辖的需求与执行力。

据 2018 年 9 月美国公众公司会计监督委员会统计，其目前无法检查的会计

① 肖永平：《"长臂管辖权"的法理分析与对策研究》，载《中国法学》2019 年第 6 期。

② 目前，我国国内法普遍缺乏域外适用效力。条文中明确写入"长臂管辖权"的社会法和经济法只有反垄断法，其第 2 条规定："中华人民共和国境内经济活动中的垄断行为，适用本法；中华人民共和国境外的垄断行为，对境内市场竞争产生排除、限制影响的，适用本法。"

③ 邓寰乐：《中美审计监管纠纷的解决之道》，载《财新周刊》2019 年第 1 期。

师事务所主要在中国内地、我国香港特别行政区以及比利时，涉及224家上市公司。鉴于比利时已经与PCAOB达成检查合作协议，PCAOB聚焦中国的压力在此之后再度升级。① 特别是在瑞幸"爆雷事件"掀起美股市场的轩然大波后，鉴于美国证监会主席和PCAOB主席均表达了对中概股信息披露质量和投资风险的严重关切，并公开警示美国投资者在持仓时避开中概股，PCAOB下一步是否能够以此为契机，敲开入境检查的大门，赴华检查在其注册的中国会计师事务所并获得审计工作底稿，值得观望。②

第三条　证券的发行、交易活动，必须遵循公开、公平、公正的原则。

【条文主旨】

本条是关于证券的发行、交易活动必须遵循"三公"原则的规定。

【条文释义】

证券法的基本原则，是贯穿于证券法律制度各个环节的基本准则，是各类证券法规则的本源性规则。"三公"（公开、公平、公正）原则是整个证券法律制度的灵魂和精髓，信息公开制度和禁止证券欺诈制度等是对"三公"原则的具体体现。新证券法除第3条外，第168条规定证券监管时也强调，证券监督管理机构依法对证券市场实行监督管理，维护证券市场公开、公平、公正。

一、公开原则

公开原则，在证券法中，又称信息公开原则或信息披露（disclosure）原则，负有披露义务的主体向证券市场披露相关重大信息。公开原则的经济学基础是证券市场的有效性原理。1965年，芝加哥大学珐码教授首次提出了有效资本市场的理论（Capital Market Efficiency），如果证券市场价格充分反映了所有可获

---

① 邓寰乐：《中美审计监管纠纷的解决之道》，载《财新周刊》2019年第1期。

② SEC Chairman Jay Clayton, PCAOB Chairman William D. Duhnke III et al, "Emerging Market Investments Entail Significant Disclosure, Financial Reporting and other Risks; Remedies are Limited"，载SEC官网，https://www.sec.gov/news/public-statement/emerging-market-investments-disclosure-reporting，最后访问时间：2020年5月12日。

得的信息，那么市场就是有效的。[①] 虽然完全有效的证券市场只是一种理想状态，但信息公开制度是保证市场有效性最根本的前提，同时也是检验市场有效性的标准。证券发行和交易信息的公开是证券法信息公开制度的基石。从新制度经济学“有限理性”理论[②]的角度而言，公开制度的价值在于丰富和完善市场经济制度体系，只有做到公开，市场机制在资源配置中才能最终发挥决定性的作用。

从层次上而言，公开应当分为两个层次：第一层次为证券发行和交易的信息公开，称之为“信息披露制度”。信息披露制度强调的是证券发行人对于发行过程和交易过程中，应当依法披露涉及证券发行和交易的相关信息，以便投资者知悉；第二层次为证券监管者及其监管程序的公开，也称之为“管理者披露制度”，其本质上是引入社会主体对其监管行为监督，有利于避免监管主体任性监管或者监管懈怠，防止监管主体成为权力经济主体。[③]

从主体角度看，公开原则主要包括六个方面内容：（1）发行人、上市公司的信息公开。发行人、上市公司应真实、准确、完整地向社会公开能够影响投资者决定的信息资料。（2）证券公司的信息公开。主要包括客户信息查询制度及业务、财务等经营管理信息和资料的公开，包括对客户的公开和对社会公众的公开两个层面。（3）证券服务机构的信息公开。主要是指会计师事务所、律师事务所要承担信息披露义务。（4）证券交易场所的信息公开。通过向社会公布证券交易即时行情，以使投资者对证券市场供求关系及价格变化有清晰了解，供投资者进行投资判断。（5）投资者的信息公开。根据上市公司收购制度，投资者收购上市公司的，必须按照法定程序依法承担信息披露义务。（6）管理者的信息公开。国务院证券监督管理机构对信息披露义务人的信息披露行为进行监督管理时，应当以制定的各项证券监管法规作为监管的准绳，并将其公开，取信于众。按照处罚公开性的要求，应公开对证券违法行为的处罚结果。

在证券市场，公开原则可以直接保障投资者知情权、监督权、投资决策权。由于证券本身只是权益凭证，其虚拟性特点决定了证券发行人和投资者之间信任关系比较脆弱，为解决这一问题，需要对证券发行和交易情况进行公开，让投资者能感受证券的真实情况，感受到至少在机会上是公平的。公开在某种程

---

① 《构筑有效的资本市场》，载《中国证券报》1999 年 1 月 21 日。

② 卢现祥：《西方新制度经济学》，中国发展出版社 1996 年版，第 11 页。

③ 盛学军、唐军：《经济法视域下：权力和权利的博弈均衡》，载《社会科学研究》2016 年第 2 期。

度上是公正的保障，公开就是阳光，而阳光是最好的防腐剂。[①] 证券市场是投资和投机并存的市场，也是社会公众参与程度最高的市场。允许社会公众从事证券投资，就必须将投资信息传递给社会公众。

根据各国证券法治实践经验，是否履行信息披露义务是判定行为人是否构成欺诈的基础。只有确立公开原则，才能使证券市场参与者的信息义务确定化，从而为追究违法者责任奠定坚实基础。

二、公平原则

公平是指证券市场参与者法律地位平等、机会均等、法律保护同等，不能有差别对待。比如，证券发行和交易的双方当事人地位平等，中小投资者和机构投资者的法律地位平等，规模较小的证券公司和规模较大的证券公司的法律地位平等；相同的证券权利平等，譬如同股同权、同股同利等；投资者之间的地位平等、权利平等；等等。[②] 各种主体投资机会、法律保护措施一视同仁。

作为平衡当事人利益关系的原则，公平原则的基本含义包括以下三个方面：第一，要求人对利益或损害的分配在主观心理上持公平的态度，在民事活动中遵循机会均等、互利互惠，不得利用自己某种优越地位以强凌弱、欺行霸市，或者乘人之危、巧取豪夺，取得不公平的利益；第二，反对暴利，要求民事行为的结果不能显失公平，如果显失公平，就以公平的尺度协调当事人之间的利益关系；第三，要求民事案件处理的结果符合公平、正义的要求。[③]

从不同的视角来考察，公平可做不同的划分。第一种分类是将公平分为形式公平与实质公平。第二种分类是将公平分为机会公平、起点公平和结果公平。[④] 第三种分类是将公平分为机会公平、过程公平和结果公平。[⑤]

在证券市场，所有主体都有平等地参与的机会或权利。例如，所有的公

---

① Louis D. Brandeis, Other People's Money and How The Bankers Use It, National Home Library Foundation 1933, p. 62.

② 参见顾肖荣：《证券交易法教程》，法律出版社 1995 年版，第 11 ~ 13 页；全国人大常委会法制工作委员会刘淑强、赵雷、郝作成：《中华人民共和国证券法条文解释》，四川人民出版社 1999 年版，第 10 页；施天涛：《证券法释论》，中国工商出版社 1999 年版，第 19 页；卞耀武：《证券法基本知识与实务》，同心出版社 1999 年版，第 25 ~ 27 页；卢仿杰：《证券法原理与实务》，立信会计出版社 1999 年版，第 53 页。

③ 江平：《民法学》，中国政法大学出版社 2000 年版，第 68 ~ 69 页。

④ 徐梦秋：《公平的类别与公平中的比例》，载《中国社会科学》2001 年第 1 期。

⑤ 袁康：《金融公平的法律实现》，社会科学文献出版社 2017 年版，第 66 页。

司、企业都有平等地进入证券市场进行融资的机会和权利，所有投资者都有平等地进入证券市场进行证券投资的机会和权利。证券交易中的“价格优先、时间优先”原则是机会公平的体现。① 企业公开发行和上市的注册或审核程序，证券执法的行政程序等，均应符合程序公平的要求。禁止和打击证券欺诈，矫正实质上的不公平，增强金融的包容性或普惠性，让金融福利惠及广大弱势群体。

三、公正原则

证券的发行、交易活动，必须遵循公正原则。公正原则是指在证券市场中，适用统一的行为规则，公正地对待各方当事人，证券市场参与者的合法权益受到同等的保护，在享有权利和承担责任方面是公正的。证券市场是一个风险集中的市场，只有实行统一、公正的行为规则，公正地处理市场中产生的争执，公正地确定风险责任，公正地调整利益关系，才能保证证券市场正常有效地运行。② 有学者有认为，公正实际上是比公平更为基本也更为重要的法律价值，既是对证券法的评价尺度，又是证券法的立法目标和实施准则。③

现代意义上的公正原则的理论基石有三：平等理念、自由理念和社会合作理念。平等理念首先肯定了人的基本贡献和种属尊严。自由则保护个体人的自主性，尊重个体人本身合理的差异。但人的自由需要理性予以指导。单个的个体人是无法生存的，更谈不上发展。个体人只有进行有效的社会合作，才有可能实现自身的价值。④

证券监管的公正主要体现在监管程序上的公正和结果上的公正。程序公正实为结果公正之保障前提，没有公正的程序，结果的公正很难真正实现。公正的程序是分配正义的路径，路径依赖性是程序公正的显著特点。结果的公正是在某种程度上可以称为“矫正的公正”。矫正的公正，即是在证券监管过程中，证券监管部门对于违法的、不合法的行为进行纠正，使被侵害的权利得到恢复或者补偿，最终寻求结果上的公正。⑤ 证券监管部门在行使监管权力时，拥有自由裁量权，即对监管个案的自由处理和裁判权，这种权力如若行使不当将侵

① 邢会强：《证券法学》，中国人民大学出版社 2019 年版，第 17 页。

② 全国人民代表大会常务委员会法制工作委员会：《中华人民共和国证券法条文释义》，法律出版社 1999 年版，第 33 页。

③ 陈甦：《证券法专题研究》，法律出版社 2006 年版，第 66 页。

④ 吴忠民：《公正新论》，载《中国社会科学》2000 年第 4 期。

⑤ 唐军：《“三公”理论再认识与证券监管制度重塑》，载《云南师范大学学报（哲学社会科学版）》2019 年第 5 期。

害被监管主体的合法权利。如何确定监管自由裁量权和被监管主体权利二者的合理边界将直接影响到公正的实现。①

第四条 证券发行、交易活动的当事人具有平等的法律地位，应当遵守自愿、有偿、诚实信用的原则。

【条文主旨】

本条是关于当事人法律地位平等和遵守自愿、有偿、诚实信用原则的规定。

【条文释义】

一、法律地位平等

我国宪法规定，中华人民共和国公民在法律面前一律平等。宪法规定的人人平等原则需要在民商事单行法中加以落实。民法中的平等，是指民事主体在法律地位上是平等的，其合法权益应当受到法律平等保护，这是民事法律关系区别于行政法律关系的特有原则，也是发展社会主义经济市场的客观要求。民法典物权编第 206 条第 3 款规定，国家实行社会主义市场经济，保证一切市场主体的平等法律地位和发展权利。商业银行法第 5 条规定，与客户的业务往来，应当遵循平等的原则。消费者权益保护法第 4 条规定，经营者与消费者进行交易，应当遵循平等原则。合伙企业法第 5 条规定，订立合伙协议、设立合伙企业，应当遵循平等等原则。证券法中的平等是民法中的平等规范在单行商事立法中的具体体现和贯彻。

证券发行、交易活动的当事人具有平等的法律地位，不仅要求证券市场上不同类型的证券法律关系主体之间相互平等，也强调在相同类型的证券法律关系主体之间相互平等。如证券发行人均享有平等募集、发行的地位，投资者无论投资数额多少、交易量大小、居住地在何地，均享有平等自愿参与投资，获取收益的机会。无论是机构投资者，还是个人投资者都要公平对待，不得利用其优势压制相对方，损害相对方利益。证券经营主体和服务主体也有从事证券业务的平等机会。

---

① 蒋大兴：《隐退中的“权力型”证监会——注册制改革与证券监管权之重整》，载《法学评论》2014 年第 2 期。

二、自愿原则

自愿原则，也称意思自治原则，是指证券发行交易市场的参加者根据自己意愿参与证券市场的发行、交易活动，按照自己的意思自主决定证券法律关系的内容及其设立、变更和终止，自觉承受相应的法律后果。

三、有偿原则

有偿原则，是指在证券法律关系中一方在付出自己的利益的情况下，有权得到相应的利益。这一原则要求参加证券发行、交易的市场主体必须进行有偿的发行、交易活动，不能任意损害对方的经济利益。证券法第4条使用“有偿”而非“等价有偿”的概念，可做如下解释：一方面，无法做到绝对等价。证券市场主体在证券发行、交易活动中应按照价值规律的要求进行价值交换，证券价格围绕价值上下波动，在单独的证券发行交易过程中很难真正做到等价。另一方面，意在强调证券市场的发行、交易活动中当事人任何一方不得无偿占有、剥夺他人的财产，不得损害他人的利益。

四、诚实信用原则

诚实信用原则，是指在证券市场的发行、交易活动中当事人应当自觉遵守社会公德，参与证券活动要诚实守信，不违约，不弄虚作假，不欺骗他人，必须尊重市场习惯，遵守自己的诺言，恪守信用。证券法中诚实信用原则，源于民法的规范。诚实信用原则源于罗马法，是对不周全合同的一种法律补救方法，此后为大陆法系各国民法典所继受，英美法系国家则多从义务和责任角度来使用诚信一词，如忠实义务，勤勉义务等。《法国民法典》第1134条规定，“契约应依善意履行之”[①]。《德国民法典》第242条规定，“债务人有义务照顾交易习惯，以诚实信用所要求的方式履行给付”[②]。我国民法典第7条规定，民事主体从事民事活动，应当遵循诚信原则，秉持诚实，恪守承诺。学者们认为，诚实信用是民法的“帝王原则”。

早在1993年国务院颁布的《股票发行与交易管理暂行条例》中就规定了诚实信用原则；[③] 1998年证券法、2005年证券法及现行证券法均重申了该原则，强调证券发行、交易活动的当事人应当遵守诚实信用原则。在证券发行、交易活动中，当事人违反诚实信用原则，大量表现为虚假信息披露、内幕交易、操

---

① 《法国民法典》，罗结珍译，中国法制出版社1999年版，第348页。

② 《德国民法典》，陈卫佐译，法律出版社2015年版。

③ 参见《股票发行与交易管理暂行条例》第3条：股票的发行与交易，应当遵循公开、公平和诚实信用的原则。

纵市场，此类证券欺诈行为，受到刑法、行政法的严格规制，给他人造成损失的，还应当依法承担民事赔偿责任。

【适用指引】

一、证券发行承销过程中的法律地位平等

证券发行是证券的发行者为筹集资金依法向投资者以同一条件招募和出售股票、公司债券和其他证券的活动。[①] 在证券发行过程中，公司、金融机构、政府为筹措自身所需的资金，可依法定程序发行，在地位上彼此平等，即使在同样的主体类型间不同的发行主体也可依法平等发行，只须符合法定标准和条件。在发行对象上，公募和私募虽体现了差异化的对象标准，但这适应了在证券商事生活中不同发行主体实际情况的需要，同时新证券法第 9 条也严格规定了公开发行与非公开发行两种方式。在证券发行核准方面，证券法规定了设立公司股票发行的条件、新股发行的条件和公司债券发行的条件，各发行人主体法律地位平等。

二、证券交易过程中的平等，自愿、有偿、诚实信用原则

证券交易是证券持有人按照证券交易规则将证券转让给其他投资者的行为。在证券交易中，投资者可以选择现货交易、期货交易、期权交易、融资融券交易等。投资者根据自身的资金情况、风险承担能力、投资判断等可以选择不同的交易要素，以此来确定自己参与交易的具体程序。证券发行和交易行为不仅仅是投资者与发行人、投资者与投资者之间的私人行为，而且具有巨大的市场扩散效应。投资者由于信息不对称，在交易中实际上处于劣势地位，单纯强调交易者的地位平等有其局限性，因为市场很可能被具有资金、信息优势的人所操纵。因此，证券法为消除交易双方实质意义上的不平等，规定了禁止内幕交易，禁止操纵证券市场，禁止编造、传播虚假信息，禁止欺诈客户等违法证券交易行为。

第五条 证券的发行、交易活动，必须遵守法律、行政法规；禁止欺诈、内幕交易和操纵证券市场的行为。

---

① 参见范健：《商法学（第 4 版）》，法律出版社 2014 年版，第 258 页。

【条文主旨】

本条是关于证券发行交易活动合法性和反证券欺诈的规定。

【条文释义】

一、证券发行、交易活动，必须遵守法律、行政法规

证券发行、交易活动，必须遵守法律、行政法规，禁止不当证券行为和非法证券行为，防范和化解证券发行和交易风险，惩处证券犯罪。守法原则是每个商事主体都必须遵守的行为规范，是法律、行政法规对所有证券参与者最起码的要求。守法原则是立法的最基本的、普遍的原则，作为证券法的基本原则之一，守法原则又具有其特定的要求，从事证券发行、交易活动的当事人应当自觉遵守法律、行政法规，禁止实行欺诈、内幕交易和操纵证券市场的行为。为了保证证券发行与交易活动能够公平、有序、合法地进行，维护证券市场的良好秩序，保护证券投资者的利益，证券法除对证券发行与交易活动的法律规则作了一般规定外，也对禁止的发行与交易行为及其种类和法律责任作出了相关规定。

证券发行与交易所要遵守的是相关的法律、行政法规，而不仅仅是某一部具体法律。“合法”的标志为一系列的法律规范与行政法规的总和。[①] 比如，法律有证券法、公司法、证券投资基金法、刑法等，行政法规有《股票发行与交易管理暂行条例》《企业债券管理条例》《中华人民共和国国库券条例》《金融资产管理公司条例》《关于股份有限公司境外募集股份及上市的特别规定》《关于股份有限公司境内上市外资股的规定》《非法金融机构和非法金融业务活动取缔办法》等。

证券业是为社会主义市场经济提供服务，为各产业和经济部门筹集资金的金融业分支行业，其最直接的目的是促进社会资金的高速流通和有效利用。法律、行政法规理应为促进和提高证券市场的高效运转、增强证券业的规范性和有序性发挥积极的作用。证券监管机构对证券发行的注册或审核，对证券市场的监督和管理，对证券机构和从业人员的经营行为合规管理，都应当以法律、行政法规为依据，合法规制。

---

① 全国人民代表大会常务委员会法制工作委员会：《中华人民共和国证券法条文释义》，法律出版社 1999 年版，第 34 页；全国人民代表大会常务委员会法制工作委员会：《中华人民共和国证券法（修订）释义》，法律出版社 2005 年版，第 9 页。

二、禁止欺诈、内幕交易和操纵证券市场的行为

（一）禁止欺诈行为

广义的证券欺诈包括各种证券违法行为，如典型的虚假陈述、内幕交易和操纵证券市场行为；狭义的欺诈是指欺诈客户，即证券商在证券发行、交易及相关活动过程中，通过作为或不作为的方式，违背客户真实意思表示，损害客户利益的不正当证券行为。本条规定将欺诈与内幕交易、操纵行为并列，因此，可将本条中的“欺诈”理解为内幕交易和操纵证券市场行为以外的其他欺诈行为，主要包括虚假陈述、利用未公开信息、传播虚假信息、短线交易等。

广义上的反欺诈制度是证券市场的基础制度，与信息披露制度同被视为现代证券法的基石。信息披露制度和反欺诈制度是一体两面的关系：前者要求行为人积极作为；后者对其不法行为予以规制。反欺诈原则和相应的规则制度不是整体与部分，而是本质与表现形式的关系。作为一项原则，其具有指导当事人行使权利和履行义务、解释和评价法律行为以及解释和补充法律的功能。除了指导当事人正确进行证券活动，还具有授予法官自由裁量权填补法律漏洞、引导法律与时俱进的作用。反欺诈规则是对反欺诈原则的具体化，反欺诈原则价值内涵体现在两个方面：一是禁止违反法定义务，实践中表现为禁止性规则，如禁止内幕交易、操纵证券市场等；二是无相关义务前提下，行为人不得有不实或欺诈的行为和结果发生，使他人陷入错误的表意，否则将承担不利的法律后果。[①] 另外，反欺诈制度以法定披露为其核心要件，其背后体现的是保护投资者利益与维护市场运行效率之间的利益衡量，一般性的法原则构成。[②]

（二）禁止内幕交易行为

结合证券法第 50 条、刑法第 180 条的规定，内幕交易是指证券交易内幕信息的知情人和非法获取内幕信息的人，利用其职责、工作等便利，获取发行人尚未公开的、可以影响证券价格的重要信息，自行买入或者卖出该证券或者泄露该信息，或者建议他人买卖该证券，以获取不正当利益或避免正常交易风险、减少经济损失的行为。我国对内幕交易行为采取严格禁止的立法态度，证券法不仅在第 50 条将内幕交易定性为禁止的交易行为，而且在第 51 ~ 54 条对证券交易内幕信息的知情人、内幕信息、内幕交易行为方式、关于“老鼠仓”等具

---

① 万国华、张崇胜：《我国反证券欺诈机制的检视与完善》，载《金融与经济》2018 年第 8 期。

② 张崇胜：《证券欺诈行为规制的立法模式——兼议〈证券法〉第五条之修改》，载《政法学刊》2019 年第 6 期。

体内容和民事赔偿责任作了明确的规定。证券法第 51 条采用列举的方式对九类证券交易内幕信息的知情人进行定义；证券法第 52 条、第 80 条第 2 款、第 81 条第 2 款对属于内幕信息的重大信息、重大事件进行界定和列举。

禁止内幕交易行为的必要性主要体现在：第一，维护证券市场秩序。内幕信息的知情人和非法获取内幕信息的人利用信息优势进行信息不对称的交易，是违反信息披露制度的行为，也是证券市场不正当竞争行为，使股价无法适时地在市场上得到正确的反映，给交易人带来暴利，对其他投资者造成损害。第二，内幕交易行为是证券市场人员等主体违反诚实信用原则、违反职业道德的行为，严重影响了证券信誉、妨碍了证券市场的正常运作，侵害了投资公众的合法权益。第三，维护证券市场的公平价值。内幕交易行为是违反证券市场的交易公平基本原则的行为。法律的功能和价值选择不是保证投资者获利，而是保证投资者在公平的条件下进行竞争。公平证券市场应当具备两个因素：一是所有投资者能够最大限度获得市场信息；二是证券价格应迅速、准确反映市场信息，并通过市场使证券价值得到相对准确评价。[①] 而内幕交易损害了投资者公平获取信息、公平获利的机会。

（三）禁止操纵证券市场行为

操纵证券市场，是个人或机构背离集中竞价和市场供求关系原则，通过各种不正当方式，影响或者意图影响证券交易价格或者证券交易量，制造证券市场假象，造成市场的异常状态，人为地操纵证券交易价格，诱导或者致使投资者产生错误判断而实施交易，为自己谋取不正当利益或者转嫁市场风险的行为。新证券法第 55 条列举了操纵证券市场的手段，并未直接对操纵证券市场下定义。

操纵证券市场行为破坏了公平竞争，扭曲了证券市场正常的供求关系。从经济运行的角度看，证券二级市场具有合理配置资源的作用。但是，这种作用只有在证券价格没有人为的操纵和扭曲，社会公众投资者对各种证券的总需求和总供给通过市场价格的自然调节趋向平衡的前提下，才能得到充分发挥。[②] 证券法的任务之一就是要确保这一市场功能的顺利实现。操纵证券市场行为还破坏正常的交易秩序，损害正常的投资活动。操纵市场行为具有多样性，包括炒作股票、对敲、洗售、虚假申报操纵、蛊惑交易型操纵、“抢帽子”操纵、

---

① 施天涛：《证券法释论》，中国工商出版社 1999 年版，第 109 页。

② 朱锦清：《证券法学（第 4 版）》，北京大学出版社 2019 年版，第 266 页。

特定时间的价格或价值操纵、利用信息优势操纵、尾市交易操纵等，人为抬高、压低或者固定证券行情，引诱投资者在不了解事实真相的情况下作出证券投资决定，扰乱证券市场秩序。故对操纵市场的禁止被国外有的学者视为证券交易法的核心。[①]

第六条 证券业和银行业、信托业、保险业实行分业经营、分业管理，证券公司与银行、信托、保险业务机构分别设立。国家另有规定的除外。

【条文主旨】

本条是关于分业经营、分业管理原则及其例外的规定。

【条文释义】

证券法第 6 条奠定了我国证券业和银行业、信托业、保险业分业经营、分业管理的法律基础，确立了机构监管原则。[②] 把金融业的经营管理制度设计为证券业与银行业、信托业、保险业分业经营，将限制证券公司与商业银行、信托公司、保险公司之间的业务混作设置为分业管理的主要内容。[③] 证券法明确规定了证券业与银行业、信托业、保险业分业经营、分业管理的原则。而且，更进一步明确，经营银行、证券、保险、信托业务的机构分别设立。申言之，不仅业务上要分开，机构上也要分开。

与分业经营、分业管理原则配套的制度设计主要为保险法第 8 条规定："保险业和银行业、证券业、信托业实行分业经营、分业管理，保险公司与银行、证券、信托业务机构分别设立。国家另有规定的除外"，商业银行法第 43 条规定："商业银行在中华人民共和国境内不得从事信托投资和证券经营业务，不得向非自用不动产投资或者向非银行金融机构和企业投资，但国家另有规定的除外，"以及银行业监督管理法第 2 条规定："国务院银行业监督管理机构负责对

---

① R. W. Jennings and H. Marsh, Jr. , Securities Regulation, Cases and Materials, 6th editior, Foundarion Press, 1987, p. 623.

② 郭锋：《中国资本市场若干重大法律问题分析——以投资者权益为中心》，法律出版社 2008 年版，第 280 页。

③ 吴志攀、白建军：《证券市场与法律》，中国政法大学出版社 2000 年版，第 30 页。

全国银行业金融机构及其业务活动监督管理的工作”等。

机构监管，是指为履行政府监管职能而设立相应的监管机构，由不同的监管当局对不同的金融机构分别实施监管的一种金融监管方式。机构监管适用于分业经营，并由专门的金融监管法规定对金融业中的银行、证券、信托及保险机构由不同的监管机构分别监管。而各类经营机构的分别设立，是实现分业经营、分业管理的机构监管原则的重要保障措施。

一、金融业分业经营、分业管理的内涵

金融业是为经济中其他行业提供金融服务的行业，一般可分为银行业、证券业、信托业和保险业。银行业是以吸收存款、发放贷款等业务为主要特征来融通资金的金融行业。证券业是以发行证券来融通资金为主要特征的金融行业。信托业是以指经中国人民银行批准，按照委托人的要求经营信托资金和信托财产，提供信托服务为主要特征的金融行业。保险业是以提供保险来融通资金为主要特征的金融行业。本条所讲银行，是指依照商业银行法设立的吸收公众存款、发放贷款、办理结算等业务的企业法人。本条所讲信托，是指依照信托法规定，委托人基于对受托人的信任，将其财产权委托给受托人，由受托人按委托人的意愿以自己的名义，为受益人的利益或者特定目的，进行管理或者处分的行为。本条所讲保险，是指依照保险法规定，投保人根据合同约定，向保险人支付保险费，保险人对于合同约定的可能发生的事故因其发生所造成的财产损失承担赔偿保险金责任，或者当被保险人死亡、伤残、疾病或者达到合同约定的年龄、期限等条件时承担给付保险金责任的商业保险行为。

所谓分业经营、分业管理，是证券业和银行业、信托业、保险业分为不同的业务来进行经营和管理。在我国传统金融体制下，分业经营是指证券与银行、信托和保险等金融业不得相互间持有股份，参与经营。分业管理是指证券与银行、信托、保险业的管理机构相对独立，各司其职，各负其责。证券和银行、信托、保险活动各有各的规则，各有各的业务范围。证券公司不得直接从事银行业务、信托业务、保险业务，商业银行、信托公司、保险公司也不能直接从事证券业务。商业银行、信托公司、保险公司如果从事证券等业务活动，必须依法出资设立证券公司等，只能是两个独立的法人组织，不能成为一个法人。如果法律规定允许设立，也需要在符合法律所规定的条件之后，才能进行证券等经营活动。

二、金融业分业经营与分业管理的动因

在我国，金融监管采取分业经营、分业监管原则经过了一个发展过程。在证券市场发展初期我国实行的是证券业和银行业的混业经营，当时全国绝大多数证券经营机构是由银行全资设立或控股设立，中国人民银行允许信托公司在各地设立证券机构，在行政上归中国人民银行管理。这一时期所采取的混业经营模式对我国证券业早期的建立和发展起到了积极的推动作用。但随后我国银行业出现了乱拆借、乱贷款的现象，金融市场投机盛行、秩序混乱。[①] 银行资金违反国家有关金融管理的规定，通过各种方式流入股市。主要表现为商业银行及其分支机构从事股票买卖；证券公司和其他企业利用银行信贷资金进行股票买卖，导致股市大起大落，投资者损失惨重。鉴于银行资金主要来自居民储蓄，如果违规流入股市，后果十分严重，一是造成股市虚假繁荣，误导投资者盲目入市；二是股市一有风吹草动，银行抽回资金，将使更多的投资者遭受损失；三是股市是一个高风险的市场，银行资金违规流入股市，将使银行承担更大的风险，不利于银行稳健运行和国家金融安全。

为抑制上述现象，鉴于证券业、银行业、信托业、保险业各有其特定的业务范围和经营方式，证券业、银行业、信托业和保险业分业经营、分业管理的模式开始形成。这些行业都还处于市场化改革发展过程中，分业经营、分业管理有利于提高经营水平，加强监督管理，化解金融风险。证券业、银行业、信托业和保险业等都是经营货币或信用的，彼此之间的业务有着一种天然的联系，容易发生资金的渗透使用和业务的交叉。虽然这种情形有利于提高资金的使用频率和增加经济效益，但是其中某个行业一旦发生经营风险，就容易波及其他行业的经营，进而诱发整个社会的经济危机。另外，在我国证券市场发育尚不成熟的情况下，证券业与银行业等融合会助长证券市场的投机活动；可能会影响中央银行货币政策的执行；银行业资金实力雄厚，与证券业合一容易造成垄断，不利于证券市场的长久发展；我国银行的自我控制能力较弱，经营证券业务亦不利于银行体系的安全。而且我国金融业缺乏严格完备体系下的法律约束，银行业与证券业的界限模糊化可能会引起金融秩序的混乱。因此，通过法律规定设置不同金融领域的防火墙制度，可以防范和控制系统性金融风险。目前我国整个金融市场特别是证券市场仍处在初期发展阶段，与发达国家市场发育程度相比，还远不够成熟，如果允许银行、证券、信托、保险合业经营，将大大增加证券市场和整个金融市场的风险，影响国家的经济发展进程。为此，国家分别制定了中国人民银行法、商业银行法、银行业监督管理法、证券法、信托

---

① 符启林：《证券法理论·实务·案例》，法律出版社 2007 年版，第 58～59 页。

法、保险法，在不同的金融领域之间建立一道“防火墙”，并分别由证监会和银保监会依法加强对证券业、银行业、信托业、保险业的监督管理。

三、证券业与银行业分业经营、分业管理

证券业的重要特征是以证券作为交易对象，通过证券这种金融工具将投资者联结起来。国务院证券监督管理机构对证券业进行监督管理。关于银行业，主要是指商业银行，其主要业务为吸收公众存款，发放短期、中期和长期贷款，办理国内外结算等，商业银行依法接受中国人民银行的监督管理。

证券业和银行业分业经营管理制度起源于经济危机后的美国。1929 年，西方国家出现了严重的经济危机，经济一片萧条，银行纷纷倒闭。美国国会调查后认为，银行倒闭的重要原因为银行从事了大量高风险的证券业务。① 于是，美国国会于 1933 年通过了《格拉斯－斯蒂尔法案》（也称作《1933 年银行法》），率先实行了银行与证券的分业经营管理制度。后来，英国、瑞典、日本等国也实行了分业管理制度。

我国证券市场在发展初期实行的是证券与银行合业经营管理。当时，国内绝大多数证券经营机构都是由银行全资或控股设立的，这对我国证券业早期的建立和迅速发展起到了积极作用。然而，随后几年的实践表明，银行与证券合业经营管理引起了许多问题。因此，商业银行法第 43 条明确规定：“商业银行在中华人民共和国境内不得从事信托投资和证券经营业务，不得向非自用不动产投资或者向非银行金融机构和企业投资，但国家另有规定的除外。”第 74 条规定：“商业银行有下列情形之一，由国务院银行业监督管理机构责令改正：……（七）违反国家规定从事信托投资和证券经营业务、向非自用不动产投资或者向非银行金融机构和企业投资的……”从此银行业与证券业、信托业和保险业分业经营、分业管理的模式开始形成。

但是，证券业与银行业的分业经营并非绝对意义上的分业经营，商业银行法第 3 条规定：“商业银行可以经营下列部分或者全部业务：……（六）代理发行、代理兑付、承销政府债券；（七）买卖政府债券、金融债券……”这些业务与证券业务密切相关，并在一定程度上具有替代性。

四、证券业与信托业分业经营、分业管理

我国信托业的发展比较迅速，在 1999 年证券法第 6 条明确规定金融分业制度之前，信托业兼营证券业的现象比较普遍，这虽然为证券业引入了一定竞争，

---

① 施天涛：《证券法释论》，中国工商出版社 1999 年版，第 21～24 页。

但也为证券市场的健康发展埋下了隐患。尽管我国信托法没有像商业银行法和保险法那样明确规定证券业与信托业的分业经营，监管的重点主要放在对“信用”的保护上，强调受托人诚实信用谨慎有效的管理义务。① 但是，如前所述，我国证券法、商业银行法明确规定证券业务、银行业务与信托业务分开经营，证券公司不得经营信托业务，商业银行不得从事信托投资业务。

五、证券业与保险业分业经营、分业管理

根据保险法第95条规定，保险公司的业务范围限于人身保险业务、财产保险业务和国务院保险监督管理机构批准的与保险有关的其他业务，并且同一保险人不得同时兼营人身保险业务和财产保险业务。

证券法第6条规定了证券业与保险业的分业经营、分业管理原则，但有个但书条款——“国家另有规定的除外”，以此松动了分业经营的严格要求，为混业经营留下法律空间。

根据保险法第106条规定，保险公司的资金运用，限于下列形式：银行存款；买卖债券、股票、证券投资基金份额等有价证券；投资不动产和国务院规定的其他资金运用形式。由保险公司的资金可以用于债券、股票、证券投资基金份额等有价证券的买卖，可见，证券业与保险业的分离并非绝对的分离，而是有限的分离。易言之，在强调金融安全的前提下可进行某种程度的混业经营。

六、金融业混业经营、功能监管趋势与对“国家另有规定的除外”的理解

20世纪80年代之后，西方国家的金融界掀起了自由化的浪潮，随着新技术和金融创新的迅速发展，证券业、银行业、信托业和保险业的业务界限越来越模糊。美国、英国和日本等国也开始放松对分业经营管理的有关规定，证券业、银行业、信托业和保险业出现重新融合的趋势。尤其是1997年和1998年，大规模的银行、证券公司之间的购并行为，使得证券、银行、信托和保险四大业务的联系更加密切，我国的证券立法也不能忽视这种趋势。国际上，发达的市场经济国家也走过了一条从混业到分业再到混业的循环发展过程。在1929年大危机之前，美国等国实行的也是混业经营，但随着大危机的爆发，大多数人认为是由于混业经营体系造成的——银行把存款资金投向股市，并与证券机构联手造假、吹大股市泡沫，引发股市的崩溃，并进而摧毁了银行体系等。1933年，美国确定了商业银行与证券及其他非银行业务相分离的分业经营体系。“二

---

① 本书编写组：《中华人民共和国释义及实用指南》，中国民主法制出版社2012年版，第64～65页。

战”后，除大陆法系国家外，主要资本主义国家基本上都参照和仿效了美国的分业经营体制。然而，自 20 世纪 80 年代以来，由于诸多客观环境的改变，美国、加拿大等分业经营体系的国家，已越来越多地出现了混业经营的情况，而政府也开始默许甚至鼓励。1999 年 11 月，美国通过了《金融服务现代化法案》，正式放弃分业经营体系，转而实行混业经营体系。在此之前，曾经追随美国实行分业经营的国家，如日本、加拿大、新西兰等国，已基本放弃了分业经营体系。国际上现行的金融监管方式主要有四类：美国采取混业经营、分业监管模式；英国和日本采取混业经营、混业监管模式；韩国采取分业经营、混业监管模式；我国采取的是分业经营、分业监管模式。但这种回归，不是简单的回到原点，而是在市场条件和监管环境发生根本性变化后做出的政策调整。

本条的内容是 2005 年修订证券法的重点和学者们争论的热点问题，引起了方方面面、上上下下和国内国外的广泛关注。当时对该条款的修订有两种不同看法：一种意见认为，金融业的分业经营和管理格局基本没有变化，因此，这条不需要修订。另一种意见认为，随着金融改革的不断深化，过去实行严格分业经营的做法在实践中已经开始突破，目前已经出现了集团控股下分设银行、证券、保险机构的模式，而且国务院已经批准商业银行设立基金管理公司试点，批准保险资金按一定比例直接进入资本市场，这些做法都已突破分业经营的限制。根据实践需要，建议一方面为既成事实提供法律依据，另一方面也为以后金融改革留下空间。① 我国资本市场的建立起步晚，与发达国家相比还不够成熟，虽然发展很快，但是中小投资者多，市场投机性强。经过总结经验，我国不适宜过快地借鉴国外混业经营、混业管理的模式。这种模式不仅会造成大量银行、保险、信托资金流入股市，给证券市场带来极大风险，也不利于国家金融安全。在我国的金融体制改革中，就目前来说，分业经营、分业管理有利于加强监督管理，减少市场风险。

为了有利于金融创新，同时有效防范金融风险，2005 年修改证券法时综合考虑上述两种意见，参照商业银行法的修订，证券法修订案在保留了原条款“四业”分业经营、分业管理的原则的基础上，增加了“国家另有规定的除外”的规定，以法律的形式为金融业混业或合业经营的进一步改革和证券市场的健

---

① 本书编写组：《中华人民共和国证券法释义及实用指南》，中国民主法制出版社 2005 年版，第 94 页；本书编写组：《中华人民共和国证券法释义及实用指南》，中国民主法制出版社 2012 年版，第 64～65 页。

康发展开了一个口子。

增加“国家另有规定的除外”的必要性体现在：第一，从市场主体来看，一方面，我国的商业银行逐渐成为自主经营、自负盈亏、具有较完备法人治理结构的市场主体。保险公司也是按照先进的市场经济理念建立起来并运行的。虽然追求利润最大化仍是商业银行和保险公司的主要目标，但这一目标的实现必须兼顾安全性与流动性，多数商业银行与保险公司均能将效益性、安全性、流动性作为自身的经营决策原则。而另一方面，商业银行面对其他金融机构的挑战，利润率不断下降，迫使它们不得不开拓新的业务领域，寻求新的利润增长点。商业银行负债业务的构成由单一存款延伸到包括金融债券在内的多种经营，使其获得了更多的较稳定资金，从而可以进行更多的其他业务，以实现利润最大化的目标。同时，这样也可在增强经营过程中的安全性、流动性方面与证券市场互补协同、扬长避短。第二，从市场发育程度来看，资本市场尤其是证券市场的发展日臻规范和完善，这是吸引银行业和保险业参与证券市场的一个重要条件。因为以资金安全稳健性为首要考虑因素的银行和保险公司是不会将资金直接或间接投入一个不健全的、充满不确定因素的资本市场的。第三，从国际金融服务业竞争的态势上看，虽然按照 WTO 的协议，我国能够自主选择分业经营的金融体系，而且外国金融机构的进入，也须遵照我国分业经营的规定等。但由于外国金融机构在我国设立的母公司可能是混业经营，这样它就有诸多绕过我国分业政策的应对措施。因此，国外金融机构在与国内分业经营机构的竞争中，仍然具有极大的混业经营的特征和优势。这将使国内分业经营的金融机构难以与之开展公平竞争。①

制度供给逐渐发生变化：中国人民银行在 1999 年 8 月 19 日颁布了《证券公司进入银行间同业市场管理规定》（银发〔1999〕288 号）和《基金管理公司进入银行间同业市场管理规定》，允许符合条件的券商和基金管理公司进入银行间同业市场，进行同业拆借和债券回购业务。国务院发布《关于进一步促进资本市场健康发展的若干意见》（国发〔2014〕17 号），根据上述意见，我国分业经营体制已在事实上发生了很大的变动。例如保险资金或者其他形式的货币资金进入证券市场，证券公司等非银行金融机构进入货币市场等。商业银行法第 43 条虽然仍规定商业银行在中国境内不得从事信托投资和证券经营业务，不得向非自用不动产投资或者向非银行金融机构和企业投资，但留下了“国家

① 周正庆、李飞、桂敏杰：《新证券法条文解析》，人民法院出版社 2006 年版，第 19～20 页。

另有规定的除外”的发展空间。证券法第6条也采取了这种比较灵活的方式，所确立的分业经营、分业管理原则是有限的分业模式，在国家另有规定的情况下，可以采取混业模式。“我国实行的金融分业制度不是绝对的分离，而是有限的分离，即我国法律允许金融机构依据具体情况在某些领域以某种方式进行适当的业务交叉。”① 这一规定表明我国的证券监管在分业经营、分业监管的问题上采取了谨慎而又更加灵活的态度，是为进一步混业经营积累经验、探索道路的有益尝试。

在2003年商业银行法第43条创设“国家另有规定的除外”条款，到2005年证券法、2009年保险法将“国家另有规定的除外”纳入前，1995年商业银行法和保险法、1998年证券法并没有否定具有混业功能的金融集团的存在，可以理解为对金融分业缺陷和混业经营实践的确认。与混业管理最紧密的混业规范，是有关金融监管协调改革的政策文件。其中，最早的是2004年《中国银行业监督管理委员会、中国证券监督管理委员会、中国保险监督管理委员会在金融监管方面分工合作的备忘录》，最重要的是《国务院关于同意建立金融监管协调部际联席会议制度的批复》（国函〔2013〕91号）。之后，银保监会合并、设立国务院金融稳定发展委员会，均可理解为对“国家另有规定的除外”但书条款的积极回应。

第七条 国务院证券监督管理机构依法对全国证券市场实行集中统一监督管理。

国务院证券监督管理机构根据需要可以设立派出机构，按照授权履行监督管理职责。

【条文主旨】

本条是关于我国证券市场监督管理体制的规定。

【条文释义】

按照本条第1款规定，我国证券市场由国务院证券监督管理机构实行集中统一监督管理。自证券法1998年颁布以来，国务院证券监督管理机构在监管实

① 张忠军：《中国金融业务制度：从分业走向融合》，载《教学与研究》2000年第5期。

践中是指中国证券监督管理委员会（简称中国证监会）。中国证监会长期担负国家对证券市场实施监督管理的职责，依法对全国证券市场实行统一集中监督管理，对维护证券市场安全，保护投资者合法权益，规范证券市场发展，确保证券法律统一实施，起到了决定性的重大作用。因此，新证券法继续规定国务院证券监督管理机构依法对全国证券市场实行统一集中监督管理。

一、证券集中统一监督管理体制的形成过程

在我国证券市场建立之初，计划经济仍然是经济体制的主体。早期证券发行市场的“额度制”就是以计划管理证券市场最典型、最集中的反映。自1990年至1998年，由国务院证券委员会统筹、规划证券市场的发展与宏观管理，具体证券业监管职能由中国人民银行履行。随着我国经济体制改革的深入和证券市场的发展，证券市场规模扩大，在国民经济中的地位提升，对监管工作提出了更高的要求，实行集中统一的监管体制成为必然选择。1998年国务院机构改革促成我国建立证券市场集中统一的监管体制。依据当年国务院办公厅印发的《中国证券监督管理委员会职能配置、内设机构和人员编制规定》，国务院设置中国证券监督管理委员会。中国证监会为国务院直属事业单位，是全国证券期货市场的主管部门，将原国务院证券委员会的职能和中国人民银行履行的证券业监管职能都划入。中国证券会建立统一的证券期货监管体系，按规定对证券期货监管机构实行垂直管理；加强对证券期货业的监管，强化对证券期货交易所、上市公司、证券期货经营机构、证券投资基金管理公司、证券期货投资咨询机构和从事证券期货中介业务的其他机构的监管，提高信息披露质量；加强对证券期货市场金融风险的防范和化解工作。1998年颁布的证券法在法律层面进一步明确我国证券市场监督管理机构和体制。地方政府设置的证券监管机构移交到中国证监会，作为其派出机构，实行集中统一管理。

二、国务院证券监督管理机构的法律定位

第一，证券监督管理机构是履行法定职责的公权力机构。证券监管机构是公权力机构，其地位、职责均是由法律、行政法规规定。根据证券法规定，证券监督管理机构对全国证券市场实行集中统一监督管理，包括对证券的发行行为、证券交易行为以及和证券的发行和交易行为有关的单位（比如上市公司、证券公司、证券交易所、证券业协会等）进行监督管理，维护证券市场秩序，保障证券市场合法运行。证券法第169条详细列举了证券监督管理机构在对证券市场实施监督管理中履行的10项职责，具体为：（1）依法制定有关证券市场监督管理的规章、规则，并依法进行审批、核准、注册，办理备案；（2）依法对证券的发行、上市、交易、登记、存管、结算等行为，进行监督管理；(3) 依法对证券发行人、证券公司、证券服务机构、证券交易场所、证券登记结算机构的证券业务活动，进行监督管理；(4) 依法制定从事证券业务人员的行为准则，并监督实施；(5) 依法监督检查证券发行、上市、交易的信息披露；(6) 依法对证券业协会的自律管理活动进行指导和监督；(7) 依法监测并防范、处置证券市场风险；(8) 依法开展投资者教育；(9) 依法对证券违法行为进行查处；(10) 法律、行政法规规定的其他职责。

第二，证券监督管理机构是执法机构。所谓执法，是指依据法律规定的职权对证券市场进行监督、管理，审批或注册，纠正违法行为，实施调查处罚。证券监督管理机构依法行使职权时，必须以整个机构的名义进行，不能以某一个人的名义对外。证券法第 170 条专门赋予证券监督管理机构查处违法行为的执法活动有权采取的 8 项措施，包括：(1) 对证券发行人、证券公司、证券服务机构、证券交易场所、证券登记结算机构进行现场检查；(2) 进入涉嫌违法行为发生场所调查取证；(3) 询问当事人和与被调查事件有关的单位和个人，要求其对与被调查事件有关的事项作出说明；或者要求其按照指定的方式报送与被调查事件有关的文件和资料；(4) 查阅、复制与被调查事件有关的财产权登记、通讯记录等文件和资料；(5) 查阅、复制当事人和与被调查事件有关的单位和个人的证券交易记录、登记过户记录、财务会计资料及其他相关文件和资料；对可能被转移、隐匿或者毁损的文件和资料，可以予以封存、扣押；(6) 查询当事人和与被调查事件有关的单位和个人的资金账户、证券账户、银行账户以及其他具有支付、托管、结算等功能的账户信息，可以对有关文件和资料进行复制；对有证据证明已经或者可能转移或者隐匿违法资金、证券等涉案财产或者隐匿、伪造、毁损重要证据的，经国务院证券监督管理机构主要负责人或者其授权的其他负责人批准，可以冻结或者查封，期限为六个月；因特殊原因需要延长的，每次延长期限不得超过三个月，冻结、查封期限最长不得超过二年；(7) 在调查操纵证券市场、内幕交易等重大证券违法行为时，经国务院证券监督管理机构主要负责人或者其授权的其他负责人批准，可以限制被调查的当事人的证券买卖，但限制的期限不得超过三个月；案情复杂的，可以延长三个月；(8) 通知出境入境管理机关依法阻止涉嫌违法人员、涉嫌违法单位的主管人员和其他直接责任人员出境。此外还特别规定，为防范证券市场风险，维护市场秩序，国务院证券监督管理机构可以采取责令改正、监管谈话、出具警示函等措施。

第三，证券监督管理机构是一个既行使权利，又承担义务的机构。证券监督管理机构是代表国家行使职权，即证券监督管理机构依法行使职权时的行为是国家行为。该机构的工作人员必须以国家的利益为重行使自己的职权。行使职权不当而侵犯他人利益时，他人可以依据法律规定维护自身权益，比如进行行政诉讼。

根据权利义务相统一原则，证券监督管理机构在行使权利时，必须履行法律规定的义务。为此，证券法第十二章在规定其职权的同时，也设定了相应的义务。比如，证券法第 172 条规定，证券监督管理机构依法履行职责，进行监督检查或者调查，其监督检查、调查的人员不得少于二人，并应当出示合法证件和监督检查、调查通知书或者其他执法文书。监督检查、调查的人员少于二人或者未出示合法证件和监督检查、调查通知书或者其他执法文书的，被检查、调查的单位和个人有权拒绝。第 174 条规定，证券监督管理机构制定的规章、规则和监督管理工作制度应当依法公开。其依据调查结果对证券违法行为作出的处罚决定，应当公开。第 179 条第 1 款规定，证券监督管理机构工作人员必须忠于职守、依法办事、公正廉洁，不得利用职务便利牟取不正当利益，不得泄露所知悉的有关单位和个人的商业秘密。

三、证券监管派出机构

按照本条第 2 款规定，证券监督管理机构可以根据工作需要，设立派出机构，并依法授权其履行监管职责。目前，中国证监会在全国各省、自治区、直辖市和计划单列市设有证监局，共 36 个，在上海和深圳各设有一个监管专员办事处。证券法为证监会向派出机构授权提供了法律依据，但是对授权的范围、方式、程序等并未作出具体规定。主要是考虑到证券市场监管需要根据市场发展的实际情况及时调整和改革，需要保持监管体制的灵活性，因此，实际上授权由证监会自己规定。

根据 2015 年中国证监会制定的部门规章《中国证监会派出机构监管职责规定》（证监会令第 118 号）①，派出机构受中国证监会垂直领导，依法以自己的名义履行监管职责。派出机构负责证券期货市场一线监管工作，切实维护资本市场公开、公平、公正，维护投资者特别是中小投资者合法权益，防范和依法

---

① 此前，为了明确派出机构监管工作职责，证监会于 2000 年印发了《关于进一步明确派出机构监管工作职责的通知》（证监发〔2000〕73 号），2003 年印发了《派出机构监管工作职责》（证监发〔2003〕86 号），均已废止。

处置辖区市场风险，促进辖区资本市场稳定健康发展。派出机构按照规定履行下列监管职责：(1) 对辖区有关市场主体实施日常监管；(2) 防范和处置辖区有关市场风险；(3) 对证券期货违法违规行为实施调查、作出行政处罚；(4) 证券期货投资者教育和保护；(5) 法律、行政法规规定和中国证监会授权的其他职责。派出机构在其职责范围内，按照中国证监会规定建立健全与证券期货交易场所、证券登记结算机构、行业协会等自律组织、相关会管单位及其他派出机构之间的信息共享和监管合作机制。

第八条 国家审计机关依法对证券交易场所、证券公司、证券登记结算机构、证券监督管理机构进行审计监督。

【条文主旨】

本条是关于对证券业审计监督的规定。

【条文释义】

国家审计机关是代表政府行使审计监督权的行政机关，它具有法律赋予的独立性和权威性。我国的审计机关分为国务院和地方两级。国务院设审计署，是中华人民共和国的最高国家审计机关，在国务院总理领导下，依法组织领导全国的审计工作，对国务院各部门和地方各级政府的财政收支、对国家的财政金融机构和企事业组织的财务收支进行审计监督。审计署对国务院负责，向其报告工作，不受其他行政机关、社会团体和个人的干涉。县级以上各级人民政府设立审计机关，分别在省长、自治区主席、市长、县长、区长和上一级审计机关的领导下，组织领导本行政区的工作，负责本级审计机关范围内的审计事项，对上级审计机关和本级人民政府负责并报告工作。审计署设置派出机构，对重点地区和部门实行审计监督。

审计法规定，审计机关对国家的事业组织和使用财政资金的其他事业组织的财务收支，进行审计监督；对国有金融机构的资产、负债、损益，进行审计监督；对国有企业的资产、负债、损益，进行审计监督；对其他法律、行政法规规定应当由审计机关进行审计的事项，依照本法和有关法律、行政法规的规定进行审计监督等。证券法的规定进一步明确了证券领域需要接受国家审计机关监督，突出强调了审计监督对证券市场的重要意义。

【适用指引】

根据审计法规定，审计机关有权要求被审计单位按照审计机关的规定提供预算或者财务收支计划、预算执行情况、决算、财务会计报告，运用电子计算机储存、处理的财政收支、财务收支电子数据和必要的电子计算机技术文档，在金融机构开立账户的情况，社会审计机构出具的审计报告，以及其他与财政收支或者财务收支有关的资料，被审计单位不得拒绝、拖延、谎报。有权检查被审计单位的会计凭证、会计账簿、财务会计报告和运用电子计算机管理财政收支、财务收支电子数据的系统，以及其他与财政收支、财务收支有关的资料和资产，被审计单位不得拒绝。有权就审计事项的有关问题向有关单位和个人进行调查，并取得有关证明材料。有关单位和个人应当支持、协助审计机关工作，如实向审计机关反映情况，提供有关证明材料。

第二章 证券发行

证券发行制度是资本市场发挥资源配置功能的关键、核心制度。自党的十八届三中全会提出实施股票发行注册制的改革部署以来，我国证券发行制度一直朝着市场化、法治化方向坚定推进。2018 年 11 月，党中央、国务院决定在上海证券交易所设立科创板并试点注册制，揭开了证券发行注册制的改革序幕。新证券法在总结科创板试点注册制的经验基础上，确立了全面推行注册制的基本方向和要求，充分体现了推进注册制改革的决心与意志。新证券法总结科创板试点注册制改革的经验，按照全面推行证券发行注册制的基本定位，对证券发行制度一章进行了修改完善，修改 17 条，删除 1 条，未修改 9 条，确立了注册制的法律地位，精简优化了发行条件，调整了证券发行程序，强化了证券发行中的信息披露，建立了欺诈发行上市责令购回等配套制度。新证券法也不再规定核准制，同时为有关板块、有关证券品种分步实施注册制留出法律空间。①

第一节 本章新制度

一、证券发行注册制

本章新制度集中体现在全面规定证券发行注册制，实现了从原证券法规定的核准制向新证券法规定的注册制的革命性转变，本章其他条款的修订可以说都是围绕注册制而展开。注册制的本质在于：以信息披露为核心，让市场在发行上市的资源配置中发挥决定性作用。发行人商业品质的好坏、证券是否值得

① 《全国人民代表大会宪法和法律委员会关于〈中华人民共和国证券法（修订草案）〉审议结果的报告》，载中国人大网，http：//www. npc. gov. cn/npc/c30834/202001/a0524c6d17784fa9a0bcc955f3d8170e. shtml，最后访问时间：2020 年 3 月 10 日。

投资、发行和交易价格高低等由市场自主判断和选择。推行注册制是夯实直接融资功能，提高资源配置效率，提升资本市场服务实体经济能力的现实需要。

新证券法以注册制为导向，以信息披露为核心，对证券发行制度作了系统的修改完善。主要体现在以下五方面：

第一，在发行条件设置上，将企业发行上市融资权放在首位。一方面切实增强发行条件的包容性，取消股票发行的持续盈利能力要求，尚未盈利甚至尚未产生营业收入的企业也能发行上市；另一方面着力提高发行条件透明度，将较为原则的“财务会计文件无虚假记载”“无其他重大违法行为”等发行条件精简为更客观、更容易判断的具体情形，减少隐性门槛和实质判断；同时，取消债券发行的净资产、累计余额比例、利率上限等硬性指标，简化债券发行申报要求，大幅降低债券融资门槛。

第二，在信息披露要求上，着力于让企业真实、完整、准确地呈现市场选择判断所需要的重大信息。更加强调发行环节信息披露的有效性，要求发行申请文件应当充分披露投资者作出价值判断和投资决策所必需的信息；将原来发行条件中需要由投资者判断的事项，转化为严格的信息披露要求，为市场自主选择提供必要的基础。

第三，在注册模式设计上，明确由国务院证券监督管理机构或者国务院授权的部门作为注册主体，履行注册职责。在此基础上，明确证券交易所等可以根据国务院的规定承担发行注册中的审核职责，判断发行人是否符合发行条件、信息披露要求，督促发行人完善信息披露内容，为实践中采取行政机关负责注册、自律机构负责审核的注册模式提供了法律空间。

第四，在主体责任配置上，重构市场各方职责配置。明确了发行人控股股东、实际控制人等关键主体的信息披露义务和要求；对存在欺诈发行的，建立了发行人和控股股东、实际控制人的责令购回制度；强化了保荐机构、证券服务机构等的把关职责；在更加市场化的发行承销机制下，加强了发行承销环节的合规约束。

第五，在配套实施机制上，统筹完善发行、交易、信息披露、退市等各个环节基础制度。在信息充分披露和市场有效约束基础上，通过严格的退市制度及时清除不再适合继续上市的企业，保持出口畅通；做出显著提高证券违法成本、完善投资者保护制度、强化信息披露义务、压实中介机构责任等配套制度改革。

考虑到注册制改革是一个渐进的过程，新证券法确立了全面实施、分步推进的原则，授权国务院对证券发行注册制的具体范围、实施步骤进行规定，为有关板块和证券品种分步实施注册制提供了法律支持。

（一）证券发行注册制法治化的改革推动

法律是一种独特的社会现象，法律规范是社会规范之一，法律随着社会的需要而产生，法律就是社会的一部分，是社会发展进步的产物。① 法律应当源于事物的法律上的本性。改革需要法治的发展与之相适应，改革本身就包含着法律制度的变革。② 改革相关法律的修改过程也是改革推进、认识深化、法制需求逐渐形成的过程。在本轮证券法修改之前，2013 年 11 月，党的十八届三中全会通过的《中共中央关于全面深化改革若干重大问题的决定》明确："推进股票发行注册制改革"。为了推进股票发行注册制改革，证券监管系统及社会各界对股票发行注册制改革进行了研究讨论。在这一过程中，证券法修改工作也持续跟进，积极研究和论证如何在证券法上确立证券发行注册的制度安排。

1. 证券发行制度的市场化改革探索

自 1990 年我国资本市场正式建立以来，我国新股发行制度经过了多部门监管（1990～1992 年）③、审批制（1993～1998 年）④、通道核准制（1999～2003 年）⑤ 和保荐核准制（2004 年至新证券法实施前）⑥ 四个阶段。在这个过程中，股票发行制度市场化改革也在持续推进。

证券发行的审核，从按照计划进行管控的审批制，走向对企业价值进行实

---

① 葛洪义：《探索与对话：法理学导论》，山东人民出版社 2000 年版，第 241 页。

② 李涛：《改革与法治：法律制定的中国实践研究》，载《求是学刊》2019 年第 6 期。

③ 1990～1992 年，新股发行和上市的审批权归属于不同政府部门：企业股份制改制由原国家计委、原体改委审批，股票发行由人民银行审批，股票上市交易由沪深交易所审批。

④ 1993～1998 年，新股发行审核采用的是审批制。其中，1996 年之前，属于额度管理阶段，要求在国家下达的发行规模内，中央企业主管部门、地方政府按照隶属关系分别对相关企业的发行申请进行审批，证监会进行复审并抄送证券委。1996 年 8 月之后属于指标管理阶段，施行"总量控制、限报家数"的管理办法，由原国家计委、证券委共同制定股票发行总规模，证监会在确定的总规模内，根据市场情况向各地区、各部门下达发行企业个数，并对企业进行审核。

⑤ 1999 年至新证券法实施前新股发行审核采用的是核准制。核准制的第一个阶段是"通道制"。2001 年 3 月《关于证券公司推荐发行申请有关工作方案的通知》要求"证券公司自行排队、限报家数"，具体指每家券商单次只能按序推荐限定数量的企业发行，每通过核准一家再报一家，即"过会一家，递增一家"。

⑥ 核准制的第二个阶段是"保荐制"。以 2004 年 2 月《证券发行上市保荐制度暂行办法》施行为标志，新股发行进入"保荐制"阶段。后续的历次新股发行规则修订，不断推动审核理念从实质性的价值判断向以信息披露为中心转变，强调对发行申请文件和信息披露内容的合法合规性进行审核，不对发行人的盈利能力和投资价值作出判断，简化发行条件，加强对信息披露的监管。

质性判断的核准制，并逐步强调对发行申请文件和信息披露内容的合法合规性审核，确立了以强制性披露为核心的事前问责、依法披露和事后追究的责任机制，建立起证券发行监管的法律法规体系，证券发行审核的程序化和标准化有所提高。①

新股发行定价行政管控与市场化探索交替。2004 年以前，我国新股发行采取行政定价模式，20 世纪 90 年代初期按照面值发行，1996 年开始以市盈率为基础进行价格管控，2001 年明确发行市盈率不能超过 20 倍。随着 2004 年证券法修订取消了对新股价格的核准规定，询价机制于 2005 年 1 月正式推出并逐步确立；2009 年、2010 年监管机构进一步完善询价和申购报价约束机制，推进定价市场化。但 2012 年因市场持续下跌，监管机构明确超过行业平均市盈率 25% 时加强信息披露与风险提示，定价重回行政管制阶段。2013 年取消了“发行市盈率红线”，但 2014 年窗口指导明确发行定价不能超过行业平均市盈率和 23 倍发行市盈率。

新股发行的配售方式逐步完善。从 1991 年至 2004 年的抽签发行、上网竞价、全额预交、比例配售等到 2005 年后逐步建立网上网下配售机制，再到 2009 年后回拨机制、中止发行机制逐步建立健全。

新股发行节奏管控始终存在。历史上曾出现九次 IPO 暂停。IPO 暂停的原因是多种多样的，有市场大幅下挫的背景，有市场重大体制调整的原因，也有新政策或监管措施推出的影响。总体上来看，IPO 发行节奏受行政管控的影响较大。

2. 股票发行注册制的提出

2013 年 11 月，党的十八届三中全会在提出“经济体制改革是全面深化改革的重点，核心问题是处理好政府和市场的关系，使市场在资源配置中起决定性作用和更好发挥政府作用”的大背景下，对资本市场发展明确了“推进股票发行注册制改革”的历史任务。

改革的任务和要求是明确的，但监管机构、有关部门、社会各界对于什么是注册制、注册制有哪些特征、如何推行注册制、需要哪些基本制度予以配套在认识上还存在分歧。证券监管系统组织了股票发行注册制改革专题学习报告会，先后邀请我国香港特别行政区、我国台湾地区、新加坡、德国、美国、韩

---

① 中国证券监督管理委员会：《中国资本市场发展报告》，中国金融出版社 2008 年版，第 64 页。

国、日本的证券监管部门、交易所的专家，介绍境外市场股票发行上市的监管制度。专家学者对股票发行注册制下是否设置发行条件、如何进行审核（要不要审、谁来审、审什么、审多久）、价格和节奏还要不要管控、注册制下监管机构和各方职责有何调整、注册制下法律责任应该如何强化等内容开展了深入研究。

在监管机构和社会各界广泛讨论深入研究的基础上，各方对股票发行注册制的认识逐步深化，形成了一些基本共识。①

一是市场主导，企业拥有发行股票筹集资本的天然权利，只要不违背国家利益和公众利益，企业能不能发行、何时发行、以什么价格发行股票，均应由企业和市场自主决定。注册制背后深层次问题，是在股票发行审核中如何处理好政府和市场的关系。

二是以信息披露为中心，要求企业必须向投资者披露充分和必要的投资决策信息，政府不对企业的资产质量和投资价值进行判断和“背书”，监管机构不对信息披露的真实性负责，但要对信息披露的齐备性、一致性和可理解性负责。

三是中介机构把关，各市场参与主体归位尽责，发行人是信息披露第一责任人，中介机构承担对发行人信息披露的把关责任，投资者依据公开披露信息自行作出投资决策并自担投资风险。

四是宽进严管，加强事中事后监管，严惩违法违规，保护投资者合法权益。

在各方研究和推进股票发行注册制的过程中，2015 年年中和 2016 年年初，我国股市均发生异常波动。2016 年 3 月，“十三五”规划纲要提出“创造条件实施股票发行注册制”。从实践看，资本市场为推行股票发行注册制改革做了相应准备，但一段时间内未正式启动实施，直至设立科创板并试点注册制改革才推出。

3. 证券法修改：着力满足股票发行注册制改革的立法需求

党的十八届三中全会明确“推行股票发行注册制改革”任务后，2013 年 12

---

① 参见：《大力推进监管转型——肖钢同志在 2014 年全国证券期货监管工作会议上的讲话》，载中国政府网，http：//www. gov. cn/gzdt/2014 - 01/22/content_ 2573256. htm，最后访问时间：2020 年 3 月 9 日；《聚焦监管转型提高监管效能——肖钢同志在 2015 年全国证券期货监管工作会议上的讲话》，载新浪网，http：//finance. sina. com. cn/stock/t/20150116/201621318239. shtml，最后访问时间：2020 年 3 月 9 日；《股票发行注册制的改革理念、责任配置与制度建构——黄炜主席助理在“2015 陆家嘴论坛”上的讲话》，载证监会官网，http：//www. csrc. gov. cn/pub/newsite/zjhxwfb/xwdd/201506/t20150626_ 279771. html，最后访问时间：2020 年 3 月 10 日。

月，全国人大正式启动证券法修改工作，主要目标就是“着力满足股票发行注册制改革的立法需求，确保重大改革于法有据”。[①] 当时，各界也有共识：推行股票发行注册制改革要以修改证券法为前提[②]。在证券法修改过程中，证券发行注册制一直是修改的主要任务。随着资本市场改革发展的推进，各界对证券法如何确立和规定证券发行制度的认识也在逐步加深。

经过近两年的研究论证，证券法（修订草案）于2015年4月提请全国人大常委会第一次审议，集中反映了两年来各界对股票发行注册制讨论研究的认识。“一读稿”在与股票发行注册制改革方案相协调的基础上，以公开发行并在证券交易所上市交易的股票为主线，确立了股票发行注册的法律制度。其一，明确了注册程序，取消了发审委，由证券交易所对发行文件的齐备性、一致性和可理解性进行审核，证券交易所审核同意后，报监管机构在10日内进行注册。其二，修改了发行条件，取消了持续盈利能力的要求。发行人及其控股股东、实际控制人最近三年无经济类犯罪、发行人具有符合法律定的公司组织机构、最近三年财务会计被出具标准无保留意见的可以申请注册。同时，细化了各方职责，建立了小额、众筹、合格投资者等公开发行豁免制度，规定了股票转售的限制制度。其三，设立信息披露和投资者保护专章，全面强化信息披露，提高对中小投资者的保护力度。其四，完善法律责任，提高行政责任处罚幅度，完善了有关的民事责任。

因证券法（修订草案）“一读稿”修改内容过多、争议较大，为了确保注册制改革推出于法有据，2015年12月，全国人大常委会做出了调整适用证券法的立法授权：“授权国务院对拟在上海证券交易所、深圳证券交易所上市交易的股票的公开发行，调整适用《中华人民共和国证券法》关于股票公开发行核准制度的有关规定，实行注册制度，具体实施方案由国务院作出规定，报全国人大常委会备案。《授权决定》实施期限为二年，将于2018年2月28日到期。”

基于授权决定作出后股票发行注册制的具体改革措施尚未出台，2017年4月“二读”的证券法（修订草案）仅用一款条文对注册制授权进行了衔接，以体现

---

① 吴晓灵：《关于〈中华人民共和国证券法（修订草案）〉的说明》，载《中华人民共和国证券法：最新修订版》，法律出版社2019年版，第83页。

② 庄心一：《法治是资本市场善治的根基——庄心一副主席在第五届“上证法治论坛”上的演讲》，载《证券法苑》第十四卷，法律出版社2015年版。

改革的方向和要求[①]，有关证券发行制度的条款全部恢复到2014年的证券法。

2018年2月，全国人大常委会决定就注册制授权规定延期两年至2020年2月29日，同时要求证监会“继续创造条件，积极推进股票发行注册制改革，并会同有关部门加强事前事中事后全过程监管，防范和化解风险，切实保护投资者合法权益。”

（二）科创板：为证券发行注册制提供实践样本

证券法（修订草案）“二读”后，如何规定证券发行注册制，依然是证券法修改的焦点。2018年11月5日，习近平总书记在上海宣布在上交所设立科创板并试点注册制。[②] 经过一年多的实践，科创板顺利启动推进，注册制试点平稳落地。科创板试点注册制的实践，为证券法修改提供了实践样本和试点经验。

2019年4月，证券法（修订草案）“三读”时，科创板试点注册制方案和主要制度安排已经公布，“三读稿”就此在“证券发行”一章中增加了专节“科创板注册制的特别规定”，对科创板发行股票的条件、注册程序、监督检查等基础制度作出规定；并明确国务院证券监督管理机构依照本法制定证券注册的具体办法。同时，将证券法关于证券发行的其他内容作为“一般规定”，单列一节。[③] 2019年12月，证券法（修订草案）“四读”时，科创板试点注册制已运行一段时间，试点注册制的主要制度安排经受住了实践检验，“四读稿”对试点注册制的制度安排予以充分吸收，确立了注册制的法律地位，[④] 明确了基本要求，将《关于在上海证券交易所设立科创板并试点注册制的实施意见》（以下简称《科创板实施意见》）的框架性要求转化为基本制度安排。

1. 科创板试点注册制的历史使命

《科创板实施意见》作为指导改革的统领性文件，开宗明义，高度凝练了科创板设立和注册制改革试点，至少需要承担三项目标。

---

① 证券法（修订草案）二次审议稿第24条第4款规定：“国务院应当按照《全国人民代表大会常务委员会关于授权国务院在实施股票发行注册制改革中调整适用〈中华人民共和国证券法〉有关规定的决定》的要求，逐步推进股票发行制度改革。”

② 《习近平出席首届中国国际进口博览会开幕式并发表主旨演讲》，载新华网，http://www.xinhua.net.com/2018/-11/05/c_1123665163.htm，最后访问时间：2020年3月15日。

③ 《全国人民代表大会宪法和法律委员会关于〈中华人民共和国证券法（修订草案）〉修改情况的汇报》，载中国人大网，http://www.npc.gov.cn/npc/c30834/202001/9a796d69e6cb48c5bc1834ca313c27c7.shtml，最后访问时间：2020年3月10日。

④ 《全国人民代表大会宪法和法律委员会关于〈中华人民共和国证券法（修订草案）〉审议结果的报告》，载中国人大网，http://www.npc.gov.cn/npc/c30834/202001/a0524c6d17784fa9a0bcc955f3d8170e.shtml，最后访问时间：2020年3月10日。

一是服务国家经济创新驱动发展战略。提升科技创新能力，通过创新引领驱动高质量发展，已经成为中国经济发展的迫切需要。科技创新需要资本。资本市场在引导社会资本投向科技创新企业，带动资本流向科技创新领域方面，有着特殊的、不可替代的作用。在这一方面，我国资本市场一直存在明显短板。总体而言，资本市场股票发行融资制度侧重于传统产业和成熟企业，对成长中的科技创新类企业如何利用资本市场配置资源，无论是观念和制度，还是机制和做法，都缺乏应有的包容性。之所以在现有市场板块之外专门设立科创板，集中服务科技创新企业，正是为了对接国家创新驱动发展战略，尽快补齐资本市场的短板。

二是积累资本市场完善基础性制度的试点经验。本次改革，从设立上交所科创板入手，稳步试点注册制。科创板不仅是一个新板块，更是改革“试验田”。在这块“试验田”里搞试点，首先是为了回应科创企业利用资本市场的内在合理需求，提供“制度红利”，用注册制来设立和建设科创板。而更关键、更深远的是，科创板因此成为全市场改革的突破口，为整个资本市场完善基础制度积累经验。正因如此，这项增量改革所涉及的基础制度包括发行、上市、信息披露、交易、退市等资本市场主要领域，具有如此大的力度，如此强的系统性，被寄予如此高的厚望。

三是增强我国资本市场国际竞争力。资本市场是高度开放的国际化市场，我国资本市场发展面临着日益激烈的国际竞争。多年以来，很多本土优质企业——特别是以资本市场为代表的新经济公司，绝大多数到境外市场上市，形成了一批“中概股”。这一现象直观对比出我国资本市场在吸引、促进科技企业发展方面的竞争劣势。在全球经济贸易国际化冲突加剧，我国经济发展外部环境发生深刻变化的大格局下，如何让优质科创企业首先能够利用境内资本市场做大做强，让境内投资者分享这些企业的创新发展成果，也成为设立科创板并试点注册改革的重要考量因素。由此，设立科创板并试点注册制，在改革目标和制度设计中，主动对标境外特别是美国等成熟市场科技创新板块最佳实践，注重借鉴其以市场化和法制化为主导的发行注册制度。

上述设立科创板并试点注册制作为增量改革，所承担的三项直接目标，指向一个更为深远的共同使命——“深化资本市场改革”。其释放了以科创板试点注册制为突破口，通过增量倒逼和带动存量的重大改革信号；宣示了通过理顺市场各方的权利、义务、责任，重塑整个资本市场生态的改革决心；明确了建设规范、透明、开放、有活力、有韧性资本市场的改革任务。由此，市场各方普遍认为，设立科创板并试点注册制的深远意义，在于市场化、法治化的改革理念是否能够落实到制度中，践行到实践中。

2. 试点注册制的主要制度安排和实践

《科创板实施意见》对注册制进行了专节安排，从条件、审核、注册、监督、监管等方面进行了全面规定。执行层面按照“使市场在资源配置中起决定性作用和更好发挥政府作用”的要求，严格落实《科创板实施意见》的规定。试点注册制的主要制度安排和阶段性“试验”，为新证券法确立证券发行制度提供了实践样本。

（1）精简优化发行上市条件带来的示范包容效应

是否设置发行条件，设置什么样的发行条件，实质是发行上市中划分政府和市场的边界。以往实践中执行的发行上市条件，既包括证券法和证监会行政规章和规范性文件公开规定的显性条件，也包括审核机构实践掌握的隐性条件。精简优化显性和隐性的发行条件，转为严格信息披露要求，降低发行“门槛”，是注册制改革中处理好政府和市场关系，推进市场化改革的起点。

科创板发行上市条件制度重构中的包容性，包括四个层面。一是取消了多项不必要的发行条件，包括持续盈利、不存在未弥补亏损、无形资产占比限制等方面要求。二是设置了以“市值”为核心的多套上市标准，同时针对红筹企业和特殊股权结构企业，另行制定了两套上市标准，供企业自主选择。三是消除了很多隐性门槛。制定并公布两批“审核问答”，将以往的一批“口袋规则”，分别通过取消、优化或转化为严格信息披露要求的方式予以调整和明确。四是在审核层面，对涉及企业利润大幅度下滑、同业竞争和关联交易占有较大比重等隐性门槛，首先考虑通过充分信息披露和风险揭示来把握，不再成为发行上市障碍。

上述制度调整和执行大幅提升了科创板市场示范性和包容度。总体来看，科创板申报企业集中于高新技术产业和战略性新兴产业，科创属性和成长性较为明显。截至 2020 年 3 月，科创板相继吸引了 220 余家企业申报。新一代信息技术产业、生物医药产业、高端装备制造行业的申报企业累计占比超过 80%。上述企业中，一批尚未盈利企业、无销售收入但科技创新能力突出的企业，存在双重表决权架构企业、红筹企业，相继登陆科创板市场。比如，申报企业中有 30 家企业选择了非盈利上市标准；有泽璟生物等 6 家存在亏损或尚未产生销售收入。[①] 在原有的发行制度中，这些企业进入资本市场存在明显障碍。

---

① 《泽璟制药启动 IPO　A 股迎来首家未盈利企业》，载证券时报网，http：//kcb. stcn. com/2020/0107/15585157. shtml，最后访问时间：2020 年 3 月 15 日。

（2）高效可预期的审核机制带来的快速融资效应

审核周期长、时间成本高、时限难预期是原先发行上市一大“隐性成本”。交易所在科创板发行上市审核规则中，明确限定审核周期，细化审核节点。交易所发行上市审核不超过3个月，发行人和中介机构的问询回复也不超过3个月；交易所受理发行上市申请后，必须在20个工作日发出审核问询函，收到问询回复后需要继续问询的，必须在10个工作日内完成。证监会收到交易所报送的审核意见后，在20个工作日内履行注册程序（不含发行人回复时间）。

审核实践中，这些时限规定得到了严格执行，大幅缩短了审核时限，提高时间上的预期性，注册制下科创板企业融资和资源配置效率因此显著提高。据统计，到2020年3月，通过发行注册的企业100余家，已有90余家到科创板发行上市，相对于主板、中小板、创业板处于领先地位。从受理到上市，科创板平均用时0.5年，而同期主板、中小板、创业板分别用时2.2年、1.8年、1.6年。

（3）市场化定价博弈机制带来的均衡效应

发行定价是发行制度的关键，也是科创板注册制市场化改革的难点。如何建立市场化的定价机制，在改革制度设计中着力甚多。在信息充分披露和风险充分揭示的前提下，将发行和交易定价选择权交给市场，由市场各方进行充分博弈，是注册制下执行市场化发行制度的内在要求。所建立的市场化发行承销定价机制，包括以专业机构投资者为参与主体的市场化询价、定价和配售机制，增强报价约束；支持发行人采取战略配售、超额配售选择权等差异化业务安排，形成定价约束。在二级市场交易机制创新中，以建立投资者适当性管理制度为基础，放开新股上市前五个交易日涨跌幅，促进新股发行价尽快回归；将此后的涨跌幅限制放宽至20%，便于股票交易价格常态化合理波动。

上述一、二级市场定价机制，总体上经受了市场检验。从实践情况看，一级市场中，科创板新股发行市场定价相对理性，投资者报价约束逐步增强，市场化定价机制自我调节和市场约束的功能逐渐发挥。比如，2019年7月22日科创板首批上市的25家公司，发行市盈率中位数42倍；随后4个月内新增上市的31家公司，发行市盈率中位数43倍，与首批公司定价水平基本相同。二级市场中，随着新股供给常态化，科创板交易总体出现了涨幅逐渐回落、换手率逐渐降低等积极变化；近期上市的科创板公司首日涨幅出现一定分化，先后有近10家上市企业跌破发行价。

（4）公开问询的审核方式带来的威慑效应

注册制下的审核方式，以信息披露为中心，通过公开化问询方式展开。审核把关的基本目标，从审出“好公司”转变为问出“真公司”，督促发行人提高信息披露质量。交易所在审核中，采取以问询和现场督导相结合的审核方式。以信息披露为核心的问询式审核，针对招股说明书存在的突出问题，通过一轮或多轮问询，督促发行人及中介机构真实、准确、完整地披露信息，丰富完善信息披露内容，提高信息披露质量。从已有的审核实践看，绝大多数企业经过审核问询，信息披露质量得到了不同程度的提升。

现场督导是问询式审核的延伸。对问询审核中发现的发行人和中介机构未能说清的重大问题，及时对保荐机构开展现场督导，通过调阅资料、证据核对、人员约谈等方式，着重了解保荐机构对相关申报项目信息披露中存在的问题，核查把关是否到位，要求其作出相应说明或者作出补充核查。截至 2020 年 1 月底，有 20 余家企业，经过公开化审核问询和现场督导，感受到审核压力，主动撤回发行上市申请，同时否决发行上市申请 3 家。①

二、以信息披露为核心的证券发行

以信息披露为核心实施注册制，是在证券发行上市领域处理政府与市场关系的集中体现，也是注册制下监管与市场的边界。新证券法以信息披露为基础，确立了注册制的法律地位，同时强化信息披露有效性的规定。

（一）处理好政府与市场关系是注册制的本质

注册制概念从美国 1933 年证券法的证券发行注册制度引申而来，实质上是对证券发行上市监管制度，特别是股票发行审核制度的集中概括。从境外主要资本市场来看，对证券发行上市的监管，有注册制与核准制之分。一般认为，美国、德国等国家实施注册制，新加坡、日本、韩国本质上则是核准制。注册制和核准制并非是完全对立、分割的两种制度。核心是在企业发行上市中，政府与市场承担了什么职能、扮演了什么角色，是政府发挥作用多一点还是市场发挥作用多一点。具体体现为是市场把关还是监管机构把关、中介机构等市场主体承担什么职责、企业发行上市的预期是否明确等。

注册制与核准制并非完全对立的制度，现实中并没有国家实行纯粹的注册制或核准制。注册制与核准制的纠结，本质在于国家对于市场管控的界限何在，

---

① 《审核问询加现场督导发威，目前科创板有 20 余家企业知难而退撤回材料》，载《21 世纪经济报道》2020 年 1 月 20 日。

许多差异深植于商事法根本的立场歧异之中。① 注册制背后所体现的是自由与秩序、公平与效率的兼顾——注册制是对“交易者自慎”规则的补充，反映了市场经济的自由性、市场主体的自主性以及政府干预的规范性和效率性。② 注册制的本质，就是重新调整政府与市场的关系，并以此重构股票发行制度。因此，一方面，要减少政府对市场的干预，提高效率和制度的可预期性；另一方面，政府也要大踏步前进，在落实责任上加大力度，强化和提高政府作用。③

在我国资本市场实施股票发行注册制，是党的十八届三中全会正式提出的改革部署。这次全会重点谋划如何全面深化改革，经济体制改革是重点之一。会议提出“经济体制改革是全面深化改革的重点，核心问题是处理好政府和市场的关系，使市场在资源配置中起决定性作用和更好发挥政府作用”。在经济体制改革的指导思想和整体要求下，全会提出资本市场“推进股票发行注册制改革”，将其作为经济体制改革的一部分。由此，注册制改革的关键，同样在于资本市场如何处理好政府和市场的关系。企业发行上市，一直是资本市场处理好政府与市场关系关键而复杂的领域。

（二）实行公开的信息披露是注册制的核心

注册制下，让市场在发行上市的资源配置中发挥决定性作用，实质上是将企业发行上市融资权放在第一位，将市场各方在制度规则下进行利益博弈和市场选择放在第一位。发行人商业质量的好坏、股票是否值得投资、股票价格高低等事项，由市场自主判断和选择。而把选择权真正交给市场，前提是企业要履行强制信息披露义务，将业务模式、财务状况、经营风险、发展前景等重要事项，公开、真实、准确地讲清楚。证券发行的核心问题是如何将股票销售出去。而能否销售出去，则可能取决于三个因素：市场推广、价格和品质。投资者只有在获知证券出售的信息，对该证券的品质有信心，并认为价格合适时才会购买证券。若要满足上述这三个条件，投资者都需要获知充分的信息。发行人仅仅通过广告等方式进行市场推广，虽然能够让投资者获知证券出售的信息，但无法给予投资者充分的信息来判断证券的品质，进而判定价格是否合适。投

---

① 参见王文宇：《知易行难的注册制——以 MD&A 信息披露为例》，载《证券法律评论(2016 年卷)》，中国法制出版社 2016 年版，第 3 页。

② 参见黄运成、葛蓉蓉：《股票发行制度的国际比较及我国的改革实践》，载《国际金融研究》2005 年第 2 期。

③ 参见唐应茂：《股票发行注册制改革的内涵、本质和措施》，载《财经法学》2016 年第 5 期。

资者只有在获取充分的信息，并对该信息的真实性予以确认的情况下，才能对证券的品质和价格是否合适予以确认。①

法定的严格的信息披露制度肇始于美国20世纪30年代的证券监管立法。1929年股市崩盘后，美国社会强烈要求尽快制定联邦证券法律，规范证券发行与交易，打击证券欺诈。在政府介入的方式下，美国确立了以信息披露为导向的证券监管体制。1933年3月29日，美国罗斯福总统向国会表示：联邦政府不能也不应采取任何举措保证新发行证券的价值将得到维持或者证券代表的财产将获利，但是，政府有义务坚持在跨州贸易中销售的每一批新发行证券都必须附上完整的披露信息，并且不得向购买证券的公众隐瞒投资决策所需的必要信息。② 美国国会最终通过的证券法典忠于罗斯福总统立场，《1933年证券法》规定的注册制度要求发行人全面和公平地披露所发行证券的信息，并且不授予任何政府机构审查证券质量的权力。一旦发行人披露“证券的真实（truth about securities）”，投资价值的判断工作就交由投资者完成。③

注册制下，政府“有形的手”更好地发挥作用有三个环节：事前精简优化发行上市环节的设置，旨在把关于企业质量和投资价值的显性和隐性发行条件，转化为严格信息披露要求；事中履行好信息披露审核职责，通过审核问询让发行企业将市场选择判断所需要的重大信息真实地呈现在市场面前；上市后督促发行人持续履行信息披露义务，在信息充分披露和市场有效约束的基础上，把那些质量出现严重问题、不再适合继续上市的企业，通过严格的退市制度及时清除出去，保持退市出口畅通。

坚持以信息披露为核心的注册制，处理好市场“无形之手”和政府“有形之手”的关系，必须进一步明确和重新配置市场参与各方主体权利、义务和责任。简而言之，要做到“四个清楚”：发行人要“讲清楚”，承担第一位主体责任，要对信息披露的真实、准确、完整负责。中介机构要“核清楚”，要对信息披露的真实、准确、完整进行核查验证，承担好把关责任。审核机构要“问清楚”，注册制下的审核要从“选优”转变到督促发行人和中介机构向投资者披露充分和必要的投资决策信息上来。投资者要“想清楚”，在发行人充分披

---

① 彭冰：《信息披露是注册制的核心》，载《证券法苑（第12卷）》，法律出版社2014年版，第270页。

② H. R. Rep. No. 85, 73d Cong., 1st Sess. 2 (1933).

③ 有关美国证券发行注册制的情况，请参见刘君：《美国证券公开发行如何做到“注册制”》，载《中国证券报》2013年11月20日。

露与投资决策相关的信息和风险后，自行判断是否要买卖企业发行的股票，以什么价格购买，购买之后要自担风险。①

实行以信息披露为中心的注册制，证券法治供给必须跟上。将上述注册制以信息披露为核心下的“四个清楚”，作为责任配置明确下来，执行到位，首先需要有针对性地完善证券法制。其中特别关键的是要提高违法成本，加大监管执法力度，以防信息披露为核心的注册制下欺诈发行、信息披露违法违规行为的增加。监管机构和司法机关对违法违规行为，必须“查清楚”，严格执法、依法追究法律责任，倒逼信息披露义务人真实、准确、完整披露信息，倒逼中介机构履行好看门人责任。

（三）新证券法进一步强化发行中的信息披露

我国证券法在1998年制定之初，对发行人信息披露合规性作出规定，要求信息披露应当真实、准确、完整：“发行人向国务院证券监督管理机构或者国务院授权的部门提交的证券发行申请文件，必须真实、准确、完整。为证券发行出具有关文件的专业机构和人员，必须严格履行法定职责，保证其所出具文件的真实性、准确性和完整性”“发行人、上市公司依法披露的信息，必须真实、准确、完整，不得有虚假记载、误导性陈述或者重大遗漏”。②

新证券法充分吸收科创板试点注册制以信息披露为核心的制度实践经验，强化了发行人的信息披露的责任与职责，在“真实、准确、完整”的基础上，进一步强调突出了信息披露的有效性。

1. 增加关于证券发行申请文件信息披露重大性规定，提高信息披露针对性。新证券法要求证券发行申请文件“应当充分披露投资者作出价值判断和投资决策所必需的信息”（第19条）。其中，证券发行申请文件最为重要的就是招股说明书。从新证券法的这一要求看，招股说明书中需要披露的内容一般可以包括：（1）发行人的主营业务、主要产品或服务等相关情况；（2）对发行人及本次发行产生重大影响的风险因素；（3）发行人的主要的财务会计信息及公司治理情况；（4）管理层对决定公司生产经营前景相关事项的分析；（5）发行人有关投资者保护的主要承诺和主要措施等。

---

① 上海证券交易所副总经理卢文道在科创板试点注册制制度评估和研讨会上，用“五个清楚”来概括注册制下坚持以信息披露为核心、调整和落实相关各方的主体责任。参见祁豆豆：《专家学者热议科创板试点注册制：加快健全各项制度实施机制》，载《上海证券报》2019年12月23日。

② 1998年证券法第13条、第63条。

2. 增加信息披露简明、一致等原则，提高信息披露的可理解性。新证券法第78条规定，信息披露义务人披露的信息，应当简明清晰、通俗易懂。此外，新证券法第84条还对自愿信息披露作了规定，信息披露义务人可以自愿披露与投资者作出价值判断和投资决策有关的信息，但不得与依法披露的信息相冲突，不得误导投资者，即自愿披露的信息应当与依法披露的信息具有一致性。此外，实践中，对于自愿披露的信息还有不得进行选择性披露的要求，即自愿披露的信息要与先前已自愿披露的内容具有一致性，要按照先前披露的标准持续做好后续披露。

3. 严格控股股东、实际控制人、“董监高”等“关键少数”的信息披露义务和责任。实践中，“董监高”要在招股说明书上签字确认，承诺招股说明书不存在虚假记载、误导性陈述和重大遗漏，并对信息披露的真实性、准确性和完整性承担个别和连带的法律责任。新证券法第82条首次在基本法上明确了“董监高”对证券发行文件的责任，要求“董监高”签署书面确认意见，应当保证发行人及时、公平地披露信息，所披露的信息真实、准确、完整。第84条规定对于发行人及其控股股东、实际控制人、董监高等作出的公开承诺，要依法披露，不履行承诺给投资者造成损失的，要依法承担民事赔偿责任。同时，新证券法第181条进一步强化了控股股东、实际控制人欺诈发行的行政责任，控股股东、实际控制人组织、指使欺诈发行的，要承担没收违法所得和最高两千万元的罚款。

4. 全面加大欺诈发行违法成本，“倒逼”证券发行信息披露有效性提升。新证券法在加大行政处罚力度，强化民事责任基础上，创造性的引入了欺诈发行上市责令购回制度、先行赔付制度和中国特色的证券集体诉讼制度三项惩戒欺诈发行、保护投资者的机制，提高欺诈发行的违法成本，倒逼发行人、“董监高”、控股股东、实际控制人以及中介机构履行好证券发行的信息披露义务与责任。

三、精简优化证券发行条件

新证券法基于科创板试点注册制的实践，以信息披露为基础，对证券发行条件进行了优化，以降低企业发行上市的门槛；提高了发行条件的客观化、标准化，以减少实质性判断和对企业发行上市的把关。

（一）发行条件是政府与市场关系的集中体现

是否设置发行条件是基本法律在证券发行上市中处理政府与市场关系的最

直接体现，发行条件实质上是政府和市场之间的边界划分问题，政府是否需要代替市场对证券的风险价值进行判断，决定其是否适合投资可以发行。[①] 与此相关联的是，上市条件则体现了市场的选择权，不同市场差异化的上市条件是企业与上市场所双向选择的基础。

境外市场一般不对股票的发行设置实质条件，监管机构对招股书等信息披露文件的审核，目的是解决证券发行特有的发行人（卖方）与投资者（买方）之间信息不对称性问题，审核的核心是督促公司披露与发行人、发行证券相关的重大信息，以便投资者据此作出投资决策。

美国证券发行除了萨班斯法案对公司治理有一定要求之外，《1933 年证券法》等规范证券发行的法律都不对发行设置条件，不对证券的投资价值进行判断，只要全面真实披露发行人的情况，就可以进行证券的公开发行。即使发行人历史上有重大违法违规记录，存在重大法律纠纷面临巨大或有债务，或处于风险高的新行业，长期未能盈利等风险，只要进行充分披露，就可以发行证券。各种风险在充分披露后，由市场赋予一定的折扣率反映在定价中，由投资人基于自己的投资策略和风险偏好进行选择。

德国法律明确企业公开发行证券或者为了获得证券受监管市场交易许可，要取得招股书注册，但不对证券发行设置条件。基于保护投资者的目的，德国金管局对招股书的信息披露进行审核，对企业 IPO 后的持续信息披露进行监管。

我国香港特别行政区市场实行双重存档的发行上市一体化审核制度，香港特别行政区《证券及期货条例》附属的《证券期货（在证券市场上市）规则》条例第 3（a）条明确了监管机构对证券发行上市审核的内容，即“载有在顾及该申请人及该等证券的特质下属需要的详情及数据，以使投资者能够就该申请人在申请时的业务、资产、负债及财务状况，以及就该申请人的利润与损失和依附于该等证券的权利，作出有根据的评估”。简言之，招股书的披露应当准确、完整，不能有虚假陈述和重大省略。即香港证监会主要就此进行信息披露的审核。有关上市的实质条件，主要规定在港交所的《上市规则》。

（二）新证券法将“持续盈利能力”改为“持续经营能力”

高科技企业在发展前期一般需要大规模的研发和市场投入，在企业发展的特定阶段很多尚未盈利或者处于亏损状态，或者受外部经营环境影响、一定时间内出现净利润大幅下滑的企业，受制于“持续盈利能力”这一规定下的相关

---

① 刘君：《美国证券公开发行如何做到“注册制”》，载《中国证券报》2013 年 11 月 20 日。

指标，这类企业难以在境内发行上市。新证券法将首次发行新股条件中“具有持续盈利能力，财务状况良好”改为“具有持续经营能力”，改变以往的“唯利润论”，不再对发行人盈利情况作实质性判断，增强发行上市包容性，为亏损企业申请境内发行上市打开了空间。

其一，实践中将“持续盈利能力”等同于“持续盈利”“净利润指标良好”。[①] 1993 年公司法从“公司在最近三年内连续盈利，并可向股东支付股利”以及“公司预期利润率可达同期银行存款利率”两个方面，刻画了盈利性条件。2005 年公司法、证券法联动修改时，将 1993 年公司法有关公司发行新股条件的规定移入证券法中，并在内容表述上作了实质修改，专门取消了公司连续盈利的要求，调整为公司应当具有“持续盈利能力”。但“持续盈利能力”在实践中仍体现“持续盈利”“净利润指标良好”。2006 年 5 月 17 日证监会通过的《首次公开发行股票并上市管理办法》[②] 明确主板（中小板）最近三年净利润为正且净利润累计不少于 3000 万元，2009 年 3 月 31 日证监会发布的《首次公开发行股票并在创业板上市管理暂行办法》[③] 明确创业板最近两年连续盈利净利润累计不少于 1000 万元；或者最近一年盈利，最近一年营业收入不少于 5000 万元。同时，要求企业发行时不得存在未弥补亏损。实践中，中介机构为了避免发行人因“块头”小而被歧视，对企业的利润指标往往“水涨船高”。

其二，试点创新企业制度安排中为突破“持续盈利能力”打开了缺口。2018 年，在推进试点创新企业境内发行股票或存托凭证并上市工作中，根据《关于开展创新企业境内发行股票或存托凭证试点的若干意见》规定，对《首次公开发行股票并上市管理办法》和《首次公开发行股票并在创业板上市管理办法》进行了修订，豁免了试点创新企业境内发行时有关利润指标和“最近一期末不存在未弥补亏损”的发行条件。同时，针对尚未盈利或存在累计未弥补亏损的

---

① 例如，2018 年部分自媒体报道提及，在创业板、中小板、主板申请首发上市，申请人最近一年净利润至少分别要达到 3000 万元、5000 万元、8000 万元，否则不能通过发审会审核。中国证监会就此专门作出了澄清说明，“我会严格按照现行法律法规规章，对主板、中小板、创业板首发企业进行审核，审核政策始终没有变化”。《证监会新闻发言人高莉答记者问》，载中国证监会网站，http://www.csrc.gov.cn/pub/newsite/zjhxwfb/xwdd/201805/t20180518_338370.html，最后访问时间：2020 年 3 月 4 日。

② 该办法于 2015 年、2018 年、2020 年经证监会三次修正。

③ 该办法于 2014 年 5 月 14 日被证监会发布的《首次公开发行股票并在创业板上市管理办法》废止。2020 年 6 月 12 日证监会发布《创业板首次公开发行股票注册管理办法（试行）》废止了《首次公开发行股票并在创业板上市管理办法》。

试点创新企业进一步强化了相关信息披露要求①。但这一调整，也仅限于中国证监会根据《关于开展创新企业境内发行股票或存托凭证试点的若干意见》等规定认定的试点企业，主板（中小板）和创业板的其他企业不包含在内，还是要适用盈利指标和不得存在未弥补亏损的发行条件规定。

其三，科创板试点注册制以信息披露为核心改变了持续盈利的要求。2020 年 7 月 3 日，证监会发布了《科创板上市公司证券发行注册管理办法（试行)》，在第 9 条将“持续盈利能力”改为“直接面向市场独立经营的能力”，不再要求连续盈利指标。而根据证监会和上交所的相关要求，针对发行人未盈利的，要求“应当充分披露尚未盈利的成因，以及对公司现金流、业务拓展、人才吸引、团队稳定性、研发投入、战略性投入、生产经营可持续性等方面的影响”,② 同时，进一步强化对“持续经营能力”的披露和核查要求。③

（三）新证券法对其他发行条件进行了精简

我国公司法、证券法在 20 世纪 90 年代制定之初，就对公司公开发行新股设置了发行条件。1993 年公司法第 137 条规定，“公司发行新股，必须具备下列条件：（一）前一次发行的股份已募足，并间隔一年以上；（二）公司在最近三年内连续盈利，并可向股东支付股利；（三）公司在最近三年内财务会计文件无虚假记载；（四）公司预期利润率可达同期银行存款利率。公司以当年利润分派新股，不受前款第（二）项限制。”④ 2005 年公司法、证券法同步修改时，证券法第 13 条规定，“公司公开发行新股，应当符合下列条件：（一）具备健全且运行良好的组织机构；（二）具有持续盈利能力，财务状况良好；（三）最近三年财务会计文件无虚假记载，无其他重大违法行为；（四）经国务院批准的国务院证券监督管理机构规定的其他条件。”

① 《公开发行证券的公司信息披露编报规则第 23 号——试点红筹企业公开发行存托凭证招股说明书内容与格式指引》第 10 条、第 11 条。

② 《公开发行证券的公司信息披露内容与格式准则第 41 号——科创板公司招股说明书》第 75 条、第 78 条；《科创板首次公开发行股票注册管理办法（试行)》第 39 条。

③ 《上海证券交易所科创板股票发行上市审核问答（二)》问题 13，载上海证券交易所网站，http：//www. sse. com. cn/lawandrules/sserules/tib/review/a/20190325/a42de30991184446518e31fe29424f9c. pdf，最后访问时间：2020 年 3 月 14 日。

④ 1998 年证券法对公司法的规定作了必要衔接，第 11 条规定：“公开发行股票，必须依照公司法规定的条件，报经国务院证券监督管理机构核准。”

新证券法按照注册制改革精神，简化股票及债券的发行条件。①

一是进一步优化了其他首发条件。新证券法将“最近三年财务会计文件无虚假记载”明确为“最近三年财务会计报告被出具无保留意见审计报告”，增加规则可操作性，减少审核主观判断空间，也有助于压实中介机构的责任，强化中介机构履职尽责；将“无其他重大违法行为”进一步限缩为“发行人及其控股股东、实际控制人最近三年不存在贪污、贿赂、侵占财产、挪用财产或者破坏社会主义市场经济秩序的刑事犯罪”，增加对控股股东、实际控制人的规范性要求，强化控股股东、实际控制人等少数关键主体责任。

二是将上市公司发行新股的条件与 IPO 分开。不再按照首发条件规定上市公司发行新股条件，以进一步提高再融资的便利性。同时，明确了发行存托凭证的发行条件。

三是精简债券发行条件。取消了公开发行债券对于发行人净资产规模、募集资金投向、利率水平的限制和要求；删除了公开发行债券累计债券余额不超过净资产 40% 的规定，明确前一次公募债尚未募足也不影响本次公募债的申报，降低了公募债的发行门槛；允许改变募集资金用途，并明确了相应程序；同时也增加了“具备健全且运行良好的组织机构”的要求。

（四）新证券法保留的发行条件授权立法条款需要建立有效的监督机制

新证券法除提高发行条件客观化、标准化外，还保留了原证券法发行条件的授权立法条款，授权证券监管机构规定首次公开发行新股的其他条件（要经国务院批准），授权证券监管机构规定上市公司发行新股和公开发行存托凭证的发行条件。

从科创板注册制试点实践看，按照“把好上市公司质量入口关”的思路，还规定了较多原则性发行条件。比如《科创板实施意见》、《科创板首次公开发行股票注册管理办法（试行）》（以下简称《科创板注册办法》）除了要求“最近三年财务会计报告被出具标准无保留意见审计报告”外，还提出了会计基础规范、内控制度健全、符合会计准则不存在重大同业竞争和关联交易等诸多原则性要求，以及对这些要求予以细化后公开的审核标准，作为刚性的发行条件。在执行层面，有关发行人业务、财务、客户、供应商、历史沿革等事项的审核

---

① 《全国人民代表大会宪法和法律委员会关于〈中华人民共和国证券法（修订草案）〉审议结果的报告》，载中国人大网，http：//www. npc. gov. cn/npc/c30834/202001/a0524c6d17784fa9a0bcc955f3d8170e. shtml，最后访问时间：2020 年 3 月 10 日。

问询，十分严格具体。在境外成熟市场，上述诸多原则性发行条件大多作为信息披露事项，由发行人披露和中介机构核查发表意见即可。市场对这些原则性发行条件及实践执行，也存在不同的认识。比如在恒安嘉新不予注册的案例中，争议焦点主要是四个合同收入确认的会计处理是属于特殊会计事项处理还是属于会计差错更正，是否存在会计基础工作不规范等问题。发行人认为对四个合同收入确认时点的调整，是基于谨慎性原则下的特殊会计事项处理。监管机构则认为："发行人将该会计差错更正认定为特殊会计处理事项的理由不充分，不符合企业会计准则的要求，发行人存在会计基础工作薄弱和内控缺失的情形"，不符合《科创板注册办法》规定的发行条件。①

注册制不是不审，也不是不重视上市企业质量。把好上市公司质量入口关，其实与注册制本身并不矛盾。问题的实质是，审核机构从什么方面、按什么标准、用什么方式来把好入口质量关。注册制下，发行人的信息披露必须真实、准确、完整，要满足基本的发行条件，审核中要把好发行人信息披露关、发行人发行上市条件关。从注册制的内涵实质看，注册制下上市公司质量把关的出发点和落脚点，应当在于"问出一家真公司"。

在全面推行注册制的过程中，如何进一步处理好以信息披露为核心与把好上市公司质量入口关之间的关系，如何规范行使好新证券法下有关证券发行条件的授权立法条款，依然是一个尚未完全解决的问题。对标最佳国际实践，新证券法这些授权条款的执行，还需要建立有效的监督检查机制，进一步精简优化有形和无形的发行条件，转化为严格的信息披露，进一步突出审核问询的针对性和重大性，压缩为了质量把关进行的自由裁量空间，防止出现新的"隐性门槛"和口袋规则，提高信息披露质量和审核效率，应当是全面推行注册制中"把好上市公司质量入口关"的应有之义。

四、注册制下的证券发行审核程序

审核程序安排是注册制的实现方式，新证券法总结和确认了科创板试点注册下交易所审核——证监会注册的审核程序和机制安排，同时留有弹性。

（一）注册审核程序安排是落实以信息披露为核心的保障

证券发行的审核程序制度，是以信息披露为核心注册制，发挥市场资源配

---

① 中国证监会：《关于不予同意恒安嘉新（北京）科技股份公司首次公开发行股票注册的决定》，载中国证监会网站，http：//www.csrc.gov.cn/pub/newsite/fxjgb/kcbzczl/kcbzcqkgs/201908/t20190830_361311.html，最后访问时间：2020 年 3 月 15 日。

置决定性作用和更好地发挥政府作用的具体实现方式，在价值导向上应当充分保障市场作用的有效性，提高资源的配置效率，程序安排上应当公正透明，审核进程应当高效、可预期。

从境外市场做法看，因市场环境等原因有所差异，对企业发行上市审核的程序安排，有不同的模式，总体来看有以下三个特点①：

1. 在审核主体职责分配上，境外市场监管机构和交易所适当分工、各有侧重，但尽量避免重复审核。大致有三种模式：其一，主要由监管机构承担，以美国、德国为代表，监管机构负责招股书信披审核，交易所负责对上市条件的形式审核。其二，主要由交易所承担，以日本、韩国为代表，交易所对信息披露承担主要的审核职责，监管机构进行形式上的注册或者备案。其三，监管机构和交易所共同承担但各有侧重，以新加坡及我国香港特别行政区为代表，监管机构和交易所都进行审核，但各自具体审核事项有所侧重。我国香港证监会一般仅对信息披露进行原则性形式审核，主要的审核工作由香港交易所承担，香港证监会保留最后的监管权力，并对港交所具有监管权限。新加坡金融监管局侧重审核招股书财务信息和风险因素，新加坡交易所更为关注公司治理和业务模式。

2. 在审核程序安排上，透明度较高。美国通过电子化披露系统，将注册文件、反馈意见及其他沟通文件适时公开；美国证监会还公开大量问答式规则解释文件，为发行人提供详细指导。香港市场规则、程序及指导原则及时公开，在一定程度上保障了市场主体的预期较为明确、稳定。港交所通过电子呈交系统（HKEX - ESS）受理发行人提交的发行上市申请材料。上市文件、所有排队待审的发行人名录、上市进程或者状态都在披露易上公布。

3. 在审核进程上，效率较高、可预期性强。美国市场多数公司在 7 个月以内能够完成发行注册及上市流程，市场预期较为明确。在日本市场，日本交易所自律法人一般会提出 3 ~4 轮反馈意见，标准审核期为 3 个月；主管机关发行无异议的时间为 15 天；若计算两年左右的承销商辅导期，企业上市过程一般会持续 3 年。韩国市场，从上市准备到完成上市需要 7 个月，其中，上市准备阶段 2 个月，交易所上市审核 3 个月，公开发行程序 2 个月。在我国香港特别行政区，公开发行和上市程序一般包括三个阶段，即发行人的初步准备（8 ~16 周）、监管机构和交易所审查（5 ~12 周）以及市场推介和发行（5 ~8 周），上市时间周期较为明确，平均耗时在 100 天左右。

---

① 参见中国证监会编：《股票发行注册制漫谈》（内部资料）。

（二）科创板试点注册制公开透明的审核程序为新证券法提供了实践基础

新证券法有关发行程序的调整，充分总结和借鉴了科创板试点注册制下审核机制和程序安排。《科创板实施意见》明确证券交易所受理并审核企业的发行上市申请，证监会负责注册，对交易所审核工作进行监督、对发行上市工作进行全过程监管。交易所要建立健全公开透明高效的审核机制。

1. 明确的审核内容

根据《科创板实施意见》、《科创板注册办法》和上交所《科创板股票发行上市审核规则》（以下简称《科创板审核规则》），交易所作的审核内容主要包括三个方面：

一是发行条件的审核。发行人申请股票首次发行上市的，应当符合《科创板注册办法》规定的发行条件。审核机构将对发行人是否符合《科创板注册办法》规定的发行条件进行审核，重点关注招股说明书就发行条件相关事项作出充分披露，发行保荐书、法律意见书等文件对发行人符合发行条件发表明确意见并具备充分的理由和依据。

二是上市条件的审核。发行人申请股票首次发行上市的，应当符合交易所规定的上市条件，并在招股说明书和上市保荐书明确所选择的具体上市标准。对上市条件的审核，重点关注招股说明书就上市条件相关事项作出充分披露，上市保荐书、法律意见书等文件中对发行人选择的上市标准以及符合上市条件发表明确意见并具备充分的理由和依据。

三是信息披露的审核。审核发行人的信息披露是否达到证监会、交易所规定的信息披露要求。交易所进行信息披露审核，督促发行人、中介机构确保信息披露的真实、准确、完整。交易所以信息披露为中心，从投资者立场出发，开展信息披露审核问询。基本目标是，通过审核问询，督促发行人承担好信息披露第一责任人职责；督促保荐人、证券服务机构切实履行信息披露的把关责任；对相关信息披露义务人形成震慑，以减少和避免欺诈发行；提高信息披露质量，以便于投资者在信息充分的情况下作出投资决策。

2. 规范的审核程序

《科创板注册办法》《科创板审核规则》对申请、受理、审核、注册作了比较详细的规定。实践中，证监会和交易所严格按照规定的程序开展审核。这些程序包括：

（1）申请与受理。发行人通过保荐人以电子文档形式向交易所提交发行上市申请文件，交易所按照收到发行上市申请文件的先后顺序，核对后在5个工作日内决定是否受理。

（2）审核机构审核。交易所审核机构按照受理顺序开始审核，自受理之日起 20 个工作日内进行审核问询，发行人及保荐人在必要调查核查后，及时、逐项回复上交所问询。回复不具有针对性或者信息披露不满足要求，或者发现新的事项的，可以进行多轮问询。审核机构认为不需要进一步问询的，将出具审核报告提交交易所科创板股票上市委员会。

（3）上市委审议。交易所上市委员会对发行上市审核机构出具的审核报告及发行上市申请文件进行审议，就审核报告的内容和发行上市审核机构提出的是否同意发行上市初步建议发表意见，通过合议形成同意或者不同意发行上市的审议意见。

（4）报送审核意见。交易所结合上市委审议意见，出具同意发行上市的审核意见的，连同发行上市申请文件和相关审核资料报送中国证监会履行注册程序。交易所审核不通过的，作出终止发行上市审核的决定。

（5）证监会注册。证监会按照规定进行注册，发行注册主要关注交易所发行上市审核内容有无遗漏，审核程序是否符合规定，以及发行人在发行条件和信息披露要求的重大方面是否符合相关规定。证监会进一步提出反馈意见的，通过交易所将反馈意见告知发行人及中介机构。

3. 高度透明化的审核机制

《科创板实施意见》要求建立健全公开透明高效的审核机制。从实践看，科创板审核运行规范透明、审核职责的公信力得到了积极评价。

在外部监督透明化方面，进一步强化审核公开。第一是审核标准公开。科创板开板之初，经证监会批准，交易所分别在 2019 年 3 月 3 日、3 月 24 日分别发布了《上海证券交易所科创板股票发行上市审核问答》和《上海证券交易所科创板股票发行上市审核问答（二）》，对发行条件、上市条件和信息披露要求，制定了 32 项审核标准，积极推进审核标准的统一化、公开化。第二是审核过程公开。上述的受理、各轮问询、上市委会议审议、报送审核意见、注册生效、审核中止与终止等各项过程全部在证券交易所官网公开。其中，证监会的注册决定（注册生效）也会在证监会的网站披露。第三是审核内容公开。根据科创板相关业务规则，交易所对发行人的各轮次审核问询问题以及发行人、中介机构的回复，都会在发行人及中介机构每一轮回复后及时、全部在交易所官网（http：//kcb. sse. com. cn/）公开。中国证监会在注册环节的反馈意见和回复，统一在作出注册决定后，由中国证监会和证券交易所网站公布。第四是审核结果公开。从发行人角度看，审核和注册环节审核结果包括上市委审议结果、交易所审核结果（审核通过、不通过，终止审核）、证监会注册结果（予以注册、不予注册，终止注册），这些审核结果都在证券交易所网站予以公布，证监会注册结果还将在证监会网站公布。特别是对证券交易所审核不通过终止审核会将理由对外公开。比如因上交所科创板股票上市委员会对国科环宇、泰坦科技提出不同意发行上市的审议意见后，交易所作出了终止审核决定，并通过终止审核决定和新闻稿及时向市场公开了相关理由①。

在内部监督透明化方面，交易所建立发行上市审核业务系统，覆盖受理、问询、审核机构会议、上市委会议、向证监会提交注册等审核全流程，从企业申报、信息披露、审核问询、审核会议召开，以及发行人和中介机构来访预约、与审核人员沟通，都实现了全程在线的可追溯的电子化运行，固化流程、规范操作，全程留痕可回溯，为审核监督提供了技术支撑。

（三）新证券法确立了监管机构注册—交易所审核的模式

基于科创板试点注册制的经验做法，新证券法调整证券发行程序，确认了交易所审核—监管机构注册的审核程序机制安排。

其一，确认了科创板试点注册制的经验，将证券监管机构注册—交易所审核机制上升到基本法，确立为证券发行注册程序的一种模式。国务院证券监督管理机构或者国务院授权的部门依照法定条件负责证券发行申请的注册；根据国务院的规定，证券交易所等可审核公开发行证券的申请，判断发行人是否符合发行条条件、信息披露要求，督促发行人完善信息披露内容。同时，取消了发审委制度。

其二，为多层次资本市场、其他证券品种采用监管机构注册—自律组织审核预留制度空间。通过“国务院规定”的方式，将这一模式扩展到其他板块或者证券品种，注册机构是国务院证券监督管理机构或者国务院授权的部门，审核主体除了证券交易所外，还包括国务院规定的其他主体。根据国务院办公厅发布的《关于贯彻实施修订后的证券法有关工作的通知》（国办发〔2020〕5号，以下简称《国办证券法通知》），中国证监会指定证券交易所负责公开发行

① 《上交所依法终止对国科环宇的科创板发行上市审核》，载上海证券交易所网站，http：//kcb. sse. com. cn/announcement/notification/c/c_ 20190905_ 4911144. shtml；《关于终止对上海泰坦科技股份有限公司首次公开发行股票并在科创板上市审核的决定》，载上海证券交易所网站，http：//kcb. sse. com. cn/announcement/notification/c/c_ 20190926_ 4921342. shtml，最后访问时间：2020年3月13日。

公司债券的受理和审核①，国务院发展改革委指定中央国债登记结算有限责任公司为企业债券受理机构，中央国债登记结算有限责任公司、中国银行间市场交易商协会为审核机构。②

其三，进一步明确了审核机构审核内容要求。审核机构要审核并判断发行人是否符合发行条件、信息披露要求，督促发行人完善信息披露内容。同时，就有关注册和审核的具体程序性安排，授权国务院具体规定。《国办证券法通知》将这一要求进一步细化，明确证监会指定的证券交易所等机构、国家发展改革委指定的机构按照规定受理、审核公开发行证券申请，主要通过审核问询、回答问题方式开展审核工作，督促发行人完善信息披露内容，并根据审核情况提出同意发行或终止审核的意见。证监会、国家发展改革委收到有关机构报送的审核意见、发行人注册申请文件及相关审核资料后，履行发行注册程序。证监会、国家发展改革委应当制定发布相关证券公开发行注册的具体管理办法。科创板下，经党中央、国务院批准的《科创板实施意见》就试点注册制的审核和注册程序作了全面规定。

五、欺诈发行上市的责令购回制度

证券发行注册制是贯穿始终的系统性工程，按照统筹发行、上市、交易、信息披露、退市、法律责任等理念，新证券法规定了相关的基础性配套制度。一是改革退市制度，保持出口通畅。在信息充分披露和市场有效约束的基础上，取消了暂停上市，上市条件、终止上市情形不再法定化，确认由交易所的业务规则进行具体规定。二是全面提高违法成本，威慑欺诈发行等违法行为。大幅度提高欺诈发行、虚假陈述的行政处罚幅度，完善民事责任，创造性规定欺诈发行上市责令购回、先行赔付、中国特色证券集体诉讼等三项严惩欺诈发行、保护投资者救济措施。三是适应注册制下交易所承担发行上市审核职能的需要，对交易所监管中的业务规则效力、监管的权威和职责问题作了明确和强化。这些内容分别规定在新证券法证券交易、信息披露、投资者保护、证券交易场所、

---

① 《关于公开发行公司债券实施注册制有关事项的通知》，载证监会网站，http://www.csrc.gov.cn/pub/newsite/zjhxwfb/xwdd/202003/t20200301_371309.html，最后访问时间：2020年3月16日。

② 《国家发展改革委关于企业债券发行实施注册制有关事项的通知》，载国家发改委网站，https://www.ndrc.gov.cn/xxgk/zcfb/tz/202003/t20200301_1221966.html，最后访问时间：2020年3月16日。

法律责任等相应章节，在“证券发行”一章中主要体现为欺诈发行上市的责令购回制度。

新证券法规定的欺诈发行上市责令购回制度，吸收设立科创板并试点注册制改革的经验，① 以民事赔偿责任为基础，明确了基本制度框架。一是责令购回适用于已发行上市的情形，对于已经注册尚未发行或者已经发行尚未上市的，按照新证券法第24条第1款规定处理。二是责令购回仅适用于在证券发行文件中隐瞒重要事实或者编造重大虚假内容的情形。三是责令购回的作出主体是国务院证券监督管理机构。四是承担购回责任的主体是发行人以及负有责任的控股股东、实际控制人。

（一）欺诈发行上市责令购回是旨在为公众投资者提供私权救济，用以恢复原状的民事责任承担方式

证券欺诈发行上市责令购回制度，目前在境内证券市场实践中尚属全新的制度安排。而在其他领域内，立法强制生产者召回存在瑕疵的产品已经具有较为成熟的制度和实践，如缺陷食品、药品、汽车召回等。② 对于产品召回的法律性质，目前多从私法角度加以判断。如有研究者提出，缺陷产品召回不是生产者的法律责任，而是法律为了防患于未然而为生产者设立的普遍性义务。③ 也有研究者针对性地提出，产品召回制度作为一种法律责任制度，即经营者由于违反产品安全保障义务，须承担产品召回的法律责任，为了具体实施和落实召回，法律设计和规定了召回过程中相关主体的权力职责和权利义务。④

总体来看，欺诈发行上市责令购回以行政和民事法律关系为共同实施基础。

---

① 《关于在上海证券交易所设立科创板并试点注册制的实施意见》明确了“对欺诈发行上市的，可以责令上市公司及其控股股东、实际控制人按规定购回已上市的股份”。据此，《科创板首次公开发行股票注册管理办法（试行）》第68条也规定，“对发行人存在本办法第六十七条规定的行为并已经发行上市的，可以依照有关规定责令上市公司及其控股股东、实际控制人在一定期间从投资者手中购回本次公开发行的股票”。

② 如《食品卫生法》第42条规定，违反本法规定，生产经营禁止生产经营的食品的，责令停止生产经营，立即公告收回已售出的食品，并销毁该食品；原国家食品药品监督管理局2007年制定了《药品召回管理办法》；国务院的《缺陷汽车产品召回管理条例》，建立了缺陷汽车产品召回的行政法规规范。

③ 相关观点可参考王利明：《关于完善我国缺陷产品召回制度的若干问题》，载《法学家》2008年第2期；陶丽琴：《论缺陷产品召回制度的法律属性——以〈食品安全法〉为视角》，载《行政与法》2009年第8期。

④ 参见李友根：《论产品召回制度的法律责任属性——兼论预防性法律责任的生成》，载《法商研究》2011年第6期。

一方面，责令购回是具有利他性、矫正性的证券监管措施。与通过使行为人遭受不利益，以此惩戒和制裁行为人的行政处罚不同，责令购回旨在为公众投资者提供私权救济的辅助实现方式。其强制性体现在使行为人负有给付义务，并使行政法律关系以外的证券市场受害者享有获得救济的选择权利。因此，从性质上看，责令购回是一种矫正性、他益性的证券监管措施，是私权救济的行政保障措施。

另一方面，欺诈发行上市责令购回是旨在恢复原状的民事责任承担方式。根据民事法律，因欺诈订立的合同撤销后，应当恢复原状，即返还财产或者折价赔偿。具体到欺诈发行上，体现为发行人应当返还认购款及相应利息或者按照一定的价格回购投资者持有的股份。欺诈发行并上市的，股票进入二级市场交易，合同相对方发生更替，交易对价也发生变化，发行人难以直接通过返还认购款的方式恢复原状，但可以通过回购股份的方式，实现“返还财产”的目的。

（二）责令购回制度具体实施

责令购回制度对于震慑欺诈发行，保护投资者合法权益具有重要意义。新证券法上规定的责令购回制度还需要转化为具体实施方案和落地的制度。在具体落地规则设计中，下列要素还需要进一步明确和细化。

1. 适用情形

责令购回适用于欺诈发行（招股说明书等证券发行文件中隐瞒重要事实或者编造重大虚假内容）并且已经完成上市的情形。对于 IPO 以外的其他证券发行行为是否使用，还需要进一步讨论。比如上市公司发行新股、上市公司发行股份购买资产、上市公司重组上市等。此外，对于债券、存托凭证等证券品种能不能扩展适用也需要讨论。

2. 适用期限

责令购回的适用期限是整个制度设计中极为重要的环节。在“香港洪良国际案”中，从 2009 年 12 月 24 日在港交所上市到 2010 年 3 月 29 日上市公司及其子公司资产被冻结，历时三个月左右，时间较短，洪良国际的股价波动不大（发行价为 2.15 港元/股，上市后最高价为 2.53 港元/股，最低价为 1.96 港元/股）①。德国《有价证券招股说明书法》规定，股份购回适用于证券首次上市发行后的 6 个月内购买该证券的投资者。

---

① 汤欣、谢日曦：《从洪良国际案例证券民事赔偿》，载《证券法苑》2014 年第 3 期。

对于责令购回的适用期限，有三种观点：其一，参考境外市场，确定较短的适用期限，如3个月、6个月；其二，不统一限定适用期限，以欺诈发行上市揭露日为标准，揭露日前时限均纳入；其三，与控制权可能的变更期限相挂钩，确定一个相对适中的期限。

3. 购回对象范围

香港洪良国际案和德国证券市场分别代表了购回对象范围的两种确定方式：前者是“以股定人”，即以“回笼”首次公开发行中全部公开发行股份（5亿股，占发行后总股本的25%）为目的，借此间接确定所有持有公司股份的投资者；后者“以人定股”，先确定适格投资者范围，借此间接确定总共需要购回的股份总数。“以股定人”和“以人定股”各有优缺点。

购回对象范围的确定，主要取决于以何种民事责任理论构建欺诈发行责令购回的基础：如将发行人购回股份视为承担招股说明书等发行上市文件不实披露的违约责任，则责令购回的对象仅限于参与一级市场投资的投资者；如将购回股份确定为发行人等承担对投资者的侵权责任，则购回对象应当包括所有欺诈发行揭露和购回时持有股份的投资者。

4. 购回价格的确定原则

购回价格的确定有三种方法：第一种是市价法，即以某一交易日（交易日区间）的收盘价（加权平均值）确定。“香港洪良国际案”中，最终确定的购回价格为洪良国际停牌前一日的收盘价。由于洪良国际被交易所停牌后长期未能复牌，因此以前一日收盘价确定为购回价格，具有较高的参考价值。第二种是发行价法，即按照发行人的发行价加上必要的税费确定为购回价格。新证券法对于欺诈发行未上市的，即采用发行价法。第三种是投资者买入价法，本质上投资者买入价法与发行价法都是以投资者的交易成本为计价原则，前者主要适用于一级市场的投资者，后者包括了所有持股投资者。德国的立法规定的购回价格确定方式为“在购买价不超过有价证券首次发行价的范围内，以购买价全数承接有价证券，并要求其承担与购买有关的通常费用”，可以看出其价格确定方式为以投资者买入价为基础，以发行价格为上限。

5. 责任主体

发行人是当然的回购义务人，有责任的控股股东、实际控制人承担连带购回责任。但还存在发行人与控股股东、实际控制人的责任分配问题。

6. 内外部决策程序

根据德国的立法安排，受害投资者可直接通过法院主张股份购回，立法未直接规定发行人应当就此履行何种内部决策程序。“香港洪良国际案”中，涉及如何处理好公法（证券监管）与私法（股份回购与公司治理）的关系，以及我国香港特别行政区法律与国外法（洪良国际注册地开曼群岛）的关系，较为复杂。该案中，经香港法院作出相关决定后，发行人召开股东大会通过了回购方案。在这一操作方式之下，香港证监会及香港法院在处理洪良国际股份回购案时，既利用了《证券及期货条例》赋予的调查与介入权力，同时也尊重了开曼群岛公司法中涉及公司回购股份的程序性和实体性的规定，维护了中小股东在股份回购事务中的参与权。新证券法第 24 条明确将其界定为发行人“回购证券”，在制度设计上也需要处理好与公司法中股份回购程序的衔接。

7. 股份购回管理人

“香港洪良国际案”中，由法院指定会计师事务所担任股份回购管理人。管理人相关费用由洪良国际承担，并且管理人的任免仍然需要经股东大会决议通过。鉴于股份回购方案制定至为关键，实施过程较为复杂，也可以参考先行赔付中的有益经验，① 在责令购回中引入强制性的管理人制度，由其发挥指导、监督和协调作用，提升责令购回制度的可操作性和可执行性。

第二节 条款释义

第九条 公开发行证券，必须符合法律、行政法规规定的条件，并依法报经国务院证券监督管理机构或者国务院授权的部门注册。未经依法注册，任何单位和个人不得公开发行证券。证券发行注册制的具体范围、实施步骤，由国务院规定。

有下列情形之一的，为公开发行：

（一）向不特定对象发行证券；

---

① 前期，中国证券投资者保护基金有限责任公司曾作为万福生科虚假陈述事件投资者利益补偿专项基金、海联讯虚假陈述事件投资者利益补偿专项基金和欣泰电气欺诈发行先行赔付专项基金三个先行赔付基金的管理人。

（二）向特定对象发行证券累计超过二百人，但依法实施员工持股计划的员工人数不计算在内；

（三）法律、行政法规规定的其他发行行为。

非公开发行证券，不得采用广告、公开劝诱和变相公开方式。

【条文主旨】

本条是关于公开发行证券实行注册制、公开发行界定的规定。

【条文释义】

本条是原证券法第10条修改而来。将核准改为了注册，授权国务院规定实施注册制的范围和步骤，增加了依法实施员工持股计划的员工人数不计入向特定对象发行证券累计超过200人范围的规定。

一、证券公开发行活动的固有属性决定了要对其实行严格的规范

（一）对证券公开发行进行严格监管有其必要性

证券发行，按照发行对象的不同可分为公开发行和非公开发行（或称私募）两种。我国证券法立法之初，就对证券公开发行进行了严格的规范。[①] 一是因为与一般的物品可由外观判断其价值不同，证券的价值主要基于发行人的具体情况、特别是未来的经营状况，难以通过证券本身的外观加以判断，在发行、投资双方信息极度不对称的情况下，投资者参与证券投资存在一定的风险。[②] 二是因为证券的公开发行，直接面向广大社会公众，影响较为稀缺的市场资金的配置，直接关乎公众利益。因此，证券公开发行需要国家干预和介入、

---

① 20世纪90年代，我国立法机关在证券法的制定过程中，曾考虑股票发行监管实施“注册制”的可能性。1993年8月25日，全国人大财政经济委员会原主任委员柳随年在第八届全国人民代表大会常务委员会第三次会议上作《关于〈中华人民共和国证券法（草案）〉的说明》中指出：“草案没有采用国际上通行的‘注册制’……考虑到我国的企业改革尚有待深入，主管机关管理经验还不丰富，会计师等专业人员素质的提高还有一个过程等，所以不用‘注册制’，而采用‘审批制’。”参见柳随年：《关于〈中华人民共和国证券法（草案）〉的说明》，载中国人大网，http://www.npc.gov.cn/npc/c27658/201504/eeee9e4741b947e1b79c62a7023a8b0f.shtml，最后访问时间：2020年3月6日。

② 参见北京大学课题组：《证券法发行法律制度完善研究》，载《证券法苑（第10卷）》，法律出版社2014年版，第175～223页。

对发行活动进行有效监管。证券非公开发行，一般由发行人面向少数、特定对象的投资者发行证券，这种发行方式下涉及面小，发行人、投资者对彼此情况较为熟悉，且参与非公开发行的投资者多为具备专业投资能力的机构投资者，因此国家一般不对非公开发行活动作过多干预。

（二）构成公开发行的条件与情形

在2005年证券法修订前，由于证券法、公司法都没有对公开发行予以界定，导致监管机构对发行行为进行监管的边界不明确。[①] 2005年证券法修订，增列了两种公开发行的情形——一是向不特定对象发行证券，二是向特定对象发行证券累计超过二百人——并作了兜底规定，“法律、行政法规规定的其他发行行为”。新证券法对“证券公开发行”的概念作了适度调整。

1. 向不特定对象发行证券。亦即面向一般社会公众发行证券，参与发行的投资者的身份具有不特定性，既包括一般自然人投资者，也包括了具有专业投资经验和能力的机构投资者；无论发行对象人数有多少，只要发行对象具有不特定性，便属于公开发行。本次修改，本项情形未有变化。

2. 向特定对象发行证券累计超过二百人，但依法实施员工持股计划的员工人数不计算在内。所谓特定对象，一般包括了公司股东、员工、与发行人存在一定关系的其他机构和人员，以及专业机构投资者。本处规定了“累计”，意在防止部分发行人将单次发行“拆散”为多次发行，规避国家对证券发行的监管。本次修改，主要变化为将依法实施员工持股计划豁免计算在向特定对象发行的人数范围之内，详见后文所述。

在发行监管实践中，证券监管机构对于“向特定对象发行证券累计超过二百人”的适用往往注重：第一，股份有限公司因某次定向发行而导致其股东人数首次突破200人，构成公开发行，该次发行应申请行政许可。[②] 第二，因一次或多次向特定对象发行证券而使证券持有人累计超过200人的公司，其进一步发行活动（无论是否面向特定对象），构成公开发行。特别是对一些拟上市企业，由于历史原因导致其股东人数超过200人，这在IPO审核问询中是重点

---

① 参见周正庆、李飞、桂敏杰主编：《新证券法条文解析》，人民法院出版社2006年版，第29页；《全国人大法律委员会关于〈中华人民共和国证券法（修订草案）〉审议结果的报告》，载中国人大网，http://www.npc.gov.cn/npc/c27658/201504/49ff4024ed2a419f8f05d80bb34ca04c.shtml，最后访问时间：2020年3月18日。

② 《非上市公众公司监督管理办法》第34条规定：“股票向特定对象转让导致股东累计超过200人的股份有限公司，应当自上述行为发生之日起3个月内，按照中国证监会有关规定制作申请文件……持申请文件向中国证监会申请核准……”

关注的合规性问题之一。[①]

3. 法律、行政法规规定的其他发行行为。这是对前两种情形之外的兜底规定，为法律、行政法规规定其他情形的公开发行预留制度空间。

需要注意的是，新证券法在公开发行情形上的一项重要变化是，进一步调整公开发行的法律逻辑，将上市公司发行新股统一认定为公开发行，分为向不特定对象公开发行和向特定对象公开发行，不再保留“上市公司非公开发行”的概念。

二、证券公开发行应当满足一定的条件和要求

证券公开发行活动，由于证券发行、投资双方存在信息不对称，以及证券发行活动涉及社会公众利益，需要加强对证券公开发行活动的监管。本条专门规定了证券公开发行的适格要件。

一是必须符合法律、行政法规规定的条件。这主要是指证券法、公司法和行政法规等对证券公开发行规定的条件。例如，新证券法第12条规定，公司首次公开发行新股，应当符合下列条件：（1）具备健全且运行良好的组织机构；（2）具有持续经营能力；（3）最近三年财务会计报告被出具无保留意见审计报告；（4）发行人及其控股股东、实际控制人最近三年不存在贪污、贿赂、侵占财产、挪用财产或者破坏社会主义市场经济秩序的刑事犯罪；（5）经国务院批准的国务院证券监督管理机构规定的其他条件。第15条规定，公开发行公司债券，应当符合下列条件：（1）具备健全且运行良好的组织机构；（2）最近三年平均可分配利润足以支付公司债券一年的利息；（3）国务院规定的其他条件。

二是应当依法报经国务院证券监督管理机构或者国务院授权的部门注册。我国证券市场从建立之初即借鉴境外市场的做法，由政府事先介入股票发行活动，进行把关和监管，相应的管理制度也经历了从审批制（1990年至2001年）

---

① 在很长时间里，一些拟上市公司由于种种历史原因，其股权结构中存在工会代持、职工持股会代持、委托持股或信托持股等股份代持关系，或者存在通过“持股平台”间接持股的安排以致实际股东超过200人，成为发行上市的障碍。2013年，中国证监会发布了《非上市公众公司监管指引第4号——股东人数超过200人的未上市股份有限公司申请行政许可有关问题的审核指引》，明确了“符合本指引规定的，可申请公开发行并在证券交易所上市……等行政许可。对200人公司合规性的审核纳入行政许可过程中一并审核，不再单独审核”。该指引中规定的审核标准包括“公司依法设立且合法存续”“股权清晰”“经营规范”“公司治理与信息披露制度健全”。

到核准制（2001 年至新证券法实施前）的发展阶段。[①] 2019 年，设立科创板并试点注册制重大改革的顺利落地，为证券法中规定注册制的有关安排提供了有益的实践经验。按照新证券法的规定，证券公开发行应当依法报经国务院证券监督管理机构或者国务院授权的部门注册；国务院办公厅在 2020 年 2 月 29 日发布《国务院办公厅关于贯彻实施修订后的证券法有关工作的通知》（以下简称《国办证券法通知》）[②] 中，进一步明确了证券公开发行注册的总体安排：（1）股票公开发行注册制方面，进一步完善科创板相关制度规则，提高注册审核透明度，优化工作程序；研究制定在深圳证券交易所创业板试点股票公开发行注册制的总体方案，提出在证券交易所其他板块和国务院批准的其他全国性证券交易场所实行股票公开发行注册制的方案。（2）公司债券公开发行注册制方面，依法由证监会负责作出注册决定的公开发行公司债券申请，由证监会指定的证券交易所负责受理、审核。依法由国家发展改革委负责作出注册决定的公开发行公司债券申请，由国家发展改革委指定的机构负责受理、审核。证监会办公厅于 2020 年 3 月 1 日发布了《关于公开发行公司债券实施注册制有关事项的通知》，明确了自 2020 年 3 月 1 日起，公司债券公开发行实行注册制；在此之前证券交易所已受理的公开发行公司债券申请项目，按照原证券法《公司债券发行与交易管理办法》规定的标准和程序执行。[③] 国家发改委也发布了企业债券发行实施注册制的有关文件。[④]

三、证券非公开发行的“负面清单”

本条以“负面清单”的方式，就证券非公开发行的要求作了原则性规定，即非公开发行证券不得采用广告、公开劝诱和变相公开方式。

四、依法实施员工持股计划豁免计算在向特定对象发行的人数范围之内

新证券法在公开发行情形方面的一项重大变化是将依法实施员工持股计划豁免计算在向特定对象发行的人数范围之内。

---

① 审批制下又分“额度管理”（1990 年至 1995 年）和“指标管理”（1996 年至 2000 年）两个阶段。2001 年实行核准制以来，先后实行过“通道制”（2001 年至 2004 年）和“保荐制”（2004 年至新证券法实施前）。参见马庆泉、吴清主编：《中国证券史 · 第二卷（1999～2007 年）》，中国金融出版社 2009 年版，第 59～64 页。

② 国办发〔2020〕5 号。

③ 《中国证监会办公厅关于公开发行公司债券实施注册制有关事项的通知》（证监办发〔2020〕14 号）。

④ 《国家发展改革委关于企业债券发行实施注册制有关事项的通知》（发改财金〔2020〕298 号）。

员工持股计划（Employee Stock Ownership Plans，ESOP），一般是指公司根据员工意愿，通过合法方式使员工获得本公司股票并长期持有，股份权益按约定分配给员工的制度安排。作为企业鼓励其员工持有本公司股票的一种有效方式，员工持股计划在境外成熟市场相当普遍。公司实施员工持股计划试点，有利于建立和完善劳动者与所有者的利益共享机制，改善公司治理水平，提高职工凝聚力和公司竞争力。特别是在一些科技创新企业中，鉴于关键核心技术人员是公司保持不断研发创新的重要保障，公司多通过员工持股安排等保证核心技术人员的稳定性。① 例如，科创板上市公司中微半导体设备（上海）股份有限公司在其招股说明书中披露，截至招股说明书签署日，845 名发行人在职、离职员工直接或间接合计持有发行人 94509140 股股份，占发行人股份总数的 19.63%，包括员工通过境内员工持股平台（南昌智微、励微投资和芃徽投资）和境外员工持股平台（Bootes、Grenade 和中微亚洲）的间接持股以及 8 名自然人的直接持股。②

党的十八届三中全会决定明确提出“允许混合所有制经济实行企业员工持股，形成资本所有者和劳动者利益共同体”，为实施员工持股计划提供了明确的政策依据。中国证监会于 2014 年制定了《关于上市公司实施员工持股计划试点的指导意见》（以下简称《指导意见》），以规范、引导上市公司实施员工持股计划及其相关活动。《指导意见》中就上市公司员工持股计划的资金、股票来源和持股数量、期限，员工持股计划的管理，实施程序和信息披露要求等作出了规范。而在发行上市审核环节，如何处理好员工持股计划往往导致超过 200 人持有公司股权，与 IPO 审核中关于首次公开发行企业股东不得超过 200 人的上限规定之间的矛盾，一直是一项难题。在证券法修订过程中，不断有呼声主张放开 IPO 环节对员工持股计划的限制。③ 在之前企业 IPO 监管实践中，对拟发行人实施员工持股计划超过二百人有两种做法：一是由发行人自行清理至 200 人以下，核准制下主板（中小板）、创业板的审核坚持这一原则；二是以信

---

① 部分实证研究探讨了员工持股计划能否促进企业创新。参见孟庆斌、李昕宇、张鹏：《员工持股计划能够促进企业创新吗？——基于企业员工视角的经验证据》，载《管理世界》2019 年第 11 期。

② 参见《中微半导体设备（上海）股份有限公司首次公开发行股票并在科创板上市招股说明书》，载上海证券交易所网站，http://static.sse.com.cn/stock/information/c/201907/5ff30f3db71247c8b0ad5c8ba89c1779.pdf，最后访问时间：2020 年 3 月 2 日。

③ 刘国锋：《戴皓：实施员工持股计划应解决 IPO “200 人上限” 问题》，载中证网，http://www.cs.com.cn/sylm/jsbd/201603/t20160306_4917689.html，最后访问时间：2020 年 3 月 3 日。

息披露为核心，采用“闭环原则”，员工持股计划按照一人计算。在推进试点创新企业发行上市过程中，用“闭环”原则解决了这一问题。[①] 科创板试点注册制改革中，对首发前的员工持股计划平移了“闭环原则”的处理方式，即符合条件的员工持股计划按一名股东计算。[②]

对于公司设立员工持股计划带来的发行人数计算问题，证券法（修订草案）“一读稿”的处理模式为：“企业实施股权激励计划或者员工持股计划，向职工发行股票累计超过二百人，符合国务院证券监督管理机构规定的，可以豁免注册”，即确立了员工持股计划豁免注册的原则。新证券法与“一读稿”的差异体现在，虽然确立了依法实施员工持股计划豁免计算的原则，但未豁免该部分股票的注册义务。总体而言，新证券法这一规定进一步提升了发行制度对发行人的包容性，解决了发行人实施员工持股计划和遵守原证券法对 IPO 前持股人数限制的两难问题。

【适用指引】

一、关于核准制与注册制的过渡与衔接

新证券法按照全面推行注册制的基本定位规定证券发行制度，不再规定核准制；同时，授权国务院规定证券发行注册制的具体范围、实施步骤，[③] 为有关板块、有关证券品种分步实施注册制的进程安排，留出法律空间。

《国办证券法通知》中，就核准制与注册制的过渡作出了总体考虑。特别是明确在证券交易所有关板块和国务院批准的其他全国性证券交易场所的股票公开发行实行注册制前，继续实行核准制，适用本次证券法修订前股票发行核准制度的规定。

---

① 参见《关于试点创新企业实施员工持股计划和期权激励的指引》（证监会公告〔2018〕17 号）。

② 根据《上海证券交易所科创板股票发行上市审核问答》的规定，员工持股计划在计算公司股东人数时，穿透计算持股计划的权益持有人数。如果符合下列条件之一，则公司股东人数按一名计算：1. 员工持股计划遵循“闭环原则”。员工持股计划不在公司首次公开发行股票时转让股份，并承诺自上市起至少 36 个月锁定期。发行人上市前及上市后的锁定期内，员工所持相关权益拟转让退出的，只能向员工持股计划内员工或其他符合条件的员工转让。锁定期后，员工所持相关权益拟转让退出的，按照员工持股计划章程或有关协议的约定处理。2. 员工持股计划未按照“闭环原则”运行的，员工持股计划应由公司员工持有，依法设立、规范运行，且已经在基金业协会依法依规备案。

③ 《全国人民代表大会宪法和法律委员会关于〈中华人民共和国证券法（修订草案）〉审议结果的报告》，载中国人大网，http：//www. npc. gov. cn/npc/c30834/202001/a0524c6d17784fa9a0bcc955f3d8170e. shtml，最后访问时间：2020 年 2 月 3 日。

根据这一规定，在主板、创业板等市场板块完成注册制改革前，申报企业仍然适用核准制下的发审委审核、证监会核准机制，但在信息披露要求、法律责任制度方面，应当适用新证券法的规定。已完成公开发行并在主板、创业板上市的企业，需要当然适用新证券法信息披露要求、法律责任制度方面的规定；涉及再融资的，在相关板块完成注册制改革前，将继续实施核准制。①

二、关于员工持股计划

新证券法将“依法实施员工持股计划的员工人数”豁免计算在向特定对象发行证券的人数范围之内。为了做好这一新规定的适用，一是制定IPO环节发行人实施员工持股计划的规范要求，具体包括决策程序、参与计划的员工资格、出资形式、股份转让安排、信息披露等。二是目前实践操作层面与新证券法这一规定不一致的相关规定不再适用，改按新证券法和中国证监会的规定执行。②

第十条 发行人申请公开发行股票、可转换为股票的公司债券，依法采取承销方式的，或者公开发行法律、行政法规规定实行保荐制度的其他证券的，应当聘请证券公司担任保荐人。

保荐人应当遵守业务规则和行业规范，诚实守信，勤勉尽责，对发行人的申请文件和信息披露资料进行审慎核查，督导发行人规范运作。

保荐人的管理办法由国务院证券监督管理机构规定。

【条文主旨】

本条是关于公开发行证券保荐制度及保荐人管理的规定。

---

① 《证监会发布上市公司再融资制度部分条款调整涉及的相关规则》，载中国证监会网站，http：//www. csrc. gov. cn/pub/newsite/zjhxwfb/xwdd/202002/t20200214_ 370777. html，最后访问时间：2020年2月23日。

② “新证券法关于依法实施员工持股计划的员工人数不计入特定对象发行证券人数范围等具体规定，将直接在科创板依法实施。”参见上海证券交易所：《切实贯彻落实好新〈证券法〉，充分发挥一线监管职能，共同促进资本市场改革发展》，载上海证券交易所网站，http：//www. sse. com. cn/aboutus/mediacenter/hotandd/c/c_ 20200301_ 5001842. shtml，最后访问时间：2020年3月6日。

【条文释义】

本条为原证券法第11条修改而来，主要是将保荐人限定为证券公司，不再单独规定保荐人资格，将证券保荐管理作为证券公司专营业务进行牌照管理。

一、保荐制度的概念、起源与发展

（一）保荐制度的概念

保荐制度又称保荐人制度，是指由具有保荐资格的证券公司担任保荐人，对申请发行法律、行政法规规定的特定证券的发行人进行辅导及推荐，在证券上市过程中及上市后一定期间内督导发行人公开披露信息，保证信息的真实性、准确性及完整性，并对发行人所披露信息的真实性、准确性、完整性承担连带担保责任的制度。从更广义的角度来讲，保荐制度还包含了保荐人及保荐代表人的资格、权利与义务、监督管理及法律责任等一系列制度规范。本次修订后的证券法明确了保荐人只能由证券公司担任。在具体实践中，由证券公司专门负责保荐承销业务部门中具有保荐代表人资格的员工具体负责发行人的辅导、推荐以及证券上市后一定时间内的持续督导工作，通过尽职调查对发行人的申请文件以及公开披露文件进行审慎核查，保荐人内部通过一套完整的质量控制体系，对保荐代表人的工作质量进行查验，保荐人内部审核通过后，才能向监管部门报送拟披露的文件。因此，上市公司在申请发行过程中以及发行后的一定期间内，如出现信息披露相关问题时，保荐人与保荐代表人均需承担法律责任。从法律角度来讲，发行人与保荐人的法律关系，不仅是发行人委托保荐人完成推荐上市的委托代理关系，更重要的是保荐人在一定时间内对发行人还应承担担保责任。

（二）保荐制度的起源与发展

保荐制度起源于英国。1995年，英国伦敦证券交易所设立AIM（Alternative Investment Market）市场。所谓AIM市场是指相对于主板市场而言的二板市场或创业板市场，又称另项投资市场或另类投资市场，其运营和监管由伦敦证券交易所直接负责，主要目的在于帮助成长性较高的中小企业及风险较高的高科技企业进行融资。鉴于AIM市场上的上市公司在公司治理结构、抗风险能力、盈利能力以及企业声誉上均存在诸多不足，为提高上市公司质量，保护投资者权益，伦敦证券交易所便针对AIM市场制定了保荐制度。伦敦交易所保荐制度与我国现行保荐制度最大的区别在于其保荐制度的核心为保荐人终身制。

我国内地的保荐制度从我国香港特别行政区引入，从2004年2月1日起开始实施，距今已发展十余年。从核准制到注册制，保荐制度作为法律、行政法规规定的特定证券公开发行的基础制度，虽然在发展中还存在一些问题，但是其保护投资者权益，服务于实体经济的落脚点从未改变。我国现行保荐制度并未机械照搬国外成熟资本市场的安排，一方面充分考虑了我国资本市场仍处于发展初期以及各方面配套制度仍在逐渐完善的实际情况；另一方面结合了我国实体经济发展的实际需求。另外，保荐人还肩负着落实监督管理部门要求证券公司作为股票发行市场“看门人”的职责。保荐制度对近十余年来股票发行市场的繁荣发展发挥了重要作用。

2019 年 3 月 1 日，中国证券监督管理委员会发布《科创板首次公开发行股票注册管理办法（试行）》和《科创板上市公司持续监管办法（试行）》，科创板在上海证券交易所正式推出，掀开了股票发行上市的新篇章。随着注册制的逐步推进，围绕落实保荐人对发行人公司治理、财务状况、经营情况、内部控制等各方面的全面核查义务，建立针对发行人及保荐人的充分的信息披露机制，强化发行人、保荐人及其他中介机构的法律责任，保荐制度的内涵及外延又有了进一步的发展，在促进资本市场的良性发展的同时也在回归制度建立的初衷，即向证券市场输送合格的上市公司。

二、保荐制度的适用范围

根据本条规定，发行人应聘请证券公司担任保荐人的情形有三种：第一，申请公开发行股票依法采取承销方式的；第二，申请公开发行可转换为股票的公司债券依法采取承销方式的；第三，公开发行法律、行政法规规定实行保荐制度的其他证券。2020 年 6 月修订后的《证券发行上市保荐业务管理办法》第 2 条规定：“发行人申请从事下列发行事项，依法采取承销方式的，应当聘请具有保荐业务资格的证券公司履行保荐职责：（一）首次公开发行股票；（二）上市公司发行新股、可转换公司债券；（三）公开发行存托凭证；（四）中国证券监督管理委员会（以下简称中国证监会）认定的其他情形。发行人申请公开发行法律、行政法规规定实行保荐制度的其他证券的，依照前款规定办理。在实施证券发行核准制的板块，发行人应当就上述已发行证券的上市事项聘请具有保荐业务资格的证券公司履行保荐职责。”《保荐创新企业境内发行股票或存托凭证尽职调查工作实施规定》第 3 条规定，保荐人保荐创新企业境内发行股票或存托凭证，应按照《保荐人尽职调查工作准则》及中国证监会其他相关规定，诚实守信，勤勉尽责，对创新企业和其控制的境内外企业及其他相关主体进行尽职调查。根据该规定，保荐制度的适用范围还包括创新企业境内发行股票或存托凭证。2020 年 1 月 19 日发布的《全国中小企业股份转让系统股票向不特定合格投资者公开发行并在精选层挂牌规则（试行）》第 2 条及第 5 条规定，发行人向不特定合格投资者公开发行股票，发行完成后股票在全国股转系统精选层挂牌的，保荐机构应当充分了解发行人经营情况和风险，对发行人申请文件和信息披露文件进行全面核查验证，对发行人是否符合公开发行条件、进入精选层条件独立作出专业判断，审慎作出推荐决定，并对公开发行说明书等文件的真实性、准确性和完整性负责。

在具体实践中，首次公开发行股票并上市即通常所说的 IPO（Initial Public Offering），是指符合一定条件的公司第一次向公众出售股票，并使其股票在上海证券交易所或深圳证券交易所上市交易。公司完成 IPO 的过程需要聘请证券公司担任保荐人。成为上市公司之后，如需要通过发行股票或者可转换为股票的公司债券进行融资，不论是公开发行还是非公开发行，采用承销方式的均需聘请证券公司担任保荐人。对于符合《关于开展创新企业境内发行股票或存托凭证试点的若干意见》第 3 条对于“试点企业”相关要求的创新企业，在境内发行股票或存托凭证应聘请证券公司担任保荐人。另外，根据《全国中小企业股份转让系统股票向不特定合格投资者公开发行并在精选层挂牌规则（试行）》，发行人在全国中小企业股份转让系统向不特定合格投资者公开发行股票并在全国中小企业股份转让系统精选层挂牌的，应聘请证券公司担任保荐人。

三、保荐人的职责

本条从三个方面规定了保荐人的职责：第一，从适用规则角度，明确了保荐人应遵守业务规则和行业规范，在具体实践中，保荐人需遵守的规则非常细致，各项工作目标均由中国证券监督管理委员会、上海证券交易所及深圳证券交易所制定了较为明确的要求，需要保荐人遵守并落实。第二，从职业操守角度，明确了保荐人应诚实守信及勤勉尽责，在具体实践中，诚实守信、勤勉尽责是保荐人开展工作的最高原则，适用于各项具体工作。第三，从具体工作角度，保荐人应对发行人的申请文件和信息披露资料进行审慎核查，督导发行人规范运作。

以 IPO 为例，按照保荐工作在实际推进过程中的时间顺序，主要包括如下两个阶段的职责：

（一）推荐上市阶段的职责

推荐上市阶段的主要职责是尽职调查，按照《保荐人尽职调查工作准则》

的要求，对发行人进行全面调查。该工作准则第 2 条规定，尽职调查是指保荐人对拟推荐公开发行证券的公司进行全面调查，充分了解发行人的经营情况及其面临的风险和问题，并有充分理由确信发行人符合证券法等法律法规及中国证监会规定的发行条件以及确信发行人申请文件和公开发行募集文件真实、准确、完整的过程。尽职调查的主要内容包括：（1）发行人基本情况调查；（2）业务与技术调查；（3）同业竞争与关联交易调查；（4）高管人员调查；（5）组织结构与内部控制调查；（6）财务与会计调查；（7）业务发展目标调查；（8）募集资金运用调查；（9）风险因素及其他重要事项调查等。对于创新企业境内发行股票或存托凭证，保荐人在上述要求的基础上，还需按照《保荐创新企业境内发行股票或存托凭证尽职调查工作实施规定》对红筹企业、存托凭证发行中的特殊安排进行有针对性的尽职调查。保荐人需通过对上述内容的调查充分了解发行人经营状况及其面临的风险和问题，对于各项结论都应经过充分核查，并且在主观上形成内心确信，客观上能够提供核查记录及底稿支持。尽职调查过程中发现的不规范的问题，需督促发行人在规定期限内整改完成，并按照要求在发行人的招股说明书中如实披露，不得隐瞒、作假。《科创板首次公开发行股票注册管理办法（试行）》第 6 条进一步明确了保荐人应当诚实守信，勤勉尽责，应充分了解发行人经营情况和风险，对注册申请文件和信息披露资料进行全面核查验证并独立作出专业判断，相比于《证券发行上市保荐业务管理办法》第 17 条中对保荐人提出的“对发行人进行全面调查”，“全面核查验证”无疑是对保荐人提出了更高的要求。同时由保荐代表人对发行人进行辅导，帮助发行人管理人员熟悉证券市场，全面掌握发行上市、规范运作等方面的法律法规和规则，树立诚信意识、自律意识和法制意识，辅导完成后需获得发行人所在地的证券监督管理机构验收通过。完成上述工作后，保荐人方可出具推荐文件，推荐发行人股票发行上市。另外，保荐人还须对其他中介机构出具的推荐文件进行审慎核查。《科创板首次公开发行股票注册管理办法（试行）》第 17 条规定，自注册申请文件受理之日起，发行人及其控股股东、实际控制人、董事、监事、高级管理人员，以及与本次股票公开发行并上市相关的保荐人、证券服务机构及相关责任人员，即承担相应法律责任；第 18 条规定，注册申请文件受理后，未经中国证监会或者交易所同意，不得改动。发生重大事项的，发行人、保荐人、证券服务机构应当及时向交易所报告，并按要求更新注册申请文件和信息披露资料。科创板对注册申请文件从两个方面提出了更为严格的要求：第一，申请文件受理即纳入监管，无论是否注册成功，相关方均需对申报文件承担法律责任；第二，申请文件受理后，对申请文件的任何修改都需要经中国证监会或者交易所同意。在具体实践中，已经有证券公司因未经监督管理部门同意自行修改申报文件而受到监管处罚。

（二）持续督导阶段的职责

股票发行上市后，保荐工作进入持续督导阶段，主要职责是督导发行人持续规范运作。持续督导是保荐制度的重要组成部分，一方面需要督导发行人遵守上市公司信息披露要求；另一方面督导发行人履行股票发行时的承诺，遵守上市公司治理的要求。《证券发行上市保荐业务管理办法》对保荐人的持续督导义务职责进行了列举，主要包括关联方制度的履行情况及关联交易的管理情况、内部控制制度的履行情况、募集资金的使用情况等；《上海证券交易所科创板股票上市规则》第3章“持续督导”部分针对科创板上市公司的保荐机构应履行的持续督导职责进行了专章规定；中国证券监督管理委员会针对科创板上市公司制定了《科创板上市公司持续监管办法（试行)》，保荐人对于科创板上市公司的持续督导还应遵守上述要求。持续督导的最终目的是要督促发行人持续规范运作，所以在具体实践中，保荐人的持续督导责任并不仅限于法律法规及部门规章明确列举的内容。另外，针对不同的证券品种，保荐人对发行人的持续督导期间也有所区别，具体可参见《证券发行上市保荐业务管理办法》《科创板首次公开发行股票注册管理办法（试行)》《上海证券交易所科创板股票上市规则》的相关规定。

【适用指引】

一、关于保荐制度的规定演变

自中国证券监督管理委员会于2003年12月28日发布《证券发行上市保荐制度暂行办法》以来，关于保荐制度的规定已多次修订。2004年1月31日，国务院发布了《关于推进资本市场改革开放和稳定发展的若干意见》首次在行政法规层面提到保荐制度，2005年的证券法修订中进一步以法律形式明确了保荐制度。2006年5月，中国证券监督管理委员会发布《保荐人尽职调查工作准则》，对保荐人开展尽职调查的工作方法及内容进行了全面规范。2008年12月1日，修订后的《证券发行上市保荐业务管理办法》代替原《证券发行上市保荐制度暂行办法》；2009年6月14日，修订后的《证券发行上市保荐业务管理办法》增加了关于创业板的规定；2017年12月7日，修订后的《证券发行上市保荐业务管理办法》删除了关于保荐代表人的规定，保荐代表人调整为由中国证券业协会管理。2020年6月12日,《证券发行上市保荐业务管理办法》根据新证券法的内容再次修订后,落实了注册制改革的要求。另外,针对科创板股票发行上市,中国证券监督管理委员会发布了《科创板首次公开发行股票注册管理办法(试行)》《科创板上市公司持续监管办法(试行)》,上海证券交易所发布了《上海证券交易所科创板股票发行上市审核规则》《上海证券交易所科创板股票上市规则》《上海证券交易所科创板企业上市推荐指引》等规定,上述规定均涉及对保荐人职责的具体要求。2020年1月19日,全国中小企业股份转让系统有限公司发布了《全国中小企业股份转让系统股票向不特定合格投资者公开发行保荐业务管理细则(试行)》,规定了证券公司在全国中小企业股份转让系统开展保荐业务的相关要求。

二、关于保荐制度的适用范围及要求

保荐制度的适用范围及要求,在本法及中国证券监督管理委员会发布的部门规章中进行了较为明确的规定,针对保荐人在履行职责过程中的具体要求还应参照上海证券交易所、深圳证券交易所及全国中小企业股份转让系统有限责任公司发布的相关细则及指引。另外,担任科创板上市公司保荐机构的还应遵守中国证券监督管理委员会及上海证券交易所关于科创板上市的特殊规定。

第十一条 设立股份有限公司公开发行股票,应当符合《中华人民共和国公司法》规定的条件和经国务院批准的国务院证券监督管理机构规定的其他条件,向国务院证券监督管理机构报送募股申请和下列文件:

(一)公司章程;

(二)发起人协议;

(三)发起人姓名或者名称,发起人认购的股份数、出资种类及验资证明;

(四)招股说明书;

(五)代收股款银行的名称及地址;

(六)承销机构名称及有关的协议。

依照本法规定聘请保荐人的,还应当报送保荐人出具的发行保荐书。

法律、行政法规规定设立公司必须报经批准的，还应当提交相应的批准文件。

【条文主旨】

本条是关于设立股份有限公司公开发行股票的规定，包括公开发行股票应当具备的条件及申请发行注册应当报送的文件。

【条文释义】

本条文为原证券法的第 12 条，此次修法内容未修改。

一、公开募集设立的条件

就股份有限公司公开发行股票的行为，我国公司法、证券法分别从主体、行为等不同的角度进行了规定。

设立股份有限公司公开发行股票，是指现行公司法第 77 条规定的、以募集方式设立公司的行为，即由发起人认购公司应发行股份的一部分，其余部分向社会公开募集而设立公司。由于公开发行股票涉及公众投资者的利益，为此，证券法本条规定设立股份有限公司公开发行股票应当具备的条件有：(1) 符合公司法规定的条件，主要是指：应当有二人以上二百人以下为发起人，其中须有半数以上的发起人在中国境内有住所（公司法第 78 条）；有符合法定要求的公司章程（公司法第 81 条）；除法律、行政法规另有规定外，发起人认购的股份不得少于公司股份总数的百分之三十五（公司法第 84 条）；应当由依法设立的证券公司承销证券，签订承销协议（公司法第 87 条）；应当与银行签订代收股款协议（公司法第 88 条）；应当提交创立大会的会议记录以及依法设立的验资机构出具的验资证明（公司登记管理条例第 21 条）等等。(2) 符合经国务院批准的国务院证券监督管理机构规定的其他条件。即授权证监会规定其他条件，但要经国务院批准。如公司登记管理条例规定，以募集方式设立股份有限公司公开发行股票的，应当提交国务院证券监督管理机构的核准文件。

二、公开募集设立报送的文件

设立股份有限公司公开发行股票，除符合公司登记及行业管理的要求外，还应当报经国务院证券监督管理机构核准。为此，本条规定应当向国务院证券监督管理机构报送下列文件：(1) 募股申请。即设立股份有限公司公开发行股票的申请书。(2) 发起人协议。即公司发起人之间签订的，明确各自在公司设立过程中权利义务的协议。签订发起人协议，是公司法规定的发起人的义务。(3) 发起人姓名或者名称，发起人认购的股份数、出资种类及验资证明。发起人姓名是指发起人是自然人的情况，发起人名称是指发起人是法人的情况；除法律、行政法规另有规定外，发起人认购的股份数不得少于公司股份总数的百分之三十五（公司法第 84 条）；出资种类是指发起人的出资是采取货币形式，还是用实物、知识产权、土地使用权等可以用货币估价并可以依法转让的非货币财产作价出资；验资证明是指会计师事务所等机构对发起人出资进行验证后出具的证明。(4) 招股说明书。主要包括每股的票面金额和发行价格、募股的起止期限、认股人的权利义务等内容。(5) 代收股款银行的名称及地址。公开发行股票，募集资金比较多，为了保护投资者利益，应当由银行代收股款。因此，本项规定设立股份有限公司公开发行股票，应当报送代收股款银行的名称和地址。(6) 承销机构名称及有关的协议。发行股票的承销机构是指证券公司。"有关的协议"是指发行人与承销机构签订的承销协议。(7) 发行保荐书。根据本法规定，公开发行股票依法采取承销方式的，应当聘请具有保荐资格的机构担任保荐人。因此，本条规定，依照本法规定聘请保荐人的，还应当报送保荐人出具的发行保荐书。

三、其他部门关于公司设立批准的文件

本条第 3 款规定，法律、行政法规规定设立公司必须报经批准的，还应当提交相应的批准文件。即在设立股份有限公司申请公开发行股票时，还应当提交有关主管部门出具的允许该公司设立的批准文件。公司登记注册是行政审批程序，在"放管服"及企业工商登记制改革后，仍然保留了股份公司登记的若干行政审批手续，属于行政审批的前置许可程序。比如医药企业的登记须有市场监督管理等部门的审批许可；矿山生产企业须有安全生产、环境保护、公安管理、资源管理等机关的前置审批许可；旅店服务行为须有卫生防疫、消防安全、治安管理等部门前置审批等。

【适用指引】

股份有限公司公开募集发行概况

1993 年制定的《股票发行与交易管理暂行条例》对设立股份有限公司公开发行股票、企业改制设立股份公司公开发行股票、股份公司增资发行股票和定向募集公司申请公开发行股票相并列的股票公开发行方式作了全面规定。1993年制定、1994年7月1日实施的公司法对募集设立从发行人认购股份比例、报送文件、招股说明书等多个方面作了规定。

从1994年到1998年，少数公司采用了募集设立方式。例如中兴通讯、邯郸钢铁、东风汽车等。1997年5月11日，经深圳市人民政府函〔1997〕42号文批准，中兴新通讯设备公司与中国精密机械进出口深圳公司等8名其他发起人签订《发起人协议》，作为公司发起人，以募集方式设立中兴通讯并申请发行人民币普通股（A股）6500万股，1997年10月6日公司发行完毕，1997年10月15日召开创立大会暨第一次股东大会，1997年11月18日该公司在深圳证券交易所上市。①

然而，彼时的中国上市公司，受体制机制及市场环境的影响，相当数量的公司存在着法人治理结构不健全、运作不规范等问题；如控股股东和实际控制人违规占用上市公司资金、上市公司违规对外担保等。② 因此，为进一步提高上市公司质量、深化上市公司法人治理结构改革，中国证监会先后印发了证监发〔1999〕4号文、〔2000〕17号文及其他文件，要求拟公开发行股票并上市的企业必须先改制成规范化的股份有限公司，经承销商辅导一年后，具备公开发行股票的实质性条件，方可申请公开发行股票并上市。③ 此后的A股发行实行着“先改制运行，后发行上市”的做法。

2005年修改公司法时，曾有意见提出“从我国社会诚信和对资本市场监管水平的现状看，不宜采用募集设立方式，目前已经没有采取募集设立方式设立的股份有限公司”，但全国人大常委会最终确定“为了拓宽投资渠道，鼓励创业和增加就业，以保留募集设立方式为宜”。④ 2005年12月国务院办公厅印发了《关于做好贯彻实施修订后的公司法和证券法有关工作的通知》（已失效）。该通知第3条要求：“在有关配套规定发布前，要防止一哄而上、滥发证券。证

---

① 参见《中兴通讯股份有限公司章程》（2011年11月），载中兴公司官网，https://www.zte.com.cn/mi_imgs/global/investor_relations/348767/p020120917394293772367.pdf，最后访问时间：2020年7月14日。

② 马庆泉、吴清主编：《中国证券史（第二卷）》，中国金融出版社2009年版，第121页。

③ 高建明：《公司申请首次发行上市前如何进行改制重组》，载《海峡经贸》2001年9月刊。

④ 《全国人大法律委员会关于〈中华人民共和国公司法（修订草案）〉修改情况的汇报——2005年8月23日在第十届全国人民代表大会常务委员会第十七次会议上》，载中国人大网，http://www.npc.gov.cn/wxzl/gongbao/2005-10/27/content_5343119.htm，最后访问时间：2020年3月23日。

监会除继续正常受理公开发行股票并上市交易的申请外，暂不受理其他公开发行股票的申请，各级工商登记机关也暂不受理相应的登记注册申请。”

2008 年 3 月，证监会“非上市公众公司监管部”获批成立，其职能包括“核准以公开募集方式设立股份有限公司的申请”等。[①] 2012 年 10 月，为规范非上市公众公司的股票发行和转让行为，证监会发布《非上市公众公司监督管理办法》，对非上市公众公司的准入条件、小额融资豁免标准等相关要求进行了调整，并明确此办法实施前股东超过 200 人的股份公司也将纳入监管范围。

第十二条 公司首次公开发行新股，应当符合下列条件：

（一）具备健全且运行良好的组织机构；

（二）具有持续经营能力；

（三）最近三年财务会计报告被出具无保留意见审计报告；

（四）发行人及其控股股东、实际控制人最近三年不存在贪污、贿赂、侵占财产、挪用财产或者破坏社会主义市场经济秩序的刑事犯罪；

（五）经国务院批准的国务院证券监督管理机构规定的其他条件。

上市公司发行新股，应当符合经国务院批准的国务院证券监督管理机构规定的条件，具体管理办法由国务院证券监督管理机构规定。

公开发行存托凭证的，应当符合首次公开发行新股的条件以及国务院证券监督管理机构规定的其他条件。

【条文主旨】

本条是关于公司首次公开发行新股条件、上市公司发行新股的条件和管理，以及公开发行存托凭证条件的规定。

---

① 参见：《非上市公众公司监管部获批成立》，载中国证监会网站，http：//www. csrc. gov. cn/pub/newsite/zjhxwfb/xwdd/200803/t20080324_ 68566. html，最后访问时间：2020 年 2 月 23 日。

【条文释义】

本条由原证券法第 13 条修改而来，简化了发行条件，将上市公司发行新股条件和管理授权证券监管机构作出规定，规定公开发行存托凭证的条件。

本轮证券法修改过程中，对于如何规定发行条件，出现过反复。“一读稿”对原证券法发行条件的规定作了大幅度简化，仅规定了三项条件：（1）发行人具有符合法律规定的组织机构；（2）发行人最近三年财务会计报告被出具标准无保留意见；（3）发行人及其控股股东、实际控制人最近三年内没有贪污、贿赂、侵占财产、挪用财产或者破坏社会主义市场经济秩序的犯罪记录。“二读稿”对发行条件的规定，回归到了原证券法的表述。“三读稿”分别规定了核准制和科创板试点注册制下的发行条件，核准制下发行条件与原证券法保持一致，科创板试点注册制发行条件基本与《科创板实施意见》一致。[①] 证券法（修订草案）在“四读稿”时，按照全面推行注册制的修改思路，对证券发行制度进行完善，精简优化证券发行条件，将发行股票应当“具有持续盈利能力”的要求，改为“具有持续经营能力”，同时，按照注册制改革精神，大幅度简化公司债券的发行条件。[②]

一、具备健全且运行良好的组织机构

本条第 1 款规定了公司首次公开发行新股（IPO）应当具备的条件，首先是应当具备健全且运行良好的组织机构。具体体现在：公司的组织机构设置应当符合公司设立时适用公司法等法律法规的规定；公司章程合法有效，股东大会、董事会、监事会和独立董事制度健全，能够依法有效履职；公司内部控制制度健全；董事、监事、高级管理人员具备任职资格，等等。本次证券法修订，该项发行条件未作修改。

---

① 证券法（修订草案）“三读稿”第 39 条规定，发行人公开发行股票，应当符合下列条件，并经国务院证券监督管理机构注册：（一）具备健全且运行良好的组织机构，具有完整的业务体系和直接面向市场独立经营的能力，不存在对持续经营有重大不利影响的情形；（二）会计基础工作规范，内部控制制度健全且有效执行，最近三年财务会计报告被出具标准无保留意见审计报告；（三）发行人及其控股股东、实际控制人最近三年不存在贪污、贿赂、侵占财产、挪用财产或者破坏社会主义市场经济秩序的刑事犯罪；（四）经国务院批准的国务院证券监督管理机构规定的其他条件。

② 《全国人民代表大会宪法和法律委员会关于〈中华人民共和国证券法（修订草案）〉审议结果的报告》，载中国人大网，http：//www.npc.gov.cn/npc/c30834/202001/a0524c6d17784fa9a0bcc955f3d8170e.shtml，最后访问时间：2020 年 3 月 4 日。

二、从“持续盈利能力”到“持续经营能力”

新证券法为了“精简优化证券发行条件”，主要变化之一是将对发行人“持续盈利能力”的要求改为“持续经营能力”的要求。“持续经营能力”是会计学上的一项基本假设。我国现行《企业会计准则》规定，企业会计确认、计量和报告应当以持续经营为前提。在审计实践中，审计机构多从现金流、融资能力、订单数量、成本、对单一客户依赖和存货等方面对公司是否具备持续经营能力进行刻画。①

《科创板实施意见》提出，“制定更具包容性的科创板上市条件，更加注重企业科技创新能力，允许符合科创板定位、尚未盈利或存在累计未弥补亏损的企业在科创板上市”，就从持续经营能力角度规范发行人的发行条件，进行了探索实践。

——在发行上市条件方面，设置了5套上市标准，允许未盈利企业在科创板发行上市。

——在对“具有持续经营能力”审核把握上，细化了标准要求，主要看发行人是否业务完整，具有直接面向市场独立持续经营的能力。② 在上交所发布的《科创板股票发行上市审核问答（二）》中，进一步细化列举了影响发行人持续经营能力的重要情形，包括发行人所处行业受国家政策限制或国际贸易条件影响存在重大不利变化风险，发行人所处行业出现周期性衰退、产能过剩、市场容量骤减、增长停滞等情况，以及发行人所处行业准入门槛低、竞争激烈，相比竞争者发行人在技术、资金、规模效应方面等不具有明显优势，等等。

——在持续监管环节，要求上市公司就影响经营能力的重大风险事项——如国家政策、市场环境、贸易条件等外部宏观环境发生重大不利变化，原材料

---

① 参见田利军：《持续经营能力的判断与审计意见类型》，载《审计与经济研究》2004年第5期。

② 《科创板首次公开发行股票注册管理办法（试行）》第12条规定的具体标准包括：（1）资产完整，业务及人员、财务、机构独立，与控股股东、实际控制人及其控制的其他企业间不存在对发行人构成重大不利影响的同业竞争，不存在严重影响独立性或者显失公平的关联交易。（2）发行人主营业务、控制权、管理团队和核心技术人员稳定，最近2年内主营业务和董事、高级管理人员及核心技术人员均没有发生重大不利变化；控股股东和受控股股东、实际控制人支配的股东所持发行人的股份权属清晰，最近2年实际控制人没有发生变更，不存在导致控制权可能变更的重大权属纠纷。（3）发行人不存在主要资产、核心技术、商标等的重大权属纠纷，重大偿债风险，重大担保、诉讼、仲裁等或有事项，经营环境已经或者将要发生重大变化等对持续经营有重大不利影响的事项。

采购价格、产品售价或市场容量出现重大不利变化，或者供销渠道、重要供应商或客户发生重大不利变化等——及时披露，[①] 并将上市公司存在主营业务大部分停滞或者规模极低，经营资产大幅减少导致无法维持日常经营，营业收入或者利润主要来源于不具备商业实质的关联交易等明显丧失持续经营能力的标准作为触发财务类强制退市的情形。[②]

2019 年 12 月 31 日，苏州泽璟生物制药股份有限公司的首次公开发行申请经中国证监会注册生效，科创板迎来了首家未盈利申报企业，为从持续经营能力考量发行条件提供了实践范例。截至 2020 年 3 月 1 日，科创板已有泽璟制药、百奥泰两家未盈利企业成功发行上市。[③]

三、最近三年财务会计报告被出具无保留意见审计报告

该项是对发行人会计工作质量、财务报表编制和披露质量的要求。根据《中国注册会计师审计准则第 1501 号——对财务报表形成审计意见和出具审计报告》，注册会计师对财务报表形成的审计意见分“无保留意见”和“非无保留意见”两类。其中，注册会计师发表无保留意见，适用于“财务报表在所有重大方面按照适用的财务报告编制基础的规定编制并实现公允反映”。

本次证券法修改前，对发行人会计工作质量、财务报表编制和披露质量的要求为“最近三年财务会计文件无虚假记载”。从实践来看，对发行人财务会计文件是否存在虚假记载的判断存在较大的主观性；会计基础、会计政策、财务报表、审计报告的合规性问题，也是近年来企业 IPO 被否的主要原因之一。[④] 本次证券法修订，将该项发行条件调整为判断标准更为客观的“最近三年财务会计报告被出具无保留意见审计报告”。一是对发行人会计工作规范的标准较为具体、清晰，便于发行人和中介机构遵守，同时也压缩了审核注册机构的裁量空间。这一条件的修改，也是落实注册制以信息披露为核心，减少或者避免监管机构对企业发行上市“背书”的直接体现。二是对发行人会计工作规范的衡量更加倚重于会计师事务所的审计意见，这对审计机构的执业质量提出了更高

---

① 参见《科创板股票上市规则》第 8. 2. 4 条。

② 参见《科创板股票上市规则》第 12. 4. 1 条。

③ 数据来自上海证券交易所“科创板股票审核”专栏，参见 http：//kcb. sse. com. cn/，最后访问时间：2020 年 3 月 5 日。

④ 参见孙亮、王佳：《IPO 历年审核通过情况、被否原因及趋势分析》，载上海证券交易所网站，http：//www. sse. com. cn/aboutus/research/report/c/4306286. pdf，最后访问时间：2020 年 2 月 5 日。

的要求，进一步夯实了审计机构的信息披露职责。

四、最近三年不存在经济类刑事犯罪

新证券法将原来最近三年“无其他重大违法行为”的规定，修改为“发行人及其控股股东、实际控制人最近三年不存在贪污、贿赂、侵占财产、挪用财产或者破坏社会主义市场经济秩序的刑事犯罪”。这是对公司及控股股东、实际控制人守法情况的规定。原证券法的相关规定较为笼统，对发行人相关行为是否属于“重大违法行为”的认定主体、判断标准不尽清晰。实践中，核准制下将最近三年无其他重大违法行为具体化为发行人及其控股股东、实际控制人违反国家法律、行政法规，受到刑事处罚或情节严重行政处罚的行为。在具体认定上，综合违法行为类型、处罚种类、对发行人营业收入或者净利润的影响等进行综合判断。① 新证券法进一步限缩了“重大违法行为”的范围，将其调整为更客观、更具体、更容易判断的“不存在贪污、贿赂、侵占财产、挪用财产或者破坏社会主义市场经济秩序的刑事犯罪”，提高了法律适用的可操作性。

除此以外，新证券法对发行条件还设置了兜底条款，即“经国务院批准的国务院证券监督管理机构规定的其他条件”。该条采取了授权条款的形式，为中国证监会根据证券发行上市的实际情况、不同板块的差异特点等，制定针对性的发行条件预留了制度空间。

总体来看，相比原证券法的规定，新证券法对公司首次公开发行新股条件进行了较大幅度的精简和优化，提高了对发行人的包容性，进一步减少了监管机构的“实质把关”。

五、上市公司发行新股、公开发行存托凭证的条件

本条第 2 款，授权中国证监会规定上市公司发行新股的条件，包括上市公司向不特定对象发行新股和向特定对象发行新股的条件，同时授权证监会具体规定上市公司发行新股的具体管理办法。

本条第 3 款，一是规定了公开发行存托凭证的应当符合首次公开发行新股

---

① 参见《关于发布〈首发业务若干问题解答〉的通知》，载中国证监会网站，http://www.csrc.gov.cn/pub/newsite/fxjgb/fxbzcfg/fxbfxjgwd/201903/t20190325_353310.html，最后访问时间：2020 年 2 月 22 日。

的条件，二是授权中国证监会规定其他发行条件。①

【适用指引】

上市公司发行新股应当报证券监管机构注册

新证券法调整了“上市公司非公开发行”的制度内容，亦即上市公司首次公开发行之后的再融资行为均属于公开发行；原证券法第 13 条规定的“上市公司非公开发行新股”，按照新证券法的规定实际上是上市公司向特定对象的发行，不属于新证券法第 9 条规定的“非公开发行”。因此，上市公司的再融资——无论是否面向不特定对象，均属于公开发行。按照新证券法第 9 条的规定，公开发行证券都应当注册。但上市公司发行新股的具体注册程序，根据本条第 3 款的规定，可以根据注册制的精神，由证券监管机构作出具体规定。

第十三条 公司公开发行新股，应当报送募股申请和下列文件：

（一）公司营业执照；

（二）公司章程；

（三）股东大会决议；

（四）招股说明书或者其他公开发行募集文件；

（五）财务会计报告；

（六）代收股款银行的名称及地址。

依照本法规定聘请保荐人的，还应当报送保荐人出具的发行保荐书。依照本法规定实行承销的，还应当报送承销机构名称及有关的协议。

---

① 中国证监会 2018 年制定的《存托凭证发行与交易管理办法（试行）》规定公开发行以股票为基础证券的存托凭证的，境外基础证券发行人应当符合下列条件：（1）原证券法第 13 条第 1 项至第 3 项关于股票公开发行的基本条件；（2）为依法设立且持续经营三年以上的公司，公司的主要资产不存在重大权属纠纷；（3）最近三年内实际控制人未发生变更，且控股股东和受控股股东、实际控制人支配的股东持有的境外基础证券发行人股份不存在重大权属纠纷；（4）境外基础证券发行人及其控股股东、实际控制人最近三年内不存在损害投资者合法权益和社会公共利益的重大违法行为；（5）会计基础工作规范、内部控制制度健全；（6）董事、监事和高级管理人员应当信誉良好，符合公司注册地法律规定的任职要求，近期无重大违法失信记录；（7）中国证监会规定的其他条件。但这一规定，是基于原证券法核准制就发行条件所作的细化规定，在新证券法实施证券发行注册制环境下，需要评估如何精简优化。

【条文主旨】

本条是关于公司公开发行新股应当报送文件材料的规定。

【条文释义】

本条由原证券法第14条修改而来，删除了关于报送对象的规定，将公司向特定对象发行新股报送文件一并纳入本条，增加了其他公开发行募集文件的规定。按本条规定，公司公开发行新股应当向监管机构报送的文件包括：

1. 募股申请。即公司公开发行新股的申请报告，如《发行人关于本次发行的申请报告》、《关于本次公开发行股票并在科创板上市的申请报告》（在科创板发行上市）、《发行人关于本次配股/增发申请报告》（上市公司新股发行）。

2. 公司营业执照。按照公司法的规定，依法设立的公司，由公司登记机关发给公司营业执照。公司营业执照签发日期为公司成立日期。公司营业执照应当载明公司的名称、住所、注册资本、经营范围、法定代表人姓名等事项。公司报送营业执照，一则表明申请主体为依法设立的公司，二则有利于监管机构掌握公司基本信息。证券法（修订草案）“一读稿”中一度删除了对公司营业执照的要求，在证券法（修订草案）后续审议中又恢复了该要求。

3. 公司章程。根据公司法的规定，股份有限公司章程应当载明的事项包括：（1）公司名称和住所；（2）公司经营范围；（3）公司设立方式；（4）公司股份总数、每股金额和注册资本；（5）发起人的姓名或者名称、认购的股份数、出资方式和出资时间；（6）董事会的组成、职权和议事规则；（7）公司法定代表人；（8）监事会的组成、职权和议事规则；（9）公司利润分配办法；（10）公司的解散事由与清算办法；（11）公司的通知和公告办法；（12）股东大会会议认为需要规定的其他事项。发行人为境外发行人的，提交的公司章程应当符合注册地公司法的规定。

4. 股东大会决议。按照公司法的规定，“对公司增加或者减少注册资本作出决议”是公司股东大会的职权事项。公司公开发行新股，增加了公司的注册资本，需要公司股东大会作出决议。

5. 招股说明书或者其他公开发行募集文件。招股说明书是重要的发行文件，也是投资者投资决策的基础参考。招股说明书是对发行人基本情况和本次发行情况综合全面的刻画，一般包括本次发行概况、风险因素、发行人基本情况、业务与技术、公司治理、财务会计信息、管理层分析、募集资金运用、未来发展规划等重要信息。境内外发行上市监管实践中，监管机构均对招股说明书的编制体例格式和编制质量作出了全面要求。例如，欧盟市场专门制定了《招股说明书规章》［Prospectus Regulation（EU）2017/1129］，规定招股说明书应当载明对投资者进行知情评估所需的重大信息，包括：（1）发行人和担保人的资产和负债、损益、财务状况和经营前景；（2）附属于证券的权利；（3）发行的理由及其对发行人的影响。① 我国证监会也根据各个市场板块的差异，制定了不同板块的招股说明书内容与格式准则，供发行人和中介机构编制时遵守。与IPO时发行人需编制和提交招股说明书相对应，上市公司再融资时，需要提交相应的募集说明文件。

6. 财务会计报告。按照《企业会计准则》的规定，财务会计报告是指企业对外提供的反映企业某一特定日期的财务状况和某一会计期间的经营成果、现金流量等会计信息的文件。财务会计报告包括会计报表及其附注和其他应当在财务会计报告中披露的相关信息和资料。会计报表包括资产负债表、利润表、现金流量表等。

7. 代收股款银行的名称及地址。即为本次发行募资代收股款的银行的名称和地址信息。

8. 发行保荐书。按照该规定，发行人依法聘请保荐人的，还应当报送保荐人出具的发行保荐书。发行保荐书中包含的信息事项一般包括：（1）本次证券发行基本情况，具体包括发行人基本情况、本次发行情况、保荐代表人等团队成员情况、保荐机构与发行人关联关系说明。（2）保荐机构承诺事项，具体包括保荐机构内部审核程序和内核意见，保荐机构对发行人符合法律法规及中国证监会有关证券发行上市的相关规定等承诺。（3）保荐机构对本次发行的推荐意见，具体包括发行人关于本次发行的决策程序合法等。

9. 承销机构名称及有关的协议。按照新证券法第26条的规定，发行人向不特定对象发行的证券，法律、行政法规规定应当由证券公司承销的，发行人应当同证券公司签订承销协议。发行按照规定实行承销的，还应当报送承销机构名称及有关的协议。

---

① Prospectus Regulation（EU）2017/1129, Article 6.1. "a prospectus shall contain the necessary information which is material to an investor for making an informed assessment of:（a）the assets and liabilities, profits and losses, financial position, and prospects of the issuer and of any guarantor;（b）the rights attaching to the securities; and（c）the reasons for the issuance and its impact on the issuer."

【适用指引】

一、上市公司发行新股需要遵守本条的规定

本条关于公开发行新股文件目录，未区分首次公开发行新股和上市公司发行新股，二者都要适用本条规定。

二、公司公开发行新股还应遵守证监会规定的申请文件准则

实践中，中国证监会分别按照主板（含中小板）、创业板、科创板，区分首次公开发行股票并上市、上市公司公开发行证券、上市公司非公开发行证券分别规定了申报文件目录格式准则。

以首次公开发行股票并在科创板上市申请文件目录为例。分为：（1）招股文件，即招股说明书；（2）发行人关于本次发行上市的申请与授权文件，如关于本次公开发行股票并在科创板上市的申请报告等；（3）保荐人和证券服务机构关于本次发行上市的文件，分别包括了保荐人、会计师、律师关于本次发行上市的文件等；（4）发行人的设立文件，如发行人的企业法人营业执照、公司章程（草案）等；（5）与财务会计资料相关的其他文件，如发行人关于最近三年及一期的纳税情况及政府补助情况、最近三年及一期原始财务报表等；（6）关于本次发行上市募集资金运用的文件，如发行人关于募集资金运用方向的总体安排及其合理性、必要性的说明等；（7）其他文件，包括产权和特许经营权证书、重要合同、保荐协议等。

第十四条　公司对公开发行股票所募集资金，必须按照招股说明书或者其他公开发行募集文件所列资金用途使用；改变资金用途，必须经股东大会作出决议。擅自改变用途，未作纠正的，或者未经股东大会认可的，不得公开发行新股。

【条文主旨】

本条是关于公司公开发行股票募集资金用途的规定。

【条文释义】

本条由原证券法第15条修改而来，增加了“其他公开发行募集文件”的规定，原来的上市公司非公开发行新股也纳入本条范围。

公司公开发行股票所募集资金，是发行人参与社会稀缺资金资源配置的重要方式；募集资金后如何有效使用，也直接影响着投资者对公司持续经营能力和成长性的判断，影响着投资者是否参与股票的发行投资。[①] 因此，在立法中有必要对公司募集资金用途进行规范。本条在规范公司公开发行新股募集资金用途时，遵循了三个方面的规范路径：

第一，以信息披露为核心，要求公司在招股说明书或者其他公开发行募集文件中披露资金用途，且公司应当按照披露的用途进行使用。在实践中，发行人披露募集资金运用情况，需要遵循重要性原则，披露募集资金的具体用途，简要分析募集资金具体用途的可行性及其与发行人现有主要业务、核心技术之间的关系，披露投资概算情况，披露募集资金具体用途所需的时间周期和时间进度等。

第二，将是否决定改变资金用途，归于公司内部决策范畴。市场形势瞬息万变，公司往往因经营环境变化、原定投资项目情况变化等因素，确有调整改变资金用途。本条规定，改变资金用途，必须经股东大会作出决议。这一规定，避免了监管机构介入公司内部经营管理，代替公司对是否改变资金用途作出判断；同时，股东大会作为公司最高权力机构，按照公司法的规定也有权决定公司的经营方针和投资计划。

第三，对公司擅自改变用途未作纠正的或未履行内部决策程序的，规定了必要的约束机制。一是法律责任约束。新证券法第185条规定，发行人违反规定擅自改变公开发行证券所募集资金的用途的，责令改正，并处以五十万元以上五百万元以下的罚款；对直接负责的主管人员和其他直接责任人员给予警告，并处以十万元以上一百万元以下的罚款。发行人的控股股东、实际控制人从事或者组织、指使从事前款违法行为的，给予警告，并处以五十万元以上五百万元以下的罚款；对直接负责的主管人员和其他直接责任人员，处以十万元以上一百万元以下的罚款。二是限制进行再融资。发行人公开发行上市后，往往对通过再融资补充资金有较为现实的需求。将再融资资格与募集资金使用情况相挂钩，有助于督促公司按照规定使用资金，提高资金利用效率，保护投资者的合法权益。

---

① 实证研究表明，发行人在招股说明书中对募集资金用途披露的程度和内容，作为拟上市公司向市场传递的信号，对IPO抑价具有重要影响；募集资金用途披露越详细，信息不对称程度就越低，从而有助于降低IPO抑价。参见岑维、童娜琼：《A股上市公司募集资金用途披露与IPO抑价》，载《南方金融》2015年第10期。

【适用指引】

除了证券法第14条的规定外，中国证监会、证券交易所也制定了相应的规章、业务规则，规范发行人和上市公司募集资金的使用。如《公开发行证券的公司信息披露内容与格式准则第41号——科创板公司招股说明书》第83条规定，发行人应结合公司现有主营业务、生产经营规模、财务状况、技术条件、管理能力、发展目标合理确定募集资金投资项目，相关项目实施后不新增同业竞争，对发行人的独立性不产生不利影响。《上市公司监管指引第2号——上市公司募集资金管理和使用的监管要求》规定，上市公司董事会应当对募集资金投资项目的可行性进行充分论证，确信投资项目具有较好的市场前景和盈利能力，有效防范投资风险，提高募集资金使用效益；上市公司的董事、监事和高级管理人员应当勤勉尽责，督促上市公司规范使用募集资金，自觉维护上市公司募集资金安全，不得参与、协助或纵容上市公司擅自或变相改变募集资金用途。沪深交易所也分别制定了《上市公司募集资金管理办法》。发行人、上市公司应当同时遵守这些规定。

第十五条 公开发行公司债券，应当符合下列条件：

（一）具备健全且运行良好的组织机构；

（二）最近三年平均可分配利润足以支付公司债券一年的利息；

（三）国务院规定的其他条件。

公开发行公司债券筹集的资金，必须按照公司债券募集办法所列资金用途使用；改变资金用途，必须经债券持有人会议作出决议。公开发行公司债券筹集的资金，不得用于弥补亏损和非生产性支出。

上市公司发行可转换为股票的公司债券，除应当符合第一款规定的条件外，还应当遵守本法第十二条第二款的规定。但是，按照公司债券募集办法，上市公司通过收购本公司股份的方式进行公司债券转换的除外。

【条文主旨】

本条是关于公开发行公司债券条件的规定。

【条文释义】

本条由原证券法第16条修改而来，放宽了债券发行及上市的要求，删除对公司净资产数额、累计债券余额、筹集资金投向和债券利率等内容，增加了“具备健全且运行良好的组织机构”的要求。

一、公开发行公司债券的条件

（一）具备健全且运行良好的组织机构

组织机构是公司存在和运行的制度体现与保障，是公司成为法人组织的必要条件，也是公司实现有效治理的基础。公司组织机构设置是否完善及各组织机构之间的关系是否协调和有效率，直接关系着公司治理的效果。因此，证券法要求发行人不仅应当具备符合公司法规定的健全的组织机构（公司法第36条至第56条以及第76条至第119条等相关规定），而且组织机构还需运行良好，这是公司良好运营进而具备偿债能力的基本保障。

（二）最近三年平均可分配利润足以支付公司债券一年的利息

可分配利润，是指企业当年的净利润加上年初未分配利润的总和。确保公司的可分配利润高于公司债券一年的利息，是确保公司能够充分实现对债权人的履约，确保公司具备基本偿债能力的标志。由于公司预期可分配利润属于未发生事件，发行债券的当下难以对未来公司盈利情况作出准确评估，因此，采用最近三年平均可分配利润作为检验公司偿债能力的依据。

（三）国务院规定的其他条件

本项规定为概括性规定，为国务院规制无法预测的情形提供法律依据。《国办证券法通知》中，进一步规定了“申请公开发行公司债券的发行人，除符合证券法规定的条件外，还应当具有合理的资产负债结构和正常的现金流量”。

二、公开发行公司债券募集资金的用途

（一）须按公司债券募集办法所列资金用途使用

确保募集资金的用途、使用程序合法合规，是确保资金使用安全，保障投资者利益的关键。公司债券募集办法是对外公告发行人承诺，帮助社会公众了解债券相关信息，具有法律约束力的发行文件。债券发行不再采用审核制后，募集资金用途由发行人在债券募集办法加以规定并予以披露，监管机构对由发行人报送的债券募集办法只作程序性审查。只要债券募集办法没有遭到监管机构否决，该债券募集办法就对发行人产生约束力，发行人就有义务按公司债券募集办法所列资金用途使用。

（二）改变资金用途须经债券持有人会议作出决议

由于经营变化或企业运营调整，发行人存在改变资金用途的正常需求。早在2009年11月20日中国银行间市场交易商协会发布的《银行间债券市场非金融企业中期票据业务指引》就允许中期票据发行人在债券存续期间可以变更募集资金用途。① 与原证券法规定募集资金必须用于核准用途相反，新证券法允许发行人改变资金用途。变更资金用途具体包括变更资金使用项目、变更资金实施项目实施主体、变更资金使用方式等。

新证券法在吸收证监会《公司债券发行试点办法》（已失效）的基础上明确规定了债券持有人会议制度。债券持有人会议是指由持有某一品种债券的全体债券持有人组成的、决定与债券持有人重大利益事项，代表全体债券持有人利益的非常设组织，是形成和体现债权人集体意志的机构。募集资金用途的改变，具有合同内容变更的性质，不能由发行人（债务人）单方决定，需要债券持有人（债权人）的集体同意，故有此规定。

（三）不得用于弥补亏损和非生产性支出

资金被用于弥补亏损或非生产性支出，而非用于投资或生产性支出，必然无法取得产出、无法还本付息。因此，明确规定发行债券筹集到的资金不应当用于弥补亏损或非生产性支出，是出于保护债权人合法利益的需要。

（四）鼓励募集资金投向的领域

虽然新证券法不再将“筹集的资金投向符合国家产业政策”作为公开发行公司债券的条件，而在《国办证券法通知》中提出“鼓励公开发行公司债券的募集资金投向符合国家宏观调控政策和产业政策的项目建设”，亦即在引导公开发行债券募集资金的投向时，由过去的强制性规范转变为倡导性规范。②

---

① 《银行间债券市场非金融企业中期票据业务指引》第5条规定，企业发行中期票据所募集的资金应用于符合国家法律法规及政策要求的企业生产经营活动，并在发行文件中明确披露具体资金用途。企业在中期票据存续期内变更募集资金用途应提前披露。

② “过去，国家主要注重现存秩序的消极维护，因此立法中以强行性规范为主；现代国家越来越重积极促进、组建新的秩序，因而立法中出现大量鼓励、提倡性规范。”参见漆多俊：《论经济法的调整方法》，载《法律科学》1991年第5期。

三、发行可转换为股票的公司债券的条件

（一）符合公司发行债券的法定条件

可转换为股票的公司债券，简称可转换公司债，是指依法发行的满足一定条件可以转换为股票的公司债券。由于其是按照债券形式发行，本质属于债权债务融资手段，因此其发行应当符合公司债券发行的法定条件。具体包括：（1）具备健全且运行良好的组织机构；（2）最近三年平均可分配利润足以支付公司债券一年的利息；（3）国务院规定的其他条件。

（二）具有持续经营能力

可转换公司债由于兼具债券、股票双重属性，债券持有人除了在满足债券发行的一般条件外，还需要满足新股发行的某些特殊要件，即持续经营能力条件。[①]

（三）除外条款：按照公司债券募集办法，上市公司通过收购本公司股份的方式进行公司债券转换的除外

发行可转换为股票的债券，其发行条件较一般债券多了一项对发行人持续经营能力的规定。原因在于该类债券兼有债券、股票双重属性。一旦该类债券转换为股票，势必影响在市场流通的股本总额。在上市公司市值不变的假设情形下，债券转换为股票，市场上流通股票数目增多，必然造成股价下降，稀释股东控制权，其实质效果等同于发行新股。因此，发行可转换债券的条件需与股票发行难度相当，以防止发行人“钻法律空子”，在制度设计上，可转换债券的发行条件引入了新股发行中对发行人持续经营能力的规定。

但是，如果上市公司是通过回收本公司股份的方式进行公司债券转化，并未改变市场上的股票总数，股本总额并不会发生改变，不会导致股权稀释。因而通过回收本公司股份的方式进行公司债券转化引发股市波动的风险较低。适度降低由公司回收股份进行债转股的转换门槛，有助于鼓励公司通过回收股份而非增发股份等形式实施债转股，同时增加了可转换公司债发行的灵活性。

四、债券公开发行法定条件的修订及评价

原证券法规定，债券公开发行需要满足以下条件：（1）股份有限公司净资产不低于人民币三千万元，有限责任公司的净资产不低于人民币六千万元；（2）累计债券余额不超过公司净资产的百分之四十；（3）筹集的资金投向符合国家产

---

① 有关持续经营能力，可以参见上文对证券法第 12 条解读的相关内容。

业政策；（4）债券的利率不超过国务院限定的利率水平。

新证券法从发行规模、发行期限等多方面，放宽了债券发行及上市的要求。一是删除了对公司净资产数额的要求，将有利于公司债券发行主体范围的扩大；二是删除了累计债券余额不超过公司净资产40%的规定，有利于进一步放开公司债券的发行规模；三是删除了筹集的资金投向符合国家产业政策的内容，对于公司债券募集资金投向进一步放松；四是删除了债券的利率不超过国务院限定的利率水平的内容，放开了对于公司债券的利率管制，债券利率定价方式进一步市场化；五是删除了前一次公开发行的公司债券尚未募足，不得再次发行公司债券的情形，减少了发行公司债券的限制性条件，使得因为市场原因未能募足公司债券的发行人可以再次申报公司债券；六是增加了“具备健全且运行良好的组织机构”，增加了对于公司债券发行人组织机构、“董监高”情况、内部控制等公司治理方面的要求，有利于进一步强化债券发行人及内部人员的信息披露等相关责任。

上述修改也是我国债券市场市场化进程不断加快和监管理念不断调整的集中体现。在投资者保护机制尚不健全、企业信用约束尚不成熟的资本市场发展初期，强制性的限制规定对于保障发行人的履约能力、控制债市风险发挥了积极作用。但是，随着资本市场朝市场化方向的发展，在企业发债准入标准中发挥市场调控而非管制作用的需求日渐突出。以发债时的净资产衡量公司信用，不仅不能真实反映动态变化中的公司信用状况，反而由于其对资产规模的要求，使得净资产限额规则成为阻挠中小企业融资的掣肘，阻挠中小企业的正常融资。另外，对于债券利率的强制性规定无法反映市场利率变动，也与利率市场化进程相悖。要求企业融资项目符合规定则会大大挤压企业融资的类型，压抑创新项目的孵化。随着投资者适格性规范等配套机制的完善，新证券法删除多项限制条款，进一步弱化实质审查，全面提升中小企业债券市场融资能力，有助于进一步发挥债券市场本身在筛选发行人的自主性和能动性，也是市场化、法治化的注册制理念的具体体现。

【适用指引】

一、发行条件的修改与注册制改革的关系

发行条件的修改使注册制改革有了法律基础。新证券法贯彻落实党的十八届三中全会关于注册制改革的有关要求和十九届四中全会完善资本市场基础制度要求，在证券公开发行方面弃用了“核准”的表述，改为“注册”，即依法

报经国务院证券监督管理机构或国务院授权的部门注册，公开发行债券的条件也予以简化。实质上，这也是对债券市场实践的认可和正名，自 2015 年以来，证监会对面向合格投资者公开发行公司债券（“小公募”）简化核准程序，由交易所对公司债券进行上市预审核，证监会依据预审核意见作出行政许可决定，已具有“注册制”的雏形。在信用类债券品种中，银行间市场的非金融企业债务融资工具也早已施行了注册制，仅发改委的企业债、证监会的“大公募”还在实行核准制。此外，新证券法授权国务院对证券发行注册制的具体范围、实施步骤进行具体规定，考虑到注册制改革是一个渐进的过程，债券市场总体上更接近注册制改革的精神和要求，具备优先全面推行注册制的条件。2020 年 2 月 29 日，国务院办公厅发布《国办证券法通知》，就“落实好公司债券公开发行注册制要求”作出了规定，明确了公开发行公司债券的受理、审核、发行条件等事项。中国证监会、国家发展改革委以及沪深交易所等，分别就推进公司债券的注册制改革制定了配套的规则规范。[①] 公开发行公司债券的注册制改革水到渠成。

二、关于公募债券资金用途

新证券法删除了筹集的资金投向符合国家产业政策的内容，对于公司债券募集资金投向进一步放松，改由发行人通过债券募集办法加以确认，并允许根据需要改变用途，但必须经由债券持有人会议决议。

值得注意的是，《国办证券法通知》根据证券法第 15 条第 1 款第 3 项“国务院规定的其他条件”的授权条款，提出发行人除了符合证券法规定的条件外，还应当具有合理的资产负债结构和正常的现金流量，并且鼓励募投资金投向符

---

① 参见国家发展改革委《关于企业债券发行实施注册制有关事项的通知》（发改财金〔2020〕298 号）；中国证监会办公厅《关于公开发行公司债券实施注册制有关事项的通知》（证监办发〔2020〕14 号）；上海证券交易所《关于上海证券交易所公开发行公司债券实施注册制相关业务安排的通知》（上证发〔2020〕13 号）；深圳证券交易所《关于公开发行公司债券实施注册制相关业务安排的通知》（深证上〔2020〕129 号）。新证券法施行后，关于银行间债券市场相关制度安排的变化，2020 年 3 月 11 日，《中国人民银行、中国证监会有关负责同志就债券市场支持实体经济发展有关问题答记者问》作出了回应：“为做好修订后的证券法贯彻落实工作，国务院办公厅印发了《关于贯彻实施修订后的证券法有关工作的通知》。根据该通知精神，银行间债券市场金融债券、非金融企业债务融资工具等品种的发行、交易、登记、托管、结算等，由人民银行及其指定机构依照《中国人民银行法》等制定的现行有关规定管理。商业银行等承销机构、信用评级等中介服务机构仍按照现行有关规定在银行间债券市场正常开展业务。下一步，人民银行等部门将继续在公司信用类债券部际协调机制框架下，分工协作，共同推动公司信用类债券持续健康发展。”载证监会网站，http：//www. csrc. gov. cn/pub/newsite/zjhxwfb/xwdd/202003/t20200311_ 371901. html，最后访问时间：2020 年 3 月 5 日。

合国家宏观调控政策和产业政策的项目建设，可视为对证券法第 15 条全面取消负债比率和募集资金用途约束后的一个修正和限缩，但总体上不影响依据新证券法实施债券发行注册制下，赋予各类企业根据自主经营需要，以自身信用进入资本市场筹资，享受更多的融资自主权。

第十六条 申请公开发行公司债券，应当向国务院授权的部门或者国务院证券监督管理机构报送下列文件：

（一）公司营业执照；

（二）公司章程；

（三）公司债券募集办法；

（四）国务院授权的部门或者国务院证券监督管理机构规定的其他文件。

依照本法规定聘请保荐人的，还应当报送保荐人出具的发行保荐书。

【条文主旨】

本条是关于申请公开发行债券应当向监督管理部门报送的文件的规定。

【条文释义】

本条由原证券法第 17 条修改而来，删去了“资产评估报告和验资报告”的规定。

一、公司营业执照

营业执照是由工商行政管理机关颁发给企业，准许其从事生产经营活动的凭证。其登记事项具体包括：名称、住所、注册资本、经营范围、法定代表人姓名等事项。

二、公司章程

股东设立公司，应当制定公司章程。公司章程是公司组织、活动的基本准则，公司章程应当载明：公司的名称和住所；公司经营范围；公司注册资本；股东的姓名或者名称；股东的出资方式、出资额和出资时间；公司的机构及其产生办法、职权、议事规则；公司法定代表人；股东会会议认为需要规定的其他事项。

三、公司债券募集办法

公司债券募集办法是债券发行的法定文件，应当载明下列主要事项：公司名称；债券募集资金的用途；债券总额和债券的票面金额；债券利率的确定方式；还本付息的期限和方式；债券担保情况；债券的发行价格、发行的起止日期；公司净资产额；已发行的尚未到期的公司债券总额；公司债券的承销机构。

四、国务院授权的部门或者国务院证券监督管理机构规定的其他文件

中国证监会对公开发行公司债券申请文件作了规定，即《公开发行证券的公司信息披露内容与格式准则第 24 号——公开发行公司债券申请文件（2015 年修订)》，除证券法规定的文件外，还包括了债券发行申请报告、发行人股东大会决议、董事会决议、主承销商核查意见、法律意见书、发行人最近三年财务会计报告等。根据中国证监会 2020 年 3 月 1 日发布的《关于公开发行公司债券实施注册制有关事项的通知》（证监办发〔2020〕14 号)，自 2020 年 3 月 1 日起，公司债券公开发行实行注册制。公开发行公司债券申请文件和募集说明书的内容与格式参照现行规定办理。

国家发展改革委也对发行企业债券申请文件作了规定。根据国家发展改革委于 2020 年 3 月 1 日发布的《关于企业债券发行实施注册制有关事项的通知》，企业债券发行实施注册制后，“申报文件内容和格式仍参照现行规定办理”。

【适用指引】

新证券法删除了资产评估报告和验资报告的要求。发行核准向发行注册转变的本质在于监管重心由事前向事后转移，证券法已经删除了债券发行的净资产、债券余额、利率等限制，那么配套删除提交“资产报告和验资报告”的要求就是顺理成章的。

第十七条　有下列情形之一的，不得再次公开发行公司债券：

（一）对已公开发行的公司债券或者其他债务有违约或者延迟支付本息的事实，仍处于继续状态；

（二）违反本法规定，改变公开发行公司债券所募资金的用途。

【条文主旨】

本条是关于公司再次公开发行公司债券的限制要求的规定。

【条文释义】

本条是对原证券法第18条的修改，删去了“前一次公开发行的公司债券尚未募足”的规定。

为防止随意发行公司债券，保护公司债权人的利益，对于公司债券发行后再次发行公司债券，应当给予一定的限制。本条规定的限制条件包括：

一、对已公开发行的公司债券或者其他债务有违约或者延迟支付本息的事实，仍处于继续状态者，不得再次公开发行公司债券

公司对已经公开发行的公司债券或其他债务出现违约或是不能还本付息，说明该公司的可分配利润已无法偿还当期债务，公司财务资金运转已经出现问题，公司经营稳健程度值得怀疑。公司在此时发行新债，很大原因是为了填补旧债的虚空，新债无法还本付息的可能性极高。因此，禁止已经发行的公司债券或是其他债务有违约情形的公司发行新债，有利于保护债权人利益。

二、违反本法规定，改变公开发行公司债券所募资金的用途

根据本法规定，公开发行公司债券筹集的资金，必须按照公司债券募集办法所列资金用途；改变资金用途，必须经债券持有人会议作出决议。公开发行公司债券筹集的资金，不得用于弥补亏损和非生产性支出。如果发行人违反法定程序，擅自变更债券资金用途，资金用途背离债权人意志，有可能致使债权人利益受损。因此，出于保护债权人的需要，应当禁止发行人未经债券持有人会议决议，擅自改变资金用途。

【适用指引】

一、关注对原证券法的修改

新法删除了原证券法“对前一次公开发行的公司债券尚未募足不得再次发行公司债券”的限制性规定，减少了发行公司债券的限制性条件，使得因为市场原因未能募足公司债券的发行人可以再次申请公开发行公司债券。

二、注意发行债券募集资金用途改变对再融资的影响

依照该条规定，违反规定改变公开发行公司债券所募资金的用途，将影响债券的再次公开发行。

第十八条　发行人依法申请公开发行证券所报送的申请文件的格式、报送方式，由依法负责注册的机构或者部门规定。

【条文主旨】

本条是关于申请文件的格式、报送方式的规定。

【条文释义】

本条是对原证券法第 19 条的修改，将“核准”字样分别改为了“公开”和“注册”。

本条授权依法负责注册的机构或者部门规定公开发行证券所报送申请文件的格式、报送方式。发行人依法申请公开发行证券时，申请文件的格式、报送方式应当符合相关规定。对于报送的申请文件格式不符合要求的，或者未按照规定的方式进行报送的，依法负责注册的机构或者部门可以要求发行人予以补正；未按要求补正的，依法负责注册的机构或者部门可以不予受理。

对申请文件的格式和报送方式作出统一规定，是保证公开发行证券申请标准化、规范化的必要之举。一则有助于发行人和保荐机构以较为整齐一致的规格制作招股说明书等有关文件，提高申请文件的制作效率，并避免事项遗漏。二则有助于审核注册机构提高审核效率。三则有助于投资者高效地整理和分析发行人对外披露的各项信息，提高决策效率。

【适用指引】

按照证券法的规定，中国证监会已陆续制定了 40 余项《公开发行证券的公司信息披露内容与格式准则》，规范公开发行股票、债券申请文件等的格式和报送行为。企业债券的发行主管部门国家发展改革委也对发行企业债券申请文件作了相关规定。

在公开发行股票的申报文件方面，有《公开发行证券的公司信息披露内容与格式准则第 1 号——招股说明书》《公开发行证券的公司信息披露内容与格式准则第 9 号——首次公开发行股票并上市申请文件》《公开发行证券的公司信息披露内容与格式准则第 10 号——上市公司新股发行申请文件》《公开发行证券的公司信息披露内容与格式准则第 11 号——上市公司公开发行证券募集说明书》《公开发行证券的公司信息披露内容与格式准则第 28 号——创业板公司招股说明书》《公开发行证券的公司信息披露内容与格式准则第 29 号——首次公开发行股票并在创业板上市申请文件》《公开发行证券的公司信息披露内容与格式准则第 41 号——科创板公司招股说明书》《公开发行证券的公司信息披露内容与格式准则第42号——首次公开发行股票并在科创板上市申请文件》等。

在公开发行债券的申报文件方面，有《公开发行证券的公司信息披露内容与格式准则第23号——公开发行公司债券募集说明书（2015年修订）》等。新证券法实施后，根据中国证监会《关于公开发行公司债券实施注册制有关事项的通知》，公开发行公司债券申请文件和募集说明书的内容与格式参照现行规定办理。根据国家发展改革委《关于企业债券发行实施注册制有关事项的通知》，企业债券发行实施注册制后，“申报文件内容和格式仍参照现行规定办理”。

在报送方式方面，申请文件格式准则中具体规定了发行人和中介机构向中国证监会报送申请文件应当符合的要求。以《公开发行证券的公司信息披露内容与格式准则第42号——首次公开发行股票并在科创板上市申请文件》为例，其中规定了：（1）发行人通过上海证券交易所发行上市审核业务系统报送电子文件；（2）申请文件一经受理，未经同意，不得增加、撤回或更换；（3）报送的电子文件应和预留原件一致，发行人应确保申请文件的原始纸质文件已存档；（4）申请文件的原始纸质文件所有需要签名处应当亲笔签名；（5）申请文件的格式、纸张排版、字体字号、章节设置、页码；等等。

第十九条　发行人报送的证券发行申请文件，应当充分披露投资者作出价值判断和投资决策所必需的信息，内容应当真实、准确、完整。

为证券发行出具有关文件的证券服务机构和人员，必须严格履行法定职责，保证所出具文件的真实性、准确性和完整性。

【条文主旨】

本条在第18条规定信息披露的形式质量要求（申请文件的格式、报送方式）基础上，进一步规定了信息披露的内容质量要求，以及发行人、证券服务机构和人员的职责。

【条文释义】

本条由对原证券法第20条的修改而成。

一、强制性信息披露是证券法律的基石制度

信息披露制度（也称信息公开制度或者信息公示制度）是证券市场上的相

关主体为保障投资者利益而在证券的发行、上市和交易等一系列环节中，依照证券、证券主管机关或者证券交易所的规定，以一定的方式将公司的经营、财务、投资结构、董事会构成等信息完全、真实、准确、及时地向证券监督管理部门报告，并向社会公众投资者公告，供市场理性判断证券投资价值，以维护公司股东或债权人的合法权益的法律制度。[①]

证券市场本质上是以信息为基础的交易市场，证券信息的质量决定着市场引导资本流动、决定资源配置的效率与效果。从证券自身的特点看，与一般的动产、不动产不同，证券的价值并不显现于证券本身；证券的价值乃是系于其背后所反映的发行人经营管理状况、产业行业情况乃至国家的社会经济环境等。这些影响证券价值的因素，需要通过信息的充分披露才能为投资者所得知，继而作出投资决策。[②] 从证券发行交易活动的特点看，证券面向社会公众的公开发行，突破了一般商品交易中的"一对一""面对面""一手交钱、一手交货"的传统模式，增加了发行人滥用信息优势地位，乃至恶意欺诈的可能性。从证券发行上市监督管理看，监管机构不对发行人的资产质量和投资价值进行实质判断，也不对发行人"背书"，就更需要促使发行人提高信息披露质量，向投资者披露充分和必要的投资决策信息。[③]

现代证券法理论认为，强制信息披露的主要功能包括以下五个方面：一是预防证券欺诈。正如路易斯·布兰代斯所说："阳光是最好的消毒剂，灯光是最有效的警察。"防范证券欺诈是贯穿证券立法史的证券法核心功能。早在1845年，英国推出《1845年公司条款合并法》就是作为对"南海泡沫事件"的制度回应。该法的两大目标之一是消除欺诈和虚假公司的弊端。《1990年公司法》是英美法系"首部对向公众出售证券的公司的全面信息披露要求的立法"，旨在处理发行人对股东的欺诈问题。[④] 美国《1933年证券法》《1934年证券交易法》也鲜明地将防范欺诈作为立法宗旨之一。二是投资者保护。投资者以及潜在的债权人最有可能成为证券欺诈的受害者。因此，保护投资者，侧重点在于

① 赵威、孟翔：《证券信息披露标准比较研究——以"重大性"为主要视角》，中国政法大学出版社2013年版，第15页。

② 参见曾宛如：《证券交易法原理》，元照出版公司2008年版，第3～4页。

③ 参见黄炜：《股票发行注册制的改革理念、责任配置与制度建构》，载中国证监会网，http：//www.csrc.gov.cn/pub/newsite/zjhxwfb/xwdd/201506/t20150626_279771.html，最后访问时间：2020年2月7日。

④ SeeCharlotte Villiers, Corporate Reporting and Company Law, Cambridge University Press, 2006, pp. 16－32.

防止欺诈或管理不善，以及帮助投资者作出更准确的投资决策。三是改进公司治理。提高公司透明度，增强公司民主性，借助信息披露、实现公司内部经营管理的公开透明，防范公司内部管理层的自肥、掏空行为。四是提高市场效率。特别是通过标准化的信息披露，减少监管成本和信息搜集、处理成本，提高证券的定价效率。五是改善政府对证券市场的干预、介入方式。研究认为，相比其他类型政府强制监管活动，强制信息披露对市场主体的干预最轻、影响最小。“关于什么是正确的（监管）规则，存在着相当大的不确定性和意见分歧……在这种情况下，信息披露可以有更大的灵活性，而且在某种程度上可以作为实体性法律规范之前的试验工具。信息披露还避免了实体法众所周知的僵化效应”。①

二、真实、准确、完整是信息披露质量的基本要求

改革开放后，我国证券市场建立初期，就在制度规范中内嵌了信息披露制度。1987 年 5 月，上海市人民政府发布的《上海市股票管理暂行办法》第 15 条规定，“凡发行股票的公司，应按季向批准机关报送财务报表，并应向股票持有者公开公司经营情况”；第 21 条规定，“凡股票上市交易的公司，应按季向社会公开经注册会计师查核签证的财务报表”。②

1998 年证券法第 13 条在基本证券法律层面，对信息披露质量作出了规定：“发行人向国务院证券监督管理机构或者国务院授权的部门提交的证券发行申请文件，必须真实、准确、完整。为证券发行出具有关文件的专业机构和人员，必须严格履行法定职责，保证其所出具文件的真实性、准确性和完整性。”第 59 条规定，“公司公告的股票或者公司债券的发行和上市文件，必须真实、准确、完整，不得有虚假记载、误导性陈述或者重大遗漏”。

信息披露真实，是指披露的内容应当是真实的，应当以客观事实或具有客观事实基础的判断为基础，披露的信息应当与公司的实际经营状况相吻合，不能弄虚作假、不得有虚假记载。信息披露准确，是指披露信息必须准确表达其含义，引用的财务报告、盈利预测等文件应当经中介机构审核或核准，引用的数据应当提供资料来源，事实应充分、客观、公正，不得进行误导性陈述。信

① Klaus J. Hopt, Modern Company and Capital Market Problems: Improving European Corporate Governance after Enron, Journal of Corporate Law Studies, Volume 3, Issue 2 (2003), p. 241.

② 关于改革开放以来早期全国证券市场监管及其特征，参见马庆泉、吴清主编：《中国证券史·第一卷》，中国金融出版社 2009 年版，第 90～116 页。

息披露完整，是指披露的内容必须全面，不得故意隐瞒或有重大遗漏。① 信息披露完整性要求，并不意味着事无巨细地披露——这样将极大地增加发行人和中介机构的披露成本、核查成本，以及投资者的信息处理成本，而是充分体现“重大性”，对于投资者做出决策判断所必需。②

三、注册制改革对信息披露质量要求进一步深化

注册制改革是处理好政府和市场关系这一命题在发行上市活动中的具体体现，最终目标是真正把选择企业的权力交给市场，提升资本市场的资源配置效率。③ 注册制内在的逻辑理念是只要不违背国家利益和公共利益，企业能不能发行、何时发行、以什么方式和价格发行，都应由企业和市场自主决定。但是，企业和市场自主决定是有前提、有基础的。这个前提和基础的关键是投资者在选择时面对的企业是真实的。这个真实性要靠严格的强制信息披露来实现；政府“不对企业的资产质量和投资价值进行实质判断，也不对发行人‘背书’。投资者依据披露信息所作的投资决策也不应由注册审核机关承担责任”。④

科创板试点注册制围绕“以信息披露为核心”，在规范发行人、证券中介信息披露质量要求方面：一是明确了发行人是信息披露第一责任人，充分披露投资者作出价值判断和投资决策所必需的信息，确保信息披露真实、准确、完整、及时、公平。二是明确发行人的控股股东、实际控制人不得要求或协助发行人隐瞒重要信息。三是强化了中介机构信息披露责任质量。保荐人作为主要中介机构，必须诚实守信、勤勉尽责，充分了解发行人经营情况和风险，并对发行人的申请文件和信息披露资料进行全面核查验证。证券服务机构及其从业人员应当对本专业相关的业务事项履行特别注意义务，对其他业务事项履行普通注意义务。⑤

---

① 冯果主编：《证券法》，武汉大学出版社 2014 年版，第 123 ~ 124 页。

② 信息披露“重大性”的经典定义来自 1976 年美国最高法院的一项裁决，该裁决认为，“如果理性的股东在决定如何投票时认为某事项重要，那么该省略的事实就是重大的”，“换言之，理性的投资者应该很可能将披露遗漏的事实视为大大改变公司所提供信息的总体组合”。TSC Indus.，Inc. v. Northway，Inc.，426 U. S. 438，449（1976）.

③ 参见祁豆豆：《专家学者热议科创板试点注册制：加快健全各项制度实施机制》，载中证网，http：//www. cs. com. cn/xwzx/hg/201912/t20191223_ 6010897. html，最后访问时间：2020 年 3 月 5 日。

④ 参见黄炜：《股票发行注册制的改革理念、责任配置与制度建构》，载中国证监会网，http：//www. csrc. gov. cn/pub/newsite/zjhxwfb/xwdd/201506/t20150626_ 279771. html，最后访问时间：2020 年 2 月 7 日。

⑤ 《关于在上海证券交易所设立科创板并试点注册制的实施意见》［中国证券监督管理委员会公告（〔2019〕2 号）］。

四、新证券法进一步突出了对证券发行人的信息披露有效性要求

本次证券法修订，按照注册制“以信息披露为核心”的要求，并参考借鉴科创板试点注册制改革的经验做法，对信息披露制度进行了全面修改完善，着力提高信息披露质量，以高质量的信息披露赋能投资者，使投资者能够作出知情投资，强化投资者知情权保护。

新证券法在原有“报送的证券发行申请文件，必须真实、准确、完整”的基础上，进一步增加了有关发行人报送的证券发行申请文件“应当充分披露投资者作出价值判断和投资决策所必需的信息”的规定。[①] 这一新规定一是突出了信息披露的目的导向，即服务于投资者的价值判断和投资决策，而不仅仅为了符合法律法规和监管部门的规范要求。二是突出了信息披露的有效性要求，对信息披露内容真实、准确、完整的要求进一步提炼、升华，表明信息披露应当是能够为投资者作出价值判断和投资决策所需要。三是引入了自愿性信息披露，亦即强调信息披露内容在符合法律法规、行政规章规定的事项、标准的同时，如果涉及信息披露事项对于投资者作出价值判断和投资决策是必需的，虽然不在强制规定的范围之内，发行人也应当主动披露。

五、发行人、中介机构应当各自承担信息披露主体责任

本条规定了发行人和中介机构对信息披露质量的职责，可以概括为两个“清楚”。

一是发行人要“讲清楚”，承担第一位主体责任，要对信息披露的真实、准确、完整负责。[②] 发行人是信息披露的第一责任人，必须确保披露内容的真实性、准确性和完整性，对于信息披露内容存在虚假记载、误导性陈述和重大遗漏的，应当无条件地承担法律责任。除了发行人外，发行人的控股股东、实际控制人指使或者协助违反信息披露义务的，同样应当承担法律责任。本次证券法修订，为了落实和强化发行人的第一位主体责任，一方面大幅提升行政罚款力度，实行严厉的市场禁入措施和诚信档案制度；另一方面改革完善民事赔偿责任制度，针对欺诈发行和虚假陈述民事赔偿案件涉及人数众多的特征，对

---

① 《全国人民代表大会宪法和法律委员会关于〈中华人民共和国证券法（修订草案）〉审议结果的报告》，载中国人大网，http：//www.npc.gov.cn/npc/c30834/202001/a0524c6d17784fa9a0bcc955f3d8170e.shtml，http：//www.csrc.gov.cn/pub/newsite/zjhxwfb/xwdd/201506/t20150626_279771.html，最后访问时间：2020 年 2 月 7 日。

② 参见祁豆豆：《专家学者热议科创板试点注册制：加快健全各项制度实施机制》，载中证网，http：//www.cs.com.cn/xwzx/hg/201912/t20191223_6010897.html，最后访问时间：2020 年 3 月 5 日。

代表人诉讼制度作出有针对性的安排，着力优化方便投资者获得民事赔偿的机制和途径，同时赋予监管机关责令回购股份职权，更好地适应证券市场民事赔偿的特殊性，让投资者更为有效地获得经济补偿或者赔偿。

二是中介机构要“核清楚”，要对信息披露的真实、准确、完整进行核查验证，承担好把关责任。确保中介机构依法履职、恪尽职守是以信息披露为核心的注册制能否落实到位的关键所在。中介机构运用其专业知识和专门经验，对发行人提供的信息资料进行核查验证，作出专业判断，投资者往往基于对其的高度信赖作出投资决策。他们应当履行对于信息披露内容的特别注意义务，承担对于信息披露内容的专业把关责任。本次证券法修订，进一步严格了中介机构的把关责任，中介机构违反执业规范导致出具的文件存在虚假记载、误导性陈述或者重大遗漏的，大幅提高对其行政处罚标准。

【适用指引】

一、科创板进一步突出信息披露有效性

在科创板试点注册制改革中，基于优化信息披露质量的考虑，根据科创板企业特点，优化了招股说明书格式准则，细化信息披露要求，增加行业特点、核心技术、研发项目、研发支出、核心技术人员、科创业务收入、经营稳定性等针对性披露要求。在此基础上，需要进一步研究注册制下如何围绕“应当充分披露投资者作出价值判断和投资决策所必需的信息”的要求，从优化招股说明书的体例格式，提高招股说明书编制队伍的专业水平，① 提高信息披露的重大性、针对性和简明性、有用性等方面，提高信息披露对于投资者投资决策的有效性。

二、如何区分不同中介机构的信息披露义务

本条规定了中介机构必须严格履行法定职责，保证所出具文件的真实性、准确性和完整性。在此基础上，需要进一步合理界定和划分参与证券发行活动的保荐机构、承销机构、会计师、律师事务所以及资产评估机构职责范围和责

---

① 有研究者分析指出，中美招股说明书准则的实质差异不大，真正的差异主要在于写作习惯、用语准确严谨程度、前后的逻辑性等这些基本功。如某企业未能在国内上市，但券商已经完成了 A 股招股书，2012 年在转向美国上市的过程中，企业曾希望美国律师能把它的 A 股招股书翻译成英文、直接用在美式招股书中，但美国律师看完 A 股招股书之后拒绝了企业要求，认为 A 股招股书的披露内容、写法根本无法满足美国投资者的要求，最后，美国律师根据美式招股书的习惯重新撰写了招股书。参见唐应茂：《我国离注册制还有多远——兼论推进我国股票发行注册制改革的措施》，载《上海金融》2014 年第 7 期。

任边界，通过严格的法律责任督促中介机构审慎、勤勉地履行好法定职责。《科创板实施意见》提出："证券服务机构及其从业人员应当对本专业相关的业务事项履行特别注意义务，对其他业务事项履行普通注意义务。"最高人民法院《为设立科创板并试点注册制改革提供司法保障的若干意见》第5条也提出：要落实证券服务机构保护投资者利益的核查把关责任，证券服务机构对会计、法律等各自专业相关的业务事项未履行特别注意义务，对其他业务事项未履行普通注意义务的，应当判令其承担相应法律责任。准确把握保荐人对发行人上市申请文件等信息披露资料进行全面核查验证的注意义务标准，在证券服务机构履行特别注意义务的基础上，保荐人仍应对发行人的经营情况和风险进行客观中立的实质验证，否则不能满足免责的举证标准。相关规范性文件和司法文件，对区分不同中介机构的特别注意义务和一般注意义务，以及注册制下强化保荐机构的全面核查验证职责，提供了重要的参考。

第二十条 发行人申请首次公开发行股票的，在提交申请文件后，应当按照国务院证券监督管理机构的规定预先披露有关申请文件。

【条文主旨】

本条是关于股票发行人提交发行申请文件后按照规定对申请文件进行预披露的规定。

【条文释义】

本条是原证券法第21条，未作修改。

2005年证券法修订时，第一次引入了预披露制度，主要立法考量是"为了加强社会公众监督，防范发行人采取虚假手段骗取发行上市资格，有必要建立发行申请文件的预披露制度，要求首次公开发行的申请人预先披露申请发行上市的有关信息，这样可以拓宽社会监督的渠道，有利于提高上市公司的质量"。[①] 本次证

---

① 周正庆：《关于〈中华人民共和国证券法（修订草案）〉的说明》，载中国人大网，http://www.npc.gov.cn/npc/c27658/201504/8449cd0d83324d989fb61e917a5df96f.shtml，最后访问时间：2020年3月6日。

券法修订，未对该条规定进行修改。证券法（修订草案）几次审议过程中，对预披露制度也未作大的调整。

本条规定发行人在提交首次公开发行股票申请文件后，应当按照国务院证券监督管理机构的规定，预先披露有关申请文件。预披露制度有助于对发行人公开发行上市和审核机构审核进行监督，也有助于投资者根据审核机构问询，及时了解企业存在的风险，及时评判企业和股票的投资价值。本条要点具体而言：

一是在预披露的文件范围和预披露方式上，要符合中国证监会的规定。核准制下，预披露文件主要是招股说明书；科创板试点注册制改革，扩大了信息披露文件的范围，披露的申请文件包括招股说明书、发行保荐书、上市保荐书、审计报告和法律意见书等。

二是在预披露的时间节点上，即在提交申请文件后规定的时间内。在申请文件预披露后至中国证监会作出注册决定前，发行人应当按照规定对预先披露的文件予以更新并披露。科创板试点注册制下，上海证券交易所在收到申请文件后5个工作日内作出是否受理的决定；受理当日，发行人应当在交易所网站预先披露招股说明书、发行保荐书、上市保荐书、审计报告和法律意见书等文件。科创板发行人后续根据规则至少要进行三次以上的披露更新。

三是预披露申请文件的法律效力，预先披露的招股说明书等文件不是发行人发行股票的正式文件，不能含有股票发行价格信息，发行人不得据此发行股票。① 但预披露的申请文件，也要遵守信息披露真实、准确、完整等要求，披露的信息存在虚假记载、误导性陈述或者重大遗漏的，发行人也要承担相应法律责任。

【适用指引】

预披露制度是使发行人的发行申请共同接受审核注册机构以及社会公众全方位审查的制度安排。对于社会公众，预披露制度能够使投资者平等地接受有关发行人的信息，有更充裕的时间对信息进行思考和反馈，影响发行人的投资决策，达到社会监督的目的。对于审核注册机构，预披露制度也可以形成对审核注册过程的工作监督，提高审核注册的透明度。②

---

① 在境外市场，这一阶段披露的招股说明书被称为“红鲱鱼”（Red Herring Prospectus）。

② 张晗：《证券公开发行预披露制度研究》，吉林大学2011年硕士学位论文。

为了发挥好预披露制度对发行人及中介机构的监督约束作用，其配套的制度安排还包括：

1. 受理即担责。如《上海证券交易所科创板股票发行上市审核规则》第 15 条规定，发行上市申请文件一经受理，发行人及其控股股东、实际控制人、董事、监事和高级管理人员，以及与本次股票发行上市相关的保荐人、证券服务机构及其相关人员即须承担相应的法律责任。亦即明确了预披露的申请文件虽然不是正式发行文件，但是预披露的信息对投资者投资决策有重大影响，发行人等仍然要承担相应的责任，以此强化对发行人信息披露的约束。

2. 公开化问询式审核。如科创板试点注册制改革中，实行公开化问询式的审核，证券交易所的审核问询和发行人、中介机构的答复均予以公开（但属于国家秘密、商业秘密，披露后可能导致其违反国家有关保密的法律法规或者严重损害公司利益的除外），接受市场各方对发行人、中介机构的信息披露质量和证券交易所的审核质量的监督。

3. 举报制度。投资者对于预披露的信息，除了可以“用脚投票”外，还可以就预披露信息的不真实、不准确、不完整，向审核注册机构进行举报，审核注册机构将作出相应的处理。《上海证券交易所科创板股票发行上市审核规则》第 69 条规定：“本所受理发行上市申请后至股票上市交易前，本所收到与发行人本次发行上市相关的投诉举报的，可以就投诉举报涉及的事项向发行人及其保荐人、证券服务机构进行问询，要求发行人及其保荐人向本所作出解释说明，并按规定履行信息披露义务；要求保荐人、证券服务机构进行必要的核查并将核查结果向本所报告。”

第二十一条　国务院证券监督管理机构或者国务院授权的部门依照法定条件负责证券发行申请的注册。证券公开发行注册的具体办法由国务院规定。

按照国务院的规定，证券交易所等可以审核公开发行证券申请，判断发行人是否符合发行条件、信息披露要求，督促发行人完善信息披露内容。

依照前两款规定参与证券发行申请注册的人员，不得与发行申请人有利害关系，不得直接或者间接接受发行申请人的馈赠，不得持有所注册的发行申请的证券，不得私下与发行申请人进行接触。

【条文主旨】

本条是关于证券发行注册和审核程序机制、注册和审核参与人员行为准则的规定。

【条文释义】

本条是对原证券法第23条的修改，同时删去了第22条关于发行审核委员会的规定。

设立科创板并试点注册制改革，为注册制下如何配置发行上市审核注册职责提供了实践经验积累。《科创板实施意见》规定“稳步实施注册制试点改革”，建立了试点注册制发行上市审核的架构，即在合理制定股票发行上市条件的基础上：（1）上交所受理企业公开发行股票并上市的申请，审核并判断企业是否符合发行条件、上市条件和信息披露要求。上交所制定审核标准、审核程序等规则，报证监会批准。（2）证监会负责科创板股票发行注册。上交所审核通过后，将审核意见及发行人注册申请文件报送证监会履行注册程序。注册程序中重点关注交易所发行上市审核内容有无遗漏，审核程序是否符合规定，以及发行人在发行条件和信息披露要求的重大方面是否符合相关规定。（3）证监会对上交所审核工作进行监督等。证监会在规则制定、发行上市审核和注册过程监管、定期不定期检查、廉政监督监察等多个方面进行全面监督。

2015年证券法（修订草案）“一读稿”确定了注册制下发行审核的基本框架，即：（1）公开发行股票并拟在证券交易所上市交易的，发行人向证券交易所报送注册文件，证券交易所受理（第21条）。（2）证券交易所应当对注册文件的齐备性、一致性、可理解性进行审核，并出具审核意见（第22条）。（3）证券交易所审核同意的，将审核意见和注册文件报送证监会注册。证监会自收到审核意见及注册文件之日起十日内未提出异议的，注册生效（第23条）。（4）申请证券上市交易，应当向证券交易所提出申请，由证券交易所依照其上市规则审核同意，并由双方签订上市协议（第63条）。而“二读稿”全面恢复了原证券法的规定。“三读稿”根据科创板试点注册制的主要制度安排，专节规定了“科创板试点注册制”。新证券法鉴于“目前科创板注册制改革主要制度安排基本经受住了市场检验，在证券法修订草案中确立证券发行注册制已经有了实践基础”,[①] 在证券法中参考了科创板试点注册制改革中有关发行上市审核注册的安排，“按照全面推行注册制的基本定位规定证券发行制度”。国务院办公厅于2020年2月29日印发《国办证券法通知》，进一步规定，“稳步推进证券公开发行注册制”，细化了注册制的实施方案。

一、证券监管机构或者国务院授权的部门负责注册

本条第一款规定了注册制下证券公开发行注册的职责配置，即由国务院证券监督管理机构或者国务院授权的部门依照法定条件负责证券发行申请注册。这里的“依照法定条件”，既包括证券法、公司法、行政法规中直接规定的条件，还包括“经国务院批准的国务院证券监督管理机构规定的其他条件”（新证券法第12条）；针对公开发行公司债券，国务院办公厅《国办证券法通知》还规定“还应当具有合理的资产负债结构和正常的现金流量”的条件。为了审慎推进注册制改革，加强对注册制实施的法律约束，本条授权国务院规定证券公开发行注册的具体办法。

国务院办公厅《国办证券法通知》提出了稳步推进证券公开发行注册制的总体要求。一是就分步实施股票公开发行注册制改革作出安排：进一步完善科创板相关制度规则，提高注册审核透明度，优化工作程序。研究制定在深圳证券交易所创业板试点股票公开发行注册制的总体方案；适时提出在证券交易所其他板块和国务院批准的其他全国性证券交易场所实行股票公开发行注册制的方案；相关方案经国务院批准后实施，在此之前继续实行核准制，适用本次证券法修订前股票发行核准制度的规定。二是落实好公司债券公开发行注册制要求。依法由证监会负责作出注册决定的公开发行公司债券申请，由证监会指定的证券交易所负责受理、审核。依法由国家发展改革委负责作出注册决定的公开发行公司债券申请，由国家发展改革委指定的机构负责受理、审核。

二、证券交易所等可以对公开发行证券申请的审核

新证券法在本条第2款规定了证券交易所等参与发行审核的总体安排。

（1）审核主体。新证券法规定的公开发行证券的审核主体包括了证券交易所，也包括了《国办证券法通知》中规定的其他机构。如在企业债券方面，根

---

① 《全国人民代表大会宪法和法律委员会关于〈中华人民共和国证券法（修订草案）〉审议结果的报告》，载中国人大网，http：//www. npc. gov. cn/npc/c30834/202001/a0524c6d17784fa9a0bcc955f3d8170e. shtml，最后访问时间：2020年2月8日。

据国家发展改革委《关于企业债券发行实施注册制有关事项的通知》的规定，中央国债登记结算有限责任公司为受理机构，中央国债登记结算有限责任公司、中国银行间市场交易商协会为企业债券审核机构。[①]

（2）审核的基本规范。证券交易所等机构进行审核时，应当遵守证券法、《国办证券法通知》，并根据发行证券的不同还要分别遵守中国证监会、国家发展改革委制定的相关规定。科创板试点注册制下证券交易所的审核要遵守《科创板注册办法》。

（3）审核的内容和重点。证券交易所等机构主要通过审核问询、回答问题方式开展审核工作，督促发行人完善信息披露内容，并根据审核情况提出同意发行或终止审核的意见。这与目前科创板试点注册制改革中对上交所负责科创板发行上市审核的规定基本一致。[②]

在证券法中明确规定证券交易所等对公开发行证券申请的审核职责，既与当前经过科创板试点注册制改革的探索、社会公众已经形成的对注册制下发行上市机制安排的预期保持一致，也有助于提高证券公开发行核准过程中的权威性以及透明度。

三、不再规定发审委制度

我国证券法在 1998 年制定之初即规定了发行审核委员会（简称发审委）制度，作为证券发行核准制的重要组成部分。发审委的主要职能是“根据有关法律、行政法规和中国证监会的规定，审核股票发行申请是否符合相关条件；审核保荐人、会计师事务所、律师事务所、资产评估机构等证券服务机构及相关人员为股票发行所出具的有关材料及意见书；审核中国证监会有关职能部门出具的初审报告；依法对股票发行申请提出审核意见”。[③]

新证券法删减了原证券法第 22 条规定的发行审核委员会制度。但在主板、中小板完成注册制改革前，发审委还将继续履行核准制下的审核职责。

四、参与证券发行申请注册的人员行为规范

本条第 3 款规定了参与证券发行申请注册的人员行为规范：一是不得与发

① 国家发展改革委《关于企业债券发行实施注册制有关事项的通知》（发改财金〔2020〕298 号）。

② “上交所受理企业公开发行股票并上市的申请，审核并判断企业是否符合发行条件、上市条件和信息披露要求。审核工作主要通过提出问题、回答问题方式展开，督促发行人完善信息披露内容。”参见《科创板实施意见》。

③ 《中国证券监督管理委员会发行审核委员会办法》第 11 条。

行申请人有利害关系，二是不得直接或者间接接受发行申请人的馈赠，三是不得持有所注册的发行申请的证券，四是不得私下与发行申请人进行接触。在人员范围上，既包括了证监会、国家发改委的工作人员，也包括了证券交易所等从事对公开发行证券申请进行审核的从业人员。①

这些规定，意在防止参与证券发行申请注册的人员因与发行申请人存在不当的利益关系，徇私舞弊，影响其对证券发行申请作出公正、严格、专业的判断。

【适用指引】

本条主要对注册制下审核机制的基本制度框架作了规定，明确了注册机构、审核机构以及参与注册人员的行为规则。按照国务院办公厅《国办证券法通知》的要求，证监会还需要制定创业板试点注册制改革的总体方案，以及其他板块和全国性证券交易场所实行注册制的方案，相关方案经国务院批准后实施。

证券发行注册制的具体实施制度和机制安排，尤其是经过科创板试点注册制改革的成功探索，已为市场所接受、认可的制度安排，尚待证监会在后续制定的方案中加以规定。

第二十二条 国务院证券监督管理机构或者国务院授权的部门应当自受理证券发行申请文件之日起三个月内，依照法定条件和法定程序作出予以注册或者不予注册的决定，发行人根据要求补充、修改发行申请文件的时间不计算在内。不予注册的，应当说明理由。

---

① 原证券法对于“工作人员”和“从业人员”作出了一定的区分：“工作人员”主要适用于依照证券法的规定从事证券监管和自律管理的人员，“从业人员”主要适用于参与证券市场发行上市和交易活动的市场人员。例如原证券法第78条规定：“禁止国家工作人员、传播媒介从业人员和有关人员编造、传播虚假信息，扰乱证券市场。禁止证券交易所、证券公司、证券登记结算机构、证券服务机构及其从业人员，证券业协会、证券监督管理机构及其工作人员，在证券交易活动中作出虚假陈述或者信息误导。各种传播媒介传播证券市场信息必须真实、客观，禁止误导。”新证券法对于“工作人员”和“从业人员”的区分并不严格，如第40条规定：“证券交易场所、证券公司和证券登记结算机构的从业人员，证券监督管理机构的工作人员以及法律、行政法规规定禁止参与股票交易的其他人员……”第41条规定：“证券交易场所、证券公司、证券登记结算机构、证券服务机构及其工作人员应当依法为投资者的信息保密，不得非法买卖、提供或者公开投资者的信息……”

【条文主旨】

本条是关于国务院证券监督管理机构或者国务院授权的部门对证券发行注册的审核时间的规定。

【条文释义】

本条仅将原证券法第 24 条中的“核准”改为“注册”。

一、注册时限要求

本条规定了国务院证券监督管理机构或者国务院授权的部门（以下简称注册机构）的注册时限。注册机构应当在发行申请文件受理后 3 个月内给予注册结果。对于证券交易所等进行审核的公开发行申请，注册时限要从审核机构受理开始起算，包括审核机构的审核时限和注册机构的注册时限。

注册时限的起算点从受理开始。受理是指注册机构或者审核机构进行形式审核后，对符合形式要求的发行申请文件予以接受，比如申请文件的种类是否符合规定、提供服务的中介机构是否具备相应资质等。

规定注册时限，一方面保证了审核和注册机构有必要的工作时间进行审核，并就发行人是否符合发行条件、信息披露要求作出判断；另一方面也有助于对审核和注册工作进行监督，为发行人及其他市场主体作明确预期。

二、扣除时限规定

本条规定了审核时间的扣除，即发行人根据要求补充、修改发行申请文件的时间。此外，根据行政许可法第 45 条规定，依法需要听证、招标、拍卖、检验、检测、检疫、鉴定和专家评审的，不计入行政许可时限。[①] 对发行人等进行的现场检查、专项核查等事项也应当不计入注册时限内。科创板试点注册制下，发行人及其保荐人、证券服务机构回复审核问询时限、中止审核、请示有权机关、落实上市委员会意见、实施现场检查等，不计入交易所发行上市审核时限；发行人根据要求补充、修改注册申请文件，中国证监会要求交易所进一步问询，以及中国证监会要求保荐人、证券服务机构等对有关事项进行核查不计入注册时限。

---

① 《行政许可法第 45 条规定：“行政机关作出行政许可决定，依法需要听证、招标、拍卖、检验、检测、检疫、鉴定和专家评审的，所需时间不计算在本节规定的期限内。行政机关应当将所需时间书面告知申请人。”

三、对不予注册的说明理由

“说明理由”主要是指阐明不准发行证券的法律依据。为了提高注册程序的公开、透明，强化监管结果公开，使发行申请人充分了解不予注册的原因，本条规定注册机构对发行申请不予注册的，应当说明理由。

【适用指引】

一、科创板试点注册制的审核和注册时限

根据《科创板首次公开发行股票注册管理办法（试行）》以及《上海证券交易所科创板股票发行上市审核规则》，科创板试点注册制下，进一步强化了审核的透明度和可预期。

1. 受理

证券交易所收到发行上市申请文件后五个工作日内，对文件进行核对，作出是否受理的决定。文件不齐备的，补正时限最长不超过三十个工作日。文件不齐备且未按照要求补正的，保荐人、证券服务机构及其相关人员不具备相应资质或者资格受限的，不予受理。

2. 审核时限

受理后，证券交易所起三个月内出具审核意见，但发行人及其保荐人、证券服务机构回复本所审核问询的时间不计算在内。发行人及其保荐人、证券服务机构回复审核问询的时间不超过三个月。中止审核、请示有权机关、落实上市委员会意见、实施现场检查等情形，不计入审核和回复时间。

3. 证监会注册时限

中国证监会在收到交易所报送的审核意见及发行人注册申请文件后，20个工作日内作出注册决定。发行人根据要求补充、修改注册申请文件，中国证监会要求交易所进一步问询，以及要求保荐人、证券服务机构等对有关事项进行核查的时间不计算在内。

二、债券注册制的审核和注册时限

2020年3月1日，证监会发布了《中国证监会办公厅关于公开发行公司债券实施注册制有关事项的通知》，明确了“公开发行公司债券，由证券交易所负责受理、审核，并报证监会履行发行注册”的程序。随后沪深交易所也相继发布了《公开发行公司债券实施注册制相关业务安排的通知》。债券相关审核和注册的时限也将在遵循本条规定的前提下予以细化。

第二十三条 证券发行申请经注册后，发行人应当依照法律、行政法规的规定，在证券公开发行前公告公开发行募集文件，并将该文件置备于指定场所供公众查阅。

发行证券的信息依法公开前，任何知情人不得公开或者泄露该信息。

发行人不得在公告公开发行募集文件前发行证券。

【条文主旨】

本条是关于公开发行申请经注册后发行人公告发行文件的规定。

【条文释义】

本条是对原证券法第 25 条的修改，将“核准”改为“注册”。

一、公开正式招股说明书等募集文件

公开发行证券，是发行人进行的直接面向广大社会公众筹集资金的活动，该活动本身就具有公开的性质。向社会公众公告发行文件，比如招股说明书、公司债券募集办法等文件，使投资者了解筹资目的、用途、发行人自身的生产经营情况、给予投资者的回报等，是广大投资者作出决策的必要前提。在前期预披露的基础上，用于注册的招股说明书中已经就发行人基本情况、证券发行信息等披露。经注册机构注册后，发行人将正式招股说明书等募集文件予以公开，进行要约邀请。

二、证券发行信息保密义务

这是对知情人保密义务的规定，即发行证券的信息依法公开前，任何知情人不得公开或者泄露该信息。目的是保护发行人的合法权益，维持证券市场的正常秩序，防止误导投资者。所谓依法公开前，是指发行证券的申请经注册后作出公告之前。在这里规定的知情人包括发行人内部的高级管理人员、审核和注册机构的有关人员、为证券发行提供服务的证券服务机构的有关人员，以及因工作关系可以接触到发行证券信息的有关人员等。因为证券发行申请只有经注册后，才能够公开有关信息。

三、不得“抢跑”

证券发行前的强制信息披露公开制度是保障投资者知情权，确保投资者能够自主决策的基础。公告公开发行的募集文件（特别是含有价格等信息）是证券发行的必经程序，未公告公开发行募集文件而发行证券，应严厉禁止。

禁止抢跑原则明确了在注册说明书生效之前，不可以对证券的价值进行预测，并且禁止形成销售证券的要约和要约邀请。证券公开发行预披露制度与美国证券发行注册的静默期有很多相似之处。美国证券法中的注册制分为三个时期：注册说明书送达前时期(re - filing period)、静默期（waiting period）和注册说明书生效时期(post - effective period)，这三个时期相互衔接，构成了一个完整的登记注册制。在静默期可以通过路演推介宣传证券，形成证券承销团，从而为在注册说明书生效之后成功销售证券做准备，但不能正式公开宣传。

【适用指引】

我国资本市场已然吸收了境外成熟市场关于股票发行“静默期”的规定。2013 年中国证监会修订并公布的《证券发行与承销管理办法》明确要求，首次公开发行股票申请文件受理后至发行人发行申请经中国证监会核准、依法刊登招股意向书前，发行人及与本次发行有关的当事人不得采取任何公开方式或变相公开方式进行与股票发行相关的推介活动，也不得通过其他利益关联方或委托他人等方式进行相关活动。该办法还规定发行人和承销商在发行过程中披露的信息，应当真实、准确、完整，不得片面夸大优势，淡化风险，美化形象，误导投资者，不得有虚假记载、误导性陈述或者重大遗漏。2018 年修订后的《证券发行与承销管理办法》再次强调，首次公开发行申请经中国证监会核准后，发行人及其主承销商应公告招股意向书和发行公告，此后发行人和主承销商才可以向网下投资者进行推介和询价，并通过互联网等方式向公众投资者进行推介。发行人和主承销商向公众投资者进行推介时，向公众投资者提供的发行人信息的内容及完整性应与向网下投资者提供的信息保持一致。

《公开发行证券的公司信息披露内容与格式准则第 41 号——科创板公司招股说明书》进一步明确，在科创板发行上市需在其招股说明书中披露本次发行的重要日期，依时间顺序先后包括“刊登发行公告日期”“开始询价推介日期”“刊登定价公告日期”“申购日期和缴款日期”“股票上市日期”。《上海证券交易所科创板股票发行与承销实施办法》规定发行人在取得中国证监会同意注册决定后，启动股票公开发行前，应当在本所网站和中国证监会指定网站披露招股意向书。发行价格确定后五个工作日内，发行人应当在本所网站和中国证监会指定网站刊登招股说明书，同时在中国证监会指定报刊刊登提示性公告，告知投资者网上刊登的地址及获取文件的途径。

第二十四条　国务院证券监督管理机构或者国务院授权的部门对已作出的证券发行注册的决定，发现不符合法定条件或者法定程序，尚未发行证券的，应当予以撤销，停止发行。已经发行尚未上市的，撤销发行注册决定，发行人应当按照发行价并加算银行同期存款利息返还证券持有人；发行人的控股股东、实际控制人以及保荐人，应当与发行人承担连带责任，但是能够证明自己没有过错的除外。

股票的发行人在招股说明书等证券发行文件中隐瞒重要事实或者编造重大虚假内容，已经发行并上市的，国务院证券监督管理机构可以责令发行人回购证券，或者责令负有责任的控股股东、实际控制人买回证券。

【条文主旨】

本条是关于发现已注册的证券发行决定不符合法定条件和程序如何处理的规定。

【条文释义】

本条是对原证券法第 26 条的修改，修改包括新增了欺诈发行上市的股票责令购回制度。

本次证券法修订之前，若欺诈发行在上市前被发现、则依据原证券法第 26 条第 1 款的规定，采取撤销核准、停止发行或返还本息的办法予以救济；若欺诈发行在上市后被发现，只能采取证监会行政处罚、交易所公开谴责、法院刑事诉讼和投资者民事索赔的方法加以救济。新证券法进一步完善了欺诈发行上市的处理程序和措施。欺诈发行在上市前被发现的，采取撤销注册，停止发行或者返还本息；上市后被发现的，监管机构可以责令发行人回购证券或者由负有责任的控股股东、实际控制人买回证券。

本条是民法上“恢复原状”规则在证券市场的运用，即以证券撤销发行注册后的“恢复原状”为基本逻辑、辅之以对行为人的惩戒及对受害者的救济。

美国《1933 年证券法》也规定，如证券发行人或者卖方在针对买方的招募说明书或者口头信息中有虚假陈述或重大遗漏，买方有权起诉要求卖方向其返还购买证券支付的对价及相应利息减去因买入证券获得的收入，而买方则应向卖方返还证券。当然美国这种人数众多且买卖双方一一对应的回购机制，需要依靠强大的民事诉讼机制。

从行政法律关系上看，本条第 1 款是证券监管机构对允许证券发行注册这一具体的行政许可行为的撤销；第 2 款则是赋予证监会新的行政权力，即以类似行政决定的命令性规范、要求欺诈发行责任人回购相关股份。具体而言，本条的具体内容包括：

一、对不符合法定条件与程序但已取得注册的处理

本法对公开发行证券应当符合的条件作了规定。有的发行申请人虽然不符合公开发行证券的条件，但是为达到通过公开发行募集资金的目的，便使用各种手段进行虚假申报。为了保证公开发行证券的质量，对广大投资者负责，本条规定应当从两个方面采取措施：一方面是对国务院证券监督管理机构或者国务院授权的部门的要求，即注册部门应当撤销已经作出的注册决定，命令发行人停止发行；另一方面是对发行人的要求，这就是发行人尚未发行证券的，立即停止发行；已经发行的，应当按照发行价格并加算银行同期存款利息返还证券持有人。

二、保荐人及控股股东、实际控制人的连带责任

对于不符合法律规定的证券发行，本条首先规定了发行人的无过错责任，即无论发行人的主观形态、无论其故意或过失，发行人都必须承担返还相应款项、承担民事赔偿的义务。同时，为了更好地保护投资者利益，本条还规定了其他机构的责任：

1. 保荐人应当与发行人承担连带责任。因为本法规定保荐人具有对发行文件的真实性、准确性、完整性进行核查的义务，所以本条规定保荐人与发行人承担连带责任，但是能够证明自己没有过错的除外；这与本条自 2015 年开始的历次修订中对保荐人的规定保持了一致。

2. 发行人的控股股东、实际控制人也应当与发行人承担连带责任，但是能够证明自己没有过错的除外。实际控制人是指虽不是公司的股东，但通过投资关系、协议或者其他安排，能够实际支配公司行为的人。值得注意的是，新证券法将发行人控股股东、实际控制人由曾经的过错责任修改为过错推定的连带责任（同第 85 条对信息披露义务的相关规定），进一步强化了对控股股东、实际控制人的追责力度。

证券法（修订草案）“一读稿”中，按照证券发行核准和注册分别规定了撤销核准或者注册制度。同时根据违法行为性质和严重程度规定了两种类型：违反法定条件和法定程序的，可以撤销注册；注册文件存在虚假陈述的，应当撤销注册。同时增加了撤销注册给投资者造成损失的民事赔偿责任，发行人的“董监高”、控股股东、实际控制人、保荐人以及承销机构均承担过错推定的连带责任，还对保荐人之外的“证券服务机构”做了约束，即“证券服务机构应当就其所出具的文件承担连带责任，但是能够证明自己没有过错的除外”。“二读稿”及“三读稿”都明确，保荐人、控股股东及实际控制人应当与发行人一起就证券撤销注册承担连带责任，但适用了不同的归责原则：保荐人自始至终是过错推定责任；而发行人的控股股东及实际控制人却是过错原则，即“发行人的控股股东、实际控制人有过错的，应当与发行人承担连带责任”。实际上，控股股东、实际控制人作为享有公司控股权、控制权的主体，对全体投资者负有诚信义务，是发行人上市公司的经营质量和规范运作水平的决定性因素之一。因此，新证券法确立了控股股东、实际控制人过错推定的连带赔偿责任，全面提高控股股东、实际控制人的违规成本。

三、增设欺诈发行上市的责令购回制度

在证券发行注册改革的大背景下，处理好政府与市场的关系就是一个各方责任重新配置的过程。原证券法对不符合法定条件和程序的发行，在未上市之前规定了相应的处理措施，但对于已上市的欺诈发行，未规定相应的处理措施。新证券法补足了这一措施。本条规定：(1) 责令购回制度的适用情形是招股说明书等证券发行文件中存在隐瞒重要事实或者编造重大虚假内容，同时发行人已发行上市。(2) 作出责令购回的主体是证券监管机构（证监会），责令购回不以投资者提出请求为前提。(3) 购回证券的主体包括发行人，以及负有责任的控股股东、实际控制人。

为解决投资者因发行人欺诈发行而遭受的经济损害赔偿问题，我国资本市场的追责体系经历了丰富的实践与长足的发展，包括证券虚假陈述侵权诉讼、先行赔付，等等。2013 年万福生科虚假陈述案开创了保荐机构先行赔付投资者之先河①。通过保荐机构设立投资者利益补偿专项基金、采取先以基金偿付符

---

① 《保荐机构首次先行赔付投资者——首例创业板公司欺诈上市案被查处，平安证券三亿元设补偿基金》，载人民网，http：//finance. people. com. cn/stock/n/2013/0511/c220485 - 21445349. html，最后访问时间：2020 年 7 月 15 日。

合条件的投资者，再通过法律途径向责任方追偿的方式，能够有效克服证券侵权民事责任主体不明或无力承担赔偿责任时投资者民事赔偿不力的问题。但是，保荐机构“先偿后追”的模式未能有效剥夺欺诈发行人及其他责任方的非法利益，难以充分实现追责效果，同时将发行人及其他主体的赔偿责任先行让渡给保荐人，也存在追责顺序的争议。

为快速实现对投资者利益的补救性保护、惩戒和预防违法行为，2013年《中国证监会关于进一步推进新股发行体制改革的意见》（以下简称《新股发行改革意见》）规定，发行人及其控股股东应在公开募集及上市文件中公开承诺，存在欺诈发行等行为的，将依法回购首次公开发行的全部新股。2015年修订的《公开发行证券的公司信息披露内容与格式准则第1号——招股说明书》要求招股书要载明：“保荐人承诺因其为发行人首次公开发行股票制作、出具的文件有虚假记载、误导性陈述或者重大遗漏，给投资者造成损失的，将先行赔偿投资者损失。”2019年3月，中国证监会发布的《科创板首次公开发行股票注册管理办法（试行）》第68条规定，发行人不符合发行上市条件、存在以欺骗手段骗取发行注册的行为并已经发行上市的，“可以依照有关规定责令上市公司及其控股股东、实际控制人在一定期间从投资者手中购回本次公开发行的股票”。

依据本条所建立的责令购回制度具有投资者保护与违法行为惩戒及预防的双重价值。依靠证券监管措施，强制发行人购回或者负有责任的控股股东、实际控制人买回证券，从而为欺诈发行上市的受害投资者提供私权救济的辅助实现方式。这也是本次修法构建完备的证券法律责任体系，全面提高违法成本、完善民事赔偿优先机制的重要创新。

四、应注意撤销注册与责令购回的区别

本条第1款规定的不符合法定条件和程序的注册处理与第2款规定的责令购回，在适用上存在一定差异：（1）第1款撤销注册主要针对尚未上市的发行人，第2款责令购回仅限于已上市的情形。（2）条件有差异。责令购回适用范围较窄，仅限定于在证券发行文件中隐瞒重要事实或者编造重大虚假内容，后一种处理适用范围则包括了不符合法定条件或者程序，范围更为广泛。（3）处理方式上有差异，责令购回以发行人或者控股股东、实际控制人回购或者买回证券为标志，但并未包括撤销发行注册，主要考虑的是发行人已发行并上市，撤销注册意义已不大，后续处理将启动重大违法退市程序。

【适用指引】

撤销证券核准的实施情况

“通海高科案”是我国证券市场建立以来、首例对公开发行股票核准决定撤销的案件。时间追溯至1999年11月，吉林省人民政府向中国证监会报送通海高科股票发行申请及公开募集文件等申报材料［《关于报送吉林通海高科技股份有限公司正式申报材料的函》（吉政文〔1999〕161号）］。中国证监会于2000年6月通知吉林省人民政府关于核准通海高科股票公开发行申请的决定（证监发行字〔2000〕79号）。通海高科于2000年6月30日以每股16.88元的价格，向社会公开发行1亿股上市流通股份，募集资金16.88亿元。发行募集结束后，群众举报通海高科的公开募集文件含有重大虚假内容，中国证监会随即做出通海高科股票暂缓上市流通的决定，并展开立案调查，最终认定通海高科的财务会计文件存在重大虚假记载。证监会以证监函〔2002〕220号文撤销了中国证监会证监发行字〔2000〕79号文件关于吉林通海高科股票公开发行的核准决定。

随后，吉林省人民政府成立了“吉林省人民政府处理通海高科资产清退工作领导小组”，开立了“通海高科募股资金清退专用帐户”。考虑到当时通海高科已将大部分募股资金投入使用、无法追偿，因此，在吉林省政府的“清偿方案”中，通海高科的社会公众股份持有人除可以依法要求返还现金外，也可以换购另一家拟上市公司的股份，换购后的股份经核准后可以上市流通。吉林省选定吉林能源交通总公司持有吉林电力股份有限公司的股份作为换购股份。投资者可以根据各自的实际情况和需求，做出自主投资选择。①

---

① 参见《关于同意吉林通海高科技股份有限公司原社会公众股股东换购吉林电力股份有限公司股份有关问题的批复》（证监发行字〔2002〕97号）。

撤销证券核准案例

	阶段及时间	撤销原因	撤销依据	决定内容	其他责任
通海高科	发行募集结束 2002年9月	申请上市文件存在财务数据造假，包括虚构营业收入，以及伪造变造金融票证、偷税漏税等违法行为	1998年证券法第18条；1999年公司法第137条、第152条（申请股票发行上市的公司在最近三年内财务会计文件必须无虚假记载的规定）	撤销对吉林通海高科股票公开发行的核准决定，通海高科的募股资金返还投资者	1. 主要责任人员追究刑事责任。 2. 吉林省政府制定了“现金+股份”换购的清退方案，投资者可自主选择
立立电子	已发行未上市 2009年4月	招股说明书中存在应披露而未披露的信息，包括重大交易、股权代持安排等	2005年证券法第26条	撤销宁波立立电子首次公开发行股票的核准决定，要求立立电子按照发行价并加算银行同期存款利息返还证券持有人①	—
苏州恒久	已发行（完成申购及摇号）、未上市 2010年6月	招股书披露不实，如未能披露发行人全部5项专利已被终止和2项正在申请的专利已被视为撤回	同上	撤销苏州恒久首次公开发行股票的行政许可，苏州恒久将公开发行募集资金按照发行价并加算银行同期存款利息返还给网上中签投资者及网下配售投资者②	—

---

① 参见《关于撤销宁波立立电子股份有限公司首次公开发行股票行政许可的决定》（证监许可〔2009〕278号），载中国证监会网，http://www.csrc.gov.cn/pub/zjhpublic/G00306202/201002/t20100224_177299.htm；以及《宁波立立电子股份有限公司关于返还投资者本金及利息等相关事宜的公告》，载新浪网，http://vip.stock.finance.sina.com.cn/corp/view/vCB_AllBulletinDetail.php?id=410213，最后访问时间：2020年7月15日。

② 参见《关于撤销苏州恒久光电科技股份有限公司首次公开发行股票行政许可的决定》（证监许可〔2010〕806号），载中国证监会网站，http://www.csrc.gov.cn/pub/zjhpublic/cyb/201101/t20110124_191124.htm?keywords=，最后访问时间：2020年7月15日。

续表

	阶段及时间	撤销原因	撤销依据	决定内容	其他责任
胜景山河	已发行 未上市 2011 年 4 月	招股书披露不实、虚增销售收入	同上	撤销胜景山河首次公开发行股票的核准决定，要求按照发行价并加算银行同期存款利息返还证券持有人①	—

第二十五条　股票依法发行后，发行人经营与收益的变化，由发行人自行负责；由此变化引致的投资风险，由投资者自行负责。

【条文主旨】

本条是关于发行人与投资者风险责任的规定。

【条文释义】

本条内容是原证券法第 27 条，未作修改。

本条是“买者自负”原则在股票市场的具体体现。本条规定的风险责任分为两种：一种是发行人的责任，这就是股票依法发行后，发行人经营与收益发生变化，比如出现亏损，无法支付红利等致使股价下跌，由发行人自行承担责任，即“卖者尽责”原则。另一种是投资者的责任，这是指股票依法发行后，因为发行人经营与收益情况变化导致股票的收益减少的，由投资者自行承担这种损失，即“买者自负”原则，这是市场交易的基本准则之一。

“买者自负”是市场经济的一个基本原则，是指从事购买行为的主体自行承担购入的风险及其损益。该原则是发端于普通法系的一项私法原则，对应的拉丁文是“Caveat emptor”，英文解释为“let the buyer be ware”，即“顾客留心”，指一个人在购买东西的时候，有责任识别和接受这个东西的缺陷。“买者

---

①　参见《关于撤销湖南胜景山河生物科技股份有限公司首次公开发行股票行政许可的决定》（证监许可〔2011〕499 号），载中国证监会网站，http：//www. csrc. gov. cn/pub/zjhpublic/G00306202/201107/t20110727_ 198092. htm，最后访问时间：2020 年 7 月 15 日。

自负”原则最早在 Chandelor v. Lopus 案中确立，经过长时间的演变，其法律含义和适用条件等逐渐成形，成为普通法中的一项基本交易原则，同时也是现代证券市场交易的基本原则之一。依此原则，证券、金融产品的购买者要从购买行为中获得利益，当然也要自己承担决策风险。从法律原理上看，“买者自负”原则是传统民法中的“自己责任”原则在证券法领域的具体体现。民法上的“自己责任”，是指行为人应该对出于自己意思而为的行为所产生的后果承担责任，属于过错责任范畴。“买者自负”正是这样一种自己责任。对于证券交易，首先应以投资人之自己责任原则为前提。[①]

【适用指引】

司法实践中，证券纠纷强调“买者自负”与金融领域的消费者权益保护看似矛盾实则一致。比如，我国股权分置化改革中，个股权证曾作为非流通股股东向流通股股东支付对价的金融衍生产品予以推出。一些权证投资者或将参与权证交易的损失归结为发行人信息披露存有问题，[②] 或主张权证创设制度本身导致了投资失败。[③] 最终，这些主张都被法院一一驳回，从而很好地引领了全市场理性投资的风气。

在胡某华诉国信证券有限责任公司上海北京东路证券营业部、上海万得信息技术有限公司案中，[④] 原告投资者混淆了权证“最后交易日”和“到期日”这两个概念，于白云机场权证的最后交易日——2006 年 12 月 15 日买入权证 7 万股，当日未卖出而导致损失。原告在诉讼中声称，证券公司操盘系统提示该权证的到期日为 2006 年 12 月 22 日，这一信息误导了其对权证交易期限的判断、致使其做出了错误的投资行为，故而要求赔偿。上海市黄浦法院判决认为，系争权证发行企业已经公布了包括最后交易日在内的风险提示公告；证券公司等两被告在操盘系统中不仅标明了到期日，也提示了最后交易日信息。作为权证投资者，应当对产品“最后交易日”和“到期日”的不同有正确的理解和掌握。因此，根据“买者自负”原则，由此产生的损失应当由投资者自行承担。

---

① 卢文道：《证券交易“买者自负”原则的司法适用及法制化初探》，载《证券法苑（第 4 卷）》，法律出版社 2011 年版。

② 参见（2008）沪高民二（商）终字第 6 号。

③ 参见（2010）沪高民二（商）终字第 65 号。

④ 参见（2007）黄民二（商）初字第 842 号。

在融资融券交易有关案件中，也有投资者认为自己当然构成“消费者”。[①]法院经研究认为，融资融券尤其是融券业务是具有高风险、高难度的复杂的金融产品，从事该业务的投资者已经不属于传统意义上的需要保护弱者，也不属于新一轮金融消费者保护运动下行为金融学定义的“非理性投资者”，因此不属于“消费者”的范畴，相应的投资损失也应由投资者自己承担。随着金融市场不断推陈出新，法院已经形成了在综合考量投资者能力和经验、考量卖者信息披露和风险揭示程度以及监管适当性的基础上，审慎运用“买者自负”原则的示范效应。

实际上，对投资者适当性管理者的审查也会继续贯彻司法裁量原则，这也是2019年《全国法院民商事审判工作会议纪要》“关于金融消费者权益保护纠纷案件的审理”强调的内容，如严格审查证券公司是否建立了相应投资者适当性管理制度。在举证责任分配方面，证券公司要想证明“卖者尽责”，需举证说明对相关的投资者进行了风险度测试，进行了高风险教育，以及充分查证了投资者在了解产品特性和产品风险基础上，根据自身风险承受程度，才做出了与自身能力相适应的投资。这同投资者适当性原则要求证券公司（主要是经纪商）在对证券和投资者进行合理调查的基础上，向投资者推荐符合该其投资目的和投资需求的证券的义务也是一致的。[②]

第二十六条　发行人向不特定对象发行的证券，法律、行政法规规定应当由证券公司承销的，发行人应当同证券公司签订承销协议。证券承销业务采取代销或者包销方式。

证券代销是指证券公司代发行人发售证券，在承销期结束时，将未售出的证券全部退还给发行人的承销方式。

证券包销是指证券公司将发行人的证券按照协议全部购入或者在承销期结束时将售后剩余证券全部自行购入的承销方式。

【条文主旨】

本条是关于证券承销制度的规定。

---

① 参见（2016）沪0101民初8524号、（2016）沪02民辖终656号。

② 武俊桥：《证券市场投资者适当性原则初探》，载《证券法苑》2010年第2期。

【条文释义】

本条内容是原证券法第28条规定，未作修改。

一、证券承销制度的概念

证券承销制度是指规范发行人向不特定对象发行证券时，包括股票、存托凭证、可转换为股票的公司债、公司债、企业债、中国银行间市场交易商协会主管的债券、政府债券及其他应承销发行的证券，聘请证券公司或其他具有承销资格的主体担任主承销商协助发行人完成证券发行的一系列制度的总称。按照法律、行政法规，部分情形下发行人向不特定对象发行证券时，可以自主发行。目前我国企业的融资方式还是以间接融资为主，依赖于银行贷款，在国家鼓励提高企业直接融资比重的背景下，证券承销制度作为直接融资的核心制度发挥着重要作用，企业实现直接融资的具体实现路径，基本上建立在证券承销制度之上。从法律层面要求发行人在特定情形下发行证券时应聘请证券公司担任主承销商，一方面是考虑证券公司具有专业的承销能力，能够有效地利用市场资源帮助发行人完成融资；另一方面是通过证券公司把好发行人从资本市场直接融资的准入关，保护投资者的合法权益，通过证券公司的专业判断及信用背书向资本市场输送优秀的融资主体。

二、证券承销制度的适用

本条规定了发行人向不特定对象发行的证券，法律、行政法规规定应当由证券公司承销的，发行人应当同证券公司签订承销协议。按照本条规定，承销制度的适用包含三个层面的要求：第一，向不特定对象发行证券。本法第2条规定了证券的种类，本法第9条规定了向不特定对象发行证券属于公开发行的情形之一，在大的适用范围上，证券的公开发行应遵守承销制度；第二，法律、行政法规规定应当由证券公司承销。公司法第87条规定：“发起人向社会公开募集股份，应当由依法设立的证券公司承销……”；《上市公司证券发行管理办法》第49条规定：“上市公司发行证券，应当由证券公司承销……”；《创业板上市公司证券发行管理暂行办法》第39条也有同样的规定；《公司债券发行与交易管理办法》第33条第1款规定：“发行公司债券应当由具有证券承销业务资格的证券公司承销”。在具体实践中，除上市公司在符合条件时自行销售非公开发行股票、特定主体采用自行销售的方式非公开发行公司债以外，上海证券交易所及深圳证券交易所上市发行的证券品种均应由具有承销资格的证券公司承销，中国银行间市场交易商协会主管的债券品种可以由具有承销资格的银行及证券公司承销；第三，签订承销协议。本条、公司法第87条、《证券发行与承销管理办法》第22条、《公司债券发行与交易管理办法》第36条等，对发行人与主承销商应签订承销协议均进行了明确的规定。结合上述三个层面的要求可以看出，我国对于发行人在特定情形下发行证券时应由证券公司承销属于法律的强制性要求，发行人不得私自在公开市场融资，这也从承销制度的设计上体现了监督管理部门要求证券公司作为资本市场“看门人”的监管思路。

三、证券承销的方式

代销与包销属于证券承销的两种法定方式。本条规定了开展证券承销业务应采取代销或者包销方式。

（一）代销

本条第2款规定：“证券代销是指证券公司代发行人发售证券，在承销期结束时，将未售出的证券全部退还给发行人的承销方式。”从法律角度来讲，代销模式下发行人与证券公司之间属于委托代理关系，证券公司接受发行人委托发售证券，如果承销期结束时受托发售的证券未全部售出，证券公司将未售出的证券退还给发行人。在具体实践中，除相关监督管理规定要求采用代销方式的情况以外，证券发行多采用余额包销的方式。导致代销方式出现较少的原因可以从两个角度来分析：从证券公司的角度来讲，一方面，如采用代销模式，可能反映了证券公司对发行人的市场认可度本身是存疑的，为了避免承担余额包销责任而选择了代销的方式，如果证券公司对发行人主体资质要求较高，对于市场认可度不高且发行阶段可能承担较大包销风险的发行人在项目立项阶段可能就会被证券公司拒绝。也有一种例外的情形，采用代销并不是因为证券公司认为发行风险较大，而是因为发行人既具有较高的市场认可度，又具有较高的专业能力，其自身不太需要借助证券公司的专业能力及信用背书，比如发行人为证券公司时，其聘请其他证券公司承销证券可能会采用代销方式。另一方面，代销模式下，虽然证券公司承担的发行责任较轻，承销期结束时将未售出的证券退回发行人，但是其收费一般低于余额包销模式，证券公司更愿意发挥专业优势在避免实际余额包销风险的前提下采用余额包销的承销方式。从发行人的角度来讲，其不愿意承担发行失败的风险，为保证证券的成功发行，更愿意选择余额包销的承销方式。监督管理规定中明确要求采用代销方式承销的主要有：《证券发行与承销管理办法》第23条规定，上市公司非公开发行股票未采用自行销售方式或者上市公司配股的，应当采用代销方式；《上市公司证券发行管理办法》第12条规定，上市公司向原股东配售股份的也应该采用证券法规定的代销方式发行。

（二）包销

本条第3款规定："证券包销是指证券公司将发行人的证券按照协议全部购入或者在承销期结束时将售后剩余证券全部自行购入的承销方式。"按照协议全部购入是指全额包销，在承销期结束时自行购入售后剩余证券是指余额包销。从法律角度，包销模式下，发行人与证券公司之间不仅包含了委托代理关系，如果在承销期结束时证券公司自行购入未售出的证券，那么发行人与证券公司还存在买卖关系。在具体实践中，证券公司将发行人的证券按照协议全部购入的情况在境外资本市场较为常见，在我国大陆资本市场较为少见，比较常见的包销方式是余额包销。从发行人角度，无论发行股票、债券或者其他证券品种，都希望能够成功发行，发行失败不仅影响发行人的融资计划，还会影响发行人在资本市场的声誉，所以发行人需要有足够的把握后才能启动发行。同时发行人还希望获得较高的股票发行市盈率或者较低的债券发行利率，提高融资规模、降低融资成本。从主承销商角度，为了迎合发行人能够保证成功发行的诉求，获取更高的承销费用，具有采用余额包销承销方式的动力，但与此同时，余额包销相当于主承销商使用自有资金对证券发行进行了兜底。实际上，主承销商为了在保障发行成功的同时避免自有资金承担市场风险，在定价的过程中需要与发行人、认购人充分博弈，获得一个各方均认可的股票发行市盈率或者债券发行利率区间，从这个角度来讲余额包销的承销方式实际上使定价过程更加充分、价格更加公允，在一定程度上促进了资本市场的良性发展。

【适用指引】

关于证券承销制度的具体适用应参照中国证券监督管理委员会、中国证券业协会、上海证券交易所、深圳证券交易所及全国中小企业股份转让系统有限责任公司发布的相关规则。

第二十七条 公开发行证券的发行人有权依法自主选择承销的证券公司。

【条文主旨】

本条是关于发行人选择证券公司的规定。

【条文释义】

本条是对原证券法第 29 条的修改，将“证券公司不得以不正当竞争手段招揽证券承销业务”相关内容移至新证券法第 29 条统一规定。

本条规定了发行人公开发行证券时自主选择证券公司担任主承销商的权利。本法第 9 条规定了属于公开发行证券的情形，本法第 26 条规定了发行人公开发行证券时应聘请证券公司担任主承销商的情形，本条旨在明确发行人公开发行证券在必须选择证券公司或者自愿选择证券公司担任主承销商时，有权根据市场化的原则自主选择拟聘请的证券公司。基于证券公开发行涉及众多个人投资者的实际情况，我国对于证券公开发行市场一直属于强势监管，发行人通过公开发行证券从资本市场获取融资需要遵守方方面面的法律法规及监管规定，但就发行人发行证券本身来讲，属于广义上的民事法律行为，在满足法律法规及监管规定强制要求的前提下，发行人有权根据自己的意愿选择证券公司承销证券，在符合法律规定的必备条款要求的前提下，有权根据签署的承销协议内容与证券公司建立相应的权利义务关系。明确发行人有权自主选择证券公司完成承销活动的主要原因如下：第一，发行人自主选择证券公司符合民事主体从事民事活动应当遵循自愿原则的基本要求，如果发行人连完成承销的主承销商都无权选择，那很难再说发行人的融资属于市场行为；第二，在承销活动中，发行人需向证券公司支付承销费用，从法律层面明确发行人有权自主选择证券公司，可以避免监督管理部门的工作人员与证券公司的工作人员形成利益共同体，利用职务便利为发行人指定证券公司进行承销，从而滋生腐败，扰乱证券发行市场的正常秩序；第三，可以充分发挥证券公司之间的竞争机制，有利于促进证券公司着力于提高自身的专业水平、服务能力；第四，发行人通过市场化的方式来选聘证券公司，可以降低发行人的发行成本，符合正常的商业逻辑。从另一个角度来讲，发行人自主选择证券公司，同时也意味着证券公司自主选择发行人，在证券公司同质化竞争的今天，有助于证券公司通过反向选择发行人，建立某类业务的专业优势及市场地位，打造精品证券公司，实现差异化竞争。

【适用指引】

本条的适用主要是把握对于发行人公开发行证券的认定以及对证券公司的自主选择权，可以参照针对新证券法第 26 条的释义部分。

第二十八条　证券公司承销证券，应当同发行人签订代销或者包销协议，载明下列事项：

（一）当事人的名称、住所及法定代表人姓名；

（二）代销、包销证券的种类、数量、金额及发行价格；

（三）代销、包销的期限及起止日期；

（四）代销、包销的付款方式及日期；

（五）代销、包销的费用和结算办法；

（六）违约责任；

（七）国务院证券监督管理机构规定的其他事项。

【条文主旨】

本条内容是关于承销协议必备内容的规定。

【条文释义】

本条是原证券法第 30 条的规定，未作修改。

承销协议是指具有承销资格的证券公司依据法律法规及部门规章的规定，接受发行人委托承销证券时，约定承销过程中证券公司与发行人双方权利义务的协议。本条规定了选择证券公司担任主承销商承销证券时，应与证券公司签订承销协议，并明确了承销协议中的部分必备内容，可见承销协议属于法定的要式合同。本法第 27 条规定了发行人有权自主选择证券公司，体现了承销活动具有民事法律行为的特点，但是区别于普通民事法律行为中民事主体对民事行为充分的意思自治，承销活动还受制于法律法规及部门规章中相关强制性规定的约束，体现了一定的行政色彩，比如承销活动必须签订承销协议以及承销协议必须约定法定内容等。本法第 26 条的释义部分阐述了必须签署承销协议的情形，本条释义重点阐述承销协议法定的必备条款。启动承销是发行人拟发行的证券正式面向市场的起点，其重要性不言而喻，所以本条必备条款侧重于规定承销协议中必须载明的代销或包销有关的安排，具体内容如下。

一、承销方式

本条规定了证券公司承销证券应当同发行人签订代销或者包销协议。在具体实践中，承销方式一般并不会以专门的代销协议或者包销协议的形式体现，代销或者包销均在承销协议的承销责任部分约定。因此，该条可以理解为承销协议中必须包含对承销方式的约定。

二、当事人的名称、住所及法定代表人姓名

合同中一般都会包含当事人名称、住所及法定代表人姓名等，但是除当事人以外，住所及法定代表人姓名并不需要作为强制约定的内容出现在协议中。当事人是协议签署的主体，一般都必须约定，承销协议中的当事人是指发行人与证券公司；住所是指法人主要办事机构所在地，一方面用于双方日常寄送文件时的联系地址，另一方面用于在处理纠纷时确定诉讼管辖地以及法律文书的送达地址；法定代表人是指依照法律或者法人章程的规定，代表法人从事民事活动的负责人，在具体实践中，承销协议要求体现法定代表人姓名，在执行上落实为要求承销协议必须由法定代表人签署，不允许发行人及证券公司授权其他人员签署承销协议，这实际上是对承销协议的生效条件作出了更高的要求，进一步体现了监督管理部门对承销工作的重视。

三、代销、包销安排及违约责任

（一）代销、包销证券的种类、数量、金额及发行价格

在具体实践中，承销协议中应明确约定经发行人内部有权机构审议通过的拟发行证券的种类、数量以及拟募集资金的金额，同时明确约定主承销商针对拟发行证券应承担的承销责任。发行价格在承销协议签署时一般难以明确，但是承销协议中会约定发行价格的确定机制，后续在销售结束后根据承销协议中约定的价格确认机制通过承销协议附件或者发行公告的形式确定发行价格。

（二）代销、包销的期限及起止日期

在具体实践中，承销协议签署的时间早于实际发行的时间，所以具体的发行期限及日期不会通过承销协议直接明确，承销协议一般会对相应的时间点作出明确的定义，后续通过发行公告等发行文件明确具体的期限及起止日期。

（三）代销、包销的付款方式、日期、费用和结算办法

在具体实践中，承销协议会对代销或者包销模式下承销费用的计算方式、付款方式及支付时间等进行明确的约定。

（四）违约责任

违约责任属于承销协议的重要组成部分，用于明确一方违反承销协议约定给另一方造成损失时的责任承担方式，避免承销过程中守约方受到经济损失后无法进行必要的追偿。

四、国务院证券监督管理机构规定的其他事项

中国证监会关于承销协议内容的要求还体现在如下规定中：《公司债券发行与交易管理办法》第36条规定："……在承销协议中界定双方的权利义务关系，约定明确的承销基数。采用包销方式的，应当明确包销责任……"《证券发行与承销管理办法》第22条第1款规定："……在承销协议中界定双方的权利义务关系，约定明确的承销基数。采用包销方式的，应当明确包销责任；采用代销方式的，应当约定发行失败后的处理措施。"上述规定对承销协议中应明确承销方式均进行了要求，同时还明确了承销协议中应界定双方的权利义务关系，但对于具体应包含哪些权利义务并没有进一步明确。在具体实践中，承销协议除约定法律法规明确要求的内容以外，还需要根据承销活动的特征明确很多其他的权利义务，比如证券发行的先决条件、发行人与证券公司分别就自身相关情况作出的陈述与保证、发行人与主承销商在承销过程中各自享有的权利以及应履行的义务、保密条款等。

【适用指引】

本条规定了承销协议的必备条款，适用时除在承销协议中按照本条规定明确相关内容以外，还应该注意相关部门规章以及行业自律组织的要求，清晰界定双方的权利义务，避免因缺少必备条款或权利义务约定不清晰导致承销协议产生效力上的瑕疵。

第二十九条　证券公司承销证券，应当对公开发行募集文件的真实性、准确性、完整性进行核查。发现有虚假记载、误导性陈述或者重大遗漏的，不得进行销售活动；已经销售的，必须立即停止销售活动，并采取纠正措施。

证券公司承销证券，不得有下列行为：

（一）进行虚假的或者误导投资者的广告宣传或者其他宣传推介活动；

（二）以不正当竞争手段招揽承销业务；

（三）其他违反证券承销业务规定的行为。

证券公司有前款所列行为，给其他证券承销机构或者投资者造成损失的，应当依法承担赔偿责任。

【条文主旨】

本条是关于证券公司开展承销业务的职责及禁止性规定。

【条文释义】

本条是对原证券法第 31 条的修改，将第 191 条关于承销的禁止行为移至本条进行了合并规定，同时增加了民事赔偿责任的规定。

一、证券公司的承销职责

本条规定了证券公司承销证券应当对公开发行募集文件的真实性、准确性、完整性进行核查，从法律层面明确了证券公司的核查义务，如核查发现发行文件有虚假记载、误导性陈述或者重大遗漏的，未启动销售的，不得销售；已经销售的，立即停止并采取纠正措施。证券公司的销售活动应以确信发行募集文件的真实性、准确性、完整性为前提，这也是如果发行文件出现问题，证券公司可能需要承担连带责任的原因。在具体实践中，证券公司作为主承销商在承销证券时所承担的职责不仅包含核查义务，其对于市场推广、品质判断与定价都起到了核心作用①。主承销商在证券承销工作中主要有如下四个方面的责任：

（一）尽职调查

发行人向不特定对象发行证券，不论是股票、债券或者其他证券品种，监督管理部门均规定了相应的要求，只有满足条件的发行人才可在资本市场融资。尽职调查由主承销商牵头并协调其他中介机构共同完成。在股票发行中，负责上市推荐的保荐人与主承销商存在主体上的竞合，尽职调查工作已经包含在保荐人的保荐工作中，不再针对主承销商约定单独的尽职调查义务。在债券发行中，中国证券业协会于 2020 年 1 月 22 日发布了《公司债券承销业务尽职调查指引（修订稿）》，针对公司债券承销业务中主承销商应该承担的尽职调查义务进行了专门规定，其中第 2 条对尽职调查进行了定义——是指承销机构及其业务人员遵循勤勉尽责、诚实信用原则，通过各种有效方法和步骤对发行人进行充分调查，以掌握发行人经营情况、财务状况和偿债能力，并有合理理由确信发行文件真实、准确、完整以及核查发行文件中与发行条件相关的内容是否符合相关法律法规及部门规章规定的过程。其他的证券品种，包括资产支持证券、中国银行间市场交易商协会主管的债券品种均

---

① 北京大学课题组：《证券发行法律制度完善研究》，载《证券法苑》2014 年第 10 卷。

由对应的监督管理部门对尽职调查作出了具体的要求。主承销商对发行人公开发行募集文件的真实性、准确性、完整性的核查，就建立在对发行人扎实的尽职调查工作基础之上。

（二）发行申报及信息披露

主承销商在完成尽职调查后，按照监督管理部门的要求制作发行募集文件，由监督管理部门按照职权进行审批。例如，在科创板上市发行的股票及交易所公开发行的公司债（不含可转换公司债券）实行注册制、其他证券品种实行核准制或者备案制，同时发行人及主承销商应按照要求对相关信息进行披露。发行人向监督管理部门提交的申报文件及在公开市场披露的募集文件，均视为包含证券公司在内的所有中介机构已经勤勉尽责地进行了核查，确信了相关文件的真实性、准确性及完整性。《证券发行与承销管理办法》第 3 条第 2 款规定："为证券发行出具相关文件的证券服务机构和人员，应当按照本行业公认的业务标准和道德规范，严格履行法定职责，对其所出具文件的真实性、准确性和完整性承担责任。"《科创板首次公开发行股票注册管理办法（试行）》第 6 条规定："……并对招股说明书及其所出具的相关文件的真实性、准确性、完整性负责。"

（三）定价及销售

主承销商核实了发行募集文件的真实性、准确性、完整性之后才能启动定价及销售工作，如在销售中发现有虚假记载、误导性陈述或者重大遗漏的，应立即停止销售并采取纠正措施。股票的市盈率、债券的票面利率由主承销商根据对发行人尽职调查的情况结合专业分析及市场情况来确定，发行人难以独立完成。一方面定价要求具有较高的专业技能，另一方面在承销方式为包销的情形之下，主承销商实际上用自有资金进行了兜底，基于上述两方面的原因，即便发行人自身具有定价能力，没有主承销商的信用背书，其定价也难以得到市场认可。主承销商初步确定股票发行价格或者债券利率区间并与发行人协商一致后，启动面向认购人的销售工作。证券的销售工作需要庞大的销售网络以及大量的认购人参与，只有通过充分的询价、竞价过程，才能最终公允地反映出证券的价值，获得市场化的销售结果。

另外，主承销商在科创板的定价及销售过程中所承担的职责还包含了如下安排：第一，提供投资价值研究报告。《上海证券交易所科创板股票发行与承销实施办法》第 6 条规定："主承销商应当向网下投资者提供投资价值研究报告，并遵守中国证券业协会关于投资价值研究报告的相关规定。"中国证券协会发布的《关于进一步加强科创板股票发行承销与网下投资者自律管理工作的通知》中要求，主承销商出具投资价值研究报告要以事实为依据，确保不存在虚假记载、误导性陈述或重大遗漏。投资者可以参考主承销商所提供的投资价值研究报告来进行报价。第二，保荐机构相关子公司跟投制度。《上海证券交易所科创板股票发行与承销实施办法》第18条规定："科创板试行保荐机构相关子公司跟投制度。发行人的保荐机构依法设立的相关子公司或者实际控制该保荐机构的证券公司依法设立的其他相关子公司，参与本次发行战略配售，并对获配股份设定限售期，具体事宜由本所另行规定。"《上海证券交易所科创板股票发行与承销业务指引》第三章"保荐机构相关子公司跟投"对于科创板保荐机构相关子公司跟投制度进行了专章规定，跟投制度要求保荐机构相关子公司使用自有资金认购发行人首次公开发行股票数量2%至5%的股票，并承诺获配的股票持有期限为自发行人首次公开发行并上市之日起24个月。该规定将保荐机构的工作质量以及定价公允性与自身的利益进一步关联，有效保证了保荐机构依法合规的履行职责。第三，新股配售经纪佣金。《上海证券交易所科创板股票发行与承销业务指引》第四章规定了新股配售经纪佣金，主承销商可以向战略配售、网下配售获配股票的投资者收取新股配售经纪佣金，新股配售经纪佣金费率应当根据业务开展情况合理确定，并在初步询价公告和发行公告中披露。在科创板股票承销中，主承销商除从发行人处收取保荐费及承销费以外，还可以根据该规定向投资者收取一定比例的佣金，对主承销商形成正向激励，有助于主承销商更好地履行义务。第四，超额配售选择权。早在2001年9月3日，中国证券监督管理委员即针对如何行使超额配售选择权发布了《超额配售选择权试点意见》，但是在我国境内股票发行中鲜有使用，《上海证券交易所科创板股票发行与承销业务指引》第五章又专章规定了超额配售选择权，针对采用超额配售选择权的具体操作路径进行了更为细致的规定，希望超额配售选择权平衡供需关系及稳定股价的功能在科创板市场更好地发挥作用。

（四）持续督导

证券发行后的持续督导义务根据品种不同有所区别。股票发行的持续督导义务实际上属于保荐人的职责，如第10条释义部分所述；债券发行后的持续督导义务由发行人选定的主承销商来承担。由于债券发行市场的监督管理部门并不统一，根据债券品种，承担持续督导义务的主承销商有不同的称呼，公司债承担持续督导义务的主承销商称为受托管理人，企业债承担持续督导义务的主承销商称为债权代理人，中国银行间市场交易商协会主管的债券品种承担持续督导义务的主承销商称为后督责任人。虽然名称不同，但是其承担的督导责任基本相同。在债券兑付之前，主承销商应督促发行人按照相应规则持续履行信息披露义务，并代表投资者行使相关权利。

二、禁止性行为

根据中国证券业协会网站“证券公司信息公示”① 栏的公示信息，截至2020年2月2日我国有133家证券公司，统计口径包含了证券公司下属专门从事某类证券业务的证券子公司。虽然我国对新申请成立证券公司有较为严格的要求，证券公司总数量并不多，但是已成立证券公司的经营范围基本一致，证券公司之间处于充分竞争的状态，甚至存在恶性竞争的情形。本次证券法修订后，本条新增了第2款关于证券公司承销证券的禁止性行为的规定，其中本条第2款第2项关于不得以不正当竞争手段招揽承销业务的规定是从原证券法第29条调整过来，其他两项内容为新增。

本条第2款一共三项，第1项与第2项从两个不同的角度规定了证券公司承销证券的禁止性行为，第3项为禁止性行为的兜底条款。

（一）从保护投资者角度

本条第2款第1项从保护投资者的角度，规定了不得进行虚假的或者误导投资者的广告宣传或者其他宣传推介活动。证券公司作为中国证券监督管理委员会批准设立的专门从事证券相关业务的法人主体，成立之初带有几分“公权力背书”的色彩，具有一定的公信力，而且证券公司作为资本市场上的专业机构，其向投资者披露的相关信息是投资者进行投资决策的主要依据，尤其是对于个人投资者，具有重要的指导意义，如果证券公司进行虚假或者误导性的宣传活动，很容易让公开市场上没有识别能力的投资者上当受骗，因此虚假或者误导性的宣传是被严格禁止的。实际上，中国证券监督管理委员会在首次发布的2006年《证券发行与承销管理办法》（已失效）第20条已经明确规定：“发行人及其主承销商在推介过程中不得误导投资者……推介资料不得有虚假记载、误导性陈述或者重大遗漏。”本次证券法修订后，将该要求提高到法律层面并规定了相应的法律责任，进一步加大了该条款的威慑力。

（二）从规范证券公司经营行为角度

本条第2款第2项从规范证券公司经营行为的角度，规定了不得以不正当

---

① 《证券公司信息公示》，载中国证券业协会网，https：//jg. sac. net. cn/pages/publicity/securities - list. html，最后访问时间：2020年2月25日。

竞争手段招揽承销业务。我国证券行业是一个充分竞争的行业，各证券公司的业务范围基本一致，业务同质化问题严重，为了争取发行人，获得更高的市场份额及承销收入，证券公司之间可能发生恶性竞争。在具体实践中，证券公司以不正当竞争手段招揽业务有多种表现形式，主要包括承诺以较高的溢价发行股票或者以较低的利率发行债券、以“熟悉监管人员”为由承诺可以限期获取批文、收取较低的承销费等。中国证券监督管理委员会一直很重视不正当竞争的问题，2018 年 6 月针对该问题出台了若干专门的文件，包括《证券期货经营机构及其工作人员廉洁从业规定》《关于加强证券公司在投资银行类业务中聘请第三方等廉洁从业风险防控的意见》等；中国证券业协会固定收益委员会针对公司债券承销活动中存在的不正当竞争问题，于 2019 年 11 月专门召开了全体会议，并现场签署了《公司债券承销机构关于构建良好生态强化职业道德的自律公约》①，要求承销机构合理报价，不得以不正当手段招揽项目，不得恶意竞争、扰乱市场秩序，共同营造一个公平、公开、公正的市场环境。

三、法律责任

本条第 3 款规定：“证券公司有前款所列行为，给其他证券承销机构或者投资者造成损失的，应当依法承担赔偿责任。”证券公司在承销活动中存在未履行本条规定的承销责任或有本条规定的禁止性行为，对其他主体造成损失的，应依法赔偿，明确了证券公司违反本条的民事赔偿责任。本法第 184 条对违反本条的行政责任进行了如下规定：“证券公司承销证券违反本法第二十九条规定的，责令改正，给予警告，没收违法所得，可以并处五十万元以上五百万元以下的罚款；情节严重的，暂停或者撤销相关业务许可。对直接负责的主管人员和其他直接责任人员给予警告，可以并处二十万元以上二百万元以下的罚款；情节严重的，并处以五十万元以上五百万元以下的罚款。”

【适用指引】

本条主要规定证券公司在承销活动中的核查义务以及禁止性行为，值得关注的是在对禁止性行为的规定中通过“其他违反证券承销业务规定的行为”的兜底条款，将监督管理部门对证券承销业务的规定均进行了涵盖，适用时

---

① 《中证协固定收益委员会发起自律公约 82 家公司债券承销机构签约》，载中国证券业协会网，https：//www. sac. net. cn/hyfw/hydt/201911/t20191125_ 140747. html，最后访问时间：2020 年 2 月 26 日。

还应关注本法中其他对证券承销业务的规定以及监督管理部门对证券承销业务的规定。

第三十条 向不特定对象发行证券聘请承销团承销的，承销团应当由主承销和参与承销的证券公司组成。

【条文主旨】

本条是关于组建承销团的规定。

【条文释义】

本条是对原证券法第 32 条的修改，删除了强制承销团承销的要求。

本条规定了向不特定对象发行证券聘请承销团承销的，承销团应当由主承销和参与承销的证券公司组成。本次证券法修订后，将原来的“向不特定对象发行的证券票面总值超过人民币五千万元的，应当由承销团承销”修订为“向不特定对象发行证券聘请承销团承销的”，由法律强制要求组建承销团承销变更为自愿聘请承销团承销。该条修订主要考虑了如下三个方面的变化：第一，证券公司包销能力发生较大变化。证券市场建立初期，证券公司融资渠道较窄，净资本规模较小，可动用的资金规模不足以支撑其可能面临的包销风险，现在证券公司的融资渠道较多，而且都非常重视提高自身的净资本规模，包销能力大幅提高。第二，证券公司专业能力发生了较大变化。证券发行市场经过近 30 年的发展，证券公司在承销领域积累了丰富的经验，销售能力比早期有了大幅提高，尤其是排名靠前的证券公司，销售网点遍布全国各地以及海外主要市场、日常维护的投资者覆盖了市场上所有主要的投资机构，大部分情况下凭借自身的能力就足以完成证券的承销工作。第三，单次发行证券票面总值发生了较大变化。发行人公开发行证券的单次融资规模较以往有了大幅提高，目前证券承销市场很少有证券票面总值低于 5000 万元的情形，如果按照修订前的证券法规定基本都需要组建承销团。基于上述变化，本次修订取消了强制组建承销团的规定。

该修订对证券承销市场具有积极意义：第一，降低了证券公司的承销成本，按照修订前的规定，无论是否需要其他承销商共同完成销售，都需要组建承销团，邀请其他承销商参与承销就意味着主承销商的承销份额以及承销费用都可能会减少，同时还增加了沟通成本；第二，赋予了主承销商更多意思自治的权利，把向不特定对象发行证券是否组建承销团由法律强制性要求变为主承销商的商业判断，主承销商可以根据实际情况来判断是否需要组建承销团来一起完成承销，而不是根据法律规定，体现了证券市场从行政主导逐步向市场主导的转变。另外，本条仍然保留了对承销团成员的约定，即承销团应当由主承销和参与承销的证券公司组成，也就是说组建承销团的成员都应该是证券公司。

【适用指引】

本条是关于组建承销团的规定，适用时还需要参照《公司债券发行与交易管理办法》《证券发行与承销管理办法》等部门规章中关于组建承销团的要求。

第三十一条　证券的代销、包销期限最长不得超过九十日。

证券公司在代销、包销期内，对所代销、包销的证券应当保证先行出售给认购人，证券公司不得为本公司预留所代销的证券和预先购入并留存所包销的证券。

【条文主旨】

本条是关于证券承销期限及优先保证投资者认购的规定。

【条文释义】

本条内容是原证券法第 33 条的规定，未作修改。

一、证券承销期限

承销期限是指证券公司从启动发行到发行结束的时间期限，承销期限届满后销售活动结束，不得再向市场推介及接受投资者的认购。本条第 1 款规定了证券的代销、包销期限最长不得超过 90 天，实际的承销期限由发行人与证券公司在不超过 90 天的范围内协商确定。承销期限结束，如发行人拟发行证券全部市场化出售，则主承销商应将募集资金按照承销协议的约定划付至发行人指定账户，如未全部售出，采用代销方式的，主承销商应将剩余证券退回给发行人，如完成销售的证券金额不符合发行成功的要求，则发行失败；采用余额包销方式的，主承销商应将剩余证券全部购入。为了避免发行人或主承销商为满足自身的特殊目的拉长承销期限，比如发行人可能为了获得更好的发行价格，希望销售更长的时间；主承销商可能为了避免承担余额包销责任，迟迟不愿结束发行等，从法律上明确承销期限的上限是很有必要的。在具体实践中，证券公司一般都设有专门负责证券承销的部门，专业化程度很高，顺利的情况下从启动到完成市场推介可能只需要几天的时间，如果90天仍未完成承销工作，说明存在其他问题。本条规定最长不超过90天的期限，在操作中完全能够满足实际需求。

二、优先保证投资者认购

本条规定证券公司在代销、包销期内，对所代销、包销的证券应当保证先行出售给认购人，证券公司不得为本公司预留所代销的证券和预先购入并留存所包销的证券。本条立足于保证发行市场的公平、公开及公正。在承销期限内保证先行出售给认购人，包括如下含义：第一，证券承销的发行对象是认购人，保证优先出售给认购人要求证券公司对所有符合条件的合格投资者一视同仁，不得差异化对待，体现了公平性的要求；第二，证券公司不得预留证券或预先购入，要求发行过程不得暗箱操作，不得私下为了自身的利益留存证券，承销过程的文件需要全部留档备查，体现了公开性的要求；第三，只有向投资者充分询价并公平对待合格投资者的认购申请，保证承销过程全程留痕，才会出现公允的销售价格，体现了公正性的要求。在具体实践中，不仅承销过程的工作底稿需要全程留档备查，簿记建档工作还需要在专门的簿记建档室完成，其过程需要全程录音录像，保证询价过程不受无关人员的干扰，在充分询价后，按照认购情况向投资者出售。如果证券公司预留或者预先购入，会直接导致证券发行价格上的偏差，证券公司为了使在承销过程中预留或者预先购入的证券能够从二级市场卖出获利，会选择性地接收认购人的报价并有倾向性地控制有效的认购申请，将发行价格控制在能让自身获利的水平，这种行为会严重扰乱发行市场，并损害发行人及投资者的权益。

【适用指引】

本条规定了证券承销的期限以及优先保证投资者认购的要求，在具体实践中可操作性较强，适用上应结合监督管理部门对于承销环节的规定，包括询价、簿记建档、配售等方面的具体要求。

第三十二条 股票发行采取溢价发行的，其发行价格由发行人与承销的证券公司协商确定。

【条文主旨】

本条是关于股票溢价发行时确定发行价格的规定。

【条文释义】

本条内容是原证券法第34条的规定，未作修改。

本条规定了股票发行采取溢价发行的，其发行价格由发行人与承销的证券公司协商确定。公司法第127条规定："股票发行价格可以按票面金额，也可以超过票面金额，但不得低于票面金额。"发行价格超过票面金额即本条所述的溢价发行。我国股票的票面金额为1元，发行时基本上都是溢价发行，按照本条规定，溢价发行的应由发行人与主承销商协商定价。本法第26条释义阐述了应聘请证券公司负责承销的情形，本条所述符合应聘请证券公司来承销的情形；本法第28条、第31条的释义分别阐述了证券公司应采用的承销方式以及销售机制，不论是代销还是包销，确定发行价格都需要证券公司参与。因此，从本法其他关于承销活动的规定中，也可以印证股票发行价格应该由发行人与承销的证券公司协商确定。

另外，《科创板首次公开发行股票注册管理办法（试行）》第50条、《上海证券交易所科创板股票发行与承销实施办法》第4条均明确规定，首次公开发行股票应当向证券公司、基金管理公司、信托公司、财务公司、保险公司、合格境外机构投资者和私募基金管理人等专业机构投资者以询价的方式确定股票发行价格；《上海证券交易所科创板股票发行与承销实施办法》第5条规定，发行人和主承销商可以通过初步询价确定发行价格，或者在初步询价确定发行价格区间后，通过累计投标询价确定发行价格。上述规定强调了针对科创板股票定价，发行人除与主承销商协商以外，股票发行价格最终应通过向专业机构投资者询价来确定。由此可见，科创板股票发行的定价方式，不同于其他股票发行定价，不允许发行人与主承销商通过自主协商的方式直接定价。

在具体实践中，上市公司发行股票时，除符合自行销售条件的非公开发行以外，其他情形都需要聘请证券公司作为主承销商完成承销活动，其发行价格都需要由发行人与承销的证券公司协商确定。在发行价格确定的过程中，发行人与主承销商的利益并不完全一致。从发行人角度来讲，为了获得更多的融资，天然具有高价发行的动力；从主承销商角度来讲，为了控制承销风险，保证发行工作顺利完成，必须综合考虑发行价格与市场认可度之间的关系。发行人与主承销商在股票发行价格的确定上存在一定的博弈。如果采用代销模式，虽然主承销商的承销风险较小，未售出的股票可以退回发行人，如果募集资金未达到发行成功的标准，就宣布发行失败，但是主承销商收取的承销费用一般会与募集资金规模挂钩，如果未全额售出，主承销商收取的承销费用就会减少，如果发行失败，主承销商可能无法收取任何承销费用，同时还会影响主承销商的声誉。如果采用余额包销模式，在未全额售出时，主承销商需要将未售出股票全部购入，在考虑能收取多少承销费用的同时，还需要重点考虑可能面临的包销风险，如果发行价格太高，不能完全售出的可能性就高，包销风险就会变大。不论采取哪种承销方式，主承销商都必须在考虑发行人融资需求的同时，综合投资者对发行人股票价值的认可度，在与发行人充分协商、向市场充分询价后，确定一个能使各方利益相对均衡，符合市场规律的股票发行价格。

【适用指引】

本条规定的内容看似简单，但是发行人与证券公司协商确定发行价格的过程实则非常复杂，在适用上不仅要结合监督管理部门对询价、簿记建档、配售等方面的具体要求，还要考虑监督管理部门根据发行时的实际情况对股票发行价格的监管指导意见。对于科创板股票发行的定价，除遵守法律法规及部门规章对于股票发行定价的一般性规定以外，还应遵守监督管理部门对于科创板的特别规定。

第三十三条　股票发行采用代销方式，代销期限届满，向投资者出售的股票数量未达到拟公开发行股票数量百分之七十的，为发行失败。发行人应当按照发行价并加算银行同期存款利息返还股票认购人。

【条文主旨】

本条是关于代销情形下发行失败的规定。

【条文释义】

本条内容是原证券法第 35 条的规定，未作修改。

一、规定发行失败的目的

我国在 2005 年证券法修订中加入了关于代销情形下发行失败的规定，在此之前，证券法中并没有关于发行失败的规定。在实行注册制以前，我国证券监督管理部门对进入股票市场的发行人数量及发行价格一直把关较严，在一定程度上造成了新股的稀缺。对于增发的股票，往往会给予拟认购投资者一定的价格折扣，所以我国股票发行市场绝大部分时间都非常活跃，导致发行人对发行风险的认识不足，主承销商的包销风险也在逐渐积累。为了提高发行人对市场风险的认识，减小证券公司的包销风险，促进股票一级市场的良性发展，借鉴美国等发达国家的经验，在 2005 年证券法修订中增加了发行失败的规定。目前，我国股票发行已在上海证券交易所科创板市场、深圳证券交易所创业板市场实行注册制，后续还将会逐步推进其他证券品种的注册发行，发行失败的制度显得更具意义。

二、发行失败的认定

本条规定股票发行采用代销方式，代销期限届满，向投资者出售的股票数量未达到拟公开发行股票数量百分之七十的为发行失败。对于发行失败的认定由三个要素组成：第一，承销方式为代销。承销方式分为代销和包销两种，在包销情形下，如果股票数量未达到拟公开发行的股票数量，剩余的股票由主承销商按照承销协议的约定全额购入，所以不会导致发行失败，除非主承销商违约。第二，认定的时间点是代销期限届满。本法第 31 条规定了代销期限为最多不超过 90 天，在具体实践中，由发行人与承销商在法定的期限内自行约定承销期限，只有在承销期限届满时才符合认定发行失败的时间要素；第三，符合条件的股票认购数量未达到拟公开发行股票数量的百分之七十，即发行成功虽不需要拟公开发行股票全部出售，但是应超过拟公开发行股票数量的百分之七十，如未达到则发行失败。在具体实践中，由于 IPO 的市场认可度较高，主承销商的包销风险较小，所以基本上均采用余额包销的方式承销，股票代销多应用于上市公司非公开发行股票。《证券发行承销与管理办法》第 23 条规定，上市公司非公开发行股票未采用自行销售方式或者上市公司配股的，应当采用代销方式；《上市公司证券发行管理办法》第三章对上市公司非公开发行进行了定义，并规定了非公开发行的条件。

三、发行失败后的处理方式

本条规定发行失败后发行人应当按照发行价并加算银行同期存款利息返还股票认购人。在具体实践中，认购人在发行期内按照拟认购的股票金额向募集资金账户划付认购款项，如果发行成功，主承销商将股票发行的募集资金划付至发行人指定的收款账户，如发行失败，主承销商应协助发行人将认购人划付的认购款项加算银行同期存款利息返还认购人。

【适用指引】

关于股票发行中采用代销方式及代销失败后的相关要求可参照《证券发行承销与管理办法》《上市公司证券发行管理办法》等规定。

第三十四条 公开发行股票，代销、包销期限届满，发行人应当在规定的期限内将股票发行情况报国务院证券监督管理机构备案。

【条文主旨】

本条是关于股票承销期满后信息报送的规定。

【条文释义】

本条是原证券法第36条的规定，未作修改。

本条规定了公开发行股票，代销、包销期限届满，发行人应当在规定的期限内将股票发行情况报国务院证券监督管理机构备案。发行人公开发行股票由于募集资金规模大、社会影响广泛等特点，一直属于中国证券监督管理委员会的重点监管范围，这也和中国证券市场以散户为主的投资者结构有关。不论是核准制或者注册制下，发行人拟公开发行股票都需要在获得中国证券监督管理委员会的核准或者同意后才可以进入发行阶段，发行人在未获核准或者同意之前不得私自公开发行股票。本条规定的需要报送的情形包含三个方面的要素：品种是公开发行的股票，时间是承销期限届满，主体是由发行人报送。本条并没有区分发行是否成功，意味着如果发行失败，发行人同样需要履行报送义务。在具体实践中，不仅发行人具有报送义务，主承销商同样具有报送义务。《证券发行与承销管理办法》第 25 条规定："证券公司实施承销前，应当向中国证监会报送发行与承销方案。"按照该条规定，证券公司在启动销售前就应向中国证券监督管理委员会报送发行与承销的方案，而且报送的品种范围，并不限于股票。《证券发行与承销管理办法》第 27 条规定："……证券上市后 10 日内，主承销商应当将验资报告、专项法律意见随同承销总结报告等文件一并报中国证监会。"按照该条规定，在发行结束后，证券公司应将承销结果相关文件报送中国证券监督管理委员会。可见，在部门规章层面，中国证券监督管理委员会对证券公司规定了更为广泛的报送要求。中国证券监督管理委员会所监管的证券市场是中国市场经济发展较为充分，市场创新活跃，与国际接轨而又聚集了国有企业、民营企业、外资企业、中国普通投资者、外国投资者的市场。[①] 在证券市场中，股票发行市场又是最为敏感的市场，中国证券监督管理委员会也正是诞生于股票市场发生纷乱的背景之下。正是在这样的背景下，监督管理部门需要全程掌握股票发行的情况，在注册制的模式下，监督管理部门虽然将一部分权力交还给了市场，但是并不意味着放松监管，而是在充分掌握信息的基础上，通过提高各参与主体的违法违规成本来达到维护市场的目的。

【适用指引】

本条规定了发行人在承销期限结束后应将股票发行情况报国务院证券监督管理机构备案，在具体适用中应结合中国证券监督管理委员会发布的部门规章中其他关于信息报送的具体要求。

---

① 缪若冰：《中国证监会的制度环境及法律影响》，载《中外法学》2020 年第 1 期。

第三章　证券交易

证券交易，是指证券持有人按照证券交易规则将证券转让给其他投资者的行为。证券交易与证券发行紧密相连，是证券市场上最主要的两大证券行为，学理上通常将证券发行定义为一级市场行为，将证券交易定义为二级市场行为。证券发行法律制度主要解决公司在何种制度框架下依法发行证券、进行融资的问题，证券交易法律制度则解决已依法发行的证券如何在证券市场上予以流通、实现其价值最大化的问题。新证券法第三章“证券交易”紧随第二章“证券发行”之后，分为“一般规定”“证券上市”“禁止的交易行为”三节内容，共27条，既规定了证券上市、交易的一般性制度，又规定了证券市场上的限制或禁止性行为。与原证券法相比，新证券法新增了如下制度：股份减持制度、非公开发行证券转让制度、证券公司股权激励计划和员工持股计划的豁免、对投资者信息和商业秘密的保密义务、短线交易的豁免、程序化交易、证券交易所自律管理权的扩大、内幕交易知情人范围的扩大、利用未公开信息交易、操纵证券市场的其他手段、传播媒介在证券市场上的法律责任。

第一节　本章新制度

一、股份减持制度

新证券法第36条第2款新增了股份减持制度。

股票作为标准化金融工具，其核心特征之一即是可自由流转性，但出于保护中小股东以及利益平衡的需要，公司法中有涉及限制股票自由转让的条款。例如，公司法第141条限制了发起人持有的股份、公司公开发行股份前已发行的股份以及公司董事、监事、高级管理人员所持有的本公司股份的自由转让权。

与公司法的法定限制相呼应的是原证券法第38条的规定：“依法发行的股票、公司债券及其他证券，法律对其转让期限有限制性规定的，在限定的期限内不得买卖。”但是，原证券法本身并没有对上市公司持有百分之五以上股份的股东、实际控制人、董事、监事、高级管理人员等传统上被视为公司“内部人”的主体的减持行为做出明确的限制性规定。

2017年5月26日，为了规范上市公司股东及董事、监事、高级管理人员（简称董监高）减持股份行为，促进证券市场长期稳定健康发展，中国证监会发布了《上市公司股东、董监高减持股份的若干规定》（以下简称减持新规），[①] 同日上海、深圳证券交易所出台了具体实施细则。证监会称：“长期以来，相对于中小股东而言，上市公司的大股东、特定股东（即持有公司IPO前股份和持有公司非公开发行股份的股东）及董监高，具有股东地位、持股成本及信息获取等天然优势。在利益驱动下，部分上述持股主体利用自身优势进行违规减持，‘过桥减持’、‘断崖式减持’及‘精准减持’等乱象一度盛行，扰乱了市场秩序，严重侵害了广大中小股民的利益，由此，改革股东减持制度、规范减持行为的呼声日益高涨。”[②] “减持新规”的出台是为了弥补原有公司内部人减持的规制不足，保护可能被“违规减持”损害的中小股东利益。新证券法第36条第2款即为“减持新规”的相关规定提供了明确的法律基础。

二、非公开发行证券转让制度

新证券法第37条第2款规定，“非公开发行的证券，可以在证券交易所、国务院批准的其他全国性证券交易场所、按照国务院规定设立的区域性股权市场转让。”本款为非公开发行证券进行公开或非公开转让确立了法律基础。非公开发行证券的转让实际上与我国多层次资本市场制度密切相关。

第一，从公开市场的角度来看，非公开发行证券在公开市场上的转让，涉及对上市/公开挂牌制度的进一步理解。

首先，对于全国中小企业股份转让系统（以下简称全国股转系统）来说，未进行过公开发行或股东人数未超过200人的股份有限公司可以自主向全国中小企业股份转让系统申请以公开的方式转让本公司股票。按照目前全国股转系

① 中国证券监督管理委员会公告〔2017〕9号。

② 《监管层出台新规从严规范股东减持行为》，载中国证监会网站，http://www.csrc.gov.cn/jilin/gzdt/201706/t20170607_317977.htm，最后访问时间：2020年3月7日。

统的相关规则，人数未超过200人的非上市公众公司申请公开转让的，豁免中国证监会核准，仅由全国股转系统进行审查。简言之，只要公司股东人数未超过200人（不符合新证券法第9条的规定），就不会被界定为“公开发行”（即不需要履行公开发行必需的注册程序或核准程序）；非公开发行的股份是否以公开的方式在全国股转系统进行转让，本质上只属于公司内部意思自治的事项，且经过全国股转系统以市场自律的方式同意即可。

其次，非公开发行的股份如果想要以公开的方式在证券交易所上市，显然要符合证券交易所的上市条件；而又由于股份在非公开发行时缺乏公开市场上的信息披露基础，就法理而言，只要补足了缺乏的信息披露，非公开发行的股份亦可以在证券交易所上市交易。

实际上，我国早在2013年就允许发行人首次公开发行时进行“老股转让”。所谓“老股转让”，是指发行人首次公开发行新股时，公司股东将其持有的股份以公开发行方式一并向投资者发售的行为。[①]“老股转让”机制，实际上就是让已非公开发行的股份借助公开发行（的强制披露）程序，与待公开发售的新股份一并销售给市场上的投资者。

第三，从非公开市场的角度来看，我国区域性股权市场本身就被定性为非公开发行股票的转让市场。

为了建立全国中小企业股份转让系统，国务院从2011年起开始清理、整顿我国的各类区域性股权交易市场，例如，“除依法设立的证券交易所或国务院批准的从事金融产品交易的交易场所外，任何交易场所均不得将任何权益拆分为均等份额公开发行，不得采取集中竞价、做市商等集中交易方式进行交易”；[②]在各类交易场所及其分支机构的交易市场上，“权益持有人累计不得超过200人。除法律、行政法规另有规定外，任何权益在其存续期间，无论在发行还是转让环节，其实际持有人累计不得超过200人，以信托、委托代理等方式代持的，按实际持有人数计算”。[③]

2013年《国务院关于全国中小企业股份转让系统有关问题的决定》（国发〔2013〕49号）亦规定，“在符合《国务院关于清理整顿各类交易场所切实防

---

① 参见《首次公开发行股票时公司股东公开发售股份暂行规定》（中国证券监督管理委员会公告〔2014〕11号）第2条。

② 参见《国务院关于清理整顿各类交易场所、切实防范金融风险的决定》（国发〔2011〕38号）。

③ 参见《国务院办公厅关于清理整顿各类交易场所的实施意见》（国办发〔2012〕37号）。

范金融风险的决定》（国发〔2011〕38 号）要求的区域性股权转让市场进行股权非公开转让的公司，符合挂牌条件的，可以申请在全国股份转让系统挂牌公开转让股份”，将区域性股权转让市场定性为“非公开转让”的市场。《国务院办公厅关于规范发展区域性股权市场的通知》（国办发〔2017〕11 号）进一步明确了区域性股权市场的定性——“主要服务于所在省级行政区域内中小微企业的私募股权市场”。新证券法第 98 条也明确了区域性股权市场的法律地位——“按照国务院规定设立的区域性股权市场为非公开发行证券的发行、转让提供场所和设施，具体管理办法由国务院规定。”

总之，新证券法第 37 条第 2 款基本上是对我国既有的股份公开/非公开转让进行了原则性规定，并为上市/公开挂牌制度的进一步发展明确了法律依据，提供了改革空间。

三、证券公司股权激励计划和员工持股计划的禁止交易豁免

新证券法第 40 条是对原证券法第 43 条的修改。该条分为三款，第 1 款规定了证券交易场所、证券公司和证券登记结算机构的从业人员、证券监督管理机构的工作人员等证券从业人员在从业期间以及法律规定的期间内的禁止从事证券交易的义务；第 2 款规定了第 1 款人员在成为从业人员之前已持有的证券必须予以转让的义务；第 3 款则确定了适用于证券公司从业人员的一项禁止证券交易豁免——“实施股权激励计划或者员工持股计划的证券公司的从业人员，可以按照国务院证券监督管理机构的规定持有、卖出本公司股票或者其他具有股权性质的证券”。

禁止证券从业人员进行证券交易，属于证券法律制度中的传统规定。主要由于证券交易场所、证券公司和证券登记结算机构的从业人员、证券监督管理机构的工作人员等证券从业人员属于天然的拥有证券优势信息的人员，如果允许他们从事证券交易，很难防止“监守自盗”。然而，完全禁止显得过于严厉，从域外的做法来看，也有不采取“一刀切”式的禁止，而是要求证券从业人员持有备案、交易申报的做法。在证券法修改过程中，亦有声音支持此种做法。但是，基于防范证券市场禁止性行为（尤其是防范内幕交易）的考虑，新证券法第 40 条仍然采取了禁止交易的态度。

但是，与证券交易场所、证券登记结算机构的从业人员、证券监督管理机构的工作人员相比，证券公司的从业人员相对特殊。首先，前者作为证券监管机关、中央登记和结算机构，以及市场本身，或多或少地带有公益性色彩。证

券监管机关为行使公权力的“公法人”，证券登记结算机构和证券交易所在法律性质界定上或者属于“事业单位法人”（上海、深圳证券交易所都是事业单位法人），或者属于“不以营利为目的”的法人（中国证券登记结算有限责任公司虽然是“公司”，但根据新证券法第145条的规定，是“不以营利为目的”的公司）。而证券公司显然是营利性企业法人。其次，股权激励计划或者员工持股计划属于经典的员工激励机制，有利于提高公司凝聚力和在市场上的竞争力。证券公司作为营利性企业法人，当然也可以通过实施股权激励计划或者员工持股计划的方式进行劳动者激励。因此，在符合法律和证监会相关规定的情况下，豁免实施股权激励计划或者员工持股计划证券公司从业人员的合法证券持有和交易行为，具有合理性。

四、对投资者信息、商业秘密的保密义务

新证券法第41条为对原证券法第44条的修改，不仅增加了证券交易所之外的其他证券交易场所、证券服务机构及其工作人员对投资者信息的保密义务，还新增了证券交易场所、证券公司、证券登记结算机构以及证券服务机构对商业秘密的保密义务。

新证券法第41条的意义在于：一方面，既回应了信息时代数字科技迅猛发展环境下投资者个人信息的保护趋势，再次体现了新证券法强调“投资者保护”的精神；另一方面，又回应了优化我国营商环境背景下对涉及发行人、上市公司或其他市场主体商业秘密保护的需要。①

五、关于短线交易的豁免

从广义上来讲，短线交易属于内幕交易的一种。之所以将短线交易从内幕交易中独立出来，主要是因为法律规制短线交易和内幕交易的出发点是有所差别的：前者的行为人拥有“内部人”地位，拥有比“外部人”更准确、更优先的信息获知途径，为防止这种内部优势地位被滥用服务于攫取个人利益，只要其在短期内进行了反向操作的交易，法律就一概认定这种交易行为的非法性，并剥夺其可能获得的短线交易利益；而对于内幕交易，其指的是证券交易内幕

---

① 《优化营商环境条例》（中华人民共和国国务院令第722号）第30条规定：“国家加强社会信用体系建设，持续推进政务诚信、商务诚信、社会诚信和司法公信建设，提高全社会诚信意识和信用水平，维护信用信息安全，严格保护商业秘密和个人隐私。”

信息的知情人和非法获取内幕信息的人利用内幕信息从事证券交易活动。因此，尽管大多数内幕交易的主体也是内部人，但这不是重点，重点在于交易人利用未公开的内幕信息进行交易，违反了证券交易的公平原则和信息披露原则。

在涉及短线交易的豁免时，原证券法第 47 条第 1 款仅规定了一种情形，即“证券公司因包销购入售后剩余股票而持有百分之五以上股份”的除外。这种规定显然过于机械，根据法理分析，因司法强制执行、继承、遗赠、依法分割财产等非交易转让导致股份变动的也不应属于短线交易的“买入”和“卖出”情形。另外，随着证券交易模式的多元化，以及电子交易技术发展，未来还可能出现其他的不应被界定为短线交易的股票转让情形。① 因此，除了“证券公司因包销购入”这种情形之外，新证券法第 44 条第 1 款还增加了“国务院证券监督管理机构规定的其他情形除外”，即将其他豁免情形的规定权授权给证监会。

六、关于程序化交易

程序化交易是技术进步与市场创新的表现，既体现出改善市场流动性、提高市场价格发现效率的积极影响，也可能存在加大市场波动、影响市场公平性、增加技术系统压力等消极影响。我国程序化交易起步较晚，但近年来快速发展，形成一定规模，也出现了程序化交易技术风险导致市场大幅波动、利用程序化交易从事违法违规行为等情况。其中，“光大乌龙指事件”是近年来发生的较为典型的因为程序化交易而导致市场大幅波动的事件：2013 年 8 月 16 日 11 时 05 分，光大证券在进行 ETF 申赎套利交易时，因策略交易系统程序错误，造成以 234 亿元的巨量资金申购 180ETF 成份股，实际成交 72. 7 亿元，引发市场剧烈波动，造成恶劣社会影响。②

总体看，基于我国资本市场自然人投资者多、交易换手率高、价格波动性大等特点，对程序化交易需要进行规范管理。原证券法没有对于程序化交易作出规定，使得程序化交易缺乏可遵循的基本行为规范。新证券法第 45 条明确了有关程序化交易管理的规定，为程序化交易的合法性提供了法律基础。

---

① 例如，最高人民法院在相关案例中即认为股票质押回购所涉及的“卖”和“买”即不属于短线交易：“股票质押回购是指符合条件的资金融入方以所持有的股票或其他证券质押，向符合条件的资金融出方融入资金，并约定在未来返还资金、解除质押的交易。本院认为，融入方返还资金是用于解除标的证券的质押，不涉及股权转让，而《中华人民共和国证券法》第 47 条系关于股权转让的规定。”参见徐州丰利科技发展投资有限公司、毛凤某证券回购合同纠纷案，最高人民法院（2019）最高法民终 709 号民事判决书。

② 参见中国证监会（2013）59 号《行政处罚决定书》。

七、扩大交易所自律管理权

证券交易所作为市场本身，天然具有对交易的一线监管权。但我国的证券交易所虽然从组织形式上来看是会员制，但其无论是从建制沿革还是从发展方式来看，都有别于境外传统的会员制证券交易所。有学者认为，“中国的证券交易所是政府发起、承担政府职能，并向证券商和投资者提供专业服务的国有机构，它具有多重属性：在税收关系中，它可以被视为‘企业法人’，而适用企业所得税法；在政府监管市场的过程中，它是在主管部门领导之下行使公权力的‘一线监管’机关；在向证券商、上市公司和投资者提供服务的过程中，它是一个具有‘民事行为能力’的合同当事人、一个专业服务机构。”① 正是因为这种“行政会员制”的特殊定位，导致我国的证券交易所与中国证监会之间在人事、财务等各方面密切相关，这种密切相关性又在某种程度上“削弱”了证券交易所的自律管理作用的发挥。例如，在核准制的证券发行审核制度下，在境外市场通常属于证券交易所进行上市审核的财务门槛或标准就是由证券监督管理机构审核，只要通过了证券监督管理机构审核程序，基本上交易所的上市审核就是在“走流程”。

新证券法删除了原证券法中的第 49 ~ 61 条，新增现行的第 47 条和第 48 条，明确规定由证券交易所自行制定上市规则来确定上市条件，法律仅要求上市条件中应对发行人的经营年限、财务状况、最低公开发行比例和公司治理、诚信记录等提出要求。由证券交易所自行确定上市条件有如下法律意义：

第一，与注册制改革相协调、配套。

根据新证券法第 21 条第 1、2 款的规定，“国务院证券监督管理机构或者国务院授权的部门依照法定条件负责证券发行申请的注册。证券公开发行注册的具体办法由国务院规定。按照国务院的规定，证券交易所等可以审核公开发行证券申请，判断发行人是否符合发行条件、信息披露要求，督促发行人完善信息披露内容。”因此，证券公开发行申请的注册机关是国务院证券监督管理机构或者国务院授权的部门，但证券交易所负责审核公开发行申请文件。证券交易所根据规定的条件和程序，作出同意或者不同意发行人股票公开发行并上市的审核意见，并将审核意见报送给注册机关。证券交易所虽然只对发行申请文件进行

① 方流芳：《证券交易所的法律地位——反思“与国际惯例接轨”》，载《政法论坛》2007 年第 1 期。

形式审核，但证券交易所同时亦要对发行人是否符合上市条件进行实质核查。

第二，作为市场，真正发挥其自律管理职能。

证券交易所自律制定上市条件，不仅意味着我国的两大证券交易所可以有各自的上市条件，还意味着交易所未来可以设置更多层次、更多元化的板块并针对不同的板块规定不同的上市条件。公司从上市至终止上市，都由证券交易所自行进行审核，再加上新证券法第 109 ~ 113 条规定的一线监管的法定职责，证券交易所将充分发挥其作为市场的自律管理职能和作用。

八、扩大内幕交易知情人范围

从证券法理来看，如何确定内幕交易主体的范围，其实取决于禁止内幕信息立法的理论基础和价值取向。如果立法者或执法者倾向于追求证券市场信息平等，就会认为所有拥有内幕信息的人都有信息优势，影响市场公平交易，应予以全面禁止。如果倾向于追求市场效率，就会认为市场信息天然地分布不均衡，那么法律并不会要求交易人向其交易对象披露所有信息，除非交易一方对另一方负有某种信息披露的义务。例如，在存在受信关系（受信义务）的情况下，受托人有义务在与受益人交易前披露相关信息，只有存在这种特殊关系的情况下，交易一方的隐瞒才构成不公平，需施以禁止内幕交易的法律救济。

新证券法第 50 条明确了内幕交易的主体是两类，一类是“内幕信息的知情人”，另一类则是“非法获取内幕信息的人”。对于何谓“内幕信息的知情人”，从字面意思理解来看，可以简单理解为知悉内幕信息的人。新证券法第 51 条接下来即以“列举 + 兜底”规定的方式对“内幕信息的知情人”进行了规定。与原证券法第 74 条相比，新证券法第 51 条扩充了“内幕信息的知情人”的范围。例如，将发行人自身亦明确至“内幕信息的知情人”的范围。从立法精神的角度来分析，可以看出我国禁止内幕交易的理论基础倾向于保护市场公平。

九、利用未公开信息进行交易

利用未公开信息交易，即是所谓“老鼠仓”行为。在我国，利用未公开信息交易某种意义上是一种“执法先于立法”的证券违法行为。①

---

① 早在 2007 年，中国证监会就查处了一些“老鼠仓”案件。例如，证监会发〔2008〕15 号《行政处罚决定书》、证监会发〔2008〕22 号《行政处罚决定书》。但在当时，由于证券法中未有专门规定，因此相关案件查处存在法律适用的问题。

2009年，刑法修正案（七）在刑法第180条“内幕交易、泄露内幕信息罪”项下新增第4款，即“利用未公开信息交易罪”。2013年，证券投资基金法也进行修改，在第21条项下新增第6项，规定公募基金的基金管理人及其董事、监事、高级管理人员和其他从业人员不得泄露利用职务便利获取的未公开信息，也不得利用该信息从事交易或明示、暗示他人从事交易；第124条也明确规定，针对“老鼠仓”行为可以责令改正、没收违法所得并处一倍以上五倍以下罚款。

但是，由于在证券法层面一直未能对此予以规定，导致证券执法实践中曾出现适用内幕交易条款解决利用未公开信息交易行为的案例，并引发不少争议。“光大乌龙指案”即是如此。“2013年8月16日11时05分，光大证券股份有限公司（以下简称光大证券）在进行交易型开放式指数基金（ETF）申赎套利交易时，因程序错误，其所使用的策略交易系统以234亿元的巨量资金申购180ETF成份股，实际成交72.7亿元。经测算，180ETF与沪深300指数在2013年1月4日至8月21日期间的相关系数达99.82%，即巨量申购和成交180ETF成份股对沪深300指数、180ETF、50ETF和股指期货合约价格均产生重大影响。同时，巨量申购和成交可能对投资者判断产生重大影响，从而对沪深300指数，180ETF、50ETF和股指期货合约价格产生重大影响。”① 据此，证监会在进行行政处罚时，将“光大证券在进行ETF套利交易时，因程序错误，其所使用的策略交易系统以234亿元的巨量资金申购180ETF成份股，实际成交72.7亿元”这一错单交易信息，定性为内幕信息；将光大证券认定为“证券法第二百零二条和《期货交易管理条例》第七十条所规定的内幕信息知情人”；将“光大证券2013年8月16日下午将所持股票转换为180ETF和50ETF并卖出的行为和2013年8月16日下午卖出股指期货空头合约IF1309、IF1312共计6240张的行为”认定为内幕交易。② 在之后关于该行政处罚的行政诉讼中，原告提出，光大错单交易信息不构成证券法及《期货交易管理条例》所规定的内幕信息，二审法院最后认为“本案的错单交易信息产生于证券市场，虽然证券法第七十五条第二款明确列举的内幕信息主要是与发行人自身相关的信息，但该法第七十五条第二款第（八）项规定，内幕信息包括国务院证券监督管理机构认定的对

---

① 参见中国证监会（2013）59号《行政处罚决定书》。

② 参见中国证监会（2013）59号《行政处罚决定书》。

证券交易价格有显著影响的其他重要信息”。[1] 学界亦对此案多有讨论。例如，“本案中，光大公司是证券市场的机构投资者，光大事件所涉信息不是其所购买的 ETF 基金所指向的标的证券公司的相关信息，不涉及标的公司本身的运营质量，因而不构成标的证券公司的内幕信息。”[2]

新证券法第 54 条明确了利用未公开信息交易，由此将其与内幕交易予以区分处理也有了明确的法律依据，有利于更有效地打击和遏制证券市场上的违法行为。

十、明确操纵证券市场的其他手段

操纵市场属于证券市场上的传统禁止性行为，对证券市场发展的危害性非常明显，主要表现在：首先，操纵市场会人为扭曲证券市场的正常价格。操纵市场行为人通过各种手段虚构特定证券的交易量，使其背离真实供需关系，进而人为扭曲证券市场的正常价格，致使证券价格不能以价值规律为基础来真实地反映市场供需关系。其次，损害投资者的利益，挫伤投资者对证券市场的投资信心。证券的交易量与交易价格是投资者进行资产配置、作出投资决策所参考的最为重要的两个信息参数。对于依据虚假参数进行证券交易的投资者，操纵性价格与操纵性交易量成为操纵者欺诈的工具。我国二级市场的参与主体仍以自然人投资者居多,[3] 自然人投资者大多依据证券的交易量或交易价格作出投资决策，故而操纵市场的行为对我国证券市场的不利影响更甚。操纵市场行为人采取的连续交易操纵、联合买卖操纵、洗售操纵等操纵行为时，通过影响特定证券的交易量或交易价格，使得投资者在以正常的价格机制形成的价格水平下售出股票，操纵行为人则趁机“低吸”，然后同样通过操纵行为拉升、抬升证券价格，诱使投资者高位接盘，从而实现“低买高卖”并从投资者的损失中赚取利润。操纵市场行为人赚取利润以损害其他投资者的利益为代价，会挫

---

① 参见杨剑某与中国证券监督管理委员会其他二审行政诉讼，北京高级人民法院（2015）高行终字第 943 号行政判决书。

② 参见陈洁、曾洋：《对“8 · 16 光大事件”内幕交易定性之质疑》，载《法学评论》2014 年第 1 期。

③ 截至 2019 年 7 月底，我国自然人投资者超过 1.55 亿，其中已开立 A 股账户投资者超过 1.54 亿，已开立 B 股账户投资者达到 238.62 万；非自然人投资者达到 37.03 万，其中已开立 A 股账户投资者 34.86 万，已开立 B 股账户投资者 2.20 万。参见《中国证券市场投资者数量 7 月新增超过 108 万》，载东方财富网，http://stock.eastmoney.com/a/201908171209205540.html，最后访问时间：2020 年 5 月 1 日。

伤投资者对证券市场的投资信心。

尽管监管者竭力打击操纵证券市场的违法行为，但证券市场本身所蕴含的巨大利益决定了操纵证券市场行为难以被消灭。随着证券市场的发展，操纵市场的行为表现形式多样，其本身与证券市场的交易制度、发达程度、信息技术水平以及证券监管主体水平、监管力度等多种因素直接相关。操纵证券市场的行为随着证券市场的发展具有动态变化的特征。为了应对证券市场本身蕴含的巨大经济利益以及快速发展的信息技术带来的操纵行为的日趋多样化，新证券法第55条采取的是“列举+兜底”的方式，将操纵证券市场的行为分为：联合或连续买卖式操纵、相对委托式操纵（对敲）、冲洗买卖式操纵（自买自卖，洗售）、虚假申报、蛊惑交易、抢帽子交易、跨市场操纵和其他操纵证券市场行为。其中，前三种为操纵证券市场行为的基本类型，也是原证券法第77条已明确规定的违法行为。后四种则是我国证券市场上亦经常出现的、证监会常态查处的操纵行为。最后的兜底条款，则意味着规制未来可能出现的其他技术型或复杂甚至是跨境的操纵行为。

十一、传播媒介的法律责任

新证券法第56条不仅将原证券法第78条规定的编造、传播虚假信息的主体范围扩至“任何单位和个人”，更在其第3款、第4款确立了传播媒介关于证券市场信息传播过程的义务和责任：（1）信息传播客观、真实的义务，禁止误导。（2）传播媒介的工作人员不得从事与其工作职责发生利益冲突的证券买卖。（3）编造、传播虚假信息或者误导性信息，给投资者造成损失的，行为人应当依法承担赔偿责任。

分析其立法精神，新证券法第56条可能旨在降低甚至消除证券市场的“噪声”，力图打造仅有真实、客观信息存在的证券市场。立法愿景美好，但是一定的“噪声”与证券市场的有效信息产出是成正比的，过于严格的“真实”和“客观”的标准将会减少市场上的有效信息产出。另外该条在实际适用过程中还有一些具体问题亟待解释：第一，这种编造、传播虚假信息或误导性的行为，是否应将行为人的主观状态界定为故意或重大过失？第二，是以“事后”来印证传播媒介所报道信息的客观与真实？还是以其在报道时所掌握的全部信息总量衡量即可？总之，新证券法第56条的适用值得进一步关注和研究。

第二节 条款释义

第一节 一般规定

第三十五条 证券交易当事人依法买卖的证券，必须是依法发行并交付的证券。

非依法发行的证券，不得买卖。

【条文主旨】

本条是关于证券交易对象的限制性规定。

【条文释义】

一、证券交易的概念与特征

证券交易，即证券买卖，是指证券持有人依法定证券交易规则，将证券转让给其他投资者的法律行为。证券交易是证券法下的法定概念，不同于一般的商品交易，也不同于公司法意义下的股权转让，证券交易一般具有如下特征：

（一）证券交易是一种特殊的金融商品交易

与一般商品的买卖不同，证券交易的标的价值并不在于证券本身，而在于证券化的财产权利。作为证券交易的客体，证券是具有财产属性的民事权利的证券化。证券交易的对象种类多样，包括各种形式的股票、债券、存托凭证等，但证券交易的标的物种类应当符合证券法所列举的证券类型。此外，买卖特殊类型的证券如国有股权转让、优先股转让应符合相应法律规定。

（二）证券交易当事人是合法的证券投资者

证券交易不同于证券发行，证券交易市场中流通的证券是已经依法发行且交付的证券。证券发行人并不是证券交易的一方当事人。股票交易市场由投资者之间的股票买卖构成，证券交易的双方当事人均是证券投资者，上市公司不是证券交易的主体。

参与证券交易的主体多样，包括个人投资者、机构投资者，也包括为证券交易当事人提供经纪服务的中介机构。其中，机构投资者一般为企业法人、金融机构、投资基金、政府机构等。证券交易的当事人买卖证券必须具有证券法或其他法律、行政法规所规定的买卖该种证券的资格，特定身份的证券从业人员不得参与证券交易。

（三）证券交易有特殊的交易规则

证券交易应遵循一系列严格的特殊交易规则，不同于一般买卖合同的要约承诺方式，证券交易如今已大多由电子化交易系统完成交易，投资者进场交易需要符合一系列开具账户、委托交易、申报、竞价、成交与结算规则，否则交易无效。

（四）证券交易在法定的交易场所进行

证券交易一般需在法定的交易场所进行。依照传统划分，证券交易市场可以分为场内市场与场外市场。所谓场内市场，即交易所市场，场外市场则泛指交易所外进行的交易。① 场内交易采集中交易的方式进行，是证券交易流通的主要形式。即使在场外交易市场，如地方产权交易所等证券交易市场也须经监管机构的批准后方可依法设立，证券交易不得在非法的证券交易场所进行。但随着证券交易市场的发展和交易机制趋同，场内市场与场外市场的划分界限已经不清楚。

（五）证券交易须依法进行

证券交易为证券市场提供了流动性。证券价格在证券市场中不断地通过转让、买卖、流通的过程，完成充分竞价，对证券价值进行即时反映。由于证券交易市场的存在，使得证券持有人能以合理的价格将持有的证券随时流通变现，使得证券投资人愿意在证券发行的一级市场中购买上市公司发行的证券。从而使得公司能够在一级市场中将证券顺利发行出去，完成筹资。各国为保证证券交易市场的活跃性，均对证券交易的行为进行严格规范，打击违法证券交易行为，保证证券交易公平，维护证券市场的良性发展。

二、证券发行是证券交易的前提

证券发行是证券交易的前提。广义的证券交易包括一级市场的证券发行和二级市场的证券交易，认为投资人在发行市场从发行人处购买证券的行为也是交易行为。狭义的证券交易仅指投资人在交易市场的买卖行为，包括集中交易、协议交易、场外交易等多种交易方式。② 我国证券法将证券发行与证券交易做

---

① 彭冰：《中国证券法学》，高等教育出版社 2005 年版，第 170 页。

② 刑会强、缪因知、赵磊主编：《证券法学》，中国人民大学出版社 2019 年版，第 87 页。

分章规定，证券交易行为不同于证券发行行为，证券交易行为是指对已依法发行并交付证券的买卖或转让。由于证券发行仅为一次，证券发行后通过转手买卖不断流通形成证券二级市场。① 因此，股票的销售涉及发行环节，股票的转让涉及交易环节，前者隶属于发行市场，后者隶属于交易市场。② 证券交易当事人是指证券转让中的相对方，即买方和卖方。证券交易当事人应依法交易、买卖证券。可见，证券交易市场，即证券二级市场，是证券发行并交付后的证券流通市场。证券发行一般是增量交易，而证券交易是存量交易，无论何种类型的证券均须依法发行后方可进入证券交易市场。③

三、证券交易的对象必须是依法发行且交付的证券

证券法对证券交易的对象作了限制性规定。可合法交易的证券，必须符合两个条件，一是依法发行，二是依法交付。证券发行与交付是证券交易的两个限制性前提。证券交易当事人仅可买卖已经依法发行且交付的证券，不得交易未经依法发行或发行失败的证券；已经发行，尚未交付的证券，也不得进入证券交易市场。

（一）证券交易的对象必须是依法发行的证券

证券法规定的证券发行，包括公开发行与非公开发行。依法发行的证券是指依照法律、行政法规和其他规范性文件，公开发行或者非公开发行的证券。证券交易当事人在证券交易市场中的交易对象均是已经依法发行的证券，意味着仅有符合法律规定的证券发行条件并已经履行发行程序要求的证券才能进行证券交易，发行是证券交易的前置程序。

（二）证券交易的对象必须是依法已交付的证券

证券的依法交付是指发行人依法将已发行的证券转移至购买人占有。所谓已交付证券，是指证券已交由购买人实际持有。我国证券交易采用电子化交易形式，证券交付是通过改变电子记载的证券持有人而实现的，证券的转让和权利的转移是通过登记变更实现的。④ 已经依法发行，但未完成交付的证券，不能买卖，交付是证券交易的要式条件。

---

① 朱锦清：《证券法（第四版）》，北京大学出版社 2019 年版，第 62 页。

② 徐聪：《注册制下的存量股流通：转让还是转售——兼议〈证券法（修订草案）〉一读稿中的股票转售制度》，载《证券法苑》2015 年第 15 卷。

③ 李东方：《证券法学》，中国政法大学出版社 2007 年版，第 110 页。

④ 刑会强、缪因知、赵磊：《证券法学》，中国人民大学出版社 2019 年版，第 88 页。

四、证券交易当事人不得买卖未经发行的证券

本次证券法修订新增了本条第 2 款规定，证券交易当事人不得买卖未经发行的证券。进一步强调了证券交易当事人买卖未经发行证券行为的违法性，直接明确了买卖未经发行证券的法律后果。本条属于证券法的禁止性规范，因此买卖未经发行的证券是证券法明令禁止的行为。证券交易当事人不仅包括买卖证券的个人投资者，还包括从事证券经纪业务的证券公司或其他法人机构，任何个人或法人机构均不得买卖未经发行的证券。依照《民法典》第 153 条规定："违反法律、行政法规的强制性规定的民事法律行为无效。但是，该强制性规定不导致该民事法律行为无效的除外。违背公序良俗的民事法律行为无效。"因此，证券交易当事人买卖未经发行的证券合同无效。当事人从事买卖未经发行的证券民事活动，若其行为具备犯罪构成要件，则将构成刑事违法，不仅要承担民事法律责任，还可能受到相应刑事法律制裁，依法追究其刑事责任。

【适用指引】

一、严格禁止、坚决打击非法买卖证券、非法经营证券业务活动

本次修订证券法新增了"非依法发行的证券，不得买卖"条款，有利于进一步规范证券交易市场，打击以证券期货为名进行的集资诈骗、非法从事证券期货交易的违法犯罪活动。

近年来，随着我国经济规模扩大、金融市场持续发展，各地出现了以各种手段从事非法销售股票、非法代理买卖非上市公司股票等违法犯罪活动。据证监会网站披露，一些不法机构和个人编造虚假信息，以高额回报为诱饵，兜售所谓"原始股""在境外柜台市场挂牌的股票""将在海外上市的股票"，涉案投资者的投资款往往难以得到保全，其救济难问题日益突出。2003 年中国证监会曾出台《关于处理非法代理买卖未上市公司股票有关问题的紧急通知》（证监办发〔2003〕15 号），对"非法代理买卖非上市公司股票"行为进行了初步定义。通知指出，非法代理买卖非上市公司股票是指一些机构和个人以未上市公司将要依法上市并可以获得高额的原始股回报为幌子，或者编造虚假的公司业绩和许诺丰厚的投资回报率，或者以其他欺骗性行为，欺骗投资者购买未上市公司股票，从而收取代理费等费用的违法活动。这类违法活动的主要特点有：一是买卖未上市公司股票均由各种名目的机构进行代理，代理机构往往与未上市公司、地方股权托管机构之间存在联系，有的则是直接由未上市公司委托从事或变相从事募集股份的集资活动；二是代理机构一般都打着该未上市公司将

要依法上市的幌子，编造虚假的公司经营业绩和丰厚的投资回报率，甚至给投资者办理股权证或股权托管卡，欺骗性很强；三是利用传销、举办联谊会等手作吸引客户，推销其股票，欺骗投资者。

针对因非法买卖证券或非法经营证券业务活动所产生的纠纷，如果非法证券活动仅是一般违法行为而没有构成犯罪，当事人符合民事诉讼法规定的起诉条件的，可以通过民事诉讼程序请求赔偿；如果非法证券活动构成犯罪，被害人应当通过公安、司法机关刑事追赃程序追偿。[①]

二、本条规定与民法的衔接适用

（一）买卖非依法发行证券的合同无效

由于买卖非依法发行的证券属于证券法禁止的违法行为，违反法律的禁止性规定，因此买卖非依法发行证券合同自始无效。在“高某伟诉于某福转让合同欠款纠纷案”[②] 中，法院判决认为：本案中，原、被告签订的转让协议，系网络内虚拟股权的交易，并非我国公开发行的股票。原证券法第 37 条规定，证券交易当事人依法买卖证券，必须是依法发行并交付的证券，非依法发行的证券，不得买卖。第 39 条规定，依法公开发行的股票、公司债券及其他债券，应当在依法设立证券交易的证券交易所上市交易或者在国务院批准的其他交易场所转让。综上，原、被告私下交易，签订的转让协议，违反了我国证券法的相关规定。违反国家法律规定的交易，所产生的“孽债”不受法律保护。原告主张购买的交易股票是在网络中的虚拟交易，并非公开发行的证券。且被告公司在网络上发行股票的行为，已被我国多地公安机关列为网络传销违法犯罪活动。为此，原、被告签订的转让协议，违反国家禁止性规定，协议自始无效。可见，当事人买卖非依法发行证券所产生的债权债务关系不受法律保护。

（二）未在境内发行的股票不得在境内流通

依法发行的证券，是指在我国境内，按照我国证券法以及证券发行的相关法律规定发行证券的行为。证券交易当事人不得在我国境内买卖未在境内发行的股票。在“北京兆比通达电信技术有限公司等与李甲等股权转让合同纠纷上诉案”[③] 中，法院判决认为：在中华人民共和国境内，股票的发行和交易适用证券法的规定。证券法规定，证券交易当事人依法买卖的证券，必须是依法发

---

① 参见最高人民法院、最高人民检察院、公安部、中国证券监督管理委员会《关于整治非法证券活动有关问题的通知》（证监发〔2008〕1 号）。

② 参见山东省沂南县人民法院（2013）沂南民初字第 3521 号民事判决书。

③ 参见北京市高级人民法院（2008）高民终字第 1046 号民事判决书。

行并交付的证券。非依法发行的证券，不得买卖。本案中，李甲、李乙、李丙、孙某与兆比通达公司、安博公司股权转让所涉的股票为英属维尔京群岛注册的公司 Asiastar Telecom Limited 无票面价值的股票，该股票系未经我国有关主管部门核准发行或以其他方式在境内流通的股票，应属禁止在境内交易。李甲、李乙、李丙、孙某与兆比通达公司、安博公司签订的股权转让协议及股权转让补充协议中，关于以转让品极通达（Asia star）股票的方式冲抵双方转让股权价款部分的约定，违反了证券法的相关规定，应认定无效，该部分约定应当停止履行。可见，买卖未在境内依法发行的境外股票交易的合同效力亦为无效。

三、本条规定与刑法的衔接适用

买卖非依法发行的证券，依买卖证券的主体不同、行为性质不同，可能具体表现为非法集资诈骗活动、非法证券发行活动或非法经营证券业务。当事人以非法占有为目的，用虚构事实的手段，通过买卖证券变相向社会募集资金的，构成集资诈骗罪；公司直接对外公开销售未经发行证券的，可能构成变相公开发行证券，依法构成擅自发行股票、公司、企业债券罪；个人或机构非法代理买卖证券，或虚构未经发行证券对外销售的，构成非法经营罪。2008 年最高人民法院、最高人民检察院、公安部、中国证券监督管理委员会《关于整治非法证券活动有关问题的通知》（证监发〔2008〕1 号）中规定，对于中介机构非法代理买卖非上市公司股票，涉嫌犯罪的，应当依照刑法第 225 条之规定，以非法经营罪追究刑事责任；所代理的非上市公司涉嫌擅自发行股票，构成犯罪的，应当依照刑法第 179 条之规定，以擅自发行股票罪追究刑事责任。非上市公司和中介机构共谋擅自发行股票，构成犯罪的，以擅自发行股票罪的共犯论处。

第三十六条 依法发行的证券，《中华人民共和国公司法》和其他法律对其转让期限有限制性规定的，在限定的期限内不得转让。

上市公司持有百分之五以上股份的股东、实际控制人、董事、监事、高级管理人员，以及其他持有发行人首次公开发行前发行的股份或者上市公司向特定对象发行的股份的股东，转让其持有的本公司股份的，不得违反法律、行政法规和国务院证券监督管理机构关于持有期限、卖出时间、卖出数量、卖出方式、信息披露等规定，并应当遵守证券交易所的业务规则。

【条文主旨】

本条是关于证券转让的限制性规定。

【条文释义】

本条规定是关于证券交易的限制性规则，本次证券法修订将原有关于证券转让的“禁售期”规定，扩展到对特定主体转让股份的时间、数量、方式、信息披露等综合性限售规定，完善了“禁售期”后的减持规制问题。目的是进一步减少市场中的不公平交易，通过有效规范上市公司大股东、董监高等公司内部人减持行为，维护我国证券市场的公平公正，推动我国证券交易市场的长期稳定健康发展。

一、证券转让期限的限制性规定

证券转让期限的限制性规定也被称为证券转让的“禁售期”或“锁定期”，主要是对证券转让的期限作禁止性规定。公司法在第 141 条中就不同主体的公司持股的转让期作了限制性规定，本条第 1 款是证券法对公司法中股份禁止转售条款的衔接处理。①

（一）首次公开上市“锁定期”

公司法第 141 条中的“锁定期”要求公司公开发行股份前已发行的股份上市交易之日起 1 年内不得转让。该条文为 2005 年公司法修订时增加的条款，全国人大法工委对新增条款做出了背景解释：“从我国当前的实际情况看，股份有限公司的股票在证券交易所上市交易后，其价格往往比上市前的股票价格要高，因此，出现了低价抢购公司公开发行前的股份即所谓原始股在公司上市后大量抛售以赚取差价的现象，产生了大量的不正当交易，扰乱了证券市场的秩序，也影响了公司的正常运营。因此，本条规定，公司公开发行股份前已发行的股份，自公司股票在证券交易所上市交易之日起 1 年内不得转让。”② 设定首次公

---

① 公司法第 141 条规定，发起人持有的本公司股份，自公司成立之日起一年内不得转让。公司公开发行股份前已发行的股份，自公司股票在证券交易所上市交易之日起一年内不得转让。公司董事、监事、高级管理人员应当向公司申报所持有的本公司的股份及其变动情况，在任职期间每年转让的股份不得超过其所持有本公司股份总数的百分之二十五；所持本公司股份自公司股票上市交易之日起一年内不得转让。上述人员离职后半年内，不得转让其所持有的本公司股份。公司章程可以对公司董事、监事、高级管理人员转让其所持有的本公司股份作出其他限制性规定。证券转让交易不得违反上述规定。

② 全国人民代表大会常务委员会法制工作委员会编：《中华人民共和国公司法释义》，法律出版社 2005 年版，第 201 页。

开上市锁定期，一方面有利于防止上市公司在上市初期即遭遇公司大股东、董监高等“内部人”投机套现；另一方面有利于公司内部持股比例稳定，保持公司入市初期的稳定经营。

（二）董监高持股转让的特殊限制

公司法第141条中还对董监高的持股转让进行了特殊限制，要求公司董事、监事、高级管理人员在限定期间内不得转让任职公司的股票。对董监高转让其所持有的本公司股份进行限制，主要基于两个理由：（1）董监高对公司负有特殊义务，应加强其与公司之间的联系，将公司的利益与其个人利益联系在一起，以促使其尽职尽责地履行职务；（2）董监高负责公司的运营，掌握大量的公司信息，如果允许其随意转让本公司股份，可能会出现其利用所掌握的信息进行内幕交易、损害公司利益以及股东利益的情况。[①] 对董监高持股转让的特殊限制包括：

1. 任职期间持股转让的限制性规定

（1）申报要求：公司董事、监事、高级管理人员应当向公司申报其所持有本公司的股份及其变动情况。

（2）转让数量要求：在任职期间每年转让的股份不得超过其所持有本公司股份总数的百分之二十五。

2. 离职“锁定期”规定

公司董事、监事、高级管理人员离职后半年内，不得转让其所持有的本公司股份。

3. 授权公司章程约定限制

公司章程可以对公司董事、监事、高级管理人员转让其所持有的本公司股份作出其他限制性规定。一般来说，公司章程会对公司董事、监事、高级管理人员提出更高的转让限制要求。

二、“股份转让限制”的授权立法条款

本条第2款规定，是证券法将“限制股份转让行为”的立法权部分授权给法律、行政法规、国务院证券监督管理机构和证券交易所的业务规则进行具体规范的授权立法条款。授权立法又称委任立法，是基于法律授权的立法，是法

---

① 全国人民代表大会常务委员会法制工作委员会编：《中华人民共和国公司法释义》，法律出版社2005年版，第201页。

律委托行政当局制定具有法律内容和法律同等效力的法规，其权限由授权法规定。[①] 本次证券法修订增加了本条款，为证监会、证券交易所等证券监管机构进一步综合规范治理上市公司股份减持行为提供了法律依据。将证监会出台的《上市公司股东、董监高减持股份的若干规定》以及证券交易所出台的具体减持规则与证券法中的减持制度进行了合法化衔接，减持制度作为我国证券市场中的基础性制度被纳入证券法的整体框架中。

股份公司的股份原则上可以自由转让，这是股份公司区别于有限公司及其他类型企业的一大特征。[②] 上市公司股份可以在证券市场上自由流通是证券法的题中之义。股份转让是上市公司股东的基本权利，应当予以尊重和维护。因此对股份转让限制应当具有立法正当性，此外对股份转让进行限制必须规定经过正当的立法程序和法律授权。

依据本条款规定，法律、行政法规、国务院证券监督管理机构和证券交易所可以就特定主体（上市公司持有百分之五以上股份的股东、实际控制人、董事、监事、高级管理人员，以及其他持有发行人首次公开发行前发行的股份或者上市公司向特定对象发行的股份的股东）转让本公司股份的行为进行限制性具体规定。本条款是仅针对特定主体的授权立法，被授权机关不得超越被授予的权限范围立法限制股份转让行为。就股份转让行为进行限制属于证券法的立法权限，未经授权其他法律、行政法规、部门规章或交易所业务规则不得越权立法规定。因此，被授权机关不得立法对其他主体的证券转让进行限定。

（一）特定主体之范围

“上市公司持有百分之五以上股份的股东、实际控制人、董事、监事、高级管理人员，以及其他持有发行人首次公开发行前发行的股份或者上市公司向特定对象发行的股份的股东。”上述特定主体，均是可能对上市公司具一定控制权、影响力或离公司内部运营情况、经营信息更近的公司内部人。证券法要限制上述主体证券转让行为，禁止其自由转让，目的是避免上述主体利用作为“内部人”的天然优势，在证券转让交易中获取不公平利益。

（二）授权立法之事项

对特定主体转让持有的本公司股份事项的规定，具体包括持有期限、卖出时间、卖出数量、卖出方式、信息披露等。通过列举的方式，明确限制方式、

---

① 龚祥瑞：《比较宪法与行政法》，法律出版社1985年版，第437页。

② 甘培忠：《企业与公司法学》，北京大学出版社2017年版，第248页。

手段，不仅包括对转让交易本身的限制（时间、数量、卖出方式），还指出可以对减持交易设置信息披露要求。授权允许被授权机关自主选择规制减持的多样限制性措施，有利于减持制度的灵活设计。

（三）授权立法之实施

实施依靠其他法律、行政法规、国务院证券监督管理机构的规定、证券交易所的业务规则。其中，国务院证券监督管理机构的规定包括证监会出台的部门规章和规范性文件。同时还将证券交易所的业务规则纳入授权范围内。扩大了证监会、证券交易所对减持交易的监管权限，同时也为证券监管机构和自律监管机构的监管权限提供了法律依据。当前，我国证券市场的减持制度，即对上市公司股份减持的限制性规定，散见于公司法、证券法、证监会出台的部门规章及规范性文件以及沪深交易所出台的业务规则中。

【适用指引】

证监会出台“减持新规”——《上市公司股东、董监高减持股份的若干规定》

“减持新规”主要内容包括①：

1. 规范三类主体。将大股东（即控股股东和持股5%以上股东）、特定股东（即持有公司首次公开发行股份和持有上市公司非公开发行股份的股东）及董监高三类主体纳入规范范畴。

2. 规范三种减持方式。除了继续规范集中竞价减持行为外，还首次将大宗交易及协议转让方式纳入规范。

3. 完善减持信息披露制度。细化了股份减持事前、事中及事后分阶段信息披露义务。

4. 对禁止减持情形进行了明确。规定大股东或董监高如涉嫌违法犯罪被立案调查或上市公司因欺诈发行或重大信息披露违法受行政处罚的，在一定期限内禁止减持，让违法者付出代价。

5. 加大了违规查处力度。根据违规情节、性质及影响，监管部门将从严查处，全力维护市场秩序。此外，“减持新规”还对非公开发行股份解禁后的减持规范等问题进行了明确。

---

① 《监管层出台新规从严规范股东减持行为》，载中国证监会网站，http：//www. csrc. gov. cn/jilin/gzdt/201706/t20170607_ 317977. htm，最后访问时间：2020 年 3 月 7 日。

总的来说，“减持新规”在规制对象上将全部首次公开发行前发行的股份及非公开发行的股份纳入；进一步限制了减持的份额和节奏、固定了减持的时点等，在预先披露制度上做出了更为严格的规定，在很大程度上打击了“恶意减持”“精准减持”的投机活动。

由于股份转让是上市公司股东的正当权利，对该种权利进行限制应当经由法律或行政法规通过正当立法程序加以规定。证监会发布“减持新规”时，证券法对股份转让并无“禁售期”限制条款之外的限制性规定，因此“减持新规”在法律授权上存在缺陷。本次证券法修订增加的第36条第2款解决了证监会和交易所在股份减持规则设定上的法律授权问题。

第三十七条 公开发行的证券，应当在依法设立的证券交易所上市交易或者在国务院批准的其他全国性证券交易场所交易。

非公开发行的证券，可以在证券交易所、国务院批准的其他全国性证券交易场所、按照国务院规定设立的区域性股权市场转让。

【条文主旨】

本条是关于证券交易场所的规定。

【条文释义】

一、证券交易所、证券交易场所的概念

证券交易所是指依法设立并履行相关职责，为证券集中交易提供场所和设施、组织和监督证券交易，实行自律管理的法人。[①] 证券交易所为证券流通、转让提供了集中、固定的有形场所，是证券市场中最为主要的证券交易场所之一。证券交易所，一般也被称为“场内市场”，通常以提供集中竞价交易为其核心特征之一。[②]

证券交易场所是证券交易所的上位概念。在交易所之外，还存在诸多类型的证券交易场所，如全国中小企业股份转让系统、区域性股权市场等。证券交易场所为证券交易双方提供一定的证券价格形成机制，并且具有为证券交易建

---

① 李东方：《证券法学》，中国政法大学出版社2007年版，第110页。

② 刑会强、缪因知、赵磊：《证券法学》，中国人民大学出版社2019年版，第220页。

立保证交易公正性规则的交易组织和交易设施。①

本次证券法修订，在原证券法第39条规定的“依法公开发行的股票、公司债券及其他证券，应当在依法设立的证券交易所上市交易或者在国务院批准的其他证券交易场所转让”基础上，进一步明确了“证券交易场所”这一概念，为我国多层次资本市场发展奠定了良好的法律框架。同时，证券法并未对“证券交易场所”这一定义的外延作出限制性规定，并将批准设立新证券交易场所的权限授予国务院行使，以排除我国未来设立新型证券交易场所的法律障碍，为市场的长远发展预留了法律空间。

二、证券交易场所应依法设立

依照本条规定，证券交易场所应依法依规设立。设立全国性证券交易场所应经国务院批准，设立区域性股权市场应按照国务院有关规定进行。任何个人和机构不得非法开设证券交易场所，不得擅自设立证券交易所以及各类证券交易中心、证券交易报价系统或证券经营机构非法开办证券交易网点。《国务院关于清理整顿各类交易场所切实防范金融风险的决定》（国发〔2011〕38号）指出，交易场所是为所有市场参与者提供公平、透明交易机会，进行有序交易的平台，具有较强的社会性和公开性，需要依法规范管理，确保安全运行。其中，证券和期货交易更是具有特殊的金融属性，直接关系到经济金融安全和社会稳定，必须在经批准的特定交易场所、遵循严格的管理制度规范进行。

本次修订，授权国务院批准设立全国性证券交易场所。未经国务院批准，不得设立任何全国性证券交易场所。授权国务院制定区域性股权市场的管理办法。设立区域性股权市场，需要符合国务院规定的区域性股权市场监管管理办法和有关文件。依据《国务院办公厅关于清理整顿各类交易场所的实施意见》（国办发〔2012〕37号）要求，凡新设交易所的，除经国务院或国务院金融管理部门批准的以外，必须报省级人民政府批准；省级人民政府批准前，应取得联席会议的书面反馈意见。依据《国务院办公厅关于规范发展区域性股权市场的通知》（国办发〔2017〕11号）要求，本通知印发前，省、自治区、直辖市、计划单列市行政区域内已设立运营机构的，不再设立；尚未设立运营机构的，可设立一家；已设立两家及以上运营机构的，省级人民政府要积极稳妥推动整合为一家，证监会要予以指导督促。

---

① 参见郑春玉：《证券场外交易场所的法律界定》，载《商事法论集》2016年第1期。

三、证券交易场所的主要类型

按照交易的场所（划分），证券交易市场可以分为场内市场与场外市场。[①] 场内市场就是指由证券交易所组织的集中交易市场，一般有固定的交易场所和交易活动时间。沪深交易所是典型的场内市场。场外市场，又称 OTC 市场，在国外又多被称为柜台交易市场或店头市场，通常是指在证券交易所外进行证券交易的市场。[②] 在我国，场外证券业务是指在上海、深圳证券交易所、期货交易所和全国中小企业股份转让系统以外开展的证券业务。

本次修订，将证券交易场所划分为证券交易所、国务院批准的其他全国性证券交易场所、按照国务院规定设立的区域性股权市场三个层次，以搭建我国多层级资本市场的发展架构。

此外，本次修订还明确了新三板、区域性股权市场的法定地位。其中新三板属于全国性证券交易场所，与沪深交易所一同形成我国的场内市场。区域性股权市场作为重要的场外市场，是主要服务于非公开发行证券的地方性交易场所。

四、证券交易场所的分类交易限制

本次修订，划分了公开发行证券与非公开发行证券可合法交易的场所，对证券交易场所中可合法开展的交易类型进行分类限制。依照本条规定，强制要求公开发行的证券应在全国性证券交易场所交易；非公开发行的证券可在交易所、新三板和区域性股权交易市场交易。即公开发行证券只能在场内市场交易，场外市场只能交易非公开发行证券。

（一）公开发行的证券应当在全国性证券交易场所交易

本条第 1 款规定，公开发行的证券，应当在依法设立的证券交易所上市交易或者在国务院批准的其他全国性证券交易场所交易，禁止在场外交易。依据上述规定，公开发行的证券必须在全国性交易场所交易，即依照目前我国全国性交易所的设置情况，只能在沪深交易所、新三板进行上市交易，证券交易所上市企业和新三板上市企业均为公众公司。

（二）非公开发行的证券可以在证券交易所和新三板交易

原证券法仅对公开发行证券的交易场所做出规定，而新证券法对非公开发行证券的交易场所也进行说明性规定，明确交易所和新三板均可以开展非公开

---

① 彭冰：《中国证券法学》，高等教育出版社 2005 年版，第 171 页。

② 中央财经大学课题组：《多层次资本市场及证券交易场所法律制度完善研究》，载《证券法苑（第 10 卷）》2014 年第 1 期。

发行证券交易业务。

（三）非公开发行的证券可以在区域性股权市场转让

本次修订，新增了区域性股权市场这一交易场所。非公开发行的证券可以在区域性股权市场转让，明确了区域性股权市场可交易证券的类型。区域性股权市场仅可交易非公开发行的证券，不可交易公开发行的证券。因此，区域性股权市场不得违规发行或转让私募债券；不得采用广告、公开劝诱等公开或变相公开方式发行证券。

【适用指引】

一、取缔非法场外市场、规范区域性股权交易市场

长期以来，场外市场发展存在监管主体及监管权限不明确，长期滞留监管风险等问题。一些地区未经国务院批准，擅自设立产权交易所（中心）、证券交易中心和证券交易自动报价系统等机构，从事非上市公司股票、股权证等股权类证券（以下简称股票）的场外非法交易活动，这种行为严重扰乱了证券市场的正常秩序，隐藏着很大的金融风险，影响社会稳定。①

改革开放以来，我国已有数次清理地方交易所的运动。20 世纪 90 年代初对股权交易所的清理形成了今日沪深两大交易所的格局，而 20 世纪 90 年代中期对期货交易所的关停清理形成了今日上海、郑州和大连在期货市场的中心地位。2011 年 11 月国务院下发《关于清理整顿各类交易场所切实防范金融风险的决定》，该决定明确指出，交易所的“资金问题”可能升级为“区域金融风险”，要求证监会牵头，联合国务院部委、下属监管机构和各省级地方政府参与清理整顿各类违法交易场所的工作。②

2017 年，国务院、证监会连续出台进一步规范发展我国区域性股权市场运行的有关文件。2017 年 1 月，《国务院办公厅关于规范发展区域性股权市场的通知》中指出，规范发展区域性股权市场是完善多层次资本市场体系的重要举措，在推进供给侧结构性改革、促进大众创业万众创新、服务创新驱动发展战略、降低企业杠杆率等方面具有重要意义。2017 年 5 月，证监会出台的《区域性股权市场监督管理试行办法》中指出，区域性股权市场是为其所在省级行政

---

① 《国务院办公厅转发证监会关于〈清理整顿场外非法股票交易方案〉的通知》（国办发〔1998〕10 号）。

② 蒋大兴：《论场外交易市场的场内化——非理性地方竞争对证券交易场所的负影响》，载《法学》2013 年第 6 期。

区域内中小微企业证券非公开发行、转让及相关活动提供设施与服务的场所。除区域性股权市场外，地方其他各类交易场所不得组织证券发行和转让活动。新证券法对进一步明确区域性股权市场法定地位和功能，强化区域性股权市场在多层次资本市场中的特殊作用有着重要意义。对于厘清区域性股权市场的场外市场地位，推动地方金融市场有序发展影响深远。

二、查处非法场外交易

公开发行的证券必须在场内市场进行交易，非公开发行的证券不得向公众公开销售。证监会及各地证监局均对非法场外交易予以严格查处，构成刑事犯罪的交由检察机关提起公诉。

在具体案例中，陕西甲有限责任公司以在上海股权托管交易中心挂牌为名在公司注册地非法公开转让公司股权，遭陕西证监局处罚，违法转让公司股权签订的投资合同属无效合同，同时涉嫌诈骗罪。① 2015 年 4 月，在上海股权托管交易中心中小企业股权报价系统（Q 板）挂牌的陕西甲有限责任公司，经中介机构上海乙股权投资管理有限公司推荐，在陕西某县某宾馆召开“上海股交所上市答谢会”，召集 300 多名当地群众参会。会上，由上海乙公司及其邀请所谓“台湾专家”宣称甲公司已在“上海股交所上市”，并进行“原始股转让推介”营销宣传，当场与多名群众签订《委托股权投资、管理协议书》。

甲有限公司股东在上海乙公司导演下，将四板市场挂牌偷换概念，宣称“上市”，并以“转让有限责任公司股权”为名，与投资者签订不具有转让实质的转让协议，骗取投资者钱财，涉嫌以有限责任公司股权转让为名的欺诈。

在本案中，陕西甲有限责任公司在上海股权托管交易中心挂牌，属于在区域性股权交易市场挂牌的非上市公司，不得向公众公开劝诱转让其公司股权，只能在场外市场交易或向特定对象转让，陕西甲有限责任公司的上述行为构成证券法的违法行为并涉嫌刑事犯罪。

第三十八条　证券在证券交易所上市交易，应当采用公开的集中交易方式或者国务院证券监督管理机构批准的其他方式。

---

① 陕西省证监局：《高度警惕以在陕西省外区域性股权市场挂牌为幌子非法集资诈骗活动》，载中国证券监督委员会网站，http：//www.csrc.gov.cn/pub/shanxidong/xxfw/tzzsyd/201505/t20150529_278129.htm，最后访问时间：2020 年 3 月 1 日。

【条文主旨】

本条是关于在证券交易所上市的证券交易方式的规定。

【条文释义】

本条内容是原证券法第40条的规定，未作修改。

一、公开的集中交易方式

证券交易所是公开市场，其特有的核心功能是在交易成本尽可能低的前提下，快速有效地执行投资者发出的交易指令，即“提供流动性”。[①] 公开的集中交易方式是目前全球证券交易所采用的主流交易方式，具有成本低、效率高的特点。集中交易方式是指证券交易所提供的，通过交易系统进行的以询价、报价和竞价三种方式实现证券所有权变更的交易方式。集中交易方式包括竞价交易、大宗交易、盘后固定价格交易等具体类型。

1. 竞价交易

竞价交易是证券交易所最为重要的交易方式，按价格优先、时间优先的原则撮合成交。根据该原则，所有买入的有效委托申报按照报价由高到低的顺序排列，报价相同的，按照委托的先后时间顺序排列；所有卖出的有效申报按照报价由低到高的顺序排列，报价相同的，按照委托的先后时间顺序排列。交易主机根据有效申报的排列顺序，将排在前面的买入委托与卖出委托配对成交。在不同出价条件下，由排在前面的买方最高报价与卖方最低报价优先配对，即为价格优先原则；在相同出价条件下，由排在前面的较早的委托优先配对，即为时间优先原则。

竞价交易包括集合竞价和连续竞价。集合竞价是指证券交易所对在规定时间内接受的投资者买卖申报一次性集中撮合的竞价方式，参与集合竞价的所有交易以同一价格成交。以上海证券交易所为例，除另有规定外，每个交易日的9:15至9:25为开盘集合竞价时间，14:57至15:00为收盘集合竞价时间。连续竞价是指证券交易所对投资者提交的买卖申报逐笔连续撮合的竞价方式。以上海证券交易所为例，除另有规定外，每个交易日的9:30至11:30、13:00至14:57为连续竞价时间。

---

① 卢文道：《证券交易所自律管理论》，北京大学出版社2008年版，第9页。

2. 大宗交易

大宗交易是指单笔交易规模远大于市场平均单笔交易规模的交易，须满足单笔申报数量或交易金额的要求。大宗交易一方面为投资者大量买卖证券提供了便利，另一方面也可以避免单笔交易规模过大从而对竞价交易产生冲击。

以上海证券交易所为例，证券买卖符合以下条件的，可以采用大宗交易方式：（1）A股单笔买卖申报数量应当不低于30万股，或者交易金额不低于200万元人民币；（2）B股单笔买卖申报数量应当不低于30万股，或者交易金额不低于20万美元；（3）基金大宗交易的单笔买卖申报数量应当不低于200万份，或者交易金额不低于200万元；（4）债券及债券回购大宗交易的单笔买卖申报数量应当不低于1000手，或者交易金额不低于100万元。大宗交易的成交价格，由买卖双方在当日价格涨跌幅限制范围内确定。无价格涨跌幅限制证券的成交价格，由买卖双方在前收盘价格的上下30%或当日已成交的最高、最低价格之间确定。

3. 盘后固定价格交易

盘后固定价格交易，指在收盘集合竞价结束后，证券交易所交易系统按照时间优先顺序对收盘定价申报进行撮合，并以当日收盘价成交的交易方式。盘后固定价格交易是对盘中连续交易的有效补充，不仅可以满足投资者在竞价撮合时段之外以确定性价格成交的交易需求，也有利于减少被动跟踪收盘价的大额交易对盘中交易价格的冲击。

盘后固定价格交易在我国证券交易所属于新生事物。目前，仅上海证券交易所在科创板试点实施盘后固定价格交易，每个交易日的15:05至15:30为盘后固定价格交易时间。盘后固定价格交易阶段，上海证券交易所以收盘价为成交价、按照时间优先原则对收盘定价申报进行逐笔连续撮合。

二、国务院证券监督管理机构批准的其他方式

随着证券交易所市场板块不断完善，上市证券品种不断丰富，公开的集中交易方式存在无法完全满足市场需求的可能。因此，有必要根据证券交易所市场发展的实际逐步丰富交易方式。同时，为了防范金融风险，保护投资者的合法权益，维护社会经济秩序和社会利益，证券交易所采取公开的集中交易以外的其他方式进行证券交易，必须经国务院证券监督管理机构批准。除公开的集中交易方式外，境内外证券交易所采用较多的交易方式还有协议转让、做市等。

协议转让是指转让双方依据依法订立的协议，向证券交易所、证券登记结算机构申请办理上市公司流通股转让的交易方式。协议转让的目的是满足相关公司因正常经营所产生的并购重组等特定股份转让需求。因此，转让双方只有满足相关规则规定的条件，才可以申请办理协议转让。以上海证券交易所为例，上市公司流通股股份转让涉及下列情形之一的，方可办理流通股协议转让手续：（1）与上市公司收购及股东权益变动相关的股份转让；（2）转让双方存在实际控制关系，或均受同一控制人所控制的；（3）外国投资者战略投资上市公司所涉及的股份转让；（4）中国证监会认定的其他情形。

做市是指做市商在开市期间就其负责做市的证券一直保持双向买卖报价，向投资者提供其愿意买进和卖出的证券数量和买卖价格。做市商双向买卖报价包括持续报价和回应报价两种。持续报价是指在交易时间内，做市商按协议约定，主动提供的持续性双边报价。回应报价是指在交易时间内，做市商按协议约定，对收到询价请求的证券进行的双边报价。目前，我国证券交易所上市的交易型开放式指数基金和指数型上市开放式基金等基金产品已实施做市的交易机制。

【适用指引】

本条主要规范证券交易所组织证券交易的行为。证券交易所组织上市证券交易，应当采用公开的集中交易方式。如需采用其他交易方式，则须经证券监督管理机构批准。

第三十九条　证券交易当事人买卖的证券可以采用纸面形式或者国务院证券监督管理机构规定的其他形式。

【条文主旨】

本条是关于证券形式的规定。

【条文释义】

本条是原证券法第 41 条的规定，未作修改。

证券法调整的证券包括股票、公司债券、存托凭证、政府债券、证券投资基金份额和国务院依法认定的其他证券。在电子信息技术出现以前，传统的证券均采用纸面形式，即在纸制品上载明应当记载的事项，并据此作为证明或者设定权利的凭证。20 世纪 80 年代以来，随着电子信息技术的广泛应用，无纸化证券逐渐成为各国证券的重要形式。早在 1993 年，国务院制定的《股票发行与交易管理暂行条例》中将没有实物形式的证券定义为簿记券式证券。“簿记券式股票”是指发行人按照证监会规定的统一格式制作的、记载股东权益的书面名册。当前，无纸化形式的证券，主要体现为证券登记结算机构通过证券账户记载证券权利及其变动的电子信息记录，具有高效、保密、成本低等特点。

【适用指引】

在我国证券市场建立初期，证券主要采用纸面形式。但目前我国的各种上市证券均已实现全面无纸化，证券发行人不必再向投资者交付证券的纸质凭证。证监会出台的《证券登记结算管理办法》也规定，投资者应当通过证券账户持有上市证券，明确了证券无纸化的形式。

第四十条　证券交易场所、证券公司和证券登记结算机构的从业人员，证券监督管理机构的工作人员以及法律、行政法规规定禁止参与股票交易的其他人员，在任期或者法定限期内，不得直接或者以化名、借他人名义持有、买卖股票或者其他具有股权性质的证券，也不得收受他人赠送的股票或者其他具有股权性质的证券。

任何人在成为前款所列人员时，其原已持有的股票或者其他具有股权性质的证券，必须依法转让。

实施股权激励计划或者员工持股计划的证券公司的从业人员，可以按照国务院证券监督管理机构的规定持有、卖出本公司股票或者其他具有股权性质的证券。

【条文主旨】

本条是关于证券业法定人员禁止持有、买卖股权证券，以及证券公司从业人员豁免的规定。

【条文释义】

本条内容是对原证券法第43条的修改。

本轮证券法修改过程中，修订草案“一读稿”拟全面放开证券从业人员买卖股票的限制，允许其在事先申报证券账户、事后申报证券买卖情况的前提下买卖股票。但这一规定争议较大。“二读稿”推翻了“一读稿”的规定，重新恢复了原证券法的规定。同时，针对证券公司提出了禁止从业人员持有、买卖股票使得证券公司无法实施股权激励计划和员工持股计划，难以充分调动员工的积极性，不利于证券公司的长期发展的意见，“二读稿”增加了允许实施股权激励计划或者员工持股计划的证券公司的从业人员持有、买卖本公司股票的规定。“三读稿”和正式公布的新证券法基本沿袭了这一规定。

一、禁止持有、买卖股票等证券的主体

（一）证券交易场所、证券公司和证券登记结算机构的从业人员

证券交易场所、证券公司和证券登记结算机构是专业从事证券交易和证券经营业务的机构，其从业人员具有获得信息的便利，并可能与其职责产生利益冲突。为防止前述人员利用信息优势参与证券交易，损害其他投资者的合法权益，保证证券交易的公平、公正，本条将他们列入禁止持有、买卖股票等证券的主体。根据多层次资本市场发展的实际情况，新证券法专门将证券交易所修改为证券交易场所，明确证券交易所外的其他证券交易场所的从业人员禁止持有、买卖股票等证券。

（二）证券监督管理机构的工作人员

证券监督管理机构是在依法对证券市场实行监督管理，履行依法制定有关证券市场监督管理的规章、规则，依法进行审批、核准、注册，办理备案，依法对证券的发行、上市、交易、登记、存管、结算、证券发行人等主体的证券业务活动进行监督管理等职责。证券监督管理机构的工作人员作为监管职责的具体承担者，参与证券交易活动，将与其所担负的职责发生利益冲突，从而影响其公正履职，并可能损害投资者的利益。因此，本条将证券监督管理机构的工作人员列入禁止持有、买卖股票等证券的主体。

（三）法律、行政法规规定禁止参与股票交易的其他人员

除上述两类人员外，还有一些其他人员，因其所任职务等原因，被法律、行政法规禁止参与股票交易，他们也属于禁止持有、买卖或者获得股票等证券的主体。

二、股票和其他股权性质证券

（一）股票

结合上述人员所在机构的职责，本条所称的股票应为在依法设立的证券交易所上市交易或者在国务院批准的其他全国性证券交易场所交易的股票。

（二）其他具有股权性质的证券

新证券法增加了不得买卖其他具有股权性质的证券的要求。股权是股东基于其向公司的出资而享有的权利，包括资产收益、参与重大决策、选择管理者等权能。其他具有股权性质的证券虽然不是股票，但其持有人可能享受股权的部分权能，特别是资产收益的权能。具有股权性质的证券与股票的价格高度正相关。一般认为，以股票作为基础证券的存托凭证等属于具有股权性质的证券。

我国台湾地区"证券交易法"中同样出现了"具有股权性质之其他有价证券"的概念。我国台湾地区"金管委"出台的"证券交易法施行细则"对此作了专门解释："具有股权性质之其他有价证券，指可转换公司债、附认股权公司债、认股权凭证、认购（售）权证、股款缴纳凭证、新股认购权利证书、新股权利证书、债券换股权利证书、台湾存托凭证及其他具有股权性质之有价证券。"

三、上述人员原已持有的股票等证券必须依法转让

上述人员是基于其特定身份等原因而受到了持有、买卖股票的限制。如他们获得特定身份之前已经持有股票或者其他具有股权性质的证券，应该在成为上述人员时依法进行转让，不能继续持有。

四、实施股权激励计划或者员工持股计划的证券公司的从业人员可以按规定持有、卖出本公司股票等证券

新证券法特别允许实施股权激励计划或者员工持股计划的证券公司的从业人员可以按规定持有、卖出本公司股票等证券，既兼顾了禁止从业人员买卖股票等证券的原则规定，又为证券公司实施股权激励和员工持股计划留下了制度空间。同时，为防范可能的利益冲突，新证券法明确了证监会可就此作出专门规定，明确具体的申报、登记、审查、处置等制度。

五、境外市场证券从业人员买卖股票的监管制度

境外市场对证券从业人员买卖证券的行为，并没有简单采取"堵"的思路和办法，而是重在"疏"和规范，主要采取了以下四个方面的措施：一是不强制禁止证券从业人员买卖股票；二是主要着眼于防范内幕交易和利益冲突，并兼顾防范其他可能存在的问题，构建规制证券从业人员买卖证券的具体制度；三是监管机构努力从监管证券从业人员个人，向充分利用证券类公司监管的思路上转变；四是在对机构监管贯彻的前提下，实行或间接实行申报制度。[①]

① 郭兰英、丁海筠：《中外证券从业人员买卖股票制度之比较研究》，载《环球法律评论》2013年第3期。

以美国为例，其《1933 年证券法》和《1934 年证券交易法》对从业人员参与股票交易的行为并未禁止。对证券从业人员的监管主要由证券经营机构制定交易规则并进行具体的、完善的监管。① 美国证监会要求证券经营机构完善以下内部监管制度②：

1. 加强对证券从业人员账户的管理制度

证券公司的从业人员可以在其他证券公司开设证券投资者账户，但必须及时将证券投资账户的开户情况，以及和证券公司的劳动关系，告知雇主单位和股票账户所属的执行会员。

如果证券公司员工在境内或境外投资顾问、申报注册的经纪交易商、银行或者其他金融机构开立账户的，应当在执行第一笔交易前，书面通知雇主单位其证券账户开户状况及股票的买卖指令。如雇主单位书面要求，雇员应当向雇主提供证券账户交易单、对账单以及其他信息复印件。在和雇主建立劳动关系之前开立的证券投资账户，在建立劳动关系后，也应当立即遵守上述规定。

2. 证券从业人员的交易指令需上报或审批

证券从业人员的私人股票交易指令发出前，应向雇主提交书面通知，并提供本次交易的详细信息，以及个人在本次交易中是否会收到本次交易相关销售报酬。如有销售报酬，证券公司在收到从业人员交易申请后，应当在规定时间内书面通知是否同意其所请求的该次交易。如果同意，证券公司应将交易记录进行备案，并对交易行为进行监控；如不同意，员工不得进行该次交易。如无销售报酬，从业人员仅需要提供书面通知即可以进行交易。

3. 证券公司对从业人员账户交易过程进行合理监控

执行证券公司员工股票交易指令的经纪交易商，如果知道该账户为另一证券经纪交易商的雇员，则应当尽合理的谨慎义务。执行证券公司员工的经纪交易商应当在执行交易指令前，书面通知该雇主单位，并将交易记录及有关信息的复印件提供给该雇主单位。

【适用指引】

国务院批准的其他全国性证券交易场所的从业人员不得以任何形式持有、

---

① 唐丽子：《美国证券法》，对外经济贸易出版社 2005 年版，第 16 页。

② 邱亚旭：《证券监管者和从业人员买卖股票的法律规制研究》，吉林大学 2016 年硕士学位论文。

买卖或者获得股票。

除股票外，上述人员在任期或者法定限期内，也不得持有、买卖或者获得其他具有股权性质的证券，如以股票为基础证券的存托凭证等。

实施股权激励计划或者员工持股计划的证券公司的从业人员持有、卖出股票等证券，一方面需要遵守国务院证券监督管理机构的规定，另一方面必须是本公司的股票或者其他具有股权性质的证券。

第四十一条 证券交易场所、证券公司、证券登记结算机构、证券服务机构及其工作人员应当依法为投资者的信息保密，不得非法买卖、提供或者公开投资者的信息。

证券交易场所、证券公司、证券登记结算机构、证券服务机构及其工作人员不得泄露所知悉的商业秘密。

【条文主旨】

本条是关于证券机构及其工作人员负有保密义务的规定。

【条文释义】

本条是对原证券法第 44 条的修改。

一、保密义务的内容

一是为投资者信息保密，不得非法买卖、提供或者公开投资者的信息。投资者的信息包括投资者的账户、交易、身份等信息，对投资者的人身和财产具有重要意义。除法律法规规定或者经投资者同意外，证券交易场所、证券公司、证券登记结算机构、证券服务机构及其工作人员不得买卖、提供或者公开投资者信息。新证券法将为投资者保密的范围从“账户”拓展到“投资者信息”，并且进一步明确了不得非法买卖、提供或者公开的具体要求。

二是不得泄露所知悉的商业秘密。商业秘密，是指不为公众所知悉、具有商业价值并经权利人采取相应保密措施的技术信息、经营信息等商业信息。商业秘密是企业的财产权利，它关乎企业的竞争力，对企业的发展至关重要，有的甚至直接影响到企业的生存。因此，证券交易场所、证券公司、证券登记结算机构、证券服务机构及其工作人员不得泄露所知悉的商业秘密。新证券法新增了不得泄露所知悉的商业秘密的要求。

二、负有保密义务的主体

依照证券法规定，投资者参与证券交易，应当与证券公司签订证券交易委托协议，并在证券公司实名开立账户，委托该证券公司代其买卖证券。证券交易场所为证券交易提供场所和设施，组织和监督证券交易。证券登记结算机构为证券交易提供集中登记、存管与结算服务。证券服务机构为证券的发行、上市、交易等证券业务活动制作、出具审计报告及其他鉴证报告、资产评估报告、财务顾问报告、资信评级报告或者法律意见书等文件。在履行职责、提供服务过程中，证券交易场所、证券公司、证券登记结算机构、证券服务机构及其工作人员均可能知悉投资者信息，获得公司的商业秘密。因此，为保护投资者和相关主体利益，证券交易场所、证券公司、证券登记结算机构、证券服务机构及其工作人员应当负有保密义务。本次证券法修订将相关主体的工作人员也纳入了负有保密义务主体的范围。

【适用指引】

相关主体保密义务的范围扩展至其工作人员

相关主体的工作人员是具体业务的承担者，在开展工作过程中可以获得投资者的信息及商业秘密，应当承担保密义务。

证券交易场所、证券公司、证券登记结算机构、证券服务机构及其工作人员应当依法为投资者的信息保密，不得非法买卖、提供或者公开投资者的信息，并不意味着完全不得对外提供投资者信息。在公安机关、检察机关、国务院证券监督管理机构等依法调查涉嫌违法违规行为而需要了解投资者信息时，证券交易场所、证券公司、证券登记结算机构、证券服务机构及其工作人员应当积极提供配合。

第四十二条　为证券发行出具审计报告或者法律意见书等文件的证券服务机构和人员，在该证券承销期内和期满后六个月内，不得买卖该证券。

除前款规定外，为发行人及其控股股东、实际控制人，或者收购人、重大资产交易方出具审计报告或者法律意见书等文件的证券服务机构和人员，自接受委托之日起至上述文件公开后五日内，不得买卖该证券。实际开展上述有关工作之日早于接受委托之日的，自实际开展上述有关工作之日起至上述文件公开后五日内，不得买卖该证券。

【条文主旨】

本条关于证券服务机构及其人员禁止证券买卖的相关期限的规定。

【条文释义】

证券服务机构是指除证券经营机构外，在证券市场上为参与各方提供服务的机构。根据证券法第160条的规定，其范围包括会计师事务所、律师事务所以及从事证券投资咨询、资产评估、资信评级、财务顾问、信息技术系统服务的机构。证券服务机构的职能是为证券发行和交易提供审计、资产评估意见、法律意见等服务。证券服务机构及其从业人员所掌握的信息往往涉及与公司经营相关的重大信息，如果对他们的证券交易行为不加以约束和控制，则可能导致其利用信息优势损害投资者利益。为了保护广大投资者的利益，维护证券市场秩序，应从制度上遏制证券服务机构及其从业人员利用内幕信息实施内幕交易的行为。

一、限制证券服务机构及其从业人员买卖证券的情形

证券市场的价格波动与获取证券市场信息及其公开程度密切相关。信息公开程度不同，投资者的获利程度亦不同。从信息对投资者的影响看，对于完全公开的信息，因投资者获取这些信息的机会均等，故这类信息对证券市场价格波动的影响不大。但是，对于未公开的或者未完全公开的信息，因投资者获取这些信息的机会不均等，则容易引发内幕交易。内幕交易行为本质上是利用信息不对称、信息不完善实施的交易。证券服务机构及其从业人员在为其委托人提供证券服务的过程中，需要借助委托人提供关于经营、财务或者重大影响但尚未公开的信息，才能出具相应的专业报告和专业意见。若对证券服务机构及其从业人员买卖其服务的证券行为不加限制，在利益的驱使下，极有可能利用其在提供证券服务过程中获取的内幕信息、未公开信息进行交易。因此，应当对证券服务机构及其从业人员买卖其所服务的证券行为进行适当的限制。对其进行限制的情形主要包括两个方面：

一是为证券发行提供服务的情形。证券服务机构及其从业人员为证券发行提供服务的前提和基础就是要知悉和掌握发行人的财务状况，了解其资产经营状况、公司的经营前景等情况。在提供服务过程中不可避免地获悉证券发行人的各种信息。证券从业人员从事证券服务时，应当遵守忠实义务，不得与自己的客户或公司的客户争夺交易机会或者利用职务之便谋取个人利益。为了防止证券服务机构及其从业人员利用其获取的内幕信息、未公开信息进行证券买卖，维护证券市场的公平原则，证券法对其买卖证券的行为进行限制。

二是为发行人及其控股股东、实际控制人，或者收购人、重大资产交易方提供证券服务的情形。控股股东是指直接持有公司股本总额 50% 以上的股东；或者持有股份的比例虽然不足 50%，但依其持有的股份所享有的表决权已足以对股东大会的决议产生重大影响的股东。实际控制人是指虽不直接持有公司股份，或者其直接持有的股份达不到控股股东要求的比例，但通过投资关系、协议或者其他安排，能够实际支配公司行为的自然人或法人。收购人、重大资产交易方往往持有目标公司较高比例的股份，可以影响公司的股票价格以及公司的内部决策，具有一般投资者所不具有的优势，很容易侵害其他投资者的利益。因此，公司的控股股东、实际控制人，或者收购人、重大资产交易方均是对公司运作施加重大影响或对公司资产经营状况、财务状况了解的知情人。证券服务机构为这些主体出具审计报告或者法律意见书等文件，不可避免地会接触上市公司的许多内幕信息、未公开信息。在该证券上市前，如果利用其所掌握的这些信息以较低的价格买进公司证券，公司上市后，价格上涨，该交易者就会获得大量的非法收入，损害证券市场的公平和公正，侵害其他投资者利益，扰乱证券市场秩序。因此，证券法限制为发行人及其控股股东、实际控制人，或者收购人、重大资产交易方出具审计报告或者法律意见书等文件的证券服务机构和人员，自接受上市公司的委托之日起至上述文件公开后 5 日内，不得买卖该证券。

二、对证券服务机构及其工作人员买卖其提供服务的证券进行期限限制

证券的承销是证券公司根据其与发行人签订的承销协议帮助发行人发行证券的行为。为了避免获知公司内幕信息、未公开信息的知情者利用其所掌握的信息影响承销，保障证券承销的顺利完成，证券法规定为证券发行出具审计报告或者提供法律意见书等文件的专业机构和人员，在该证券承销期内和期满后六个月内，不得买卖该证券。对于为发行人及其控股股东、实际控制人，或者收购人、重大资产交易方提供证券服务的情形，则规定自接受委托之日起至文件公开后 5 日内，不得买卖该证券。

【适用指引】

本条规定了证券服务机构及其从业人员在证券服务过程中应当禁止买卖证券的情形。在具体法律适用过程中应注意把握以下三个方面：

第一，证券服务机构及其从业人员可以作为内幕交易的主体。从学理上讲，内幕交易消息受领人因违反了信息获取机会平等原则，应认定为内幕人。① 但实践中可能存在证券服务机构及人员借用他人名义进行内幕交易的情形。内幕信息的利用往往并非发生在证券法明确规范的义务主体，义务主体往往通过亲属、合作等关系进行不公平交易。此类情形往往举证困难，使得规制内幕交易立法意旨难以实现。在名义持有和实际持有的情形下，可借鉴美国《1934 年证券法》受益所有人概念，以实际持有人为整体受益对象进行相应规范。② 理论基础可依据人际利益关系论，其法理是基于经济理性人自利假设的“没有无缘无故的爱”。③

第二，关于违规从事证券买卖所得收益的认定。关于证券服务机构及相关人员违反本条所获的收益应当如何认定，理论上存在不同的计算方法，可参考适用国际上短线交易所得收益的通用计算方法——最高卖价与最低买价相配法。④ 可通过这种计算方法适用严格责任，以达到阻吓证券服务机构及相关人员进行内幕交易的目的。

第三，追责机制的配套设置。证券法第 188 条规定了违反本条规定的追责机制，即“证券服务机构及其从业人员，违反本法第四十二条的规定买卖证券的，责令依法处理非法持有的证券，没收违法所得，并处以买卖证券等值以下的罚款”。但并未规定如何处理非法持有证券、违法所得的认定数额，以及罚款具体幅度。仍需进一步完善违反证券服务机构及人员违反本条规定的追责机制。

---

① 王保树、朱慈蕴：《证券交易法律制度完善研究》，载《证券法苑》2014 年第 1 期。

② 邱永红：《规制证券短线交易法律制度的现存问题与对策》，载《证券市场导报》2011 年第 1 期。

③ 缪因知：《人际利益关系论下的内幕消息泄露责任研究》，载《法律科学（西北政法大学学报）》2020 年第 3 期。

④ 钟岳伟、王菲萍：《内部人短线交易的法律责任——浅析证券法第 42 条之运作及完善》，载《河北法学》2000 年第 6 期。

第四十三条　证券交易的收费必须合理，并公开收费项目、收费标准和管理办法。

【条文主旨】

本条是关于证券交易收费的原则规定。

【条文释义】

本条是对原证券法第46条的修改。

证券交易活动涉及证券交易所、证券公司、投资者、证券服务机构、证券登记结算机构等多方主体，在证券交易、登记、结算等环节，均会发生收费问题。这些收费项目的设置、收费标准的确定都会直接关系到证券交易的成本，对于建立费用低廉、服务高效的证券市场具有重要影响。为此，本条对收费专门做了原则规定。

一、取消证券交易有关的收费许可

根据《国务院关于取消和调整一批行政审批项目等事项的决定》（国发〔2015〕11号），国务院决定取消证券交易所收费审批的行政许可。因此，本条删除了原证券法第46条第2款的“证券交易的收费项目、收费标准和管理办法由国务院有关主管部门统一规定”。此外，新证券法还将公开内容由“收费办法”调整为“管理办法”，进一步提高收费活动的透明度。

二、证券交易收费必须符合合理原则

证券交易收费的合理原则是指证券交易的收费必须合理，即在证券交易的各个环节中，所收取的费用要依据证券交易所提供交易场所和设施、履行组织和监管上市交易活动职责和提供相关服务的成本，相关证券产品、服务和设施的市场供求，资本市场发展状况和要求等因素。证券交易所可以根据产品及市场发展状况、不同市场主体特定情况，减收、免收相关费用，使收费更及时反映市场发展情况，更符合收费项目和标准的制定原则。证券交易所还应根据情况及时调整收费项目和标准，使收费更合理、更符合收费项目和标准的制定原则。

三、证券交易收费必须符合公开原则

证券交易收费的公开原则是指证券交易的收费项目、收费标准和管理办法必须向社会公开。公开证券交易收费项目、标准和管理办法，才能使证券交易各个环节的当事人对自己的行为成本做出比较准确的判断，对自己的行为做出合理的预期。同时，证券交易收费的公开，也有利于对收费进行监督管理。

【适用指引】

相关主体应当确保证券交易收费合理，并公开收费项目、收费标准和管理办法。

第四十四条 上市公司、股票在国务院批准的其他全国性证券交易场所交易的公司持有百分之五以上股份的股东、董事、监事、高级管理人员，将其持有的该公司的股票或者其他具有股权性质的证券在买入后六个月内卖出，或者在卖出后六个月内又买入，由此所得收益归该公司所有，公司董事会应当收回其所得收益。但是，证券公司因购入包销售后剩余股票而持有百分之五以上股份，以及有国务院证券监督管理机构规定的其他情形的除外。

前款所称董事、监事、高级管理人员、自然人股东持有的股票或者其他具有股权性质的证券，包括其配偶、父母、子女持有的及利用他人账户持有的股票或者其他具有股权性质的证券。

公司董事会不按照第一款规定执行的，股东有权要求董事会在三十日内执行。公司董事会未在上述期限内执行的，股东有权为了公司的利益以自己的名义直接向人民法院提起诉讼。

公司董事会不按照第一款的规定执行的，负有责任的董事依法承担连带责任。

【条文主旨】

本条是关于公司有关人员进行短线交易的禁止性规定。

【条文释义】

本条是对原证券法第 47 条的修改。

一、扩大短线交易规制主体范围

（一）短线交易的主体范围

根据证券法规定，上市公司、在国务院批准的其他全国性证券交易场所交易的公司董事、监事、高级管理人员直接负责公司营运，全面了解公司的各种信息；持有百分之五以上股份的股东，在公司治理中居于特殊地位，易于接触公司的重要信息，拥有一般投资者无法比拟的信息优势。因此，董事、监事、高级管理人员、持股百分之五以上的股东均可以成为短线交易行为的主体。本次证券法修订前，仅上市公司的相关主体可以成为短线交易的主体。实际上，在其他全国性证券交易场所交易的公司的相关主体进行短线交易同样会影响正常交易秩序，损害其他投资者的利益。为适应境内证券市场发展的实际，新证券法将在国务院批准的其他全国性证券交易场所交易的公司的董事、监事、高级管理人员以及持有百分之五以上股份的股东纳入短线交易的主体范围。

境外也有规制短线交易的规定。美国 1934 年《证券交易法》第 16 节 b 项规定："为了防止公司董事、高管及受益所有权人不公平地利用通过其在公司的特殊地位而获得的内幕信息，除非有关的权益证券（豁免证券除外）或基于证券互换协议是因之前的约定而善意取得，否则公司内部人在任何不超过 6 个月的期间内，买进卖出或卖出买进该股票发行公司的任何权益证券或任何有关权益证券所实现的任何利润，应属于该公司所有并可由公司追回，不管该等行为人在不超过 6 个月期间内达成此等交易时有何意图。"我国台湾地区"证券交易法"规定，"发行股票公司董事、监察人、经理人或持有公司股份超过百分之十之股东，对公司之上市股票，于取得六个月内再行卖出，或于卖出后六个月内再行买进，因而获得利益者，公司应请求将其利益归于公司。""公司发行具有股权性质之其他有价证券，准用本条规定。"

（二）自然人控制账户证券的合并计算

新证券法明确，董事、监事、高级管理人员、自然人股东持有的股票或者其他具有股权性质的证券，包括其配偶、父母、子女持有的及利用他人账户持有的股票或者其他具有股权性质的证券。这一规定可以避免相关主体利用亲属及他人账户规避短线交易的限制。证监会在执法过程中也已对利用他人账户进行短线交易的行为进行处罚。

根据中国证监会行政处罚决定书〔2018〕65 号，王某时任上市公司上海摩恩电气股份有限公司董事、总经理，通过本人账户减持，6 个月内反复通过其所控制的"童某"账户买入卖出，盈利合计约 101370.05 元（含税费）。证监会认定，王某行为违反证券法规定，构成短线交易行为，决定对其给予警告，并处10万元罚款。

（三）短线交易主体的认定标准

至于短线交易的构成是否以行为人具有上市公司董事、监事、高级管理人员以及持有上市公司股份百分之五以上的股东的身份为前提，并在其后六个月内实施“买入卖出”或“卖出买入”一组以上买卖交易行为，证券法理论和执法实践存在“一端说”“两端说”“折中说”的分歧。最高人民法院在审理浙江九龙山国际旅游开发有限公司诉中国证监会行政处罚决定案中，对此问题进行了明确。

2009年1月13日，九龙山国旅完成受让上海九龙山66254198股A股的过户登记手续。自2009年3月2日至2009年6月5日，九龙山国旅合计减持上海九龙山A股31892500股，成交金额165390536.49元，盈利112582401.78元，扣除所得税后，净盈利84436801.34元。九龙山国旅减持前持股比例为15.25%，减持后持股比例为11.58%。2011年12月13日，证监会作出〔2011〕54号行政处罚决定，认定九龙山国旅构成短线交易，给予警告并处10万元罚款。九龙山国旅提出，其不符合短线交易的主体要件。短线交易构成以行为人具有上述身份为前提。而原证券法第47条又将“短线交易”定义为行为人在六个月内有“买入卖出”或“卖出买入”之一组以上反向买卖交易行为。因此，上市公司股东要构成短线交易，则首先应获得持有5%以上股份股东之身份，然后在六个月内有一组以上反向买卖交易行为。证监会答辩称：九龙山国旅符合短线交易主体资格。根据原证券法第47条规定，并无要求交易主体必须“在买入和卖出两个时点均属于5%以上股东特定身份”，九龙山国旅交易行为符合“持有上市公司股份5%以上的股东，将其持有的该公司的股票在买入后六个月内卖出，或者在卖出后六个月内买入”的规定，构成短线交易。

为慎重起见，最高人民法院根据立法法第64条规定正式向全国人民代表大会常务委员会法制工作委员会提出法律询问。全国人民代表大会常务委员会法制工作委员会作出法工办复〔2016〕1号《关于证券法第47条第1款理解问题的答复意见》，其明确答复：原证券法第47条第1款并没有作出只有在当事人具备上市公司董事、监事、高级管理人员、持有上市公司股份百分之五以上的股东身份后，在六个月内买卖本公司股票的行为才适用本条规定的限制。当事人在买入上市公司股票时不是“上市公司董事、监事、高级管理人员”，在买入后六个月内卖出时具备上述身份的，或者当事人因买入上市公司股票才成为

“持有上市公司股份百分之五以上的股东”，其后又在六个月内卖出该上市公司股票的，均应当适用原证券法第 47 条第 1 款的规定。最高人民法院参照适用这一意见，认定九龙山国旅可以成为短线交易的主体。[①]

二、增加短线交易的对象

短线交易的对象包括相关主体持有的股票和其他具有股权性质的证券。新证券法专门增加了其他具有股权性质的证券作为短线交易的对象，避免相关主体利用其他具有股权性质的证券规避短线交易制度。其他具有股权性质的证券的具体含义可参见第 40 条条文释义第二部分。

三、短线交易的行为

短线交易不是一个交易行为，而是包括前述主体在六个月内实施的买入、卖出两个方向相反的行为，可以是先买入再卖出，也可以是先卖出再买入。

四、短线交易的收益归公司所有

为防止相关主体利用对公司的控制力和信息优势，通过频繁买卖本公司的股票而谋取不正当利益，损害其他股东的利益，相关主体短线交易的收益应归公司所有，公司董事会应当收回其所得收益。

值得注意的是，证券公司因购入包销售后剩余股票而持有百分之五以上股份，以及有国务院证券监督管理机构规定的其他情形的除外。之所以做这样的规定有三个方面的原因。一是证券公司包销是将公司发行的股票按照协议全部购入或者在承销期结束时将售后剩余证券全部自行购入的承销方式，其目的在于通过证券公司将公司发行的股票售出。以便于证券公司尽早将其因包销而购入的售后剩余证券出售给社会公众实现股权分散。二是证券公司也没有参与公司经营管理，不具有信息优势。三是授权证监会对短线交易的豁免作出规定，为将约定购回式证券交易、公开募集证券投资基金和不谋求对上市公司的控制和管理的专业机构投资者被动持股超过 5% 以及做市交易等情形豁免适用短线交易提供了制度空间。

五、股东有权要求董事会收回短线交易的收益

对于公司有关人员短线交易所得的收益，董事会应当代表公司予以收回。如果董事会不收回公司有关人员短线交易所得的收益，公司的任何一个股东，无论持股多少，都有权要求董事会在三十日内执行。经股东请求，公司董事会

---

① 参见浙江九龙山国际旅游开发有限公司诉中国证券监督管理委员会行政处罚决定案，最高人民法院（2015）行提字第 24 号行政判决书。

超过三十日仍不执行的，股东有权提起代位诉讼，即以自己的名义向人民法院起诉实施了短线交易的有关人员，要求其交回短线交易的收益。

六、负有责任的董事对董事会不作为承担连带责任

对于应属于公司的收益，董事会应当及时收归公司所有，以维护公司利益。如果公司董事会不依法将公司有关人员短线交易的收益收归公司所有，负有责任的董事应当依法承担连带责任。

【适用指引】

1. 在国务院批准的其他全国性证券交易所交易的公司的相关主体也可以成为短线交易的主体。

2. 除股票外，具有股权性质的证券，如存托凭证等也可以成为短线交易的对象。

3. 新证券法相关主体持有的证券范围扩大至亲属及利用他人账户持有的证券。

4. 证券公司因包销购入售后剩余股票而持有百分之五以上股份，以及有国务院证券监督管理机构规定的其他情形不属于短线交易。

第四十五条　通过计算机程序自动生成或者下达交易指令进行程序化交易的，应当符合国务院证券监督管理机构的规定，并向证券交易所报告，不得影响证券交易所系统安全或者正常交易秩序。

【条文主旨】

本条是关于程序化交易管理的规定。

【条文释义】

本条为新证券法新增条款。

一、新增有关程序化交易的规定

原证券法没有对程序化交易作出规定，使得程序化交易缺乏可遵循的基本行为规范。新证券法专门增加了有关程序化交易管理的规定。为加强证券期货市场监管，规范程序化交易行为，维护市场秩序，保障投资者合法权益，中国证监会于2015年发布了《证券期货市场程序化交易管理办法（征求意见稿）》。第2条明确了程序化交易的概念："本办法所称程序化交易是指通过既定程序或特定软件，自动生成或执行交易指令的交易行为"。程序化交易主要包含三种类型：（1）量化组合交易；（2）算法交易；（3）高频交易。均系可通过计算机发送和执行指令，从而实现日内大量交易的自动化形式。

二、明确程序化交易的两种情形

程序化交易是一个比较宽泛的概念，其内涵在不断演化。纽约证券交易所曾将程序化交易定义为"包括购买或卖出的股票在15只以上，且成交额在100万美元以上广泛的组合交易策略"，但在2013年删除了交易规模的限制。这一定义主要强调组合投资者策略，与电脑系统的程序化交易关系不大。随着量化投资者理论的发展和电子计算机的应用，市场开始运用电脑从事证券分析、建模、组合选择和交易执行，即所谓的系统化交易，从而形成现代意义的程序化交易的雏形。随着技术的进一步发展，新的市场接口模式、费用结构调整、速度延迟的大幅降低以及不同交易所指令流的相互竞争，使得程序化交易发展到更为广泛的算法交易和高频交易领域。①

新证券法明确了程序化交易的两种类型：一种是通过计算机程序自动生成交易指令，具体执行可能由计算机或者人工完成；另一种是通过计算机程序自动下达交易指令的交易行为。前者侧重于由计算机程序进行投资决策，后者强调由计算机程序执行交易行为。

三、原则规定程序化交易的管理

近年来，境外市场普遍加强了对程序化交易的监管。如香港证监会关于电子交易的规则包括订单、监控、交易系统和记录四个方面内容。订单方面，要求中介服务提供商应当保证对其交易系统发送的订单履行责任，服务商须保证交易符合规则并需要对订单进行风控。监控方面，电子交易系统应当符合可监控和管理的要求。交易系统方面，中介服务提供商的交易系统需要符合能对订单进行有效控制，防范错单风险并且必要时可以干预或者暂停部分订单。记录方面，要求中介服务商保存的电子交易记录具有可追溯性，保存时间应为2年以上。美国的程序化交易在期货交易所应用更为普遍。以芝加哥交易所为例，其监管制度主要包括以下三个方面：一是要求程序化交易客户必须注册，从而

---

① 张银旗、张屹君、孙逸文、秦川：《程序化交易风险管理及境外相关经验借鉴》，载《创新与发展：中国证券业2016年论文集》。

有效识别程序化交易；二是对程序化交易的成交量、指令信息流量指标进行主要监控；三是遵循公平原则，向市场提供同质化的主机托管收费服务。

新证券法对程序化交易管理做了原则规定：

一是明确进行程序化交易的原则要求。程序化交易是市场利用技术进行创新的成果，在境外证券期货市场使用较为普遍，交易量占比较高，是未来证券市场发展的一个重要方向。我国程序化交易处于快速发展阶段，应当支持程序化交易进行规范发展。在允许进行程序化交易的同时，也不得影响证券交易所系统安全或者正常交易秩序。

二是进行程序化交易应当符合国务院证券监督管理机构的规定。基于程序化交易的两面性和复杂性，新证券法通过授权监管机构做出规定的方式，对程序化交易实施监管。由于程序化交易监管较为复杂，需要统筹考虑监管与发展之间的关系，证券法难以对程序化交易监管作出细化规定，因此授权国务院证券监督管理机构对此作出具体规定。证券监督管理机构应当根据证券法的授权，结合市场上程序化交易开展的实际情况，制定程序化交易监管的具体规定。

三是进行程序化交易应当向证券交易所报告。程序化交易投资者由于程序化交易使用复杂计算机软件和系统进行交易，实现自动化运作，容易出现技术故障、重大差错等异常事件，对市场秩序和交易安全造成较大冲击。因此，进行程序化交易应当向证券交易所报告，并且不得影响证券交易所系统安全或者正常交易秩序。证券交易所将根据证券监督管理机构的规定制定有关进行程序化交易报告的具体业务规则，明确程序化交易管理的具体内容和报告要求。2020 年新修改的《证券交易所管理办法》第 48 条也规定，证券交易所应当制定业务规则，对程序化交易进行监管。

【适用指引】

2015 年，中国证监会曾起草了《证券期货市场程序化交易管理办法（征求意见稿）》，向社会公开征求意见。沪深证券交易所也配套制定了相应的业务细则，并对外征求意见。但因种种原因，尚未能出台。随着新证券法的实施，监管机构和证券交易所制定有关管理和报告制度的日程将进一步加速。

第二节 证券上市

第四十六条 申请证券上市交易，应当向证券交易所提出申请，由证券交易所依法审核同意，并由双方签订上市协议。

证券交易所根据国务院授权的部门的决定安排政府债券上市交易。

【条文主旨】

本条是关于申请证券上市交易的规定。

【条文释义】

本条是对原证券法第48条的保留。

一、证券上市交易的审核主体

新证券法延续了原证券法对证券上市审核主体的规定，发行人申请证券上市交易应经证券交易所审核同意。

第1款规定证券申请上市交易的程序。依法公开发行的股票、公司债券及其他证券，应当在依法设立的证券交易所上市交易或者在国务院批准的其他证券交易场所转让。证券交易所是为证券集中交易提供场所和设施，组织和监督证券交易，实行自律管理的法人。目前，我国境内有上海证券交易所（简称“上交所”）和深圳证券交易所（简称“深交所”）两家。申请证券上市交易，应当向证券交易所提出申请，即向上交所和深交所申请，证券交易所依法审核并依上市规则决定是否同意证券上市交易。这主要是基于证券上市交易本身是市场行为，由证券交易所负责审核证券上市交易更符合市场机制。

第2款规定政府债券上市交易的程序。政府债券又称公债、国债，是指政府（含有中央政府和地方政府）为筹措建设资金发行的债券，其信用度很高，发行方式、时间、对象和还款期限均由国务院授权的部门即财政部具体规定。政府债券的发行不受证券法调整，且上市标准和程序也不同于其他证券，财政部负责决定政府债券的上市交易。因此，政府债券不承担发行公开义务、上市公开义务与上市后的持续信息披露义务。

二、证券上市审核权的历史渊源

我国法律对于证券上市审核主体的最早规定是1993年公司法第153条，该条规定股份有限公司申请其股票上市交易，应当报经国务院或者国务院授权证券管理部门批准。1998年证券法重申股份有限公司申请股票上市必须报经国务院证券监督管理机构核准，但中国证监会可以授权证券交易所依照法定程序和法定条件核准股票上市交易申请。实践中上市审核从属于发行审核，上市条件的设置也从属于发行条件，二者无明显差异。

2005年证券法与公司法联动修订时确立了发行审核与上市审核分离的体制，股份有限公司申请股票上市交易的核准权由证券交易所行使，不再需要中国证监会的授权，还原其自律监管的本来面目。从法律性质上看，中国证监会的发行审核行为属于行政许可，而证券交易所的上市审核行为属于民事行为。法律修订表明我国对证券上市行为的管制方法已从行政审批过渡到政府监管，[①]减少了政府干预，加强了市场自主性。2005年证券法修订后，发行审核与上市有限分离，[②] 根据立法原意，发行后不一定到交易所上市，还可以到“国务院批准的其他证券交易场所”挂牌。[③] 但在实践中，“国务院批准的其他证券交易场所”一直缺位，在多层次资本市场尚未真正构建的情况下，如果发行审核通过而上市审核被阻，会造成许多复杂的遗留问题。有鉴于此，我国的首次公开发行与上市仍处于“捆绑”的状态，证券上市交易申请的审核权移归证券交易所，但发行核准权仍在证监会，形成“中国证监会负责发行审核，沪深交易所负责上市审核”的格局。此外，与股票、公司债券不同，政府债券上市交易只需经“国务院授权的部门”核准同意。

三、上市协议的性质与法律地位

证券交易所审核同意证券上市申请的，应当由证券交易所与上市申请人签订上市协议。上市协议是证券交易所与上市申请人签订的规范双方权利义务的合同，这也是双方之间最基础的民事法律关系。上市协议的当事人是证券发行人和证券交易所，性质上属于私法协议，应当受私法规制。最高人民法院2011年修改《民事案件案由规定》时，将“证券上市合同纠纷”纳入“与公司、证

---

① 本书编写组编：《中华人民共和国证券法释义及实用指南》，中国民主法制出版社2005年版，第165页。

② 蔡奕：《证券法发行上市条款的重大修订解读》，载《法学》2006年第2期。

③ 邢会强：《论场外交易市场（拟）挂牌公司的公开发行——兼论公开发行与上市制度的分离》，载《证券法苑》2013年第2期。

券、保险、票据等有关的民事纠纷——证券纠纷”。最高人民法院于2019年发布的《关于为设立科创板并试点注册制改革提供司法保障的若干意见》进一步规定在科创板首次公开发行股票并上市企业的证券上市合同纠纷等第一审民商事案件，由上海金融法院试点集中管辖。

依据上市协议，交易所与上市公司都要履行合同约定，上市公司必须遵守交易所自律规则，这也是交易所开展自律监管的法律基础。《证券交易所管理办法》第62条第2款明确，上市协议的内容应当包括：（1）上市证券的品种、名称、代码、数量和上市时间；（2）上市费用的收取；（3）证券交易所对证券上市交易公司及相关主体进行自律管理的主要手段和方式，包括现场和非现场检查等内容；（4）违反上市协议的处理，包括惩罚性违约金等内容；（5）上市协议的终止情形；（6）争议解决方式；（7）证券交易所认为需要在上市协议中明确的其他内容。

四、境外新股发行上市审核立法例

上市与发行关系密切，观察境外市场证券发行上市审核制度，主要有三种模式：其一，主要由监管机构承担，以美国、德国为代表，监管机构负责招股书信披审核，交易所负责对上市条件的形式审核；其二，主要由交易所承担，以日本、韩国、我国台湾地区为代表，交易所对信息披露承担主要的审核职责，监管机构进行形式上的注册或者备案；其三，监管机构和交易所共同承担但各有侧重，以新加坡和我国香港特别行政区为代表，监管机构和交易所都进行审核，但各自具体审核事项有所侧重。以下简单介绍三种模式的代表性国家或地区。

（一）美国实行“双重注册制”

在美国证券监管框架下，发行与上市监管分离，联邦政府负责证券公开发行的监管，交易所则负责证券上市的监管。公司发行、上市需要分别向美国证券交易委员会（SEC）与交易所提出申请，在SEC进行注册登记的同时还需满足交易所的上市规则。

1996年以前，美国IPO发行审核实行“双重注册制”，即在联邦制的宪政结构下，证券公开发行一般必须在联邦与州两个层面同时注册。但根据1996年《全国证券市场促进法》，纽交所、纳斯达克上市公司豁免州法层面的注册义务，只需在SEC完成注册即可。

上市审核在交易所层面完成。各交易所在上市规则中，明确要求上市公司在财务状况、股票流动性和公司治理机制等方面达到一定标准。实务中，发行人一般同时向 SEC 和交易所提交申请，申请文件的主要内容相同，但会根据 SEC、交易所的具体要求有所区别。在审核过程中，SEC 与交易所相互独立，不会就审核中的问题交换意见或进行协调。交易所认为符合上市条件的证券，SEC 并不必然要批准注册登记；而交易所也有权对已通过发行审核的证券在申请上市时进行否决，在这种情况下发行人可以改变上市地点。

当然，这并不代表证券发行与上市交易是割裂的，相反，二者具有一体两面的性质，实质上均属于证券买卖行为。为充分保障投资者对投资决策必要信息的知情权，1933 年《证券法》第 5 条规定了发行人要约出售某一类证券应当进行发行注册。而 1934 年《证券交易法》主要规定针对交易所、交易商、报告公司、内部人士等的监管要求，第 12 条明确如发行人拟成为报告公司，则应进行交易注册，无论其是否上市。

（二）日本实行“交易所实质审查，财务局形式审查”模式

“二战”后，日本借鉴美国注册制经验，逐步形成了“交易所自律法人上市实质审查为主、各地财务局发行形式审核为辅”的证券发行上市模式。

交易所设立自律法人独立进行上市审查，偏重于实质审核，对企业质量严格把关。一方面，审查企业是否符合定量指标，包括持续经营年限、净资产、利润额、总市值等；另一方面，审查企业及其所属集团是否满足定性要求，包括可持续性及盈利能力、稳健性、治理与内控有效性、信息披露适当性等事项。实践中，自律法人在上市审核中采取书面审查、约谈有关人士以及实地考察（日本交易所在审核中实地考察比例为 100%）相结合的方式，一般会提出 3 到 4 轮反馈意见，标准审核期为 3 个月，但若发现需核实的事项，则可能显著延长。另外，据统计，每年因不符合标准而被驳回或企业主动撤回的上市申请约占申请总数的 20%。

股票发行采取申报注册制，由内阁总理大臣授权金融厅对有价证券申报书进行注册；受限于体制，金融厅将受理与审核权委托给各地财务局。申报文件包括股票类别、发行数量等证券信息以及公司概况、财务数据等公司信息。财务局仅审核申报文件及信息是否齐备，不作任何实质判断。

（三）香港特别行政区实行“双重存档制”

在香港特别行政区，新股发行与上市合二为一，发行审核与上市审核均在香港联合交易所进行，具体负责部门是港交所下设的上市委员会。发行审核实质上已经内含于上市审核，实行“双重存档制”，并无实质上的分别审核程序。在发行和上市审核中，联交所起主导作用，证监会仅对公司的信息披露进行原

则性的形式审核。

在实际审核操作中，联交所的审核重点在于申请材料是否符合《公司条例》和《上市规则》相关规定，核心宗旨是平衡和保护全体股东合法利益，维护投资者对市场的信心。联交所审核部门为上市科与上市委员会，上市科下设的IPO部门承担预审职能，而上市委员会由投资者利益代表与各方市场主体代表组成，对发行上市申请行使决定权。发行人向联交所递交申请表后，上市科通常会在10个工作日内给出首次审核意见函，通常给出2到3轮意见函，发行人通过上市科审核之后须向上市委员会申请聆讯，如获批准即可公开发行股票并在港交所上市。发行上市审核标准则包括“单纯盈利”“市值+收入”“市值+收入+现金流”等客观上市指标，以及由上市委员会裁量的较为主观的适当性要求。

香港证监会负责形式审核，主要审查申请材料是否符合《证券及期货条例》及其配套规则的规定，关注招股说明书的整体披露质量以及该证券的发行上市是否符合公众利益。具体来说，包括信息披露是否完整以及是否有欺诈或者非法关联交易等违法行为。如果证监会认为有关的上市资料内所作的披露载有虚假或具误导性的信息，可以否决发行人的上市申请。但实践中，证监会与联交所会充分沟通协调，极少出现证监会否定联交所决定的情况。

【适用指引】

申请证券上市的规则适用

发行人申请证券上市交易，应当遵循中国证监会和证券交易所的监管规定，并履行相应程序。

一是中国证监会层面的规则，主要是《证券交易所管理办法》。该办法对证券交易所的职能、组织、监管工作等进行了全面详细的规定，该办法第62条明确，证券交易所同意证券上市交易申请的，应当由申请人和证券交易所双方签订上市协议，还规定了上市协议的具体内容，包括上市证券的品种、名称、代码、数量和上市时间，上市费用的收取，证券交易所对证券上市交易公司及相关主体进行自律管理的主要手段和方式，等等。上市协议的当事人为申请人和证券交易所，性质上属于私法协议，应当受私法规制。

二是证券交易所层面的规则，主要是关于证券上市审核具体条件与程序的规定。以上交所为例，《上海证券交易所证券上市审核实施细则》明确上市委员会对股票、企业债券、公司债券、证券投资基金份额的首次上市等事项进行审核，交易所根据上市委员会的审核意见作出审核决定。此外，上交所还针对上市发布了《股票上市规则》《证券发行上市业务指引》《上海市场首次公开发行股票网上发行实施细则》《上海市场首次公开发行股票网下发行实施细则》《股票上市公告书内容与格式指引》等具体规则。深交所也发布了《股票上市规则》《创业板股票上市规则》《深圳市场首次公开发行股票网上发行实施细则》《深圳市场首次公开发行股票网下发行实施细则》《股票上市公告书内容与格式指引》《自律监管措施和纪律处分实施细则》等，以进一步规范发行人的上市业务。

第四十七条 申请证券上市交易，应当符合证券交易所上市规则规定的上市条件。

证券交易所上市规则规定的上市条件，应当对发行人的经营年限、财务状况、最低公开发行比例和公司治理、诚信记录等提出要求。

【条文主旨】

本条是关于证券上市条件的规定。

【条文释义】

本条由原证券法第 50 条、第 57 条修改而来。新证券法同时删除了原证券法第 49 条、第 51 条至第 54 条、第 58 条、第 59 条的规定。

一、证券上市条件的修订历程

2015 年，股票发行注册制改革逐步推进过程中，证券法（修订草案）全面简化了上市条件。“一读稿”第 64 条规定的内容与新证券法已比较相近：“申请证券上市交易，应当符合证券交易所上市规则规定的上市条件。上市条件一般包括：（一）发行人的经营年限；（二）财务状况；（三）最低公开发行比例和证券分散程度；（四）公司治理；（五）诚信记录；（六）其他条件。”“一读稿”删除了股份有限公司申请股票上市应当满足的具体条件，将上市条件规定权授予证券交易所，明确由交易所上市规则规定上市条件，并且，为避免各板块差异过大，提出上市条件必须包含经营年限、财务状况、公司治理等基本要素。

在“一读稿”基础上，“二读稿”在内容上没有实质改变，只是将 6 项具体内容合并为一款，并将两款并为一条，更为简约。“三读稿”还原为两款，且第2款强调上市条件是由“证券交易所上市规则规定”。最终，新证券法在上市条件指标中删除了“证券分散程度”，主要是考虑到实践中有些证券并未设置该指标。

二、新证券法证券上市条件解析

本条第1款授权证券交易所规定具体上市条件，第2款进一步要求证券交易所规定的上市条件应当包括“经营年限、财务状况、最低公开发行比例和公司治理、诚信记录等”。

我国证券市场已有近30年历史，中国证监会、证券交易所对上市公司必须具备的条件、提交文件的目录及其必备项目、应公告事项都积累了丰富且相对成熟的经验。将属于交易所自律管理的事务明确给交易所作出规定，证监会保留对上市、退市规则的批准权，是较为成熟的思路，各方对这一模式已基本达成共识，也是发达国家证券立法普遍采用的模式。

本条第2款明确规定上市指标至少应包含5项，即经营年限、财务状况、最低公开发行比例、公司治理及诚信记录，由原条文及下位规则抽象概括而来。一是经营年限，原规定的上市条件明确公司“最近三年”无重大违法行为，实质上要求申请上市公司必须成立满3年，现在抽象为“经营年限”要素，与发行条件强调“最近三年”财务会计报告被出具无保留意见审计报告也保持了一致；二是财务状况，对应原本规定的“财务会计报告无虚假记载”；三是最低公开发行比例，即原本直接要求的“公开发行的股份达到公司股份总数的百分之二十五以上”；四是公司治理，该要素在原证券法中并未规定，是本次修法新增的要点。公司治理是衡量发行人是否符合上市条件和维持其上市地位的重要考虑因素，境外成熟市场普遍将公司治理列为证券上市的条件之一。同时，实践中对于发行人的公司治理已有一系列的明确要求和条件，如“三会”制度的建立、独立董事的设置、内控制度的建立等；五是诚信记录，主要关注上市公司承诺履行情况、被中国证监会及其派出机构作出的行政处罚、市场禁入决定和采取的监督管理措施、因涉嫌证券期货违法被中国证监会及其派出机构调查及采取强制措施等，与《证券期货市场诚信监督管理办法》规定的证券期货市场诚信档案相联系。

三、境外市场证券上市条件立法例

境外证券市场设立了不同的上市条件，主要以市值、盈利、股权分散度等指标为主。

（一）美国

目前，美国两大证券交易所分别有不同层次的板块：纳斯达克分为全球市场、资本市场及全球精选市场，美国纽约证券交易所分为主板、中小板和高增长板。各板块设置了不同的上市标准，内容包括股权结构、盈利标准、市值标准和营业收入标准等，各标准均设置了明确的量化指标，发行人只要满足其中的一套上市标准即可。

纳斯达克早期设有全球市场与资本市场，2006 年根据发展需要增设上市标准更高的全球精选市场，正式从服务科技股与小型股的创业板市场转变为服务不同类型企业的全方位、多功能交易所。资本市场板块上市标准最低，主要吸引小型企业上市，设置了“股东权益 + 经营年限”“股东权益 + 市值”以及“股东权益 + 净利润”利套标准；全球市场是纳斯达克中间层次市场，主要是吸引中型企业上市，该层次的上市标准也进行过多次修改，最终确定了“股东权益 + 净利润”“股东权益 + 经营年限”“市值”以及“总资产 + 总收入”收套标准；全球精选市场起初照搬了纽交所主板上市标准，即“税前利润”“市值 + 收入 + 现金流”和“市值 + 收入”入套标准，但是门槛值略高于纽交所，2008 年纽交所增加“市值 + 总资产 + 股东权益”标准后，全球精选市场也随后于 2010 年增加了相同的标准，同样设置了略高的门槛值。

纽交所通过内部分层，也形成了由主板、中小板和高增长板组成的多层次市场，分别服务大型成熟企业、中小型成长企业。主板市场历史悠久，上市财务标准也经历多次调整。2014 年，为与纳斯达克争夺上市资源，特别是研发类上市资源，纽交所主板市场将原有的 5 套上市标准简化为 2 套，即仅保留“税前利润”标准，剩下 4 套标准全被“市值”这一标准所取代。但子板块仍保留着多元化的上市标准，中小板有“税前利润 + 股东权益”“股东权益 + 经营年限”“市值 + 股东权益”“市值”以及“总资产 + 总收入”这 5 套标准。

（二）德国

德国联邦金融监管局负责对证券招股说明书进行监管，德国交易所负责对证券是否符合上市条件进行批准。企业申请股票的发行上市，先向金融监管局申请招股书核准，再向交易所申请证券上市准入许可和交易许可。依照《德国证券交易所准入规范》第一章至第十二章，德交所监管市场的上市条件包括：（1）公司最低成立年限为 3 年；（2）预计最小市值为 125 万欧元；（3）最小发行量为 1 万股；（4）欧盟/欧洲经济区范围内的公众持股量不低于 25%；（5）股份可自由流通；（6）为当次发行所有股份进行申请准入；（7）批准准入决策期间，股票必须合法存在。

（三）我国香港特别行政区

我国香港特别行政区实行双重存档制，联交所作为一线监管者，是上市申请人的主要联络人，承担主要的实质审核责任。

联交所的发行上市审核标准可分为两部分内容：第一部分是相对客观的上市条件，主要由上市科 IPO 部门审查。其主板市场主要可分为三类上市指标：一是单纯盈利指标；二是市值加收入指标；三是市值、收入、现金流指标。发行人只要符合其中一类指标要求，即可申请上市。总体看，三类指标反映了港交所对上市公司持续经营能力和业务规模的要求。此外，港交所对发行人的公司治理和股权结构也设有一定标准。第二部分是相对主观的上市适当性要求，主要由上市委员会进行实质判断。港交所上市规则未明确规定上市适当性，对于什么情况会致使申请人及其业务不适合上市，并无清晰的硬性准则；但港交所会发布常见问题并就上市决策给出政策性指引。另外，上市委员会的年度报告也会就上市适当性的实质判断因素给出原则性意见，如业绩持续下滑、关联交易比重较大、单一客户收入占比过高等。

【适用指引】

一、科创板的多元化上市条件

2019 年 3 月，上交所发布了《上海证券交易所科创板股票上市规则》，规定了企业在科创板上市交易所需满足的条件。一是符合中国证监会规定的发行条件；二是发行后股本总额不低于人民币 3000 万元；三是公开发行的股份达到公司股份总数的 25% 以上；公司股本总额超过人民币 4 亿元的，公开发行股份的比例为 10% 以上；四是市值及财务指标符合本规则规定的标准；五是本所规定的其他上市条件。同时，该上市规则还规定，上交所可以根据市场情况，经中国证监会批准，对上市条件和具体标准进行调整。

科创板上市条件中的符合发行条件、股本总额、股权分散度等规定，均是现行上市条件的延续。根据科创板市场定位和拟上市企业特点，借鉴境外成熟资本市场经验，科创板上市规则设置了以“市值”为核心的财务标准体系。通过“市值”指标与净利润、现金流、收入、研发投入等指标的不同组合，适应不同财务特征的科创企业；对财务指标约束较弱的，设置更高的市值门槛，以兼顾包容性和投资风险，最终确定了 5 套上市标准。其中，第一套“市值 + 净利润”标准适用于已有稳定盈利的科技创新企业，以及初具收入规模、发展前景较好且实现盈利的科技创新企业；第二套“市值＋收入＋研发投入”标准适用于在关键领域通过持续研发投入突破核心技术并已取得商业化应用的科技创新企业；第三套“市值＋收入＋现金流”标准适用于暂未盈利或盈利水平不高，但已产生稳定经营性现金流的科技创新企业；第四套“市值＋收入”标准适用于暂未达到一定盈利水平，但具备一定收入规模、发展前景较好的科技创新企业；第五套“市值”标准适用于产品市场空间大、战略意义重要，但仍处于研发或生产阶段的科技创新企业，如创新药制造企业。

前述规定，符合新证券法由证券交易所规定上市条件的基本原则，能够更好地根据市场及板块需要，设置合理的上市标准，并根据实践情况及时调整。

二、新证券法下沪深交易所上市条件的适用

为贯彻执行新证券法关于上市公司信息披露等相关规定，提高上市公司信息披露质量，上海、深圳证券交易所于2020年2月28日分别发布《关于认真贯彻执行新证券法做好上市公司信息披露相关工作的通知》（以下简称《通知》），自3月1日起施行。《通知》明确在证券交易所对上市和退市相关业务规则予以修订前，上市公司股票及可转换公司债券的暂停上市、恢复上市和终止上市等事宜，仍按照现行《股票上市规则》等有关规定执行。

目前，各板块相应《股票上市规则》规定的上市条件如下：

主板、中小企业板：（1）股票经中国证监会核准已公开发行；（2）公司股本总额不少于人民币5000万元；（3）公开发行的股份达到公司股份总数的25%以上；公司股本总额超过人民币4亿元的，公开发行股份的比例为10%以上；（4）公司最近3年无重大违法行为，财务会计报告无虚假记载；（5）证券交易所要求的其他条件。

创业板：（1）股票已公开发行；（2）公司股本总额不少于3000万元；（3）公开发行的股份达到公司股份总数的25%以上；公司股本总额超过4亿元的，公开发行股份的比例为10%以上；（4）公司股东人数不少于200人；（5）公司最近3年无重大违法行为，财务会计报告无虚假记载；（6）证券交易所要求的其他条件。

科创板：（1）符合中国证监会规定的发行条件；（2）发行后股本总额不低于人民币3000万元；（3）公开发行的股份达到公司股份总数的25%以上；公司股本总额超过人民币4亿元的，公开发行股份的比例为10%以上；（4）市值及财务指标符合本规则规定的标准；（5）证券交易所规定的其他上市条件。本所可以根据市场情况，经中国证监会批准，对上市条件和具体标准进行调整。

第四十八条 上市交易的证券，有证券交易所规定的终止上市情形的，由证券交易所按照业务规则终止其上市交易。

证券交易所决定终止证券上市交易的，应当及时公告，并报国务院证券监督管理机构备案。

【条文主旨】

本条是关于证券交易所做出终止上市（退市）情形及程序的规定。

【条文释义】

本条是对原证券法第55条、第56条、第60条、第61条和第72条的合并修改。

一、终止上市制度的历史沿革

终止上市，又称为退市，与上市相对应，是指取消证券在证券交易所挂牌交易资格的行为。退市是证券市场的出口，有进有出，才能构建良好的资本市场生态。终止上市制度包括终止上市决定主体、终止上市情形规定主体及具体情形、终止上市程序等要素。我国资本市场终止上市制度的建立与实践已经有二十多年历史，具体可以分为三个阶段：

（一）1993年公司法下的终止上市制度

我国法律对于终止上市制度的最早规定是1993年公司法第158条，该条规定了公司股本总额与股权分布不再具备上市条件、公司不按规定公开其财务状况或者对财务会计报告作虚假记载、公司最近三年连续亏损且在限期内未消除，以及公司决议解散、被行政主管部门依法责令关闭或者被宣告破产等情形，同时证券终止上市的决定主体是国务院证券管理部门。1998年证券法未改变1993年公司法的规定，但同时规定“国务院证券监督管理机构可以授权证券交易所依法暂停或者终止股票或公司债券上市”。其后，中国证监会于2001年2月发布《亏损上市公司暂停上市与终止上市实施办法》（已失效），对连续三年亏损上市公司暂停上市后的终止上市规定了切实可行的程序，我国证券市场正式进入实施阶段。2001年4月20日，沪市公司PT水仙因连续四年亏损被予以强制摘牌，成为我国证券市场首家退市公司。2001年6月15日，继PT水仙之后，深市公司PT粤金曼也被强制退市。

总体而言，1993年公司法规定的终止上市情形较为单一，主要包括股份总额、股权分布、财务信息披露、重大违法行为以及连续亏损等，条文也较为原则，可操作性不强。通过中国证监会与沪深交易所的规则、规定，初步构建了相对稳定的退市制度框架。主要有3个方面：一是建立以利润指标为主的退市指标体系，规定上市公司连续3年亏损应暂停上市，此后1年亏损即须终止上市；二是确立从退市风险警示（*ST）、暂停上市到终止上市3个主要退市环节，细化各环节的前后衔接流程；三是明确公司退市后去向，规定公司股票终止上市后应转至股份代办系统。

（二）2005年证券法下的终止上市制度

2005年公司法与证券法联动修改时，1993年公司法中的终止上市情形条款被调整到证券法中。2005年证券法第56条规定基本延续了1993年公司法第158条的规定，但增加了“证券交易所上市规则规定的其他情形”，并直接将终止上市的决定主体规定为证券交易所。2005年证券法改变了原终止上市情形“完全法定化”的立法模式，采取“半法定化”的立法模式，使证券交易所能够根据实际情况在法律规定情形之外另行规定新的终止上市情形，更加市场化，灵活性也更强。其后，在中国证监会指导下，上海、深圳证券交易所分别于2012年、2014年、2018年启动三轮退市制度改革。

2012年4月，中国证监会发布《关于改进和完善上市公司退市制度的意见》，上海、深圳证券交易所修订《股票上市规则》，主要作了三个方面的制度改革：一是构建多元化的退市指标体系，新增净资产、营业收入、审计意见类型、市场交易等指标；二是严格退市程序，细化恢复上市时限要求，不再允许公司因破产重整或者并购重组延期退市；三是完善配套机制，新设风险警示板，引入退市整理期，建立重新上市制度，明确公司退市后统一转至“新三板”挂牌转让。这些制度改革在很大程度上缓解了市场比较关注的“退市标准单一”、“公司停而不退”、炒作绩差公司等问题。此后，沪市*ST长油成为新退市制度下的首家退市公司，也是第一家被强制退市的央企。①

2014年10月，针对退市情形规定不够全面、重大违法公司不能及时退出市场等问题，中国证监会发布《关于改革完善并严格实施上市公司退市制度的若干意见》，启动新一轮的退市制度改革，上海、深圳证券交易所也再次同步修

① 证监会：《对十二届全国人大四次会议第8824号建议的答复（摘要）》，2017年2月8日发布，参见证监会官网。

订了《股票上市规则》。这次改革在重申2012年改革的基础上，主要作了两个方面的制度调整：一是健全自主退市制度，规定了7项主动退市情形；二是落实重大违法退市制度，将欺诈发行和重大信息披露违法行为纳入退市情形。此次改革后，作为首单实践，沪市公司＊ST二重于2015年主动退市，＊ST博元于2016年因重大信息披露违法被强制摘牌，＊ST欣泰因欺诈发行受退市处理，为退市工作提供了生动样本。

2018年7月，中国证监会正式发布《关于修改〈关于改革完善并严格实施上市公司退市制度的若干意见〉的决定》，推动新一轮退市制度改革。其后，上海、深圳证券交易所再次同步修订《股票上市规定》并发布《上市公司重大违法强制退市实施办法》。这次改革的主要内容是完善重大违法强制退市的情形与程序，一方面优化了重大证券违法强制退市的情形，明确首发上市欺诈、重组上市欺诈、年报造假规避退市以及交易所认定的其他情形，并将退市情形扩展到涉及国家安全、公共安全、生态安全、生产安全和公众健康安全等领域重大违法行为；另一方面将重大违法退市情形下暂停上市期间由1年缩短为6个月，并明确首发上市欺诈不得再申请重新上市。深市＊ST长生是新规下的重大违法退市第一案。

总体而言，通过2005年证券法框架下三轮退市制度改革，我国建立了退市制度的基本框架和主要制度，从自愿退市到强制退市、从财务类指标到交易类指标、从退市标准到退市程序，都有比较明确的规定，但制度的合理性和可操作性仍然需要优化。各类型退市案例在实践中也都已经出现，但受制于市场结构、发展阶段以及配套基础制度等因素，退市难问题仍然存在，退市常态化仍未实现。

（三）科创板终止上市制度

2019年，在上交所设立科创板并试点注册制改革中，根据《科创板实施意见》《科创板上市公司持续监管办法（试行）》等法规授权，科创板退市制度吸收了主板多轮退市制度改革的成果，建立了更为严格、高效的退市制度。

一方面是标准更严。在重大违法类强制退市方面，科创板退市制度吸收了多轮退市制度改革成果，明确了信息披露重大违法和公共安全重大违法等重大违法类退市情形；在市场指标类退市方面，构建成交量、股票价格、股东人数和市值四类退市标准，指标体系更加丰富完整；在财务指标方面，在定性基础上作出定量规定，多维度刻画丧失持续经营能力的主业“空心化”企业的基本特征，不再采用单一的连续亏损退市指标；在其他合规指标方面，在保留现有未按期披露财务报告、被出具无法表示意见或否定意见审计报告等退市指标的基础上，增加信息披露或者规范运作存在重大缺陷等合规性退市指标。

另一方面是程序更严。科创板退市制度简化退市环节，取消暂停上市和恢复上市程序，对应当退市的企业直接终止上市，避免重大违法类、主业“空心化”的企业长期滞留市场，扰乱市场预期和定价机制。压缩退市时间，触及财务类退市指标的公司，第一年实施退市风险警示，第二年仍然触及将直接退市。不再设置专门的重新上市环节，已退市企业如果符合科创板上市条件的，可以按照股票发行上市注册程序和要求提出申请、接受审核，但因重大违法强制退市的，不得提出新的发行上市申请，永久退出市场。

二、新证券法终止上市制度修订背景与新规解析

（一）修订背景与历程

经过 2012 年、2014 年、2018 年多轮改革以及 2019 年科创板试点，我国建立了包括主动退市和强制退市的制度体系，强制退市情形从财务类、规范类扩展到交易类、重大违法类，退市程序方面引入重新上市、退市整理期等安排，不断强化证券交易所在退市实施方面的主体责任。总体而言，我国证券终止上市制度的情形越来越丰富，标准越来越严格，程序越来越简化，配套制度越来越完善。但对标实践要求与成熟市场实践，我国终止上市制度的合理性与可操作性还有待进一步提升，退市实施的常态化仍未实现。新证券法立足于我国历次退市制度改革的成果，尤其是注册制试点背景下科创板退市制度设计的有益经验，持续推进退市制度的市场化、法治化。新证券法退市制度相关规则一方面需要固化科创板退市制度、简化退市流程、严格退市标准方面的经验、筑牢科创板注册制改革的法律根基；另一方面还需着眼于资本市场市场化改革的大方向，衔接证券发行全面注册制的改革动向，为全市场退市制度的市场化改革奠定基础。

从修订历程看，终止上市制度一直是立法重点之一。证券法（修订草案）“一读稿”授权证券交易所业务规则规定终止上市情形，但同时规定证券终止上市情形一般包括：（1）发行人的资产规模和营业收入；（2）证券分布情况；（3）违法记录；（4）交易量、成交量、成交价格等；（5）其他情形。“二读稿”未规定证券终止上市的一般情形，但保留 2005 年证券法暂停上市的规定。“三读稿”未保留对暂停上市的规定，但将“不再具备上市条件”列为终止上市情形。新证券法未再保留对暂停上市的规定，不再将“不再具备上市条件”列为终止上市情形，也未规定终止上市的一般情形，为进一步完善退市制度留下了充足的法律空间。

（二）新证券法终止上市制度解析

1. 终止上市情形的规定主体

与2005年证券法第56条、第61条分别规定股票、债券终止上市情形与程序不同，本条统一规定各类证券终止上市的程序，删除了关于终止上市情形的“法定条款”，明确由证券交易所规定终止上市情形。这一安排有利于强化证券交易所的自律管理职能，使其可以根据证券市场发展的实际情况及时清退不符合条件的上市公司。同时，证券交易所关于终止上市情形与程序的业务规则应当经过中国证监会批准，保证了证券交易所相关规定能够体现国家对资本市场的监管政策。

2. 终止上市的一般情形

在新证券法框架下，证券终止上市的情形完全由证券交易所业务规则规定。

根据沪深交易所业务规则，证券终止上市分为主动退市和强制退市两大类。主动退市包括主动撤回上市、转板、因回购或要约收购导致公司股本总额、股权分布等发生变化不再具备上市条件，因新设合并或者吸收合并而被注销，上市公司决议解散等情形。

强制退市又可进一步细分为重大违法强制退市、交易类强制退市、财务类强制退市、规范类强制退市四类。其中，重大违法强制退市主要包括欺诈发行、重大信息披露违法等严重损害证券市场秩序及涉及国家安全、公共安全、生态安全、生产安全和公众健康安全等领域的违法行为的情形。交易类强制退市主要包括股票成交量低于特定数量、公司市值低于特定标准、公司股东人数低于特定数量、股票价格低于面值等情形。财务类强制退市主要是指公司明显丧失持续经营能力，包括主营业务大部分停滞、经营资产无法维持日常经营等情形。规范类强制退市主要包括财务会计报告存在重大会计差错或者虚假记载、未在法定期限内披露年度报告或者半年度报告、信息披露或者规范运作等方面存在重大缺陷、公司股本总额或股权分布不再具备上市条件、公司财务会计报告被出具无法表示意见或者否定意见的审计报告、公司可能被依法强制解散、法院依法受理公司重整、和解和破产清算申请等情形。

3. 终止上市的决定主体及程序

在新证券法中，终止上市的决定主体和程序与2005年证券法保持一致。证券终止上市的决定主体是证券交易所，证券交易所作出终止证券上市决定的，应当及时公告，并报国务院证券监督管理机构备案。

（三）新证券法取消了暂停上市

暂停上市是指在证券发行人出现特定情况时，暂时中止其证券挂牌交易资格的制度安排。暂停上市并不终止相应证券的上市资格，待相关情形消失后，发行人可以向证券交易所提出恢复上市申请。暂停上市与终止上市之间既有区别又有联系。一般而言，可以认为暂停上市是终止上市的前置程序，终止上市是暂停上市在一定条件下的延续与转化，如果暂停上市的原因在一定期限内没有消除或者未恢复上市，则可能导致被终止上市。[①] 在实效方面，暂停上市拉长了公司终止上市的流程，变相地给予公司较长的整改期限。

1993 年公司法中即有股票、债券暂停上市的规定，其后 1998 年证券法及 2005 年证券法均承继了这一制度，沪深交易所业务规则也都规定了证券暂停上市制度。目前主板、中小板、创业板与重大违法强制退市相关的暂停上市期限是 6 个月，其他类型强制退市相关的暂停上市期限为 1 年。但在 2019 年上交所设立科创板并试点注册制改革中，为简化退市环节，提高退市效率，《科创板实施意见》规定“科创板股票不适用证券法第 55 条关于暂停上市的规定，应当退市的直接终止上市”，《上海证券交易所科创板股票上市规则》也取消了暂停上市及恢复上市程序。

相较于 2005 年证券法第 55 条和第 61 条分别规定暂停上市情形与程序的做法，新证券法全面取消了对于暂停上市的相关规定。但值得注意的是，证券法层面取消暂停上市的规定并不能简单等同于证券交易所业务规则中暂停上市的相关规定立即失效。只是，在新证券法取消关于暂停上市的规定后，暂停上市制度不再作为法律层面的强制要求，证券交易所可以根据实际情况决定取消、保留或部分保留暂停上市制度。

从境外市场看，我国香港特别行政区有类似制度。根据港交所《主板上市规则》《创业板上市规则》的规定，在发行人出现退市情形时，除非该情形对上市一般原则有根本性影响及不能补救的特殊情况外，港交所往往并不直接对发行人股票除牌，而是作出暂停交易决定，并指定期限让发行人作出补救。如发行人未能于指定限期内对导致退市情形的事项作出补救，再将其除牌。目前，港交所主板持续暂停交易的最长期限为 18 个月，创业板为 12 个月。美国证券市场的指令停牌制度（Trading Suspension）也与暂停上市制度有一

---

① 参见李曙光、郑志斌主编：《上市公司退市风险处置：规则、数据与案例（第一辑）》，法律出版社 2016 年版，第 231 ~ 232 页。

定相似之处。美国证监会为保护公众利益及投资者权益，有权对信息披露不及时、不准确，未按时提交定期报告或证券交易中存在潜在内幕交易、市场操纵嫌疑的证券作出连续停牌不超过10个交易日的决定。但美国市场指令停牌与退市制度并不相关，当指令停牌期限届满后，证券交易所上市公司的证券交易将自动恢复。

但在证券交易所对其相关业务规则做出调整之前，股票及可转换公司债券的暂停上市规则仍然有效。前期因出现规定情形而被上海、深圳证券交易所暂停上市的公司，原暂停上市决定也不因证券法修订而停止执行。上海、深圳证券交易所于2020年2月28日发布的关于认真贯彻执行新证券法、做好上市公司信息披露相关工作的通知也对此予以明确。其他债券的暂停上市按照新证券法实施，自2020年3月1日起，在交易所上市的债券（不含可转换公司债券）不再实施暂停上市制度；已经暂停上市的债券，发行人应当按照交易所有关规定，将债券交易方式调整为仅采取报价、询价和协议交易方式，并及时公告。

三、境外成熟市场终止上市制度与实践

退市制度是资本市场健康发展的基础性制度之一。在成熟资本市场，上市公司退市是一种常态现象。纽交所、纳斯达克、伦交所等交易所的年均退市公司数量在200家左右。有效的退市制度会督促上市公司为保持上市资格而不断完善治理结构，提高经营业绩，从而促进资本市场资源优化配置。

（一）美国

美国证券法和证券监管部门规章对终止上市制度涉及不多，上市公司退市标准和程序主要由各证券交易所制定，交易所被赋予了较大的裁量权和灵活性。在美国，退市分为自愿退市和强制退市两种。自愿退市是由上市公司发起，通常适用于并购、私有化和自愿清算。强制退市是由交易所发起，主要是因为违反了一项或多项持续上市标准。

以纽交所为例，其退市标准对自愿退市的规定较少，主要集中在强制退市方面。强制退市标准分为交易类指标、持续经营能力指标和合规性指标三类。具体而言，一是是否拥有活跃的交易，这类指标要求上市公司的股票交易必须满足一定的流动性标准，指标主要包括股东数量、公众持股量、交易量、市值、股价等。二是是否具备持续经营能力，这类指标要求上市公司应具备持续经营能力，指标主要包括主营活动是否停止、是否有破产清算、无法偿还债务、没有财务运营能力等问题。三是是否满足合规性要求，这类指标要求上市公司应

当遵守公司治理、信息披露等方面的要求，指标主要包括是否未按时披露年报、是否违反上市协议、是否违反公众利益、是否召开审计委员会、是否被出具非标审计意见等。

在退市程序方面，在自愿退市下，上市公司会通知纽交所关于退市的意愿，并要求纽交所向 SEC 递交退市表格 Form25。在强制退市下，纽交所董事委员会会向上市公司出具退市决定的书面通知，写明退市决定及依据。如果公司接受这一决定，纽交所将停止该股票交易，并向 SEC 递交关于该公司的退市表格 Form25，同时也会将该表格的复印件交给公司。如果公司不同意纽交所关于退市的决定，则必须在特定期限内向纽交所董事委员会申请复核。退市表格 Form25 通常在递交 SEC 后 10 个交易日内生效。

在实施方面，纽交所退市公司数量较大，近年来年均达到近 160 家，整体退市率约为 7%。但从退市类型看，纽交所大部分退市公司为自愿退市，其中约三分之一是强制退市。由于美国多层次资本市场比较健全，相当部分纽交所退市公司会转到其他交易所上市。近几年来，许多中概股公司在纽交所 IPO 上市，与此同时，退市的中概股数量也逐渐增多。①

（二）我国香港特别行政区

与美国市场一样，我国香港特别行政区退市制度也主要由证券交易所规定，主要出自港交所《主板上市规则》《创业板上市规则》等文件。在退市情形方面，根据退市启动主体不同，可以分为强制退市和自愿退市两类情况。香港市场自愿退市主要包括收购、私有化等。港交所在强制退市标准中设定的定量指标较少，只有公众持股数量和财务指标中的资产负债比两项，而对公司经营结果（如年度盈利或者亏损）不设量化标准。根据《主板上市规则》《创业板上市规则》，目前主要的标准包括：一是公众人士所持有的证券数量少于已发行股份数目总额的 25%，二是发行人没有足够的业务运作或相当价值的资产以保证其证券可继续上市（具体包括财政困难和资不抵债），三是因存在内控失当、未披露重要资料、违反法律法规等情形被港交所认为发行人或其业务不再适合上市。

在退市程序方面，满足强制退市条件时，港交所可采取两种方式。一是立即将发行人除牌。这种情况一般是触发除牌准则的事宜对上市一般原则有根本

① 张晓斐、缪斯斯、郑宇佳等：《全球主要资本市场退市情况研究及对科创板的启示》，上海证券交易所资本市场研究所研究报告，2018 年 12 月。

性影响及不能补救的特殊情况。例如，法院裁定发行人管理层及控股股东欺诈行事以夸大业务及盈利。二是等待发行人补救。例如发行人未能于指定期限内对导致退市情形的事项作出补救，再将其除牌。主板持续停牌最长期限为 18 个月，创业板为 12 个月。

在实施方面，港交所的退市公司数量较少，据《香港交易所市场资料》披露，2008 年 1 月至 2018 年 11 月，主板与创业板累计退市 213 家，其中主板 94 家，创业板（含转板除牌）119 家。上市公司退市数量较少的原因在于：一方面是港交所退市标准中的量化指标偏少，制度刚性不强；另一方面是强制退市意味着上市股份的价值归零，香港监管部门在退市流程中面临着来自投资者与舆论的巨大压力。

【适用指引】

一、上市条件与终止上市情形的关系

上市条件与终止上市情形（退市条件），前者决定了证券市场入口的宽窄，后者决定了证券市场出口的大小。两者之间既有关联也有区别：一方面，上市条件与退市条件都主要包括发行人财务状况、股权分散程序、公司治理、规范运作情况、持续经营能力等方面要求；另一方面，从境内外市场实践看，公司股票的退市条件与上市条件并非一一对应，上市公司的退市条件一般略低于上市条件。值得注意的是，上市条件与退市情况在适用方法上区别显著：只有公司同时具备所有上市条件时，相关证券才可能准予上市；而只要公司符合任何一种退市情形，其相应证券都应被作退市处理。

在本轮证券法修订过程中，“三读稿”第 56 条曾将“不再符合上市条件的”作为强制退市的法定情形，但正式出台的新证券法删除了这一规定，使退市条件并不与上市条件严格挂钩，证券交易所在规定上市公司退市条件时有更大的制度空间。

二、终止上市与重新上市的关系

重新上市是指已经终止上市的退市公司，在终止上市情形已消除，且符合证券交易所重新上市实施办法的相关规定的情况下，向交易所申请股票重新挂牌交易的制度。① 重新上市不同于首次公开发行股票并上市（IPO），前者针对

---

① 参见李曙光、郑志斌主编：《上市公司退市风险处置：规则、数据与案例（第一辑）》，法律出版社 2016 年版，第 263 页。

曾经上市但因为各种原因终止上市的企业，而 IPO 针对未曾上市的企业，且重新上市的标准低于 IPO。重新上市也不同于恢复上市，前者针对退市企业，后者针对暂停上市企业，且恢复上市的标准低于重新上市。

我国重新上市制度始于 2012 年，作为当年退市制度改革的配套安排，重新上市制度旨在给退市公司通过改善经营有机会重回市场的期望，减轻退市的实施难度。在 2014 年和 2018 年退市制度改革中，上海、深圳证券交易所对重新上市进行了调整完善，区分强制退市与主动退市分别在申请重新上市的程序、申报、信息披露等方面作出差异化安排，对于欺诈发行的公司不允许其重新上市。根据沪深交易所业务规则，创业板与科创板不设重新上市安排，创业板、科创板退市企业终止上市后重新达到上市标准的，可以申请通过 IPO 途径上市。

自重新上市规则实施以来，已有多家退市公司申请重新上市，但目前实现重新上市的仅长航油运（现更名为招商南油）和国机重装两家。

三、新证券法退市制度的实施

上海、深圳证券交易所在 2020 年 2 月 28 日发布的关于认真贯彻执行新证券法、做好上市公司信息披露相关工作的通知对股票和可转债作了明确规定。（1）在证券交易所对上市和退市相关业务规则予以修订前，公司申请股票及可转换公司债券的上市、暂停上市、恢复上市和终止上市等事宜，仍按照现行《上市规则》等有关规定执行。（2）上市公司发行可转换公司债券所募集的资金，虽未按照核准用途使用但符合新证券法第 15 条第 2 款规定的，本所不暂停其可转换公司债券上市交易。（3）科创板证券的上市、终止上市等事宜，适用《科创板上市规则》的有关规定。

上海、深圳证券交易所在关于公开发行公司债券实施注册制相关业务安排的通知中，就可转债以外的其他债券的暂停上市作了规定。自 2020 年 3 月 1 日起，在交易所上市的债券（不含可转换公司债券）不再实施暂停上市制度；已经暂停上市的债券，发行人应当按照交易所有关规定，将债券交易方式调整为仅采取报价、询价和协议交易方式，并及时公告。

第四十九条 对证券交易所作出的不予上市交易、终止上市交易决定不服的，可以向证券交易所设立的复核机构申请复核。

【条文主旨】

本条是关于对不予上市交易、终止上市交易决定的救济程序的规定。

【条文释义】

本条是对原证券法第 49 条的规定。

一、不予上市交易决定

上市审核是证券交易所的自律监管职能之一，证券交易所根据规定的条件与程序对发行人提交的上市申请进行审核。从流程看，上市审核与发行审核在程序上相分离，申请人在股票发行申请获得核准/注册后，才可以向拟上市证券交易所提交股票上市申请。

根据上海、深圳证券交易所各自的上市规则、《上海证券交易所证券上市审核实施细则》、《上海证券交易所科创板股票上市委员会管理办法》、《深圳证券交易所上市委员会工作细则》等业务规则，证券交易所设立上市委员会，从符合条件的会计、法律及相关领域的专家、其他组织的专业人士中选聘上市委员会委员。上市委员会对发行人的上市申请进行审议，沪深交易所根据上市委员会的审核意见作出是否同意上市的决定。值得注意的是，科创板股票上市申请由于在发行注册环节已经通过了科创板股票上市委员会的审核，在上市审核环节一般无需再经上市委员会审议，除非发行人发生重大事项，且对发行人是否符合上市条件和信息披露要求产生重大影响。

证券交易所根据上市委员会的决定作出是否同意上市的决定。符合上市规则的，证券交易所作出同意上市的决定；不同意上市的，证券交易所作出不予上市决定的，并及时通知申请人及其保荐人。

二、终止上市交易决定

终止上市交易决定也即退市决定，是证券交易所依据自律监管权作出的终止证券上市交易资格的决策。

证券终止上市分为主动终止上市与强制终止上市两大类。在主动终止上市情形下，发行人应向证券交易所提出主动终止上市申请，证券交易所上市委员会对上市公司主动终止股票上市事宜进行审议，并形成审核意见，证券交易所根据上市委员会的审核意见作出是否同意上市公司主动终止股票上市的决定。在强制终止上市情形下，发行人无需提出终止上市申请。在发行人出现证券交易所业务规则规定的强制退市情形后，证券交易所应向发行人发出终止其股票上市的事先告知书。发行人可以申请听证，听证申请期限届满而发行人未申请听证或听证程序结束后，上市委员会对是否终止股票上市事宜进行审议，并形成审核意见，证券交易所根据上市委员会的审核意见作出是否终止股票上市的决定。

终止上市交易决定由证券交易所送达发行人，并进行公告。

值得注意的是，沪深交易所作出终止上市决定后，退市股票并不一定会被立即摘牌。强制退市的股票还须进入退市整理期交易。但上市公司处于破产重整进程，且经法院或者破产管理人认定，如公司股票进入退市整理期交易，将与破产程序或者法院批准的公司重整计划的执行存在冲突的，公司股票可以不进入退市整理期交易。进入退市整理期后，退市整理股票的证券代码不变，简称前将冠以相关标识：沪市退市整理股票简称“退市××市”，深市退市整理股票简称“×××退”。退市整理期的期限为30个交易日，期间全天停牌的不计入这30个交易日内，累计停牌天数不得超过5个交易日。退市整理期期限届满，沪深交易所对相关股票予以摘牌。

三、对不予上市交易决定和终止上市交易决定的复核程序

复核程序是当事人不服证券交易所作出的不予上市交易决定、终止上市交易决定的内部救济程序。沪深交易所分别发布了《上海证券交易所复核实施办法》《深圳证券交易所上诉复核委员会工作细则》作为实施复核程序的规则依据。

在复核主体方面，沪深交易所分别设立复核委员会、上诉复核委员会负责具体审议复核事项。在组成方面，上交所复核委员会委员由该所从符合条件的会计、法律及相关领域的专家、其他组织的专业人士中聘任。深交所上诉复核委员会委员由上市公司、会员、基金管理公司、会计师事务所、律师事务所、高等院校、仲裁机构、中国证监会和证券交易所等机构担任，每个机构委派一名专业人员作为代表参与委员会工作。

在复核程序方面，申请人应当在收到上海、深圳证券交易所有关决定或者交易所公告有关决定之日起规定期间内向交易所提交复核申请。复核申请应包括提请复核的事实、理由和要求等。上海、深圳证券交易所在收到复核申请材料后，及时进行审查，作出是否受理的决定，并书面通知申请人。受理申请后，上海、深圳证券交易所及时选定5名委员或委员代表参加复核会议。参加复核会议的委员或委员代表以投票的方式形成审核意见，沪深交易所根据上述审核意见作出复核决定。

证券交易所依据本条规定作出的复核决定为终局决定，申请人不得对复核决定再次申请复核。

四、境外成熟市场对复核程序的规定

从成熟市场看，境外交易所在退市流程中普遍注意保障上市公司申诉的权利。此处主要介绍纽交所和纳斯达克的复核程序。

1. 纽约证券交易所

如果公司不同意纽交所关于退市的决定，应在收到退市决定书后的 10 个工作日内，向纽交所秘书处提交书面复核申请，并写明是否将向纽交所董事委员会作口头陈述。纽交所顾问委员会会通知公司和纽交所董事委员会关于复核会议的日期及安排等事宜。进入复核程序后，公司需在递交的复核申请材料中详尽地写明复核理由，如有必要，可要求交易所补充证据，也可提出复核申请中未提及的新问题。纽交所董事委员会会复核公司递交的相关材料并对申请材料中的问题做出书面答复，并将书面答复提交纽交所顾问委员会。在复核过程中，纽交所董事委员会有权根据案件情况决定是否延长复核日期、是否给出新的证据、是否接受公司的口头陈述。复核期间，如有必要，交易所可暂停该股票交易。①

2. 纳斯达克证券交易所

上市公司对纳斯达克发布的退市警示等决定不服的，可提交书面申请，逐级向纳斯达克上市资格委员会、听证审查委员会和董事会提起上诉。上市公司应在收到退市决定函、退市警示或公开谴责信 7 天内申请复议。在听证会作出决定之前，上市公司的普通股将保持上市状态。听证后如果上市公司的复议申请被驳回，则退市决定立即生效。

【适用指引】

不予上市交易决定及终止上市交易决定的司法救济

证券交易所是证券交易的组织者，为证券集中交易提供场所和设施，并依照其章程、业务规则、协议等对证券市场及其参与者实施自律管理。根据证券法及《证券交易所管理办法》的规定，审核证券上市交易、决定证券终止上市属于证券交易所的职能，是证券交易所行使自律管理权的重要方面。

根据现代法治原则，“无救济则无权利”，证券交易所行使上市、退市自律管理权对当事人的利益有重大影响，法律应给当事人提供获得司法救济的机会。

---

① 张晓斐、缪斯斯、郑宇佳等：《全球主要资本市场退市情况研究及对科创板的启示》，上海证券交易所资本市场研究所研究报告，2018 年 12 月。

相对人对于证券交易所的自律管理决定不服时，有权向法院提起诉讼，由司法机关对证券交易所的行为进行审查。

在诉讼性质方面，我们认为涉证券交易所诉讼的性质属于民事诉讼。理论上认为，证券交易所自律管理权来源于被监管者权利的让渡，是市场主体自我管理权利的集合和延伸，具有权力与权利双重属性。① 具体而言，证券交易所的自律管理权本质上属于私法权利，国家立法虽然对自律监管权有所规定，但并不动摇自律监管的私法基础，是对自律监管权的国家确认。但同时，自律管理权也有权力的一面，基于自律管理的需要，证券交易所有权自主作出监管决定，监管对象应当服从。

基于证券交易所自律管理权的复合属性，法律一方面注重保障证券交易所的独立自主行使自律监管职权；另一方面也给予制约，防范自律监管权的滥用。在司法介入证券交易所自律管理行为时，应秉持审慎的态度，充分尊重证券交易所的自主权。一般认为，在司法审查中，应遵循以下原则：第一，“穷尽内部救济”原则，当事人首先应通过证券交易所内部的复核等程序来解决纠纷，在用尽内部程序之前，相关纠纷不应被纳入司法程序。第二，“以合法性为主，以合理性为辅”原则，证券交易所自律管理活动高度复杂，司法审查应着重审理合法性，对合理性不宜过度介入，保持司法的谦抑。第三，“民事责任有限豁免”原则。除非存在故意或重大过失，证券交易所不承担自律监管不当的法律责任。否则，动辄得咎监管环境，不利于市场健康发展。

第三节　禁止的交易行为

第五十条　禁止证券交易内幕信息的知情人和非法获取内幕信息的人利用内幕信息从事证券交易活动。

【条文主旨】

本条是关于禁止内幕交易的一般性规定。

① 参见卢文道：《证券交易所自律监管论》，华东政法大学2007年博士学位论文，第52页。

【条文释义】

一、禁止内幕交易的意义

根据本条，内幕交易是指交易内幕信息的知情人和非法获取内幕信息的人，利用内幕信息从事证券交易活动的行为。本条与原证券法第 73 条的规定一致。

内幕交易几乎与证券交易同时产生，虽然是最古老、典型的证券违法行为，但早期并未受到证券法律制度的规制，因为在证券市场发展初期，不利用内幕信息从事证券交易应当靠投资者自律。内幕交易为法律所禁止，始于美国 1933 年《证券法》和 1934 年《证券交易法》。在信息公开的理念之下，公开信息是所有投资者进行投资判断的依据，只有在此基础上，投资者才风险自负、盈亏自担。市场上的某些主体因为其特殊的职位、职业优势可以比公众提早获得内幕信息，如果允许这些主体利用信息进行交易获利是不公平的，不仅侵犯广大投资者的利益（破坏投资者获取信息平等交易的机会），违反证券发行与交易中的“公开、公平、公正”原则，而且还会扰乱证券市场。因此，各国的证券立法都将其列为禁止的证券交易行为之一。

二、非法获取内幕信息的人

证券法第 51 条对何为“证券交易内幕信息的知情人”进行了范围界定，但却并未明确何为“非法获取内幕信息的人”。一般来说，利用窃取、骗取、套取、窃听、利诱、刺探或者私下交易等手段获取内幕信息的，即为“非法获取”。《最高人民法院、最高人民检察院关于办理内幕交易、泄露内幕信息刑事案件具体应用法律若干问题的解释》（以下简称《两高内幕交易司法解释》）将“非法获取”的含义进行了实质扩充。根据《两高内幕交易司法解释》第 2 条，“具有下列行为的人员应当认定为刑法第一百八十条第一款规定的‘非法获取证券、期货交易内幕信息的人员’：（一）利用窃取、骗取、套取、窃听、利诱、刺探或者私下交易等手段获取内幕信息的；（二）内幕信息知情人员的近亲属或者其他与内幕信息知情人员关系密切的人员，在内幕信息敏感期内，从事或者明示、暗示他人从事，或者泄露内幕信息导致他人从事与该内幕信息有关的证券、期货交易，相关交易行为明显异常，且无正当理由或者正当信息来源的；（三）在内幕信息敏感期内，与内幕信息知情人员联络、接触，从事或者明示、暗示他人从事，或者泄露内幕信息导致他人从事与该内幕信息有关的证券、期货交易，相关交易行为明显异常，且无正当理由或者正当信息来源的”。

【适用指引】

在适用本条时，应正确理解何谓“非法获取”。“非法获取”具有两层含义：其一，传统的以非法的手段予以获取。其二，信息传递链中的“信息接收者”，因不属于新证券法第51条规定的“证券交易内幕信息的知情人”范围，故其信息获取也被视为“非法获取”。当这些“信息接收者”的“相关交易行为明显异常，且无正当理由或者正当信息来源”时，即构成内幕交易的主体。

第五十一条 证券交易内幕信息的知情人包括：

（一）发行人及其董事、监事、高级管理人员；

（二）持有公司百分之五以上股份的股东及其董事、监事、高级管理人员，公司的实际控制人及其董事、监事、高级管理人员；

（三）发行人控股或者实际控制的公司及其董事、监事、高级管理人员；

（四）由于所任公司职务或者因与公司业务往来可以获取公司有关内幕信息的人员；

（五）上市公司收购人或者重大资产交易方及其控股股东、实际控制人、董事、监事和高级管理人员；

（六）因职务、工作可以获取内幕信息的证券交易场所、证券公司、证券登记结算机构、证券服务机构的有关人员；

（七）因职责、工作可以获取内幕信息的证券监督管理机构工作人员；

（八）因法定职责对证券的发行、交易或者对上市公司及其收购、重大资产交易进行管理可以获取内幕信息的有关主管部门、监管机构的工作人员；

（九）国务院证券监督管理机构规定的可以获取内幕信息的其他人员。

【条文主旨】

本条是关于内幕交易主体中的“知情人”范围的界定。

【条文释义】

与原证券法第 74 条相比，新证券法第 51 条将“内幕信息的知情人”的范围作了如下扩充：

1. 将发行人划入“内幕信息的知情人”范围。原证券法第 74 条第 1 项的规定为“发行人的董事、监事、高级管理人员”，并没有将发行人或上市公司自身界定为“内幕信息的知情人”。虽然从理论上来说，上市公司自己成为内幕交易的主体显然是没有问题的，但由于上市公司回购/收购本公司股份多年来受到法律限制（2005 年公司法第 143 条、2013 年公司法第 142 条），因此除早年出现过相关案例外（如 1997 年的张家界案和 1999 年的北大车行案），[①] 我国上市公司利用自身内幕信息买卖自身股票进行内幕交易的情形其实是比较少见的。2018 年 10 月，全国人大常委会对公司法第 142 条进行了修正，允许“上市公司为维护公司价值及股东权益所必需”而收购本公司股份，将发行人明确至“内幕信息的知情人”的范围，即对上市公司回购本公司股份过程中可能存在的内幕交易予以遏制。

2. 除发行人控股的公司及其董事、监事、高级管理人员外，发行人以股权或协议或其他方式实际控制的公司及其董事、监事、高级管理人员也属于“内幕信息的知情人”的范围。

3. 除在相关发行人或上市公司任职而获取内幕信息的人员外，与相关发行人或上市公司有业务往来而获取内幕信息的人员亦属于“内幕信息的知情人”。需要注意的是，“业务往来”其实并不是一个法律界定明晰的用语，可能表现为交易型法律关系，也可能表现为非交易型的其他关系。

4. 将上市公司收购、重大资产重组过程中涉及的相关主体明确为“内幕信息的知情人”。这些主体包括：对目标公司进行收购的收购人及其控股股东、实际控制人、董事、监事和高级管理人员；参与重大资产交易的各方主体及其控

---

① 参见彭冰：《内幕交易行政处罚案例初步研究》，载《证券法苑》（第三卷），法律出版社 2010 年版，第 91～92、112 页。

股股东、实际控制人、董事、监事和高级管理人员。①

5. 因所处职务或工作关系可以获取内幕信息的证券交易场所、证券公司、证券登记结算机构、证券服务机构的有关人员，以及证券监督管理机构工作人员，因法定职责对证券的发行、交易或者对上市公司及其收购、重大资产交易进行管理可以获取内幕信息的有关主管部门、监管机构的工作人员，亦属于"内幕信息的知情人"。

【适用指引】

本条第1~8项中明确的主体，是应在证明其知悉或应当知悉内幕信息后才能将其认定为内幕交易的主体，还是推定这些人员因身份、职位即知悉或应当知悉内幕信息的内容，从而构成内幕交易的主体呢？目前，在我国的行政执法实践中，基本都是采用推定模式，如果出现反证，应可推翻这种推定。在刑事司法认定中，也是采用推定模式。例如，在《两高内幕交易司法解释》明确何为"非法获取证券、期货交易内幕信息的人员"时，即强调这些人员的"相关交易行为明显异常，且无正当理由或者正当信息来源"。

第五十二条 证券交易活动中，涉及发行人的经营、财务或者对该发行人证券的市场价格有重大影响的尚未公开的信息，为内幕信息。

本法第八十条第二款、第八十一条第二款所列重大事件属于内幕信息。

【条文主旨】

本条界定了内幕信息的概念和范围。

---

① 《上市公司重大资产重组管理办法》（2019年修订，中国证券监督管理委员会令第159号）第41条规定，上市公司及其董事、监事、高级管理人员，重大资产重组的交易对方及其关联方，交易对方及其关联方的董事、监事、高级管理人员或者主要负责人，交易各方聘请的证券服务机构及其从业人员，参与重大资产重组筹划、论证、决策、审批等环节的相关机构和人员，以及因直系亲属关系、提供服务和业务往来等知悉或者可能知悉股价敏感信息的其他相关机构和人员，在重大资产重组的股价敏感信息依法披露前负有保密义务，禁止利用该信息进行内幕交易。

【条文释义】

内幕信息是确定内幕交易行为的核心要件之一，对内幕信息的认定直接涉及对整个内幕交易行为的认定。本条规定的内幕信息具有三个特征：

一、价值性或关联性

与原证券法第 75 条相比，新证券法第 52 条对内幕信息加入了“涉及发行人的”这一界定，明确了内幕信息的价值性或关联性要件，即内幕信息是指与发行人或上市公司本身密切相关的财务或经营方面的信息。由此也将内幕信息与其他未公开的市场信息相区分。

二、重大性

“重大性”判断向来有两种标准，一是以影响投资者投资决策为标准，二是以影响市场价格为标准。从域外法的情况来看，以影响投资者决策标准界定内幕信息的“重大性”的法例相对占多数。例如，美国《联邦证券法》、韩国《金融投资业和资本市场法》第 174 条、新加坡《证券与期货法》S. 216、澳大利亚《公司法》S. 1042（A），以及日本《金融商品和交易法》第 166（2）条。明确以影响价格标准对内幕信息进行界定的有英国《金融服务与市场法案》S. 118C；我国台湾地区“证券交易法”第 157－1 条则以影响价格为主要标准，“影响投资者决策”是判断是否影响价格的辅助标准。[①] 新证券法第 19 条第 1 款将“影响投资者投资决策”明确为发行人进行强制信息披露应遵循的标准，“发行人报送的证券发行申请文件，应当充分披露投资者作出价值判断和投资决策所必需的信息，内容应当真实、准确、完整”。新证券法第 52 条对内幕信息重大性的界定采用的则是影响市场价格标准。

按照对新证券法第 52 条的文义理解，“确定性”并非内幕信息的本质构成特征。但是在内幕交易行政查处或司法实务中，当事人通常会以信息尚不确定、尚不知是否真的会发生为由进行抗辩，或者表示在其交易时该信息表达的内容客观上最终能否达成未臻明确（如并购重组计划可能最终“泡汤”），又或者表示其在交易时主观上并不知该信息本身的真假，以此抗辩内幕信息在其交易之时并不成立从而不构成内幕交易行为。这就涉及内幕“确定性”判断问题。从多数域外立法来看，确定性判断一般都是涵盖在重大性的判断之中，“评估一项

---

① 参见杜晶：《论内幕信息“重大性”的一般判断和个案判断》，载《证券法律评论》（2015 年卷），中国法制出版社 2015 年版，第 69 页。

事件是否将发生的可能性，应该以公司最高层管理人员对于系争交易的兴趣如何而定”。[①] 当内幕交易行为人是“身居高位”、能实质影响信息所涉事件的可预期性的“内部人”时，讨论内幕信息的成立或确定时点（客观确定性）其实并无必要，因为“身居高位”者内心对所涉信息“主观确定性”的判断其实就已使相关信息所指向的事件具有了发生的可能性，正如我国有学者对“黄某裕内幕交易案”[②] 的分析：“……这是因为当时黄某裕实际上完全控制鹏润控股和中关村两家公司，因此，鹏润控股借壳中关村这一交易完全都在其操控之下，对其来说，只要有了想法，就具有完全的确定性。”[③] 如果内幕交易行为人属于并非能实质影响信息所涉事件可预期性的“内部人”，只是事件参与者，或者甚至只是信息传递链上的“信息接收者”，其在查处、侦察过程中经常提出的抗辩即是信息彼时并不客观“确定”。但实际上，行为人对内幕信息所指向的事件是否“存在”内心是有一种判断的，而这种判断就直接导致了其内幕交易行为的发生。因此，此时只需要证明两个要件：一是内幕信息“客观存在”，二是“行为人知道该信息”。其中，内幕信息“存在”并非指该信息所指事件已经板上钉钉，而是指有发生的合理预期或合理可能，因此并不需要去证明事件是否真的会发生，只要证明指向该事件的信息本身具有客观存在性即可，即信息内容客观符合“重大性”一般判断的标准。再加上“行为人知道该信息”，确定性问题就已解决。当然，就“行为人知道该消息”的证明来说，是个纯主观状态的问题，如果行为人拒不承认，则几乎难以证明。“如果任由被追诉人‘陈述’自己是否具有内幕交易的故意，则可能没有一起案件能够成功追究其责任。”[④] 在刑事案件中，《两高内幕交易司法解释》采用的就是“推定”的证据规则，即当存在“相关交易行为明显异常”的客观表征且行为人无法证明其有“正当理由或者正当信息来源的”，则推定其知悉内幕信息（并利用内幕信息进行了交易）。以客观引证主观，解决证明“行为人知道该信息”这一难点时的证据问题。

三、未公开性

内幕信息之所以具有可利用的市场价值，就是因为其不为公众所知、仅为

---

① Basic v. Leinson, 485 U. S. 224 (1988).

② 北京市第二中级人民法院（2010）二中刑初字第689号刑事判决书。

③ 彭冰：《内幕交易行政处罚案例初步研究》，载《证券法苑》（第三卷），法律出版社2010年版，第102～103页。

④ 缪劲翔：《证券内幕交易罪的认定——基于刑事推定的展开》，载《比较法研究》2013年第4期。

少部分内部人掌握。信息被公开后的交易则不为内幕交易。因此，内幕信息是应当公开但尚未公开的信息。

《两高内幕交易司法解释》第5条第1款规定，“本解释所称‘内幕信息敏感期’是指内幕信息自形成至公开的期间”。

（一）内幕信息的“形成”

根据《两高内幕交易司法解释》第5条第2、3款的规定，证券法中相关“计划”“方案”的形成时间，应当认定为内幕信息的形成之时；影响内幕信息形成的动议、筹划、决策或者执行人员，其动议、筹划、决策或者执行初始时间，应当认定为内幕信息的形成之时。

（二）何为“公开”

《两高内幕交易司法解释》第5条第4款规定，内幕信息的公开，是指内幕信息在国务院证券期货监督管理机构指定的报刊、网站等媒体披露。从实践来看，某些信息由于公布的时间点不同、详略程度不同、内容侧重不同，因此以何时点为公布时点也应根据个案而定。①

【适用指引】

在适用本条时，应注意“确定性”是“重大性”下位的个案判断因素。证券法亦没有明确规定内幕信息的“确定性”特征。“在进行实际侦察查处工作中，没有必要过分强调‘确定性’判断。确定性包括客观确定性（客观存在）和主观确定性。如果内幕交易行为人本身即属公司内部‘位高权重’的、可以掌控谈判或其他重大交易进程的高管、董事、控制股东或实际控制人，客观确定与主观确定并无太大区分意义，因其主观确定状态很大程度上会决定或影响信息的客观确定状态，此时，对‘内幕信息敏感期’的判断实际上属于对内幕信息重大性的重复判断。但是，对于非实际掌控谈判或其他重大交易进程的内部人，以及信息传递链条中的‘信息接收者’（即非法获取证券交易内幕信息的人员）来说，需要证明‘内幕信息客观存在’，而且‘行为人知道该信息’。‘内幕信息敏感期’这一概念解决的就是‘内幕信息客观存在’与否的问题。”②

---

① 参见彭冰：《内幕交易行政处罚案例初步研究》，载《证券法苑》（第三卷），法律出版社2010年版，第103～105页。

② 杜晶：《论内幕信息“重大性”的一般判断和个案判断》，载《证券法律评论》（2015年卷），中国法制出版社2015年版，第70页。

第五十三条 证券交易内幕信息的知情人和非法获取内幕信息的人，在内幕信息公开前，不得买卖该公司的证券，或者泄露该信息，或者建议他人买卖该证券。

持有或者通过协议、其他安排与他人共同持有公司百分之五以上股份的自然人、法人、非法人组织收购上市公司的股份，本法另有规定的，适用其规定。

内幕交易行为给投资者造成损失的，应当依法承担赔偿责任。

【条文主旨】

本条界定了内幕交易的行为要件、例外规定以及内幕交易民事赔偿责任。

【条文释义】

一、内幕交易的行为要件

内幕交易的行为表现为三类：其一，在内幕信息敏感期内，买卖与内幕信息直接相关的发行人的证券。其二，在内幕信息敏感期内，泄露内幕信息。其三，在内幕信息敏感期内，建议他人买卖与内幕信息相关的发行人证券。根据对新证券法第 53 条第 1 款的文义理解，只要有这三类行为中的任意其一，就构成“内幕交易”，并非只有行为人实施了买卖行为才构成。

1. 买卖

买卖证券包括以自己名义买卖证券、委托他人以他人名义买卖证券或者与他人合作买卖证券。是否以自己名义并不重要，重要的是自己是否在买卖证券中享有不正当利益。

2. 泄露

泄露内幕信息是指内幕信息的知情人或非法获取内幕信息的人将内幕信息泄露给其他不应当知悉内幕信息的人。泄露内幕信息的构成要件包括：（1）建议人为内幕信息的知情人或非法获取内幕信息的人。（2）有泄露行为，包括非法获取内幕信息的人进行“信息传递”，但属合法履行义务或职责的除外。（3）信息接收者知道或应当知道其接收的信息是内幕信息。信息传递的次数和层级不影响内幕交易构成。

值得注意的是，如果信息接收者只是接收信息，既未再次泄露，亦未自行买卖或建议他人买卖，则不属于证券法第 53 条规定的内幕交易的范畴。

3. 建议买卖

建议买卖是指内幕信息的知情人或非法获取内幕信息的人推荐、劝说、怂恿他人进行证券买卖。建议买卖导致的结果是买卖行为的发生，而不一定是内幕信息的泄露。因此，建议买卖的构成要件包括：（1）建议人为内幕信息的知情人或非法获取内幕信息的人，即建议人是掌握内幕信息的人。（2）建议人推荐、劝说或怂恿他人买卖证券。（3）被建议人知道或应当知道建议人掌握内幕信息。（4）建议行为导致了相关证券的买卖行为。

基于不作为者承担法律责任的前提是其具有作为的法律义务这一法律原理，对原来打算买卖证券，因知悉内幕信息而放弃买卖的人，不必追究内幕交易的行政或刑事责任。内幕交易行为是否产生严重后果，一般不作为是否追究行政责任的考虑因素。但在追究刑事责任时，必须达到情节严重的程度。

二、内幕交易的例外规定

新证券法第 53 条第 2 款规定了内幕交易的法定例外，即已持有或实际持有相关发行人 5% 以上股份的主体的收购行为，适用关于收购的相关规定。

三、内幕交易的民事赔偿

新证券法第 53 条第 3 款规定了内幕交易的民事赔偿。内幕交易民事赔偿制度的核心要素是因果关系，即内幕交易行为与请求权人声称的损失之间的因果关系。我国第一例内幕交易民事赔偿案“黄某裕内幕交易民事赔偿案”采用的是“直接后果法”，法院认为，由于原告未能举证证明其所声称的损失与黄某裕、杜某的内幕交易行为之间存在因果关系，因此对于原告的诉讼请求法院不予支持。[①] 在我国首例内幕交易民事赔偿原告胜诉的“光大证券内幕交易民事赔偿案”中，法院采用的是“推定因果关系”：“无论内幕交易人进行内幕交易的数量多少和时间长短，内幕交易人是否因内幕交易获得实际的利益，其内幕交易行为是否对相关证券、期货品种的交易价格产生实质性影响，都不影响对内幕交易侵权因果关系的认定。只要内幕交易人进行了内幕交易，其交易相对方在相应交易中产生了损失，除非内幕交易人能够证明交易相对方的损失是其自身原因或者其他原因造成，原则上就可以推定内幕交易人的内幕交易与其交易相对方的损失之间存在因果关系，内幕交易人就应当按照证券、期货法律法

① 参见北京市第二中级人民法院（2011）二中民初字第 20526 号民事判决书。

规的相关规定，对交易相对方的交易损失承担民事赔偿责任。”①

【适用指引】

在适用本款时，应注意的是，《两高内幕交易司法解释》规定的不属于内幕交易的情形要广于新证券法第 53 条第 2 款。《两高内幕交易司法解释》第 4 条规定：“具有下列情形之一的，不属于刑法第一百八十条第一款规定的从事与内幕信息有关的证券、期货交易：（一）持有或者通过协议、其他安排与他人共同持有上市公司百分之五以上股份的自然人、法人或者其他组织收购该上市公司股份的；（二）按照事先订立的书面合同、指令、计划从事相关证券、期货交易的；（三）依据已被他人披露的信息而交易的；（四）交易具有其他正当理由或者正当信息来源的。”

第五十四条　禁止证券交易场所、证券公司、证券登记结算机构、证券服务机构和其他金融机构的从业人员、有关监管部门或者行业协会的工作人员，利用因职务便利获取的内幕信息以外的其他未公开的信息，违反规定，从事与该信息相关的证券交易活动，或者明示、暗示他人从事相关交易活动。

利用未公开信息进行交易给投资者造成损失的，应当依法承担赔偿责任。

【条文主旨】

本条是关于禁止利用未公开信息交易及民事赔偿责任的规定。

【条文释义】

本条为这次证券法修改新增条款，将利用未公开信息交易行为与内幕交易予以明确区分。

一、利用未公开信息交易的概念和特征

根据新证券法第 54 条，利用未公开信息交易的特征表现为：

第一，主体范围为证券交易场所、证券公司、证券登记结算机构、证券服

---

① 上海市高级人民法院（2015）沪高民五（商）终字第 58 号民事判决书。

务机构和其他金融机构的从业人员、有关监管部门或者行业协会的工作人员。

第二，行为表现为两类：利用未公开信息从事与该信息相关的证券交易活动，或者明示、暗示他人从事相关交易活动。

值得讨论的是“职务便利”在这一条款具体适用中的意义。根据文义理解，相关主体得以利用的未公开信息应是其因职务便利而获取的信息。对于处于特定位置的主体来说，可基本推定其所利用的未公开信息就是“因职务便利”而获取的，除非行为人能举证推翻这种推定。

第三，行为客体为内幕信息以外的其他未公开信息。

新证券法第52条将价值性或关联性明确为内幕信息的特征，因此内幕信息以外的其他未公开信息则通常表现为市场性信息。《最高人民法院、最高人民检察院关于办理利用未公开信息交易刑事案件适用法律若干问题的解释》第1条规定：“刑法第一百八十条第四款规定的‘内幕信息以外的其他未公开的信息’，包括下列信息：（一）证券、期货的投资决策、交易执行信息；（二）证券持仓数量及变化、资金数量及变化、交易动向信息；（三）其他可能影响证券、期货交易活动的信息。”

二、利用未公开信息交易的民事赔偿

新证券法第52条第2款为利用未公开信息交易的民事赔偿确定了法律基础。尽管利用未公开信息交易在行为主体范围、行为客体（信息范围）等方面与内幕交易不同，但二者在民事赔偿制度要素的构造上其实大同小异，即关键在于解决侵权行为与请求权人所声称损失之间的因果关系。

【适用指引】

在适用本条时，应注意区别利用未公开信息交易与内幕交易。这两类禁止性行为的区别在于：

（1）主体范围不同。利用未公开信息交易行为主体特定，主要是证券交易场所、证券公司、证券登记结算机构、证券服务机构和其他金融机构的从业人员、有关监管部门或者行业协会的工作人员。内幕交易主体显然更为广泛，除“内幕信息知情人”外，还有“非法获取内幕信息的人”，虽然主要也表现为“内部人”，但根据现行规定，只要其处于“内幕信息知情人”的位置，或其相关交易行为明显异常且无正当理由或者正当信息来源的，都可能被推定为从事了内幕交易。

（2）所利用的信息不同。利用未公开信息交易行为利用的是内幕信息以外的其他未公开的信息；内幕交易利用的则是内幕信息。

第五十五条　禁止任何人以下列手段操纵证券市场，影响或者意图影响证券交易价格或者证券交易量：

（一）单独或者通过合谋，集中资金优势、持股优势或者利用信息优势联合或者连续买卖；

（二）与他人串通，以事先约定的时间、价格和方式相互进行证券交易；

（三）在自己实际控制的账户之间进行证券交易；

（四）不以成交为目的，频繁或者大量申报并撤销申报；

（五）利用虚假或者不确定的重大信息，诱导投资者进行证券交易；

（六）对证券、发行人公开作出评价、预测或者投资建议，并进行反向证券交易；

（七）利用在其他相关市场的活动操纵证券市场；

（八）操纵证券市场的其他手段。

操纵证券市场行为给投资者造成损失的，应当依法承担赔偿责任。

【条文主旨】

本条是关于禁止操纵证券市场、操纵手段及民事赔偿责任的规定。

【条文释义】

一、操纵市场的概念

证券法第 55 条第 1 款未对操纵市场行为的概念进行统一界定，而是通过先表明操纵市场的结果要件（即操纵行为的后果应达至“影响或者意图影响证券交易价格或者证券交易量”），再列举典型的操纵市场行为并加上兜底性条款的方式，来规制证券操纵市场行为。参考中国证监会于 2007 年发布的《证券市场操纵行为认定指引（试行）》（以下简称《操纵行为认定指引》）第 2 条的规定，可以认为，操纵市场是指行为人背离市场自由竞价和供求关系，利用资金、持股和信息等优势，以各种不正当手段影响某一证券的交易价格或交易量，实现对证券价格、交易量或者市场资本的非正当控制，扰乱证券市场秩序的行为。证券法禁止任何操纵证券市场的行为。

二、操纵市场的行为表现

新证券法第55条在原证券法第77条所列行为表现的基础上新增了4种操纵市场行为（虚假申报操纵、蛊惑交易操纵、抢先交易操纵、跨市场操纵）。因此，操纵市场的行为表现如下：

1. 联合或连续交易型操纵

联合或连续交易型操纵（manipulation by actual purchases），是指单独或者通过合谋，集中资金优势、持股优势或者利用信息优势联合或者连续买卖，操纵证券交易价格或者证券交易量。

联合或连续交易型操纵的特点在于：

（1）集中资金优势、持股优势或者利用信息优势

连续交易型操纵的行为人必须有“集中资金优势、持股优势或者利用信息优势”实施连续买入或卖出证券的行为。不具备资金优势、持股优势或者信息优势的，即便是其以较高的价格买入或以较低的价格卖出某一证券，亦难以实现对证券价格的拉抬、打压或者维持，不应认定为操纵行为。这一要件区分了合法的连续交易行为和违法的连续交易行为。

操纵行为人具备资金优势，是指行为人为买卖证券所集中的资金相对于市场上一般投资者所能集中的资金具有数量上的优势。

操纵行为人具有持股优势，是指行为人持有证券相对于市场上一般投资者具有数量上的优势。

操纵行为人拥有信息优势，是指行为人相对于市场上一般投资者对其所交易证券及其相关事项的重大信息具有获取或者了解更易、更早、更准确、更完整的优势。

（2）属于真实的交易

无论是单边买入还是单边卖出，或是单一行为人操纵还是合谋操纵，连续交易型操纵都是通过真实的证券交易来实现对证券价格或交易量的操纵。

2. 约定交易型操纵

约定交易型操纵（matched orders），又称相对委托、相互委托、对敲、通谋（买卖）、合谋（买卖）、串通（买卖）等，是指与他人串通，以事先约定的时间、价格和方式相互进行证券交易，影响证券交易价格或者证券交易量的操纵市场行为。

约定交易型操纵具有以下特点：（1）需实际存在不具有控制与被控制关系的

双方当事人。(2) 双方当事人之间达成约定相互买卖特定证券的通谋。(3) 在相近的时间点上以相近的价格和数量进行反向交易。

3. 洗售型操纵

洗售型操纵 (wash sales), 又称对冲交易、虚假交易、自买自卖、对倒、冲洗买卖、虚售, 是指以自己为交易对象, 在自己实际控制的账户之间进行不实质转移所有权的证券交易, 影响证券的交易价格或交易量, 人为地创造证券市场繁荣或交易活跃的假象。

判断是否构成洗售型操纵, 重点在于认定参与交易的各个账户是否在同一行为人的实际控制之下。实践中, 可以通过综合分析各个账户的开户资料、交易地点、资金来源、交易记录、交易利润去向等因素来判断。

4. 虚假申报操纵

虚假申报操纵, 是指行为人作出不以成交为目的的频繁申报和撤销申报, 误导其他投资者, 影响证券交易价格或交易量。由于申报本身也是价格信号, 行为人通过频繁提交买入或卖出特定证券的申报, 人为营造相关证券受到市场资金重点关注、交易气氛活跃的假象, 诱使其他投资者跟风买入或卖出, 从而影响证券的交易价格或交易量, 使得行为人可以从买入和卖出证券的价差中获利。

5. 蛊惑交易操纵

蛊惑交易操纵, 是指行为人进行证券交易时, 利用不真实、不准确、不完整或不确定的重大信息, 诱导投资者在不了解事实真相的情况下作出投资决定, 影响证券交易价格或交易量, 使市场出现自己所预期的波动, 由此取得经济上的利益的行为。

需要注意区分的是联合或连续交易型操纵中的 "利用信息优势" 操纵与蛊惑交易操纵之间的区别。联合或连续交易型操纵中的 "利用信息优势" 操纵, 主要是指有信息优势的 "内部人" 利用该优势, 影响或者意图影响证券交易价格或者证券交易量的行为 (该操纵意图也使得 "利用信息优势" 操纵与内幕交易相区分), 其所利用的信息通常是真实的、确定的、重大的但尚未公布的内幕信息。而蛊惑交易操纵利用的通常是虚假的或不确定的重大信息。

6. 抢先交易操纵

抢先交易 (front running or forward trading), 传统上是指证券公司、证券咨询机构、专业中介机构及其工作人员, 买卖或者持有相关证券, 并对该证券或其发行人、上市公司公开作出评价、预测或者投资建议, 以便通过期待的市场波动取得经济利益的行为。但是新证券法第 55 条第 1 款第 6 项并没有将此种操纵行为的主体限定为证券公司、证券咨询机构、专业中介机构及其工作人员等主体（尽管由于其职位、职业或其职位、职业带来的影响力或权威性，使其天然拥有一定信息操控优势，因此是传统“抢帽子”交易操纵最经典的主体）。即使相关主体不是证券公司、证券咨询机构、专业中介机构及其工作人员，但只要其对证券、发行人公开作出评价、预测或者投资建议，并进行反向证券交易，且影响或者意图影响证券交易价格或者证券交易量，就构成抢先交易操纵。

7. 跨市场操纵

跨市场操纵与前面六项操纵行为不同。一般而言，新证券法第55条第1款前6项通常都是单一市场操纵行为，即操纵行为和操纵后果都发生在一个市场（尤其是证券现货场内市场）；而跨市场的操纵行为或结果涉及的是两个或两个以上的“相关市场”。然而，新证券法并未明确“相关市场”的范围。例如，是否只有与价格有关联的市场才为“相关市场”？通常来说，与证券现货市场“相关”的市场即是指金融期货市场（在我国，目前主要就是股指期货市场）。但是，有学者提出，尽管股指期货与股票现货间的跨市场操纵是跨市场操纵的典型，但跨市场操纵的涵盖范围并不止于此，在现实中，大宗商品市场和股指期货以外的其他金融商品市场同样存在着大量的跨市场交易以及潜在的跨市场操纵行为。① 已查处的操纵市场实践中也体现出这种特点，“有的操纵市场主体不直接通过二级市场交易获利，而是利用不同金融产品、不同市场之间相关标的价格相互联动的特点，通过操纵价格影响相关基金、信托产品净值，从而实现跨市场牟取超额收益等”②。因此，“相关市场”范围的进一步明确，既要考虑到市场间的价格关联性，又不能过于狭窄。

8. 其他操纵市场行为

操纵手段千变万化，很难通过立法将其全部囊括。因此，立法上规定了一个兜底性条款。

例如，全国中小企业股份转让系统的做市商操纵市场行为，其表现就与集中竞价交易模式下的操纵市场表现形式不同，但其违法性也是毋庸置疑的。根据证券法第9条以及第七章“证券交易场所”的规定，证券法的适用范围不仅包括证券交易所，亦包括国务院批准的其他全国性证券交易场所，因此全国中

---

① 钟维：《跨市场操纵的行为模式与法律规制》，载《法学家》2018年第3期。

② 参见《证监会通报2018年上半年查处操纵市场案件情况》，载中国证监会网站，http://www.csrc.gov.cn/pub/newsite/zjhxwfb/xwdd/201807/t20180706_340818.html，最后访问时间：2020年2月28日。

小企业股份转让系统的做市商操纵行为完全可以根据法律解释方法被认为属于新证券法第55条第1款第8项所规定的“操纵证券市场的其他手段”。

三、操纵市场的民事赔偿

操作市场侵权作为特殊的侵权责任，应满足的要件包括：有明确的侵权主体、行为人主观有过错并存在操纵市场行为、受害人财产利益受损、损失与操纵市场行为之间存在因果关系。关于因果关系问题，我国有学者主张对操纵市场民事赔偿中的因果关系要素进行推定，其亦同意“欺诈市场理论”推定交易因果关系不能适用于操作市场，“但是通过运用证明责任分配的有关理论，从距离证据远近、举证能力强弱、实现实体法宗旨、与虚假陈述侵权类比四个角度分析，在操纵证券市场侵权案件中仍然应当实行因果关系推定，由被告承担不具备因果关系的证明责任”①。

【适用指引】

在适用本条第1款时，建议结合证监会对操纵市场进行处罚的相关规章予以理解。

本条第2款的适用争议涉及操纵市场民事赔偿制度的建立和完善，整体争议都较大。例如，关于操纵市场的损害赔偿范围，目前就有诸多看法：

有观点主张“按照投资人的实际损失，以行为人违法所得的5倍以下为限进行赔偿。如果投资者人得不到足额赔偿，则按照其各受害人实际损失的比例授偿”②。其理由在于操纵行为人的实际获利只可能等于或小于所有受害人的损失之和，因受害人所受损失的一部分构成了与操纵行为人同向操作的其他投资者人的收益，故应参考操纵行为人所承担的最大限度的行政责任，并以此作为民事赔偿范围之限。

有观点主张“应采交易获利与实际损失孰大法。而实际损失包括高买低卖的差价损失，或者对于受害人连续买卖的，则按先扣除盈利计算亏损部分，同时计算损失部分的利益、佣金、印花税等损失”③。

有观点主张“以被操纵的证券的真实价格与买卖价格之差额为损害赔偿的范围。真实价格则以操纵行为开始前十个交易日收盘平均价格与原告购买或卖

---

① 廖升：《操纵市场侵权责任之因果关系》，载《法学评论》2017年第1期。

② 贾纬：《证券市场侵权民事责任之完善》，载《法学论坛》2014年第7期。

③ 宋一欣：《证券市场中因内幕交易和操纵市场引发的民事赔偿的有关法律问题》，载《法律适用》2006年第4期。

出该股票的价格的差额作为基准。另外，考虑被告的主观恶性以及不法所得的数额决定是否进行惩罚性赔偿”①。

以上观点均有部分合理性。但操作市场民事赔偿范围的确定与损失的确定、因果关系都有密切关系。目前，操纵市场民事赔偿责任制度各要素亟待进一步完善，除因果关系问题外，包括但不限于可提起诉讼的原告范围、基准日的确定、被告可用的抗辩等。

第五十六条 禁止任何单位和个人编造、传播虚假信息或者误导性信息，扰乱证券市场。

禁止证券交易场所、证券公司、证券登记结算机构、证券服务机构及其从业人员，证券业协会、证券监督管理机构及其工作人员，在证券交易活动中作出虚假陈述或者信息误导。

各种传播媒介传播证券市场信息必须真实、客观，禁止误导。传播媒介及其从事证券市场信息报道的工作人员不得从事与其工作职责发生利益冲突的证券买卖。

编造、传播虚假信息或者误导性信息，扰乱证券市场，给投资者造成损失的，应当依法承担赔偿责任。

【条文主旨】

本条规定了编造、传播虚假信息或误导性的行为及其民事赔偿责任。

【条文释义】

一、编造、传播虚假信息或误导性行为的概念

与原证券法第 78 条相比，新证券法第 56 条第 1 款将编造、传播虚假信息行为的行为主体由“国家工作人员、传播媒介从业人员和有关人员”扩至“任何单位和个人”。因此，任何主体在证券市场上都负有不得编造、传播虚假信息或误导性信息的消极义务。

除主体范围被扩充外，被编造、传播的信息也由原证券法第 78 条规定的

① 程啸：《论操纵市场行为及其民事赔偿责任》，载《法律科学》2001 年第 4 期。

“虚假信息”而扩充至“虚假信息或者误导性信息”。误导性信息并不等同于虚假信息，后者是指在信息真实性上属于完全虚假的信息，前者则尤指信息被碎片化或截面化，由于未披露信息的全貌，这种碎片化或截面化信息极有可能误导市场上的投资者，让其对投资行为产生错误判断。

新证券法第56条第3款还新增了对证券媒体从业人员的规制，“传播媒介及其从事证券市场信息报道的工作人员不得从事与其工作职责发生利益冲突的证券买卖”。然而，由于未进行进一步解释，“利益冲突”的规定显得过于宽泛，而且没有对这种禁止性行为规定期限。

二、编造、传播虚假信息或者误导性信息行为的民事赔偿

新证券法第56条第4款规定了编造、传播虚假信息或者误导性信息行为的民事赔偿责任。但这一条款最核心的问题在于诉讼中应如何证明编造、传播虚假信息或者误导性信息的行为与投资者所声称的损失之间的因果关系。虚假陈述民事赔偿依靠“欺诈市场理论”将因果关系进行推定，而编造、传播虚假信息或者误导性信息的行为能否径直套用“欺诈市场理论”是有疑义的，因为后者的行为主体通常并不是信息披露义务人（否则的话，将构成虚假陈述而非编造、传播虚假信息或者误导性信息）。当行为主体并不是信息披露义务人时，是否也只要相关证券市场价格发生了波动，就能像虚假陈述那样推定价格波动受到了虚假信息或者误导性信息的影响，除非编造、传播行为人能推翻这种推定？还是说，应由投资者举证证明其中的因果关系？这些问题都有待进一步研究。

【适用指引】

在适用本条时应注意区别编造、传播虚假信息或误导性的行为和蛊惑交易操纵。新证券法第56条禁止的仅仅是“编造、传播虚假信息或者误导性信息”的行为本身，并不论行为人“编造、传播虚假信息或者误导性信息”的目的；而蛊惑交易作为操纵市场的行为表现，应具备“影响或者意图影响证券交易价格或者证券交易量”这一结果要件。

第五十七条 禁止证券公司及其从业人员从事下列损害客户利益的行为：

（一）违背客户的委托为其买卖证券；

（二）不在规定时间内向客户提供交易的确认文件；

（三）未经客户的委托，擅自为客户买卖证券，或者假借客户的名义买卖证券；

（四）为牟取佣金收入，诱使客户进行不必要的证券买卖；

（五）其他违背客户真实意思表示，损害客户利益的行为。

违反前款规定给客户造成损失的，应当依法承担赔偿责任。

【条文主旨】

本条是关于禁止损害客户利益的规定。

【条文释义】

一、禁止损害客户利益的法理基础

在很多国家和地区，证券立法的宗旨是存在多重目的的。例如，日本《金融商品交易法》第1条规定其立法目的为："通过完善企业信息披露制度、规定规范金融商品交易业者相关的必要事项、确保金融商品交易所的运营等，在实现有价证券的发行及金融商品等的交易的公正、促进有价证券的流通之外、通过发挥资本市场的机能形成公正的价格，实现促进国民经济健全发展以及保护投资者权益的目的。"① 韩国《资本市场法》第1条规定："为促进资本市场的金融创新与公平竞争，保护投资者，保障金融投资业的健康发展，提高金融市场的公平性、可信性和效率，促进国民经济发展，特制定本法。"②

我国证券法也采用多重立法宗旨，第1条规定，证券法的宗旨为"规范证券发行和交易行为，保护投资者的合法权益，维护社会经济秩序和社会公共利益，促进社会主义市场经济的发展"。但是，从理论上说，证券法立法宗旨的核心为保护投资者，特别是中小投资者的合法权益。

证券法本质上是证券交易法，自始至终贯穿三大原则：一是公开、公平、公正原则；二是自愿、有偿、诚实信用原则；三是合法、合规性原则。这三大原则既体现民商法的私法自治原则，又体现维护交易安全和市场效率的属性，但最终落脚点都是保护投资者权益。故禁止证券公司及其从业人员从事损害客

---

① 朱大明译：《日本商品交易法》，法律出版社2015年版，第3页。

② 董新义译：《韩国资本市场法》，知识产权出版社2011年版，第3页。

户利益的行为，是对证券公司及其从业人员的基本要求。

在具体法律关系上，证券公司受客户的委托代理客户进行证券买卖，证券公司与客户之间是一种委托或行纪法律关系，证券公司应当对客户勤勉尽责，诚实信用地履行受托义务。证券公司的从业人员，在其履行职责时与证券公司之间是一种职务代理行为，证券公司对客户负的义务也就是其从业人员应当对客户履行的义务。证券公司及其从业人员从事损害客户利益的行为，理应为法律所禁止。

本次证券法修订，将原证券法规定的“禁止证券公司及其从业人员从事下列损害客户利益的欺诈行为”修改为“禁止证券公司及其从业人员从事下列损害客户利益的行为”，也是基于充分维护投资者利益考虑，将禁止损害客户利益的行为从“欺诈行为”扩展为全部行为。

二、损害客户利益的具体表现

按照本条规定，损害客户利益的行为主要表现为：

（一）违背客户的委托为其买卖证券

本法第 133 条第 1 款规定，“证券公司接受证券买卖的委托，应当根据委托书载明的证券名称、买卖数量、出价方式、价格幅度等，按照交易规则代理买卖证券，如实进行交易记录”，证券公司及其从业人员违背客户的委托为其买卖证券即是对这一要求的违反。该行为的构成有三个要件：第一，客户向证券公司或其从业人员下达了证券买卖委托；第二，证券公司或其从业人员为客户买入或者卖出了证券；第三，证券交易结果不符合客户委托的内容。

（二）不在规定时间内向客户提供交易的确认文件

本法第 133 条第 1 款规定：“证券公司接受证券买卖的委托……买卖成交后，应当按照规定制作买卖成交报告单交付客户。”第 2 款规定：“证券交易中确认交易行为及其交易结果的对账单必须真实，保证账面证券余额与实际持有的证券相一致。”故证券买卖成交后，证券公司或其从业人员没有在规定时间内制作真实、准确的买卖成交报告单并交付客户，即属于损害客户利益的行为。

因目前交易确认的形式越来越多样化，尤其是目前存在大量以电子签名方式进行的确认，故要求证券公司及其从业人员对交易全部进行书面确认并不合理，故本次修订中将“书面确认文件”调整为“确认文件”。

（三）未经客户的委托，擅自为客户买卖证券，或者假借客户的名义买卖证券

擅自为客户买卖证券，是指证券公司或者其从业人员未经客户委托授权，擅自为客户买入证券或者卖出客户账户上的证券。假借客户的名义买卖证券，

是指不动用客户账户上的证券和资金，而是借客户的账户为自己或者他人进行证券买卖。

（四）为谋取佣金收入，诱使客户进行不必要的证券买卖

该行为是指证券公司及其从业人员未从维护客户利益出发，仅为谋求自身收入，对客户拟开展的证券交易做非必要的引导。所谓不必要的交易，是指对客户的经济利益不具有必要性，既不能获得多少利润，也不能减少多少损失的交易。

（五）其他违背客户真实意思表示，损害客户利益的行为

这是一项兜底性的规定，主要是考虑到实践中损害客户利益的行为复杂多样，难以一一列举，故可由国务院制定相关行政法规或证券监督管理机构对此作出补充规定，以有效防止和打击各种损害客户利益的行为。

因内容存在重复，同时为优化本法章节、体例，本次证券法修订中，在“损害客户利益的行为”的列举中删除了原证券法第 79 条第 1 款第 3 项“挪用客户所委托买卖的证券或者客户账户上的资金”的规定，而在新证券法第 131 条作出相应规定；删除了原证券法第 79 条第 1 款第 6 项“利用传播媒介或者通过其他方式提供、传播虚假或者误导投资者的信息”的规定，而在新证券法第 56 条中进行统一规定。

三、损害客户利益的赔偿责任

本条规定，证券公司及其从业人员从事损害客户利益行为的，应当依法承担赔偿责任。

在民商事法律关系中，损害客户利益的行为主要是合同责任，应当由民法典调整，欺诈客户行为给客户造成损失的，应当依照民法典的规定承担赔偿责任。但是，在特定情况下，欺诈客户行为可能会涉及侵权责任。因此，对于证券公司及其从业人员从事的损害客户利益行为，客户既可以追究其合同责任，在必要时也可以追究其侵权责任，从而保证客户所受到的损失能得到全面的赔偿。

【适用指引】

关于损害客户利益的其他法律责任

本条规定，证券公司及其从业人员从事损害客户利益行为的，应当依法承担赔偿责任。这主要是从民商事法律关系方面对客户权益提供的法律救济措施。

证券公司及其从业人员从事损害客户利益行为的，还应当承担相应的行政责任。新证券法第 194 条规定："证券公司及其从业人员违反本法第五十七条的规定，有损害客户利益的行为的，给予警告，没收违法所得，并处以违法所得一倍以上十倍以下的罚款；没有违法所得或者违法所得不足十万元的，处以十万元以上一百万元以下的罚款；情节严重的，暂停或者撤销相关业务许可。"

第五十八条　任何单位和个人不得违反规定，出借自己的证券账户或者借用他人的证券账户从事证券交易。

【条文主旨】

本条是关于非法利用证券交易账户的禁止性规定。

【条文释义】

一、关于证券账户的有关规则

证券账户是指中国证券登记结算有限责任公司为投资者开立的记载其证券持有及变更的权利凭证。开立证券账户是投资者进行证券交易的先决条件。

根据中国证券监督管理委员会于 2009 年 12 月 20 日发布的《证券登记结算管理办法》第 4 条第 2 款，证券登记结算业务采取全国集中统一的运营方式，由证券登记结算机构依法集中统一办理。根据中国证券登记结算有限责任公司于 2014 年 8 月 25 日发布的《中国证券登记结算有限责任公司证券账户管理规则》第 4 条，中国证券登记结算有限责任公司对证券账户实施统一管理，具体账户业务可以委托开户代理机构办理。其中，开户代理机构是指取得中国证券登记结算有限责任公司开户代理资格，与中国证券登记结算有限责任公司签订开户代理协议，代理中国证券登记结算有限责任公司办理证券账户业务的证券公司等机构。所以总体而言，实际操作中投资者证券账户由中国证券登记结算有限责任公司上海分公司、深圳分公司及中国证券登记结算有限责任公司委托的开户代理机构负责开立。

二、开立证券账户的基本原则

投资者开立证券账户，应坚持合法性与真实性原则。

(一) 合法性原则

开立证券账户的合法性，是指只有国家法律允许进行证券交易的自然人、合伙企业、法人才能开立证券账户。对于国家法律法规不允许开户的主体，中国证券登记结算有限责任公司及其开户代理机构不得予以开户。

（二）真实性原则

开立证券账户的真实性，是指投资者开立证券账户时所提供的资料必须真实有效，不得虚假隐匿。目前，投资者在我国证券市场上进行证券交易实行实名制。本法第157条第2款规定："投资者申请开立账户，应当持有证明中华人民共和国公民、法人、合伙企业身份的合法证件。国家另有规定的除外。"该规定为对证券账户开立实名制的明确要求。

三、禁止非法利用证券账户的具体要求

本条要求，任何单位和个人不得违反规定，出借自己的证券账户或者借用他人的证券账户从事证券交易。这主要是证券交易实名制在交易环节的具体要求。

在实践当中，一些个人或机构为逃避监管，非法利用他人账户买卖证券，出借自己或者他人的证券账户，扰乱了证券交易秩序，给国家和股东的利益造成损害。所以投资者的证券账户是证券监督管理机构以及政府有关部门重点监督管理的对象，加强对其管理，有利于维护正常的证券交易秩序。

本次证券法修订加强了对于证券交易实名制的管理，将禁止非法利用证券账户的对象，从原证券法中的"法人"扩展为"任何单位和个人"。

【适用指引】

关于对非法利用证券账户的监控

根据《证券登记结算管理办法》《中国证券登记结算有限责任公司证券账户管理规则》的规定，中国证券登记结算有限责任公司和证券公司在投资者证券账户使用方面应承担如下职责：

1. 投资者在证券账户开立和使用过程中存在违规行为的，证券登记结算机构应当依法对违规证券账户采取限制使用、注销等处置措施。

2. 证券公司应当掌握其客户的资料及资信状况，并对其客户证券账户的使用情况进行监督。证券公司发现其客户在证券账户使用过程中存在违规行为的，应当按照证券登记结算机构的业务规则处理，并及时向证券登记结算机构和证券交易所报告。涉及法人以他人名义设立证券账户或者利用他人证券账户买卖证券的，还应当向中国证监会报告，由中国证监会依法予以处罚。

3. 证券公司不得违规使用他人证券账户或将证券账户提供给他人使用。证券公司不得为投资者违规使用他人证券账户提供便利。

第五十九条　依法拓宽资金入市渠道，禁止资金违规流入股市。禁止投资者违规利用财政资金、银行信贷资金买卖证券。

【条文主旨】

本条是关于依法拓宽资金入市渠道、禁止违规利用资金买卖证券的规定。

【条文释义】

一、依法拓宽资金入市渠道

根据2003年10月14日发布的《中共中央关于完善社会主义市场经济体制若干问题的决定》，为建成完善的社会主义市场经济体制和更具活力、更加开放的经济体系，深化经济体制改革，促进经济社会全面发展，决定："……（15）大力发展资本和其他要素市场。……大力发展机构投资者，拓宽合规资金入市渠道。……（23）健全金融调控机制。……改进中央银行的金融调控，建立健全货币市场、资本市场、保险市场有机结合、协调发展的机制，维护金融运行和金融市场的整体稳定，防范系统性风险。"因此，为繁荣证券市场，促进经济发展，本法也鼓励依法拓宽合规资金入市渠道，同时禁止资金违规流入股市。

二、禁止违规利用资金买卖证券

本条第2款对原证券法的规定作出了修改，将"禁止任何人挪用公款买卖证券"修改为"禁止投资者违规利用财政资金、银行信贷资金买卖证券"。

财政资金是指以国家财政为中心的预算资金、国债资金及其他财政性资金，既包括中央政府和地方政府的财政收支，还包括与国家财政有关系的企业、事业和行政单位的货币收支。财政资金体现了国家在社会产品分配中占有的份额，以及在分配中与社会各集团及其成员之间的分配关系。其主要具有如下特征：

1. 是政府及其所属机构直接掌握支配的资金，其资金的使用是直接为行使和实现国家职能的需要；

2. 资金的征集和拨付主要是采取无偿分配，部分采取国家信用的方式，即以国家为债务人或债权人形式征集或发放；

3. 资金的运作都是以国家为主体，缴款者或接受拨款者都是直接与国家政权发生关系。

证券交易具有很高的风险，而财政资金因其自身强烈的政府功能属性和公共事务属性，不应当用于买卖证券。

银行信贷资金是指借款人通过信用或担保方式，从银行金融机构融取的资金。银行信贷资金具有有偿性、周转性、融通性等特点，其本质特征是其有偿性，即银行信贷机构将资金出借给借款人后，借款人到期应当还本付息，否则就构成银行信贷机构的风险事件。如果银行信贷资金直接用于买卖证券，相当于允许投资者以高成本资金参与证券投资，不但增加了投资者自身投资的投机属性，还可能因证券投资引发银行信贷机构的风险，不利于证券市场乃至整个金融市场的稳定，故应予以禁止。

【适用指引】

本条第 2 款所禁止的情况为违规利用财政资金、银行信贷资金买卖证券，此处应当注意厘清银行信贷资金的范围。

本款并非禁止投资者使用所有与银行金融机构相关的资金买卖证券。例如，银行理财资金与银行信贷资金性质不同、特征不同，在符合法律法规及其理财文件约定的前提下，是可以参与证券买卖的。

第六十条　国有独资企业、国有独资公司、国有资本控股公司买卖上市交易的股票，必须遵守国家有关规定。

【条文主旨】

本条是关于国有企业和国有资本控股企业买卖上市股票的规定。

【条文释义】

国有企业买卖上市股票的限制性规定

（一）明确禁止国有企业和国有资产控股的企业炒作股票

在我国证券市场初步建立的时期，部分国有企业和国有资本控股公司，把本来应当用于生产经营的自有资金和从银行取得的信贷资金投入股市，炒作上市交易的股票。这种状况助长了股市的过度投机，也使国有资产处于高风险状态，严重危及国有资产的安全，同时又容易造成操纵证券交易市场，损害中小投资者利益的后果。为了整顿和规范证券市场秩序，发挥股票市场为经济建设筹集资金和促进企业转换经营机制的功能，1997 年 5 月 21 日国务院发布了《关于严禁国有企业和上市公司炒作股票的规定》，禁止国有企业在证券市场上炒作股票，具体要求如下：

1. 国有企业不得炒作股票，不得提供资金给其他机构炒作股票，也不得动用国家银行信贷资金买卖股票。

2. 国有企业和上市公司为长期投资而持有已上市流通股票（在国务院主管部门规定的期限以上），应向证券交易所报告。交易所应采取措施，加强管理，监督国有企业和上市公司遵守本规定的有关要求。

3. 国有企业和上市公司只能在交易所开设一个股票账户（A 股），必须用本企业（法人）的名称。严禁国有企业和上市公司以个人名义开设股票账户或者为个人买卖股票提供资金。存在上述问题的单位，必须在本规定发布之日起 1 个月内纠正；拒不纠正的，将从严处罚并追究法定代表人和直接责任人的责任。

在 1999 年施行的证券法中贯彻了上述原则，其第 76 条规定“国有企业和国有资产控股的企业，不得炒作上市交易的股票”。这一规定在 2004 年修订后的证券法中继续予以保留。

（二）国有企业和国有资产控股的企业可在遵守国家规定的前提下买卖上市交易的股票

企业作为一个独立的法律主体，拥有独立的法人财产权，尽管国有资产具有一定的特殊性，但是完全禁止国有企业和国有资产控股的企业买卖上市交易的股票，既不利于国有企业和国有资产控股的企业实现经营自主权，也不利于国有资产的流通和保值、增值。为了整顿和规范证券市场秩序，发挥股票市场为经济建设筹集资金和促进企业转换经营机制的功能，法律应当允许国有企业和国有资产控股的企业在遵守国家规定的前提下买卖上市交易的股票。于是在 2005 年证券法修订时，将证券法相关规定修改为第 83 条：“国有企业和国有资产控股的企业买卖上市交易的股票，必须遵守国家有关规定。”这一规定在 2014 年证券法修订时得以继续保留。

（三）本次证券法修订中的调整

本次证券法修订，并未对原证券法中关于国有企业买卖股票的规定作实质性调整，只是将“国有企业和国有资产控股的企业买卖上市交易的股票”修改为“国有独资企业、国有独资公司、国有资本控股公司买卖上市交易的股票”，结合目前国有企业的分类、性质，将所需规范的国有企业范围，作了进一步的限定。

【适用指引】

国有独资企业、国有独资公司、国有资本控股公司的定义

1. 国有独资企业，是指根据我国全民所有制工业企业法所设立的由国家独立出资、依法自主经营、自负盈亏、独立核算的社会主义商品生产和经营单位。

2. 国有独资公司，根据我国公司法第 64 条，是指国家单独出资、由国务院或者地方人民政府授权本级人民政府国有资产监督管理机构履行出资人职责的有限责任公司。

3. 国有资本控股公司，是指通过持有其他公司达到决定性表决权的股份，而对该公司进行经营控制，并主要从事资本经营及其他生产经营的国有公司。

根据企业国有资产法第 5 条，国家出资企业，是指国家出资的国有独资企业、国有独资公司，以及国有资本控股公司、国有资本参股公司。可见，证券法第 60 条作出买卖股票限制的主体，是除国有资本参股公司外的全部国家出资企业。

第六十一条 证券交易场所、证券公司、证券登记结算机构、证券服务机构及其从业人员对证券交易中发现的禁止的交易行为，应当及时向证券监督管理机构报告。

【条文主旨】

本条是关于发现禁止的交易行为的报告义务的规定。

【条文释义】

本条规定，证券交易场所、证券公司、证券登记结算机构、证券服务机构及其从业人员，在证券交易中发现有禁止的交易行为时，有义务向证券监督管理机构报告。

一、禁止交易行为的范围

禁止的交易行为主要是指本法第 50 条至第 61 条所规定的证券交易行为，以及其他条款中所禁止的交易行为。主要包括：内幕交易、操纵证券交易市场、编造或传播虚假信息、损害客户利益、非法利用他人账户从事证券交易及出借自己或者他人的证券账户、使用财政资金或银行信贷资金买卖证券、国有独资企业、国有独资公司或国有资本控股企业违反国家规定买卖上市交易的股票等。

二、专门设定相关机构、人员发现禁止的交易行为的报告义务的理由

对于禁止的交易行为，任何单位和个人发现以后都有权检举揭发，向证券监督管理机构报告，这种广泛的监督模式是应当大力提倡的。但是，仅有一般的社会监督是不够的。这是因为这些禁止的交易行为都是在证券交易的各个环节发生的，一般情况下，不从事证券交易活动的单位或个人很难发现其中发生的禁止的交易行为。而证券交易场所、证券公司、证券登记结算机构、证券服务机构是连接证券交易活动各个环节的纽带，它们各自都在交易活动的不同环节上具有重要职能。当禁止的交易行为在证券交易活动的某一环节出现时，这些机构往往能够较早地发现。让这些机构及其从业人员担负起报告所发现的禁止的交易行为的责任，有利于加强对证券交易活动的监管，及时有效地预防或制止违法行为。

此外，证券交易活动日益多样化、复杂化，其中进行的违法行为的手法也层出不穷。在这种情况下，仅依靠证券监督管理机构去监督检查也是不够的，必须充分发挥有关机构和人员的自律作用。

【适用指引】

我国的证券市场监管体制，属于较为典型的政府主导型监管体制，强调自上而下的集中、统一监督。中国证监会依照法律、法规和国务院授权，统一监督管理全国证券市场，维护证券市场秩序，保障其合法运行。中国证监会机关、派出机构和系统单位共同构成了统一有序的全国证券监管体系。

在这样一种监管机制之下，作为证券服务提供主体的证券交易场所、证券公司、证券登记结算机构、证券服务机构及其从业人员，在发现证券法禁止的交易行为的情况下，最直接有效的处理方式，就是向证券监督管理机构报告。这种模式和要求与我国目前的证券市场监管体制密切相关。

第四章　上市公司的收购

上市公司的收购实际上是指收购上市公司，即收购人通过取得一家上市公司已发行的有表决权股份的方式获得或巩固该公司控制权的行为。按照目的差异，上市公司收购有狭义和广义之分。狭义仅指获得上市公司控制权的行为，广义则包括获得和巩固上市公司控制权这两种情形。换言之，当某收购人在已经获得上市公司控制权的条件下，其继续收购上市公司已发行的有表决权股份的行为同样应当适用证券法上有关上市公司收购的规定。上市公司收购本也属于证券交易，但由于其具有显著的重要性和特殊性，因此没有放在证券法第三章“证券交易”中，而是单独成章，作为第四章，紧随在“证券交易”一章之后。上市公司收购除了应当遵守证券法第三章证券交易的规则之外，还必须遵守证券法第四章“上市公司收购”所规定的特殊规则。

对上市公司收购的法律规制主要围绕以下三条主线展开。第一，保证上市公司收购公开透明，程序公正，使得证券市场有关主体都能及时了解相关情况，并向广大中小投资者提供“用脚投票”和分享股票溢价的机会。这主要是通过强制性信息披露、“慢走规则”和要约收购等制度来实现。第二，兼顾发挥上市公司收购的市场功能与防控上市公司收购的弊端。一方面不要对上市公司收购设置不必要的限制和障碍，提高法律规制的精准性和适度性，保障上市公司收购的效率；另一方面要把控好重要关口，遏制上市公司收购的不良行为发生。第三，维护投资者特别是中小投资者合法权益和社会公共利益。保护投资者特别是中小投资者合法权益是证券法的基本原则。在上市公司收购中，中小投资者是容易遭受侵害的弱者，需要法律的特别保护。上市公司收购涉及利益众多，影响广泛，法律规制必须特别关注社会公共利益的维护。

本章对上市公司收购的特殊规则主要由以下六部分组成：（1）收购方式（第62条）；（2）权益披露（第63～64条）；（3）要约收购（第65～70条）；（4）协议收购（第71～73条）；（5）收购后续事项处理（第74～76条）；（6）制

定具体办法和上市公司分立与合并（第77条）。尽管新证券法对上市公司收购条文修改幅度不算很大，但其中包含了三项值得特别关注的新制度：有表决权股份，收购要约禁止变更事项，报告、公告义务。

第一节　本章新制度

一、有表决权股份

上市公司收购是指收购人通过取得上市公司已发行的有表决权股份的方式获得或巩固该公司控制权的行为。原证券法并未强调针对上市公司的有表决权股份，而只是笼统地针对上市公司的股份。由于上市公司收购是寻求对上市公司的控制权，只是有表决权股份才对上市公司收购发生影响，无表决权股份不发生影响。因此，新证券法对上市公司股份前面加上了“有表决权”的限定，显然提高了法律规制的精准性，减少了对正常资本流动和交易的干预，降低了法律规制的成本，提高了规制效果。

公司控制权是指对公司的所有生产要素进行指挥和整合的权力，[①] 包括重大决策的决定权和日常运营的支配权。《上市公司收购管理办法》（以下简称《收购管理办法》）第84条规定：“有下列情形之一的，为拥有上市公司控制权：（一）投资者为上市公司持股50%以上的控股股东；（二）投资者可以实际支配上市公司股份表决权超过30%；（三）投资者通过实际支配上市公司股份表决权能够决定公司董事会半数以上成员选任；（四）投资者依其可实际支配的上市公司股份表决权足以对公司股东大会的决议产生重大影响；（五）中国证监会认定的其他情形。”可见，《收购管理办法》在定义控制权时非常强调“股份表决权”，从上市公司收购的角度看就是“有表决权股份”。新证券法的这次修订是实践经验的总结和升华。

虽然我国公司法规定了同股同权的一般原则，但作为例外，在我国上市公司实践中已经存在多种差异性表决权的安排。第一，公司回购股份。公司法第103条第1款规定：“股东出席股东大会会议，所持每一股份有一表决权。但是，公司持有的本公司股份没有表决权。”在法律规定的特殊情形下，公司可以

---

① 周军：《公司控制权研究》，人民出版社2016年版，第3页。

对本公司股份进行回购，但为了避免人格混同及其引起的各种弊端，回购的股份没有表决权。第二，优先股。《国务院关于开展优先股试点的指导意见》规定，优先股是指依照公司法，在一般规定的普通种类股份之外，另行规定的其他种类股份，其股份持有人优先于普通股股东分配公司利润和剩余财产，但参与公司决策管理等权利受到限制。除该指导意见规定的几种情形外，优先股股东不出席股东大会会议，所持股份没有表决权。根据新证券法第 63 条计算收购人持有上市公司已发行股份比例，以及根据新证券法第 65 条、第 73 条计算触发要约收购义务时，表决权未恢复的优先股不计入持股数额和股本总额。第三，科创板特别表决权类别股份。《关于在上海证券交易所设立科创板并试点注册制的实施意见》允许科技创新企业发行具有特别表决权的类别股份，每一特别表决权股份拥有的表决权数量大于每一普通股份拥有的表决权数量，其他股东权利与普通股份相同。其法律依据是公司法第 131 条授权国务院可以对公司发行公司法规定以外的其他种类的股份，另行作出规定。① 第四，表决权的放弃或委托行使。实践中，有些投资者在通过协议受让或通过出售资产而取得上市公司股份时承诺将相应股份的表决权放弃或者在一定期限内委托其他股东行使。第五，不得行使表决权。股东因为违反某项法律规定而丧失表决权。例如，新证券法第 63 条第 4 款规定，违反第 63 条第 1 款、第 2 款规定买入上市公司有表决权的股份的，在买入后的 36 个月内，对该超过规定比例部分的股份不得行使表决权。

上述表决权的差异性安排，有的是针对所有决议事项，有的是针对某些类别决议事项，有的仅是针对特定事项，必须仔细加以甄别，才能对这项新制度准确理解和适用。

差异性表决权是伴随着公司所有权和经营权分离的不断发展而产生的。股东会将公司经营管理权利基本授予董事会和经营班子这些经营管理者团队行使，自己仅仅保留了重大决策权和经营管理者的选任权、监督权等。然而，股东之间存在着投资目的上的重大差异，有些侧重财务性投资，并不想介入股东会上述权利的行使，而有些股东却侧重对公司的控制权，甚至愿意为此在收益权方面作出一定让步。法律上允许公司作出此种安排，可以更好地回应市场需求，并使得有能力、有意愿从事公司经营管理人员拥有更大的发挥作用的空间。这就是差异性表决权的法理基础。

---

① 令人遗憾的是，至今未见国务院对特别表决权股份作出规定，仅仅是证监会发布了规章。

在新证券法中，有表决权股份主要体现在三个方面：第一，权益披露慢走规则（第63条）；第二，要约收购的启动（第65条和第73条）；第三，股东大会提案权、表决权征集（第90条）。其中，前两个方面是规定在上市公司收购一章，最后一个方面是规定在投资者保护一章。本章重点讨论前两个方面，并将在下文中结合条款释义进行具体分析论述。

二、收购要约禁止变更事项

新证券法第68条规定，收购人需要变更收购要约的，应当及时公告，载明具体变更事项，且不得存在下列情形：（1）降低收购价格；（2）减少预定收购股份数额；（3）缩短收购期限；（4）国务院证券监督管理机构规定的其他情形。上述所列四种情形就是收购要约禁止变更事项。这是这次证券法修订的新增规定。

要约收购是指收购人公开向目标公司的全体股东发出收购要约，表明愿意以要约载明的条件购买目标公司全体股东所持有的全部或部分股份，以完成上市公司收购的一种收购方式。要约收购可以分为强制性的和自愿性的。强制性要约收购是指在达到法律规定条件下法律上强制性要求收购人必须向目标公司的全体股东发出收购要约。自愿性要约收购是指在未达到法律规定的强制性要约收购的条件下，收购人自愿向目标公司的全体股东发出收购要约。强制性要约收购是法律施予收购人的一项法定义务，目的是在公司控制权易主的情况下给予其他股东一个选择退出的机会，同时可以享受到上市公司收购带来的股票溢价的利益。它是股东平等待遇原则的体现，许多国家的证券法一般通过“全体持有人规则”“按比例接纳规则”“最好价格规则”这三个具体规则来保障上述原则的实现，目的是保护广大中小股东利益。它对于收购人来说则会遭受程序烦琐、时间拖延、成本升高和动用资金巨量增长的代价。要约收购条件和程序的法律设定关系到上市公司收购的难易，也代表了法律对上市公司收购规制的政策导向。在实践中，要约收购是以强制性的为主，自愿性的并不常见，所以，在下文中如果没有特别申明，要约收购一般系指强制性要约收购。

要约收购最早出现于20世纪50年代的英国，60年代后开始在美国出现。[①] 我国内地关于要约收购的立法最早出现在1993年《股票发行与交易管理暂行条例》，当时是借鉴了香港模式，采用了强制性全面要约收购制度，之后进入我国

① 戈伟杰：《上市公司收购操作实务指引》，法律出版社2017年版，第198页。

证券法，直到2005年我国证券法修订，将强制性全面收购修改为强制性部分收购。2003年南钢联合有限公司收购南钢股份有限责任公司一案是我国首次出现的要约收购案例。

要约收购的变更系指在收购要约发出后，要约人对要约条件进行修改的行为。[①] 收购要约一经发出公告即生效，要约人应当受其约束，不得随意变更，从而维护收购要约的稳定性和受要约人（即目标公司广大投资者）的利益。但鉴于收购过程情况千变万化，需要在一定条件下允许要约人变更要约，特别是在出现竞争性要约的情况下更应如此。然而，从维护广大受要约人利益的角度考虑，允许变更必须有一些必要的限制。这种限制一般表现在两个方面：第一，时间上，收购要约的变更不得在收购要约期满前的一段特定期间之内，必须早于该特定期间。这为的是给予受要约人足够的时间来进行选择和操作，不至于过度仓促。第二，内容上，要约变更只能朝着有利于受要约人的方向变更，而不能朝着不利于受要约人的方向变更，如只能提高收购价格、增加收购数量、延长收购要约期间，而不能降低收购价格、减少收购数量、缩短收购要约期间。这为的是防止要约人利用降低收购条件进行商业投机，损害受要约人的利益，扰乱证券市场。上述这些做法在一些国家早已有了法律的明文规定。例如，《日本金融商品交易法》第27条之六规定，公开收购者，不得进行下列收购条件的变更行为：（1）降低收购价格；（2）减少收购预定股票的数量；（3）缩短收购期间；（4）其他法律规定禁止的收购条件的变更。很显然，我国证券法这次修订的新增规定在很大程度上借鉴了日本的上述法律规定。

我国证券法在修订前没有对收购要约的内容变更作出明确的限制，仅仅提出了进行信息披露的要求。《收购管理办法》也只是在第32条第2款作出补充规定，收购人对收购要约条件作出重大变更的，被收购公司董事会应当在3个工作日内公告董事会及独立财务顾问就要约条件的变更情况所出具的补充意见。这样就给收购人利用收购要约的变更来谋取不当利益或者损害广大投资者利益留下了空间。新证券法新增收购要约禁止变更事项的规定，堵上了上述漏洞，是值得肯定的亮点。

三、报告、公告义务

报告、公告义务中的报告是向国务院证券监督管理机构报告，公告则是义

---

① 邱灼松：《强制要约收购制度批判研究——兼论我国收购制度模式的选择》，中国法制出版社2013年版，第82页。

务主体向社会公众公告。证券法对上市公司收购规定报告、公告义务，一方面是从监管角度出发，便于证监会、交易所及时了解上市公司股权变动的情况；另一方面是从证券交易市场的健康发展出发，通过此项义务的设定防止操纵市场价格等损害中小股东利益的行为。本轮证券法修订在上市公司收购一章中进一步完善与强调上市公司或收购人的报告、公告义务，主要体现在如下方面：

（一）延长投资者履行报告、公告义务后的敏感期

以持有上市公司有表决权股份的5%为临界点，第一种是通过证券交易所的证券交易，投资者持有或者通过协议、其他安排与他人共同持有一个上市公司已发行的有表决权股份达到5%的情形。新旧证券法均规定，其应当在该事实发生之日起3日内，履行报告、公告义务，同时在上述期限内不得再行买卖该上市公司的股票，即敏感期为自首次持股达5%的事实发生之日起3日内。

第二种是投资者在持股达到5%后，继续增持或减持5%股份的情形。根据新证券法第63条第2款的规定，投资者要在增减持的事实发生之日起3日内履行报告、公告义务，并且在履行该义务后的3日内不得再行买卖该上市公司的股票。即，敏感期由最长为3日的报告期限加上作出公告后的3日组成，与修改前相比，公告后的敏感期由2日增加至3日。而且，如果投资者权益变动时未依照证券法的规定履行报告、公告义务，那么其无法再就该上市公司的股票进行交易。不过，证券法第63条第2款对此新增了但书规定，赋予证监会可以就第二种情形下的敏感期作出例外规定，这是为2017年证监会发布的《上市公司股东、董监高减持股份的若干规定》及未来可能就增持股份事项作出进一步调整提供上位法的授权。

学理上将新证券法第63条规定的报告、公告义务称为信息披露原则，将投资者停止买卖股票的敏感期称为慢走规则。证券交易敏感期内禁止投资人交易股票的规定有其历史乃至现实的合理性，就立法宗旨而言，证券交易敏感期的确立是为了防止信息披露的内容与投资者控制股份的变动情况有出入，对社会公众造成错误诱导，损害其利益。由于在实践中，投资人违规增持股份的行为几乎无一例外地同时违反报告、公告义务和敏感期的规定，因此现阶段的焦点应当是对于这种信息披露与交易相互交织的违法行为如何监管及追责，这是执法与司法中难以回避的问题。

（二）提高股份权益变动的报告、公告密度

新证券法在第63条第3款新增了投资者在持有或者通过协议、其他安排与他人共同持有一个上市公司已发行的有表决权股份达5%后，其有表决权股份

比例每变动1%，应当在变动发生的次日通知其所持股份的上市公司，并且要将其股份变动情况予以公告。这意味着投资者较之以往需要更为频繁、全面地对其权益变动情况予以报告、公告，但并未针对此种情况设置投资人禁止买卖股票敏感期的规定。

（三）明确违反报告、公告义务及在敏感期内交易的法律后果

新证券法第63条第4款规定，权益人违法买入上市公司有表决权的股份，如权益变动达到披露比例而未履行报告、公告义务继续增持，那么其在36个月内不得行使该股份对应的表决权。不过，由于证券法并未否定投资人增持行为的效力，因此投资者违规增持的那部分股票虽然在一定期限内无表决权，但投资者仍可以享有该部分股票对应的除表决权以外的其他法定股东权利，如分红权、出席股东大会权利、分配剩余财产权利等。

立法明确了权益变动者不履行报告、公告义务及在敏感期内交易的法律后果，有效弥补此前如康达尔股权争夺案、上海新梅案等案件中，投资者持股比例达到法定比例而继续买卖股票却没有惩罚措施的法律空白，对违法者构成强有力的威慑。但实践中如举牌人在未履行信息披露义务情况下超过5%的比例购买目标公司股票的交易行为是否有效、违规增持股票行为的定性、被收购公司是否可以请求将违规增持人的所得收益归入公司等问题，都有待立法的进一步明确。

（四）完善权益人报告、公告义务的内容

投资者因股份权益变动需要履行报告、公告义务时，除要在公告中列明持股人的名称与住所、持有的股票的名称与数额及持股达到法定比例或者持股增减变化达到法定比例的日期外，根据新证券法第64条的规定，还应列明增持股份的资金来源、在上市公司中拥有有表决权的股份变动的时间及方式。

（五）增加上市公司分立或合并前的报告、公告义务

上市公司的分立或合并往往会涉及上市公司债权债务变化、经营策略变化，对投资者的持股意愿产生较大影响。为了保障上市公司存续的稳定性、投资者的知情权与证券交易市场的安全性，新证券法第77条第2款规定，上市公司分立或者被其他公司合并，应当向国务院证券监督管理机构报告，并予公告。此处报告、公告义务的履行时间点应理解为在上市公司召开股东大会并决议通过公司分立或合并方案之后。

第二节　条款释义

第六十二条　投资者可以采取要约收购、协议收购及其他合法方式收购上市公司。

【条文主旨】

本条是关于上市公司收购可以采取的方式的规定。

【条文释义】

本条表明法律对上市公司收购的方式实行全面监管，收购上市公司必须以合法方式进行。

一、上市公司收购的概念、特征与分类

（一）上市公司收购的概念与特征

上市公司收购是指收购人通过取得一家上市公司已发行的有表决权股份的方式获得或巩固该公司控制权的行为。它具有如下主要特征：

1. 上市公司收购的目的是获得或巩固该公司的控制权。一般投资者购买上市公司股份的目的是赚取股票买卖的差价或者获得上市公司的股息、红利。上市公司收购虽然也可能同时带来上述收益，但收购人的主要目的却并非如此，而是取得或巩固对上市公司的控制地位，从而对上市公司的经营管理和发展方向产生决定性影响。这一特征使得上市公司收购与对上市公司的财务性投资区别开来。

2. 上市公司收购的对象是上市公司的股份，而不是上市公司的资产。上市公司的控制权与上市公司的股份密切相关。股东大会是上市公司的最高权力机构，决定上市公司的一切重大事项。在股东大会上的话语权大小是由该股东持有的该上市公司有表决权股份的多少决定的。这一特征使得上市公司收购与上市公司的资产重组和上市公司合并区别开来。

3. 上市公司收购是上市公司收购人与上市公司股东之间的股份转让行为。其中转让方是上市公司的现有股东，受让方即收购人可能原来已经是上市公司的股东，也可能在受让后成为上市公司股东。尽管法律允许上市公司在特定情形下回购本公司的股份，但该等股份不能享有表决权，所以，上市公司本身不能成为自己的收购人。

4. 上市公司收购不需要经过上市公司的其他股东和经营管理者的同意。收购人与出卖股份的股东之间的股份转让行为由他们双方自行决定，不需要取得其他股东和上市公司经营管理者的认可。也正因如此，上市公司收购经常引发收购与反收购之间的激烈争斗。

5. 上市公司收购对于上市公司及其股东和其他利益相关者会产生重大影响。收购人取得控制权之后，上市公司的重大经营决策、规章制度、机构人事安排和企业文化等均受到收购人的决定性影响，上市公司的发展方向和前景也在很大程度上受其左右。进而上市公司的股东和其他利益相关者，包括经营管理者和其他员工、客户、债权人等的利益都会受到重大影响。

6. 上市公司收购是受到法律特别监管的行为。所有的上市公司股份交易都是会受到监管的行为。但由于上市公司收购规模巨大、影响重大，特别是具有非常强烈的外部性，法律必须对其高度关注，并进行专门的严格监管。因此，各国证券法几乎无一例外地对上市公司收购规定了一整套的法律规则。

（二）上市公司收购的分类

根据不同的目的和标准可以对上市公司收购作出如下分类：

1. 友好收购和敌意收购。根据目标公司经营管理者对收购者是否合作的态度划分，上市公司收购可以分为友好收购和敌意收购。前者是指目标公司经营管理者对收购者的收购行为予以认可和配合，而后者是指公司经营管理者对收购者的收购行为不予认可和配合，甚至常常采取反收购措施来阻碍收购者完成收购。敌意收购不一定是恶意收购，对其评价关键看收购目的和完成收购后的行为，法律上一般对敌意收购秉持中立的态度，既不偏向收购者，也不偏向目标公司的经营管理者，法律规制的核心是做好信息披露，保护广大投资者和其他利益相关者的合法权益。我国第一宗敌意收购的案例是深圳宝安收购延中实业，最著名的案例是宝能系收购万科。

2. 直接收购和间接收购。根据是否直接购买上市公司股份划分，上市公司收购可以分为直接收购和间接收购。前者是指收购人采用直接购买上市公司股份，收购完成后以上市公司股东身份行使公司控制权的一种收购方式。后者是指收购人在形式上没有直接成为上市公司的控股股东，但通过投资关系、协议或者其他安排，控制了上市公司的控股股东或者控股股东的控股股东，从而间接获得对上市公司的控制权。例如2003年北京华商投资有限公司通过向三佳模具（600520）的控股股东三佳电子（集团）有限责任公司增资扩股取得三佳模具的控制权。

3. 横向收购、纵向收购和混合收购。根据收购人与被收购公司所属行业的相关性划分，上市公司收购可以分为横向收购、纵向收购和混合收购。横向收购是指收购人与被收购公司处于相同或相近行业的收购。纵向收购是指收购人与被收购公司所属行业在产业链上存在上下游关系的收购。混合收购是指收购人与被收购公司所属行业没有横向或纵向关联的收购，其目的多为获得多元化发展或者借壳上市。

4. 吸收型收购和控股型收购。根据被收购公司在收购完成后其法人地位是否存续划分，上市公司收购可以分为吸收型收购和控股型收购。前者是指在收购完成后收购公司被吸收合并，法人地位不再存续的收购。例如，2007年中国铝业（600472）先后收购山东铝业（600205）、兰州铝业（600296）和包头铝业（600472）。后者是指在收购完成后收购人获得被收购公司的控制权，被收购公司法人地位继续存续的收购，如2005年青岛海信空调有限公司收购科龙电气（000921. SZ，00921. HK）。

5. 要约收购、协议收购和其他方式收购。根据收购人采取的收购方式划分，上市公司收购可以分为要约收购、协议收购和其他方式收购。下文详细论述。

二、要约收购

要约收购是指公开向目标公司的全体股东发出收购要约，表明愿意以要约载明的条件购买目标公司全体股东所持有的全部或部分股份，以完成上市公司收购的一种收购方式。美国称“Tender Offer”，英国称“Takeover Bid”。世界上大部分国家或地区采取了强制性要约收购制度，包括欧盟和欧洲的绝大部分国家、亚洲的多数国家、南美洲的巴西和大洋洲的新西兰等。没有采取强制性要约收购的国家或地区主要有美国、加拿大、澳大利亚、荷兰、日本、韩国和我国台湾地区。在后一类，要约收购是自愿性的，由收购人自主决定。

强制性要约收购实质上是对证券市场交易自由的限制，其理论基础在于股东权平等待遇理论，规制目的是在公司控制权发生移转的情况下，为广大中小股东选择退出公司提供机会，并获得分享公司控制权溢价的权利，从而享受到平等的待遇，同时也可以通过这个门槛阻止一些质量不高的收购，保证上市公司收购的效率。然而，对于强制性要约收购制度实施的效果存在不同的评价。反对者认为它大大提高了上市公司收购的成本，不利于上市公司收购市场功能的发挥。而且，强制性全面要约收购在实践中很少发生，收购人要么知难而退，放弃收购，要么千方百计地绕道规避。广大中小股东获得平等待遇这一立法初衷基本没有得到实现。[①] 我国证券法在 2005 年修订前也是实行强制性全面要约收购，但未能实现立法的初衷，反而极大地阻碍了上市公司收购的发展。因此，在 2005 年修订时放弃了强制性全面要约收购制度，转而采取允许部分要约收购，既不同于英国的强制性全面要约收购，也不同于美国的自愿性要约收购，而是介乎二者之间，收购人不必进行全面收购，可以在达到要约收购触发点时进行部分收购，最低可以收购该上市公司已发行股份的 5% 即行停止，大大降低了收购的成本和难度，兼顾了保护中小股东利益和提高上市公司收购效率的双重需要，寻求两者之间的适度平衡。

法律对要约收购的规制一般是从收购主体、收购客体、收购触发条件、要约的价格和支付方式、要约的期限、要约的变更与撤销、要约的效力、受要约人的预受及其撤回、要约收购的豁免等方面着手的。

三、协议收购

协议收购是指收购人与目标公司持股比例较高的股东经过协商一致达成协议，在证券交易所集中竞价系统之外受让后者持有的目标公司有表决权股份，进而取得目标公司的控制权。与要约收购相比，协议收购具有如下特点：（1）对手方的特定性。向收购人转让股份的不是目标公司的全体股东，而只是持有目标公司较大比例股份的特定的某个或某些股东。（2）交易系在证券交易所集中竞价系统之外通过私下协商达成。（3）交易条件并非适用于目标公司的全体股东，而只是适用于该协议项下的当事人。（4）当协议收购达至要约收购的触发点时也必须进行强制性的要约收购。（5）协议收购更多体现了合同自由的市场化原则，成本较低，效率较高。

不过协议收购的透明度、规范性和公平性没有保障。我国证券法对协议收购的规制主要从信息披露、协议收购过渡期的行为限制和履行程序等方面进行。虽然证券法是把要约收购列于协议收购之前，但这只能说明在法律规制上要约收购位列于先，实践中大部分收购是以协议收购方式完成的。协议收购是上市公司收购的主要方式。

---

① 邱灼松：《强制要约收购制度批判研究——兼论我国收购制度模式的选择》，中国法制出版社 2013 年版，第 181 ~ 192 页。

四、其他合法方式

除了协议收购和要约收购之外，上市公司收购还存在其他的合法方式：(1) 二级市场举牌。即收购人在证券交易所集中竞价系统直接通过竞价方式购买目标公司股票。这种方式往往适用于目标公司控股股东持股比例不高，持股分布比较分散的情形。宝能系收购万科就属于这种情况。协议收购往往适用于目标公司控股股东持股比例较高，持股分布比较集中的情形。(2) 间接收购。即收购人虽然在形式上没有直接成为上市公司的股东，但通过投资关系、协议或者其他安排，控制了上市公司的控股股东或者控股股东的控股股东，从而间接获得对上市公司的控制权。《收购管理办法》设置第五章专章对间接收购进行规定。其第56条和第57条规定，上市公司实际控制人及受其支配的股东应当按照《收购管理办法》第二章的规定履行权益披露义务。(3) 国有股行政划转。(4) 执行生效的法院裁判文书或仲裁机构裁决书。(5) 因继承、赠与或离婚析产获得上市公司股份。(6) 定向增发股份。即上市公司向特定投资者增发股份，从而使得该特定投资者获得或巩固其对上市公司的控制权。《收购管理办法》第86条规定，投资者因行政划转、执行法院裁决、继承、赠与等方式取得上市公司控制权的，应当按照本办法第四章的规定履行报告、公告义务。第四章是关于协议收购的规定，由此观之，投资者因行政划转方式、执行法院裁决、继承、赠与等方式取得上市公司控制权的，应当按照协议收购的规定履行报告、公告义务。

【适用指引】

一、关于一致行动人

一致行动人的概念最早来自英国的《伦敦城市守则》(*London City Code*)，其将一致行动人定义为：根据正式或非正式的协议或默契，积极地进行合作，通过其中任何人取得目标公司股份以获得或巩固对目标公司的控制权。我国最早对一致行动人下定义的是2002年证监会发布的《上市公司股东持股变动信息披露管理办法》(已失效)。《收购管理办法》也对一致行动人作出了定义。在上市公司收购领域对一致行动人进行监管具有特别重要的意义。因为在实践中收购人为了规避法律规定的信息披露和要约收购等义务，往往通过非关联化的处理，表面上由不相关的多个收购主体出面分别购买上市公司有表决权的股份，每个主体购买股份都低于权益披露或要约收购等所要求的法定比例，从而达到在规避法定义务的同时，又神不知鬼不觉地实现了获得上市公司控制权的目的。

这种行为严重违背证券市场公开、公平、公正的基本原则，扰乱证券市场秩序，侵害广大投资者的合法权益，必须坚决予以防止和打击。

《收购管理办法》第83条采取定义加列举的方法对一致行动人进行了界定：本办法所称一致行动，是指投资者通过协议、其他安排，与其他投资者共同扩大其所能够支配的一个上市公司股份表决权数量的行为或者事实。在上市公司的收购及相关股份权益变动活动中有一致行动情形的投资者，互为一致行动人。

《收购管理办法》列举的属于一致行动人的情形包括：（1）投资者之间有股权控制关系；（2）投资者受同一主体控制；（3）投资者的董事、监事或者高级管理人员中的主要成员，同时在另一个投资者担任董事、监事或者高级管理人员；（4）投资者参股另一投资者，可以对参股公司的重大决策产生重大影响；（5）银行以外的其他法人、其他组织和自然人为投资者取得相关股份提供融资安排；（6）投资者之间存在合伙、合作、联营等其他经济利益关系；（7）持有投资者30%以上股份的自然人，与投资者持有同一上市公司股份；（8）在投资者任职的董事、监事及高级管理人员，与投资者持有同一上市公司股份；（9）持有投资者30%以上股份的自然人和在投资者任职的董事、监事及高级管理人员，其父母、配偶、子女及其配偶、配偶的父母、兄弟姐妹及其配偶、配偶的兄弟姐妹及其配偶等亲属，与投资者持有同一上市公司股份；（10）在上市公司任职的董事、监事、高级管理人员及其前项所述亲属同时持有本公司股份的，或者与其自己或者其前项所述亲属直接或者间接控制的企业同时持有本公司股份；（11）上市公司董事、监事、高级管理人员和员工与其所控制或者委托的法人或者其他组织持有本公司股份；（12）投资者之间具有其他关联关系。如果存在上述情形，只要没有相反证据，有关投资者就应当被推定为一致行动人。投资者认为其与他人不应被视为一致行动人的，应当提供相反证据加以证明。

投资者被认定为一致行动人的法律后果是，一致行动人应当合并计算其所持有的股份。投资者计算其所持有的股份，应当包括登记在其名下的股份，也包括登记在其一致行动人名下的股份。

二、关于收购人的资格限制

上市公司收购事关重大，为了防范上市公司收购活动中出现收购人不具备相应实力、不诚信、恶意收购、损害其他投资者利益、扰乱证券市场等情形，《收购管理办法》对收购人进行了必要的资格限制，即规定存在下列情形之一的，不得收购上市公司：

（一）收购人负有数额较大债务，到期未清偿，且处于持续状态

这主要是排除没有相应的经济实力的收购人，从而保证收购的顺利完成以及上市公司将有一个具备经济实力的控制人。

（二）收购人最近3年有重大违法行为或者涉嫌有重大违法行为

这是要求收购人在守法方面没有大的污点。重大违法行为是指违反国家法律、行政法规，且受到行政处罚、情节严重的行为。对于重大违法行为目前的审核尺度是：原则上，凡被相关行政机关给予罚款以上行政处罚的行为，都视为重大违法行为。但行政处罚的实施机关依法认定该行为不属于重大违法行为，并能够依法作出合理说明的除外。行政处罚主要是指财政、税务、审计、海关、工商等部门实施的，涉及公司经营活动的行政处罚决定。被其他有权部门实施行政处罚的行为，涉及明显有违诚信，对公司有重大影响的，也属于重大违法行为。近3年重大违法行为的起算时点，法律、行政法规或规章有规定的从其规定；无规定的，从行为发生之日起计算；行为有连续或继续状态的，从行为终了之日起算。对行政处罚决定不服正在行政复议或提起行政诉讼的，在行政复议决定或法院判决尚未作出前，原则上不影响依据该处罚决定对违法行为是否构成重大违法性质的判定，但可依申请暂缓作出决定。因犯有贪污、贿赂、侵占财产、挪用财产罪或者破坏社会主义市场经济秩序罪，被判处刑罚，刑罚执行期满未逾3年的，应视为近3年有重大违法行为。

（三）收购人最近3年有严重的证券市场失信行为

达到被证券交易所公开谴责以上程度的失信行为一般被认为构成严重的证券市场失信行为。

（四）收购人为自然人的，存在公司法第146条规定情形

公司法第146条规定的情形包括：（1）无民事行为能力或者限制民事行为能力；（2）因贪污、贿赂、侵占财产、挪用财产或者破坏社会主义市场经济秩序，被判处刑罚，执行期满未逾5年，或者因犯罪被剥夺政治权利，执行期满未逾5年；（3）担任破产清算的公司、企业的董事或者厂长、经理，对该公司、企业的破产负有个人责任的，自该公司、企业破产清算完结之日起未逾3年；（4）担任因违法被吊销营业执照、责令关闭的公司、企业的法定代表人，并负有个人责任的，自该公司、企业被吊销营业执照之日起未逾3年；（5）个人所负数额较大的债务到期未清偿。

（五）法律、行政法规规定以及中国证监会认定的不得收购上市公司的其他情形

这是一个兜底条款，为的是把未能列举在此的情形通过法律、行政法规规定以及中国证监会认定的途径纳入进来，避免留下法律漏洞。

此外，《收购管理办法》第50条规定，收购人公告上市公司收购报告书时应当提交一些备查文件，也反映了对收购人的资格要求。这些备查文件包括：(1) 中国公民的身份证明，或者在中国境内登记注册的法人、其他组织的证明文件；(2) 基于收购人的实力和从业经验对上市公司后续发展计划可行性的说明，收购人拟修改公司章程、改选公司董事会、改变或者调整公司主营业务的，还应当补充其具备规范运作上市公司的管理能力的说明；(3) 收购人及其关联方与被收购公司存在同业竞争、关联交易的，应提供避免同业竞争等利益冲突、保持被收购公司经营独立性的说明；(4) 收购人为法人或者其他组织的，其控股股东、实际控制人最近2年未变更的说明；(5) 收购人及其控股股东或实际控制人的核心企业和核心业务、关联企业及主营业务的说明；收购人或其实际控制人为两个或两个以上的上市公司控股股东或实际控制人的，还应当提供其持股5%以上的上市公司以及银行、信托公司、证券公司、保险公司等其他金融机构的情况说明；(6) 财务顾问关于收购人最近3年的诚信记录、收购资金来源合法性、收购人具备履行相关承诺的能力以及相关信息披露内容真实性、准确性、完整性的核查意见；收购人成立未满3年的，财务顾问还应当提供其控股股东或者实际控制人最近3年诚信记录的核查意见。境外法人或者境外其他组织进行上市公司收购的，除应当提交前述第2项至第6项规定的文件外，还应当提交以下文件：(1) 财务顾问出具的收购人符合对上市公司进行战略投资的条件、具有收购上市公司的能力的核查意见；(2) 收购人接受中国司法、仲裁管辖的声明。

第六十三条 通过证券交易所的证券交易，投资者持有或者通过协议、其他安排与他人共同持有一个上市公司已发行的有表决权股份达到百分之五时，应当在该事实发生之日起三日内，向国务院证券监督管理机构、证券交易所作出书面报告，通知该上市公司，并予公告，在上述期限内不得再行买卖该上市公司的股票，但国务院证券监督管理机构规定的情形除外。

> 投资者持有或者通过协议、其他安排与他人共同持有一个上市公司已发行的有表决权股份达到百分之五后，其所持该上市公司已发行的有表决权股份比例每增加或者减少百分之五，应当依照前款规定进行报告和公告，在该事实发生之日起至公告后三日内，不得再行买卖该上市公司的股票，但国务院证券监督管理机构规定的情形除外。
>
> 投资者持有或者通过协议、其他安排与他人共同持有一个上市公司已发行的有表决权股份达到百分之五后，其所持该上市公司已发行的有表决权股份比例每增加或者减少百分之一，应当在该事实发生的次日通知该上市公司，并予公告。
>
> 违反第一款、第二款规定买入上市公司有表决权的股份的，在买入后的三十六个月内，对该超过规定比例部分的股份不得行使表决权。

【条文主旨】

本条是关于上市公司收购者的权益披露义务的规定。

【条文释义】

一、上市公司收购人负有的初次披露义务

上市公司收购涉及上市公司股权结构的转变和控制权的变更，事关重大，影响广泛，所以，必须进行披露。这种披露，又可称之为大宗持股披露，包括三个方面：第一，向监管机构，即证监会和证券交易所报告；第二，通知上市公司；第三，发布公告，通知上市公司的广大投资者和其他利益相关者。

对初次披露义务应当把握如下要点：

1. 初次披露义务的触发点是投资者持有或者通过协议、其他安排与他人共同持有一个上市公司已发行的有表决权股份达到5%。(1) 显然，投资者及其一致行动人持有的股份是合并计算的。(2) 上述持有的股份必须是通过证券交易所的证券交易取得的。如果是投资者及其一致行动人在上市前就持有的股份，则不需要再次披露，因为已经在上市文件中披露过了。(3) 这里的股份特指已

经发行的有表决权的股份。正在发行中的和准备将来发行的股份都不在计算范围之内。而且，上述股份必须是有表决权的股份，投资者及其一致行动人取得的没有表决权的股份也不在考虑范围之内。没有表决权的股份主要包括优先股、放弃表决权的股份、已经委托他人行使表决权的股份以及在法律上不得行使表决权的股份等。(4) 持有一个上市公司已发行的有表决权股份达到5%，应当是指投资者及其一致行动人共同持有的已发行的有表决权股份占该上市公司全部已发行的有表决权股份总数的百分比为5%。(5) 证监会上市公司监管部在《上市公司监管法律法规常见问题与解答修订汇编》(以下简称《解答》)中表示，根据原证券法第86条(新证券法第63条)规定，如通过证券交易所的证券交易，投资者及其一致行动人拥有权益的股份降至5%以下时，即使“变动数量”未达到上市公司已发行股份的5%(如从5.5%降至4%)，也应当披露权益变动报告书、履行相关限售义务。但上市公司披露的上市公告书中已包含权益变动信息的，可不再单独披露权益变动报告书。由此可见，5%是必须履行披露义务的时点，无论是增是减，只要是经过5%这个刻度点，都必须履行披露义务和遵守暂停再行买卖该上市公司股票的法律规定。

2. 初次披露义务的主体是通过证券交易所的证券交易与其一致行动人共同持有一个上市公司已发行的有表决权股份达到5%的投资者。无论在此时该投资者是否有收购上市公司的意图，其都要履行初次披露义务。所以，更准确地说，达到5%即应当披露这个制度实质是大宗持股的信息披露制度，未必一定涉及上市公司收购。换言之，它是上市公司收购信息披露制度的延伸，目的是确保对上市公司收购进行法律规制的有效性。此外，因为一致行动人具有相互性，所以构成一致行动人的各有关投资者均负有初次披露义务。《收购管理办法》第22条规定，上市公司的收购及相关股份权益变动活动中的信息披露义务人采取一致行动的，可以以书面形式约定由其中一人作为指定代表负责统一编制信息披露文件，并同意授权指定代表在信息披露文件上签字、盖章。各信息披露义务人应当对信息披露文件中涉及其自身的信息承担责任；对信息披露文件中涉及的与多个信息披露义务人相关的信息，各信息披露义务人对相关部分承担连带责任。

3. 初次披露义务的履行时间是在通过证券交易所的证券交易，投资者及其一致行动人共同持有一个上市公司已发行的有表决权股份达到5%这一事实发生之日起3日内，履行的方式是向证监会和证券交易所作出书面报告，通知上市公司，并向社会公众发布公告。本条中所称“日内”系指交易日，而不是自然日。前述《解答》中对“事实发生之日”作了如下解释：（1）协议收购的，在达成收购协议之日起3日内，其中共同出资设立新公司的，在达成出资协议之日起3日内；（2）以协议等方式一致行动的，在达成一致行动协议或者其他安排之日起3日内；（3）行政划转的，在获得上市公司所在地国资部门批准之日起3日内；（4）司法裁决的，在收到法院就公开拍卖结果裁定之日起3日内；（5）继承、赠与的，在法律事实发生之日起3日内；（6）认购上市公司发行新股的，在上市公司董事会作出向收购人发行新股的具体发行方案的决议之日起3日内。

4. 在初次披露义务履行期间，即投资者及其一致行动人共同持有一个上市公司已发行的有表决权股份达到5%这一事实发生之日起3日内，上述投资者不得再行买卖该上市公司的股票。这一点体现了上市公司收购过程中的慢走规则，主要目的是控制收购人交易股份的节奏，防止其操纵市场，并能给市场特别是广大中小股东一个反应期、缓冲期，以便中小股东有适当时间接受和消化信息，慎重作出投资决策，使其利益得到较好的保护。

5. 证券法授权证监会作出规定，在某些规定的情况下，投资者及其一致行动人共同持有一个上市公司已发行的有表决权股份达到5%时，可以免于履行上述披露义务，也不受上述不得再行买卖该上市公司的股票的限制。目前已经有规定的是《收购管理办法》第19条：因上市公司减少股本导致投资者及其一致行动人拥有权益的股份变动出现投资者及其一致行动人共同持有一个上市公司已发行的有表决权股份达到5%的情形的，投资者及其一致行动人免于履行报告和公告义务。

二、上市公司收购人负有的股份增减变化的披露义务

上市公司收购人对股份增减变化的披露义务是慢走规则的充分体现。它又分为两种披露义务，一个是增减变化达到5%的披露义务，另一个是增减变化达到1%的披露义务。

（一）增减变化达到5%的披露义务

投资者持有或者通过协议、其他安排与他人共同持有一个上市公司已发行的有表决权股份达到5%后，其所持该上市公司已发行的有表决权股份比例每增加或者减少5%，应当依照第1款规定进行报告和公告，在该事实发生之日起至公告后3日内，不得再行买卖该上市公司的股票，但国务院证券监督管理机构规定的情形除外。

理解上述规定应当准确把握以下两点：（1）股份增减变化的披露义务的基

点。该基点是投资者及其一致行动人共同持有一个上市公司已发行的有表决权股份达到5%。无论是在上市之前就已达到该基点，还是在上市之后通过证券交易达到该基点，均作为增减变化达到5%的披露义务的基点。假如一个投资者在上市前已经持有一家上市公司的6%的已发行的有表决权股份，则在后续交易中当其持有的已发行的有表决权股份≤1%或者≥11%（不一定是5%的整数倍），其就应当按照第63条第1款规定履行披露义务。（2）不得再行买卖该上市公司的股票的期限。虽然与初次披露义务相同，但不得再行买卖该上市公司的股票的期限却明显不同。前者的期限是投资者及其一致行动人共同持有一个上市公司已发行的有表决权股份达到5%这一事实发生之日起3日内，而后者的期限则要更长，是在该事实发生之日起至公告后3日内，也就是说后者比前者的期限加了公告后3日。原证券法对此规定的是2日，新证券法将其延长1日，修改为3日，体现了对收购人的收购节奏控制的加强。除上述差异外，增减变化达到5%的披露义务与初次披露义务的规定完全相同。

（二）增减变化达到1%的披露义务

这是新证券法增加的一项义务，即投资者及其一致行动人共同持有一个上市公司已发行的有表决权股份达到5%后，其所持该上市公司已发行的有表决权股份比例每增加或者减少1%，应当在该事实发生的次日通知该上市公司，并予公告。这项义务与增减变化达到5%的披露义务相比具有如下异同：（1）股份增减变化达到1%的披露义务的基点与股份增减变化达到5%的披露义务的基点是相同的，即投资者及其一致行动人共同持有一个上市公司已发行的有表决权股份达到5%。（2）履行披露义务的时间要求不同。前者的时间要求是在该事实发生的次日，而后者的时间要求是在该事实发生之日起3日内。（3）披露义务的构成不同。前者是通知该上市公司，并予公告，没有要求向证监会、证券交易所作出书面报告，而后者既要求通知该上市公司，并予公告，也要求向证监会、证券交易所作出书面报告。（4）有无限制再行买卖该上市公司股票不同。前者对再行买卖该上市公司的股票没有限制，收购人可以继续买卖该上市公司股票，直到股份增减变化达到5%，而后者在该事实发生之日起至公告后3日内，不得再行买卖该上市公司的股票，但国务院证券监督管理机构规定的情形除外。这一点后者与初次披露义务的有关规定是一致的，而且对违反上述规定买入上市公司有表决权的股份的处理方式二者也是一致的，即在买入后的36个月内，对该超过规定比例部分的股份不得行使表决权。这个在买入后的36个月内，对该超过规定比例部分的股份不得行使表决权的规定也是新证券法增加的。原证券法没有这方面规定，《收购管理办法》的相关规定是：上市公司的收购及相关股份权益变动活动中的信息披露义务人，未按照本办法的规定履行报告、公告以及其他相关义务的，中国证监会责令改正，采取监管谈话、出具警示函、责令暂停或者停止收购等监管措施。在改正前，相关信息披露义务人不得对其持有或者实际支配的股份行使表决权。由于上述“在改正前”的含义模糊，实践中争议很大。例如，在康达尔控制权争夺一案中，京基集团与康达尔第一大股东深圳华超所控制的康达尔董事会之间就京基集团违规增持股份是否可以行使表决权发生激烈的争议。所以，新证券法作了上述新的规定。这一新的规定，不仅明确具体，便于操作，而且将不得行使表决权的时间规定为买入后的 36 个月，并将不得行使表决权的股份的范围限定为超过规定比例部分的股份，这就彻底粉碎了收购人利用违规收购造成控制上市公司的既成事实的非法企图，可谓打蛇打到了七寸。而且不得行使表决权的措施不殃及合法收购的那部分股份，可谓是法律精准规制的典范，广受好评。

【适用指引】

一、权益比例的计算

在对上市公司收购的法律规制中，对投资者及其一致行动人合计拥有的上市公司的权益比例及其变动的计算是一个非常关键的因素。那么，这个权益比例应当如何计算呢？举例来说，持有一个上市公司已发行的有表决权股份达到 5%，应当是指投资者及其一致行动人共同持有的已发行的有表决权股份占该上市公司全部已发行的有表决权股份总数的百分比为 5%。也就是说，这个百分比的计算，分子和分母都应当是有表决权的股份。因此，上市公司因回购持有的本公司股份、优先股、放弃表决权股份和不得行使表决权的股份均既不能作分子，也不能作分母。科创板特别表决权类别股份是既可以计入分子计算，也可以计入分母计算，而且应当是按照不同类别股份拥有的不同表决权数进行计算。对于将表决权委托其他股东行使的股份，则该股份视为无表决权处理，该股份的表决权计入该受托股东持有股份的表决权进行计算。

投资者在一个上市公司中拥有的权益，包括登记在其名下的股份和虽未登记在其名下但该投资者可以实际支配表决权的股份。投资者及其一致行动人在一个上市公司中拥有的权益应当合并计算。投资者计算其所持有的股份，应当包括登记在其名下的股份，也包括登记在其一致行动人名下的股份。

信息披露义务人涉及计算其拥有权益比例的，应当将其所持有的上市公司已发行的可转换为公司股票的证券中有权转换部分与其所持有的同一上市公司的股份合并计算，并将其持股比例与合并计算非股权类证券转为股份后的比例相比，以二者中的较高者为准；行权期限届满未行权的，或者行权条件不再具备的，无需合并计算。

前段所述二者中的较高者，应当按下列公式计算：

1. 投资者持有的股份数量 ÷ 上市公司已发行股份总数；

2. （投资者持有的股份数量 + 投资者持有的可转换为公司股票的非股权类证券所对应的股份数量） ÷ （上市公司已发行股份总数 + 上市公司发行的可转换为公司股票的非股权类证券所对应的股份总数）。

前述所称“投资者持有的股份数量”包括投资者拥有的普通股数量和优先股恢复的表决权数量，“上市公司已发行股份总数”包括上市公司已发行的普通股总数和优先股恢复的表决权总数。

二、权益披露的特别情形

（一）可以简化权益披露的情形

已披露权益变动报告书的投资者及其一致行动人在披露之日起6个月内，因拥有权益的股份变动需要再次报告、公告权益变动报告书的，可以仅就与前次报告书不同的部分作出报告、公告；自前次披露之日起超过6个月的，投资者及其一致行动人应当根据《收购管理办法》的规定编制权益变动报告书，履行报告、公告义务。

因上市公司减少股本导致投资者及其一致行动人拥有权益的股份变动出现投资者及其一致行动人在一个上市公司中拥有权益的股份拟达到或者超过一个上市公司已发行股份的5%时，投资者及其一致行动人免于履行报告和公告义务。上市公司应当自完成减少股本的变更登记之日起2个工作日内，就因此导致的公司股东拥有权益的股份变动情况作出公告；因公司减少股本可能导致投资者及其一致行动人成为公司第一大股东或者实际控制人的，该投资者及其一致行动人应当自公司董事会公告有关减少公司股本决议之日起3个工作日内，编制详式权益变动报告书，并履行报告、公告义务。

（二）市场出现敏感信息传播或者交易异常的情形

上市公司的收购及相关股份权益变动活动中的信息披露义务人依法披露前，相关信息已在媒体上传播或者公司股票交易出现异常的，上市公司应当立即向当事人进行查询，当事人应当及时予以书面答复，上市公司应当及时作出公告。

（三）通过其他合法方式持股达到权益披露的情形

投资者及其一致行动人通过行政划转或者变更、执行法院裁决、继承、赠与等方式拥有权益的股份拟达到或者超过一个上市公司已发行股份的5%时，应当在该事实发生之日起3日内编制权益变动报告书，向证监会、证券交易所提交书面报告，通知该上市公司，并予公告。前述投资者及其一致行动人拥有权益的股份达到一个上市公司已发行股份的5%后，其拥有权益的股份占该上市公司已发行股份的比例每增加或者减少达到或者超过5%的，应当依照前述规定履行报告、公告义务。前述投资者及其一致行动人在作出报告、公告前，不得再行买卖该上市公司的股票。

第六十四条　依照前条规定所作的公告，应当包括下列内容：

（一）持股人的名称、住所；

（二）持有的股票的名称、数额；

（三）持股达到法定比例或者持股增减变化达到法定比例的日期、增持股份的资金来源；

（四）在上市公司中拥有有表决权的股份变动的时间及方式。

【条文主旨】

本条是关于上市公司收购人信息披露法定内容的规定。

【条文释义】

为了保证对上市公司收购人的收购行为有及时、全面、准确的了解以及对之进行有效的监管，证券法不仅规定了收购人的披露义务，而且对其披露的内容和格式都作了具体、明确的要求。新证券法总结实践经验，在原有规定基础上增加规定收购人应当披露增持股份的资金来源以及在上市公司中拥有有表决权的股份变动的时间及方式。下文分述之。

一、新证券法与原证券法规定相一致的内容

新证券法仅规定了公告的法定内容，而删除了原证券法对书面报告的内容要求，尽管根据新证券法第63条规定，向证监会和证券交易所作出书面报告仍然属于法律规定义务。这从一个层面凸显了新证券法对信息披露的公告内容的特别关注。

（一）持股人的名称、住所

这里用持股人而不用收购人的概念，是因为根据第63条规定负有披露义务的主体可能并无收购上市公司的目的，而只是大宗持股人，如此措辞体现法律条文的严谨性。不过，鉴于本章内容主要是探讨上市公司收购的法律问题，着眼于上市公司收购，所以，对于大宗持股人和收购人不作严格区分，统称收购人。公开收购人的名称和住所，也就是公开收购人的身份，便于监管机构对其行为进行监管、上市公司及时跟踪、广大投资者及时作出投资判断和决策。

（二）持有股票的名称、数额

持有股票的名称是信息披露的核心内容，缺乏这个要素的信息披露将毫无意义。公布持股数额，可以帮助市场各方面主体了解收购人的持股规模，进而判断收购人的实力、意图、动向以及接下来的程序进展情况。

（三）持股达到法定比例或者持股增减变化达到法定比例的日期

该日期与收购人进行信息披露密切相关，也与限制收购人在一定期限内继续买卖该上市公司股票密切相关，所以是必须披露的重要内容。

二、新证券法增加规定的内容

（一）增持股份的资金来源

上市公司收购往往需要动用大量资金，是否具有资金实力以及资金来源是否合法就成为非常重要的因素，也是监管机构进行监管的重点。在宝能系收购万科一案中，宝能系短期内汇集了大量资金展开对万科的强行收购，监管机构和证券市场各方主体都非常关注宝能系的资金来源问题，但当时的证券法并未要求收购人公告其资金来源。为弥补这个漏洞，新证券法增加了这个披露内容的要求。

（二）在上市公司中拥有有表决权的股份变动的时间及方式

这其实就是要求收购人披露其收购的前后经过和来龙去脉，从而让监管机构和证券市场其他主体都能有一个清楚的了解，并据此作出相应的判断。特别是收购人常常不是仅以其个人名义在证券市场直接进行收购，反而往往通过一致行动人并加以变化多端的种种手法来实现。如果不是其自行披露，外人实在难以识得其庐山真面目，就算要进行彻底调查，也是成本高昂。所以，法律上必须强制性要求收购人自行披露。

【适用指引】

上市公司收购人履行信息披露义务是通过权益变动报告书的形式进行的。

分为简式权益变动报告书和详式权益变动报告书。

一、简式权益变动报告书

投资者及其一致行动人不是上市公司的第一大股东或者实际控制人，其拥有权益的股份达到或者超过该公司已发行股份的 5%，但未达到 20% 的，应当编制简式权益变动报告书。内容包括：（1）投资者及其一致行动人的姓名、住所；投资者及其一致行动人为法人的，其名称、注册地及法定代表人；（2）持股目的，是否有意在未来 12 个月内继续增加其在上市公司中拥有的权益；（3）上市公司的名称及股票的种类、数量、比例；（4）在上市公司中拥有权益的股份达到或者超过上市公司已发行股份的 5% 或者拥有权益的股份增减变化达到 5% 的时间及方式、增持股份的资金来源；（5）在上市公司中拥有权益的股份变动的时间及方式；（6）权益变动事实发生之日前 6 个月内通过证券交易所的证券交易买卖该公司股票的简要情况；（7）中国证监会、证券交易所要求披露的其他内容。

二、详式权益变动报告书

在以下两种情形下应当编制详式权益变动报告书：（1）投资者及其一致行动人为上市公司第一大股东或者实际控制人，其拥有权益的股份达到或者超过一个上市公司已发行股份的 5%，但未达到 20%；（2）投资者及其一致行动人拥有权益的股份达到或者超过一个上市公司已发行股份的 20% 但未超过 30%。超过 30% 就应当启动要约收购了，下文中将详述之。

详式权益变动报告书的内容，除了简式权益变动报告书的内容之外，还应当包括以下内容：（1）投资者及其一致行动人的控股股东、实际控制人及其股权控制关系结构图；（2）取得相关股份的价格、所需资金额，或者其他支付安排；（3）投资者、一致行动人及其控股股东、实际控制人所从事的业务与上市公司的业务是否存在同业竞争或者潜在的同业竞争，是否存在持续关联交易；存在同业竞争或者持续关联交易的，是否已作出相应的安排，确保投资者、一致行动人及其关联方与上市公司之间避免同业竞争以及保持上市公司的独立性；（4）未来 12 个月内对上市公司资产、业务、人员、组织结构、公司章程等进行调整的后续计划；（5）前 24 个月内投资者及其一致行动人与上市公司之间的重大交易；（6）不存在《收购管理办法》第 6 条规定的不得收购上市公司的情形；（7）能够按照《收购管理办法》第 50 条的规定提供相关备查文件。因为这时已经取得或接近取得上市公司的控制权，所以法律上要求披露的内容更加详尽。

投资者及其一致行动人拥有权益的股份达到或者超过一个上市公司已发行股份的20%但未超过30%，且投资者及其一致行动人为上市公司第一大股东或者实际控制人的，还应当聘请财务顾问对上述权益变动报告书所披露的内容出具核查意见，但国有股行政划转或者变更、股份转让在同一实际控制人控制的不同主体之间进行、因继承取得股份的除外。投资者及其一致行动人承诺至少3年放弃行使相关股份表决权的，可免于聘请财务顾问和提供《收购管理办法》第50条规定的备查文件。之所以在但书中列举的若干情形下豁免聘请财务顾问和提供备查文件，是考虑到在控制权变动不大的情况下减轻相关投资者的负担和成本，提高资本流动的效率。

第六十五条 通过证券交易所的证券交易，投资者持有或者通过协议、其他安排与他人共同持有一个上市公司已发行的有表决权股份达到百分之三十时，继续进行收购的，应当依法向该上市公司所有股东发出收购上市公司全部或者部分股份的要约。

收购上市公司部分股份的要约应当约定，被收购公司股东承诺出售的股份数额超过预定收购的股份数额的，收购人按比例进行收购。

【条文主旨】

本条是关于触发要约收购义务的规定。

【条文释义】

一、要约收购义务的触发点

如前所述，我国是采取强制性要约收购制度的，但做了较大的变通，即不要求强制性全面要约收购，而只要求强制性部分要约收购，其预定收购的股份比例不得低于该上市公司已发行股份的5%。这样就在没有完全放弃兼顾目标公司广大投资者利益的前提下，大大减轻了上市公司收购的负担，便利上市公司收购的市场功能的发挥。上市公司收购包括对目标公司控制权的取得和巩固两种情况，其要约收购义务的触发点存在差异，下文分别论述。

（一）收购人取得目标公司控制权时要约收购义务的触发点

要约收购义务的发生起源于收购人已经持有目标公司有表决权股份达到了

特定的比例，该比例代表着该收购人取得目标公司控制权的持股量水平。在界定作为要约收购义务触发点的持股量水平时，应当考虑两个最关键的因素：（1）收购人持股量已使其取得目标公司的控制权；（2）如果这时不要求收购人发起要约收购将导致目标公司的广大投资者利益受损。① 实质上触发点的确定就是在便利上市公司收购和保护投资者利益之间寻求最佳平衡。各国一般都是基于本国的证券市场结构、上市公司股权发布的一般状况、上市公司收购的实际情况、本国监管政策方面的侧重点等来确定触发点。较低的是≥25%，如匈牙利、斯洛文尼亚和泰国。多数是≥30%，如英国、德国、新加坡、意大利等。个别国家规定的比例更高一些，如马来西亚≥33%，希腊50%。② 也有少数国家对触发点不是采取规定比例方式，而是规定一个定性标准，再由主管部门根据个案实际情况进行确定。例如比利时规定要约收购义务在满足以下两个条件时触发：（1）收购人获得控制权；（2）收购人为获得控制权而支付的收购价格高于市场价。③ 我国是采取达到30%，并要继续进行收购这一标准，实践情况表明是合适的。需要注意的是，仅达到30%并未触发要约收购义务，除此之外，还需要另外一个条件，即继续进行收购。

（二）收购人巩固目标公司控制权时要约收购义务的触发点

在一个上市公司中拥有权益的股份达到或者超过该公司已发行股份的30%的，自上述事实发生之日起1年后，每12个月内增持不超过该公司已发行的2%的股份，则投资者可以免于发起要约收购。但如果增持股份超过2%，则需要再次发起要约收购。这在我国证券市场上称为“爬行规则”。换言之，在收购人已经取得目标公司控制权时，则自上述事实发生之日起1年后，如果其为巩固控制权而继续增持，则每12个月内增持超过2%即触发要约收购义务。法律上之所以允许已经取得公司控制权的投资者在每12个月内增持不超过2%的股份可以免于发起要约收购，是为了有利于公司控制权的稳定，促进已经取得控制权的投资者加大对公司的投入。但鉴于收购人毕竟是仅取得相对控制权，而不是绝对控制权，所以，从保护其他投资者利益角度考虑，也需要施加一定

---

① 王建文：《强制要约收购：制度的发展、评价与适用——基于经济法的视角》，载《当代经济法研究》2005年第3期。

② 邱灼松：《强制要约收购制度批判研究——兼论我国收购制度模式的选择》，中国法制出版社2013年版，第89页。

③ 邱灼松：《强制要约收购制度批判研究——兼论我国收购制度模式的选择》，中国法制出版社2013年版，第89页。

比例的限制。

在这里需要注意，30%这个点在实践中有着特别的实用价值，即它不会触发要约收购义务，又可以享受上述爬行规则，不失为绕过要约收购义务的一个途径。实践中，许多收购人担心触发要约收购义务，往往不敢收购到30%，而是到29.99%就停止，这样就丧失了享受"爬行规则"利益的机会。

此外，在达到强制性要约收购的触发点之前，收购人可以自愿采取要约收购方式进行收购。但达到强制性要约收购的触发点之后，原来的自愿性要约收购应当转变成强制性要约收购。自愿性要约收购与强制性要约收购一样都应当遵守关于要约收购的法律规则。

二、目标公司全体股东平等原则

保护目标公司股东的合法权益是上市公司收购法律规制的一个基点。在要约收购法律规则中始终贯穿着目标公司全体股东平等原则。

（一）同等对待所有股东原则

以要约方式进行上市公司收购的，收购人应当公平对待被收购公司的所有股东。收购要约提出的各项收购条件，适用于被收购公司的所有股东。持有同一种类股份的股东应当得到同等对待。换言之，要约收购的要约必须是同时向目标公司的所有股东发出，所有股东均有平等的机会来选择是否接受要约，而且，要约的条件对所有股东都是同等的，不能厚此薄彼、有所区别。

（二）按比例收购股份原则

在收购人发出部分收购要约的情况下就应当适用这一原则。当收购期限届满，发出部分要约的收购人应当按照收购要约约定的条件购买被收购公司股东预受的股份，如果预受要约股份的数量超过预定收购数量，收购人应当按照同等比例收购预受要约的股份。这里没有时间优先、价格优先的问题，这样就可以避免造成目标公司股东之间的竞争，有利于保护目标公司股东的利益。

（三）最优价格原则

《收购管理办法》第35条第1款规定，收购人按照本办法规定进行要约收购的，对同一种类股票的要约价格，不得低于要约收购提示性公告日前6个月内收购人取得该种股票所支付的最高价格。该条款规定的目的在于保证上市公司收购过程中股票交易价格的客观公正，防止收购人为降低收购成本而操纵股价，保护目标公司广大股东出卖股份的正当权益。第35条第2款进一步规定，如果要约价格低于提示性公告日前30个交易日该种股票的每日加权平均价格的算术平均值的，收购人聘请的财务顾问应当就该种股票前6个月的交易情况进行分析，说明是否存在股价被操纵、收购人是否有未披露的一致行动人、收购人前6个月取得公司股份是否存在其他支付安排以及要约价格的合理性等。上市公司董事会或者独立董事聘请的独立财务顾问应当根据委托进行尽职调查，对本次收购的公正性和合法性发表专业意见。涉及要约收购的，分析被收购公司的财务状况，说明收购价格是否充分反映被收购公司价值，收购要约是否公平、合理，对被收购公司社会公众股股东接受要约提出建议。采取要约收购方式的，收购人作出公告后至收购期限届满前，不得卖出被收购公司的股票，也不得采取要约规定以外的形式和超出要约的条件买入被收购公司的股票。收购人如果要变更收购要约，不得降低收购价格。

【适用指引】

一、要约收购的主要流程

（一）制作要约收购报告书

要约收购报告书应当载明下列事项：（1）收购人的姓名、住所，收购人为法人的，其名称、注册地及法定代表人，与其控股股东、实际控制人之间的股权控制关系结构图；（2）收购人关于收购的决定及收购目的，是否拟在未来12个月内继续增持；（3）上市公司的名称、收购股份的种类；（4）预定收购股份的数量和比例；（5）收购价格；（6）收购所需资金额、资金来源及资金保证，或者其他支付安排；（7）收购要约约定的条件；（8）收购期限；（9）公告收购报告书时持有被收购公司的股份数量、比例；（10）本次收购对上市公司的影响分析，包括收购人及其关联方所从事的业务与上市公司的业务是否存在同业竞争或者潜在的同业竞争，是否存在持续关联交易；存在同业竞争或者持续关联交易的，收购人是否已作出相应的安排，确保收购人及其关联方与上市公司之间避免同业竞争以及保持上市公司的独立性；（11）未来12个月内对上市公司资产、业务、人员、组织结构、公司章程等进行调整的后续计划；（12）前24个月内收购人及其关联方与上市公司之间的重大交易；（13）前6个月内通过证券交易所的证券交易买卖被收购公司股票的情况；（14）中国证监会要求披露的其他内容。

（二）作出提示性公告

聘请财务顾问，通知被收购公司，同时对要约收购报告书摘要作出提示性公告。收购人自作出要约收购提示性公告起60日内，未公告要约收购报告书的，收购人应当在期满后次1个工作日通知被收购公司，并予公告；此后每30

日应当公告一次，直至公告要约收购报告书。收购人作出要约收购提示性公告后，在公告要约收购报告书之前，拟自行取消收购计划的，应当公告原因；自公告之日起 12 个月内，该收购人不得再次对同一上市公司进行收购。

（三）被收购公司董事会尽职调查

被收购公司董事会应当对收购人的主体资格、资信情况及收购意图进行调查，对要约条件进行分析，对股东是否接受要约提出建议，并聘请独立财务顾问提出专业意见。在收购人公告要约收购报告书后 20 日内，被收购公司董事会应当公告被收购公司董事会报告书与独立财务顾问的专业意见。收购人对收购要约条件作出重大变更的，被收购公司董事会应当在 3 个工作日内公告董事会及独立财务顾问就要约条件的变更情况所出具的补充意见。

收购人作出提示性公告后至要约收购完成前，被收购公司除继续从事正常的经营活动或者执行股东大会已经作出的决议外，未经股东大会批准，被收购公司董事会不得通过处置公司资产、对外投资、调整公司主要业务、担保、贷款等方式，对公司的资产、负债、权益或者经营成果造成重大影响。在要约收购期间，被收购公司董事不得辞职。

（四）出现竞争性要约的处理

收购要约期限届满前 15 日内，收购人不得变更收购要约；但是出现竞争要约的除外。出现竞争要约时，发出初始要约的收购人变更收购要约距初始要约收购期限届满不足 15 日的，应当延长收购期限，延长后的要约期应当不少于 15 日，不得超过最后一个竞争要约的期满日，并按规定追加履约保证。发出竞争要约的收购人最迟不得晚于初始要约收购期限届满前 15 日发出要约收购的提示性公告，并应当编制要约收购报告书，聘请财务顾问，通知被收购公司，同时对要约收购报告书摘要作出提示性公告。

（五）股东预受要约

同意接受收购要约的股东（以下简称预受股东），应当委托证券公司办理预受要约的相关手续。收购人应当委托证券公司向证券登记结算机构申请办理预受要约股票的临时保管。证券登记结算机构临时保管的预受要约的股票，在要约收购期间不得转让。

前述预受，是指被收购公司股东同意接受要约的初步意思表示，在要约收购期限内不可撤回之前不构成承诺。在要约收购期限届满 3 个交易日前，预受股东可以委托证券公司办理撤回预受要约的手续，证券登记结算机构根据预受要约股东的撤回申请解除对预受要约股票的临时保管。在要约收购期限届满前

3个交易日内，预受股东不得撤回其对要约的接受。在要约收购期限内，收购人应当每日在证券交易所网站上公告已预受收购要约的股份数量。

出现竞争要约时，接受初始要约的预受股东撤回全部或者部分预受的股份，并将撤回的股份售予竞争要约人的，应当委托证券公司办理撤回预受初始要约的手续和预受竞争要约的相关手续。

（六）要约收购期限届满

收购期限届满，发出部分要约的收购人应当按照收购要约约定的条件购买被收购公司股东预受的股份，预受要约股份的数量超过预定收购数量时，收购人应当按照同等比例收购预受要约的股份；以终止被收购公司上市地位为目的的，收购人应当按照收购要约约定的条件购买被收购公司股东预受的全部股份；因不符合《收购管理办法》第六章的规定而发出全面要约的收购人应当购买被收购公司股东预受的全部股份。

收购期限届满后3个交易日内，接受委托的证券公司应当向证券登记结算机构申请办理股份转让结算、过户登记手续，解除对超过预定收购比例的股票的临时保管；收购人应当公告本次要约收购的结果。

收购期限届满后15日内，收购人应当向证券交易所提交关于收购情况的书面报告，并予以公告。

二、要约收购义务的豁免

（一）免于以要约方式增持股份

有下列情形之一的，收购人可以免于以要约方式增持股份：（1）收购人与出让人能够证明本次股份转让是在同一实际控制人控制的不同主体之间进行，未导致上市公司的实际控制人发生变化；（2）上市公司面临严重财务困难，收购人提出的挽救公司的重组方案取得该公司股东大会批准，且收购人承诺3年内不转让其在该公司中所拥有的权益；（3）中国证监会为适应证券市场发展变化和保护投资者合法权益的需要而认定的其他情形。

（二）免于发出收购要约

有下列情形之一的，投资者可以免于发出要约：（1）经政府或者国有资产管理部门批准进行国有资产无偿划转、变更、合并，导致投资者在一个上市公司中拥有权益的股份占该公司已发行股份的比例超过30%；（2）因上市公司按照股东大会批准的确定价格向特定股东回购股份而减少股本，导致投资者在该公司中拥有权益的股份超过该公司已发行股份的30%；（3）经上市公司股东大会非关联股东批准，投资者取得上市公司向其发行的新股，导致其在该公司拥有权益的股份超过该公司已发行股份的30%，投资者承诺3年内不转让本次向其发行的新股，且公司股东大会同意投资者免于发出要约；（4）在一个上市公司中拥有权益的股份达到或者超过该公司已发行股份的30%的，自上述事实发生之日起1年后，每12个月内增持不超过该公司已发行的2%的股份；（5）在一个上市公司中拥有权益的股份达到或者超过该公司已发行股份的50%的，继续增加其在该公司拥有的权益不影响该公司的上市地位；（6）证券公司、银行等金融机构在其经营范围内依法从事承销、贷款等业务导致其持有一个上市公司已发行股份超过30%，没有实际控制该公司的行为或者意图，并且提出在合理期限内向非关联方转让相关股份的解决方案；（7）因继承导致在一个上市公司中拥有权益的股份超过该公司已发行股份的30%；（8）因履行约定购回式证券交易协议购回上市公司股份导致投资者在一个上市公司中拥有权益的股份超过该公司已发行股份的30%，并且能够证明标的股份的表决权在协议期间未发生转移；（9）因所持优先股表决权依法恢复导致投资者在一个上市公司中拥有权益的股份超过该公司已发行股份的30%；（10）中国证监会为适应证券市场发展变化和保护投资者合法权益的需要而认定的其他情形。

相关投资者应在前款规定的权益变动行为完成后3日内就股份增持情况作出公告，律师应就相关投资者权益变动行为发表符合规定的专项核查意见并由上市公司予以披露。相关投资者按照前述第5项规定采用集中竞价方式增持股份的，每累计增持股份比例达到上市公司已发行股份的2%的，在事实发生当日和上市公司发布相关股东增持公司股份进展公告的当日不得再行增持股份。前述第4项规定的增持不超过2%的股份锁定期为增持行为完成之日起6个月。

三、关于要约收购的支付方式

收购人支付收购上市公司的价款可以采用现金、证券、现金与证券相结合等合法方式。收购人以证券支付收购价款的，应当提供该证券的发行人最近3年经审计的财务会计报告、证券估值报告，并配合被收购公司聘请的独立财务顾问的尽职调查工作。收购人以在证券交易所上市的债券支付收购价款的，该债券的可上市交易时间应当不少于1个月。收购人以未在证券交易所上市交易的证券支付收购价款的，必须同时提供现金方式供被收购公司的股东选择，并详细披露相关证券的保管、送达被收购公司股东的方式和程序安排。

无论收购人采用哪种支付方式，其都必须保证具备相应的履行能力。为此，收购人聘请的财务顾问应当对收购人支付收购价款的能力和资金来源进行充分的尽职调查，详细披露核查的过程和依据，说明收购人是否具备要约收购的能力。收购人应当在作出要约收购提示性公告的同时，提供以下至少一项安排保证其具备履约能力：（1）以现金支付收购价款的，将不少于收购价款总额的20%作为履约保证金存入证券登记结算机构指定的银行；收购人以在证券交易所上市交易的证券支付收购价款的，将用于支付的全部证券交由证券登记结算机构保管，但上市公司发行新股的除外；（2）银行对要约收购所需价款出具保函；（3）财务顾问出具承担连带保证责任的书面承诺，明确如要约期限届满收购人不支付收购价款，财务顾问进行支付。

第六十六条　依照前条规定发出收购要约，收购人必须公告上市公司收购报告书，并载明下列事项：

（一）收购人的名称、住所；

（二）收购人关于收购的决定；

（三）被收购的上市公司名称；

（四）收购目的；

（五）收购股份的详细名称和预定收购的股份数额；

（六）收购期限、收购价格；

（七）收购所需资金额及资金保证；

（八）公告上市公司收购报告书时持有被收购公司股份数占该公司已发行的股份总数的比例。

【条文主旨】

本条是关于上市公司收购报告书的规定。

【条文释义】

本条是这次证券法修订中原封不动地保留下来的条文。正确理解本条应当重点把握以下三点：第一，发起要约收购，公告上市公司收购报告书是收购人的法定义务，收购人必须依法进行编制并予以公告。第二，本条规定的上市公司收购报告书应当载明的事项，是在证券法层面作出的规定，除此之外，证监会还通过《收购管理办法》以及《公开发行证券的公司信息披露内容与格式准则第17号——要约收购报告书》（以下简称《要约收购报告书》）作了更详细的规定。第三，以要约收购方式增持被收购上市公司股份的收购人应当按照上述《要约收购报告书》的要求编制要约收购报告书。通过协议收购、间接收购和其他合法方式，在上市公司中拥有权益的股份超过该上市公司已发行股份的30%的投资者及其一致行动人，应当按照《公开发行证券的公司信息披露内容与格式准则第16号——上市公司收购报告书》的要求编制和披露上市公司收购报告书。上述两个规范性文件存在很多共同点，但也存在一定差异。所以，在适用时应当注意加以区别，准确选择。

下面对本条规定应当载明的事项作简要说明。

1. 收购人的姓名、住所。收购人为法人的，披露其名称、注册地、法定代表人，与其控股股东、实际控制人之间的股权控制关系结构图。这是为了监管机构和证券市场其他主体及时、准确地掌握收购人的身份和所在地，以便于监管和投资决策，维护证券市场正常秩序。

2. 收购人关于收购的决定。收购人是自然人的，披露自然人的继续收购的决定；收购人是法人的，披露该法人决策机构（如董事会）的收购决议。

3. 被收购的上市公司名称。这是收购人进行要约收购的对象，是必须进行披露的最基本的要素。

4. 收购目的。收购人的收购目的是取得上市公司控制权，还是财务性投资或者有其他的目的，这是监管机构和市场其他主体判断收购的发展方向及其影响的重要因素。

5. 收购股份的详细名称和预定收购的股份数额。上市公司股份有多种类别，收购人应当披露其要收购的具体股份类别和股份数额。

6. 收购期限和收购价格。这是要说明收购要约在多长期限内有效以及收购人愿意以什么价格进行收购。

7. 收购所需资金额及资金保证。这是为了表明收购人的收购能力，避免没有收购实力的收购人恶意操纵市场或盲目进行收购，损害上市公司及其广大投资者利益，扰乱证券市场。

8. 公告上市公司收购报告书时持有被收购公司股份数占该公司已发行的股份总数的比例。这是为了表明收购人发起收购时其已经持有被收购公司股份的比例情况，它对于判断被收购公司的股份分布、接下来收购的规模和程序等具有重要意义。值得注意的是，这里要求披露的是持有被收购公司的股份总数，并不局限于有表决权的股份数。

收购人发出全面要约的，应当在要约收购报告书中充分披露终止上市的风险、终止上市后收购行为完成的时间及仍持有上市公司股份的剩余股东出售其股票的其他后续安排。

要约收购报告书所披露的基本事实发生重大变化的，收购人应当在该重大变化发生之日起 2 个工作日内作出公告，并通知被收购公司。

【适用指引】

[要约收购报告书主要内容的编制]

一、收购人的基本情况

（一）收购人为法人或者其他组织

收购人为法人或者其他组织的，应当披露如下基本情况：

1. 收购人名称、注册地、法定代表人、主要办公地点、注册资本、工商行政管理部门或者其他机构核发的注册号码及代码、企业类型及经济性质、经营范围、经营期限、股东或者发起人的姓名或者名称（如为有限责任公司或者股份有限公司）、通讯方式。

2. 收购人应当披露其控股股东、实际控制人的有关情况，并以方框图或者其他有效形式，全面披露其与其控股股东、实际控制人之间的股权及控制关系，包括自然人、国有资产管理部门或者股东之间达成某种协议或安排的其他机构；收购人应当说明其控股股东、实际控制人所控制的核心企业和核心业务、关联企业及主营业务的情况。

3. 收购人已经持有上市公司股份的种类、数量、比例，包括但不限于表决权未恢复的优先股的数量、比例和表决权恢复的条件，以及已经持有的商业银行发行的可转换优先股的数量、比例、转股比例及转股条件。

4. 收购人从事的主要业务及最近 3 年财务状况的简要说明，包括总资产、净资产、收入及主营业务收入、净利润、净资产收益率、资产负债率等；如收购人设立不满 3 年或专为本次收购而设立的公司，应当介绍其控股股东或实际控制人所从事的业务及最近 3 年的财务状况。

5. 收购人最近 5 年内受过行政处罚（与证券市场明显无关的除外）、刑事处罚或者涉及与经济纠纷有关的重大民事诉讼或者仲裁的，应当披露处罚机关或者受理机构的名称，所受处罚的种类，诉讼或者仲裁的结果，以及日期、原因和执行情况。

6. 收购人董事、监事、高级管理人员（或者主要负责人）的姓名（包括曾用名）、身份证件号码（可以不在媒体公告）、国籍、长期居住地、是否取得其他国家或者地区的居留权；前述人员在最近5年之内受过行政处罚（与证券市场明显无关的除外）、刑事处罚或者涉及与经济纠纷有关的重大民事诉讼或者仲裁的，应当按照上一段的要求披露处罚的具体情况。

7. 收购人及其控股股东、实际控制人在境内、境外其他上市公司拥有权益的股份达到或超过该公司已发行股份5%的简要情况；收购人或其实际控制人为两个或两个以上上市公司的控股股东或实际控制人的，还应当披露持股5%以上的银行、信托公司、证券公司、保险公司等其他金融机构的简要情况。

（二）收购人是自然人

收购人是自然人的，应当披露如下基本情况：

1. 姓名（包括曾用名）、国籍、身份证件号码、住所、通讯地址、通讯方式、是否取得其他国家或者地区的居留权，其中，身份证件号码、住所、通讯方式可以不在媒体上公告。

2. 收购人已经持有的上市公司股份的种类、数量、比例，包括但不限于表决权未恢复的优先股的数量、比例和表决权恢复的条件，以及已经持有的商业银行发行的可转换优先股的数量、比例、转股比例及转股条件。

3. 最近5年内的职业、职务，应当注明每份职业的起止日期以及所任职的单位名称、主营业务和注册地以及是否与所任职单位存在产权关系。

4. 最近5年内受过行政处罚（与证券市场明显无关的除外）、刑事处罚或者涉及与经济纠纷有关的重大民事诉讼或者仲裁的，应当披露处罚机关或者受理机构的名称，所受处罚的种类，诉讼或者仲裁的结果，以及日期、原因和执行情况。

5. 收购人所控制的核心企业和核心业务、关联企业及主营业务的情况说明。

6. 收购人在境内、境外其他上市公司拥有权益的股份达到或超过该公司已发行股份5%的简要情况；收购人为两个或两个以上上市公司控股股东或实际控制人的，还应当披露持股5%以上的银行、信托公司、证券公司、保险公司等其他金融机构的简要情况。

（三）收购人为多人

收购人为多人的，除应当分别按照前述披露各收购人的情况外，还应当披露：

1. 各收购人之间在股权、资产、业务、人员等方面的关系，并以方框图形式列示并作出说明。

2. 收购人为一致行动人的，应当说明采取一致行动的目的、达成一致行动协议或者意向的时间、一致行动协议或者意向的内容（特别是一致行动人行使股份表决权的程序和方式）、是否已向证券登记结算机构申请临时保管各自持有的该上市公司的全部股票及保管期限。

二、要约收购目的

收购人要约收购上市公司的目的，包括取得上市公司控制权、履行法定要约收购义务、终止上市公司的上市地位、拟在未来12个月内继续增持上市公司股份或者处置其已拥有权益的股份。

收购人为法人或者其他组织的，应当披露其作出本次收购决定所履行的相关程序及具体时间。

三、要约收购方案

收购人应当详细披露要约收购的方案，包括：

1. 被收购公司名称、收购股份的种类、预定收购的股份数量及其占被收购公司已发行股份的比例；涉及多人收购的，还应当注明每个成员预定收购股份的种类、数量及其占被收购公司已发行股份的比例。

2. 要约价格及其计算基础：在要约收购报告书摘要提示性公告日前6个月内，收购人买入该种股票所支付的最高价格；在提示性公告日前30个交易日内，该种股票的每日加权平均价格的算术平均值。

3. 收购资金总额、资金来源及资金保证、其他支付安排及支付方式。

4. 要约收购期限。

5. 要约收购的约定条件。

6. 受要约人预受要约的方式和程序。

7. 受要约人撤回预受要约的方式和程序。

8. 受要约人委托办理要约收购中相关股份预受、撤回、结算、过户登记等事宜的证券公司名称及其通讯方式。

9. 本次要约收购以终止被收购公司的上市地位为目的的，说明终止上市后收购行为完成的合理时间及仍持有上市公司股份的剩余股东出售其股票的其他后续安排。

四、收购资金来源

收购人应当披露要约收购的资金来源，并就下列事项作出说明：

1. 收购资金是否直接或者间接来源于被收购公司或者其关联方。

2. 如果收购资金或者其他对价直接或者间接来源于借贷，应当简要说明以下事项：借贷协议的主要内容，包括借贷方、借贷数额、利息、借贷期限、担保、其他重要条款。

3. 采用证券支付方式的，收购人应当比照《公开发行证券的公司信息披露内容与格式准则第 11 号——上市公司公开发行证券募集说明书》第 2 节至第 8 节的要求披露证券发行人及本次证券发行的有关信息，提供相关证券的估值分析。

4. 收购人保证其具备履约能力的安排：

（1）如采取缴纳履约保证金方式：

采用现金支付方式的，应当在要约收购报告书中作出如下声明：

“收购人已将××元（相当于收购资金总额的 20%）存入××银行××账户作为定金。收购人承诺具备履约能力。要约收购期限届满，收购人将按照××证券公司根据××证券登记结算机构临时保管的预受要约的股份数量确认收购结果，并按照要约条件履行收购要约。”

采用证券支付方式的，收购人应当在要约收购报告书中作出如下声明：

“收购人已将履行本次要约所需的证券（名称及数量）委托××证券登记结算机构保存。收购人承诺具备履约能力。要约收购期限届满，收购人将按照××证券公司根据××证券登记结算机构临时保管的预受要约的股份数量确认收购结果，并按照要约条件履行收购要约。”

（2）如采取银行保函方式：

收购人应当在要约收购报告书中作出如下声明：

“收购人承诺具备履约能力。要约收购期限届满，收购人将按照××证券公司根据××证券登记结算机构临时保管的预受要约的股份数量确认收购结果，并按照要约条件履行收购要约。××银行已经对本次要约收购所需××价款出具保函。”

出具保函的银行应当在要约收购报告书中作出如下声明：

“如收购要约期限届满，收购人不按照约定支付收购价款或者购买预受股份的，本银行将在接到××证券登记结算机构书面通知后三日内，无条件在保函保证金额内代为履行付款义务。”

（3）如采取财务顾问出具承担连带保证责任的书面承诺方式的：

收购人应当在要约收购报告书中作出如下声明：

“收购人承诺具备履约能力。要约收购期限届满，收购人将按照××证券公司根据××证券登记结算机构临时保管的预受要约的股份数量确认收购结果，并按照要约条件履行收购要约。××公司（财务顾问名称）已经对本次要约收购所需××价款出具承担连带保证责任的书面承诺。”

出具承担连带保证责任书面承诺的财务顾问应当在要约收购报告书中作出如下声明：

“如收购要约期限届满，收购人不按照约定支付收购价款或者购买预受股份的，本财务顾问将在接到××证券登记结算机构书面通知后三日内，无条件代为履行付款义务。”

五、后续计划

收购人应当如实披露要约收购完成后的后续计划，包括：

1. 是否拟在未来12个月内改变上市公司主营业务或者对上市公司主营业务作出重大调整。

2. 未来12个月内是否拟对上市公司或其子公司的资产和业务进行出售、合并、与他人合资或合作的计划，或上市公司拟购买或置换资产的重组计划。

3. 是否拟改变上市公司现任董事会或高级管理人员的组成，包括更改董事会中董事的人数和任期、改选董事的计划或建议、更换上市公司高级管理人员的计划或建议；如果拟更换董事或者高级管理人员的，应当披露拟推荐的董事或者高级管理人员的简况；说明收购人与其他股东之间是否就董事、高级管理人员的任免存在任何合同或者默契。

4. 是否拟对可能阻碍收购上市公司控制权的公司章程条款进行修改及修改的草案。

5. 是否拟对被收购公司现有员工聘用计划作重大变动及其具体内容。

6. 上市公司分红政策的重大变化。

7. 其他对上市公司业务和组织结构有重大影响的计划。

六、对上市公司的影响分析

收购人应当就本次收购完成后，对上市公司的影响及风险予以充分披露，包括：

1. 本次收购完成后，收购人与上市公司之间是否人员独立、资产完整、财务独立；上市公司是否具有独立经营能力，在采购、生产、销售、知识产权等方面是否保持独立。

2. 收购人及其关联方所从事的业务与上市公司的业务之间是否存在同业竞争或潜在的同业竞争，是否存在关联交易；如存在，收购人已作出的确保收购人及其关联方与上市公司之间避免同业竞争以及保持上市公司独立性的相应安排。

七、与被收购公司之间的重大交易

收购人应当披露各成员以及各自的董事、监事、高级管理人员（或者主要负责人）在报告日前24个月内，与下列当事人发生的以下交易：

1. 与被收购公司及其子公司进行的合计金额超过3000万元或者高于被收购公司最近经审计净资产值5%以上的交易的具体情况（前述交易按累计数额计算）。

2. 与被收购公司的董事、监事、高级管理人员进行的合计金额超过人民币5万元以上的交易。

3. 是否存在对拟更换的上市公司董事、监事、高级管理人员进行补偿或者其他任何类似安排。

4. 对被收购公司股东是否接受要约的决定有重大影响的其他已签署或正在谈判的合同、默契或者安排。

八、前6个月内买卖上市交易股份的情况

收购人应当如实披露要约收购报告书摘要公告日的以下持股情况：

1. 在被收购公司中合计拥有权益的股份种类、数量和占被收购公司已发行股份的比例。

2. 各收购人（如涉及多人）在被收购公司中单独拥有权益的股份的种类、数量和占被收购公司已发行股份的比例。

收购人及其各自董事、监事、高级管理人员（或者主要负责人），以及上述人员的直系亲属，应当如实披露在要约收购报告书摘要公告日各自在被收购公司中拥有权益的股份的详细名称、数量及占被收购公司已发行股份的比例。前述所述关联方未参与要约收购决定且未知悉有关要约收购信息的，收购人及关联方可以免于披露。但中国证监会认为需要披露的，收购人及关联方应当披露。

收购人应当如实披露其与被收购公司股份有关的全部交易。

如就被收购公司股份的转让、质押、表决权行使的委托或者撤销等方面与他人存在其他安排，应当予以披露。

收购人在要约收购报告书摘要公告之日起前6个月内有通过证券交易所的证券交易买卖被收购公司上市交易股票的，应当披露交易的起始期间、每月交易的股票种类、交易数量、价格区间（按买入和卖出分别统计）。

收购人及其各自董事、监事、高级管理人员（或者主要负责人），以及上述人员的直系亲属，在要约收购报告书摘要公告之日起前6个月内有通过证券

交易所的证券交易买卖被收购公司股票行为的，应按照规定披露具体的交易情况。前述所述关联方未参与要约收购决定且未知悉有关要约收购信息的，收购人及关联方可以免于披露。但中国证监会认为需要披露的，收购人及关联方应当披露。

收购人公告要约收购报告书时，可以不公告具体交易记录，但应将该记录报送证券交易所备查，并在公告中予以说明。

九、专业机构的意见

收购人应当列明参与本次收购的各专业机构名称，说明各专业机构与收购人、被收购公司以及本次要约收购行为之间是否存在关联关系及其具体情况。

收购人聘请的财务顾问就本次要约收购是否合法合规、收购人是否具备实际履行收购要约的能力所发表的结论性意见。

律师在法律意见书中就本要约收购报告书内容的真实性、准确性、完整性所发表的结论性意见。

十、收购人的财务资料

收购人为法人或者其他组织的，收购人应当披露其最近 3 年的财务会计报表，注明是否经审计及审计意见的主要内容；其中最近一个会计年度财务会计报告应当经符合证券法规定的会计师事务所审计，并注明审计意见的主要内容、采用的会计制度及主要会计政策、主要科目的注释等。会计师应当说明公司前 2 年所采用的会计制度及主要会计政策与最近 1 年是否一致，如不一致，应作出相应的调整。

如截至要约收购报告书摘要公告之日，收购人的财务状况较最近一个会计年度的财务会计报告有重大变动的，收购人应当公告最近一期财务会计报告并予以说明。

如果该法人或其他组织成立不足 1 年或者是专为本次上市公司收购而设立的，则应当比照前述规定披露其实际控制人或者控股公司的财务资料。

收购人是境内上市公司的，可以免于披露最近 3 年财务会计报告；但应当说明刊登其年报的媒体名称及时间。

收购人为境外投资者的，应当公告依据中国会计准则或国际会计准则编制的财务会计报告。

十一、其他重大事项

收购人应当详细说明其实际控制人或者其他关联方是否已经采取或者拟采取对本次要约存在重大影响的行动，或者存在对本次要约产生重大影响的事实。

除上述规定应当披露的有关内容外，收购人还应当披露：

1. 为避免对本报告内容产生误解而必须披露的其他信息；

2. 任何其他对被收购公司股东作出是否接受要约的决定有重大影响的信息；

3. 中国证监会或者证券交易所依法要求披露的其他信息。

各收购人的法定代表人（或者主要负责人）或者其指定代表应当在要约收购报告书上签字、盖章、签注日期，并载明以下声明：

“本人（以及本人所代表的机构）已经采取审慎合理的措施，对本要约收购报告书及其摘要所涉及内容均已进行详细审查，报告内容真实、准确、完整，并对此承担个别和连带的法律责任。”

财务顾问及其法定代表人应当在本报告上签字、盖章、签注日期，并载明以下声明：

“本人及本人所代表的机构已按照执业规则规定的工作程序履行尽职调查义务，经过审慎调查，本人及本人所代表的机构确认收购人有能力按照收购要约所列条件实际履行收购要约，并对此承担相应的法律责任。”

对要约收购报告书出具法律意见的律师事务所及律师应当在本报告上签字、盖章、签注日期，并载明以下声明：

“本人及本人所代表的机构已履行勤勉尽责义务，对要约收购报告书的内容进行核查和验证，未发现虚假记载、误导性陈述或者重大遗漏，并对此承担相应的责任。”

第六十七条 收购要约约定的收购期限不得少于三十日，并不得超过六十日。

【条文主旨】

本条是关于要约收购期限的规定。

【条文释义】

这是本次证券法修订中没有作任何改动的条文。要约收购的期限因其特别重要性而成为要约收购报告书中必须载明的事项，要约收购的开始时间就是要约收购报告书中披露的要约收购期限开始的时间。换言之，要约收购报告书中必须说明要约收购期限的起始日，要约收购期间就是从起始日开始计算的。

要约收购期限的长短证券法只是规定了一定的时间范围，由收购人根据实际个案情况自行确定，并在收购报告书中披露。期限太短不利于投资者深思熟虑地进行投资决策，期限太长可能会影响收购的效率和上市公司的稳定，所以，证券法规定收购期限是30日到60日的一段时间，具体由收购人根据被收购公司股份分布、收购股份的规模等情况自由选择确定。

上述30日到60日的收购期限在出现竞争要约的情况下可以作例外处理，即可以适当延长。出现竞争要约时，发出初始要约的收购人变更收购要约距初始要约收购期限届满不足15日的，应当延长收购期限，延长后的收购期限应当不少于15日，但不得超过最后一个竞争要约的期满日。例如，收购人A的收购期限是45日，从2019年6月1日开始计算，2019年7月15日截止。2019年6月30日出现竞争性收购要约，收购人A于2019年7月5日决定变更其收购要约，因为7月5日距离7月15日只有10日的时间，不足15日。因此，收购人A应当延长其收购期限，延长后的收购期限不能少于15日，即收购期限应当要延长到7月20日或7月20日以后。如果最后一个竞争要约的期限是2019年8月15日截止，则收购人A延长后的收购期限最迟不得迟于2019年8月15日。

【适用指引】

在上市公司收购的实践中，收购期限是至关重要的事项之一，具有如下法律意义：

1. 它是要约收购报告书中必须载明的事项。

2. 收购期限对收购人具有法律约束力。在收购期限内，收购人不得撤销其收购要约。如果需要变更收购要约的，则不得存在降低收购价格、减少预定收购股份数额、缩短收购期限或者国务院证券监督管理机构规定的其他情形。采取要约收购方式的，收购人作出公告后至收购期限届满前，不得卖出被收购公司的股票，也不得采取要约规定以外的形式和超出要约的条件买入被收购公司的股票。

3. 对目标公司预受股东的影响。在要约收购期限届满3个交易日前，预受股东可以委托证券公司办理撤回预受要约的手续，证券登记结算机构根据预受要约股东的撤回申请解除对预受要约股票的临时保管。在要约收购期限届满前3个交易日内，预受股东不得撤回其对要约的接受。在要约收购期限内，收购人应当每日在证券交易所网站上公告已预受收购要约的股份数量。

4. 收购人履行收购股份的义务。收购期限届满，发出部分要约的收购人应当按照收购要约约定的条件购买被收购公司股东预受的股份，预受要约股份的数量超过预定收购数量时，收购人应当按照同等比例收购预受要约的股份；以终止被收购公司上市地位为目的的，收购人应当按照收购要约约定的条件购买被收购公司股东预受的全部股份；因不符合免于发出收购要约条件而发出全面要约的收购人应当购买被收购公司股东预受的全部股份。

收购期限届满后3个交易日内，接受委托的证券公司应当向证券登记结算机构申请办理股份转让结算、过户登记手续，解除对超过预定收购比例的股票的临时保管；收购人应当公告本次要约收购的结果。

发出收购要约的收购人在收购要约期限届满，不按照约定支付收购价款或者购买预受股份的，自该事实发生之日起3年内不得收购上市公司，中国证监会不受理收购人及其关联方提交的申报文件。

5. 特定情况下终止上市交易。收购期限届满，被收购公司股权分布不符合证券交易所规定的上市交易要求，该上市公司的股票由证券交易所依法终止上市交易。在收购行为完成前，其余仍持有被收购公司股票的股东，有权在收购报告书规定的合理期限内向收购人以收购要约的同等条件出售其股票，收购人应当收购。

6. 收购人应当公告其收购情况报告。收购期限届满后15日内，收购人应当向证券交易所提交关于收购情况的书面报告，并予以公告。

第六十八条　在收购要约确定的承诺期限内，收购人不得撤销其收购要约。收购人需要变更收购要约的，应当及时公告，载明具体变更事项，且不得存在下列情形：

（一）降低收购价格；

（二）减少预定收购股份数额；

（三）缩短收购期限；

（四）国务院证券监督管理机构规定的其他情形。

【条文主旨】

本条是关于收购要约的撤销和变更的规定。

【条文释义】

从合同法角度而言，要约在一定条件下是可以撤回或撤销的，也是可以变更的。但是，在证券法领域，已经公告的收购要约是不能予以撤回或者撤销的，变更也有一定条件的限制。合同具有相对性，其受要约人一般是特定的。但是，收购要约面向目标公司的全体股东，受要约人是广大公众投资者，具有不特定性。而且，股票交易一般是通过证券交易所集中竞价系统，要约收购对相关股票价格的影响是非常明显和直接的，这与一般合同也存在显著差异。因此，为了维护证券市场的秩序和广大投资者的权益，证券法对于收购要约的撤销予以禁止，对于收购要约的变更也予以限制。由于收购要约是通过公告方式通知目标公司股东，收购期限的开始是以收购报告书中载明的开始日为准，因此收购要约不存在送达受要约人之前即被撤回的问题。

所谓收购要约的撤销，是指收购人在要约生效之后、要约期限届满之前，欲使其要约失去法律效力，其不再受该要约约束的意思表示。鉴于收购要约的撤销将给证券市场造成很大的震荡，损害目标公司广大投资者利益，因此我国证券法对收购要约的撤销一律加以禁止。从国外情况看，一般也都是禁止撤销收购要约的，但有些法域允许在特殊情形下撤销收购要约。这些情形包括：（1）出现收购条件更加优厚的竞争性收购要约，初始要约人不愿或不能提出更具竞争力的收购条件，初始要约的存在已毫无意义；（2）发生要约人主观以外的客观事由，如要约人死亡或丧失行为能力，要约人破产、解散等，导致该要约收购无法继续进行，经主管机构认可，要约人可以撤销要约；（3）收购要约附有法律允许的条件，该条件始终未能成就，这种情况下要约人可以撤销要约。

收购要约的变更是指收购要约公告后，收购期限届满前，要约人对要约条件作出修改行为。在收购过程中，与收购有关的各种情势可能会发生重大变化，导致收购人需要变更其收购要约。为了适应这种多变的形势，法律上允许要约人变更其要约。但为了维护目标公司广大股东的利益，变更收购必须是使得要约对目标公司广大股东更加有利，而不能更加不利。因此，法律上规定变更要约不得存在下列情形：降低收购价格、减少预定收购股份数额、缩短收购期限以及中国证监会规定的其他情形。上述规定是这次证券法修订中新增的内容，是对原证券法的重要改进之一。

【适用指引】

尽管法律上允许要约人对收购要约进行变更，但鉴于要约的变更对证券市场的稳定和广大投资者利益会产生很大影响，所以，法律上对要约的变更也作了一定的限制。这些限制主要包括：

1. 时间上的限制。变更收购要约应当在收购要约期限届满前15日之前作出。收购要约期限届满前15日之内，收购人不得变更收购要约，除非出现竞争要约。当出现竞争要约时，发出初始要约的收购人变更收购要约距初始要约收购期限届满不足15日的，应当延长收购期限，延长后的要约期应当不少于15日，不得超过最后一个竞争要约的期满日。

2. 内容上的限制。为了维护目标公司广大投资者的利益，要约只能朝着有利于受要约人的方向变更，而不能朝着不利于受要约人的方向变更。因此，法律上规定，变更收购要约，只能提高收购价格，而不能降低收购价格；只能增加收购数量，而不能减少收购数量；只能延长收购要约的期间，而不能缩短收购要约的期间。此外，法律还授权证监会根据实际情况作出不得变更收购要约的其他情形的规定。

3. 程序上的限制。收购人需要变更收购要约的，必须及时公告，载明具体变更事项，并通知被收购公司。收购人对收购要约条件作出重大变更的，被收购公司董事会应当在3个工作日内公告董事会及独立财务顾问就要约条件的变更情况所出具的补充意见。

第六十九条　收购要约提出的各项收购条件，适用于被收购公司的所有股东。

上市公司发行不同种类股份的，收购人可以针对不同种类股份提出不同的收购条件。

【条文主旨】

本条是关于收购要约中的收购条件的适用的规定。

【条文释义】

收购要约提出的各项收购条件适用于被收购公司的所有股东，它体现的是股东平等原则。以要约方式进行上市公司收购的，收购人应当公平对待被收购公司的所有股东，收购要约提出的各项收购条件，对于被收购公司的所有股东均应普遍地、同等地适用，不能因为股东身份地位的不同，持股多少的差异或者是否与收购人、被收购公司存在某种关系等而有所不同。换言之，要约收购的要约必须是同时向目标公司的所有股东发出，所有股东均有平等的机会来选择是否接受要约，而且，要约的条件对所有股东都是同等的，不能存在任何歧视性做法。

上市公司发行不同种类股份的，收购人可以针对不同种类股份提出不同的收购条件。这是本次证券法修订中新增的内容。在我国过去的证券市场，股份种类比较单一，所以，原来的证券法就没有考虑到被收购公司存在不同种类股份的问题。当前我国证券市场已经逐渐发展出不同类别的股份。例如，优先股没有表决权，其收益等事项也与普通股存在很大差异。科创板存在特别表决权股份。有些股份存在放弃表决权、不得行使表决权或者将表决权委托他人行使的情况。它们对于上市公司收购的价值和意义存在很大区别，如果刻板地继续要求对不同种类的股份均适用单一的收购条件，则显得非常不合时宜。所以，新证券法就作出了收购人可以针对不同种类股份提出不同的收购条件的规定。

为了帮助被收购公司的股东作出正确判断，维护其权益，法律规定，被收购的上市公司的董事会或者独立董事应当聘请独立的财务顾问，受聘的财务顾问应当就收购条件对被收购公司的社会公众股股东是否公平合理、是否接受收购人提出的收购条件提出专业意见。

第七十条　采取要约收购方式的，收购人在收购期限内，不得卖出被收购公司的股票，也不得采取要约规定以外的形式和超出要约的条件买入被收购公司的股票。

【条文主旨】

本条是关于要约收购方式中，收购人在收购期限内禁止转让及不得以其他方式买卖同种股票的规定。

【条文释义】

一、要约收购方式

要约收购，是指收购人通过向目标公司的股东发出收购上市公司的全部或部分股份要约，从而获得目标公司股份的上市公司收购方式。要约收购方式分为两种：一种是自愿要约收购，即收购人自愿以要约方式取得被收购人的股份；另一种是强制要约收购，即收购人在持有被收购人30%股份的基础上，继续进行收购时，法律强制其必须采用要约收购方式。

要约收购与协议收购、公开市场交易等收购方式相比，具有以下特征：第一，要约收购是公开收购行为，要约收购须向目标公司的全体股东发出公开要约，并披露与收购有关的信息。第二，要约收购的要约是收购人的单方意思表示，目标公司的股东是否愿意出售所持股票，由股东自己决定，可以不出售，也可以出售。一旦出售，在收购要约期限内，收购人应当收购。第三，要约收购的相对人为目标公司的全体股东，要约收购的收购人必须向目标公司的全体股东发出要约，即使发出的是部分要约收购，也不得仅向部分股东发出要约。第四，收购人在要约收购期限内，不得采取要约规定以外的形式和超出要约的条件买卖目标公司的股票。

二、要约收购期限内禁止卖出

根据证券法第67条的规定，要约收购中约定的收购期限不得少于30日，并且不得超过60日。在上述期限内，要约收购中的收购人不能卖出被收购公司的股票，也不得采取要约规定以外的形式和超出要约的条件买入被收购公司的股票。《收购管理办法》第38条进一步作出规定，将收购期限明确为“作出公告后至收购期限届满前”。

当收购人发出收购要约并且将其收购报告书进行公告后，会对被收购公司股票的市场波动造成一定的影响，市场主体将根据披露的信息重新对被收购公司的投资价值进行评估。在规定期限内，收购人需要等待被收购上市公司所有股东的承诺。如果允许收购人在收购期限内卖出被收购公司的股票，那么可能为收购人借此操纵上市公司的股票价格提供利用机会。这不仅会造成被投资公司股票市场价格的较大波动，而且会损害投资者与中小股东的利益，甚至牵连上市公司和证券市场的持续健康发展。

三、要约收购期限内禁止以其他形式或超出条件买入

目前我国证券市场交易中，收购要约的形式主要包括以现金股票、公司债券、认股权证、可转换债券或其中的多种组合的方式收购。收购要约所记载的收购条件包括收购人预定收购的股份数额、收购价格、资金保证等。由于要约的收购形式与收购条件是经过公告的，对潜在的股票出售方具备公示效力。同时，《收购管理办法》第39条第1款规定，收购要约中的各项收购条件是适用于被收购公司的所有股东的。出于股东平等原则考虑，每位意欲出售相同种类股票的股东所获得的待遇应当是平等的，如果允许收购人采用要约规定以外的形式和超出要约的条件买入股票，将损害其他股东的利益。当然，根据《收购管理办法》第39条第2款的规定，如果上市公司发行的股份种类并不相同，收购人可以针对持有不同种类股份的股东提出不同的收购条件。

【适用指引】

关于收购要约的变更

本条禁止收购人在收购期限内以要约规定以外的形式或超出要约的条件买入被收购公司的股票，但实践中的确存在收购人在收购要约中对股票定价不合理、收购期间预估不合理的情形，此时收购人可以考虑对要约进行变更。收购要约的变更需要注意以下三方面的事项：

第一，公告通知。根据证券法第68条及《收购管理办法》第39条第3款的规定，收购人变更收购要约的，应及时向社会公众进行公告，载明具体变更的事项，同时也要通知被收购公司，便于其重新考虑是否接受要约。

第二，禁止性规定。2019年证券法修订从保护中小股东利益的角度新增收购要约变更的禁止性规定，与原收购要约相比，收购人不得降低收购价格、不得减少预定收购股份数额、不得缩短收购期限。

第三，变更要约的期间。根据《收购管理办法》第40条第1款的规定，一般情况下，收购人在收购要约期限届满前15日内是不得变更收购要约的，除非出现了竞争要约。通俗地讲，竞争要约就是另一个投资者发出的更有竞争力的收购要约。为了体现股票的真实价值，允许初始收购人“破例”变更其收购要约，收购期限相应延长，这契合证券交易市场遵循市场经济基本规律的规制逻辑。

第七十一条　采取协议收购方式的，收购人可以依照法律、行政法规的规定同被收购公司的股东以协议方式进行股份转让。

以协议方式收购上市公司时，达成协议后，收购人必须在三日内将该收购协议向国务院证券监督管理机构及证券交易所作出书面报告，并予公告。

在公告前不得履行收购协议。

【条文主旨】

本条是关于上市公司收购方式中协议收购的规定。

【条文释义】

一、协议收购方式

协议收购又称不公开收购，是指上市公司收购人仅与被收购公司的个别股东（通常是大股东）订立股份转让协议，以约定价格购买被收购公司个别股东所持有的股份，从而实现其收购目的的上市公司收购方式。①

当收购人与被收购上市公司的股东签订转让股份的协议时，协议收购就成立。收购协议只能采取书面形式，不能采取口头等其他形式。收购协议的内容可参照收购要约及收购报告书的内容。实践中，协议收购较要约收购而言更为常见，主要是基于两个方面的原因：第一，成本可控。要约收购一般不需要经过现有实际控制人的允许，在二级市场买入即可。但问题在于，随着收购人的买入，股价会上升，从而造成收购成本增加，导致成本不可控，然而协议收购能避免这样的局面。第二，可行性高。要约收购作为收购方的单方面行动，一般不会提前知会被收购方。当收购人在二级市场吸收筹码到一定程度时，实际控制人会察觉其大量吸筹的行为。如果收购人仍继续单方面收购，那么被收购公司的实际控制人可能采取反收购措施，如向相关行动人定向增发，更有甚者，通过转移资产把上市公司变成一个壳。因此，即使收购人采用要约收购的方式，到一定程度也须与公司股东进行协商，最终结果大概率会走向协议收购。综上，协议收购相较于要约收购而言，最大的特征是收购人直接就上市公司收购的条件、价格、期限等事宜与股东进行磋商，因此花费的成本会比要约收购低，同时也能在较短的时间内完成特定的收购，节省时间成本。

二、收购协议的报告与公告

收购人与被收购人就收购事宜达成协议后，应在3日内就收购协议向国务院证券监督管理机构与证券交易所作出书面报告，并予以公告。证券法之所以作出这样的规定，主要基于以下三点因素的考量：第一，强化国务院证券监督管理机构与证券交易所对上市公司收购行为的监管，保障证券市场的良好秩序。第二，通过强制性规定规范收购双方的收购行为，尽可能防止发生收购双方恶

① 参见陈洁：《上市公司协议收购信息披露的逻辑与规范》，载《法学》2018年第3期。

意串通损害其他股东权益的行为。第三，与证券法第 66 条中要约收购的收购人报告义务相一致，报告制度的存在有助于众股东平等地获取上市公司的收购信息，并从理性投资人角度作出合理的商业决策。

三、收购协议履行的限制

在收购协议公告之前，如果协议收购双方履行了协议，被收购上市公司的股权会发生新的变化。在收购协议履行后公告收购协议，公告的内容和事实不相符，投资者依据公告的收购协议载明的信息作出投资决策，权益可能遭受损害。为了保护广大投资者的利益，法律禁止协议收购的双方在收购协议公告前履行收购协议。

【适用指引】

一、关于协议收购的程序

根据证券法的规定，一般而言，当事人之间若采取协议收购的方式收购上市公司，应遵循以下程序：(1) 订立收购协议。收购双方进行磋商，订立收购上市公司的协议；(2) 报告收购协议。收购人与被收购人就收购事宜达成协议后，必须在 3 日内向国务院证券监督管理机构与证券交易所作出书面报告，否则不得履行收购协议；(3) 保管股票及存放资金。协议双方可以临时委托证券登记结算机构保管协议转让的股票，并将资金存放于指定的银行；(4) 收购完成后的报告义务。收购人应当在 15 日内将收购情况报告国务院证券监督管理机构和证券交易所，并予公告；(5) 收购完成后的限制转让。收购人持有的被收购的上市公司的股票，在收购行为完成后的 18 个月内不得转让。

二、关于上市公司是否可以协议收购的方式回购本公司股份

首先，需要判断上市公司是基于何种情形回购本公司的股份。公司法第 142 条第 1 款规定了上市公司可以收购本公司股份的六种情形，包括减资、与持有本公司股份的其他公司合并、股权激励、回购异议股东股权、将股份用于转换上市公司发行的可转换为股票的公司债券和为维护公司价值及股东权益所必需。

其次，判断具体情形下是否可以适用协议收购的方式回购股份。根据公司法第 142 条第 4 款的规定，上市公司因股权激励、将股份用于转换上市公司发行的可转换为股票的公司债券和为维护公司价值及股东权益所必需这三种原因而回购股份的，要通过公开集中交易方式进行。公开集中交易方式是指众多买方与众多卖方分别发出买入或卖出指令，由证券交易所以买卖双向价格撮合成交的交易方式，既包括我国股票市场开盘价形成中的集合竞价，也包括开盘价形成后的连续竞价，但不包括做市交易、大宗交易和协议转让等。[①] 因此，这三种情形下的股份回购是不能适用协议收购方式的。

在上市公司因减资而回购股份的情形下，公司法第142条并未对其收购形式作出规定。但根据《上海证券交易所上市公司回购股份实施细则》第2条、第12条及《深圳证券交易所上市公司回购股份实施细则》第2条、第11条的规定，此种情形下，除可以采用公开集中竞价交易方式外，还可以采用要约方式或中国证监会批准的其他方式，故上市公司可以向证监会申请以协议收购的方式进行减资回购。

在上市公司与持有本公司股份的其他公司合并而需回购股份，或回购异议股东股份的情形下，现行法律规范并未就交易方式进行明确规定。根据《最高人民法院关于适用〈中华人民共和国公司法〉若干问题的规定（二）》第5条规定，当事人协商同意由公司或者股东收购股份，或者以减资等方式使公司存续，且不违反法律、行政法规强制性规定的，人民法院应予支持。此种情况下，应该也可理解为能够以协议收购的方式进行股份回购。

第七十二条　**采取协议收购方式的，协议双方可以临时委托证券登记结算机构保管协议转让的股票，并将资金存放于指定的银行。**

【条文主旨】

本条是关于协议收购方式中股票保管及收购金存放的规定。

【条文释义】

上市公司的收购往往涉及大规模的股份与资金流动。为了防止收购人因资金短缺出现无法履行收购协议的情况，证券法对协议收购规定了保全性的措施，收购人可以委托一个指定的银行对其收购资金进行托管。与此同时，被收购上市公司的股票持有人可以将其所持有的股票交由证券登记结算机构进行临时保管。这样既能防止协议收购双方利用收购行为误导投资者进行非法牟利，也能

① 参见叶林：《股份有限公司回购股份的规则评析》，载《法律适用》2019年第1期。

促进协议收购的正常展开，保障被收购公司当事人的权益。

《收购管理办法》第 54 条及第 55 条则对协议收购当事人股票保管及收购金存放作了进一步规定。首先，股份的出售方应当向证券登记结算机构申请办理拟转让股份的临时保管手续，与此对应，收购人应当将其用于支付的现金存放于证券登记结算机构指定的银行，可见，在《收购管理办法》的规定中，委托第三方进行股票保管及将资金存放于银行是相关当事人的义务。其次，在协议收购人的收购报告书予以公告的 30 日内，当事人就可以在证券交易所确认股份转让的事项，凭全部转让款项存放于双方认可的银行账户的证明，向证券登记结算机构申请解除拟协议转让股票的临时保管。最后，可以办理股份的过户登记手续。如果协议收购双方在上述期间内仍未完成相关股份过户手续的，应当立即作出公告，说明不能完成股份过户的理由。在未完成相关股份过户期间，还要每隔 30 日公告相关股份过户办理进展情况。

此外，收购人未按规定履行报告、公告义务的，证券交易所和证券登记结算机构不予办理股份转让和过户登记手续，这也是促使协议收购人积极履行证券法第 71 条第 2 款报告、公告义务的体现。

【适用指引】

关于收购人无法支付收购金时的救济

在收购人通过协议收购的方式收购上市公司的过程中，可能存在收购人基于种种原因无法在协议约定的期限内支付收购金的情形。对于收购人而言，依据《收购管理办法》第 78 条第 2 款的规定，该收购人 3 年内不得再次收购上市公司。但是对被收购公司的股东而言，目前法律尚无明确的救济途径。在现行法律体系之下，股东可以与收购人进行协商，变更乃至解除收购协议，但该等协议签订、变更或者解除将直接影响股票价格。①

为了促进协议收购行为的顺利进行，股东应通过多种方式确保协议收购人具备收购的能力。《收购管理办法》第 53 条要求控股股东在向收购人协议转让股份时，对收购人的主体资格、诚信情况及收购意图进行调查，并在权益变动报告书中披露有关调查情况。此外，由于协议收购具有灵活性，可由当事人自由协商形成，股东还可以参考《收购管理办法》第 36 条第 2 款中关于确保收购

① 参见叶冬影：《上市公司收购人在杠杆收购中的信息披露义务》，载《金融法苑》2018 年第 3 期。

人具备要约收购履约能力的规定，要求收购人至少提供如下一种保证：第一，如协议收购是以现金支付收购价款的，股东可以要求收购人将不少于收购价款总额的20%作为履约保证金存入证券登记结算机构指定的银行。如果收购人以在证券交易所上市交易的证券支付收购价款的，将用于支付的全部证券交由证券登记结算机构保管。第二，要求收购人提供银行对本次协议收购所需价款出具的保函。

第七十三条 采取协议收购方式的，收购人收购或者通过协议、其他安排与他人共同收购一个上市公司已发行的有表决权股份达到百分之三十时，继续进行收购的，应当依法向该上市公司所有股东发出收购上市公司全部或者部分股份的要约。但是，按照国务院证券监督管理机构的规定免除发出要约的除外。

收购人依照前款规定以要约方式收购上市公司股份，应当遵守本法第六十五条第二款、第六十六条至第七十条的规定。

【条文主旨】

本条是关于协议收购到达法定比例后转为要约收购的规定。

【条文释义】

一、协议收购转为要约收购

与证券法第65条相呼应，采用协议收购方式收购目标公司已发行的有表决权股份达到30%时，继续进行收购的，也必须转为要约收购的形式，除非属于国务院证券监督管理机构规定的豁免情形。这种转换后的收购方式被称为强制要约收购，“强制要约收购制度是对自愿收购行为的监管介入”。①

我国的强制要约收购制度有两个主要目的：一是促进收购从而提升公司经营效率，二是让小股东最大化其经济收益。② 基于此，强制要约收购制度的立法理由主要是考虑到，当公司由于股份转让导致控制权的转换时，可能会引发

① 林海：《强制要约收购制度的正当性及其边界》，载《证券法苑》2017年第2期。

② 参见薛人伟：《论中国强制要约收购制度之合理性从法经济学视角分析》，载《中外法学》2019年第5期。

该公司经营者、实际控制人和公司经营策略的改变，这对控制能力较差的小股东而言是不利的。强制要约收购制度意味着面向公司所有股东发出收购要约，是给予小股东接受收购条件、退出公司的机会。

此外，本条还规定了通过协议、其他安排与他人共同收购一个上市公司的情形，此种形式为间接收购，根据《收购管理办法》第56条的规定，其不适用部分要约，收购人一旦持有目标公司已发行的有表决权股份达30%的，就会触发全面要约。

二、协议收购转为要约收购的触发点

根据本条规定，拥有上市公司已发行的有表决权股份的30%即为强制要约收购的触发点。我国强制要约收购的触发，基于以下两个前提：一是收购人收购或者通过协议、其他安排与他人共同收购一个上市公司已发行的股份达到30%；二是收购人继续进行收购，也就是说强制要约收购制度的强制性是建立在收购人选择继续收购的基础上的。据此，收购人在没有取得30%的股份之前或者在取得30%的股份时但不想继续收购股份的情形下，均不具有强制要约收购的义务。“实际上，导致强制要约成为收购人的一项法律义务应该是30% +1股。”①

在协议收购中明确强制要约收购触发点的意义在于：第一，让所有股东获得平等的待遇，注重维护中小股东的利益。一旦收购人已经取得了目标公司的控制权，其就有义务向全体股东发出收购要约，以不低于其为取得控制权所付的价格，收购公司其他股东所持有的股份，此举可以避免大小股东之间的差别待遇。第二，赋予非控股股东以撤出公司的权利。非控股股东主要是根据公司的发展前景及预期获利情况作出投资决定，一旦上市公司控制权发生转移，非控股股东需要重新评估自己的投资与之前相比是否必要，如果希望退出，他们共同在市场出售股票的行为将会引起股价下跌，带来损失，所以法律强制收购人发出收购要约，使这些股东有机会以公平的价格出售其股份。

三、按比例进行收购

由于本条第2款为准用条款，根据证券法第65条第2款的规定，即收购上市公司部分股份的要约应当约定，被收购公司股东承诺出售的股份数额超过预定收购的股份数额的，收购人按比例进行收购。这意味着，在协议收购中触发强制要约收购的，同样也遵循按比例进行收购的要求。

---

① 李东方：《上市公司收购监管制度完善研究》，载《政法论坛》2015年第6期。

按比例收购规则，是在要约收购上市公司部分股份的情况下，当目标公司股东所欲出卖给收购人的股份超过收购人所预定收购的股份总额时，收购人必须按照相同比例从每一个同意出卖股份的股东那里购买该股份，而不论股东作出同意出卖其股份的意思表示的时间先后。这与证券二级市场上遵循的“时间优先”原则明显不同，按比例进行收购原则阻止了对小股东的歧视。

【适用指引】

一、关于协议收购人持股达到30%以后的全面要约或部分要约的选择问题

本条赋予协议收购人在采用协议收购方式持股达到30%，继续收购需要转为要约收购后，有选择强制要约是“全面要约收购”或“部分要约收购”的权利。但《收购管理办法》第47条第3款规定：“收购人拟通过协议方式收购一个上市公司的股份超过30%的，超过30%的部分，应当改以要约方式进行；但符合本办法第六章规定情形的，收购人可以免于发出要约……不符合前述规定情形的，在履行其收购协议前，应当发出全面要约。”一方面，《收购管理办法》明确了协议收购达到法定比例后转为要约收购的要求；另一方面，《收购管理办法》规定，不符合豁免条件的协议收购人，应当发出全面要约。这意味着在实质上排除了协议收购中收购人选择部分要约收购的权利，造成了下位法与上位法的直接冲突，应该予以消除并处理好二者的衔接问题。在现阶段，至少应该明确在触发强制性要约条件时，不论是“通过证券交易所的证券交易”还是“采取协议收购方式”持股达到30%的收购人，都具有“全面要约收购”与“部分要约收购”的选择权。①

二、关于要约收购方式的确定

我国强制要约收购目前呈现出有违不二法则的现象——同样是持有公司已发行股份30%，却有触发部分要约和全面要约之分；同样是触发全面要约，却有触发点为已发行股份和公司股份之分。

考虑到我国以收购方式与持股比例二者共同作为部分要约和全面要约触发点标准的规定与英国及欧盟各国相比更为晦涩难懂，在新证券法实施后，有必要调整《收购管理办法》中以收购方式作为触发全面要约或部分要约依据的做法，将持股比例作为触发的依据。理由在于：以持股人的持股比例作为义务来源体现我国证券法律体系的统一性与合理性。《收购管理办法》第13条、第16

---

① 参见陈洁：《上市公司协议收购信息披露的逻辑与规范》，载《法学》2018年第3期。

条、第17条中规定的编制并公告不同权益变动报告书是根据持股比例的不同而设计的，证券法中关于“举牌”的规定亦是如此。此外，证券法第65条及第73条，虽然分为两个条文、两种情况，但实质上法条本意应为不管是通过证券交易所进行的证券交易还是协议收购，只要持有上市公司已发行的有表决权股份达到30%的就应当发出要约，这是以持股比例，而非以收购方式作为确定要约及要约触发点的规定。

三、关于要约收购义务的豁免

强制要约收购制度侧重于对公平的保护，而强制要约收购豁免制度则侧重对效率的保护，并在此基础上追求对公司所有股东包括中小股东利益的最终保障。[①] 2020年3月20日新修订的《收购管理办法》取消了要约豁免的行政审批，将原来需要经过行政许可程序的要约豁免修改为无需经过证监会批准，交由收购人自行判断是否符合豁免的规定。

根据《收购管理办法》第62条的规定，收购人在满足以下情形之一的情况下可以免于以要约方式增持股份：（1）收购人与出让人之间为同一实际控制人控制的不同主体间转让。（2）上市公司面临严重财务困难，收购人提出的重组方案经股东大会批准，并承诺在3年内不转让其权益。（3）证监会为适应证券市场发展变化和保护投资者合法权益需求而认定的其他情形。上述三项豁免情形内容本身未作调整，新的修订只是取消了原来的申报要求。

与此同时，《收购管理办法》第63条将原来适用简易程序及自动豁免的情形合并，投资者满足下列情况之一的，可以免于发出要约：

1. 经批准的国有资产无偿划转、变更、合并导致投资者在一个上市公司中的持股比例超过30%。

2. 投资者因上市公司回购股份而被动增持的。值得注意的是，对于因库存股原因导致股东被动增持，使其在公司拥有权益的股份超过公司已发行股份的30%而触发要约义务时，该股东可否援引《收购管理办法》第63条第1款第2项的规定免于发出要约呢？根据公司法第142条的规定，上市公司可以基于股权激励、维护公司价值、维护股东权益等目的收购本公司的股票，该种收购可以不用经过股东大会决议。而且，库存股多由公司从二级市场竞价购入，一般不会向特定股东回购。故这不满足“按照股东大会批准的确定价格向特定股东回购股份而减少股本”的情形，不能直接豁免要约。如有需要，可以考虑将此

---

① 参见林海：《强制要约收购制度的正当性及其边界》，载《证券法苑》2017年第2期。

类情况纳入《收购管理办法》第63条第1款第10项的兜底条款规定。

3. 认购增发。经上市公司股东大会非关联股东批准，投资者取得上市公司向其发行的新股，导致其在该公司拥有权益的股份超过该公司已发行股份的30%，投资者承诺3年内不转让本次向其发行的新股，且公司股东大会同意投资者免于发出要约。

4. 2%爬行增持。在一个上市公司中拥有权益的股份达到或者超过该公司已发行股份的30%的，自上述事实发生之日起1年后，每12个月内增持不超过该公司已发行2%的股份。根据证监会于2015年7月发布的证监发〔2015〕51号通知，在一个上市公司中拥有权益的股份达到或超过该公司已发行股份的30%的，每12个月内增持不超过该公司已发行的2%的股份，不受“自上述事实发生之日起一年后”的限制。2020年新修订的《收购管理办法》不再将2%爬行增持的方式限定在“集中竞价方式”。

5. 控股50%以上的大股东增持。在一个上市公司中拥有权益的股份达到或者超过该公司已发行股份的50%的，继续增加其在该公司拥有的权益不影响该公司的上市地位。

6. 金融机构展业。证券公司、银行等金融机构在其经营范围内依法从事承销、贷款等业务导致其持有一个上市公司已发行股份超过30%，没有实际控制该公司的行为或者意图，并且提出在合理期限内向非关联方转让相关股份的解决方案。

7. 继承。因继承导致在一个上市公司中拥有权益的股份超过该公司已发行股份的30%。

8. 质押回购。因履行约定购回式证券交易协议购回上市公司股份导致投资者在一个上市公司中拥有权益的股份超过该公司已发行股份的30%，并且能够证明标的股份的表决权在协议期间未发生转移。

9. 表决权恢复。因所持优先股表决权依法恢复导致投资者在一个上市公司中拥有权益的股份超过该公司已发行股份的30%。

证券法关于要约收购豁免条件的规定较之前，将“经国务院证券监督管理机构免除发出要约的除外”修改为“按照国务院证券监督管理机构的规定免除发出要约的除外”，证监会随后配套修改《收购管理办法》，意味着要约收购豁免申请已成为过去式。在新证券法时代下，收购人的收购将更为简洁高效，只要满足上述条件之一便可免除发出要约，证监会的角色从事前批准转为只在事中、事后进行干预。

第七十四条 收购期限届满，被收购公司股权分布不符合证券交易所规定的上市交易要求的，该上市公司的股票应当由证券交易所依法终止上市交易；其余仍持有被收购公司股票的股东，有权向收购人以收购要约的同等条件出售其股票，收购人应当收购。

收购行为完成后，被收购公司不再具备股份有限公司条件的，应当依法变更企业形式。

【条文主旨】

本条是关于被收购公司终止上市、变更公司形式的规定。

【条文释义】

一、被收购公司因不符合上市条件而终止上市

证券法第 47 条第 1 款规定，申请证券上市交易，应当符合证券交易所上市规则规定的上市交易要求。若收购人因其收购行为使得被收购公司的股权分布不符合证券交易所上市规则规定的上市交易要求的，该上市公司已不再具备上市条件，故应当依法终止该公司的股票在证券交易所上市交易。当然，若是因股权分布以外的其他原因导致公司不具备上市交易要求的，也应当终止上市。虽然根据《中国证券监督管理委员会关于做好股份有限公司终止上市后续工作的指导意见》的规定，公司发行的股份仍然可以依法转让，但需要由代办机构代为办理转让手续，与直接让收购人以同等条件收购剩余股份相比，就显得十分烦琐复杂，且价格方面不具有优势。

证券法保障这些股东有权向收购人以收购要约的同等条件出售其股票，收购人不得拒绝。这一规定蕴含三个要点：一是被收购公司的其他所有股东均享有此权利，既包括先前不接受收购要约的股东，也包括之前接受收购要约但只转让部分股份的股东。二是收购人的收购条件与收购要约要一致。三是收购人无权拒绝其他股东提出的与收购要约一致的出售要求。

二、被收购公司因收购行为须变更公司形式

收购人在收购行为完成后往往会持有该公司的全部股份，即被收购公司成为收购人的一人有限公司。退一步说，即使收购人最终未持有全部股份，被收

购公司也很可能不再满足公司法第 76 条规定的股份有限公司的设立条件。因此，证券法规定，收购行为完成后，被收购公司如果不再满足股份有限责任公司的设立条件，应当依法变更其企业形式。

【适用指引】

一、关于余股强制挤出制度

在收购人发出全面要约时，不接受要约条件的上市公司原股东，在被收购公司因股权分布不符合上市交易所规定的上市条件被要求终止上市时，有权援引本条规定，要求收购人强制收购其股份，而收购人却无权引用任何法条强制收购目标公司的余股，导致收购人与原股东之间的利益存在失衡。

从国外上市公司收购制度来看，在收购人取得大部分股份的情况下，法律允许收购人有权选择强制收购其余股东股份的权利和其余股份持有人强制向收购人出售股权的权利。[①] 诚然，我国上市公司以私有化的形式自主退市的案例并不多见，自 2006 年中国石油收购旗下扬子石化、齐鲁石化、石油大明及中原油气 4 家上市公司后的 7 年内，均未出现上市公司私有化退市的案例，直到 2013 年广东金马集团的私有化退市。[②] 2017 年证券法修订草案二审稿中第 122 条曾就余股强制挤出制度作出原则性的规定："收购要约期限届满后，收购人收购一个上市公司的非关联股东持有的有表决权股份超过百分之九十或者收购人收购一个上市公司有表决权股份超过百分之九十五的，收购人有权以要约收购的同等条件收购其他股东有表决权的股份，其他股东应当出售。收购人行使前款规定权利的，应当在收购要约期限届满后三个月内向国务院证券监督管理机构和证券交易所作出书面报告，并予公告，将资金存放于证券登记结算机构。"此外，证监会在 2018 年发布的《关于改革完善并严格实施上市公司退市制度的若干意见》中也提到，要完善上市公司收购制度，要研究建立包括触发条件、救济程序等内容的余股强制挤出制度。

二、关于要约收购失败的法律后果

在要约收购的实践中，存在收购方无法按照收购要约的条件完成收购（主要体现为无法完成收购要约中的预约收购量）的情况，此时通常视为要约收购失败。国务院 1993 年发布的《股票发行与交易管理暂行条例》第 51 条曾对要

---

① 参见郑彧：《上市公司收购法律制度的商法解读》，载《环球法律评论》2013 年第 5 期。
② 参见方重：《构建余股强制挤出机制》，载《中国金融》2015 年第 9 期。

约收购失败及其法律后果作出规定，然而其并未在后来的证券法及《收购管理办法》中得到延续，因此目前在我国的证券法律体系中，对于要约收购失败后收购人反复收购的行为尚无规制。根据我国《收购管理办法》第 31 条的规定，收购人需要公告取消收购计划的原因，并且自公告之日起 12 个月内，不得再次对同一上市公司进行收购。但其针对的并非要约收购失败的法律后果，在某种程度上看，其更像是针对要约收购人违约的法律后果。

为了防止本次要约收购失败的收购方连续向被收购上市公司或者其他目标公司发出要约，扰乱证券市场的秩序，操纵市场价格，乃至诱发证券欺诈等风险，许多国家针对要约收购失败后收购人的行为作出限制性规定。在英美法系国家中，英国《收购守则》第35 号规则就规定，在一次要约失败后，要约人在 12 个月内不能再次进行类似的要约或相关的购买股份权益活动。而在大陆法系国家中，德国通过其《证券收购法案》规定如收购失败或联邦金融监管局禁止公布要约，收购方在 1 年之内不得提出新的要约。[①] 由此观之，要约收购上市公司失败后，针对收购人一方的法律责任，基本是从禁止收购人反复收购的原则出发，其目的是禁止滥用要约收购的方式实施危害资本市场的行为。

第七十五条 在上市公司收购中，收购人持有的被收购的上市公司的股票，在收购行为完成后的十八个月内不得转让。

【条文主旨】

本条是关于收购人在法定期限内不得转让股票的规定。

【条文释义】

与原证券法第 98 条相比，本条对收购行为完成后收购人持有被收购的上市公司股票的锁定期要求更为严格，从原来的 12 个月增加至 18 个月。一般来说，收购人收购上市公司股票的目的在于控制该公司，并从中营利。然而，如果收购人出于投机的目的，低价“炒壳”，高价卖出，操纵被收购上市公司股票的市场价格，或者是为了竞争，阻碍被收购公司的正常生产经营活动，往往会在收购后的短期内大量买卖股票。而广大的中小股东和其他潜在的投资者并不了

① 参见郑彧：《上市公司收购法律制度的商法解读》，载《环球法律评论》2013 年第 5 期。

解大股东的操纵动机，无法准确把握证券市场的动向，极易因大股东的操纵蒙受利益损失。从保护中小股东的合法利益出发，有必要进一步限制收购行为完成后收购人转让其股票的期限，保证上市公司控制权的稳定性，净化市场生态。为此，证券法将锁定期延长至 18 个月。

但是，对收购人收购行为完成后所持有的上市公司股票的锁定期限制并不是绝对的，根据《收购管理办法》第 74 条第 2 款的规定，收购人在被收购公司中拥有权益的股份在同一实际控制人控制的不同主体之间进行转让不受本条限制。

【适用指引】

一、关于投资者取得股份比例不足 30% 但成为第一大股东时的法律适用

证券法第 75 条有关股份锁定期的安排，是以上市公司控制权是否变化为标准的，其目的在于防范收购人利用上市公司收购行为谋取不正当利益后迅速转手出售股票，逃避责任。同时，也为了保障公司控制权在收购行为发生后保持相对稳定。股份锁定期的存在也倒逼收购人谨慎决策，尽到自己的审慎义务。中国证监会上市部在 2009 年 12 月 14 日发给上交所的《关于上市公司收购有关界定情况的函》（上市部函〔2009〕171 号）中明确指出，对于投资者取得一上市公司拥有权益的股份比例低于 30%，但成为上市公司第一大股东的情形，由于该投资者可能已经能够对上市公司经营决策施加重大影响，甚至已经取得公司的实际控制权，因此属于收购行为，其应当适用本条有关股份锁定期的规定。

二、关于收购完成时点的认定

收购完成时点的认定对于正确适用本条尤为重要，中国证监会于 2011 年 1 月 17 日发布实施了《〈上市公司收购管理办法〉第七十四条有关通过集中竞价交易方式增持上市公司股份的收购完成时点认定的适用意见——证券期货法律适用意见第 9 号》，其中对集中竞价交易收购方式下收购完成时点的认定原则提出的适用意见为“当收购人最后一笔增持股份登记过户后，视为其收购行为完成”。

虽然证监会的适用意见针对的是集中竞价方式下收购完成时点的认定，但是根据证券法第 62 条规定，在上市公司收购中，除集中竞价交易收购的方式外，还存在要约收购、协议收购以及其他收购方式，证监会适用意见对收购完成时点的认定原则可以参照适用于要约收购、协议收购及其他收购方式中，即如果收购人采取了任意方式对上市公司进行收购，当收购人最后一笔增持股份

登记过户后，视为其收购行为完成，其所持该上市公司的所有股份在此之后18个月内不得转让。

第七十六条　收购行为完成后，收购人与被收购公司合并，并将该公司解散的，被解散公司的原有股票由收购人依法更换。

收购行为完成后，收购人应当在十五日内将收购情况报告国务院证券监督管理机构和证券交易所，并予公告。

【条文主旨】

本条是关于上市公司因收购行为而合并解散及报告义务的规定。

【条文释义】

一、上市公司因收购行为而合并解散

收购人完成对上市公司的收购后，可能出现两种情形：一种情形是由于收购人购入被收购公司的全部股份，此时收购人作为唯一股东，该上市公司不再具备股份有限公司的设立条件，应当依法变更为一人有限责任公司。另外一种情形是收购人通过吸纳合并的方式将目标公司合并后进行解散。本条所称的公司合并是指目标公司的全部财产、债权和债务被收购人概括承受，成为收购人的财产、债权和债务，而目标公司则予以解散，不再享有独立的主体资格，目标公司的股东成为收购人的股东。①

证券市场中常见的吸纳合并有以下三类：一是整体上市类，表现为母公司首次公开募股或者是上市公司吸纳合并母公司。二是借壳上市类，表现为收购人通过分阶段的操作，将其主要资产置于上市公司名下，实现借壳上市。三是内部重组类，表现为通过整合兄弟公司理顺内部组织结构。依照证券法的规定，吸纳合并时，应当在收购活动完成后，依法办理被收购公司法人资格的注销手续，由收购方更换原有的股票。

二、收购行为完成后的报告义务

为了规范收购人的收购行为并保障行政机关对此进行必要的监督，在收购人依照法律的规定进行收购活动，并履行收购义务后，收购方应当在15日内将

---

①　参见李东方：《上市公司收购监管制度完善研究》，载《政法论坛》2015年第6期。

收购情况向国务院证券监督管理机构和证券交易所作出报告，并且将该收购情况向公众予以公告。此举既可以使国务院证券监督管理机构和证券交易所及时掌握收购行为是否合法合规，也使得广大投资者能够了解收购行为带来的结果，便于据此作出理性决策。

【适用指引】

关于上市公司合并与上市公司收购的区分

业内通常将上市公司的合并与收购统称为“并购”，但二者之间绝非同一概念，存在如下区别：第一，上市公司合并决议的约束力范围广，公司的全体股东均受其约束。而在收购中，哪怕是面向全体股东发出的要约收购，被收购公司的股东仍有很大的自由，可以自由决定是否出售所持股份。第二，上市公司合并将影响被合并公司的法人独立性。而上市公司收购中，即使实现百分之百控股，被收购公司仍是独立的法人。第三，上市公司合并需要得到股东大会的同意，但上市公司收购则是股东与股东之间的行为，通常不需要经过股东大会决议。当然，二者之间的区分并非绝对，实践中存在公司以股份作为对价收购另一公司所有股东的股份，即“换股收购”的情形，依照本条规定，这种收购方式也将有可能导致公司合并。

第七十七条 国务院证券监督管理机构依照本法制定上市公司收购的具体办法。

上市公司分立或者被其他公司合并，应当向国务院证券监督管理机构报告，并予公告。

【条文主旨】

本条是关于上市公司收购具体办法的制定机关及上市公司分立或合并时报告义务的规定。

【条文释义】

本条第 1 款规定与修改前的规定相比，删除了“依照本法的原则制定”中“的原则”三字，更加强调国务院证券监督管理机构严格依照证券法的明文规定制定上市公司收购具体办法的要求。

本条第 2 款为证券法修订新增内容，根据证券法修订草案三审稿第 85 条表述，“上市公司分立或者被其他公司合并，应当向国务院证券监督管理机构报告，并予公告。国务院证券监督管理机构发现上市公司分立、合并报告书、财务顾问报告不符合法律、行政法规和国务院证券监督管理机构规定的，应当及时告知上市公司，上市公司不得召开股东大会审议分立、合并事项”。由于在三审稿中规定，证监会发现分立、合并报告书不合法的，上市公司不得召开股东大会，因此从逻辑上推断，本条第 2 款应发生在召开股东大会审议分立或合并方案之前，即收购行为发生之前，这也是本条与证券法第 76 条在履行时间节点上的区别。

最终出台的正式文本中只保留了三审稿第 85 条的第一句话，因此就第 2 款规定的上市公司报告、公告义务的具体履行时点为何可能会引发争议。《上海证券交易所股票上市规则》第 11 章第 7 节第 5 条规定：“上市公司合并方案，经中国证监会核准后，应当及时披露合并报告书摘要、实施合并的提示性公告和实施结果公告……”《深圳证券交易所股票上市规则》第 11 章第 11 节第 7 条规定：“上市公司涉及股份变动的减资（回购除外）、合并、分立方案，应当在获得中国证监会批准后，及时报告本所并公告。”据此，本款针对的时间节点理解为上市公司召开股东大会，决议通过公司分立或合并方案后较为妥当，而非三审稿中的召开股东大会之前。

【适用指引】

关于上市公司分立或合并的流程

上市公司的分立或合并需先由董事会制作分立或合并的方案，并召开董事会议，经由上市公司全体过半数的董事出席，并经全体董事的过半数同意后方可通过。根据本条规定，应当及时向证监会披露董事会决议和有关分立或合并方案的提示性公告，一般应包括方案的内容、生效条件、投资者保护措施。

随后由董事会准备上市公司召开股东大会的事宜，在发布召开股东大会的通知时，由于与第一阶段的方案相比，此时的分立或合并预案更为详细，除方案内容外，还包括上市公司分立或合并的动因以及董事会同意的理由、独立财务顾问及律师事务所等证券服务机构的意见、分立或合并时当事方的技术与财务分析等信息，因此这一阶段还要披露董事会关于合并预案的说明书及对外至少发布两次风险提示性公告。

接着正式召开股东大会，就分立或合并事宜进行决议，经出席会议的股东所持表决权的三分之二以上通过方为有效。在此基础上，上市公司需要进行合并的，应当由合并各方签订合并协议，并编制资产负债表及财产清单，上市公司应当自作出合并决议之日起10日内通知债权人，并于30日内在报纸上公告。上市公司需要进行分立的，应当编制资产负债表及财产清单。公司应当自作出分立决议之日起10日内通知债权人，并于30日内在报纸上公告。经过股东大会决议通过的上市公司分立或合并方案，须经过中国证监会的核准。予以核准的，上市公司要及时披露报告书摘要、实施方案的提示性公告和实施结果公告。

第五章　信息披露

资本市场是一个信息驱动的市场，有效的信息传递是资本市场充分发挥资源配置功能的重要保证之一。① 信息披露制度是以信息作为规范基础并由一系列原则、规则、制度综合联结而成的法律制度范畴。本次证券法修订新设“信息披露”专章。本章部分条文系将中国证监会部门规章中行之有效的规范上升为法律，部分条文确立了一些新制度，部分条文对以前分散在原证券法中的规定作出进一步完善，从而集成为现有信息披露制度的基本规范。新设信息披露专章，适应了全面推行注册制条件下对证券市场信息更高标准、更高质量的需要，也是证券法“三公”原则中公开原则的具体落地措施。国务院于 1993 年 4 月 22 日发布施行《股票发行与交易管理暂行条例》，其中第六章为《上市公司的信息披露》，为我国证券市场信息披露制度之发轫。1998 年证券法、2005 年证券法尽管未设信息披露专章，但涉及信息披露的相关规定却几乎见诸各章，且第三章“证券交易”中还有“持续信息公开”之专节规定，说明信息披露制度是证券法律制度的重要内容。此外，我国证券信息披露制度的渊源还有中国证监会、中国证券业协会、沪深证券交易所、全国股转公司②等发布的大量部门规章、规则和规范性文件。③

---

① 本章写作过程中，四川省社会科学院 2018 级法律硕士研究生宋丹晨、丁昶新同学做了部分资料收集与文稿校对工作，在此致谢。参见毛新述等：《信息发布者与资本市场效率》，载《经济研究》2013 年第 10 期。

② 指全国中小企业股份转让系统有限责任公司，下同。

③ 主要有中国证监会 2007 年 1 月 30 公布施行的《上市公司信息披露管理办法》和 2019 年 12 月 20 日发布施行的《非上市公众公司信息披露管理办法》；《上市公司信息披露管理办法》既规范上市公司，也规范上市前或退市后的发行人。

第一节　本章新制度

一、新增信息披露要求

新证券法在第78条、第79条、第82条、第83条新增规定了信息披露的简明披露、同步披露、要式披露、及时披露。

（一）简明披露

所谓简明披露，是指信息披露义务应当以简单清晰、通俗易懂的方式披露信息，以便一般投资者理解。上市公司的经营活动是一项专业性活动，在其公开有关经营状况的信息时，常常充斥着各种专业术语或行业术语。专业术语和行业术语虽然在表述准确上往往有不可替代性，但其与日常生活用语之差距可能导致一般投资者对信息理解产生困难。因此，为更好地达至信息披露目的，证券法第78条第2款新增了简明披露规定，要求信息披露义务人在披露信息时"应当简明清晰，通俗易懂"，以便披露的信息能被具有一般文化知识和经营知识的投资者所理解。上海证交所科创板股票上市委员会于2019年11月14日第46次审议会议否决博拉网络股份有限公司之首次发行上市申请，理由之一便是发行人未能以浅显直白、通俗易懂的语言说明其业务模式、业务实质、核心技术及其先进性等。可见，简明披露是证券市场信息披露义务人应当遵循的一项重要准则，事关投资者权益和证券市场之长远发展。

（二）同步披露

所谓同步披露，是平等获取信息和信息平等观念的逻辑延伸，指信息披露义务人履行信息披露义务时，必须向所有投资者公开披露，以使其均可同时获悉同样的信息。[①] 同步披露规则要求，一方面，披露义务人不得仅向证券分析师、机构投资者等关联人披露；[②] 另一方面，针对境内境外同时发行上市证券的信息披露义务人，披露信息时应当境内境外同步进行，不得内外有别，后内先外，或先内后外。虽然2007年1月30日中国证监会《上市公司信息披露管

---

① 参见陈秧秧：《选择性披露的管制与内幕交易法的演变：基于美国公平披露条例的研究》，载《证券法苑》2010年第3卷。

② 例如，格力电器在股东大会上和美的集团在行业论坛发布业绩预告，因均属面向部分人而非全体社会公众披露信息，故均违反同步披露原则。

理办法》第2条第3款对同步披露作出了规定，但证券法第78条第3款则是首度在法律层面对该制度作出规定，凸显了立法机关对同步披露的重视程度。

（三）要式披露

所谓要式披露，指信息披露义务人披露信息时应按法定的内容和格式要求发布。信息披露以强制披露为主，自愿披露为辅。强制披露，当然应推行标准化的披露格式。[①] 虽然中国证监会及各证券交易场所早已制定了若干信息披露内容与格式准则、内容与格式指引、信息披露指引、编报规则、备忘录、问答等，以规范信息披露义务人之信息披露行为，但证券法第79条首次在法律层面明确了上市公司等信息披露义务人编制定期报告时遵循证监会及各证券交易场所的内容与格式要求，提升了要式披露原则的法律位阶，更有利于信息披露义务人的贯彻执行。

（四）及时披露

所谓及时披露，是指向投资者公开的信息应当符合时效性要求，披露信息反映的应是公司的现实状况，且交付信息资料的时间不得超过法定期限。公司的经营活动是持续进行的，其经营状况处于不断变动的状态，投资者的投资判断必须依赖于对公司经营变动情况的实时掌握，其期望的收益必须依据当时公司的经营状况、收益程度及其发展潜力加以判断。如果影响证券市场价格的重要信息在发生后相当时间才得以公开，那么该信息作为投资判断依据的价值已不复存在。因此，证券法在《上市公司信息披露管理办法》有关规定的基础上，在第78条、第80条、第82条等条款明确及时披露要求。

二、完善管理层[②]信息披露保证和异议制度

新证券法第82条第1款、第2款和第4款规定了管理层信息披露保证和异议制度。

（一）管理层信息披露保证

所谓管理层信息披露保证，是指发行人管理层应当保证发行人所披露的证券发行文件和定期报告的真实、准确、完整。信息披露保证是发行人管理层的一项法定义务。本次证券法修订，一方面把原证券法规定的管理层信息披露保

---

① 参见［美］弗兰克·伊斯特布鲁克、丹尼尔·费希尔：《公司法的经济结构》，罗培新、张建伟译，北京大学出版社2014年版，第311～313页。

② 在此，笔者将董事、监事、高级管理人员统称为管理层。

证义务主体从上市公司管理层扩展到发行人管理层,[①] 另一方面把管理层的保证范围从定期报告扩展至定期报告和发行文件，并在规定监事会对发行文件和定期报告负有出具书面审核意见的义务之外，新增监事对发行文件和定期报告负有签署书面确认意见的义务的规定，监事对信息披露的职责与董事、高级管理人员同等化。

（二）管理层信息披露异议

证券法第 82 条第 4 款新增了管理层信息披露异议制度。管理层无法保证证券发行文件和定期报告内容的真实性、准确性、完整性或者有异议的，应当在书面确认意见中发表意见并陈述理由，发行人应当披露；发行人不披露的，管理层可以自己的名义直接申请披露。证券法第 82 条第 4 款有机综合了《上市公司信息披露管理办法》第 24 条第 2 款及《上海证券交易所科创板股票上市规则》第 5 章第 1 节第 2 条第 2 款的内容。与《上市公司信息披露管理办法》第 24 条第 2 款规定相比，证券法将异议对象扩展到了定期报告和发行文件；与《上海证券交易所科创板股票上市规则》第 5 章第 1 节第 2 条第 2 款规定相比，证券法规定的异议对象又仅限于定期报告和发行文件，不包括临时报告。

三、完善重大事件披露制度

新证券法第 80 条、第 81 条规定了重大事件披露制度，按照对股票交易价格和对公司债券交易价格产生较大影响进行重大事件分类，增加了新三板公司重大事件披露要求。

（一）控股股东或实际控制人的披露义务

原证券法仅规定了发生重大事件时公司负有信息披露义务，新证券法在第 80 条第 3 款规定了公司的控股股东或者实际控制人对重大事件的发生、进展产生较大影响的，应当及时将其知悉的有关情况书面告知公司，并配合公司履行信息披露义务。

（二）信息披露事项

证券法第 80 条新增了以下应当披露的重大事件：公司提供重大担保或者从事关联交易，可能对公司的资产、负债、权益和经营成果产生重要影响；董事长或者经理无法履行职责；公司的实际控制人及其控制的其他企业从事与公司相同或者相似业务的情况发生较大变化；公司分配股利、增资的计划，公司股

---

① 发行人既包括上市前的公司，也包括退市后的公司。

权结构的重要变化，或者依法进入破产程序、被责令关闭；发生涉及公司的重大仲裁事件；公司的控股股东、实际控制人涉嫌犯罪被依法采取强制措施。

此外，证券法把原法规定的应当披露的重大事件之一的“公司的重大投资行为和重大的购置财产的决定”修改为“公司的重大投资行为，公司在一年内购买、出售重大资产超过公司资产总额百分之三十，或者公司营业用主要资产的抵押、质押、出售或者报废一次超过该资产的百分之三十”。

（三）债券重大事件披露

原证券法对债券重大事件未作规定，修订后新增了第 81 条，对可能对上市公司债券的交易价格产生较大影响的重大事件作出了明确具体的规定。

四、新增新三板信息披露制度

新证券法第 79 条、第 80 条新增规定新三板信息披露制度。

新三板是我国多层次资本市场重要组成部分。证券法修订前，新三板公司的信息披露义务主要在中国证监会制定的《非上市公众公司监督管理办法》中规定，修订后首次在法律层面予以明确，包括第 79 条规定的新三板公司定期报告义务、第 80 条规定的新三板公司临时报告义务。

五、新增公平披露制度

新证券法第 83 条新增规定公平披露制度。

证券市场是一个高度依赖信息运作的市场，良好的信息环境是保护中小投资者权益和提高证券市场运行效率的根本保障。为此，证券法第 83 条要求，信息披露义务人披露的信息应当同时向所有投资者披露，不得提前向任何单位和个人泄露，以确保所有投资者可以平等获取同一信息。同时，为实现公平披露，需要有良好的信息披露环境，这就要求任何单位和个人不得非法要求信息披露义务人提供依法需要披露但尚未披露的信息。依法需要披露但尚未披露的信息通常是涉及公司经营、财务或可能影响公司股价的内幕信息，因此任何单位和个人提前获知依法需要披露但尚未披露的信息的，在依法披露前应当保密，不得泄露信息或非法利用信息开展证券交易或建议他人交易证券，以防止内幕交易、操纵市场等违法犯罪行为产生。实践中，有些机构或个人滥用职权或以威逼、利诱、恐吓、欺骗等非法手段要求信息披露义务人提供依法需要披露但尚未披露的信息，应依法承担法律责任。

六、新增自愿披露和承诺披露制度

新证券法第 84 条新增规定自愿披露和承诺披露制度。

（一）自愿披露

自愿披露是与强制披露相对应的一项制度。强制披露即义务人必须根据法律规定，履行信息披露义务，且披露的信息必须满足法律规定的所有条件。自愿披露是一种以市场激励为动机的披露形式，指信息披露义务人除应该承担强制性信息披露义务外，还可以依据自愿原则，选择披露法定披露信息之外的信息。证券法第 84 条第 1 款对此作出了明确规定。这一规定有利于投资者获取更多有效信息，并根据信息作出价值判断和投资决策。相较于强制性披露信息，自愿披露信息的标准更为宽松，披露义务人的自主权更大。

（二）承诺披露

证券法第 84 条第 2 款还新增了承诺披露制度，即发行人及其关联方，发行人董事、监事、高级管理人员，作出公开承诺的，该承诺应当披露。这是对前述自愿披露制度中“自愿性”的限制，一旦公开承诺，承诺内容便成为“特殊强制披露”的内容，而不再是自愿披露内容。另外，承诺披露制度亦明确，公开承诺后，不履行承诺给投资者造成损失的，应当依法承担赔偿责任。

七、完善信息披露民事责任

新证券法第 85 条规定了信息披露民事责任。

关于信息披露义务人的民事责任，原证券法仅规定信息披露存在虚假记载、误导性陈述或者重大遗漏等虚假陈述行为，相关责任主体应承担赔偿责任。修订后的新证券法第 85 条扩大了赔偿责任的范围，增加了信息披露义务人“未按照规定披露信息”的行为。因此，凡是虚假陈述行为和信息披露违规行为，致使投资者在证券交易中遭受损失的，信息披露义务人都应当承担民事赔偿责任。

另外，证券法第 85 条还将承担信息披露民事赔偿责任实行过错推定的范围由修订前的发行人董监高和其他直接责任人员扩及发行人的控股股东和实际控制人。证券法修订前，发行人的控股股东和实际控制人在承担信息披露民事赔偿责任上是实行过错责任原则，即“有过错的，应当与发行人、上市公司承担连带赔偿责任”。新证券法第 85 条规定，发行人的控股股东和实际控制人“应当与发行人承担连带赔偿责任，但是能够证明自己没有过错的除外”。由过错责任原则到过错推定责任原则，举证责任的倒置无疑加重了发行人控股股东和实际控制人违反信息披露规定的民事责任。这一修改将对近年来发行人控股股东、实际控制人违反信息披露规定损害投资者和上市公司利益的行为起到遏制作用，有利于强化上市公司治理和投资者利益保护。

第二节　条款释义

第七十八条　发行人及法律、行政法规和国务院证券监督管理机构规定的其他信息披露义务人，应当及时依法履行信息披露义务。

信息披露义务人披露的信息，应当真实、准确、完整，简明清晰，通俗易懂，不得有虚假记载、误导性陈述或者重大遗漏。

证券同时在境内境外公开发行、交易的，其信息披露义务人在境外披露的信息，应当在境内同时披露。

【条文主旨】

本条是关于信息披露义务人及信息披露基本要求的规定。

【条文释义】

本条中“信息披露义务人披露的信息，应当真实、准确、完整，不得有虚假记载、误导性陈述或者重大遗漏”之规定主要来自原证券法的规定，其余内容均为修订后新增内容。

一、信息披露义务人

按照本条第1款规定，证券市场信息披露义务人有两类：一类为发行人①，另一类为其他信息披露义务人。

（一）发行人

发行人是我国证券市场最主要的信息披露义务人。负有信息披露义务的发

① 含债券发行人等各类证券品种发行人。公司债券卖者责任体现为信息披露义务，具体包括信息披露制度中要求的信息披露义务与投资劝诱阶段的说明义务。参见南玉梅：《债券交易人卖者责任探析——以信息披露义务与诚信义务为核心》，载《中国政法大学学报》2017年第2期。

行人不仅包括公开发行证券的公司，也包括非公开发行但股份公开转让的新三板挂牌公司。

（二）其他信息披露义务人

其他信息披露义务人主要包括控股股东、实际控制人、大额股份持有人、上市公司收购人、破产管理人及其高级管理人员、证券交易所等组织或个人。

1. 公司控股股东或者实际控制人虽然不是证券发行人，但若对重大事件的发生、进展产生较大影响的，应当及时将其知悉的有关情况书面告知公司，并配合公司履行信息披露义务。① 发行人及其控股股东、实际控制人、董事、监事、高级管理人员等作出公开承诺的，应当披露其承诺事宜及承诺内容。②

2. 大额股份持有人的信息披露义务，指通过证券交易所的证券交易，投资者单独或与他人共同持有一个上市公司5%以上大额股份时，应当在该事实发生之日起3日内披露相关信息；其后投资者所持该上市公司有表决权股份比例每增加或者减少1%，都应当在该事实发生次日予以披露。③ 大额持股披露旨在向目标公司管理层及其他投资者发出预警，避免外部大股东潜在的滥用或操纵。④ 需要指出的是，本次证券法修订将原法规定股东首度持股5%以后，每增加或减少5%进行披露改为每增加或减少1%就须披露。有学者认为，虽然要求投资者披露其持有上市公司大宗股份信息有其正当理由，但应平衡积极投资者与上市公司及其管理层之间的监管负担，⑤ 不可将有收购意愿的积极投资者统统视为“野蛮人”而加以限制或排斥，从而有意无意地袒护公司管理层。

3. 上市公司收购人的信息披露义务主要规定在证券法第73条。根据该条第2款的规定，上市公司收购人应当向其他全体股东发出含有收购意思、收购目的、收购价格、收购数量等内容的收购要约并予公告。

4. 我国证券交易所虽然被定位为行业自律组织，其与上市公司之间的法律关系大体可归入民事法律关系，但实际上也存在着对上市公司较强的监管关

① 参见证券法第80条第3款。另，《收购管理办法》（2020年修订）第58条规定，上市公司实际控制人及受其支配的股东，负有配合上市公司真实、准确、完整披露有关实际控制人发生变化的信息的义务。

② 参见证券法第84条第2款。

③ 参见证券法第63条。

④ 参见解正山：《大额持股披露义务规制》，载《现代法学》2018年第3期。

⑤ 参见解正山：《大额持股披露义务规制》，载《现代法学》2018年第3期。

系。[①] 监管过程中，因突发性事件导致证券交易结果出现重大异常，按交易结果进行交收将对证券交易正常秩序和市场公平造成重大影响的，证券交易所可以采取取消交易、通知证券登记结算机构暂缓交收等措施，并应当及时向中国证监会报告并公告。[②] 日常监管中，证券交易所应当加强对证券交易的风险监测，出现重大异常波动的，证券交易所可以采取限制交易、强制停牌等处置措施，并向证监会报告；严重影响证券市场稳定的，证券交易所可以采取临时停市等处置措施并公告。[③] 科创板推出后，发行人的发行上市申请由交易所审核，证监会注册。交易所审核同意后，应在将发行人注册申请文件报送中国证监会的同时，将招股说明书、发行保荐书、上市保荐书、审计报告和法律意见书等文件在交易所网站和中国证监会网站公开。[④] 前述之公告、公开均属交易所之信息披露义务。

二、信息披露基本要求

本条第 2 款和第 3 款规定了信息披露的五项基本要求。

（一）真实原则

真实与虚假是对应性范畴，信息披露满足了真实性要求，就不会有虚假记载。信息披露制度的目的在于使证券投资者能够根据发行人所披露信息作出投资判断，这必然要求义务人所披露信息能够真实地反映其经营状况和财产状况。真实性是信息披露的根本原则，几乎成为信息披露制度的前提性假设。[⑤] 所谓信息披露的真实性是指披露义务人应当以信息的客观面目进行披露，不得有虚伪记载、误导或欺骗。只有那些反映公司经营状况和财产状况的信息是真实客观的，投资者的投资判断才有客观的基础。任何虚假的信息，都将可能导致投资者因判断依据的虚假而出现判断失误，从而影响投资者的信心和证券市场的健康发展。为了保证信息披露的真实性，各国证券法律制度从各个层面对此进行约束。首先，在证券发行阶段，由证券管理机构或授权机构对发行人依法申请公开发行证券所提交的文件进行审核。这里的审核，根据立法模式的不同可分为实质审核和形式审核。其次，由证券发行人及其董事、监事、高级管理人

---

① 参见卢文道：《证券交易所及其自律管理行为性质的法理分析》，载《证券法苑》2011 年第 5 卷。

② 参见证券法第 111 条第 2 款。

③ 参见证券法第 113 条第 1 款。

④ 参见中国证监会《科创板首次公开发行股票注册管理办法（试行）》第 46 条。虽然该条最后一句似乎存在语病，但从体系解释角度，本书认为将公开义务人解释为交易所方为妥当。

⑤ 程茂军：《上市公司信息披露法律规制研究》，中国法制出版社 2019 年版，第 42 页。

员、保荐人及证券中介机构对所披露文件内容的真实性承担担保责任。最后，证券交易所可以通过制定上市规则的方式，对相关披露义务人所披露的信息是否真实作出约束。

信息披露的真实性，是对披露义务人所披露信息的整体要求。但由于公开信息的性质不同，真实性标准的要求也有所差异。证券发行信息可分为描述性信息、评价性信息和预测性信息。① 描述性信息反映的是公司在经营活动中的历史事实，对描述性信息的公开是对已经发生的或正在发生的客观事实的陈述。描述性信息公开的真实是一种客观事实的真实，在公开的文件中不得对事实进行捏造和推断、无中生有或有中化无。对历史事实的性质、结果或影响的分析和价值判断的内容是评价性信息。评价性信息反映的是信息内容与历史事实的联系，该类信息的公开往往加入了信息发布者的主观判断，因此对其真实性作判断时，主要注意点为评价信息依据的真实性和评价方法的合理性。预测性信息指对公司未来经营状况的预测（多是盈利预测），它反映的是公司既存事实与未来情况的联系。公司的经营活动具有持续性，经营状况和经营环境具有变动性，经营的状况不仅包括现状，也包括潜力和风险。② 因此，对未来情况的预测信息必然影响证券的市场价格。预测性信息涉及众多变数，其真实与否只有等待时间检验。对该类信息的公开，应要求其依据的既存事实必须真实，预测的内容必须与既存的事实有逻辑上的关联性和合理性。此外，还必须强调信息发布人公开预测信息目的的正当性，公开预测性信息的目的须是有助于投资者对证券价格作出合理判断，进而作出正确的投资判断，不应是拉抬证券价格诱骗误导投资者。预测性信息的真实性只有通过法律的严格规制才能得到保障。

（二）准确原则

在证券法领域，准确与误导是对应性范畴，信息披露满足了准确性要求，就不会是误导性陈述。信息披露的准确性是指信息披露义务人在披露信息时必须确切表明其含义，不得故弄玄虚、语意不详，或作其他使投资者对其投资行为发生错误判断的陈述。信息披露是通过语言文字实现的，而语言文字的多义性与语言表达方式的多样性往往会产生歧义，因此要求披露活动必须贯彻准确性原则。在信息披露中，披露的信息是否具有真实性、全面性相对明显，但披露信息缺乏准确性，给投资者造成损失，则通常不易被发现。信息披露的真实

---

① 陈甦、吕明瑜：《论上市公司信息公开的基本原则》，载《中国法学》1998 年第 1 期。

② 陈甦、吕明瑜：《论上市公司信息公开的基本原则》，载《中国法学》1998 年第 1 期。

性强调的是已公开信息与信息所反映事实之间的一致性，全面性强调已公开信息与客观情况将影响证券价格之事实总量上的统一性，而信息公开准确性则强调信息发布者与信息接收者之间，以及各个信息接收者之间对同一信息在理解上的一致性。①

一个虚假的信息固然是不准确的信息，但不准确的信息未必是虚假的信息，因为对不准确的信息也有可能作出正确的理解或解释。② 首先，在贯彻准确性时，信息发布者应按法定标准进行信息公开（如会计准则），只有统一在法定的标准上才能谈得上准确性。其次，信息发布者在信息披露的语言文字表述上，应按照语言文字的通常意义进行使用，不得使用晦涩难解、易引起歧义的词句。信息发布者与接收者的组成成分极为复杂，行业归属、知识水平、语言习惯、经验能力等各有不同，对于信息内容的理解和判断相应地也有所不同。由于信息公开的目的是方便投资者进行投资判断，因此对公开信息内容的理解与解释，应以一般投资者的判断为标准。

首先，不准确的信息表现为信息的内容可以有多种理解和解释，而且各种理解和解释都有一定的道理。其次，不准确的信息并不是显而易见的，如果有明显的信息错误，通常是违反信息真实性标准的虚假信息。因此，判断信息是否准确，应以信息的内容是否产生歧义、结果是否会使人误解为标准。

（三）完整原则

在证券法上，完整性和重大遗漏是对应性范畴，信息披露满足了完整性要求，就不会有重大遗漏。证券市场上投资者判断的基础是对证券发行公司披露信息的综合分析。虽然，每个具体的投资者对所披露信息的重要性和有用性有不同的认识和不同的选择，但对投资者整体而言，证券发行公司将各种影响证券价格的重大信息予以公布，是投资判断公平性和正确性的前提条件。如果披露的信息不全面或不完整，有“重大遗漏”，即使已公开的信息全部是真实的，也会导致信息公开整体上的虚假性。③ 因此，在强调真实性标准的同时，必须坚持信息披露的全面性。

信息披露的完整性，是指信息披露义务人提供给投资人判断证券投资价值的有关信息和资料必须全面，不得故意隐瞒或有重大遗漏。完整性并不是要求

---

① 参见刘慧娟：《国际证券市场信息披露监管制度研究》，对外经济贸易大学 2014 年博士学位论文，第 37 页。

② 陈甦、吕明瑜：《论上市公司信息公开的基本原则》，载《中国法学》1998 年第 1 期。

③ 陈甦、吕明瑜：《论上市公司信息公开的基本原则》，载《中国法学》1998 年第 1 期。

证券发行公司将有关其经营状况信息事无巨细地一律披露。事实上，将那些对证券市场价格并无影响的信息予以披露，一方面增加了发行人信息公开的成本，另一方面也无助于投资者作出投资判断，因为各种信息的混杂会形成“信息噪声”，增加投资者信息选择的难度。

信息披露的完整性标准有质和量两方面的规定性。首先，在披露信息的质上，必须是“重大信息”，即能够较大影响证券市场价格的重大事件。① 其次，在信息披露的量上，必须使投资者拥有足以作出投资决策的完整信息。② 信息披露完整性可进一步细化为宏观上的完整性和微观上的完整性。宏观上的完整性是指证券发行人应将法定范围内应披露的信息完全披露，不得有所遗漏和保留。例如，公司应定期公开财务报告等文件，随时公开可能对公司证券市场价格产生较大影响的重大事件等。微观上的完整性指具体到每一条披露的信息而言，信息披露义务人应保证其内容的充分完整。贯彻信息披露的全面性标准，必须强调宏观上的完整性和微观上的完整性相结合。

有学者认为，应当正确理解全面信息披露原则，“完整性并不要求在所有披露文件中都披露相同项目或作出同等广度和深度的披露”，也“并非要求证券发行人将其知悉的所有信息全部予以披露，公司仍然具有一定披露保留权和隐私空间”。③ 实际上，投资者需要何种信息一直是一个见仁见智的问题，④ 甚至有美国学者提出取消信息披露监管或许是更好的选择。⑤ 虽然该主张显得过分激进，但信息披露的确应当处理好简化披露和充分披露之间的矛盾，防止出现信息披露之“棘轮效应”，⑥ 以尽可能实现信息披露制度之立法初衷。

---

① 参见证券法第 80 条；关于信息“重大性”的判断标准，本章后续将详细阐述。

② 参见证券法第 78 条。

③ 程茂军：《上市公司信息披露法律规制研究》，中国法制出版社 2019 年版，第 45 页。

④ 国内学者自 2000 年开始进行了投资者信息需求的大量实证研究。参见吴联生：《投资者对上市公司会计信息需求的调查分析》，载《经济研究》2000 年第 4 期；周勤业、卢宗辉等：《上市公司信息披露与投资者信息获取的成本效益问卷调查分析》，载《会计研究》2003 年第 5 期；潘琰、辛清泉：《解读企业信息需求——基于机构投资者的信息需求探索》，载《会计研究》2004 年第 12 期；陆正飞、刘桂进：《中国公众投资者信息需求之探索性研究》，载《经济研究》2002 年第 4 期；赵立新、黄燕铭等：《构建以投资者需求为导向的上市公司信息披露体系》，中国金融出版社 2013 年版，第 63 ~ 80 页及第 112 ~ 144 页；黄立新、陈宇等：《构建基于投资者需求的信息披露制度探讨》，载《证券市场导报》2014 年 7 月号。

⑤ 参见［美］沙哈尔·本·沙哈尔、卡尔·E. 施耐德：《过犹不及——强制披露的失败》，陈晓芳译，法律出版社 2015 年版，第 205 页。

⑥ 指信息披露义务人为规避可能产生的法律责任，事无巨细且日甚一日地披露更多信息，参见程茂军：《上市公司信息披露法律规制研究》，中国法制出版社 2019 年版，第 71 ~ 72 页。

（四）简明原则

简明原则为本次证券法修订之新增原则，指信息披露义务人披露信息时，内容与表达应尽量浅显直白、通俗易懂，公开的信息能被具有一般文化知识和经营知识的投资者所理解。

信息公开的简明性有助于实现信息公开制度的目的。本次证券法修订前，学者一般认为，信息披露之准确性可内含信息披露之简明性。一方面，上市公司的经营活动是一项专业性活动，在其公开有关经营状况的信息时，专业术语或行业术语在表述准确上往往有不可替代性。[①] 专业术语和行业术语与日常生活用语不同，这可能导致一般投资者对信息理解产生困难，然而如此操作并不违背信息公开准确性标准。[②] 另一方面，为了更好地达至信息披露的目的，对于披露信息所使用的专业或行业术语，信息披露义务人应作出必要的解释。然而，也有学者认为，"有必要确立证券信息披露的简明性规则，即在信息披露中使用清晰、简单、易懂的语言，在能够使用普通语言的场合，避免使用专业的金融词汇"[③]。因为只有企业提供的信息能够有效地被读懂，投资者才能把握披露信息总体状况。[④] 本次证券法修订新增了简明披露原则，有助于投资者更好地接收和理解信息。

（五）同步原则

同步原则为本次证券法修订新增之信息披露原则。所谓同步披露，是平等获取信息和信息平等观念的逻辑延伸，指信息披露义务人履行信息披露义务时，必须向所有投资者公开披露，以使其均可同时获悉同样的信息。[⑤] 同步披露原则要求，一方面，不得仅向证券分析师、机构投资者等关联人披露；[⑥] 另一方

---

① 陈甦、吕明瑜：《论上市公司信息公开的基本原则》，载《中国法学》1998 年第 1 期。

② 有学者认为，信息披露的准确性原则在监管者导向和投资者导向下具有不同的内涵。以监管者为导向的信息披露文件更多地是作为一种法律文件，披露义务人首先考虑的是如何免除潜在的法律风险，因此披露的准确性就体现为过多地使用行业术语或法律术语，从而使披露语言复杂难懂；以投资者为导向的准确性则试图在投资者的理解能力与信息复杂性、语言歧义性等之间取得一种平衡。参见程茂军：《上市公司信息披露法律规制研究》，中国法制出版社 2019 年版，第 43 ~ 44 页。

③ 武俊桥：《论证券信息披露简明性规则——以网络时代为背景》，载《证券市场导报》2011 年第 11 期。

④ 张秀敏、刘星辰、汪瑾：《阅读难易程度与信息披露质量——基于易读衡量和关联因素视角的分析》，载《当代经济管理》2017 年第 6 期。

⑤ 参见陈秧秧：《选择性披露的管制与内幕交易法的演变：基于美国公平披露条例的研究》，载《证券法苑》2010 年第 3 卷。

⑥ 参见证券法第 83 条第 1 款。

面，针对境内境外同时发行上市证券的信息披露义务人，披露信息时应当境内境外同步进行，不得崇洋媚外、先外后内。[①]

【适用指引】

一、科创公司[②]信息披露义务人

根据本条规定，信息披露义务人由法律、行政法规和中国证监会规定。但《科创板股票上市规则》[③] 第15.1条第6项规定："（六）相关信息披露义务人，指发行人、上市公司的董事、监事、高级管理人员、核心技术人员、股东或存托凭证持有人、实际控制人、收购人及其相关人员、重大资产重组交易对方及其相关人员、破产管理人及其成员等。"与证券法和证监会规定相比，《科创板股票上市规则》增加了核心技术人员、股东或存托凭证持有人、重大资产重组交易对方及其相关人员、破产管理人及其成员等作为信息披露义务人。从对本条规定进行文义解释角度，《科创板股票上市规则》是否有权扩展信息披露义务人范围不无疑问；因此，建议适时完善本条内容，或者完善《上市公司信息披露管理办法》相关内容，以便上交所扩展科创公司信息披露义务人范围具备上位法依据。

二、破产公司信息披露义务人

按照"谁管理，谁披露"原则，在破产程序中采取管理人管理模式[④]时宜确定管理人作为信息披露义务人，因为管理人在实质控制企业之后，处于掌握

---

① 本次证券法修订前，上市公司格力电器在股东大会和美的集团在行业论坛上发布业绩预告，因均属面向部分人而非全体社会公众披露信息，故均因违反同步披露原则受到监管关注或警示。2019年2月1日，广东证监局官网披露针对格力电器董事长的一封警示函。该函主要内容为：经查，珠海格力电器董事长在2019年1月16日下午召开的格力电器2019年第一次临时股东大会上，发布了格力电器2018年营业收入和净利润等有关业绩信息，而格力电器在股东大会结束后的当天晚间才发布2018年度业绩预告。广东证监局认为，该董事长的上述行为违反了《上市公司信息披露管理办法》第6条第2款、第45条第2款的规定；根据《上市公司信息披露管理办法》第59条的规定，该局决定对其采取出具警示函的行政监管措施。事有凑巧，美的集团董事长兼总裁于2019年1月12日在中国制造论坛上发表"2018年预计税前利润超过260亿元"等有关美的集团业绩的言论，早于公司于1月14日对外发布业绩预告的时间。深圳证券交易所为此于2019年2月18日晚间向美的集团董事会下发关注函，要求美的集团切实提高信息披露法律法规意识，严格规范董监高（董事、监事、高级管理人员之统称，与本章之管理层同义）对外发布信息行为。

② 指科创板上市公司，下同。

③ 全称为《上海证券交易所科创板股票上市规则》，下同。

④ 根据企业破产法规定，在满足一定条件时，债务人可在管理人监督下自行管理。

企业信息的核心地位和关键位置，理所当然地应成为信息披露义务主体。①

但我国证券法和企业破产法均未规定破产管理人及其高级管理人员之信息披露义务，目前仅有《科创板股票上市规则》对此有规定。该上市规则第 8 章第 2 节第 8 条规定："上市公司破产采取破产管理人管理或者监督运作模式的，破产管理人及其成员、董事、监事和高级管理人员应当按照《证券法》、最高人民法院、中国证监会和本所有关规定，及时、公平地向所有债权人和股东披露信息，并保证信息披露内容的真实、准确、完整。"

我们认为，破产是所有上市公司都可能出现的一种情况，有关破产管理人及其高级管理人员的信息披露义务应当在证券法、企业破产法等法律中作出规定，至少也该在中国证监会《上市公司信息披露管理办法》这样的部门规章中作出规定，避免出现没有法律依据要求破产管理人承担信息披露义务之窘境。

三、董事会秘书的选任

证券法并未规定发行人履行信息披露义务的具体操作者，但根据《上市公司信息披露管理办法》，董事会秘书（简称董秘）具体负责信息发布。实践中，董秘既有由公司财务总监（CFO）兼任的，也有非财务总监兼任或非兼任的。研究表明，CFO 兼任董秘，可能不仅能更有效地"描绘"公司业绩背后隐含的公司战略信息和生产经营管理信息，更好地解释盈余、应计盈余和现金流量之间的关系及其持续性，而且能够更精准地根据投资者需求提供高质量的财务报告信息，降低信息不确定性，从而更好地实现公司和金融中介、机构投资者、中小投资者之间的沟通，提高投资者对公司信息的解读能力，显著改善资本市场效率。② 笔者认为，在董秘选任的法律规则出台前，董秘选任属公司内部事项，应由公司意思自治。

四、防范不披露即解释原则的滥用

上海证券交易所于 2013 年 12 月 26 日发布施行的《上市公司日常信息披露工作备忘录第十二号——上市公司分行业经营性信息披露》第 3 条规定，上市公司和相关信息披露义务人应当遵循"不披露即解释"原则，对于本备忘录规定的"应当披露"的临时公告和定期报告内容，上市公司和相关信息披露义务人未披露的，应当在年度报告③中向市场解释其未披露的原因并作出特别提示。

---

① 参见王欣新：《论破产法上信息披露制度的构建与完善》，载《政治与法律》2012 年第 2 期。

② 参见毛新述等：《信息发布者与资本市场效率》，载《经济研究》2013 年第 10 期。

③ 简称年报。

这条规定本来是准许上市公司无需在不恰当的时点披露特定信息，却不想被某些上市公司滥用来选择特定时点披露特定信息，从而牟取不法利益。为尽可能杜绝上市公司对“不披露即解释”原则的滥用，一方面应要求上市公司在事件发生并拟暂不披露时向交易所报告；另一方面应对其事后披露的解释严格审查，若其当时不披露不具有合理性，应视为其违反信息披露法律法规，依法严处。

第七十九条 上市公司、公司债券上市交易的公司、股票在国务院批准的其他全国性证券交易场所交易的公司，应当按照国务院证券监督管理机构和证券交易场所规定的内容和格式编制定期报告，并按照以下规定报送和公告：

（一）在每一会计年度结束之日起四个月内，报送并公告年度报告，其中的年度财务会计报告应当经符合本法规定的会计师事务所审计；

（二）在每一会计年度的上半年结束之日起二个月内，报送并公告中期报告。

【条文主旨】

本条是关于持续信息披露中的定期报告制度的规定。

【条文释义】

本条要求定期报告的内容和格式应当按照证券监管机构和证券交易场所的具体规定编制；与原证券法相比，本条新增了新三板挂牌公司须披露定期报告的规定。

一、持续信息披露概述

持续信息披露是指发行人在证券发行后仍然依照法定要求持续性地提供相关信息，大体上等于证券交易市场（二级市场）中的信息披露。按我国证券法及相关法规，信息在交易市场上持续披露的主要形式有：上市公告书、定期报告、临时报告和上市公司收购公告。本条仅涉及定期报告。

公司信息持续披露的目的不完全同于证券发行的信息披露，发行披露“侧重于为一般投资者在对发行证券投资价值作出合理判断时提供基本条件”。① 然而，发行时披露的招股说明书毕竟只是公司在某个时间点的一张“快照”；除非这张快照定期更新，否则二级市场便没有足够衡量公司价值的手段。甚至经过一段时间后，招股说明书便成为仅具有历史意义的“老照片”。② 为让二级市场上投资者能够持续、及时并正确地获取评估公司证券投资价值的信息，同时防止证券交易市场的欺诈和操纵行为，上市公司必须定期向社会公众披露其经营和财务状况，或者不定期且及时地提供对上市公司证券买卖活动及价格可能有重大影响的任何信息，以保护投资者交易安全。但是，持续信息披露也有负面作用，如上市公司的信息披露成本加大；“信息过量”导致重要信息被埋没；③ 持续信息披露会抑制具有创造性的行为；信息披露过早带来证券价格的先行波动。④ 所以，舍两端而取其平衡是该制度的理想境界。

与发行信息披露比较，持续信息披露制度除目的差异外，从其发展历史看，最初的地位远远不及发行披露。英美法系许多国家证券立法均对发行披露设置了充分的民事救济措施，但对于二级市场，制定法中却鲜有明确的法定救济，投资者只能依靠普通法或衡平法提起诉讼。这种忽略可能是因为在实行信息披露的初期，该制度主要是为了满足短期债权人的利益和需要。但随着人们开始体会到证券交易中对于投资公众的欺诈所带来的灾难性后果，以及持续披露在政府干预市场周期性波动以实现经济管理目标中的作用，其地位日益提升并最终成为信息披露制度不可或缺的一环。

二、遵守要式披露原则

持续信息披露，除遵守证券法第 78 条所述信息披露基本原则外，还需遵守要式披露原则。所谓要式披露，指信息披露义务人披露信息的内容和格式必须符合法定要求。本条和《上市公司信息披露管理办法》第 6 条、第 45 条第 2 款等均作出了相关规定。此外，中国证监会及各证券交易场所制定了若干信息披露内容与格式准则、内容与格式指引、信息披露指引、编报规则、备忘录、问答等，以规范信息披露义务人之信息披露行为。

要式披露要求拟披露信息必须先在指定媒体公开后才能在其他非指定媒体

---

① 王保树主编：《商事法论集（一）》，法律出版社 1996 年版，第 286 页。

② 齐斌：《证券市场信息披露法律监管》，法律出版社 2000 年版，第 130～131 页。

③ 有人说，阳光除了是消毒剂，还可能使人眩晕。See Troy，a. Paredes，Blinded By The Light：Information Overload And Its Consequences For Securities Regulation，81 Wash. u. 1. 2003，p. 417.

④ 参见齐斌：《证券市场信息披露法律监管》，法律出版社 2000 年版，第 131 页。

或非指定渠道披露。但是，随着现代社会突发事件越来越多，信息传播速度越来越快，为避免权威信息迟到给投资者造成损失，给证券市场带来混乱，近年出台的部门规章和规范性文件对信息要式披露作了一定程度的缓和处理，如中国证监会《科创板上市公司持续监管办法（试行）》第 14 条规定，科创公司和信息披露义务人确有需要的，可以在非交易时段对外发布重大信息，但应当在下一交易时段开始前披露相关公告。《科创板股票上市规则》第 5. 4. 3 条第 2 款则更进一步，规定上市公司和相关信息披露义务人确有需要的，可以在非交易时段通过新闻发布会、媒体专访、公司网站、网络自媒体等方式对外发布应披露的信息，但公司应当于下一交易时段开始前披露相关公告。

互联网信息沟通平台的运行为投资者与上市公司管理层的沟通提供了便捷的渠道，从而使得投资者能够直接从上市公司获得有关公司运营与发展的准确信息。这一机制的设立降低了“市场噪声”（如网络谣言等）对资产价格的影响，增强了价格中的信息含量，进而提高了市场参与者对公司价值判断的精确程度。[①] 利用新媒体披露信息能提升信息披露的及时性、覆盖面和完整性，增强市场流动性，减少信息不对称。[②] 笔者建议，一方面要在科创板外也破除指定媒体[③]披露制度，让新媒体真正成为信息披露的重要载体；另一方面要保证公司在新媒体上披露的信息与在指定媒体披露的信息一样可靠，有证可循。允许新媒体不仅采用传统的文字、图表等形式，也可以采用语音、视频、直播等披露形式。[④]

三、年度报告

年度报告是公司在每个会计年度结束后一定日期内向证券主管机关提交并向社会公众公开的，反映该公司在该会计年度的经营状况和财务状况的书面报告。

---

① 谭松涛等：《互联网沟通能够改善市场信息效率吗？——基于深交所“互动易”网络平台的研究》，载《金融研究》2016 年第 3 期。

② 参见王冰：《新媒体环境下上市公司信息披露研究》，经济科学出版社 2019 年版，第 3 页。

③ 事实上，《上市公司信息披露管理办法》多处提及指定媒体，却未在该办法中言明指定媒体究竟有哪些，可称遗憾。虽然中国证监会曾在不同时期以不同形式指定若干媒体作为指定媒体，但《上市公司信息披露管理办法》毕竟是规范证券市场信息披露的部门规章层面的基础性、纲领性文件，若非要指定媒体，宜将具体的指定媒体在该办法中载明，对信息披露义务人、投资者、监管机构都可谓提供了极大的便利。

④ 参见王冰：《新媒体环境下上市公司信息披露研究》，经济科学出版社 2019 年版，第 152 ~153 页。

（一）年度报告一般内容

按本条规定，上市公司、公司债券上市交易的公司、新三板挂牌公司，应当在每一会计年度结束之日起 4 个月内，向中国证监会和所在证交所报送年度报告，并予公告。

中国证监会于 2017 年 12 月修订的准则 2 号①对年度报告的内容作了较为全面细化的规定，并制定了统一的格式。该准则规定的年度报告内容与格式包括三个部分，即封面与目录、年度报告正文以及备查文件。年度报告正文中需公开的内容包括公司基本情况简介，会计数据和业务数据摘要，股本变动及股东情况，董事、监事、高级管理人员和员工情况，公司治理结构，股东大会情况简介，董事会报告，监事会报告，重大事项披露，股权激励计划，财务报告。

备查文件包括载有法定代表人、主管会计工作负责人（如设置总会计师，须为总会计师）、会计机构负责人（会计主管人员）签名并盖章的会计报表，载有会计师事务所盖章、注册会计师签名并盖章的审计报告原件，报告期内在中国证监会指定报纸上公开披露过的所有公司文件的正本及公告的原稿，在其他证券市场公布的年度报告。公司应当在办公场所置备上述文件的原件。当中国证监会、证券交易所要求提供时，或股东依据法规或公司章程要求查阅时，公司应及时提供。

（二）科创公司年度报告特别规定

1. 行业信息披露

科创公司应当在年度报告中，结合其所属行业的政策环境和发展状况，披露下列行业信息：所处行业的基本特点、主要技术门槛，报告期内新技术、新产业、新业态、新模式的发展情况和未来发展趋势；核心竞争优势，核心经营团队和技术团队的竞争力分析，以及报告期内获得相关权利证书或者批准文件的核心技术储备；当期研发支出金额及占销售收入的比例、研发支出的构成项目、费用化及资本化的金额及比重；在研产品或项目的进展或阶段性成果；研发项目预计总投资规模、应用前景以及可能存在的重大风险；其他有助于投资者决策的行业信息。②

---

① 指 2017 年最新修订之《公开发行证券的公司信息披露内容与格式准则第 2 号——年度报告的内容与格式》，下文提及“准则 3 号”等以此类推，均指最新修订之版本。

② 参见《科创板股票上市规则》第 8. 1. 2 条。

2. 重大不利影响提示

科创公司应当在年度报告中，遵循关联性和重要性原则，识别并披露可能对公司核心竞争力、经营活动和未来发展产生重大不利影响的下列风险因素：核心竞争力风险，包括技术更迭、产品更新换代或竞争加剧导致市场占有率和用户规模下降，研发投入超出预期或进程未达预期，关键设备被淘汰等；经营风险，包括单一客户依赖、原材料价格上涨、产品或服务价格下降等；行业风险，包括行业出现周期性衰退、产能过剩、市场容量下滑或增长停滞、行业上下游供求关系发生重大不利变化等；宏观环境风险，包括相关法律及税收、外汇、贸易等政策发生重大不利变化；其他重大风险。①

3. 未盈利公司重大风险提示

科创公司尚未盈利的，应当在年度报告显著位置披露公司核心竞争力和经营活动面临的重大风险。上市公司应当结合行业特点，充分披露尚未盈利的原因，以及对公司现金流、业务拓展、人才吸引、团队稳定性、研发投入、战略性投入、生产经营可持续性等方面的影响。②

4. 业绩下滑特别披露

科创公司年度净利润或营业收入与上年同期相比下降50%以上，或者净利润为负值的，应当在年度报告中披露下列信息：业绩大幅下滑或者亏损的具体原因；主营业务、核心竞争力、主要财务指标是否发生重大不利变化，是否与行业趋势一致；所处行业景气情况，是否存在产能过剩、持续衰退或者技术替代等情形；持续经营能力是否存在重大风险；对公司具有重大影响的其他信息。③

5. 存托凭证上市特别披露

红筹企业上市存托凭证的，应当在年度报告和中期报告中披露存托、托管相关安排在报告期内的实施和变化情况以及报告期末前10名境内存托凭证持有人名单和持有量。若存托人、托管人发生变化，或存托基础财产被质押、挪用、司法冻结或者发生其他权属变化，或对存托协议、托管协议作出重大修改或存托凭证与基础证券转换比例发生变动等任何情形发生，公司应及时披露。④

（三）年度财务报告的审计

证券法第79条规定，年度财务报告应当经符合本法规定的会计师事务所审

---

① 参见《科创板股票上市规则》第8.2.3条。

② 参见《科创板股票上市规则》第8.2.1条。

③ 参见《科创板股票上市规则》第8.2.2条。

④ 参见《科创板股票上市规则》第13.1.9条。

计。原证券法第169条规定，会计师事务所从事包括年度财务报告审计在内的证券服务业务，必须经国务院证券监督管理机构和有关主管部门批准。但是，新证券法第160条规定，从事证券投资咨询服务业务之外的其他证券服务业务，报国务院证券监督管理机构和国务院有关主管部门备案即可。亦即，会计师事务所从事包括审计年度财务报告在内的证券服务业务，无需事先经过资格审批，备案后即可开展工作。

（四）年报制度改进建议

1. 进一步厘清会计准则制定权和会计监管权的关系

年度报告必然包含财务报告，而编制财务报告的基础性法律依据是会计法。根据会计法，会计准则制定权归属于财政部；根据证券法，财务报告之监管权归属于中国证监会。自2007年中国证监会发布《上市公司年报会计监管报告》以来，我国资本市场中会计监管权和会计主管权的良性互动有了新进展，[①] 但还需要系统梳理、整合不同法律、规范性文件的规定，进一步增加年度报告规则的协调性，减少冲突和矛盾，形成层次分明、各有侧重的年度报告规范体系。[②]

2. 强调个性化披露，提供更具相关性的内容

根据中国证监会监管报告，为数不少的上市公司都存在会计政策披露过于原则化，财务报表附注中营业范围披露流于形式，部分附注信息过于简单等问题，[③] 不利于投资者作出科学、合理、准确的投资判断。因此，有必要推动各证券交易场所制订更多具有代表性的行业信息披露指引，督促上市公司加强对新兴行业之价值与机遇、风险与不确定性等信息的披露；同时督促上市公司增加关于公司核心资源、核心竞争力、研发投入等非财务信息的披露，强化对研发失败、人才流失、募投项目不尽如人意等对公司业绩有重大影响的风险披露，[④] 增强年报实效。

四、中期报告

中期报告即半年报告，是公司于上半年度终了后2个月内编制并公布的，反映某一会计年度中最初6个月经营财务状况的报告。中期报告是信息公开制度的又一种表现形式，其目的在于弥补年度报告披露信息在时效性方面的局限，

---

① 参见刘燕：《从财务造假到会计争议——我国证券市场中上市公司财务信息监管的新视域》，载《证券法苑》2012年第7卷。

② 程茂军：《上市公司信息披露法律规制研究》，中国法制出版社2019年版，第114页。

③ 参见中国证监会《2013年上市公司年报会计监管报告》。

④ 程茂军：《上市公司信息披露法律规制研究》，中国法制出版社2019年版，第117页。

确保证券发行公司信息公开的最新性。

本条对中期报告内容作了引致规定，《股票发行与交易管理暂行条例》第58条对中期报告内容作了基本规定，准则3号[①]对中期报告的内容与编制作了具体规定。准则3号与年度报告准则相比，除正文内容要简略些外，其他内容与年度报告的编制基本相同，在此不再赘述。根据科创板股票上市规则第6.1.1条，科创公司也需披露半年度报告和季度报告。

【适用指引】

一、年报对董监高持股情况的披露

本条要求信息披露义务人按照证监会和证券交易场所规定的内容进行披露，准则2号第55条第1款第1项明确要求年度报告应载明董监高“年初和年末持有本公司股份”情况。据此，董监高之持股数量仍是法定披露内容。上市公司董监高等对公司负有信义义务，其持股披露义务是证券法上持续信息披露义务的有机组成部分，具有协助侦测短线交易、防范内幕交易、提升公司治理等功能。[②]

二、其他定期报告

我国证券市场持续信息披露定期报告除年度报告和中期报告外，还有季度报告、业绩预告、业绩快报等形式。

（一）季度报告

中国证监会于2016年12月9日发布施行的编报规则13号[③]第2条规定，根据公司法、证券法在中华人民共和国境内公开发行股票并在证券交易所上市的股份有限公司[④]应当按照本规则的要求编制和披露季度报告。

按照该编报规则，季度报告的主要内容有：

1. 公司应当采用数据列表方式，提供截至报告期末和上年末（或年初至报告期末和上年相同期间）公司主要会计数据和财务指标及变动比率，包括但不限于：总资产、营业收入、归属于上市公司股东的净利润、归属于上市公司股

---

① 最新版本系2017年修订版。

② 参见安邦坤、湛晶心：《完善上市公司法定内部人持股披露制度研究——以“宝万之争”为视角》，载《证券法苑》（第20卷），法律出版社2017年版，第113－129页。

③ 《公开发行证券的公司信息披露编报规则第13号——季度报告的内容与格式》（2016年修订），简称编报规则13号。

④ 根据科创板股票上市规则第6.1.1条，含科创公司。

东的扣除非经常性损益的净利润、归属于上市公司股东的净资产、经营活动产生的现金流量净额、净资产收益率、每股收益。

2. 公司应当按照中国证监会对公司股份变动报告规定的格式披露截至报告期末的普通股股东总数及表决权恢复的优先股股东总数（如有），前 10 名普通股股东和前 10 名优先股股东、前 10 名无限售条件的普通股股东和前 10 名表决权恢复的优先股股东的持股情况。

3. 报告期主要财务数据、财务指标发生重大变动的，应当说明情况及主要原因。

4. 报告期内发生或将要发生、或以前发生但延续到报告期的重要事项，若对本报告期或以后期间的公司财务状况和经营成果产生重大影响，对投资者投资决策产生重大影响，应当披露该重要事项进展情况，并说明其影响和解决方案。公司已在临时报告披露且无后续进展的，仅需披露该事项概述，并提供临时报告披露网站的查询索引。

5. 公司应当披露报告期内超期未履行完毕的，由公司实际控制人、股东、关联方、收购人以及公司等承诺相关方作出的承诺事项，并详细说明原因及下一步工作计划。

6. 公司如果预测年初至下一报告期期末累计净利润可能为亏损或者与上年同期相比发生重大变动，应当予以警示并说明原因。

（二）业绩预告

虽然证券法没有规定业绩预告制度，但《上市公司信息披露管理办法》第 25 条规定：上市公司预计经营业绩发生亏损或者发生大幅变动的，应当及时进行业绩预告。证券交易所根据该办法对业绩预告制度作了具体规定。例如，《上海证券交易所股票上市规则》第 11. 3. 1 条规定，上市公司预计年度经营业绩将出现下列情形之一的，应当在会计年度结束后 1 个月内进行业绩预告；预计中期和第三季度业绩将出现下列情形之一的，可以进行业绩预告：（1）净利润为负值；（2）净利润与上年同期相比上升或者下降 50% 以上；（3）实现扭亏为盈。

《科创板股票上市规则》第 6. 2. 1 条作了基本相同的业绩预告规定。同时，第 6. 2. 3 条规定，上市公司因本规则第 12. 4. 2 条规定的情形，其股票被实施退市风险警示的，应当于会计年度结束之日起 1 个月内预告全年营业收入、净利润、扣除非经常性损益后的净利润和净资产。第 6. 2. 4 条规定，上市公司披露业绩预告后，预计本期业绩与业绩预告差异幅度达到 20% 以上或者盈亏方向发生变化的，应当及时披露更正公告。

（三）业绩快报

证券法、上市公司信息披露管理办法均未规定业绩快报制度，但证券交易所股票上市规则对此作了具体规定。《上海证券交易所股票上市规则》第11.3.5条第1款规定，上市公司可以在年度报告和中期报告披露前发布业绩快报，披露本期及上年同期营业收入、营业利润、利润总额、净利润、总资产、净资产、每股收益、每股净资产和净资产收益率等主要财务数据和指标。

与前述“可以披露”不同的是，《科创板股票上市规则》既规定了“应当披露”，也规定了“可以披露”。其第6.2.2条规定，上市公司预计不能在会计年度结束之日起2个月内披露年度报告的，应当在该会计年度结束之日起2个月内按照本规则第6.2.5条的要求披露业绩快报。第6.2.5条规定，上市公司可以在定期报告披露前发布业绩快报，披露本期及上年同期营业收入、营业利润、利润总额、净利润、总资产、净资产、每股收益、每股净资产和净资产收益率等主要财务数据和指标。上市公司在定期报告披露前向国家有关机关报送未公开的定期财务数据，预计无法保密的，应当及时发布业绩快报。定期报告披露前出现业绩提前泄露，或者因业绩传闻导致公司股票交易异常波动的，上市公司应当及时披露业绩快报。第6.2.6条规定，上市公司应当保证业绩快报与定期报告披露的财务数据和指标不存在重大差异。定期报告披露前，上市公司发现业绩快报与定期报告财务数据和指标差异幅度达到10%以上的，应当及时披露更正公告。

业绩快报有利于让投资者更及时、更平等地获取上市公司相关信息，打击内幕交易。但实证研究发现，上市公司可能策略性地利用业绩快报行为来应对投资者情绪的波动：在盈利时，通过自愿披露业绩快报和高估其中的盈利数据迎合投资者日益高涨的情绪；在亏损时，为了维持投资者高涨的情绪则倾向于不披露业绩快报。① 因此，笔者认为有必要提升业绩快报制度立法位阶，从证交所规则上升为证监会规定；同时监管部门须严格执法，要求上市公司按规则应当披露时必须披露，自愿披露时真实披露，不允许虚假夸大披露。

---

① 龙立、龚光明：《投资者情绪与上市公司自愿性信息披露迎合策略——基于业绩快报行为的实证检验》，载《中南财经政法大学学报》2017年第5期。

第八十条 发生可能对上市公司、股票在国务院批准的其他全国性证券交易场所交易的公司的股票交易价格产生较大影响的重大事件，投资者尚未得知时，公司应当立即将有关该重大事件的情况向国务院证券监督管理机构和证券交易场所报送临时报告，并予公告，说明事件的起因、目前的状态和可能产生的法律后果。

前款所称重大事件包括：

（一）公司的经营方针和经营范围的重大变化；

（二）公司的重大投资行为，公司在一年内购买、出售重大资产超过公司资产总额百分之三十，或者公司营业用主要资产的抵押、质押、出售或者报废一次超过该资产的百分之三十；

（三）公司订立重要合同、提供重大担保或者从事关联交易，可能对公司的资产、负债、权益和经营成果产生重要影响；

（四）公司发生重大债务和未能清偿到期重大债务的违约情况；

（五）公司发生重大亏损或者重大损失；

（六）公司生产经营的外部条件发生的重大变化；

（七）公司的董事、三分之一以上监事或者经理发生变动，董事长或者经理无法履行职责；

（八）持有公司百分之五以上股份的股东或者实际控制人持有股份或者控制公司的情况发生较大变化，公司的实际控制人及其控制的其他企业从事与公司相同或者相似业务的情况发生较大变化；

（九）公司分配股利、增资的计划，公司股权结构的重要变化，公司减资、合并、分立、解散及申请破产的决定，或者依法进入破产程序、被责令关闭；

（十）涉及公司的重大诉讼、仲裁，股东大会、董事会决议被依法撤销或者宣告无效；

（十一）公司涉嫌犯罪被依法立案调查，公司的控股股东、实际控制人、董事、监事、高级管理人员涉嫌犯罪被依法采取强制措施；

（十二）国务院证券监督管理机构规定的其他事项。

公司的控股股东或者实际控制人对重大事件的发生、进展产生较大影响的，应当及时将其知悉的有关情况书面告知公司，并配合公司履行信息披露义务。

【条文主旨】

本条是关于发生影响股票交易价格的重大事件时上市公司或挂牌公司应予临时报告的规定。

【条文释义】

本条第1款关于上市公司的临时报告义务及第3款关于控股股东或实际控制人的信息披露义务系本次修订新增内容，第2款对重大事件之具体内容作出了部分新增或修改。

一、临时报告义务

临时报告是指上市公司因发生可能影响其证券市场价格和投资者投资决策的重大事件时，上市公司立即向证券主管机关提交并向社会公开说明事件实际情况的报告。定期报告往往在反映公司经营发展情况方面缺乏迅速性、及时性，同时也不能适时地将影响证券价格的重大事件和公司相关重大信息提供给广大投资者。如果仅有定期报告，无法保证投资者平等获得信息资料，从而对实现公正交易，维护投资者对证券市场信心产生不利影响。因此，大多数国家都确立了临时报告形式的信息不定期披露制度。

临时报告义务的确立在于弥补定期报告义务之不足，及时地给投资者提供投资判断资料。它要求上市公司及时准确地把影响证券市场价格以及投资判断的重大信息公布于众。各国证券立法对需临时公开的信息均作列举式规定，具体内容颇有差异，但均以该信息所涉及事件对证券市场价格和投资判断的影响为该信息应否临时公开的标准。首先，临时报告公开的事件应具有对证券市场价格和投资判断的影响性，该行为如果不予公开将引起投资者误解而产生不良后果，且将导致证券市场价格重大变动。其次，临时公开的事件应当对证券的市场价格和投资判断有重大影响，如果不是重大影响，该事件也无临时公开的必要。

因重大事件的发生可能对股票交易产生较大影响，对证券市场秩序及投资者利益保护均至关重要，故法律规定公司应当立即报告并公告。此处“立即”一词，在解释上应为实时，亦即发生可能对股票价格有较大影响的重大事件时，上市公司有义务尽最大努力做到实时披露。

二、重大事件认定标准

证券法第78条规定信息披露义务人披露信息时不得有重大遗漏，本条规定发生对股票交易价格产生较大影响的重大事件应当立即披露。因此，应当先厘定重大性信息的概念和认定标准。

（一）重大性概念解析

信息披露只有在真实、准确、完整、及时的情况下才有意义，其中，重大性概念属于“完整性”原则的范畴。重大性概念不仅是信息披露完整原则的重要组成部分，由于涉及披露信息范围、内容和方式的确定以及虚假陈述民事责任构成，因此它同时也是信息披露制度的基础性范畴之一，并且渗透于信息披露制度的各个环节。如何确立一个统一、便于操作的重大性认定标准？如果重大性标准越低，就有更多的信息应当披露，构成侵权的门槛就越低；如果重大性标准越高，就表明应当披露的信息相对较少，构成侵权的门槛也相对较高。①从域外证券立法来看，在涉及具体披露要求的规则中，重大性概念可在三个不同语境层次下使用，它们分别针对不同的披露制度，甚至在一定程度上影响着披露标准的选择。②

最为常见的就是所谓的“重大事实”（Material Facts），它是指既存的一个或一系列与发行人或其证券有关的客观事实。重大事实侧重表达的是某些静态事实对投资决策的影响，依据该概念的信息披露要求多体现在证券发行阶段，通常是招股说明书、募集说明书等证券发行法定披露文件所表达的信息内容。

“重大变化”（Material Changes）或“重大变动”是一个侧重于披露事实的动态表述，它是指一种既定的事实或状况所发生的重要改变。重大变化涉及发行人相关事项的变化，所关注的问题是保证有关发行人最新状况的披露，不断地排除和修正过时信息，所以该概念为持续性披露制度所经常使用。正因存在这个差异，一些国家在发行市场和二级市场的不同信息披露规制中，对重大性采用了不同的认定标准。③

实际上，仅从字面上理解，重大事实与重大变化的含义是相差不大的，之所以有不同的使用场域，可能是基于证券发行市场与二级市场的不同规制要求。但是，在实践中要对二者进行明确的区分相当有难度，“事实”与“变化”在外延上有时可以相互涵盖，这就需要寻找一个综合性的描述概念来进行补充规范，加之在虚假陈述民事责任中同样需要在举证责任与归责原则上形成统一标

---

① 郭锋：《虚假陈述的认定及赔偿》，载《中国法学》2003 年第 2 期。

② 参见张小妮：《证券市场内幕信息重大性认定研究》，载《私法研究》2014 年第 2 期。

③ 参见李有星、徐鹏炯：《内幕信息重大性标准探讨》，载《浙江大学学报（人文社会科学版）》2017 年第 3 期。

准，于是便有了“重大信息”（Material Information）这个概念。重大信息包括了重大事实、重大变化在内的所有重要情况，其重大性标准可以沿用重大事实和重大变化的有关原则。

（二）我国证券法上的重大性标准

重大性概念在我国整个信息披露制度中处于基础性地位。中国证监会颁布的内容与格式准则多次强调，信息披露应当遵循“重要性”原则。我国目前所使用的重大性概念虽然与学理上的“重大事实”“重大变化”“重大信息”不完全一一对应，但却使用了若干与此相近的概念：其一是“重大事件”，如本条规定的“可能对上市公司股票交易价格产生较大影响的重大事件”，对重大事件作出虚假陈述的民事责任①等；其二是“重大影响”，如招股说明书的披露要求是“对投资者作出决策有重大影响的信息”；其三是“重大事项”，如招股说明书和募集说明书要求对重大事项作出风险提示，年度报告和中期报告必须按要求披露有关重大事项；其四是“较大影响”，如《科创板股票上市规则》第5.1.1条规定：“上市公司和相关信息披露义务人应当披露所有可能对上市公司股票交易价格产生较大影响②或者对投资决策有较大影响的事项（以下简称重大事件或者重大事项）。”

由相关规定可以推导出，在有关事实是否构成重大性问题上，我国采取的是多元标准。具体表现为：

1. “投资者决策”标准。这一标准与美国采用的判断标准大体相似，都是以投资者作为判断信息是否具有重大性的中心。其典型代表除证券法第19条外，还有准则1号③对招股说明书披露的规范要求。准则1号第3条规定：“凡对投资者做出投资决策有重大影响的信息，均应披露。”此外，准则2号和准则3号④第3条均作出了完全相同的规定。⑤ 可见，“投资者决策”标准不仅适用

---

① 参见《最高人民法院关于审理证券市场因虚假陈述引发的民事赔偿案件的若干规定》第17条。

② 《上海证券交易所股票上市规则》认为对股票衍生品交易价格产生较大影响的重大事件也属重大信息或重大事项。参见该规则2019年4月修订版第2.3条。

③ 指2015年最新修订之《公开发行证券的公司信息披露内容与格式准则第1号——招股说明书》，准则2号指2017年最新修订之《公开发行证券的公司信息披露内容与格式准则第2号——年度报告的内容与格式》，准则3号等以此类推，均指最新修订之版本，不再赘称。

④ 半年度报告的内容与格式。

⑤ 《科创板首次公开发行股票注册管理办法（试行）》第34条、《科创板上市公司持续监管办法（试行）》第8条也作出了基本相同的规定。

于初始信息披露阶段，也适用于信息持续披露阶段。按照这个标准，法律要求判断者一律从理性投资者角度出发来考虑重大性。如果一项信息对于投资者的决策确有重要意义，那么该信息就是重大的，必须及时、全面、准确地进行披露；反之，义务人不需要披露这项信息，即使披露，一般也不承担虚假陈述责任。

2. "价格敏感"标准。指以该事实对于证券价格是否会产生较大影响作为判定其是否具有重大性的标准。其典型代表是证券法第80条第1款、《股票发行与交易管理暂行条例》第60条、《上市公司信息披露管理办法》第30条。从以上规定可以看出，该标准主要适用于上市公司持续信息披露阶段。

3. "发行人品质不利影响"标准。即以有关事实是否对发行人经营状况、财务状况、持续盈利能力等反映其综合品质的指标产生严重不利影响，来判断其是否具有重大性。该标准适用于初始信息披露阶段，主要是针对发行人的风险披露要求，其典型代表是招股说明书和募集说明书有关风险提示规则。准则1号和准则11号①均规定，有关风险因素可能对发行人生产经营状况、财务状况和持续盈利能力有严重不利影响的，应作"重大事项提示"。这些风险属于预测性信息，一旦其可能对发行人经营品质产生严重不利影响，就符合重大性要求，必须予以披露。

重大性认定的多元化标准，是我国信息披露法律制度体系结构演变的一个缩影。在我国证券市场发展初期，其信息披露基本借鉴美国对一级市场和二级市场分别监管的二元体制，两种相对独立的披露制度都各自有一套互不相同的披露规则，在一定程度上形成了双重披露标准。我国早期的信息披露监管就表现出这样一种观念：一级市场与投资者的投资决策有关，二级市场与证券价格波动有关。② 在此认知基础上，我国曾对重大性问题采取二元化标准，即对发行市场适用以招股说明书为代表的"投资者决策"规则，对二级市场则采用"价格影响"标准。

实际上，两种披露制度的职能并非如人们先前所认为的那样泾渭分明。在一个有效市场里，信息的传递必然是灵敏、连续的，对投资者决策有重大影响的信息一般也会影响证券价格；同样道理，对证券价格有重大影响的信息，很难想象投资者对此会不为所动。所以，发行市场和交易市场应当是一个衔接紧密而又相互反馈的有机系统。也许是意识到了这一点，从2001年开始，"投资

---

① 募集说明书。

② 齐斌：《证券市场信息披露法律监管》，法律出版社2000年版，第173页。

者决策”标准逐渐被用于上市公告书、年度报告、半年度报告等持续披露文件当中。但总体而言，我国关于重大性的认定标准还是保留了许多二元结构的痕迹。从我国证券市场的实际情况来看，各种标准都有发挥作用的空间，但宜以投资者决策标准为基础，兼及其他标准。

三、控股股东或实际控制人在临时报告制度中的告知及配合义务

本条新增了控股股东及实际控制人的告知及配合披露义务。若公司控股股东或者实际控制人对重大事件的发生、进展产生较大影响的，应当及时将其知悉的有关情况书面告知公司，并配合公司履行信息披露义务。此处书面方式，指可以有形地表现所载内容的形式，包括以电报、电传、传真、电子数据交换、电子邮件等方式能够有形地表现所载内容并可随时调取查用的数据电文。

【适用指引】

一、重大软信息之临时报告

（一）软信息披露法理

上市公司按照信息披露制度的要求所公开的信息可分为描述性信息、评价性信息和预测性信息。其中，描述性信息一般是指公司在经营活动中已经发生的或正在发生的客观事实性陈述，这样的信息在证券法理论上被称为“硬信息”（Hard Information）。软信息（Soft Information）是相对于硬信息而言的，它一般包括以下内容：对利润、收入或亏损、每股盈利或亏损、资本成本、股利、资金结构或其他财务事项的预测性陈述；公司管理层对未来经营计划与目标的陈述；对未来经济表现的陈述，包括管理者在对财务状态分析与讨论中的任何陈述；任何对上述事项所依据的假设前提及其相关事项的陈述；任何证券管理机构可能要求对上述事项预测与估计的陈述。如果说评价性信息是对公司过去经营状况的总结和判断，软信息就是根据这些判断而对其未来发展趋势和业绩及某项重大事件进行的预测。因此，软信息又被称为预测性信息。

从自身的性质特点来看，软信息是一种基于披露人主观估计和评价的预测性陈述，具有明显的不确定性或者或然性，甚至带有一点不可证伪性。如果说信息披露所创造出的公司形象就是一个影子，那么软信息告诉人们的却可能是“一种夸大的无生命的甚至有时是扭曲的形象”。① 这使得软信息列入强制信息披露范畴遇到了实际的障碍，因为无论是监管者还是投资者，他们都很难事先

---

① 齐斌：《证券市场信息披露法律监管》，法律出版社2000年版，第177页。

筛选出那些扭曲公司形象的预测性信息。正因如此，在传统信息披露制度中，信息披露范围是不包括预测性信息的。但后来人们逐渐认识到，公众进行投资的重要原因之一，就是看中了公司的未来盈利能力与发展前景，而公司对自身经营状况的预测往往是公众投资决策的依据之一。

一般认为，披露预测性信息的重要意义有以下几个方面：

1. 预测性信息披露将发行人置于自己所传播信息的监督下，发行人进行筹资等活动因此而变得谨慎，从长远来看会使得该证券的信息和价格更为可靠。有学者曾选取2001年3月至2002年12月在沪深交易所上市的125家公司作为样本，研究了自愿性盈利预测披露对新股抑价的影响，结果显示是否披露盈利预测与新股发行抑价显著负相关，表明管理层作出的盈利预测披露行为有助于降低新股发行抑价，从而使新股发行价格更真实地反映公司的内在价值。①

2. 传统做法有悖于信息披露制度的基本理念。保障投资者获得可供决策的足够信息、促进市场信息占有的机会平等是信息披露制度两大哲学。由于担心某些投资者可能会被软信息误导，就一概禁止向所有投资者披露软信息，包括那些本可以有效利用这些信息的资深投资者也不例外，这不符合监管的初衷；另外，一些大投资者或投资机构可以从其他渠道获取部分软信息，如依赖财务分析师的预测，而小投资者则没有这个能力，这显然对小投资者极不公平。

3. 对于发行人和上市公司来说，也有披露软信息的强烈动因。一方面，那些业绩良好的公司通过披露预测性信息，能够进一步树立自己的良好形象，从而获得间接的信誉利益。另一方面，如果投资者只能通过企业外部获取预测性信息，当这些预测低估了公司的实际盈利能力，就会给这些公司带来很大的负面影响。

（二）重大软信息披露制度

总体而言，我国证券法并没有明确使用软信息和硬信息的分类，而是对所有信息的披露采取了一种抽象性的“重大性”原则，即凡对投资者投资决策有重大影响的信息，不论是否有明确规定，公司均应披露，不因软信息或硬信息而有所区别。

通说认为，我国证券市场软信息主要有两大类，一类为盈利预测，一类为

---

① 该结果与 Carter 和 Manaster（1990），Levis（1993），Ibbostons、Sinde 和 Ritter（1994），How、Izan 和 Munroe（1995），Lee、Taylor 和 Walter（1996）的研究结论一致。详见张雁翎：《盈利预测自愿披露行为与新股发行抑价研究》，载《中山大学学报（社会科学版）》2004年第2期。

风险提示。

我国证券市场盈利预测有三种类型，第一类为股票发行[①]盈利预测，第二类为重大资产重组盈利预测，第三类为持续披露盈利预测。针对持续披露阶段盈利预测，中国证监会和上海、深圳证券交易所设置了强制披露和自愿披露相结合的信息披露制度。对于年度报告，上市公司可以自愿披露；但一旦披露，上市公司便负有及时更新先前盈利预测之义务。对于半年报和季报，如果上市公司预测年初至下一报告期期末累计净利润可能为亏损或者与上年同期相比发生重大变动，应当予以警示并说明原因。[②] 对于业绩快报，一般来说上市公司可自愿披露，[③] 但科创公司在满足条件时必须披露。[④]

虽然披露盈利预测可以带来一定的市场效应，但有人统计，我国首次发行时盈利预测披露率由强制披露时代的97.32%骤降到了2012年3月的不足5%。在持续披露方面，约50%上市公司在业绩快报中披露了盈利预测，但年报中披露盈利预测的却少之又少。[⑤]

出现这种情况，除因为盈利预测缺少系统性规定[⑥]及赖以作成财务预测信息的具体准则付之阙如[⑦]外，更重要的原因可能是经营业绩与预测不符时，披露义务人须道歉、解释并可能受到处罚。有人认为，这种单纯因事后事实与预测数额不一致而采取处罚措施的做法不符合公司经营运作规律，也未对盈利预测中的事实和观点予以区分从而在责任适用上依据不足。[⑧] 为此，学者认为，有必要建立我国自己的“安全港”制度，只要信息是建立在诚实信用和合理事实或假设基础上的，并伴有充足和适当的警示说明，对这种善意的预测性信息披露应提供适度的免责保护，使其免受投资者随意提起的诉讼或管理机构不当

---

① 含首次公开发行和上市公司发行新股。

② 参见2017年修订版准则3号第27条，《公开发行证券的公司信息披露编报规则第13号——季度报告的内容与格式》第14条。

③ 参见《上海证券交易所股票上市规则》第11.3.5条、第11.3.6条。

④ 参见《科创板股票上市规则》第6.2.2条、第6.2.5条、第6.2.6条。

⑤ 参见程茂军：《上市公司信息披露法律规制研究》，中国法制出版社2019年版，第189~190页。

⑥ 现有规定散见于行政法规、部门规章及规范性文件中，不仅层级位阶较低，而且规定内容不尽相同，有的甚至互相冲突，造成适用上的无所适从。参见程茂军：《上市公司信息披露法律规制研究》，中国法制出版社2019年版，第190页。

⑦ 参见李志维：《上市公司财务预测信息披露法律问题研究——以完善投资者保护为视角》，对外经济贸易大学2013年博士学位论文，第36页。

⑧ 参见程茂军：《上市公司信息披露法律规制研究》，中国法制出版社2019年版，第190页。

处罚的威胁。①

我国现行预测性信息除前述盈利预测外，还包括风险提示。按照相关规定，有关风险因素可能对发行人生产经营状况、财务状况和持续盈利能力有严重不利影响的，应作重大事项提示。这种所谓的“风险”，在学理上可视为前景性信息，为必须披露事项。②

二、重大事件临时报告之豁免

信息披露制度须在证券市场筹资者和投资者之间寻求一种衡平，以致既能保护投资者利益，也能保护筹资者利益。上市公司持续经营过程中，在特定情况下豁免其信息披露义务，便是因应这种衡平追求。

《股票发行与交易管理暂行条例》第60条规定，上市公司有充分理由认为向社会公布该重大事件会损害上市公司利益，且不公布也不会导致股票市场价格重大变动的，经证券交易场所同意，可以不予公布。上海证券交易所于2016年5月发布了《上市公司信息披露暂缓与豁免业务指引》，以规范上市公司信息披露暂缓与豁免行为，督促上市公司及相关信息披露义务人依法合规履行信息披露义务。

此外，针对科创公司特殊性，中国证监会及上海证交所量身定制了一些豁免披露规则：

1. 不确定重大事项披露豁免

科创公司筹划的重大事项存在较大不确定性，立即披露可能会损害公司利益或者误导投资者，且有关内幕信息知情人已书面承诺保密的，公司可以暂不披露，但最迟应在该重大事项形成最终决议、签署最终协议、交易确定能够达成时对外披露。已经泄密或确实难以保密的，科创公司应当立即披露该信息。③

2. 调整适用披露豁免

科创公司和相关信息披露义务人适用中国证监会、交易所相关信息披露规定，可能导致其难以反映经营活动的实际情况、难以符合行业监管要求或者公司注册地有关规定，可以依照相关规定暂缓适用或免于适用，但是应当充分说明原因和替代方案，并聘请律师事务所出具法律意见。中国证监会、交易所认

---

① 关于安全港制度详细介绍，可参见魏俊：《证券法上的安全港及其制度价值——以预测性信息披露为例》，载《证券法苑》2014年第12卷。

② 参见准则1号第27条、第28条。

③ 参见《科创板上市公司持续监管办法（试行）》第10条。

为依法不应调整适用的，科创公司和相关信息披露义务人应当执行相关规定。①

3. 商业秘密披露豁免

科创公司和相关信息披露义务人拟披露的信息属于商业秘密、商业敏感信息，按照股票上市规则披露或者履行相关义务可能引致不当竞争、损害公司及投资者利益或者误导投资者的，可以按照证交所相关规定暂缓或者豁免披露该信息。拟披露的信息被依法认定为国家秘密，按股票上市规则披露或者履行相关义务可能导致其违反境内法律法规或危害国家安全的，可以按照证交所相关规定豁免披露。上市公司和相关信息披露义务人应当审慎确定信息披露暂缓、豁免事项，不得随意扩大暂缓、豁免事项的范围。暂缓披露的信息已经泄露的，应当及时披露。②

4. 红筹企业披露豁免

红筹企业和相关信息披露义务人适用股票上市规则相关信息披露要求和持续监管规定，可能导致其难以符合公司注册地、境外上市地有关规定及市场实践中普遍认同的标准的，可以向证交所申请调整适用，但应当说明原因和替代方案，并聘请律师事务所出具法律意见。证交所认为依法不应调整适用的，红筹企业和相关信息披露义务人应当执行本规则相关规定。③

第八十一条 发生可能对上市交易公司债券的交易价格产生较大影响的重大事件，投资者尚未得知时，公司应当立即将有关该重大事件的情况向国务院证券监督管理机构和证券交易场所报送临时报告，并予公告，说明事件的起因、目前的状态和可能产生的法律后果。

前款所称重大事件包括：

（一）公司股权结构或者生产经营状况发生重大变化；

（二）公司债券信用评级发生变化；

（三）公司重大资产抵押、质押、出售、转让、报废；

（四）公司发生未能清偿到期债务的情况；

---

① 参见《科创板上市公司持续监管办法（试行）》第15条、科创板股票上市规则第5.2.8条。

② 参见《科创板股票上市规则》第5.2.7条。

③ 参见《科创板股票上市规则》第13.1.11条。

（五）公司新增借款或者对外提供担保超过上年末净资产的百分之二十；

（六）公司放弃债权或者财产超过上年末净资产的百分之十；

（七）公司发生超过上年末净资产百分之十的重大损失；

（八）公司分配股利，作出减资、合并、分立、解散及申请破产的决定，或者依法进入破产程序、被责令关闭；

（九）涉及公司的重大诉讼、仲裁；

（十）公司涉嫌犯罪被依法立案调查，公司的控股股东、实际控制人、董事、监事、高级管理人员涉嫌犯罪被依法采取强制措施；

（十一）国务院证券监督管理机构规定的其他事项。

【条文主旨】

本条是关于发生影响上市交易债券价格的重大事件时债券发行公司应予信息披露的规定。

【条文释义】

本条为证券法修订新增条款，源自中国证监会《公司债券发行与交易管理办法》第 45 条。

公司债券是公司向投资者发行、承诺期限届满或约定条件发生时还本付息的一种证券产品。公司债券兼具证券属性与合同属性。基于证券属性，债券发行人负有法定信息披露义务。发行人信息披露义务的范围包括影响偿债能力的重大事件以及债券合同中的约定条款，义务类型包括流通市场中的信息更新义务与信息更正义务。①

一、公司债券发行人重大事件信息披露义务

为保护股票投资者利益，当上市公司或挂牌公司发生可能对股票价格产生较大影响的重大事件时，该上市公司或挂牌公司应当就该重大事件的起因、目前状态和可能产生的法律后果向社会公开披露。同样道理，为保护债券投资人

---

① 南玉梅：《债券交易人卖者责任探析——以信息披露义务与诚信义务为核心》，载《中国政法大学学报》2017 年第 1 期。

利益，当发生可能影响债券交易价格的重大事件时，公司也应立即予以披露。但我国证券法长期仅有股票临时信息披露制度，没有债券临时信息披露制度。多年来，学界一直呼吁建立公司债券临时信息披露制度。[①] 学者认为，虽然《公司债券发行与交易管理办法》第45条首次规定了债券发行中的临时披露制度，但应将债券临时披露制度上升为证券法层面的临时报告制度，“以法律的形式明确债券的投资证券性，真正实现证券市场内信息的平等披露”[②]。本次证券法修订因应呼求，建立起债券临时信息披露制度。据此，债券发行人发生本条第2款规定之重大事件时，应立即就事件起因、目前的状态和可能产生的法律后果作出临时信息披露。

二、公司债券重大事件之文义解释

本条第2款第2项之“公司债券信用评级发生变化”，解释上应既包括好的变化，也包括差的变化。

本条第2款第8项之“公司分配股利，作出减资、合并、分立、解散及申请破产的决定”，其中“决定”一词宜解释为“决议”，更符合立法意旨。

此外，本条第2款多处出现“重大”一词，如第1项之“重大变化”、第3项之“重大资产”、第9项之“重大诉讼”；在主管部门及交易场所出台新细则之前，该“重大”之具体含义只能依具体情势作个案分析。

【适用指引】

一、企业债券等其他债券品类是否适用本条

我国债券市场存在三个主管部门、两大交易市场。[③] 其中，公司债券的主管部门为中国证监会，交易场所为上海、深圳证券交易所或全国股转系统或国务院批准的其他证券交易场所；金融债券及非金融企业债务融资工具[④]等债券品种的主管部门为中国人民银行及其指导监督下的银行间交易商协会，交易场

---

① 参见洪艳蓉：《证券法债券规则的反思与重塑》，载《证券法苑》第17卷，法律出版社2016年版，第15～49页；另参见张凌云、周佳磊：《债券发行制度改革背景下信息披露与债务治理的关系——以公司债券治理与银行贷款治理对比为视角》，载《证券法苑》第17卷，法律出版社2016年版，第119～147页。

② 参见南玉梅：《契合债券属性的信息披露规则研究》，载《证券法苑》第17卷，法律出版社2016年版，第148～162页。

③ 参见洪艳蓉：《证券法债券规则的反思与重塑》，载《证券法苑》第17卷，法律出版社2016年版，第15～49页。

④ 亦称中期票据。

所为银行间债券市场；企业债券的主管部门为国家发展和改革委员会，可以在前述两类交易场所交易。

因不同主管部门对债券发行、登记、托管、交易、结算、信息披露等制定有不同规则，导致债券市场监管套利与监管真空并存，[①] 多年来一直广受诟病。[②]

为此，中国人民银行、证监会、国家发改委经国务院同意，于2018年11月23日联合发布《关于进一步加强债券市场执法工作的意见》（银发〔2018〕296号），该意见第1条规定，证监会依法对银行间债券市场、交易所债券市场违法行为开展统一的执法工作。对涉及公司债券、企业债券、非金融企业债务融资工具、金融债券等各类债券品种的信息披露违法违规、内幕交易、操纵证券市场以及其他违反证券法的行为，依据证券法有关规定进行认定和行政处罚。

2019年12月20日，中国人民银行、国家发改委、证监会联合发布《公司信用类债券信息披露管理办法（征求意见稿）》及两份配套文件《公司信用类债券募集说明书编制要求（征求意见稿）》《公司信用类定期报告编制要求（征求意见稿）》，这意味着三个监管部门在统一信用债券信息披露标准及强化信息披露要求等方面进一步达成共识。

2020年2月29日，国务院办公厅发布《关于贯彻实施修订后的证券法有关工作的通知》（国办发〔2020〕5号），该通知第2条明确规定，依据修订后的证券法规定，公开发行公司债券应当依法经证监会或者国家发展改革委注册。

2020年3月1日，国家发改委发布《关于企业债券发行实施注册制有关事项的通知》（发改财金〔2020〕298号），该通知第1条指出："按照《中华人民共和国证券法》和《通知》[③] 有关要求，企业债券发行由核准制改为注册制……"

可见，无论是国家发改委负责监管的企业债券，还是中国人民银行负责监管的金融债券、非金融企业债务融资工具等，均应当遵守证券法信息披露之相关规定。因此，对本条规定的上市交易公司债券之"上市"，不宜理解为仅指证券交易所上市，将其解释为银行间债券市场和交易所债券市场上市应更为妥当。

---

① 参见陈怡西：《中小企业集合债券信息披露法律问题探析》，载《法律适用》2015年第6期。

② 参见冯果：《债券的证券本质与债券市场法制化——证券法修订背景下的债券法律体系重构与完善》，载《证券法苑》第17卷，法律出版社2016年版，第114页。

③ 指《国务院办公厅关于贯彻实施修订后的证券法有关工作的通知》。

二、发生影响偿债能力的重大事件是否应予信息披露

从文义上看，本条仅规定发生可能对债券交易价格有较大影响的重大事件时，公司有临时信息披露义务。但债券投资者投资债券市场的基础在于其对债券发行公司按期还本付息有合理预期，如果一项重大事件足以影响偿债能力，其必然会影响债券交易价格。根据举轻明重原则，足以影响偿债能力的事件必然是重大事件，依法应予披露。

而且，根据《上海证券交易所公司债券上市规则》（上证发〔2018〕109号）第3.3.1条第1款“债券上市期间，发生可能影响发行人偿债能力或者债券价格的重大事项，或者存在关于发行人及其债券的重大市场传闻的，发行人应当按照相关法律、行政法规、部门规章、规范性文件、本规则及本所其他规定及时向本所提交并披露临时报告，说明事件的起因、目前的状态和可能产生的后果”之规定，[①] 上市交易的公司债券发行人不仅应披露影响偿债能力的事项，而且应予披露的事项对债券价格的影响无需达到较大程度，只要可能影响，即应披露。

三、本条施行后，《公司债券发行与交易管理办法》第45条是否仍具法律效力

比较本条和《公司债券发行与交易管理办法》第45条内容，可以认为本条脱胎于第45条。有人认为，《公司债券发行与交易管理办法》是部门规章，且是旧法，故无论根据上位法优于下位法原则还是新法优于旧法原则，本条施行后，《公司债券发行与交易管理办法》第45条内容便不再适用。

我们认为，只有在法律文件对同一件事的规定相互冲突时才有上位法优于下位法、新法优于旧法等这些法律适用规则之用武空间。《公司债券发行与交易管理办法》第45条规范的是公开发行公司债券的发行人，而本条规范的是债券在交易所上市交易的公司，根据《公司债券发行与交易管理办法》第23条“公开发行的公司债券，应当在依法设立的证券交易所上市交易，或在全国中小企业股份转让系统或者国务院批准的其他证券交易场所转让”之规定，债券发行人范围明显大于债券上市交易公司；《公司债券发行与交易管理办法》第45条规定的重大事项既包括可能影响偿债能力的事项，也包括可能影响债券价格的事项，而本条规定的仅是对债券价格有较大影响的重大事件，《公司债券发行

---

① 《深圳证券交易所公司债券上市规则》（2018年修订）第3.3.2条第1款有基本相同的规定。

与交易管理办法》的重大事项显然涵摄了本条的重大事件，亦即前者范围大于后者。可见，本条和《公司债券发行与交易管理办法》第45条之规范对象、规范事项均不同，两者规范的并非同一件事，并无法律冲突规则之适用空间；故本条施行后，制定机关修改前，《公司债券发行与交易管理办法》第45条仍属有效。

四、种类债券的信息披露义务

所谓种类债，指可转债、次级债、衍生结合债券等与常规债券具备不同特质的债权。学者认为，基于民法之诚实信用原则，债券发行人对债券投资者具有诚信披露义务，亦即当某些情事发生，即使证券法等法律未规定，债券合同亦无约定，债券发行人仍具有信息披露义务。例如，可转换公司债之转换条件成就时，发行人有义务披露转换条件，保障债券持有人能够及时行使转换权；[①] 又如，衍生结合债券高风险性要求发行人向债券投资者充分披露基础资产的内容以及偿还价额的计算方式。当发行人对基础资产的选定存在过失时，应当承担赔偿责任。[②]

第八十二条　发行人的董事、高级管理人员应当对证券发行文件和定期报告签署书面确认意见。

发行人的监事会应当对董事会编制的证券发行文件和定期报告进行审核并提出书面审核意见。监事应当签署书面确认意见。

发行人的董事、监事和高级管理人员应当保证发行人及时、公平地披露信息，所披露的信息真实、准确、完整。

董事、监事和高级管理人员无法保证证券发行文件和定期报告内容的真实性、准确性、完整性或者有异议的，应当在书面确认意见中发表意见并陈述理由，发行人应当披露。发行人不予披露的，董事、监事和高级管理人员可以直接申请披露。

---

① 参见南玉梅：《契合债券属性的信息披露规则研究》，载《证券法苑》第17卷，法律出版社2016年版，第148～162页。

② 参见［韩］李哲松：《公司法讲义》（第22版），韩国博英社2014年版，第1036页。

【条文主旨】

本条是关于管理层信息披露保证和异议制度的规定。

【条文释义】

本条是对2014年证券法相关条文的完善。其中，本条前3款将原法规定的“上市公司”修改为“发行人”，新增监事应当签署书面确认意见，并将管理层签署书面确认意见的范围由定期报告扩展至包含发行文件，另新增管理层须保证发行人及时、公平地披露信息；第4款关于管理层信息披露异议的规定，是本次证券法修订新增内容。

一、管理层信息披露保证含义

董事作为掌控公司权力的人，应当诚实信用地按照公司利益最大化原则来履行自己的职责。[①] 不仅如此，现代公司法学理论认为，董事、监事、高级管理人员[②]都或多或少地掌握公司权力，故均应对公司负有受信义务。受信义务也称信义义务，包括忠实义务和注意义务。其中，忠实义务指管理层不得将自己的私利置于与公司利益相冲突的位置或情形；管理层不仅要避免做任何有害于公司的事情、抢夺公司的利润或好处，还应全身心地努力、积极维护公司利益。注意义务则要求管理人员应当如同处理自己的事务一样以注意、谨慎、小心的行为态度来处理公司事务。[③] 基于信义义务，在公司法层面，管理层必须诚实信用地保证向全体股东真实、准确、完整地披露信息；在证券法层面，管理层必须诚实信用地保证向全体投资者[④]真实、准确、完整地披露信息。

二、管理层信息披露保证内容

本条第3款规定，发行人管理层应当保证发行人及时、公平地披露信息，所披露的信息真实、准确、完整。

及时披露指发行人向投资者公开的信息应当符合时效性要求，披露信息反映的是现实公司的状况且交付披露信息资料的时间不得超过法定期限。投资者要按照公司的实际情况进行投资判断，不能缺少信息的及时性。公司的经营活

---

① 甘培忠、周淳：《上市公司定期报告信息披露违法董事责任认定研究》，载《北方法学》2012年第3期。

② 统称管理层。

③ 参见邓峰：《普通公司法》，中国人民大学出版社2009年版，第353页。

④ 无论是显在投资者还是潜在投资者。

动是持续进行的，其经营状况处于不断变动的状态，投资者的投资判断必须依赖于对公司经营状况变动情况的掌握，其期望的收益必须依据目前公司的经营状况、收益程度及其发展潜力加以判断。如果影响证券市场价格的重要信息在发生后相当时间才得以公开，该信息作为投资判断依据的价值已不复存在。因此，“一是公司应以最快的速度公开其信息，即公司经营和财务发生变化后，应立即向社会公众公开其变化状况；二是公司所公开的信息应一直保持最新的状态，不能给社会公众以过时的和陈旧的信息”①。

要保证信息披露的及时性，披露的信息必须是最新的、现实的。强调公开信息的最新性和现实性，则自然缩短了有关信息事实的发生与披露之间的时间差距；这种时间差距越小，对证券市场违法行为（如内幕交易）的限制就越有效。最新旨在强调信息尚属首次披露，此前未有泄露并被他人得知；现实则指公开信息反映的是公司现在的经营状况，而不是以前或过去的经营状况。只有两者的结合，信息公开者才能给广大投资者以有价值的信息。

判断信息公开及时性的标准主要是证券立法上关于信息公开文件的时效规定。如证券法第 79 条规定，在每一会计年度结束之日起 4 个月内，报送并公告年度报告；在每一会计年度的上半年结束之日起 2 个月内，报送并公告中期报告。第 80 条和第 81 条规定，发生可能对股票、债券交易价格产生较大影响的重大事件时，公司应当立即将有关该重大事件的情况向证监会和交易所报送临时报告，并予公告，说明事件起因、目前状态和可能产生的法律后果。《上市公司信息披露管理办法》提及临时报告时也均要求立即披露。可以说，法律、规章、规范性文件之“立即”一词，凸显了证券法对信息及时披露原则的高度重视。这些规定确立了信息公开的时间期限，公开的信息只有符合时间期限的规定才算得上及时。

不过，同真实性原则一样，及时性原则也具有相对性。例如，在上市公司突发环境事件时，其应在政府正式发布信息后立即向投资者披露信息，说明事件起因、目前状态和可能产生的影响，而不是在突发环境事件发生后立即向社会公布相关信息。而且，有学者通过实证研究发现，“我国上市公司信息披露及时性与可靠性之间存在着此消彼长的负相关关系”②。因此，为确保真实性，有时可能需要牺牲及时性；反之亦然。

---

① 王保树：《发行公司信息公开与投资者保护》，载《商事法论丛》第 1 卷，法律出版社 1997 年版，第 284 页。

② 刘建勇、朱学义：《信息披露及时性与可靠性关系实证研究》，载《中南财经政法大学学报》2008 年第 6 期。

公平披露指发行人向投资者披露信息应做到公开、平等，不搞差别对待，避免内幕交易。这是现代社会法律面前人人平等理念在证券法之投射，也是作为证券法基本原则之一的公平原则在信息披露领域之投射。

当然，不同行业、不同信息披露义务人可依法实施差异化信息披露并不违反公平原则。基于投资者导向理念设计的差异化信息披露制度，能够使所有投资者获得某一特定上市公司的相同披露信息，即在内容、方式和时间等方面都能平等公开地获得这些信息。因而，在本质上，它是对公平披露的较好补充，是一种实质上的公平披露。

三、董事、高管书面确认意见

本条第 1 款规定，发行人的董事、高管应当对证券发行文件和定期报告签署书面确认意见。此处之书面意见，既可以是同意发行文件和定期报告的内容，也可以是不同意见；书面形式，既可以是传统纸质形式，也可以是电子数据形式。

四、监事会审核意见与监事书面确认意见

根据本条第 2 款规定，发行人的监事会应当对董事会编制的证券发行文件和定期报告进行审核并提出书面审核意见，且监事个人应当签署书面确认意见；其中，监事会审核意见由全体与会监事投票后之多数决形成。

虽然，有学者认为，“对于监事这一内部监督的单一制度的作用不必持有过高的期望，当代公司治理中发展出的多种多样的监督机制间接证明监事（或者独立董事）这种单一制度并不是很有效”①，但一方面监事会是股份公司之法定监督机关，② 另一方面实践中越来越多地包含监事在内的管理层对所属公司之信息披露文件发出异议声明，从而引发市场关注和监管问询甚至调查，③ 说明监事（会）之监督还是有一定效果的。

五、管理层信息披露异议制度

本条第 4 款规定，管理层对信息披露有异议时发行人应当披露该异议。此外，《上市公司信息披露管理办法》第 24 条第 2 款规定：“董事、监事、高级管理人员对定期报告内容的真实性、准确性、完整性无法保证或者存在异议的，

---

① 参见蔡伟：《公司内部监督责任体系的困境——基于对监事的再考察》，载《中外法学》2018 年第 6 期。

② 参见公司法第 118 条、第 53 条、第 54 条。

③ 参见云中隼：《越来越多董监高“揭竿而起”，直怼自家年报：无法保证真实准确完整，121 份年报被会所说 NO》，载《券商中国》2019 年 5 月 10 日推文；《券商中国》是中国证监会指定信息披露媒体《证券时报》旗下新媒体。

应当陈述理由和发表意见，并予以披露。”《科创板股票上市规则》第 5 章第 1 节第 2 条第 2 款也规定：“……董事、监事、高级管理人员对公告内容存在异议的，应当在公告中作出相应声明并说明理由。”① 据此，董监高对公司披露的信息有异议时，有权发表异议声明。管理层异议披露制度是发现证券市场虚假陈述等违法信息披露行为的有效措施之一。

【适用指引】

一、发行人临时报告之管理层保证

按照本条第 1 款、第 2 款、第 4 款之文义，管理层似乎仅需对发行文件和定期报告的真实性、准确性和完整性负责，但本条第 3 款规定管理层“应当保证发行人及时、公平地披露信息，所披露的信息真实、准确、完整”，并未将管理层责任局限于发行文件和定期文件。此外，结合证券法第 85 条规定可知，管理层应对发行人所有信息披露文件的真实性、准确性和完整性负责，无论该披露文件是发行文件、定期报告、临时报告或者其他文件。

二、及时、公平披露之管理层保证

管理层不仅应当保证发行人披露信息之真实性、准确性、完整性，还应当保证发行人披露信息之及时性、公平性、同步性、简明性。故而，虽然本条第 4 款仅列举规定管理层无法保证发行人披露信息之真实性、准确性、完整性时，应当发表相应意见并陈述理由，发行人应当披露该意见；但若管理层对发行人信息披露之及时性、公平性、同步性、简明性有意见时，管理层亦应发表相应意见并陈述理由，发行人亦应当披露该意见；若发行人拒绝披露，管理层可以直接申请披露。

第八十三条 信息披露义务人披露的信息应当同时向所有投资者披露，不得提前向任何单位和个人泄露。但是，法律、行政法规另有规定的除外。

任何单位和个人不得非法要求信息披露义务人提供依法需要披露但尚未披露的信息。任何单位和个人提前获知的前述信息，在依法披露前应当保密。

---

① 与《上市公司信息披露管理办法》相比，《科创板股票上市规则》显然更进一步，董事、监事、高管不仅可针对定期报告发表异议声明，而且针对所有公告均有权发表异议声明。

【条文主旨】

本条是关于信息披露义务人公平披露信息的规定。

【条文释义】

一、公平披露信息的含义

公平披露信息，也称公平信息披露。始于美国SEC于2000年颁布的公平披露条例，我国于2006年引入该制度，2006年8月9日深圳证券交易所针对主板上市公司颁布了《上市公司公平信息披露指引》，该指引首次明确提出了公平信息披露的要求，证监会于2007年发布的《上市公司信息披露管理办法》第2条第2、3款规定，信息披露义务人应当同时向所有投资者公开披露信息。在境内、外市场发行证券及其衍生品种并上市的公司在境外市场披露的信息，应当同时在境内市场披露。新证券法第78条强调在境内外市场发行证券信息披露的同时性。该规定为规范性文件中提出的境内外同时信息披露提供了更高位阶的法律依据。深圳证券交易所发布的《上市公司规范运作指引》（2020年修订）第5.2.1条作了定义：公平信息披露是指上市公司及相关信息披露义务人应当同时向所有投资者公开披露重大信息，确保所有投资者可以平等获取同一信息，不得私下提前向特定对象单独披露、透露或者泄露。此规则意味着在上市公司未公开重大信息披露前，不允许部分投资者提前获得相关信息，知悉该信息的机构和个人不得买卖或者建议他人买卖公司股票及其衍生品种。信息披露义务人也应当根据及时性原则进行信息披露，不得延迟披露，不得有意选择披露时点强化或者淡化信息披露效果，造成实际上的不公平。

二、公平披露信息的基础

（一）信息不对称性决定公平披露

证券市场是以信息为基础的市场，上市公司或发行人披露的信息是投资者进行投资的主要依据，投资者的投资效果与其获得的有效信息的提前量和独占性成正比。在公司所有权与经营权分离情况下，公司股东基本都处于公司之外，往往只有公司的经营管理者，有时也包括与公司存在业务、合同、监管等关系的人方能知悉公司的经营状况和发展前景。发行人信息公开依赖公司经营管理者的操作，无论法律上如何强化公司的信息披露，在公司的经营管理者和广大的投资者之间必然存在知悉公司经营状况和发展前景等信息的时间差，证券市场上不可避免地存在信息不对称现象。信息不对称现象会给内幕人带来优势，如果不加以遏制，势必严重损害投资者利益和对证券市场的信心。信息平等理论认为，一个健全的市场应当使投资者享有平等获取信息的权利，保障投资者之间在信息平等的基础上进行公平交易。为此，一方面要强化信息公开，另一方面要禁止利用内幕信息进行不公平交易。

（二）公平是证券法的核心价值

公平是信息披露的内在要求，是平等获取信息和信息平等观念的逻辑延伸。① 发行人以及中介机构往往是信息源，即使承担了强制披露义务，也享有信息优势。证券投资基金等机构投资者具有资金和专业优势。广大普通投资者是最缺乏证券市场信息的参与者。“对于证券市场的中小投资者而言，实质上的公平，则意味着重点保护。”② 所以，必须在制度上给予投资者以倾斜保护，矫正投资者的劣势地位。为了实现对投资者信息知情权的公平对待，必须建立强制性公平披露制度，以此来控制上市公司的信息披露行为，使信息不对称问题降到最低，为交易活动的安全性提供保障。例如，美国“国会在制定证券法律时已经非常明确地指出‘证券本身是一种非常复杂的商品’，而且公众利益要求立法正视存在于专业证券事务所与普通投资者之间不平等的交易关系。‘证券立法的核心目的是保护那些对市场不太熟悉的人免于受到非常熟悉的人的欺压’”③。

“公平是证券法的核心价值”，体现在以下两方面：

1. 程序公平与结果公平。在证券市场中，投资者情况千差万别，交易错综复杂且变化极快。证券法第 3 条规定证券的发行、交易活动必须遵循公平原则，然而轻视程序公平、片面强调结果公平可能诱发懒惰和投机，对证券市场配置资源产生重大消极影响，引发更为复杂的社会问题。在商法效率优先的价值理念下，证券法必须重视程序公平，公平披露信息规则是程序公平的体现。依照公平的程序从事交易，即使结果有失公平，也不能否认交易的效力，否则，不仅无法促进投资，还可能摧毁证券市场的交易机能。

2. 机会平等。机会平等是指所有主体都有平等地参与某项活动的机会或者权利。在证券法上体现为：所有公司、企业都有平等地进入证券市场进行融资的机会和权利，所有投资者都有平等地进入证券市场进行证券投资的机会和权

---

① 陈秧秧：《选择性披露的管制与内幕交易法的演变：基于美国公平披露条例的研究》，载《证券法苑》2010 年第 3 期。

② 赵旭东：《商法学（第三版）》，高等教育出版社 2015 年版，第 227 页。

③ 叶林：《证券法（第三版）》，中国人民大学出版社 2008 年版，第 88 页。

利。条件同等下的机会平等，是证券法公平原则的核心内容。证券投资不是部分机构和社会成员的特权，不能只将交易机会提供给部分投资者、不合理地排斥其他投资者。证券是特殊的金融商品，价格取决于证券发行人的经营状况和发展前景，对投资者而言需要根据信息来判断，只有掌握信息，才能合理审慎地作出投资决策、进行证券交易。所以，为实现机会平等，不论是个人投资者还是机构投资者抑或其他金融中介机构，都应当通过公平披露信息规则，享有平等获取信息的权利，享有平等从事证券投资的机会。

三、选择性信息披露的危害

选择性信息披露，是上市公司在向公众投资者披露重大的未公开的信息之前，先将该信息向特定的机构或者人员披露。可以分为披露对象、时间、内容和方式上的选择。新证券法第 83 条公平披露规则规制的对象就是选择披露行为。选择性信息披露对证券市场造成的危害主要表现在：首先，这种行为通过向特定对象泄露未公开信息，违背了证券市场的公平原则，侵犯了投资者平等获取信息的权利。其次，直接导致了机构投资者、证券分析师和中小投资者之间信息获取量的不对称。披露时间的选择，则为机构投资者和证券分析师提供了更多的解读和分析时间，导致他们与中小投资者之间形成在信息获取时间上的不对称，后者总是信息滞后，只能在证券价格有所波动时采取跟风投资策略。再次，选择性信息披露往往是一些非法证券交易的前奏，如内幕交易和市场操纵行为均以获得内幕信息为前提。最后，动摇证券市场的价值取向，不利于理性投资。例如，上市公司倾向于将依法应当披露的前瞻性的经营、业绩信息提前通过证券分析师传播，吸引更多公众跟随其作出投资决定；部分上市公司也可能通过选择性信息披露吸引机构投资者购买其证券，导致了投资顾问界的不正当竞争。

四、禁止非法要求信息披露

（一）非法要求信息披露的情形

证券法第 83 条第 2 款规定，任何单位和个人不得非法要求信息披露义务人提供依法需要披露但尚未披露的信息。第 52 条第 1 款规定的涉及发行人的经营、财务或者对该发行人证券的市场价格有重大影响的尚未公开的信息，以及第 80 条第 2 款、第 81 条第 2 款所列重大事件，属于内幕信息，依法需要披露。在证券市场中，存在一些主体，如证券分析师，非法要求上市公司披露内幕信息的情况。证券分析师与上市公司往往具有密切的联系。一方面，证券分析师为了在投资顾问领域激烈竞争中处于优势地位，需要上市公司披露一些独家的、尚未公开的重大信息，证券分析师只有发表具有内幕性质的投资建议，才能争取到更多的客户。所以证券分析人员为了迎合上市公司的需要，往往在研究报告中对发行人的业绩作出乐观的测评、向投资者作出买进的投资建议，以此来获得上市公司对其持续披露内幕信息的机会。另一方面，上市公司也需要证券分析师的支持。证券分析师出具的分析报告具有一定的权威性，能够在一定程度上左右投资者的投资决策。上市公司希望证券分析师能够对其业绩、发展前景作出肯定的评价，在媒体上有更多的篇幅宣传、美化公司形象。有时为配合证券分析师的需要，上市公司可能与证券分析师达成某种默契，承诺在公司重大事项公开披露之前，提前向证券分析师或机构投资者披露，甚至就是否公开披露征询证券分析师的意见，这就极易导致证券分析师利用内幕信息交易。更有甚者，当上市公司拒绝某些证券分析师非法要求信息披露的要求时，会遭到威胁、恐吓，如不向其披露就会面临在出具的分析报告、新闻稿中被故意抹黑的困境。

（二）非法信息披露的控制制度

根据深圳证券交易所发布的《上市公司规范运作指引》（2020 年修订）的相关规定，证券服务机构、证券投资机构的从业人员、新闻媒体从业人员、持有、控制上市公司 5% 以上股份的股东及其关联人等特定对象比一般中小投资者更容易接触到信息披露主体，更具信息优势，且有可能利用有关信息进行证券交易或者传播有关信息。所以在公平披露规则之下，上述特定对象不得要求上市公司提前披露重大信息。具体而言，特定对象到上市公司进行现场参观、座谈沟通、采访时，不得要求信息披露义务人提供依法需要披露但尚未披露的信息。上市公司接受特定对象的调研、沟通、采访等活动，或者进行对外宣传、推广等活动时，应当合理、妥善地安排参观、采访、宣传过程并做好相关记录，妥善保管上述记录、现场录音、演示文稿、向对方提供的文档等文件资料，不得以任何形式发布、泄露未公开的重大信息，只能以已公开披露的信息和未公开非重大信息作为交流内容。否则，公司应当立即公开披露该未公开重大信息。上市公司与特定对象进行直接沟通的，应当要求特定对象签署承诺书。承诺不故意打探公司未公开重大信息，不泄露无意中获取的未公开重大信息，不利用所获取的未公开重大信息买卖或者建议他人买卖公司股票及其衍生品种；对外发布或使用投资价值分析报告等研究报告、新闻稿等文件前知会公司；在报告、文件中不使用未公开重大信息，除非公司同时披露该信息；报告、文件中涉及盈利预测和股价预测的，注明资料来源，不使用主观臆断、缺乏事实根据的资料。上市公司应当认真核查特定对象知会的上述报告、文件，建立与特定对象交流沟通的事后核实程序，明确未公开重大信息被泄露的应对措施和处理流程。上市公司实施再融资计划过程中，在向特定个人或者机构进行询价、推介等活动时，应当特别注意信息披露的公平性，不得为了吸引认购而向其提供未公开的重大信息。

五、公告前的保密义务

证券法第83条第2款规定，任何单位和个人提前获知的前述信息，在依法披露前应当保密。该条与内幕信息的规定息息相关，为内幕信息知情人设定了披露之前的保密义务。在上市公司应披露的信息公告前负有保密义务的主体包括但不限于：发行人的董事、监事、高级管理人员，持有公司5%以上股份的股东及其董事、监事、高级管理人员，公司的实际控制人及其董事、监事、高级管理人员，发行人控股的公司及其董事、监事、高级管理人员，证券监督管理机构工作人员、保荐人、承销的证券公司、证券交易所、证券登记结算机构、证券服务机构的有关人员。此外，应特别注意特定对象的保密义务。根据深圳证券交易所《上市公司规范运作指引》（2020年修订）的相关规定，证券服务机构、证券投资机构的从业人员、新闻媒体从业人员、持有、控制上市公司5%以上股份的股东及其关联人员等特定对象与上市公司基于交流沟通无意中获得了未公开重大信息或者形成的投资价值分析报告等研究报告、新闻稿等文件若涉及未公开重大信息的，上市公司应当立即向证券交易所报告并公告，同时特定对象在公司正式公告前不得对外泄露该信息，在此期间也不得买卖或者建议他人买卖公司股票及其衍生品种。上市公司在进行商务谈判、申请银行贷款等业务活动时，因特殊情况确实需要向对公司负有保密义务的交易对手方、中介机构、其他机构及相关人员提供未公开重大信息的，有关机构和人员就负有保密义务，否则上市公司不得向其提供相关信息。

【适用指引】

违反公平披露的典型案例：2006年6月24日下午，湖北博盈投资股份有限公司总经理陈某晖在深圳接待了某券商研究人员的调研，在配合调研工作中除提供了公开披露的股权分置改革方案内容外，描述了公司实际控制人金浩集团公司的背景和相关商业地产项目内容，展望了公司未来的远景规划。6月27日，该研究人员在其调研报告《持续高增长商业地产龙头》中披露了该公司未公开的重大信息。博盈投资7月4日的澄清公告显示，6月27日某券商调研报告对该公司股改后的后续计划进行描述，认为金浩集团将向上市公司注入12个项目，预计2006年将通过现金收购或定向增发的方式注入1~2个项目，公司有望成为持续高增长的商业地产龙头。深圳证券交易所认为陈某晖的行为属于向特定对象披露了公司未公开的重大信息，违反了公平信息披露原则。陈某晖未能恪尽职守、履行诚信勤勉义务，其行为违反了《深圳证券交易所股票上市规则》第2.2条的规定。深圳证券交易所根据《深圳证券交易所股票上市规则》第17.3条的规定，作出对湖北博盈投资股份有限公司总经理陈某晖给予公开谴责的处分。对于陈某晖的上述违规行为和处分，深圳证券交易所将其记入上市公司诚信档案，并向社会公布。这是深圳证券交易所首次对该类违规行为进行处罚，也是深交所实践公平披露理念，强化对选择性披露行为监管的一次具体体现。①

第八十四条　除依法需要披露的信息之外，信息披露义务人可以自愿披露与投资者作出价值判断和投资决策有关的信息，但不得与依法披露的信息相冲突，不得误导投资者。

发行人及其控股股东、实际控制人、董事、监事、高级管理人员等作出公开承诺的，应当披露。不履行承诺给投资者造成损失的，应当依法承担赔偿责任。

【条文主旨】

本条是关于信息披露义务人自愿披露和相关主体承诺披露的规定。

【条文释义】

一、自愿披露的概念

我国证券市场实行强制信息披露制度，即信息披露义务人必须根据法律规定，履行信息披露义务，且披露的信息必须满足法律规定的所有条件。相较于强制披露，自愿披露是一种以市场激励为动机和导向的披露形式。出于吸引投

① 《关于对湖北博盈投资股份有限公司相关当事人给予处分公告》，载深证交易所网站，http：//www.szse.cn/disclosure/notice/general/t20060914_499683.html，最后访问时间：2020年3月23日。

资者的目的，证券发行人或者其他证券市场主体主动向投资者披露与投资者价值判断和投资决策有关的信息。自愿披露具有以下特征：一是披露方式自愿，既可以披露，也可以不披露；二是所披露的信息是在强制性披露信息之外，强制性披露信息必须披露，没有决定是否披露的自由；三是披露的信息与投资者价值判断和投资决策有关联。[①] 随着证券市场的发展，参与证券活动的公司日益增多，证券投资者的竞争日益激烈。尤其在新经济、新业态、新模式的不断涌现下，自愿披露的需求和空间越来越大。公司主动披露经营数据、竞争优势、长期战略报告，能够塑造公司形象，满足投资者对信息的高需求，提高公司证券产品和服务对投资者的吸引力，进而提升公司的整体竞争力。[②]

二、自愿披露法定的必要性

在不同的国家和地区，对信息采用强制披露还是自愿披露有着不同的选择。有理论认为在市场中不需要法定的强制性信息披露，因为公司管理层有充分的激励来自愿披露相关信息，但是该理论一般建立在有效市场假说等完美的金融理论基础之上。在实践中，由于证券市场高额利润和证明责任的存在，激励机制下的市场自愿披露难以使投资者获得有效信息，从而全面保护投资者的利益。[③] 且自愿披露信息缺乏判定标准，所披露的信息存在着供给不足和质量参差不齐等缺点。[④] 因此，法定的强制性信息披露制度必不可少。

缺乏法律约束的信息披露制度不可取，单纯的强制性信息披露亦不能从根本上保护投资者利益，原因在于：一是根据信号传递理论，信号本身需要具有自愿性和不易模仿的特点，而强制披露信息具有高度的一致性和统一性，所承载的信号不能形成有效的市场信号，不能作为投资者判断和决策的甄别机制；[⑤] 二是强制披露之信息数量极其庞杂，非专业投资者难以在众多的相似信息中分辨出实用信息。在强制披露制度之外，自愿披露信息更能针对潜在投资者披露相关信息，实现信息的个性化和有效性。因此，自愿披露在完备的信息披露体系中必不可少。

---

① 贾纬：《证券市场侵权民事责任之完善》，载《法律适用》2014 年第 7 期。

② 程茂军：《试论上市公司自愿性信息披露的法律规制》，载《证券法苑》2017 年第 20 期。

③ 李文莉：《证券发行注册制改革：法理基础与实现路径》，载《法商研究》2014 年第 5 期。

④ 王惠芳：《信息强制披露与自愿披露的重新界定与监管》，载《宏观经济研究》2010 年第 12 期。

⑤ 方红星、楚有为：《自愿披露、强制披露与资本市场定价效率》，载《经济管理》2019 年第 1 期。

三、自愿披露的披露内容

自愿披露的披露内容必须与投资者作出价值判断和投资决策有关。强制性披露信息的具体内容由法律明确规定，但自愿披露信息内容的规定是一种模糊的概括性规定，且该范围非常广，因为公司在日常运营过程中产生的信息数量极为庞大，其中可能影响投资者作出价值判断和投资决策的事项非常多，如果该事项没有被法律规定为强制性信息披露，公司便可以将其自行披露，这正是自愿披露的本质特征所在。可能影响投资者价值判断和投资决策的信息，在本质上仍是影响公司股票、债券或本法范围内其他证券价格的因素，在判断某具体的非强制性披露信息是否属于自愿披露的信息内容时，可以与强制披露信息的内容进行类比，确定是否可能影响投资者的判断与决策。另外，与投资者作出价值判断和投资决策有关的信息并不会绝对影响投资者的判断和决策，即使将该信息进行披露，投资者也不一定会改变其投资决策。因此，该信息只要投资义务人认为其存在影响投资者判断和决策的可能性就属于自愿披露的内容。

四、自愿披露的披露标准

自愿披露虽然属于信息披露义务人的自愿选择，但是一旦选择了自愿披露，披露就必须满足一定的标准，即不得与依法披露的信息相冲突，不得误导投资者。强制性披露的法定标准非常严格，不仅要求信息本身真实、准确、完整，简明清晰，通俗易懂，还禁止虚假记载、误导性陈述和重大遗漏。相对而言，自愿披露的信息要求较为宽松，披露内容自行决定，披露方式具有选择性。但是，也需要符合真实、准确、完整的基本要求。自愿披露的信息不得与强制性披露信息相冲突，即意味着在一定范围内确保了自愿披露信息的真实性，只能在强制性披露信息的基础上进行补充。自愿披露信息不得误导投资者的标准属于兜底性标准，不管信息内容与语言表达如何，重点在于该信息不能产生误导投资者的效果。否则，信息披露义务人也要依法承担法律责任。

五、公开承诺信息的披露

自愿披露的公司虽然具有自由选择权，但是如果存在公开承诺情形，该公司必须对承诺信息进行披露。在该制度确立之前，发行人或上市公司往往在证券发行文件和报告文件中会作出各项承诺，如上市公司重大资产重组计划、公司资产投入、特定对象股份限制转让期限、关联交易等，这些承诺会给投资者的价值判断和投资决策带来很大的影响。由于上述信息还未真实发生，不属于强制性信息披露的内容，披露义务人可以自愿披露。根据新证券法，上述公开承诺信息成为一种“特殊强制披露”，披露义务人必须将公开承诺的信息进行披露。同时这也是公平披露的一种保证，确保公开承诺的内容向所有投资者披露。

只有发行人及其控股股东、实际控制人、董事、监事、高级管理人员等作出的公开承诺的信息才必须披露。一方面，公司法对公司控股股东、实际控制人、董事、监事、高级管理人员给予了定义，因此前述公开承诺的主体亦可以根据公司法的条款予以明确。另一方面，本条款中的“等”字囊括的同类主体应该具有“关联性”和“重大性”的特征。根据公司法第21条的规定，上述主体都是公司进行关联交易的关联方，因此同类主体与前述主体的共同点为“关联性”，即对披露义务人具有一定的影响力，能作出影响证券价格行为的主体，如公开承诺收购行为的收购方属于上述同类主体，其收购行为的公开承诺应当披露。该主体的公开承诺信息应当具有重大性，即有影响投资者价值判断和投资决策的可能性。

出于实践的需求，披露的公开承诺信息，不仅包括承诺本身，还应当包括承诺的履行情况，即对该承诺事项进行必要的持续性披露。在公开承诺的履行期间，所披露的履行信息应当兼具“及时性”和“重大性”,① 即在履行过程中，对可能影响投资者价值判断和投资决策的重大信息及时披露。

六、未履行公开承诺的责任承担

在新证券法规定公开承诺之前，中国证监会曾对上市公司实际控制人、股东、关联方、收购人以及上市公司的承诺及履行事项进行了专项检查，在检查中发现，有大量上市公司存在未履行完毕或者超期履行承诺的情况。这些未完全履行，甚至恶意拖延、逃避承诺义务的情形极有可能给信任该承诺的投资者带来损害，但因为缺乏相关赔偿规则，投资者无法主张自己的权益。为了解决此问题，本条款明确规定公开承诺未履行的，公开承诺的主体，即发行人及其控股股东、实际控制人、董事、监事、高级管理人员等应该承担赔偿责任。

此外，承担赔偿责任的重要前提条件是承诺义务的违反给投资者造成了损失。公开承诺主体应当在承诺的期限内承担完全的履行义务，不完全履行或者超期履行而使投资者受损的，投资者就有请求损失赔偿的权利，具体的赔偿数额应该根据承诺者的履行情况和投资者损失数额综合判断。

---

① 马其家、王森：《上市公司及其关联方公开承诺履行制度的构建》，载《法律适用》2015年第8期。

【适用指引】

一、自愿披露的“安全港规则”

证券市场中自愿披露的“安全港规则”最早产生于美国，被称为预测性信息披露的安全港制度，指公司的自愿披露行为虽然给投资者造成了损失，但由于一些“情形”的存在而不被认定为违法行为，无需承担赔偿责任。预测性信息与传统证券法领域中披露的已经得到证实的、客观确定的历史性事实不同，是一种软信息，如基于数据统计分析对公司的利润、收入或亏损、每股盈利或亏损等财务事项预测的陈述。① 在美国证券实践中，这些豁免“情形”包括三类：法定的行为、披露信息具有特殊性质和投资者的控告行为不符合相关法律规定。②

自愿披露的安全港规则，是对自愿披露公司权益的保护，我国证券市场并无类似规定，但在适用实践中，预测性信息的自愿披露时有发生，因此确定该原则在实践层面的适用标准很有必要。证券市场变化莫测，预测信息本不可能具有绝对的准确性。但与此同时，投资机遇稍纵即逝，预测性信息对有特定需求的投资者的投资行为很可能具有决定性的作用。从本条规定来看，公司基于客观数据统计披露的预测性信息一旦出现误差，很可能造成“误导投资者”的后果，披露公司极有可能因此承担赔偿责任。在实践中，如果预测性信息的自愿披露完全适用本条款的规定，公司自愿披露及时性信息的动力将受到严重打击。因此，应该慎重适用本条款。

自愿披露预测性信息的安全港规则符合投资者和信息披露公司权益保护权衡理念，在证券监管和司法中应当适当借鉴。首先，在预测性信息自愿披露公司能证明自身披露的善意，且在披露时标注警示性声明时，应当认定该披露公司不需要承担赔偿责任。这给能提供充足证据、善意披露客观信息的公司提供了安全领域，同时给予恶意披露者严格的证明责任。其次，对于不重要信息的豁免，应该参照强制信息披露中有关“重大遗漏”规定中“重大”因素的认定，如果披露的是不会给投资者带来明显影响的非重大信息，在提供证据证明后应该豁免其责任。③ 最后，在证明责任的分配问题上，双方身份不对等产生了严重的信息不对称，不应给投资者苛以过高的证明责任。

---

① 厉潇逸：《证券市场信息披露制度研究》，载《人民法治》2017 年第 12 期。

② 魏俊：《证券法上的安全港及其制度价值》，载《金融法苑》2014 年第 12 期。

③ 郭锋：《虚假陈述侵权的认定及赔偿》，载《中国法学》2003 年第 2 期。

二、未履行承诺时的责任确定和豁免

实践中，作出公开承诺的主体与履行承诺的主体会存在区别，这给责任承担主体的确定带来了困难，这需要根据不同种类的承诺信息来确定对应的责任主体。承诺信息一般有三类：披露信息内容保证类、公司运营计划类、关联方交易行为类。对披露信息的保证指对信息真实性、完整性和准确性的承诺，对这类承诺的违反大多是对强制信息披露规范的违反，可以通过信息披露责任来规制。如果是自愿披露信息的承诺，无法根据信息披露的虚假陈述来确定责任，则可以根据公开承诺条款保护投资人权益，此时的责任主体应当是公开承诺者本身，即发行人或者其关联方。对公司运营计划的承诺履行主体一般是公司本身。因此，如果公司未履行承诺时，该公司应当承担责任，即使属于公司内部成员超出权限作出公开承诺的情形，也应当在公司承担责任之后向有关责任人追偿。关联方与发行公司的交易承诺，应当根据关联方和发行公司之间的过错承担责任。

公开承诺的履行保障制度极大地加强了投资者保护的力度，同时也应当关注适用过程中发行公司及其他主体的责任豁免。首先，应该根据不同的承诺内容和履行情况确定具体的承担主体，不可以“一棒子打死”，将所有关联方列为承担连带赔偿责任的主体。其次，对一些善意的公开承诺，如果在承诺时进行明确的“风险警示”，可以豁免有关主体的责任。[①] 最后，履行承诺可能会损害公司、国家和社会利益，或者发生其他不可抗力事件确实无法履行时，未履行承诺的责任承担可以豁免。但是在适用过程中需要对豁免事项进行严格解释，以防止公开承诺者滥用责任豁免，损害投资人的利益。

第八十五条　信息披露义务人未按照规定披露信息，或者公告的证券发行文件、定期报告、临时报告及其他信息披露资料存在虚假记载、误导性陈述或者重大遗漏，致使投资者在证券交易中遭受损失的，信息披露义务人应当承担赔偿责任；发行人的控股股东、实际控制人、董事、监事、高级管理人员和其他直接责任人员以及保荐人、承销的证券公司及其直接责任人员，应当与发行人承担连带赔偿责任，但是能够证明自己没有过错的除外。

---

① 马其家、王森：《上市公司及其关联方公开承诺履行制度的构建》，载《法律适用》2015年第8期。

【条文主旨】

本条是信息披露义务人未按规定披露和披露信息虚假陈述应承担赔偿责任的规定。

【条文释义】

一、信息披露义务人未按规定披露

信息披露义务人未按规定披露信息，是指信息披露义务人未按照规定的内容、地点、时间、方式和格式披露对证券价格有重大影响的信息。可以从三个方面理解：首先，“未按规定披露信息”中的“规定”，是指法律、行政法规、国务院证券监督管理机构和证券交易场所的规定。其次，披露的内容，是指法律、行政法规、国务院证券监督管理机构和证券交易场所规定要求披露的信息，包括但不限于证券发行文件、定期报告、临时报告、上市公司收购相关信息、持有上市公司有表决股份达一定比例时的报告等。最后，“未按照规定披露”的违规行为，既包括应当披露而没有披露，也包括应当在特定的时间、地点，以特定的方式、格式进行披露，而没有遵循相关规定进行披露。可见，信息披露义务人未按规定披露是一种涵摄范围较广的信息披露违法行为，只要未按照相关规定披露信息，致使投资者在证券交易中遭受损失的，信息披露义务人均应承担赔偿责任。

二、虚假陈述定义

本条规定的“虚假记载、误导性陈述或者重大遗漏”，在证券法理论上称为虚假陈述。虚假陈述是指信息披露义务人或其他责任人未按照法律规定披露信息，或者公开披露的内容存在着虚假、误导性的陈述或者重大遗漏。在实践中，根据行为的性质，可将虚假陈述分为虚假记载、误导性陈述、重大遗漏以及不正当披露。

虚假记载，根据《最高人民法院关于审理证券市场因虚假陈述引发的民事赔偿案件的若干规定》（以下简称《若干规定》）第 17 条第 3 款的规定，是指信息披露义务人在披露信息时，将不存在的事实在信息披露文件中予以记载的行为。根据披露内容的性质，公开信息可以分成描述性信息、评价性信息和预测性信息三类。① 对于描述性信息，着眼于真实性标准，在实践中可以从客观

① 陈甦、吕明瑜：《论上市公司信息公开的基本原则》，载《中国法学》1998 年第 1 期。

性、一致性、规范性三个方面来判断其真实性：客观性是指公开信息的内容所反映的事实必须是实际发生、真实存在的；一致性是指公开信息内容与其所反映的事实是同一的、相吻合的；规范性是指公开信息必须符合证券法所规定的条件要求、判断标准，如符合重大性。对于评价性信息和预测性信息两类主观性信息，主要坚持合理性判断标准，即评价和预测必须是合理的。具体来说：（1）主观性信息的公开，必须有一定的基础，即该信息的作出必须有着市场情况、营业环境、经济条件、财务状况等条件的支持；（2）主观性信息的公开，必须有其合理性，符合可预见性的要求；（3）公开的目的具有正常性，即必须有助于投资者对上市公司股票的价格作出正确的判断。① 违背以上要求的信息披露，构成虚假记载。

误导性陈述，是指虚假陈述行为人在信息披露文件中或者通过媒体，作出使投资者对其投资行为发生错误判断并产生重大影响的陈述。误导的类型包括：（1）以偏概全型。以个别情况代表整体情况，从而掩盖整体情况的真相。这样的类型较好判断，通过对信息公开全面性的要求即可克服。（2）矫枉过正型。对有关问题和风险的防范措施严重不实事求是，反而变弊为利。这主要存在于招股说明书中对风险因素的防范对策表述上。这类不实陈述主要是针对事实的夸大，单纯数字上的夸大尚好判断，而一些现状以及对未来估计的夸大则较为麻烦，需要仔细甄别。（3）语义模糊或晦涩型。适用模棱两可，易生歧义，或使人难以读懂的术语，使投资者进行猜测，或无法理解，以掩盖行为人的真实情况。②

重大遗漏，是指信息披露义务人在信息披露文件中，未将应当记载的事项完全或者部分予以记载的行为。虚假记载和误导性陈述，都是指公开了但不真实，是作为的违法行为；重大遗漏则是指应当公开而未公开，是不作为的违法行为。③ 重大遗漏的关键是对重大性的理解，只有那些对重大事件，即对该证券的市场价格可能产生较大影响、而投资人尚未得知的事件的遗漏，才属于重大遗漏。

根据《若干规定》，不正当披露是指信息披露义务人未在适当期限内或者

---

① 廖升：《虚假陈述侵权责任之侵权行为认定》，载《法学家》2017 年第 1 期。
② 郭锋：《虚假陈述证券侵权责任赔偿》，法律出版社 2003 年版，第 187 页。
③ 朱锦清：《证券法学（第四版）》，北京大学出版社 2019 年版，第 190 页。

未以法定方式公开披露应当披露的信息。[1] 不正当意味着信息披露的范围、时间、方式等存在问题，不符合法律、监管规章要求。时效性和法定形式是信息披露正当性的要求。在证券市场上，信息的需求不仅要求精确，更要求及时；不仅要披露，而且要按照一定的形式标准予以披露。[2] 法律有明确规定时，信息必须在法律规定的时间内公开；法律没有规定、信息出现变化时，应作出及时的补充和调整，确保投资者所获得的信息是当前最有效、最及时的信息。信息披露也要符合法定形式要求，以规范的披露形式降低投资者获取和分析信息的成本，提高投资者的决策效率。[3]

无论是虚假记载、误导性陈述、重大遗漏、不正当披露，还是其他违反规定的信息披露行为，本质上都是对证券法第78条“真实、准确、完整”要求的违反。当然，只有满足“重大性”标准的信息失真才属于虚假陈述。根据证券法及其他规范性文件的规定，重大性信息主要包括：（1）重大事件，指既存的、可能影响证券价格的重大事件；（2）重大变化，指因既存事实引发的、可能影响证券价格的重大变化；（3）重大信息，指其他可以影响证券价格的重大情况。[4] 此外，司法实践中对重大性的判断也形成了一套完整的判断规则，根据最高人民法院2019年《全国法院民商事审判工作会议纪要》第85条的规定，重大性是指可能对投资者进行投资决策具有重要影响的信息，虚假陈述已经被监管部门行政处罚的，应当认为是具有重大性的违法行为。在案件审理过程中，对于一方提出的监管部门作出处罚决定的行为不具有重大性的抗辩，人民法院不予支持，同时应当向其释明，该抗辩并非民商事案件的审理范围，应当通过行政复议、行政诉讼加以解决。

三、虚假陈述赔偿责任主体

本条规定了四类责任主体对虚假陈述以及由此导致的投资者损失负有民事赔偿责任：（1）信息披露义务人，主要是发行人和上市公司，以及法律、行政法规和国务院证券监督管理机构规定的其他负有信息披露义务的主体；（2）发行人（上市公司）的控股股东、实际控制人；（3）发行人（上市公司）的董

---

① 吴弘、胡伟：《市场监管法论——市场监管法的基础理论与基本制度》，北京大学出版社2006年版，第131页。

② 赖武：《证券虚假陈述民事责任的认定》，载《法制与社会发展》2003年第2期。

③ 李明辉：《上市公司财务报告虚假陈述民事责任的认定》，载《厦门大学学报》2004年第4期。

④ 郭锋：《虚假陈述证券侵权责任赔偿》，法律出版社2003年版，第193页。

事、监事、高级管理人员和其他直接责任人员；（4）保荐人、承销的证券公司及其直接责任人员。理论上还存在第五类主体，即为证券的发行、上市、交易等证券业务活动制作、出具审计报告及其他鉴证报告、资产评估报告、财务顾问报告、资信评级报告或者法律意见书等文件的证券服务机构。证券服务机构民事责任规定在证券法第 163 条之中，该条明确了证券服务机构的民事责任，其制作、出具的文件有虚假记载、误导性陈述或者重大遗漏，给他人造成损失的，应当与委托人承担连带赔偿责任，但是能够证明自己没有过错的除外。

此外，根据《若干规定》第 7 条规定，虚假陈述证券民事赔偿案件的被告，应当是虚假陈述的行为人，包括：（1）发起人、控股股东等实际控制人；（2）发行人或者上市公司；（3）证券承销商；（4）证券上市推荐人；（5）会计师事务所、律师事务所、资产评估机构等专业中介服务机构；（6）上述（2）、（3）、（4）项所涉单位中负有责任的董事、监事和经理等高级管理人员以及（5）项中直接责任人；（7）其他作出虚假陈述的机构或者自然人。

发行人和上市公司作为最主要的信息披露义务人，依法承担法定信息披露义务。其他机构和个人除非有法律规定，理论上并非信息披露的义务主体，但承担着诚信和谨慎勤勉义务，它们须按通常的职业或者行业标准履行编制、审验相关文件的义务。发行人和上市公司作为法定信息披露义务人承担全面义务，必须保证披露信息真实、准确、完整，而其他机构承担部分或者局部义务，就其职责范围内的信息承担保证真实、准确、完整的义务。证券法第 85 条和《若干规定》之所以将虚假陈述责任主体从信息披露义务人扩张到其他与此有关的机构和个人，由其一并承担民事赔偿责任，主要是基于投资者保护的考量。由于信息披露义务人和其他机构、个人在信息披露义务上的差别，证券法第 85 条在责任性质上作了区别规定，信息披露义务人承担无过错责任，其他机构或者个人则依照过错推定承担责任。

四、虚假陈述民事责任的主观要件

信息披露义务人因虚假陈述，对投资者承担民事赔偿责任，发行人的控股股东、实际控制人、董事、监事、高级管理人员和其他直接责任人员以及保荐人、承销的证券公司及其直接责任人员承担连带赔偿责任。这种民事责任在责任性质上属于侵权责任，《最高人民法院民事案件案由规定》也将证券虚假陈述责任纠纷归于证券欺诈责任纠纷。

信息披露义务人承担严格责任，或者称之为无过错责任。即只要信息披露行为及披露内容违反法律规定，存在虚假记载、误导性陈述或重大遗漏，导致投资者受到了损失，披露义务人必须承担相应的民事赔偿责任，而无论其主观上对虚假陈述是否存在故意或过失。证券法第 85 条规定信息披露义务人因虚假陈述致使投资者在证券交易中遭受损失的，应当承担赔偿责任，且证券法没有规定信息披露义务人免除民事赔偿责任的事由。因此，无论是信息披露义务人自己原因导致的虚假陈述，还是其他机构或者人员的原因导致的虚假陈述，信息披露义务人都应当承担民事赔偿责任。①

除信息披露义务人外的其他虚假陈述民事责任主体承担过错推定责任。发行人的控股股东、实际控制人、董事、监事、高级管理人员和其他直接责任人员以及保荐人、承销的证券公司及其直接责任人员，还有证券法第 163 条规定的证券服务机构，应当与发行人承担连带赔偿责任，但是能够证明自己没有过错的除外。上述责任主体承担着勤勉尽责的法定义务，违反法定义务时，即应与信息披露义务人承担连带赔偿责任，法定免责事由为该等人员和机构能够证明自己没有过错。理论上，过错推定责任本质上也是过错责任的一种，发行人的控制人（控股股东、实际控制人）、内部人（董事、监事、高级管理人员等）、保荐人、承销人、证券服务机构等只有在主观上对虚假陈述存在故意或过失才对此负有法律责任，如果没有过错就不必承担责任。在诉讼中，让受损投资者证明这些机构和个人存在过错十分困难，证券法因此倒置举证责任，将举证负担分配给发行人的控制人（控股股东、实际控制人）、内部人（董事、监事、高级管理人员等）、保荐人、承销人、证券服务机构等主体，如果这些机构和个人不能证明自身没有过错，就推定其有过错，这也就是本条最后但书“但是能够证明自己没有过错的除外”的立法目的。

此外，值得注意的是，原证券法第 69 条规定“发行人、上市公司的控股股东、实际控制人有过错的，应当与发行人、上市公司承担连带赔偿责任”。发行人的控制人（控股股东、实际控制人）承担的是典型的过错责任。而新证券法则规定发行人的控制人（控股股东、实际控制人）应当与发行人承担连带赔偿责任，但是能够证明自己没有过错的除外，属于过错推定责任，这是本次修法中修改的一项内容。这项修改，加重了发行人的控制人违反信息披露规定的民事责任，这主要是针对近年来，发行人的控股股东、实际控制人违反信息披露规定损害投资者和上市公司利益的现象频发，而作出的有针对性的规定。目的是加重发行人的控股股东、实际控制人的诚信义务和法律责任，确保控股股东、

① 叶林：《证券法学（第四版）》，中国人民大学出版社 2013 年版，第 210 页。

实际控制人自身及其控股或控制的发行人、上市公司提供的招股说明书、公司债券募集办法、财务会计报告、上市报告文件、年度报告、中期报告、临时报告及其他信息披露资料的真实、准确、完整，不得有虚假记载、误导性陈述或者重大遗漏。

五、虚假陈述民事损害赔偿

（一）虚假陈述民事损害赔偿因果关系的认定

根据我国民法的基本原理，因果关系是认定侵权责任的构成要件之一。在证券法上，认定虚假陈述行为与投资者损失之间存在原因和结果的关系，存在一定的特殊性和相当程度的困难。在一般的民事赔偿案件中，依循“谁主张，谁举证”的基本原理，原告承担证明因果关系的责任，原告必须证明所受损害系因被告行为所致；如果原告无法证明因果关系，就面临败诉可能。但在证券虚假陈述中，由于投资者处于信息获取上的不利地位，往往很难证明虚假陈述的确切情况，且证券市场信息繁杂，投资者亦难以证明自身损失的原因是虚假陈述行为还是正常的市场行为。为了解决证券虚假陈述因果关系认定上的困难，美国司法界提出了“市场欺诈”理论，并被联邦最高法院认可。这一理论认为，市场是充分竞争和健全的，能够及时地吸收所有公开信息，市场价格就是所有这些已经公开信息的综合反映，无论信息真假，投资者在不明真相的情况下，出于对市场的信赖，作出投资决定，自然也就包括了对虚假信息的信赖，虚假陈述欺诈的是整个证券市场。投资者因相信证券市场是公正的、信息是真实的而进行投资，无需证明自己信赖了虚假陈述，只要证明虚假陈述行为的存在，法律便可推定因果关系成立。所谓市场欺诈，是指虚假陈述对整个市场的欺诈，投资者作为市场的组成部分，自然也与市场一起遭受了欺骗。市场欺诈理论的提出，大大减轻了投资者的举证责任，有效保护了投资者的合法权益。

我国证券法和相关司法解释也从保护投资者权益角度出发，借鉴相关理论和域外司法实践，合理地划分了原告和被告对因果关系的举证责任，适当减轻原告的举证责任。根据证券法第 85 条以及《若干规定》第 18 条的内容，投资者以被告虚假陈述为由提起诉讼的，只需举证以下事实，人民法院即可认定虚假陈述与损害结果之间存在因果关系：（1）投资人所投资的是与虚假陈述直接关联的证券；（2）投资人在虚假陈述实施日及以后，至揭露日或者更正日之前买入该证券；（3）投资人在虚假陈述揭露日或者更正日及以后，因卖出该证券发生亏损，或者因持续持有该证券而产生亏损。

同时，根据《若干规定》第 19 条的规定，被告反证以下情形的，人民法院应当认定虚假陈述与损害结果之间不存在因果关系：（1）在虚假陈述揭露日或者更正日之前已经卖出证券；（2）在虚假陈述揭露日或者更正日及以后进行的投资；（3）明知虚假陈述存在而进行的投资；（4）损失或者部分损失是由证券市场系统风险等其他因素所导致；（5）属于恶意投资、操纵证券价格的。

（二）虚假陈述民事损害赔偿的范围

虚假陈述承担民事赔偿责任的要件之一是存在损害后果，即投资者因信赖违法披露或者内容含有虚假记载、误导性陈述、重大遗漏的公开信息而从事证券交易后遭受了损失。证券法第85条要求虚假陈述民事责任主体承担赔偿民事责任的前提，是“致使投资者在证券交易中遭受损失”，没有损失后果，民事责任也就无从谈起。在司法实践中，投资者损失范围的确定有多种方法，有以投资者的损失为标准进行计算的，也有以违法行为人的获利为标准进行计算的，还有以违法行为人承诺的内容为标准进行计算的。《若干规定》在投资者损失计算上，采用以投资者实际损失为准确定投资者损失范围，《若干规定》第30条第1款规定：“虚假陈述行为人在证券交易市场承担民事赔偿责任的范围，以投资人因虚假陈述而实际发生的损失为限。投资人实际损失包括：（一）投资差额损失；（二）投资差额损失部分的佣金和印花税。”① 根据上述司法解释，投资人实际损失包括投资差额损失以及投资差额损失部分的佣金和印花税。佣金和印花税是投资人买卖证券时向证券公司或者国家支付的成本，应当认定为实际损失由虚假陈述责任人赔偿。目前我国对于投资者实际损失的计算，大多建立在有效市场假说关于信息和价格的互动关系上，参考欺诈市场理论，以界定多个关键时点的方法计算投资损失。根据《若干规定》第31～33条的规定，投资差额损失要区分两种情况加以确定：

（1）投资人在基准日及以前卖出证券的，其投资差额损失，以买入证券平均价格与实际卖出证券平均价格之差，乘以投资人所持证券数量计算。

（2）投资人在基准日之后卖出或者仍持有证券的，其投资差额损失，以买入证券平均价格与虚假陈述揭露日或者更正日至基准日为期间，每个交易日收盘价的平均价格之差，乘以投资人所持证券数量计算。

无论在上述哪种情况下，投资人持股期间基于股东身份取得的收益，包括红利、红股、公积金转增所得的股份以及投资人持股期间出资购买的配股、增发股和转配股，不得冲抵虚假陈述行为人的赔偿金额；已经除权的证券，计算

① 邢会强主编：《证券法学》，中国人民大学出版社2019年版，第136页。

投资差额损失时，证券价格和证券数量应当复权计算。

在《若干规定》中，投资差额损失的计算以及因果关系的认定，都是根据几个重要时间节点来确定的：

（1）虚假陈述实施日，是指作出虚假陈述或者发生虚假陈述之日。

（2）虚假陈述揭露日，是指虚假陈述在全国范围发行或者播放的报刊、电台、电视台等媒体上，首次被公开揭露之日。

（3）虚假陈述更正日，是指虚假陈述行为人在中国证券监督管理委员会指定披露证券市场信息的媒体上，自行公告更正虚假陈述并按规定履行停牌手续之日。

（4）虚假陈述基准日，是指虚假陈述揭露或者更正后，为将投资人应获赔偿限定在虚假陈述所造成的损失范围内，确定损失计算的合理期间而规定的截止日期。基准日按照以下情况确定："（一）揭露日或者更正日起，至被虚假陈述影响的证券累计成交量达到其可流通部分100%之日。但通过大宗交易协议转让的证券成交量不予计算。（二）按前项规定在开庭审理前尚不能确定的，则以揭露日或者更正日后第30个交易日为基准日。（三）已经退出证券交易市场的，以摘牌日前一交易日为基准日。（四）已经停止证券交易的，可以停牌日前一交易日为基准日；恢复交易的，可以本条第（一）项规定确定基准日。"这种确定基准日的方法，其基本内涵是要得到在市场充分吸收了真实信息之后形成的价格，并以此为基准还原因虚假陈述而扭曲的市场价格。

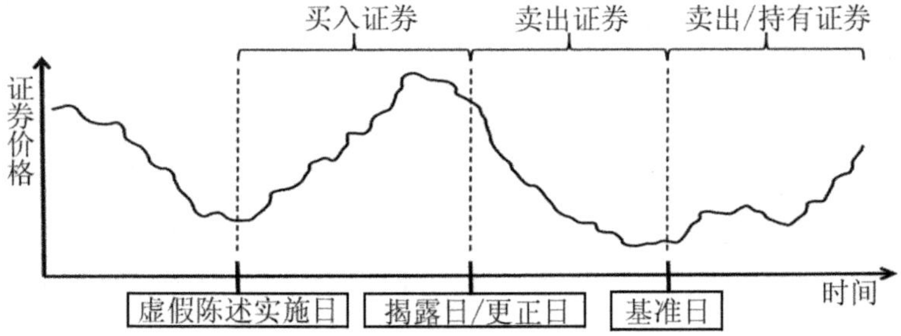

虚假陈述案件投资差额损失的计算

如上图所示，受到虚假陈述行为的影响，证券价格出现了非正常波动：在虚假陈述民事责任主体实施虚假陈述行为后，即在虚假陈述实施日之后，证券价格出现明显的上涨；在虚假陈述行为被揭露或者被更正之后，即虚假陈述揭露日或更正日之后，证券价格出现明显大幅下降。值得注意的是，虚假陈述揭露日或更正日当天证券价格有时候并非该证券在虚假陈述实施日之后的最高价格，市场常会早于揭露日或更正日前发现相关事实，证券价格在此之前往往已经出现下降。基准日作为人为确定的时间，其基本要旨在于确定市场完全吸收虚假陈述信息、消除虚假陈述影响的时间节点，基准日之后往往被认为证券价格已经不再受到虚假陈述的影响，已然回归真实价值，故基准日之后证券价格虽常有波动，但被认为与虚假陈述行为没有法律上的因果关系。投资者在虚假陈述实施日之前买入或卖出证券，其投资损益与虚假陈述行为本身缺乏相应的因果关系，投资者不能请求虚假陈述损害赔偿。只有当投资者是在虚假陈述实施日之后、揭露日或更正日之前买入证券，其投资差额损失与虚假陈述行为才被认为存在法律上的因果关系，可以请求获得损害赔偿，此时投资者的损失差额必须结合其证券的卖出或持有状况分别计算：

（1）投资者在基准日及以前卖出证券的，投资差额损失＝（买入证券平均价格－实际卖出证券平均价格）×投资者所持证券数量。

（2）投资者在基准日之后卖出或者仍持有证券的，投资差额损失＝（买入证券平均价格－虚假陈述揭露日或者更正日至基准日期间每个交易日收盘价的平均价格）×投资者所持证券数量。①

【适用指引】

一、证券虚假陈述民事诉讼程序的特殊规定

《若干规定》就虚假陈述民事赔偿案件涉及的诉讼程序问题作出了若干特别规定。

在案件受理方面，《若干规定》第 6 条第 1 款要求“投资人以自己受到虚假陈述侵害为由，依据有关机关的行政处罚决定或者人民法院的刑事裁判文书，对虚假陈述行为人提起的民事赔偿诉讼，符合民事诉讼法第一百零八条规定的，人民法院应当受理”。对证券虚假陈述民事诉讼案件的受理，以有关机关行政处罚决定和法院作出刑事判决为前提。所谓的有关机关，根据《若干规定》第 5 条的规定，应当包括中国证监会或其派出机构、财政部、其他行政机关以及有权作出行政处罚的机构。投资者提起虚假陈述证券民事赔偿诉讼，除提交行政处罚决定或者公告，或者人民法院的刑事裁判文书以外，还须提交以下证据：

---

① 尤婧、顾文达：《虚假陈述民事赔偿责任中的损失认定与计算规则研究》，载吴清主编：《证券法苑（第二十三卷）》，法律出版社 2017 年版，第 433 页。

(1) 自然人、法人或者其他组织的身份证明文件，不能提供原件的，应当提交经公证证明的复印件；(2) 进行交易的凭证等投资损失证明材料。

在管辖法院方面，《若干规定》第8条、第9条规定，证券虚假陈述民事赔偿案件，由省、直辖市、自治区人民政府所在的市、计划单列市和经济特区中级人民法院管辖。投资人对多个被告提起证券民事赔偿诉讼的，按下列原则确定管辖：

(1) 由发行人或者上市公司所在地有管辖权的中级人民法院管辖。但有《若干规定》第10条第2款规定的情形除外。

(2) 对发行人或者上市公司以外的虚假陈述行为人提起的诉讼，由被告所在地有管辖权的中级人民法院管辖。

(3) 仅以自然人为被告提起的诉讼，由被告所在地有管辖权的中级人民法院管辖。

《若干规定》第10条规定，人民法院受理以发行人或者上市公司以外的虚假陈述行为人为被告提起的诉讼后，经当事人申请或者征得所有原告同意后，可以追加发行人或者上市公司为共同被告。人民法院追加后，应当将案件移送发行人或者上市公司所在地有管辖权的中级人民法院管辖。当事人不申请或者原告不同意追加，人民法院认为确有必要追加的，应当通知发行人或者上市公司作为共同被告参加诉讼，但不得移送案件。

在诉讼方式方面，证券法第95条对证券虚假陈述民事诉讼案件的诉讼方式作出了规定，投资者提起虚假陈述等证券民事赔偿诉讼时，诉讼标的是同一种类，且当事人一方人数众多的，可以依法推选代表人进行诉讼（详见第95条条文释义）。此外，证券法第93条还规定了先行赔付制度（详见第93条条文释义）。

在诉讼时效计算方面，根据民法典的规定，投资者对虚假陈述行为人提起民事赔偿的诉讼时效期间为3年。起算日期则依据《若干规定》按照下列情况分别计算：

(1) 中国证券监督管理委员会或其派出机构公布对虚假陈述行为人作出处罚决定之日；

(2) 中华人民共和国财政部、其他行政机关以及有权作出行政处罚的机构公布对虚假陈述行为人作出处罚决定之日；

(3) 虚假陈述行为人未受行政处罚，但已被人民法院认定有罪的，作出刑事判决生效之日。

因同一虚假陈述行为，对不同虚假陈述行为人作出两个以上行政处罚；或者既有行政处罚，又有刑事处罚的，以最先作出的行政处罚决定公告之日或者作出的刑事判决生效之日，为诉讼时效起算之日。

二、诱多型虚假陈述和诱空型虚假陈述

依据对投资者判断与证券价格走向影响的不同，虚假陈述可以分为诱多型虚假陈述和诱空型虚假陈述。诱多型虚假陈述是指虚假陈述者故意违背事实发布虚假的利多消息，或者隐瞒实质性的利空消息不予公布、不及时公布等，使得投资者在股价处于相对高位时，进行投资追涨的行为；诱空型虚假陈述是指虚假陈述行为人发布虚假的消极利空消息，或者隐瞒实质性的利好消息不予公布或不及时予以公布等，使得投资者在股价向下运行或相对低位时卖出股票，在虚假陈述被揭露或被更正后股价上涨而使投资者遭受损失的行为。①《若干规定》只规定了诱多型虚假陈述而没有涉及诱空型虚假陈述。证券法第 85 条关于虚假陈述民事赔偿责任的规定，适用于所有虚假陈述案件，不区分诱多型虚假陈述和诱空型虚假陈述，但由于二者间的差异，需要在司法适用上予以不同的对待。

诱空型虚假陈述与诱多型虚假陈述一样，具体形式的表现是多种多样的，主要可分为行为人主动编造并散布虚假的利空消息打压股价，导致股价“不应下跌而下跌”的积极诱空型虚假陈述，以及违反法定披露义务、以消极不作为或不积极作为等方式隐瞒真实的利好消息，导致股价“应涨却不涨”的消极诱空型虚假陈述两大类型。② 尽管其表现形式多样，但其与诱多型虚假陈述有着共同的本质，都是利用虚假陈述行为造成股价脱离其真实价值，扭曲证券的市场价格，损害信赖其行为而进行交易的投资者的利益。③

诱空型虚假陈述与诱多型虚假陈述在司法适用上的区别，主要是因果关系认定上的不同。诱多型虚假陈述因果关系的认定基本思路是由于虚假陈述人的虚假利好消息，引起市场行情上涨并看好，原本稳定的股价开始偏离真实价格向上运行，在揭露日或更正日附近涨至最高，达到最大偏离值，此后利好消息被揭穿，市场获知真相后被重新估价，因而引起股价大幅下跌，直到基准日时恢复到真实价值附近。因此，在虚假陈述实施日之后购买股票，在揭露日或更正日之前卖出股票或者由于股价低迷、股票流动欠缺而只能继续持有该股票的

---

① 殷秋实：《诱空虚假陈述下的因果关系认定》，载《金融法苑》2012 年第 1 期。

② 杨祥：《论诱空型虚假陈述中因果关系的认定》，载《宁夏大学学报》2016 年第 2 期。

③ 冯果：《诱空型证券虚假陈述损害赔偿民事责任之认定》，载《法律适用》2016 年第 13 期。

投资者可能蒙受损失，据此可以推定其损失与虚假陈述之间有因果关系，并主张损失赔偿。但是，上述因果关系认定却无法套用于诱空型虚假陈述因果关系的认定。诱空型虚假陈述行为通常会引起市场低迷情绪并看空，导致原本稳定的股价开始偏离真实价值向下运行或者本应上涨而稳定不变，但当利空消息被揭穿或者所隐瞒的利好消息被释放，股价会大幅上涨，直至基准日时恢复到真实价值附近。在这种情形下，只有在虚假陈述实施行为前持有并在揭露日或更正日后卖出者，才有可能被推定为其卖出的交易行为是基于信赖而为，而虚假陈述实施日之后、揭露日或更正日之后买入者，或者在揭露日或更正日之后卖出者均不能推定为其投资损失和虚假陈述行为之间具有因果关系。基于以上分析，诱空型虚假陈述案件中因果关系的认定规则应该是：（1）在虚假陈述实施日之前已经买入并持有该证券；（2）在虚假陈述实施日及以后至揭露日或者更正日之前卖出该证券产生亏损。[①]

三、证券虚假陈述案件中市场系统风险的认定

在证券虚假陈述案件中，投资者所发生的损失除了一部分是由虚假陈述行为人的虚假陈述行为造成的之外，还有一部分可能是由国内外经济环境、政策影响、自然灾害等市场系统风险导致的，不应由虚假陈述责任主体承担。根据《若干规定》第19条的规定，虚假陈述行为人对由证券市场系统风险等其他因素所导致全部或部分损失不承担赔偿责任。因此，市场系统风险等其他因素是否存在、如何量化直接决定了虚假陈述行为人是否要对投资者的损失承担赔偿责任，以及在只需承担部分责任时如何扣除投资者非因虚假陈述致损的部分。[②]

（一）市场系统风险的认定依据

在我国司法实践中，证券市场系统风险的认定，主要参考市场指数的波动幅度。证券市场的价格形成机制具有复杂性和不确定性，影响投资者作出证券投资决定的因素也是多方面的，影响个别证券价格的系统风险也不仅仅是一种。因此，证券市场整体系统风险的判断，只能依据能够反映市场整体情况的因素作为参考依据，而非任何带有主观性的、只影响市场个别证券价格的特殊性标准。在这种情况下，市场指数能够综合反映出所有系统风险传导到股价上综合作用的结果，应将其作为认定存在系统风险的最主要证据。需要注意的是，市

---

① 冯果：《诱空型证券虚假陈述损害赔偿民事责任之认定》，载《法律适用》2016年第13期。

② 谢贵春、邹露、武俊桥：《也论虚假陈述民事案件系统风险的认定与扣减——以因果关系证明的回归为讨论中心》，载蒋锋、卢文道主编：《证券法苑（第二十六卷）》，法律出版社2019年版，第359页。

场指数不仅仅是指大盘指数等反映整个证券市场风险的标准体系，还包括涉案证券所在行业板块的系统风险。如果某风险因素影响了整个行业板块的所有证券，也应考虑系统风险的存在。同类同行业板块指数与大盘综合指数应一并纳入考虑范围，相互佐证市场系统风险是否存在。①

除各类市场指数外，还可以从关联度、时间长短、虚假陈述内容上认定市场系统风险的存在及其影响。首先，涉案证券价格与市场指数走势的关联度。如果某个股在虚假陈述实施日至基准日的走势与市场指数保持较高的一致性，市场指数在某一时间上涨时该个股也上涨，市场指数在某一时间下跌时该个股也下跌，则证明个股股价与市场指数的关联性高，系统风险对该个股的影响较为直接。其次，证券价格受特定风险因素影响的时间长短。短时间内，某些风险诱因对个股的影响可能无法迅速被体现，但如虚假陈述实施日至基准日的时间跨度越长，系统风险的反应一般更加明显和充分。时间长短也可作为认定证券价格受市场风险因素影响的一个有力因素。最后，虚假陈述内容。虚假陈述对证券价格的影响程度与陈述内容的重要性有关。例如，市场对虚增10%利润的反应和虚增1倍利润的反应显然是不同的，虚假陈述内容的差异对证券价格的影响程度肯定不同。② 在国创能源案中，法院从该案虚假陈述行为的特点及其对股票交易价格的影响分析认为，“虽然国创能源公司存在未及时披露信息的违法行为，但其行为并非采取浮夸、利好的方式公布信息，从而引诱投资人作出积极投资的决定，而是延迟披露重大信息。在其延迟公告未及时披露所涉事件后，其股价小幅上涨，没有发生巨幅震荡。而其另两次正当公告受让青岛海协股权及与中铁十八局签订《股权转让协议》的内容与其未及时披露的信息内容基本一致，即转让标的、转让价格、股权数量等均相同，但其股价在这两次公告的前后数日持续小幅上涨，并未引起股价下跌”。

（二）市场系统风险的计算

认定市场系统风险的存在及其对证券价格的影响只是第一步，在证券虚假陈述案件中还需要认定系统风险所致损失的具体数额，涉及市场风险的计算的问题。在我国司法实践中，市场系统风险的计算尚无统一的标准，目前较为主流的计算方法是“统一比例法”，在同一证券虚假陈述案件中确定统一的系统

---

① 刘振：《关于证券市场系统风险所致损失数额的认定》，载《人民司法（应用）》2008年第11期。

② 甘培忠、彭运鹏：《论证券虚假陈述民事赔偿中系统风险所致损失数据的认定》，载《甘肃社会科学》2014年第1期。

风险影响比例。实践中，根据确定统一比例的具体方法不同，统一比例计算法又可以分成“统一确定系统风险直接比例法”和“统一确定系统风险相对比例法”。①

所谓统一确定系统风险直接比例法，是指法院在同一虚假陈述民事赔偿案件中，对所有投资者提出的民事赔偿请求确定统一的系统风险直接影响比例，直接从投资差额损失剔除该比例得出最终的投资者损失额。例如，在南通科技案中，江苏省高级人民法院二审确定证券市场系统风险造成纵横国际股价下跌的幅度为26%，据此计算原告因系统风险所致的损失数额为买入价×26%×基准日持有股数（该案不存在揭露日至基准日期间卖出股票的情况），再从总损失额中扣除上述计算结果。

所谓统一确定系统风险相对比例法，是指法院在同一虚假陈述民事赔偿案件中，对所有投资者提出的民事赔偿请求确定统一的系统风险直接影响比例，同时计算出上市公司自身的股价波动率，将系统风险直接影响比例与上市公司个股的股价波动率相除，得出系统风险影响相对比例，最后从投资差额损失中扣除系统风险影响相对比例对应的金额，得出最终的损失额。例如，在三九医药案中，深圳市中级人民法院一审认为，三九医药的股票价格跌幅超过综合指数跌幅部分即为三九医药虚假陈述造成原告的损失部分。在确定三九医药股票价格下跌的数额之后，虚假陈述造成原告投资损失的比例采取了如下公式计算：虚假陈述造成的损失比例=（三九医药股票价格跌幅-综合指数跌幅）÷三九医药股票价格跌幅。

四、虚假陈述揭露日的认定

我国处理证券虚假陈述案件，虚假陈述日、揭露日和基准日是三个独创的时间点，其直接关系到原告资格、胜诉权、赔偿范围和损失计算。其中，虚假陈述日争议较少，基准日也比较明确，但是揭露日在理论和司法实践中多有争议。为了切实维护投资者权益，虚假陈述揭露日的认定，必须满足法定要件，能够相对确定地揭露虚假事实相关“信息真相”，揭示的内容也应当具有指向性和相当的确定性。虚假陈述揭露日的认定，可以从揭露信息的重大性、指向确定性、首次性、公开性、股价异常波动等角度进行判断。②

---

① 张保生、周伟、刘思远：《证券虚假陈述民事赔偿案件系统风险的认定标准和计算方法》，载郭锋主编：《金融服务法评论（第7卷）》，法律出版社2015年版，第314页。

② 李有星、潘政：《证券市场虚假陈述揭露日的再认识》，载《投资者》2018年第2期。

揭露的虚假陈述信息具有重大性。虚假陈述揭露日标准之一，就是所揭露的虚假信息具有重大性，而不是一般的信息。按照证券法第 80 条的规定，实际上将“价格敏感性标准”作为重大性判断标准，即如果信息的披露可能影响相关股票的市场价格，其即具备重大性。《全国法院民商事审判工作会议纪要》也规定“重大性是指可能对投资者进行投资决策具有重要影响的信息”。

揭露的虚假陈述信息具有指向确定性。无论是被他人揭露还是自身更正揭露，针对虚假陈述信息本身是必要的，即应当具有揭露虚假陈述行为“信息真相”的指向性和相对确定性。如果无法判断揭露的信息或更正的信息能够与虚假陈述信息具有直接联系，没有揭示虚假陈述行为的相关事实、警示投资风险，则不能认定为虚假陈述揭露日。当然，按照《全国法院民商事审判工作会议纪要》的规定，其精确程度并不以“镜像规则”为必要，不要求达到全面、完整、准确的程度。原则上，只要交易市场对监管部门立案调查、权威媒体刊载的揭露文章等信息存在着明显的反应就可认为虚假陈述信息的揭露具有指向性和相对确定性。

被揭露的证券价格具有异常波动性。在司法实践中，人民法院通常会将“揭露行为”是否对相关证券价格产生影响作为判断揭露日的标准之一。如果“揭露行为”发生后证券价格并无异常波动，就难以说明证券市场对该揭露行为有所反应，也就难以证明该揭露行为起到了足够的风险警示作用。实践中，如果虚假陈述被公开揭露，证券市场的该股票价格异常波动是必然发生，没有异常波动投资者就不会产生损失，投资者不会产生损失就不会形成索赔之诉。这也符合《全国法院民商事审判工作会议纪要》“只要交易市场对监管部门立案调查、权威媒体刊载的揭露文章等信息存在着明显的反应”的基本要旨。

揭露的虚假陈述信息具有首次性。《若干规定》规定了虚假陈述在全国范围发行或者播放的报刊、电台、电视台等媒体上，首次被公开揭露之日为虚假陈述揭露日。因此，首次揭露重大的虚假信息是揭露日的构成要件。首次性意味着一个虚假陈述行为仅有一个揭露日，不同的虚假陈述行为存在不同的揭露日，虚假陈述行为应与虚假陈述内容一一对应，然后再单独确认不同虚假陈述所对应的各个时点。在行为人同时实施多个虚假陈述的案件中，各项虚假陈述行为与其各自的实施日、揭露日等一一对应，都属于应予赔偿的情形。

揭露的虚假陈述信息具有公开性。虚假陈述之揭露必须是公开的。在互联网时代，对于公开性的思考要突破传统的地域性、全国性的视野，一些地方传媒发布的消息可以通过互联网等各种通信手段，迅速传达至全国各地的投资者。

一家非全国性媒体公开揭露某一虚假陈述行为，该报道又被各大门户网站、微信公众号等平台广泛转载，发生相关证券价格的异常波动，则该地方媒体的报道公布之日亦可确定为揭露日。

第八十六条 依法披露的信息，应当在证券交易场所的网站和符合国务院证券监督管理机构规定条件的媒体发布，同时将其置备于公司住所、证券交易场所，供社会公众查阅。

【条文主旨】

本条是关于信息披露法定途径和方式的规定。

【条文释义】

一、信息披露的方式

在本条中，规定了信息披露的法定方式包括两种：证券交易场所的网站和符合国务院证券监督管理机构规定条件的媒体。依法披露的信息，都应当先通过这两种途径进行发布，这也意味着这两种途径产生的信息是原始信息，所有先于这两种途径进行发布的行为都构成违反证券法规定的行为。

二、查阅置备的场所

在信息发布的同时，还应当将信息资料，分别置备于公司住所和证券交易场所两个地点，供社会公众进行查阅。这是保护投资者利益的重要措施，使投资者能有更多的途径、办法充分获知公开披露的信息资料，从而保障其在进行投资时的合法权益。

三、证券交易场所的网站

证券交易场所是投资者进行证券交易的场所，即供已发行的证券进行流通转让的市场。证券交易场所分为证券交易所和其他交易场所两大类。证券交易所是有组织的市场，是指在一定的场所、一定的时间，按一定的规则集中买卖已发行证券而形成的市场。其他交易场所是指证券交易所以外的证券交易市场，包括国务院批准的其他全国性证券交易场所和按照国务院规定设立的区域性股权市场两个层次。

证券法规定的证券交易场所的网站，相应地分为两大类。一类是证券交易所的网站，包括上海交易所指定的上交所网站（www. sse. com. cn）和深交所指定的巨潮资讯网（www. cninfo. com. cn）两个。另一类是其他交易场所的网站，包括国务院批准的其他全国性证券交易场所的网站和按照国务院规定设立的区域性股权市场的网站。

目前我国由国务院批准的其他全国性证券交易场所只有全国中小企业股份转让系统，其网站为 www. neeq. com. cn；已向证监会备案的全国性区域性股权市场共有 34 家。①

四、符合国务院证券监督管理机构规定条件的媒体

在证券法修订之前，信息披露应当在国务院证券监督管理机构指定的媒体发布。根据《上市公司信息披露管理办法》第 71 条的规定，指定媒体是指证监会指定的报刊和网站。证监会指定的网站为巨潮资讯网（www. cninfo. com. cn）；报刊为“七报一刊”，分别是《中国证券报》《上海证券报》《证券时报》《金融时报》《证券日报》《中国改革报》《中国日报》《证券市场周刊》。一方面，随着上市公司日趋增多，各类公告日趋繁多，证券监督管理机构指定的传统披露载体《中国证券报》《上海证券报》《证券时报》《证券日报》等已不堪重负，只能通过增加版面、缩小字体来应对；另一方面，由于阅读便利性、便捷性降低，一般投资者和机构投资者都不再将之作为主要的信息获取渠道，而更

---

① 具体名称及网站分别为北京股权交易中心有限公司 www. bjotc. cn、石家庄股权交易所股份有限公司 www. hebotc. com、内蒙古股权交易中心股份有限公司 www. nmgotc. com、辽宁股权交易中心股份有限公司 www. clnee. com、上海股权托管交易中心股份有限公司 www. china - see. com、江苏股权交易中心有限责任公司 www. jseec. com. cn、安徽省股权托管交易中心有限责任公司 www. ahsgq. com、海峡股权交易中心（福建）有限公司 www. hxee. com. cn、江西联合股权交易中心有限公司 www. jxjee. com、湖南股权交易所有限公司 www. hunanotc. com、广西北部湾股权交易所股份有限公司 www. bbwotc. com、重庆股份转让中心有限责任公司 www. chn - cstc. com、天府（四川）联合股权交易中心股份有限公司 www. tfse. com. cn、陕西股权交易中心股份有限公司 www. sxeec. com、甘肃股权交易中心股份有限公司 www. xl - bao. com、青海股权交易中心有限公司 www. qheec. com、宁夏股权托管交易中心有限公司 www. china - nxee. com、新疆股权交易中心有限公司 www. casdaq. com. cn、大连股权交易中心股份有限公司 www. cndlee. com、宁波股权交易中心有限公司 www. china - nbee. com、厦门两岸股权交易中心有限公司 www. xmee. com、天津滨海柜台交易市场股份公司 www. tjotc. cn、浙江股权交易中心有限公司 www. zjex. com. cn、齐鲁股权交易中心有限公司 www. qiluguquan. com、中原股权交易中心股份有限公司 www. ccotc. cn、武汉股权托管交易中心有限公司 www. china - wee. com、广东股权交易中心股份有限公司 www. gdeec. cn、海南股权交易中心有限责任公司 www. hnexchange. com、深圳前海股权交易中心有限公司 www. qhee. com、青岛蓝海股权交易中心有限责任公司 www. qeec. cn、山西股权交易中心有限公司 www. sxgq. net、吉林股权交易所股份有限公司 www. ccprec. com、哈尔滨股权交易中心有限责任公司 www. china - hrbsc. com、贵州股权交易中心有限公司 www. gzefe. com。

多地借助互联网方式来获取信息。①

2020 年 3 月 6 日证监会发出公告称，根据《国务院办公厅关于贯彻实施修订后的证券法有关工作的通知》要求，正在研究制定有关信息披露媒体条件的规则。在有关规则发布实施前，证券法所称“符合国务院证券监督管理机构规定条件的媒体”，暂按此前由中国证监会依据原证券法第 70 条规定指定的媒体执行。

五、中国证监会部门规章对信息发布的规定

（一）《上市公司信息披露管理办法》中的相关规定

在《上市公司信息披露管理办法》中，证监会对上市公司及其他信息披露义务人的信息披露方式和途径作出了规定。规定披露人必须将信息的公告文稿和相关备查文件报送证券交易所登记，并在证监会指定的媒体发布。而在公司网站及其他媒体发布信息的时间不得先于指定媒体，更不得以新闻发布或者答记者问等任何形式代替应当履行的报告、公告义务，不得以定期报告形式代替应当履行的临时报告义务。同时应当将信息披露公告文稿和相关备查文件报送上市公司注册地证监局，并置备于公司住所供社会公众查阅。

（二）《证券发行与承销管理办法》中的相关规定

在《证券发行与承销管理办法》中，证监会对信息披露媒体中报刊和网站具体选择方面作出了明确规定：发行人和主承销商在发行过程中公告的信息只需选择一家其指定的报刊披露即可，但同时应将其刊登在证监会指定的互联网网站，并置备于证监会指定的场所，供公众查阅。

（三）《上市公司证券发行管理办法》中的相关规定

在《上市公司证券发行管理办法》中，证监会对上市公司在公开发行债券和非公开发行新股中信息披露的方式途径进行了进一步明确：上市公司在公开发行证券前的 2～5 个工作日内，应当将经其核准的募集说明书摘要或者募集意向书摘要刊登在至少一种其指定的报刊上，同时全文刊登在中国证监会指定的互联网网站，置备于其指定的场所。在上市公司在非公开发行新股后，也应当将发行情况报告书刊登在至少一种其指定的报刊上，同时刊登在其指定的互联网网站，置备于其指定的场所，供公众查阅。上市公司可以将上述信息刊登于其他网站和报刊，但不得早于法定披露的方式途径。

---

① 缪因知：《论证监会信息披露规则的不足》，载《法治研究》2016 年第 2 期。

【适用指引】

上市公司负有重大信息披露的义务。本条对于上市公司应当披露信息的方式作了严格的规定，所有依法披露的信息，都应当按规定的方式和途径进行披露。信息披露义务人在公司网站及其他媒体发布信息的时间不得先于指定媒体，不得以新闻发布或者答记者问等任何形式代替应当履行的报告、公告义务，不得以定期报告形式代替应当履行的临时报告义务。

目前实际中存在着信息披露的时间早于公告时间、信息披露的方式并非法定方式等问题，这些均构成违反本条规定的行为。所以，公司应当依据证券法规定，严格规范董事、监事、高级管理人员对外发布信息的行为。

第八十七条 国务院证券监督管理机构对信息披露义务人的信息披露行为进行监督管理。

证券交易场所应当对其组织交易的证券的信息披露义务人的信息披露行为进行监督，督促其依法及时、准确地披露信息。

【条文主旨】

本条是关于国务院证券监督管理机构对信息披露行为进行监管、证券交易所对信息披露行为进行监督的规定。

【条文释义】

一、国务院证券监督管理机构对信息披露行为的监管

（一）信息披露行为的政府监管主体

中国证监会为国务院直属正部级事业单位，依照法律法规和国务院授权，统一监督管理全国证券期货市场，维护证券期货市场秩序，保障其合法运行。证监会是信息披露行为监管的主管机关，依法制定招股说明书内容与格式准则、编报规则，对注册申请文件和信息披露资料的内容、格式、编制要求、披露形式等作出规定；依法监督、检查、管理证券发行、上市、交易的信息披露；依法对证券发行人、证券公司、证券服务机构、证券交易场所、证券登记结算机构的证券业务活动，进行监督管理，并对证券违法行为进行查处，以维护证券市场公开、公平、公正，防范系统性风险，维护投资者的合法权益。

（二）信息披露义务人

1. 发行人。发行人作为信息披露第一责任人，应当诚实守信，依法充分披露投资者作出价值判断和投资决策所必需的信息，保证发行上市申请文件和信息披露的真实、准确、完整，不得有虚假记载、误导性陈述或者重大遗漏。发行人应当为保荐人、证券服务机构及时提供真实、准确、完整的业务运营、财务会计及其他资料，全面配合相关机构开展尽职调查和其他相关工作。

2. 发行人的控股股东、实际控制人、董事、监事、高级管理人员等相关主体。相关主体应当诚实守信，保证发行上市申请文件和信息披露的真实、准确、完整，依法作出并履行相关承诺，不得损害投资者的合法权益。相关主体还应当全面配合机关开展尽职调查和其他相关工作，不得指使或者协助发行人进行虚假记载、误导性陈述或者重大遗漏等违法违规行为。

3. 保荐人。保荐人应当保证招股说明书及其出具发行保荐书、上市保荐书等文件的真实、准确、完整。应当严格遵守依法制定的业务规则和行业自律规范要求，严格执行内部控制制度，对发行上市申请文件进行全面核查验证，对发行人是否符合发行条件、上市条件和信息披露要求作出专业判断，审慎作出推荐决定。

4. 证券服务机构。会计师事务所、律师事务所等证券服务机构应当严格遵守依法制定的业务规则和行业自律规范，严格执行内部控制制度，保证招股说明书与其专业职责有关的内容及其出具文件的真实、准确、完整，对与其专业职责有关的业务事项进行核查验证，履行特别注意义务，审慎发表专业意见。

（三）监管措施

证监会的监管有事前监管、事中监管和事后监管。证券法规定的强制性规范、倡导性规范、禁止性规范和处罚性规范，就是证券监管事前机制的规则，给证券市场参与主体一个明确、稳定的预期。事前监管机制包括：证券市场准入资格认定；对证券发行条件、上市条件、信息披露的具体内容、标准和格式的规范要求；对违反法律法规的法律责任规定，包括监管措施、行政处罚、禁止市场准入和移送刑事犯罪等。事中监管机制主要是根据证券法的规定检查、调查询问等。事后监管机制包括证监会对各种违法违规行为执行行政处理措施，实施行政处罚。[1] 行政处理措施区别于行政处罚，具有使行政相对人认识、纠正违法违规问题，预防并制止行政相对人再次发生违法违规行为，提供行政相

---

① 席涛：《〈证券法〉的市场与监管分析》，载《政法论坛》2019 年第 6 期。

对人补救机制，如责令改正。证监会实施行政处罚可分为行政处罚手段与非行政处罚手段。行政处罚一般具有惩罚性，主要有三种类型：名誉罚、财产罚、行为罚。其中，名誉罚一般以警告或通报批评的方式进行；财产罚是对违法违规行为人作出剥夺经济利益的处罚措施，主要有没收非法所得和罚款两种方式；行为罚是限制或剥夺违法违规行为人某种特定的行为能力或资格的处罚措施，如证券市场禁入。非行政处罚监管一般针对违法但尚未达到严重地步的行为，主要目的是提醒行为人规范自己的行为，起到警示作用，如谈话提醒、出具警示函。

二、证券交易场所对信息披露行为的监督

（一）信息披露行为的自律监督主体

证券交易场所对其组织交易的证券的信息披露义务人的信息披露行为进行监督，其性质是一种自律管理。证券交易场所是为证券提供转让流通服务的法定市场，[①] 分为证券交易所和其他交易场所两大类。采取“事前认识客户、事中监控交易、事后异常报告”的全方位客户交易行为监控体系，对公司信息披露实施“刨根问底”式的监督，成为识别、发现、劝阻、制止信息披露违法行为的第一道关口。上海证券交易所对上市公司信息披露监督主要由上市公司监管一部负责，深圳证券交易所对上市公司信息披露监督主要由公司管理部、中小版公司管理部、创业板公司管理部负责，全国股转系统对挂牌公司的信息披露监督由公司监管部门负责。

（二）信息披露行为的监督对象

证券交易场所信息披露的监督对象仅为其组织交易的证券。上海证券交易所负责组织交易主板，科创板市场。截至 2020 年 3 月，上海证券交易所拥有 1646 只股票（其中科创板 92 只），32 万亿元股票市值的股票市场；深圳证券交易所负责组织交易主板、中小板以及创业板市场。截至 2020 年 3 月，深圳证券交易所拥有 2256 只股票（其中中小板 948 只，创业板 802 只），22.7 万亿元股票市值的股票市场。全国股转系统组织交易新三板市场，截至 2020 年 3 月，全国股转系统共有 8769 家挂牌公司，总股本达 5517 亿股。

（三）对信息披露行为的监督内容

证券交易所依据法律、行政法规制定上市规则、交易规则、会员管理规则和其他有关规则对其组织交易的证券的信息披露行为进行监督。证券交易所对

---

① 邢会强：《证券法学》，中国人民大学出版社 2019 年版，第 228 页。

发行人/上市公司信息披露行为的监督权限源于上市协议，上市协议是交易所对上市公司实施自律监管的基础。上市协议，交易所的业务规则，如上市规则、交易规则及其他市场规则等，都在事实上构成调整交易所与上市公司之间权利义务关系的完整体系。[①] 第一，《上海证券交易所股票上市规则》第5.1.8条、《深圳证券交易所股票上市规则》第5.1.9条均规定，在股票上市前5个工作日内，在指定媒体上披露上市公告书、公司章程等文件。第二，上市后证券交易所应当对上市公司及相关信息披露义务人进行监督。在证券交易所发布的《上市公司信息披露管理办法》《股票上市规则》中，对披露的时间、内容、方式，违规处分均作出了明确规定。上市公司应当按照规定披露定期报告和临时报告。证券交易所对定期报告实行事前登记、事后审核；对临时报告依据不同情况实行事前审核和事前登记、事后审核。同时，证券交易所还通过制定《上市公司信息披露事务管理制度指引》等，进一步明确证券交易所对信息披露行为的监督作用。第三，证券交易所可以通过制定其他自律规则，要求上市公司建立健全信息披露事务管理制度，提高上市公司信息披露管理水平和信息披露的质量。

全国股转系统对挂牌公司信息披露行为监督主要规定在《全国中小企业股份转让系统挂牌公司信息披露细则》中。其第4条规定，挂牌公司及其他信息义务披露人应当及时、公平地披露所有对公司股票及其他证券品种转让价格可能产生较大影响的信息，并保证信息披露内容的真实、准确、完整。第3条规定，挂牌公司应当披露定期报告和临时报告。其中，创新层挂牌公司应当披露的定期报告包括年度报告、半年度报告、季度报告。基础层挂牌公司应当披露的定期报告包括年度报告、半年度报告。对于可能对挂牌公司股票和其他证券品种转让价格产生较大影响的重大事件，挂牌公司及其他信息披露义务人应当及时披露临时报告。

（四）对信息披露行为的监督方式

证券交易所对信息披露行为的监督，包括以发放问询函等监管函方式。通过“交易所提问—信息披露义务人回答”的方式评估是否达到信息披露真实、准确、完整、及时的要求。上海证券交易所和深圳证券所分别在其制定发布的《股票上市规则》中指出，上市公司和相关信息义务披露人应当在规定的期限内如实回复证券交易所的问询，并及时就相关情况作出公告。上海证券交易所在《上市公司信息披露工作评价方法》第9条，深圳证券交易所在《上市公司

① 邢会强：《证券法学》，中国人民大学出版社2019年版，第222~223页。

信息披露工作考核办法》第14条指出，将上市公司是否配合证券交易所监管工作，是否及时回复证券交易所问询纳入上市公司信息披露考核评价中，予以重点关注。

证券交易所在信息披露日常监管中，通过约见有关人员，要求相关义务人作出说明和解释，发出各种通知和函件，向证监会报告有关违法违规行为，向有关主管部门出具监管建议函等措施进行监督。对于信息披露违法违规的情况，采取通报批评、公开谴责、收取惩罚性违约金等惩戒措施，如果违法违规情节严重的行为，需要及时向中国证监会报告。

全国股转系统对挂牌公司信息披露行为的监督主要规定在《全国中小企业股份转让系统挂牌公司信息披露细则》第8条："全国股转公司发现已披露的信息存在问题的，可以采取公开问询等方式，要求挂牌公司及其他信息义务披露人、主办券商和其他证券服务机构等相关主体进行解释、说明、更正和补充，相关主体应当及时回复。主办券商应当对挂牌公司的回复进行审查……"全国股转公司可以就信息披露相关事项依据自律规则及挂牌协议的规定对挂牌公司、主办券商进行检查。针对违反信息披露细则的行为，可以视情节轻重采取口头警示、约见谈话等自律监管措施，或者采取通报批评、公开谴责等纪律处分措施。

【适用指引】

一、注册制下证券交易所信息披露权责的强化

在注册制下，证监会不再对上市公司进行实质审核，将权力下放到证券交易所。证券交易所在职权扩大的同时意味着要承担更大的责任。注册制降低了上市门槛，若是证券交易所不当监管，过度放宽上市条件，让一些经营状况有问题的公司上市交易，极易造成投资者权益的损害。因此，证券交易所应当完善自律监管，完善对信息披露制度的监管，强化责任意识，防止欺诈投资者利益情况发生。

2020年3月1日，上海交易所对博瑞生物医药（苏州）股份有限公司（以下简称博瑞医药）发出监管关注函，对公司时任董秘通报批评。博瑞医药采用蹭热点、炒概念的方式来扩大自己的影响，不符合信息披露的要求，受到了相应的处分。2020年2月12日，博瑞医药披露《关于抗病毒药物研制取得进展的公告》称，公司成功开发了瑞德西韦原料药合成工艺技术和制剂技术，并已经批量生产出瑞德西韦原料药，瑞德西韦制剂批量化生产正在进行中。经核实，

公司公告中所称“批量生产”实际为药品研发中小试、中试等批次的试验性生产。公司尚未取得药监部门批准，也未取得专利权人授权，不具备进行药品商业化批量生产的应有资质。且公司董事会秘书在接受媒体采访时的表述，进一步混淆了试验性生产与商业化生产，相关表述不清晰、不准确。因此，上海证券交易所对博瑞医药时任董事会秘书通报批评，同时，根据相关规则，对公司予以监管关注。

二、“穿透式监管”下的信息披露

穿透式监管理念强调“实质重于形式”，虽然无法消除市场风险，但通过揭示市场风险，可以促使投资者知晓并防范市场风险。① 穿透式监管强调基于业务本质进行监管，是对功能监管和行为监管的向前延伸；金融市场主体间信息严重不对称性，金融投资者相对弱势，促进市场主体利益平衡的重要抓手就是进行信息披露，促进信息公平。② 在注册制下，穿透式监管对上市公司信息披露的要求更加严格，交易所可以问询函的方式进行提问，倒逼上市公司必须规范信息披露，合规运营。相应地，信息披露的追责力度不断加大，新证券法加大了处罚力度。

三、关于科创板发行上市信息披露的审核规则③

证券交易所对发行上市申请文件进行审核，通过提出问题、回答问题等多种方式，督促发行人及其保荐人、证券服务机构完善信息披露，真实、准确、完整地披露信息，提高信息披露质量。证券交易所在信息披露审核中，要重点关注以下内容：

第一，发行人的信息披露是否达到真实、准确、完整的要求，是否符合招股说明书内容与格式准则的要求。

第二，发行上市申请文件及信息披露内容是否包含对投资者作出投资决策有重大影响的信息，披露程度是否达到投资者作出投资决策所必需的水平。包括但不限于是否充分、全面披露发行人业务、技术、财务、公司治理、投资者保护等方面的信息以及本次发行的情况，是否充分揭示可能对发行人经营状况、财务状况产生重大不利影响的所有因素。

第三，重点关注发行上市申请文件及信息披露内容是否一致、合理和具有

---

① 叶林、吴烨：《金融市场的“穿透式”监管论纲》，载《法学》2017 年第 12 期。

② 袁达松、刘华春：《论穿透式金融监管》，载郭峰主编：《证券法律评论（2017 年卷）》，中国法制出版社 2017 年版，第 47 页。

③ 根据《上海证券交易所科创板股票发行上市审核规则》第四章整理所得。

内在逻辑性，包括但不限于财务数据是否钩稽合理，是否符合发行人实际情况，非财务信息与财务信息是否相互印证，保荐人、证券服务机构核查依据是否充分，能否对财务数据的变动或者与同行业公司存在的差异作出合理解释。

第四，发行上市申请文件披露的内容是否简明易懂，是否便于一般投资者阅读和理解。包括但不限于是否使用浅白语言，是否简明扼要、重点突出、逻辑清晰，是否结合企业自身特点进行有针对性的信息披露。

此外，证券交易所还可以视情况在问询环节对发行人、保荐人及证券服务机构，提出下列要求：（1）解释和说明相关问题及原因；（2）补充核查相关事项；（3）补充提供新的证据或材料；（4）修改或更新信息披露内容。

第六章　投资者保护

新证券法第六章专章规定投资者保护制度，是本次证券法修改最具显著特色和最主要的亮点之一。设专章对投资者保护进行具体化、专门化规定，将理论观点、监管实践以及司法审判中遇到的特殊问题汇聚成共识并形成法律制度，是对投资者保护创新实践的肯定和明确，对加强证券市场投资者保护具有重要意义。本章共八条，涉及九项具有创新性的投资者保护制度，分别为投资者适当性制度、股东权征集制度、现金分红制度、债券持有人会议与债券受托管理人制度、先行赔付制度、证券纠纷强制调解制度、证券支持诉讼制度、股东代表诉讼制度以及证券集体诉讼制度。上述九项创新制度有的是在中国资本市场长期实践中不断完善形成的，有的是结合域外实践经验移植并加以改造形成的，有的则是由新证券法首次提出并加以明确。这些创新制度将为中国资本市场的投资者保护提供更充分的法律依据和更有力的制度支持。

第一节　本章新制度

一、投资者适当性制度

适当性制度作为投资者进入资本市场的门槛性制度，在“投资者保护”一章开篇规定，是强化“卖者尽责”“买者自负”理念，加强投资者保护的重要制度安排。新证券法第 88、89 条首次从法律层面确立了投资者适当性制度，明确证券公司适当性义务、投资者义务及法律责任，投资者分类及举证责任适用等具体规则，有助于市场各方在适当性制度实践中明确权利义务关系，归位尽责，促进资本市场健康发展。

投资者适当性义务起源于美国，最早规定于美国证券经纪商协会（National

Association of Securities Dealers，NASD）的自律规范中。2007 年前后，我国在应对金融危机中，出于支持和鼓励金融创新、防范金融风险、保护投资者权益的需要，开始尝试建立证券市场适当性制度。中国证券业协会于 2012 年 12 月颁布实施的行业自律性规范《证券公司投资者适当性制度指引》首次对投资者进行了分类，并划定了专业投资者的范围。2015 年股市波动，暴露出部分证券经营机构适当性管理不严格、执行不到位的问题。有鉴于此，中国证监会在总结各类市场、产品、服务的适当性管理要求的基础上，于 2016 年 12 月发布了《证券期货投资者适当性管理办法》（以下简称《适当性管理办法》)。2018 年投资者适当性保护步入新阶段，中国人民银行、中国银保监会、中国证监会、国家外汇管理局联合出台《关于规范金融机构资产管理业务的指导意见》，对资产管理业务中的金融消费者适当性制度作了新的规定。2019 年，最高人民法院发布《全国法院民商事审判工作会议纪要》（以下简称《民商事审判工作会议纪要》)，在加强适当性管理监督的背景下，对经营机构提出了更高的义务，司法层面完善了投资者适当性的民事责任救济机制。总体来看，随着各项规则的出台，“权利义务—监管体系—责任追究—民事救济”系统化的适当性制度体系逐渐明确下来。

新证券法在充分吸收现有适当性制度安排的基础上，进行了进一步创新和发展，主要体现在：

一是将适当性义务法定化，为民事责任认定提供法律依据。我国监管规范规定的适当性义务属于一种公法义务，在法律未明确适当性义务具有独立请求权基础时，能否转化为证券经营机构私法上的义务需要经过解释与论证①，这使得法院裁判立场不同，裁判结果不同。新证券法将适当性义务规定为证券公司法定义务，并明确证券公司应负的民事责任，为投资者民事权益救济提供了实体法依据，为投资者提供了法律维权工具，也为司法机关审理相关民事纠纷提供了审判法律依据。

二是明确过错推定原则，强化证券公司证明责任。《适当性管理办法》中规定经营机构违反适当性义务承担赔偿责任的，原则上适用过错责任原则。新证券法第 88 条第 3 款删除“存在过错”的条件，进一步结合第 89 条第 2 款，

① 参见曹兴权、凌文君：《金融机构适当性义务的司法适用》，载《湖北社会科学》2019 年第 8 期。作者从 100 多份与适当性纠纷有关的裁判文书样本中发现，少数法院对适当性义务作为金融机构的私法义务进行了论证，主要论证逻辑分为两种：一是适当性义务是民法中诚信原则的具体体现；二是通过论述投资者因交易能力处于弱势地位说明对金融机构科以适当性义务的必要性。

明确了证券公司与普通投资者发生纠纷的，适用过错推定原则，这也是对《民商事审判工作会议纪要》关于违反适当性义务民事赔偿责任规定在法律层面的确认。可以说，对证券公司归责原则要求提高，是在《适当性管理办法》基础上的进一步创新。

三是确认了证券公司拒绝提供服务的权利，有利于平衡双方权利义务。适当性规则主要是对证券公司的规范和约束，对投资者实施倾斜性保护。但实践中存在投资者不配合证券公司履行适当性义务，或拒绝提供相关资料信息，或拒绝接受风险测评，或不配合签署风险揭示书等，导致证券公司陷入被动。新证券法赋予证券公司在符合规定条件时拒绝提供证券或服务的法定权利，是对证券公司履行“卖者尽责”义务和适用过错推定责任的一种权利义务平衡，体现了买卖双方权利义务相适应原则。

四是规范投资者分类，突出对普通投资者的特别保护。新证券法第 89 条划分普通投资者与专业投资者，明确区分因素，并将专业投资者认定标准授权证券监管部门予以规定，有助于对投资者分类施策、分层保护。同时，新证券法规定举证责任倒置，可以有效解决普通投资者掌握信息、资料不全面，相对于证券公司信息获取能力、取证能力较弱等问题，实现对普通投资者的倾斜性保护。

二、股东权征集制度

新证券法第 90 条首次对上市公司股东权征集制度进行了专门规定。此前，我国有关法规文件一般称之为投票权征集制度。股东权征集制度是发达资本市场普遍存在的一种股东大会参与方式，在英美法系国家被称为委托书征集制度。有学者甚至认为“现代股东会其实只是委托书征集的过程”。① 股东权征集主要包括两种情形：一是董事会作为征集主体，主要目的是获取法定出席人数使股东大会顺利召开，或获取法定比例票数使议案顺利通过；二是普通股东作为征集主体，主要目的是获取足够的票数以代表足够数量的股东发表观点，行使权利，维护利益。

股东权征集制度在改善公司治理和投资者保护方面具有多重制度价值，甚

---

① Exchange Act Release No. 19, 135, Transfer Binder, 1982; Fed. Sec. L. Rep. (CCH) C 83, 262, Oct. 14, 1982，转引自邱永红：《从胜利股份股权之争案看我国股东委托书征集法律制度的完善（上)》，载中国民商法律网，http://old.civillaw.com.cn/article/default.asp?id=24121#m3，最后访问时间：2020 年 3 月 25 日。

至被认为是以市场力量达成公司治理之目的最为有效的法律途径之一。[①] 首先，股东权征集制度对中小投资者保护具有重要意义。现代上市公司所有权与经营权高度分离，中小股东往往没有意愿参与股东大会，而股东权征集制度能够聚沙成塔，激励中小股东认真研究议案并将提案权、表决权等股东权利委托给其认同的征集主体。其次，股东权征集制度有利于改善上市公司内部治理。通过征集提案权、提出议案并征集表决权使之通过等一系列运作，投资者保护机构或中小股东将有可能实质改变上市公司重大决策。最后，股东权征集制度有利于改善上市公司外部治理。在实际操作中，股东权征集活动往往与股份收购或增持行为相伴发生。控制权争夺本身对公司经营者的威慑非常有效，控制权市场的发达与否也是衡量上市公司外部治理机制是否完善的重要指标之一。

我国上市公司股东权征集制度的实践早已开始，但一直以来效果并不理想。具体表现在：征集主体自主开展征集的事项很少；征集主体主要是董事会和独立董事，普通股东特别是中小股东作为征集主体自发征集股东权的情况很少，能够成功的案例就更加罕见。[②] 导致实践效果不理想的原因是综合性的，但主要因素有两方面：一是立法不完善。在本次证券法修订前，我国在法律层面对股东权征集制度没有专门规定。[③] 关于股东权征集制度的规定散见于《股票发行与交易管理暂行条例》，以及《上市公司治理准则》《上市公司股东大会规则》《上市公司章程指引》等部门规章或规范性文件，不仅法律层级较低，而且存在大量立法空白。其中，多个规章或文件重复规定了董事会、独立董事和符合有关条件的股东可以公开征集投票权，但对其中的关键问题——股东条件却无一予以明确，也未规定征集方式，导致制度可操作性不强。二是中小股东作为征集主体难以有效发挥作用。由于中小股东难以克服专业知识缺失和集体行动困境的弱点，在实践中股东权征集相关案例很少。

针对中小股东征集股东权的困境，2014 年，中国证监会成立中证中小投资者服务中心（以下简称投服中心）并赋予其持股行权的职责。投服中心依法购买并持有所有沪深交易所上市公司每家 1 手（100 股）A 股股票，“以股东身份

---

① 张钦昱：《我国公开征集投票权规范性研究》，载《投资者》2018 年第 3 期。

② 张钦昱等：《中国公开征集投票权规范性研究》，载《投服研究》2018 年第 2 辑。

③ 公司法第 106 条规定，股东可以委托代理人出席股东大会会议，代理人应当向公司提交股东授权委托书，并在授权范围内行使表决权。

或证券持有人身份行权”①。按照中国证监会的规划，投服中心持股行权的职责范围涵盖股东权征集。投服中心持股行权方式主要有两种：一是直接行使建议权、质询权、诉讼权等无持股比例和时间限制的权利，二是通过征集股东权行使提案权、股东派生诉讼权等有持股比例和时间限制的权利。② 据有关学者观察，在本次证券法修改前，相关案例仍非常少见。

新证券法第 90 条对股东权征集主体、征集方式、信息披露、征集主体的赔偿责任等方面进行了统一的原则性规定。该条最突出的创新之处在于不仅明确规定了股东作为征集主体的持股比例要求，而且明确赋予了投资者保护机构法定征集主体地位，使其与董事会、独立董事以及持有 1% 以上有表决权股份的股东具有同等的公开征集上市公司股东权的权利。不仅如此，新证券法第 90 条还豁免了投资者保护机构征集股东权的持股比例限制，非但不受“百分之一以上有表决权股份”的限制，甚至无需持有股份即可征集股东权，相当于赋予了投资者保护机构一种特殊的股东代理权利。通过行使这种特殊的股东权利，投资者保护机构将实质性地行使无持股比例和时间限制的股东权利。

在全球范围内，新证券法赋予投资者保护机构法定征集人的规定应属先例。我国台湾地区“证券投资人与期货交易人保护中心”被赋予了大量投资者保护的职责，但未被赋予法定股东权征集人的法律地位。应当看到，新证券法第 90 条的规定仍比较原则性，大量具体规则和操作层面的问题还需要部门规章和业务细则予以细化。

三、现金分红制度

新证券法第 91 条首次从证券法律层面明确现金分红制度，并对《中华人民共和国公司法》及相关规定进行了完善与改进。该条将上市公司在章程中明确分配现金股利的具体安排和决策程序作为强制性规定，要求按照公司章程分配现金股利，为投资者提供明确、稳定的资产收益预期。其目的是进一步鼓励上市公司分红，提高投资者的资本回报率，旨在建设更加开放和尊重契约精神的市场，体现市场化、法治化要求。

现金股利是运用最为普遍的一种股利形式，是投资者获取投资收益的主要

---

① 投服中心职责，载投服中心官网，http://www.isc.com.cn/html/gk/，最后访问时间：2020 年 3 月 27 日。

② 《持股行权试点将扩展至全国范围》，载中国证监会官网，http://www.csrc.gov.cn/pub/newsite/zjhxwfb/xwdd/201704/t20170414_315153.html，最后访问时间：2020 年 3 月 27 日。

来源之一。我国自2001年开始逐步引入现金分红制度，将现金分红与IPO和再融资挂钩，规定现金分红比例，约束督促上市公司现金分红。① 2008年，鉴于部分上市公司现金分红缺乏持续性、稳定性的长期制度安排，中国证监会出台规定鼓励上市公司制定长期分红政策，要求上市公司章程中明确现金分红政策，允许中期现金分红，提高分红比例，强化现金分红政策执行的透明度。② 2012年以来，因上市公司现金分红内部决策程序缺乏统一要求，出现代理成本过高的问题，中国证监会出台规则逐步完善上市公司现金分红政策的决策程序，要求公司章程中明确分红政策的决策程序、保障独立董事和中小股东参与决策，强化现金分红的信息披露等。③ 证券交易所根据中国证监会规定，制定上市公司现金分红指引，进一步规范上市公司现金分红。④ 总体来说，随着中国证监会及证券交易所各项规定、指引的出台，对上市公司现金分红提出的要求更加具体，强制性逐渐增强，并通过加强信息披露的“市场约束”，公司内部决策机制的“公司自治”，发挥市场作为资源配置主要手段的功能。

现金分红制度各项监管规范的出台，使得近年来上市公司现金分红情况已经出现了较大改观，呈现积极变化。但与成熟资本市场上市公司现金分红情况仍有差距。首先，上市公司发放的现金股利数额较少，股利支付率与股利额均显著较低；其次，与国外相比，我国上市公司的现金分红政策稳定性不足，意味着股利发放并非一项有约束力的事前承诺。⑤

与公司法相比，新证券法对现金分红作了以下新的制度安排，有助于提高公司内部治理水平，为投资者提供实体权益救济支持，稳定上市公司分红，更好地保护各类投资者的权益。

---

① 参见中国证监会于2001年、2004年发布的《上市公司新股发行管理办法》（中国证监会令［第1号］，已失效）和《关于加强社会公众股股东权益保护的若干规定》（证监发〔2004〕118号）。

② 参见中国证监会2008年发布的《关于修改上市公司现金分红若干规定的决定》（中国证监会令［第57号］）。

③ 参见中国证监会2012年发布的《关于进一步落实现金分红有关事项的通知》（证监发〔2012〕37号）、2013年发布的《上市公司监管指引第3号——上市公司现金分红》（中国证监会公告〔2013〕43号）。

④ 参见上海证券交易所《上海证券交易所上市公司现金分红指引》（上证公字〔2013〕1号）、《关于年报工作中与现金分红相关的注意事项》（上市公司定期报告工作备忘录第7号）；深圳证券交易所《定期报告披露相关事项》（创业板信息披露业务备忘录第10号）。

⑤ 参见姜付秀、［美］肯尼思·A. 金（Kenneth A. Kim）、王云通：《公司治理：西方理论与中国实践》，北京大学出版社2016年版，第175～184页。

一是提高现金股利分配优先顺位。我国公司法第 166 条规定，公司以弥补亏损和提取公积金后所余税后利润进行分红。其缺陷在于一些盈利甚丰的公司滥用“公司利益高于股东利益，长远利益高于近期利益”理论，过分提取高额公积金（特别是任意公积金），长期推行低股利甚至零股利的分红政策。新证券法明确现金股利分配在法定公积金提取之后，从客观上能够降低管理层可支配的自由现金流，减少过度投资倾向，防范道德风险，降低代理成本，保护股东资产收益权。

二是提供投资者权益救济实体保障。公司法赋予公司董事会、股东（大）会分别行使制订和批准公司利润分配方案的职权。新证券法将分配现金股利作为强制性规定，如公司不按照公司章程的规定进行现金分红，股东（大）会、董事会就相关利润分配方案所作决议的效力，将可能被认定为无效，股东可以通过股东代表诉讼等机制，发挥股东的监督治理作用。

从长远来看，新证券法现金股利制度的创新是顺应资本市场重大改革，涵养健康资本生态的重要制度安排。一是利于市场合理估值，吸引境内外长期资本投资。上市公司为投资者提供相对稳定、可预期的现金回报，不仅是证券这一金融资产的基本属性，也是经典经济学理论中股票合理定价与估值的关键因素。国际成熟市场经验已经证明，只有建立了有效、稳定的上市公司分红机制，才能吸引以获取稳定分红收益加合理资本利得为目标的长期资金类机构投资者，市场估值才会相对合理、稳健。新证券法的修改正是这一思路的重要体现。

二是培育理性投资理念，减少市场投机行为。投资者投资上市公司的股票收益主要包括两个方面：一方面是上市公司价值提升（在证券市场上反映为股票价格上涨）形成的资本利得，另一方面是上市公司为投资者提供相对稳定、可预期的现金回报。资本利得是不同交易者预期分歧产生的结果，具有一定的不确定性，投资者如果通过正常的股利分配渠道分不到股利，就会过分追求通过炒作股票以获得投机利益，从而导致股市投机性过强。新证券法引导上市公司重视现金分红，有利于培育投资者逐渐形成价值投资的理念和长期战略性投资的策略。

四、债券持有人会议与债券受托管理人制度

新证券法第 92 条规定了公开发行公司债券的，应当设立债券持有人会议，以及发行人应当为债券持有人聘请债券受托管理人等内容。这是我国第一次在法律层面明确了债券持有人会议和债券受托管理人制度。

债券持有人会议制度起源于大陆法系，以意大利、法国为代表。[①] 大陆法系国家通常在其公司法、证券法等法律法规中对持有人会议作出明确规定；英美法系国家发行人通常会根据市场惯例在与受托管理人签订的信托协议中约定持有人会议相关事宜，或以向全体持有人发送同意征求函的形式请其进行表决。该制度的理论基础在于集合分散性的债券持有人组成团体，矫正经济地位上的弱势，克服“集体行动”难题。[②]

债券受托管理人制度起源于美国，理论来源为19世纪初的债券信托制度，[③] 是20世纪30年代大危机的产物。美国《信托契约法》（1936年）要求在美国证券交易委员会（以下简称SEC）注册发行的债券必须在发行前签署符合规定的信托契约，并指定受托管理人来维护债券持有人利益。在债券领域，之所以在制度设计上以受托管理人为组织渠道进行债券违约救济，是由债券的特性所决定的。由于债券的涉众性和流转性，客观上需要由债券持有人之外的第三方来集中管理债券事务、维护债券持有人权益，并代为取得相关担保物权以避免因债券交易而频繁变更担保物权登记。受托管理人制度解决了单个投资者不具备对债券发行人实施有效监督的专业知识和能力以及监督维权成本较高等问题。因此，境外普遍做法是由发行人聘请受托管理人来代为处理有关事务。

近年来，我国债券市场打破“刚性兑付”，债券违约逐步常态化，有关债券违约风险直接传导至投资主体，最终各方不得不诉诸法律手段，通过争议解决程序主张债券权利。同时也出现了部分发行人在债券违约中恶意逃废债、非法转移资产，侵害债券投资者权益等现象，违约债券的回收率整体偏低，债券投资者在债券违约后通常较为被动。因此，债券持有人会议和受托管理人在债券违约处置中的作用显得越发重要，加强债券投资者的权益保护势在必行。

近十几年来，我国公司债券市场初步建立起一整套较为完整的债券持有人权益保护机制，兼采债券持有人会议与债券受托管理人制度的设计。中国证监会2007年发布的《公司债券发行试点办法》明确债券持有人会议及债券受托管理人制度，确立了公司债券发行监管的制度框架。2015年的《公司债券发行与

---

① 伍坚、黄人凌：《债权人参与公司治理视野下的债券持有人会议制度研究》，载《上海金融》2016年第7期。

② 应京旭：《论我国公司债持有人会议制度》，载《山东行政学院学报》2017年第1期（总第152期）。

③ 徐承志、于萍：《公司债券受托管理人制度的发力逻辑与完善——以债券投资者权益保护为视角》，载《上海政法学院院报》2016年第6期。

交易管理办法》（以下简称《债券管理办法》）对此作出进一步完善。

但在实践中，债券持有人会议制度的实施面临诸多难点。《债券管理办法》第 54 条规定，债券持有人会议规则由发行人制定，包括债券持有人会议行使权利的范围、召集、决策机制等，而投资者认购或持有公司债券时被视为同意该会议规则。当发行人拟定高标准的债券持有人会议召开、表决生效条件时，一方面导致会议不能及时或顺利召开，另一方面由于债券持有人分散且人数众多，有效的决议难以形成。此外，债券持有人会议决议难以对发行人形成有效的约束力，会议召开成本的高昂与实际效果的巨大落差，使得诸多债券持有人无意积极参与会议。债券持有人会议对债权人的权益维护功效作用发挥较难实现。

债券受托管理人制度的实践也同样面临困难，致使目前通过债券受托管理人来进行债券违约救济的制度架构在现行诉讼、破产制度下的操作成本过高、效率过低。尤其是受托管理人无法以自己的名义参加诉讼和破产程序，而依据一般的委托代理制度参与诉讼，面临诸多操作难题。一是根据《中华人民共和国民事诉讼法》的规定，诉讼代理人只能为自然人，受托管理人作为法人不能直接担任诉讼代理人，只能由其另行指定相关人员作为诉讼代理人；二是由于债券担保物权登记在受托管理人名下，而诉讼和破产程序的当事人又是债券持有人，这就必然导致诉讼中担保物权“名实不符”的问题，在司法实践中受到法院质疑；三是诉讼委托性质上属于民事约定，不能排除当事人撤销委托后另行起诉，容易造成违约赔偿上的不一致，且债券持有人整体利益也可能因个别持有人的贸然行动而遭受不平等对待，利益受到损害。目前实践中，已有部分法院从现实出发，接受受托管理人作为原告提起违约诉讼。但更多的情况是，由于缺乏立法规定，受托管理人往往需要在个案中就此反复与审理法院进行沟通，而且不少法院最后也还是坚持要求将全体债券持有人作为原告，从而极大降低了债券维权效率。因此，需要通过立法直接明确有关问题，减少实践中的个案沟通成本及不确定性。

本次证券法修订解决了债券受托管理人与债券持有人法律关系的定位问题，将以债券受托管理人与债券持有人会议相结合的制度保护机制上升到法律层级。创新之处是直接明确了受托管理人的诉讼主体资格，凸显债券受托管理人维护债权人合法权益的法律地位，使其在法律效力层级上能够更好地与民事诉讼法等基本法规相衔接。这对解决债券违约诉讼中的现实问题，提高违约诉讼效率，应对日益增多的债券违约案件，使债券投资者的权益得到更有效的保护具有极为重要的意义。

五、先行赔付制度

新证券法第93条规定，发行人因重大违法行为给投资者造成损失的，其控股股东等主体可以对受到损失的投资者予以先行赔付。先行赔付制度是我国证券市场投资者损失赔偿制度的重大实践创新，是在发行人给投资者造成损失后，由先行赔付主体先于法院司法裁判，主动出资与投资者达成和解，赔付投资者损失，之后再由先行赔付主体向其余连带责任主体进行追偿的一种民事赔偿制度。该条对先行赔付的情形、赔付主体、受托人等都作出了明确规定。本次证券法修订第一次从法律上对先行赔付制度作出明确规定，是对投资者保护制度的积极创新，对维护投资者合法权益有重要意义。此前，中国证监会在其出台的《公开发行证券的公司信息披露内容与格式准则第1号——招股说明书》（2015年修订）中最早作出规定，明确要求保荐机构在公开募集的上市文件中作出先行赔付投资者的公开承诺。由于其层级不高，制度规定不明确，在法学理论界对该制度一直异议不断。在实践中，我国证券市场针对欺诈发行的违法行为已有三次先行赔付的成功实践案例。这三起案例分别是万福生科案、海联讯案和欣泰电气案。三例投资者赔付工作均采用由先行赔付人出资设立专项基金的模式。中国证券投资者保护基金有限责任公司（以下简称投保基金公司）作为第三方中立机构，接受出资人委托，担任专项基金管理人，负责管理、运作和处分基金资产。三案累计赔付投资者34306人，达到适格投资者总人数的95%以上，共计支付补偿金509374055元，占赔付总金额比例的99%以上①。

上述先行赔付的实践具有五方面特点：一是和解解决纠纷。先行赔付相当于在现有司法途径之外构建了资本市场民事主体之间主动和解的新路径，投资者可以在和解获得补偿和提起诉讼追讨损失之间进行选择，通过市场化机制解决市场问题。二是先赔偿后追偿。搁置复杂的责任界定争议，基金出资人先行单独与适格投资者达成和解，补偿其损失，之后再就应承担责任之外的补偿份额，向其他连带责任方发起追偿，使得投资者省去了与诸多连带责任方通过旷日持久的法律诉讼进行索赔的烦琐程序。三是高效便捷成本低。专项基金模式充分发挥我国证券市场高度电子化的优势，运用网络投票系统确认赔付金额和证券结算系统划付赔付款，成千上万的投资者足不出户，几乎不花费任何成本即可获得赔偿。四是充分保护投资者利益。投资者补偿金额的计算贯彻“充分

① 巩海滨、王旭：《证券市场先行赔付制度研究》，载《财经法学》2018年第6期。

补偿”原则，在已有的法律框架下，对适格投资者范围、补偿金额计算方法等进行了精心论证和设计。在具体的算法选择、公式参数等方面均作了可为投资者带来更优补偿结果的安排。五是公益性、独立性、中立性。投保基金公司作为基金管理人，始终坚持公益性、独立性和中立性的原则，就出资人受托事项不收取任何报酬，在中介机构选聘等方面保持中立和独立。①

实践证明，先行赔付是一种有效、有益的非诉纠纷解决机制，对推动构建完善证券市场投资者损失赔偿制度、保护投资者合法权益具有积极意义。一方面，以专项基金为模式的先行赔付机制应用于证券虚假陈述案件已较为成熟，专项基金由投保基金公司担任管理人，充分运用市场化方式赔付投资者，兼顾了公信力与效率，是一种可复制、可推广的模式，也是我国目前最直接、便捷、有效的投资者赔付机制。另一方面，与境外成熟资本市场同类纠纷解决机制如美国式集团诉讼相比，先行赔付不仅具有赔付范围广的优势，还具有实施高效、成本低廉两大特点，能够有效避免诉讼周期长、成本高等弊端，亦具有竞争优势。

新证券法第 93 条规定发行人因欺诈发行、虚假陈述或者其他重大违法行为给投资者造成损失的，发行人的控股股东、实际控制人、相关的证券公司可以委托投资者保护机构，就赔偿事宜与受到损失的投资者达成协议，予以先行赔付。先行赔付后，可以依法向发行人以及其他连带责任人追偿。在我国资本市场按照新证券法规定全面推行注册制的背景下，在法律层面明确先行赔付制度，对于探索完善与注册制相适应的配套证券纠纷解决机制具有积极的现实意义。

六、证券纠纷强制调解制度

新证券法第 94 条第 1 款规定了关于普通投资者和证券公司之间证券纠纷的强制调解制度。新证券法在区分普通投资者和专业投资者的基础上，突出体现了对普通投资者的特别保护。根据第 94 条第 1 款规定，普通投资者与证券公司发生证券业务纠纷，普通投资者提出调解请求的，证券公司不得拒绝。我国证券市场发生的纠纷多以投资者与证券经营机构的纠纷为主，赋予证券经营机构一定条件下的强制调解义务，实现对处于信息弱势地位、抗风险能力较弱的普通投资者一方的特别保护，具有积极的实践意义。

证券纠纷强制调解制度，明确了对于证券纠纷，普通投资者有优先通过调解解决纠纷的权利。该制度参考借鉴了国际上广泛开展的证券市场纠纷非诉解

---

① 巩海滨、王旭：《证券市场先行赔付制度研究》，载《财经法学》2018 年第 6 期。

决机制——金融申诉专员制度（Financial Ombudsman Service，简称 FOS）。金融申诉专员制度起源于瑞士，发展成熟于英国。日本以及我国香港特别行政区、台湾地区等国家和地区在受到美国雷曼兄弟破产的重大影响后，纷纷导入金融申诉专员制度。[①] 域外关于专门机构的设置采不同模式：英国的 FOS 机构和我国台湾地区的“财团法人金融消费评议中心”是在政府监管机构主导下成立的专门机构，[②] 日本建立证券和金融商品斡旋咨询中心（Financial Instruments Mediation Assistance Center，简称 FINMAC）的原因之一，也是为了“回避”处理其会员与投资者之间的纠纷。[③]

我国证券市场纠纷非诉调解主要分为行业协会调解和专业机构调解等。原证券法第 176 条最早将行业协会调解法定化，2012 年起中国证券业协会逐步建立以其为主导、地方协会协作参与、会员单位配合的证券纠纷行业调解工作机制[④]。2016 年最高人民法院和中国证监会发布的《关于在全国部分地区开展证券期货纠纷多元化解机制试点工作的通知》（以下简称《多元化解试点通知》）不仅明确投保基金公司、投服中心等机构成为证券纠纷调解机构，还对多元化解证券纠纷作了进一步的规定。随着证券市场纠纷类型新颖化、多样化，数量呈陡增态势，完善非诉调解机制势在必行。

证券期货市场经营主体的强制调解规定首次出现，是在 2016 年最高人民法院和中国证监会联合发布的《多元化解试点通知》之中。《多元化解试点通知》提出了一系列证券市场纠纷非诉调解制度的完善路径，其中特别规定，投资者申请采用调解方式解决纠纷的，证券期货市场经营主体应当积极配合参与调解。对于无正当理由而拒不履行调解、和解协议的证券期货市场经营主体，证券期货监管机构应当依法对其相关行为进行核查，发现违法违规行为的及时查处，并记入资本市场诚信数据库。该通知没有对投资者进行分类对待，没有体现对

---

① 赵静：《论我国证券纠纷调解机制的完善——以境外 FOS 制度经验为视角》，华东政法大学 2018 年硕士学位论文，第 22 页。

② “财团法人金融消费评议中心”，https：//www. foi. org. tw/Article. aspx？ Arti = 32&Lang = 1&Role = 1，最后访问时间：2020 年 2 月 17 日。

③ 根据日本《ADR 促进法》《金融商品交易法》《银行法》等规定，需由金融行业组织向日本金融厅申请指定金融纠纷解决机构。FINMAC 由包括日本证券业协会、社团法人投资信托协会、社团法人日本证券投资顾问协会、社团法人金融期货交易业协会、社团法人日本商品投资贩卖业协会在内的 5 家社团共同成立。杨东、毛智琪：《日本证券业金融 ADR 的新发展及启示》，载《证券市场导报》2013 年第 7 期。

④ 中国证券业协会证券纠纷调解中心：《中证协：共同推进证券纠纷调解工作》，载《证券时报》2013 年 11 月 25 日，第 7 版。

普通投资者的特别保护，对于证券经营主体也没有强制规定不得拒绝调解，在实践中仍然存在推诿、推卸、延迟等不积极调解的情形。

新证券法关于证券纠纷强制调解制度的规定，是对《多元化解试点通知》规定的进一步确认与发展，其创新之处在于：

一是赋予了投资者保护机构承担调停者身份的法律地位。证券纠纷强制调解制度的核心和关键是在行业内成立专门的纠纷解决机构，其独立于纠纷当事人各方，确保对纠纷的解决不受任何组织或个人的干涉。① 实践中，证券公司大多是证券业协会的会员，协会的职责之一就是代表和维护会员的利益，为了保证纠纷处理的公平公正，确定独立的专门机构化解证券纠纷显得尤为重要。新证券法从立法层面赋予投资者保护机构调停者的法律地位，在法律上赋予了投资者保护机构调解证券纠纷的职责和功能，丰富了调解组织的法定主体的类型与范围，对于充分发挥该类机构的专业优势和保护投资者的推动作用有积极意义，对于进一步完善证券纠纷非诉调解制度具有重要意义。

二是明确了强制调解制度适用于普通投资者与证券公司之间的证券纠纷。总体而言，普通投资者在信息获取、权利救济等方面处于明显的弱势地位，新证券法在明确区分普通投资者和专业投资者的基础上，强化了普通投资者的民事救济手段，当普通投资者与证券公司发生证券纠纷时，给予投资者单边的调解启动权限，在遵循当事人意思自治原则的同时，通过对证券公司设置一定条件下的强制调解义务，突出体现了对普通投资者的特别保护。

三是明确了普通投资者申请调解时，对证券公司的强制性义务。一般而言，调解程序是否启动，在于争议双方是否均同意调解。新证券法允许普通投资者就其与证券公司的证券业务纠纷单方面提出调解申请，证券公司不得拒绝，意味着证券公司必须接受调解程序，但并不意味着其必须接受调解结果。是否能够达成调解，取决于双方就争议事项能否达成合意。本款并未突破调解的自愿原则，而是通过申请的便捷性、程序启动的单边性等规定体现对普通投资者的特别保护。

调解作为市场化、法治化的纠纷解决机制，旨在以协商的方式实现案结事了，通过对处于相对强势地位的市场经营主体附加一定的强制义务，简化调解程序启动的流程，拓宽小额纠纷的化解渠道，提升了调解的吸引力，一方面体

---

① 赵静：《论我国证券纠纷调解机制的完善——以境外 FOS 制度经验为视角》，华东政法大学 2018 年硕士学位论文，第 33 页。

现了对证券经营机构的行业自治、自律约束和对投资者的尊重，另一方面强化了对普通投资者的保护作用，促使达到“人和”的效果。

七、证券支持诉讼制度

新证券法第94条第2款规定，投资者保护机构对损害投资者利益的行为，可以依法支持投资者向人民法院提起诉讼。新证券法中明确了证券支持诉讼制度，既是对民事诉讼法支持诉讼制度在证券领域的具体化规定，也丰富和完善了该制度在证券司法案件中的适用条件，使该制度更具实践性和可操作性。在民事诉讼制度中，为保护个人合法权益，由机关、团体或者企业事业单位支持个人提起诉讼的支持诉讼制度由来已久。1982年民事诉讼法（试行）第13条就规定“机关、团体、企业事业单位对损害国家、集体或者个人民事权益的行为，可以支持受损害的单位或者个人向人民法院起诉”，上述规定现为民事诉讼法第15条。

虽然支持诉讼制度早已有之，但在实践中支持诉讼运用得并不普遍。① 直到20世纪90年代后半期，一些具有典型意义的支持诉讼案件才逐渐开始出现，主要针对大规模民事索赔案件，尤其是群体性的消费者维权案件。例如，1997年就有一起卫生监督机关支持农户起诉种鸡场并获胜诉的案件。② 2000年，最高人民检察院在《关于强化检察职能，保护国有资产的通知（讨论件）》中提出检察机关要依法支持起诉，从而拉开了检察机关支持诉讼的序幕。③ 这些案件大部分集中在追讨薪资福利、商品房业主维权、村民请求保护土地经营权等群体性纠纷的案件中，或者涉及未成年人、老年人以及残疾人等弱势群体权益保护的案件中。④

证券支持诉讼的出现是近几年才出现的新兴事物，是资本市场投资者权益保护制度的创新探索。证券领域的案件往往具有群体性、分散性的特点。在针对上市公司等市场主体的民事纠纷中，中小投资者集体维权的难度很大，这也成为证券领域支持诉讼实践探索的主要动因。证券支持诉讼始于2016年，刚成

---

① 参见陈彬、覃东明：《关于建立我国支持诉讼制度的构想》，载《政法学刊》1986年10月。

② 参见张荣森、刘兆起、李艳凤：《种鸡场违规售鸡农民受损 卫生所支持诉讼农户获赔》，载《中国牧业通讯》2000年10月。

③ 转引自段厚省：《论检察机关支持起诉》，载《政治与法律》2004年第6期。

④ 参见刘晋余：《检察机关支持起诉实证研究》，四川省社会科学院2019年硕士学位论文，第33页。

立不久的投服中心开始尝试在证券领域采取支持诉讼的方式帮助中小投资者维护权益。投服中心所开展的证券支持诉讼，是由投服中心“选择特定案件（一般都是涉及中小投资者众多、矛盾比较突出、社会影响较大的典型证券侵权纠纷），接受中小投资者的申请、委托，由投服中心作为支持机构，委派诉讼代理人，支持权益受损的中小投资者依法诉讼”①。2016 年 7 月，投服中心接受 9 名因匹凸匹公司的虚假陈述行为受损的投资者委托，将该公司原实际控制人及其他 7 名负责任高管以及匹凸匹公司作为共同被告，向法院提起诉讼，是证券领域的首件支持诉讼案件。② 据统计，截至 2019 年 12 月底，投服中心提起支持诉讼共计 24 起。③

在证券领域将投资者保护机构支持诉讼制度以法律的形式确立下来具有必要性。一是证券纠纷中投资者的分散性和弱势性，需要具有资质的投资者保护机构提供诉讼支持；二是证券纠纷的专业性，无论对于投资者还是对于法院而言，证券纠纷的专业性都决定了需要具有一定权威性和专业能力的机构参与到诉讼当中，既为投资者，也为司法审判提供必要的专业支持；三是随着证券执法力度的加大，证券纠纷案件数量呈爆发式增长，给司法审判带来巨大压力，因此需要投资者保护机构参与到纠纷的解决当中；四是现有的法律供给不足，不能满足中小投资者的需求，等等。④

此次新证券法第 94 条第 2 款将在中国证监会积极倡导和支持下投资者保护机构的创新实践通过法律形式确定下来。该规定还明确了投资者保护机构的支持诉讼主体资格，对民事诉讼法上的支持诉讼主体在证券领域的细分予以明确和规范。其创新之处体现在：一是为固化实践中的创新做法提供了明确的法律依据，填补了支持诉讼在证券领域适用的法律空白。前期证券支持诉讼的实践主要依托于投资者保护机构的自主探索，成果丰硕但法律依据不充分。新证券法的规定为这些创新实践探索的固化提供了法律支撑，有利于推动民事支持诉讼制度在证券领域的专门化。二是明确了投资者保护机构作为证券支持诉讼的支持主体。相比于民事诉讼法中规定的较为宽泛的支持主体，新证券法将证券支持诉讼的主体确定为投资者保护机构，这既有利于确保支持诉讼主体的权威

---

① 苟晨露：《证券支持诉讼的实践探索与思考》，载《投资者》2018 年第 2 辑。

② 参见曹中铭：《证券支持诉讼破冰意义重大》，载《经济参考报》2016 年 8 月 3 日。

③ 来源网址：http：//www.isc.com.cn/html/wqfw/，最后访问时间：2020 年 2 月 13 日。

④ 参见单素华：《证券支持诉讼示范判决机制综述》，载《投资者》第 4 辑；杜佳蓉、樊鸿雁：《论证券支持诉讼的专业化发展》，载《民事程序法研究》2017 年第 18 辑。

性和专业性，也有利于避免过于宽泛的社会主体支持诉讼而容易引发的滥诉等问题。三是赋予了证券支持诉讼较为广阔的适用空间。新证券法对损害投资者利益的行为，都允许投资者保护机构支持诉讼，这一规定为投资者保护机构广泛参与证券纠纷的处理，有效保护投资者权益提供了重要的法律依据。

八、股东代表诉讼制度

新证券法第94条第3款规定，发行人的董事、监事、高级管理人员执行公司职务时违反法律、行政法规或者公司章程的规定给公司造成损失，以及发行人的控股股东、实际控制人等侵犯公司合法权益造成公司损失，投资者保护机构持有该公司股份的，可以为公司的利益以自己的名义提起诉讼。

新证券法赋予投资者保护机构作为股东代表公司提起诉讼的资格，第一次规定了投资者保护机构提起股东代表诉讼的制度，是对我国公司法相关规定的进一步明确和完善，具有更强的适用针对性和可操作性。股东代表诉讼，在英美法系又称股东派生诉讼，在我国也称股东代位诉讼，是股东基于公司的请求权或以股东名义直接提起的诉讼。与股东直接诉讼相比，股东代表诉讼的特殊之处在于该诉讼针对的是侵犯公司利益的行为，本应由公司提起诉讼，却由股东以自己的名义提起。股东代表诉讼存在的制度逻辑在于，当董事、监事、高级管理人员或控股股东、实际控制人等内部控制人侵犯公司利益时，由上述人员代表公司追究自己的责任几乎不可能。因此，股东代表诉讼兼具“派生性”和“代表性”：一方面，股东是代位公司行使诉权，以避免因公司消极不行使诉权而遭受损失；另一方面，股东是代表全体股东行使诉权，以维护全体股东所应享有的间接利益。①

股东代表诉讼制度缘起于英国司法界对公司法经典判例 Foss v. Harbottle 的反思。Foss 案确立了公司法的两项基本规则：适格原告规则和资本多数决规则。然而，这两项规则使公司法对董监高等内部控制人侵犯公司利益的行为束手无策。为此，英国司法界逐步发展了针对 Foss 案的例外规则，后演变为股东代表诉讼制度。然而，真正使股东代表诉讼这一制度获得生命力的国家是美国，美国公司法以成文法的形式明确规定了11种情况下股东可提起代表公司提起诉

① 刘凯湘：《股东代表诉讼的司法适用与立法完善———以〈公司法〉第152条的解释为中心》，载《中国法学》2008年第4期。

讼，极大放宽了股东代表诉讼的案由。①

在我国，股东代表诉讼制度最早出现在公司法的规定中。2005 年公司法第 151 条第 2 款、第 3 款就已经明确规定了股东代表诉讼。2017 年最高人民法院颁布了《关于适用〈中华人民共和国公司法〉若干问题的规定（四)》（以下简称《公司法司法解释四》)，其中第 24 条、第 25 条和第 26 条分别对于股东代表诉讼中的当事人地位、胜诉利益的归属、诉讼费用的负担等具体适用问题规定了操作规则。《公司法司法解释四》大大增强了股东代表诉讼的可操作性，进一步提高了内部控制人侵犯公司权利这一问题的可诉性和可裁性。②

在司法实践方面，有学者统计了 2004 年至 2018 年我国历年股东代表诉讼的情况发现：一是案例数量呈整体上升的趋势，从 2005 年的 1 件上升至 2018 年的 64 件；二是出现最多的案由是损害公司利益责任纠纷，有 199 件，占全部案件的 60%，大多为高管、控股股东或实际控制人利用职务之便侵占公司财产或窃取公司机密等违反忠实义务的行为；三是原告股东败诉的案件占全部案件的 73%，全部/部分胜诉的案件占全部案件的 27%。③ 整体来说，在本次证券法修订前，股东代表诉讼已在股东诉讼案件中占据较大比例，显示出少数股东维权意识在逐渐成熟。④

股东代表诉讼意味着司法干预介入公司自治，但过度的司法干预往往导致股东滥诉的发生。为此，各国股东代表诉讼制度普遍对有权提起股东代表诉讼的股东资格进行了限制。例如，我国公司法第 151 条对有权提起股东代表诉讼的股东规定了明确的限制条件，即必须是“股份有限公司连续一百八十日以上单独或者合计持有公司百分之一以上股份的股东”。

---

① 11 种情形为：请求支付已合法宣布的股利或强制性股利之诉；请求阅读公司账簿和记录之诉；保护新股认购权并避免对其比例性利益的欺诈性稀释之诉；行使表决权之诉；对表决权受托人之诉；对尚未完成的越权或其他威胁性行为的禁止之诉；请求内部人返还其未履行适当披露义务而购得股利之诉；请求控股股东返还过错性赔偿金之诉；公司设立前的违反之诉；股东协议违反之诉；强制公司解散之诉。参见刘诗瑶：《我国股东代表诉讼制度完善进路研究——以〈《公司法》司法解释（四)〉为切入点》，载《河北法学》2018 年第 11 期。

② 姜保忠：《论公司股东权的司法保障——基于股东诉讼案件类型化分析》，载《暨南学报·哲学社会科学版》2017 年第 7 期，转引自刘诗瑶：《我国股东代表诉讼制度完善进路研究——以〈《公司法》司法解释（四)〉为切入点》，载《河北法学》2018 年第 11 期。

③ 李秀文：《我国股东代表诉讼制度的完善路径——基于 333 个案例样本的分析》，载《中国海洋大学学报》2019 年第 6 期。

④ 刘诗瑶：《我国股东代表诉讼制度完善进路研究——以〈《公司法》司法解释（四)〉为切入点》，载《河北法学》2018 年第 11 期。

新证券法第 94 条第 3 款最突出的创新之处包括三个方面。一是专门规定了投资者保护机构作为原告提起股东代表诉讼的资格，即赋予投资者保护机构以法定的股东代表资格。但应当注意该法定代表资格仍然以投资者保护机构持有该上市公司的股份为前提条件。二是放宽了有权提起股东代表诉讼的股东条件，但放宽的方式并非在普遍意义上降低股东持股比例或持股时间要求，而是仅对投资者保护机构这一特殊股东的持股比例和持股期限进行了豁免。新证券法明确规定，持股的投资者保护机构以自己的名义提起股东代表诉讼，其持股比例和持股期限不受公司法关于持股时间和持股比例的限制。三是强化了投资者保护机构的作用和地位。新证券法单独设置条款规定投资者保护机构提起股东代表诉讼的权利，并且单独豁免其持股比例与持股期限，这一做法本身即体现了对投资者保护机构地位的强化。

新证券法正面回应了此前法学理论界和舆论界的呼吁，在法律层面为投资者保护机构提起股东代表诉讼提供了正式法律依据。结合新证券法有关证券支持诉讼、证券领域代表人诉讼等其他对投资者保护机构的授权条款来看，该规定不仅体现了投资者保护机构在维护发行人合法利益的积极作用，同时也体现了新证券法对投资者保护的高度重视，对投资者保护机构引领投资者诉讼的定位，在世界范围内都具有相当的创新性和先进性。

九、“退出制”代表人诉讼制度

新证券法第 95 条规定了投资者依法推选代表人进行诉讼，一定数量的投资者可以委托投资者保护机构进行代表人诉讼的制度。证券领域代表人诉讼的规定，是在民事诉讼法规定的代表人诉讼制度基础上的进一步发展，最突出的创新之处在于第 95 条第 3 款引入了投资者保护机构参加的“退出制”代表人诉讼，赋予投资者保护机构作为全体权利人的代表人资格，再采取“默示加入、声明退出”的方式确定参加诉讼的当事人范围，整合了“代表人诉讼 + 退出制 + 机构公益诉讼”等诸多制度的特点，形成了具有中国特色的集体诉讼制度。

1991 年民事诉讼法就已经规定了代表人诉讼制度，历经修改条文表述一直沿用不替，即现行民事诉讼法第 53 条和第 54 条。[①] 虽然理论上认为我国民事诉讼法中的代表人诉讼制度已经参考了英美法系的集团诉讼制度和日本民事诉讼中的选

① 王亚新、陈杭平、刘君博：《中国民事诉讼法重点讲义》，高等教育出版社 2017 年版，第 140 页。

定当事人制度,[①] 但是民事诉讼法中的代表人诉讼与美国集团诉讼存在诸多差异。最为突出的差异就是民事诉讼法上人数不确定的代表人诉讼采取登记加入制，司法判决的效力不直接及于未登记的权利人，而美国的集团诉讼则采取声明退出制(opt out)，属于集团范围内的权利人默认接受法院判决的拘束，除非权利人明示声明退出。民事诉讼法中的代表人诉讼与日本的选定当事人制度相比也存在较大差别，选定当事人制度下一旦选定参加诉讼的当事人，其他当事人即退出诉讼程序，而在代表人诉讼中当事人均需要参加诉讼程序，并没有退出机制。[②]

从实践情况看，民事诉讼法中的代表人诉讼制度，尤其是人数不确定的代表人诉讼制度在司法实践中长期未付诸实施，并没有真正发挥其应有的功能。而且,《若干规定》第 12 条更进一步排除了民事诉讼法第 54 条在此类案件中的可适用性。[③] 民事诉讼法中的代表人诉讼传统在实践中未能充分发挥其作用的原因是多方面的，相关文献也有诸多研究。[④] 仅从法律制度设计的角度分析，大规模当事人要共同推选出诉讼代表人在实操层面难度极大，巨大的维稳压力也导致法院主动公告登记当事人的积极性不足，诸多因素都制约了代表人诉讼制度在司法实践中的落地。学术界关于在证券民事诉讼中尤其是涉及上市公司的民事赔偿案件中引入退出制集团诉讼的呼声由来已久，但对退出制集团诉讼制度弊端的担忧也一直存在。[⑤]

此次新证券法第 95 条第 3 款规定的“退出制”代表人诉讼制度，其创新之处体现在至少四个方面：

一是创造性地将域外集团诉讼与代表人诉讼制度结合起来，形成了具有中国特色的证券集体诉讼制度。退出制作为美国集团诉讼制度的一个突出特征，

---

① 参见李春霖:《试谈代表人诉讼》，载《政法论坛》1992 年第 4 期；章武生:《代表人诉讼制度初探》，载《河南大学学报（社会科学版)》1993 年 5 月；江伟、肖建国:《关于代表人诉讼的几个问题》，载《法学家》1994 年第 3 期。

② 参见张卫平:《选定当事人制度初探》，载《现代法学》1987 年第 1 期。

③ 2002 年 1 月 15 日最高人民法院发布的《关于受理证券市场因虚假陈述引发的民事侵权纠纷案件有关问题的通知》第 4 条明确规定：“对于虚假陈述民事赔偿案件，人民法院应当采取单独或者共同诉讼的形式予以受理，不宜以集团诉讼的形式受理。”

④ 关于民事诉讼法上代表人诉讼制度的评价，可参见徐冷雨:《代表人诉讼制度：分析与评价》，载《社科纵横》2019 年 10 月；王福华:《代表人诉讼之替代改革》，载《上海交通大学学报(哲学社会科学版)》2006 年第 5 期；肖建华、陈迎宾、宋芳:《论我国证券欺诈代表人诉讼制度的完善》，载《天津法学》2012 年第 3 期。

⑤ 支持引入的观点，如章武生:《我国证券集团诉讼的模式选择与制度重构》，载《中国法学》2017 年第 2 期。持慎重态度的观点，如郭雳:《美国证券集团诉讼的制度反思》，载《北大法律评论》2009 年第 10 卷第 2 辑。

虽然在世界上其他国家采用的并不多，但是在涉及上市公司赔偿案件中，在广泛代表投资者权益，避免反复用同一事项提起诉讼，最大限度地保护所有投资者和加大对上市公司等主体的追偿惩戒力度等方面发挥了积极作用。新证券法在充分借鉴吸收退出制有益经验的基础上，在民事诉讼法已有的代表人诉讼制度的基本框架下，嵌入了境外集团诉讼制度中的退出制设计，将两种制度有机结合起来。这不仅是对我国民事诉讼制度的一大创新，在世界范围内来看，也是具有中国特色的集体诉讼制度。

二是创造性地建构了一种全新的民事诉讼机制，为完善大规模群体性纠纷的诉讼程序提供了示范。将退出制与传统的代表人诉讼结合起来，并不仅仅是对代表人诉讼的小修小补，而是建构了一种全新的诉讼程序。退出制的代表人诉讼不仅在证券领域具有开创性，对于其他类似的大规模群体纠纷诉讼机制的发展也具有很强的示范性。证券领域“退出制”代表人诉讼的实施，可以为消费者保护、生态环境保护等领域的群体性权益保护提供有益的制度借鉴。

三是创造性地赋予了投资者保护机构以诉讼代表人资格，为集体诉讼制度的落地选择了具有中国特色的实施和推动主体。新证券法在吸收集团诉讼退出制有益经验的同时，也充分考虑到了其可能带来的滥诉等弊端。新证券法将退出制的诉讼代表人资格明确赋予投资者保护机构，能够有效解决诉讼代表人的权威性、专业性和公信力等一系列域外集体诉讼制度普遍面对的难题，为集体诉讼制度的发展提供了宝贵的中国方案。

四是创造性地引入了投资者保护机构作为集体诉讼的专业支持机构。投保基金公司和投服中心作为中国证监会指定的投资者保护机构，具有受委托参加“退出制”代表人诉讼，这些机构是专门负责投资者保护的公益性组织，在投资者维权、投资者损害金额确定，与证券监管机构、人民法院、证券登记结算机构的沟通等方面都具有不可替代的作用，显示出专业权威高效的优势，在实施中国特色集体诉讼制度创新上，能够更好地发挥作用。在美国集团诉讼中，集团范围以及损失计算最大的难点之一就是难以获取大规模当事人的交易数据。新证券法规定了证券登记结算机构负责确定权利人范围，更具权威性和独立性，很好地解决了确定诉讼主体范围、获取交易数据等前提性、瓶颈性问题，也成为这一制度设计的亮点。

新证券法所规定的“退出制”代表人诉讼至少在以下三个方面体现出创新积极意义：一是解决了传统代表人诉讼中推选代表人的难题。通过赋予投资者保护机构以代表人资格，在相当程度上解决了推选代表人的难题，在投资者保护机构的统一代表框架下，法院所面临的审判和维稳压力也大大减轻，代表人诉讼一次性解决大规模纠纷的优势就能够得以凸显。二是强化了民事赔偿的震慑力度。无论是相比于普通共同诉讼还是“加入制”的代表人诉讼，“退出制”代表人诉讼无疑扩大了违法者的赔偿规模，从而大大加强了民事诉讼对违法者的威慑效果，有利于维护资本市场的法律秩序，这也是长期以来理论界和监管机关力推退出制的主要出发点。[①] 三是有效避免了域外集团诉讼制度的诸多弊端。通过投资者保护机构担任代表人提高了诉讼参加的专业化程度，可以有效保障诉讼的规范有序，有效解决美国集团诉讼中律师代理所带来的包括滥诉、高额酬金损害投资者利益等弊端。

第二节　条款释义

第八十八条　证券公司向投资者销售证券、提供服务时，应当按照规定充分了解投资者的基本情况、财产状况、金融资产状况、投资知识和经验、专业能力等相关信息；如实说明证券、服务的重要内容，充分揭示投资风险；销售、提供与投资者上述状况相匹配的证券、服务。

投资者在购买证券或者接受服务时，应当按照证券公司明示的要求提供前款所列真实信息。拒绝提供或者未按照要求提供信息的，证券公司应当告知其后果，并按照规定拒绝向其销售证券、提供服务。

证券公司违反第一款规定导致投资者损失的，应当承担相应的赔偿责任。

【条文主旨】

本条规定投资者适当性制度中证券公司和投资者各自应履行的法定义务，明确证券公司违反适当性义务的民事责任。

---

① 参见章武生：《我国证券集团诉讼的模式选择与制度重构》，载《中国法学》2017年第2期。

【条文释义】

证券公司投资者适当性义务是指证券公司在向投资者推介、销售高风险等级金融产品以及为投资者提供高风险等级投资服务的过程中，必须履行的了解客户、了解产品，将适当的产品（或服务）销售（或提供）给适合的投资者的义务。① 就适当性制度的性质而言，既属于投资者保护制度，又属于证券监管要求。② 投资者适当性制度是以投资者与金融产品（服务）实现“动态匹配”为核心，通过明确证券公司与投资者的权利义务、监管机构的监管标准和要求，强化证券公司责任，明晰投资者义务，平衡投资者和证券公司的权利义务关系，督促双方，尤其是证券公司履行适当性义务，实现对投资者的分类保护，达到促进资本市场健康发展目的的规则制度体系。

一、第 1 款——证券公司的适当性义务

本条第 1 款强调了“卖者有责”的原则，证券公司作为适当性的义务主体，应当做到勤勉尽责、充分了解、匹配风险、审慎推荐。证券公司适当性义务的具体内容包括：

（一）了解投资者的义务

了解投资者的义务规定源于美国的“了解你的客户（Know Your Customer）”规则③，指证券公司向投资者销售证券、提供服务时，有义务充分全面了解投资者的基本情况、财产状况、金融资产状况、投资知识和经验、专业能力等相关信息。

本条款突出强调了证券公司应“充分了解”投资者。在主观能动性上，应自觉、主动了解投资者，强调证券公司及销售服务人员的自觉意识和自主行动；在客观层面上，应充分、全面了解投资者。《适当性管理办法》第 6 条详细地规

---

① 参见《民商事审判工作会议纪要》第 72 条。

② 参见张付标、李玫：《论证券投资者适当性的法律性质》，载《法学》2013 年第 10 期。

③ 纽约证券交易所通过“了解你的客户”首先间接体现了投资者适当性原则（武俊桥：《证券市场投资者适当性原则初探》，载《证券法苑》2010 年第 3 卷）。之后金融业监管局发出监管通知将 Rule2090 取代纽约证券交易所的旧规则。Rule 2090 Know Your Customer：Every member shall use reasonable diligence, in regard to the opening and maintenance of every account, to know (and retain) the essential facts concerning every customer and concerning the authority of each person acting on behalf of such customer. (Essential Facts. For purposes of this Rule, facts essential to knowing the customer are those required to (a) effectively service the customer's account, (b) act in accordance with any special handling instructions for the account, (c) understand the authority of each person acting on behalf of the customer, and (d) comply with applicable laws, regulations, and rules.) 载美国金融业监管局官网，https://www.finra.org/rules-guidance/rulebooks/finra-rules/2090?element_id=9858&rbid=2403，最后访问时间：2020 年 2 月 6 日。

定了证券公司需要了解投资者信息的具体内容。① 在时间延续性上，应做好数据留存和跟踪更新工作。

了解投资者是证券公司履行适当性义务的第一步，具有重要意义。证券公司通过了解投资者的方式对客户开展风险测评，分析和评价客户的风险承受能力，并对投资者进行科学的分类，以便更好地履行适当推荐义务。

（二）如实说明产品和服务及风险揭示义务

投资者和证券公司双方对信息的掌握是不对等的，投资者"买者自负"原则的前提是对产品和服务的投资风险和收益水平有充分的理解和认知。因此，证券公司在销售产品或提供服务时，要如实说明证券、服务的重要内容。"如实说明"是指证券公司及其销售服务人员应真实、准确、完整地披露与证券和服务有关的信息，禁止向投资者提供虚假、遗漏或误导性信息，不得欺诈投资者。如实说明的"重要内容"应涵盖证券产品或服务的设计理念、结构特点、投资标的、风险收益等关键因素。这要求证券公司及其销售服务人员足够了解产品和服务，制定相关风险等级评估制度和流程，确保产品和服务分级的科学性和一致性，② 审慎评估其风险等级。③

---

① 参见《适当性管理办法》第6条："经营机构向投资者销售产品或者提供服务时，应当了解投资者的下列信息：（一）自然人的姓名、住址、职业、年龄、联系方式，法人或者其他组织的名称、注册地址、办公地址、性质、资质及经营范围等基本信息；（二）收入来源和数额、资产、债务等财务状况；（三）投资相关的学习、工作经历及投资经验；（四）投资期限、品种、期望收益等投资目标；（五）风险偏好及可承受的损失；（六）诚信记录；（七）实际控制投资者的自然人和交易的实际受益人；（八）法律法规、自律规则规定的投资者准入要求相关信息；（九）其他必要信息。"根据《证券经营机构投资者适当性管理实施指引（试行）》第8条、第9条的规定，证券公司通过由普通投资者填写《投资者风险承受能力评估问卷》等方法对其风险承受能力进行综合评估，证券公司按其风险承受能力等级由低到高至少划分为五级，分别为：C1（含风险承受能力最低类别的投资者）、C2、C3、C4、C5。

② 在履行说明义务前，首先要求证券公司对产品和服务进行科学有效的评估，根据风险特征和程度划分不同的风险等级。根据《适当性管理办法》第16条的规定，产品或者服务风险等级的划分应当综合考虑以下因素："（一）流动性；（二）到期时限；（三）杠杆情况；（四）结构复杂性；（五）投资单位产品或者相关服务的最低金额；（六）投资方向和投资范围；（七）募集方式；（八）发行人等相关主体的信用状况；（九）同类产品或者服务过往业绩；（十）其他因素。涉及投资组合的产品或者服务，应当按照产品或者服务整体风险等级进行评估。"对涉及存在本金损失的可能性、产品或者服务的流动变现能力、产品或者服务的可理解性、产品或者服务的募集方式、产品或者服务的跨境因素、自律组织认定的高风险产品或者服务以及其他有可能构成投资风险的因素，则应当审慎评估其风险等级。证券业协会制定的有关文件建议，将产品或服务风险等级由高至低至少划分为五级，分别为：R1、R2、R3、R4、R5（参见《证券经营机构投资者适当性管理实施指引（试行）》第14条），具体由证券公司自行制定每个等级中产品或服务内容并向投资者披露。

③ 参见《适当性管理办法》第17条。

此外，证券公司应向投资者充分揭示投资风险，使得投资者特别是普通投资者可以理解风险、识别风险。这要求证券公司应使用通俗、易懂的语言描述产品和服务，充分揭示信用风险、市场风险、流动性风险等可能影响投资者权益的主要风险以及具体产品或服务的特别风险，并由投资者签署确认。

（三）销售适当产品和提供适当服务的义务

销售、提供适当产品和服务的义务是投资者适当性制度的核心，它既是一项程序性要求，也是适当性制度要达到的目标，就是一般所说的“适当的产品卖给适当的投资者”。证券公司应当依据投资者的不同风险承受能力以及产品或者服务的不同风险等级，对适合投资者购买的产品或接受的服务作出判断，提出明确的适当性匹配意见。但是，每一个产品或服务的复杂性、风险性是不同的，投资者的资产规模、投资目标和经验、风险承受能力等个人状况也都千差万别，因此需要销售服务人员具体分析每一位投资者的情况，做到产品和服务与投资者的情况相适应、相匹配。

二、第 2 款——投资者如实提供信息的规定

（一）如实提供信息的义务

本条第 2 款规定了投资者如实提供信息的义务。真实的信息是保护的前提，也是证券公司履行相关义务的重要条件。投资者在享受法律和监管规则对其倾斜性保护的同时，必须履行相应的义务，体现了适当性制度中权利与义务的对等。投资者在购买证券或者接受服务时，应当真实、准确、完整地向证券公司提供本条第 1 款所列信息。不按照规定提供证券公司需要的信息，或者提供的信息不真实、不准确、不完整的，投资者应依法承担相应的民事责任。同时，投资者信息发生重要变化的，应当及时告知证券公司，证券公司据此判断是否需要调整分类或适当性匹配意见。① 本条第 2 款规定“应当按照证券公司明示的要求”，此处的“明示”是指证券公司应向投资者明确告知，根据相关政策法规，投资者应提供哪些具体信息；并且，对投资者的告知应尽可能采用书面形式，或者以其他能够证明明确告知的方式进行。

（二）拒绝提供真实信息的相关规定

证券公司适当性义务的履行离不开投资者的支持与配合。实践中，要履行好“了解投资者”义务，证券公司需要投资者提供相关证明材料和信息，但投

① 参见《适当性管理办法》第 33 条。

资者拒绝提供或未按要求提供的情形大量存在。① 出现此类情形时，一是要求证券公司履行释明义务，告知投资者将承担的后果，这是证券公司拒绝销售证券、提供服务的前置义务；二是证券公司应当拒绝向其销售证券、提供服务。这既是证券公司适当性义务的应有之义，也是证券公司遵守监管规范保护自身权益享有的一项权利。证券公司此处的告知与拒绝向其销售证券、提供服务责任应当归属证券公司适当性义务范畴，证券公司没有告知后果直接拒绝销售证券、提供服务的或证券公司未拒绝向其销售证券、提供服务的，按照第 88 条第 3 款规定承担责任，投资者有过错的，应当承担相应的责任。

三、第 3 款——违反适当性义务的民事责任

本条第 3 款明确了证券公司违反适当性义务时应对投资者承担相应民事责任。证券公司向投资者销售证券、提供服务时，违反第 1 款规定未尽适当性义务，存在过错时，导致投资者遭受损失的，即可认为具备了法律上可归责的要件。此时，投资者有权要求证券公司承担相应的民事赔偿责任，投资者据此享有提起赔偿的请求权基础。

本条款的投资者未区分普通投资者和专业投资者，结合第 89 条第 2 款来看，对于证券公司与普通投资者发生纠纷的，应适用过错推定原则；对于证券公司与专业投资者发生纠纷的，则适用过错责任原则。本条款对证券公司的赔偿范围作出了明确规定，即“相应的赔偿责任”是指证券公司应承担与其过错程度和违法情节相适应的责任。立法者强调“卖者尽责”的同时，没有忽略“买者自负”，并没有让证券公司单方面承担一揽子责任和义务。此处，因果关系是确定责任归属的先决条件，是判断当事人双方责任分配的关键环节。我们应注意到，证券公司的侵权行为未导致投资者损失或者侵权行为与投资者的投资决策没有因果关系时，证券公司不承担侵权责任。法院在认定双方责任时，应综合考虑投资者的投资经验、受教育程度和风险承受能力等因素。

---

① 根据“12386”中国证监会服务热线诉求情况显示，2019 年，投资者因证券公司要求提供投资者基本信息、财产证明文件等不满产生投诉 26 件，占全年证券公司客户服务类投诉 2.03%。究其原因，一方面，存在证券公司泄露投资者个人信息、过度要求提供信息等侵犯投资者隐私权的现实案例；另一方面，则是证券公司未尽告知义务，投资者对证券公司适当性义务相关的政策法规及法律后果缺乏正确认识。

【适用指引】

一、证券公司实现适当性制度的具体方式

法定的投资者适当性制度规定了证券公司的义务，也需要有效的工作机制与之相适应。如何搭建更为完善的客户适当性管理系统，满足证券公司客户适当性管理业务的发展，已成为证券公司重点发展的核心业务之一。[①] 在新证券法将投资者适当性义务明确为经营机构法定义务的前提下，证券公司结合业务内容和工作实际，健全完善内部控制机制，始终做到“将合适的产品推荐给合适的客户”，是投资者合法权益得到有效保护的基础。但在监管部门公开披露的行政处罚案件及司法案例中，证券公司在落实投资者适当性制度方面仍存在执行不到位、部分环节流于形式、制度建设不健全等问题。为不断增强投资者适当性制度执行的有效性，证券公司应根据监管要求不断完善和优化公司内部适当性管理制度，逐步细化信息披露、回访机制、人员培训等内部控制措施。

在信息披露方面，证券经营机构应向投资者充分披露产品或服务信息以及有助于投资者作出投资分析判断的其他必要信息。证券公司不能透过任何方式的暗示，使投资者作出错误的信息揭露或隐瞒必要的信息导致信息披露的不完全。[②] 同时，证券公司在了解投资者义务时，应当以足以判断投资者风险承受能力与识别能力为限，获取投资者相关信息，充分了解投资者。

在回访机制方面，相关规定要求证券经营机构每年抽取一定比例投资者进行回访，证券公司不仅可以利用回访机制及时了解客户动态及需求，而且可以将其作为规范和优化客户服务流程，提升整体服务质量的督促方式。同时，随着人工智能技术的发展，证券公司将语音识别和语义分析技术运用到客户回访领域，也是减轻公司回访压力与成本、提升客户回访效率的一种有效手段。

在人员培训方面，除加大培训规模外，在培训内容质量方面，证券公司应当从同质化向多样化转变，不拘泥于相关法律规范及制度原则的学习，侧重于确保相关人员充分了解每一款金融产品和金融服务的风险特征、风险等级和适合销售的客户范围，并且能够以浅显易懂的语言解释说明其金融商品的相关信

---

① 金玥：《浅析证券公司适当性管理制度》，载《才智》2014 年第 31 期。

② 陈洁：《证券公司违反“投资者适当性原则”的民事责任》，载《证券市场导报》2012 年第 2 期。

息，便于投资者在充分了解的前提下进行选择。

在投资者信息保护方面，证券公司应当建立科学、完整、严密的资料保存机制，指定专门部门全面负责，妥善对投资者适当性相关的匹配方案、告知警示资料、录音录像资料、自查报告等进行电子化、集中化管理，防止该等信息被泄露或被不当利用。

上述适当性制度实施方式的瑕疵与过错，都会引起投资者的投诉甚至向司法部门提起诉讼。

二、适当性匹配意见与投资者投资决策的关系

民法典第125条规定，民事主体依法享有股权和其他投资性权利，确立了股权和其他投资性权利在民事基本法中的合法地位。投资者和证券公司作为买卖双方享有自由交易的权利，体现了契约自由精神，也是“买者自负”原则的前提。投资者享有自主参与权，投资者在听取证券公司适当性意见的基础上，根据自身风险承受能力作出判断，审慎决策，购买适合自身风险承受能力的产品或服务，独立承担投资风险。证券公司的适当性匹配意见并不当然构成对风险和收益作出的实质性判断或者保证。证券公司只向投资者提出匹配性建议，不能代替投资者作出投资决策。若投资者主动要求购买风险等级高于其风险承受能力的产品或者接受相关服务，证券公司亦不能剥夺投资者的投资权利，即证券公司在确认该投资者不属于风险承受能力最低类别的投资者，并且就风险不匹配的问题向投资者进行特别的书面风险警示后，若投资者仍坚持购买的，可向其销售相关产品或者提供相关服务。证券经营机构要发挥自身专业水平和信息优势，尽到风险告知的义务，提出适当性匹配意见，切实履行“卖者有责”；投资者也应树立风险意识，增强自我保护能力，自主决定，自担风险，达到“买者自负”的效果。

三、证券公司的民事责任竞合问题

从现行规定来看，证券市场投资者适当性制度覆盖了包括经纪、投资咨询、融资融券、资产管理、代销证券产品等业务领域。① 证券公司业务领域广、相关业务活动存在交叉，导致证券公司与投资者之间存在的法律关系较为复杂，认定起来存在较大争议。司法实践中，最常见的是认定二者之间构成合同法律关系和侵权责任法律关系，近年来部分法院还创设性地提出金融服务法律关系

---

① 参见《适当性管理办法》第2条、《证券经营机构投资者适当性管理实施指引（试行）》第2条。

的概念，从《民商事审判工作会议纪要》使用“金融服务提供者”“金融消费者”“金融服务领域”等用语来看，亦予以了肯定。鉴于证券公司与投资者之间可能存在多种法律关系，证券公司违反适当性义务的民事责任存在竞合的问题。通常认为，违反适当性义务可能会产生三种民事赔偿责任：缔约过失责任、违约责任和侵权责任。

认定构成缔约过失责任源于民法典第500条的相关规定，根据投资者适当性制度的要求，当事人在合同的磋商、缔结阶段，因投资者对证券公司的合理信赖，证券公司对其负有“充分了解客户信息”“了解产品和服务”“告知说明和风险揭示”等先合同义务，违反该等义务则构成缔约过失。在认定构成违约责任时，需要双方当事人构成合同法律关系，若二者之间不存在合同法律关系，则投资者主张违约责任往往缺乏直接依据。特别是在认定代销机构的违约责任时尤为困难，此时无法突破合同相对性去要求代销机构承担违约责任。新证券法将适当性义务上升为以保护投资者利益为核心的法定义务，给予了投资者侵权责任请求权基础。投资者在购买证券、接受服务时依法享有知情权，向投资者推荐不适当的产品和服务是欺诈和损害投资者知情权的行为。[①] 构成证券欺诈时，受害投资者有权主张证券公司承担侵权责任。鉴于当下金融创新产品层出不穷，在复杂的金融衍生品交易中，更加难以认定证券公司与投资者之间存在何种明确的法律关系，此时适当性义务作为一项法定义务，显著加强了投资者的保护力度。综上，实践中确实存在三种民事责任竞合的问题，究竟诉请证券公司承担何种民事责任，需要投资者依照诉讼策略判断取舍。

第八十九条　根据财产状况、金融资产状况、投资知识和经验、专业能力等因素，投资者可以分为普通投资者和专业投资者。专业投资者的标准由国务院证券监督管理机构规定。

普通投资者与证券公司发生纠纷的，证券公司应当证明其行为符合法律、行政法规以及国务院证券监督管理机构的规定，不存在误导、欺诈等情形。证券公司不能证明的，应当承担相应的赔偿责任。

---

① 丁鲁、王露爽、冯东阳：《监管改革视野下投资者适当性制度浅析——兼论金融投资者保护》，载《金融监管》2017年第11期。

【条文主旨】

本条规定投资者分类制度，以及普通投资者与证券公司因适当性义务发生纠纷时的归责原则和举证规则。

【条文释义】

一、第1款——投资者分类

投资者分类制度是投资者适当性管理的基础，也是投资者保护制度中的重要内容，有利于对投资者分类施策，分层保护。

（一）投资者的法定分类

新证券法采纳《适当性管理办法》的规定，将投资者划分为普通投资者与专业投资者。《适当性管理办法》对专业投资者的界限进行了明确划定，将专业投资者法定范畴外的投资者都明确为普通投资者。依据投资者的风险承受能力、财产状况、投资知识和经验及专业能力等因素将专业投资者分为专业机构投资者和专业自然人投资者。其中，专业机构投资者共分为四类：（1）经有关金融监管部门批准设立的金融机构，或经行业协会备案或者登记的证券公司子公司、期货公司子公司、私募基金管理人；（2）上述机构面向投资者发行的理财产品；（3）社会保障基金、企业年金等养老基金，慈善基金等社会公益基金，合格境外机构投资者（QFII）、人民币合格境外机构投资者（RQFII）；（4）最近1年末净资产不低于2000万元，且最近1年末金融资产不低于1000万元，且具有2年以上证券、基金、期货、黄金、外汇等投资经历的法人或者其他组织。专业自然人投资者应同时满足下列两项条件：（1）金融资产不低于500万元，或者最近3年个人年均收入不低于50万元；（2）具有2年以上证券、基金、期货、黄金、外汇等投资经历，或者具有2年以上金融产品设计、投资、风险管理及相关工作经历，或者属于第1类专业机构投资者的高级管理人员、获得职业资格认证的从事金融相关业务的注册会计师和律师。

证券金融产品种类繁多，投资风险各异，不同投资者之间在经济实力、专业能力、投资经验及投资目的等方面千差万别，对于不同普通投资者而言，其受教育程度及风险承受能力不尽相同，法定分类标准只是对普通投资者的范围进行了简单划定，并未作进一步细分；对于专业投资者而言，受自身风险承受能力等因素制约也可能存在不适宜投资部分风险性极高的证券金融产品的情形，因此仅依据法定分类标准对投资者进行分类往往不能达到对投资者进行适当管理之目的，这就需要在法定分类的框架下对投资者进行进一步细分。《适当性管理办法》第 9 条规定，经营机构可以根据专业投资者的业务资格、投资实力、投资经历等因素，对专业投资者进行细化分类和管理。该条款属任意性法律规范。《适当性管理办法》第 10 条第 2 款规定，经营机构应当按照有效维护投资者合法权益的要求，综合考虑收入来源、资产状况、债务、投资知识和经验、风险偏好、诚信状况等因素，确定普通投资者的风险承受能力，对其进行细化分类和管理。该条款属强制性法律规范，若经营机构未按《适当性管理办法》第 10 条第 2 款规定对普通投资者进行细化分类管理的，经营机构及相关责任人员可能还将面临警告与罚款。

（二）投资者类型的相互转化

投资者分类不是一成不变的，随着投资者状况及主观认知情况的变化，投资者类型可以转化，这体现了法律制度对市场需求的一种积极响应。大部分国家和地区对投资者的划分进行动态化管理，允许其在满足一定条件下在普通投资者和专业投资者之间进行转化，如此规定给予投资者更多的选择，也提供了随着市场变化和情势变迁动态地调整投资者分类的空间，更符合实际情况，也可以更好地发挥市场能动性。我国对于专业投资者与普通投资者之间的相互转换程序同样作出了具体规定，在专业投资者转化为普通投资者过程中，转换范围仅限于《适当性管理办法》第 8 条第 1 款中第四类符合条件的专业机构投资者及第五类符合条件的专业自然人投资者，第一类至第三类专业机构投资者不得转化为普通机构投资者。转换程序方面，专业投资者将转换事项书面告知经营机构，经营机构应当履行相应的适当性管理义务，且无权拒绝法定转换范围内的专业投资者的转换要求。

在普通投资者转化为专业投资者过程中，普通机构投资者应同时符合以下条件：（1）最近 1 年末净资产不低于 1000 万元；（2）最近 1 年末金融资产不低于 500 万元；（3）具有 1 年以上证券、基金、期货、黄金、外汇等投资经历；（4）投资主体为除专业投资者外的法人或其他组织。普通自然人投资者应同时符合以下条件：（1）金融资产不低于 300 万元或者最近 3 年个人年均收入不低于 30 万元（满足一项即可）；（2）具有 1 年以上证券、基金、期货、黄金、外汇等投资经历或者 1 年以上金融产品设计、投资、风险管理及相关工作经历（满足一项即可）；（3）投资主体为自然人。转换程序方面，普通投资者应向经营机构提交书面转换申请并应当提供相关证明材料，经营机构应当通过追加了解信息、投资知识测试或者模拟交易等方式对申请人进行谨慎评估，确认其是否符合转换条件，经营机构有权自主决定是否同意其转化。

不难看出，普通投资者若要转化为专业投资者，相应的转换条件及转换程序均较为严苛。专业投资者转化为普通投资者也要严格按照法定条件。这些规定一方面体现了分类的灵活性，同时也强化了经营机构“卖者有责”和投资者“买者自负”的意识。①

二、第 2 款——举证责任分配

本款规定了普通投资者与证券公司发生纠纷时，在举证规则上采取举证责任倒置，在归责原则上适用过错推定原则。过错推定原则意味着无法证明没有过错，就应推定为有过错。这源于对处于弱势地位的普通投资者的倾斜性保护。当前金融市场持续高速发展，金融创新产品层出不穷，金融产品和金融服务的复杂程度日益增加，加剧了证券公司与投资者二者之间的“不平等”地位和信息不对称的程度，因此证券公司和普通投资者所承受的举证责任也应当不一样。此时若再苛责普通投资者承担举证责任，无疑是相当困难的，也将使得适当性制度作为一项投资者保护制度的意义落空，最终将有损于证券市场的公平和正义。

民事法律纠纷中，一般采取“谁主张，谁举证”的证明要求。举证责任倒置意味着主张权利者无需举证，举证责任由对方承担。在这里，举证责任倒置是指证券公司应对其是否履行了适当性义务承担举证责任，否则应承担与违反适当性义务的违法违规情节和过错程度相适应的民事赔偿责任。一是需要证券公司证明自己的行为合法，“合法”的依据主要包括法律、行政法规以及中国证监会的相关规定，还应包括中国证券业协会、中国证券投资基金业协会、证券交易所、全国股转公司等自律组织发布的自律规则和业务规范。二是应证明自己不存在误导、欺诈的主观过错，不构成误导、欺诈的情形。

《民商事审判工作会议纪要》对普通投资者和证券公司双方的举证责任分配作了进一步阐释。投资者只需简单证明购买产品或接受服务及遭受的损失即完成了举证责任。而证券公司则应提供以下证据证明已履行了适当性义务：是否建立了产品或服务的风险评估及管理制度；是否对投资者的风险认知、风险偏好和风险承受能力进行了测试；是否向投资者告知了产品或服务的收益和主要风险因素等。若证券公司无法证明自己行为合法、没有违规情形，应承担举

---

① 何海峰：《投资者分类的制度框架——以〈证券期货投资者适当性管理办法〉为对象的考察》，载《银行家》2017 年第 2 期。

证不能的法律后果。[①] 这意味着普通投资者与证券公司发生纠纷时，相关举证责任由证券公司承担，实行举证责任倒置。

【适用指引】

一、对普通投资者的倾斜性保护

根据投资者划分类型的不同，监管部门可以采取不同标准和层级的保护措施，维护具有不同风险承受能力和风险偏好的投资者的利益，实现对投资者分类保护的目的。

相对于专业投资者，经营机构对普通投资者的适当性管理需履行特别责任及义务，主要表现在信息告知、适当性匹配、风险警示等方面[②]：

一是经营机构向普通投资者销售产品或者提供服务前，需要额外告知一些信息，如《适当性的管理办法》第23条规定的可能直接导致本金亏损、超过原始本金损失的事项等。监管机构通过要求经营机构履行必要的信息告知义务，减少经营机构与投资者之间因信息不对称导致投资者受误导的可能性，进一步保障投资者的知情权和选择权。

二是经营机构向普通投资者销售高风险产品或者提供相关服务时应当履行特别的注意义务，包括制定专门的工作程序等。[③] 经营机构的特别注意义务及专门工作程序将督促其从普通投资者获取更多的有效信息，从而提供有针对性的产品及差别化服务。

三是经营机构向普通投资者销售产品或提供服务时受到更多的约束和限制，需要建立在已了解到的投资者相关信息基础之上，并且严格符合其风险承受能力和风险偏好评估等情况。不得向普通投资者主动推介风险等级高于其风险承受能力，或者不符合其投资目标的产品或者服务。[④]

四是经营机构向普通投资者进行现场或非现场告知、警示的，应当做好配套留痕措施。[⑤] 留痕义务的目的一方面在于避免其与投资者沟通过程中进行虚假宣传、保本承诺等违法违规的行为，另一方面也是对投资者风险承受能力、产品风险认识的再提醒，督促、引导投资者能够结合自身情况理性选择产品或服务。

---

① 参见《民商事审判工作会议纪要》第75条。

② 参见《适当性管理办法》第7条。

③ 参见《适当性管理办法》第20条。

④ 参见《适当性管理办法》第22条

⑤ 参见《适当性管理办法》第25条。

此外，与普通投资者发生纠纷的，经营机构应当提供相关资料，证明其已向投资者履行相应义务，经营机构不能证明其履行相应义务的，应当依法承担相应法律责任。[①] 举证责任倒置机制使经营机构需承担举证不能的法律后果，平衡了投资者与经营机构之间的举证能力，降低了普通投资者的举证成本。

同时，在司法裁判中，法院更关注经营机构是否实现了适当性管理的真实目的，其中程序的合规是其履行适当性义务的必要条件而非充分条件。例如，《民商事审判工作会议纪要》第76条对告知说明义务进行了细化：卖方机构简单地以金融消费者手写了诸如“本人明确知悉可能存在本金损失风险”等内容主张其已经履行了告知说明义务，不能提供其他相关证据的，人民法院对其抗辩理由不予支持。

二、合理确定民事赔偿责任

投资者适当性制度强调“卖者有责”的同时，不应忽视“买者自负”原则，若单方面加重证券公司的适当性义务，为投资者提供没有限度的“家长式保护”[②]，则会打击证券公司正常开展业务的积极性，最终将有损证券市场的健康发展。据此，投资者适当性制度不应僵硬地发展为证券公司承担民事责任的“兜底条款”[③]，实践中应合理确定证券公司的民事赔偿责任，考虑某些情形下对证券公司的免责事由以及“过失相抵”规则的适用问题。

一是投资者损失与证券公司侵权行为是否存在因果关系。为减轻投资者的证明责任，在投资者证明购买证券、接受服务并遭受损失的基本事实后，即可推定投资者损失与证券公司侵权行为构成因果关系。若证券公司对此持有异议，应当举证证明其行为与投资者损失之间没有因果关系。比如，证券公司举证证明投资者损失系因市场波动而引起，若查明属实，可成为因果关系的阻却事由。

二是投资者对损害的发生是否存在过错。若投资者拒绝提供相关信息，证券公司应拒绝向其销售证券、提供服务；若证券公司无视投资者拒绝提供信息的事实，仍向投资者进行了不适当推荐，对投资者造成损失的，证券公司不构成责任豁免。投资者因为故意提供虚假信息，或者拒绝听取卖方机构的适当性建议等自身原因导致其购买产品或者接受服务不适当，对其造成财产损失的，

---

① 参见《适当性管理办法》第34条。

② 鲍彩慧：《衍生品交易中买者自负向卖者有责的嬗变——以投资者适当性民事责任为视角》，载《上海金融》2017年第12期。

③ 侯国跃、刘玖林：《经营机构违反投资者适当性制度的民事责任》，载《证券法苑》第26卷。

证券公司可以请求免除相应责任。[①] 但是，此时证券公司若完全免责，应满足如下几个条件：第一，当投资者提供虚假信息时，证券公司对该等信息尽到必要的审查和核实义务后，仍未识别出是虚假信息的，证券公司是否可以免责，值得讨论。第二，根据《民商事审判工作会议纪要》的规定，投资者能够举证证明该虚假信息的出具系证券公司误导的，则难以构成证券公司的免责事由。[②] 第三，投资者在明知的情况下，主动要求证券公司提供风险等级高于其风险承受能力的证券或服务时，根据《适当性管理办法》第19条的规定，证券公司应确保投资者不属于风险承受能力最低类别的投资者，并且举证证明对投资者进行了特别的书面风险警示，才具备免责的条件。但有部分学者对此持有异议，认为此时经营机构对投资者的损失仍不应免责，其理由是适当性制度是一项法定义务，投资者自身不能主动放弃适当性制度对其施加的利益保护，否则将减损该项制度对整个金融市场的稳定与发展起到的积极作用。[③]

三是投资者具有一定的投资经验时，是否减免证券公司的适当性义务，这是实践中争议较大的问题。尽管投资者具备多次购买理财产品的经验，仍有案例判决代销机构承担全部民事赔偿责任。[④] 根据《民商事审判工作会议纪要》第78条的规定，证券公司能够举证证明根据投资者的既往投资经验、受教育程度等事实，适当性义务的违反并未影响投资者作出自主投资决策的，投资者应自担风险，此种做法合理地分配了双方的民事责任，对此应予以肯定。

四是对专业投资者应适用过失相抵规则。对专业投资者而言，证券公司也要履行投资者适当性义务。但是，对专业投资者履行适当性义务的程度不同于普通投资者，考虑到专业投资者的专业能力、投资经验、风险承受能力都远高于普通投资者，此时证券公司的民事责任应适用过失相抵原则。并且，在归责原则上也应与普通投资者有所区分，专业投资者与证券公司发生纠纷的，应适用过错责任原则。

三、损失赔偿数额的确定

《民商事审判工作会议纪要》明确了损失赔偿数额的范围和确定方法，具有较强的可操作性。证券公司未尽适当性义务导致投资者损失的，应当赔偿投资者所受的实际损失。实际损失包括损失的本金和利息，利息按照中国人民银

---

① 参见《民商事审判工作会议纪要》第78条。

② 参见《民商事审判工作会议纪要》第78条。

③ 侯国跃、刘玖林：《经营机构违反投资者适当性制度的民事责任》，载《证券法苑》2019年第26卷。

④ 中国建设银行股份有限公司北京恩济支行与王某财产损害赔偿纠纷案。

行发布的同期同类存款基准利率计算。

投资者因购买高风险等级金融产品或者为参与高风险投资活动接受服务，以证券公司存在欺诈行为为由，主张证券公司应当根据《中华人民共和国消费者权益保护法》第55条的规定承担惩罚性赔偿责任的，人民法院不予支持。证券公司的行为构成欺诈的，投资者提出赔偿其支付金钱总额的利息损失请求，应当注意区分不同情况进行处理。①

第九十条 上市公司董事会、独立董事、持有百分之一以上有表决权股份的股东或者依照法律、行政法规或者国务院证券监督管理机构的规定设立的投资者保护机构（以下简称投资者保护机构），可以作为征集人，自行或者委托证券公司、证券服务机构，公开请求上市公司股东委托其代为出席股东大会，并代为行使提案权、表决权等股东权利。

依照前款规定征集股东权利的，征集人应当披露征集文件，上市公司应当予以配合。

禁止以有偿或者变相有偿的方式公开征集股东权利。

公开征集股东权利违反法律、行政法规或者国务院证券监督管理机构有关规定，导致上市公司或者其股东遭受损失的，应当依法承担赔偿责任。

【条文主旨】

本条是关于公开征集上市公司股东权利与违法征集股东权的法律责任的规定。

【条文释义】

一、第1款——股东权征集

（一）公开征集股东权的范围

在本次证券法修订前，《上市公司治理准则》《上市公司股东大会规则》等相关规范性文件一般将股东权征集制度称为“投票权”征集制度。投票权的概

① 参见《民商事审判工作会议纪要》第77条。

念有广义与狭义之分。狭义的投票权仅包括表决权，而广义的投票权则不仅包括表决权，还包括提案权、董事提名权、（临时）股东大会召集权等服务于表决权行使的参与权。① 从制度目的来看，征集股东权主要是为了获取股东大会上足够的出席人数或票数以参与或改变公司决策。因此，理论上可公开征集的股东权主要是表决权，但不应限于表决权，而是广义上的投票权，包括表决权以及某些服务于表决权行使的股东权利。

新证券法并没有沿袭使用“投票权”概念，而是使用了更加宽泛的“股东权利”的概念，并对可公开征集的股东权利范围进行了限定。第 90 条第 1 款明确规定，征集人可以公开请求的事项是“上市公司股东委托其代为出席股东大会”并“代为行使”股东权利。由此可见，征集人要代为行使股东权利，首先要代为出席股东大会。因此，在新证券法中，可公开征集的股东权利范围应当限定为出席股东大会派生的股东权利，即该权利的行使需要以出席股东大会为前提条件。以此为标准，新证券法投票权征集制度中可征集的股东权利除提案权和表决权两项列明的股东权利外，还应当包括董事提名权等需要出席股东大会并在股东大会上行使的权利。

（二）征集股东权的适格主体

新证券法第 90 条第 1 款规定，在上市公司中，有权作为征集人公开征集股东权的适格主体包括以下四类：董事会、独立董事、持有 1% 以上有表决权股份的股东和投资者保护机构。值得注意的是，不仅赋予了投资者保护机构适格征集主体的法律地位，而且彻底豁免了投资者保护机构的持股比例限制。也就是说，投资者保护机构即使不持股或持有很少股份，也有权征集股东权，代为出席股东大会并参与上市公司治理。

（三）股东权的征集方式

在投票权的征集方式上，新证券法主要规定了三个要点。一是投票权的征集必须是公开的请求行为，而信息披露是公开请求的制度保障。新证券法第 90 条第 2 款进一步专门规定了股东权征集制度中的信息披露。信息披露的具体方式是征集人对外公开披露征集文件，上市公司负有配合义务。二是适格征集主体既可以自行征集，也可以委托证券公司、证券服务机构这两类机构具体开展征集行为，并非必须亲自征集。三是公开征集股东权利中的股东委托内容应当

---

① 有学者将表决权与参与权结合，称其为“参与表决权”。参见胡祖文：《从股东和公司利益博弈中定位股权》，载《特区经济》2012 年第 8 期。

包括两方面，首先应包括股东委托征集主体代为出席股东大会的相关内容，其次应包括股东委托征集主体代为行使股东权利，如提案权、表决权等相关内容。

二、第 2 款——征集股东权的信息披露

新证券法第 90 条第 2 款对征集文件披露及上市公司的配合义务作出了强制性规定，但没有明确规定具体包括哪些应当披露的征集文件、披露事项以及披露要求，未来还需要进一步制定专门的细化规则。一般来说，股东权征集中披露文件应当至少包括授权委托书与委托说明书（proxy statement）两个文件。其中，委托说明书是股东权征集信息披露中的基本文件，一般应当要求其全面、具体地对征集行为的各个方面进行详细的披露，并针对不同的征集主体和征集事项制定区别化的披露规则；授权委托书一般附属于委托说明书，是征集主体获得股东授权的基础文件，一般应要求其披露征集目的和征集事项等核心内容。在披露征集文件过程中，所涉及的上市公司具有法定的配合义务。

三、第 3 款——征集股东权的无偿原则

新证券法第 90 条第 2 款明确禁止有偿或变相有偿征集股东权利，该规定属于禁止类的强制性规定。因此，通过有偿或者变相有偿方式公开征集股东权利的征集行为皆为无效。新证券法的上述规定采纳了《上市公司股东大会规则》《上市公司章程指引》中“禁止以有偿或者变相有偿的方式征集股东投票权”的相关规定，在证券法律中确立了公开征集股东权利无偿原则。

禁止有偿征集股东权的法理基础在于投票权作为典型的股东共益权，不应与股东权分离作为有偿转让的标的。根据内容与行使目的的不同，股东权利可分为自益权与共益权。股东自益权是股东专为个人利益而行使的权利。股东共益权则是指股东以个人利益为目的兼为公司治理利益而行使的权利，主要包括股东表决权、知情权、提案权、质询权、股东代表诉讼权等。投票权以参与公司经营为目的，属于典型的共益权，如果允许其有偿转让，将很有可能对公司利益和全体股东利益带来巨大的代理风险。正是基于这个原因，股东权的有偿征集在各国立法中是被普遍禁止的。

四、第 4 款——违法征集的赔偿责任

违法征集主体承担赔偿责任应当遵循一般侵权责任的三个基本构成要件：一是征集主体违反法定义务，即征集行为具有违法性；二是受害人遭受损失结果，即损害事实产生；三是征集行为与损害事实之间的因果关系成立。新证券法第 90 条第 4 款的规定针对上述要件进行了规定。第一，征集主体违反的法律指的是广义上的法律，包括法律、行政法规以及国务院证券监督管理机构的有关规定。由此可见，本条作为转介条款，为日后投票权征集制度的完善提供了空间。第二，违法征集主体进行赔偿的前提是上市公司或者股东遭受损失，无损害结果则无赔偿责任。第三，上市公司或者其股东遭受损失应是违法行为导致的，即上市公司或者股东遭受损失这一损害结果同征集主体违反有关规定之间应存在因果关系。在归责原则上，新证券法并未明确要求违法征集主体主观上存在过错，具体规则还有待进一步细化。

【适用指引】

新证券法对股东权征集制度作了较为原则的规定。要使股东权征集制度真正在实践中得以有效运用，很多操作层面的配套机制有待建立，大量具体适用规则还需要在法规规章和规范性文件层面予以专门制定或细化。就目前来看，其中较为重要的机制或规则至少包括以下三个方面。一是股东权征集中的信息披露制度；二是股东权征集主体的侵权责任（主要是虚假陈述责任）；三是投资者保护机构作为征集主体的业务规则。

一、关于股东权征集信息披露制度

与股票发行制度类似，信息披露是股东权征集制度的核心环节。股东权征集信息披露的对象是征集行为，功能则在于保障股东知情权，让股东在充分获取征集活动相关信息的基础上理性决策是否将有关股东权利委托给征集主体行使。

信息披露制度主要包括披露内容、披露格式和披露程序三个方面，其核心是披露内容。根据 SEC 制定的投票权征集规则，[①] 征集主体须在征集前或同时向 SEC 和投资者进行信息披露，否则禁止投票权征集。对 SEC 必须披露的信息包括：征集主体的身份和背景信息（包括征集主体在公司业务中的利益等）、披露融资安排、参与其他投票权竞争的信息等。[②] 对股东必须披露的信息规定在附表 14A 中，包括 22 项：会议时间和地点、代理权的可撤销性、持异议者对提案的评估权、董监高在表决事项中的利益、征集主体与费用分担、投票程序等。值得注意的是，附表 14A 将征集主体的披露义务分为基本披露义务与特殊

---

① 关于投票权征集，SEC 依据美国《1934 年证券交易法》第 14 条的授权，陆续制订了 Regulations 14A、14B、14C、14D、14E 五项规则和 Schedules 14A、14B、14C、14D、14E 五个附表。上述五项规则和五个附表一般被统称为投票权征集规则（Proxy Rules），其中最重要的披露要求规定于附表 14A 中。

② 邱永红：《从胜利股份股权之争案看我国股东委托书征集法律制度的完善（上）》，载于 http：//old. civillaw. com. cn/article/default. asp？id =24121#m3，最后访问时间：2020 年 3 月 27 日。

事项披露义务两类。除了适用于所有事项的基本披露义务，附表 14A 对特殊事项还额外规定了必须披露的事项。例如，有关董事选任的委托书征集，还必须披露：候选人的相关背景，包括姓名、年龄、目前在公司中的任职、曾经的任职经历和年限，候选人与现任董事间的安排以及董事与高级管理人员的报酬等。① 此外，美国投票权征集规则还针对不同征集主体如内部股东（“当权者”）与外部股东（“在野者”）规定了不同的披露事项。②

因此，配合新证券法第 90 条的适用，未来中国证监会或证券交易所在就股东权征集的信息披露进行专门规定时，有必要借鉴 SEC 的相关规则，一方面对披露事项应当尽量规定得详细具体，另一方面应结合我国上市公司现状和特点，综合考虑针对不同征集主体（如中小股东和大股东）以及不同征集事由或议案，区分披露事项。

二、关于违法征集主体侵权责任的认定

新证券法第 90 条第 4 款对违法征集的赔偿责任进行了非常原则的规定。未来具体适用规则至少需要在以下两个方面予以明确和细化。一是违法征集侵权责任的归责原则。在归责原则上，新证券法第 90 条虽没有要求违法征集主体存在过错，但亦未对具体适用何种归责原则予以明确。违法征集主体承担赔偿责任是否需要主观上存在过错仍有待进一步明确。二是违法征集中虚假陈述责任的具体认定规则。在各类违法征集行为中，虚假陈述或将是最为常见的一类违法行为。然而，新证券法并未对股东权征集中虚假陈述的法律责任予以专门规定。新证券法第 85 条明确规定，信息披露义务人赔偿责任适用于“致使投资者在证券交易中遭受损失的”情形。由于股东权征集中的虚假陈述仅涉及股东权的代理行使，并不涉及证券交易，因此受损投资者难以援引第 85 条获得赔偿。《若干规定》也存在类似问题。《若干规定》的立足点在于规范虚假陈述引发的证券市场交易，关注的是投资者的投资损失（如其中第 30 条规定的投资差额损失以及投资差额损失部分的佣金和印花税），并不包括虚假陈述导致的其他损失，如进行错误的投票权委托等导致的非直接经济损失。③ 因此，具体适用规则应对股东权征集中的虚假陈述民事责任进行特别规定。

---

① 范黎红：《论上市公司委托书征集的法律规制——以美国法为研究中心》，厦门大学 2003 年博士学位论文。

② 张钦昱等：《中国公开征集投票权规范性研究》，载《投服研究》2018 年第 2 辑。

③ 范黎红：《论上市公司委托书征集的法律规制——以美国法为研究中心》，厦门大学 2003 年博士学位论文，第 65 ~ 66 页。

三、关于投资者保护机构征集股东权的实施

股东权征集权是新证券法从法律层面正式赋予投资者保护机构的一项特殊的股东权利。其特殊性在于投资者保护机构行使该项权利不仅不受持股比例与持股时间的限制，甚至无需持有上市公司的股份。这与本次证券法修订前投服中心因具有股东身份而持股行权的法律性质存在本质区别，体现了新证券法对于投资者保护机构在改善公司治理方面的定位与期待。而投资者保护机构能否充分利用新证券法赋予的“利器”切实在改善上市公司治理方面发挥作用，一方面取决于其能否解决人才和信息系统建设等自身能力限制问题，另一方面还取决于中国证监会和投资者保护机构自身能否对股东权征集的具体业务规则作出合理的制度设计。实践中，上市公司治理的改善往往是一个复杂的利益博弈过程，即使征集的议案得以顺利通过，也往往需要长期跟踪管理层对议案的执行。因此，投资者保护机构征集股东权的业务规则对于制度设计中的关键问题，如股东权征集的启动程序、议案选择标准、内部决策程序与后续跟踪执行等，应当综合考虑自身能力范围、公共资源的分配与平衡等因素后作出合理可行的制度设计。

第九十一条　上市公司应当在章程中明确分配现金股利的具体安排和决策程序，依法保障股东的资产收益权。

上市公司当年税后利润，在弥补亏损及提取法定公积金后有盈余的，应当按照公司章程的规定分配现金股利。

【条文主旨】

本条是关于上市公司分配现金股利的强制性规定，旨在保障上市公司股东的资产收益权。

【条文释义】

一、第 1 款——明确上市公司分配现金股利的义务

（一）现金股利的概念

股利支付方式可以分为现金股利、财产股利、负债股利和股票股利四种。其中，现金股利是以现金支付的股利，它是股利支付的主要形式，其源于上市公司的净利润。现金股利的发放对于上市公司股东尤其是广大中小投资者来讲是实实在在“看得见”的回报。同时，上市公司为提升其融资能力，分配现金

股利可以向市场释放公司发展前景良好的信号,[①] 有利于增强外部投资者对上市公司未来稳健快速发展的信心。分配现金股利的目的是依法保障股东的资产收益权，我国资本市场投资者往往通过短期投资来赚取差额收益，在本次证券法修订之后，广大中小股东通过长期持有上市公司股票获得现金股利的比例将会有所提高，有利于树立长期投资的理财观念。

（二）现金分红成为上市公司章程法定必备条款

现金股利分配的义务主体是上市公司，上市公司须根据本款在章程中明确分配现金股利的具体安排和决策程序。具体安排是指分配现金股利的具体条件、期间间隔、分红比例等具体内容；决策程序是指现金股利分配方案的制定、审核、研究、论证、审议批准等公司内部流程。上市公司章程包括法定条款和任意条款，法定必备条款意味着若章程中没有此类条款则违反法律规定。新证券法第91条出现两次“应当”的表述，确定了上市公司现金分红的法定义务，也明确了公司章程的法定必备条款，事实上构成了上市公司现金分配股利的强制性义务。实践中，上市公司是否分配现金股利以及分配的标准仍然要视其公司章程的具体内容并结合其经营情况而定，后续《上市公司章程指引》等配套细则须进一步明确所谓“强制分红”的具体内涵。

二、第2款——现金股利分配的条件及范围

上市公司分配现金股利要视其财务状况而定，这是股利分配的物质基础和先决条件，如上市公司当年经营留存了部分盈余，则应当按照其章程中的具体安排和决策程序进行分配。对于上市公司的盈余，应按照企业会计准则的规定进行会计处理。所谓盈余是指上市公司以当年的税后利润为基准，通过弥补以前年度亏损及按照公司法等有关规定提取法定公积金后的余额。这一制度安排，一方面保障了广大股东获得现金股利的资产收益权，另一方面也有利于公司合规经营，避免过度分配股利或通过股利分配操纵业绩。

上市公司分配现金股利的具体内容要以其公司章程为准，属于私法自治范畴，包括现金分红的比例、现金股利发放的时间限制等。上市公司的持续经营需要合理的盈余积累，处于不同发展阶段的上市公司其经营战略和财务状况大不相同。处于成熟期的上市公司，财务状况良好，业绩较为稳定，可以适当提高现金股利分配的比例；初创期的企业发展需要大量的资金，经营风险较高，可以

---

① 参见龚博：《治理视域下上市公司股利分配法律制度研究》，载《法学评论》2019年第2期。

适当留存部分盈余进行投资经营和业务发展。本款在尊重私法自治原则的同时，也体现了公权力对投资者权利保护的适度干预。

【适用指引】

一、公司章程能否自行设定现金分红的财务条件

在新证券法出台之前，大多数上市公司章程中已具备有关现金分红的具体条款，但有的在章程或有关合同中还设定现金分红的财务条件。例如，当上市公司作为债务人同外部债权人之间签订长期的债务协议时，合同中通常存在限制上市公司发放现金股利的条款。因此，在面对债务压力及违约条款限制的情况下，上市公司大多会采取低股利政策。新证券法实施之后，这些限制的合规性值得注意。

第一，证券监管机构出台的规范性文件有关现金分红的章程必备条款应当体现在上市公司章程之中，如现金分红相对于股票股利在利润分配方式中的优先顺序等。作为证券领域的基本法律，证券法只是对完善上市公司分配现金股利作了原则性规定，有关分配现金股利的具体安排等内容还要以《上市公司章程指引》等效力层级较低的规范性文件为具体准则。

第二，上市公司结合自身情况起草的有关现金股利分配的具体安排等不得同现行规范性文件发生冲突，不得通过提高上市公司分配现金股利门槛等形式实质上少发甚至不发股利，进而规避监管。在上市公司章程合规的前提下，要严格按照现行法律和公司章程执行现金分红具体安排和决策程序。

二、上市公司违反现金分红规定的救济途径

中小投资者在上市公司“能分不分”的情况下，可根据公司法、证券法及有关监管规定向上市公司请求强制分红，但中小投资者通过诉讼手段维权成本高、难度大，尤其是在上市公司股东大会并未作出利润分配决议的情况下证明大股东滥权等难度极大。面对这一困局，投资者保护机构尤其是在具备股东身份的前提下基于其自身公益性质及平台优势，往往能够督促上市公司完善公司治理、推动上市公司按照法律规范及公司章程进行现金分红。一是以股东身份出席股东大会对上市公司利润分配的具体方案、章程中涉及现金股利分配的具体安排和决策程序等进行质询；二是以股东身份向上市公司发送股东建议函，要求上市公司对章程中现金股利分配不合规的地方予以修改。①

---

① 投服中心：应重视中小投资者现金分红的利益诉求，http：//www. xinhuanet. com/fortune/2018 -02/08/c_ 129808777. htm，最后访问时间：2020 年 3 月 12 日。

第九十二条 公开发行公司债券的，应当设立债券持有人会议，并应当在募集说明书中说明债券持有人会议的召集程序、会议规则和其他重要事项。

公开发行公司债券的，发行人应当为债券持有人聘请债券受托管理人，并订立债券受托管理协议。受托管理人应当由本次发行的承销机构或者其他经国务院证券监督管理机构认可的机构担任，债券持有人会议可以决议变更债券受托管理人。债券受托管理人应当勤勉尽责，公正履行受托管理职责，不得损害债券持有人利益。

债券发行人未能按期兑付债券本息的，债券受托管理人可以接受全部或者部分债券持有人的委托，以自己名义代表债券持有人提起、参加民事诉讼或者清算程序。

【条文主旨】

本条规定公司债券持有人会议和公司债券受托管理人制度，并明确了公司债券受托管理人的法定地位和权利义务。

【条文释义】

一、第 1 款——债券持有人会议

（一）适用范围

在适用范围方面，本条仅规定了公开发行公司债券的情形，非公开发行公司债券的发行人是否应设立债券持有人会议和聘请私募债券受托管理人，此处未作规定。此外，本条所指的公司债券应当理解为仅针对中国证监会监管下的公司债券。一方面，现有的债券受托管理制度主要是依据中国证监会发布的《债券管理办法》等规范性文件建立起来的；另一方面，根据《中国人民银行、中国证监会有关负责同志就债券市场支持实体经济发展有关问题答记者问》，金融债券及债务融资工具不适用新证券法。①

① 《中国人民银行、中国证监会有关负责同志就债券市场支持实体经济发展有关问题答记者问》，载新华网，http：//www. xinhuanet. com/money/2020 - 03/11/c_ 1125697983. htm，最后访问时间：2020 年 3 月 29 日。

（二）债券持有人会议的设立

债券持有人会议是指由全体债券持有人组成，按照一定的规则和程序召开的会议，并为了全体持有人的整体利益而集体行使权利的决议机构。设立债券持有人会议是公开发行公司债券的一个强制性要求。本款采用“明确列举 + 兜底”的方式规定了应当在募集说明书中说明的债券持有人会议相关重要事项，明确列举的重要事项包括召集程序、会议规则。

新证券法出台之前，《债券管理办法》对债券持有人会议规则的原则、应当明确的事项等已有具体规定。中国证监会发布的《公开发行证券的公司信息披露内容与格式准则第 23 号——公开发行公司债券募集说明书》中第 57 条至第 60 条对募集说明书中应当说明的债券持有人会议相关重要事项也进行了更详尽的规定，包括但不限于债券持有人行使有关权利的形式，债券持有人通过债券持有人会议行使权利的范围，债券持有人会议召开的情形，债券持有人会议的召集、通知和决策机制，债券持有人会议决议的生效条件和效力，以及决议对全体债券持有人所具有约束力等。最高人民法院在 2019 年的《全国法院审理债券纠纷案件座谈会纪要（征求意见稿）》中对于债券持有人会议决议的效力、表决权比例、利益冲突下的回避制度等也尝试作了进一步规定。

二、第 2 款——债券受托管理人

（一）任职资格

首先，本款规定了聘请债券受托管理人的相关要求。债券受托管理人是指由债券发行人聘请，在债券存续期限内依照相关规定或债券受托管理协议约定维护债券持有人利益的机构。新证券法出台之前，《债券管理办法》已在第 48 条至第 53 条等规定中确认了债券受托管理人制度，规定发行人应当为债券持有人聘请债券受托管理人，并订立债券受托管理协议。

其次，本款规定了债券受托管理人的适格主体，即债券受托管理人应当由本次发行债券的承销机构或者中国证监会认可的机构担任。中国证券业协会早前发布的《公司债券受托管理人执业行为准则》规定上述两种机构要具备受托管理人资格，该机构还须是协会的会员，并且不得是为本次发行提供担保的机构或自行销售的发行人。

最后，本款还规定了变更债券受托管理人的适格主体为债券持有人会议，即债券持有人会议可以决议变更债券受托管理人，意味着债券持有人和发行人均可以撤换受托管理人。

（二）勤勉忠实义务

本款对债券受托管理人的勤勉、忠实义务作了原则性规定。忠于全体债券持有人，意味着受托管理人自身利益不能与债券持有人利益发生冲突，不得损害债券持有人的利益。勤勉尽责，意味着受托管理人必须亲自履行职责，不得转委托，在履行职责中要履行委托人的注意责任，做到归位尽责。新证券法出台之前，《公司债券受托管理人执业行为准则》第9条第1款已规定："在公司债券存续期内，受托管理人不得将其受托管理人的职责和义务委托其他第三方代为履行。"本款提高了债券受托管理人的勤勉、忠实义务的法律位阶，进一步强化了债券受托管理人的责任。

三、第3款——债券受托管理人的诉讼资格及权利

本款对债券受托管理人诉讼主体资格作出了明确规定。

（一）适用条件

在债券发行人未能按期兑付债券本息的情形下，债券受托管理人可以接受全部或者部分债券持有人的委托，以自己的名义代表债券持有人提起、参加民事诉讼或者清算程序。受托管理人并非债券权利人，仅在接受全部或部分持有人委托后，如在募集说明书、受托管理人协议中有所约定，或债券持有人会议作出决议等，才享有诉讼权利。

另外值得注意的是，仅在发行人"未能按期兑付债券本息"时，受托管理人才能以自己的名义代表债券持有人采取相关措施。本息兑付违约仅为债券违约的通常情形，其他诸如违反债务约束条款、预期违约等情形是否参考适用，仍有待进一步明确。

（二）诉讼地位

债券受托管理人可以以自己的名义提起诉讼，意味着受托管理人可以以当事人的名义就涉诉法律关系所产生的纠纷行使诉讼实施权，判决的效力及于原民事法律关系主体。也就是说，如果全体债券持有人已经将诉讼实施权授予受托管理人，债券持有人的诉权就会受到限制，不能再行提起诉讼，除非受托管理人怠于行使职责，债券持有人会议重新作出有效决议，撤销原有授权后，债券持有人才能根据新的决议行使诉讼权利。

（三）法律程序范围

本款仅规定债券受托管理人可以参加"民事诉讼或者清算程序"，从文义上并未涵盖破产程序中的破产重整、破产和解程序，是否可以作扩张解释仍有待进一步明确。

【适用指引】

一、发行人通过债券持有人会议变更原有债券协议的核心条款的合法性问题

在首例公募违约债——“公募超日债”等违约风险事件中，由于债券的涉众性（持有人近7000人）和流转性，客观上需要有债券持有人之外的第三方来集中管理相关事务，债券持有人会议作为形成全体债券持有人合意的意思表示机构，对保护债券投资者的利益发挥了积极作用。不过，由于法律上并未明确债券持有人会议决议的效力及发行人不配合执行决议的解决方式，实务中，债券持有人会议仅是作为各参与方的议事平台，其所形成的决议可能与发行人意见相左而不能得到有效落实。债券持有人会议制度要进一步发挥作用，还有待相关配套规则对债券持有人会议决议的生效机制、瑕疵救济机制等进行相应规定。

二、受托管理制度与一般的诉讼、破产程序之间的衔接问题

新证券法出台前，债券受托管理实践中面临的最主要的问题是，受托管理制度与一般的诉讼、破产程序之间衔接不畅，致使当时通过债券受托管理人来进行债券违约救济的制度架构在时行的诉讼、破产制度下的操作成本过高、效率过低。根据民事诉讼法的规定，诉讼代理人只能为自然人，诉讼代理人必须向法院提交委托人签名或盖章的授权委托书。而本条文出台后，根据“特别法优于一般法”的原则，公开发行公司债券的受托管理人作为法人，也能直接担任诉讼代理人，并且，在债券受托管理协议或债权人会议决议已经授权受托管理人提起诉讼的情况下，受托管理人无需在一审、二审中分别逐个取得债券持有人的授权委托书。可以说，本条文的出台将在很大程度上减少实践中的个案沟通成本及不确定性，提高债券投资者维权效率。

三、债券受托管理人的其他职责

债券受托管理人的职责并不止于本条文的规定，《债券管理办法》第50条规定了受托管理人的8项义务，以及投服中心可临时承担受托管理职责等。此外，中国证券业协会发布的《公司债券受托管理人执业行为准则》第三章也对受托管理人的权利和义务作出了专门规定。概括而言，债券受托管理人以债券持有人享有的权利为限，依据受托管理协议的约定范围及方式在债券存续期内，监督发行人保管担保物或其权利凭证，如发现出现或者可能出现影响债券持有人重大权益的事项时，召集债券持有人会议，并代表债券持有人维权。

第九十三条 发行人因欺诈发行、虚假陈述或者其他重大违法行为给投资者造成损失的，发行人的控股股东、实际控制人、相关的证券公司可以委托投资者保护机构，就赔偿事宜与受到损失的投资者达成协议，予以先行赔付。先行赔付后，可以依法向发行人以及其他连带责任人追偿。

【条文主旨】

本条是关于证券市场先行赔付制度和先行赔付人追偿权的规定。

【条文释义】

一、先行赔付的适用范围

（一）案件类型

新证券法第 93 条将先行赔付所适用的案件类型范围规定为“欺诈发行、虚假陈述或者其他重大违法行为”。可以看出，先行赔付主要适用于欺诈发行违法行为、信息披露虚假陈述违法行为以及其他证券市场重大违法行为，主要包括内幕交易违法行为、操纵市场违法行为等其他重大违法行为。这些可适用先行赔付的违法行为具有违法重大性特征和依法承担民事赔偿的性质。理论上讲，只要违法行为具有重大性且相关主体存在赔付意愿，即存在先行赔付的适用空间。

但从现有实践看，适用先行赔付的案件均为欺诈发行案件，或兼有欺诈发行和虚假陈述行为，尚未出现内幕交易和操纵市场类案件。一方面，从责任主体看，在涉及欺诈上市的虚假陈述案件中，先行赔付主体大多直接受到中国证监会监管，而内幕交易案和操纵市场案的责任主体往往为个人，后者通常不具备像前者那样的赔付能力，也缺乏相应的赔付动力及意愿。另一方面，从技术层面看，截至目前，最高人民法院仅就虚假陈述类案件的审理规则出台了相关司法解释，使得该类案件在受损投资者范围和赔偿计算方法上有规可循，从而使赔付范围和标准易于确定。但在内幕交易和操纵市场案件中，由于尚缺乏司法解释提供具体的责任认定规则，设立赔偿基金的先决问题尚未解决，后续工作的开展在一定程度上会存在阻力。①

---

① 肖宇、黄辉：《证券市场先行赔付：法理辨析与制度构建》，载《法学》2019 年第 8 期。

（二）赔付主体

新证券法以列举方式载明先行赔付的主体为发行人的控股股东、实际控制人、相关证券公司。此处的发行人应当包括已发行尚未上市的公司以及上市公司。相关证券公司一般可以理解为在发行人、上市公司发行、股票销售、上市、并购重组中从事了保荐、承销、财务顾问等相关业务的证券公司。根据新证券法，先行赔付未将发行人及上市公司的董事、监事、高级管理人员等直接责任人员列为赔付主体，此前在证券法修订草案中出现的律师事务所、会计师事务所等证券服务机构也未被纳入先行赔付主体范围。

欺诈发行、虚假陈述等事件违法责任主体主动出资赔偿投资者因违法行为遭受的损失，是一种积极改正错误，主动承担责任的行为，是责任自负原则的应有之义。国务院办公厅在《关于进一步加强资本市场中小投资者合法权益保护工作的意见》（以下简称《国办九条》）中明确强调指出要“督促违规或涉案当事人主动赔偿投资者。对上市公司违法行为负有责任的控股股东及实际控制人，应当主动、依法将其持有的公司股权及其他资产用于赔偿中小投资者”。新证券法以列举方式载明先行赔付主体为发行人的控股股东、实际控制人等，与《国办九条》的有关要求具有一致性。虽然新证券法未将先行赔付作为有关主体的强制性义务，但先行赔付制度写入证券法本身即对这一制度重要意义的充分肯定，体现了鼓励、倡导涉案当事人主动赔偿投资者的立法理念和精神。

（三）赔偿的自愿性特征

本条规定前列赔付主体可以委托相关机构进行先行赔付的协商。这意味着先行赔付是选择性条款，具有自愿性。与此前2015年中国证监会出台完善新股发行制度有关意见时推出的“保荐机构先行赔付制度”不同，新证券法规定的先行赔付为相关主体的自愿性、选择性行为，而非强制性义务。因此，该项投资者救济机制能否实现需具备多方面的主客观条件，受制于相关主体自身的意愿和能力，其实现前提是有关主体愿意主动出资赔付投资者并且具有赔付能力。在相关责任主体拒绝赔付或其不具有赔付能力时，缺乏强有力的制约促使其履行承诺，这一制度的局限性便会凸显。在我国现有三例先行赔付案例中，相关上市公司的控股股东、实际控制人及相关证券公司在投资者保护机构的帮助下选择了先行赔付，实现了与投资者的快速和解与赔偿，得到了市场与投资者的谅解，实现了相关危机事件的高效解决，也得到了证券监管机构的支持，最终实现了多方共赢的局面。这一做法也得到了司法机关的认可，本次证券法的规定也体现了立法机关对这一实践的充分认可。

（四）赔偿对象

先行赔付的对象是因欺诈发行、虚假陈述等重大违法行为而遭受损失的适格投资者。对于欺诈发行、虚假陈述案件的适格投资者的范围，《若干规定》已明确了确定规则。实践中现有的三个案例也均是以此为依据，采用买卖股票的时间段标准，以虚假陈述的实施日、揭露日、更正日为重要时间点，确定先行赔付对象范围。

有观点认为在赔付对象中应区分个人投资者与机构投资者，机构投资者往往比个人投资者更具有专业性和信息优势，应排除在先行赔付对象之外。[①] 对此，一方面，机构投资者在进行投资时和个人投资者同样都是参考上市公司披露的相关信息，并未占据明显信息优势；另一方面，相关司法解释及虚假陈述案件的审判实践中均未作此区分，先行赔付作为民事诉讼的替代性纠纷解决机制，同样不宜排除受损的机构投资者。但是，赔付对象中应当考虑排除涉案上市公司的潜在直接责任人，如首次公开发行前持有股份的股东及其关联人、赔付期间增持买入股票的大股东、董事、监事、高级管理人员等。

二、投资者保护机构在先行赔付中的作用

（一）先行赔付受委托机构是投资者保护机构

新证券法第93条规定先行赔付主体“可以委托投资者保护机构”与受损投资者达成协议，从而明确了能够接受先行赔付主体委托的应是投资者保护机构。实践中三起先行赔付案例均委托投保基金公司担任先行赔付专项基金的管理人，负责基金的日常管理及运作。

（二）受托投资者保护机构的作用

从以往实践情况来看，投保基金公司作为先行赔付专项基金的管理人，其工作内容主要包括：参与赔付方案的设计；按照赔付方案中列明的适格投资者范围和计算方法对赔付金额进行精准的计算核定；办理赔付资金划付等事宜，保证专项基金财产的安全和完整，专款专用。新证券法明确了投资者保护机构参与先行赔付的法律依据，有助于其在适格投资者范围确定、赔付金额计算、联系登记管理适格投资者、保管和划付赔付资金等方面发挥更好的功效及作用。

---

① 段丙华：《先行赔付证券投资者的法律逻辑及其制度实现》，载《证券市场导报》2017年8月号。

三、先行赔付协议

先行赔付作为一种诉讼外的替代性纠纷解决机制，投资者可以自由选择是否接受赔付方案，其与赔付主体之间属于平等的民事主体关系，双方之间的和解行为是一种私法行为，因而先行赔付协议的性质应属于和解协议，需得到签订双方的同意方能生效。目前三起实践案例中，最终接受赔付方案的投资者人数均超过适格投资者总人数的95%，充分体现了投资者对该种赔付模式的广泛认可。在未来的先行赔付实践中，也可结合案件的具体情况，在赔付方案制定阶段适时引入投资者听证等民主参与程序,① 进一步提升协议的可接受度。

四、先行赔付后的追偿机制

（一）追偿主体

相关责任主体对投资者进行先行赔付后，如果无法有效实现追偿，则将影响该项制度的功能发挥。② 有鉴于此，第 93 条明确规定了发行人的控股股东、实际控制人、相关的证券公司等先行赔付主体在先行赔付后获得追偿的权利，即请求欺诈发行、虚假陈述等重大违法行为的其他责任主体向先行赔付主体支付相应赔偿款的权利。

（二）被追偿主体

被追偿的主体应为除先行赔付主体外的，依据人民法院生效裁判文书所确定的，对案涉重大违法行为应承担民事连带赔偿责任的主体，其中既包括发行人、上市公司等直接责任主体，亦可能包括律师事务所、会计师事务所等证券服务机构，具体被追偿主体的范围将视具体案件情况而定。

（三）追偿范围

先行赔付后，发行人的控股股东、实际控制人、相关的证券公司就先行支付的赔偿款在自身应当赔偿的余额外，可以依法要求其他连带责任人进行偿付。实践中，先行赔付主体为表现出积极的认错态度并取得良好的市场反响和舆论效果，存在向投资者进行超额赔付的可能。笔者认为，应将此行为视为其对超额赔付部分的自愿承担，在向其他连带责任人追偿时，只要其他连带责任人认为存在超额赔付的情形，即有权依法提出抗辩。

---

① 虞琦楠：《证券市场先行赔付制度的法律逻辑和制度完善——以投资者保护为视角》，载《金融法苑》2018 年第 7 期。

② 杨文明、周敏：《保荐机构先行赔付规则研究》，载《人民司法》2018 年第 31 期。

【适用指引】

一、我国证券市场先行赔付制度的探索与实践

针对欺诈发行事件，我国证券市场目前共有三起先行赔付投资者的成功案例，三例投资者赔付工作均采用由先行赔付人出资设立专项基金的模式。投保基金公司作为第三方中立机构，接受出资人委托，担任专项基金管理人，负责管理、运作和处分基金资产。

三起先行赔付案例中，万福生科案是我国证券市场上首个保荐机构主动出资先行赔付投资者损失的案例。万福生科投资者赔付工作开创了资本市场投资者保护方式的先河，为进一步探索类似事件如何有效保护投资者提供了新的思路，具有创新性、示范性与里程碑意义。与万福生科案由保荐机构出资不同，海联讯专项补偿基金的出资人为发行人主要控股股东，这是我国资本市场上由大股东主动出资运用市场机制补偿投资者的首例。欣泰电气则是2014年11月中国证监会出台退市新政后因欺诈发行而强制退市“第一股”，该案也是中国证监会正式推出“保荐机构先行赔付制度”后首个券商出资设立基金先行赔付投资者的案例。

二、先行赔付相关配套机制的完善

作为一种纠纷解决机制，先行赔付已初步显示出其优越性，但作为一项制度尚不完善，在诸多方面仍存在探讨的必要性，实践应用中仍具完善和规范的空间。

（一）完善相关行业操作指引

新证券法关于先行赔付制度的规定仅是原则性、概括性的表述，亟须细化。虽然相关主体作出先行赔付仅仅是一种“自愿”安排，而非强制性义务，但是针对证券公司先行赔付，建议宜由中国证监会或在中国证监会指导下由无利益关系的中立机构制定相关操作指南，对赔付对象范围、赔付标准、赔付工作方案、赔付工作程序等作出行业指导性建议，以便为实践中更规范地开展工作提供有可操作性的指引。

（二）激励机制有待继续深入研究完善

1. 与行政和解等制度的有机结合

针对欺诈发行、虚假陈述、操纵市场等违法行为，新证券法中规定的任何一种纠纷解决机制可能都不能单独、完全解决问题，未来的证券纠纷解决格局应是各种赔偿救济制度互相结合，发挥协同功能形成“组合拳”，从而在更大

程度上实现对投资者利益的保护，让投资者得到更有效的赔偿。

值得关注的是，新证券法第 171 条规定的证券行政和解制度，对行政和解的适用条件进行了“突破性”的变革。该条规定无疑对违法责任主体主动出资先行赔付投资者具有极大的激励作用。在此种制度安排下，未来的先行赔付可能的应用模式是与行政和解制度相辅相成、共处而生，成为行政和解制度的重要配套安排。因此，先行赔付这一制度未来仍具广阔应用空间，仍将发挥很好的作用，有必要进一步深入研究该制度和其他证券市场投资者赔偿救济机制的结合机制，从而完善潜在赔付责任主体的激励机制。

2. 完善证券公司的风险救助机制

实践中，有观点指出先行赔付可能造成证券公司投行业务积累较大的业务风险。证券公司对先行赔付可能存在的事后追偿困难、财务损失巨大等风险疑虑仍然存在。在提倡证券公司主动先行赔付投资者的同时，考虑到如何更好地保护无过错券商的利益，以及先行赔付该项制度如何更具可持续性和生命力，应进一步深入研究完善证券公司等中介机构的风险救助机制。

例如，借鉴医疗责任保险的理念，健全中介机构职业保险制度，充分利用保险等经济手段，提高中介机构防范和化解赔付风险的能力。保荐机构可通过向商业保险机构购买保荐机构责任险的方式来应对可能出现的赔付风险。目前，实践中已有商业保险机构推出“保荐机构先行赔付责任保险”，该保险主要保障保荐机构由相应发行人在其保荐的首次公开发行股票中构成欺诈发行而引起的先行赔付责任。近期，上海一家大型券商认购了一款保荐机构先行赔付责任保险，由 15 家保险公司形成共保体，该款保险产品由江泰保险经纪公司设计。该险种并非刚刚诞生，早在 2016 年，人保财险、太保产险、平安产险和大地保险 4 家公司就已成立共保体，率先推出了保荐机构先行赔付责任险。据了解，目前市场上的先行赔付责任险，按 IPO 项目承保，每个项目一张保险单对应一个保额。而保费约 100 万元，补偿金额通常在 2 亿元到 3 亿元之间。保荐机构先行赔付责任保险的出现，有效填补了证券行业风控需求的空白，随着先行赔付机制的不断完善，该险种的覆盖面必将越来越广，如何推广完善保荐机构先行赔付责任险这一风险救助模式值得进一步深入研究。

（三）先行赔付制度与司法审判的有机衔接亟待加强

由于先行赔付中先行赔付人与投资者之间达成的和解协议属于诉讼外和解协议，具有民事合同性质，此种协议是否具有强制执行力，法律对此没有规定，司法实践中对此问题也有不同认识。如果达成和解协议后，投资者反悔又向人民法院提起诉讼，抑或部分适格投资者不接受先行赔付，向人民法院提起诉讼的，这些情形都涉及先行赔付与司法审判如何有机衔接的问题。《最高人民法院、中国证券监督管理委员会关于全面推进证券期货纠纷多元化解机制建设的意见》中虽然提出先行赔付可与司法诉讼对接，但是，对于先行赔付如何与司法诉讼建立对接工作机制，该意见并未明确。未来，为推动先行赔付这一制度更具可持续性和生命力地推广、发展，或可通过最高人民法院与中国证监会联合发文的形式，对如何有效加强该制度与司法审判有机衔接的具体措施进行明确。

第九十四条 投资者与发行人、证券公司等发生纠纷的，双方可以向投资者保护机构申请调解。普通投资者与证券公司发生证券业务纠纷，普通投资者提出调解请求的，证券公司不得拒绝。

投资者保护机构对损害投资者利益的行为，可以依法支持投资者向人民法院提起诉讼。

发行人的董事、监事、高级管理人员执行公司职务时违反法律、行政法规或者公司章程的规定给公司造成损失，发行人的控股股东、实际控制人等侵犯公司合法权益给公司造成损失，投资者保护机构持有该公司股份的，可以为公司的利益以自己的名义向人民法院提起诉讼，持股比例和持股期限不受《中华人民共和国公司法》规定的限制。

【条文主旨】

本条特别规定了与投资者保护机构有关的几项投资者保护制度。

本条第 1 款规定证券市场纠纷非诉调解制度，明确投资者保护机构作为证券纠纷调解组织及证券公司在一定条件下的强制调解义务。

本条第 2 款规定投资者保护机构支持诉讼制度，明确赋予投资者保护机构支持投资者起诉的法定地位。

本条第 3 款规定投资者保护机构作为原告提起股东代表诉讼，明确了投资者保护机构提起诉讼的法定地位和起诉条件。

【条文释义】

一、第 1 款——证券纠纷调解制度

（一）证券纠纷调解的适用范围

1. 主体范围

（1）投资者和普通投资者的范围。本款前半部分规定了申请调解的一般情形，根据调解的自愿性原则，调解应建立在投资者与发行人、证券公司双方自愿的基础上。通常来讲，证券市场投资者分为个人投资者和机构投资者①，发行市场投资者和交易市场投资者，普通投资者和专业投资者等，此处的投资者应该包括所有类型的投资者。本款后半部分规定了强制调解制度，即普通投资者与证券公司发生证券业务纠纷，普通投资者申请调解的，证券公司不得拒绝，因此对证券公司的强制调解义务应限于普通投资者。本款中普通投资者的范围应结合《适当性管理办法》及其他法律法规进行界定。

（2）市场主体的范围。发行人应当包括股票、债券等证券法规范的证券类产品的发行人，通常也包括发行之后的主体如上市公司等。本款明确列举了证券公司，未列举基金管理机构、证券服务机构、期货公司等其他经营机构。证券法主要规制证券公司，而基金公司、期货公司则主要由《中华人民共和国证券投资基金法》《期货交易管理条例》等相关法律法规进行规制。此外，对于围绕证券发行、交易、服务等与其他主体发生纠纷的，应当也可以申请调解，这需要依据证券法或其他相关法规、规章或业务规则的规定，对于因与投资者有产品销售、提供服务或者因给其他方提供服务、销售产品与投资者产生纠纷的机构或个人，都应当可以适用本条款，这符合投资者保护理念和原则。

2. 案件范围

总体而言，我国证券市场发生的纠纷多以投资者与证券经营机构的纠纷为主，本款关于纠纷类型的规定，限于投资者与发行人、证券公司之间因证券市场投资业务产生的合同和侵权责任纠纷。在种类上，证券市场纠纷可分为证券发行、承销、上市与保荐领域的纠纷；证券交易领域的合同纠纷；证券服务领域的合同、侵权纠纷；证券侵权纠纷等类型。②

---

① 翟艳：《证券市场投资者分类制度研究》，载《湖南社会科学》2013 年第 5 期。

② 张海棠：《证券、期货纠纷》，法律出版社 2015 年版，第 6～15 页。

（二）投资者保护机构的范围

目前，全国共有证券期货纠纷调解组织 56 家，其中，既有全国性行业协会，也有地方行业协会；既有中国证监会设立的投资者保护专门机构，也有开展调解工作的期货交易所，还有地方调解中心等事业单位。

落实强制调解义务的核心和关键，便是保证专门机构的独立性，[①] 本款将这一专门机构赋予了“投资者保护机构”，但并未对其余调解组织开展调解工作进行禁止性规定，只是其余调解组织开展调解工作不受本款规制，各调解组织仍可根据其自身优势在调解工作上各有侧重，这也有利于投资者结合自身诉求有针对性地解决问题。现阶段，投资者保护机构主要包括投保基金公司和投服中心。投保基金公司是经国务院批准，依据证券法和《证券投资者保护基金管理办法》的有关规定设立的国有独资公司，属于非营利性企业法人，接受中国证监会的业务指导和监督管理。投服中心是经中国证监会批准设立并直接管理的证券类金融机构，是非营利性公益法人。

（三）自愿原则与强制管辖相结合

一方面，投资者与发行人、证券公司等发生纠纷的，双方可以向投资者保护机构申请调解；另一方面，普通投资者提出调解请求的，证券公司不得拒绝。在确保调解本身自愿性的同时，通过给证券公司附加相应的义务突出体现了对普通投资者的特别保护。然而，本款虽在条文中明确了证券公司“不得拒绝”，但并无更明确的判断标准。适当平衡自愿原则和强制管辖对于确保证券纠纷强制调解的实效性和可操作性尤为关键。

二、第 2 款——证券支持诉讼制度

（一）证券支持诉讼的主体

证券支持诉讼的主体是依照法律、行政法规或者国务院证券监督管理机构的规定设立的投资者保护机构，在支持诉讼的活动中以辅助人身份提供诉讼帮助。同时，证券支持诉讼的主体与案件不能有直接利害关系，投资者保护机构如本身就是适格原告，则应通过股东代表诉讼、代表人诉讼的机制进行维权。

投资者保护机构有权支持利益受到损害的投资者向人民法院提起诉讼，但不能代替其行使诉权，投资者保护机构没有实质意义上的诉权，其在诉讼中处

---

① 赵静：《论我国证券纠纷调解机制的完善——以境外 FOS 制度经验为视角》，华东政法大学 2018 年硕士学位论文，第 33 页。

于辅助地位。[①] 实践中，投资者保护机构既可以直接担任诉讼代理人，也可以指派公益律师担任诉讼代理人。

（二）证券支持诉讼的具体方式

实践中，投资者保护机构通过选择案件，委派诉讼代理人，支持权益受损的中小投资者依法诉讼维权。[②] 这些方式包括：（1）庭外支持。投资者保护机构在庭审活动之外可凭借自身的专业优势为中小投资者解决证券群体性纠纷的难点问题。例如，通过由投资者保护机构向代理律师支付律师费的方式为中小投资者节省大量诉讼成本，通过自身计算系统或委托市场主体对投资者的具体损失金额大批量地进行数据处理，制定对投资者最为有利的索赔方案，等等。（2）庭审支持。在案件的庭审阶段，投资者保护机构主要是通过担任案件诉讼代理人或者指派专业的公益律师担任诉讼代理人等途径，为投资者主张权利，同上市公司进行抗辩。[③]

三、第3款——股东代表诉讼制度

（一）股东代表诉讼的原告

新证券法第94条第3款是针对发行人（即上市公司）股东代表诉讼的专门规定。对于上市公司，其股东代表诉讼的适格原告可分为两类：一是根据公司法第151条起诉的普通股东，即“有限责任公司股东”或“股份有限公司连续一百八十日以上单独或者合计持有公司百分之一以上股份的股东”；二是根据新证券法第94条第3款起诉的持有该公司股份的投资者保护机构。

与公司法第151条对比，新证券法第94条的特殊之处在于专门豁免了投资者保护机构提起股东代表诉讼在持股比例和持股期限上的限制。但值得注意的是，投资者保护机构提起股东代表诉讼的权利仍以其持有该上市公司的股份为前提条件。这一点与投资者保护机构依据新证券法第95条第3款作为代表人参加证券民事赔偿诉讼以及依据新证券法第90条征集上市公司投票权的权利不同，投资者保护机构行使上述两项权利无需持有上市公司股份，而投资者保护机构提起股东代表诉讼仍须持有上市公司股份，只是持股比例和持股期限没有限制。

① 参见陈刚：《支持起诉原则的法理及实践意义再认识》，载《法学研究》2015年第5期。

② 《中证中小投资者服务中心特色业务》，载投服中心官网，http：//www.isc.com.cn/html/wqfw/，最后访问时间：2020年2月12日。

③ 参见张竞博：《证券投资者保护支持诉讼机制研究》，华东政法大学2019年硕士学位论文，第19页。

（二）股东代表诉讼的被告

根据新证券法第94条第3款，投资者保护机构提起的股东代表诉讼可以以两类主体作为被告，一是上市公司的董事、监事、高级管理人员，二是上市公司的控股股东、实际控制人等。新证券法关于股东代表诉讼被告的规定与公司法第151条关于股东代表诉讼被告的规定一脉相承。公司法第151条也规定了两类被告主体，一是董事、监事和高级管理人员，二是“他人”。公司法对“他人”的内涵与外延没有作明确规定。有学者认为“他人”应包括“其他任何人”[①]，也有学者认为尽管“他人”原则上包括任何侵害公司权益的行为人，但如果行为人已经通过其他方式承担了相应法律责任，那么法院在审查起诉时应对“他人”的外延加以适度限缩，以免行为人承担过重的法律责任，如出具虚假财务报告导致公司利益受损的会计人员或审计人员[②]。

新证券法第94条第3款没有使用“他人”的概念，而是直接列明了“控股股东、实际控制人等”，其被告范围与公司法相比并没有实质的扩大或限缩。因为从股东代表诉讼的立法目的来看，该制度主要解决的是公司内部控制人侵犯公司利益导致公司无法提起诉讼维护自身权益的情形。因此，即使在公司法语境下，股东代表诉讼的被告理论上包括内部控制人和外部人员，但实际上也主要是董监高、控股股东和实际控制人等能够控制公司决策和执行机关的内部控制人。

（三）股东代表诉讼的事由

针对董监高和控股股东、实际控制人等两类被告，新证券法和公司法关于诉讼事由的表述完全一致。针对董监高，在其“执行公司职务时违反法律、行政法规或者公司章程的规定给公司造成损失”时，股东可以提起代表诉讼；针对控股股东、实际控制人等他人，在其“侵犯公司合法权益给公司造成损失”时，股东更可以提起代表诉讼。由此可见，股东代表诉讼的诉讼事由要求公司有实际损失。尽管新证券法对于两类被告诉讼事由的表述略有不同，但没有实质区别，因为“侵犯公司合法权益给公司造成损失”也隐含了违反法律、行政法规或者公司章程的前提条件。

---

① 甘培忠：《论股东派生诉讼在中国的有效适用》，载《北京大学学报（哲学社会科学版）》2002年第5期。

② 刘凯湘：《股东代表诉讼的司法适用与立法完善——以〈公司法〉第152条的解释为中心》，载《中国法学》2008年第4期。

【适用指引】

一、调解的效力，调解与诉讼、仲裁的关系

调解组织为当事人提供公益性调解服务，不影响当事人继续通过诉讼、仲裁等其他渠道，维护自身合法权益。但民事诉讼法、仲裁法关于诉讼、仲裁均有排他管辖的制度安排，且已经进入诉讼、仲裁程序的纠纷案件，当事人通过诉讼、仲裁就能实现维权目的，因此，参照《人民调解工作若干规定》的相关精神，已经进入司法或仲裁程序的纠纷调解申请，调解组织不再受理，但人民法院、仲裁机构等依据纠纷多元化解机制转交调解组织调解的除外。

调解达成后，争议双方签署的调解协议对双方均具有约束力，但是否具有法律效力，能否避免纠纷的反复，是调解当事人的主要顾虑之一。[①] 在我国，只有经人民法院确认的调解协议和人民法院制作的具有给付内容的调解书才具有强制执行力，而其他调解协议仅具有合同效力。证券纠纷类案件通常具有明确的给付主体和给付内容，为保障调解协议的有效性，并赋予其相应的强制执行力，现阶段可通过司法确认使调解协议获得法律强制执行力，尤其自最高人民法院和中国证监会印发的《关于全面推进证券期货纠纷多元化解机制建设的意见》施行以来，司法确认更为灵活便民，其管辖权不再局限于调解组织所在地的基层人民法院，委派、委托调解的人民法院也可开展相关工作。但实践中，法院的审查范围还一直存在较大争议，各人民法院的具体做法也有出入[②]，司法确认仍未在各地推广运用。在新证券法施行背景下，适当简化司法确认程序或是赋予投资者保护机构一定范围内的效力确认权限更符合倾斜保护普通投资者的核心要义。

若调解不能达成，则争议双方均可通过仲裁、诉讼等方式寻求救济。在最高人民法院和中国证监会的具体指导下，各证券行业调解组织已积极同法院系统、仲裁机构建立了多种形式的“诉调对接”“仲调对接”机制，既体现了调解的便捷经济，又以具有约束力的裁决实现了调处结果的权威性、有效性。

二、证券支持诉讼与示范判决的衔接

示范判决机制是一种群体性纠纷的解决模式，通过选取具有代表性的案件先行审理、先行判决，发挥示范案件的引领作用，从而妥善化解平行案件的纠纷。[③]

---

① 卢勇：《证券纠纷非诉解决机制构建的选择与深化》，载《投资者》2018 年 10 月第 4 辑。

② 董新义：《域外证券期货纠纷调解程序安排及其启示》，载《金融服务法评论（第九卷）》。

③ 参见《上海金融法院关于证券纠纷示范判决机制的规定》。

而证券支持诉讼与示范判决的有效衔接将使证券民事纠纷得到更好的解决。

第一，证券支持诉讼案件本身具有示范意义。其一，投资者保护机构的证券支持诉讼案件通常选取资本市场的典型案件，案件本身知名度高，审理难度高，市场高度关注。其二，投资者保护机构在适格投资者认定、损失金额计算、证据收集及法律分析等方面的专业能力为当事人双方及人民法院所认可，人民法院所作出的裁判文书对法律适用、证据采纳等方面的公信力强。

第二，证券支持诉讼有利于提升示范案件的示范效果。在示范案件选取过程中，通过由投资者保护机构支持投资者起诉，将符合选定条件的案件确定为示范案件，可以实现示范判决机制与证券支持诉讼的结合，确保裁判的权威性和一致性。①

三、股东代表诉讼的前置程序

公司法第151条对于以董事、监事和高级管理人员为被告的股东代表诉讼规定了前置程序，公司法设置该前置程序的主要目的是，由于股东代表诉讼毕竟是股东“代位”行使公司的诉权，在代位前还是应该首先尝试请求由公司起诉，如果公司愿意起诉或采取相关措施制止侵害行为，还是应以公司行为为准。因此，当新证券法规定的投资者保护机构向董事、监事和高级管理人员提起股东代表诉讼时，也应当遵守公司法关于前置程序的规定。如投资者保护机构向控股股东、实际控制人等提起股东代表诉讼，则无需履行前置程序。值得注意的是，只要公司在股东请求后拒绝起诉或30日内不予答复，不管基于任何原因，股东均可以提起股东代表诉讼。

四、股东代表诉讼中的当事人地位

在股东代表诉讼中，究竟应将股东还是公司列为原告，在学界一直存在争议。《公司法司法解释四》第23～24条对该问题予以明确。首先，《公司法司法解释四》明确了股东代表诉讼涉及两类不同的诉讼。一是在前置程序中，由董事会或者执行董事、监事会或者监事根据股东请求向人民法院提起的诉讼。根据《公司法司法解释四》第23条，该诉讼应列公司为原告，相当于公司自己提起的诉讼。二是在前置程序后，由股东（包括投资者保护机构）直接向董监高、控股股东或实际控制人等提起的诉讼。根据《公司法司法解释四》第24条，该诉讼应当列股东为原告，列公司为第三人参加诉讼。这是因为公司在股东代表诉讼中虽然属于实质原告，但由于公司怠于行使诉权，而由股东代表其

---

① 参见林晓镍、单素华、黄佩蕾：《上海金融法院证券纠纷示范判决机制的构建》，载《人民司法》2019年第10卷，第48页。

提起诉讼，因此只能将公司列为第三人参加诉讼。[1] 上述关于当事人诉讼地位的规定，对于新证券法规定的投资者保护机构同样适用。

五、股东代表诉讼结果的归属与诉讼费用分担

关于股东代表诉讼的结果归属和费用分担，《公司法司法解释四》第25～26条进行了明确规定。在结果归属方面，股东代表诉讼的胜诉利益应归属于公司。这是因为股东代表诉讼是“为公司的利益”而提起，其目的在于维护公司利益。因此，尽管股东是名义上的原告，但公司是实质意义上的原告，其胜诉利益应归公司所有，股东请求被告直接向其承担民事责任的，人民法院不予支持。与诉讼利益的归属相对应，公司既然取得了胜诉利益，也应当负担诉讼费用。《公司法司法解释四》规定，股东代表诉讼的诉讼请求部分或者全部得到人民法院支持的，公司应当承担股东因参加诉讼支付的合理费用。

第九十五条　投资者提起虚假陈述等证券民事赔偿诉讼时，诉讼标的是同一种类，且当事人一方人数众多的，可以依法推选代表人进行诉讼。

对按照前款规定提起的诉讼，可能存在有相同诉讼请求的其他众多投资者的，人民法院可以发出公告，说明该诉讼请求的案件情况，通知投资者在一定期间向人民法院登记。人民法院作出的判决、裁定，对参加登记的投资者发生效力。

投资者保护机构受五十名以上投资者委托，可以作为代表人参加诉讼，并为经证券登记结算机构确认的权利人依照前款规定向人民法院登记，但投资者明确表示不愿意参加该诉讼的除外。

【条文主旨】

本条规定证券领域的民事代表人诉讼制度，明确了证券领域可以适用人数不确定的代表人诉讼，以及投资者保护机构作为代表人参加证券诉讼的“退出制”代表人诉讼。

---

[1] 贺小荣、曾宏伟：《关于适用〈《中华人民共和国公司法》若干问题的规定（四）〉的理解与适用》，载《人民司法》2017年第28期。

【条文释义】

新证券法本次规定的证券领域代表人诉讼制度以我国民事诉讼法中所规定的代表人诉讼制度为基础，同时考虑到证券民事赔偿纠纷群体性的特点，在充分借鉴美国集团诉讼及我国台湾地区团体诉讼等制度优势的前提下，引入了由投资者保护机构主导的“退出制”代表人诉讼。此次立法尝试在担任诉讼代表人的主体、起诉条件、诉讼程序等方面均对原有的代表人诉讼制度进行了适度突破。

一、第 1 款——代表人诉讼的一般性规定

本款对证券领域的代表人诉讼制度进行了统领性规定，该款的重要意义在于明确了对于证券群体性纠纷可以适用代表人诉讼制度。

（一）适用范围

首先，在适用的案件类型上，可适用代表人诉讼审理的案件应为虚假陈述等证券民事赔偿诉讼，具体可包括因虚假陈述、内幕交易、操纵市场等违法行为而引起的证券民事纠纷。

其次，适用代表人诉讼的案件需满足“诉讼标的是同一种类”的条件。所谓“诉讼标的是同一种类”，是指当事人之间所争议的民事实体法律关系在性质上是相同的，即其各自享有的权利或承担的义务属于同一类型，故在诉讼形式上只可能是普通共同诉讼，如法院认为可以合并审理，当事人也同意共同审理的，可合并审理，而非必须作为一个案件合并审理。

最后，代表人诉讼需满足当事人一方人数众多的适用条件，“人数众多”的标准应与《最高人民法院关于适用〈中华人民共和国民事诉讼法〉的解释》（以下简称《民事诉讼法解释》）保持一致，即 10 人以上。

本条第 1 款在实践中可能包含人数确定和人数不确定两种情形，对于证券虚假陈述等案件，如果人民法院没有发出登记公告，那么对于已经起诉的案件来说，客观上就成为原告人数确定的诉讼，这些案件中的共同原告可以推选代表人参加诉讼。在人民法院发出登记公告的情况下，则需要按照本条第 2 款的规定推选诉讼代表人，第 1 款作为统领性的规定涵盖了上述两种情形。

（二）代表人的产生

根据《民事诉讼法解释》第 76 条和第 77 条的规定并结合司法实践，在人数确定的代表人诉讼中，代表人可能在起诉时就已由全体当事人推选出来，也可能因存在推选不出代表人的情况而出现一部分当事人进行代表人诉讼，另一部分当事人另行起诉的局面。在人数不确定的代表人诉讼中，当事人首先推选

代表人，推选不出的，可以由人民法院提出人选与当事人协商，协商不成的，也可以由人民法院在起诉的当事人中指定代表人。

二、第 2 款——“加入制”代表人诉讼

（一）适用条件

“加入制”代表人诉讼要求该证券民事赔偿纠纷“可能存在有相同诉讼请求的其他众多投资者”，也即在起诉时人员范围及原告人数尚不确定。此时需要法院启动公告登记程序，从而将当事人人数确定下来，在立法取向上主要考虑对明确具体的当事人的私益救济，区别于第 3 款“退出制”代表人诉讼对受损投资者群体的整体性、公益性救济。

（二）法院公告登记程序及诉讼代表人的产生

人民法院享有是否启动公告登记程序的自由裁量权。若其决定对某一证券虚假陈述类案件启动“加入制”代表人诉讼，则结合《民商事审判会议工作纪要》《民事诉讼法解释》中的相关规定，后续公告登记及产生诉讼代表人程序如下：

1. 人民法院在发出公告前，先行就被告的行为是否构成虚假陈述，投资者的交易方向与诱多、诱空的虚假陈述是否一致，以及虚假陈述的实施日、揭露日或者更正日等案件基本事实进行初步审查。

2. 人民法院结合案件初审结果发出公告，就原告起诉状中所描述的虚假陈述的数量、性质及相关时间节点等案件基本情况作出说明，并通知投资者在一定期间向法院登记。公告期间根据案件的具体情况确定，但不得少于 30 日。

3. 在一定期间内向人民法院登记的权利人，应当证明其与对方当事人的法律关系和所受到的损害。证明不了的，不予登记，权利人可另行起诉。此处的“证明”应“只需让法院的审查部门相信自己拥有与本案相关的权利即可”，不需达到证明实体权利之有无的程度。①

4. 向人民法院登记的权利人推选代表人进行诉讼。推选不出的，可以由人民法院提出人选与当事人协商；协商不成的，也可以由人民法院在起诉的当事人中指定代表人。人民法院在提出人选时，应当将当事人诉讼请求的典型性和利益诉求的份额等作为考量因素，确保代表行为能够充分、公正地表达投资者的诉讼主张。

（三）裁判效力

“加入制”代表人诉讼下所作出的判决、裁定仅对参加登记的投资者直接

---

① 王亚新、陈杭平、刘君博：《中国民事诉讼法重点讲义》，高等教育出版社 2017 年版，第 149 页。

发生效力。未参加登记的权利人提起诉讼，人民法院需对案件进行实体审理，如认定权利人请求成立的，可裁定适用人民法院已作出的判决、裁定。

三、第3款——“退出制”代表人诉讼

第3款借鉴了“默示加入+明示退出”的美国集团诉讼的优势，融合了我国人数不确定的代表人诉讼和公益诉讼等制度，并在此基础上进行了适度的突破和创新，通过借助人数不确定的代表人诉讼，采取法定和意定（50名投资者委托）相结合的方式来解决投资者保护机构作为代表人诉权来源问题，并由投资者保护机构为全体适格原告办理登记的方式，实现了退出制的法律效果。

（一）“退出制”代表人诉讼的适用条件

在适用主体方面，本款规定了“退出制”代表人诉讼的适用主体是投资者保护机构，对于投资者保护机构的理解，应当根据有关法律规定或者由中国证监会加以明确，目前被司法机关和中国证监会认可的，也被投资者广为接受的投资者保护专业机构是投保基金公司和投服中心。投保基金公司是证券法第126条所明确的投资者保护机构，投服中心是中国证监会设立的专门的投资者保护机构。当然，根据我国证券市场的发展需求，未来不排除会依照法律、行政法规或者中国证监会规定而设立其他投资者保护机构作为代表人参加诉讼。

在投资者保护机构诉权的来源方面，本款规定了投资者保护机构作为诉讼代表人的前提，即50名以上的投资者委托。目前，证券民事侵权案件的原告绝大多数是自然人投资者，虽然机构投资者相比个人投资者具有更强的投资决策能力，但从理论上讲机构投资者同样可能受到违法行为的侵害，同样可能成为该类案件的原告。因此，自然投资者和机构投资者均可以委托投资者保护机构作为代表人参加诉讼。

（二）投资者保护机构的诉讼权利

现行民事诉讼法赋予诉讼代表人的只是一般的、不涉及被代表当事人实体权利的程序权利，而无独立的实体上的处分权。这种对代表人实体权利的限制从保障全体当事人的权利来说是必要的，但是不可避免地会产生诉讼效率低下，不利于案件进行调解，进而不利于保障诉讼代表人的实体权利。毋庸置疑，投资者保护机构作为诉讼代表人显然包括提起诉讼、出庭应诉、举证、质证、答辩等程序性诉讼权利，但是否包括变更放弃诉讼请求、进行调解、和解等实体权利，从理论上讲，若新证券法仍在民事诉讼法的框架下运行，“退出制”代表人要取得实体处分权必须经登记的全体被代表人特别授权。

但是在“退出制”代表人诉讼背景下，若要取得所有权利人的特别授权，显然是难以实现的，但如无特别授权，投资者保护机构又无法与被告进行和解。有观点认为应当延续《若干规定》第15条①的做法，在程序上要求代表人获得特别授权，否则视为声明退出诉讼，不过这种视为退出的做法也可能会与明示退出制度相冲突。还有观点认为新证券法背景下投资者保护机构作为带有公益性的诉讼代表人，不能完全以我国程序法的规则和原理加以解释，其诉讼权利不需要全部权利人授权，可直接推定其享有特别授权。2020年3月24日，上海金融法院发布的《上海金融法院关于证券纠纷代表人诉讼机制的规定（试行)》，即采取了这种观点。②

（三）确认权利人范围

1. 确认权利人。第3款规定了证券登记结算机构确认权利人，证券登记结算机构接受投资者保护机构申请，根据人民法院审查确认的案件时间区间（实施日、揭露日或者更正日)、主体类型等内容，按照证券登记结算系统里的登记记载，确认相关权利人持有证券的事实。根据新证券法第151条第2款的规定，证券登记结算机构依法确认的内容为证券持有人持有证券的事实，而对于投资者是否属于适格的民事诉讼主体以及是否享有诉讼权利，不属于证券登记结算机构的职权范围，应当由人民法院依法判定。证券登记结算机构不对相关持有人是否为诉讼权利人予以判定。因此，此处的“权利人”指投资者因持有证券而享有的权利，而非确认诉讼权利。

2. 权利人登记的范围。对权利人登记的范围，有观点认为，投资者保护机构向人民法院进行登记的投资者范围应限于委托其进行诉讼的特定投资者，显然此观点与法条后文的“除外”部分冲突。事实上，投资者保护机构接受委托的意义在于获得诉讼代表人资格参加诉讼，向人民法院进行登记的投资者范围应为除明示退出的所有适格投资者，这样也能实现“退出制”应有的法律效果，也符合新证券法改革引入“退出制”代表人诉讼的立法本意。

（四）裁判效力

根据我国民事诉讼法第54条第4款和新证券法第95条第2款的规定，人数不确定的代表人诉讼按照“加入制”原则，法院判决效力只及于参加登记的

---

① 《若干规定》第15条规定，诉讼代表人应当经过其所代表的原告特别授权，代表原告参加开庭审理，变更或者放弃诉讼请求、与被告进行和解或者达成调解协议。

② 《上海金融法院关于证券纠纷代表人诉讼机制的规定（试行)》第44条规定，投资者保护机构为全体原告的代表人，有权代表全体原告参加开庭审理，增加、变更或者放弃诉讼请求，与被告进行和解或者达成调解协议，提起或者申请撤回上诉，申请执行等。

全体原告，未参加登记的权利人只有在诉讼时效期间提起诉讼才能适用该判决、裁定。本条第3款借鉴了“声明退出”规则进行权利人登记，实际上投资者保护机构为所有的适格投资者进行了登记，将明确表示不愿意参加该诉讼的投资者排除在外。结合本条三款之间的递进关系，第3款法院裁判的效力对除声明退出该诉讼的所有权利人具有判决效力，在裁判效力方面与本条第2款认定逻辑是不同的，体现了声明加入和声明“退出制”代表人诉讼效力范围的差异。

【适用指引】

由于证券领域代表人诉讼案例很少，尤其是“退出制”代表人诉讼在我国民事诉讼领域是崭新的制度，需要探索建立相关配套制度。因此，在制度的适用上，在理论界、实务界都有诸多争议，有太多的问题亟需通过研究和实践加以明确。

一、“退出制”代表人诉讼的案件适用范围

本条第1款明确了代表人诉讼的案件适用范围为证券虚假陈述等案件。目前，证券虚假陈述类案件的诉讼有最高人民法院2003年颁布的《若干规定》为依据，使得审理具有可操作性，同时也积累了丰富的司法实践。而对于操纵证券市场、内幕交易等侵权行为由于没有司法解释可供参照，投资者难以完成因果关系的举证，差额损失计算等也缺乏统一的标准，现有的案例也非常少，仅有“光大乌龙指”案和“恒康医疗”案①，法院作出了实质的审理与判决。综上，考虑各类案件的法律供给、司法实践以及投资者保护机构作为代表人诉讼的自主性等各方面的因素，可以预期在“退出制”代表人诉讼试点阶段主要适用于虚假陈述案件。

此外，在具体个案的选择方面，虽然新证券法在表述上并未强制规定投资者保护机构在受到50名以上投资者委托后必须参加诉讼，但是考虑到“退出制”代表人诉讼会对市场主体产生较大影响，如果没有较为科学的案件选择标准，可能会影响这一法律制度适用的公平性。一方面，若其选择逢案必诉的模式，可能会给有限的投资者保护机构带来巨大的工作压力；另一方面，若选取典型案件启动代表人诉讼，则应规范投资者保护机构案件选取规则，否则投资者保护机构选择起诉与否无章可循，可能会带来制度公平性的疑虑。

二、“退出制”代表人诉讼中前置程序问题

在立案登记制实行之前，我国法院受理投资者提起的证券虚假陈述责任纠

---

① 2020年1月，成都市中级人民法院作出一审判决支持投资者诉“恒康医疗”操纵市场案。

纷，均需要以行政处罚或刑事裁判文书为前提，但自2015年立案登记制实施后，深圳市中级人民法院、杭州市中级人民法院、南京市中级人民法院等法院在无行政处罚前置条件下受理了此类案件。新证券法施行以后，是否可以对尚未经证券监管机构处罚的案件提起诉讼，值得探讨。理论上讲，根据立案登记制的原则，可以对未经处罚前置的责任主体提起诉讼。同时，可以通过赋予代表人更多的调查权，对被诉主体的举证责任分配等途径予以平衡。

三、"退出制"代表人诉讼中的证据问题

根据《若干规定》第6条第2款的规定，投资人提起虚假陈述证券民事赔偿诉讼，除提交行政处罚决定或者公告等外，还须提交自然人、法人或者其他组织的身份证明文件、进行交易的凭证等投资损失证据材料。前述规定的立法本意是确定投资者本人提起诉讼，损失主张是投资者本人的意思表示。但在新证券法"默示加入"的背景下，投资者则未必需要单独提交上述证据材料。有观点认为，"退出制"代表人诉讼一旦启动，所有符合条件的投资者都将无条件地被包含在诉讼集团中，此时，未声明退出的投资者即作为诉讼中的适格原告，该原告的主体身份以及损失情况已经过证券登记结算机构和投资者保护机构核实确认，无需再提交身份证公证书和交易凭证。此种观点符合集体诉讼案件批量化、集约化处理的改革趋势，但需要通过配套司法解释予以明确，同时也需建立在投资者损失测算标准统一或者投资者保护机构损失测算的足够权威的基础上。

四、"退出制"代表人诉讼的启动

根据本条第3款的表述，投资者保护机构是"参加"诉讼，并未采用"提起"诉讼的表述。因最高人民法院尚未就本款实施的具体程序出台相关配套细则，对"退出制"代表人诉讼的启动存在不同的理解，争议的核心在于此种诉讼程序是否需有法院的公告程序。

有观点认为，由投资者保护机构启动诉讼，无需依赖法院公告程序，投资者保护机构自行确定适格投资者范围并发布公告，申请证券登记结算机构确认权利后向法院登记。主要理由为，新证券法作为实体法，不仅规定了投资者保护机构在诉讼中以自己的名义作为诉讼主体的权能，而且直接确定该机构在一定条件下的代表人身份，此种情形在实体法中直接创设了诉讼程序，因此不应局限于原有人数不确定的代表人诉讼程序。2020年3月1日中国证监会发布《国务院办公厅关于贯彻实施修订后的证券法有关工作的通知》中，投资者保护机构代表投资者提起证券民事赔偿诉讼的制度，也采用了"提起诉讼"的表述。但在实操层面，一是投资者保护机构征集适格投资者范围因缺乏权威标准，难以自行准确划定适格投资者范围；二是投资者保护机构已经代表了原告一方，其划定的范围的公正性容易受到被告方的质疑；三是法院后续若因投资者范围不符合事实会裁定驳回起诉或判决驳回部分诉讼请求，进而影响投资者保护机构的权威性，也导致资源浪费。

目前多数观点仍然认为，“退出制”代表人诉讼应当置于现行的民事诉讼法框架下，在现行代表人诉讼程序的法理基础上进行理解，结合本条三款之间的递进式规定，此款“退出制”代表人诉讼机制仍有赖于法院的启动，投资者保护机构参加的“退出制”代表人诉讼需要以人民法院先发布登记公告，以启动代表人诉讼程序为前提条件。根据民事诉讼法的规定，人数不确定的诉讼代表人由向人民法院登记了权利的那部分当事人推选出，代表人诉讼的启动有赖于法院启动公告程序。法院先确定案件采取代表人诉讼方式，并启动公告程序确定适格投资者范围后，投资者保护机构具有了明确的标准，根据法院公告标准征集/接受 50 名以上投资者委托后，投资者保护机构便可作为代表人参加诉讼，并向法院登记全体权利人，启动诉讼活动。

五、“加入制”代表人诉讼与“退出制”代表人诉讼的转换

新证券法实施后，我国的证券群体性诉讼既可采用传统的单独诉讼和共同诉讼方式，又可采用人数不确定的代表人诉讼方式，并且可视情况转换为“默示加入、明示退出”的代表人诉讼，实现了“加入制”和“退出制”代表人诉讼的融合。本条第 2 款规定了传统的登记“加入制”代表人诉讼，第 3 款规定了投资者保护机构参加的“退出制”代表人诉讼。“加入制”代表人诉讼的启动在于法院公告程序，但细究会发现，在此背景下因投资者保护机构是否参与而会产生两种情况：第一种情况，若此阶段无投资者保护机构参与，其诉讼基本程序为，“当事人起诉——法院初审并公告——投资者登记——适用第 95 条第 2 款——判决对登记的投资者发生效力”；第二种情况，若此阶段投资者保护机构参与，其诉讼基本程序为，“当事人起诉——法院初审并公告——投资者保护机构获得 50 名以上投资者委托——转换为适用第 95 条第 3 款，投资者保护机构为经登记结算机构确认的全体投资者向法院登记——判决对登记的全体投资者发生效力”。可见，在投资者保护机构参与代表人诉讼的情况下发生了第 2 款和第 3 款的转换和融合，也即只要投资者保护机构参加诉讼，便适用第 3 款规定的“退出制”代表人诉讼。

目　录

下　册

第七章 证券交易场所

鉴于证券交易场所在证券市场中具有证券交易平台、证券交易枢纽以及自律管理组织的重要地位，本章主要规定了证券交易场所的类型、性质，并对证券交易所的组织机构、交易规则、职责权限、监管手段、临时处置措施等进行了明确，为建立健全规范、透明、开放、有活力、有韧性的多层次资本市场体系提供法律保障。本章共22条，相较原证券法，新增5条，修改、合并11条，保留6条。本次修订完善主要体现在：一是完善多层次资本市场的基础制度。将证券交易场所划分为证券交易所、国务院批准的其他全国性证券交易场所、按照国务院规定设立的区域性股权市场等三个层次。二是明确证券自律管理的原则和手段。证券交易所履行自律管理职能，应当遵守社会公共利益优先原则，维护市场的公平、有序、透明。从事证券交易应遵守相关业务规则，违反业务规则的，证券交易所可采取纪律处分和其他自律管理措施。三是完善股票停复牌制度。明确上市公司可以向证券交易所申请股票停牌或复牌；证券交易所可以按照业务规则决定上市交易股票的停牌或者复牌。四是完善证券交易所对突发事件、重大异常波动的处置措施和风险监测职能。明确了突发性事件的内涵，规定证券交易所在出现突发事件时，可以采取技术性停牌、临时停市、取消交易、通知证券登记结算机构暂缓交收等处置措施；在出现重大异常交易情况时，可以采取限制交易、强制停牌、临时停市等处置措施。五是明确证券交易所正当行为民事责任豁免。规定证券交易所在采取限制交易、强制停牌、临时停市等处置措施时，不承担民事赔偿责任，但存在重大过错的除外。

第一节　本章新制度

一、多层次资本市场及全国性证券交易场所

证券法第七章新增了关于多层次资本市场及证券交易场所的规定。第97条规定证券交易所、国务院批准的其他全国性证券交易场所可以根据证券品种、行业特点、公司规模等因素设立不同的市场层次。

（一）我国多层次资本市场的结构

1. 理论观点

处于生命周期不同阶段的企业存在不同的融资需求，因而导致资本市场存在层次性，以解决不同企业的融资需求。资本市场结构改革理论（Robert C. Merton，ZviBodie，1993）认为，针对不同资本市场的金融功能，应建立相应的结构与组织，以便于更好地实现相应的功能。学界多认为该理论是构建“多层次资本市场”的基础。

从“多层次资本市场”这一概念来看，西方学界并无明确对应概念，并且其研究多从市场微观结构出发。市场结构理论认为，现代资本市场是一个由多种要素相互区分、又相互交错的有机金融生态系统，其内生于事物的连续性，但考虑到对事物进行连续性划分的技术难度和现实成本，进而采用了分层次、分区段、分品种的处理方式。从金融品种上看，资本市场可区分为股票市场、债券市场等；从金融品种所处发行阶段上看，可区分为一级市场、二级市场。着眼于股票市场，企业融资需求与投资者偏好存在多元化与层次性；从融资端看，对于不同行业、不同业态的企业，其在成长的生命周期中，均呈现出不同的风险特征，因此适合的融资方式和交易场所也各不一样；从投资端看，投资者由于存在差异化的风险偏好，因此会对金融产品的期限、结构、回报率有着不同的预期，因此股票市场结构多以层次来划分，国内所指“多层次资本市场”也多基于股票市场。

国内学者王国刚较早提出“多层次资本市场”概念，认为建立多层次资本市场，更多的是指在股票、债券等证券的一级发行市场和二级交易市场建立相应的层次。这一概念的权威表述首次见于2003年党的十六届三中全会发布的《中共中央关于完善社会主义市场经济体制若干问题的决定》，该文提出要“扩

大直接融资，建立多层次的资本市场体系，完善资本市场结构，丰富资本市场产品，规范和发展主板市场，推进风险投资和创业板市场建设”。

2. 我国多层次资本市场体系构成

随着我国经济不断发展，我国资本市场从无到有，逐渐发展壮大。从 20 世纪 90 年代发展至今，我国资本市场已形成主板（含中小企业板）、创业板、科创板、新三板、区域性股权市场等各板块协同发展的多层次资本市场体系。

（1）主板市场（含中小企业板）

主板市场对发行人的经营年限、股本规模、盈利水平等方面要求较高，主板市场的上市公司主要为大中型企业，具有较大的资本规模和稳定的盈利能力。我国主板市场包括上海证券交易所主板、深圳证券交易所主板和中小企业板。沪深证券交易所在组织体系、上市条件、交易方式和监管要求方面大体一致。

为了贯彻党的十六届三中全会和《国务院关于推进资本市场改革开放和稳定发展的若干意见》中关于分布推进创业板市场建设的要求，深圳证券交易所于 2004 年 5 月 18 日推出中小企业板。中小企业板在主板市场的制度框架下运行，同时又是主板市场中相对独立的板块，主要服务于相对成熟的中小企业及细分行业龙头企业。

截至 2020 年 2 月底，沪深证券交易所主板（含中小企业板）共有上市公司 2924 家，总市值 513731. 55 亿元。

（2）创业板市场

2009 年 10 月，经国务院批准，深圳证券交易所正式推出创业板市场。创业板市场的开启，标志着我国证券市场进入了一个崭新的阶段。对支持企业自主创新，推动经济转型，调整产业结构，培育战略新兴产业和落实国家自主创新战略具有重大意义。创业板定位于促进自主创新企业及其他成长型创业企业的发展，成长、创新是创业板企业的重要标志。总体来看，创业板对企业上市的财务指标要求稍低于主板及中小板，但新增了一些成长性指标条件，更关注企业的成长性和创新性。创业板的开启，极大地增强了资本市场服务实体经济的能力。

截至 2020 年 2 月底，创业板共有上市公司 798 家，总市值 69535 亿元。

（3）科创板市场

为进一步完善资本市场体系，提升服务科技创新企业能力，科创板作为独立于主板市场的新设板块于 2019 年 6 月正式在上海证券交易所推出，并在该板块内进行注册制试点。科创板的定位主要是面向符合国家战略、突破关键核心技术、市场认可度高的科技创新企业，重点支持新一代信息技术、高端装备、新材料、新能源、节能环保及生物医药等高端技术产业与战略新兴产业。科创板试点实施注册制，即企业在科创板上市应当符合发行条件、上市条件以及相关信息披露要求，依法经上海证券交易所发行上市审核并报经证监会履行发行注册程序。设立科创板并试点注册制是深化资本市场改革、完善多层次资本市场体系的重大举措。在发行上市、交易、信息披露、退市等各个环节进行制度创新，建立健全以信息披露为中心的股票发行上市制度，发挥资本市场改革试验田的作用。

截至 2020 年 2 月底，科创板共有上市公司 91 家，总市值 13426. 66 亿元。

（4）新三板市场

新三板市场目前是指全国中小企业股份转让系统，是经国务院批准成立的全国性证券交易场所，也是我国第一家公司制运营的证券交易场所，主要为创新型、创业型、成长型中小企业发展提供服务，以解决融资难融资贵为目标，提升融资效率，降低融资成本，改进市场流动性，完善和发挥服务创新型民营中小企业的功能。新三板挂牌的门槛相对交易所市场 IPO 低，仅要求满足依法设立且存续满两年，业务明确且具有持续经营能力，公司治理机制健全，合法规范经营，股权明晰，股票发行行为合法合规等条件。

截至 2020 年 2 月底，新三板共有挂牌公司 8823 家，流通股本 3347 亿股。

（5）区域性股权市场

区域性股权市场是为其运营机构所在地省级行政区划内中小微企业私募证券的发行、转让及相关活动提供设施与服务的场所，是私募证券市场的一种形式。区域性股权市场是不可或缺的基础性市场，更是中小微企业融资的新渠道、新兴产业的孵化园、区域经济转型的助推器。

如果把多层次资本市场体系比喻成一个金字塔的话，塔尖就是主板市场，塔基是区域性股权市场和一些分散存在的各种私募股权转让市场。我国多层次资本市场体系的层次结构如下图所示：

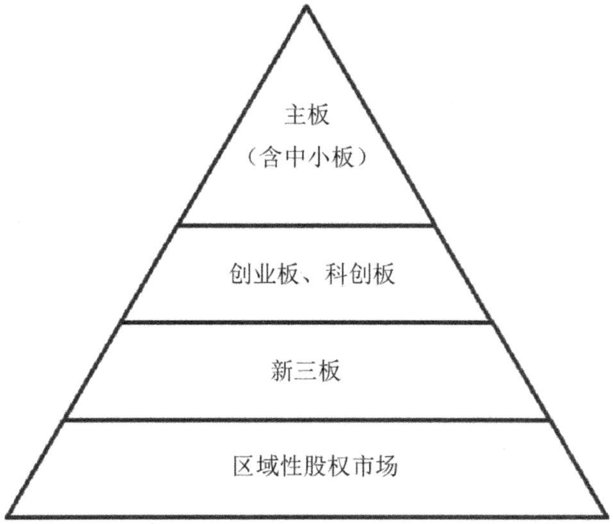

我国多层次资本市场体系层次结构

3. 场内交易市场和场外交易市场

从市场性质上看，一般将证券交易市场划分为场内交易市场和场外交易市场。从划分标准上看，证券市场“场内”或“场外”的划分主要包括“组织说”“场所说”等，结合目前学界主要观点，一般认为，“场内”“场外”的判断标准主要包括：

一是采用集中交易方式还是分散柜台交易方式。场内市场的交易场地集中，采用集中撮合的交易方式，集中统一结算制度；场外交易市场主要交易方式是顾客通过证券公司柜台直接买卖证券，或买卖双方直接协商定价成交，交易市场提供证券报价一般不使用集中撮合交易方式。

二是交易产品是否标准化。场内市场交易的是标准化的产品，市场组织者提供的是标准化的服务；场外市场交易的是非标准化的产品，市场组织者提供的是个性化的服务。

根据上述标准，我国多层次资本市场中主板（含中小企业板）、创业板、科创板及新三板分别由交易所或者国务院批准的其他交易场所组织、提供交易场所及设施，实行自律管理，交易标准化产品，采用集中交易的方式，属于场内市场。区域性股权市场以非标准化的股权为交易标的，提供非公开、非集中式交易，具有分散化、灵活性特点，属于场外市场。

（二）国务院批准的其他全国性证券交易场所

证券法第七章第96条规定，证券交易所、国务院批准的其他全国性证券交易场所为证券集中交易提供场所和设施。本次证券法修订，除了沪深两个交易所外，增加了国务院批准的其他全国性证券交易场所这个概念，其目前是指全国中小企业股份转让系统（新三板市场）。

1. 全国中小企业股份转让系统发展历史

全国中小企业股份转让系统，或称“新三板”“全国股转系统”（以下简称全国股转系统），其运营管理机构为全国中小企业股份转让系统有限责任公司（以下简称全国股转公司）。全国股转系统于 2012 年由国务院批准设立，2013 年 12 月 13 日《关于全国中小企业股份转让系统有关问题的决定》发布，允许所有符合条件的股份公司申请在全国股转系统挂牌，公开转让股份，进行股权融资、债权融资、资产重组等，明确了全国股转系统是经国务院批准设立的全国性证券交易场所，采取公开交易方式。

2019 年，中国证监会修订《非上市公众公司监督管理办法》，允许符合条件的挂牌公司向不特定合格投资者公开发行股份，全国股转公司发布《股票向不特定合格投资者公开发行并在精选层挂牌规则》等配套业务规则，设置精选层，允许向不特定合格投资者公开发行的挂牌公司进入精选层，并采取连续竞价交易方式。

2. 全国中小企业股份转让系统市场特点

从市场性质来看，全国股转系统作为全国性证券交易场所具有以下特点：

第一，全国股转系统是公开市场。根据证券法第 39 条、《国务院关于全国中小企业股份转让系统有关问题的决定》，新三板可以允许公开发行证券的挂牌，也可以组织证券的公开转让，挂牌公司作为公众公司，履行公开信息披露义务。

第二，全国股转系统是场内市场。新三板实施证券集中交易、集中登记和账户一级托管，提供标准化产品，对挂牌公司实施信息披露监管。

第三，全国股转系统是独立市场。新三板有独立的设立依据、监管体系、市场功能、运营机构以及市场参与主体。

从市场运行来看，相较于沪深证券交易所市场，全国股转系统具有以下特点：第一，坚持与沪深证券交易所错位发展，主要服务于创新创业成长型中小企业，并探索建立了一套针对中小企业特点、更具包容性的制度体系。第二，实施更为市场化、灵活化、包容化的制度安排，在市场准入和退出方面，贯彻以信息披露为中心的理念，主要要求公司治理健全、财务基础规范，不对盈利指标做硬性要求；在审查机制方面，豁免行政核准，主要由全国股转公司进行自律管理。在公司监管方面，实行差异化的公司治理和信息披露监管要求。在交易制度方面，针对挂牌公司特点，实行多种交易方式，既有连续竞价交易，又提供不同撮合频次的集合竞价交易，还针对市场流动性较低的特点，引入了做市商制度。在投资者适当性方面，针对不同层次的公司实施差异化的投资者适当性安排。

二、区域性股权市场

（一）概述

本次证券法修订，将区域性股权市场纳入调整范围，定位为证券交易场所，正式确立了其法律地位，对于区域性股权市场长远发展及多层次资本市场体系建立具有重要意义。

区域性股权市场是为其所在省级行政区域内中小微企业证券非公开发行、转让及相关活动提供设施与服务的场所，是多层次资本市场体系的重要组成部分，是地方人民政府扶持中小微企业政策措施的综合运用平台。长期以来，资本市场的发展重心在公开市场，而作为私募市场的区域性股权市场基础薄弱。从多层次资本市场的定位看，主板、创业板、科创板、新三板都是全国性公开市场，区域性股权市场则是地方性私募市场。从发行方式看，主板、创业板、科创板实行“大公募”，新三板实行“小公募”，区域性股权市场则实行“私募”。区域性股权市场能够弥补现有资本市场体系的空白，与交易所市场、新三板市场形成错位发展、互为补充的多层次资本市场体系。

近十年来，随着国家对区域性股权市场的政策逐渐放宽，我国学者对区域性股权市场的研究开始增加，学者们对其研究主要集中在区域性股权市场的功能、制度构建、监管等领域。在功能定位方面，杨琼[①]认为区域性股权交易市场应当作为一个低成本、低风险、高效率的市场，满足中小企业股权流动的客观需求，是适合中小企业融资的重要平台。在转板机制方面，夏斌和张承惠[②]认为场外市场要取得发展，首先是明确其在法律上的合法地位，其次是要建立和完善相关法律法规，最后是将区域性股权市场整合进多层次资本市场中。在市场监管方面，马达[③]认为场外市场应坚持外部监管与自律监管相结合的模式，持续监督挂牌企业信息披露，建立场外市场风险预警机制和应急方案。

---

① 杨琼：《中小企业融资与区域化资本市场发展》，载《商场现代化》2009年第13期。

② 国务院发展研究中心“我国场外股权交易市场发展模式研究”课题组，夏斌、张承惠、朱明方、田辉：《规范和发展我国场外股权交易市场》，载《发展研究》2012年第7期。

③ 马达：《我国场外交易市场运作模式研究》，载《南方金融》2007年第11期。

（二）发展历程和政策背景

区域性股权市场起源于“中央支持+区域经济改革+金融创新”的国家金融改革，2008年3月，《国务院关于天津滨海新区综合配套改革试验总体方案的批复》发布，促成我国第一家区域性股权市场——天津股权交易所的诞生。

2011年11月11日，《国务院关于清理整顿各类交易场所切实防范金融风险的决定》（国发〔2011〕38号，以下简称〔2011〕38号《决定》）发布，明确了以下三类事项：一是区域性股权市场由省级政府按照属地原则负责监管；二是“五不准”，即不得拆分为均等份额公开发行，不得采取集中竞价、做市商等交易方式，不得将权益按照标准化交易单位持续挂牌交易，任何投资者买入后卖出或卖出后买入同一交易品种的时间间隔不得少于5个交易日，除法律、行政法规另有规定外，权益持有人累计不得超过200人；三是明确了“交易所”名称的审批权归属。

自2012年7月12日，《国务院办公厅关于清理整顿各类交易场所的实施意见》（国办发〔2012〕37号）发布，贯彻落实〔2011〕38号《决定》的相关要求，就有关要求作出进一步细化，并对“等额份额进行公开发行”“集中交易”“标准化交易”“累计人数不得超过200人”等相关概念进行了解释。

2012年以来，各省市争相设立区域性股权市场运营机构（以下简称运营机构），在服务中小微企业方面发挥了积极的作用，但少数省市存在重复设立多家运营机构等不规范的问题。1月20日，《国务院办公厅关于规范发展区域性股权市场的通知》（国办发〔2017〕11号，以下简称〔2017〕11号《通知》）发布，对区域性股权市场作出专门制度的安排，要求处理好监管与发展的关系，按照既有利于规范又有利于发展的要求，积极稳妥推进区域性股权市场规范发展，防范和化解金融风险，有序扩大和更加便利中小微企业融资。按照这一总体要求，该文件分别从市场定位、监管体制、运营机构、监管底线、合格投资者、信息系统、区域管理、支持措施八个方面作出规定，是规范发展区域性股权市场的纲领性文件。同时，〔2017〕11号《通知》还规定每个省、自治区、直辖市、计划单列市行政区域内可设立一家运营机构，两家以上的要整合为一家。根据以上要求，广西、广东、江苏、黑龙江、吉林、天津先后对行政区域内原有的多个运营机构进行了整合。

截至2019年12月，除西藏、云南外，全国各省、自治区、直辖市、计划单列市共设立运营机构34家，基本形成“一省一市场”的格局。

34 家区域性股权市场运营机构

序号	地区	区域性股权市场运营机构名称
01	北京	北京股权交易中心有限公司
02	河北	石家庄股权交易所股份有限公司
03	内蒙古	内蒙古股权交易中心股份有限公司
04	辽宁	辽宁股权交易中心股份有限公司
05	上海	上海股权托管交易中心股份有限公司
06	江苏	江苏股权交易中心有限责任公司
07	安徽	安徽省股权托管交易中心有限责任公司
08	福建	海峡股权交易中心（福建）有限公司
09	江西	江西联合股权交易中心有限公司
10	湖南	湖南股权交易所有限公司
11	广西	广西北部湾股权交易所股份有限公司
12	重庆	重庆股份转让中心有限责任公司
13	四川	天府（四川）联合股权交易中心股份有限公司①
14	陕西	陕西股权交易中心股份有限公司
15	甘肃	甘肃股权交易中心股份有限公司
16	青海	青海股权交易中心有限公司
17	宁夏	宁夏股权托管交易中心有限公司
18	新疆	新疆股权交易中心有限公司
19	大连	大连股权交易中心股份有限公司
20	宁波	宁波股权交易中心有限公司
21	厦门	厦门两岸股权交易中心有限公司
22	天津	天津滨海柜台交易市场股份公司
23	浙江	浙江股权交易中心有限公司
24	山东	齐鲁股权交易中心有限公司
25	河南	中原股权交易中心股份有限公司
26	湖北	武汉股权托管交易中心有限公司
27	广东	广东股权交易中心股份有限公司
28	海南	海南股权交易中心有限责任公司
29	深圳	深圳前海股权交易中心有限公司
30	青岛	青岛蓝海股权交易中心有限责任公司
31	吉林	吉林股权交易所股份有限公司
32	黑龙江	哈尔滨股权交易中心有限公司
33	山西	山西股权交易中心有限公司
34	贵州	贵州股权交易中心有限公司

① 2017 年 6 月，成都（川藏）股权交易中心股份有限公司更名为天府（四川）联合股权交易中心股份有限公司，是经四川省人民政府和西藏自治区人民政府批准设立的区域性股权市场。

（三）监管安排

根据〔2017〕11号《通知》规定，区域性股权市场由所在地省级人民政府按规定实施监管，并承担相应风险处置责任。省级人民政府要根据相关金融政策法规，在职责范围内制定具体实施细则和操作办法，建立健全监管机制，指定具体部门承担日常监管职责，不断提升监管能力，依法查处违法违规行为。

同时，〔2017〕11号《通知》要求中国证监会主要承担以下三项职责：一是制定统一的区域性股权市场业务及监管规则；二是依法依规履职尽责，加强对省级人民政府开展区域性股权市场监管工作的指导、协调和监督，对省级人民政府的监管能力和条件进行审慎评估，加强监管培训，采取有效措施，促使地方监管能力与市场发展状况相适应；三是对区域性股权市场规范运作情况进行监督检查，对可能出现的金融风险进行预警提示和处置督导。

2017年5月，中国证监会制定发布《区域性股权市场监督管理试行办法》（证监会第132号令，以下简称《监管试行办法》），进一步细化了〔2017〕11号《通知》的核心要求，对规范和发展区域性股权市场作出了系统性规定。《监管试行办法》明确了省级政府和中国证监会的职责分工，对区域性股权市场运营机构的职责和条件以及名单管理、证券发行与转让条件及程序、合格投资者标准及穿透核查制度、账户管理与登记结算、中介服务、市场自律和监督管理等诸多方面作出了详细规定。《监管试行办法》的出台，首次将区域性股权市场纳入多层次资本市场监管体系，并制定了统一的监管标准，有利于推动各地区域性股权市场规范健康发展。

2019年7月，中国证监会发布《关于规范发展区域性股权市场的指导意见》（清整办函〔2019〕131号），从市场发展定位、实施分层分类管理、做精股权融资业务、平稳开展交易转让业务、规范发展可转债业务、做好登记托管服务、发展合格投资者、落实监管责任等十个方面提出了指导意见，进一步促进区域性股权市场规范健康发展，防范化解金融风险，保护投资者合法权益。

（四）功能作用

我国企业数量众多，层次差别也较大，不同发展阶段的企业都有融资需求，如何满足中小微企业融资需求一直是个难题。区域性股权市场作为主要服务于所在省级行政区域内中小微企业的私募股权市场，有利于充分发挥其门槛相对较低、服务方式灵活等特点，为广大中小微企业提供个性化和多样化的资本市场服务，有利于拓宽中小微企业直接融资渠道，推动民间资本向产业资本转化，促进大众创业万众创新，切实加强对实体经济薄弱环节的支持。

地方政府出台了若干扶持中小微企业的政策措施，但在运作过程中面临市场化、规范化、透明化的问题。区域性股权市场作为地方政府扶持中小微企业政策措施的综合运用平台，可以充分发挥其优势，为地方政府市场化运用贴息、担保、投资等扶持中小微企业的措施提供支持，既能增强政府资金使用的规范性和透明度，也能更有效地扶持中小微企业发展。

目前，区域性股权市场交易方式为协议转让，且交易间隔时间不少于 5 个交易日。在区域性股权市场发行或转让的证券限于股票、可转换为股票的公司债券以及国务院有关部门按程序认可的其他证券。在挂牌条件上，《监管试行办法》规定了底线要求，具体标准由各市场根据地方政策和经济发展程度不同自主制定。

截至 2019 年 12 月，全国 34 家区域性股权市场共有挂牌企业 2. 88 万家(其中股份公司 1. 11 万家)，展示企业 11. 07 万家，纯托管企业 7997 家；投资者 91. 1 万户，累计实现各类融资 11294. 9 亿元，其中股权融资 2040. 8 亿元，债券融资 3301. 42 亿元，股权质押融资 3958. 8 亿元，其他融资 1993. 88 亿元；挂牌企业中累计转沪深证券交易所上市的 10 家，转新三板挂牌的 513 家，被上市公司或新三板挂牌公司收购的 21 家，改制为股份公司的 3970 家；吸引培育 7571 家各类中介机构扎根区域性股权市场，着力服务实体经济特别是中小微企业，夯实了多层次资本市场的“塔基”，联通了资本通向中小微企业的“最后一公里”。

三、证券交易所自律管理职能

证券法第 96 条、第 99 条、第 115 条确认了证券交易所是自律管理法人的法律性质，明确自律管理应当遵循公共利益优先原则，证券交易所依据自身制定的业务规则实施纪律处分或者采取其他自律监管措施。

（一）证券交易所的法律属性

从全球范围看，无论从历史发展还是现实状况，从市场实践还是法律制度，证券交易所的法律定位均是自律管理组织，这是证券交易所最主要的法律属性。400 多年前，为了便利交易、改善交易条件、保持行业利润水平、维护共同利益，证券经纪商自愿发起组成一个互助型的集中市场进行交易，会员之间签订协议，遵守共同的规则，共同维护市场秩序，形成了传统的会员制证券交易所。随着证券交易所非互助化的兴起，许多会员制证券交易所改制为公司制证券交易所，但通常都保留了一定的自律监管的权限。虽然不同国家和地区证券市场证券交易所自律管理的制度架构和运行模式存在差异，但自律管理的内涵基本一致。主要表现在：一是交易所依据与市场主体签订的契约及其制定的规则，行使自律管理职责；二是交易所在自律管理中，必须执行所签订的契约和制定的规则，在市场主体违反契约和规则时，应给予纪律处分或者相应管理措施；三是各个国家或地区都将交易所及其自律管理职能纳入法律框架，法律对证券交易所法律性质、职权职责等内容的规定，一般是对交易所应履行义务的确认。

我国证券交易所的法律特征体现在：一是会员制组织。从组织形态而言，我国沪深两个交易所自组建以来，在法律形式上一直采用会员制，证券公司为交易所会员。证券法、《证券交易所管理办法（2017 年修订）》以及沪深两个证券交易所的章程也将“会员制”作为交易所的一个主要特征。在制度设计层面，由于实行会员制，交易所形成了会员大会、理事会、监事会、经理层的内部治理架构。本源意义上的“自律管理”，正是针对交易所会员的自我管理、自我约束、自我监督而言的。二是企业化管理的事业法人。我国证券交易所的组织属性是企业化管理的事业单位法人，不是行政机关。三是公共管理属性。我国证券市场因其涉众性强，直接与中小投资者的利益密切相关，具有一定的公共管理属性，履行维护公开、透明、公正的交易秩序和市场环境的职能。

（二）自律管理的公共利益优先原则

证券交易所作为市场主体参与的集中交易场所，涉及不同主体的利益诉求，而投资者是证券交易所市场最为核心的利益主体。公共利益承载着交易所维护市场公平、有序、透明的目标，是自律管理优先保护的利益。新证券法新增第 99 条，明确交易所自律管理应当遵循公共利益优先原则，维护市场的公平、有序、透明。

在会员制证券交易所中，最主要的利益冲突表现为会员利益和公共利益的冲突。会员制证券交易所设立的历史基础之一是为了保护会员的利益。证券交易所由会员出资设立，财产积累归会员所有，只有会员才能利用交易所的系统参与集中交易。会员大会是交易所的最高权力机构，代表了会员的利益诉求。此外，证券交易所提供上市服务及由此产生的交易、信息等其他服务，按照规定和约定收取相应的费用，从这个意义上看，交易所与上市主体之间也存在着一定的商业利益关系。

随着会员制证券交易所发展到现代，从法律形式上演变为具有独立财产、独立行为能力并独立承担民事责任的法人主体，在这种组织架构下，“会员利益至上”的固有色彩严重淡化，交易所由私人俱乐部性质转为一个维护公共利益的自律监管主体，具有一定的公共管理属性。交易所维护的公共利益在本质上就是证券市场的公平、有序、透明。

证券交易所的有效运作在某种程度上可视为公共物品（public good)。[①] 从公共产品的功能性角度来说，交易所的公共利益具体体现为三个方面：（1）便利资金筹措、方便投资者投资，进而促进国家经济稳定发展。筹集资金、服务实体经济是证券市场的基本功能，证券交易所为企业的融资和投资者的投资提供了正式的、有组织的、运行有序的交易平台。（2）降低交易成本，提高市场的流动性和透明性。证券市场发展过程中，证券交易所在很大程度上是为了降低交易成本而进行的制度创新。[②] 证券交易所通过强制性信息披露，高效、公平的交易规则以及确保证券成交后履行的集中保管和结算方式，最大限度地降低买者和卖者信息不对称，增加交易信用，从而降低交易成本，提高证券市场的透明性，交易的成功率大大提高，市场流动性大为增加。（3）促进价格发现，保护投资者利益。证券交易所作为一个公平、公正、公开的交易平台，通过相应的自律规则和自律监管，避免操纵市场、内幕交易等不公正的交易行为，使股票的价格能合理地反映公司的价值和市场的供求关系。公平合理的证券价格反映了发行公司的经营情况，能够对发行人及其管理层起到监督作用，充分保护证券投资者的利益。[③]

正是因为证券交易所承担着维护公共利益的职责，当交易所面临公共利益与会员利益以及其他利益的冲突时，交易所必须优先服从社会公共利益，保护投资者合法权益。强化交易所维护公共利益的义务，遵循公共利益优先原则不仅来源于法理上的推演，也是境外国家和地区立法实践通行的做法。

美国《1934 年证券交易法》第 6 章（b）（5）明确规定“交易所规则的制定是为了防止欺骗和操纵行为和做法，促进公正和公平的贸易原则，推动从事监管、清算、结算和信息处理的有关人员的合作与协调，排除妨碍，完善自由、开放的市场机制和全国市场体系，总而言之，是为了保护投资者和公众的利益；而不是为了允许顾客、发行人、经纪人和证券商之间的不公平的歧视，或者运用本法所授予的权利从事与本法宗旨或者交易所工作不相符的事情”。

---

① 施东晖：《证券交易所竞争论》，上海远东出版社 2001 年版，第 68 页。

② Craig Pirrong, “A Theory of Financial Exchange Organization”, *Chicago J. Law & Econ.*, vol. 43 (October 2000), p. 440.

③ 谢增毅：《证券交易所：公共机构抑或企业组织》，载《江西财经大学学报》2004 年全国城市经济地理与微区位学术研讨会论文集专刊。

日本《金融商品交易法》第84条第1款明确规定："交易所自律规范的目的在于确保交易的公正性与保护投资者。"澳大利亚《2001年金融服务改革法案》对获准经营市场者的义务作出规定，"获准经营的市场必须在合理的确实可行的范围内，尽一切必要的措施，保证市场是公正、有序和透明的市场"。

我国香港地区《证券及期货条例》第21条规定了认可交易所的责任："(1)认可交易所有责任确保(a)在合理地确实可行的范围内……在该市场或透过该交易所的设施买卖期货合约，是在有秩序、信息灵通和公平的市场中进行的；及(b)审慎管理与其业务及营运有关联的风险。(2)认可交易所在履行第(1)款所指的责任时，须——(a)以维护公众利益为原则而行事，尤其须顾及投资大众的利益；及(b)确保一旦公众利益与该交易所的利益有冲突时，优先照顾公众利益。"

(三)证券交易所自律管理的特点与职能

从我国证券市场的发展来看，行政监管与自律监管相辅相成的监管机制日渐成熟。行政监管权力来源是法律法规规章的授权，遵循"法无授权不可为"的原则，有法定的国家强制力保障实施，且具有较强的刚性、权威性、执行力和威慑力。在救济方面，行政相对人可以通过行政复议、行政诉讼等救济程序获得保护，适用行政复议法、行政诉讼法的相关规定。

证券交易所自律管理职权通常来源于章程、与上市公司等签订的协议以及依法制定的业务规则等。也有观点认为除上述法律渊源外，还包括法律法规的授权或者来源于法律法规对交易所自律监管职权的确认。证券法第115条第2款明确了证券交易所业务规则的法律效力，规定在证券交易所从事证券交易，应当遵循证券交易所依法制定的业务规则。违反业务规则的，由证券交易所给予纪律处分或者采取其他自律管理措施。此外，经过多年发展，证券交易所的自律管理朝着更加规范、透明的方向发展，已经形成了相对完善的内部救济机制，如听证、复核制度等，进一步保护市场参与主体的合法权益，证券交易所的内部救济制度在法律上也得到了确认。

证券交易所的自律管理具有及时、高效和灵活的特点，可以在第一时间发现、纠正和制止有关的违法违规行为，具有贴近监管一线的优势。一方面，自律管理通过章程、业务规则和协议，建立全面、具体和有弹性的市场规则，证券交易所的业务规则具有贴近市场、填补立法空白的作用和优势。另一方面，自律管理具有快速的市场反应机制。瞬息万变的市场环境要求证券交易所监管作出快速反应，以适应市场监管要求，证券交易所的自律管理发挥着一线前哨的重要作用。比如在市场发生异常波动时，证券交易所需果断采取限制交易等措施，快速稳定市场。

从内容上看，证券交易所的自律监管职能主要包括四个方面：（1）制定自律性业务规则。根据证券法第 115 条，在组织管理市场中，证券交易所依法制定证券上市、交易、会员管理等其他方面的业务规则，规范市场运行。这些规则对参与交易的所有市场主体具有普遍的约束力，是证券法律制度体系的有机组成部分。[①] 违反业务规则的，由证券交易所给予纪律处分或者其他自律管理措施。（2）监督管理上市公司及债券发行人。一是发行上市的审核。根据证券法第 21 条，证券交易所可以审核公开发行证券申请，判断发行人是否符合发行条件、信息披露要求。根据证券法第 46 条、第 47 条、第 48 条，证券交易所对证券的上市地位进行管理，具体包括审核上市申请以及决定终止上市等。交易所通过发行上市审核、制定并执行上市和退市标准，促进优胜劣汰，增强市场活力。二是信息披露监管。根据证券法第 79 条、第 80 条、第 81 条、第 87 条，证券交易所督促上市公司及相关信息披露义务人、公司债券发行人履行信息披露义务，提升市场透明度，保障投资者投资决策知情权。此外，证券交易所还可以对上市公司及公司债券发行人的内部治理、规范运作等环节进行自律监管。证券法新增第 110 条，证券交易所可以对上市公司的停复牌行为进行自律监管。（3）监督管理会员公司。我国证券交易所是会员制组织，证券公司是交易所的会员，且根据证券法第 105 条和第 106 条，会员是广大投资者进入证券交易所市场参与集中交易的中介桥梁，会员监管也是交易所的一项传统职责，具体包括静态的会员资格及交易权限管理以及动态的会员日常行为的规范和监管等。（4）监督管理证券交易。根据证券法第 96 条，证券交易所负责组织和监督证券交易，根据第 111 条和第 112 条、第 113 条，组织和监督工作具体包括：对证券交易进行实时监控，发现并向证监会报告异常交易情况；对出现重大异常交易情况的证券账户实施限制交易；应对处置市场突发性事件及重大异常波动等。新证券法修改原证券法规定，在第 111 条针对突发性事件，交易所可以采取技术性停牌、临时停市等处置措施；新增第 113 条，出现重大异常波动的，证券交易所可以采取限制交易、强制停牌等处置措施，严重影响证券市场稳定的，交易所可以采取临时停市等处置措施。对二级市场交易进行监管，是证券交易所自律管理体系的核心环节，也是优势所在。

---

① 卢文道：《证券交易所及其自律管理行为性质的法理分析》，载《证券法苑》2011 年第 2 期。

（四）证券交易所自律监管的境外比较

在美国，由于纽约证券交易所的历史早于美国证券交易委员会（SEC），因此证券交易所的自律监管早于政府的行政监管。美国《1933年证券法》旨在规范一级证券市场，尤其是公开募集与发行有价证券的行为。美国《1934年证券交易法》旨在规范二级证券市场，尤其是证券的买卖活动，该法第4条要求美国联邦政府设立SEC，以强化证券市场监管，奠定了行政监管与自律监管双轨并行的证券市场监管体制。根据该法，全国性证券交易所属于自律组织，在会员自律方面享有规则制定权、检查权及制裁权。为了协调证券监管与自律监管，保护公共利益与投资者利益，SEC有权与证券交易所相互合作，从而使证券市场监管兼具效率与效果。

英国的证券市场具有自律监管的传统，证券交易所一直是证券市场最主要的监管者，并制定了股票上市、会员义务和证券市场运行的有关规则，如《证券交易所管理条例与规则》等。《1986年金融服务法》推动了证券市场各项改革措施，设立证券投资局负责对证券市场进行监管。证券投资局在英国的金融管理体系的部门整合中更名为金融服务管理局（FSA）。此后，英国通过了《2000年金融服务与市场法》，并成为管理英国金融市场的主要法律。根据该法，FSA独立行使金融监管职权，证券交易所作为法定的自律监管主体，仍然保持了监管职能，包括对上市公司、交易市场以及会员的监管，其自律监管受到FSA的监督。证券交易所曾一直享有上市审核权，但在伦敦证券交易所改制为商业公司后，于2000年5月起将上市审核权转移至FSA。2013年4月1日，监管整个英国金融行业的FSA被两个新的监管机构替代，其分别为金融行为监管局（FCA）及审慎监管局（PRA）。PRA负责审慎监管；FCA负责监管各类金融机构的业务行为，保护投资者。

在日本，证券交易所是法定的自律监管组织。1992年修改的日本《证券交易法》将证券交易等监视委员会作为证券行政监管机关，并将证券交易所明确定位为自律组织，拥有实质性的调查和处罚权限。日本于2006年修改《证券交易法》，将其易名为《金融商品交易法》，仍然赋予了证券交易所自律主体的法律地位。为了提高证券交易市场的公平、有序、透明性，《金融商品交易法》规定交易所必须适当地自主规制业务。[①] 在东京证券交易所改制为商业公司后，东京证券交易所仍然保留了自律监管的权限，作为维护证券交易所公正和公众

① 参见《金融商品交易法》第84条第2款。

投资者利益的重要手段，但在交易所内部采取了保证监管职能独立运作的机制，从而确保自律监管的独立性。

四、上市公司股票停牌、复牌制度

证券法第 110 条增加了上市公司停复牌制度，上市公司可以向证券交易所申请停复牌，但不得滥用停复牌损害投资者的合法权益。作为交易所自律监管的重要内容，证券交易所可以按照业务规则的规定，决定上市交易股票的停牌或者复牌。

1. 停复牌的功能

（1）停牌的功能

上市公司股票停牌，是指股票在证券交易所场内交易的强制中断，被停牌的股票在停牌期间停止交易，其价格不再受场内交易行情的影响。上市公司股票停牌制度的功能主要是：

一是提高市场透明度，保证公平信息披露。通说认为，若在某一确定的时刻尚未确实掌握与某一股票有关的准确信息，那么该股票的停牌可能便于相关信息向投资者有效地传递，提高市场透明度。① 公平证券市场的一个重要标志就是市场不存在不对称信息。如果市场存在不对称信息，此时的市场价格就不是在公平交易的基础上形成的价格，证券的市场价格就不能真实反映发行人的真实经营业绩和财务状况，进而影响到证券市场资源配置功能的有效发挥，投资者也可能因为信息劣势而受损。此时对相关证券实施停牌，在停牌期间进行澄清或就未披露事项进行充分披露，有利于提高市场透明度。投资者也有足够的时间获悉信息，并分析该信息对证券价格的影响，从而在信息完整的情况下作出理性决策。

二是稳定价格，维护市场秩序。市场在某些时候可能会因为某些原因出现供求失衡，导致证券价格急剧波动，使市场处于无序状态；市场也可能在某些时候因无法预期的突发事件而迅速下挫，甚至崩溃。在这种情况下，对供求严重失衡的证券实施停牌，可使市场在充分吸收信息的基础上重新达到均衡，提高股票的价格发现功能，从而尽快消除市场波动，恢复市场的有序运行。

三是提示重大风险和不确定性。在对所有上市证券进行持续不断监管情形下，证券的市场价格应是对所有公开可得信息的反映。因此，市场对停牌的预

---

① 郭富青：《我国上市公司并购重组停复牌的法理逻辑思考》，载《证券法苑》2017 年第 1 期。

期，必然是停牌意味着新的和实质性信息披露。[①] 正因为如此，停牌制度的存在，会促使投资者及市场提防或警戒涉及个股的非常事件，对消化相关信息、关注重大风险作出的安排。

（2）复牌的功能

上市公司复牌是指在停牌被触发、证券中止交易且完成相关信息披露等一系列过程完结之后证券交易的恢复。通常来说，上市公司股票应当尽可能持续交易，因此，停牌只是暂停交易处理潜在及实际出现的市场特殊情况的手段，而一旦当初停牌的具体理由不再适用时即应当复牌，从而发挥保障投资者交易权与维护市场流动性的功能，实现资本市场的有序运行。

复牌的主要功能：一是保护投资者交易权，减少市场交易的阻力。停牌意味着投资者可能无法根据市场行情的变化及时、自由地进行股票交易，将会错过最佳交易机会，增加交易成本，而及时复牌、恢复市场交易才能减少交易阻力，保护投资者的正当交易权。二是维护股票流动性，激活资本市场的活力。市场可交易股票的大量减少将弱化资本市场的流动性，甚至破坏市场交易机制，有效的复牌制度将能够重新激活资本市场的活力，稳定投资者对资本市场的预期。

2. 停复牌的性质

停复牌实质上是上市公司股票交易的暂时停止与恢复，属于上市公司的权利，相关制度是资本市场的基础制度。但停复牌具有很强的外部性，对市场流动性和投资者的公平交易权产生一定影响。鉴于此，停复牌应当受到必要的限制和监督，上市公司不能滥用该制度损害投资者的合法权益。

首先，停复牌是上市公司的一项权利。从市场运行机理分析，停复牌的实质是上市公司股票交易的暂时停止与恢复，与申请股票上市、再融资和并购重组等类似，应该被视为上市公司的一项权利。在公司涉及股价敏感信息的重大事项时，公司可以要求实施停复牌。实践中，停复牌主要分为两种情形，一种是上市公司主动申请股票停复牌，另一种是证券交易所等监管机构对上市公司股票实施的停复牌。但无论出于哪种情形，制度上设置停复牌，都主要在于确保重大信息的公平披露和及时提示重大风险，从而充分保障投资者权益和维持公平有序的市场，属于资本市场的基本制度。

其次，停复牌具有很强的外部性。停牌导致公司股票暂停交易，过多或者

---

① 郭富青：《我国上市公司并购重组停复牌的法理逻辑思考》，载《证券法苑》2017年第1期。

过长的股票停牌而不实施复牌，对市场流动性、投资者交易权利都会产生重大影响。2015 年证券市场异常波动期间，上市公司股票集中停牌对证券市场的负面影响十分突出，一是剥夺了投资者的交易机会，影响了市场整体流动性；二是波及以股票为基础的其他衍生品种的交易，破坏了市场结构，影响了整个证券市场的平稳安全运行；三是不利于境外投资者投资配置，严重影响了境内股票市场的国际化、市场化形象。

鉴于此，上市公司的停复牌行为需要接受证券交易所的自律监管，不能滥用该制度损害投资者的合法权益。基于前述对停复牌外部性的认识，停复牌监管法规设计的核心是厘定上市公司办理停牌权利的边界，主要源于对两种利益的保护，一是投资者的交易权，二是市场的交易秩序。本次证券法修改在法律层面明确上市公司停复牌制度，并进一步规范上市公司停复牌行为，明确规定上市公司停复牌需要向证券交易所提出申请，明确禁止上市公司滥用停复牌损害投资者合法权益，并赋予证券交易所决定上市公司股票的停复牌的权利，以加强对上市公司停复牌的规范与管理。停复牌制度的建立与完善，对于更好地发挥市场机制，促进资源优化配置，保护投资者交易权，顺应国际化发展要求具有重要意义。

3. 我国上市公司停复牌制度的完善

在证券法修订之前，关于停复牌的主要制度见于证监会《证券交易所管理办法》《上市公司信息披露管理办法》《上市公司重大资产重组管理办法》《关于完善上市公司股票停复牌制度的指导意见》（以下简称《停复牌指导意见》）等规范性文件、沪深交易所股票上市规则以及停复牌的相关信息披露指引等业务规则。

2018 年 11 月 6 日，证监会针对上市公司股票停牌存在停牌事由较多、停牌期限较长、部分公司“停牌避险”等问题，专门发布了《停复牌指导意见》，确立了上市公司股票因重大事项停复牌的基本原则，以最大限度地保障交易机会，压缩股票停牌期限，增强市场流动性，强化股票停复牌信息披露要求，明确市场预期。与此同时，作为配套制度，沪深证券交易所分别发布了《上海证券交易所上市公司筹划重大事项停复牌业务指引》和《深圳证券交易所上市公司信息披露指引第 2 号——停复牌业务》，进一步做好有关停复牌的自律管理与服务。另外，《上海证券交易所股票上市规则》《上海证券交易所科创板上市规则》《深圳证券交易所股票上市规则》《深圳证券交易所创业板股票上市规则》设专章或者规定了专门条款，规范上市公司股票停复牌行为。

根据前述规定，上市公司在应当披露的重大信息如存在不确定性因素且预计难以保密的，或者在按规定披露前已经泄露的，应当向证券交易所申请停牌。当股价敏感性资料未能公平发布时，上市公司发布采取停牌的方式公告，从而让投资者有足够时间了解有关信息，提高市场透明度，维护市场的有效运行，保护投资者利益。申请停牌的理由主要包括：一是以股份支付方式支付对价的重大资产重组、控制权变更、要约收购、股权激励、员工持股计划等重大事项；二是上市公司破产重整；三是上市公司风险事项存在重大不确定性，可能严重影响市场秩序、损害投资者合法权益，中国证监会或者证券交易所认为有必要停牌的。

当上市公司未能履行相关规定或者出现特定规定情形，可能对股票或者其衍生品种的价格产生较大影响导致的停牌时，需要提示重大风险，证券交易所可以主动实施停复牌。可能的理由包括：公共媒体出现上市公司尚未披露的信息，上市公司未在法定期限内披露定期报告，上市公司运作和信息披露涉嫌违法违规被有关部门调查等。此外，当证券出现重大异常波动，证券交易所可以实施特别停牌。根据证券法第 113 条，证券交易所应当加强对证券交易的风险监测，出现重大异常波动的，证券交易所可以按照业务规则采取强制停牌。此种情形的停牌是为了促使市场提防或警戒异常事项，提示股票交易风险，消除异常波动，进而保证市场有序运行。证券交易所也可以根据中国证监会的要求或者基于保护投资者合法权益、维护市场秩序的需要，决定上市公司股票及其衍生品种的停牌与复牌。

通常来说，上市公司申请复牌的情形是与停牌原因相对应的，主要分为三种情形：一是停牌期限届满的复牌。上市公司在主动申请停牌时即应当明确停牌事由，合理确定停牌时间，尽可能缩短停牌时长，而一旦停牌期限届满即应当及时申请复牌，并履行相应的信息披露义务。二是相关义务履行完成后的复牌。如上市公司未在法定期限内披露定期报告的，在相关定期报告披露后复牌。三是重大情况消除后的复牌。如上市公司在公司运作和信息披露涉嫌违法违规被有关部门调查的，在调查期间由交易所视情况决定其复牌时间。此外，上市公司违反停牌的相关规定，滥用停牌，拖延复牌时间，不履行相应决策程序和信息披露义务，损害投资者合法权益的，交易所可以通过公告等形式，向市场说明情况，并对公司实施强制复牌。

五、证券交易所临时处置措施与民事责任豁免

证券交易所作为为证券集中交易提供场所和设施、组织监督证券交易的机构，保证市场连续安全稳定进行，维护市场公平有序运行，是交易所的重要职责。然而，伴随着信息通信技术的发展和交易所规模、产品的不断扩大，近几年交易的非正常情况时有发生，严重影响了证券市场安全稳定的交易秩序，给投资者造成不利影响。在紧急的非正常情况下，交易所如何采取措施进行处置，维持市场秩序，防范市场风险，以及交易所采取临时处置措施的民事责任如何承担与限定，是立法需要解决的重要问题。

（一）证券交易所临时处置措施

证券法第111条和第113条对证券交易所临时处置措施的两种情况进行了规定。一是交易异常，即证券交易不能正常进行；二是异常交易，即证券交易出现重大异常波动。

1. 交易异常

交易异常情况内生于证券交易所市场，是由于市场内外部因素导致正常的交易秩序受到破坏，市场全部或者部分交易不能正常进行的状况。现代信息技术的快速发展，促进了证券交易的集中高效，提升了交易系统的安全可靠性。但对技术的依赖越来越高，也为证券的集中交易留下了重大隐患和风险。微小、局部的技术瑕疵一旦与证券交易所的集中交易相结合，就会加速风险扩散，给包括投资者、证券公司及交易所等市场主体带来损失和不利影响，甚至可能使整个市场陷入风险之中。

从全球证券市场来看，除不可抗力和意外事件等传统风险因素外，随着技术的进步，重大技术故障时有发生，“乌龙指”等操作风险也屡见不鲜。近年来，随着程序化交易等交易方式创新，证券交易大量快速进行，交易异常情况更是难以杜绝。

通常情况下，证券交易异常情况是指证券交易全部或者部分不能正常进行的情形。异常情况发生在证券集中交易的各个环节，并且呈现出丰富多样的表现样态。根据其在证券交易过程中的发生节点，交易异常情况包括“无法正常开始交易”“无法连续交易”“交易结果异常”“交易无法正常结束”等情形。

（1）交易无法正常开始。无法正常开始包含以下情形：一是交易、通信系统在开市前无法正常启动；二是证券交易停牌、复牌、除权除息等重要操作在开市前未及时、准确地处理完毕；三是前一交易日的日终清算交收处理未按时

完成或虽已完成但清算交收数据出现重大差错而导致无法正确交易；四是一定比例的会员营业部因系统故障无法正常接入证券交易所交易系统等情形。

（2）交易无法连续进行。无法连续交易包含以下情形：一是交易、通信系统出现一定时长中断；二是行情发布系统出现一定时长中断；三是一定比例会员营业部无法正常发送交易申报、接收实时行情或成交回报；四是一定比例证券中交易等情形。

（3）交易结果异常。交易结果异常是指交易结果出现严重错误、行情发布出现错误、指数计算出现重大偏差等可能严重影响整个市场正常交易的情形。

（4）交易无法正常结束。交易无法正常结束是指集合竞价异常、可能导致无法正常完成，收市处理无法正常结束等可能对市场造成重大影响的情形。

如上所述，证券交易异常情况表现多种多样，其引发的原因也比较复杂。原证券法第 114 条仅规定了两种引发交易异常的情形：突发事件和不可抗力。本次证券法修订，根据实践情况，规定了不可抗力、意外事件、重大技术故障、重大人为差错等几种情形都可能引发交易异常。

非正常状态下的证券交易具有很强的市场危害性，主要表现在：一是影响证券交易的正常进行。在交易异常情况下，因证券交易的连续性受到影响，加剧市场交易风险。二是证券交易价格的形成机制失灵。短时间内造成价格大幅波动，市场信息不对称，市场有效性丧失，交易环境受到破坏。三是投资者利益受损。投资者是交易异常状态下最直接的受害者，交易异常意味着证券的买卖不能正常进行或者受限，投资者不能及时获得收益或规避损失。尤其是我国以散户投资者为主要市场参与主体，因其专业知识有限、风险意识不强、风险承受能力较低，如果缺乏有效的制度保障，其利益更容易受到损害。四是证券市场稳定遭到破坏。在异常情况下，证券市场的行情通常会出现剧烈波动，市场的稳定性遭受冲击，如果处理不及时，可能引发全市场风险。

2. 重大异常交易

证券法第 113 条规定，证券交易所应当加强对证券交易的风险监测，对于出现重大异常波动的情形，证券交易所可以采取限制交易、强制停牌的处置措施；对于严重影响证券市场稳定的，证券交易所还可以采取临时停市的处置措施。其中，限制交易是指在一定期限内限制投资者账户交易的措施，包括盘中暂停当日交易和盘后限制交易。

3. 证券交易所临时处置措施的主要类型

在本次证券法修订之前，法律法规关于证券交易异常情况和临时处置措施的规定非常概括，主要见于原证券法、《证券交易所管理办法》。为进一步细化交易异常情况下交易所的处理原则，沪深交易所发布了《交易异常情况处理实施细则（试行）》（以下简称《实施细则》），对证券交易过程中出现的交易异常情况的类型、表现形式、引发原因以及可采取的处置措施作出了细化规定。《实施细则》将“交易异常情况”“交易不能进行”的具体情形一一列举，其中交易异常情况包括“无法正常开始交易”“无法连续交易”“交易结果异常”“交易无法正常结束”以及交易所认定的其他情形；引发原因包括“不可抗力”“意外事件”“技术故障”，继续沿用了《交易规则》中对于交易异常的规定，未明确提及“人为差错”这一可能导致交易异常情况的重要原因。就处置措施而言，可以单独或同时采取“技术性停牌”“临时停市”“暂缓进入交收、认定交易无效或取消交易”以及交易所认为需要采取的其他措施。

规定	情形	处置措施
证券法（2014 年修订）第 114 条第 1 款	突发性事件发生影响证券交易正常进行	技术性停牌
证券法（2014 年修订）第 114 条第 1 款	不可抗力的突发性事件或者为维护证券交易的正常秩序	临时停市
《证券交易所管理办法（2017 年修订）》第 74 条	因不可抗力导致停市，或者为维护证券交易正常秩序	技术性停牌、临时停市
《深圳证券交易所交易规则（2019 年修订）》第 7.1 条	因不可抗力、意外事件、技术故障以及交易所认定的其他异常情况导致部分或全部交易不能进行的	单独或同时采取暂缓进入交收、技术性停牌或临时停市
《深圳证券交易所交易规则（2019 年修订）》第 7.2 条	无法申报或行情传输中断的营业部数量超过本所全部会员证券营业部总数 10% 以上	临时停市

修订前的法律法规关于交易异常情况的界定、内涵及外延厘定较为模糊，虽然从实用性角度，在交易所业务规则层面，对证券交易异常情况的具体情形以及处置措施进行了扩充，但是在实践中面临缺乏上位法依据的质疑，使得交易所在进行异常情况处置时难以对异常情况作出认定，无法作出处置决策，增加了法律适用难度。即使是沪深证券交易所业务规则进行了扩充，但也有遗漏，比如说证券交易实践中已经时有发生的“人为差错”。这显示出我国对交易异常范围的立法不足。

新证券法丰富了证券交易所处置措施的类型，扩大了相关处置措施的适用范围，有利于充分发挥证券交易所的能动性和自律监管灵活及时的优势。证券交易所的临时处置措施可以分为两类：第一类是恢复交易秩序的措施，包括临时停牌、临时停市等，第二类是维护市场公平需要的措施，包括取消交易、暂缓交收等。

（1）技术性停牌。发生交易异常情况时，如仅涉及个别或少部分证券，证券交易所可以对相关证券（单只或多只）予以临时停牌，属于股票在场内市场交易过程中突然强制中断。

（2）临时停市。技术性停牌指向的是个股，而临时停市则是交易所上市交易的所有产品，涉及整个市场运行，主要适用于当交易异常情况导致所有交易无法正常进行时的情形。

（3）取消交易。指对已达成的交易确认无效，包括交易所主动取消或根据当事人申请取消交易两种情形。通常只有在极端市场环境下，为维护市场的公平、有序，保护投资者和公众利益，证券交易所才会决定采取这种“强硬”的处理措施。

（4）暂缓交收。指证券交易虽然已经进入到交易系统，但是暂时不进入交收环节，冻结错误交易的成交结果，不对交易结果的效力进行判断，不作出实质性处理，使其处于“未交收”的悬而未决的状态。对于暂缓交收的交易，最终还是会有一个对交易结果的效力判断进行实质处理的过程，以尽力达到公平。

（二）证券交易所的民事责任豁免

证券法第 111 条第 3 款和第 113 条第 2 款规定，证券交易所对其依照本条规定采取措施造成损失的，不承担民事责任，但存在重大过错的除外。该条款确立了交易所在采取临时处置措施过程中善意民事责任豁免原则。

1. 证券交易所临时处置措施的民事责任“善意豁免”

证券交易所作为市场的组织者和监管者，具有贴近市场、拥有技术系统、掌握市场数据资料等天然优势，在异常情况处置方面发挥着重要作用。在此次证券法修订以前，法律法规层面并无证券交易所民事责任豁免相关规定。沪深证券交易所的交易规则均规定了因交易异常情况交易所采取相应处置措施造成损失的，交易所不承担赔偿责任，但该规定效力层级低，实践中无法达到应有效果。此次证券法修订将该规定优化后吸纳为法律规定，首次在法律层面明确证券交易所善意民事责任豁免的规定，对于完善证券交易异常情况处置制度，维护资本市场正常秩序和金融安全具有重要意义。

证券交易所以维护市场秩序为目的，对证券交易异常情况采取临时停牌、临时停市、暂缓交收、取消交易等处置措施，属于为保护社会公众利益而履行的市场管理职能。证券交易所为维护公众利益，被赋予一定程度的自由裁量权，根据市场实际情况，采取及时、灵活的处置措施，即便影响了相关主体的利益，原则上不应让证券交易所承担相应的民事赔偿责任，除非交易所所采取的措施违反了法律的明确规定，或者存在主观恶意。否则，证券交易所在面对突发事件或重大异常波动时瞻前顾后，可能无法及时采取有效措施，丧失了自律管理的灵活性和及时性的优势，也容易产生证券市场的系统性风险，不利于市场的稳定与发展。

考虑到交易所作为市场的组织者和管理者，在采取临时处置措施时需要一定的弹性和自由裁量空间，以高效、快速地应对市场出现的紧急情况，法律将交易所应承担的民事责任限定在除非有重大过错，即通常理解的主观恶意和重大过失。在行使法定自律监管职权时，若交易所行为程序正当、目的合法，且不具有主观故意，则不应对市场参与主体损失承担民事侵权责任。近几年交易所不断完善自身治理机制，在规则建设、内部救济、自律监管等方面强化公开透明，程序正当，科学决策，尽可能将处置风险降到最低限度。

2. 我国司法探索和立法完善

本次证券法修订之前，我国并无法律法规对证券交易所民事责任豁免进行规定，但是司法层面作出了一些探索。在早期的权证系列案件中，法院认可了证券交易所对权证交易进行监督和管理，是证券法赋予交易所的一项职能。不过法院并未基于证券交易所对证券市场的自律监管职责而阐述其民事责任承担情况，而是从侵权责任的构成要件，认为交易所自律监管行为与损失不存在直接、必然的因果关系，或者监管行为不直接涉及投资者利益为由驳回原告诉讼请求。[①] 直到2016年郭某兰案，法院首次承认了证券自律管理组织的民事责任豁免。法院

---

① 如邢某强诉上交所财产损害赔偿案，（2008）沪一中民三（商）初字第68号民事判决书，（2009）沪高民二（商）终字第41号民事判决书；高某山诉广东省机场管理集团公司、广州白云国际机场股份有限公司、上交所侵权损害赔偿案，（2007）沪一中民三（商）初字第64号民事判决书，（2008）沪高民二（商）终字第1号民事判决书；张某案，（2007）沪一中民三（商）初字第65号民事判决书，（2008）沪高民二（商）终字第2号民事判决书；陈某案，（2007）沪一中民三（商）初字第66号民事判决书，（2008）沪高民二（商）终字第6号民事判决书；宫某伟案，（2007）沪一中民三（商）初字第67号民事判决书；卢某义案，（2009）沪一中民三（商）初字第60号民事判决书，（2010）沪高民五（商）终字第10号民事判决书；陈某田诉海通证券、海通证券武汉中北路证券营业部、上交所案，（2010）沪一中民六（商）初字第27号民事判决书，（2010）沪高民五（商）终字第60号民事判决书。

指出，证券交易所、期货交易所的法律性质为证券自律管理组织，在行使法定自律监管职权时，若其行为的程序正当、目的合法，且不具有主观故意，则交易所不应对投资者损失承担民事侵权责任。[①] 2019 年上海市高级人民法院《关于服务保障设立科创板并试点注册制的若干意见》也指出了要依法保障证券交易所实施自律监管，明确涉及证券交易所行政纠纷与民事纠纷的边界，尊重证券交易所业务规则、证券交易所民事责任相对豁免原则。对证券交易所自律监管行为引发的纠纷，引导当事人穷尽证券交易所复核等救济程序，减少司法的直接干预。

此次修法过程中，也有意见提出相较于境外市场普遍的自律管理行为民事责任豁免，此次修法新增的民事责任豁免适用范围确实过窄，证券交易所民事责任豁免应当适用于所有履行自律监管职责的情形。当前，我国证券交易所一线监管职责不断深化，适时建立和完善证券交易所民事责任豁免制度，具有一定的基础和现实意义。实际上，民事责任豁免的法理基础就是自律组织履行公共管理职能。证券法、《证券交易所管理办法》均明确了证券交易所作为自律管理组织，组织和监督证券交易的法律地位。证券交易所履行自律管理职能，应当遵守社会公共利益优先原则，维护市场的公平、有序、透明。目前证券交易所已经承担了一定的公共管理职能。此外，在目前沪深证券交易所履行自律管理职能的过程中，已经建立了一系列正当程序以保护市场参与主体的合法权益，提供了充分的内部救济渠道。比如说在制定基本业务规则的过程中，充分征求市场意见；在对市场主体作出最终纪律处分之前，建立了听证制度，充分听取当事人意见；建立上诉复核委员会，邀请外部委员对纪律处分决定进行复核等。在市场化改革和注册制全面推行的背景下，未来证券交易所还将承担更多的公共管理职能，民事责任豁免的范围也应当适时扩大。

3. 境外证券交易所民事责任豁免的实践

美国自 1975 年证券法修正案实施后，证券交易所开始由“自治的、不受私人控制的私人组织，演变为成熟的准政府组织”，日益承担着执行联邦证券法律，维护市场秩序，保护投资者利益之职责。由此法院逐渐将证券交易所视为准政府组织，将原本适用于政府机构的“民事责任绝对豁免原则”，适用于交易所的自律管理。在 1978 年 Butz 案中，法院确立了“三要素原则”通常被称为“Butz 测试标准”，首次赋予 NASD 行使自律管理职责时的豁免地位。在之后

---

① 载《中华人民共和国最高人民法院公报》2018 年第 12 期。

的 Barbara v. NYSE 上诉案中，第二巡回法院在维持一审裁决时，正式而透彻地阐述了将豁免原则适用于交易所背后的司法理念：作为私人组织，纽约证券交易所本来并不像 SEC 那样能够对他人主张的民事赔偿享有完全豁免权。但它的特殊地位以及与 SEC 的密切联系，使我们授予了交易所因其管理行为而遭赔偿之诉的绝对豁免权。否则，如果法院容许交易所因履行管理职能而遭诉讼并承担责任，很明显将妨碍国会鼓励交易所实行强有力的自律管理的意图之实现。① D'Alessio v. NYSE 上诉案进一步扩大了豁免范围，第二巡回法院认为凡是交易所自律管理行为，以及与自律管理密切相关的行为，都适用豁免原则。② 随着法院的扩大解释，民事责任绝对豁免原则逐渐囊括法律授予交易所行使监管权的任何行为。不过伴随着证券交易所非互助化改革以及监管职能的剥离，法院开始在绝对豁免原则的基础上创设商业例外制度。第十一巡回法院率先在 Weissman v. Nasdaq 案中提出商业例外，对于证券交易所的商业行为不能适用民事责任豁免原则。

英国在制定法中确立监管机构（包含自律组织）的豁免权始于 20 世纪 80 年代。在此前的一些涉及金融监管机构的判例中，法院虽然判决监管机构对被监管银行不存在监管责任，但基于"公平和合理"的原则，监管机构应对存款人负有注意义务，这就使得金融监管机构面临监管责任的风险。英国《1986 年金融服务法》第 187 条规定，获认可的自律组织及其管理人员、雇员，以及受其规管的实体，在履行或本意是履行其监管职责时，无须就作为或不作为承担损害赔偿责任，除非该作为或不作为被证明是出于恶意。该自律监管豁免权的规定在其后的《2000 年金融服务与市场法》得以延续，第 291 条规定："（1）在行使获认可的机构的监管职能时，获认可的机构及其高级职员和工作人员对任何作为或不作为不承担损害赔偿责任。（2）但第（1）款规定不妨碍该作为或不作为因《1998 年人权法》第 6 条第（1）款规定不合法而对该作为或不作为作出损害赔偿判决。（3）'监管职能'系指获认可的机构与本法规定其承担或因本法而承担的义务相关的职能，或与因上述义务而产生的事项相关的职能。"

我国香港特别行政区也明文规定自律组织善意（非恶意）履行监管职能豁免承担损害赔偿责任。香港《证券及期货条例》第 22 条规定："以下人士——

① Barbara v. NYSE, 99 F. 3d 49 (2rd Cir. 1996).

② D'Alessio v. NYSE, 258 F. 3d 93 (2rd Cir. 2001).

(a) 认可交易所；或 (b) 任何代表认可交易所行事的人，包括 (i) 该交易所的董事局的任何成员；或 (ii) 该交易所设立的任何委员会的任何成员，在履行或其本意是履行第21条所规定的该交易所的责任时，或在执行或其本意是执行该交易所的规章授予该交易所的职能时，如出于真诚而作出或不作出任何作为，则在不局限第380 (1) 条 (即 ‘就上市法团的核数师等与证监会之间的通讯豁免承担法律责任’) 的一般性的原则下，无须就该等作为或不作为承担任何民事法律责任，不论是在合约法、侵权法、诽谤法、衡平法或是在其他法律下产生的民事法律责任。”

第二节　条款释义

第九十六条　证券交易所、国务院批准的其他全国性证券交易场所为证券集中交易提供场所和设施，组织和监督证券交易，实行自律管理，依法登记，取得法人资格。

证券交易所、国务院批准的其他全国性证券交易场所的设立、变更和解散由国务院决定。

国务院批准的其他全国性证券交易场所的组织机构、管理办法等，由国务院规定。

【条文主旨】

本条是关于证券交易所、国务院批准的其他全国性证券交易场所的含义和设立、变更、解散的规定。

【条文释义】

原证券法第102条从证券交易所的含义、设立和解散进行了界定。本次修法增加了国务院批准的其他全国性证券交易场所作为证券集中交易的场所和设施，并授权国务院对批准的其他全国性证券交易场所的组织机构、管理办法作出规定，符合多层次资本市场运行的实际情况。此外，增加了证券交易场所“变更”的规定。

一、证券交易所、国务院批准的其他全国性证券交易场所是实行自律管理的法人

证券交易所、国务院批准的其他全国性证券交易场所是实行自律管理的法人。对于这一规定，应从证券交易场所的法律地位和功能两方面理解。

（一）法律地位

1. 证券交易所和国务院批准的其他全国性证券交易场所是实行自律管理的法人。规定证券交易所、国务院批准的其他全国性证券交易场所是法人，是将其与自然人等其他主体区分开来。根据民法典的规定，法人是指具有民事权利能力和民事行为能力，依法独立享有民事权利和承担民事义务的组织。

证券交易场所组织、管理证券交易，满足法人的成立条件。法人的民事权利能力和民事行为能力，从法人成立时产生，到法人终止时消灭。证券交易所需要由法律赋予其民事主体的资格，并依法登记设立，取得相应的法人资格。证券交易所的设立和组织形式由《证券交易所管理办法》规定。沪深证券交易所的章程都明确将证券交易所界定为会员制的法人。

2. 证券交易所和其他国务院批准的其他全国性证券交易场所实行自律管理。证券交易场所是场内交易的组织者和经营者，在证券市场中处于组织市场和集散信息的核心地位，具备一线监管者的职责。与行政机关的行政监管不同，世界各国交易所对市场的管理只能而且必须是自律监管。自律监管是证券交易场所的本质特征，也为本法有关证券交易场所的具体职能的规定提供了法律基础。

（二）功能

1. 证券交易场所是证券市场集中交易的组织者，它为投资者、证券公司、上市或挂牌公司提供固定场所、设施和服务，为市场参与者提供交易平台、证券交易价格行情信息以及其他服务，其本身不持有证券，也不买卖证券。

2. 证券交易场所组织和监督证券交易活动，对证券公司、上市或挂牌公司进行监管，实时监控市场交易，保护投资者的合法权益，确保交易活动高效稳定的进行。

二、证券交易所、国务院批准的其他全国性证券交易场所的设立、变更和解散

证券交易所、国务院批准的其他全国性证券交易场所的设立是指创设提供证券集中交易场所这一法人的法律行为。变更是指已存在的证券交易场所在存续期间组织形式等方面发生重大变更。解散是指已经存在的证券交易场所停止

提供证券交易活动的场所，不再进行有关活动的法律行为。

证券交易所和国务院批准的其他全国性证券交易场所的设立、变更和解散“由国务院决定”，是法律的强制性规定。这是由证券交易场所的地位、功能和证券市场的特殊性所决定的。未经国务院批准，任何单位和个人均无权决定证券交易场所的设立、变更和解散，否则，要承担相应的法律责任。这主要考虑到：（1）证券交易所和国务院批准的其他全国性证券交易场所是证券交易的主要场所，由于其涉众性强，对国家经济发展影响大，是国家经济发展的晴雨表，因此其设立和解散对经济社会发展至关重要。处理不当，会增加证券市场的风险，影响国家经济秩序、金融安全，造成经济社会混乱。同时，证券交易场所的设立、变更和解散由国务院决定是政府对证券交易场所进行监管的基础。（2）我国资本市场仅有约30年的历史，与成熟市场相比时间短，经验不够丰富。尤其是以散户为主的市场构成，投资者心理还有待成熟，在这种情况下，需要国家加强宏观管理，运用国家权力保障证券市场健康发展。

由政府决定交易所的设立、变更和解散也是境外通行的做法。例如，美国《1934年证券交易法》规定了交易所申请注册成为全国性证券交易所的条件，SEC有权对申请注册成为全国性证券交易所的要求作出决定。我国台湾地区的“证券交易法”也规定：“证券交易所之设立，应于登记前先经主管机关之特许或许可，其申请程序及必要事项，由主管机关以命令定之。”“证券交易所之设置标准，由主管机关拟定，报请财政部核定之。”

三、国务院批准的其他全国性证券交易场所的性质与功能

相较于原证券法，新证券法将“国务院批准的其他全国性证券交易场所”纳入本条，并将本节的标题从“证券交易所”修改为“证券交易场所”。修订后，证券交易所与国务院批准的其他全国性证券交易场所具有同等性质，即均具有为证券交易提供场所和设施的职能，均可组织和监督证券交易，实施自律管理，并同样作为法人组织管理。

目前“国务院批准的其他全国性证券交易场所”仅一家，即全国中小企业股份转让系统，其运营机构为全国股转公司，于2012年由国务院批准设立。本款新增“国务院批准的其他全国性证券交易场所的组织机构、管理办法等由国务院规定”。全国股转系统的组织机构等由中国证监会根据《国务院关于全国中小企业股份转让系统有关问题的决定》（国发〔2013〕49号）制定的部门规章所规定。本条为全国股转系统的行政立法提供了法律依据。

【适用指引】

1. 证券交易所和国务院批准的其他全国性证券交易场所组织、管理证券交易，必须先依法登记，取得法人资格。如沪深证券交易所领取了事业单位法人执照，全国股转公司领取了企业法人执照。

2. 本条为国务院设置、变更、解散全国性证券交易场所提供了法律依据。证券交易所和国务院批准的其他全国性证券交易场所是否设立、变更、解散，何时设立、变更、解散，以及以什么方式设立、变更、解散，均由国务院决定。关于申请设立、变更和解散的具体程序，本法没有作具体的规定。实践中，设立证券交易场所，首先由中国证监会进行审核，审核之后报国务院进行批准。证券交易所需要变更、解散的，也应先由中国证监会审核同意后，报国务院批准。

3. 本条为国务院组织管理全国性证券交易场所提供了法律依据。根据证券法《关于全国中小企业股份转让系统有关问题的决定》等法律法规，中国证监会制定《全国中小企业股份转让系统有限责任公司暂行管理办法》，规定了全国股转系统的职能、组织结构、自律监管制度以及国务院对全国股转系统的监督管理制度。

第九十七条　证券交易所、国务院批准的其他全国性证券交易场所可以根据证券品种、行业特点、公司规模等因素设立不同的市场层次。

【条文主旨】

本条是关于证券交易所、国务院批准的其他全国性证券交易场所设立不同层次的规定。

【条文释义】

本条为本次证券法修改新增条文，授权证券交易所、国务院批准的其他全国性证券交易场所可以在证券交易场所内设立不同的市场层次。

市场内部分层是成熟证券交易市场的典型管理机制之一，以纳斯达克交易市场为例，其根据上市公司财务指标、流动性标准及公司治理标准等指标，将市场分为三层，分别为：纳斯达克全球精选市场、纳斯达克全球市场和纳斯达克精选市场。其中纳斯达克全球精选市场以体量较大的蓝筹企业为主，入层标准较高。通过市场分层，纳斯达克市场完成了优质企业筛选，提升了交易所竞争力。本条的新增规定使得上海证券交易所、深圳证券交易所、全国股转公司已设立的不同市场板块得到了法律明确认可。

一、我国证券交易所市场的层次结构

根据经济社会发展对资本市场的需求和建设多层次资本市场的部署，我国在上海证券交易所设置了主板、科创板，在深圳证券交易所设置了主板、中小企业板和创业板，从而形成了证券交易所市场内的不同层次。

一般而言，主板市场是一个国家或地区证券发行、上市及交易的主要场所，对发行人的要求标准较高，上市企业多为大型成熟企业，在一定程度上反映了一个国家的经济发展状况。沪深证券交易所主板、深圳证券交易所中小企业板是我国证券市场的主板市场。沪深证券交易所主板均于20世纪90年代初诞生，推动了上市公司利用资本市场做优做强，形成蓝筹股市场。深圳证券交易所中小企业板是在其主板市场中单独设立一个板块，于2004年5月推出，上市条件和主板完全相同，成为中小企业“隐形冠军”的摇篮，涌现出一批细分行业龙头企业，两个市场都为服务实体经济发展和供给侧改革、满足企业融资需求发挥了重要作用。

在加快经济转型、培育新兴产业的强烈需求推动下，深圳证券交易所于2009年10月推出创业板。与主板市场相比，在创业板市场上市的企业规模较小，财务指标要求稍低于主板及中小板，但新增了成长性指标条件。创业板设立之初，就明确定位于服务高成长性中小企业和高科技企业，为落实创新型国家战略，推动经济转型，支持自主创新提供重要平台，成为经济结构调整的推手、新兴产业的摇篮。

为服务科技创新企业能力、增强市场包容性、强化市场功能，上海证券交易所于2019年6月正式开设科创板，并在该板块内实行注册制。在科创板上市的企业需要符合国家战略、突破关键核心技术、市场认可度高的定位。科创板在设置发行条件时，更加注重企业的科技创新能力，允许符合科创板定位、尚未盈利或存在累计未弥补亏损的企业、存在投票权差异的科技创新企业、红筹企业在科创板上市。

参照科创板设立并试点注册制的经验，为健全多层次资本市场体系，创业板的改革也在稳健推进，力求优化创业板的上市条件，提高创业板的包容性和覆盖面，进一步服务符合国家战略的高新技术企业和战略新兴企业。

二、国务院批准的其他全国性证券交易场所的层次结构

目前，全国股转系统内部分为三层：精选层、创新层和基础层。全国股转公司对不同层次设置了包括市值、财务标准、股权分散度等不同指标的差异化入层标准。针对所处不同发展阶段，具体差异化融资、交易需求的公司，全国股转系统通过市场分层实施差异化的制度供给，如对于精选层挂牌公司，比照上市公司进行严格监管，提供公开发行融资选择，采取连续竞价交易机制；对于创新层挂牌公司，实施灵活便捷的小额发行融资机制，采取高频次的集合竞价交易机制；对于基础层挂牌公司，简化信息披露、公司治理要求，赋予挂牌公司更多的自主权，并实施最为严格投资者准入制度。

【适用指引】

1. 实践中，证券交易所、国务院批准的其他全国性证券交易场所设置新的板块需要报国务院批准。中小企业板、创业板、科创板作为沪深证券交易所证券交易的独立板块由国务院批准后设立。

2. 根据《中国证券监督管理委员会关于改革完善并严格实施上市公司退市制度的若干意见》，从证券交易所板块强制退市的公司的股票统一在全国股转系统设立的专门层次挂牌转让。根据《国务院关于全国中小企业股份转让系统有关问题的决定》及相关规定，符合特定条件的股份转让系统挂牌的公司可以直接向证券交易所申请上市交易。根据《全国中小企业股份转让系统分层管理办法》，全国股转公司可以根据各层级进入和调整条件，在全国股转系统内部调整挂牌公司所属的市场层级。

第九十八条　按照国务院规定设立的区域性股权市场为非公开发行证券的发行、转让提供场所和设施，具体管理办法由国务院规定。

【条文主旨】

本条是关于区域性股权市场功能定位、监管安排的规定。

【条文释义】

一、区域性股权市场的定义

区域性股权市场是主要服务于所在省级行政区域内中小微企业的私募股权市场，是多层次资本市场体系的重要组成部分，是地方人民政府扶持中小微企业政策措施的综合运用平台。

二、区域性股权市场的证券种类

在区域性股权市场发行或转让证券的，限于非公开发行的股票、可转换为股票的公司债券以及国务院有关部门按程序认可的其他证券。

三、关于对国务院的授权规定

区域性股权市场作为私募证券市场，目前尚处在探索发展阶段，相关规定散见在国务院政策文件和证监会监管规定中，为了给其发展留下必要的空间，以及为统一监管要求留出空间，本条授权具体管理办法由国务院规定。

【适用指引】

1.《关于规范发展区域性股权市场的通知》（国办发〔2017〕11 号）主要从八个方面对区域性股权市场作出了规定：一是市场定位。区域性股权市场是主要服务于所在省级行政区域内中小微企业的私募股权市场，是多层次资本市场体系的重要组成部分，是地方人民政府扶持中小微企业政策措施的综合运用平台。二是监管体制。省级人民政府按规定实施监管，并承担相应风险处置责任。中国证监会负责对省级人民政府监管工作进行指导、协调和监督，制定统一的区域性股权市场业务及监管规则，对市场规范运作情况进行监督检查。三是运营机构。运营机构名单由省级人民政府实施管理并公告，同时向证监会备案。四是监管底线。划出了防控金融风险、维护市场秩序、保护投资者合法权益的基本行为底线，对发行证券的范围和方式、交易方式和时间间隔、持有人数量等作出了规定。五是合格投资者。明确合格投资者的基本条件，要求不得通过拆分、代持等方式变相突破合格投资者标准或单只私募证券持有人数上限。六是信息系统。信息系统应符合有关法律法规和信息技术管理规范。运营机构及有关机构应按照规定报送信息，并将有关信息系统与中国证监会指定的监管信息系统进行对接。七是区域管理。区域性股权市场不得为所在地省级行政区域外的企业私募证券或股权的融资、转让提供服务。八是支持措施。国务院有关部门和地方人民政府要在职责范围内采取必要的措施，为区域性股权市场规范发展创造良好的环境。

2.《区域性股权市场信息报送指引（试行）》（证监会公告〔2018〕3 号）对区域性股权市场信息报送作出规范。在报送内容上，明确采取分类报送的方式；在报送方式上，明确采用电子报送和书面报送方式；在报送要求上，明确区域性股权市场运营机构应当真实、准确、完整地报送信息，中国证监会派出机构对区域性股权市场运营机构报送信息的情况纳入监测评估范围。

3.《区域性股权市场自律管理与服务规范（试行）》（以下简称《规范》）对接受证券业协会自律管理的区域性股权市场运营机构、为区域性股权市场提供登记结算业务的机构及证券公司参与区域性股权市场相关业务作出进一步规范。对于区域性股权市场运营机构，要求其建立健全业务操作制度、内部控制制度、风险管理制度、合规管理制度以及对上述制度有效性评估机制和内部责任追究机制；要求建立与市场发展相匹配的投资者适当性制度，督促、引导参与机构履行适当性管理义务；建立完善信息披露制度；要求积极服务国家战略，履行社会责任；推动区域性股权市场加强对工作人员的管理，明确区域性股权市场工作人员不得从事的行为；明确了证券业协会的监督检查等自律管理职责。《规范》还对办理区域性股权市场登记结算业务的机构及其工作人员开展业务提出了合规、保密等要求，在支持证券公司参与区域性股权市场相关业务的同时，对证券公司的合规风控工作提出若干要求。

同时，《规范》明确证券业协会的自律服务职责，在人员培训与管理、专业委员会、沟通交流、研究、纠纷调解、合作机制、信息共享等方面为区域性股权市场提供多项服务，支持区域性股权市场的规范发展。

第九十九条　证券交易所履行自律管理职能，应当遵守社会公共利益优先原则，维护市场的公平、有序、透明。

设立证券交易所必须制定章程。证券交易所章程的制定和修改，必须经国务院证券监督管理机构批准。

【条文主旨】

本条是关于证券交易所自律管理的原则及证券交易所章程的规定。

【条文释义】

原证券法第103条对证券交易所章程作出了规定，本条在此基础上，增加一款，规定证券交易所履行自律管理职能，应当遵守社会公共利益优先原则，维护市场的公平、有序、透明。

一、证券交易所履行自律管理职能

证券交易所的自律管理，从本源而言是证券市场参与者通过章程、协议等契约文件进行自我管理、自我约束和自我规范。自律监管是证券监管的重要组成部分。证券交易所通过制定和执行交易所的规则并且承担执行法律规定的义务，对上市公司、会员以及交易过程进行自律监管，履行证券交易所的监管职能。在我国，证券交易所自律管理的对象范围不断拓展，管理手段不断丰富，市场监管职能不断强化，证券交易所一线监管作用进一步发挥。本法的其他条款明确了证券交易所的四项核心自律监管职能：制定自律性业务规则；监督管理上市公司及债券发行人，包括发行上市审核、信息披露监管等；监督管理会员公司；监督管理证券交易，并规定了交易所相应的履职手段，如限制交易、实施纪律处分、技术性停牌、强制停牌、临时停市等。证券交易所作为自律管理组织，在社会结构中区别于市场和政府，“处于市场自由运行与政府监管运行的中间监管地带”①。证券交易所的自律管理具有全面、专业、深度、柔性和预防性监管的功能属性。自律监管有利于提高效率，提高市场管理的灵活性，有利于降低监管成本。

关于自律管理组织与市场、政府的关系，理论上主要有两种观点：一种是补余论。认为由于市场和政府失灵客观存在，必然需要自律管理组织去弥补市场和政府监管的不足，自律管理是行政监管的必要补充。另一种是合作论。认为自律管理组织不是政府与市场的辅助性衍生物，而是在市场上占有重要地位，与政府合作共同管理市场。

二、遵守社会公共利益优先原则

交易所由设立之初的私人俱乐部转向一个维护社会公共利益的自律监管组织，公众投资者成为证券交易所市场最为核心的利益主体，证券交易所的公共管理属性不断增强。当交易所面临维护公共利益与会员利益以及其他利益的冲

---

① ［美］拉里·哈里斯主编：《监管下的交易所：经济增长的强劲助推器》，上海证券交易所译，中信出版社2010年版，第5页。

突时，必须优先服从社会公共利益，充分保护中小投资者权益。许多国家和地区的法律明文规定证券交易所维护公共利益的目标或原则。《证券交易所管理办法》从证券交易所自律监管的特点、市场职能定位出发，首次明确了公共利益优先原则。此次证券法修订在法律层面予以确认，将公共利益优先作为法定原则。因此，证券交易所必须担负起服务实体经济、促进国民经济发展、防止出现系统性风险、维护交易秩序和国家金融安全、保护投资者整体权益等公共利益职责。

三、维护市场的公平、有序、透明

证券交易市场是一个资金信息密集场所，是依托互联网、大数据技术运行的复杂体系，是数千万人、上亿人集体参与投资博弈的风险市场。证券交易所既是集中交易场所，又是市场中介组织；既是市场运营组织者，又是市场管理者；既是一线监管机构，又是政府监管对象。证券交易所不仅为证券交易提供场所、人员和设施，还对证券交易进行周密的组织和严格的管理。因此，公平、有序、透明是证券交易所立所之本、生存之要、发展之基。本条强调证券交易所负有维护市场公平、有序、透明的职责。这就从法律上要求证券交易所加强自律管理、监督，确保交易公平，确保市场运行规范有序，确保信息公开透明，加强信息披露管理，依职权查处各种证券欺诈行为，协助配合证券监管机构的执法活动，营造公平、有序、透明的交易秩序和市场环境。

四、证券交易所章程

证券交易所章程，是规定证券交易所职能、组织形态、治理结构及自律管理内容的规范性文件。交易所章程经会员大会审议通过并经中国证监会批准后生效。《证券交易所管理办法》规定，证券交易所章程应当包括下列事项：(1) 设立目的；(2) 名称；(3) 主要办公及交易场所和设施所在地；(4) 职能范围；(5) 会员的资格和加入、退出程序；(6) 会员的权利和义务；(7) 对会员的纪律处分；(8) 组织机构及其职权；(9) 理事、监事、高级管理人员的产生、任免及其职责；(10) 资本和财务事项；(11) 解散的条件和程序；(12) 其他需要在章程中规定的事项。证券交易所章程作为证券交易所性质、业务、组织制度的根本性自律规范，对证券交易所及其会员、内部组织机构以及发行人、证券服务机构、投资者等参与证券发行、上市、交易活动的主体均具有约束力，是证券交易所实行自律管理的直接依据。

【适用指引】

1. 证券交易所自律监管不得偏离公共利益优先的原则，中国证监会有权对证券交易所的自律监管行为进行监督。根据《证券交易所管理办法》，中国证监会有权对证券交易所业务规则制定与执行情况、自律管理职责的履行情况、信息技术系统建设维护情况以及财务和风险管理等制度的建立及执行情况进行评估和检查。

2. 会员、发行人、上市公司、证券服务机构、投资者等市场主体违反证券交易所章程的，证券交易所可以采取自律监管措施或纪律处分。根据《证券交易所管理办法》，证券交易所应当按照章程、协议以及业务规则的规定，对违法违规主体采取自律监管措施或者纪律处分，履行自律管理职责。

第一百条　证券交易所必须在其名称中标明证券交易所字样。其他任何单位或者个人不得使用证券交易所或者近似的名称。

【条文主旨】

本条是关于证券交易所的名称及其专属使用权的规定。

【条文释义】

证券交易所的名称是指证券交易所的称谓，是区别于其他单位或者个人的标志。在法律上以专门条文设定名称的规范，是为了便于主管机关监管，也有利于投资者识别，防止其他人非法使用证券交易所或类似名称建立非法的交易场所，组织非法交易。本条新增规定是将《证券交易所管理办法》的证券交易所名称及其专属使用权条款上升至法律层面。

一、证券交易所名称的强制标明

证券交易所名称中必须强制标明证券交易所字样，是为了规范证券交易所名称的使用。证券交易所是一个特定化、被广泛认可的名称，代表了一种特殊的法人形式。本法规定必须标明证券交易所字样，是为了更好地使投资者了解证券市场及证券交易所的性质和职能。在此方面，境外立法也有类似的安排。如日本《金融商品交易法》规定，金融商品交易所的名称或商号应使用“交易所”字样。我国台湾地区“证券交易法”规定，证券交易所名称，应标明“证券交易所”字样。

二、证券交易所名称的专属使用权

禁止其他单位或个人使用证券交易所或者使用相似的名称。证券交易所是具有专门功能的机构，它的名称具有严肃性，随意使用会误导投资者，造成证券市场混乱。《国务院关于清理整顿各类交易场所切实防范金融风险的决定》（国发〔2011〕38 号）规定，未经批准在交易场所名称中使用“交易所”字样的交易场所，应限期清理规范。

【适用指引】

为了使证券市场规范、有序、稳健、安全地发展，其他单位和个人不得直接使用证券交易所的字样或者容易被人误解的类似字样，如“某某证券买卖所”“某某证券所”“某某证交所”等。“其他任何单位或者个人”的概念应当理解为不受地域、行业限制的国内所有单位和个人。证券交易所的名称具有最广泛的排他效力。

第一百零一条　证券交易所可以自行支配的各项费用收入，应当首先用于保证其证券交易场所和设施的正常运行并逐步改善。

实行会员制的证券交易所的财产积累归会员所有，其权益由会员共同享有，在其存续期间，不得将其财产积累分配给会员。

【条文主旨】

本条是关于证券交易所收入使用和支配的规定。

【条文释义】

一、证券交易所可支配的费用收入的使用

证券交易所可以自行支配的各项费用收入，是指证券交易所在提供证券交易的场所、设施和服务过程中收取的为证券交易所管理的费用。证券交易所有权自行支配上述费用收入，应当用于下述两个方面。

1. 保证证券交易场所和设施的正常运行。证券交易场所和设施是证券交易所的核心部分。根据证券法第 96 条的规定，证券交易所的主要功能之一就是为证券集中交易提供场所和设施。如果不能高质量地提供场所和设施，可能会引起证券交易所的混乱或者造成交易中断，给投资者造成损失，给经济社会造成不良影响。本条要求证券交易所将自行支配各项费用收入用于对证券交易所场所和设施的保养、维修和建设，及时处理存在的问题，保障证券交易场所和设施的正常运行。

2. 改善场所和设施。为了使证券交易所更好地发展，需要不断改进现有的交易场所和设施，提高现有的条件，以适用市场发展，从而保证证券交易高效运行。

二、会员制证券交易所财产积累的处理

我国沪深证券交易所都是会员制证券交易所，财产积累归会员所有，其权益由会员共同享有。在其存续期间，不得将其财产积累分配给会员。《证券交易所管理办法》规定，证券交易所应当建立健全财务管理制度，收取的各种资金和费用应当严格按照规定用途使用，不得挪作他用。证券交易所的收支结余不得分配给会员。证券交易所除了支出有关费用以外，剩余的费用属于证券交易所的收支结余。由于会员制证券交易所非营利性法人的性质，在存续期间的财产积累不在会员中进行分配。会员虽然基于会员权利享有积累财产的最终所有权，但在交易所存续期间，交易所的财产由证券交易所按照规定支配和使用。

三、会员制证券交易所财产制度理论

会员制证券交易所是由会员自愿共同组成的非营利性的法人组织，其财产权属于法人财产权。会员制证券交易所的设立，首先源于证券交易所的互助性。证券经纪商为了从提高证券交易的次数与数量中获取佣金，共同维护市场秩序，改善交易条件，自发地聚集到一起，出资建立起统一、集中的交易市场从而设立了会员制证券交易所，共同维护成员的合法权益，共同抵御外界风险。[①] 会员共同追求的利益是通过互助建立和实现公平、有序、透明的证券市场，为全社会提供交易场所这个公共产品，这就要求会员制证券交易所不得以营利为目标，不得在存续期间将财产分配给会员，会员的利益通过各自的经纪服务业务而不是证券交易所本身的盈利来实现。只有在证券交易所解散时，才能将剩余财产分割给会员。

会员制证券交易所法人地位决定了证券交易所的财产独立于会员财产，会

---

① 郑彧：《我国证券交易所法律性质之重塑——兼论证券交易所互助化与非互助化的取舍》，载《法商研究》2008 年第 6 期。

员基于会员权享有存续期间积累财产的权益，但不能随意支配、使用财产。证券交易所作为法人具有民事权利能力和民事行为能力，以自己的名义享有权利、承担义务，组织、监督证券交易。财产独立性是法人独立性的物质基础。证券交易所必须拥有法律确认的独立的财产权利，并以其独立财产进行民事活动，创造自律管理的良好物质条件。[①] 会员通过参加会员大会行使会员权来共同享有积累财产的权益。

【适用指引】

1. 证券交易所可以自行支配的各项费用收入包括证券交易费用、上市公司的上市初费和上市年费、会员的席位费、席位管理费及其他业务收入等。

2. 证券交易所收支结余的最终所有权属于会员所有，会员大会可以依法对其进行处置。鉴于会员大会并非一个常设性机构，由证券交易所建立财务管理制度，由理事会或者总经理严格按照规定执行。只有在证券交易所解散时才能将剩余财产分配给会员。根据《证券交易所管理办法》，理事会负责审定总经理提出的年度财务预算、决算方案，审定证券交易所重大财务管理事项；总经理负责拟订证券交易所年度财务预算、决算方案，审定除应当由理事会审定外的其他财务管理事项；监事会负责检查证券交易所财务。

第一百零二条　实行会员制的证券交易所设理事会、监事会。

证券交易所设总经理一人，由国务院证券监督管理机构任免。

【条文主旨】

本条是关于会员制证券交易所理事会、监事会和总经理的规定。

【条文释义】

本条由原证券法第106条证券交易所理事会和第107条证券交易所总经理的规定合并而来。在原条文的基础上，增加证券交易所监事会的规定。

---

① 朱慈蕴：《论证券交易所与会员公司的法律关系——两者关系法律构造的问题点》，载《法商研究》2011年第3期。

一、证券交易所设理事会

1. 理事会的性质与职权

理事会是会员制证券交易所常设决策机构。会员大会是会员制证券交易所的最高权力机构，决定证券交易所的重大问题，但是它只是一个议事机构，不是常设机构。在这种情况下，需要设置一个常设机构处理证券交易所日常工作。理事会作为会员制证券交易所的常设决策机构，依照证券交易所管理办法和沪深证券交易所章程而设置。

根据《证券交易所管理办法》，理事会行使下列职权：（1）召集会员大会，并向会员大会报告工作；（2）执行会员大会的决议；（3）审定总经理提出的工作计划；（4）审定总经理提出的年度财务预算、决算方案；（5）审定对会员的接纳和退出；（6）审定取消会员资格的纪律处分；（7）审定证券交易所业务规则；（8）审定证券交易所上市新的证券交易品种或者对现有上市证券交易作出较大调整；（9）审定证券交易所收费项目、收费标准及收费调整程序；（10）审定证券交易所重大财务管理事项；（11）审定证券交易所重大风险管理和处置事项，管理证券交易所风险基金；（12）审定重大投资者教育和保护工作事项；（13）决定高级管理人员的聘任、解聘及薪酬事项，但中国证监会任免的除外；（14）会员大会授予和证券交易所章程规定的其他职权。

2. 理事会向会员大会负责

沪深证券交易所章程均规定，理事会向会员大会负责。依照《证券交易所管理办法》的规定，理事会由证券交易所会员大会选举产生，执行会员大会的各项决议。理事会必须按照法定的程序将自己的工作情况向会员大会进行报告，会员理事如果不履行职务或者履行职务出现了违法行为，必须依法承担责任，会员大会有权依照法定程序罢免会员理事。

3. 理事会的组织架构及理事选任方式

根据《证券交易所管理办法》的规定，证券交易所的理事会由会员理事和非会员理事组成，会员理事由会员大会选举产生，非会员理事由证监会委派，理事每届任期 3 年。理事会成员由 7 ~ 13 人构成，其中非会员理事人数不少于理事会成员总数的三分之一，不超过理事会成员总数的二分之一。理事会设理事长 1 人，副理事长 1 ~ 2 人。理事长负责召集和主持理事会会议，是证券交易所的法定代表人。总经理是当然理事会成员，理事长不得兼任证券交易所总经理。这种结构安排的目的在于防止证券交易所过度倾向于会员利益从而损害投资者合法权益，强化证券交易所公共利益原则，维护证券交易的公正性。

二、证券交易所设监事会

1. 监事会的性质与职权

监事会是证券交易所的监督机构。根据《证券交易所管理办法》的规定，证券交易所监事会行使下列职权：(1) 检查证券交易所财务；(2) 检查证券交易所风险基金的使用和管理；(3) 监督证券交易所理事、高级管理人员执行职务行为；(4) 监督证券交易所遵守法律、行政法规、部门规章和证券交易所章程、协议、业务规则以及风险预防与控制的情况；(5) 当理事、高级管理人员的行为损害证券交易所利益时，要求理事、高级管理人员予以纠正；(6) 提议召开临时会员大会；(7) 提议召开临时理事会；(8) 向会员大会提出提案；(9) 会员大会授予的和证券交易所章程规定的其他职权。

2. 监事会的组织架构及监事选任方式

证券交易所监事会人员不得少于5名，其中会员监事不得少于2名，职工监事不得少于2名，专职监事不得少于1名。监事每届任期3年。会员监事由会员大会选举产生，职工监事由职工大会、职工代表大会或者其他形式民主选举产生，专职监事由中国证监会委派。证券交易所理事、高级管理人员不得兼任监事。

三、证券交易所设总经理

总经理是证券交易所的必设机构，在理事会领导下负责证券交易所的日常管理工作。根据《证券交易所管理办法》的规定，总经理由中国证监会任免，副总经理按照中国证监会相关规定任免或者聘任。总经理行使以下职权：(1) 执行会员大会和理事会决议，并向其报告工作；(2) 主持证券交易所的日常工作；(3) 拟订并组织实施证券交易所工作计划；(4) 拟订证券交易所年度财务预算、决算方案；(5) 审定业务细则及其他规定；(6) 审定除取消会员资格以外的其他纪律处分；(7) 审定除应当由理事会审定外的其他财务管理事项；(8) 理事会授予的和证券交易所章程规定的其他职权。

四、境外主要证券交易所的治理结构

纽约证券交易所的管理架构主要是由董事会、执行委员会以及两者下属的各委员会组成。其中，董事会是最高权力机构，执行委员会在董事会的领导下，负责证券交易所的日常管理和经营。根据纽约证券交易所章程，董事会的组成成员，以及执行委员会的组成人员均不得由证券交易所及其相关人士担任。董事会被章程赋予有关交易所公司治理的一切必要权力，包括：交易规则制定和解释权，有关交易所福利、目的和决定权，以及为发布、实施这些规则、指引和决定所需要的其他权力。执行委员会由董事会设立，受董事会监督，就交易所运营管理等事项，涉及会员、上市公司和公共利益等问题向首席执行官和董事会提供建议。董事会下设常务委员会，每个常务委员会都有其特定的职责。

日本东京证券交易所的组织架构主要包括股东大会、董事会、审计会、执行官委员会、咨询委员会（市场运营委员会）。

韩国证券交易所的组织架构主要包括股东会、董事会、董事候选人提名委员会、监事委员会、市场监督委员会。

我国香港特别行政区交易所的组织架构由董事会、管理委员会、咨询小组、国际咨询委员会以及董事会下设的9个董事委员会组成。董事会是香港交易所的最高权力机构，董事会董事分为由财政司长任命的公众利益董事以及由交易所股东大会或董事会任命的董事。董事会负责制定公司政策，订定战略方向，确定设置有效的内部监控环境，以及监督负责日常营运的管理层。董事会领导的9个董事委员会在特定专责事宜上协助董事会，履行由董事会分配的角色及责任，向董事会汇报决定及行动，监督管理层的表现及提出必需的建议。管理委员会获董事会授权，处理业务的日常管理功能，以及执行由董事会批准的所有项目及业务计划。

我国台湾地区证券交易所的组织架构包括股东大会、董事会、总经理、监察人以及业务委员会。

【适用指引】

1.《证券交易所管理办法》对理事会、监事会、总经理的职权、组织架构、成员选任方式及任期、议事规则作出了具体规定。会员大会、理事会、监事会的决议应当向中国证监会报告。根据《证券交易所管理办法》，会员大会每年召开一次，由理事会召集。会员大会结束后10个工作日内，证券交易所应当将大会全部文件及有关情况向中国证监会报告。理事会会议至少每季度召开一次。理事会决议应当在会议结束后2个工作日内向中国证监会报告。监事会至少每六个月召开一次会议。监事会决议应当在会议结束后2个工作日内向中国证监会报告。

2. 根据沪深证券交易所章程，境外证券经营机构的驻华代表处可以申请成为特别会员，特别会员可以列席会员大会，接受证券交易所的相关服务和提出相关建议，但不享有会员的其他权利。

3. 根据《证券交易所管理办法》，理事会、监事会可以根据需要设立专门委员会。各专门委员会的职责、任期和人员组成等事项，由证券交易所章程具体规定。根据沪深证券交易所章程，理事会专门委员会对理事会负责，监事会专门委员会对监事会负责。

第一百零三条 有《中华人民共和国公司法》第一百四十六条规定的情形或者下列情形之一的，不得担任证券交易所的负责人：

（一）因违法行为或者违纪行为被解除职务的证券交易场所、证券登记结算机构的负责人或者证券公司的董事、监事、高级管理人员，自被解除职务之日起未逾五年；

（二）因违法行为或者违纪行为被吊销执业证书或者被取消资格的律师、注册会计师或者其他证券服务机构的专业人员，自被吊销执业证书或者被取消资格之日起未逾五年。

【条文主旨】

本条是关于证券交易所负责人的任职资格限制条件的规定。

【条文释义】

任职资格，是指担任证券交易所负责人的条件。证券交易所负责人对证券交易所、证券市场负有重大责任，因此需要对其任职资格及其限制作出明确规定。证券交易所负责人的范围，一般认为包括证券交易所的理事、监事、总经理、副总经理、首席专业技术管理人员等。按照本条规定，以下三种情形不能担任证券交易所负责人。

一、公司法第146条规定的情形

公司法第146条对公司负责人任职的消极资格作了规定，本法也适用该规定。具体内容如下：

1. 限制的对象。限制对象分为五大类：（1）无民事行为能力或者限制民事行为能力的；（2）因贪污、贿赂、侵占财产、挪用财产或者破坏社会经济秩序，被判处刑罚或者因犯罪被剥夺政治权利的；（3）担任破产清算的公司、企业的董事或者厂长、经理，对该公司、企业的破产负有个人责任的；（4）担任因违法被吊销营业执照责令关闭的公司、企业的法定代表人，并负有个人责任的；(5) 个人所负数额较大的债务到期未清偿的。

2. 限制的时间。所负数额较大债务到期的主体的限制期限为清偿之前。上述对破产清算或吊销营业执照责令关闭负有个人责任的主体的限制期限为三年。上述被判处刑罚或者因犯罪被剥夺政治权利的主体的限制期限为五年。无民事行为能力或者限制民事行为能力的主体的限制期限为终身。

二、被解除职务的证券交易场所、证券登记结算机构的负责人或者证券公司的董事、监事、高级管理人员

这一规定，包括下述内容：

1. 限制的对象。限制对象分为三大类：(1) 被证券交易场所开除职务的负责人，包括理事、监事、总经理、副总经理等。(2) 被证券登记结算机构解除职务的董事、监事、经理等负责人员。(3) 被证券公司解除职务的董事、监事和高级管理人员。上述三大类人员均应当是违反法律法规的规定或者违反本行业、本所或者本公司的纪律而被解除职务的人员。

2. 限制的时间。上述三类人员被限制的时间为五年，这五年的起算时间为被解除职务时。如果超过五年的，就可以担任证券交易所的负责人。

三、被吊销执业证书或者被取消资格的中介服务机构人员

这一规定，包括下述内容：

1. 限制的对象。限制对象分为三大类：(1) 被司法行政部门吊销律师执业证书或取消资格的人员。(2) 被财政部门吊销注册会计师证书或取消资格的人员。(3) 被吊销执业证书或取消资格的其他证券服务机构专业人员，主要包括会计师事务所、律师事务所以及从事证券投资咨询、财务顾问、资产评估、资信评级、信息技术系统服务等其他证券服务机构的专业人员。我国律师法、注册会计师法对吊销执业证书或取消资格分别有专门的规定。

2. 限制的时间。上述三类人员被限制的时间为五年，这五年的起算时间为被吊销执业证书或取消资格时。如果超过五年的，就可以恢复担任证券交易所的负责人的资格。

【适用指引】

1. 根据律师法，律师如有以不正当方式影响办案，行贿，提供虚假材料，提供虚假证据，侵害委托他人利益，扰乱诉讼或仲裁活动秩序，以非法手段解决争议，发表危害国家安全、恶意诽谤他人、严重扰乱法庭秩序的言论，泄露国家秘密等行为，情节严重的，由省、自治区、直辖市人民政府司法行政部门吊销其律师执业证书。

2. 根据律师法，申请人以不正当手段取得律师执业证书的或者不符合本法规定条件的申请人准予执业的，由省、自治区、直辖市人民政府司法行政部门撤销准予执业的决定，并注销被准予执业人员的律师执业证书。

3. 根据注册会计师法，注册会计师在执行审计业务，遇到委托人有不合理要求或者故意不提供会计资料和文件等情形致使注册会计师出具的报告不能对财务会计的重要事项作出正确表述时，注册会计师没有拒绝出具有关报告，情节严重的。或者在出具报告时，注册会计师明知委托人对重要事项的财务会计处理与国家有关规定相抵触，明知导致使用报告的利害关系人产生重大误解，明知委托人会计报表的重要事项有其他不实的内容等情形而不予指明的，以及明知委托人的财务会计处理会直接损害使用报告的利害关系人的利益，而予以隐瞒或者出具不实报告等情形，情节严重的，可以由省级以上人民政府财政部门暂停其执行业务或者吊销注册会计师证书。

4. 根据注册会计师法，注册会计师有完全丧失民事行为能力，受刑事处罚，在财务、会计、审计、企业管理或者其他经济管理工作中犯有严重错误受行政处罚、撤职以上处分，自行停止执行注册会计师业务满一年等情形的，由准予注册的注册会计师协会撤销注册，收回注册会计师证书。

第一百零四条 因违法行为或者违纪行为被开除的证券交易场所、证券公司、证券登记结算机构、证券服务机构的从业人员和被开除的国家机关工作人员，不得招聘为证券交易所的从业人员。

【条文主旨】

本条是关于证券交易所从业人员资格限制的规定。

【条文释义】

证券交易所从业人员是指证券交易所内部工作人员，包括证券交易所各职能部门负责人、一般工作人员等。证券交易所从业人员具有职业的特殊性，一旦品行不端，发生违法违纪行为，很可能扰乱证券交易秩序，直接损害投资者的合法权益。因此，需要对其任职资格及其限制作出明确规定。这一规定，包括下述内容。

1. 限制的对象。限制对象分为五大类：（1）被开除的证券交易场所的从业人员；（2）被开除的证券登记结算机构的从业人员；（3）被开除的证券公司的董事、监事、高级管理人员及其他工作人员；（4）被开除的证券服务机构的从业人员；（5）被开除的国家机关的工作人员。

2. 限制的时间。本条没有给出具体的限制时间，因此可以理解为自被开除之日起不能担任证券交易所的工作人员。

【适用指引】

证券交易场所的从业人员是指所有在证券交易场所任职的工作人员，比如理事、监事、总经理及其他工作人员。

证券服务机构的从业人员包括律师事务所、会计师事务所、投资咨询机构、财务顾问机构、资信评级机构、资产评估机构、信息技术系统服务机构等证券服务机构从事证券服务业务的专业人员。

国家机关的工作人员包括公务员和公务员以外的工勤人员。

第一百零五条 进入实行会员制的证券交易所参与集中交易的，必须是证券交易所的会员。证券交易所不得允许非会员直接参与股票的集中交易。

【条文主旨】

本条是关于参与会员制证券交易所集中交易的主体的规定。

【条文释义】

一、参与股票集中交易的主体是证券交易所的会员

原证券法第111条规定了证券交易所参与集中交易的只能是会员，本次修法新增非会员不得直接参与股票集中交易的规定。

集中交易是在证券交易场所内依法进行证券买卖的一种方式，是由多个买家和卖家形成买卖的过程。如果所有普通投资者都直接进入证券交易所自己或代理他人进行交易显然是不现实的，需要对进入主体的资格进行限制性规定，

规范交易所市场的管理。

我国现有的沪深证券交易所都是会员制证券交易所。根据本法第96条规定，证券交易所实行自律管理。在会员制交易所的自律管理模式下，交易监管是以会员为中心的，交易所监管会员，会员管理客户。证券公司加入证券交易所成为会员的行为即表明其愿意接受证券交易所的管理，证券交易所通过制定和实施自律规则，规范其自身和其成员的业务活动，规范交易秩序。投资者与证券公司签订证券交易委托协议，并接受证券公司的管理，证券公司在事前认识客户，履行适当性管理；事中监控投资者的交易行为，及时发现、制止可能存在的违规交易、可疑的异常交易；事后向证券交易所报告异常交易及违规交易。因此，不是证券交易所的会员，证券交易所很难对其进行直接的自律管理，不能实现自律的要求，可能引起证券市场的混乱。为确保证券交易市场的健康发展，会员制交易所通常只对会员服务。另外，沪深证券交易所的交易规则也均是面向证券交易所会员的。因此本条规定，只有证券交易所的会员才能进入证券交易所参与股票的集中交易。

二、会员的资格条件

按照《证券交易所管理办法》的规定，证券交易所接纳的会员应当是有权部门批准设立并具有法人地位的境内证券经营机构。境外证券经营机构设立的驻华代表处，经申请可以成为证券交易所的特别会员。证券经营机构即证券公司，是指依照公司法、证券法的规定成立并经中国证监会审查批准的从事证券经营业务的有限责任公司和股份有限公司。

《上海证券交易所章程》规定：申请成为本所会员，应当同时具备下列条件：（1）经批准设立、具有法人地位的境内证券经营机构；（2）具有良好信誉和经营业绩；（3）组织机构和业务人员符合中国证监会和本所规定的条件，符合本所对内部管理制度、技术系统及风险防范提出的各项要求；（4）承认并遵守本所章程和业务规则，按规定交纳会员费用；（5）本所要求的其他条件。《深圳证券交易所章程》规定会员必须同时具备下列条件：（1）经批准设立、具有法人地位的境内证券经营机构；（2）具有完善的风险管理及内部控制制度；（3）具有合格的经营场所、业务设施和技术系统；（4）承认并遵守本所章程及业务规则；（5）中国证监会及本所规定的其他条件。

三、会员的权利与义务

根据沪深两个证券交易所的章程规定，证券交易所会员享有下列权利：（1）参加证券交易所会员大会；（2）选举权和被选举权；（3）对证券交易所事务的提案权和表决权；(4) 进入证券交易所市场从事证券交易及接受本所提供的服务；(5) 对证券交易所事务和其他会员的活动进行监督；(6) 取得并转让会员席位，但应当保留至少一个会员席位；(7) 证券交易所规定的其他权利。

证券交易所会员承担下列义务：(1) 遵守有关法律、行政法规和部门规章，依法开展证券经营活动；(2) 遵守证券交易所章程、业务规则，执行本所决议；(3) 建设符合规定的交易相关技术系统，完备、清晰、准确地保存客户交易终端数据，完善合规与内部风险控制制度；(4) 对自身及客户交易行为进行监督和管理，防范违规交易行为和交易异常风险；(5) 履行对证券交易所市场的交易及交收义务；(6) 对客户进行适当性管理，开展投资者教育，妥善处理客户交易纠纷与投诉，保护投资者的合法权益；(7) 维护交易市场的稳定发展；(8) 按规定交纳各项经费和提供有关信息资料；(9) 接受证券交易所的监管；(10) 证券交易所规定的其他义务。深圳证券交易所章程对会员监督和管理自身和客户交易行为的义务进行了进一步细化，包括了解客户并在与客户之间签订的证券交易委托协议中约定对委托交易指令的核查和对异常交易指令的拒绝等内容，完善客户交易行为监控系统，督促其依法参与证券交易，对可能严重影响正常交易秩序的异常交易行为应当拒绝接受其委托，并按照有关规定履行向本所的报告义务，防范违规交易行为和异常交易风险。

【适用指引】

1. 根据沪深证券交易所章程，会员违反交易所章程和业务规则，证券交易所可以给予自律监管措施或者纪律处分。

2. 根据沪深证券交易所的交易规则，会员进入证券交易所市场进行证券交易，必须向证券交易所申请取得交易权，成为证券交易所交易参与人。交易参与人应当通过在证券交易所开设的参与者交易业务单元进行证券交易，并遵守证券交易所业务规则的相关规定。

3. 根据沪深证券交易所的会员管理规则，从事境内上市外资股业务的境外证券经营机构，境外交易所为参与证券交易所交易在境内设立的证券交易服务机构，符合参与证券交易所股票期权业务规定的期货公司及证券交易所认可的其他机构，符合参与证券交易所有关技术系统及相关设施、业务与风险管理及内部控制制度等要求的，可通过设立交易单元或证券交易所业务规则规定的其他方式参与证券交易，成为证券交易所其他交易参与人，接受证券交易所的自律管理。

第一百零六条　投资者应当与证券公司签订证券交易委托协议，并在证券公司实名开立账户，以书面、电话、自助终端、网络等方式，委托该证券公司代其买卖证券。

【条文主旨】

本条是关于投资者买卖证券委托方式的规定。

【条文释义】

本条所讲投资者，是指参与证券交易的机构或者个人。在证券交易所的交易中，投资者在证券交易所买卖证券必须通过有会员资格的证券公司进行，自己不能直接在证券交易所内进行交易，如果允许投资者直接到证券交易所内进行交易，会给证券交易所的管理带来诸多不便。所以，本条规定，投资者只能通过委托证券公司的方式在证券交易所买卖证券。

按照本条规定，投资者买卖证券的程序主要包括：

一、与证券公司签订证券交易委托协议

投资者买卖证券，应当先与证券公司签订证券交易委托协议，未签订证券交易委托协议的，不得买卖证券。证券交易委托协议一般由证券公司制定，供双方使用。证券交易委托协议一般应当包括风险揭示、投资者与证券公司遵守有关业务规则的承诺、委托代理范围、委托方式、异常情况处理、双方责任及免责条款、争议解决条款等内容。

二、在证券公司实名开立账户

投资者到证券公司开立账户，主要包括：

1. 在证券公司办理名册登记。投资者必须持本人或本机构的身份证或者法人证明到证券公司办理名册登记。名册登记主要包括：就个人来讲，名册主要登记投资者个人的姓名、性别、身份证号码、家庭住址、职业、联系电话，同时留存印鉴和签名卡样；就法人来讲，主要包括法定代表人身份证明，法定代表人委托代理人的书面委托书及法定代表人和代理人的姓名、性别等。

新证券法特别强调了投资者应“实名”开立账户，体现了我国证券监管强化证券交易实名制的要求。实名开户的具体要求为，投资者在开立账户时应出示有效身份证明文件，使用实名，保证开户资料信息真实、准确、完整、有效，并及时更新①。

2. 开立证券账户和资金账户。证券账户是为了证券交易方便，在证券登记结算机构开立的专门保存证券的账户，用于记录投资者所持有的证券种类和数量。除了国家法律、行政法规禁止的一些自然人和法人之外，其他自然人和法人持有效证件，均可向证券登记机构申请开设证券账户。目前一个投资者只能申请开立 1 个一码通账户；一个投资者在同一市场最多可以申请开立 3 个 A 股账户、封闭式基金账户，只能申请开立 1 个信用账户、B 股账户②。

资金账户是用于存放投资者买入证券所需的资金和卖出证券取得的价款的账户。已开立证券账户的投资者应当持证券账户和身份证向自己选择的证券公司申请开立资金账户。根据本法第 131 条第 1 款的规定，证券公司客户的交易结算资金应当存放在商业银行，以每个客户的名义单独立户管理。

三、确定证券买卖委托方式

按照本条规定，投资者可以选择下述证券买卖委托方式：

1. 书面方式。是指投资者以现场填写委托书、电报、传真、信函等书面形式向证券公司写出自己的委托内容和要求，由证券公司代为买卖证券。

2. 电话方式。是指投资者以电话的形式将委托的内容和要求向证券公司提出，证券公司根据委托代为买卖证券。

3. 自助终端方式。是指投资者通过证券公司提供的专用电脑终端，凭证券交易磁卡或交易密码登录，并自行下达委托指令完成证券买卖。

4. 网络方式。是指投资者通过互联网，向证券公司下达买卖证券指令，获取成交结果。互联网是指因特网或其他类似技术形式的通用性公共计算机通信网络，一般不包括证券公司租用公共通信设施建设的专门用于委托业务的电话拨号网或其他形式的计算机网络。

5. 其他方式。是指除上述委托方式以外的其他方式，如手机委托、可视电话委托等。手机委托因基于移动通信网络技术，有时也被理解为属于网络委托的一种方式。

---

① 中国证券业协会《证券公司客户账户开户协议指引》（2014 年 1 月版）第 3 条：严格遵守账户实名制规定。“当您开立客户账户时，应当出示本人/机构有效身份证明文件，使用实名，保证开户资料信息真实、准确、完整、有效，保证资金来源合法。如您的个人身份信息发生变更，您应当及时与所委托的证券公司分支机构联系进行变更。”

② 《中国证券登记结算有限责任公司证券账户业务指南》（2019 年 7 月 1 日版）第 2.1.2 条：“【开户数量】同一投资者只能申请开立一个一码通账户。同一投资者最多可以申请开立 20 个 A 股账户、封闭式基金账户，只能申请开立一个信用账户、B 股账户。”

随着证券交易、电子签名技术的不断发展，投资者通过证券公司委托证券买卖的方式越来越多样化，这极大地丰富了委托交易的形式，提高了投资者参与证券交易的便捷性。本次证券法修订，特别将自主终端方式、网络方式直接予以明确，很显然正是基于全面服务证券投资者，推动证券市场活跃、发展的价值取向。

【适用指引】

关于证券交易委托协议的要点：为适应证券行业创新发展需要，保护投资者合法权益，2014 年 1 月 13 日，中国证券业协会修订并发布了《证券交易委托代理协议指引》，供证券公司在开展经纪业务相关协议文本修订工作中参考使用。根据该指引，证券交易委托代理协议主要包括如下要点：

1. 风险揭示。主要用于向投资者提示投资者从事证券投资可能面临的宏观经济风险、政策风险、上市公司经营风险、技术风险、不可抗力因素导致的风险、特殊证券品种的风险等。

2. 投资者与证券公司声明与承诺。包括承诺具备相应的投资或业务资格，遵守证券市场有关法律、法规、规章、自律规则、证券登记结算机构业务规则及证券交易所交易规则等。

3. 委托代理范围。主要用于明确投资者委托证券公司提供代理服务的内容。

4. 委托方式。主要用于明确双方所接受的网上委托、电话委托、热键委托等交易委托方式，以及交易指令的发出、撤销等处理方式。

5. 异常情况处理。用于明确在出现投资者无法进入委托交易系统、账户资产余额或委托记录异常、数字证书或账户密码使用异常等情况的处理方式。

6. 双方责任及免责条款。主要用于明确双方的基本责任，以及在出现不可抗力事件或突发事故等情况时的责任认定。

7. 争议解决条款。明确双方在协议执行中发生争议时选择的诉讼或仲裁等争议解决方式。

8. 其他。如协议的生效、变更和终止等。

第一百零七条　证券公司为投资者开立账户，应当按照规定对投资者提供的身份信息进行核对。

证券公司不得将投资者的账户提供给他人使用。

投资者应当使用实名开立的账户进行交易。

【条文主旨】

本条是关于执行证券交易实名制的规定。

【条文释义】

一、证券交易实名制的概念

证券交易实名制，是指投资者在参与证券交易的过程中，无论是证券账户开立环节，还是实际证券买卖交易环节，均使用真实身份，最终实现证券账户、资金账户信息与开立人身份证明文件真实匹配，开户人与账户实际使用人真实匹配的机制。

二、证券交易实名制要求在证券法修订过程中的演变

证券交易实名制在我国证券法颁布之初即有要求，其间经过如下变化：

1. 1998 年证券法第 138 条第 2 款规定："客户开立帐户，必须持有证明中国公民身份或者中国法人资格的合法证件。"该条要求，投资者开立账户，必须持有合法的身份证明：个人开户必须持有公安机关制发的证明中国公民身份的有效居民身份证，法人开户必须持有工商行政管理部门颁发的证明其具有中国法人资格的合法文件。而且基于当时的特殊背景，为防止国际投机资金冲击我国证券市场，该版证券法还要求客户开立账户必须持有证明中国公民身份或者中国法人资格的合法证明，境外公民和法人不得在境内开立证券账户。

2. 2005 年证券法第 166 条第 2 款规定："投资者申请开立账户，必须持有证明中国公民身份或者中国法人资格的合法证件。国家另有规定的除外。"为了扩大对外开放，当时我国已经引入了合格境外机构投资者（QFII）投资境内证券市场，并允许境外投资者受让境内上市公司股份，因此此次修订除继续保留实名制要求以外，对境外投资者的境内开户作了但书处理，允许境外投资者在符合其他法律法规的情况下开立境内账户。

3. 2013 年、2014 年在证券法修订过程中，并未直接对 2005 年修订版中的开户实名制条款作出修改。但 2015 年 7 月 12 日，中国证监会公布了《关于清理整顿违法从事证券业务活动的意见》（以下简称《清理整顿意见》），主要从三个方面提出了加强证券交易实名制管理的要求：

（1）中国证券登记结算公司应当按照证券法第 166 条的规定，严格落实证券账户实名制，进一步加强证券账户管理，强化对特殊机构账户开立和使用情况的检查，严禁账户持有人通过证券账户下设子账户、分账户、虚拟账户等方

式违规进行证券交易。

（2）各证券公司应当按照《证券公司监督管理条例》第 28 条的规定以及证券账户管理规则，在为客户开立证券账户时，对客户申报的姓名或者名称、身份的真实性进行审查，保证同一客户开立的资金账户和证券账户的姓名或者名称一致。证券公司不得将客户的资金账户、证券账户提供给他人使用。

对通过外部接入信息系统买卖证券的情形，证券公司应当严格审查客户身份的真实性、交易账户及交易操作的合规性，防范任何机构或者个人借用本公司证券交易通道从事违法交易活动。

（3）证券投资者应当按照法律法规和中国证监会的有关规定，严格遵守证券账户实名制要求开立证券账户。任何机构和个人不得出借自己的证券账户，不得借用他人证券账户买卖证券。

《清理整顿意见》不但将实名制要求从账户开立环节延伸到证券交易环节，还将落实实名制要求的主体，从投资者扩大到证券登记结算机构以及证券公司。《清理整顿意见》发布以后，中国证券登记结算公司立即发布了《关于贯彻落实〈关于清理整顿违法从事证券业务活动的意见〉有关事项的通知》，并随后修订了《特殊机构及产品证券账户业务指南》，进一步明确了证券账户实名制的要求和检查的内容。2018 年 6 月 15 日，中国证券登记结算公司发布《关于对证券违法案件中违反账户实名制行为加强自律管理的通知》，对证券违法案件中违反账户实名制管理的相关当事人，除采取注销账户、限制使用等措施外，将同时采取一定时期内限制新开账户、列为重点关注对象等处罚措施。

三、本次证券法修订对加强证券交易实名制的具体要求

本次证券法修订，从以下角度加强证券交易实名制管理：

1. 从投资者角度，本法第 157 条第 2 款规定："投资者申请开立账户，应当持有证明中华人民共和国公民、法人、合伙企业身份的合法证件。国家另有规定的除外。"此次修订在投资者开户主体范围中增加了"合伙企业"。本法第 107 条第 3 款规定："投资者应当使用实名开立的账户进行交易。"明确将交易行为纳入实名制要求中。本法第 58 条规定："任何单位和个人不得违反规定，出借自己的证券账户或者借用他人的证券账户从事证券交易。"本法同时在第 195 条中规定了违法出借账户或借用账户的法律责任。

2. 从证券公司角度，本法第 107 条第 1 款、第 2 款规定："证券公司为投资者开立账户，应当按照规定对投资者提供的身份信息进行核对。证券公司不得将投资者的账户提供给他人使用。"明确证券公司在投资者开户环节应核对其身份信息，并确保投资者账户专人专用。本法同时在第 201 条规定了证券公司未核对投资者身份信息的法律责任。

【适用指引】

进一步加强对证券交易实名制的理解。新证券法加强证券交易实名制要求主要体现在三个方面：

一、覆盖范围更加全面，贯穿交易始终

本次证券法修订之前，在法律层面实名制要求主要体现在账户开立环节，本次修订将实名制延伸至交易环节，明确投资者应当使用实名开立的账户进行交易，任何主体不得出借自己的证券账户或者借用他人的证券账户从事证券交易。覆盖范围的这种变化可以使实名制要求得到更好的落实。

二、规范对象更加立体，增加多重保障

本次证券法修订将实名制要求从投资者扩展到证券公司，强调了证券公司作为证券交易服务机构在实名制方面的职责，增加了确保实名制充分落实的保障。

三、法律责任得以明确，立法更加周延

本次证券法修订除对实名制的具体内容、要求作出规定，还首次对不遵守证券交易实名制的情况规定了对应的法律责任。这在立法技术上是一种进步，同时也可以从操作层面上更好地确保证券交易实名制得到执行。

> **第一百零八条**　证券公司根据投资者的委托，按照证券交易规则提出交易申报，参与证券交易所场内的集中交易，并根据成交结果承担相应的清算交收责任。证券登记结算机构根据成交结果，按照清算交收规则，与证券公司进行证券和资金的清算交收，并为证券公司客户办理证券的登记过户手续。

【条文主旨】

本条是关于证券公司与证券登记结算机构证券交易清算交收责任的规定。

【条文释义】

一、明确了我国证券交易的二级结算体制

第一，证券公司对接受客户委托申报的交易承担清算交收责任；第二，证券登记结算机构的清算交收对象是证券公司。这清楚地表明了我国证券登记结算机构采取的是证券登记结算机构与证券公司进行结算、证券公司与客户进行结算的二级结算体制。

二、证券公司承担一级结算责任

在我国，证券公司与投资者之间是托管关系。证券投资者委托证券公司，对其证券资产的所有、变动以及与此相关的受益权进行保存管理和权益监护。证券进入交易市场流通后，客户将其名下持有的证券先行托管在证券公司，然后由证券公司存管于证券登记结算机构，证券登记结算机构与投资者没有直接的法律关系。

客户在买卖证券时，将交易指令发给证券公司，由其根据投资者的委托，按照证券交易规则提出交易申报，参与证券交易所的场内集中交易。交易达成后，证券与资金的清算与交收工作依然由证券公司承担。也就是说，在我国的证券交易中，投资者在其所有资金和持有的证券范围内，只需发出买卖指令，其余工作均委托证券公司代其完成。

三、证券登记结算机构承担二级结算责任

我国的证券登记结算机构一般指中国证券登记结算公司，其接受证券公司的存管委托后，负有集中保管证券公司交存的客户证券和自有证券，并提供权益维护服务的法律责任。《证券登记结算管理办法》第43条规定：证券和资金结算实行分级结算原则。证券登记结算机构负责办理证券登记结算机构与结算参与人之间的集中清算交收；结算参与人负责办理结算参与人与客户之间的清算交收。这里的结算参与人既包括证券公司，也包括资金存管银行、结算银行等金融机构。证券登记结算机构采取多边净额结算方式的，应当根据业务规则作为证券公司的共同对手方，按照货银对付的原则，以证券公司为结算单位办理清算交收。

由于客户持有的证券由证券公司托管在证券登记结算机构，因此，证券公司与客户之间的证券划付，应当委托证券登记结算机构代为办理。集中交收过程中，证券登记结算机构应当在交收时点，向证券公司收取其应付的资金和证券，同时交付其应收的证券和资金，完成客户证券账户的过户与变更公司。交收一旦完成，不可撤销。

【适用指引】

1. 证券交易通过证券公司完成。投资者与证券公司之间是委托关系，其将交易指令发给证券公司后，由证券公司在场内进行集中交易。

2. 证券公司为证券登记清算工作的中间方。证券公司以自己的名义与证券登记结算机构进行证券与资金的交收工作、履行清算和过户的相应手续后，再与投资人进行证券与资金的交收。

3. 证券登记结算阶段的法律责任。由证券公司或者证券登记结算机构根据其职能划分承担责任，与投资者无关。根据投资者与证券公司的托管协议以及法律规定，证券公司负有按照成交结果向投资者进行证券与资金的交收义务，证券登记结算机构与证券公司互负义务。

第一百零九条　证券交易所应当为组织公平的集中交易提供保障，实时公布证券交易即时行情，并按交易日制作证券市场行情表，予以公布。

证券交易即时行情的权益由证券交易所依法享有。未经证券交易所许可，任何单位和个人不得发布证券交易即时行情。

【条文主旨】

本条是关于证券交易所组织交易义务及证券交易即时行情专属所有权的规定。

【条文释义】

原证券法第113条规定了证券交易应当为组织公平的集中交易提供保障，公布证券交易即时行情。为加强对证券交易即时行情专属所有权的立法保护，本条增加规定了“证券交易即时行情的权益由证券交易所依法享有”。

一、证券交易所为组织公平的集中交易提供保障的义务

保证证券交易有序运行，确保投资者有一个公平交易的场所是证券交易所的重要职责。因此，本条要求证券交易所为组织公平的集中交易提供保障。这里所说的保障是一种综合保障，包括技术保障、场地保障、设施保障、人员保障等。

随着科学技术的发展，信息技术被大量运用以提高证券交易所的运作效率。我国沪深证券交易所经过30年的发展，已实现了高度的无纸化和电子化。在这种情况下，证券交易所的技术运行系统是组织集中交易最重要的保障对象。证券交易所的技术运行架构分为交易系统、结算系统、信息系统、监察系统四大

模块，保障运行系统正常、安全的运行，提高交易效率便成为证券交易所的一项重要任务。

二、证券交易所公布证券交易行情的义务

信息公开是证券市场的一个重要规则，也是保证证券交易正常运行的基础。只有信息公开，才能为投资者提供平等的交易机会，使投资者根据市场的基本情况来判断自己是否进行投资、什么时候投资。

本条规定证券交易所有义务及时公布即时行情和其他应公布的证券交易行情。(1) 证券交易即时行情。是证券交易的实时行情信息，目前是通过电子系统进行公布。证券交易所可以根据市场需要，调整即时行情发布的方式和内容。(2) 按交易日公布的交易行情。证券交易所在每个交易日结束后，应当将该日的交易情况整理清楚，制作行情表，并在中国证监会指定的媒体上披露。

三、证券交易所对即时行情的专属所有权

证券交易所拥有对即时行情的专属所有权。只有证券交易所才有权发布证券即时信息。这主要是出于两个方面考虑：

1. 由证券交易所发布即时行情能够确保准确及时。证券交易即时行情是投资者对证券作出客观判断的重要依据，发布证券交易即时行情不能延迟和出现差错，否则会给投资者造成不必要的损失。发布虚假的证券交易即时行情更会造成严重的后果。证券交易所作为证券交易的场所能够准确获得即时行情的第一手资料。

2. 即时行情凝聚着证券交易所的智力劳动成果。《证券交易所管理办法》规定，证券交易所对市场交易形成的基础信息和加工产生的信息产品享有专属权利。未经证券交易所同意，任何单位和个人不得以商业目的使用。由此可见，对证券即时行情的发布既是证券交易所的义务，也是证券交易所的权利。

【适用指引】

根据《证券交易所管理办法》规定，证券交易所应当公布即时行情，并按日制作证券市场行情表，记载并公布下列事项：上市证券的名称；开盘价、最高价、最低价、收盘价；与前一交易日收盘价比较后的涨跌情况；成交量、成交金额的分计及合计；股价指数及其涨跌情况；中国证监会要求公布或者证券交易所认为需要的其他事情。

根据《证券交易所管理办法》规定，证券交易所对即时行情的专属权利既包括市场交易形成的基础信息，也包括加工产生的信息产品。经许可使用交易信息的机构和个人，未经证券交易所同意，不得将该信息提供给其他机构和个人使用。

第一百一十条 上市公司可以向证券交易所申请其上市交易股票的停牌或者复牌，但不得滥用停牌或者复牌损害投资者的合法权益。

证券交易所可以按照业务规则的规定，决定上市交易股票的停牌或者复牌。

【条文主旨】

本条是关于证券交易所停复牌制度的规定。

【条文释义】

一、上市公司申请股票停复牌

上市公司停复牌制度直接关系投资者的知情权、交易权，是证券市场的重要基础性制度。停牌指股票在证券交易所场内交易的强制中断，被申请停牌的股票在停牌期间停止交易，其价格不再受场内交易行情的影响。在上市公司正常经营中发生了可能对股票交易有巨大影响的重大事件，或市场上突然出现关于上市公司的重大信息时，上市公司可以申请股票停牌。当股价敏感性资料未能公平发布时，上市公司采取停牌的方式发布公告，让投资者有足够时间去了解有关信息，从而提高市场透明度，维护市场的有效运行，保护投资者利益。无论是境外市场还是境内市场，上市公司有重大的股价敏感信息需要发布均是上市公司申请停牌的重要原因。

复牌指被停牌的股票在证券交易所恢复交易。上市公司申请复牌，应当披露停牌期间筹划事项的主要工作、事项进展、对公司的影响以及后续安排等，并充分提示相关事项的风险和不确定性。上市公司终止筹划重大事项，应当立即申请复牌，披露终止筹划的具体原因、决策程序、对公司的影响以及后续安排等事项，并充分提示风险。上市公司筹划发行股份购买资产，公司或其现任董事、高级管理人员在停牌期间因涉嫌违法违规被司法机关立案侦查或者被中国证监会立案调查的，公司应当核实并披露该事项对公司本次重组的影响，不能继续推进的，应当及时申请复牌。

我国的上市公司停复牌的规则体系主要包括两个层面：一是证券法等法律法规、《上市公司信息披露管理办法》、《上市公司重大资产重组管理办法》、《关于完善上市公司股票停复牌制度的指导意见》（以下简称《停复牌指导意见》）等证监会部门规章及规范性文件，主要侧重于停复牌管理的基本原则。二是沪深证券交易所股票上市规则等业务规则，主要侧重于停复牌办理的标准和程序安排，同时两家证券交易所又在股票上市规则的基础上出台了停复牌业务指引，指导上市公司停复牌相关工作。

二、上市公司不得滥用停复牌

为了持续规范上市公司股票停复牌行为，防范停复牌的滥用损害投资者的合法权益，中国证监会出台《停复牌指导意见》，明确了上市公司申请停复牌"审慎停牌、分阶段披露、严格保密"的基本原则、理念，完善了上市公司停复牌的申请制度，以维护交易秩序、稳定市场预期、维护市场流动性、充分保障投资者的交易机会。

1. 审慎停牌，减少停牌事由，压缩停牌期限，严格停复牌程序。上市公司停复牌以不停牌为原则、停牌为例外，短期停牌为原则、长期停牌为例外，间断性停牌为原则、连续性停牌为例外。上市公司符合证券交易所业务规则规定的事由方可申请停牌，还应当合理确定停牌时点和时长，尽可能压缩停牌时间。

2. 分阶段披露，强化上市公司停复牌信息披露的要求。上市公司发生重大事项，应当按照及时披露的原则，分阶段披露有关事项的具体情况，尽量以信息披露代替，减少停牌情形及缩短停牌时间，不得仅以相关事项不确定为由随意申请股票停牌。因重大事项停复牌的，应当按照证券交易所的规定履行信息披露义务。

3. 严格保密，不得以申请股票停牌代替相关各方的保密义务。

根据《上海证券交易所股票上市规则》《深圳证券交易所股票上市规则》及相关停复牌信息披露指引，上市公司在应当披露的重大信息中如存在不确定性因素且预计难以保密的，或者在按规定披露前已经泄露的，向证券交易所申请停牌。申请停牌的理由主要分为三大类情形：（1）以股份支付方式支付对价的重大资产重组、上市公司筹划控制权变更、要约收购、股权激励、员工持股计划等重大事项；（2）上市公司破产重整；（3）上市公司风险事项存在重大不确定性，可能严重影响市场秩序、损害投资者合法权益，中国证监会或者证券交易所认为有必要停牌的。除上述情形外，上市公司的其他事项如筹划非公开发行、签订重大合同、对外投资等，都不得申请停牌。

上市公司及各方主体均对上市公司停复牌行为负有责任和义务，防范停复牌的滥用。以重大事项停复牌为例，根据沪深证券交易所相关停复牌信息披露指引，在具体安排上，上市公司董事长签署停复牌相关申请材料，承担主要决策责任；董事会审议相关事项，应当充分讨论、审慎决策；控股股东、实际控制人及交易对方，作为筹划事项的主要参与方，应配合上市公司做好保密和信息披露工作；相关证券服务机构应客观公正地发表各项意见。对于上市公司及相关主体滥用停复牌的行为，证券交易所可以采取相应的自律监管措施或者纪律处分。

三、证券交易所有权决定上市交易股票的停复牌

上市公司停复牌的制度主要目的是提升信息披露的有效性和公平性，但对证券市场流动性及投资者交易权确有影响，应当接受证券交易所的自律监管，以平衡市场的公平交易秩序和投资者正当交易权、平等知情权，确保停复牌制度功能有效发挥。本条确立了证券交易所有权决定上市交易股票的停复牌，有利于加强上市股票停复牌管理，减少交易阻力，增强市场流动性，维护正常的交易秩序，保护投资者的合法权益。

（一）证券交易所主动实施停复牌

上市公司未能履行相关规定或者出现特定规定的情形，可能对股票或者其衍生品种的价格产生较大影响时，证券交易所可以主动实施停牌，从而让投资者有足够的时间了解有关信息，作出更有利的投资决策，提高市场透明度。例如，根据《上海证券交易所股票上市规则》《深圳证券交易所股票上市规则》，可能的理由包括：公共媒体出现上市公司尚未披露的信息，上市公司未在法定期限内披露定期报告，上市公司财务报告出现重要的前期差错或者虚假记载，上市信息披露违法且拒不改正，上市公司严重违法且拒不改正，上市公司收到法院受理重组、和解或者破产清算的裁定，上市公司在公司运作和信息披露涉嫌违法违规被有关部门调查的，上市公司出现可能导致丧失上市资格的情形，证券交易所失去上市公司的有效信息来源等。在此方面，境外立法也有类似的安排。例如在美国和英国，发行人未提交定期报告或者违反信息披露要求均可能被勒令停牌。

当证券出现重大异常波动，证券交易所可以实施特别停牌。证券法第 113 条规定，证券交易所应当加强对证券交易的风险监测，出现重大异常波动的，证券交易所可以按照业务规则采取强制停牌。根据《深圳证券交易所证券异常交易实时监控细则》规定，有价格涨跌幅限制的股票在一段时期内的涨跌幅偏离同期可比指数涨跌幅较大，且上市公司未有重大事项公告的，深圳证券交易所可以要求上市公司进行停牌核查。此种情形的停牌是为了促使市场提防或警戒异常事项，提示股票交易风险，消除异常波动进而保证市场有序地运行。根据《上海证券交易所科创板上市规则》，科创板上市公司虽无重大事件发生，但是股票在正常交易时段突然出现大量成交或者成交价格异常波动，证券交易所可以实施特别停牌。在此方面，境外也有类似的安排。例如在美国，在证券交易所发现股价出现异常变化，足以引起合理怀疑有未经披露的信息影响股价，可以实施停牌。再如我国香港市场，如公司未对股价或成交量的异常波动作出解释，或发行人证券的交易已经或可能出现虚假市场，而港交所又无法与联络公司确定上述事项，港交所将对该公司证券采取停牌措施。

证券交易所还可以根据中国证监会的要求或者基于保护投资者合法权益、维护市场秩序的需要，决定上市公司股票及其衍生品种的停牌与复牌。

（一）证券交易所拒绝停牌申请或者进行强制复牌

为了防范上市公司滥用停复牌，证券交易所有权对上市公司停复牌申请加强自律监管，拒绝上市公司的停牌申请或者在上市公司已经停牌时强制复牌。根据中国证监会《停复牌指导意见》，证券交易所在业务办理时认为不符合规定事由或者不宜停牌的，应当拒绝上市公司股票停牌申请。如果证券市场交易出现极端异常情况，为维护市场交易的连续性，证券交易所可以根据市场实际情况，暂停办理上市公司股票停牌申请。沪深证券交易所停复牌信息披露指引进一步细化了交易所的停复牌监管职能，对于滥用停牌、无故拖延复牌、期满拒不复牌等行为，证券交易所有权采取现场检查、强制复牌等措施，强化事中事后监管；对于股票累计停牌时间过长或者频繁停牌的公司，建立停牌信息公示制度，强化信息公开。

【适用指引】

上市公司因策划重大事项提出股票停复牌申请的，应当根据证券交易所的规定，披露重大事项类型、交易标的名称、交易对手方、中介机构情况、停复牌期限、预计复牌时间等信息。根据《上海证券交易所上市公司筹划重大事项停复牌业务指引》《深圳证券交易所上市公司信息披露指引第 2 号——停复牌业务》，上市公司应当在停牌期限届满前披露重组预案，未能按规定披露重组预案的，应当终止筹划重组并申请复牌；因消息泄露而过早停牌，导致停牌时间超过规定期限的，不予延期复牌；上市公司股票超过规定期限仍不复牌的，证券交易所应当强制复牌。筹划不涉及发行股份的重组、非公开发行股票、对外投资、签订重大合同等事由不得停牌；发行股份重组，筹划控制权变更、要约收购等停牌以及例外事项停牌要遵守最长停牌时限；对于发行股份重组停牌，上市公司披露预案或草案后，交易所审核及公司回复期间，原则上不再停牌；并购重组委审核期间，上市公司股票在并购重组委工作会议召开当天应当停牌。根据证监会《停复牌指导意见》的规定，上市公司进行停复牌的，应当按照证券交易所的停复牌业务信息披露指引做好信息披露和保密工作。

第一百一十一条 因不可抗力、意外事件、重大技术故障、重大人为差错等突发性事件而影响证券交易正常进行时，为维护证券交易正常秩序和市场公平，证券交易所可以按照业务规则采取技术性停牌、临时停市等处置措施，并应当及时向国务院证券监督管理机构报告。

因前款规定的突发性事件导致证券交易结果出现重大异常，按交易结果进行交收将对证券交易正常秩序和市场公平造成重大影响的，证券交易所按照业务规则可以采取取消交易、通知证券登记结算机构暂缓交收等措施，并应当及时向国务院证券监督管理机构报告并公告。

证券交易所对其依照本条规定采取措施造成的损失，不承担民事赔偿责任，但存在重大过错的除外。

【条文主旨】

本条是关于证券交易异常情况处置制度的规定。

【条文释义】

原证券法第 114 条规定了因突发性事件影响正常证券交易时，证券交易所可以采取技术性停牌和临时停市的措施。本次修法结合证券市场实践，吸纳了证券交易所业务规则相关规定，对证券交易异常处置制度进行了细化完善。

一、证券交易异常情况

证券交易市场是一个具有高度集中性、连续性、流动性和外部性的市场，但证券交易并非总是按照市场的理想状态高效稳定运行，市场内外部因素等突发性事件可能诱发证券交易异常，而交易异常发生在证券集中交易的各个环节，包括“交易无法正常开始”“交易无法连续”“交易结果异常”“交易无法正常结束”等。关于引发证券交易异常的原因，新证券法明确规定不可抗力、意外事件、重大技术故障、重大人为差错等突发性事件为诱发原因，其中重大技术故障和重大人为差错是此次修改新增的内容。

（一）不可抗力

民法典规定的不可抗力是指不能预见、不能避免且不能克服的客观情况。“不能预见”是指根据现有技术水平，一般对某事件发生没有预知能力。“不能避免且不能克服”是指当事人已经尽到最大努力和采取一切可以采取的措施，仍不能避免某种事件的发生且不能克服事件所造成的后果。不可抗力是独立于人的行为之外，不受当事人意志所支配的现象，是人力所不可抗拒的力量。沪深证券交易所《交易异常情况处理实施细则（试行）》规定了“引发交易异常情况的不可抗力是指本所市场所在地或全国其他部分区域出现或据灾情预警可能出现严重自然灾害、出现重大公共卫生事件或社会安全事件等情形”。其中，自然灾害包括但不限于台风、地震、海啸、暴雪、日凌、洪涝灾害；重大公共卫生事件包括但不限于传染病疫情、群体性不明原因疾病、食品安全事件以及其他严重影响公众健康和生命安全的事件；社会安全事件包括但不限于恐怖袭击事件、经济安全事件、涉外突发事件以及其他严重影响公共安全的事件。

（二）意外事件

通常认为意外事件是指非因行为人的故意或过失造成的、偶然发生的事件。就证券交易而言，《交易异常情况处理实施细则（试行）》规定了“引发交易异常情况的意外事件是指本所市场交易地发生火灾或电力供应出现故障等情形”。

（三）重大技术故障

技术故障包括交易系统的软硬件故障及系统设计缺陷等。引发交易异常情况的技术故障是指：交易、通信系统中的网络、硬件设备、应用软件等无法正常运行；交易、通信系统在运行、主备系统切换、软硬件系统及相关程序升级、上线时出现意外；交易、通信系统被非法侵入或遭受其他人为破坏等情形。

（四）重大人为差错

人为差错是指证券交易相关部门或机构在与证券交易相关的业务实施、流程衔接、操作运行等环节出现重大误差或失误等情形，导致或可能导致交易不能进行。这种差错通常不具有主观故意，是由于过失而造成的错误。这种错误主要包括系统操作错误和交易操作错误。证券交易高度电子化的同时，在一些环节仍然需要人工操作，在此过程中出现差错，也可能造成证券交易异常情况的发生，比如设置了错误的停复牌时间而发生错误交易。交易操作错误主要是由于投资者或者证券经营机构的交易员在下达交易指令时出现人为错误，将交易指令中的部分或者全部要素（品种、数量、价格等）填写错误，由此导致交易出现异常，最典型的就是各种“乌龙指”事件。

二、证券交易异常的处置措施

本条规定了证券交易异常时，证券交易所可以采取的处置措施。为维护证券交易正常秩序和市场公平，证券交易所可以按照业务规则采取技术性停牌、临时停市等处置措施，并及时向中国证监会报告。如果因突发性事件导致证券交易结果出现重大异常，按交易结果进行交收将对证券交易正常秩序和市场公平造成重大影响的，证券交易所可以按照业务规则采取取消交易、通知证券登记结算机构暂缓交收等措施，并及时向中国证监会报告并公告。

（一）技术性停牌

发生交易异常情况时，如仅涉及个别或少部分证券，证券交易所可以对相关证券（单只或多只）予以临时停牌，属于股票在场内市场交易过程中突然强制中断。此举可以防止异常行为持续下去，向投资者揭示风险，提醒投资者进行冷静分析和理性投资，也能为处理异常交易争取时间和空间，因此全球证券交易所普遍有此规定。

（二）临时停市

技术性停牌指向的是个股，而临时停市则是指交易所上市交易的所有产品，涉及整个市场运行，主要适用于当交易异常情况导致所有交易无法正常进行时的情形，例如因技术系统故障等原因，导致所有或者大量交易无法正常进行。但由于临时停市将对证券交易的连续性、流动性产生重大影响，涉及整个证券市场的运行，使用不当可能会引起大范围深层次的连锁反应，引发新的市场混乱。因此，交易所对于临时停市的启动通常都非常慎重。

（三）取消交易

取消交易是指对已达成的交易确认无效，包括证券交易所主动取消或根据当事人申请取消交易两种情形。通常只有在极端市场环境下，为维护市场的公平、有序，保护投资者和公众利益，证券交易所才会决定采取这种“强硬”的处理措施。纽约证券交易所、纳斯达克证券交易所、东京证券交易所和伦敦证券交易所等，都对异常处置时的取消交易措施进行了规定。通常要求采取取消交易措施需要满足“明显错误”的条件，而对此的判断一般采取“数值标准+人工判断”相结合的方式。其中，数值标准包括价格偏高、亏损情况、数量情况及其他因素，证券交易所对于数值判断标准是综合考量，人工判断则属于证券交易所自由裁量的范畴。

（四）通知证券登记结算机构暂缓交收

暂缓交收是指证券交易虽然已经进入到交易系统，但是暂时不进入交收环节，冻结错误交易的成交结果，不对交易结果的效力进行判断，不作出实质性处理，使其处于“未交收”的悬而未决的状态。对于暂缓交收的交易，最终还是会有一个对交易结果的效力判断进行实质处理的过程，以尽力达到公平。

三、证券交易所民事责任豁免

由于证券市场复杂性和不可预见性，证券交易所作为一线监管的自律组织面对威胁证券市场秩序的交易异常情况，应当及时采取临时处置措施，即便给投资者造成损失，也应当豁免证券交易所的民事赔偿责任，除非故意或者存在重大过失。此次证券法修改新增了证券交易所临时处置措施善意民事责任豁免的规定。我国的民事责任豁免规定相较于境外市场普遍的自律管理行为民事责任豁免范围较窄，但也是我国证券立法的有益尝试，尤其是以临时处置措施作为豁免“试点”具有合理性，因为如果证券交易所在面对突发事件有所顾虑，可能就无法及时采取有效处置措施，不利于市场风险的解决和释放。

证券交易所民事责任豁免的理论经历了由“绝对豁免权”向“相对豁免权”的演变。自律组织所享有的绝对豁免权来源于主权豁免权。历史上，英美两国长期保持比较完全的主权豁免原则。美国联邦最高法院在判例中明确指出：“未经主权者的同意和许可，主权者既不能在本国法院被诉，也不能在外国法院被诉。”① 然而自律组织并非完全意义上的政府机关，因此就其本身而言不能享有绝对豁免权。从历史来看，证券交易所从其成立时便对自己的市场和会员进行自律管理，并被视为私人组织。直到《1934 年证券交易法》出台，证券交易所受到 SEC 广泛而持续的控制和监管。证券交易所被要求遵守《1934 年证券交易法》的规定、自己制定的规则以及 SEC 和市政证券规则制定委员会的规则。如果证券交易所没有遵守这些规则，SEC 有权限制其行动，暂停或者撤销其交易所的身份，或者施加进一步的制裁。证券交易所对执行自身规则和联邦证券法独立地承担责任，但 SEC 作为履行监管职责的政府机构确保交易所执法的适当性。因此，证券交易所成为拥有执行联邦证券法的准政府权力的非政府机构。

① 龚刃韧：《国家豁免问题的比较研究——当代国际公法、国际私法和国际经济法的一个共同课题（第 2 版）》，北京大学出版社 2005 年版，第 10 页。

在司法实践中，美国法院基于“公共职能”标准等学说逐渐将证券交易所视为准政府机构。因此，法院将原本适用于政府机构的主权豁免原则适用于证券交易所自律。如果证券交易所在执行法律或者自身规则、履行公共职能的过程中，给市场参与者造成损害的，交易所无须承担由此产生的民事赔偿责任。其目的是使证券交易所在依据《1934 年证券交易法》执行联邦证券法律时拥有较大的自由空间，保护证券交易所在自律管理过程中独立的自我专业判断。①

【适用指引】

一、民事责任豁免的适用范围

本条第 3 款规定，“证券交易所对其依照本条规定采取措施造成的损失，不承担民事赔偿责任，但存在重大过错的除外”。本条的善意民事责任豁免，仅仅是对于交易所处理突发性事件等导致的交易异常本身造成的损失，可以豁免。对交易所在履行一线监管职责作出的决定，从而可能给市场主体造成的损失，却未规定豁免原则。这点与英美等国证券交易所监管责任豁免相比，范围有所缩小。证券交易所在履行自律监管责任时，如果程序正当、目的合法，是否应当承担民事赔偿责任，可能会存在争议。

二、证券交易所的报告和公告义务

本条规定，证券交易所按照业务规则采取限制交易、强制停牌、临时停市等处置措施，应当及时向中国证监会报告并向市场公告。在证券交易所业务规则层面，《深圳证券交易所交易规则》规定，证券交易所对技术性停牌或临时停市决定予以公告，技术性停牌或临时停市原因消除后，证券交易所对恢复交易决定予以公告。

第一百一十二条　证券交易所对证券交易实行实时监控，并按照国务院证券监督管理机构的要求，对异常的交易情况提出报告。

证券交易所根据需要，可以按照业务规则对出现重大异常交易情况的证券账户的投资者限制交易，并及时报告国务院证券监督管理机构。

---

① 韩朝炜：《证券交易所自律司法介入研究》，2013 年华东政法大学博士学位论文，第 166 ~ 169 页。

【条文主旨】

本条是关于证券交易所对证券交易实行实时监控并对异常交易证券账户限制交易的规定。

【条文释义】

一、证券交易所实时监控及报告义务

证券交易所在提供证券交易场所的同时，还有监督管理证券交易正常有序进行的职能。证券交易所作为证券交易的组织者，具有先进的技术系统，掌握大量第一手信息，掌握市场真实情况，能够对证券交易进行实时监控。

所谓实时监控，是指证券交易所为实现对证券交易的有效监督和管理，通过电脑程序在证券交易进行的同时对证券交易情况进行统计分析并及时警示非正常交易的监控措施。证券交易所技术运行系统均设有监控系统，专门履行实时监控任务。其主要包括四方面的内容：

一是行情监控。是指对交易行情进行实时监控，观察股票价格、股价指数、成交量等的变化情况，如果出现股价或指数突然大幅度波动或成交量突然放大等，监控人员可以立即掌握情况，作出判断。

二是交易监控。是指对异常交易进行跟踪，如果异常交易是由违规引起的，则对违规者进行调查。

三是证券监控。是指对证券卖出情况进行监控，如果发现某证券账户中没有证券或数量不足而卖出证券，构成卖空，则对相应的证券商进行处罚。

四是资金监控。是指对证券交易和新股发行的资金进行监控，如果买入证券未及时补足清算头寸，构成买空，监控系统可以立即根据实际情况，作出判断。

本条还规定证券交易所有义务将本交易所内的异常情况，按照中国证监会的要求，向中国证监会报告。

二、限制交易

本条第 2 款规定，证券交易所根据需要，可以按照业务规则对出现重大异常交易情况的证券账户的投资者限制交易，并及时报告。证券交易所预先设置合理监控指标，实时监控系统可以捕捉到部分违反交易规则的异常交易行为，对证券交易价格剧烈波动或者严重背离指标的情形，及时检查、专项监控，对出现重大异常交易情况的证券账户限制交易。如果存在内幕交易或市场操纵嫌疑，上报中国证监会立案查处。

（一）异常交易行为

目前，沪深证券交易所对异常交易行为限制交易均有规定。深圳证券交易所制定了限制交易的专门规定，即《深圳证券交易所限制交易实施细则》。其第3条中规定的异常交易行为包括：“（一）涉嫌内幕交易、操纵市场等违法违规行为；（二）违反法律、行政法规、中国证监会或者本所相关规定买卖证券；（三）发生《交易规则》或者本所其他业务规则、细则、指引等规定的可能或者已经影响证券交易价格或者证券交易量的异常交易行为；（四）中国证监会或者本所认为应当采取限制交易措施的其他情形。”第1项的内容比较清楚，第2项在实践中主要是针对股东违反证券法相关规定，超比例增减持股票的行为，第4项则是兜底条款。

对于第3项，实践中主要是指该交易规则第6.2条的规定：“可能影响证券交易价格或者证券交易量的异常交易行为包括：（一）可能对证券交易价格产生重大影响的信息披露前，大量或持续买入或卖出相关证券；（二）单个或两个以上固定的或涉嫌关联的证券账户之间，大量或频繁进行反向交易；（三）单个或两个以上固定的或涉嫌关联的证券账户，大笔申报、连续申报、密集申报或申报价格明显偏离该证券行情揭示的最新成交价；（四）单独或合谋，以涨幅或跌幅限制的价格大额申报或连续申报，致使该证券交易价格达到或维持涨幅或跌幅限制；（五）频繁申报和撤销申报，或大额申报后撤销申报，以影响证券交易价格或误导其他投资者；（六）集合竞价期间以明显高于前收盘价的价格申报买入后又撤销申报，随后申报卖出该证券，或以明显低于前收盘价的价格申报卖出后又撤销申报，随后申报买入该证券；（七）对单一证券品种在一段时期内进行大量且连续交易；（八）同一证券账户、同一会员或同一证券营业部的客户大量或频繁进行日内回转交易；（九）大量或者频繁进行高买低卖交易；（十）在证券价格敏感期内，通过异常申报，影响相关证券或其衍生品的交易价格、结算价格或参考价值；（十一）单独或合谋，在公开发布投资分析、预测或建议前买入或卖出有关证券，或进行与自身公开发布的投资分析、预测或建议相背离的证券交易；（十二）在综合协议交易平台进行虚假或其他扰乱市场秩序的申报；（十三）本所认为需要重点监控的其他异常交易行为。”

《上海证券交易所证券异常交易实时监控细则》第8条规定了异常交易实时监控措施：“证券交易出现以下异常交易行为之一的，本所可以对相关投资者发出书面警示，或者直接采取暂停投资者账户当日交易、限制投资者账户交易等措施：（一）投资者（包括以本人名义开立的普通证券账户和信用证券账户）通过集中竞价交易系统和大宗交易系统单日累计买入单只风险警示板股票超过50万股的；（二）开盘集合竞价阶段多次不以成交为目的虚假申报买入或卖出，可能影响开盘价的；（三）通过虚假申报、大额申报、密集申报、涨跌幅限制价格大量申报、在自己实际控制的账户之间进行交易、日内或隔日反向交易等手段，影响证券交易价格或交易量的；（四）多次进行高买低卖的交易，或单次高买低卖交易金额较大的；（五）在同一价位或者相近价位大量或者频繁进行日内回转交易的；（六）通过计算机程序自动批量申报下单，影响市场正常交易秩序或者交易系统安全的；（七）通过影响标的证券交易价格或交易量，以影响其衍生品交易价格或交易量的；（八）在计算相关证券及其衍生品参考价格或结算价格的特定时间，通过拉抬、打压或锁定等手段，影响相关证券及其衍生品参考价格或结算价格的；（九）进行与自身公开发布的投资分析、预测或建议相背离的证券交易的；（十）编造、传播、散布虚假信息，影响证券交易价格或者误导其他投资者的；（十一）涉嫌通过证券交易进行利益输送，且成交金额较大的；（十二）中国证监会或者本所认为的其他情形。前款第（一）项‘累计’是指投资者委托买入数量与当日已成交数量及已申报买入但尚未成交、也未撤销的数量之和。”

（二）限制交易措施

本条第2款规定，证券交易所根据需要，可以按照业务规则对出现重大异常交易情况的证券账户的投资者限制交易，并及时报告国务院证券监督管理机构。原证券法规定的是针对证券账户限制交易，在交易模式、交易技术不断发展，参与主体日益多元化以及一人多户的市场环境下，该规定已难以适应交易所维护市场稳定和秩序的需要，此次修订将限制交易的主体从证券账户调整为违反相关规定的投资者，弥补了法律漏洞，为证券交易所应对日益复杂的监管环境提供制度保障。

目前，沪深证券交易所限制交易的具体措施可以分为三种：一是禁止买入指定或者全部交易品种，但允许卖出；二是禁止卖出指定或者全部交易品种，但允许买入；三是禁止买入和卖出指定或者全部交易品种。关于限制交易时长的规定，沪深两所分别规定单次限制交易时长不超过3个月和6个月。对于情节特别严重的，两所都规定了可以延长限制交易时间。

【适用指引】

一、限制交易实施程序

限制交易可以分为盘中限制交易和盘后限制交易。实施盘中暂停当日交易措施的，交易所盘中直接限制相关账户当日交易权限，并以口头或者书面形式通知托管相关账户的会员，该会员应当在收到通知的当天及时告知相关当事人，确实无法在当天告知的，应当及时向证券交易所报告。实施盘中暂停当日交易措施的，交易所可以根据需要，继续实施盘后限制交易措施。盘后限制交易措施是限制未来一定期限内的交易权限。实施盘后限制交易措施前，交易所会向托管相关账户的会员发出《限制交易决定书》。该会员应当在收到《限制交易决定书》的当天将其送达相关当事人，确实无法在当天送达的，应当保留相关证据并及时向交易所报告。

二、限制交易的救济措施

相关当事人对盘后限制交易措施有异议的，可以自接到《限制交易决定书》之日起15个交易日内，向证券交易所申请复核。深圳证券交易所《上诉复核委员会工作细则》第10条第9项规定，对于投资者对本所盘后限制交易措施不服而提出的复核申请，上诉复核委员会负责进行审议，依法作出独立的专业判断并形成审核意见。但是复核期间不停止限制交易措施的执行。

三、限制交易的报告义务

证券交易所会将对投资者账户实施盘后限制交易措施的有关情况记入诚信档案，向中国证监会报告，并予以公告。

第一百一十三条 证券交易所应当加强对证券交易的风险监测，出现重大异常波动的，证券交易所可以按照业务规则采取限制交易、强制停牌等处置措施，并向国务院证券监督管理机构报告；严重影响证券市场稳定的，证券交易所可以按照业务规则采取临时停市等处置措施并公告。

证券交易所对其依照本条规定采取措施造成的损失，不承担民事赔偿责任，但存在重大过错的除外。

【条文主旨】

本条是关于证券交易所对证券交易风险监测和对重大异常波动处置措施的规定。

【条文释义】

原证券法就异常交易行为和不可抗力等突发性事件，明确了证券交易所的应对手段，如限制交易、技术性停牌和临时停市等，但并没有关于防范和处置市场异常波动的规定。考虑到证券市场与其他金融市场高度联动，股市异常波动可能引发系统性金融风险，结合当前市场风险防控的形势和重要性，有必要在法律层面丰富交易所风险防范和处置的“工具箱”，本次修法新增了本条规定，在市场出现重大异常波动时，证券交易所有权采取限制交易、强制停牌、临时停市等措施，以更好地明确市场预期、规范市场行为。

一、证券交易风险监测

目前，沪深证券交易所的交易监察系统都设置了专门报警机制，对重要指数波动幅度、交易金额等重要指标进行实时监测和报警。当触发风险事件条件时，监察系统会自动弹出相关报警，并从相关维度计算异常交易情况，帮助监控人员分析和快速定位导致相关指标异常波动的原因。

2019 年，沪深证券交易所向各会员单位发布了《会员客户股票交易行为监测监控参考要点（试行）》，要求各会员单位结合自身客户管理情况，在交易监测监控系统中合理设置申报金额、成交金额、交易占比、撤销申报占比、股价偏离幅度等指标阈值，实现实时监测监控、重点监控、分级报警、分类处理等功能。各会员单位应当根据客户历史交易行为，结合市场整体走势、股票基本面、上市公司重大信息等进行定量与定性分析。经判断，确认客户交易行为存在异常的，应当按照交易所会员管理规则及相关业务规则规定，履行客户交易行为管理职责，对于情节严重或涉嫌违法违规的异常交易行为，应当及时报告证券交易所。

二、交易异常波动处置措施

对于出现重大异常波动的，证券交易所可以按照业务规则采取限制交易、强制停牌等处置措施，并向中国证监会报告；严重影响证券市场稳定的，证券交易所可以按照业务规则采取临时停市等处置措施并公告。

（一）限制交易

限制交易主要是针对个别投资者的措施。目前有关限制交易的业务规则已在前文第 112 条的释义中详述，此处不再赘述。

（二）强制停牌

强制停牌一般也针对的是特定股票。根据《上海证券交易所证券异常交易实时监控细则》规定，证券交易所实施盘中临时停牌的判断标准主要是证券的涨跌幅、换手率等具体指标，也包括存在可能对交易价格产生严重影响或者严重误导其他投资者的违法违规交易行为。

此外，有价格涨跌幅限制的股票一段时期内的涨跌幅偏离同期可比指数涨跌幅较大，且上市公司未有重大事项公告的，上海证券交易所可以依据《上海证券交易所股票上市规则》要求上市公司进行停牌核查。

（三）临时停市

临时停市是针对全市场的措施，只有异常波动严重影响证券市场稳定时才可以采取。目前沪深证券交易所业务规则中只有交易规则明确规定了采取临时停市措施的指标，“出现行情传输中断或无法申报的会员营业部数量超过营业部总数 10% 以上的交易异常情况，证券交易所可以实行临时停市”。

【适用指引】

本条属于新增规定，证券法赋予了证券交易所在面对重大异常波动时可以采取限制交易、强制停牌和临时停市等措施的权利，但是采取这些措施都必须是按照证券交易所业务规则的规定进行。目前，沪深证券交易所虽然有一些业务规则涉及前述几项处置措施，但是没有系统规定，尤其是没有设定相应的分级指标，所以本条规定的实践还有待于证券交易所尽快制定出配套的业务规则。

第一百一十四条　证券交易所应当从其收取的交易费用和会员费、席位费中提取一定比例的金额设立风险基金。风险基金由证券交易所理事会管理。

风险基金提取的具体比例和使用办法，由国务院证券监督管理机构会同国务院财政部门规定。

证券交易所应当将收存的风险基金存入开户银行专门账户，不得擅自使用。

【条文主旨】

本条是关于证券交易所风险基金的规定。

【条文释义】

本条是由原证券法第 116 条和第 117 条合并而来，对证券交易所风险基金作了相关规定，文字上并未作修改。

证券交易所风险基金是指用于弥补证券交易所重大经济损失，防范与证券交易所业务活动有关的重大风险事故，以保证证券交易活动正常进行而设立的专项基金。该基金来源包括证券交易所收取的交易费用和会员费、席位费，并由证券交易所理事会管理。证券交易所理事会通常授权财务管理部门，负责风险基金的日常管理和使用。

本条第 2 款规定风险基金提取的具体比例和使用办法，由中国证监会会同国务院财政部门规定。2000 年，经国务院批准，证监会、财政部公布了《证券交易所风险基金管理暂行办法》。根据第 3 条、第 4 条、第 5 条规定，风险基金的来源包括：（1）按证券交易所收取交易经手费的 20% 提取，作为风险基金单独列账；（2）按证券交易所收取席位年费的 10% 提取，作为风险基金单独列账；（3）按证券交易所收取会员费 10% 的比例一次性提取，作为风险基金单独列账；（4）按本办法施行之日新股申购冻结资金利差账面余额的 15%，一次性提取；（5）对违规会员的罚款、罚息收入。每一个财政年度终了，该基金净资产达到或超过 10 亿元后，下一年度不再从交易经手费和席位年费中提取资金。若每一个财政年度终了，该基金净资产不足 10 亿元，下一年度继续从交易经手费和席位年费中提取资金。

证券交易所风险基金应当以专户方式全部存入国有商业银行，存款利息全部转入基金专户。基金资产与证券交易所资产分开列账。风险基金应当下设分类账，分别记录交易经手费、席位费、会员费等各项所形成的本基金资产、利息收入及对应的资产本息使用情况。

证券交易所风险基金不得擅自使用，即不得违反规定任意动用风险基金，将风险基金挪作他用，或者不按照规定的数量使用等。风险基金的最低支付限额为 2000 万元。动用风险基金后，证券交易所应当向有关责任方追偿，追偿款转入风险基金。

【适用指引】

本条第 2 款规定了风险基金提取的具体比例和使用办法，由中国证监会会同财政部规定。现行有效的规定是《证券交易所风险基金管理暂行办法》，该规定明确了风险基金提取的具体比例和使用办法，同时也授权证监会和财政部可以根据市场风险情况，适当调整本基金规模、资金提取和交纳方式、比例。经中国证监会批准，证券交易所风险基金还可以进行相应变更、清算，此时，须由中国证监会会同财政部另行决定证券交易所风险基金剩余资产中应当上交财政和退还有关出资人的比例和数额。2019 年 9 月，证监会出台《证券交易所风险基金监管指引》，进一步明确风险基金适用与管理的有关规定。

第一百一十五条 证券交易所依照法律、行政法规和国务院证券监督管理机构的规定，制定上市规则、交易规则、会员管理规则和其他有关业务规则，并报国务院证券监督管理机构批准。

在证券交易所从事证券交易，应当遵守证券交易所依法制定的业务规则。违反业务规则的，由证券交易所给予纪律处分或者采取其他自律管理措施。

【条文主旨】

本条是关于证券交易所业务规则制定及其效力的规定。

【条文释义】

本条是由原证券法第 118 条和第 121 条合并修改而来，是对证券交易所依法制定业务规则以及证券交易所对违反业务规则的主体采取自律管理措施的规定。

一、证券交易所依法制定业务规则

证券市场是一个法治市场，法治市场就必须以规则为导向，建立相应的制度体系，以规范证券活动、市场行为。证券交易所负有制定业务规则对证券市场进行规范的权利和义务，该业务规则是证券活动的自律性规范，是证券交易所管理证券市场以及证券市场参与者参与市场活动的主要依据。本次修法新增了证券交易所制定业务规则的上位法依据，除法律、行政法规外，还可以依据中国证监会的规定制定业务规则。这主要是因为法律、行政法规的效力层级较高，制定程序较复杂，可能无法快速回应证券市场的变化，而证券交易所自律规则的制定与修改，具有相对灵活高效的优势，若仅仅依靠法律、行政法规作为市场监管的依据，可能无法及时应对市场变化，进行有效监管。

证券交易所业务规则，是指证券交易所为履行组织证券交易和一线监管等职责而制定并以证券交易所名义对外发布的，对相关市场参与者具有普遍约束力和持续性效力的自律文件。分为基本业务规则和业务细则、业务指引、业务通知等其他制度性规定。其中，基本业务规则是指对证券交易所组织证券交易和一线监管等业务作比较全面、系统规定的基础性业务规则，一般情况下以规则的形式命名，特殊情况下不宜以规则形式命名的，以办法、暂行办法、规定、特别规定的形式命名。业务细则是指证券交易所基本业务规则规定的特定业务、产品等事项作出详细解释、细化或者补充的业务规则，以“细则”“实施细则”“实施办法”的形式命名。业务指引是指根据证券交易所基本业务规则、业务细则的规定，对相关市场参与者的具体业务予以规范的业务规则，以指引的形式命名。业务通知是指证券交易所制定的除前述三类业务规则以外的具有普遍约束力的其他业务规则，以通知等形式命名。

证券交易所的基本业务规则主要包括上市规则、交易规则和会员规则以及其他对市场主体权利义务有重要影响的业务规则。

1. 上市规则。是证券交易所规范证券上市行为，以及发行人及相关信息披露义务人的信息披露行为的规则。主要包括证券上市和退市、信息披露要求、证券停牌与复牌、监管措施和违规处罚等内容。

2. 交易规则。是证券交易所内证券交易行为的规范。主要包括交易场所、交易参与人、交易品种与方式、交易时间等交易市场相关规定，竞价交易、大宗交易、融资融券、债券回购等证券买卖规定，转托管、挂牌摘牌、除权除息等其他交易事项，即时行情、证券指数等交易信息，证券交易监督，交易异常情况处理，交易纠纷，交易费用等规定。

3. 会员规则。是证券交易所对会员管理的基本规则。主要包括会员资格取得与管理，席位、交易单元、交易权限管理，会员收费，与证券交易业务有关的会员合规管理及风险控制要求，会员客户交易行为管理、适当性管理及投资者教育要求，会员业务报告制度，对会员的日常管理和监督检查，对会员采取的收取惩罚性违约金、取消会员资格等自律监管措施和纪律处分等规定。

除三大基本业务规则以外，证券交易所还有其他业务规则，证券交易所应当在其职能范围内制定，不得违反法律、行政法规和证监会制定的有关规定。基本业务规则由证券交易所理事会通过后，必须经过中国证监会批准方能生效。对于关系到证券市场参与者的重大权益、可能对证券市场产生重大影响的，应当经理事会审议通过并经中国证监会批准。

二、证券交易所的自律管理措施

本条第 2 款规定明确了证券交易所的业务规则对在证券交易所从事证券交易的主体具有普遍约束力。市场参与主体应当遵守证券交易所依法制定的业务规则。

证券交易所的自律管理包括对上市公司、会员和交易三大方面。在上市公司管理方面，市场主体主要包括上市公司及其董事、监事、高级管理人员、股东、实际控制人、收购人、重大资产重组有关各方，以及为上市公司提供服务的保荐机构及保荐代表人、证券服务机构及其相关人员等。在会员监管方面，市场主体主要是证券公司。在交易管理方面，主要涉及投资者等。

对于违反业务规则的，由证券交易所采取自律管理措施，包括纪律处分和自律监管措施。

证券交易所作出的纪律处分主要以声誉罚为主，此外还有资格罚和财产罚。声誉罚主要是公开谴责和通报批评。公开谴责是指证券交易所在中国证监会指定媒体或者采取其他公开方式对当事人进行谴责；通报批评是指证券交易所在一定范围内或者在中国证监会指定媒体上公开地对当事人进行批评。资格罚包括公开认定不适合担任相关职务、暂不受理专业机构或者其相关人员出具的文件、暂停或者限制交易权限、取消交易权限、取消会员或者其他交易参与人资格等。财产罚主要是指收取惩罚性违约金，即证券交易所对出现违规行为的发行人、上市公司及相关市场主体、会员等，按照协议以及本所业务规则的规定，收取一定金额违约金。

证券交易所的自律监管措施包括：(1) 口头警示。即以口头形式将有关违规事实告知当事人，要求其及时防范、补救或者改正。(2) 书面警示。即以监管函等书面形式将有关违规事实告知当事人，要求其及时防范、补救或者改正。(3) 约见谈话。即要求当事人在指定的时间、地点就有关事项接受训诫，要求其作出说明，督促其澄清事实，采取措施及时防范、补救或者改正。(4) 要求中介机构或者要求聘请中介机构核查并发表意见。即要求中介机构或者要求当事人聘请中介机构核查有关问题、事项并发表意见。(5) 要求限期改正。即要求当事人停止违规行为或者限期改正。(6) 要求公开致歉。即要求当事人对违规事项以公告或者本所认可的其他方式向投资者公开致歉。（7）要求限期召开投资者说明会。即要求当事人限期召开说明会，就特定事项公开向投资者作出解释或者说明。（8）要求限期参加培训或者考试。即要求当事人限期参加指定机构组织的专业培训或者考试，督促其提高守法意识、提升职业操守和执业能力。（9）建议更换相关任职人员。即建议当事人更换董事、监事或者高级管理人员，并及时选聘符合资格的董事、监事或者高级管理人员。（10）暂停受理或者办理相关业务。即在3个月、6个月、12个月或者36个月内不受理或者办理当事人在本所的部分或者全部业务。（11）暂停适用信息披露直通车业务。即暂停上市公司通过本所信息披露系统办理信息披露直通车业务，在暂停期间其提交的信息披露文件需经本所事前审核后方能对外披露。（12）限制交易。即根据证券法及证券交易所业务规则的相关规定限制证券账户买卖。（13）上报中国证监会。即在日常监管过程中，将所发现的当事人违法违规行为或者涉嫌违法违规行为上报中国证监会处理。（14）向相关主管部门出具监管建议函。即对违规行为同时涉嫌违反中国证监会之外的其他主管部门监管规定的当事人，以书面函件等形式将当事人有关行为或者风险状况告知相关主管部门，建议其予以关注。（15）要求提交书面承诺。即就有关异常交易情形要求当事人提交承诺合规交易的书面函件的自律监管措施。（16）将证券账户列入重点监控账户。即将发生严重异常交易行为或者频繁发生异常交易行为的证券账户列入重点监控账户名单，并要求相关会员或者其他交易参与人予以重点管理的自律监管措施。（17）提请香港联合交易所有限公司采取相关措施。即根据本所与香港联交所深港通相关监管合作安排，提请香港联交所要求其参与者对投资者实施口头警示、书面警示、拒绝接受其深股通交易委托等的自律监管措施。（18）不接受相关投资者的深股通交易申报。即根据本所相关业务规则及与香港联交所深港通相关监管合作安排，对于在深股通交易中出现异常交易行为的投资者，在一定期限内不予接受香港联交所证券交易服务公司提交的涉及相关投资者的深股通交易申报的自律监管措施。（19）证券交易所规定的其他自律监管措施。

【适用指引】

目前，在证券交易所规则层面，深圳证券交易所通过的《深圳证券交易所自律监管措施和纪律处分实施细则》对纪律处分和自律监管措施类型进行了集中规定。上交所则是分散规定于各类业务规则中，除了纪律处分和自律监管措施，还包括日常监管手段。

第一百一十六条 证券交易所的负责人和其他从业人员执行与证券交易有关的职务时，与其本人或者其亲属有利害关系的，应当回避。

【条文主旨】

本条是关于证券交易所从业人员职务回避的规定。

【条文释义】

证券交易所只有做到公开、公平、公正，才能发挥其市场组织者和监管者的作用，保证参与证券交易各方利益不受侵犯，确保证券交易高效安全，实现公共利益优先原则。为了达到上述目的，本条作了证券交易所从业人员职务回避的规定。所谓回避，是指证券交易所的负责人和其他从事证券交易工作的人员在执行与证券交易有关的职务与自己或者自己的亲属有利害关系时，应当退出由他人来处理。

一、回避人员

根据本条规定，回避的人员分为两类：一是证券交易所的负责人员；二是证券交易所负责人员以外的其他从业人员。我国证券交易所实行会员制，设会员大会、理事会、监事会和总经理。根据《证券交易所管理办法》第70条规定，证券交易所的理事、监事、高级管理人员及其他工作人员在履行职责时，遇到与本人或者其亲属等有利害关系情形的，应当回避。具体回避事项由证券交易所章程、业务规则规定。证券交易所的负责人员主要是指证券交易所的理事、监事、高级管理人员。

二、回避条件

根据本条规定，上述人员回避的条件包括：一是执行的是与证券交易有关的职务。例如审查上市公司是否符合上市的基本条件、上市公司在交易过程中是否有违法行为等。如果其执行的不是与证券交易所业务有关的职务，则不存在回避问题。二是与其本人或者其亲属有利害关系。有利害关系是指处理的对象和自己或者自己的亲属有一定的利益冲突或者处理时可能对自己或亲属有利或者对他人不利的情形等。上述两个条件必须同时具备，缺少其中一项，则不需要回避。

【适用指引】

《证券交易所管理办法》第70条第2款规定，具体回避事项由证券交易所章程、业务规则规定。如《深圳证券交易所自律监管措施和纪律处分实施细则》第43条第1款就规定了纪律处分的回避事项："纪律处分委员会委员存在有下列情形之一的，应当回避：（一）担任审议事项的直接监管人员；（二）本人或者其近亲属是审议事项当事人，或者担任审议事项当事人的董事、监事、高级管理人员；（三）本人或者其近亲属持有审议事项当事人1%以上股份或者是其实际控制人，或者担任持有审议事项当事人1%以上股份的股东、实际控制人的董事、监事、高级管理人员；（四）与审议事项有其他利害关系，可能影响对案件的公正处理。"

实践中，对于证券交易所从业人员以外的人员，如果从事与证券交易所职责相关的事务，也应当遵守相关的回避规定。如《深圳证券交易所上诉复核委员会工作细则》第12条规定，"上诉复核委员会委员代表审议本细则第十条所列事项时，有下列情形之一的，应当及时提出回避：（一）上诉复核委员会委员代表与复核申请人有近亲属关系；（二）上诉复核委员会委员代表或者其近亲属担任申请人或者其保荐人的董事、监事、高级管理人员的；（三）上诉复核委员会委员代表或者其近亲属、委员代表所在工作单位与申请人或者其保荐人、承销商、受托管理人存在股权关系，可能影响其公正履行职责的；（四）其他可能妨碍或者影响上诉复核委员会委员代表公正履行职责的情形。前款所称'近亲属'，是指配偶、父母、子女、兄弟姐妹"。证券交易所的上诉复核委员会委员基本上都是证券交易所从业人员以外的人员，但为了保证公平公正、保护当事人的合法权益，也应当遵守回避规定。

此外，证券交易所内部管理层面也制定了相关规定，建立了较为全面的回避制度。

第一百一十七条 按照依法制定的交易规则进行的交易，不得改变其交易结果，但本法第一百一十一条第二款规定的除外。对交易中违规交易者应负的民事责任不得免除；在违规交易中所获利益，依照有关规定处理。

【条文主旨】

本条是关于依法交易不得改变交易结果以及违规交易法律责任的规定。

【条文释义】

原证券法第120条第1款规定，按照依法制定的交易规则进行的交易，不得改变其交易结果。此次修订对不得改变交易结果作出了例外规定，如交易结果是因本法第111条第2款规定的突发性事件造成的，则可以对交易结果作出变更。

证券交易具有无因性、流动性、集中性、不可逆性等特征。如果交易结果确认后可以随意改变，整个市场交易秩序就会混乱，影响到众多投资者利益，交易所也必然失去公信力。因此，只要是依据法律和证券交易所制定的交易规则进行的交易，不论其交易主体是否发生违规行为，均应予以确认。虽然交易结果有效，但是违规交易者应承担的民事责任不得免除，给他人造成损失的，应当承担赔偿责任。在违规交易中获得的利益，依照有关规定处理，如没收违法所得。如此规定，有利于维护交易安全和正常的交易秩序。

但是对于第111条第2款规定的突发事件导致证券交易结果出现重大异常，按交易结果进行交收将对证券交易正常秩序和市场公平造成重大影响的，证券交易所按照业务规则可以采取取消交易的措施。证券市场三公原则之一的公平原则，要求保证投资者在交易机会、信息获取条件、规则保护等方面的平等权，因而在证券交易发生异常，投资者的意思表示出现重大错误或者交易系统出现故障，导致证券交易价格严重偏离市场价格，证券交易结果出现重大异常时，需要基于公平原则建立交易结果调整机制，对错误交易采取措施予以纠正。因为对上述突发事件导致的特定错误交易的纠正机制会改变交易结果，故本条新增了按照依法制定的交易规则进行的交易不得改变其交易结果的例外规定。

【适用指引】

依据本条规定，按照依法制定的交易规则进行的交易，不得改变其交易结果。即使是违规交易，也应当按照违规行为人的指令成交，只是行为人可能会承担相应的民事赔偿责任，受到证监会的行政处罚，被证券交易所采取自律监管措施。构成犯罪的，依法追究刑事责任。例如，对于内幕交易行为人，其从事内幕交易的行为，具体为交易的指令和订单，并不会被撤销，而是会按照交易规则成交，但是对于成交后其所获得的收益，会被认定为违法所得而没收，如果有其他投资者因为内幕交易行为人从事内幕交易而受到损失，还可以起诉内幕交易行为人承担民事赔偿责任。又如，投资者超比例增减持，股份比例变动达到5%时没有停止并进行公告，证券交易所会给予当事人限制交易的措施，中国证监会和证券交易所还可能会分别给予行政处罚和纪律处分或自律监管措施，但是并不会取消当事人已经成交的交易。

第八章　证券公司

本章主要规定证券公司设立条件、程序、业务范围、最低注册资本限额、董监高任职资格、证券公司内部控制、证券公司业务规则和行为限制以及证监会对证券公司特别监管等。本章共27条，本次修订，删除及合并原法6条，局部修改17条，10条保持不变。本次修订内容主要体现在8个方面：第一，修订了证券公司设立条件；第二，完善了证券公司业务范围；第三，取消了证监会对证券公司注册资本变更和高管任职等的核准要求；第四，规定了证券公司不得允许他人以其名义直接参与证券的集中交易；第五，调整了证券公司风险准备金的来源和提取方式；第六，制定了证券公司开展业务经营的基本原则和要求；第七，建立了证券公司客户信息查询制度；第八，增加了证监会对证券公司的一些监管手段和措施。

第一节　本章新制度

本次证券法修订，正值中国经济改革进入“深水区”，党中央提出“四个全面”战略布局，国家深入推进供给侧改革、着力防范化解金融风险。证券公司作为证券市场重要的参与者，经过近30年发展，已经成为证券市场的重要组成部分，发挥着重要作用。从营业收入看，截至2019年年末，经审计财务报表显示，133家证券公司2019年度实现营业收入3604.83亿元。各主营业务收入中，代理买卖证券业务净收入（含席位租赁）787.63亿元，证券承销与保荐业务净收入377.44亿元，财务顾问业务净收入105.21亿元，投资咨询业务净收入37.84亿元，资产管理业务净收入275.16亿元，证券投资收益（含公允价值变动）1121.60亿元，利息净收入463.66亿元。2019年度实现净利润1230.95亿元，120家公司实现盈利。从行业规模看，截至2019年12月31日，133家证券公司总资产为7.26万亿元，净资产为2.02万亿元，净资本为1.62万亿元，客户交易结算资金余额（含信用交易资金）为1.30万亿元，受托管理资金本金总额为12.29万亿元①。

但在经营、发展中，证券公司也存在诸多短板和问题。主要表现在：第一，证券公司整体规模不大，市场竞争力不强，以中小券商为主。我国证券公司由最初的一批中小券商发展而来，这些中小券商自身竞争力有限，资金实力并不雄厚。虽然经过数十年经营，其实力得到一定的发展，产生了一批综合实力较强的头部券商，但行业中中小型券商仍然占据绝对数量。第二，资产结构和股权结构不健全。部分证券公司的低风险资产占比过低；部分证券公司的股权结构不甚合理，有的过度集中，有的过于分散。第三，证券公司业务空间狭窄、盈利模式单一。因为各种原因，集中于经纪业务和承销业务等传统业务，很少涉及国际业务等非传统业务。第四，公司治理和内控制度不完善，管理粗放。内部管理机构权力过大，缺乏权力制衡机制，高级管理人员失职、渎职现象频发。内设监督机构力量薄弱，风险防控部门难以提供有价值的预警和解决方案。

本次证券法修订过程中，为了改善证券公司发展的制度环境，立法者通过调研、走访、座谈等方式与证券监管机构、司法机关、证券公司及相关从业人员深入交流，全面审视、评估原证券法中证券公司相关规定的合理性与实施效果；结合证券市场发展新形势，探索研究既要做大做强证券公司，又要加强证券公司内部治理、防范控制金融风险的法治对策，并在此基础上对本章作了修改完善。本章的创新制度主要体现在以下三方面：

一、落实“放管服”改革要求，取消部分行政许可事项

面对国际竞争加剧、国内竞争深化，迫切需要证券市场实施“放管服”改革。核心是推动政府职能转变，使市场在资源配置中起决定性作用。为落实“简政放权、放管结合、优化服务”的改革要求，本次证券法修订取消了证券公司注册资本变更、董监高任职资格等审批事项。

（一）取消证券公司注册资本变更等审批事项

原证券法第129条规定，证券公司设立、收购或者撤销分支机构，变更业务范围，增加注册资本且股权结构发生重大调整，减少注册资本，变更持有

① 《中国证券业协会发布证券公司2019年度经营数据》，载中国证券业协会网站，https：//www.sac.net.cn/hysj/zqgsjysj/202002/t20200226_141839.html，最后访问时间：2020年3月9日。

5%以上股权的股东、实际控制人，变更公司章程中的重要条款，合并、分立、停业、解散、破产，必须经国务院证券监督管理机构批准。证券公司在境外设立、收购或者参股证券经营机构，必须经国务院证券监督管理机构批准。本次证券法修订，仅保留了证监会对证券公司上述审批事项中的变更证券业务范围，变更主要股东或者公司实际控制人，合并、分立、停业、解散、破产；取消了对证券公司设立、收购或者撤销分支机构，变更注册资本，变更公司章程中的重要条款及在境外设立、收购或参股证券经营机构的审批，此类事项从事前审批调整为事后备案管理。这样的修订，有利于加快建设和发展更加自由开放的证券市场，为证券公司在海内外进行市场化扩张提供制度支持。

（二）取消证券公司董监高任职资格核准制度

原证券法第131条规定，证券公司的董事、监事、高级管理人员，在任职前应当取得证监会核准的任职资格。新证券法第124条取消了该核准事项，规定证券公司任免董事、监事、高级管理人员的，报证券监管机构备案即可。新证券法仅从消极资格方面规定，董监高不属于公司法第146条、新证券法第124条第2款规定的禁止任职范围。证监会及其派出机构对于不符合任职资格要求的证券公司董监高，有权要求证券公司责令限期更换。

（三）放宽证券公司股东资质条件、人员任职资格条件

证券行业是基于高度社会信用，提供公众服务并且直接关涉社会公众利益的特定行业，其市场准入和法定经营活动需要经过国家证券监督管理机构特许。原证券法第124条规定，设立证券公司除需要有符合法律、行政法规规定的公司章程外，公司主要股东，董事、监事、高级管理人员需要符合相应的条件，例如要求：证券公司主要股东具有持续盈利能力，信誉良好，最近三年净资产不低于2亿元；董事、监事、高级管理人员具备任职资格，从业人员具有证券从业资格。本次证券法修订落实国务院简政放权要求，在第118条不再要求证券公司主要股东具备前述条件，只是要求证券公司主要股东具有良好的财务状况和诚信记录，最近三年无重大违法违规记录；不再要求董监高、从业人员具备证券从业资格证书，只是要求符合“本法规定的条件”，即董监高应当正直诚实、品行良好，熟悉证券法律、行政法规，具有履行职责所需的经营管理能力（第124条）；从业人员应当品行良好，具备从事证券业务所需的专业能力（第125条）。

二、强化中介机构“市场看门人”的法律职责

作为金融机构的证券公司，是证券发行、交易市场的筹资者与投资者，是

证券出售人与买受人之间的重要媒介，同时承担着“证券市场看门人”的职责。正如学者所言，“看门人以保护证券市场秩序之使命，承担着核验信息披露之义务，对于缓解信息不对称、降低交易成本深有裨益”①。证券公司勤勉尽责地坚守“看门人”的职责，对维护证券市场、保护投资者利益，具有重要意义。然而，近年来证券市场中介机构特别是证券公司的违法违规行为屡见不鲜。在利益的驱动下，有些证券公司的独立性、客观性、公正性同时缺位，万福生科②、绿大地③、天丰节能④、欣泰电气⑤、振隆特产⑥、海联讯⑦等一系列违法违规事件显示出证券公司角色错位乱象。证券公司俨然由证券市场“看门人”异化为“造假者帮凶”。

证监会长期以来不断努力压实证券公司作为“看门人”的职责。早在2003年，证监会就发布了《证券发行上市保荐制度暂行办法》，并在2006年将证券发行上市保荐制度纳入证券法立法中。2009年证监会对《证券发行上市保荐制度暂行办法》进行修订，发布《证券发行上市保荐业务管理办法》，2017年又对《证券发行上市保荐业务管理办法》进行了修订。这些措施均以建立证券公司为中心的中介机构“勤勉尽责”监管制度体系为目的，赋予证券公司“看门人”职责，切实发挥好证券公司的审查职能，为市场遴选出合适、优质的企业。

---

① 甘培忠、孔令君：《论IPO注册制改革背景下中介机构作用之强化》，载《法律适用》2015年第8期。

② 《中国证监会行政处罚决定书［万福生科（湖南）农业开发股份有限公司、龚永福、严平贵等21名责任人］〔2013〕48号》，载证监会官网，http：//www.csrc.gov.cn/pub/zjhpublic/G00306212/201311/t20131129_238995.htm，最后访问时间：2020年7月13日。

③ 《中国证监会行政处罚决定书（联合证券有限责任公司、黎海祥、李迅冬）〔2013〕91号》，载证监会官网，http：//www.csrc.gov.cn/pub/zjhpublic/g00306212/201307/t20130726_231830.htm，最后访问时间：2020年7月13日。

④ 《中国证监会行政处罚决定书（光大证券股份有限公司、李瑞瑜、水润东）〔2014〕20号》，载证监会官网，http：//www.csrc.gov.cn/pub/zjhpublic/G00306212/201404/t20140414_246928.htm，最后访问时间：2020年7月13日。

⑤ 《中国证监会行政处罚决定书（兴业证券股份有限公司、兰翔、伍文祥）〔2016〕91号》，载证监会官网，http：//www.csrc.gov.cn/pub/zjhpublic/G00306212/201608/t20160801_301479.htm，最后访问时间：2020年7月13日。

⑥ 《中国证监会行政处罚决定书（信达证券股份有限公司、寻源、李文涛）〔2016〕109号》，载证监会官网，http：//www.csrc.gov.cn/pub/zjhpublic/G00306212/201609/t20160907_303117.htm，最后访问时间：2020年7月13日。

⑦ 《中国证监会行政处罚决定书（平安证券有限责任公司、韩长风、霍永涛）〔2014〕103号》，载证监会官网，http：//www.csrc.gov.cn/pub/zjhpublic/G00306212/201412/t20141215_265059.htm，最后访问时间：2020年7月13日。

然而，由于证券公司的治理结构、合规管理、内部控制体系尚有缺陷，风险抵抗能力不强，行政机关的监管措施不够精准等多方面原因，这些措施的实施效果不尽如人意。为进一步压实证券公司的“看门人”职责，本章对以下内容进行了修订。

（一）新增证券公司业务开展的三原则

新证券法新增的第 130 条第 1 款、第 2 款规定，“证券公司应当依法审慎经营、勤勉尽责、诚实守信。证券公司的业务活动，应当与其治理结构、内部控制、合规管理、风险管理以及风险控制指标、从业人员构成等情况相适应，符合审慎监管和保护投资者合法权益的要求”。该条明确提出证券公司开展业务应遵守审慎经营、勤勉尽责、诚实守信三大原则。同时，证券公司开展各项业务必须以符合新证券法以及相关的行政法规、规范性文件中对证券公司的治理结构、内部控制、合规管理水平、风险管理、净资本等风险控制指标以及从业人员的相关要求为前提，并在符合审慎监管和保护投资者合法权益的指导思想下开展业务。

（二）调整证券公司交易风险准备金的来源

为防范和化解证券公司的运营风险，确保证券公司资产状况良好，留足抵御交易损失的资金，原证券法第 135 条规定，证券公司需从每年的税后利润中提取交易风险准备金，用于弥补证券交易的损失。新证券法第 127 条将证券公司交易风险准备金的来源由证券公司“税后利润”调整为“业务收入”，提取风险准备金的基数相较于修订前有所扩大。另外，在原证券法中风险准备金的用途仅限于弥补“证券交易”的损失，新证券法将风险准备金的用途修改为用于弥补“证券经营”的损失，所弥补的损失范围也有所扩大。此类修改体现了立法要求证券监督管理机构进一步夯实证券公司防御风险能力和“看门人”职责的指导思想。此外，原证券法规定风险准备金提取的具体比例“由国务院证券监督管理机构规定”，新证券法修改为“由国务院证券监督管理机构会同国务院财政部门规定”。

（三）制定证券监管机构对证券公司治理结构、合规管理、风险控制指标不符合规定的处理措施

证券公司的治理结构、合规管理、风险控制指标不仅关涉证券公司能否稳定运行，也与证券市场的稳定和发展息息相关。本次证券法修订，在第 140 条特别新增了证监会对治理结构、合规管理、风险控制指标不符合规定的证券公

司的相关处理措施，主要包括：第一，认定负有责任的董事、监事、高级管理人员为不适当人员；第二，责令负有责任的股东转让股权、限制负有责任的股东行使股东权利。

证券公司治理结构、合规管理、风险控制指标不符合规定的，原证券法相关处理措施的表述是“责令更换董事、监事、高级管理人员或者限制其权利”和“责令控股股东转让股权或者限制有关股东行使股东权利”的表述，本次修订将表述变更为“认定负有责任的董事、监事、高级管理人员为不适当人选”和“责令有责任的股东转让股权或者限制有关股东行使股东权利”。之所以这样调整，一方面是与新证券法中将第124条有关董事、监事、高级管理人员由事先核准制调整为事后备案制的修订相呼应；另一方面也实现了精准打击，重点规制负有责任的股东、董事、监事、高级管理人员，避免无辜股东、董事、监事、高级管理人员受到牵连。

（四）要求证券公司不得允许他人以证券公司名义直接参与证券的集中交易

集中交易是指在证券交易所内依法进行证券买卖的交易方式。普通投资者无权直接进入交易所进行交易，只能委托在交易所内拥有席位的证券公司代理买卖。新证券法第105条明确规定，“进入实行会员制的证券交易所参与集中交易的，必须是证券交易所的会员，证券公司不得允许非会员直接参与股票的集中交易”，同时本章第134条第2款规定，“证券公司不得允许他人以证券公司的名义直接参与证券的集中交易”，对证券公司允许他人以证券公司名义直接参与证券集中交易的行为作出明确禁止。这一修改也是新证券法压实中介机构市场“看门人”职责的重要举措之一。

三、完善证券公司基本业务规则

随着证券市场的不断发展与完善，市场体系、市场机制、市场交易、市场产品创新都取得了突破式进展，但也出现了两个问题。一是由于原证券法对证券公司相关业务规则限制过于严苛带来了一些矛盾，例如对证券公司业务范围的严格规定与证券公司的经营与发展灵活性需求相矛盾；二是对某些新型业务缺乏规定带来的问题，例如做市业务和客户信息查询制度的规制缺位，难以满足市场相应的需求。本次修订对此类问题作出了回应。

（一）增加证券公司经营业务范围

原证券法第125条规定，证券公司经营业务范围只包括“证券经纪”“证券投资咨询”“与证券交易、证券投资活动有关的财务顾问”“证券承销与保荐”“证券自营”“证券资产管理”业务。本次修订证券法，在前述业务基础上，增加了“证券融资融券业务”“证券做市交易业务”的规定，同时将证券资产管理业务从证券公司业务中移除，只是在本条第 2 款中规定：“证券公司经营证券资产管理业务的，应当符合《中华人民共和国证券投资基金法》等法律、行政法规的规定。”上述修订呼应了证券公司经营业务近年来发生的变化。

1. 融资融券业务和做市交易业务成为证券公司重点发展业务。2018 年全年，全市场累计融资买入 75693.94 亿元，占 A 股总成交金额 893250.73 亿元的 8.47%；2018 年全年，累计融券卖出金额 1902.66 亿元，占 A 股总成交金额的 0.21%①。证券融资融券业务已经成为证券公司推动投资者参与证券交易、为资金短缺或者财力不足者提供资金支持的重要助力。做市商业务是纳斯达克等境外成熟市场证券经营机构参与场外交易以及类场外交易的主要业务，证券公司开展做市商业务一方面为场外市场的发展提供了较为充足的流动性，另一方面也推动了证券公司业务范围的拓展并有助于证券公司的发展壮大。目前做市业务发展也比较迅猛，主要的做市业务包括新三板做市业务、沪伦通 CDR 做市业务、期权做市业务、基金做市业务、场外债券做市业务、场外报价系统做市业务等。

2. 为证券公司开展资产管理等业务正本清源。资产管理业务实质上是代客理财，属于信托法律关系范畴，与证券公司传统的经纪、承销与保荐、财务顾问等业务有所区别。为理顺证券公司开展资产管理业务的法律依据，本次证券法修订，特别规定“证券公司开展资产管理业务，应当符合《中华人民共和国证券投资基金法》等法律、行政法规的规定”。另外，证券公司开展资产管理业务，除了需要遵守证券投资基金法外，还需要遵守 2018 年中国人民银行、中国银行保险监督管理委员会、证监会、国家外汇管理局联合发布的《关于规范金融机构资产管理业务的指导意见》以及 2018 年 10 月证监会发布的《证券期货机构私募资产管理业务管理办法》《证券期货经营机构私募资产管理计划运作管理规定》。上述规定均属于证券公司开展资产管理业务的重要依据。

（二）规定非证券公司不得从事承销、保荐、经纪和融资融券业务

与资产管理业务、做市业务、自营业务不相同，证券承销与保荐业务、经纪业务、融资融券业务都属于证券公司独有的业务范畴，是特许证券公司经营

---

① 中国证券业协会：《中国证券业发展报告 2019》，中国财政经济出版社 2019 年版，第 88 页。

的业务。此类业务对证券公司的资金实力、准入标准、公司治理、内控体制、风控指标等各项要求较高，一般公司或者个人无法满足前述特许经营业务的门槛要求。为了保护证券市场的稳定性，本次证券法修订，在第120条第1款明确规定："除证券公司外，任何单位和个人都不得从事证券承销、证券保荐、证券经纪和证券融资融券业务。"

（三）明确证券公司从事融资融券业务的特别要求

融资融券业务作为一种金融衍生品业务，可以刺激投资者参与证券交易，为资金短缺或者财力不足的投资者提供资金支持，促进证券交易量的上升，从而促进证券市场的流通。虽然融资融券业务自试点开展以来，已经成为证券公司一项常规业务，但也存在一定的局限性。例如，融资融券交易活动的过度扩张，对证券市场起到了助涨助跌作用，容易产生过度投机行为，引发证券市场动荡；大量的融资融券交易，还会导致证券市场的虚假繁荣，加剧证券市场的泡沫成分。因此，本次证券法修订，在第120条第5款明确规定："证券公司从事证券融资融券业务，应当采取措施，严格防范和控制风险，不得违反规定向客户出借资金或者证券"，进一步体现了立法确保证券市场稳定与安全的指导思想。

（四）要求证券公司建立客户信息查询制度

客户信息查询制度，是指证券公司所建立的，确保客户能够查询其账户信息、委托记录、交易记录以及其他与接受服务或者购买产品有关重要信息的机制。证券公司掌握客户在证券市场的主要交易信息，建立客户信息查询制度，可以使投资者更好地掌握自身交易情况，及时进行投资决策，降低遭受欺诈或侵权的概率，并能在纠纷发生时得到及时、完备的证据支持。规定证券公司建立客户信息查询制度，也适应了证券市场国际监管的新趋势。例如德国于2011年出台的《有价证券交易法》第34条"记录义务和保存义务"中就明确规定："持久性数据承载物指任何一种介质，它能按这种方式为客户提供特定信息的存储，即客户能在适合其目的之时期内查阅信息且原封不动地归还信息。"为更好地保护客户利益，本次证券法修订在第137条第1款增加如下内容："证券公司应当建立客户信息查询制度，确保客户能够查询其账户信息、委托记录、交易记录以及其他与接受服务或者购买产品有关的重要信息"，从而明确了证券公司建立信息查询制度的法定义务。

第二节　条款释义

第一百一十八条　设立证券公司，应当具备下列条件，并经国务院证券监督管理机构批准：

（一）有符合法律、行政法规规定的公司章程；

（二）主要股东及公司的实际控制人具有良好的财务状况和诚信记录，最近三年无重大违法违规记录；

（三）有符合本法规定的公司注册资本；

（四）董事、监事、高级管理人员、从业人员符合本法规定的条件；

（五）有完善的风险管理与内部控制制度；

（六）有合格的经营场所、业务设施和信息技术系统；

（七）法律、行政法规和经国务院批准的国务院证券监督管理机构规定的其他条件。

未经国务院证券监督管理机构批准，任何单位和个人不得以证券公司名义开展证券业务活动。

【条文主旨】

本条是关于证券公司设立条件的规定。

【条文释义】

一、根据本条的规定，设立证券公司必须具备如下条件：

（一）有符合法律、行政法规规定的公司章程

公司章程是“公司必须具备的由发起设立公司的投资者制定的，并对公司、股东、董事、监事及公司高级管理人员具有约束力的调整公司内部组织关系和经营行为的自治规则”①。公司章程是公司设立、运营过程中处理内外关系的重

① 赵旭东主编：《新〈公司法〉讲义》，人民法院出版社2005年版，第62页。

要文件，也被形象地称为公司的“宪法”。我国公司法第 25 条和第 81 条规定了公司章程必须载明的内容包括：公司名称和住所；公司经营范围；公司注册资本；有限责任公司股东的姓名或者名称；股东的权利和义务；有限责任公司股东的出资方式和出资额，或股份有限公司股份总数、每股金额、发起人的姓名或者名称、认购的股份数；有限责任公司股东转让出资的条件；公司的机构及其产生的办法、职权、议事规则；公司的法定代表人；公司的解散事由与清算办法等。证券公司的公司章程，在内容上首先应当遵守公司法的前述规定。此外，按照新证券法及《证券公司监督管理条例》、《证券公司股权管理规定》的相关规定，证券公司在准入条件、公司治理、风险控制、合规管理、股东的权利义务、股权锁定期、股权管理事务责任人等诸多要素与常见的普通公司存在区别，相关要求都应当体现在证券公司章程中。

（二）主要股东及公司实际控制人财务状况和诚信记录良好，最近三年无重大违法违规记录

证券公司作为金融企业，其业务、影响和利益相关者往往比普通公司范围更大、程度更深、牵涉更广，证券公司的稳定运营事关社会稳定，其主要股东及其实际控制人的资信能力尤为重要。根据本项规定，担任证券公司的主要股东及实际控制人，应当同时具备以下两个条件：一是具有良好的财务状况和诚信记录；二是最近三年无重大违法违规记录。需要进一步说明的是，相较修订前的证券法第 122 条规定，本条删除了“主要股东的净资产不低于二亿元”这一要求。

（三）有符合本法规定的注册资本

公司是拟制的法律人格，注册资本是公司承担债务的最低财富保障，注册资本的多寡在很大程度上体现了公司债务承担能力的强弱。为了确保证券公司能够承担与其业务相匹配的风险与责任，进而切实保护好客户的利益，各国证券法对证券公司注册资本的最低限额都有要求。新证券法亦根据证券公司经营业务的类型规定了不同的最低注册资本要求，其中：（1）证券公司经营证券经纪、证券投资咨询以及与证券交易、证券投资活动有关的财务顾问，注册资本最低限额为人民币 5000 万元；（2）经营证券承销与保荐、证券融资融券、证券做市交易、证券自营、其他证券业务之一的，注册资本最低限额为人民币 1 亿元；（3）经营证券承销与保荐、证券融资融券、证券做市交易、证券自营及其他证券业务中两项以上业务的，注册资本最低限额为人民币 5 亿元。需要注意的是，我国公司法允许对公司注册资本“一次认足、分期缴纳”。公司股东首期缴纳的出资不少于其注册资本的 20%，即可申请取得营业执照并开展经营活

动。而根据新证券法第 121 条规定，证券公司注册资本应当是实缴资本，证券公司股东不得采取“一次认足、分期缴纳”的做法。

（四）董事、监事、高级管理人员、从业人员符合本法规定的条件

证券公司的董事、监事、高级管理人员、从业人员需具备一定的从业条件，才能胜任相应的岗位职责，顺利履行各自的职责和义务。因此，对董事、监事、高级管理人员、从业人员的任职条件作出强制性规定，不仅关系到此类人员的履职能力，还关系到证券公司的稳定运营，以及整个证券市场的稳定发展。本次证券法修订与原证券法相比，在本项不仅规定了证券公司董事、监事和高级管理人员的任职条件，还增加规定了证券从业人员的任职条件。结合新证券法的相关条款，具体任职条件如下：

1. 证券公司董事、监事、高级管理人员任职的积极资格。积极资格是指拟任职人员应当具备的资格。新证券法第 124 条第 1 款规定，证券公司的董事、监事、高级管理人员，应当正直诚实、品行良好，熟悉证券法律、行政法规，具有履行职责所需的经营管理能力。证券公司任免董事、监事、高级管理人员，应当报国务院证券监督管理机构备案。

2. 证券公司董事、监事、高级管理人员任职的消极资格。消极资格是指拟任职人员不得任职的条件。证券公司董事、监事、高级管理人员不得有公司法第 146 条规定的不得任职条件。此外，新证券法第 124 条第 2 款还规定了其他消极条件：第一，因违法行为或者违纪行为被解除职务的证券交易场所、证券登记结算机构的负责人或者证券公司的董事、监事、高级管理人员，自被解除职务之日起未逾五年；第二，因违法行为或者违纪行为被吊销执业证书或者被取消资格的律师、注册会计师或者其他证券服务机构的专业人员，自被吊销执业证书或者被取消资格之日起未逾五年。

3. 证券从业人员任职的条件。根据新证券法第 125 条的规定，证券公司从事证券业务的人员应当品行良好，具备从事证券业务所需的专业能力。因违法行为或者违纪行为被开除的证券交易场所、证券公司、证券登记结算机构、证券服务机构的从业人员和被开除的国家机关工作人员，不得招聘为证券公司的从业人员。国家机关工作人员和法律、行政法规规定的禁止在公司中兼职的其他人员，不得在证券公司中兼任职务。

（五）有完善的风险管理与内部控制制度

风险管理与内部控制制度是指证券公司为实现经营宗旨、经营目标，根据经营环境变化、公司治理实际，对证券公司经营与管理过程中的风险进行识别、

评价和管理，对公司运行、管理、决策程序进行的制度安排、组织体系和控制措施。证券公司建立完善的风险管理与内部控制制度，其根本目的在于规范和引导证券公司的发展、增强证券公司自我约束能力。一方面推动证券公司现代企业制度的建设，另一方面防范和化解证券公司所面临的金融风险。

（六）有合格的经营场所、业务设施和信息技术系统

按照公司法第23条规定，公司设立必须具备公司法要求的住所和设施。证券公司面向公众投资者，更应当具有与证券公司业务相适应的营业场所、业务设施。随着信息科技的迅猛发展，本次证券法修订因应时需，特别提出了证券公司应当具备“合格的信息技术系统”，体现了证券法指引证券行业重视基础设施、加大信息化投入、推动信息系统转型升级的制度精神。

（七）法律、行政法规和经国务院批准的国务院证券监督管理机构规定的其他条件

证券公司除应当遵守本条前6款规定外，同时应遵守新证券法其他条款对证券公司的相关规定。例如证券公司应当从每年的业务收入中提取交易风险准备金，证券公司的自营业务必须以证券公司的名义进行，不得假借他人名义或者个人名义进行等。

二、未经证监会批准，任何单位和个人不得以证券公司的名义开展证券业务活动

本条第2款的规定体现了证券公司业务的特许性质。实践中，部分机构或者个人以证券公司的名义给证券公司客户打电话荐股或者推荐投资理财类业务，严重侵害了证券公司及证券公司客户的合法权益，扰乱了正常的证券秩序①。为了规制这一行为，本次证券法修订增加了本款，未经证监会批准，任何单位和个人都不得以证券公司的名义开展证券业务活动。

【适用指引】

一、证券公司章程中关于股权管理的相关事宜要求

根据2019年证监会颁布的《证券公司股权管理规定》第28条规定，证券公司应当将股东的权利义务、股权锁定期、股权管理事务责任人等关于股权管理的监管要求写入公司章程，并在公司章程中载明下列内容：

---

① 《关于有机构或个人以东方证券合作单位名义荐股的声明》，载中国证券业协会网站，https：//www.sac.net.cn/wlzf/tzzfxts/201910/t20191024_140441.html，最后访问时间：2020年2月27日。

1. 主要股东、控股股东应当在必要时向证券公司补充资本；

2. 应经但未经监管部门批准或未向监管部门备案的股东，或者尚未完成整改的股东，不得行使股东会召开请求权、表决权、提名权、提案权、处分权等权利；

3. 存在虚假陈述、滥用股东权利或其他损害证券公司利益行为的股东，不得行使股东会召开请求权、表决权、提名权、提案权、处分权等权利；

4. 发生违反法律、行政法规和监管要求等与股权管理事务相关的不法或者不当行为，对股东、证券公司、股权管理事务责任人及相关人员的处理措施。

二、证券公司主要股东的认定标准及准入条件

根据《证券公司股权管理规定》第5条规定，证券公司主要股东的标准及准入条件如下：

1. 公司的主要股东是指“持有证券公司25%以上股权的股东或者持有5%以上股权的第一大股东”。

2. 公司的主要股东应符合如下条件：

（1）自身及所控制的机构信誉良好，最近3年无重大违法违规记录或重大不良诚信记录；不存在因故意犯罪被判处刑罚、刑罚执行完毕未逾3年的情形；没有因涉嫌重大违法违规正在被调查或处于整改期。

（2）不存在长期未实际开展业务、停业、破产清算、治理结构缺失、内部控制失效等影响履行股东权利和义务的情形；不存在可能严重影响持续经营的担保、诉讼、仲裁或者其他重大事项。

（3）股权结构清晰，逐层穿透至最终权益持有人；股权结构中原则上不允许存在理财产品，证监会认可的情形除外。

（4）自身及所控制的机构不存在因不诚信或者不合规行为引发社会重大质疑或产生严重社会负面影响且影响尚未消除的情形；不存在对所投资企业经营失败负有重大责任未逾3年的情形。

（5）不存在净资产低于实收资本50%的情形及不存在或有负债达到净资产50%的情形。

（6）不存在不能清偿到期债务的情形。

（7）净资产不低于2亿元人民币，财务状况良好，具有持续盈利能力，资产负债和杠杆水平适度，具备与证券公司经营业务相匹配的持续资本补充能力。

（8）公司治理规范，管理能力达标，风险管控良好；开展金融相关业务经验与证券公司业务范围相匹配，能够为提升证券公司的综合竞争力提供支持。

(9) 对证券公司可能发生风险导致无法正常经营的情况，制定合理有效的风险处置预案。

3. 对于从事具有显著杠杆性质业务，且多项业务之间存在交叉风险的（例如股权期权做市、场外衍生品、股票质押回购）的综合类证券公司，其主要股东还应当符合如下条件：

(1) 最近3年持续盈利，不存在未弥补亏损；

(2) 最近3年长期信用均保持在高水平，最近3年规模、收入、利润、市场占有率等指标居于行业前列。

第一百一十九条　国务院证券监督管理机构应当自受理证券公司设立申请之日起六个月内，依照法定条件和法定程序并根据审慎监管原则进行审查，作出批准或者不予批准的决定，并通知申请人；不予批准的，应当说明理由。

证券公司设立申请获得批准的，申请人应当在规定的期限内向公司登记机关申请设立登记，领取营业执照。

证券公司应当自领取营业执照之日起十五日内，向国务院证券监督管理机构申请经营证券业务许可证。未取得经营证券业务许可证，证券公司不得经营证券业务。

【条文主旨】

本条是关于证券公司设立审批、登记和申领经营证券业务许可证程序的规定。

【条文释义】

一、设立申请的审批程序

（一）证券监督管理机构应当依照法定条件和法定程序并根据审慎监管原则审查证券公司设立申请

证券监督管理机构审查证券公司设立申请所依照的法定条件，是指证券法、公司法以及相关的法律法规所规定的证券公司设立必须具备的条件。包括但不限于公司法中有限责任公司和股份有限公司设立条件、本章关于证券公司设立要求，《证券公司监督管理条例》第二章关于证券公司设立条件，《证券公司股权管理规定》对于证券公司各类股东资质要求、股权管理要求，以及《关于加强非金融企业投资金融机构监管的指导意见》第 2 条至第 6 条相关规定等。

证券监督管理机构审查证券公司设立申请所依照的法定程序，是指证监会按照新证券法第 119 条和《证券公司监督管理条例》第 16 条第 1 款规定自受理证券公司设立申请之日起 6 个月内作出批准或者不予批准的决定，并通知申请人；不予批准的，应当说明理由。

审慎监管原则，是指证券监督管理机构对证券公司提出的旨在防范和控制其经营风险，确保经营业务的稳健运行和客户资产安全所必需的监管要求和标准，包括风险管理、内部控制、资本充足率、资产质量、资产流动性等方面的要求和标准①。

（二）证券公司设立申请的审查期限与通知义务

证券监督管理机构应当自受理证券公司设立申请之日起 6 个月内，完成审查，并作出批准或者不予批准的决定。同时证券监督管理机构应当将审查结果通知申请人；不予批准的，应当说明理由，确保申请人的知情权不受侵犯。

二、设立登记的程序

证券公司设立申请获得批准的，申请人应当在规定的期限内向公司登记机关申请设立登记，领取营业执照。

证券公司在经过证券监督管理机构批准设立后，申请人应当在规定的期限内，向公司登记机关提交登记申请书、公司章程、验资报告、证券监督管理机构的批准文件以及其他法律、行政法规要求的文件，向公司登记机关申请设立登记，领取证券公司营业执照。

三、申请领取经营证券业务许可证的程序

普通公司取得营业执照即具备开展其经营业务的资格。与之不同，证券公司经营证券业务，除了取得公司营业执照之外，还必须取得经营证券业务许可证，未取得的不得经营证券业务。根据本条规定，新设立的证券公司需在领取营业执照后 15 日内，向证券监督管理机构申请经营证券业务许可证。

【适用指引】

一、关于“一般行政许可期限”和“特殊行政许可期限”的区别

根据行政许可法第 42 条第 1 款的规定，“除可以当场作出行政许可决定的

---

① 周正庆、李飞、桂敏杰：《新证券法条文解析》，人民法院出版社 2006 年版，第 347 页。

外，行政机关应当自受理行政许可申请之日起二十日内作出行政许可决定。二十日内不能作出决定的，经本行政机关负责人批准，可以延长十日，并应当将延长期限的理由告知申请人。但是，法律、法规另有规定的，依照其规定”。由于证券公司的设立关涉社会不特定公众的利益，本条属于行政许可法第42条规定的但书情形，证监会应当在自受理证券公司设立申请之日起6个月内，作出批准或者不批准的决定。

二、关于证监会不予批准证券公司设立申请的救济

根据行政许可法第38条第2款规定，行政机关依法作出不予行政许可的书面决定的，应当说明理由，并告知申请人享有依法申请行政复议或者提起行政诉讼的权利。因此，如果证监会不予批准证券公司设立，申请人有权依法提起行政复议或者行政诉讼。

三、关于外商投资证券公司设立的相关要求

设立外商投资证券公司除应当符合证券法、公司法、《证券公司监督管理条例》和证监会规定的证券公司设立条件外，还应当符合《外商投资证券公司管理办法》相关规定，具体要求如下：

1. 境外股东应具备相应的条件，包括：

（1）所在国家或者地区具有完善的证券法律和监管制度，相关金融监管机构已与证监会或者证监会认可的机构签订证券监管合作谅解备忘录，并保持着有效的监管合作关系；

（2）为在所在国家或者地区合法成立的金融机构，近3年各项财务指标符合所在国家或者地区法律的规定和监管机构的要求；

（3）持续经营证券业务5年以上，近3年未受到所在国家或者地区监管机构或者行政、司法机关的重大处罚，无因涉嫌重大违法违规正受到有关机关调查的情形；

（4）具有完善的内部控制制度；

（5）有良好的国际声誉和经营业绩，近3年业务规模、收入、利润居于国际前列，近3年长期信用均保持在高水平；

（6）证监会规定的其他审慎性条件。

2. 初始业务范围与控股股东或者第一大股东的经营证券业务经验相匹配。

3. 境外股东应当以自由兑换货币出资。境外股东累计持有的（包括直接持有和间接控制）外商投资证券公司股权比例，应当符合国家关于证券业务对外开放的安排。

四、关于设立证券公司专业子公司的要求

证券公司可以为开展保荐、自营、融资融券、投资等业务需求设立相关的子公司，根据《证券公司设立子公司试行规定》第 5 条，证券公司设立子公司应当满足如下要求：(1) 最近 12 个月各项风险控制指标持续符合规定标准，最近 1 年净资本不低于 12 亿元人民币；(2) 具备较强的经营管理能力，设立子公司经营证券经纪、证券承销与保荐或者证券资产管理业务的，最近 1 年公司经营该业务的市场占有率不低于行业中等水平；(3) 具备健全的公司治理结构、完善的风险管理制度和内部控制机制，能够有效防范证券公司与其子公司之间出现风险传递和利益冲突；(4) 证监会的其他要求。

第一百二十条 经国务院证券监督管理机构核准，取得经营证券业务许可证，证券公司可以经营下列部分或者全部证券业务：

（一）证券经纪；

（二）证券投资咨询；

（三）与证券交易、证券投资活动有关的财务顾问；

（四）证券承销与保荐；

（五）证券融资融券；

（六）证券做市交易；

（七）证券自营；

（八）其他证券业务。

国务院证券监督管理机构应当自受理前款规定事项申请之日起三个月内，依照法定条件和程序进行审查，作出核准或者不予核准的决定，并通知申请人；不予核准的，应当说明理由。

证券公司经营证券资产管理业务的，应当符合《中华人民共和国证券投资基金法》等法律、行政法规的规定。

除证券公司外，任何单位和个人不得从事证券承销、证券保荐、证券经纪和证券融资融券业务。

证券公司从事证券融资融券业务，应当采取措施，严格防范和控制风险，不得违反规定向客户出借资金或者证券。

【条文主旨】

本条是关于证券公司业务种类的规定。

【条文释义】

一、证券公司经营业务范围

根据本条规定，证券公司在取得经营证券业务许可证的前提下，可以经营证券经纪，证券投资咨询，与证券交易、证券投资活动有关的财务顾问，证券承销与保荐，证券融资融券，证券做市交易，证券自营等证券业务。

（一）证券经纪业务

经纪业务是证券公司在核定业务范围内，按照投资者的买卖指令，以投资者的名义和账户进行证券买卖或者其他证券投资的业务活动。由于在证券市场交易的证券种类繁多，数额巨大，交易所交易席位有限，一般投资者不能直接进入证券交易所进行证券投资，而是需要借助证券公司提供的经纪服务，才能完成证券投资事宜。

从传统民事法律关系角度而言，证券经纪业务为典型的委托法律关系。所谓委托法律关系，是指委托人与受托人约定，由受托人按照委托人的指令处置委托人委托的事务的民事法律关系。在经纪业务中，投资者作为委托人，向受托人证券公司发出买卖指令进行证券买卖或者其他证券投资业务。投资者需要向经纪公司支付一定的佣金，并自行承担相关投资的风险。经纪公司对违反投资者指令或者其他违反勤勉尽职义务所造成的损失承担责任，对正常的投资风险不承担责任。无论投资者的投资行为是否盈利，投资者都需要按照经纪合同的约定向证券公司支付佣金。

有观点认为证券经纪法律关系是代理法律关系。代理法律关系是指代理人在被代理人授权范围内以被代理人的名义进行活动，代理人行为后果归属于被代理人的民事法律关系。代理法律关系属于委托关系的一种，但是在代理法律关系中，代理人有权在被代理人授权范围内独立地进行意思表示。在证券经纪业务中，证券公司必须严格按照客户的要求完成客户指定的动作，证券公司不存在做出其他意思表示的空间和可能性，因此证券经纪关系虽然属于委托关系，但不宜认定为代理法律关系。

（二）证券投资咨询业务

证券投资咨询业务是指证券公司为投资者或者客户提供证券投资分析、预测或者建议等直接或者间接有偿咨询服务的活动。与其他咨询相比，证券投资咨询业务具有以下特征：

1. 主体特定。提供咨询的主体只能是证券公司，而不包括其他专业投资咨询机构（例如咨询公司）向客户提供的投资咨询意见。

2. 具有独立性。证券公司在提供承销保荐、经纪业务、证券资产管理等业务中亦会向客户提供相关的答复咨询等意见，但这些意见依附于证券公司所提供的承销保荐、经纪业务、证券资产管理等业务。而证券公司所提供的证券投资咨询服务是以收取费用或者获得补偿为对价向客户提供专业、独立的投资咨询服务。

3. 内容以投资分析为核心。证券公司向客户提供的是证券投资分析、预测或者建议，其业务范围与专业中介机构例如律所、会计事务所所提供的法律、会计、审计、评估等专业咨询意见并不相同。

（三）与证券交易、证券投资活动有关的财务顾问业务

财务顾问服务是证券公司为客户在企业改制、公司设立、资产重组、收购兼并等活动中提供咨询的一种服务。例如根据《上市公司收购管理办法》的规定，以要约方式收购上市公司股份的，收购人应当编制要约收购报告书，聘请财务顾问，通知被收购公司，同时对要约收购报告书摘要作出提示性公告。

（四）证券承销与保荐业务

1. 证券承销业务

证券承销是指证券公司按照发行人委托，向投资者销售、促成销售或者代为销售拟发行证券的行为。证券承销业务具有如下特征：

（1）属于间接发行。证券发行包括直接发行、间接发行。直接发行是指发行人直接向投资者出售证券。间接发行是指发行人通过第三方机构向投资者发行证券。证券承销是典型的间接发行。

（2）典型的销售行为。证券承销是证券公司或者以自己名义，或者以发行人名义向投资者推荐、宣传、销售证券的一种市场行为。

（3）典型的委托法律关系。发行人作为委托人有权选择合适的证券公司作为受托人从事证券发行销售，证券公司作为受托人有权代表或者以自己的名义对外销售证券，并向发行人收取一定的报酬。

实践中，证券承销的方式有代销和包销两种。代销，是指由证券公司代发行人进行证券销售，在承销期结束后，将售后剩余的证券全部退还给发行人的承销方式。包销，是指证券公司将发行人发行的证券按照协议全部购入或者在承销期结束后，将售后剩余的证券全部自行购入的承销方式。这两种销售方式

的差异本质在于发行人与证券公司对证券销售风险分配不同。对于发行人而言，代销的风险显著高于包销；而对证券公司而言，包销的风险显著高于代销。

2. 保荐业务

保荐是指证券公司推荐符合发行、上市条件的公司公开发行证券，或者推荐其上市，并对所推荐的上司公司提供持续性训示、督导、指导和信用担保的业务。保荐业务具有如下特征：第一，保荐范围包括主板、创业板、中小板、科创板等市场；第二，保荐不仅适用于证券上市，也适用于证券公开发行；第三，保荐制度不仅强调保荐机构的责任，同时也强调保荐代表人的职责。

（五）证券融资融券业务

证券融资融券是指向客户出借资金供其买入证券或者出借证券供其卖出，并收取担保物的经营活动。融资融券交易可以刺激投资者参与证券交易，为资金短缺或者财力不足的投资者提供资金支持，增加证券交易量，促进证券市场流通。但是融资融券业务也存在一定的局限性。例如，融资融券交易过度扩张会对证券市场起到助涨助跌作用，容易产生过度投机，引发证券市场动荡；大量的融资融券交易，还会导致证券市场虚假繁荣，加剧证券市场泡沫成分。

（六）证券做市业务

证券做市业务是指证券公司作为特许交易商，不断向公众投资者报出某些特定证券的买卖价格（即双向报价），并在该报价上接受公众投资者的买卖要求，以其自有资金和证券与投资者进行证券交易的业务。做市业务的核心是证券公司作为做市商保持持续的双向报价为股票交易提供流动性，并通过交易价格为企业的股权融资提供合理的融资报价。目前，科创板在逐步探索做市商业务，根据《上海证券交易所科创板股票交易特别规定》第 12 条的规定：“科创板股票交易实行竞价交易，条件成熟时引入做市商机制，做市商可以为科创板股票提供双边报价服务。做市商应当根据本所业务规则和做市协议，承担为科创板股票提供双边持续报价、双边回应报价等义务……”

（七）证券自营业务

证券自营业务是指证券公司以自己的名义和资金买卖证券从而获得利润的证券业务。证券公司办理自营业务，应当专门开设自营账户，自营账户应当与经纪账户分开管理，不得混合操作。证券公司自营业务的资金，可以是依法融资获得的资金，但不得使用违规资金从事证券交易。按照业务场所一般分为两类，即场外（柜台）自营买卖和场内（交易所）自营买卖。场外自营买卖是指证券公司通过柜台交易等方式，和客户直接洽谈成交的证券交易；场内自营买卖是指证券公司在证券交易所自营买卖证券的交易。在我国，证券自营业务一般是指在证券交易所自营买卖。

（八）其他证券业务

该项为“兜底”条款，将未列出的其他证券业务进行概括，包括随着证券业务发展实践推出的证券的衍生品种，以及经证监会批准的证券公司可以开展的其他业务类型。

二、证券监督管理机构的审查期限与通知义务

证券公司增加经营业务的，应当向证监会提出申请。证监会应当自收到证券公司增加经营业务申请之日起三个月内，依法进行审核后作出核准或者不予核准的决定并通知申请人。为保障申请人的知情权，对于不予核准的，证监会应当向申请人说明不予核准的理由。

三、经营证券资产管理业务的应当符合相关法律规定

资产管理业务是指证券公司接受资产所有者或者管理者委托，为其办理资产或者财产估值、管理、运用、处置、变现、买卖等事务。代办证券账户或者资金账户结算事宜，也可纳入资产管理范围。根据证券投资基金法相关规定，证券公司可以申请取得证券基金管理人资格，办理证券投资基金的管理业务。

资产管理业务实质上是代客理财，属于信托法律关系范畴，与证券公司传统的经纪、承销与保荐、财务顾问等业务有所区别。为更好地理顺证券公司开展资产管理业务的法律依据，本次证券法修订特别明确：“证券公司经营证券资产管理业务，应当符合《中华人民共和国证券投资基金法》等法律、行政法规的规定。”另外，证券公司开展资产管理业务，还需要遵守2018年中国人民银行、中国银行保险监督管理委员会、证监会、国家外汇管理局联合发布的《关于规范金融机构资产管理业务的指导意见》，2018年10月证监会发布的《证券期货机构私募资产管理业务管理办法》《证券期货经营机构私募资产管理计划运作管理规定》。上述规定均属于证券公司开展资产管理业务的重要依据。

四、非证券公司禁止开展证券承销、保荐、经纪和融资融券业务

证券承销、保荐、经纪、融资融券业务与证券公司的自营、财务顾问、投资咨询业务、资管业务、做市业务不同，前者属于证券公司特许经营业务，只能由证券公司开展。究其原因，是因为前述特许经营业务对证券公司的资金实力、准入标准、公司治理、内控体制、风险控制指标等各项要求较高，一般公司或者个人是无法达到前述特许经营业务的门槛。从保护证券市场稳定性的角度考虑，本次证券法修订明确规定了除证券公司外任何单位和个人都不得从事证券承销、证券保荐、证券经纪和融资融券业务。

五、证券公司从事证券融资融券业务的特别要求

融资融券业务作为一种金融衍生品，是一把“双刃剑”。一方面，融资融券有助于促进证券市场的发展；另一方面，融资融券业务可能加大市场的波动性，推高市场的投机气氛。有学者甚至认为，融资融券在每次股灾中扮演着罪魁祸首的角色。例如 1929 ~ 1933 年的美国金融危机和 2008 年的国际金融危机①。据此，为进一步防范融资融券业务管理不善引发的金融风险，严厉打击和杜绝场外配资业务，本条规定证券公司从事证券融资融券业务，应当采取措施，严格防范和控制风险，不得违反规定向客户出借资金或者证券。

【适用指引】

证券公司未取得相关经营许可证所签署的合同效力问题

实践中，有的证券公司与客户进行融资融券交易时未取得经营证券业务许可证，双方就签订的《融资融券业务合同》效力产生争议。有的司法裁判机构认为，该合同违反我国证券法强制性规定和证监会关于融资融券业务管理办法的相关规定，为无效合同。笔者理解，法院的判决具有一定的合理性。证券公司是持牌营业，在未取得证监会颁发的经营许可证前开展相关业务属于违反国家强制性规定的行为，从保护金融市场稳定性和维护金融市场秩序的角度而言，应将证券公司与客户所签署的相关合同认定为无效合同。

第一百二十一条　证券公司经营本法第一百二十条第一款第（一）项至第（三）项业务的，注册资本最低限额为人民币五千万元；经营第（四）项至第（八）项业务之一的，注册资本最低限额为人民币一亿元；经营第（四）项至第（八）项业务中两项以上的，注册资本最低限额为人民币五亿元。证券公司的注册资本应当是实缴资本。

国务院证券监督管理机构根据审慎监管原则和各项业务的风险程度，可以调整注册资本最低限额，但不得少于前款规定的限额。

---

① 朱飞、林祁、欧阳天健：《试析融资融券风险法律监管调整的路径——杠杆交易背景下股市大幅震荡引发的思考》，载吴弘主编：《金法新声——青年文集荟萃》第 3 辑，上海交通大学出版社 2017 年版，第 41 页。

【条文主旨】

本条是关于证券公司注册资本最低限额的规定。

【条文释义】

"资本之于企业犹如血液之于人体，人体缺乏血液，生命不能存在，企业没有资本，其生产经营活动将无法启动或者运营。[①]"

为了促进经济和鼓励投资，2013 年公司法修订时，降低了对公司设立的条件管控，废除了一般性公司的注册资本最低限额制度，删除了 2005 年公司法第 26 条"有限责任公司注册资本最低限额为人民币 3 万元"、第 59 条"一人有限责任公司的注册资本最低限额为人民币 10 万元"、第 77 条"发起人认购和募集的股本达到法定资本最低限额"等规定。与普通公司不同，证券公司所处的金融行业，经营风险较高，且需要对社会公众承担责任，因此证券法对证券公司的设立标准规定了比普通公司更高的要求，同时规定了更严格的资本充实责任，如要求证券公司设立必须是实缴资本，不得是认缴资本，且不得分期支付。

一、经营不同业务的证券公司最低注册资本各不相同

1. 证券公司经营证券经纪，证券投资咨询，与证券交易、证券投资活动有关的财务顾问其中一项或者数项业务的，注册资本最低限额为人民币 5000 万元。由于证券经纪、投资咨询、财务顾问业务，并不属于直接从事证券交易活动，其风险系数较低，因此对经营此类业务的证券公司最低注册资本的数额要求不高。

2. 证券公司经营证券承销与保荐、证券融资融券、证券做市交易、证券自营或者其他证券业务中的一项的，注册资本最低限额为人民币 1 亿元；经营其中两项以上的，注册资本最低限额为人民币 5 亿元。以证券公司从事证券承销与保荐业务为例，在当前要求中介机构尽职履责的大环境下，证券公司需要对证券发行文件的真实性、准确性、完整性、及时性负责。当发行人因欺诈发行、虚假陈述或者其他重大违法行为给投资者造成损失时，证券公司可能还需要承担先行赔付的法律责任。此外，证券公司从事经纪业务的，需要足够的营业部及其场所、设备予以支持。证券公司从事自营业务的，需要承担交易可能存在的市场风险。证券公司从事投资业务的，需要巨额资金予以支撑。因此，本条对从事此类业务的证券公司注册资本最低限额作出了较高要求。

---

① 施天涛：《公司法论》，法律出版社 2005 年版，第 196 页。

二、证券公司的注册资本应当是实缴资本

公司的资本是维系公司运作、实现公司盈利的重要基础条件。2013 年公司法修订，废弃了传统的法定注册资本制，转向注册资本认缴制（法律、行政法规以及国务院决定对公司注册资本实缴有另行规定的除外）。根据本条规定，证券公司的注册资本应当是实缴资本而非认缴资本，且不得分期支付。规定证券公司的注册资本必须是实缴资本，能够规避认缴制带来的风险，有助于保护债权人和客户的利益，确保证券市场的稳定性。

（一）避免认缴制带来的风险

诚然认缴制降低了公司注册资本的门槛，有力地促进了市场活跃度，但凡事有利必有弊，实践中认缴制在运行一段时间后也暴露了一些弊端，例如在资本市场上出现了"侏儒公司"、"无赖公司"、公司资本虚报、虚假出资及抽逃出资、出资形式、年检、年度报告、公示平台等问题[①]，正如有的学者认为，注册资本认缴制的推行，无疑会导致公司滥设、欺诈盛行[②]。

（二）实缴资本有助于保护证券公司债权人和客户的利益

"言及实缴资本的法律效用，其实只有一个，就是表明公司股东已经履行与实缴资本数额相当的出资义务。或有人言，实缴资本会使公司债权人得到更为确实的保障[③]。"证券公司作为金融市场的重要参与者，公司股东是否履行相关实缴出资义务，不仅关涉到证券公司自身责任承担能力的强弱，也关涉到证券公司债权人和客户的利益，更关涉到整个证券市场的稳定运行。出于保护证券公司债权人和客户利益、维持证券市场稳定的目的，要求证券公司股东在出资上采取实缴资本制是具有合理性的。

（三）实缴资本制可以增强证券公司的经营能力

证券公司开展承销保荐业务、自营业务、融资融券业务、资产管理业务、做市业务等，都需要极其雄厚的资本金作为支撑。只有证券公司股东实缴资本到位，才能确保证券公司具有足够的资金开展相关业务。

三、证券监督管理机构对注册资本最低限额的调整权

证券市场不断变化，证券业务与经济形势较为密切。近年来我国经济运行持续面临下行压力。为了提高证券公司抵御风险的能力，在一定范围内授权证

---

① 甘培忠：《论公司资本制度颠覆性改革的环境与逻辑缺陷及制度补救》，载《科技与法律》2014 年第 3 期。

② 蒋大兴：《"合同法"的局限：资本认缴制下的责任约束》，载《现代法学》2015 年第 9 期。

③ 陈甦：《实缴资本的多重效用及其保障措施》，载《法学杂志》2014 年第 12 期。

监会根据审慎监管原则和相关业务的风险程度调整相关业务的注册资本要求确有必要。按照本条规定，证监会只能在现有注册资本金最低要求基础上调高相关业务的注册资本金，而不能降低。

【适用指引】

其他金融机构注册资本的最低限额。

一、银行注册资本最低限额

根据《商业银行法》第 13 条第 1 款规定，设立全国性商业银行的注册资本最低限额为 10 亿元人民币。设立城市商业银行的注册资本最低限额为 1 亿元人民币，设立农村商业银行的注册资本最低限额为 5000 万元人民币。注册资本应当是实缴资本。

二、保险公司注册资本最低限额

根据《保险法》第 69 条规定，设立保险公司，其注册资本的最低限额为人民币 2 亿元。国务院保险监督管理机构根据保险公司的业务范围、经营规模，可以调整其注册资本的最低限额，但不得低于本条第 1 款规定的限额。保险公司的注册资本必须为实缴货币资本。

三、基金管理公司注册资本最低限额

根据《证券投资基金管理公司管理办法》第 7 条规定，基金管理公司的注册资本、净资产不低于 1 亿元人民币，且资产质量良好。

四、信托公司注册资本最低限额

根据《信托公司管理办法》第 10 条规定，信托公司注册资本最低限额为 3 亿元人民币或等值的可自由兑换货币，注册资本为实缴货币资本。申请经营企业年金基金、证券承销、资产证券化等业务，应当符合相关法律法规规定的最低注册资本要求。中国银行业监督管理委员会根据信托公司行业发展的需要，可以调整信托公司注册资本最低限额。

第一百二十二条　证券公司变更证券业务范围，变更主要股东或者公司的实际控制人，合并、分立、停业、解散、破产，应当经国务院证券监督管理机构核准。

【条文主旨】

本条是关于证券公司必须经过证券监督管理机构核准的重大事项的规定。

【条文释义】

证券公司变更业务范围，变更主要股东或者公司的实际控制人，合并、分立、停业、解散、破产等事项，对证券公司的股东、债权人以及社会公众乃至证券市场的稳定都有较大影响，出于审慎角度，涉及此类事项的，应当经过证券监督管理机构核准。依据本条规定，重大事项的范围是：

一、证券公司变更证券业务范围

新证券法第120条规定，证券公司在经证券监督管理机构核准后，可以取得经营证券业务许可证。证券业务许可证载明证券公司被核准的业务范围，证券公司实际从事的业务应当符合载明的业务范围。此后，证券公司如需扩大或者缩小业务范围，必须再次经证券监督管理机构核准。

二、变更证券公司的主要股东或者实际控制人

根据《证券公司股权管理规定》相关规定，证券公司的主要股东是指持有证券公司25%以上股权的股东或者持有5%以上股权的第一大股东；实际控制人是指虽不是证券公司的股东，但通过投资关系、协议或者其他安排，能够实际支配公司行为的自然人或者法人。证券公司的主要股东和实际控制人的言行和决策，在很大程度上会对证券公司产生重大影响。出于审慎考虑，主要股东或实际控制人的变更，应当经过证券监督管理机构审批。需要说明的是，原证券法第129条中规定证券公司变更“持有百分之五以上股份的股东”需要经过证券监督管理机构批准，而本条修改为“主要股东”，与修订前的第129条相比，需要向证监会备案的范围进一步限缩，体现了新证券法落实国务院“简政放权、放管结合、优化服务”的改革要求。

三、公司合并、分立

公司合并，是指两个或者两个以上的公司依法达成合意，归并为一个公司或者创设一个新公司的法律行为①。证券公司合并是指证券公司与其他公司进行资产重组，合并设立新的公司，或者被其他公司吸收，或者吸收其他公司。公司分立，又称公司分割，是指一个公司依照法律规定和合同约定分立为两个

---

① 范建、王建文：《公司法》，法律出版社2011年版，第441页。

或两个以上公司的行为①。证券公司的分立是指证券公司将其自身进行分割，设立两家或者两家以上的公司。

证券公司的合并或分立有利于促进生产经营要素的合理流动，实现社会资源的优化配置，进一步促进证券公司的发展，但也会对证券公司产生一定的影响，因此证券公司的合并或分立需经过证券监督管理机构核准。

四、公司停业、解散、破产

公司停业是指证券公司决定停止证券经营业务活动。公司解散是指已成立的公司，因发生法律或者章程规定的解散事由而停止营业活动，开始处理未了结的事项，并逐步终止其法人资格的行为②。公司解散包括证券公司按照公司章程的规定，例如公司存续期间届满或者其他解散事由出现、股东大会决议解散的情形；同时也包括证券公司成立后，在进行经营活动过程中，因违反国家法律、法规，实施危害社会公共利益的行为，登记主管机关命令其解散的情形。证券公司解散与一般公司解散后果并无差异，都会进入清算程序，成立清算组织。同时限制证券公司权利能力，停止其营业活动。

公司破产是指证券公司因不能到期清偿债务，无力继续经营，由人民法院宣告停止营业，进行债权债务清理的状态。根据《证券公司风险处置条例》第38条规定，证券公司存在清偿到期债务，并且资产不足以清偿全部债务或者明显缺乏清偿能力的，或者明显丧失清偿能力可能的，证监会可以直接向人民法院申请对该证券公司进行重整。另外，证券公司或者其债权人依照企业破产法的有关规定，可以向人民法院提出该证券公司进行破产清算或者重整的申请，但是应当报经证监会批准。

【适用指引】

一、证券公司设立、收购或者撤销分支机构审批所需履行的程序

新证券法删除了原证券法第129条“证券公司设立、收购或者撤销分支机构应当履行国务院证券监督管理机构事先批准”的规定，那么，证券公司设立、收购或者撤销分支机构应当履行什么程序？根据2020年3月3日证监会颁布的《关于取消或调整证券公司部分行政审批项目等事项的公告》相关规定，应当履行如下程序：

---

① 范建、王建文：《公司法》，法律出版社2011年版，第444页。

② 范建、王建文：《公司法》，法律出版社2011年版，第450页。

1. 根据新证券法以及《证券公司监督管理条例》的规定，证券公司在境外设立、收购或者撤销分支机构审批等事宜改为事后备案管理。

2. 证券公司设立、收购境内分支机构的，应当自完成工商设立（或变更）登记之日起5个工作日内向分支机构所在地中国证监会派出机构提交下列材料，并抄报公司住所地中国证监会派出机构：

（1）备案情况说明，包括营业场所基本情况、岗位设置、人员配备（含从业经历）、制度及信息系统建设情况；

（2）分支机构营业执照副本复印件；

（3）公司内部决策文件及授权分支机构经营范围文件；

（4）分支机构负责人符合任职条件的证明；

（5）营业场所所有权或者使用权证明；

（6）合规总监出具的公司符合相关要求的意见。

另外，证券公司收购分支机构的，还应当提交收购分支机构的许可证正副本原件、收购协议、最近3年合规运行情况及经营管理情况说明，收购分支机构客户处理、员工安置、系统衔接等方面的说明，在中国证监会指定报刊上的公告证明。

证券公司撤销境内分支机构，应当妥善处理分支机构客户资产，结清分支机构业务并终止经营活动，并自完成上述工作之日起5个工作日内向分支机构所在地中国证监会派出机构提交下列材料，并抄报公司住所地中国证监会派出机构：

（1）备案情况说明；

（2）公司内部决策文件；

（3）关于处理分支机构客户资产、结清证券业务并终止经营活动情况的说明；

（4）在中国证监会指定报刊上的公告证明；

（5）合规总监出具的公司符合相关要求的意见。

二、证券公司在境外设立、收购或者参股证券经营机构审批程序

新证券法删除了原证券法第129条“证券公司在境外设立、收购或者参股证券经营机构必须经国务院证券监督管理机构批准”的规定，那么，证券公司在境外设立、收购或者参股证券经营机构应当履行什么程序？根据2020年3月3日证监会颁布的《关于取消或调整证券公司部分行政审批项目等事项的公告》相关规定，应当履行如下程序：

1. 根据新证券法以及《证券公司监督管理条例》的规定，证券公司设立、收购或者撤销分支机构审批等事宜改为事后备案管理。

2. 证券公司在境外设立、收购或者参股证券经营机构应当自公司董事会决议或其他相关决议通过5个工作日内向中国证监会提交备案情况说明，关于公司资本充足情况、风险控制指标模拟测算情况说明及《证券公司和证券投资基金管理公司境外设立、收购、参股经营机构管理办法》（证监会令第150号）第10条规定的第2项至第9项文件。

3. 中国证监会机构部应当依法审慎履职，发现证券公司在境外设立、收购或者参股证券经营机构不符合《证券公司和证券投资基金管理公司境外设立、收购、参股经营机构管理办法》相关规定的，应当责令改正。

三、证券公司变更注册资本或股权相关事项不涉及变更主要股东、公司实际控制人需要履行的程序

新证券法将原证券法第129条规定的“证券公司变更业务范围、增加注册资本且股权结构发生重大调整、减少注册资本、变更持有5%以上股权的股东、实际控制人、变更公司章程重要条款及合并、分立、停业、解散、破产，必须经国务院证券监督管理机构批准”调整为“证券公司变更证券业务范围、变更主要股东或者公司的实际控制人，合并、分立、停业、解散、破产，应当经国务院证券监督管理机构核准”。那么，“证券公司变更注册资本或股权相关事项不涉及变更主要股东、公司实际控制人的情形需要履行哪些程序？根据2020年3月3日证监会颁布的《关于取消或调整证券公司部分行政审批项目等事项的公告》相关规定，其应当履行如下程序：

1. 根据新证券法以及《证券公司监督管理条例》的规定，证券公司变更注册资本或股权相关事项不涉及变更主要股东、公司实际控制人等事宜改为事后备案管理。

2. 证券公司变更注册资本或股权相关事项不涉及变更主要股东、公司实际控制人的，应当自完成工商变更登记之日起（依法不需办理工商变更登记的，自相关确权登记之日起）5个工作日内向住所地中国证监会派出机构备案，提交《关于实施〈证券公司股权管理规定〉有关问题的规定》（证监会公告〔2019〕16号）规定的基本类文件、主体资格类文件、专项类文件。

3. 证券公司变更公司章程应当自公司股东（大）会通过后5个工作日内向住所地中国证监会派出机构提交备案情况说明（包含章程条款变更原因、内容及新旧对照表）、股东（大）会决议和相关议案。证券公司变更公司章程条款，涉及变更公司名称的，还应当提交名称预核准通知书；涉及设立非证券业务子公司的，还应当提交关于公司资本充足情况及风险控制指标模拟测算情况说明，同时抄报子公司住所地中国证监会派出机构；涉及跨辖区迁址的，证券公司应当同时抄报迁入地中国证监会派出机构。证券公司通过子公司增加或减少业务范围的，应当依法向中国证监会报批。

4. 中国证监会派出机构应当依法审慎履职，发现证券公司变更注册资本或股权相关事项不符合《证券公司股权管理规定》（证监会令第156号）和《关于实施〈证券公司股权管理规定〉有关问题的规定》相关要求的，应当责令改正；发现证券公司变更公司章程不符合相关规定的，应当责令改正。中国证监会派出机构应当督促证券公司在监管系统中及时更新相关信息并向中国证监会机构部申请换领许可证（如涉及）。

第一百二十三条　国务院证券监督管理机构应当对证券公司净资本和其他风险控制指标作出规定。

证券公司除依照规定为其客户提供融资融券外，不得为其股东或者股东的关联人提供融资或者担保。

【条文主旨】

本条是关于授权证券监督管理机构对证券公司净资本和其他风险控制指标进行规定，要求证券公司禁止为其股东或者股东的关联人提供融资或者担保的规定。

【条文释义】

一、授权证券监督管理机构对证券公司净资本和其他风险控制指标作出规定

在现代金融监管中，加强以净资本为核心的风险监管体系，并不是单纯规定证券公司的权益比例，而是根据证券公司业务实际承担的风险拟定相应的风险权重，通过风险权重把证券公司业务与证券公司应提取的资本有机联系在一起①。

① 中华人民共和国证券法释义及实用指南编写组：《中华人民共和国证券法释义及实用指南》，中国民主法制出版社2012年版，第122页。

证监会通过制定部门规章的方式对证券公司的风险控制指标进行监管。根据《证券公司风险控制指标管理办法》第2条规定，证券公司应当重点关注净资本、风险覆盖率、资本杠杆率、流动性覆盖率、净稳定资金率等相关风险控制指标。

（一）净资本

净资本是指根据证券公司资产流动性情况对其净资产进行调整后的资产价值。净资本由核心净资本和附属净资本构成。其中，核心净资本＝净资产－资产项目的风险调整－或有负债的风险调整－/＋中国证监会认定或者核准的其他调整项目；附属净资本＝长期次级债×规定比例－/＋中国证监会认定或者核准的其他调整项目。同时，证券公司在计算核心净资本时，应当按照规定对有关项目充分计提资产减值准备。证券公司应该根据公司期末或有事项的性质（如未决诉讼、未决仲裁、对外提供担保等）、涉及金额、形成原因和进展情况、可能发生的损失和预计损失进行相应的会计处理。对于很可能导致经济利益流出公司的或有事项，应当确认预计负债；对于未确认预计负债，但仍可能导致经济利益流出公司的或有事项，在计算核心净资本时，应当作为或有负债，按照一定比例在净资本中予以扣减，并在净资本计算表的附注中披露。证券公司对控股证券业务子公司出具的承诺书提供担保承诺的，应当按照担保承诺金额的一定比例扣减核心净资本。从事证券承销与保荐、证券资产管理等证监会认可的业务的子公司可以将母公司提供的担保承诺按照一定比例计入核心净资本。证券公司向股东或者机构投资者借入或发行的次级债，可以按照一定比例计入净资本或扣减风险资本准备。

根据《证券公司风险控制指标管理办法》第16条规定，不同的证券业务对证券公司有不同的净资本要求。证券公司经营证券经纪业务的，其净资本不得低于人民币2000万元。证券公司经营证券承销与保荐、证券自营、证券资产管理及其他证券业务等业务之一的，其净资本不得低于人民币5000万元。证券公司经营证券经纪业务，同时经营证券承销与保荐、证券自营、证券资产管理及其他证券业务等业务之一的，其净资本不得低于人民币1亿元。证券公司经营证券承销与保荐、证券自营、证券资产管理及其他证券业务中两项及两项以上的，其净资本不得低于人民币2亿元。

（二）其他风险指标

与商业银行资本监管制度一样，证券公司资本监管的若干指标对证券公司的风险控制也非常重要。按照《证券公司风险控制指标管理办法》第17条规定，其他风险指标包括风险覆盖率、资本杠杆率、流动性覆盖率和净稳定资本率。其中风险覆盖率 = 净资本/各项风险资本准备之和 × 项风险资且不得低于100%；资本杠杆率 = 核心净资本/表内外资产总额 × 内外资产且不得低于100%；流动性覆盖率 = 优质流动性资产/未来 30 天现金净流出量 × 现金净流且不得低于 100%；净稳定资金率 = 可用稳定资金/所需稳定资金 × 需稳定资金且不得低于 100%。同时证监会在上述各项风险控制指标基础之上设置了预警标准，对于规定“不得低于”一定标准的风险控制指标，其预警标准是规定标准的 120%。

二、证券公司不得为其股东或者股东的关联人提供融资或者担保

股东的关联人，是指受证券公司股东直接或者间接控制，或者根据实质重于形式的原则认定与股东有特殊关系，可能存在导致股东向其转移利益的法人或者其他组织或者个人。根据公司法第 16 条规定，……公司为公司股东或者实际控制人提供担保的，必须经股东会或者股东大会决议。前款规定的股东或者受前款规定的实际控制人支配的股东，不得参加前款规定事项的表决。该项表决由出席会议的其他股东所持表决权的过半数通过。另根据最高人民法院《关于执行担保若干问题的规定》（法释〔2018〕4 号）第 5 条规定，公司为被执行人提供执行担保的，应当提交符合公司法第 16 条规定的公司章程、董事会或者股东会、股东大会决议。从公司法及相关司法解释来看，并不反对公司为其股东或者股东的关联人提供担保，只是在程序上必须符合法定条件和公司章程的要求。与公司法不同，新证券法禁止证券公司为其股东及关联人提供融资或者担保。这是因为证券公司不同于普通公司，其关涉到整个证券市场的稳定性和社会不特定公众利益。在证券市场发展历史上，某些证券公司因为内控控制机制不严、管理失当、公司治理混乱等，曾经出现大量股东持有证券公司股份，利用公司资产为个人及关联人提供融资和担保，导致证券公司沦为一些股东的提款机和融资平台的情形。为了防止再次出现证券公司股东通过让证券公司提供融资或担保的方式进行利益输送的情形，保护社会公众利益以及证券市场和金融市场秩序稳定，有必要禁止证券公司为其股东或其关联人提供融资和担保。按照本条规定理解，即使证券公司的股东或者股东的关联人是该证券公司的客户，也不得向其提供融资或者担保，以防止出现利益输送、利益冲突、相互串通损害证券公司及其他股东合法权益的现象。

【适用指引】

本条相较于修订前的证券法第 130 条，删除了“净资本与负债的比例，净资本与净资产的比例，净资本与自营、承销、资产管理等业务规模的比例，负债与净资产的比例，以及流动资产与流动负债的比例”等内容，以“其他风险控制指标”进行替代；同时明确了证券公司可以依照规定为其客户提供融资融券，仍然坚持原证券法关于不得为其股东或者股东关联人提供融资或者担保的规定。本条对原证券法的修订，主要为将来证监会可能出台的释义留足灵活空间。证券公司经营风险的来源是多方面的，很难借助某一个财务指标作出全面的分析、判断。公司主营业务不同，风险程度以及考核指标也有所差异。在原证券法制定时，证券公司主要业务包括承销与保荐、自营、资产管理等业务，因此原证券法第 130 条按照证券公司主要业务范畴制定了相应的配套规定。随着证券市场的发展，证券公司的主要经营业务也随之不断扩大，本次证券法修订中证券公司业务范围便增加了融资融券和做市业务，为便于证监会有灵活的空间进行操作，此处便以概括性的“其他风险控制指标”予以囊括，同时将前述具体指标的种类授权给下位法予以规定，从立法技术上增加法条的灵活性，以适应新形势下风险管理和行业发展需求。

第一百二十四条 证券公司的董事、监事、高级管理人员，应当正直诚实、品行良好，熟悉证券法律、行政法规，具有履行职责所需的经营管理能力。证券公司任免董事、监事、高级管理人员，应当报国务院证券监督管理机构备案。

有《中华人民共和国公司法》第一百四十六条规定的情形或者下列情形之一的，不得担任证券公司的董事、监事、高级管理人员：

（一）因违法行为或者违纪行为被解除职务的证券交易场所、证券登记结算机构的负责人或者证券公司的董事、监事、高级管理人员，自被解除职务之日起未逾五年；

（二）因违法行为或者违纪行为被吊销执业证书或者被取消资格的律师、注册会计师或者其他证券服务机构的专业人员，自被吊销执业证书或者被取消资格之日起未逾五年。

【条文主旨】

本条是关于证券公司董事、监事、高级管理人员任职资格的规定。

【条文释义】

证券公司的董事、监事、高级管理人员是否尽职履责，是否尽到勤勉义务，不仅关系到证券公司经营发展，也对社会公众利益产生影响，更关系到证券市场和金融市场的稳定运行。为了使证券公司的董事、监事、高级管理人员能够依照法律和行政法规的规定尽职勤勉地履行自己的职责，新证券法对证券公司这些人员的任职资格作出规定。

一、证券公司的董事、监事、高级管理人员任职的积极资格

积极资格是指担任证券公司董事、监事、高级管理人员应当具备的资格。担任证券公司董事、监事、高级管理人员的，应当具备以下条件。

其一，正直诚实、品行良好。证券公司的董事、监事、高级管理人员是公司的核心骨干力量，其应当通过其专业的业务知识以及视野，为投资者提供专业的服务，其对公司以及公司的客户负有尽职勤勉、诚实守信的义务，因此应当具备正直诚实、品行良好等相关道德水准。

其二，熟悉证券法律、行政法规。证券公司的董事、监事、高级管理人员是证券公司具体事务的执行者，其应当对证券市场的法律、法规熟悉了解并掌握，并以法律、法规作为自己行为规范的底线。

其三，具有履行职责所需的经营管理能力。证券公司的董事、监事、高级管理人员是履行公司意志的重要执行者，是公司日常经营活动开展的履行人，因此仅仅具备高尚的道德情操还不够，还应当具备证券业务经营管理方面的专业知识以及经验，同时具备广阔的视野，方可在证券市场中带领证券公司开拓业务。

其四，在任职后应当报证监会备案。修订前的证券法要求证券公司的董事、监事、高级管理人员在任职前应当向证监会提出申请，由证监会核准其任职资格。在本次证券法修订后，他们在任职后报证监会备案即可。也即是将证监会对任职资格的管理由事前核准调整至事后备案，审核职责下放给各证券公司。

二、证券公司的董事、监事、高级管理人员的消极资格

消极资格是指不得担任证券公司董事、监事、高级管理人员的情形。

1. 具有公司法第 146 条第 1 款规定的情形的，不得担任证券公司的董事、监事、高级管理人员：

（1）无民事行为能力或者限制民事行为能力；

（2）因贪污、贿赂、侵占财产、挪用财产或者破坏社会主义市场经济秩序，被判处刑罚，执行期满未逾五年，或者因犯罪被剥夺政治权利，执行期满未逾五年；

（3）担任破产清算的公司、企业的董事或者厂长、经理，对该公司、企业的破产负有个人责任的，自该公司、企业破产清算完结之日起未逾三年；

（4）担任因违法被吊销营业执照、责令关闭的公司、企业的法定代表人，并负有个人责任的，自该公司、企业被吊销营业执照之日起未逾三年；

（5）个人所负数额较大的债务到期未清偿。目前公司法及相关司法解释尚未对所负数额较大的债务进行界定，根据本条的立法精神来看，只要存在个人所负债务超过其正常偿还能力且到期未能偿还，且可能会对公司的利益产生影响或者损害的，应当认定其不宜担任公司的董事、监事、高级管理人员。

2. 除公司法第146条规定的情形外，具备以下情形之一的，也不得担任证券公司的董事、监事、高级管理人员。

（1）因违法行为或者违纪行为被解除职务的证券交易场所、证券登记结算机构的负责人或者证券公司的董事、监事、高级管理人员，自被解除职务之日起未逾五年。

该项规定包括限制对象和限制时间两个要素。限制对象包括三类：因违法行为或者违纪行为被解除职务的证券交易所的负责人；因违法行为或者违纪行为被解除职务的证券登记结算机构的负责人；因违法行为或者违纪行为被解除职务的证券公司的董事、监事、高级管理人员。限制时间是五年，即前述三类人员自被解除职务之日起五年内不得担任证券公司的董事、监事、高级管理人员，但超过五年期限的，可以恢复担任其证券公司董事、监事、高级管理人员的资格。

（2）因违法行为或者违纪行为被吊销执业证书或者被取消资格的律师、注册会计师或者其他证券服务机构的专业人员，自被吊销执业证书或者被取消资格之日起未逾五年。

该项规定与“因违法行为或者违纪行为被解除职务的证券交易场所、证券登记结算机构的负责人或者证券公司的董事、监事、高级管理人员”的情形类似，在此将不再赘言。

【适用指引】

一、关于证券公司董事、监事、高级管理人员的具体任职资格条件

新证券法将证券公司董事、监事、高级管理人员的任职资格由“事先核准”修改为“事后备案”，但这并不意味着任职资格的要求可以降低或者弱化。证券公司仍然需要严格遵守法律、法规有关此类人员任职资格的规定。除新证券法第124条外，证监会于2012年出台的《证券公司董事、监事和高级管理人员任职资格监管办法》对证券公司董事、监事、高级管理人员的任职资格作出了具体规定，对比新证券法的规定，其任职具体条件应当是：

（一）董事、监事的任职条件

担任证券公司董事、监事的，应当具备以下条件：

1. 具备新证券法第124条所规定的基本条件，包括积极任职资格和消极任职资格。

2. 从事证券、金融、法律、会计工作3年以上或者经济工作5年以上。

3. 具有大专以上学历。

（二）独立董事的任职条件

担任证券公司独立董事的，应当具备以下条件：

1. 具备新证券法第124条所规定的基本条件，包括积极任职资格和消极任职资格。

2. 具有大学本科以上学历，并且具有学士以上学位。

3. 有履行职责所必需的时间和精力。

4. 不得与证券公司存在关联关系、利益冲突或者其他可能妨碍独立客观判断的情况。包括：（1）在证券公司或其关联方任职的人员及其近亲属和主要社会关系人员；（2）在下列机构任职的人员及其近亲属和主要社会关系人员：持有或控制证券公司5%以上股权的单位、证券公司前5名股东单位、与证券公司存在业务联系或利益关系的机构；（3）持有或控制上市证券公司1%以上股权的自然人，上市证券公司前10名股东中的自然人股东，或者控制证券公司5%以上股权的自然人，及其上述人员的近亲属；（4）为证券公司及其关联方提供财务、法律、咨询等服务的人员及其近亲属；（5）最近1年内曾经具有前四项所列举情形之一的人员；（6）在其他证券公司担任除独立董事以外职务的人员；（7）中国证监会认定的其他人员。

（三）董事长、副董事长、监事会主席的任职条件

担任证券公司董事长、副董事长、监事会主席的，应当具备以下条件：

1. 从事证券工作 3 年以上，或者金融、法律、会计工作 5 年以上，或者经济工作 10 年以上。

2. 具有大学本科以上学历或取得学士以上学位。

3. 通过中国证监会认可的资质测试。

（四）高级管理人员的任职条件

担任证券公司总经理、副总经理、财务负责人、合规负责人、董事会秘书等高级管理人员的，应具备以下条件：

1. 从事证券工作 3 年以上，或者金融、法律、会计工作 5 年以上。

2. 具有证券从业资格。

3. 具有大学本科以上学历或取得学士以上学位。

4. 曾担任证券机构部门负责人以上职务不少于 2 年，或者曾担任金融机构部门负责人以上职务不少于 4 年，或者具有相当职位管理工作经历。

5. 通过中国证监会认可的资质测试。

二、证券公司董事、监事、高级管理人员任职资格具体程序

本次证券法修改后，证券公司董事、监事、高级管理人员的任职资格由事前核准调整至事后备案。根据 2020 年 3 月 3 日证监会颁布的《关于取消或调整证券公司部分行政审批项目等事项的公告》相关规定，其应当履行如下程序：

1. 证券公司任命董事、监事和高级管理人员，应当自作出决定之日起 5 个工作日内向公司住所地中国证监会派出机构提交以下材料：

（1）备案情况说明。

（2）公司决定文件及相关决议。

（3）相关人员符合任职条件的证明文件。

（4）相关人员签署的诚信经营承诺书。

（5）高级管理人员职责范围说明。符合任职条件的证明文件，包括：任职情况登记表，身份、学历、学位证明，最近 3 年个人诚信情况说明，最近 3 年曾任职单位的鉴定意见；董事、监事还需提交证券公司或股东单位的推荐意见；高级管理人员还需提交符合证券从业条件的证明文件；高级管理人员、董事长类人员还需提交 2 名推荐人的书面推荐意见、资质测试合格证明，最近 3 年担任主要负责人的还应当提交离任审计报告。

2. 中国证监会派出机构应当依法审慎履职，发现相关人员不符合证券法和《证券公司监督管理条例》及中国证监会相关规定的，应当责令限期更换。

第一百二十五条　证券公司从事证券业务的人员应当品行良好，具备从事证券业务所需的专业能力。

因违法行为或者违纪行为被开除的证券交易场所、证券公司、证券登记结算机构、证券服务机构的从业人员和被开除的国家机关工作人员，不得招聘为证券公司的从业人员。

国家机关工作人员和法律、行政法规规定的禁止在公司中兼职的其他人员，不得在证券公司中兼任职务。

【条文主旨】

本条是关于证券公司从业人员的执业条件、禁止特定人员在证券公司兼职的规定。

【条文释义】

一、证券公司从业人员执业条件的一般规定

本次证券法的修订删除了“证券从业资格”的相关规定。本条第 1 款、第 2 款是对证券公司从业人员条件的一般要求，是新证券法第 118 条第 4 项规定的证券公司从业人员所需符合的条件之一。此处所称从业人员，是指在证券公司任职，从事证券业务的人员。

本条第 1 款对证券公司从业人员应当具备的条件作出新的原则性规定，一是要求从业人员品行良好，二是要求其具备从事证券业务所需的专业能力。该规定较为原则，实践中，尚需在监管规定或自律规则层面作出更具体、更细化的可操作性规定。

本条第 2 款对证券公司从业人员的条件作出禁止性规定，因违法行为或者违纪行为被开除的证券交易场所、证券公司、证券登记结算机构、证券服务机构的从业人员和被开除的国家机关工作人员，不得招聘为证券公司的从业人员。证券公司是资本市场最重要的专业中介服务机构，发挥着证券市场“看门人”的作用。证券公司从业人员的职业操守和专业能力直接关系到公司声誉、行业形象和广大投资者的切身利益，甚至影响正常的市场秩序和社会稳定。新证券法将上述因严重违法违纪受到“开除”处分的人员排除在证券公司从业人员之外，有利于把好从业人员“入口关”，防范化解从业人员的道德风险，维护证券市场秩序。

对本条中“因违法行为或者违纪行为被开除”的有关规定，需作出适当解释和明确界定。首先，“开除”是指有权机关或单位依照《监察法》《中国共产党纪律处分条例》等法律法规，对违法的公职人员、违纪的党员作出的一种最严厉的政务处分或党纪处分；其次，被开除的人员，限于证券交易场所、证券公司、证券登记结算机构、证券服务机构的从业人员或国家机关工作人员。

二、禁止特定人员在证券公司兼职的规定

本条第 3 款规定，国家机关工作人员和法律、行政法规规定的禁止在公司中兼职的其他人员，不得在证券公司中兼任职务。本规定主要是防止利益冲突、利益输送等不公正、不廉洁的问题。

除国家机关工作人员不得在证券公司中兼任职务外，出于竞业禁止、维护市场公平竞争秩序等考量，一些人员在证券公司兼任职务也受到法律、行政法规的限制。例如，《劳动合同法》第 39 条第 4 项和《劳动合同法实施条例》第 19 条第 5 项均规定，劳动者同时与其他用人单位建立劳动关系，对完成本单位的工作任务造成严重影响，或者经用人单位提出，拒不改正的，用人单位可以解除劳动合同。《证券公司监督管理条例》第 23 条规定，合规负责人不得在证券公司兼任负责经营管理的职务；第 39 条第 2 款规定，证券经纪人只能接受一家证券公司的委托，进行客户招揽、客户服务等活动。

第一百二十六条 国家设立证券投资者保护基金。证券投资者保护基金由证券公司缴纳的资金及其他依法筹集的资金组成，其规模以及筹集、管理和使用的具体办法由国务院规定。

【条文主旨】

本条是关于国家设立证券投资者保护基金的规定。

【条文释义】

一、证券投资者保护基金的设立

本条明确规定证券投资者保护基金由国家设立。证券投资者保护基金是我国最早建立的金融保障基金，作为国家金融安全网的组成部分，是促进证券市场稳定、健康发展的基础性制度。

2003 年年底至 2004 年上半年，随着证券市场的结构性调整和持续低迷，以南方证券有限公司、闽发证券有限公司、“德隆系”下属证券公司等证券公司的问题充分暴露为标志，证券行业面临建立以来第一次行业性危机，严重危及证券市场安全，波及社会稳定，投资者损失严重。① 为建立防范和处置证券公司风险的长效机制，维护社会经济秩序和社会公共利益，保护证券投资者的合法权益，促进证券市场有序、健康发展，经国务院批准，2005 年 6 月 30 日，证监会、财政部、中国人民银行联合发布《证券投资者保护基金管理办法》（以下简称《保护基金办法》），规定设立国有独资的中国证券投资者保护基金公司（以下简称中国投保公司），作为证券投资者保护基金的运作管理机构，负责证券投资者保护基金的筹集、管理和使用。这标志着我国证券投资者保护基金制度的建立。证券投资者保护基金制度的建立，开启了我国金融市场风险防范与化解机制的建设步伐。中国投保公司是资本市场第一家专业的投资者保护机构，也是金融市场第一家专门从事行业市场风险处置的金融机构。之后的数年中，期货投资者保障基金、保险保障基金、信托保障基金相继成立，随着存款保险制度推出，系统性金融风险防范和处置机制不断完善。

二、证券投资者保护基金的基本运作制度和情况

我国证券投资者保护基金初始资金全部来自国家，由财政部一次性拨付注册资金 63 亿元，这奠定了证券投资者保护基金“国家基金”的基础和性质。同时，国家为证券投资者保护基金的运行进行了系统的制度安排：设立中国投保公司管理运作基金，并由中央银行安排发放专项再贷款，垫付基金的初始资金。这些方面都充分体现出证券投资者保护基金的“国家设立”色彩。

《保护基金办法》严格规范证券投资者保护基金的运作，对中国投保公司筹集、管理和使用证券投资者保护基金，履行证券市场投资者保护职责确立了制度基础。随着证券市场快速发展和投资者保护形势不断变化，《保护基金办法》已不能完全适应市场发展需要，为此，证监会又联合财政部、中国人民银行对其进行了修订，修订后的《证券投资者保护基金管理办法》于 2016 年 6 月 1 日实施。

---

①　陈曼娜、林伟涛：《证券公司股权结构与风险承担行为研究—基于民间资本进入视角》，载《西部金融》2013 年第 10 期。

根据《保护基金办法》的规定，证券投资者保护基金是指依法筹集形成的、在防范和处置证券公司风险中用于保护证券投资者利益的资金。国有独资的中国投保公司负责基金的筹集、管理和使用。

在基金筹集方面，《保护基金办法》第 14 条规定，基金的来源除了证券公司缴纳的资金，还包括如下几个方面：第一，上海、深圳证券交易所在风险基金分别达到规定的上限后，交易经手费的 20% 纳入基金；第二，所有在中国境内注册的证券公司，按其营业收入的 0.5% ~5% 缴纳基金；第三，发行股票、可转债等证券时，申购冻结资金的利息收入；第四，依法向有关责任方追偿所得和从证券公司破产清算中受偿收入；第五，国内外机构、组织及个人的捐赠；第六，其他合法收入。在基金使用方面，其第 19 条第 1 款规定，基金用途主要是证券公司被撤销、被关闭、破产或被证监会实施行政接管、托管经营等强制性监管措施时，按照国家有关政策规定对债权人予以偿付。

从基金筹集的历史情况看，沪深交易所经手费、境内证券公司缴费以及申购冻结资金的利息收入为证券投资者保护基金的三大主要收入来源。需要说明的是，随着 2015 年 11 月证监会取消新股申购网上网下预缴款机制，改为定配售数量后再缴款，申购冻结资金的利息收入急剧减少。

根据《保护基金办法》第 19 条的规定，基金的用途为：第一，证券公司被撤销、被关闭、破产或被证监会实施行政接管、托管经营等强制性监管措施时，按照国家有关政策规定对债权人予以偿付；第二，国务院批准的其他用途。基金的资金运用限于银行存款，购买政府债券、中央银行票据、中央企业债券、信用等级较高的金融机构发行的金融债券，以及国务院批准的其他资金运用形式。

中国投保公司根据国家有关规定，筹集、管理和运作证券投资者保护基金。按照“取之于市场、用之于市场”的原则，筹集资金形成证券投资者保护基金，在证券公司被撤销、被关闭、破产等情况下，按照国家有关政策规定对投资者债权予以偿付。中国投保公司使用证券投资者保护基金偿付证券公司债权人后，取得相应的受偿权，依法参与证券公司的破产清算。在上一轮证券公司风险处置中，中国投保公司严格执行国家收购政策，认真履行职责，确保及时拨付资金弥补客户交易结算资金缺口和收购个人债权，保证了证券公司风险处置工作的需要，维护了资本市场和社会稳定。

三、关于本条的新增内容

新证券法第 126 条规定，证券投资者保护基金由证券公司缴纳的资金及其他依法筹集的资金组成，其规模以及筹集、管理和使用的具体办法由国务院规定。原证券法第134条已经规定了证券投资者保护基金的“筹集、管理和使用的具体办法由国务院规定”，该条款与本次证券法修改前相比，新增了证券投资者保护基金的规模亦由国务院规定。

【适用指引】

新证券法第126条属于授权性规定，仅仅列明了证券投资者保护基金需要予以规定的重要问题，但具体规定授权由国务院制定。因此，该条不涉及法律适用方面的具体问题。新证券法的创新之处是在原证券法的基础上进一步明确了证券投资者保护基金的规模也由国务院规定。这意味着在未来《保护基金办法》的修订或者其他投资者保护法规规章的制定中，证券投资者保护基金的规模将被纳入相关立法设计，未来投资者保护基金的筹集、管理与使用也有可能因此而更加严格。

第一百二十七条　证券公司从每年的业务收入中提取交易风险准备金，用于弥补证券经营的损失，其提取的具体比例由国务院证券监督管理机构会同国务院财政部门规定。

【条文主旨】

本条是关于证券公司交易风险准备金的提取和使用的规定。

【条文释义】

为了防范和化解证券公司所面临的相关风险，使证券公司保持良好的资产状况，本条规定证券公司必须从每年的业务收入中提取交易风险准备金，用于弥补证券经营的损失。

交易风险准备金具有以下特征：（1）法定性。交易风险准备金为法定风险准备金。证券公司必须按照证券法及相关法规的规定提取，不得不提取或者少提取。（2）提取来源是业务收入。在原证券法中，风险准备金的提取来源是税后利润，本次修改为业务收入。这意味着风险准备金的来源和基数与修订前相比将有所提升，有助于进一步夯实证券公司防御风险能力。（3）只能用于弥补证券经营损失。在原证券法中风险准备金的用途仅限于弥补“证券交易”的损失，新证券法改为用于弥补“证券经营”的损失，弥补损失的范围扩大。风险准备金不得用于分红或者转增资本抑或其他用途。(4)提取比例由证监会会同国务院财政部门规定。原证券法中规定交易风险准备金的提取具体比例由证监会规定，本次修改为“由国务院证券监督管理机构会同国务院财政部门规定”，体现了证监会和财政部共同对交易风险准备金统筹安排的立法意图。根据《金融企业财务规则——实施指南》(财金〔2007〕23号)第11条的规定，证券公司应当按照本年实现净利润的10%的比例提取交易风险准备金。新证券法实施后，证券公司是否按照业务收入10%的比例提取交易风险准备金，有待后续相关法律法规进一步明确。

【适用指引】

风险准备金与证券投资者保护基金的区别

证券投资者保护基金是为了维护社会经济秩序和社会公共利益，保护证券投资者的合法权益，由国家专门设立的基金。其与风险准备金都属于新证券法明确要求提取或者缴纳的对象，但两者在资金用途、资金来源、资金运用上仍然存在一定的差异。

一、资金用途上存在差异

证券投资者保护基金的资金用途主要是在证券公司被撤销、关闭和破产，或者被证监会实施行政接管、托管等强制性监管措施时，按照有关规定对债权人予以偿付，其保护对象是投资者，也即是通过兜底支付的方式对投资者进行保护，以起到“缓冲垫”的作用。而风险准备金主要用于弥补证券公司在经营过程中遭受的损失，并不直接涉及投资者保护。

二、资金来源上存在差异

根据《保护基金办法》第14条的规定，证券投资者保护基金包括如下来源：第一，上海、深圳交易所在风险基金分别达到规定的上限后，交易经手费的20%纳入基金。第二，所有在中国境内注册的证券公司，按照其营业收入的0.5%~5%缴纳基金；经营管理或者运作水平较差、风险较高的证券公司，应当按较高比例缴纳基金。第三，发行股票、可转债等证券时，申购冻结资金的利息收入。第四，依法向有关责任方追偿所得和从证券公司破产清算中受偿收入。第五，国内外机构、组织及个人的捐赠。第六，其他合法收入。而根据新证券法规定，风险准备金来源主要是证券公司营业收入，并不包括其他情形。

三、资金运用上存在差异

证券投资者保护基金的资金运用包括银行存款、购买国债、中央银行债券和中央级金融机构发行的金融债券以及国务院批准的其他资金运用形式，但风险准备金并未明确其资金运用方式。

> **第一百二十八条**　证券公司应当建立健全内部控制制度，采取有效隔离措施，防范公司与客户之间、不同客户之间的利益冲突。
>
> 证券公司必须将其证券经纪业务、证券承销业务、证券自营业务、证券做市业务和证券资产管理业务分开办理，不得混合操作。

【条文主旨】

本条是关于证券公司隔离墙制度的规定。

【条文释义】

一、证券公司的内部控制

（一）证券公司内部控制的概念与意义

根据《证券公司内部控制指引》第2条的规定，证券公司内部控制是指证券公司为实现经营目标，根据经营环境变化，对证券公司经营与管理过程中的风险进行识别、评价和管理的制度安排、组织体系和控制措施。早在1992年，美国“全国欺骗性财务报告委员会”下属的内部控制专门研究委员会（COSO委员会）首次提出了内部控制的整体框架理论（COSO报告）。在这份报告中，明确了内部控制体系是一种可以强化公司管理效果、确保组织的金融体系符合规范并保证公司的运行不会触犯相关的法律法规，并最终为经营提供合理论证的过程方法。

建立证券公司内部控制的意义主要体现在：证券公司在充分发展的同时，也暴露出相关问题和风险，例如挪用客户交易结算资金、从业人员利用制度漏洞损害客户利益、内幕交易等事件层出不穷，严重侵犯客户以及债权人利益，进而影响到证券市场稳定。为进一步加强证券公司的内部控制，推动证券公司现代企业制度建设，防范和化解证券公司面临的各种系统性和非系统性风险，保护客户和债权人利益，新证券法明确要求证券公司建立健全内部控制制度，采取有效隔离措施，防范公司与客户以及不同客户之间的利益冲突。

（二）证券公司内部控制组成要素

1. 控制环境

控制环境也称为内部控制环境，主要包括证券公司所有权结构及实际控制人，法人治理结构，组织架构与决策程序，经理人员权力分配和承担责任的方式，经理人员的经营理念与风险意识，证券公司的经营战略与经营风险，员工的诚信和道德价值观，人力资源政策等。控制环境作为内部控制体系的基础组成部分，决定了公司内部控制的成效①。

2. 风险识别与评估

证券市场是一个高度风险市场，对于证券公司而言，识别在日常运营过程中所遭受的风险尤为重要。通过识别，确认证券公司在实现经营目标过程中所遭遇的危机，然后根据公司内部控制制度以及风险度量方法对经营环境持续变化所产生的风险及证券公司的承受能力进行适时评估。

3. 控制活动与措施

它是指公司为实现其管理目标，根据公司现有规章制度以及相关的内部流程所采取的一系列措施。主要包括证券公司经营与管理中的授权与审批、复核与查证、业务规程与操作程序、岗位权限与职责分工、相互独立与制衡、应急与预防等措施。控制活动与措施是公司内部管理体系中必不可少的环节，可以对公司内部各部门之间的业务、权力及职责进行制约，进而形成一个良好、高效的内部控制体系。同时，通过不断地完善控制活动与措施，在证券公司已经充分进行风险识别和评估的基础之上，提出预判性的解决方案，为公司的日常经营发展保驾护航。

4. 信息沟通与反馈

证券市场信息千变万化，对于证券公司而言，信息的沟通与反馈十分重要。证券公司应该掌握证券市场的重要信息变化，并作出相对应的处理。就公司内部管理体系而言，无论是从上至下还是从下至上的信息传递，无论是传达公司领导层的决策，还是反馈基层员工的问题，都具有相当的重要性。这是证券公司内部控制体系的必要条件，也是实现内部目标及有效性的保证。

5. 监督与评价

在通过控制环境、风险识别与评估、控制活动与措施、信息沟通与反馈等四大要素建立公司内部控制体系后，需要对公司内部控制体系进行监督与评价，即对公司内部控制体系进行有效性评估，发现公司内控控制体系中的缺陷并及时加以改进。

---

① 刘玥：《内部控制评价国内外研究现状综述》，载《市场研究》2015 年第 8 期。

二、证券公司经营业务混合操作的禁止

本条第2款是对证券公司经营业务混合操作的禁止。按照本条的规定，证券公司必须将其证券经纪业务、证券承销业务、证券自营业务、证券做市业务和证券资产管理业务分开办理。证券公司必须在其内部设立不同的部门，将其从事证券经纪业务、证券承销业务、证券自营业务、证券做市业务和证券资产管理业务的人员和账户分开。所谓人员分开，就是从事各项业务的人员不得同时兼任其他业务工作。所谓资金和账户分开，是指公司自有资金、客户资金以及公司自有账户、客户账户分别开立、分别存储、分别核算，不得混同管理。

新证券法之所以要求不得混合操作，其原因在于避免不同业务下的利益冲突，防止证券公司利用兼业条件，将应当属于某个客户的利益或者获利机会转给自己或者其他客户。例如股票发行业务可能掌握发行人的内幕消息，自营业务不能利用内幕消息进行证券买卖；自营业务、资管业务掌握大量的资金，不能违规投资证券公司自己承销的证券；自营业务与资管业务之间不能违规进行交易等。证券公司作为一个谋求利益最大化的主体，很难要求其自觉放弃自身利益而保护客户利益，如不进行限制，必然会导致客户利益受损。因此，本条明确规定了证券公司必须将其相关业务分开办理，不得混合操作。需要注意的是，修订后本条增加了证券公司做市业务也需要与其他业务分开办理的要求。

【适用指引】

新证券法与原证券法对混同操作处罚力度的比较

新证券法第206条规定："证券公司违反本法第一百二十八条的规定，未采取有效隔离措施防范利益冲突，或者未分开办理相关业务、混合操作的，责令改正，给予警告，没收违法所得，并处以违法所得一倍以上十倍以下的罚款；没有违法所得或者违法所得不足五十万元的，处以五十万元以上五百万元以下的罚款；情节严重的，并处撤销相关业务许可。对直接负责的主管人员和其他直接责任人员给予警告，并处以二十万元以上二百万元以下的罚款。"相较原证券法第220条规定的"……处以三十万元以上六十万元以下的罚款；情节严重的，撤销相关业务许可。对直接负责的主管人员和其他直接责任人员给予警告，并处以三万元以上十万元以下的罚款；情节严重的，撤销任职资格或者证券从业资格"，本次修改明显加大了对混同操作的处罚力度。原证券法对于证券公司混合操作的处罚较弱，难以达到阻遏证券公司混合操作的目的。因此，新证券法提高了对证券公司混合操作罚款金额，完善了罚款的计算方式。

第一百二十九条 证券公司的自营业务必须以自己的名义进行，不得假借他人名义或者以个人名义进行。

证券公司的自营业务必须使用自有资金和依法筹集的资金。

证券公司不得将其自营账户借给他人使用。

【条文主旨】

本条是关于证券公司开展自营业务的规定。

【条文释义】

一、证券公司自营业务的概念

从广义角度来讲，证券公司自营业务是指证券公司以自有资金投资证券的相关业务的总称；从狭义角度来讲，证券公司自营业务是指经中国证监会核准获得证券自营业务经营许可的证券公司，利用自有资金或者依法筹集的资金，以营利为目的并以自己的名义开展的符合《关于证券公司证券自营业务投资范围及有关事项的规定》的业务总称。新证券法第 120 条规定了证券公司开展相关业务均需要通过证券监督管理部门的业务资格审查，自营业务属于证券公司开展的需获核准的业务之一。在实践中，证券公司自营业务的投资范围受到严格控制，《证券公司监督管理条例》第 41 条规定："证券公司从事证券自营业务，限于买卖依法公开发行的股票、债券、权证、证券投资基金或者国务院证券监督管理机构认可的其他证券。"《关于证券公司证券自营业务投资范围及有关事项的规定》第 2 条规定："证券公司从事证券自营业务，限于买卖本规定附件《证券公司证券自营投资品种清单》所列证券。"

二、证券公司开展自营业务的要求

本条规定了证券公司的自营业务必须以自己的名义进行，不得假借他人名义或者以个人名义进行，自营业务必须使用自有资金和依法筹集的资金。证券公司不得将其自营账户借给他人使用。本条从三个方面提出了对证券公司开展自营业务的要求：

（一）主体要求

本条第 1 款规定证券公司开展自营业务必须以自己的名义进行，不得假借他人名义或者以个人名义进行。在开展自营业务之前，首先需通过证券监督管理部门的资格审批，获得开展自营业务的资格，然后需要开立专门的证券自营账户。新证券法第 120 条规定了证券公司开展自营业务需要经证监会核准；《证券公司监督管理条例》第 42 条规定了证券公司从事证券自营业务，应当使用实名证券自营账户，应当自开立证券自营账户之日起 3 个交易日内报证券交易所备案。在证券公司开展自营业务之前，上述两条规定从业务资格、账户要求的角度对开展自营业务进行了主体上的限定。在实践中，证券公司开展自营业务受到证券监督管理部门的严格监控，比如：在投资范围上，必须符合《证券公司证券自营投资品种清单》的要求；在交易对象上，如与证券资产管理账户发生交易必须证明账户之间已实现充分有效的隔离；在投资比例上，自营投资的证券总值与公司净资本的比例、持有单只证券价值与公司净资本及该证券发行总量的比例等都有明确的指标要求。《证券公司监督管理条例》第 43 条还专门规定了自营业务的禁止性行为，包括不得违反规定购买本证券公司控股股东或者与本证券公司有其他重大利害关系的发行人发行的证券；不得违反规定委托他人代为买卖证券；不得利用内幕信息买卖证券或者操纵证券市场等。证券公司合法合规的从事自营业务必须建立在以自己的名义开展业务的基础之上，如果证券公司假借他人名义或者以个人名义开展自营业务，那一定是企图规避监管，逃避责任。

（二）资金来源要求

本条第 2 款规定证券公司的自营业务必须使用自有资金和依法筹集的资金。由于自营业务高风险、高收益的特点，证券公司开展自营业务必须限制资金来源，可以使用自身的资本金，也可以使用通过合法渠道筹集的资金，比如发行证券、市场拆借等，但不能非法使用他人资金。从历史背景来讲，在我国证券业的发展历史上出现过多起因在自营业务上孤注一掷导致公司最后破产的案例，上海万国证券公司、中国经济开发信托投资公司、南方证券有限公司等从强盛到衰落都与自营业务有关。2005 年证券法修改以前，经纪业务的客户交易结算资金未实行三方存管，出现大量证券公司挪用客户交易结算资金违规投资的情形，导致证券公司风险集中爆发并传导至其他行业，证券监督管理部门针对证券公司挪用客户资金投资的情况及时进行集中清理整顿。从监管指标来讲，《证券公司风险控制指标计算标准规定》对证券公司开展自营业务的各项资金指标规定了明确的要求。证券公司控制自营风险的前提是建立在准确掌握自营风险规模的基础之上，因此必须限定自营业务的资金来源。

（三）不得出借自营账户要求

本条第 3 款规定了证券公司不得将其自营账户借给他人使用。该规定主要出于两个方面的考虑：第一，证券公司的自营业务是需要证券监督管理部门核准后才能开展的业务，申请自营业务资格的证券公司应具备一定的净资本规模，需要符合相应的监管指标等，获得自营业务许可意味着具有一定的风险承受能力以及风险控制能力，因此自营账户不得外借；第二，自营账户不得外借他人使用的要求与本条第1款规定的必须以自己的名义进行，不得假借他人名义或者以个人名义进行的要求相辅相成，从自身以及他人两个角度规定了证券公司自营账户的使用权限，掌握证券公司自营账户的使用状况是控制证券公司自营风险的基本要求。实际上，不仅是证券公司不得出借自营账户，按照新证券法第58条的规定，任何单位和个人不得违反规定，出借自己的证券账户或者借用他人的证券账户从事证券交易。

第一百三十条　证券公司应当依法审慎经营，勤勉尽责，诚实守信。

证券公司的业务活动，应当与其治理结构、内部控制、合规管理、风险管理以及风险控制指标、从业人员构成等情况相适应，符合审慎监管和保护投资者合法权益的要求。

证券公司依法享有自主经营的权利，其合法经营不受干涉。

【条文主旨】

本条是关于证券公司经营活动的原则和要求以及证券公司享有自主经营权的宣示性规定。

【条文释义】

一、证券公司经营活动的基本原则

（一）依法审慎经营

本次证券法修订首次将“依法审慎经营”作为证券公司开展日常经营活动的基本原则。“依法审慎经营”是证券公司日常经营活动的前提，是证券公司风险控制的重要手段，同时也是证券公司平稳运营、健康发展的必然要求。“依法审慎经营”包括了两个层面，第一是“依法经营”，第二是“审慎经营”。

（二）勤勉尽责

随着注册制的推出、科创板的问世，在现行改革思路下，证监会及交易所扮演的角色也在逐渐调整，而中介机构除从事自身业务外，更为重要的是通过对自身业务的勤勉履行，达到维护市场秩序的作用。在这一层面上，中介机构承担起了证券市场的监管责任①，在证券市场中起到减少市场主体间信息不对称的作用，发挥“看门人机制”的核心功能②。例如，根据《科创板首次公开发行股票注册管理办法（试行)》第6条规定，保荐人应当诚实守信，勤勉尽责，按照依法制定的业务规则和行业自律规范的要求，充分了解发行人经营情况和风险，对注册申请文件和信息披露资料进行全面核查验证，对发行人是否符合发行条件、上市条件独立作出专业判断，审慎作出推荐决定，并对招股说明书及其所出具的相关文件的真实性、准确性、完整性负责。

（三）诚实守信

诚实守信就是民法上的诚实信用。很多国家的民法典将诚实信用作为债的履行的基本原则，瑞士、日本民法典更是进一步扩大到一切权利的行使和一切义务的履行。《民法典》第7条规定：民事主体从事民事活动，应当遵循诚信原则，秉持诚实，恪守承诺。诚实信用被认为是市场经济的道德准则。在证券市场，必须按照诚实信用原则处理市场主体之间的利益关系、市场主体与社会之间的利益关系。对证券公司来说，要求以诚实信用原则尊重、维护客户的利益，以对待自己事务之注意对待客户委托事务。证券公司不得通过自己的活动损害投资者利益、第三人利益和社会公共利益，必须以符合社会经济目的的方式行使自己的权利，履行自己的义务。

二、证券公司的业务活动应当与其公司治理结构、内部控制、合规管理、风险管理及风控指标、从业人员构成等情况相适应，符合审慎监管和保护投资者合法权益要求

（一）证券业务的高风险性决定了证券公司所开展业务需要与其公司治理结构、内部控制、合规管理、风险管理及风险控制指标、从业人员构成情况相适应

1. 证券公司业务的高风险性

与其他金融机构的业务相比，证券公司的业务所面临的风险较高。推高证券公司业务风险的因素主要体现在两个方面。

一是证券公司的内在脆弱性。在证券公司高负债的资金结构和管理制度下，

---

① 张文越：《科创板中介机构勤勉尽责责任研究——基于注意义务之区分》，载《浙江金融》2019年第10期。

② 陈洁：《科创板注册制的实施机制与风险防范》，载《法学》2019年第1期。

证券公司的自有资金相对较少，往往通过高杠杆的方式开展相关业务，而高杠杆的运作模式本身隐含着巨大的经营风险。同时，从我国证券公司的过往发展来看，我国证券公司股权集中度偏高，一股独大、内部人控制的情况时有发生，从而加剧了证券公司的内在脆弱性。

二是金融资产价格的高频波动性。证券公司是金融市场的重要参与者，在开展做市、自营、融资融券业务中持有大量的股票、债券和金融衍生工具，但这些金融资产自身难以定价且受市场信心影响较大，价格波动频繁且难以预测，往往直接导致证券公司面临因金融产品价格波动产生的巨大风险。

2. 完善公司治理结构、强化内部控制、加强合规管理、健全各项风险控制指标以及从业人员构成，是夯实证券公司经营基础、化解业务风险的关键措施

夯实证券公司的内部控制基础，增强证券公司的风险抵御能力，是化解证券公司业务风险的关键性措施。具体而言，应该从如下方面着手：

（1）完善公司治理结构。证券公司需根据业务开展情况完善股东会、董事会结构与功能，完善董事会、董事长与以总经理为代表的公司经营管理层的权利和义务配置，完善与前述人员有关的聘选、监督等方面的制度安排。例如，对于同时经营证券经纪业务、证券资产管理业务、融资融券业务和证券承销与保荐业务中两种以上业务的证券公司，应当引入独立董事制度。

（2）强化内部控制。证券公司需根据业务开展情况和经营环境的变化，强化对证券公司经营与管理过程中的风险识别、评价和管理的制度安排、组织体系和控制措施。例如进一步强化经纪业务内部控制、自营业务内部控制、资产管理业务内部控制、研究咨询业务内部控制、业务创新的内部控制以及其他内部控制等。

（3）完善合规管理。证券公司需通过设立合规部门、聘用合规总监、建立各项合规制度的措施，强化证券公司对各项经营行为的事前审查、事中监督和事后检查工作。例如在开展各项业务前，充分了解客户的信息、财务状况、投资经验、投资目标、风险偏好、诚信记录等内容；同时合理划分客户类别和产品、服务风险等级。

（4）建立以净资本为核心的风险管理指标体系。净资本作为净资产中高流动性部分，能够真实地反映证券公司可以变现和应对风险的资金数，能够有效地控制证券公司的流动性风险。《证券公司风险控制指标管理办法》相关规定亦要求证券公司在开展各项业务时，需满足相应的风险控制指标及计算方法的要求。

（5）完善证券公司从业人员构成情况。根据《证券公司和证券投资基金管理公司合规管理办法》相关规定，证券公司开展业务需配备足够的具备与履行合规管理职责相适应的专业知识和技能的合规管理人员。同时，合规部门中具备3年以上证券、金融、法律、会计、信息技术等有关领域工作经历的合规管理人员数量不得低于公司总部人数的1.5%。

（二）证券公司治理结构、内部控制、合规管理、风险管理、风控指标、从业人员构成的具体要求

新证券法《证券公司治理准则》《证券公司股权管理规定》《证券公司监督管理条例》《证券公司内部控制指引》《证券公司和证券投资基金管理公司合规管理办法》《证券公司风险控制指标管理办法》《证券业从业人员资格管理办法》《证券公司合规管理有效性评估指引》《公开发行证券的公司信息披露编报规则第21号——年度内部控制评价报告的一般规定》等法律法规，对证券公司治理结构、内部控制、合规管理、风险管理、风控指标、从业人员构成作出了具体要求。

1. 公司治理结构

（1）股东。证券公司股东及实际控制人需要满足监管规定的资格条件。同时，证券公司股东应当严格履行出资义务。股东存在虚假出资、出资不实、抽逃出资或变相抽逃出资等违法违规行为的，证券公司应当在10个工作日内及时向公司住所地中国证监会派出机构报告。

（2）股东会。证券公司章程应当明确规定股东（大）会会议的议事方式和表决程序及职权范围。证券公司股东会授权董事会行使股东会的部分职权，应当在公司章程中规定或者经股东会作出决议，授权内容应当明确具体。公司法明确规定由股东会行使的职权不得授权董事会行使。

（3）董事。证券公司章程应当明确规定董事的任职条件、任免程序、任期、权利义务等事项。同时经营证券经纪业务、证券资产管理业务、融资融券业务和证券承销与保荐业务中两种以上业务的证券公司，应当建立独立董事制度。

（4）董事会。证券公司经营证券经纪业务、证券资产管理业务、融资融券业务和证券承销与保荐业务中两种以上业务的，其董事会应当设立薪酬与提名委员会、审计委员会和风险控制委员会，并应当在公司章程中规定各委员会的组成、职责及其行使方式。

（5）监事及监事会。证券公司监事有权了解公司的经营情况，并承担相应

的保密义务。证券公司应当将其内部稽核报告、合规报告、月度或者季度财务会计报告、年度财务会计报告及其他重大事项及时报告监事会。监事会应当就公司的财务情况、合规情况向股东会年会作出专项说明。

（6）高级管理人员。证券公司应当设总经理，制定总经理工作细则。总经理同时应当根据董事会或监事会要求，向董事会或监事会报告公司重大合同签订、执行情况、资金运用情况和盈亏情况。

2. 内部控制

（1）经纪业务内部控制。证券公司经纪业务内部控制重点防范挪用客户交易结算资金及其他客户资产、非法融入融出资金及结算风险。

（2）自营业务内部控制。证券公司应加强自营业务投资决策、资金、账户、清算、交易和保密工作等管理，重点防范规模失控、决策失误、超越授权、变相自营、账外自营、操纵市场、内幕交易的风险，同时健全自营决策机构和决策程序，加强对自营业务的投资策略、规模、品种、结构、期限等的决策管理。

（3）投资银行业务内部控制。证券公司应当建立投资银行项目管理制度，完善各类投资银行项目的业务流程、作业标准和风险控制措施，同时加强投资银行项目的内核和质量控制以及证券发行中的定价和配售等关键环节的决策管理，杜绝虚假承销行为。

（4）资产管理业务内部控制。证券公司应重点防范规模失控、决策失误、越权操作、账外经营、挪用客户资产和其他损害客户利益的行为以及杜绝刚性兑付行为。

（5）研究、咨询业务内部控制。证券公司应重点防范传播虚假信息、误导投资者、无资格执业、违规执业以及利益冲突等风险。要严格执行、遵守执业回避、信息披露和隔离墙制度以及研究、咨询业务规范和人员管理制度。

（6）业务创新的内部控制。证券公司业务创新应当坚守合法合规、审慎经营的原则，重点防范违法违规、规模失控、决策失误等风险。

（7）分支机构内部控制。证券公司应重点防范分支机构越权经营，预算失控以及道德风险。

（8）财务管理内部控制。证券公司应建立健全财务管理制度和资金计划控制制度，明确预算编制与执行的责任，建立适当的资金管理绩效考核标准和评价制度，同时做好客户资金与自有资金严格分开，强化资金的集中管理。

（9）会计系统内部控制。证券公司应按照相关会计准则和会计制度的规定，健全证券公司会计核算办法，加强会计基础工作，提高会计信息质量。

（10）信息系统内部控制。证券公司应建立健全信息系统管理制度。

（11）人力资源管理内部控制。证券公司应确保聘用人员符合监管任职资格要求，同时具有与业务岗位要求相适应的专业能力和道德水准。

（12）上市证券公司内部控制评价报告。上市证券公司需每年编制年度内部控制评价报告并经董事审议通过，并按定期报告相关要求审核后，与年度报告一并对外披露。年度内部控制评价报告包括披露内部控制评价范围、内部控制评价工作依据以及内部控制缺陷认定标准，以及内部控制缺陷认定及整改情况等。

3. 合规管理

（1）合规全覆盖。证券公司的合规管理应当覆盖所有业务、各部门以及各个环节。

（2）业务合规要求。证券公司开展各项业务，要充分了解客户的信息、财务状况、投资经验、投资目标、风险偏好、诚信记录等内容；同时合理划分客户类别和产品、服务风险等级；持续督促客户规范证券发行行为，动态监控客户交易活动，及时报告客户重大异常行为；严格规范工作人员之业务行为，督促工作人员勤勉尽责；有效管理内幕信息和未公开信息；及时识别与妥善处理公司与客户、不同客户之间、公司不同业务的利益冲突；依法履行关联交易审议程序和信息披露义务；审慎评估公司经营管理行为对证券市场的影响，防止扰乱市场。

（3）合规有效性评估。证券公司每年应当至少开展一次合规管理有效性全面评估，并由董事会、监事会或董事会授权管理层组织评估小组或委托外部专业机构进行。合规有效性评估应当涵盖合规管理环境、合规管理职责履行情况、经营管理制度与机制的建设与运行状况等方面。同时针对合规管理有效性评估发现的问题，制定整改方案。明确整改责任部门和时间表。整改责任部门应当及时向公司管理层报告整改进展情况。在形成合规有效性评估报告后，应当按照公司内部规定履行内部报批程序。如证券监管机构或自律组织要求报送的，从其要求。

4. 风险管理及其他控制指标

（1）各项业务净资本要求。证券公司经营证券经纪业务的，其净资本不得低于人民币 2000 万元；证券公司经营证券承销与保荐、证券自营、证券资产管理及其他证券业务等业务之一的，其净资本不得低于人民币 5000 万元；证券公司经营证券经纪业务，同时经营证券承销与保荐、证券自营、证券资产管理及其他证券业务等业务之一的，其净资本不得低于人民币 1 亿元；证券公司经营证券承销与保荐、证券自营、证券资产管理及其他证券业务中两项及两项以上的，其净资本不得低于人民币 2 亿元。

（2）证券公司必须持续符合风险覆盖率、资本杠杆率、流动性覆盖率、净稳定资金率等一系列风险指标标准。

（3）证券公司经营自营业务、为客户提供融资或融券服务的，应当符合证监会对该项业务的风控指标。

（4）证券公司开展经纪业务、自营业务、证券承销业务、资产管理业务、融资融券业务及设立分公司、证券营业部等须按照相关风险资本准备基准计算标准。

5. 从业人员

证券公司从业人员需取得从业资格和执业证书，及时进行后续职业培训。证券公司开展业务需配备足够的具备与履行合规管理职责相适应的专业知识和技能的合规管理人员。其中，合规部门中具备 3 年以上证券、金融、法律、会计、信息技术等有关领域工作经历的合规管理人员数量不得低于公司总部人数的 1.5%。

（三）证券公司的业务活动应当符合审慎监管和保护投资者合法权益的要求

1. 审慎监管的要求

审慎监管又称“金融风险监管”，是对金融机构防范和控制风险的能力和状况的监督和管理。证券监管机构对证券业的审慎监管通过两个方面实现：第一，制定一系列证券公司内部控制、公司治理、合规管理、各项风险指标标准、从业人员构成等审慎经营规则，加强证券公司内部风控管理；第二，定期组织现场检查、监测、评估风险状况，及时对证券公司进行风险预警和处置。

证券公司在开展各项业务时，必须遵守证监会制定的有关内部控制、公司治理等各项审慎经营规则。

2. 保护投资者合法利益的要求

保护投资者合法权益，特别是中小投资者合法权益，在各国证券法中都被列为首要立法目的。证券公司是资本市场中典型的强势参与者，其不仅从投资者身上募集资金，赚取交易佣金、咨询服务费，还掌握着资金、信息、专业知识等优势。投资者，尤其是中小投资者在资本市场中处于相对弱势的地位。因此，证券法要求证券公司在开展各项业务的时不得利用优势地位侵犯投资者的合法权益。

三、证券公司的自主经营权

证券公司是独立法人，享有自主经营权。证券公司以其全部法人财产为基础，依法自主经营，自负盈亏。证券公司的自主经营权主要体现在对法人财产的占有、使用、收益和处分，对公司事务的依法独立支配和处置，具体表现在财产所有权、名称专有权、重大事项决定权、机构设置权、人事用工权、收益权等方面。

（一）财产所有权

证券公司对其财产依法享有所有权，依法占有、使用、收益和处分。当然，鉴于证券公司特殊性质，为了减少风险、保障证券市场的稳定，证券公司对其财产的处分方式有时会受到法律的限制。例如，证券法规定，证券公司应当从每年的业务收入中提取交易风险准备金，用于弥补证券经营的损失。

（二）名称专有权

证券公司对其核准登记的名称享有专用权。名称是本公司与其他公司相区别的标志，是公司的无形资产，任何单位和个人都不得冒用。证券公司在使用其名称权时，应当在公司名称中标明股份有限公司或者有限责任公司字样。同时，公司名称的选择，应当注意避免使用法律、法规禁止出现的字样。

（三）重大事项决定权

证券公司对经营过程中遇到的重大问题有权自主进行决策，有权根据其自身发展的需要以及市场环境的变化，就公司经营过程中遇到的重大问题，如公司发展方向、公司业务范围、公司经营长期和短期目标、公司的组织形式以及公司合并、分立等重大事项自主作出决定。当然，也要遵守证券法公司法的相关规定。例如，证券法第 122 条规定："证券公司变更证券业务范围、变更主要股东或者公司的实际控制人、合并、分立、停业、解散、破产，应当经国务院证券监督管理机构核准。"

（四）机构设置、撤销权

证券公司有权根据经营需要，在符合证券法、公司法及相关法规要求的前提下，自主决定企业内部的机构设置。享有依法设立或者撤销分支机构等权利。

（五）人事用工权

证券公司根据其业务发展需要，有权自行决定公司人员编制及员工的工资、任免和奖惩事项。当然应当符合证券法等相关法律法规规定。例如证券法第 124 条第 1 款规定，证券公司的董事、监事、高级管理人员，应当正直诚实、品行良好，熟悉证券法律、行政法规，具有履行职责所需的经营管理能力。

（六）收益权

证券公司享有依法获取经营收益的权利。依法从事证券经纪业务、证券自营业务、证券承销业务或者证监会核定的其他证券业务时，有权就其提供的服务获取佣金、报酬和其他合法收入。

【适用指引】

证券公司的自主经营权受法律保护

公司法第5条规定，公司的合法权益受法律保护，不受侵犯。本款沿袭公司法的精神，也进行了宣示性规定，明确强调“证券公司依法享有自主经营的权利，其合法经营不受干涉”。法律对证券公司自主经营权的保护，主要体现在以下方面。

第一，任何组织或者个人都不得干涉证券公司合法的经营活动。各级政府部门、监督管理机构、自律组织以及个人都不得干涉证券公司在公司法、证券法和相关法律法规允许的范围内的合法自主的经营活动。证券公司有权自主开展证券经纪、投资咨询、承销与保荐、融资融券、做市交易、自营等业务。

第二，各级政府部门、监督管理机构、自律组织都应当在法律允许的范围内维护证券公司的合法权益，确保证券公司的利益不受侵害。

第三，当证券公司的合法权益受到侵害时，证券公司依法寻求救济。如果是遭遇公权力的不当侵犯，证券公司有权通过行政复议或者行政诉讼的方式保护自身的利益。如果是遭遇私权利的侵犯，证券公司可以通过民事诉讼方式保护自身利益。

第一百三十一条 证券公司客户的交易结算资金应当存放在商业银行，以每个客户的名义单独立户管理。

证券公司不得将客户的交易结算资金和证券归入其自有财产。禁止任何单位或者个人以任何形式挪用客户的交易结算资金和证券。证券公司破产或者清算时，客户的交易结算资金和证券不属于其破产财产或者清算财产。非因客户本身的债务或者法律规定的其他情形，不得查封、冻结、扣划或者强制执行客户的交易结算资金和证券。

【条文主旨】

本条是关于证券公司客户资产管理的规定。

【条文释义】

一、证券公司应对客户交易结算资金专户管理

为避免证券公司挪用客户交易结算资金，严重损害投资者利益，影响证券市场的稳定，新证券法要求证券公司客户的交易结算资金应当存放在商业银行，以每个客户的名义单独立户管理，即在商业银行独立存管，从制度上防止证券公司挪用客户交易结算资金。

所谓存放在商业银行，以每个客户的名义单独立户管理，是指证券公司客户的交易结算资金应当以客户的名义，而不是证券公司的名义存放于商业银行，每个客户账户中的交易结算资金的收付，由该商业银行根据证券公司向其发出的指令以及向其提供的证明该指令确为按客户要求办理的文件进行管理。

二、客户交易结算资金独立于证券公司资产，不得混同或挪用

由于客户的交易结算资金和证券是客户委托证券公司进行证券交易的，其中的交易结算资金按照新证券法规定独立存管于商业银行，其证券资产则存管于证券登记结算机构，独立于证券公司的自有财产。这种独立性体现在：

1. 客户的交易结算资金和证券与证券公司的自有财产相区别，证券公司不得将其归入自有财产。所谓不得归入其自有财产，是指证券公司不得将其客户的交易结算资金和证券由客户的账户划入自有账户，作为自己的财产。

2. 任何单位或者个人不得以任何形式挪用客户的交易结算资金和证券。所谓挪用客户的交易结算资金和证券，是指接受客户委托的证券公司或者其他单位、个人将客户的交易结算资金或者证券用于为客户指令买卖证券以外的其他用途，例如用于证券公司的自营业务；用于其他客户的证券买卖；用作证券公司或者其他客户借款的担保等。客户的交易结算资金和证券的用途应当由客户自行决定，禁止任何单位或者个人以任何形式挪用。

3. 证券公司破产或者清算时，客户的交易结算资金和证券不属于其破产财产或者清算财产，应当从其破产财产或者清算财产中去除，并将该财产返还给客户，证券公司的债权人不得对客户的交易结算资金和证券主张权利。

4. 非因客户本身的债务或者法律规定的其他情形，不得查封、冻结、扣划或者强制执行客户的交易结算资金和证券。客户本身的债务包括客户委托证券公司进行证券买卖而产生的债务，也包括与客户证券委托买卖无关的合同债务及侵权债务等。因证券公司、证券公司从业人员、证券交易所、证券登记结算机构、证券公司其他客户的债务或者其他人的债务，不得查封、冻结、扣划或者强制执行证券公司客户的交易结算资金和证券。

【适用指引】

客户交易结算资金第三方存管制度

为落实原证券法关于客户交易结算资金的要求，我国证券公司已经全面实施客户交易结算资金第三方存管。客户交易结算资金第三方存管，是指证券公司将客户的交易结算资金存放在指定的商业银行，以每个客户的名义单独立户管理。指定商业银行与证券公司及其客户签订客户交易结算资金存管合同，约定客户的交易结算资金存取、划转、查询等事项，并按照证券交易净额结算、货银对付的要求，为证券公司开立客户的交易结算资金汇总账户。客户交易结算资金的存取通过指定商业银行办理，指定商业银行为客户提供交易结算资金余额及变动情况的查询服务。客户交易结算资金第三方存管，可以从制度上保证客户资金安全，维护投资者利益，有效控制证券行业风险，维护证券市场稳定。

第一百三十二条　证券公司办理经纪业务，应当置备统一制定的证券买卖委托书，供委托人使用。采取其他委托方式的，必须作出委托记录。

客户的证券买卖委托，不论是否成交，其委托记录应当按照规定的期限，保存于证券公司。

【条文主旨】

本条是关于证券买卖委托手续管理的规定。

【条文释义】

一、证券公司办理经纪业务的委托形式

（一）证券公司办理经纪业务，应当置备统一制定的证券买卖委托书

证券公司办理经纪业务，首先要与客户证券交易签订委托代理协议，明确

双方的权利义务，然后，才能按照客户的委托要求代客户进行证券买卖，这是证券公司办理经纪业务的必要前提。经纪关系的确立，只是建立了客户与证券公司之间的代理关系，而并没有形成实质上的委托关系。只有当客户办理了具体的委托手续，如填写委托书或自助委托等，客户与证券公司才建立法律意义上的委托关系。所以为了方便客户办理委托，证券公司应置备统一制定的证券买卖委托书供客户办理柜台委托使用。证券买卖委托书是统一制定的具有固定格式和内容的合同书，目的在于规范客户与证券公司之间的委托与受托行为，明确证券买卖的撮合、成交、清算、交割等事宜。

证券买卖委托书按照客户买进与卖出证券的不同可以分为两种，即购买委托书和出售委托书。证券买卖委托应当记载以下主要内容：委托人的姓名（名称）、居民身份号码（统一社会信用代码）和住所；委托人的账号；委托的日期和时间；买卖证券的种类和名称；买进或者卖出证券的数量；买卖限价；委托的有效期限；委托人和证券公司经办人员的签章；其他事项。

（二）证券公司办理经纪业务，客户可采用的其他委托方式

客户委托证券公司代其买卖证券的方式有很多，除柜台委托以外，目前使用较多的其他委托方式包括：

1. 电话委托，是指投资者以电话的形式向证券公司提出委托的内容和要求，证券公司根据委托代为买卖证券。进行电话委托，证券公司首先应当与投资者签订电话委托协议（实践操作中一般不再单独签署一份协议，而是在委托代理协议中一并作出约定，列明电话委托的具体内容和形式），置备专门的电话委托交易系统，在客户接通上述系统发出交易指令，由该系统确认后，客户的交易指令生效，并进入证券交易所电脑系统自动撮合成交。

2. 自助终端委托，或称电脑委托，是指投资者通过证券公司提供的专用电脑终端，凭证券交易磁卡或交易密码登录，并自行下达委托指令完成证券买卖和有关信息查询。

3. 网上委托，是指投资者通过互联网或移动通信网络，向证券公司下达买卖证券指令、获取成交结果。互联网是指因特网或其他类似技术形式的通用性公共计算机通信网络，一般不包括证券公司租用公共通信设施建设的专门用于委托业务的电话拨号网或其他形式的计算机网络。

二、证券公司应妥善保存客户的证券买卖委托记录

上述委托方式，可以由客户根据自己的实际情况进行选择，其中电话委托、电脑委托和网上委托基本完全由客户自己操作，委托指令在输入证券交易所自

动交易电脑系统之前，首先应当在证券公司作出记录。证券公司应当置备电话录音或者其他能够记录并保存客户交易委托的设备，完善符合法律规定的电子签名流程，对客户的电话委托、电脑委托和网上委托进行同步记录，并予以保存，以备查询。

客户的证券买卖委托记录是证明客户与证券公司权利义务的法律文件，是证券公司代客户买卖证券的凭据。不论根据客户的委托进行的交易是否成交，证券买卖委托记录无论是柜台委托保存的书面委托书，还是电话委托、电脑委托、网上委托保存的录音及其他委托记录，都必须按照证监会规定的期限，保存于证券公司，以备日后查询。

要求证券公司对证券买卖委托记录按照证监会规定的期限予以保存，有利于保证证券公司按照客户的真实指令，代客户进行证券买卖和结算，防止证券公司借用客户的名义为自己进行证券买卖，也可以防止证券公司挪用客户资金或者证券，减少证券公司与客户之间的纠纷，并为处理证券公司与客户之间可能发生的纠纷提供可靠的证据。

【适用指引】

投资者与证券公司建立委托关系时的注意事项

投资者选择与证券公司建立委托关系时，应注意如下事项：

第一，应认真阅读证券公司提供的《风险揭示书》和《证券交易委托代理协议》，了解从事证券投资存在的风险，并严格遵守协议约定。

第二，应如实提供有关证件，填写开户申请书，并配合接受证券公司的审核。在客户登记事项发生变化后，客户应立即通知受托的证券公司予以更正。

第三，应充分了解买卖标的，明确买卖方案。在作出买卖委托之前，客户应对自己准备买入或卖出的证券的价格变化情况进行充分了解，正确选择委托买卖价格、委托方式和委托期限等。

第四，应主动接受交易结果。客户的委托指令一旦发出，在有效期内不管市场行情如何变化，只要受托证券公司是按照委托内容代理买卖的，客户就应当接受委托交易结果，不得反悔。客户如准备变更或撤销委托，应按照委托书约定的方式尽快传达给证券公司。如果在委托有效期内，受托证券公司已经按原委托指令的内容成交了买卖，委托人应主动承认交易结果，并办理清算交割。

第五，应按照约定履行交割清算义务。客户在证券公司按其委托要求成交后，应当按时办理交割清算手续，否则将构成违约，并可能承担相应的法律责任。

第一百三十三条　证券公司接受证券买卖的委托，应当根据委托书载明的证券名称、买卖数量、出价方式、价格幅度等，按照交易规则代理买卖证券，如实进行交易记录；买卖成交后，应当按照规定制作买卖成交报告单交付客户。

证券交易中确认交易行为及其交易结果的对账单必须真实，保证账面证券余额与实际持有的证券相一致。

【条文主旨】

本条是关于证券买卖委托执行的规定。

【条文释义】

一、证券公司代理客户买卖证券，必须严格按照客户的委托内容执行

客户的证券买卖委托书是证明客户与证券公司权利义务的核心法律文件，是证券公司代客户买卖证券的凭据。客户的证券买卖委托对所买卖的证券名称、买卖数量、出价方式、价格幅度等作出了明确的指示，证券公司接受客户委托后，应当严格按照委托书载明的客户的委托指令，及时、准确地予以执行，如有错漏或者其他违背客户意思表示的行为，给客户造成损失的，证券公司应当对客户的损失承担赔偿责任。

二、证券公司应当按照交易规则代理买卖证券

证券交易规则是法律、行政法规规定的或者证监会以及证券交易所制定的进行证券交易应当遵守的规范。证券公司接受客户委托后，应当严格按照交易规则和委托书载明的客户的委托要求，将客户指令输入交易所的自动交易系统，或者通过与证券交易所自动交易系统联网的计算机终端，直接将客户指令输入证券交易所自动交易系统进行撮合。当客户委托的交易成交后，证券公司必须按照证券交易、结算规则的规定办理证券交易的清算、交收，为客户办理资金的收付和证券的过户，并对证券交易的所有环节作出交易记录。证券公司作出的交易记录必须真实、准确、完整，不得有虚假记载。

三、证券公司接受客户委托买卖证券成交后，应当制作买卖成交报告单交付客户

买卖成交报告单是证券公司按照证券法和证监会以及证券交易规则的规定制

作的，记载证券交易成交情况的文件。证券买卖成交报告单一般应当包括以下主要内容：客户的姓名（名称）和代码；客户的账号；进行证券交易的场所；买进或者卖出证券的种类、名称、数量、价格；委托的日期、时间和序号；成交的日期、时间和成交的情况；应收和应付的款项及金额；证券公司经办人员的签章或者代号。证券买卖成交报告单应于买卖成交后在证券交易所交易规则规定的时间交付客户。

四、证券公司提供的证券交易对账单必须准确、真实、完整

证券买卖对账单是证券公司编制的在一定期间内，客户在该证券公司的交易行为及其交易结果的情况记录。证券买卖对账单应当按照证券法和证监会以及证券交易规则的规定编制，正本交客户存查，副本保存于证券公司备查。证券买卖对账单一般包括以下内容：客户姓名或者名称；客户代码；资金账号；委托日期、时间和序号；交易场所；成交时间；成交的证券名称、数量、价格；交易费用；其他事项。证券买卖对账单必须真实、准确、完整，即与实际交易情况完全一致，不得作虚假记载。同时，对账单还应当由交易经办人员以外的审核人员逐笔审核，保证账面证券余额与实际持有的证券相一致。

【适用指引】

一、关于证券交易所证券买卖的竞价原则

证券交易所内证券交易按照“价格优先、时间优先”的原则竞价成交。

所谓价格优先原则，是指客户交易委托中，较高价格买入申报优先于较低价格买入申报，较低价格卖出申报优先于较高价格卖出申报。所谓时间优先原则，是指在买卖方向、价格相同时，先申报者优先于后申报者，优先顺序按证券交易所交易主体接受申报的时间确定。

二、关于证券交易所证券买卖的竞价方式

目前我国证券交易所采用两种竞价方式：集合竞价和连续竞价。

所谓集合竞价，是指对在规定的时间内接受的买卖申报一次性集中撮合的竞价方式。根据证券交易所的相关规定，集合竞价确定成交价的原则为：可实现最大成交量的价格；高于该价格的买入申报与低于该价格的卖出申报全部成交的价格；与该价格相同的买方和卖方至少有一方全部成交的价格。

所谓连续竞价，是指对买卖申报逐笔连续撮合的竞价方式。连续竞价阶段的特点是，每一笔买卖委托输入交易自动撮合系统后，当即判断并进行不同的处理：能成交者予以成交，不能成交者等待机会成交，部分成交者则让剩余部分继续等待。

第一百三十四条　证券公司办理经纪业务，不得接受客户的全权委托而决定证券买卖、选择证券种类、决定买卖数量或者买卖价格。

证券公司不得允许他人以证券公司的名义直接参与证券的集中交易。

【条文主旨】

本条是关于证券公司办理经纪业务不得接受客户全权委托、不得允许他人以其名义直接参与集中交易的规定。

【条文释义】

一、全权委托的定义

全权委托，是指客户在委托证券公司代其买卖证券时，对证券的买进或者卖出，或者买卖证券的种类、数量、价格不加任何限制，完全由证券公司代为决定。全权委托是建立在客户对证券公司充分信任基础上的一种委托方式。

二、禁止证券公司开展经纪业务接受全权委托

客户委托证券公司代其买卖证券的目的是要获取收益，但买卖证券属于高风险的投资行为，而证券公司相对于一般投资者，在专业人才、技术手段、信息渠道等方面具有更多的优势。因此，部分投资者为了减少投资风险，希望通过全权委托的方式由证券公司代其买卖证券。证券法禁止全权委托，即要求证券公司在办理经纪业务时，不得接受客户的全权委托而决定证券买卖、选择证券种类、决定买卖数量或者买卖价格。其主要原因如下：

（一）防止过度投机，减少客户纠纷

证券市场受宏观经济、社会政策、突发事故等各方面因素的影响很大，市场变幻莫测，即使具有丰富投资经验的证券公司也难免失误。一旦证券公司客户全权委托买卖后没有获利，就会使客户与证券公司之间产生纠纷。

（二）加强交易监管，维护客户利益及市场稳定

实践当中，部分证券公司及其从业人员未能忠实地履行诚信义务，有些甚至利用客户的授权为自己谋取私利，如利用客户的账户和资金翻炒证券，或者为证券公司牟利而损害客户利益等。如允许客户全权委托，证券公司可能借全

权委托的名义进行证券的投机和炒作，可能严重损害客户的利益；证券公司利用全权委托来集中资金买卖证券，还可能造成证券市场的价格异常波动，增加证券市场的不稳定性。

三、禁止证券公司允许他人以其名义直接参与集中交易

集中交易是指在集中交易市场以竞价交易的方式进行交易。新证券法第38条规定："证券在证券交易所上市交易，应当采用公开的集中交易方式或者国务院证券监督管理机构批准的其他方式。"可见公开的集中交易是目前我国证券流通的主要途径和证券交易的核心。

为加强集中交易管理，新证券法从两个角度进行了规范：

（一）证券交易所

新证券法第96条规定："证券交易所、国务院批准的其他全国性证券交易场所为证券集中交易提供场所和设施，组织和监督证券交易，实行自律管理，依法登记，取得法人资格。"第109条规定："证券交易所应当为组织公平的集中交易提供保障，实时公布证券交易即时行情，并按交易日制作证券市场行情表，予以公布。证券交易即时行情的权益由证券交易所依法享有。未经证券交易所许可，任何单位和个人不得发布证券交易即时行情。"这些条款明确了证券交易所对集中交易进行监督、管理的职责、权限。

从集中交易参与主体方面，新证券法第105条规定："进入实行会员制的证券交易所参与集中交易的，必须是证券交易所的会员。证券交易所不得允许非会员直接参与股票的集中交易。"从证券交易所角度进行管理、控制，并在新证券法第200条第2款中规定了证券交易所允许非会员直接参与股票的集中交易的法律责任。

（二）证券公司

新证券法第108条规定："证券公司根据投资者的委托，按照证券交易规则提出交易申报，参与证券交易所场内的集中交易，并根据成交结果承担相应的清算交收责任。证券登记结算机构根据成交结果，按照清算交收规则，与证券公司进行证券和资金的清算交收，并为证券公司客户办理证券的登记过户手续。"明确了投资者参与集中交易只能通过证券公司进行。

本条第2款为本次证券法修订新增条款，规定"证券公司不得允许他人以证券公司的名义直接参与证券的集中交易"，从证券公司角度进行规范、控制，同时在新证券法第209条第2款中规定了证券公司允许他人以证券公司的名义直接参与证券的集中交易的法律责任。增加禁止证券公司允许他人以其名义直接参与集中交易的条款，是压实中介机构市场“看门人”法律职责的重要举措①。

【适用指引】

关于全权委托的控制方式

在实践当中，无论是投资者基于投机心理，还是证券公司、证券从业人员基于非法获利或客户维系考虑，证券交易全权委托的情况屡禁不止。为最大限度地减少这种行为，可从以下角度加强控制、管理：

第一，证券公司应加强投资者教育，规范证券交易委托代理协议内容，充分进行风险提示，履行审慎管理义务，明确告知投资者不得与证券公司员工签订全权委托合同，且证券公司员工无权实施该类行为。

第二，证券公司应强化内控措施，规范业务流程，加强员工培训。培训内容应包括不得以证券公司名义或私自与投资者签订全权委托合同；建立动态监控机制，采取技术上的监控措施等。

第三，证券公司履行管理义务时要做到监管留痕，注重保存包括开户协议等文件、员工培训记录、监控记录等在内的证明材料。

第一百三十五条　证券公司不得对客户证券买卖的收益或者赔偿证券买卖的损失作出承诺。

【条文主旨】

本条是对证券公司不得向客户承诺其买卖收益或者赔偿其买卖损失的规定。

【条文释义】

一、法理分析

关于证券公司与客户之间的关系，主流的有三种学说：

（一）代理说

该学说认为证券公司在开展证券业务中，与客户形成的是委托代理关系，

---

① 《完善证券市场基础制度 保障资本市场改革发展——中国证监会祝贺〈中华人民共和国证券法〉修订通过》，载中国证券监督管理委员会网站，http://www.csrc.gov.cn/pub/newsite/zjhxwfb/xwdd/201912/t20191228_368688.html，最后访问时间：2020年3月15日。

证券公司为客户的代理人，客户为被代理人。根据该学说，在证券交易中，对证券公司与客户之间权利义务的规定和法律责任的追究等，均应适用传统民商法代理制度中关于代理的相关规定。

（二）行纪说

该学说认为，在证券委托买卖中，委托人和证券公司的关系属于行纪关系。即证券公司以自己的名义，为委托人买进或卖出证券①。在经纪业务中，证券公司为行纪人，对其权利义务的规定均应适用行纪制度中关于行纪人的相关规定。

（三）居间说

该学说认为，在证券交易中，证券公司与客户之间为居间合同法律关系，证券公司处于居间人的地位，其主要功能是撮合客户达成证券交易并获得相应的交易佣金。例如我国1998年证券法第137条将证券经纪人（即从事证券经纪业务的证券公司）表述为"证券交易中代理客户买卖证券从事中介业务的证券公司"。

实际上，因为证券公司与客户之间所发生的业务类型不同，上述学说都存在一定的合理性。如证券公司与客户之间因指示证券买卖而产生的代理或行纪法律关系、证券公司与客户之间因中介业务而产生的居间法律关系等。但是，无论是哪种法律关系，证券公司与客户之间都是相互独立的，二者本质上是一种服务与被服务的关系，证券公司不应为投资者的收益或损失兜底。

二、价值分析

对客户证券买卖的收益作出承诺，是指向客户保证其进行证券买卖将会获得一定数额的收入；对赔偿证券买卖的损失作出承诺，是指向客户保证其进行证券买卖，在受到损失时将会由证券公司赔偿其一定数额的损失或者全部的损失。部分证券公司为了招揽客户，以多种方式，预先对客户证券买卖的收益或者赔偿证券买卖的损失作出承诺。这种行为不仅是一种不正当竞争行为，而且也是对证券市场有严重危害的损害客户利益的行为，必须予以禁止。

在我国证券市场上，不断强调"卖者尽责、买者自负"的理念。投资者在投资之前应清楚地了解，其所进行的所有证券投资既存在盈利的可能，同时也存在亏损的可能，无论证券投资的结果是盈利还是亏损均由投资者本人自行承担。这一理念，对于警示投资风险、鼓励金融创新都具有十分重要的意义。

买卖证券是一项风险很大的投资活动，再专业的证券公司也难以保证在证券市场上永远获利。如果证券公司对客户证券买卖的收益或者赔偿证券买卖的损失

---

① 王学春、李继武：《浅析证券交易行纪法律关系》，载《经济改革》2009年第3期。

作出承诺，那么，一旦出现损失或者没有获得承诺的收益，就需要证券公司使用自有资金进行兑现；证券公司如不兑现，将构成欺诈及违约，客户也会损失自己的资金。所以，为了保护客户利益，创造公平的竞争环境，本条规定，证券公司接受客户委托买卖证券不得对客户买卖证券的收益或者赔偿买卖证券的损失作出承诺。

【适用指引】

关于证券公司不得向客户承诺收益或者赔偿损失的具体规定如下：

第一，《证券公司监督管理条例》第46条规定："证券公司从事证券资产管理业务，不得有下列行为：（一）向客户做出保证其资产本金不受损失或者保证其取得最低收益的承诺……"

第二，中国证券业协会于2014年12月17日发布的《证券业从业人员执业行为准则》第9条规定："从业人员不得从事以下活动……（九）违规向客户做出投资不受损失或保证最低收益的承诺……"

第一百三十六条　证券公司的从业人员在证券交易活动中，执行所属的证券公司的指令或者利用职务违反交易规则的，由所属的证券公司承担全部责任。

证券公司的从业人员不得私下接受客户委托买卖证券。

【条文主旨】

本条规定了证券公司从业人员职务行为违规情况下的责任归属。

【条文释义】

一、证券公司从业人员的范畴

证监会在《证券业从业人员资格管理办法》第4条第1项中将证券公司从业人员归纳为：证券公司中从事自营、经纪、承销、投资咨询、受托投资管理等业务的专业人员，包括相关业务部门的管理人员。

中国证券业协会设有从业人员登记备案制度。《证券业从业人员资格管理办法》第2条、第5条、第12条至第14条规定，证券公司从业人员，应当取得从业资格和执业证书。在我国，中国证券业协会负责从业人员从业资格考试、执业证书发放以及执业注册登记等工作。取得执业证书的人员，经证券公司委派，可以代表聘用证券公司对外开展本证券公司经营的证券业务。变更聘用证券公司、辞职或者不为原聘用证券公司所聘用，或者其他原因与原聘用证券公司解除劳动合同，或者连续三年不在证券公司从业的，均应在中国证券业协会进行职业注册登记状态的变更或注销。

二、须是证券交易活动中违反交易规则

新证券法在第二章和第三章对证券发行和证券交易进行了分章规定，但是本条所称“证券交易活动”，不宜作狭义理解，应理解为包括一级市场发行和二级市场流通在内的整个交易活动，即证券公司从业人员在证券发行和交易活动中的行为均应受到本条约束；本条所述交易规则，亦应理解为证券公司及证券公司从业人员应当遵守的，包括证券法以及证券交易所依照法律、行政法规及证监会部门规章等所制定的上市规则、交易规则和其他有关业务规则在内的整套交易活动规范。

三、违规行为系执行证券公司指令或利用职务，行为后果归属证券公司承担

违法违规行为系证券公司从业人员实施的职务行为，这是违规行为后果由证券公司承担的重要要件。职务行为是相对于个人行为而言的，“执行证券公司指令”意味着行为人被动履行公司指令或公司要求，“利用职务”意味着行为人主动实施具备职务特征之行为。职务行为对外代表公司行为，证券公司从业人员的行为一旦被认定为职务行为，则该行为的全部违法违规后果，即由其所属的证券公司承担。从效果上看，职务违法违规行为的后果由证券公司承担，一方面在很大程度上避免了证券从业人员承担责任能力不足的弊端，使投资者利益得到有力保障；另一方面也能够较好地敦促证券公司加强企业管理，完善内控措施和人员管控。

四、禁止证券公司从业人员私下接受委托

证券公司及其从业人员，不经过其依法设立的营业场所及交易系统，私下接受客户委托买卖证券，侵犯了其所属的证券公司的利益，损害了其所属的证券公司的声誉，并经常伴有侵害客户利益的行为，应予禁止。

【适用指引】

一、本条是雇主责任在证券行业中的运用和体现

雇主责任起源于罗马法，旨在要求奴隶主对奴隶侵害他人的行为负责①。

---

① 张新宝：《侵权责任法原理》，中国人民大学出版社 2005 年版，第 293 页。

随着雇佣关系在经济生活中日益普遍，作为侵权责任的一种典型样态，各国民事法律均对雇主责任加以关注。我国《民法典》第119条规定："用人单位的工作人员因执行工作任务造成他人损害的，由用人单位承担侵权责任。用人单位承担侵权责任后，可以向有故意或者重大过失的工作人员追偿。"由于证券公司雇主责任更多地体现为民事赔偿，故对于证券公司雇主责任的适用原则，应遵从我国《民法典》，采无过错责任原则，即只要认定为职务行为，则无须考虑证券公司的主观过错。

认定证券公司民事雇主责任的构成要件，主要包括证券公司从业人员实施了违法违规行为、客观存在损害结果、违法违规行为与损害结果之间存在因果关系、违法违规行为系职务行为等几个方面。司法实践中，争执的焦点往往集中在对从业人员的行为是否是职务行为的判断。对于职务行为的识别，可以从以下角度展开：一是行为发生时，从业人员与证券公司是否存在雇佣关系。证券公司与其职员系单位与个人之间建立劳动关系，受劳动法调整，可依据该法规定进行识别。另中国证券业协会设有从业人员登记备案制度，查询从业人员备案信息可对此问题提供必要的帮助。二是从业人员的行为是否属于证券公司经营活动范畴。实践中，从业人员超出证券公司授权、利用职务之便从事的行为，与从业人员个人行为之间往往存在交叉和模糊。对此可参照《最高人民法院关于审理人身损害赔偿案件适用法律若干问题的解释》第9条第2款进行判定，其规定："前款所称'从事雇佣活动'，是指从事雇主授权或者指示范围内的生产经营活动或者其他劳务活动。雇员的行为超出授权范围，但其表现形式是履行职务或者与履行职务有内在联系的，应当认定为'从事雇佣活动'。"另外，行为产生收益的归属也是判定时常见的考量因素。

二、典型案例："张某英与中国工商银行股份有限公司昌吉回族自治州分行、新疆证券有限责任公司、杨某、张某民财产损害赔偿纠纷案"

2013年第2期《中华人民共和国最高人民法院公报》刊登的"张某英与中国工商银行股份有限公司昌吉回族自治州分行、新疆证券有限责任公司、杨某、张某民财产损害赔偿纠纷案"中，杨某利用其在新疆证券公司的工作便利办理银证转账开销户手续，私自办理张某英的灵通卡并与张某英的股票账户对接，将张某英股票账户上的12870股价值92299.35元特变电工股票卖出后共计取款91270元，杨某的行为触犯了我国刑法已被追究刑事责任，侵权人因同一行为应当承担刑事责任的，不影响依法承担侵权责任。杨某的行为主观上存在占有他人合法财产的故意，事实上已侵犯了张某英合法的财产权利，造成了张某英的财产损失，其行为同时构成民法中的侵权。杨某的侵权行为虽然并非履行新疆证券公司的行为，并非是因执行工作任务而产生，但新疆证券公司负有保护股民资金和股票安全的法定义务，杨某的侵权行为利用了其在新疆证券公司的工作便利，借助了新疆证券公司的终端操作平台，杨某的侵权行为与新疆证券公司管理不善、内部监控存在漏洞有着直接的关联，新疆证券公司对造成张某英的损失存在明显的过失。工行昌吉州分行作为发放银行卡的专业机构负有谨慎审核办卡人身份及在他人代办时审查授权合法性的义务，而工行昌吉州分行违反了相关操作规程，未尽审查义务，为杨某实施侵权行为提供了便利，工行昌吉州分行亦存在明显的过失。杨某、新疆证券公司和工行昌吉州分行之间虽无共同的故意或过失，但三者的侵害行为直接结合发生同一损害后果，杨某、新疆证券公司与工行昌吉州分行构成共同侵权。判决认为，证券公司员工利用职务之便盗卖客户股票获取价金，应承担赔偿损失的侵权责任。证券公司员工的职务身份增加了其侵权行为发生的可能性和危险性，证券公司对此种行为应当预见到并应采取一定措施予以避免，但因其内部管理不善、内部监控存在漏洞导致未能避免，应当认定证券公司员工的侵权行为与其履行的职务有内在关联，证券公司应承担赔偿责任。

第一百三十七条　证券公司应当建立客户信息查询制度，确保客户能够查询其账户信息、委托记录、交易记录以及其他与接受服务或者购买产品有关的重要信息。

证券公司应当妥善保存客户开户资料、委托记录、交易记录和与内部管理、业务经营有关的各项信息，任何人不得隐匿、伪造、篡改或者毁损。上述信息的保存期限不得少于二十年。

【条文主旨】

本条是关于证券公司客户信息查询制度和客户信息保存义务的规定。

【条文释义】

一、客户信息查询制度

本条第 1 款所规定的客户信息查询制度是本次证券法修订中新增加的内容。客户信息查询制度，是指证券公司所建立的，确保客户能够查询其账户信息、委托记录、交易记录以及其他与接受服务或者购买产品有关重要信息的机制。在证券公司掌握主要交易信息的情况下，证券公司建立客户信息查询制度，可以使投资者更好地掌握自身的交易情况，及时进行投资决策，降低遭受欺诈或侵权的概率，并能在纠纷发生时得到及时、完备的证据支持。

要求证券公司建立客户信息查询制度，是完善投资者保护制度的重要方面，也是证券市场国际监管趋势。美国在以2009年6月《金融监管白皮书》《2010年多德－弗兰克法案》为主要内容的证券法改革中，一大举措就是成立“消费者金融保护局”（Consumer Financial Protection Agency，CFPA）以加强对金融消费者权益保护。“CFPA的宗旨是：1. 帮助消费者获得简洁清晰的信息，免受不公平及欺诈行为的侵害；2. 帮助建立面向消费者的公平、有效及创新性的金融服务市场；3. 提升消费者获取金融服务的能力。”① 可见，该机构的宗旨之一就是帮助消费者获得简洁、清晰的交易信息。2011年，德国发布《有价证券交易法》第34条“记录义务和保存义务”规定：“（1）有价证券服务企业不仅要遵守《欧共体条例》第1287/2006号文件第7条和第8条的记录义务，还必须制作有价证券和有价证券附加服务的记录档案，以便使得联邦金融监管局能对此条已规定的义务的遵守情况进行审查。（2）有价证券服务企业必须制作与客户签订协议的记录资料，该协议确定了双方的权利和义务，以及约定的其他条件……框架协议必须以纸质文件或其他持久性数据承载物形式提供给私人客户。持久性数据承载物指任何一种介质，它能按这种方式为客户提供特定信息的存储，即客户能在适合其目的之时期内查阅信息且原封不动地归还信息。（2a）有价证券服务企业必须就每笔为私人客户做的投资咨询业务制作书面记录。该记录必须由提供投资咨询的人员签名；投资咨询业务结束后，有价证券服务企业必须毫不迟延地在咨询的交易签订前，将咨询记录副本以纸质或其他的持久性储存介质的形式提供给客户……（2b）客户可以向有价证券服务企业索要第2a款中的记录副本。”② 可见《有价证券交易法》的上述规定，对证券投资者交易记录的保存、查询都提出了详细、具体的要求。

二、客户信息保存义务

为客观反映客户证券交易情况，减少和预防客户与证券公司之间的纠纷，

---

① 谢九华、樊沛鑫：《证券法前沿问题研究》，知识产权出版社2018年版，第157页。

② 中国证券监督管理委员会组织编译：《德国证券法律汇编》，法律出版社2016年版，第437～439页。

并为纠纷处理提供可靠的证据，本条第 2 款规定证券公司负有依法保存客户有关信息的义务，信息范围包括开户资料、委托记录、交易记录和与内部管理、业务经营有关的各项信息等。

其中，开户资料是指投资者在证券公司开户所提供的各种信息，如姓名或者名称、公民身份证号码、法人合法证件的有关情况等。委托记录是指客户委托证券公司买卖证券时所填写的证券买卖委托书，以及以电话委托、电脑委托、网络委托方式保存的录音、电子数据等委托记录。交易记录是指记载客户所进行的证券交易活动的资料，如交易时间、买卖证券种类、交易数额等。

客户开户资料、委托记录、交易记录和与内部管理、业务经营有关的各项信息，是记录和反映客户证券交易活动、证券公司业务状况的重要证据。通过这些信息，不但可以了解客户证券交易的有关情况以及证券公司的管理、业务情况，而且还可以了解证券公司遵守国家的法律、法规和金融政策的情况。

证券公司在客户信息保存方面的具体义务如下：

（一）证券公司应当妥善保存有关信息

客户开户资料、委托记录、交易记录和与证券公司内部管理、业务经营有关的各项信息，都形成于证券公司，主要处于证券公司的控制之中，因此，保存这些信息的义务应当由证券公司承担，证券公司应当真实、准确、完整地将这些信息予以保存。

（二）不得隐匿、伪造、篡改或者毁损有关信息

按照本条规定，证券公司、任何人不得隐匿、伪造、篡改或者毁损与客户交易有关的各项信息。其中，隐匿是指将这些信息隐藏起来的行为。伪造是指有意制作虚假的信息的行为。篡改是指将原始的真实信息采取各种方式予以改动，以改变这些信息的真实记录的行为。毁损是指把真实的信息予以毁灭或者损坏的行为。

（三）信息保存期限不得少于二十年

客户开户资料、委托记录、交易记录和与内部管理、业务经营有关的各项信息，保存时间过短，就难以了解有关的交易过程，也难以查清有关事实；保存时间过长，查阅这些信息的可能性很小，又会给证券公司造成不必要的负担。考虑到证券市场的实际情况，本条规定有关信息的保存期限不得少于二十年。

【适用指引】

关于证券公司客户信息查询制度和客户信息保存义务的衔接

本次证券法修订，实际上是将实践中已经执行的监管或自律要求，通过法律条款予以固化。例如，《证券公司监督管理条例》第 32 条规定：“证券公司应当建立信息查询制度，保证客户在证券公司营业时间内能够随时查询其委托记录、交易记录、证券和资金余额，以及证券公司业务经办人员和证券经纪人的姓名、执业证书、证券经纪人证书编号等信息。客户认为有关信息记录与实际情况不符的，可以向证券公司或者国务院证券监督管理机构投诉。证券公司应当指定专门部门负责处理客户投诉。国务院证券监督管理机构应当根据客户的投诉，采取相应措施。”《上海证券交易所会员管理规则》第 3.5 条规定：“会员对客户账户内的资金、证券以及委托、成交数据应当有完整、准确、详实的记录或者凭证，按户分账管理，并向客户提供对账与查询服务。”第 3.6 条规定：“会员应当采取有效措施，妥善保存客户开户资料、委托记录、交易记录、清算文件、客户交易终端信息等资料，防止出现遗失、毁损、伪造、篡改等情况，保存期限不得少于 20 年。”《深圳证券交易所会员管理规则》第 4.16 条规定：“会员对客户的资金、证券及委托、成交数据应当有完整、准确、详实的记录或者凭证，按户分账管理，并向客户提供对账与查询服务。”第 4.17 条规定：“会员应当采取有效措施，妥善保存客户开户资料、委托记录、交易记录、清算文件、客户交易终端信息等文件资料，防止出现遗失、毁损、伪造、篡改等情况，保存期限不得少于二十年。”

第一百三十八条　证券公司应当按照规定向国务院证券监督管理机构报送业务、财务等经营管理信息和资料。国务院证券监督管理机构有权要求证券公司及其主要股东、实际控制人在指定的期限内提供有关信息、资料。

证券公司及其主要股东、实际控制人向国务院证券监督管理机构报送或者提供的信息、资料，必须真实、准确、完整。

【条文主旨】

本条是关于证券公司信息报送义务的规定。

【条文释义】

一、证券公司报送业务、财务等经营管理信息和资料的义务

业务、财务等经营管理信息和资料，是指反映证券公司的业务情况、财务状况、经营成果及客户资产状况等的信息和资料，一般是证券公司在经营过程中生成的①。证券公司的良好运行，关系到整个证券市场乃至金融市场的稳定。证监会可以通过要求证券公司定期报送业务、财务等经营管理信息和资料，全面、及时、准确地掌握证券公司的业务、财务等情况，更好地把握证券市场运营动态，以便更加有效地控制证券公司的经营风险，确保证券交易的安全，保证市场的健康稳定。因此，各国证券法一般会对证券公司需要向监管机构报送业务、财务等经营管理信息和资料作出规定，例如，根据《日本金融商品交易法》第46条之三规定，金融商品交易业者在每个营业年度结束后三个月内向内阁总理大臣提交营业报告书，并报告其业务与资产状况。内阁总理大臣认为有必要保护公共利益与投资者时，可以要求金融商品交易业者全部或部分公告其营业报告书。②

证券公司应当向证监会报送的业务、财务等经营管理信息和资料的范围比较广，分别规定在相关的法律法规以及规范性文件中。例如，《证券公司监督管理条例》第63条和第64条规定，证券公司应当自每一会计年度结束之日起4个月内，向证监会报送年度报告，自每月结束之日起7个工作日内，报送月度报告。其中证券公司年度报告中应当包括财务会计报告、风险控制指标报告以及证监会规定的其他专项报告。如果发生可能影响证券公司经营管理层、财务状况、风险控制指标或者客户资产安全的重大事件，证券公司应当立即向证监会报送临时报告，说明事件的起因、目前的状态、可能产生的后果和拟采取的相应措施。

又如，《客户交易结算资金管理办法》第9条、第19条、第21条规定，证券公司与其确定的存管银行、主办存管银行应当签订有关资金存管的合同，明确双方的权利义务关系，并报送证监会备案。证券公司应当按照该办法制定客户交易结算资金操作办法和规程，报证监会备案。证券公司及其证券营业部开立的客户交易结算资金专用存款账户，证券公司开立的自有资金专用存款账户，应当在开立后三个工作日内向证监会报备。证券公司自营证券账户应当向证监会备案。证券公司应当按照该办法制定客户交易结算资金操作办法和规程，报证

---

① 周正庆、李飞、桂敏杰主编：《新证券法条文解析》，人民法院出版社2006年版，第386页。
② 参见：《日本金融商品交易法》，朱大明译，法律出版社2016年版，第165页。

监会备案。证券公司根据证监会要求或遇到客户交易结算资金专用存款账户、清算备付金专用存款账户、验资专户出现重大异常情况时，应当及时向证监会报告。

二、证监会有权要求证券公司及主要股东、实际控制人在指定的期限内提供有关信息和资料

证监会有权要求证券公司向其报送业务、财务等经营管理信息和资料，并要求证券公司向其报送或者提供的信息资料真实、准确、完整。例如：《证券公司监督管理条例》第68条规定，证监会有权检查证券公司的计算机信息管理系统，复制有关数据资料。《证券公司检查办法》第9条规定，证监会及其派出机构进行检查时，可要求被检查的公司向检查人员提供以下文件：公司的会计报表、相关账簿和凭证以及其他涉及会计报表的资料；公司的自营、代理、资产管理等业务开展的交易记录、电脑数据、合同文本、公司有关管理制度文件等；公司的股东大会、董事会、监事会的会议记录，决议文本，公司经理办公会议文件等……

证监会不仅有权要求证券公司提供信息、资料，也有权要求证券公司的主要股东或实际控制人提供信息、资料。从证券公司的情况来看，存在证券公司主要股东或实际控制人掏空证券公司、挪用客户保证金，将证券公司作为其融资平台和提款机等问题，严重损害了证券公司以及其客户的权利，造成了极其严重的后果，影响十分恶劣。为了加强对主要股东和实际控制人行为的监管，本条规定，证券公司的主要股东、实际控制人在指定期限内，应当向证监会提供符合规定的有关信息、资料，并确保其报送或者提供的信息、资料的真实、准确和完整。需要说明的是，新证券法限定了向证监会提供资料的股东仅为证券公司的“主要股东”。与原证券法第148条所规制的“股东”相比，新证券法所规定的提供资料的主体范围有所缩小，但更为精准。因为随着上市证券公司数量的不断增加，持有上市证券公司流通股的股东人数数量巨大，实践中要求全部上市证券公司的全部股东都向证监会履行报送资料义务难以操作，也没有必要，因此新证券法对此处进行了修改。

三、提供或者报送的信息、资料必须真实、准确、完整

证券公司及其主要股东、实际控制人负有向证监会报送信息、资料的义务，与此同时，也应当确保其报送的信息、资料的客观性、准确性、完整性，不允许存在信息、资料的虚假、缺失等情形。另外《证券公司监督管理条例》第69条也明确要求证券公司以及有关单位和个人披露、报送或者提供的资料、信息应当真实、准确、完整，不得有虚假记载、误导性陈述或者重大遗漏。

第一百三十九条 国务院证券监督管理机构认为有必要时，可以委托会计师事务所、资产评估机构对证券公司的财务状况、内部控制状况、资产价值进行审计或者评估。具体办法由国务院证券监督管理机构会同有关主管部门制定。

【条文主旨】

本条是关于证监会委托会计师事务所、资产评估机构对证券公司进行审计或者评估的规定。

【条文释义】

一、证监会可以委托会计师事务所、资产评估机构对证券公司进行审计或者评估

根据新证券法第 138 条规定，证券公司应当按照规定向证监会报送业务、财务等经营管理信息和资料，证监会有权要求证券公司及其主要股东、实际控制人在指定的期限内提供有关信息、资料，并且要求报送或者提供的信息、资料，必须真实、准确、完整。实践中，证监会具有委托会计师事务所、资产评估机构对证券公司的财务状况、内部控制状况、资产价值进行审计或者评估的实际需求。证券公司报送的业务、财务等经营管理信息和资料种类繁多，既有财务会计报告、风险指标控制报告以及其他专项报告，也有月度报告、年度报告、重大事项临时报告等。截至 2019 年年末，国内证券公司数量目前为 133 家,① 各家公司各种报告累加，数量十分庞大，必要时需委托会计师事务所、资产评估机构对证券公司进行审计或者评估。另外对于一些专业性要求极高的事项，证监会可能没有足够具有相关知识背景的人员来进行逐一甄别，也需要委托会计师事务所、资产评估机构进行审计或者评估。本条规定对缓解证监会及其工作人员的审计、评估压力，提升审计、评估的效率与质量具有重要作用。

二、证监会委托审计、评估仅限于必要

证监会并非在任何情况下都会委托证券服务机构对证券公司进行审计或者

① 《中国证券业协会发布证券公司 2019 年度经营数据》，载中国证券业协会网，https：//www. sac. net. cn/hysj/zqgsjysj/202002/t20200226_ 141839. html，最后访问时间：2020 年 3 月 9 日。

评估，只有在必要的时候才会。何为“必要”？需证监会根据具体情况进行判断，一般需综合评估证券公司的财务状况、内部控制状况、资产价值现实状况以及监管检查对证券公司正常经营管理造成的不便等因素综合考虑。

三、证监会委托审计、评估的具体办法另行制定

证监会如何委托有关证券服务机构对证券公司进行审计或者评估，关涉到证监会对证券公司的监管与评级，对证券公司的发展与经营有重大影响，与证券市场的稳定运行息息相关。因此在何种情况下应当委托审计、评估，如何进行委托，都需要通过进一步制定“办法”的方式进行细化规定。为了使决策更加科学，相关办法由证监会会同有关主管部门制定，并非仅由证监会自行制定。由于会计师事务所和资产评估机构的行政主管部门是财政部，具体办法至少应当由证监会会同财政部进行制定。

【适用指引】

如何理解证券法第 139 条中受委托的证券服务机构只有会计师事务所和资产评估机构

按照证券法第 160 条规定，证券服务机构的范围包括会计师事务所、律师事务所以及从事证券投资咨询、资产评估、资信评级、财务顾问、信息技术系统服务等机构。然而，本条有关的委托审计、评估的规定，仅列明会计师事务所和资产评估机构两种证券服务机构为被委托机构，并未涉及其他证券服务机构。这是因为证监会需要中介机构帮助了解、核实的重点内容是证券公司的财务状况、内部控制状况和资产价值，只有掌握这些内容，才能对证券公司实施有效监管。财务状况、内部控制状况通过会计师事务所进行审计，以及资产价值通过资产评估机构进行评估即可完成，无需再委托律师事务所及资信评级、财务顾问、信息技术系统服务等证券服务机构等。

第一百四十条　证券公司的治理结构、合规管理、风险控制指标不符合规定的，国务院证券监督管理机构应当责令其限期改正；逾期未改正，或者其行为严重危及该证券公司的稳健运行、损害客户合法权益的，国务院证券监督管理机构可以区别情形，对其采取下列措施：

（一）限制业务活动，责令暂停部分业务，停止核准新业务；

（二）限制分配红利，限制向董事、监事、高级管理人员支付报酬、提供福利；

（三）限制转让财产或者在财产上设定其他权利；

（四）责令更换董事、监事、高级管理人员或者限制其权利；

（五）撤销有关业务许可；

（六）认定负有责任的董事、监事、高级管理人员为不适当人选；

（七）责令负有责任的股东转让股权，限制负有责任的股东行使股东权利。

证券公司整改后，应当向国务院证券监督管理机构提交报告。国务院证券监督管理机构经验收，治理结构、合规管理、风险控制指标符合规定的，应当自验收完毕之日起三日内解除对其采取的前款规定的有关限制措施。

【条文主旨】

本条是关于证监会对不符合治理结构、合规管理、风险控制指标的证券公司的处理措施的规定。

【条文释义】

一、公司治理结构、合规管理和其他风险控制指标的内涵

（一）公司治理结构

公司治理结构一词是从英文中的“风险控制指标”直译过来的，我国学者多将“风险控制指标”直接翻译为“公司治理结构”或者“法人治理结构”，个别学者将其称为公司机关权力构造①或者公司管制②。实际上，公司治理结构作为一个横跨法律、经济、管理诸多学科的重大话题，迄今为止尚未形成一个统一的定义。有学者从最狭义的角度提出，公司治理结构就是等同于董事会，而公司董事会就是专司公司治理功能的组织形式③。也有法律学者从相对狭义

① 梅慎实：《现代公司机关权力构造论》（修订本），中国政法大学出版社2000年版，第1页。

② 刘冠伦：《英国上市公司管制近况》，载《中外法学》1998年版第5期。

③ 费方域：《企业的产权分析》，上海三联书店、上海人民出版社1998年版，第164~170页。

的角度提出，公司治理结构包括公司内部所有机关及相互关系的架构，即股东大会、董事会、监事会、经理之间的权力利益制衡关系①。与法学学者不同，经济学者从更广义角度提出，公司治理结构包括可能对公司与其所有者关系产生影响的各种制度的总和，如公司外部的接管市场、经理市场、资本市场、产品市场、机构投资者，以及公司内部的股东会、董事会、监事会等。该种公司治理结构的概念也被认为是企业所有权安排的具体化②。从法学的角度看，一般认为证券法第140条中的"公司治理结构"，是指公司内部各种利益相关者对公司管理权力的一种划分和制衡体制，包括股东大会、董事会、监事会以及公司高级管理人员四个部分。

（二）合规管理

"合规"一词作为一个舶来品，最早见于巴塞尔银行监督管理委员会发布的《银行业组织内部控制体系框架》，其中列明的银行内部控制三大目标之一就是"合规目标"（compliance objectives），即"保证所有的银行业务符合既有的法律、规则、监管要求、组织政策和程序。为了保护银行的特许权和声誉，这个目标必须要达到"。此后，国际证监会组织（以下简称IOSCO）于2003年5月发布的《证券监管的目标和原则》，对证券中介机构的合规管理提出了原则性要求。2006年3月，IOSCO技术委员会发布了《关于市场中介组织合规职责问题的最终报告》（*Compliance Function at Market Intermediaries FINAL REPORT*），释明了八个专题的原则内容。

在我国，根据《证券公司和证券投资基金管理公司合规管理办法》的相关规定，合规是指证券基金经营机构及其工作人员的经营管理和执业行为符合法律、法规、规章及规范性文件、行业规范和自律规则、公司内部规章制度，以及行业普遍遵守的职业道德和行为准则（以下统称法律法规和准则）。合规管理，是指证券基金经营机构制定和执行合规管理制度，建立合规管理机制，防范合规风险的行为。

（三）其他风险控制指标

按照《证券公司风险控制指标管理办法》第17条规定，其他风险指标包括风险覆盖率、资本杠杆率、流动性覆盖率和净稳定资本率等。

---

① 梅慎实：《现代公司机关权力构造论》（修订本），中国政法大学出版社2000年版，第90页。

② 张维迎：《企业理论与中国企业改革》，北京大学出版社1999年版，第86页。

二、对证券公司不符合治理结构、合规管理、风险控制指标的处理措施

（一）责令限期改正

对于证券公司的公司治理结构、合规管理以及其他风险控制指标不符合规定的，证监会有权依据证券法及其他相关法律法规责令其在一定期限内改正，使其公司治理结构、合规管理以及其他风险控制指标能够达到法律法规的要求。例如，证券公司违反规定委托其他单位或者个人进行客户招揽、客户服务或者产品销售活动的，或者向客户提供投资建议，对证券价格的涨跌或者市场走势作出确定性的判断，或者违反规定委托他人买卖证券，或者从事证券自营业务，证券资产管理业务，投资范围或者投资比例违反规定，或者从事证券资产管理业务，接受一个客户的单笔委托资产价值低于规定的最低限额的，证监会有权责令证券公司改正，并给予警告和没收违法所得。又如，证券基金经营机构违反《证券公司和证券投资基金管理公司合规管理办法》规定的，证监会可以采取责令改正、出具警示函等行政监管措施。

（二）逾期未改正或者其行为严重危及该证券公司的稳健运行、损害客户合法权益的，证监会可以采取更严厉的措施

对于某些证券公司逾期未改正其公司治理结构、合规管理或者其他风险控制指标的行为，或者改正了但是仍未能达到法律法规要求的，或者其行为严重危及该证券公司的稳健运行、损害客户合法权益的，证监会可以采取更严厉的措施。主要包括：

1. 限制业务活动，责令暂停部分业务，停止批准新业务

（1）限制业务活动

限制业务活动，是指证监会限制证券公司正在开展的业务。例如，某公司因为存在公司章程以及各项制度中均没有规定各内控部门的职责分工、对公司高级管理人员和下属各单位进行考核时，未由合规总监出具书面合规性专项考核意见；对子公司合规管控不足，从未对子公司进行合规检查；未向另类子公司和私募子公司委派合规负责人，未对投行、资产证券化业务等出现重大风险或者违规问题涉及的责任人或者责任部门进行问责等情形，最终被证监会认定该公司内部控制不完善、治理结构不健全的，被限制新增各项业务规模 3 个月（详见证监会《关于对华林证券股份有限公司采取限制业务活动措施的决定》，中国证券监督管理委员会行政监管措施决定书〔2019〕60 号）。

（2）责令暂停部分业务

责令暂停部分业务，是指责令暂停部分证券公司经批准可以经营的业务。例

如，某证券公司因为对下属全资另类投资子公司管控不到位，存在子公司多数审批事项的审批过程及留痕不规范，总经理离任未开展离任审计，重要印章管理、用印不规范，风险管理委员会缺乏独立性，部分协议、合同及投资决策表未经合规与风险管理负责人审核，投后不到位等问题，被监管机构暂停相关投资业务 3 个月［详见云南证监局《限制业务活动事先告知书》（云证监函〔2019〕160 号）］。

（3）停止批准新业务

停止批准新业务，是指证监会对证券公司在现有业务基础之上申请增加某项新业务予以停止批准。例如某公司因为内部控制失效和经营管理混乱而引发重大异常交易事故，风险控制指标超出法定标准，以及事后公司有关人员故意修改系统源代码等行为，被证监会暂停批准该公司新业务的申请（详见证监会《关于对光大证券股份有限公司采取限制业务活动、停止批准新业务以及责令整改并处分有关责任人员措施的决定》，证监会〔2013〕第 43 号）。

2. 限制分配红利，限制向董事、监事、高级管理人员支付报酬、提供福利

证券公司治理结构、合规管理和其他风险控制指标不符合规定且逾期未改正，或者严重危及该公司的稳健运行、损害客户合法权益的，证监会可以对股东、董事、监事、高级管理人员的红利分配、薪酬支付和福利提供进行限制。股东、董事、监事、高级管理人员作为公司日常经营业务的主要执行者，其对证券公司的严重违法违规行为具有不可推卸的责任，对其进行必要的处罚，可促使其落实证券公司治理结构、合规管理以及其他风险控制指标，从而确保相关指标符合法定要求。

3. 限制转让财产或者在其财产上设定其他权利

当证券公司已经出现公司治理混乱、合规管理不当、风险控制指标不符合监管要求，危害到证券公司稳健运行、客户合法权益等问题时，证券公司对外转让财产或者证券公司在其财产上设定其他权利（例如证券公司以其自有财产对外提供担保），本质上都会导致证券公司资本金减少，履约能力进一步降低，甚至危害客户的合法权益，同时，还可能对证券市场的稳定构成威胁，为了避免此类情况的发生，证监会有必要限制证券公司转让财产或者在其财产上设定其他权利。

4. 责令更换董事、监事、高级管理人员或者限制其权利

证券公司董事、监事、高级管理人员作为证券公司经营业务的主要执行者，对证券公司的治理结构、合规管理以及其他风险控制指标的落实具有实质性影响。证券公司的治理结构、合规管理、风险控制指标不符合规定且逾期未改正

或者其行为严重危及该证券公司的稳健运行、损害客户合法权益的，证监会可以责令证券公司更换其董事、监事、高级管理人员或者限制他们履行法律或者公司章程赋予他们的权利。

5. 撤销有关业务许可

撤销业务许可，是指将原来对证券公司从事有关业务的批准予以撤销，不允许证券公司再从事与原批准有关的业务。在证券公司治理结构、合规管理或者其他风险控制指标未能达到规定时，允许其继续从事有关业务可能会进一步给客户的利益造成损失。因此从审慎角度考虑，应该赋予证监会可以根据具体情况撤销证券公司某项业务许可。

6. 认定负有责任的董事、监事、高级管理人员为不适当人选

证券公司的治理结构、合规管理、风险控制指标不符合规定且逾期未改正或者其行为严重危及该证券公司的稳健运行、损害客户合法权益的，证监会有权认定负有责任的董事、监事、高级管理人员为不适当人选。本项为本次证券法修订新增内容，将《证券公司董事、监事和高级管理人员任职资格监管办法》《证券公司和证券投资基金管理公司合规管理办法》中的关于认定为不适当人选的规定上升到法律层面。

该项与本款第4项“责令更换董事、监事、高级管理人员或者限制其权利”相比，聚焦于负有责任的董事、监事、高级管理人员，重点更为突出；同时与本款第4项“责令更换”相比，本项只对负有责任的董事、监事、高级管理人员作出“不适当人选”的评价，也与新证券法第124条所提及的董事、监事、高级管理人员的任职资格由事先核准制调整为事后备案制相呼应。

7. 责令负有责任的股东转让股权、限制负有责任的股东行使股东权利

证券公司的治理结构、合规管理、风险控制指标不符合规定且逾期未改正或者其行为严重危及该证券公司的稳健运行、损害客户合法权益的，证监会有权要求负有责任的股东转让股权，或限制其行使股东权利。实践中，确实出现了某些证券公司股东乱作为，将证券公司作为其个人的融资平台，严重影响到证券公司的正常经营活动，也危害到客户的合法利益。该项处罚措施，对证券公司在该类问题上负有责任的股东起到规制和一定程度的威慑作用。另外原证券法中规定的是“责令控股股东转让股权或者限制有关股东行使股东权利”，而新证券法修改调整为“责令有责任的股东转让股权或者限制有关股东行使股东权利”。“负有责任的股东”表述相较之“控股股东”更加准确，这也体现了立法者技术水平的精细化程度有了进一步的提升。

（三）证券公司整改后，应当向证监会报告

证券公司在接受证监会所采取的限期改正或者其他一系列行政措施后，应当向证监会提交报告，说明整改情况。

（四）证监会对符合有关风险控制指标的证券公司应当在法定的期限内解除有关的措施

在证券公司完成整改并向证监会提交整改报告后，证监会将对相关整改进行验收。相关风险控制指标符合规定并经证监会验收的，证监会应当在验收完毕之日起3 日内解除对证券公司的监管措施。

【适用指引】

证券公司的合规管理基本要求

根据《证券公司和证券投资基金管理公司合规管理办法》相关规定，证券公司开展各项业务，应当合规经营、勤勉尽责，坚持客户利益至上原则，并遵守下列基本要求：

1. 充分了解客户的基本信息、财务状况、投资经验、投资目标、风险偏好、诚信记录等信息并及时更新；

2. 合理划分客户类别和产品、服务风险等级，确保将适当的产品、服务提供给适合的客户，不得欺诈客户；

3. 持续督促客户规范证券发行行为，动态监控客户交易活动，及时报告、依法处置重大异常行为，不得为客户违规从事证券发行、交易活动提供便利；

4. 严格规范工作人员执业行为，督促工作人员勤勉尽责，防范其利用职务便利从事违法违规、超越权限或者其他损害客户合法权益的行为；

5. 有效管理内幕信息和未公开信息，防范公司及其工作人员利用该信息买卖证券、建议他人买卖证券，或者泄露该信息；

6. 及时识别、妥善处理公司与客户之间、不同客户之间、公司不同业务之间的利益冲突，切实维护客户利益，公平对待客户；

7. 依法履行关联交易审议程序和信息披露义务，保证关联交易的公允性，防止不正当关联交易和利益输送；

8. 审慎评估公司经营管理行为对证券市场的影响，采取有效措施，防止扰乱市场秩序。

第一百四十一条 证券公司的股东有虚假出资、抽逃出资行为的，国务院证券监督管理机构应当责令其限期改正，并可责令其转让所持证券公司的股权。

在前款规定的股东按照要求改正违法行为、转让所持证券公司的股权前，国务院证券监督管理机构可以限制其股东权利。

【条文主旨】

本条规定了证券公司股东虚假出资、抽逃出资情况下的监管措施。

【条文释义】

一、出资是股东对于公司的法定基本责任

股东的出资，是公司设立并从事生产经营活动的物质基础。股东出资形成的全部法人财产，是公司对外承担债务的保证。所以，确保股东出资到位，防止股东抽逃出资而使公司财产减少，是维护公司的正常经营与发展，保证公司必要的偿债能力，维护债权人利益的基本条件。股东是公司的出资者和设立者，也是公司的受益者，出资责任是股东对于公司的法定基本责任，证券公司的股东也不例外。股东出资责任一经设定，即成为一种对世责任，股东拒绝履行、虚假履行或者恶意履行，会给公司、守约股东和外部债权人带来较为严重的利益侵害，将被追究相应的责任，包括民事责任、行政责任甚至刑事责任。

关于股东出资责任，公司法有较为详尽的规定，有限责任公司和股份有限公司股东出资的依据和方式有一定的区别：有限责任公司股东，应当按照公司章程缴纳出资；股份有限公司，其发起人应当按照发起人协议缴纳股款，认股人应当按照认股书缴纳股款。关于出资方式，有限责任公司股东或者股份有限公司的发起人可以用货币出资，也可以用包括实物、土地使用权、知识产权等在内的、可以用货币进行估价且可以依法转让的非货币资产作价出资。关于出资期限，有限责任公司和发起设立的股份有限公司可以在公司的章程中规定，也可以通过对公司股东会、董事会授权，以决议方式确定出资期限。根据证券法第 118 条的规定，设立证券公司，应当具备符合证券法规定的公司注册资本。证券公司的注册资本应当是实缴资本。

二、对虚假出资、抽逃出资的股东应当责令其限期改正

新证券法在本条中，列举了股东违反出资责任的两种常见形式，即虚假出资和抽逃出资。虚假出资是指公司发起人、股东负有出资义务，获得了公司股权，但未实际交付出资（包括货币、实物）或未办理出资的财产权移转手续，不向公司交付其出资的行为。股东应当按期足额缴纳公司章程中规定的各自所认缴的出资额。公司法第 28 条规定，股东以货币出资的，应当将货币出资足额存入有限责任公司在银行开设的账户；以非货币财产出资的，应当依法办理其财产权的转移手续。出资股东未履行公司法第 28 条规定的义务，即属于虚假出资。公司法第 27 条同时规定，对作为出资的非货币财产应当评估作价，核实财产，不得高估或者低估作价。如果高估，也属于虚假出资。抽逃出资，指公司发起人、股东在公司登记成立后，采取各种手段暗中或变相取回自己已经缴纳的出资。公司法第 35 条规定，公司成立后，股东不得抽逃出资。

对虚假出资、抽逃出资的股东，国务院证券监督管理机构应当责令其在一定的期限内改正，要求其在限定的时间内，将未交付的作为出资的货币或者非货币财产，向证券公司交付，将抽逃的出资归还证券公司。

三、对虚假出资、抽逃出资的股东可以责令其转让所持证券公司股权

对虚假出资、抽逃出资的股东，国务院证券监督管理机构在责令其限期改正的同时，根据该股东虚假出资、抽逃出资的情节、所造成的后果等，还可以责令其转让所持证券公司的股权，使其持有的证券公司的股权减少，或者不再成为证券公司的股东。

四、对虚假出资、抽逃出资的股东可以依法限制其股东权利

股东的出资是股东行使权利的基础。股东虚假出资、抽逃出资时，由于其出资已经减少或者完全丧失，其行使现有权利的基础也就部分或全部丧失了。只有当其改正了虚假出资、抽逃出资的行为，将未交付的作为出资的货币或者非货币财产，向公司交付，将抽逃的出资归还公司时，才重新有了行使现有权利的基础。在虚假出资、抽逃出资的情况下，可以依法限制的股东权利包括公司法上规定的股东权利，也包括公司章程约定的股东权利。股东权利可分为两类：财产权和管理参与权。前者如股东身份权、资产收益权、优先受让和认购新股权、转让出资或股份的权利，后者如参与决策权，选择、监督管理者权、提议、召集、主持股东会临时会议权，知情权。其中，财产权是核心，是股东出资的目的所在，管理参与权则是手段，是保障股东实现其财产权的必要途径。这两类股东权利均可限制，但限制需遵从行政法上的比例原则。

《最高人民法院关于适用〈中华人民共和国公司法〉若干问题的规定（三）》（法释〔2011〕3号）第10条规定："出资人以房屋、土地使用权或者需要办理权属登记的知识产权等财产出资，已经交付公司使用但未办理权属变更手续，公司、其他股东或者公司债权人主张认定出资人未履行出资义务的，人民法院应当责令当事人在指定的合理期间内办理权属变更手续；在前述期间内办理了权属变更手续的，人民法院应当认定其已经履行了出资义务；出资人主张自其实际交付财产给公司使用时享有相应股东权利的，人民法院应予支持。出资人以前款规定的财产出资，已经办理权属变更手续但未交付给公司使用，公司或者其他股东主张其向公司交付、并在实际交付之前不享有相应股东权利的，人民法院应予支持。"

本条赋予了国务院证券监督管理机构依法限制虚假出资、抽逃出资的股东行使其股东权利的权力。即虚假出资、抽逃出资的证券公司的股东，被国务院证券监督管理机构责令限期改正，但并未被责令转让其所持证券公司的股权的，在按照要求改正其虚假出资、抽逃出资的行为之前，国务院证券监督管理机构可以限制其行使股东权利；被国务院证券监督管理机构责令限期改正，同时被责令转让所持证券公司的部分股权的，在按照要求改正其虚假出资、抽逃出资的行为，并且转让所持证券公司的股权之前，国务院证券监督管理机构可以限制其行使股东权利。

【适用指引】

一、证券公司虚假出资的表现形式

虚假出资的表现形式包括但不限于：（1）以无实际现金或高于实际现金的虚假银行进账单、对账单骗取验资报告，从而获得公司登记；（2）以虚假的实物投资手续骗取验资报告，从而获得公司登记；（3）以实物、工业产权、非专利技术、土地使用权出资，但并未办理财产权转移手续；（4）为了应付验资，将款项短期转入公司账户后又立即转出，公司未实际使用该款项进行经营；（5）股东出资后，通过虚构交易或以不合理的高价，将出资款以货物或服务价款的形式套出公司的行为。

二、证券公司股东出资除遵守《公司法》等法律和行政法规外，还应当遵守监管机构的规定

证监会发布的《证券公司股权管理规定》第22条、第23条、第30条，《证券公司治理准则》第9条等都做出了具体要求，包括证券公司股东应当使用

自有资金入股证券公司，资金来源合法，不得以委托资金等非自有资金入股。证券公司股东应当真实、准确、完整地说明股权结构直至实际控制人、最终权益持有人，以及与其他股东的关联关系或者一致行动人关系，不得通过隐瞒、欺骗等方式规避证券公司股东资格审批或者监管。证券公司股东及其实际控制人不得有虚假出资、出资不实、抽逃出资或者变相抽逃出资等行为。证券公司发现股东及其实际控制人存在上述情形，应当及时采取措施防止违规情形加剧，向公司住所地证监会派出机构报告，并要求有关股东纠正。监管手段方面，证监会除责令限期改正，责令违法违规股东转让所持证券公司的股权外，还可限制股东权利，如限制行使股东会召开请求权、表决权、提名权、提案权、处分权等。

第一百四十二条　证券公司的董事、监事、高级管理人员未能勤勉尽责，致使证券公司存在重大违法违规行为或者重大风险的，国务院证券监督管理机构可以责令证券公司予以更换。

【条文主旨】

本条规定了证券公司董监高人员未尽勤勉责任情况下的监管措施。

【条文释义】

现代公司治理模式下，公司董事会、高级管理人员组成了公司行政机构，对公司权力机构即股东会负责，是公司的管理核心。监事会则是公司的监督机构，受股东委托对公司行政机构及其组成人员进行监督。由于公司董事会、高级管理人员和监事会履职是否勤勉，直接决定着公司的管理能力、经营水平和规范程度，因此，法律法规不吝笔墨列举了董事会、经理高管层和监事会的职权，主要集中在公司法第 46 条、第 48 条、第 49 条和第 53 条，内容主要有：董事会主要职权一般包括：召集股东会会议，向股东会报告工作，执行股东会决议，制定公司基本管理制度，决定公司经营计划和投资方案，制定公司的财务方案、利润方案、增加或减少注册资本方案，决定内部管理机构设置，决定人事及薪酬事项，制定公司合并分立方案，以及公司章程规定的其他职权。董事会决议的表决规则为各位董事一人一票，与股东表决权有所区别。董事会之下的高级管理层是具体执行机构，对董事会负责，主要行使下列职权：主持公司经营管理工作，拟订公司基本管理制度，拟定具体规章，实施董事会决议，实施公司内部机构设置方案，实施年度经营计划，聘任或者解聘财务负责人等管理人员，以及董事会授予的其他职权。高级管理人员包括证券公司的总经理、副总经理、财务负责人，上市证券公司董事会秘书和公司章程规定的其他人员。监事会（或监事）无论公司大小均要设立，对于公司合法合规经营、保障股东和员工利益具有重要作用。监事会职权一般包括：检查公司财务，对董事高管职务行为进行监督，提出纠正或罢免建议，提议召开临时股东会，提出议案，依法对董事高管提起诉讼，以及公司章程规定的其他职权。监事可以列席董事会会议，并对决议事项提出质询或者建议。

在规定上述主要职权的基础上，法律进一步规定了董监高对公司的忠实义务和勤勉义务。忠实是指应当遵守诚实信用原则，勤勉是指对于公司资产和事务尽到善意管理。法律之所以这样规定，是因为董监高不仅仅是公司的员工，更是公司的决策者、监督者和管理者，董监高除履行劳动合同中最基本的义务之外，更肩负着股东对于公司资产和公司事务的重托。一旦违背忠实勤勉义务，将对公司造成较平常员工更为严重的损害。

证券公司相较一般公司而言，业务经营复杂，风险和诱惑较大，董监高作为管理团队，对证券公司正常经营和风险管控的作用不言而喻。证券法专门针对董监高违背勤勉义务的情形，赋予证监会责令证券公司更换的权力，体现了立法者对此问题的重视。本条由 2014 年证券法第 152 条修改而来。主要修改是删除了“撤销其任职资格”，因为证券公司董事、监事、高级管理人员的任职资格核准制被证券法本次修法所废除，改成了备案制。证监会《证券公司董事、监事和高级管理人员任职资格监管办法》第 55 条第 1 款规定：“证券公司董事、监事和高管人员未能勤勉尽责，致使证券公司存在重大违法违规行为或者重大风险的，中国证监会及相关派出机构可以撤销相关人员的任职资格，并责令公司限期更换董事、监事和高管人员。”其中，“可以撤销相关人员的任职资格”的规定需要在修改时删除。

【适用指引】

一、董监高违背勤勉尽责义务的表现形式

公司法规定，董监高不得利用职权收受贿赂或者其他非法收入，不得侵占公司财产，还规定了多项公司董事和高级管理人员不得作为的事项，如挪用公司资金、将公司资金以个人名义存储，违反规定将公司资金借贷给他人或以公

司财产为他人担保，违反规定与本公司签订合同或进行交易，未经股东会或股东大会同意谋取原属于公司的商业机会，或者经营与公司同类业务，接受他人与公司交易佣金归自己所有，擅自披露公司秘密，等等。违反上述行为，董监高所获得的收入将归公司所有。违法违规执行职务给公司造成损失的，还应当承担赔偿责任。

二、责令更换董事、监事、高级管理人员的条件

必须以其“未能勤勉尽责，致使证券公司存在重大违法违规行为或者重大风险”为前提。如仅是一般违法违规行为或一般风险，则不可被责令更换。更换需经过公司法和公司章程所规定的程序，如更换董事长及高级管理人员必须经过证券公司的董事会决议，更换董事必须经过证券公司的股东会或股东大会决议。

第一百四十三条　证券公司违法经营或者出现重大风险，严重危害证券市场秩序、损害投资者利益的，国务院证券监督管理机构可以对该证券公司采取责令停业整顿、指定其他机构托管、接管或者撤销等监管措施。

【条文主旨】

本条规定了证券公司违法经营或发生重大风险情况下的监管措施。

【条文释义】

一、必须高度重视和防范证券公司违法经营或者出现重大风险

本条是原证券法第153条条文，未作修改。证券公司作为证券市场的重要中介机构，在证券市场的培育和发展中发挥了重要作用。但由于体制、机制上存在缺陷，证券公司在快速发展的同时，也积累了许多矛盾和问题。随着证券市场的结构性调整和改革力度加大，证券公司存在的问题不断暴露，风险不断爆发。2015年证券法针对这些问题，规定了证券公司违法经营或发生重大风险情况下的监管措施，本次修法继续沿用。

证券公司出现的问题和风险是多方面的，但违规经营是主要原因。违规经营主要表现为违规形成负债和违规运用资金操纵市场，比如违规开展委托理财，挪用保证金，违规高息揽款，坐庄操纵市场，等等。另外，证券公司本身的治理结构也存在较为严重的问题，如存在股东漠视公司长期发展，侵占公司利益等现象。随着问题的积聚，个别证券公司开始出现严重的资金流动困难，客户证券交易结算资金的支付无法保障，如不及时治理，将引发较为严重的金融风险。

2004年前后，证监会经国务院批准，对证券公司着手开展综合治理。综合治理的基本原则，一是多管齐下，分类处置。对高风险公司及时处置、彻底消除风险隐患，对优质公司支持其规范发展，对整改有望的公司采取措施帮助其渡过难关。二是标本兼治，重在治本。加快建立和推进客户交易结算资金第三方存管制度，改革国债回购交易结算和证券自营、资产管理业务制度，建立和完善证券公司信息披露制度，严格市场准入，加强对证券公司及其股东和高管人员的持续监管，对违法违规人员坚决予以惩处。三是统筹兼顾，确保稳定。制定和实施证券公司综合治理措施时，注意时机和把握节奏，确保行业、市场和社会稳定。四是依法行政，完善机制。制订修订有关法律法规，完善证券公司运行与监管的基础制度，探索证券公司市场化重组机制，提高行业自身化解风险的能力，推动证券公司切实建立内部约束机制①。

经过3年左右的整治，证监会通过责令停业整顿、查处相关负责人等措施，严肃了证券市场纪律，同时通过充分运用重组、指定其他机构托管、接管等方式，帮助有困难的证券公司化解风险，渡过了难关，并使严重违规经营的证券公司退出市场，平稳化解了金融市场不稳定因素，较好地稳定了局面。上述行政监管措施，在2005年证券法修订时写入法律，并一直沿用至今。

二、国务院证券监督管理机构的法定监管措施

依照本条规定，如果证券公司违反其法定义务，在经营活动中违反法律、行政法规以及有关规定，或者出现重大风险，严重危害证券市场秩序、损害投资者利益，证券监督管理机构可以对该证券公司采取以下监管措施：

（一）责令停业整顿

责令停业整顿是指证券监督管理机构责令证券公司停止营业，要求其查找存在的违法违规行为或者存在的重大风险，并主动采取措施予以改正。在证券公司违法经营或者出现重大风险，严重危害证券市场秩序、投资者利益的情形下，如果让其继续经营，其对扰乱证券市场秩序、损害投资者利益的严重危害

---

①《国务院办公厅转发证监会关于证券公司综合治理工作方案的通知》（2005年7月29日），载中国证监会网，http：//www.csrc.gov.cn/pub/zjhpublic/G00306212/200804/t20080418_14373.htm，最后访问时间：2020年3月16日。

就会继续下去，并给国家经济秩序和社会秩序的稳定，造成极大的隐患。因此，本条规定国务院证券监督管理机构在这种情形下，可以采取责令停业整顿的监管措施。

根据《证券公司风险处置条例》第 7 条规定，证券公司风险控制指标不符合有关规定，在规定期限内未能完成整改的，证券监督管理机构可以责令证券公司停止部分或者全部业务进行整顿。停业整顿的期限不超过 3 个月。证券经纪业务被责令停业整顿的，证券公司在规定的期限内可以将其证券经纪业务委托给国务院证券监督管理机构认可的证券公司管理，或者将客户转移到其他证券公司。证券公司逾期未按照要求委托证券经纪业务或者未转移客户的，国务院证券监督管理机构应当将客户转移到其他证券公司。

（二）指定其他机构托管

指定其他机构托管是指证券监督管理机构为处置证券公司风险、保证证券公司业务正常开展，委托其他机构经营证券公司业务的监管措施。当证券公司违法经营或者出现重大风险，严重危害证券市场秩序、损害投资者利益时，国务院证券监督管理机构可以指定其他机构托管。被指定的托管机构一般都是具有专业知识、熟悉证券公司经营管理和有关法律法规规定的机构，能够较好、有效地处理有关的问题，因而托管是化解证券公司金融风险的一种有效方式。

根据《证券公司风险处置条例》的规定，证券公司有下列情形之一的，证券监督管理机构可以对其证券经纪等涉及客户的业务进行托管；情节严重的，可以对该证券公司进行接管：（1）治理混乱，管理失控；（2）挪用客户资产并且不能自行弥补；（3）在证券交易结算中多次发生交收违约或者交收违约数额较大；（4）风险控制指标不符合规定，发生重大财务危机；（5）其他可能影响证券公司持续经营的情形。

证券监督管理机构决定对证券公司证券经纪等涉及客户的业务进行托管的，应当按照规定程序选择证券公司等专业机构成立托管组，行使被托管证券公司的证券经纪等涉及客户的业务的经营管理权。托管组自托管之日起履行下列职责：（1）保障证券公司证券经纪业务正常合规运行，必要时依照规定垫付营运资金和客户的交易结算资金；（2）采取有效措施维护托管期间客户资产的安全；（3）核查证券公司存在的风险，及时向证券监督管理机构报告业务运行中出现的紧急情况，并提出解决方案；（4）证券监督管理机构要求履行的其他职责。托管期限一般不超过 12 个月。满 12 个月，确需继续托管的，证券监督管理机构可以决定延长托管期限，但延长托管期限最长不得超过 12 个月。被托管证券公司应当承担托管费用和托管期间的营运费用。证券监督管理机构应当对托管费用和托管期间的营运费用进行审核。托管组不承担被托管证券公司的亏损。

例如，证监会决定于2019年11月15日撤销华信证券的全部业务许可，并委托国浩律师（北京）事务所成立行政清理组，对华信证券进行行政清理。行政清理期间，证监会委托国泰君安证券股份有限公司对华信证券的证券经纪等涉及客户的业务进行托管。同时，证监会派驻风险处置现场工作组，对华信证券、行政清理组及托管组进行监督和指导。行政清理期限原则上不超过12个月。

（三）接管

金融机构的接管是指金融监管机关依照法定的条件和程序确认金融机构达到接管条件时，决定接管并指定接管组（金融监管机关或者其他组织）接受、经营管理该金融机构，使其恢复正常的经营能力或者使其被并购或者破产、清算的一种强制性的、临时性、挽救性的法律行为。

根据《证券公司风险处置条例》第11条规定，证券监督管理机构决定对证券公司进行接管的，应当按照规定程序组织专业人员成立接管组，行使被接管证券公司的经营管理权，接管组负责人行使被接管证券公司法定代表人职权，被接管证券公司的股东会或者股东大会、董事会、监事会以及经理、副经理停止履行职责。接管组自接管之日起履行下列职责：（1）接管证券公司的财产、印章和账簿、文书等资料；（2）决定证券公司的管理事务；（3）保障证券公司证券经纪业务正常合规运行，完善内控制度；（4）清查证券公司财产，依法保全、追收资产；（5）控制证券公司风险，提出风险化解方案；（6）核查证券公司有关人员的违法行为；（7）国务院证券监督管理机构要求履行的其他职责。接管期限一般不超过12个月。满12个月，确需继续接管的，国务院证券监督管理机构可以决定延长接管期限，但延长接管期限最长不得超过12个月。

（四）撤销

撤销，是指证券监督管理机构对经其批准设立的证券公司，依法终止其经营活动，并予以解散的监管措施。当证券公司违法经营或者出现重大风险时，如果不予撤销将严重危害证券市场的正常秩序、损害社会公众利益，证券监督管理机构就可以对该证券公司采取撤销的监管措施。

《证券公司风险处置条例》专门规定了撤销。根据该条例，证券公司同时有下列情形的，证券监督管理机构可以直接撤销该证券公司：（1）违法经营情节特别严重、存在巨大经营风险；（2）不能清偿到期债务，并且资产不足以清偿全部债务或者明显缺乏清偿能力；（3）需要动用证券投资者保护基金。证券公司经停业整顿、托管、接管或者行政重组在规定期限内仍达不到正常经营条件，并且存在前述第1项或者第3项规定情形的，证券监督管理机构应当撤销该证券公司。也即做出撤销决定，并按照规定程序选择律师事务所、会计师事务所等专业机构成立行政清理组，对该证券公司进行行政清理。撤销决定应当予以公告，撤销决定的公告日期为处置日，撤销决定自公告之时生效。

行政清理期间，行政清理组负责人行使被撤销证券公司法定代表人职权。行政清理组履行下列职责：（1）管理证券公司的财产、印章和账簿、文书等资料；（2）清理账户，核实资产负债有关情况，对符合国家规定的债权进行登记；（3）协助甄别确认、收购符合国家规定的债权；（4）协助证券投资者保护基金管理机构弥补客户的交易结算资金；（5）按照客户自愿的原则安置客户；（6）转让证券类资产；（7）证券监督管理机构要求履行的其他职责。被撤销证券公司的股东会或者股东大会、董事会、监事会以及经理、副经理停止履行职责。涉及客户的业务，由证券监督管理机构按照规定程序选择证券公司等专业机构进行托管。证券公司的债权债务关系不因其被撤销而变化。自证券公司被撤销之日起，证券公司的债务停止计算利息。行政清理组清理被撤销证券公司账户的结果，应当经具有证券、期货相关业务资格的会计师事务所审计，并报证券监督管理机构认定。行政清理组根据经证券监督管理机构认定的账户清理结果，向证券投资者保护基金管理机构申请弥补客户的交易结算资金的资金。

行政清理组应当自成立之日起10日内，将债权人需要登记的相关事项予以公告。符合国家有关规定的债权人应当自公告之日起90日内，持相关证明材料向行政清理组申报债权，行政清理组按照规定登记。无正当理由逾期申报的，不予登记。已登记债权经甄别确认符合国家收购规定的，行政清理组应当及时按照国家有关规定申请收购资金并协助收购；经甄别确认不符合国家收购规定的，行政清理组应当告知申报的债权人。行政清理组不得对债务进行个别清偿，但为保护客户和债权人利益的下列情形除外：（1）因行政清理组请求对方当事人履行双方均未履行完毕的合同所产生的债务；（2）为维持业务正常进行而应当支付的职工劳动报酬和社会保险费用等正常支出；（3）行政清理组履行职责所产生的其他费用。行政清理期限一般不超过12个月。满12个月，行政清理未完成的，证券监督管理机构可以决定延长行政清理期限，但延长行政清理期限最长不得超过12个月。证券公司被证券监督管理机构依法责令关闭，需要进行行政清理的，比照前述的有关规定执行。

【适用指引】

“责令停业整顿、指定其他机构托管、接管或者撤销等监管措施”中的“等”应理解为“等外等”，即除上述监管措施以外，当证券公司违法经营或者出现重大风险，严重危害证券市场秩序、损害投资者利益时，国务院证券监督管理机构还可以依法采取其他监管措施，如行政重组、行政清理等。

第一百四十四条 在证券公司被责令停业整顿、被依法指定托管、接管或者清算期间，或者出现重大风险时，经国务院证券监督管理机构批准，可以对该证券公司直接负责的董事、监事、高级管理人员和其他直接责任人员采取以下措施：

（一）通知出境入境管理机关依法阻止其出境；

（二）申请司法机关禁止其转移、转让或者以其他方式处分财产，或者在财产上设定其他权利。

【条文主旨】

本条规定了特定情况下对证券公司的董监高和直接责任人员（以下统称负有责任人员）可以采取限制出境或申请司法机关限制财产处分权的措施。

【条文释义】

本条是原证券法154条的规定，本次修订继续沿用。

一、对负有责任人员采取限制出境或申请司法机关限制财产处分权需要符合的条件

董事、监事、高级管理人员属公司重要职务，掌管着公司日常运营的主要权利，也肩负着股东层的重托。董事、监事、高级管理人员除作为一般员工应当遵守劳动合同和公司章程外，还对公司负有忠实义务和勤勉义务，其人格品质、敬业精神、自律能力，都与公司整体发展息息相关。正因如此，法律法规对董事、监事、高管设定了更严格的义务和责任。本条规定了证券公司被责令停业整顿、依法指定托管、接管或者清算期间，或者出现重大风险的特定情况下，对证券公司的直接责任人员，可以采取限制出境或申请司法机关限制财产处分权的措施，采取前述措施时应当符合以下条件：

一是对象的直接性。即负责的董事、监事、高级管理人员应为“直接”负责，其他责任人员也应为“直接”责任人员。实践中，证券公司工作一般较为复杂，项目链条长、环节多，分工负责或分阶段负责的情况较为普遍。对责任事项影响不大或仅有间接影响的人员，归责上应与直接责任人员有所区别。二是期间性和风险重大性。须是处于停业整顿、托管、接管或清算“期间”，或者风险具有“重大性”，如未在规定期间或不满足重大条件则不宜适用本条。三是行政监管批准前置。限制手段必须经证监会批准才可以实施，防止权力滥用。四是注意限制措施实施的主体。证券法规定限制出境的直接实施部门为出境管理机关，限制财产权的直接实施部门为司法机关。

二、通知出境入境管理机关依法阻止其出境

对于证券公司违法经营或者出现重大风险负有直接责任的人员，如果离开中国国境，到其他国家或者地区，将会脱离中国的行政和司法管辖权，会使有关机构和司法机关在对证券公司进行调查处理时，无法对他们进行询问、调查而难以查清有关事实和问题。同时，在依法追究他们的法律责任时，也难以使其真正承担相应的责任。为此，本条规定在法定的情形下，经证券监督管理机构批准，可以通知出境入境管理机关，对于企图出境的证券公司直接负责的董事、监事、高级管理人员或者其他直接责任人员，依法不允许其出境。

三、申请司法机关禁止其转移、转让或者以其他方式处分财产，或者在财产上设定其他权利

负有责任人员在依法应当承担责任时，可能需要以其财产来支撑，如进行民事赔偿、支付罚款和罚金时，需要以自己的财产来赔偿、支付。为了保证证券公司直接负责的董事、监事、高级管理人员和其他直接责任人员在需要时能够真正承担责任，本条规定，在证券公司被责令停业整顿、被依法指定托管、接管或者清算期间，或者出现重大风险时，经证券监督管理机构批准，可以申请司法机关禁止证券公司直接负责的董事、监事、高级管理人员或者其他直接责任人员将财产转移至他处、将财产转让给他人或者以其他方式处分财产，如将财产赠与他人等，或者在财产上设定其他权利，如在财产上设定担保权，将财产作为债权的担保，等等。

【适用指引】

一、本条主要对于负有责任人员的两项权利进行限制

一是出境权，二是财产处置权。关于限制出入境，出境入境管理法第 12 条规定："中国公民有下列情形之一的，不准出境：（一）未持有效出境入境证件或者拒绝、逃避接受边防检查的；（二）被判处刑罚尚未执行完毕或者属于刑事案件被告人、犯罪嫌疑人的；（三）有未了结的民事案件，人民法院决定不准出境的；（四）因妨害国（边）境管理受到刑事处罚或者因非法出境、非法居留、非法就业被其他国家或者地区遣返，未满不准出境规定年限的；（五）可能危害国家安全和利益，国务院有关主管部门决定不准出境的；（六）法律、行政法规规定不准出境的其他情形。"根据以上规定，责任人员被限制出境，有可能是依据第3项因民事责任由人民法院执行部门向出入境部门申请限制出境，也有可能是依据第6项因行政监管措施依照证券法规定被依法阻止出境，虽然结果一致，但责任来源不尽相同，要注意区别。关于限制财产处置权，主要是考虑到证券公司直接负责的董事、监事、高级管理人员和其他直接责任人员，最终承担责任的方式可能需以其名下财产来支付罚金或进行民事赔偿。为了避免其提前转移财产，如将名下财产转让或设定其他优先权利，从而导致实际承担责任的能力降低，提前通过司法机关限制其财产处分，能够保障损失主体得到应有的赔偿。

二、可以依法采取本条所规定措施的对象

本条所规定的措施，仅适用于证券公司直接负责的董事、监事、高级管理人员和其他直接责任人员，即对证券公司违法经营或者出现重大风险，严重危害证券市场秩序、损害投资者利益，而被国务院证券监督管理机构采取责令停业整顿、指定其他机构托管、接管或者撤销的监管措施，或者对证券公司出现重大风险，直接负有责任的董事、监事、经理、副经理、财务负责人，上市证券公司董事会秘书和公司章程规定的其他人员，以及其他直接负责、承办该项具体事务的人员。对除此之外的其他人，不得采取本条所规定的措施。

第九章　证券登记结算机构

本章规定了作为金融市场基础设施[①]的证券登记结算机构的基本制度。第一，第 145 条至第 147 条、第 156 条规定了证券登记结算机构的概念、设立条件、设立和解散的批准程序以及职能。第二，第 148 条、第 149 条规定了与多层次资本市场体系相适应的证券登记结算制度的系统性安排，明确了场内市场（包括证券交易所和国务院批准的其他证券交易场所）登记结算采取全国集中统一、场外市场登记结算可分散委托的运营方式。同时，明确了证券登记结算机构制定业务规则的程序和法律效力。第三，第 150 条、第 151 条、第 157 条至第 159 条规定了证券登记结算机构实行的各项重要业务制度，包括：集中登记及其法律效力，集中存管与证券账户开立条件和程序，集中结算中的中央对手方、净额结算、货银对付、担保交收、对违约交收的处分权，以及结算财产不得被强制执行。第四，第 152 条至第 155 条规定了证券登记结算机构的业务运行保障措施，业务数据和原始凭证的保管义务和期限，证券结算风险基金的用途、来源和专项管理。

证券登记结算机构为证券市场提供证券的集中登记、存管和结算等交易后服务，对维护证券市场的正常运行和交易秩序意义重大。故本章在 2005 年证券法修订时独立成章，为保障交易效率与安全运行提供了坚实的法律制度基础。本次修订增加了如下新的制度：第一，建立健全与多层次资本市场体系相适应的集中统一和分散委托相结合的证券登记结算运营方式；第二，进一步强调了证券登记结算机构业务规则的批准程序和法律效力；第三，开立证券账户的法定原则，包括：法定程序、实名制和合法依据等；第四，明确了中央对手

① 根据国际清算银行支付与市场基础设施委员会（原支付与结算体系委员会，下同）与国际证监会组织编著的《金融市场基础设施原则》，金融市场基础设施是指参与机构（包括系统运行机构）之间，用于清算、结算或记录支付、证券、衍生品其他金融交易的多边系统，包括五种主要类型：支付系统（PS）、中央证券存管机构（CSD）、证券结算系统（SSS）、中央对手方（CCP）、交易数据库（TR）。

方的概念和法律地位，为防范结算风险、保障市场交易秩序提供了重要的法律基础。[①]

第一节 本章新制度

一、建立健全与多层次资本市场体系相适应的证券登记结算体系

（一）修订的主要内容

根据新证券法第37条、第96条至第98条[②]的规定，证券交易场所划分为证券交易所、国务院批准的其他全国性证券交易场所、按照国务院规定设立的区域性股权市场等三个层次；证券交易所、国务院批准的其他全国性证券交易场所内可依法设立不同的市场层次。同时，证券法授权国务院制定有关全国性证券交易场所、区域性股权市场的管理办法。另外，证券公司柜台市场作为私募市场资产管理业务的延伸，此次修订未专门提及，各参与主体之间的法律关系调整仍以适用民事法律规范为主。

因应上述多层次资本市场体系的明确规定，新证券法第148条、第150条不但延续了原证券法关于证券交易所市场登记结算实行全国集中统一的运营方式的基本规定，还对多层次资本市场登记结算体系的其他部分作出了相应规定。具体而言，多层次资本市场的证券登记结算体系，在新证券法中体现在两个方面：

---

① 相较域外金融市场基础设施领域的法律制度演进和我国证券市场实践需求而言，本章对于证券登记结算机构涉及的一系列重要法律制度仍未完全覆盖，与其他基本商事制度的协调尚不充分，为下一次修订留有进一步完善的空间。

② 新证券法第37条规定："公开发行的证券，应当在依法设立的证券交易所上市交易或者在国务院批准的其他全国性证券交易场所交易。非公开发行的证券，可以在证券交易所、国务院批准的其他全国性证券交易场所、按照国务院规定设立的区域性股权市场转让。"第96条规定："证券交易所、国务院批准的其他全国性证券交易场所为证券集中交易提供场所和设施，组织和监督证券交易，实行自律管理，依法登记，取得法人资格。证券交易所、国务院批准的其他全国性证券交易场所的设立、变更和解散由国务院决定。国务院批准的其他全国性证券交易场所的组织机构、管理办法等，由国务院规定。"第97条规定："证券交易所、国务院批准的其他全国性证券交易场所可以根据证券品种、行业特点、公司规模等因素设立不同的市场层次。"第98条规定："按照国务院规定设立的区域性股权市场为非公开发行证券的发行、转让提供场所和设施，具体管理办法由国务院规定。"

一是坚持和优化完善了集中统一的登记结算制度，明确在证券交易所和国务院批准的其他全国性证券交易场所实行集中统一的登记结算运营方式，在上述场内市场交易的证券，应当全部存管在证券登记结算机构。①

突出规定在证券交易所和国务院批准的其他全国性证券交易场所交易的证券集中统一办理登记结算，是建立健全适应多层次资本市场登记结算体系的核心要求。在公开市场实行集中统一的登记结算运营体制，能够支持和适应发行、交易等多层次的业务发展，形成整个证券市场中各证券交易场所各板块的一体化金融基础设施服务体系。如果交易后服务的登记结算体系分散化、碎片化，必然会形成严重的市场割裂，极大影响市场效率，也不利于各市场各板块之间的互联互通。目前，我国已经建立的包括三个证券交易场所在内的场内市场集中统一的登记结算体系，完全能够满足公开市场发行、交易转让对登记结算业务的需要。

二是其他如区域性股权市场、证券公司柜台市场等场外市场的登记结算实行委托证券登记结算机构或者其他依法从事证券登记、结算业务的机构自办的方法。②

明确多层次资本市场登记结算体系的基本框架，坚持证券登记结算集中统一与委托自办相结合的原则，是证券登记结算体系及其法律制度的重大进步。

（二）我国证券登记结算体系发展现状

从20世纪90年代发展至今，我国资本市场已形成由场内与场外市场共同组成的格局，场内市场包括上海证券交易所、深圳证券交易所的主板、中小板、创业板、科创板和国务院批准设立的全国中小企业股份转让系统（以下简称新三板）；场外市场包括区域性股权市场和券商柜台市场等，各板块协同发展，初步形成了多层次资本市场体系。

与多层次资本市场相伴相生，我国证券登记结算体系也不断发展完善。在证券市场发展早期阶段，各市场的证券登记结算一般由其内部机构独立完成，业务链条相对封闭，互相之间不能连通；投资者和证券行业机构参与交易不便、效率低下，一定程度上也造成资源浪费。因此，整合各市场的证券登记结算体

---

① 新证券法第148条第1款规定："在证券交易所和国务院批准的其他全国性证券交易场所交易的证券的登记结算，应当采取全国集中统一的运营方式。"第150条规定："在证券交易所或者国务院批准的其他全国性证券交易场所交易的证券，应当全部存管在证券登记结算机构。"

② 新证券法第148条第2款规定："前款规定以外的证券，其登记、结算可以委托证券登记结算机构或者其他依法从事证券登记、结算业务的机构办理。"

系逐步形成共识。

2001 年 3 月 30 日，中国证券登记结算有限责任公司（以下简称中国结算）成立，原上海、深圳证券交易所所属的证券登记公司重组为中国结算的上海分公司和深圳分公司。自 2001 年 10 月 1 日起，上海、深圳证券交易所承担的全部证券登记结算业务划归中国结算承担，证券法规定的全国集中统一运营的证券登记结算体制由此形成。

目前，中国结算根据相关业务规则为沪深证券交易所及全国中小企业股份转让系统公司全部上市或挂牌的证券、基金等提供登记结算服务。① 除此之外，中国结算还可接受委托为非上市非挂牌公众公司提供登记存管服务。②

场外市场在证券市场早期发展并不充分，一直处于自发生成和不断规范过程中，相关证券登记结算业务目前由各区域性股权市场的运营机构或者证券公司分散自办。

（三）本项制度修订的重要意义

一是在法律层面明确多层次资本市场体系，为资本市场进一步发展指明了方向。经过多年努力，我国多层次资本市场已初步形成，尽管成绩斐然，但在法律层面仍缺少基础制度规制。原证券法规定，证券应当以公开集中方式或其他方式在证券交易所或国务院批准的其他证券交易场所上市交易。此规定对于场内市场与场外市场的定位不清，市场内部更加难以分层；另外，原证券法因市场阶段的局限，更多注重场内市场的制度构建，对场外市场的规制相对不足，使场外市场的功能难以有效发挥。本次证券法修订，在法律层面上明确了资本市场不同层次、不同板块的分工与定位，并对与之相关的其他制度，如注册发行制度、投资者保护制度、证券登记结算制度等作出了相应规定。在此基础上，新证券法对制定相应的配套行政法规和监管规章、规则作出了必要的授权，有助于多层次资本市场体系深层次的改革、发展与完善。

二是明确了多层次资本市场体系中场内市场的集中登记集中存管模式。本次证券法修订拓展了采用集中统一方式进行登记存管结算的证券的范畴，明确

---

① 《公司概况》，载中国结算官网，http：//m. chinaclear. cn/zdjs/gsgg/about_ lmtt. shtml，最后访问时间：2020 年 7 月 11 日。

② 根据中国证监会发布的《关于加强非上市公众公司监管工作的指导意见》，未在全国中小企业股份转让系统挂牌的非上市公众公司，包括自愿纳入监管的历史遗留股东数超过 200 人的股份公司，以及经中国证监会核准通过定向发行或转让导致股东累计超过 200 人的股份公司，可以选择在中国证券登记结算有限责任公司托管股份。

将国务院批准的其他全国性证券交易场所交易的证券纳入集中统一登记存管结算体系。这为已经采取这一模式的新三板市场实践提供了坚实的法律基础，也为新三板与证券交易所市场的转板和连通创造了必要条件。

三是为场外市场的发展提供了一定的制度空间。根据新证券法第 148 条的规定，证券登记结算机构或者其他依法从事证券登记、结算业务的机构可接受委托开展其他证券的登记结算业务，这不仅为证券登记结算机构拓展业务范围提供了法律依据，也给其他经过批准可以从事证券登记结算业务的专业机构留出了业务空间，更有利于促进场外市场的发展及更多创新业务的开展。

二、明确了证券登记结算机构业务规则的法律效力

（一）修订的主要内容

新证券法第 149 条规定："证券登记结算机构应当依法制定章程和业务规则，并经国务院证券监督管理机构批准。证券登记结算业务参与人应当遵守证券登记结算机构制定的业务规则。"该条除延续了原证券法关于证券登记结算机构的章程、业务规则制定与审批的程序性要求外，首次明确了证券登记结算业务规则的法律效力。

首先，本条延续了原证券法中关于业务规则的制定原则和生效程序的规定，从内容合法和程序正当上确保业务规则具有法律效力。"依法制定"和"经批准"是业务规则获得法律效力的先决条件。这也符合法律规范内容合法性和程序正当性的一般法理精神。内容合法性要求业务规则应当符合市场发展、上位法和法律法规授权内容的要求；程序正当性要求业务规则制定程序的正当性。业务规则的制定程序包括立项、起草、审查、审批、公布等环节，其中审批程序是行政机关对业务规则内容正当性的检验环节，更是业务规则的生效要件。因此，原证券法中"证券登记结算机构业务规则应当依法制定，并经国务院证券监督管理机构批准"的规定必须坚持，确保业务规则获得合法正当的效力来源。

其次，依法制定的业务规则经过规定程序并经中国证监会批准，其效力应当受到法律保护，对业务各方参与人也应具有普遍约束力。这一新增内容，对于证券登记结算机构依法组织开展登记结算业务，维护市场秩序，发挥创新功能，无疑具有更好的保障与激励作用。

业务规则的法律效力，泛指业务规则的法律约束力和法律强制性，业务规则的适用能够发生法律上的约束和强制作用。证券登记结算业务参与人一旦加

入证券登记结算业务活动中，就应当遵守证券登记结算机构制定的业务规则，业务规则对业务参与人发生法律上的约束和强制作用。

由业务规则的法律效力必然内生出相应的法律责任。证券登记结算业务参与人违反有关业务规则的，证券登记结算机构可以依法依规对有关责任人采取自律管理措施。

（二）证券登记结算机构业务规则的现状

以证券法为依据，证券登记结算领域已经形成了以中国证监会制定的《证券登记结算管理办法》为基础、包含《证券登记规则》《证券账户管理规则》《证券结算参与人管理规则》《债券登记、托管与结算业务细则》等一批业务规则在内的规则体系。

在我国证券登记结算法律体系中，证券登记结算机构制定和发布的业务规则承担着极其重要的作用。一是证券登记结算法律体系中，法律和规章仅规定证券交易结算的一般原则和做法。而证券登记结算机构的业务规则是针对每个特定证券交易品种、交易流程、交易方式制定的标准化规范，是解释每个具体交易品种及当事方法律关系的重要依据。证券登记结算业务规则，由于大多涉及投资者证券和资金的处理，因此，其民事、商事法律规范的特点十分显著，受到市场的关注度也特别高。二是业务规则是证券登记结算机构经授权的法律规范，有严格的制定程序。证券登记结算机构有权制定业务规则，但业务规则须经过国务院证券监督管理机构批准始发生法律效力。因此，业务规则是具有严格的自律管理性质的法律性文件，业务规则对证券登记结算各方当事人具有约束力，且同时具有强制执行的效力，只要参与证券登记结算业务，就必须严格遵守业务规则。

然而，由于原证券法对业务规则的法律效力明示不足，实践中存在少量司法机关对业务规则在资本市场法制体系中的地位和效力不予正面认可的案例。由此带来的后果是，证券登记结算机构依照业务规则所开展的业务活动有可能被质疑，权威性受到挑战，在一定程度上，业务运行和结算秩序受到影响。

因此，长期以来，有关证券登记结算机构依法制定的业务规则的效力应当在法律层面明确加以规定的呼声很高。业务规则的法律效力问题，更是证券行业特别是国务院证券监督管理机构、证券登记结算机构、证券交易场所长期关心的重大立法问题。

（三）本项制度修订的重要意义

证券登记结算业务规则，属于商事法律规范的范畴，是证券法律制度的有机组成部分，在确立市场参与人之间的权利义务关系、规范市场运行中，具有不可替代的作用。在证券市场中，市场的有序高效运转对业务规则有着天然的要求。因为：

第一，法律法规的内容不可能周延到市场业务的各个环节，业务规则是弥补和解释法律法规的一种重要载体。

第二，法律法规的内容不宜进行过细的规定。随着市场的纵深发展，市场表现出明显的技术性和易变性。由自律组织制定业务规则来应对技术性和易变性的规则需求是妥当的，这也是境内外都通过法律明确授权把业务规则的制定权交由自律组织的主要原因。

第三，从实际经验来看，市场运行离不开业务规则。在证券市场中遵守业务规则已经成为市场习惯，成为多年来各方默认的守则，大家只有遵守业务规则，市场才能有序运行，各方才能在明确预期下追求利益最大化。

新证券法第 149 条肯定了证券登记结算法律体系中数量最为庞大的业务规则的法律效力，使得市场参与人有了更为稳定的法律预期，也使得证券登记结算机构与市场参与人之间，市场参与人互相之间以及与投资者之间的法律关系更为清晰确定，对于证券登记结算机构正常开展各项业务发挥着不可替代的作用，整个市场的交易安全也必将处于更加稳定的状态。

三、进一步明确了开立证券账户的法定原则

（一）完善账户实名制原则

根据新证券法第 157 条规定，投资者进行证券交易，应当持合法证件通过证券公司申请在证券登记结算机构开立证券账户。同时，新增第 107 条规定，证券公司为投资者开立账户时，应当核对投资者身份信息，且投资者在进行交易时应当使用自己实名开立的账户；第 106 条再次强调投资者进行证券交易应在证券公司实名开立账户的要求；第 58 条将违规出借账户或者借用他人账户的主体由单位扩展至个人；第 195 条规定了违规出借账户或借用账户将受到责令改正、警告并可能罚款的处罚。

但是，应当区分的是，投资者在证券公司开立的账户和在证券登记结算机构开立的证券账户在法律意义是不同的，投资者在证券公司开立账户基于双方之间的“证券交易委托协议”，在证券公司开立资金账户，并委托证券公司基于法律规定代投资者向证券登记结算机构申请开立证券账户，开立证券账户也是证券登记结算机构的法定职责；投资者在证券公司开立的资金账户，记载了

投资者与证券公司之间的债权债务关系，投资者在证券登记结算机构开立的证券账户，则公示出投资者所享有的证券权利，具有物权的性质。

证券账户实名制包含两层含义，一是账户开立环节的实名制，即证券账户必须由投资者实名开立，开户资料真实、准确、完整，证券账户与资金账户实名对应，符合账户开立要求；二是账户使用环节的实名制，即根据证券法相关规定，投资者应使用自己实名开立的账户从事证券交易，禁止任何单位或个人违规出借账户或借用他人账户。

实行账户实名制，是我国现行证券持有模式的内在要求。我国证券持有模式以直接持有为主，间接持有为辅。在证券市场中，投资者大部分都是直接持有股票，只有在特定业务（例如融资融券、沪深港通等）、特定投资者（例如QFII)、特定品种（例如B股）下采用间接持有模式。在直接持有模式下，投资者持有的证券需在自己实名开立的证券账户中，发行人直接确认投资者的所有者权益。

除此之外，实行账户实名制也是市场监管者实行“穿透式”金融监管的有力保障。账户实名制可以使市场监管者透过证券账户识别出金融产品的最终持有者，解决交易中的匿名性问题，降低查处内幕交易的取证难度。尤其是在二级市场中，存在不法投资者为逃避监管使用非实名账户实施操纵市场、内幕交易等违法违规行为，另外还可能存在更为严重的洗钱犯罪。账户实名制使市场监管者能够以证券账户为单位识别投资者身份，加强对证券交易的实时监控，提高监管效率，有利于市场的长期稳定发展和保护中小投资者利益。

因此，在直接持有模式下，为维护市场秩序，防范因违法违规开立和使用证券账户而形成的市场风险，证券账户实名制原则有必要在法律层面予以明确规定。本次证券法修订，保留了原证券法中关于证券账户实名制的原则性规定，另外增加了关于证券公司在账户开立环节的审核责任、账户使用环节的实名制要求等条款，在证券账户的开立环节与使用环节完善了证券账户实名制的要求，为证券监督管理机构及证券登记结算机构今后进一步细化证券账户实名制要求，健全账户管理制度提供了法律保障。

（二）确立法定机构开立证券账户原则

新证券法第157条规定了为投资者开立证券账户的法定机构为证券登记结算机构，且投资者应当通过证券公司提交开立申请，确认了证券公司作为开户代理机构的职责。

在实际业务中，证券公司是证券登记结算机构最主要的开户代理机构①，负责代理办理大部分的自然人及普通机构的证券账户业务，并承担开户环节的审核客户资料、交易环节监督账户实名使用等职责。

此次证券法修订在法律层面规定证券登记结算机构作为证券账户开立法定机构的法律地位，强化了证券登记结算机构在证券登记存管方面的职能，并明确了证券公司的开户代理机构身份，为证券公司开展证券账户业务提供了法律依据，有助于证券登记结算机构与证券公司进一步加强账户管理，规范客户的证券账户开立行为，从而维护市场秩序，保护投资者合法权益。

（三）扩展开立证券账户的主体范围

新证券法第 157 条第 2 款规定："投资者申请开立账户，应当持有证明中华人民共和国公民、法人、合伙企业身份的合法证件。国家另有规定的除外。"这一条款将有权申请开立账户的主体由公民、法人扩展到公民、法人与合伙企业。

将合伙企业纳入开户主体范围，具有很重要的现实意义。随着资本市场尤其是私募基金市场的蓬勃发展，各类私募基金投资、股权投资、风险投资机构层出不穷。这些机构在选择具体组织形式时，由于合伙企业尤其是有限合伙在组织形式上方便灵活，税收上又是透明体，因此常被选择作为对外投资的载体。特别是在私募基金领域，各类以证券（或者股权）投资为目的成立的合伙企业为了开展投资活动、参与证券交易或者实现资本适时退出，对于开立证券账户一直具有现实需求，但法律依据不足成为制约其开户的主要障碍。

证券法修订前仅明确了公民和法人两类开户主体资格，又以"国家另有规定的除外"这一除外条款，为上述两类主体之外的其他组织的开户预留了一定制度空间。在《合伙企业法》已经承认了合伙企业法律地位的基础上，资本市场进一步进行了有益的尝试，中国证监会通过修订《证券登记结算管理办法》确认了中国合伙企业的开户主体资格，使私募基金等投资性合伙企业等不具有法人资格的机构可以在证券登记结算机构开立证券账户。

（四）本项制度修订的重要意义

本次证券法修订将合伙企业纳入开立账户的主体范围，具有多方面积极意义：一是适应了我国资本市场出现的新型投资组织形式的客观需求，解决了合伙企业开立账户的法律障碍，促进了资本市场基础制度的完善。二是有利于鼓

---

① 目前，期货公司也属于证券登记结算机构的开户代理机构，另外特殊机构及产品开立证券账户则由证券登记结算机构直接开立，此处不展开探讨。

励、引导私募证券与股权投资基金行业、创业投资行业的发展，建立多元化机构投资者队伍，对于创新融资方式、拓宽企业融资渠道将发挥积极作用，促进多层次资本市场进一步发展。

四、明确中央对手方制度

（一）主要修订内容

新证券法第158条新增第1款规定："证券登记结算机构作为中央对手方提供证券结算服务的，是结算参与人共同的清算交收对手，进行净额结算，为证券交易提供集中履约保障。"这一条款首次将"中央对手方"概念纳入了法律范畴，明确了证券登记结算机构在证券清算交收过程中，作为中央对手方进行净额结算的职能，并强调了证券登记结算机构的集中结算功能，即中央对手方作为所有结算参与人的对手方，对所有结算参与人应承担的交收责任或应享有的交收权利进行集中结算，确保所有交易得到履行。

（二）中央对手方制度主要内容

1. 中央对手方及相关制度的概念

根据《金融市场基础设施原则》（以下简称PFMI）的规定，中央对手方是将自身介入一个或多个市场中已成交合约的交易双方之间，成为所有买方的卖方和所有卖方的买方，并据此确保履行所有敞口合约的主体。[①]《证券登记结算管理办法》对中央对手方定义为：在结算过程中，同时作为所有买方和卖方的交收对手并保证交收顺利完成的主体。[②]

在我国证券市场制度中，中央对手方制度的运行与四个基础概念相关，分别是约务更替、净额结算、货银对付与结算终局性。

约务更替是中央对手方制度的法律基础。根据PFMI规定，约务更替使买卖双方之间的原始合约终止，并生成两份新合约，一份是中央对手方与买方的合约（即中央对手方成为新的卖方，承接原卖方的权利义务），另一份是中央对手方与卖方的合约（即中央对手方成为新的买方，承接原买方的权利义务），

---

① 国际清算银行支付与市场基础设施委员会、国际证监会组织：《金融市场基础设施原则》，中国人民银行支付结算司译，中国金融出版社2013年版，第183页。

② 《证券登记结算管理办法》第78条规定："本办法下列用语的含义是……共同对手方，是指在结算过程中，同时作为所有买方和卖方的交收对手并保证交收顺利完成的主体……""共同对手方"是CCP的不同译法，与"中央对手方"为同一概念。

中央对手方由此承担原合约当事人彼此之间的合约义务。①

净额结算是中央对手方运行采用的结算模式，它是指合约各方通过事前的约定，将同一方名下交易的应收应付合并计算并进行抵销后，以轧差净额作为实际支付的一种制度安排。为实现最大限度提升资金交收效率，中央对手方一般采用多边净额结算作为主要结算方式，对市场上所有结算参与人之间的全部交易进行净额轧差，并计算出多边净额，将净额结算的效果最大化。

货银对付是一种连接证券过户与资金转账的证券结算机制，用以确保当且仅当一方支付资金时，另一方才相应进行证券交割。② 这种机制能够有效降低中央对手方在结算过程中的信用风险暴露。

结算终局性是指对于已达成的交易，一旦中央对手方以结算参与人为单位进行净额轧差并支付，交易即具有终局性且不可撤销。③

2. 中央对手方的运行机制

在证券结算过程中，首先，中央对手方④按照确定的规则对市场上所有结算参与人之间的全部交易进行集中净额轧差；其次，中央对手方通过“约务更替”将原结算参与人之间的合约义务替代为结算参与人与中央对手方之间的合约义务（即结算参与人与中央对手方之间的多边净额）；最后，在交收阶段，中央对手方与结算参与人根据清算结果进行证券及资金的担保交收：资金在中央对手方的资金交收账户与结算参与人的资金交收账户之间划转；证券在中央对手方的证券交收账户和结算参与人的证券交收账户之间划转。在这种交收模式下，中央对手方以自身特殊的法律地位保证所有交易的担保履行，即无论交易一方与中央对手方的交收是否成功，中央对手方均会保证履约方的权益得以实现。

3. 中央对手方制度的重要作用

一是提升结算效率，降低结算成本。中央对手方采用净额结算将全市场所有结算参与人彼此间的债权债务关系进行合并与抵销，不但缩短整个结算过程，

---

① 国际清算银行支付与市场基础设施委员会、国际证监会组织：《金融市场基础设施原则》，中国人民银行支付结算司译，中国金融出版社 2013 年版，第 25 页。

② 国际清算银行支付与市场基础设施委员会、国际证监会组织：《金融市场基础设施原则》，中国人民银行支付结算司译，中国金融出版社 2013 年版，第 25 页。

③ 戴文华、中国证券登记结算有限责任公司编著：《中央对手方》，中国金融出版社 2020 年版，第 54 页。

④ 为简化结算过程，便于理解，此处假设中央对手方同时承担证券结算系统、中央证券存管机构、资金支付系统的职能。

省略了原来各参与人之间单独进行逐笔全额或者净额结算而需要单独计算、单独划付证券与资金的步骤，使结算可以在短时间内集中完成，而且，净额结算大幅降低了结算参与人用以完成结算所需使用的资金和证券的数量，有效降低了结算参与人的成本。

二是有效控制信用风险，维护金融市场稳定。中央对手方参与多边净额结算，为市场中所有结算参与人提供了交收履约的保证，承担了大部分结算风险，解决了因个别结算参与人违约而导致连锁违约的问题。并且，中央对手方通过保证金、风险基金等制度对风险进行集中管理，从而实现对结算风险的控制。因此，对于整个证券市场来说，单个结算参与人的违约对其他结算参与人的交收影响相对有限，降低了结算风险蔓延的可能性。

三是提高市场流动性。中央对手方通过约务更替成为所有买方的卖方和所有卖方的买方，保证交易后结算能够顺利完成，使结算参与人可放心与任何对手方进行交易，而不用担心对手方的信用资质，无需关注对手方是否履行交收义务，从而降低市场成本，提高市场流动性。

4. 中国结算的中央对手方实践

目前，在我国证券市场中，中国结算既是京沪深三地证券交易场所的中央对手方，又是证券结算系统，同时也是三地证券交易场所所有挂牌上市证券的中央证券存管机构，实施看穿式账户管理与证券登记，每日按照清算交收结果对投资者账户进行证券过户登记，并与结算参与人完成相应的资金清算交收。

中国结算提供结算服务的证券品种可分为现券、回购和衍生品。对于部分品种，中国结算作为中央对手方提供多边净额结算服务，例如A股、B股、债券现券、新三板挂牌公司股票、两网公司和退市公司A类股票、两网公司和退市公司B类股票、优先股、沪深港通下的港股通股票、基金（包括ETF、LOF）、债券质押式回购、国债买断式回购、股票期权等。

同时，中国结算也为一些证券品种提供非中央对手方的结算服务，包括逐笔全额结算服务和双边净额结算服务。

（三）本项制度修订的重要意义

中央对手方制度是金融市场基础设施中的一项基本制度，应当予以明确规定。尤其是在证券市场中，中央对手方需要在结算参与人有可能违约交收的情况下保证全市场证券结算的顺利进行，承担了全市场的交收风险，因此，在法律层面，对中央对手方必须予以完善的法律保护。

但是，在2005年修订证券法时，因业界对中央对手方的概念的重要性认识不足而未将其纳入证券法，这就使得证券登记结算机构的中央对手方地位缺少明确法律依据。原证券法第167条第1款规定："证券登记结算机构为证券交易提供净额结算服务时，应当要求结算参与人按照货银对付的原则，足额交付证券和资金，并提供交收担保。"该条只对净额结算制度、货银对付原则等与中央对手方密切相关的内容进行了原则性规定，而无法在法律层面明确认可中央对手方制度。另外，在部门规章层面，只有中国证监会颁布的《证券登记结算管理办法》对中央对手方的职能、运行机制等内容进行了大致规定。

新证券法明确规定了证券登记结算机构的中央对手方身份与职能，是其开展中央对手方业务的法律依据。尤其是当个别结算参与人未能履行交收义务时，为证券登记结算机构作为中央对手方依照业务规则对参与人进行违约处置提供了强有力的法律保障。

另外，在法律层面规定中央对手方制度，也为下一步对证券登记结算机构的中央对手方具体职能及其他诸如货银对付、结算终局性、结算参与人管理等制度进行更为详细、完整的规定奠定了法律基础。

第二节　条款释义

第一百四十五条　证券登记结算机构为证券交易提供集中登记、存管与结算服务，不以营利为目的，依法登记，取得法人资格。

设立证券登记结算机构必须经国务院证券监督管理机构批准。

【条文主旨】

本条是关于证券登记结算机构的概念和设立程序的规定。

【条文释义】

一、证券登记结算机构的概念

本条规定从法律地位、特征、职能三个角度对证券登记结算机构进行了定义。

（一）证券登记结算机构的法律地位

证券登记结算机构在法律上具有法人地位，说明其作为一个独立存在的民商事主体，能够独立享有权利和履行职责。

（二）证券登记结算机构的特征

证券登记结算机构提供服务不以营利为目的，说明证券登记结算机构是具有社会公共服务职责的事业性组织，它为证券市场提供的专业服务虽然是有偿提供，但其股东并不以获取利润为目的。相关服务费用主要覆盖为市场提供服务所需的技术系统、人力资源、监管费用等成本。

（三）证券登记结算机构的职能

证券登记结算机构的职能是为证券交易提供集中的登记、存管与结算服务。从职能角度来看，我国“证券登记结算机构”实际上是一个承担了证券登记机构、中央证券存管机构、中央对手方、证券结算系统这四类机构职能的综合体。其中，中央证券存管机构、证券结算系统与中央对手方是《金融市场基础设施原则》中规定的三种具有系统重要性的金融基础设施。中央证券存管机构是指提供证券账户、集中保管服务和资产服务（包括公司行为管理和赎回管理）的单位，在确保证券发行完整性方面（即保证证券不会因为意外或欺诈而产生、销毁或改变细节）发挥重要作用①。证券结算系统是根据约定的多边规则完成证券转账，并通过簿记进行结算的系统②。根据新证券法相关规定，中央对手方是作为结算参与人的共同对手，为其提供证券结算服务，进行净额结算，并为证券交易提供集中履约保障的机构。

二、证券登记结算机构的设立程序

（一）依法进行登记

“依法登记”是本次证券法修订对设立证券登记结算机构的新增要求。由于证券法将证券登记结算机构定义为不以营利为目的的法人，为取得法人资格，证券登记结算机构的设立应依法进行登记。

（二）经国务院证券监督管理机构批准

根据证券法相关规定，国务院证券监督管理机构依法对证券市场包括证券登记结算机构的证券业务活动履行监督管理职责。证券登记结算机构是具有系

---

① 国际清算银行支付与市场基础设施委员会、国际证监会组织：《金融市场基础设施原则》，中国人民银行支付结算司译，中国金融出版社 2013 年版，第 183 页。

② 国际清算银行支付与市场基础设施委员会、国际证监会组织：《金融市场基础设施原则》，中国人民银行支付结算司译，中国金融出版社 2013 年版，第 186 页。

统重要性的金融市场基础设施，具有证券登记、存管与结算的重要职能，并承担部分自律管理职责，因其职能的特殊性与专业性，它的设立需要由国务院证券监督管理机构批准，不得擅自设立。

【适用指引】

关于证券登记结算机构的自律管理职能。除证券法从法律地位、特征、职能角度对证券登记结算机构进行了定义外，中国证监会颁布的《证券登记结算管理办法》也设置专章对证券登记结算机构进行了规定。除延续证券法关于证券登记结算机构是为证券交易提供集中登记、存管与结算服务，不以营利为目的法人的定义外，还明确证券登记结算机构实行行业自律管理，既使其区别于行政机关所具有的行政权力，又强调了证券登记结算机构区别于一般市场主体的法律地位，即有权依据自律管理规则对市场参与人进行管理、监督、检查以及有权对违法违规行为采取自律管理措施。

第一百四十六条　设立证券登记结算机构，应当具备下列条件：

（一）自有资金不少于人民币二亿元；

（二）具有证券登记、存管和结算服务所必须的场所和设施；

（三）国务院证券监督管理机构规定的其他条件。

证券登记结算机构的名称中应当标明证券登记结算字样。

【条文主旨】

本条是关于证券登记结算机构设立条件的规定。

【条文释义】

证券登记结算活动涉及登记、存管、清算和交收等一系列环节，是证券交易目的的实现的保障，直接关系到资本市场投资者的切身利益，涉及证券登记结算机构、发行人、投资者、证券公司等多方参与主体。因此，证券登记结算机构不同于一般的商业公司，必须具备足够的公信力、偿债能力与业务水平。在设立条件方面，法律对证券登记结算机构有以下几方面特殊要求：

一、较高的自有资金要求

我国证券登记结算体制采取的是中央存管模式，证券交易的信用机制并不是建立在投资者之间的。证券登记结算机构负责投资者证券的存管工作，同时作为证券交易的担保方。投资者开户的证券公司、其他投资者等主体都不是证券交易的对手方，中央对手方是中国结算。各个证券公司只是结算参与人，并不保证交易目的的实现。中国结算是交易的担保方，介入证券交易买卖双方之间，成为“买方的卖方”和“卖方的买方”，并为买卖双方的履约行为提供交收保证。如果任何一方违约，中央对手方中国结算先对守约一方履行合同，然后再根据结算规则追究违约方责任。因此，证券登记结算机构不同于一般的公司，必须有一定的自有资金保障其信用，根据本条规定，不得少于人民币 2 亿元。中国结算的注册资本为 100 亿元人民币，具有相当高的偿债能力。

二、登记、存管与结算等经营行为必需的场所和设施

证券登记结算机构负责证券的登记、存管与结算工作，必须要有一定的场所用于经营，以及配备相应的办公设施。在证券无纸化时代，证券登记结算机构必须有能够满足整个资本市场登记、存管以及结算工作的数据存储与运算设备。需要注意的是，本条规定并非公司法规定公司条件中要求的公司住所。

三、国务院证券监督管理机构规定的其他条件

证券登记结算事关资本市场的交易效率与交易安全，证券登记结算机构的设立、运行以及终止全流程均处于国务院证券监督管理机构的严格监管下。国务院证券监督管理机构可以根据情况需要，规定设立证券登记结算机构必须具备的条件。

【适用指引】

本条是关于证券登记结算机构设立条件的规定。需要认识到，证券登记结算机构是特殊公司，其设立不仅要符合公司法规定，还要符合证券法、《证券登记结算管理办法》等法律法规的规定，以及国务院证券监督管理机构的规定。

第一百四十七条 证券登记结算机构履行下列职能：

（一）证券账户、结算账户的设立；

（二）证券的存管和过户；

（三）证券持有人名册登记；

（四）证券交易的清算和交收；

（五）受发行人的委托派发证券权益；

（六）办理与上述业务有关的查询、信息服务；
（七）国务院证券监督管理机构批准的其他业务。

【条文主旨】

本条是关于证券登记结算机构所履行的职能的规定。

【条文释义】

一、证券账户、结算账户的设立

证券账户是指证券登记结算机构为投资者开立的，记录投资者持有证券的余额及其变动情况的账户。结算账户是指为结算参与人在证券登记结算机构开立的用于证券与资金的清算交收的账户。

二、证券的存管和过户

证券存管是指证券登记结算机构为证券持有人提供证券保管服务。在证券无纸化交易模式下，投资者持有的证券被以电子数据形式记录于证券登记结算机构的簿记式系统中，这样便于交易结算，也比较安全。证券过户是根据证券交易清算交收的结果或者其他法定理由，对相应证券持有人账户中的证券进行记增与记减，代表了证券权益的归属发生转移。

三、证券持有人名册登记

证券登记结算机构根据其与发行人签订的协议，为发行人提供持有人名册登记服务。证券持有人名册是确认证券持有人相对于发行人所享有权利的重要凭证，也是证券发行人了解股东情况，召开股东大会、进行权益派发的依据。证券登记结算机构根据清算、交收的结果进行证券登记，并形成证券持有人名册。

四、证券交易的清算和交收

证券交易进行清算与交收的过程实际上是交易双方在实际履行合同义务。证券清算是指根据证券成交结果，计算交易双方在结算日应收应付的证券数额和资金数额的过程；证券交收是指根据清算的结果实现证券与价款的收付，即完成一方交付证券，另一方支付价款的过程，从而结束整个交易。清算和交收两个过程可统称为结算。证券登记结算机构可以根据市场不同品种采取净额或者全额等方式办理结算。

五、受发行人的委托派发证券权益

一般来说，证券在发行后上市或者挂牌交易，在投资者之间流动，由证券登记结算机构负责证券的登记、存管和证券持有人名册的维护工作，发行人难以实时掌握证券持有人的相关信息。因此，发行人要向股东派发权益，或者向债权人支付利息，比较好的办法就是委托证券登记结算机构依据证券持有人登记名册直接派发，可以做到及时、准确、便捷。

六、办理与上述业务有关的查询、信息服务

这是与上述登记、存管等职能相关的延伸业务。证券登记结算机构可以依法向投资者、监管机构、司法机关等提供证券登记结算查询服务。

提供“信息服务”是新证券法赋予证券登记结算机构的新职能。证券登记结算机构在履行职能过程中保存了大量关于证券登记、存管与结算的数据，利用这些数据，证券登记结算机构可以根据市场需求开展一些信息增值服务，更好地满足投资者的需求，服务证券市场。

七、国务院证券监督管理机构批准的其他业务

本条第 7 项是一项兜底条款，表明除上述六项业务外，证券登记结算机构还可以提供其他服务，但需要经过国务院证券监督管理机构的批准。

【适用指引】

一、证券账户管理

证券法对证券账户的开立、使用等提出多项原则性要求，例如账户必须以投资者实名开立，不允许违规出借或借用等；并且，对账户违规行为也规定了相应罚则。除此之外，中国证监会颁布的《证券登记结算管理办法》对证券账户管理事项作出更为细化的规定①，证券登记结算机构作为证券账户的设立与管理机构，有权依据其制定的业务规则对投资者、证券公司的账户相关行为进行管理与监督，并对违规行为采取自律管理措施。

二、分级结算原则与结算账户管理

由于我国证券市场参与投资者众多，为提升结算效率，证券登记结算机构主要采用分级结算模式进行结算。分级结算，是指证券登记结算机构不直接办理投资者的结算服务，而是负责办理与结算参与人之间的集中结算，完成资金和证券的一级结算；由结算参与人负责办理其与客户之间的结算，进行资金和

---

① 《证券登记结算管理办法》第三章“证券账户的管理”中第 17 条至第 25 条。

证券的二级结算。

结算账户的开立在证券登记结算机构与结算参与人之间建立了服务渠道。结算参与人在证券登记结算机构开立结算账户，用于存放待交收证券、结算备付金等财务资源，履行证券交收义务。根据证券法相关规定，用于交收的资产存放于结算账户中，在交收完成之前，任何人不得动用，且不能被强制执行，保证了结算财产的安全性、独立性。①

三、证券查询服务

证券法规定提供查询服务是证券登记结算机构的职责之一，《证券登记结算管理办法》第 14 条进一步规定了有权进行证券查询的主体与相应的查询内容：证券持有人可查询其本人的有关证券资料；证券发行人可查询其证券持有人名册及有关资料；证券交易所、中国金融期货交易所为履行职责可要求提供相关数据和资料；人民法院、人民检察院、公安机关和中国证监会可依照诉讼法、行政法的相关规定进行查询和取证。

第一百四十八条　在证券交易所和国务院批准的其他全国性证券交易场所交易的证券的登记结算，应当采取全国集中统一的运营方式。

前款规定以外的证券，其登记、结算可以委托证券登记结算机构或者其他依法从事证券登记、结算业务的机构办理。

【条文主旨】

本条是关于证券登记结算的运营方式的规定。

【条文释义】

一、场内市场证券交易的登记结算集中统一运营

证券登记结算的集中统一运营模式是指建立一套集中统一的登记结算体系，一般包括：证券集中登记系统、中央证券存管体系、统一的资金支付体系、中

---

① 新证券法第 158 条第 3 款规定："在交收完成之前，任何人不得动用用于交收的证券、资金和担保物。"第 159 条规定："证券登记结算机构按照业务规则收取的各类结算资金和证券，必须存放于专门的清算交收账户，只能按业务规则用于已成交的证券交易的清算交收，不得被强制执行。"

央对手方机制、统一的结算体系、统一的数据存储报送体系等。上述职能可由一个实体担任，或者分别建立多个实体承担不同职责，但是要确保体系内部的统一通畅与体系之间的互联互通。

我国场内市场是一个不同层次与板块一体化发展的市场，在发行、上市、交易、转让等环节存在多元化的需求，但在交易后服务的登记结算业务中同质化程度较高，由统一的法律规范进行调整，适用统一的监督管理体制。因此，为适应这样的市场体系，满足场内市场发行、上市、交易、转让对登记结算的需要，场内市场证券交易的登记结算采用集中统一方式运营，更有效率，更能保证服务质量，也更有利于防范系统性风险。同时，能够有效避免因分散登记结算而出现的登记混乱、交易结算不畅、监管难度增加等情况。经过20多年的努力，我国集中统一的证券登记体制已经相当成熟、稳定、高效，完全能够满足我国证券市场对证券登记结算服务的实际需要，在国际上也是具有独特性的体制。

二、场外市场证券的登记结算分散自办

场外市场证券登记结算的办理模式是本次证券法修订的新增内容。不同于场内市场，场外市场具有交易场所分散、参与主体多元、交易品种繁多、交易方式灵活等特征。因此，与场内市场证券登记结算必须采取集中统一方式运营的要求不同，场外市场证券根据实际情况既可以委托证券登记结算机构办理登记结算，也可以委托其他从事登记结算业务的专业机构办理，但是这类机构必须依法成立并开展相关业务。

【适用指引】

其他从事证券登记、结算业务的机构

从目前证券市场的发展状况来看，场外市场主要包括区域性股权市场、证券公司柜台市场等，其登记结算呈现多元化发展的趋势。

在区域性股权市场中，证券登记结算业务的开展方式有两种，一是由区域性股权交易场所内部成立登记托管部办理股权登记结算；二是单独成立股权登记结算中心，为区域内所有股权交易市场提供服务。区域性股权市场登记结算机构的设立或者业务的开展，其依据一般是地方性法规、规章、行政审批或者仅有政策性指引，部分机构设立的法律依据不充分，法律基础较为薄弱。

在证券公司柜台市场中，根据中国证券业协会发布的《证券公司柜台市场管理办法（试行）》规定，证券公司可以为其在柜台市场发行、销售与转让的私募产品提供登记结算服务，或者也可以委托中国证监会认可的其他机构办理。

本次证券法修订规定场外市场发行与交易的证券的登记结算可以通过委托或者自办的方式进行，为场外市场登记结算机构的设立和开展业务提供了法律依据，但同时也设置了限制条件，即要求接受委托的机构必须是“依法”从事证券登记、结算业务的机构。因此，为了落实证券法的要求，规范场外市场秩序，下一步可通过制定行政法规、证券监督管理机构出台行政规章或者地方政府颁布地方性法规等方式对“其他依法从事证券登记、结算业务的机构”的设立条件、职能、运营方式等问题进行明确。

第一百四十九条　证券登记结算机构应当依法制定章程和业务规则，并经国务院证券监督管理机构批准。证券登记结算业务参与人应当遵守证券登记结算机构制定的业务规则。

【条文主旨】

本条是关于证券登记结算机构章程和业务规则的规定。

【条文释义】

一、证券登记结算机构应当依法制定章程和业务规则

证券登记结算机构的组织形式是公司，必须根据公司法的规定制定公司章程。同时，其公司章程还要符合证券法、《证券登记结算管理办法》以及国务院证券监督管理机构的相关规定。中国结算由上海证券交易所与深圳证券交易所分别持有公司 50% 的股份，公司章程也由这两个股东共同制定。

证券登记结算活动涉及证券登记、存管、托管、交易、清算与交收等多个环节，其规则非常复杂、专业性强。业务规则的作用是规范证券登记结算活动，以保证各方当事人合法权益。《证券登记结算管理办法》第 5 条规定：“证券登记结算活动必须遵守法律、行政法规、中国证监会的规定以及证券登记结算机构依法制定的业务规则。”

中国结算根据业务类型的不同，将业务规则分为账户管理、登记与存管、清算与交收、结算参与机构管理、创新性业务、债券业务、股票期权、融资融券与转融通、开放式基金以及涉外与跨境业务等类型。

二、证券登记结算机构章程和业务规则必须由证监会批准

作为从事证券登记结算活动的非营利性公司法人，证券登记结算机构的主管单位是中国证监会，其设立、运行与终止的全流程均受中国证监会的监督与管理。章程和业务规则事关重大，其内容必须经中国证监会批准才能生效。

三、证券登记结算机构业务规则约束所有证券登记结算业务参与人

所有的证券登记结算活动均应当遵守证券登记结算机构业务规则，因此该规则约束所有证券登记结算业务参与人。

所谓结算参与人，是指经证券登记结算机构核准，有资格参与集中清算交收的证券公司或其他机构。结算参与人按照类型可分为一般结算参与人与特别结算参与人，前者主要是投资者委托的证券公司，后者一般指合格的境外投资者与托管银行。

因为证券登记结算业务规则涉及结算参与人，所以该规则应当向其公开并反映结算参与人的意见。《证券登记结算管理办法》第 15 条规定："证券登记结算机构应当公开业务规则、与证券登记结算业务有关的主要收费项目和标准。证券登记结算机构制定或者变更业务规则、调整证券登记结算主要收费项目和标准等，应当征求相关市场参与人的意见。"

第一百五十条　在证券交易所或者国务院批准的其他全国性证券交易场所交易的证券，应当全部存管在证券登记结算机构。

证券登记结算机构不得挪用客户的证券。

【条文主旨】

本条是关于场内市场证券存管与保护客户证券权益的规定。

【条文释义】

一、证券存管的概念

根据《证券登记结算管理办法》第 78 条规定，证券存管是指证券登记结算机构接受证券公司委托，集中保管证券公司的客户证券和自有证券，并提供代收红利等权益维护服务的行为。

证券存管是从证券托管发展而来的一个概念，与证券无纸化和集中交易的发展密切相关。证券市场形成初期，有纸化证券发行，投资者将纸质股票委托给证券公司等机构代为保管。随着证券市场规模和交易量的不断提升，交易方式由原来的各经纪商撮合的分散式交易逐渐转为在交易场所进行集中式交易，各证券公司也开始将自有证券和托管的投资者证券统一交由证券存管机构保管，形成了“证券存管”的概念；之后，随着证券存管机构的集中化发展，中央证券存管制度逐步建立，信息通信技术的发展实现了证券的“无纸化”，证券持有信息直接记录在中央存管机构系统中，存管的“存”变为以簿记方式在电子系统里记录数据。

从投资者、证券公司、证券登记结算机构三者在证券存管中的相对法律关系角度来看，根据《证券登记结算管理办法》的相关规定，在证券托管领域，投资者委托证券公司托管其持有的证券，二者之间存在委托与被委托关系①；而在证券存管领域，证券登记结算机构是接受证券公司的委托，集中保管了证券公司托管的客户证券和其自有证券，在这个过程中，证券登记结算机构与投资者之间不存在直接法律联系。

二、场内市场证券的存管要求

进入证券无纸化时代以来，证券交易尤其是场内交易不再是实物证券的交换，证券存管也不需要对实物证券进行保管，证券交易、登记与结算都采用电子数据交换的方式完成。场内证券在上市与挂牌前就应当将全部证券存管于证券登记结算机构中，实现了证券的“非移动化”，并以簿记方式将所存管证券的有关信息记录于持有人的证券账户内。如此，在交易场所内证券集中交易结束后，证券登记结算机构接收交易所发来的交易数据，通过证券登记结算系统组织电子化、自动化清算交收，确保交易顺利完成。

本条款的修订是首次将在国务院批准的其他全国性证券交易场所交易的证券纳入证券登记结算机构存管的范畴，并结合新证券法第 148 条第 1 款规定②，在法律层面强调了在场内市场形成的证券登记存管结算集中统一运营体制。这一修订为目前新三板市场的登记结算业务模式提供了明确的法律依据。

三、客户存管证券不得挪用

客户存管在证券登记结算机构的证券权益归属于客户，证券登记结算机构的存管只是受委托代为保管的性质，所以不得在依法提供集中存管服务之外，

---

① 《证券登记结算管理办法》第 78 条第 2 款规定：“托管，是指证券公司接受客户委托，代其保管证券并提供代收红利等权益维护服务的行为……”

② 新证券法第 148 条第 1 款规定：“在证券交易所和国务院批准的其他全国性证券交易场所交易的证券的登记结算，应当采取全国集中统一的运营方式。”

出现随意使用、处置、出借、质押等挪用客户存管的证券的行为，以免侵害客户的合法权益，使客户的证券面临损失风险。这是法律对证券登记结算机构必须依法运营的监管要求。

【适用指引】

投资者证券保护

本次证券法修订加大了投资者保护的力度，不但增设了“投资者保护”专章内容，集中规定了与投资者保护权利行使和权利救济密切相关的几个方面具体制度，还围绕发行上市、信息披露，上市公司持续监管、交易组织等方面规范各方市场主体的行为，致力于为投资者构建更健全、更完善的投资交易环境，从根本上提高了投资者保护的水平。

在证券法规定的各项投资者保护措施中，对投资者所持证券的安全性保障是十分重要的环节。目前，我国证券市场已实现投资者证券与资金的第三方存管：在资金存管方面，证券公司指定一家商业银行作为独立第三方存管银行，投资者在存管银行以自身的名义开立银行结算账户，用于存取其交易资金；证券公司在存管银行开立客户交易结算资金汇总账户，用于存放投资者交易资金及办理结算划款。在证券存管领域，由证券登记结算结构为投资者开立证券账户，投资者持有的证券由证券登记结算机构集中存管在证券账户中，在进行证券结算时，再由证券登记结算机构代为完成证券的划转。证券与资金第三方存管模式能够有效防止证券公司挪用客户证券或资金，保证投资者财产安全。

根据证券法相关规定①，证券公司在保管客户交易结算资金和证券过程中，除遵守第三方存管原则外，还应对每个客户实行分户管理资产，且不得与自有财产混同；不得挪用客户资产；客户资产不得划入破产、清算财产，且非因客户本身债务或法定情形不得被强制执行。如证券公司在执业过程中违反上述规定，出现将客户的资金和证券归入自有财产，或者挪用客户的资金和证券行为的，可能受到责令改正，警告，没收违法所得，并处以违法所得一倍以上十倍

---

① 新证券法第 131 条规定：“证券公司客户的交易结算资金应当存放在商业银行，以每个客户的名义单独立户管理。证券公司不得将客户的交易结算资金和证券归入其自有财产。禁止任何单位或者个人以任何形式挪用客户的交易结算资金和证券。证券公司破产或者清算时，客户的交易结算资金和证券不属于其破产财产或者清算财产。非因客户本身的债务或者法律规定的其他情形，不得查封、冻结、扣划或者强制执行客户的交易结算资金和证券。”

以下的罚款等行政处罚。①

关于证券在登记结算机构存管过程中的安全性问题。第一，证券登记结算机构为投资者开立账户，投资者持有的证券应存管在其名下的证券账户中，是属于投资者的财产，不能与其他投资者、证券公司或者证券登记结算机构自身持有的证券混同（除非处于结算过程中）。第二，本条规定的证券登记结算机构不得挪用客户证券，强调了投资者证券在证券登记结算机构存管过程中的独立性、安全性要求。第三，证券登记结算机构作为中央对手方为证券交易提供集中履约保障，确保交易顺利完成，防止出现因结算参与人违约导致投资者利益受到损害的情况。第四，按照二级结算安排，虽然证券登记结算机构不参与投资者与结算参与人之间的结算，但是其收取的用于交收的证券必须存放于专门的清算交收账户中，用于交收的证券不得被任何人动用，也不得被强制执行，保障了结算过程中投资者的证券也能够得到安全存管。

第一百五十一条 证券登记结算机构应当向证券发行人提供证券持有人名册及有关资料。

证券登记结算机构应当根据证券登记结算的结果，确认证券持有人持有证券的事实，提供证券持有人登记资料。

证券登记结算机构应当保证证券持有人名册和登记过户记录真实、准确、完整，不得隐匿、伪造、篡改或者毁损。

【条文主旨】

本条是关于证券登记结算机构基于法定登记职能需要承担的义务性规定。

【条文释义】

一、证券持有人名册

证券持有人名册包括股票、债券等多种证券的持有人名册。以股票为例，

---

① 新证券法第208条规定："违反本法第一百三十一条的规定，将客户的资金和证券归入自有财产，或者挪用客户的资金和证券的，责令改正，给予警告，没收违法所得，并处以违法所得一倍以上十倍以下的罚款；没有违法所得或者违法所得不足一百万元的，处以一百万元以上一千万元以下的罚款；情节严重的，并处撤销相关业务许可或者责令关闭。对直接负责的主管人员和其他直接责任人员给予警告，并处以五十万元以上五百万元以下的罚款。"

证券持有人名册表现为上市公司（挂牌公司）的股东名册。股东名册记载了有关股东的名字（名称）及股权状况。我国公司法第96条明确股份有限公司应当将股东名册置备于本公司；第32条第2款规定“记载于股东名册的股东，可以依股东名册主张行使股东权利”。股东名册是确认股东资格的关键形式证据，对上市公司召开股东大会、分配股息等都十分重要。

我国在成立证券交易所不久，很快就进入到全面的无纸化交易阶段，交易客体不再表现为实物证券，证券权利的取得也不再表现为实物的占有、交付，而表现为在证券登记结算机构的电子簿记系统中，特定证券账户中的登记（记增、记减），以此来公示证券持有人证券权利的取得、丧失或者变更。加之证券上市交易后，流通速度快、范围广，发行人自身也无法掌握该种证券的情况，这时只有证券登记结算机构掌握证券登记行为完成后的全部相关业务数据，因此，证券登记结算机构应当依据与发行人签订的服务协议，向发行人提供证券持有人名册及有关资料。

实践中，证券登记结算机构通过网络服务系统，定期向证券发行人提供证券持有人名册；证券发行人亦可在发生证券初始登记、召开股东大会、召开基金持有人大会、权益分派、股权结构发生重大变化、证券交易异常波动等情形时，向证券登记结算机构申请获取相应的证券持有人名册。

二、证券登记的效力：确认证券持有人持有证券的事实

证券无纸化情形下，证券权利的取得、丧失或者变更不再是实物证券情形下适用动产的权利变动规则，而是需要通过证券登记来实现证券权利变动的公示，证券权利从取得（通过证券发行）、变更（证券交易）、丧失（证券发行人注销证券等）等均由证券登记结算机构通过证券登记来实现。本条未明确相关法律事实的法律性质，而是规定证券登记结算机构“根据证券登记结算的结果”“确认证券持有人持有证券的事实”，该事实的法律意义即在于证券持有人取得证券权利；而证券登记结算机构“确认证券持有人持有证券的事实”即“根据证券登记结算的结果”，所谓“证券登记结算的结果”实为“证券登记”的结果，因为证券结算的结果也表现为依据交易合同履行的结果而在电子簿记系统中的证券登记（记增、记减）。

三、证券登记结算机构的义务：保证证券登记记录的真实、准确、完整

证券登记在无纸化证券权利变动中的重要意义使得证券登记结算机构有义务保证证券登记记录的真实、准确、完整，由此确保投资者的权利得以保护，证券交易的安全得以实现。反之，证券登记结算机构对证券登记相关信息的隐匿、伪造、篡改或者毁损，直接影响投资者权利保护，进而危害资本市场的稳定运行。

【适用指引】

证券登记结算机构履行证券登记职能的具体要求由中国结算发布的《证券登记规则》《证券持有人名册业务实施细则》等一系列业务规则、细则和指南规范。

第一百五十二条　证券登记结算机构应当采取下列措施保证业务的正常进行：

（一）具有必备的服务设备和完善的数据安全保护措施；

（二）建立完善的业务、财务和安全防范等管理制度；

（三）建立完善的风险管理系统。

【条文主旨】

本条是关于证券登记结算机构业务安全保障义务的规定。

【条文释义】

世界各国的资本市场已经进入证券无纸化、电子化时代，证券交易安全某种程度上完全依赖于证券登记结算业务活动的真实性与可靠性。证券登记结算活动由证券登记结算机构主导，其对该项业务活动承担安全保障义务。

一、设备和技术方面

证券登记结算机构是资本市场最重要的金融基础设施，其基本原则是安全与高效。证券登记结算机构应当根据多层次市场加快发展的需要，健全完善集中统一的登记结算体系，为登记结算系统各类参与者参与场内场外、公募私募以及跨境证券现货和衍生品投融资提供规范、灵活、多样的登记结算基础设施服务。这包括满足证券登记、存管、清算与交收的计算机存储与处理设备，以及相应的保障处理速度和数据安全的计算机运行程序。

二、管理制度方面

证券法要求证券登记结算机构在业务、财务和安全防范等方面建立完善的管理制度。中国结算在这几方面出台了许多相关制度规定，比如账户管理、登记与存管以及清算与交收，等等。涉及信用风险和流动性风险的，主要体现在证券存管、证券交付与资金结算三方面。

（一）证券存管

我国的证券存管机制采取中央证券存管方式，由证券登记结算机构设立证券账户对证券进行记账，以提高证券结算的效率。证券投资人把证券交付给证券公司托管后，证券公司再把投资人交付的证券连同自有证券交付给证券登记结算机构集中保管，这一过程被称为证券存管。《证券登记结算管理办法》第78条第3项规定："存管，是指证券登记结算机构接受证券公司委托，集中保管证券公司的客户证券和自有证券，并提供代收红利等权益维护服务的行为。"

（二）证券交付

在我国目前的证券托管和存管机制下，由中国结算统一对证券进行登记结算管理。股票交易完成后，中国结算根据交易数据，对投资者的账户数额进行变更登记。由于资金账户和证券账户是分别设立的，证券交付和资金结算并不是同步的。A股市场证券交付实行"T+1"（交易日第二日才能自由买卖）制度，即在交易当日买入的股票当日不能卖出，只能在第二个交易日卖出。证券交付在交易当日交易时间结束后，由中国结算根据交易数据，在投资者的证券账户进行增减记载。不过，实施"T+1"制度主要不是基于技术层面的考虑，而是为了保护中小投资者的权益与维护市场的稳定。

（三）资金结算

为了保障交易安全，我国的证券交易资金结算流程要点如下①：（1）T日收市后，中国结算根据证券交易成交结果及其他业务处理数据，计算出各结算参与人结算备付金账户"T+1"日的应收应付资金净额，并向结算参与人发送清算数据文件。（2）"T+1"日16:00前，结算参与人根据T日清算数据及结算备付金账户余额情况，做好相关资金划拨工作。若结算备付金余额不足，结算参与人需从其存管银行划付资金到中国结算的备付金银行账户，并通过中国结算的专用系统查询资金到账情况。若结算备付金账户余额足以完成当日交收，结算参与人可通过中国结算的专用系统发送划款指令，将多余资金划回其指定的收款银行账户。（3）证券公司客户资金均直接存在存管银行，并且证券公司与中国结算的资金往来一般只能通过主办银行划付，因此部分资金的存入需要

① 《国内证券市场资金结算模式改革探讨》，载中国结算官网，http：//www.chinaclear.cn/old_files/1208164649178.pdf，最后访问时间：2020年7月11日。

从协办银行到主办银行，再到中国结算的结算银行，部分资金的划出需要从中国结算的结算银行到主办银行，再到协办银行。

三、风险管理系统

为了防范净额结算可能导致的系统性风险，证券登记结算机构应当建立完善的风险管理系统。《证券登记结算管理办法》第七章第一节专门规定了“风险防范和控制措施”。主要体现在以下几方面①：(1) 制定完善的风险防范制度和内部控制制度；(2) 建立完善的技术系统，制定由结算参与人共同遵守的技术标准和规范；(3) 建立完善的结算参与人和结算银行准入标准和风险评估体系；(4) 对结算数据和技术系统进行备份，制定业务紧急应变程序和操作流程。

第一百五十三条　证券登记结算机构应当妥善保存登记、存管和结算的原始凭证及有关文件和资料。其保存期限不得少于二十年。

【条文主旨】

本条是关于证券登记结算机构对登记结算资料保存义务的规定。

【条文释义】

证券登记结算机构承担着证券登记、存管、证券交易的清算交收等重要职能，是资本市场最重要的基础设施。证券登记结算机构与结算参与人之间，通过委托合同、托管合同等法律文件形成民事法律关系。证券交易的原始记录与凭证是证券登记、结算活动的依据，也是当事人证券权益的合法证明。证券登记、存管、托管和结算的原始凭证既是证券登记结算机构、证券发行人和证券持有人维护自身合法权益的重要依据，也是民事诉讼、刑事诉讼的重要证据，是解决证券登记结算机构与证券发行人、证券持有人之间因证券登记、存管、托管与结算引起的各类纠纷的重要证据，也是证券监督管理部门以及其他依法行使职能部门在行使证券监管或者行使职能的重要证据。因此，法律要求证券登记结算机构具有妥善保管证券登记、存管和结算的原始凭证及有关文件和资料的义务。

① 《证券登记结算管理办法》第53条。

之所以规定证券登记、存管和结算的原始凭证及有关文件和资料的保存期限不得少于20年，是民法上的最长诉讼时效。一般来说，如果超过20年，当事人的民事权利就不再受法律保护。特殊情况，由当事人提出申请，人民法院裁量。民法典第188条规定："向人民法院请求保护民事权利的诉讼时效期间为三年。法律另有规定的，依照其规定。诉讼时效期间自权利人知道或者应当知道权利受到损害以及义务人之日起计算。法律另有规定的，依照其规定。但是，自权利受到损害之日起超过二十年的，人民法院不予保护，有特殊情况的，人民法院可以根据权利人的申请决定延长。"

第一百五十四条 证券登记结算机构应当设立证券结算风险基金，用于垫付或者弥补因违约交收、技术故障、操作失误、不可抗力造成的证券登记结算机构的损失。

证券结算风险基金从证券登记结算机构的业务收入和收益中提取，并可以由结算参与人按照证券交易业务量的一定比例缴纳。

证券结算风险基金的筹集、管理办法，由国务院证券监督管理机构会同国务院财政部门规定。

【条文主旨】

本条是关于证券登记结算机构应当设立证券结算风险基金的规定。

【条文释义】

一、设立证券结算风险基金的意义

证券结算风险基金是指用于垫付或者弥补因违约交收、技术故障、操作失误、不可抗力造成的证券登记结算机构的损失而设立的专项基金。设立证券结算风险基金的目的是防范和化解证券市场风险，保障证券登记结算系统安全运行，起着保护证券投资者合法权益和稳定资本市场秩序的重要作用。设立证券结算风险基金是世界各国资本市场的普遍做法。

二、证券结算风险基金的来源

证券结算风险基金用于特定情况下证券登记结算机构的损失弥补，因此也来源于证券登记结算机构的收入。《证券结算风险基金管理办法》第3条规定："本基金来源：（一）按证券登记结算机构业务收入、收益的百分之二十分别提取；（二）结算参与人按人民币普通股和基金成交金额的十万分之三、国债现货成交金额的十万分之一、1天期国债回购成交额的千万分之五、2天期国债回购成交额的千万分之十、3天期国债回购成交额的千万分之十五、4天期国债回购成交额的千万分之二十、7天期国债回购成交额的千万分之五十、14天期国债回购成交额的十万分之一、28天期国债回购成交额的十万分之二、91天期国债回购成交额的十万分之六、182天期国债回购成交额的十万分之十二逐日交纳。”

三、证券结算风险基金的筹集与管理由证监会和财政部共同规定

证券结算风险基金的设立与使用，涉及国有资产的处置问题，因此不仅证监会而且财政部也参与制定其筹集与管理办法。2000年4月4日证监会、财政部发布《证券结算风险基金管理暂行办法》。2006年6月16日，证监会会同财政部共同制定的《证券结算风险基金管理办法》发布，《证券结算风险基金管理暂行办法》同时废止。

证监会与财政部可以根据具体情况的变化，随时调整证券结算风险基金的规模、筹集方式与比例。《证券结算风险基金管理办法》第6条规定：“证监会会同财政部可以根据市场风险情况，适当调整本基金规模、资金提取和交纳方式、比例。”该基金的使用必须报经证监会会同财政部批准。《证券结算风险基金管理办法》的解释权也归证监会与财政部共同行使。

第一百五十五条 证券结算风险基金应当存入指定银行的专门账户，实行专项管理。

证券登记结算机构以证券结算风险基金赔偿后，应当向有关责任人追偿。

【条文主旨】

本条关于是证券结算风险基金管理与追偿的规定。

【条文释义】

一、证券结算风险基金专项管理

证券结算风险基金独立于证券登记结算机构的其他财产，必须专项管理、专项使用，以保障该笔资金不被挪用。该项基金在指定银行的存款利息在法律性质上属于其产生的孳息，必须归入该基金。《证券结算风险基金管理办法》第9条规定：“本基金资产与证券登记结算机构资产分开列账。本基金应当下设分类账，分别记录按本办法第三条各项所形成的本基金资产、利息收入及对应的资产本息使用情况。”第8条规定：“本基金应当以专户方式全部存入国有商业银行，存款利息全部转入基金专户。”

二、证券登记结算风险基金的追偿

法律上的追偿权是指民事主体根据法律规定或者约定，向受害人赔偿后，再向有过错的实际侵害人请求补偿的权利。证券登记结算风险事故的发生，可能是一般结算参与人、托管银行或者证券投资者的行为导致的，在这种情况下，证券登记结算机构应当首选动用证券登记结算风险基金向受害人赔偿，然后向相关责任人追偿。《证券登记结算风险基金管理办法》第12条规定：“证券登记结算机构应当按照有关法律、行政法规的规定，建立和完善业务规则、内部管理制度及结算参与人监管制度，最大限度地避免风险事故发生。”第13条规定：“动用本基金后，证券登记结算机构应当向有关责任方追偿，追偿款转入本基金；同时，应及时修订和完善业务规则、内部管理制度及结算参与人监管制度。”

【适用指引】

证券登记结算风险基金由指定的国有商业银行负责账户管理，由证券登记结算机构在证监会、财政部的共同监管下，负责该项基金的维护与使用。证券登记结算风险事故发生后，证券登记结算机构是赔偿主体和追偿主体。这既是其法律权利，也是其法律义务。

第一百五十六条 证券登记结算机构申请解散，应当经国务院证券监督管理机构批准。

【条文主旨】

本条是关于证券登记结算机构解散的规定。

【条文释义】

一、证券登记结算机构解散必须经中国证监会批准

在法理上，公司解散是公司人格终止的一种原因。通常而言，公司自行解散只需要股东会通过，进行公司清算，处理好公司债权债务关系，经工商机关注销其法人主体资格即可。与一般的商业公司不同，证券登记结算机构属于特殊公司，其设立、运行与终止都处于中国证监会的严格监管之下。证券法第145条第2款："设立证券登记结算机构必须经国务院证券监督管理机构批准。"《证券登记结算管理办法》第7条规定："证券登记结算机构的设立和解散，必须经中国证监会批准。"

二、证券登记结算机构解散后必须清算

根据公司法、证券法、《证券登记结算管理办法》等相关法律法规的规定，证券登记结算机构申请解散的，经中国证监会批准其申请以后，应该履行相应的清算程序才能向工商机关申请注销。

首先，由证券登记结算机构的股东组成清算组，处理相关未尽工作事宜，包括完成证券交易的清算交收工作，返还结算参与人的结算备付金、结算互保金等资金。

其次，证券登记结算机构清算组在清理公司财产、编制资产负债表和财产清单后，应当制定清算方案，并报股东会确认。

再次，证券登记结算机构的财产在分别支付清算费用、职工的工资、社会保险费用和法定补偿金，缴纳所欠税款，清偿公司债务后的剩余财产，按照股东的出资比例分配。

最后，清算工作结束后，清算组应当制作清算报告，在股东会上确认后报经中国证监会批准，并报送公司登记机关，申请注销公司登记，公告公司终止。

第一百五十七条　投资者委托证券公司进行证券交易，应当通过证券公司申请在证券登记结算机构开立证券账户。证券登记结算机构应当按照规定为投资者开立证券账户。

投资者申请开立账户，应当持有证明中华人民共和国公民、法人、合伙企业身份的合法证件。国家另有规定的除外。

【条文主旨】

本条是关于投资者开立证券账户的规定。

【条文释义】

一、证券账户的开立

新证券法第 150 条第 1 款明确规定：“在证券交易所或者国务院批准的其他全国性证券交易场所交易的证券，应当全部存管在证券登记结算机构。”这就要求投资者在委托证券公司进行证券交易时必须在证券登记结算机构开立证券账户。证券账户是用于记录投资者持有证券的余额及其变动情况的载体。证券无纸化情形下，投资者持有证券需通过在证券账户中记加、记减来实现。证券登记结算机构是法定的证券登记机构，证券登记、证券账户的设立是其法定职能。需明确的是，证券账户作为法律概念，只有证券登记结算机构设立的用于记录投资者持有证券的余额及其变动情况的载体才可称之为“证券账户”，区别于证券法第 107 条规定的证券公司对投资者开立的账户。证券公司为投资者开立的账户是基于“证券交易委托协议”，与证券登记结算机构开立的证券账户法律性质不同，内涵也不相同，证券公司为投资者参与证券交易开立的账户，包括由证券公司管理的资金账户和代投资者向证券登记结算机构申请开立的“证券账户”，以及用于其他业务类别的账户，如融资融券业务专用账户。

本次修法中，对于投资者委托证券公司进行交易开立的证券账户，修改为应当通过证券公司申请在证券登记结算机构开立。该修改与第 107 条的修改旨在达到体系上的一致性。第 107 条明确规定证券公司对投资者开立账户应当按照规定对投资者提供的身份信息进行核对。在实名的要求上，证券公司为投资者开立的账户，与证券登记结算机构开立证券账户一致。因此在投资者申请开立证券账户时，通过证券公司申请，一方面与证券交易实践是一致的，另一方面明确了证券公司在开户环节对投资者身份信息的核实义务，进一步保证证券账户开立环节的实名制。

二、证券账户实名制

证券交易是一类典型的商事行为，遵循外观主义原则。证券账户是证券交易外观的载体，证券交易经过清算交收后，最后的结果都体现在证券账户的登记上（证券账户的记增、记减或者在证券账户中做出相应标记），证券登记具有公示公信的效力。证券登记是判断内幕交易、操纵市场等禁止交易行为的重要证据，上市公司收购、减持等制度的实施也都有赖于证券账户实名制，由此证券账户实名制是确保证券市场交易秩序和交易安全的一项基础性制度。证券账户的实名制落空，则证券交易的一系列制度都难以适用。证券账户实名制包括开立环节的实名制、使用环节的实名制。除本条外，证券法第 58 条、第 195 条构成了证券账户实名制的制度体系。

三、第 1 款第 2 句删除了原证券法规定的“以投资者本人的名义”，为名义持有制度的引入明确了法律依据

新证券法删除本条第 1 款原证券法规定的第 2 句“以投资者本人的名义”，并非是弱化账户实名制，其旨在引入名义持有制度。本次修法之初，市场上对于引入名义持有制度的呼声就很高，目前在我国证券市场的多个业务领域存在适用名义持有制度的情形。沪港通、深港通、融资融券、B 股等多种业务中均有名义持有制度的应用。因此，无论从当前我国资本市场改革稳定发展的实际需要出发，还是出于借鉴境外较为成熟的证券持有模式的考虑，证券法应当增加关于名义持有制度的相关规定。将“以投资者本人的名义”删除后，本条第 2 句即“证券登记结算机构应当按照规定为投资者开立证券账户”，依据该引致性规定，证券登记结算机构为投资者开立证券账户需要“按照规定”，这就为名义持有制度的引入打开了制度空间。

证券持有模式分为直接持有和名义持有。所谓直接持有，是指投资者以自己的名义在证券登记结算机构直接开立证券账户，投资者的名字直接记载于发行人的证券持有人名册中；名义持有也称间接持有，是指投资人并不直接占有实物证券，其名字、持有证券等信息也不是直接记载于证券持有人名册上，而是由投资者在中介人/托管人（证券经纪人、证券公司、银行、信托公司等）处开设账户，其持有证券情况均记载于中介人的账户中，并非直接记载于发行人的证券持有人名册上；发行人的证券持有人名册中记载的证券持有人为中介人。在名义持有模式下，发行人证券持有人名册的记录不直接体现投资者的证券持有状况，其证券权益一般需通过中介机构的记录实现。为保护投资者的权益，在名义持有模式下，一般要求名义持有人将自有财产与客户委托其持有的财产加以隔离，法律上一般明确客户的财产为名义持有人的信托财产。如上述，在我国证券市场中，融资融券、沪深港通等证券品种或者交易方式采用了名义持有模式。虽然，本条为引入名义持有留出了制度空间，但是证券登记结算机构应当“按照规定”为投资者开立证券账户，并未改变我国以直接持有为主、名义持有为辅的证券持有模式。

四、开立证券账户的投资者类型

本条第 2 款第 1 句增加了一类开立证券账户投资者即“合伙企业”，该修改是对证券市场实践的确认。实践中，2009 年《中国证券监督管理委员会关于修改〈证券登记结算管理办法〉的决定》（中国证券监督管理委员会令〔2009〕第65号）明确将投资者开立证券账户的类型包括中国合伙企业。

第2款第2句“国家另有规定的除外”，本次修改并未做改动。其旨在为资本市场的进一步对外开放提供法律环境。实践中，按照1995年12月25日发布的《国务院关于股份有限公司境内上市外资股的规定》的规定，我国已经建立了B股市场。为履行我国加入世贸组织关于证券服务业对外开放的承诺，我国又引入了合格境外机构投资者制度，允许境外投资者受让境内上市公司股份。故在本条作了例外规定，即“国家另有规定的除外”。①

【适用指引】

证券账户是证券登记结算机构作为中央证券存管机构履行职能的重要载体，中国结算发布了《证券账户管理规则》，实施了证券账户“一码通”项目，在上海证券交易所、深圳证券交易所、新三板市场和期货交易所的投资者证券账户间建立了关联关系，为各市场之间的转板、退市、互联互通和证券市场的跨市场监管奠定了重要的运行基础。

第一百五十八条　证券登记结算机构作为中央对手方提供证券结算服务的，是结算参与人共同的清算交收对手，进行净额结算，为证券交易提供集中履约保障。

证券登记结算机构为证券交易提供净额结算服务时，应当要求结算参与人按照货银对付的原则，足额交付证券和资金，并提供交收担保。

在交收完成之前，任何人不得动用用于交收的证券、资金和担保物。

结算参与人未按时履行交收义务的，证券登记结算机构有权按照业务规则处理前款所述财产。

---

① 周正庆、李飞、桂敏杰：《新证券法条文解析》，人民法院出版社2006年版，第434页。

【条文主旨】

本条是关于中央对手方结算情形下，作为中央对手方的证券登记结算机构和结算参与人之间权利义务的规定。

【条文释义】

一、中央对手方

本条最重要的修改，就是增加一款引入中央对手方制度，明确了中央对手方的法律依据。中央对手方（Central Counterparty，CCP）又称共同对手方或者共同交收对手方，是指结算过程中介入证券交易买卖双方之间，成为“买方的卖方”和“卖方的买方”的主体。中央对手方制度的核心内容是担保交收。担保交收是指中央对手方承担对结算参与人的履约义务，并且不以任何一个对手方正常履约为前提。一旦中央对手方介入买卖双方合同关系，市场参与人只与结算机构一个对手方发生债权或者债务关系，并与之进行资金和证券的交收。中央对手方实际上对买卖双方提供了一种保证：如果买卖中的一方不能正常向中央对手方履约，中央对手方也应当先对守约一方履约，然后按照结算规则对违约方采取相应的处置措施，弥补其违约造成的损失。

在2007年到2008年发生的国际金融危机中，交易所场内市场的中央对手方在吸收和消除因雷曼破产导致的重大风险中取得了普遍的成功，不仅通过账户转移消除了雷曼破产带来的客户资产风险，还通过风险共担、快速处置等方式将损失控制在了中央对手方内部、没有向外传导。而在场外市场，那些未经中央对手方结算的信用违约互换合约，却最终给市场主体带来了巨大的损失。这充分说明了中央对手方具有突出的风险防控功能。基于对中央对手方作用达成的共识，2009年9月G20匹兹堡会议期间，世界各国领导人决定在金融领域制定统一的实施标准并加强中央对手方结算模式在全球的推广。

二、中央对手方制度的法律基础

根据PFMI规定，中央对手方是通过约务更替、公开要约或其他具有相近功能的、具有法律约束力的安排，成为所有市场交易的对手方。这些制度安排是中央对手方机制得以实现其基础功能的主要法律保障。一般来说，中央对手方的法律基础是“约务更替”或者“公开要约”。①

---

① 戴文华、中国证券登记结算有限责任公司编著：《中央对手方》，中国金融出版社2020年版，第49页。

约务更替（Novation，亦可译为“合约更替”“合约更改”“债的更新”或“责任更替”等）指新合同对旧合同的替换，它的起源可以追溯至罗马法（拉丁语中称为 Novatio），在大陆法系和英美法系（也称普通法系）中均有体现。在“约务更替”这一过程中，既有可能由新的权利义务取代旧的权利义务，又有可能由新的合同方取代旧的合同方。此时，因旧合同下原有的权利义务被新合同下的权利义务所替代，旧合同因此消灭；而新合同下的相对方，则有可能不完全是旧合同下的相对方。①

公开要约（Open Offer），是指向不特定相对人发出的要约，此种要约向不特定相对人（如公众）表达了要约人愿意受要约约束的意愿，并具有不可撤销性。在该制度下，中央对手方向市场上所有交易者公开发出要约，对市场上的买卖意向进行撮合。当市场上有买方和卖方提出的意思表示（品种、价格等）一致时，中央对手方立即自动以自己的要约与该双方交易者相匹配，以该一致的意思表示为要约内容，与买卖双方分别同时达成合同，而原始买卖双方之间则不存在合同关系。②

本条第 1 款明确“证券登记结算机构作为中央对手方提供证券结算服务的，是结算参与人共同的清算交收对手”。以文义解释，证券登记结算机构介入证券交易合同中，一份证券交易合同转化成两份合同，其中原证券交易合同的双方当事人分别是该两份合同的一方当事人，他们共同的另一方当事人为证券登记结算机构。《证券登记结算管理办法》第 46 条规定：

证券登记结算机构与参与多边净额结算的结算参与人签订的结算协议应当包括下列内容：

1. 对于结算参与人负责结算的证券交易合同，该合同双方结算参与人向对手方结算参与人收取证券或资金的权利，以及向对手方结算参与人支付资金或证券的义务一并转让给证券登记结算机构；

2. 受让前项权利和义务后，证券登记结算机构享有原合同双方结算参与人对其对手方结算参与人的权利，并应履行原合同双方结算参与人对其对手方结算参与人的义务。

从上述规定看，证券法中中央对手方制度可以《民法典》第 555 条、第

---

① 戴文华、中国证券登记结算有限责任公司编著：《中央对手方》，中国金融出版社 2020 年版，第 50 页。

② 戴文华、中国证券登记结算有限责任公司编著：《中央对手方》，中国金融出版社 2020 年版，第 52 页。

556条有关合同权利义务概括转移的相关规定作为其法律基础。从法律适用上看，证券法中有关中央对手方规定具有优先适用性，民法典合同编中合同权利义务概括转移的规定则发挥补充适用的功能。

三、净额结算

结算可以分为全额结算与净额结算。全额结算是指对交易中的每一笔资金与标的对应的债权债务关系均进行单独逐笔计算，也可以称为逐笔结算。该结算方式以单笔交易数据或由特定机构确认的单笔数据为准，对于不同交易中的清算数据，即使对手方相同、交收品种相同、交收日相同，也需要以结算参与人为单位分别进行清算交收，逐笔交付标的或资金。①

净额结算又称轧差结算，是指各结算参与人按照确定的规则，将彼此间债权债务关系进行合并抵销，并按抵销后差额进行交收的方式。净额结算相当于是在交易数据的基础上，又对同一交收日、同一标的类型的数据以结算参与人为单位再次进行了分类汇总。净额结算过程中可以有中央对手方介入，也可以仅由证券结算系统进行结算，对于后者，结算参与人需自行承担违约所造成的交收失败的影响。②

净额结算可以分为双边净额结算和多边净额结算两种方式。双边净额结算是对交易双方达成的全部交易的余额进行轧差，交易双方按照轧差得到的净额进行交收的结算方式。多边净额结算是指在某个证券交易市场，以结算参与人为单位对其某个时段（通常为一个交易日）达成的所有交易的应收应付证券和资金进行轧差，每个结算参与人根据轧差所得净额进行交收的结算方式。一般在多边净额结算情形下，证券登记结算机构多作为中央对手方介入结算参与人之间。

而非中央对手方介入的多边结算模式，由证券结算系统负责对结算参与人之间的头寸进行轧差清算，并组织资金的划转与标的的交收。该模式下，原债权债务关系的权利方、义务方并未发生改变，因此如结算参与人未能完成某笔资金的交付，则该多边净额就不再有效。为避免因部分结算参与人的违约影响整个证券结算的处理，通常证券结算机构会对多边净额进行再次计算。③

---

① 戴文华、中国证券登记结算有限责任公司编著：《中央对手方》，中国金融出版社2020年版，第66页。

② 戴文华、中国证券登记结算有限责任公司编著：《中央对手方》，中国金融出版社2020年版，第67页。

③ 戴文华、中国证券登记结算有限责任公司编著：《中央对手方》，中国金融出版社2020年版，第72页。

四、货银对付

货银对付（Delivery versus Payment，DVP）俗称“一手交钱，一手交货”，是指在证券交易过程中，证券交易买卖双方证券交收和资金交收同时完成。货银对付是合同法中同时履行抗辩权在证券交易合同履行中的体现。货银对付是防范对手方本金风险的一项制度安排。根据国际证券市场的实践，在证券登记结算机构的参与下，证券集中交易过程中的货银对付有三种实现模式：（1）证券与资金同时逐笔全额对付。结算系统在全额基础上完成证券和资金交收，从卖方到买方的证券交割与从买方到卖方的资金支付同时发生。（2）证券逐笔全额与资金净额同时对付；结算系统在全额基础上完成证券交收，证券交割在交收处理周期内自始至终进行，但在净额基础上于交收处理周期期末按净额完成资金转账。（3）证券净额与资金净额同时对付。结算系统在净额基础上完成证券和资金结算，证券和资金的终局性转账均在交收处理周期的期末发生。

五、中央对手方保障规则：结算履约优先原则

在多边净额结算模式下，证券登记结算机构作为中央对手方集中了全市场的风险，其业务具有连续性、系统性、不受干预及中断的特点。如果由于个别参与人、投资人的纠纷或破产清算，造成进入清算交收环节的财产被挪作他用或被强制执行，正常的交收秩序将被打乱甚至中断，不但会引起众多参与主体权利义务、财产权益的变动，甚至可能引发系统性风险。为了维护证券市场正常秩序，保证证券交易的连续性，在交收完成之前，任何人不得动用用于交收的财产，包括证券、资金和担保物。这就是结算财产履约优先原则。该原则是平衡个别信用风险与结算系统性风险的制度安排。

六、违约处置规则

出现结算参与人违约情形，作为中央对手方的证券登记结算机构基于与结算参与人之间的合同，有权采取相应的救济措施。本条第 4 款明确证券登记结算机构有权按照业务规则，处理前款所述财产，即“用于交收的证券、资金和担保物”。

【适用指引】

中央对手方是中国结算为场内市场提供交易后服务的重要职能和角色。在 2005 年证券法修订后就提出在证券结算过程中要按照货银对付的原则完成交收，以防范市场敞口风险，保障交易安全。因我国证券市场长期以来形成的独特的投资者“T+1”卖出的交易习惯等原因而迟迟未能完全落地，但市场演进过程中也相应配套了客户全额保证金制度和市场前端监控措施，因此，一定程

度上也可保障基本的交易秩序。随着“沪深港通”“沪伦通”等我国资本市场对外开放程度的提高，与国际市场通行标准的衔接日益迫切，货银对付原则需尽早完全落地。①

第一百五十九条　证券登记结算机构按照业务规则收取的各类结算资金和证券，必须存放于专门的清算交收账户，只能按业务规则用于已成交的证券交易的清算交收，不得被强制执行。

【条文主旨】

本条是关于证券结算履约财产执行豁免制度的规定。

【条文释义】

一、证券结算履约财产执行豁免制度

证券交易具有标准化、涉众性、频率高的特点，设置相应的规则以保护交易的连续和安全显得尤为重要；加之证券登记结算机构作为中央对手方提供证券结算服务，集中了市场上全部的对手方风险，也需要有相应的制度安排以分散风险，证券结算履约财产执行豁免就是一项重要的制度。

在证券交易场所达成的交易具有不可撤销性，这就意味着达成的这些证券交易必须进行清算交收，中央对手方制度的安排使得交易一方即使不能履行交收义务，证券登记结算机构也需要向对手方进行履约。如果证券登记结算机构收取了用于清算交收的证券、资金、担保物之后被强制执行，证券登记结算机构为了履行中央对手方的职责，不能以进入交收程序的财产被强制执行为由对抗其他结算参与人，只能被迫垫支。如此，必将影响整个结算和交易系统的正常运行，并最终导致无辜投资者的合法权益遭到损害，甚至埋下系统性风险的隐患。因此，结算财产执行豁免制度，即证券、资金、担保物等处于清算交收履约过程中的财产，不得被强制执行，旨在保障证券登记结算机构向其他证券公司等结算参与人履约，最终保障证券公司等结算参与人向投资者履约，保证了证券交易的连续性，也维护了投资者证券财产的安全。证券结算履约财产执

---

① 笔者认为，在法律层面进一步明确定义证券登记结算机构的违约处置权为担保权范畴中的“商事留置权”是货银对付改革项目中多项举措中的重要一环。

行豁免与保护申请执行人的合法利益、维护执法机关的权威并不冲突，在清算交收完成之后，证券交易的履行宣告完成，交易标的证券、资金权属也最后确定，已不再属于清算交收履约财产，此时，执行机构可再对相关权属清晰的财产进行强制执行。

二、不得被强制执行的证券结算财产相关限制性规定

强制执行是国家行使公权力的行为，其依据为生效的法律文书，具有强制性，强制执行的实施也需要按照法定程序办理，因此为维护强制执行的秩序，保护申请执行人的权利，对于不得被强制执行的证券结算财产，本条也作出了限制性的规定：

一是不得被强制执行的结算财产必须是证券登记结算机构按照业务规则收取的各类结算资金和证券，必须存放于专门的清算交收账户。明确存放于专门的清算交收账户，以保证该类财产有一个清晰的外观，有别于证券登记结算机构的自有财产等其他财产，避免发生混同。①

二是不得被强制执行的结算财产只能按业务规则用于已成交的证券交易的清算交收。

【适用指引】

为规范执行证券交易结算业务所涉财产的行为，维护我国证券市场安全和稳定，1997年、1998年和2004年，最高人民法院先后出台了《关于冻结、划拨证券或期货交易所、证券登记结算机构、证券经营或期货经纪机构清算账户资金等问题的通知》（法发〔1997〕27号）、《关于贯彻最高人民法院法发〔1997〕27号通知应注意的几个问题的紧急通知》（法明传〔1998〕213号）和《关于冻结、划拨证券交易结算资金有关问题的通知》（法〔2004〕239号）等三项司法解释。上述司法解释为证券市场的稳定和发展起到了重要作用。2005年修订的证券法第168条将前述司法解释确定的原则进一步上升为法律原则，明确规定，证券登记结算机构按照业务规则收取的各类结算财产，只能按照业务规则用于已成交交易的清算交收，在交收完成前，任何人不得动用并不得被强制执行。2008年由最高人民法院、最高人民检察院、公安部、中国证监会联合发布的《关于查询、冻结、扣划证券和证券交易结算资金有关问题的通知》

---

① 《关于查询、冻结、扣划证券和证券交易结算资金有关问题的通知》（法发〔2008〕4号）进一步对此类专门的清算交收账户作出明确。

（法发〔2008〕4号），对证券结算履约财产强制执行豁免作出了进一步的明确。本次证券法修改，本条未予修改。

按照《关于查询、冻结、扣划证券和证券交易结算资金有关问题的通知》（法发〔2008〕4号）的规定①，（一）证券登记结算机构依法按照业务规则收取并存放于专门清算交收账户内的下列证券，不得冻结、扣划：1. 证券登记结算机构设立的证券集中交收账户、专用清偿账户、专用处置账户内的证券；2. 证券公司按照业务规则在证券登记结算机构开设的客户证券交收账户、自营证券交收账户和证券处置账户内的证券。（二）证券登记结算机构依法按照业务规则收取并存放于专门清算交收账户内的下列资金，不得冻结、扣划：1. 证券登记结算机构设立的资金集中交收账户、专用清偿账户内的资金；2. 证券登记结算机构依法收取的证券结算风险基金和结算互保金；3. 证券登记结算机构在银行开设的结算备付金专用存款账户和新股发行验资专户内的资金，以及证券登记结算机构为新股发行网下申购配售对象开立的网下申购资金账户内的资金；4. 证券公司在证券登记结算机构开设的客户资金交收账户内的资金；5. 证券公司在证券登记结算机构开设的自营资金交收账户内最低限额自营结算备付金及根据成交结果确定的应付资金。（三）证券登记结算机构依法按照业务规则要求证券公司等结算参与人、投资者或者发行人提供的回购质押券、价差担保物、行权担保物、履约担保物等担保物，在交收完成之前，不得冻结、扣划。

---

① 《关于查询、冻结、扣划证券和证券交易结算资金有关问题的通知》（法发〔2008〕4号）第5条至第7条。

第十章　证券服务机构

由于新证券法增加信息披露和投资者保护两章内容，证券服务机构相关内容从第八章调整至第十章。虽然本章条文数量由原先的五条减为四条，但是其内容却发生了质的变化。新证券法关于证券服务机构的规定落实了“放管服”要求，改变除证券投资咨询以外的其他证券服务业务的事前准入审批制为备案制；压实市场“看门人”法律职责，提高证券服务机构违法处罚幅度；增加证券服务机构资料保存义务。具体而言，新证券法关于证券服务机构修订的亮点主要体现在以下几个方面：

首先，对证券服务机构监管方式的创新（证券法第160条）。改革证券服务机构市场准入机制，除证券投资咨询服务业务实施核准制之外，其他证券服务业务均实行双备案制，即从事其他证券服务业务，应当报证券监督管理机构和国务院有关主管部门备案。这体现了我国证券监管模式逐步从政府主导的“监护式监管”转变为以市场自律为主的“功能性监管”。取消证券服务机构从业人员的资格要求，资格管理下放至行业协会自律管理（原证券法第170条删除）。遵循简政放权的原则，明确证券服务机构作为市场“看门人”的地位，有利于发挥行业自律监管职能，也符合证券行业的发展趋势。

其次，对证券服务机构义务、责任的强化。主要体现在：第一，明确证券服务机构勤勉尽责、恪尽职守的义务。诚实守信、勤勉尽责是强化投资者保护的重要制度安排。其严格履行核查验证、专业把关的“看门人”法定职责，也有助于提升证券市场主体信息披露质量。第二，新增对客户资料的保存和管理义务（证券法第162条）。明确证券服务机构对客户资料的保存和管理义务，是勤勉尽责义务的具体要求，也是维护商业声誉的具体措施。第三，提高未履行勤勉尽责义务的违法处罚幅度，由原来最高处以业务收入五倍的罚款，提高到十倍，情节严重者并处暂停或者禁止从事证券服务业务等。对于从业人员，明确在任期或法定期限内，不得违规持有、买卖证券，否则没收违法所得，并处以等值以下的罚款，除了加大行政处罚力度，还增大了承担民事责任的概率，确立了投资者服务机构作为代表人进行集体诉讼的制度，鼓励在虚假陈述案件中遭受损失的投资者索赔。

最后，对内容体系化、条文表述精确化的修订。表现为：第一，调整证券服务机构的范围，新增律师事务所、信息技术系统服务机构。第二，明确“证券投资咨询机构”的称谓使之表述更为精确。第三，将会计师事务所出具的“审计报告”扩展到“审计报告及其他鉴证报告”，更符合实践操作的监管需求。第四，将发行人、上市公司扩展为“委托人”。第五，为适应多层次资本市场的发展，将买卖本证券投资咨询机构提供服务的“上市公司股票”修改为“证券”。

第一节　本章新制度

一、备案制

证券服务机构，即在证券市场上为证券投资者提供信息认证服务、为证券发行和上市出具相关法定文件，发挥市场“看门人”作用，以保证证券品质的服务性机构。其范围包括证券法第 160 条列举的从事证券服务的会计师事务所、律师事务所以及从事证券投资咨询、资产评估、资信评级、财务顾问以及信息技术系统服务的各类机构。证券服务机构作为证券市场的重要组成部分，承担着核查验证、专业把关的“看门人（gatekeeper）”[①] 法律职责，发挥着平衡证券市场主体之间信息不对称，降低交易成本的作用。在本次证券法修订之前，相关机构从事证券服务业务，必须经证券监督管理机构和有关主管部门批准。在注册制改革的背景下，为推进证券服务业务进一步市场化，经本次修订，除

---

① 学者对于“看门人”的定义各有不同，最早追溯到 20 世纪 80 年代哈佛大学法学院教授 Reinier Kraakman 在 *Gatekeepers: The Anatomy of a Third - Party Enforcement Strategy* 一文中认定“看门人”为“通过拒绝与违法者合作，实现阻断违法目的的专业人士，具有独立性”；而 Assaf Hamdani 在 *Gatekeeper Liability* 一文中指出“看门人”是指“向希望进入特定市场或者从事某一特定活动的客户销售必需的商品或者服务的组织”；哥伦比亚大学法学院教授 John C. Coffee Jr. 在 *Understanding Enron: It's About the Gatekeepers, Stupid* 一文中认为“看门人”理论的核心在于声誉资本绑定机制，据此提出“看门人”是在资本市场中为投资者提供认证与验证服务的信誉中介机构。学者间对于“看门人”的具体表述虽有不同，但定义范畴均是在资本市场领域，同时将功能设定为提供某些独立性服务，且定位亦均是为投资者服务。

从事证券投资咨询服务业务需要经证券监督管理机构核准以外，其他证券服务业务均实行“双备案制”。① 证券服务业务备案制的产生有其深刻的理论基础和制度价值，在适用中只有准确把握其法律性质，才能更好地实施。

（一）产生背景

长久以来，我国证券服务业务实行严格的准入制度，这在一定程度上造就了“寡头市场”的形成。根据证监会官网公开信息显示，近年来涉及证券服务机构的行政处罚不在少数，理应承担“看门人”角色的证券服务机构反而成为委托人违法违规的“帮凶”，不少知名机构如大成律师事务所、银信资产评估有限公司、大信会计师事务所等都受到了证监会的处罚。但是这种行为却屡禁不止，仍然有不少证券服务机构触碰法律红线。虽然证券服务机构较为重视其“信誉资产”，但是在之前审核制准入模式下，单纯的行政处罚或市场信用记录似乎并未起到较好的证券市场治理效果。在金融市场不断开放和发展的今天，我们需要为证券服务市场注入新鲜的血液，发挥市场机制作用，让市场自行选择。只有经历市场化的大浪淘沙，才能真正地增加证券服务业务有效供给，促进证券服务市场乃至证券市场的良性发展，让证券服务机构更好地扮演“看门人”角色。

备案制改革是对国务院推进的“放管服”改革在金融领域的践行。在本次证券法修订以前，所有证券服务机构均采取审批制的准入模式，这不仅增加审核部门的工作量，且行政机关粗放式的管理模式往往导致其在审批中忽略重要信息，而且行政机关在审批完成后对证券服务机构的监管存在一定松懈。基于此，立法者借本次证券法修订中准入模式的改革，将证券服务机构的事前审批为主转变为事后监管为主，强调行政机关的事后监管职能，以便更好地为金融市场发展保驾护航。

此外，证券服务业务准入门槛的降低是实现金融服务业开放的重要环节。在保证国内金融稳定的前提下，运用服务贸易总协定中的“不对称原则”，逐步开放市场，使国内的证券服务机构能够积极参与国际市场竞争，并在竞争中提高自身实力，与国际金融市场接轨，有利于培育良性的市场竞争氛围，有助于推进我国金融市场的国际化。

---

① 新证券法第160条第2款规定：“从事证券投资咨询服务业务，应当经国务院证券监督管理机构核准；未经核准，不得为证券的交易及相关活动提供服务。从事其他证券服务业务，应当报国务院证券监督管理机构和国务院有关主管部门备案。”

（二）理论基础

证券服务机构作为证券市场的中介，其扮演着证券市场“看门人”的角色。科菲教授在《看门人机制：市场中介与公司治理》一书中对看门人下了准确的定义：那些以自己职业声誉为担保向投资者保证发行证券品质的各种市场中介机构。他指出这种声誉中介（reputational intermediary）的运行机制和看门人拥有声誉资本的原因在于：“他们将自己的剩余资本借给或抵押给公司发行人，从而投资者或市场能够据此信赖公司发行人的信息披露和证券品质，他们是市场中的重复交易者，已经在市场中经营多年，服务了大量客户。”①

声誉资本只有在充分竞争的市场中才最能凸显其作用。但是近十几年来，看门人机制却表现出其在实际运行中的局限性。譬如，2001 年美国安然事件、资信评级机构在 2008 年国际金融危机时期的集体渎职、国内诸多证券服务机构长期以来为上市公司出具虚假文件等。在察觉到看门人机制失效的情况后，世界各国均采取相应措施，比如美国 2002 年通过《萨班斯—奥克斯利法案》，奥巴马政府的一揽子金融计划，英国在 2008 年金融危机后改革 FSA 并发布了《2012 年金融服务法草案》等一系列法案和文件，都有利于加强各国对资信评级机构、会计师事务所、律师事务所等机构在从事证券服务业务时的监管，以解决“看门人机制”失灵问题。具体到我国，正是因为长久以来我国证券服务业务市场的准入门槛较高，行政处罚力度较小，部分证券服务机构不惮于行政处罚和声誉资本的损失，仍然违规操作。本次证券法修改，不仅改革了证券服务业务的准入模式，为证券服务市场带来源头活水，以此加大行业内部竞争和淘汰力度，实现证券服务机构的宽进严出，还提高了对证券服务机构违法行为的处罚力度，提高了相应的行政处罚和事后监管力度，有助于提高证券服务机构对声誉资本重视程度、促进证券服务市场的良性发展、降低“看门人机制”失灵程度。

（三）制度价值

证券创新的复杂性增加了风险管理的难度，证券创新的高流动性增加了金融系统的不稳定性，政府过度监管不仅容易增加交易成本，而且干预市场机制作用的发挥。从我国以往“监护式监管”理念指导下的审批制实践来看，由于各证券服务机构的具体职能不同，证券法难以做出具体的审批管理办法，只能授权监督管理机构和有关主管部门制定审批管理办法。这不仅增加立法成本，

---

① ［美］约翰·C. 科菲：《看门人机制：市场中介与公司治理》，黄辉、王长河等译，北京大学出版社 2011 年版，第 3 页。

而且证券服务市场本身的市场机制难以有效发挥，导致市场运行效率低下。因此，证券市场的有效运转应该坚持适度监管的理念，有效发挥市场本身的作用。

法律以社会为基础，制度的变革应服务于社会发展的需求。实施备案制，并非降低标准，而是顺应市场化发展要求，刺激行业适度性增长。实施备案制也并非放松监管，而是改变监管方式、强化监管力度，强化证券服务机构主体的合规操作意识。备案制的实质是将监管重心从事前监管转变为事中和事后监管，加大违规操作行为的处罚力度。宽进严出的监管理念和制度设计有助于增强证券服务机构自我规范、自我意识提升，努力提升自身的业务水平和执业能力，遵守职业道德、加强内部控制、强化风险意识、确保执业质量；有助于证监会获取证券服务行业真实信息，从而开展有针对性的风险监测与预警工作，提高监管效率。

（四）法律性质

证券服务机构从事证券服务业务的备案管理，是证券法吸收“放管服”改革精神、深化推进简政放权的重要体现，也是创新监管机制、全面实施注册制的立法配套机制。与此同时，为降低证券服务行业的准入门槛、促进公平竞争，备案管理也是证券法夯实证监会对证券服务机构从事证券服务业务实施“功能性监管”的具体化措施，体现了“放开前端、管住后端”的监管思路，证监会的职责将回归市场以自律为主的监管本位。

证券服务机构备案属于“事后备案”“告知性备案”，而非行政许可的法律性质。① 证监会对证券服务机构的监管应助力于市场回归理性，强化事中事后监管。近年来A股市场欺诈发行、财务造假丑闻频现，部分上市公司被证监会查处，相关证券公司、会计师事务所、律师事务所等证券服务机构也因未尽勤勉尽责义务遭到处罚。不仅如此，注册制改革将引发证监会、交易所、服务机构等市场参与主体角色和职能嬗变。证监会前端实质审核的权力“隐退”，仅监督证券交易所的审核工作。证券交易所作为自律管理组织，以发行人、服务机构提供的相关信息披露文件为基础，负责审查申请文件的真实性、准确性、完整性，并通过公布问询的方式接受市场的监督。证券服务机构作为上市文件的第一道把关者，承担事实上的实质审核权。基于公共监管者的角色定位，证

① 证监会就《证券服务机构从事证券服务业务备案管理规定》公开征求意见时明确提出证监会严格遵循“放管服”要求，坚持“备案”的非行政许可法律定位，明确证券服务机构备案属于“事后备案”“告知性备案”的法律性质，不对证券服务机构从事证券服务业务设定前置性条件。

监会与证券服务机构对证券市场均具有监管职能，证券服务机构作为证监会监督证券市场的触角，对发行人的证券质量具有背书的作用。证监会通过压实证券服务机构“看门人”的法律地位，有助于更好地保障证券市场有序运转，保护投资者合法权益。因此，实施备案制有助于提升证监会监督证券服务机构的内在激励，落实规范证券市场的监管职责，集中精力加强查处和惩处违法行为，增强和重振投资者对市场的信心，实现保护投资者合法利益的终极目标。

（五）完善备案制实施的配套措施

证券服务机构种类繁多，为便于证券服务机构高效、便捷完成备案，提高监管工作的针对性和有效性，需设定相关规则保障备案制的实施，进一步完善备案制实施的配套措施。

1. 夯实证监会功能性监管定位

备案制的实施为应对当前证券服务行业监管困境提供新的契机，在控制风险的前提下降低市场准入监管，将监管重心后移，着重准入后的动态监管，强化对违规行为的适时监管和处罚，达到鼓励证券服务创新、激发市场活力的目的。

备案登记制的实质是形式审查，由资格准入的审核批准转变为备案登记，监管部门只对申请文件的完整性和真实性进行合规性核查，不再对申请文件的内容做实质性审查。为便于证券服务机构完成备案要求，应明确证监会的功能性监管定位，贯彻事中、事后的监管理念，进一步落实备案规则，简化备案程序，并结合现代信息技术，实行全国联网和类型化管理等举措，发挥信息在监管中的功效。以备案登记申请文件为例，其备案内容主要包括证券服务机构及其从业人员的职业能力和职业素养。证券服务机构应对其是否受过行政处罚、纪律处分、行业惩戒以及监督管理等情况进行备案。从业人员应对其职业能力、有无刑事犯罪、是否受过行政处罚等职业征信情况进行备案。

应积极完善备案信息共享机制。目前证监会监管科技 3.0 建设工作业已全面铺开，为督促证券服务机构归位尽责，着力提升监管工作的针对性、有效性，强化风险导向性问题意识，缓解监管低效的困境，证监会及证券服务行业主管部门应当充分发挥现代信息技术的互联互通功能，健全备案信息共享机制，提升科技监管水平。结合证券服务业务特点和风险控制要求，协同人民银行征信中心、国家企业信用信息公示系统获取证券服务机构及其从业人员的征信信息，保障信用信息获取的准确性、真实性、便捷性，并通过全国信用信息共享平台建立证券服务行业公共信用信息数据库。基于此，能够降低证券服务机构“自证清白”的形式化要求，实现高效信息披露、信息公示，以及异议处理和联合惩戒等功能。同时，备案信息共享机制也将助益于完善行业统计监测信息以及其他有利于规范和优化行业环境的相关信息服务。

2. 限制公权力对证券服务市场主体的过度干预

市场的虚假繁荣、熔断机制的失败尝试、违法现象的屡禁不止、违规操作行为的层出不穷，都表明证券市场有效治理机制的缺失。证券市场的治理应当遵循市场规律，证券监管应当从“全能型”向“有限型”的权力结构转型，发挥市场在资源配置中的决定性作用，制定符合市场快速变化的管理规则，以推动证券市场的发展。涉及系统性风险和公共利益而依靠市场自发作用难以约束的领域，行政监管应适时到位。相反，对于行业自律和市场机制能够较好发挥作用的领域，法律规则的配置比重可相应降低。

证券发行注册制背景下，证券服务机构的工作重心从服务证监会向服务证券投资者转变。发行人是否充分履行信息披露义务，不再经由证监会实质审核，而是交由市场投资者依靠市场机制对发行人的资产情况、证券质量、投资价值做出判断，投资者在其自担风险与利益保护之间能否实现真正的平衡则主要依靠证券服务机构“看门人”作用机制的发挥。证券服务机构应为投资者提供信息收集、加工、传输和验证服务，确保信息披露的真实、准确与完整，则需要形成以证券服务为核心竞争力的证券服务市场。

在“放管服”的政策背景下，应厘清政府与市场的关系，发挥“市场晴雨表”的功能。[①] 让政府的归政府，市场的归市场，既激发市场的微观活力，又做好政府的宏观治理。注重行政监管部门与行业协会的协同监管功效，创造良好的外部环境。划分证监会与证券交易所的具体职能，证监会的监管权力更多地下放至证券行业内部，应当赋予自律监管部门特定的监管权能，以增强其职能发挥的独立性。赋予证券交易所实质审核权，及时监督上市公司的行为，审核会计信息披露报告的质量；授予其公开批评、警告以及公开处罚等适当的处罚权，以提高证券交易所的震慑力，达到市场监管的目的。

3. 优化证券服务机构行业自律管理

如何让证券服务机构既能加强自律，又能在市场上发挥应有的“看门人”作用，提高市场的运行效率，是目前我国迈向成熟证券市场法治亟须解决的问题。

由于证券市场存在监管主体分工不明、政府监管难以克服其刻板性和滞后

---

① 郭锋：《大金融视野下的证券监管理念和〈证券法〉修改路径》，载《金融服务法评论》2013 年第 4 卷。

性等弊端，在以政府主导为核心的传统监管模式下，自律监管发挥效用的空间较少。而在简政放权、放管结合、优化服务改革的政策基调下，证券服务机构自律治理具备的灵活性和及时性得以显现，能够更全面、细致地维持证券行业秩序，充分保护投资者权利。比如，在备案制下，行业协会对资信评级机构的监管着重强调评级机构的独立性、透明度、利益冲突、评级程序规范等，要求信用评级机构进行充分信息披露，便于市场各方对信用评级机构的评级质量、评级技术、人员配备、从业经验等做出比较和判断。① 备案制并不意味着对评级机构监管的放松，反而对评级机构业务实施提出了更高的要求，而对这种要求的监管可由证券服务机构行业自律治理发挥一定的作用。

综上，证券服务机构自律治理的适应性与多样性能够保障资本市场的灵活性，② 能够准确、快速地分析市场动态，及时确定治理方法，充分调动市场活力，有助于促进股市健康发展和应对行业乱象。证券服务机构作为贴近市场、了解市场的“前线阵营”需要明确自身定位，探索出一条以保护投资者权益、维护市场秩序为目的，能够解决市场乱象的、更加符合市场规律的、灵活且全面的发展道路。因此，证券服务机构是市场的第一层把关者，相对于行政监管而言，其与发行人、上市公司等的接触更加便捷，发挥证券服务机构行业自律监管的主动性和积极性作用，有助于实现其对行政监管的有效协助，发挥证券市场自律治理的效果。

4. 明确证券服务机构的职能与责任

政府职能转变使得作为证券市场看门人的各类服务机构迎来空前机遇，同时也面临巨大挑战。就机遇而言，投资者判断证券的价值将更加依赖于服务机构对发行人信息的审核、校验，且注册制背景下审核流程加快，证券服务机构自然也会获得更多的商业机会。就其面临的挑战而言，证券服务机构具有核查发行人信息披露是否真实有效、审查公司是否达到证券市场准入门槛和保证拟发行证券品质的职能。然则如何压实证券服务机构“看门人”的职责，如何确保其能够勤勉尽责，切实发挥核查把关作用，是稳步推进备案制改革的关键。

---

① 《信用评级业管理暂行办法》第 2 条规定：“……信用评级，是指信用评级机构对影响经济主体或者债务融资工具的信用风险因素进行分析，就其偿债能力和偿债意愿作出综合评价，并通过预先定义的信用等级符号进行表示……信用评级机构，是指依法设立，主要从事信用评级业务的社会中介机构……”即由专门的经济、法律、财务专家组成的对证券发行人和证券信用进行等级评定的组织。

② 侯东德：《证券服务机构自律治理机制研究》，载《法商研究》2020 年第 1 期。

对此，可参照美国萨班斯法案（Sarbanes - Oxley Act，SOX 法案）的规定，[①] 做好以下几个方面工作：

一是强化服务质量控制建设。各类证券服务机构应严格按照职业标准，运用专业的技术手段对发行人和上市公司财务状况等指标进行严密谨慎的审计，必须确保提供证券服务过程中的每一项数据信息的真实准确，并且在提供证券服务的过程中，要始终秉持怀疑态度，严格按照执业准则与规范开展工作，对各种可能性干扰因素都应该时刻保持警觉，力求审查工作的准确性。

二是提高执业能力与职业道德水平。公开信息披露是监管的核心领域，独立性是服务机构对外提供服务之本。故此，要求证券服务机构在履职过程中应当树立合规意识，提升执业水平，强化信息披露，强化勤勉尽职能力，以助推资本市场的有序发展。具体而言，证券服务机构应对信息披露过程严格把控，严守中立，谨慎审核文件，在核准发行人重要合同等发行文件时，必须经过切实调查，确保出具文件或核准文件过程的完整性、合法性，确保信息披露的真实性、准确性，也要保证自己出具的文件经过合理的调查、认证，恪尽应有的注意义务，避免实质审查流于形式。切实提高执业能力，加强职业道德的培养与考核，从根本上改善诚信环境，推动行业发展。

三是明确各类证券服务机构的权限范围，避免权能交叉导致的效率低下。有业务联系的证券服务机构之间要尽可能地配合协作，不能轻率地引用其他证券服务机构的意见文件并以此为不承担责任的借口，即对于其他证券服务机构的文件也需要进行一定程度的实质审核。整个证券服务行业应当形成一个完整的实质审核体系，力求全面监督和规范发行人、上市公司等证券市场主体的行为。

二、证券服务推行严格审查机制

此次证券法修订对证券服务机构制作、出具相关文件提出总括性要求，即应当履行勤勉尽责义务、核查验证义务、资料保存义务。细化证券服务机构的责任，加大对违规行为的处罚力度，一方面，提高对证券服务机构的行政处罚

---

① 美国 SOX 法案确定了会计职业监督、公司治理、证券市场监管等一系列规则。比如会计师事务所在审计过程中遇到的重大事项必须及时报告上市公司内部的审计委员会；禁止会计师事务所在进行审计业务的同时提供非审计业务；要求美国证券交易委员会成立上市公司会计监督委员会，该委员会由美国证监会授权制定审计准则、会计师事务所注册权、日常监督权、调查和处罚权等；要求证券分析师、经纪人和交易商在研究报告公布的同时，披露已知的和应当知晓的利益冲突事项等。

幅度，由原来最高处以业务收入五倍的罚款，提高到十倍，情节严重者并处暂停或者禁止从事证券服务业务等；另一方面，增加了承担民事责任的概率，确立了投资者服务机构作为代表人进行集体诉讼的制度，鼓励虚假陈述案件受损失的投资者积极索赔。

近些年接连查处的证券服务机构 IPO 违法违规案件以及“联合行骗”现象无不打破了投资者对证券市场的信心，也破坏了证券市场秩序。正如有学者认为：“会计师的证明和律师的法律意见书作为导致经济损失的工具，比凿子、撬棍更为厉害。”[①] 因此，推行严格责任的目的是希望通过证券服务机构对证券欺诈等损害投资者利益的行为负责，加大违法成本，倒逼服务机构勤勉履行“看门人”职责，基于投资者诉求，客观中立地核验发行人信息的真实性、准确性和完整性。

（一）强化信义义务

勤勉尽责，意指忠实履行职责、尽心尽力、谨慎周全地工作。核查验证义务，即以有效的方法和手段，通过一定的程序核对、检查、验证自己所制作的文件资料内容的真实性、准确性、完整性，防止和避免自己制作、出具的文件有虚假记载、误导性陈述或者重大遗漏。为保证证券服务机构勤勉尽责，需强化证券服务机构的“声誉约束机制”，证券服务机构作为证券市场的重复博弈者，以声誉为发行人担保，保证发行人证券品质及信息披露准确。[②] 声誉资本是企业给社会公众留下的综合印象，是企业最强大的软性竞争力。现实中，行业自律缺乏且中介机构职责划分不清，加之看门人的收益来自于发行人而并非普通投资者的现实，若看门人从客户（发行人、上市公司）处获得利益大于其声誉价值，出于“理性”，则会选择牺牲声誉价值，追求从客户处获取的经济价值。故需对看门人施加严格法律责任约束，以弥补声誉约束的不足。[③]

第一，核查保密义务。证券法第 162 条贯彻严格审核治理理念，对证券服务机构关于“客户委托文件、核查和验证资料、工作底稿以及与质量控制、内部管理、业务经营有关的信息和资料”的核查保密义务提出了更高的执业要求。

---

① 刘志云、史欣媛：《论证券市场中介机构“看门人”角色的理性归位》，载《现代法学》2017 年第 4 期。

② 夏东霞：《科创板注册制背景下对中介机构“看门人”角色的再思考》，载《财经法学》2019 年第 3 期。

③ 彭志：《看门人机制为何失灵——论中介机构之归位尽责》，载《南方金融》2015 年第 12 期。

一方面，涉及对证券发行人、上市公司等主体的数据安全保护，同时有助于监管部门审查。另一方面，涉及对证券市场投资者个人信息的保护。我国民法典第111条虽规定了民事主体个人信息受法律保护，但仅为概括性的授权保护，对证券市场投资者个人信息保护缺乏可操作性。[①] 严令证券服务机构及其工作人员应当依法为投资者的信息保密，不得非法买卖、提供或者公开投资者的信息。这一规定决定着投资市场的质量和风险状况，影响投资者的投资心态和热情，对于证券市场的活力有着深远的影响。

第二，勤勉尽责义务。信息不对称理论阐释了证券服务机构勤勉尽责义务的重要性，即证券交易中的信息优势方易利用其优势地位，提供虚假、遗漏、过时、误导的信息，使处于信息劣势的投资者基于合理信赖做出投资决策。对此，解决证券市场信息不对称的途径为：采用一定机制使证券投资者获得更多信息，或激励优势方说真话。[②] 勤勉尽责是证券服务机构执业的内在要求，而证券服务机构勤勉尽责的实现是辅助行政监管、规范市场秩序的重要途径。证券服务机构利用自己的灵活性和信息获取的快速性等优势实现对上市公司的第一手监管，对公司的经营状况、财务情况、盈利能力情况、禁止情形和公司申请发行股票有无违法性、违法行为等问题进行审查，确保其真实性。就发行人、上市公司信息披露而言，通过看门人机制，可以有效降低融资成本，向市场彰显公司的内在品质，赢得投资人的信赖和投资意向。因此，证券服务机构应加强自我约束，勤勉尽责，提升证券服务行业的质量和能力；应严格守则、遵守监管程序、履行注意义务，发挥其对证券市场进行辅助监管的职能。

综上，注册制下监管权力由政府过渡到市场，而有效市场理论成立的一大前提为市场参与者获得市场可得信息的成本为零。真实、准确、完整的信息披露是有效市场理论发挥作用的关键。证券服务机构作为投资人与发行人的纽带，信誉是其立于证券市场的重要资产。作为理性的经济人，无论是律师、会计师还是其他证券服务机构，均会选择诚信尽责，以维护其市场地位换取更多的市场利益。

（二）健全法律追责机制

“在注册制改革背景下，投资者将过度暴露于市场，唯有责任的加重方能避

---

① 侯东德、苏成慧：《互联网证券监管问题研究——以网络安全风险防控为视角》，载《法学论坛》2019年第2期。

② 郭丹、窦玉前：《信息不对称视阈下的证券投资者保护》，载《黑龙江社会科学》2009年第6期。

免市场不完全给投资者带来的伤害。"① 强化民事责任、提高处罚力度，是注册制的内在要求，有助于在一定程度上遏制证券服务机构执业过程中的违规行为，对于提升上市公司质量、提高证券服务机构服务能力以及维护市场秩序有较大意义。对此，证券法第163条已做出合理的制度安排。

1. 明确不同主体的责任划分

证券服务机构的法律职责配置存在两种方式：第一种，对损失发生有过错的，提供发行或上市服务的所有证券服务机构应对投资人损失承担连带责任，符合证券法保护投资者的立法宗旨。但在实践中，基于证券业务的复杂性，注意义务成为证券服务机构承担责任的结果而非前提。第二种，以公平分配责任为原则，依主观过错决定中介机构的责任承担，不存在共同侵权时，采取与过错相适应的比例责任。但实践中，中介机构责任交织难以划分，美国之所以能采取区分责任的基础在于过失责任保险体系。②

证券服务机构既是资本市场的参与者，同时也是发行人、上市公司与投资者之间的联结者。在证监会"严进"的核准制框架下，证券服务机构扮演更多的是协助发行人应对审批、通过审批的角色。受利益驱使证券服务机构未勤勉核验发行人的相关材料、督导发行人信息披露，反而与发行人勾结串通损害投资者利益。那么，在"宽进"的注册制下，证券服务机构角色的"前台化"要求其承担更直接、更重的责任，但科以重任并不意味着对"公平正义"的背离。虽然"先行赔付制度"及严格的"保荐人牵头责任"有利于充分保护投资者的利益，但仍然需要明确中介机构之间责任分担的相关规则，否则可能造成证券服务机构之间过错与责任的不匹配。

目前A股实行"保荐人牵头责任"制度，保荐机构组织协调证券服务机构及其签字人员参与证券发行上市的相关工作。《保荐人尽职调查工作准则》规定，对发行人有中介机构及其签名人员出具专业意见的内容，保荐人也应结合尽职调查过程中获得的信息对专业意见的内容进行审慎核查。由此看来，注册制下若发行人虚假陈述，理应由保荐机构承担因牵头责任所带来的主要责任。而对会计师事务所等各类证券服务机构的责任，应与其承担责任大小、承揽业务所得金额相对应。比如若发行人造假财务报表，对此会计师事务所要承担较

---

① 侯东德、薄萍萍：《证券服务机构IPO监督机制研究》，载《现代法学》2016年第6期。

② 郭霹：《证券市场中介机构的法律职责配置》，载《南京农业大学学报（社会科学版）》2011年第1期。

大比例责任，再结合其违规收益额度来确定其赔偿责任大小。如此才能引导市场主体归位尽责，证券服务机构才能成为发行人信息披露真实性的担保者，而不是发行人虚假陈述的包庇者。

2. 加强行政处罚力度

注册制改革一方面降低了企业股票发行成本，促进了金融效率；另一方面却将投资者置于信息披露质量良莠不齐的境况中。保护投资者利益为价值依归的证券市场中介机构应发挥“看门人”作用机制，助力投资者核验发行人信息。然而，实践中不少服务机构未尽勤勉尽职义务，偏离了“看门人”角色本位，选择牺牲投资者利益而与发行人“同流合污”。对此，欲使证券服务机构理性回归“看门人”本位，须首先从制度根源入手，加强对违规行为的行政处罚力度。监管部门应加大对证券服务机构及相关专业人员的惩罚，针对违反行业准则、隐瞒内部控制缺陷、粉饰相关信息和虚假披露信息等行为给予严厉的处罚。其次从立法上廓清证券欺诈民事诉讼障碍，同时加大行政执法力度和刑事惩治力度，以提升违法违规成本，完善责任约束机制。最后通过采取相应措施来营造自由竞争的市场环境，方便投资者查询其行业信誉与职业能力，形成对证券服务机构的有力约束。唯有如此，方能使证券服务机构从迎合发行人顺利发行股票的“帮凶者”理性回归为保护投资者利益的“看门人”。

本次证券法修订大幅提高证券服务机构违法成本，对会计师事务所、律师事务所以及从事资产评估、资信评级、财务顾问、信息技术系统服务机构的证券违法违规行为，罚款由业务收入的一倍以上五倍以下上升至一倍以上十倍以下，没有业务收入或业务收入不足 50 万元的，处以 50 万元以上 500 万元以下罚款，对直接负责的主管人员和其他直接责任人员的罚款由 3 万元以上 10 万元以下上升至 20 万元以上 200 万元以下。此举意在减少上市公司违法行为，有助于提升资本市场整体质量。

3. 强化民事赔偿责任

近些年证监会增大了对股票市场不合规活动的监督管理力度，对违反有关规定的发行人、上市公司、证券服务机构等市场主体进行处罚。现行的处罚措施主要包括：罚款、暂停执业、吊销资格以及刑事处罚等，但投资者的民事赔偿却久未见成效。为此，应当健全和落实民事追责机制，在明确投资者享有法律索赔权利的同时，注重对违规人员具体民事赔偿责任的追究。另外，应健全民事诉讼机制，保障投资者可以利用法律渠道保障自身正当权益。本次修订还明确了证券服务机构的民事责任。即为证券的发行、上市、交易等证券业务活动制作、出具审计报告及其他鉴证报告、资产评估报告、财务顾问报告、资信评级报告或者法律意见书等文件，如有虚假记载、误导性陈述或者重大遗漏，给他人造成损失的，除能够证明自己没有过错外，应当与委托人承担连带赔偿责任。

4. 提升刑事处罚力度

目前证券服务机构的违法违规行为与责任的弱化存有直接关联。在注册制下，证监会由“审”到“监”的角色转化，监管方式由“事前”到“事中”“事后”的推移，权力由“政府”到“市场”的不断过渡，一定程度上赋予证券服务机构更多的权力空间，而与权力增加相对应的是责任的加重。[①] 但同时要防止过度惩戒给服务机构带来的“极刑”考验。[②] 因此，在注册制下投资者将过度暴露于市场，唯有归责的强化与责任的加重才能避免市场不完全给投资者带来的伤害。而刑事责任是最有效打击信用交易违法犯罪行为的制度安排，应当纳入规范证券服务机构违规操作行为的考量范畴。

证券服务机构责任约束机制的完善，应当建立民事责任、行政责任、刑事责任三者良好衔接的责任格局。要进一步优化民事责任、行政责任、刑事责任的立法和执法理念、方式。针对行政执法机关“以罚代刑”问题，应加强公安机关与行政执法机关的协作，明确行政违法与刑事犯罪的认定标准，提升证券服务机构刑事犯罪的处罚力度。

第二节　条款释义

第一百六十条　会计师事务所、律师事务所以及从事证券投资咨询、资产评估、资信评级、财务顾问、信息技术系统服务的证券服务机构，应当勤勉尽责、恪尽职守，按照相关业务规则为证券的交易及相关活动提供服务。

---

① 侯东德、薄萍萍：《证券服务机构 IPO 监督机制研究》，载《现代法学》2016 年第 6 期。

② 鉴于中介机构审查、验证等服务内容的复杂性，其具体义务内容不可避免地具有一定的多变性与复杂性，而从技术限制的角度来讲，即使中介服务机构尽到了足够的注意义务，仍然可能有违法违规行为的发生。

从事证券投资咨询服务业务，应当经国务院证券监督管理机构核准；未经核准，不得为证券的交易及相关活动提供服务。从事其他证券服务业务，应当报国务院证券监督管理机构和国务院有关主管部门备案。

【条文主旨】

本条明确了证券服务机构的范围，规定了证券服务机构的勤勉尽责义务，以及证券服务机构从事证券服务业务需要向证监会备案的管理制度。

【条文释义】

证券服务机构是资本市场的重要参与主体，尤其在证券发行注册制改革的背景下，证券服务机构“看门人”的重要作用更为凸显。

一、证券服务机构的种类

新证券法明确了证券服务机构的类型有7类，包括会计师事务所、律师事务所以及从事证券投资咨询、资产评估、资信评级、财务顾问、信息技术系统服务的证券服务机构。其中将信息技术系统服务商作为新增的证券服务机构类型，并在第147条中规定证券登记结算机构可以提供信息服务。

二、证券服务机构的勤勉尽责义务

“服务投资者的看门人的主要作用是减少信息不对称，进而提高市场的透明度和降低资本成本。”① 在执业过程中要求其保持客观中立，坚守本位为投资者提供证券发行、上市和交易的准确、及时、有效的信息，以利于投资者作出合理判断，甄别出优质的投资对象；并且证券服务机构作为证券市场的“看门人”，为维持其良好的声誉资本，也需勤勉尽责，体现自身的可靠性。②

本条第1款规定了证券服务机构的勤勉尽责义务，要求证券服务机构要忠于职守，勤勉尽责。具体而言，证券服务机构为证券的发行、上市、交易等证券业务活动制作、出具审计报告、资产评估报告、资信评级报告、财务顾问报

---

① ［美］约翰·C. 科菲：《看门人机制：市场中介与公司治理》，黄辉、王长河等译，北京大学出版社2011年版，第425页。

② 参见刘志云、史欣媛：《论证券市场中介机构“看门人”角色的理性归位》，载《现代法学》2017年第4期。

告、法律意见书等文件，或者提供信息技术服务，应当勤勉尽责，不得有虚假记载、误导性陈述或者重大遗漏，对发行人、上市公司提供的资料内容的真实性、准确性、完整性进行核查和验证。[①] 例如，就律师事务所而言，应当遵循诚实、守信、独立、勤勉、尽责的原则，恪守律师职业道德和执业纪律，保证其所出具法律文件的真实、准确、完整；[②] 就会计师事务所而言，应当履行专业职责内的勤勉义务，审慎核查发行人的财务数据，出具无保留意见的审计报告，确保其符合会计基础规范；就信用评估机构而言，应当遵守诚信执业，防范利益冲突，遵循独立、客观、公正与一致性的原则，遵循严格的评级程序，勤勉尽责，审慎分析；[③] 就资产评估机构而言，应当诚实守信，依法独立、客观、公正开展业务，遵守评估准则，履行调查职责，独立分析估算，勤勉谨慎从事业务等。[④]

三、投资咨询业务需证券监督管理机构核准

本条第 2 款规定，证券服务机构从事投资咨询业务，需经国务院证券监督管理机构核准。证券投资咨询业务，是指从事证券投资咨询业务的机构及其咨询人员为证券投资人或者客户提供证券投资分析、预测或者建议等直接或者间接有偿咨询服务的活动。主要包括证券投资顾问业务及发布证券研究报告两种基本业务形式。一是证券投资顾问业务。是指证券公司、证券投资咨询机构接受客户委托，按照约定，向客户提供涉及证券及证券相关产品的投资建议服务，辅助客户做出投资决策。投资建议服务内容包括投资的品种选择、投资组合以及理财规划建议等。二是发布证券研究报告业务。即证券公司、证券投资咨询机构对证券及证券相关产品的价值、市场走势或者相关影响因素进行分析，形成证券估值、投资评级等投资分析意见，制作证券研究报告，并向客户发布的行为。证券研究报告主要包括涉及证券及证券相关产品的价值分析报告、行业研究报告、投资策略报告等。

随着证券市场不断推进制度化改革，证券投资咨询机构在证券市场中承担着优化资源配置、开展市场纠错和保护投资者利益等职业指导者的作用。投资咨询业务的产生与证券市场信息的复杂性和大量性相关。经济学理论认为，所有的合约交易都应在已有的交易环境中进行，所以证券投资者需要掌握一定的

---

① 参见证券法第 163 条。

② 《律师事务所从事证券法律业务管理办法》第 3 条。

③ 参见《证券资信评级机构执业行为准则》第 5 条、第 6 条。

④ 参见《中华人民共和国资产评估法》第 13 条。

证券信息，才能更好地做出投资决策。[①] 于投资者而言，证券市场充斥着大量冗杂的信息，需要借助证券投资机构的服务，才能作出合理的投资决策。因证券投资咨询机构相较于其他证券服务机构，对投资者做出投资决策的影响更大，故应对其制定更为严格的审查制度。[②] 2001 年“安然事件”以及2002 年“美林事件”引发社会公众对投资顾问及其证券分析师独立性和信用问题的质疑与担忧。美国监管者决心通过制度规范来根治证券投资咨询行业存在的利益冲突等弊病。我国对证券投资咨询业的监管相对来说起步较早，为适应市场的发展需要，从 1997 年国务院证券委发布《证券、期货投资咨询管理暂行办法》《证券、期货投资咨询管理暂行办法实施细则》，到证监会牵头先后颁布《关于加强证券期货信息传播管理的若干规定》《关于规范面向公众开展的证券投资咨询业务行为若干问题的通知》《证券投资顾问业务暂行规定》《发布证券研究报告暂行规定》等一系列监管规章，再到《关于加强对利用“荐股软件”从事证券投资咨询业务监管的暂行规定》等规范性文件，先后经历了萌芽期、繁荣发展期、相对规范期，试图规范所有从事证券投资的公司的设立条件、业务规则、信息披露要求、市场交易规则以及监管部门职责等内容，为证券投资者提供了总括性的保护，构筑了结构灵活、公正透明的法制框架，为确保证券投资咨询业的规范发展奠定了坚实的基础。

四、其他证券服务业务备案管理制度

新证券法删除了原证券法第 169 条“投资咨询机构、财务顾问机构、资信评级机构、资产评估机构、会计师事务所从事证券服务业务，必须经国务院证券监督管理机构和有关主管部门批准”的相关规定，并要求除从事投资咨询业务以外，证券服务机构从事资产评估、资信评级、财务顾问、信息技术系统服务等其他证券服务业务均不再需要证券监督管理机构批准，仅需要履行备案义务即可。这里需要明确的是，证券服务机构备案属于“事后备案”或“告知性备案”的法律性质，不对证券服务机构从事证券服务业务设定前置性条件。[③] 备案管理是顺应简政放权的政策要求，是资本市场全面推行证券发行注册制改革的大势所趋，是我国证券服务机构监管理念实现由事前准入向事后备案转变的重大跨越。

按照新证券法规定，会计师事务所、律师事务所、资产评估机构、资信评

---

① 参见季松、叶蜀君：《证券投资咨询业的价值分析》，载《证券市场导报》2015 年第 6 期。
② 参见吴崎右：《关于我国期货投资咨询业务的定位探索》，载《预测》2010 年第 2 期。
③ 参见《证券服务机构从事证券服务业务备案管理规定（公开征求意见稿）》。

级机构和信息技术系统服务机构均属于需要备案的范围。需要注意的是，证券登记结算机构虽然提供证券交易中的集中登记、存管与结算服务，但由于其不具备营利性，在性质上与证券服务机构存在较大差别。因此，证券法专章规定证券登记结算机构，第145条第2款明确规定："设立证券登记结算机构必须经国务院证券监督管理机构批准。"

【适用指引】

一、从事证券投资咨询服务业务须事前核准

根据《证券、期货投资咨询管理暂行办法》的规定，咨询机构从事证券投资咨询服务业务应当向证监会提出申请，并经证监会核准后，颁发业务许可证。擅自从事证券投资咨询业务的，由证监会依法作出责令停止并处罚款的行政处罚。

为更好地配合新证券法的实施，规范证券投资咨询业务，保护当事人和投资者的合法权益，维护资本市场秩序，证监会结合新证券法、《证券、期货投资咨询管理暂行办法》起草了《证券基金投资咨询业务管理办法》（现处于征求意见阶段），在其生效后，从事证券基金投资咨询业务的机构将依据其规定履行更加严格的申请准入和审批程序。

二、从事其他证券服务业务的备案管理

中国证监会为配合新证券法实施，起草了《证券服务机构从事证券服务业务备案管理规定（征求意见稿）》，从备案主体、备案范围、备案时点和备案程序等方面进行了规定，并于2020年2月29日向社会公开征求意见。备案管理规定颁布后，证券服务机构从事证券服务业务应当按照证券法、《备案管理规定》的相关要求依法履行备案义务。

第一百六十一条　证券投资咨询机构及其从业人员从事证券服务业务不得有下列行为：

（一）代理委托人从事证券投资；

（二）与委托人约定分享证券投资收益或者分担证券投资损失；

（三）买卖本证券投资咨询机构提供服务的证券；

（四）法律、行政法规禁止的其他行为。

有前款所列行为之一，给投资者造成损失的，应当依法承担赔偿责任。

【条文主旨】

本条规定了证券投资咨询机构及其从业人员从事证券服务业务的禁止事项，并明确违反禁止性规定给投资者造成损失的，应承担赔偿责任。

【条文释义】

依据《证券、期货投资咨询管理暂行办法》第2条规定，证券投资咨询机构主要为证券投资人或者客户提供证券投资分析、预测或者建议等直接或者间接有偿咨询服务。

一、证券投资咨询机构及其从业人员的从业限制

本条所规定的从业禁止，既包括对投资咨询机构的限制，又包括对从业人员的限制。相较于普通投资者而言，证券投资咨询机构及其从业人员掌握的证券信息更加全面和完善，投资者做出投资决策时容易对其形成依赖。如果对其行为不加以约束和控制，则可能造成证券投资咨询机构借助咨询业务引导投资者错误投资而从中获利，广大中小投资者难以获取公平的交易机会。因此，为保护投资者利益，维护市场的稳定运行，证券投资咨询从业人员应当遵守忠实义务，不得利用职务之便谋取非法利益。根据忠实义务的要求，证券投资咨询机构的建议应为投资者获得更大投资的利益、降低投资风险而做出，而不是为了自身利益。为平衡投资咨询服务中存在的不同主体之间的利益冲突，则需依靠忠实义务来创造一个合理的衡量标准。[①] 对此，立法上对忠实义务做出相关规定，也就是本条所涉及的从业禁止的行为，具体包括：

首先，禁止证券投资咨询机构及其从业人员代理委托人从事证券投资。我国金融体制实施分业管理、分业经营。依照新证券法第118条规定，证券经纪业务属于证券公司的业务范围，仅证券公司可以接受客户买卖证券的委托，并且明文规定除证券公司外，任何单位和个人不得从事证券经纪业务。证券投资咨询机构是为证券投资人提供证券投资分析、预测或者建议等直接或者间接有偿咨询服务的机构，其业务范围并不包括证券经纪。另外，如果对证券投资咨询机构及其从业人员代理委托人买卖证券的行为不加限制，容易导致其与委托人联手操纵证券交易市场，扰乱证券市场秩序，且难以客观、诚信地从事证券

---

① 倪受彬、张艳蓉：《证券投资咨询机构的信义义务研究》，载《社会科学》2014年第10期。

咨询业务。因此，禁止代理委托人从事证券投资，能够保障证券服务咨询机构的中立性，有效地阻止上述情形的发生。

其次，禁止证券投资咨询机构及其从业人员与委托人约定分享证券投资收益或者分担证券投资损失。投资咨询机构及其人员基于服务协议为投资者提供咨询服务而收取服务费。其作为证券市场中介组织，应当恪守尽责，利用自身专业知识为投资者提供合理的投资咨询服务。若允许其与委托人约定分享证券投资收益或者分担证券投资损失，则容易导致证券服务机构利用咨询业务便利套取非法利益，打破其在证券市场的中立性地位，损害投资者的合法权益。

再次，禁止证券投资咨询机构及其从业人员买卖本咨询机构提供服务的证券。其立法目的是防止其利用咨询服务中获取的大量投资者投资信息，操纵证券市场，谋取不正当利益，损害投资者利益。

最后，禁止证券投资咨询机构及其从业人员实施法律、行政法规禁止的其他行为。证券市场具有特殊性、专业性和技术性等特征，相关部门规章及规范性文件也十分丰富。例如，针对资信评级机构的法律规范主要有：《证券市场资信评级机构评级业务实施细则（试行）》《证券资信评级机构执业行为准则》等；针对律师及律师事务所的法律法规主要有：《律师事务所从事证券法律业务管理办法》《律师从事证券法律业务指引》等；针对证券投资咨询机构的法律规范主要有：《关于加强对利用"荐股软件"从事证券投资咨询业务监管的暂行规定》等；对于会计师及会计师事务所的法律规范主要有：《注册会计师执行证券期货相关业务许可证管理规定》等。除证券法列举的禁止性行为之外，证券投资咨询机构及其从业人员亦不得实施上述规范中禁止实施的行为。

二、证券投资咨询机构及其从业人员作出禁止行为的法律后果

本条规定，证券投资咨询机构及其从业人员作出上述行为，给投资者带来损害的，应当承担赔偿责任。一方面，基于证券投资咨询服务机构与投资者之间的咨询服务合同法律关系，证券投资咨询机构应当履行对投资者的信义义务，运用自身的专业优势，结合投资者的实际情况，给出最有利于投资者的咨询建议。其若违反信义义务，利用投资者的投资咨询信息，操纵证券市场，非法获利，给投资者造成损害的，应当承担赔偿责任。另一方面，证券投资咨询机构作为证券市场中介组织，其本身应当保持中立，履行"看门人"的职责，而不是利用职务优势非法牟利，扰乱证券市场秩序，因此给投资者带来的损害，应当予以赔偿。

【适用指引】

一、法律、行政法规规定的其他行为

证券法作为调整证券市场秩序的主要法律规范，对于层出不穷的证券市场违规行为难以做到一一列举，以“列举+兜底条款”的方式则成为证券法规定证券投资咨询机构禁止性行为的合理选择。由于证券市场的复杂性、主体行为的多样性，除基本的证券法之外，可辅之以一系列的行政法规规定来共同调整证券市场主体行为。关于证券投资咨询机构的禁止性行为规定，《证券投资咨询机构执业规范（试行）》第15条到第20条、《证券、期货投资咨询管理暂行办法》第24条、《关于加强对利用“荐股软件”从事证券投资咨询业务监管的暂行规定》以及《证券投资顾问业务暂行规定》均列举证券投资咨询机构不得从事的行为。这些法律、行政法规规定的相关禁止性行为，应同样被列入证券投资咨询机构的禁止性行为范畴。

二、损害赔偿的主体

证券投资咨询机构的从业人员依照《证券、期货投资咨询管理暂行办法》规定，首先必须取得证券投资咨询从业资格，并且需加入有从业资格的证券投资咨询机构，才可从事投资咨询业务。证券投资咨询机构与投资者之间存在证券咨询服务合同关系，其应当积极履行对投资者基于服务合同产生的信义义务，并积极履行证券市场“看门人”的职责。若违反其对投资者的信义义务及证券市场“看门人”的职责，而实施本条规定的禁止性行为，给投资者造成损害的，则应承担法律责任。

但证券投资咨询机构的从业人员是否可以成为投资者要求损害赔偿的直接诉讼主体。依照我国现有法律规定，投资者追偿的对象只能是证券投资咨询机构，根据《证券、期货投资咨询管理暂行办法》的规定来看，证券投资咨询机构与从业人员之间存在雇佣关系，应由雇主对外承担侵权责任，所以对投资者的损害应由证券投资机构承担。如果投资者损害是由某一具体从业人员的行为引致，证券投资咨询机构则可根据其与从业人员之间的劳动合同约定及内部管理规定，对赔偿事项予以处理。

第一百六十二条　证券服务机构应当妥善保存客户委托文件、核查和验证资料、工作底稿以及与质量控制、内部管理、业务经营有关的信息和资料，任何人不得泄露、隐匿、伪造、篡改或者毁损。上述信息和资料的保存期限不得少于十年，自业务委托结束之日起算。

【条文主旨】

本条规定了证券服务机构对资料、工作底稿以及与质量控制、内部管理、业务经营有关的信息和资料的核查和验证义务，以及对客户信息和资料的保存义务。

【条文释义】

一、新增证券服务机构对客户信息和资料保存义务

在证券发行注册制下，证监会应舍弃诸多事前实质审批的权力，把主要精力放在事后行政监管方面，让行政执法（尤其是行政处罚）更加全面、合规、公正和高效。证券服务机构的客户资料妥善保存义务就是实现事中事后监管的有效途径。

原证券法规定的对客户信息和资料保存义务的主体仅限于证券公司和证券登记结算机构。而对证券服务机构关于客户信息和资料保存义务的规定则分散在多个部门规章及规范性文件中。例如，根据《律师事务所从事证券法律业务管理办法》的相关规定，律师应当归类整理核查和验证中形成的工作记录和获取的材料，并对法律意见书等文件中各具体意见所依据的事实、国家相关规定以及律师的分析判断作出说明，形成记录清晰的工作底稿；《证券市场资信评级机构评级业务实施细则（试行）》规定，证券评级机构应当保留评级过程中的相关资料并存档备查，相关资料的保存期限不得少于10年。此次证券法修订增设了证券服务机构对客户信息和资料保存义务，明确除了证券公司和证券登记结算机构，证券服务机构也成为对客户信息和资料保存义务的主体，并对其所承担的义务进行了统一规定，改变了此前不同证券从业机构关于客户信息和资料保存义务规定呈现出的零散现象。

同时，在证券服务机构自律管理的发展趋势下，推动证券服务机构自律转

型的法治路径之一即在于投资者适当性的准确定位。① 投资者适当性制度最早应用于证券行业，其基础社会价值在于保护投资者，我国也引进了此项制度。在我国现行立法框架之下，投资者适当性管理主要包括合格投资者制度、了解客户和资料保存义务以及适当推荐义务三个方面。② 比如《证券公司监督管理条例》《金融期货投资者适当性制度操作指引》等文件中均存在相关规定。证券服务机构作为证券业从业机构，在执业过程中必须摆正投资者适当性的制度定位，将投资者保护作为提供证券服务的最终目标。此次证券法修改增加的证券服务机构的资料保存义务，是保护投资者合法权益的有效方式之一。

二、证券服务机构应当妥善保存客户信息和资料

新证券法增加了证券服务机构的资料保存义务，也对资料的保存范围作出明确规定，包括客户委托文件、核查和验证资料、工作底稿以及与质量控制、内部管理、业务经营有关的信息和资料。可以看出，证券服务机构应当妥善保存的资料范围非常广。

证券服务机构是证券市场的“看门人”，是连接证券投资者与发行人和上市公司之间的桥梁和中介组织。其对客户信息和资料的妥善保存，是基于证券服务机构与投资者之间的服务协议而产生的信义义务的要求，同时也有助于证券监管机构对证券服务机构履行监管义务。对证券服务机构妥善保存客户信息和资料的义务规定，不仅能够便于投资者损害发生时的证据材料收集，而且能够提前预防和减少证券服务机构利用服务优势损害投资者利益的现象。

客户资料妥善保存是证券业从业机构及相关人员必须承担的义务之一。设置此项义务主要有两个方面的考量，一方面，可以为今后追究相关责任人的责任形成证据材料；另一方面，监管机构也将是否建立完善的客户资料保护制度作为评价机构是否稳健经营的重要指标，工作资料和文件的保存是判断证券服务机构及其人员是否勤勉尽责的重要依据。

三、任何人不得泄露、隐匿、伪造、篡改或者毁损客户信息和资料

该条款对证券服务机构违反资料保管义务的行为采取具体列举的立法模式，明确列举了禁止泄露、隐匿、伪造、篡改和毁损客户信息和资料。相较于证券法第 137 条对证券公司资料保存义务的规定而言，增加了一项“泄露”行为。其中，泄露是指让不该知晓该资料的人知晓了该资料；隐匿是指将资料隐藏起

---

① 侯东德：《证券服务机构自律治理机制研究》，载《法商研究》2020 年第 1 期。

② 张付标、李玫：《论证券投资者适当性的法律性质》，载《法学》2013 年第 10 期。

来，拒绝交出；伪造是指故意制造虚假资料；篡改是指将原始的真实资料以某种方式进行改动，以使原本资料的真实记录发生变化；损毁是指将资料进行损坏或毁灭，以致原始资料无法复原。

四、对客户信息和资料的保存期限

新证券法第 162 条规定，证券服务机构保存相关资料和信息的期限不得少于 10 年，自业务委托结束之日起算；第 137 条、第 153 条规定，证券公司和证券登记结算机构的资料保存期限不得少于 20 年。证券服务机构与证券公司、证券登记结算机构关于资料保存期限之所以存在差别，与各机构的性质、功能及对投资者权益的影响程度相关。

关于证券服务机构对客户信息和资料的保存期限设置，若保存期限过短，则资料丢失的可能性增大，不利于了解和还原当时的真实情况，查清相关事实，在发生纠纷需要追究相关责任人的责任时，也会面临证据资料收集障碍；若保存时间过长，不仅会增加证券服务机构不必要的负担，而且进行查阅的可能性也很小，反而会增加诸多无价值的成本投入。结合证券市场的实际情况，对于证券服务机构的资料保存期限设置为 10 年更符合现实需求。

【适用指引】

新证券法对证券服务机构的资料保存义务作出明确规定，但该条款要在实践中发挥立法者所预期的作用，还应当注重以下问题。一是证券服务机构首先应当建立完善的资料保存制度；二是发挥监管机构的监管职责，加大证券服务机构违反资料保存义务的惩治力度，明确法律责任；三是加强证券服务机构的自律监管。

一、证券服务机构的资料保存制度

证券服务机构应当建立完善的资料保存制度，可参考借鉴中国证监会发布的《证券公司客户资料管理规范》，其中涉及资料管理具体制度的主要包括：资料保存范围、相关术语和定义、管理原则、管理体系、管理流程、信息系统和内部控制。①

参照上述规范，证券服务机构的资料保存制度，主要包括以下内容：其一，资料保存范围，包括客户委托文件、核查和验证资料、工作底稿以及与质量控制、内部管理、业务经营有关的信息和资料。其二，相关术语和定义，包括证

---

① 参见《证券公司客户资料管理规范》。

券服务机构保存资料、储存介质、纸质资料、电子资料以及各类不同资料的具体定义等。其三，管理原则，包括准确性原则、完整性原则、安全性原则、保密性原则，以及与证券服务机构保存资料可能有关的原则。其四，管理体系，包括具体的组织管理、制度建设、相关人员管理和信息系统等。其五，管理流程，具体包括资料的收集、保管、更新、使用、销毁和移交等流程。其六，信息系统，包括系统的建设、维护、管理等。其七，内部控制，主要涉及证券服务机构保存资料的风险防范工作、定期资料检查、保存相关资料的奖惩制度和涉及资料保存的应急事件处置体系等内容。

二、发挥监管机构的监管职责，加大违法惩治力度，明确法律责任

新证券法第162条增加了证券服务机构的资料保存义务，而根据第160条的规定，证券服务机构应当勤勉尽责、恪尽职守，按照相关业务规则为证券的交易及相关活动提供服务。对客户信息和资料的保存义务的履行程度属于判断证券服务机构及其人员是否勤勉尽责的重要依据。证券监管机构对证券服务机构进行监管时，应当将是否建立完善的客户资料保护制度作为其评价机构是否稳健经营的一项重要指标。

为了促进证券服务机构资料保存义务的履行，监管机构应当发挥其监管作用，加强对证券机构的监管，在对证券服务机构的资料保存情况进行监管的过程中，可以采取包括检查、调查取证、行政处罚等监管措施。① 加大对证券服务机构不履行资料保存义务的惩治力度，明确其应当承担的法律责任。在发现证券服务机构不按照规定保存相关资料和文件时，可以依法追究其法律责任，责令改正，给予警告，并处以一定罚款；发现任何人有泄露、隐匿、伪造、篡改或毁损有关资料和文件的，根据情节严重程度，给予相应的惩罚，增大违法成本，尽可能杜绝违法现象发生。②

三、发挥证券服务机构的自律监管作用

证券服务机构自律治理应当坚持实质保护原则，以保护投资者作为根本目的。只有充分保护投资者的权益，为投资者营造、提供一个公平、公正、透明的投资环境，才能增强投资者的投资信心与热情，同时证券市场才会拥有源源不断的新鲜血液注入其中，如此才能从根本上保障证券市场的活力与有序发

① 参见新证券法第170条。
② 参见新证券法第214条。

展。[①] 证券服务机构应依法保存相关资料和文件，这些资料对于证券交易的发展、证券市场的稳定有序具有重要意义，而且这些资料处于证券服务机构的控制之下，由各类证券服务机构行业协会对其保存进行监管，是最为直接和有效的方式。但是由于自律监管存在处罚力度低、缺乏监管的权威性等难以克服的弊端，所以证券服务机构的行业自律监管应当与行政监管机构的监管共同发挥作用，才能最大限度保证证券服务机构资料保存义务的履行。

第一百六十三条　证券服务机构为证券的发行、上市、交易等证券业务活动制作、出具审计报告及其他鉴证报告、资产评估报告、财务顾问报告、资信评级报告或者法律意见书等文件，应当勤勉尽责，对所依据的文件资料内容的真实性、准确性、完整性进行核查和验证。其制作、出具的文件有虚假记载、误导性陈述或者重大遗漏，给他人造成损失的，应当与委托人承担连带赔偿责任，但是能够证明自己没有过错的除外。

【条文主旨】

本条是对证券服务机构出具文件的勤勉义务及虚假陈述民事责任的规定。

【条文释义】

证券服务机构作为证券市场的“看门人”，应承担核查验证、专业把关等义务。依靠信息披露的真实性保护中小投资者合法权益，是平衡发行人、上市公司和公众投资者之间信息不对称的重要制度安排，是证券市场治理体系的关键环节。但长期以来，证券服务机构虚假陈述成为证券市场的重灾区。审计、评估等程序流于形式，证券服务机构核查、验证的义务履行不到位的情况层出不穷，虚假记载、重大遗漏、粉饰发行人等违法违规操作频发，严重损害中小投资者的合法权益。因此，此次证券法修订完善了民事责任制度，要求证券服务机构未履行勤勉职责时应当对受害投资者承担过错推定、连带赔偿责任，以切实督促其发挥“看门人”的作用。

---

① 侯东德：《证券服务机构自律治理机制研究》，载《法商研究》2020 年第 1 期。

一、谨慎核查和验证义务

证券服务机构作为证券中介机构，是证券市场的“看门人”，也是证券市场的“声誉中介”，它们是证券市场的重要参与者，在市场中具有大量的客户资源，以自己的声誉资本作为抵押或担保，为投资者提供市场核实和鉴定服务。[①] 因此，证券服务机构依法承担此项核查和验证义务是由其在证券市场中所担任的角色决定的。证券服务机构作为证券中介机构，为证券的发行、上市、交易等证券业务活动，提供制作、出具审计报告及其他鉴证报告、资产评估报告、财务顾问报告、资信评级报告或者法律意见书等文件的服务，对其制作报告所依据的文件资料应当保证其真实性、准确性和完整性。证券服务机构在提供服务的过程中，应当遵循诚信、独立、勤勉、尽责的原则，恪守职业道德和执业纪律，履行审慎核查义务，独立发表意见。严格履行核查验证、专业把关的法定职责，防止和避免其制作、出具的文件有虚假记载、误导性陈述或者重大遗漏。

证券服务机构“看门人”角色的本质体现在三个方面，一是“看门人”是以保护投资者利益为价值依归，其终极目的是保护投资者利益。由于证券市场存在信息不对称的“柠檬市场”现象，证券服务机构的功能就在于为投资者提供相关信息的收集、加工、传输和验证等服务，由此确保相关信息披露的真实性、准确性与完整性，解决证券发行人与投资者之间信息不对称的问题，使得投资者能够在尽可能掌握足够多的信息的基础上作出理智的投资决定。二是“看门人”功能发挥的核心载体是其享有的“声誉资本”。良好的声誉是“看门人”在相对准入门槛较低的自由竞争市场中能够得以生存和发展的基础。为了获得和维持自身的“声誉资本”，“看门人”必须勤勉尽责、恪尽职守，极力确保核查、验证结果的真实可靠。而证券服务机构所制作或出具的审计报告及其他鉴证报告、资产评估报告、财务顾问报告、资信评级报告或者法律意见书等文件都会影响其“声誉资本”，所以其必须保证相关文件的真实性、准确性和完整性。三是“看门人”必须保持独立性和中立性。“看门人”并非单纯为发行人一方的利益守护者，更应当是投资者利益的保护者，这意味着“看门人”在执业时必须保持客观、中立的立场，站在投资者利益保护的角度，尽可能勤勉尽职，核查、验证发行人信息的真实性、准确性和完整性。[②]

---

① ［美］约翰·C. 科菲：《看门人机制：市场中介与公司治理》，黄辉、王长河等译，北京大学出版社 2011 年版，第 3 页。

② 刘志云、史欣媛：《论证券市场中介机构“看门人”角色的理性归位》，载《现代法学》2017 年第 4 期。

二、证券服务机构虚假陈述行为的表现形式

证券服务机构制作和出具的文件不仅会影响投资者的判断与决定，也会影响监管机构职能的发挥。若证券服务机构存在虚假陈述行为，则会造成一系列不良后果，因此证券服务机构在制作或出具相关文件时必须保证相关信息的真实性、准确性和完整性。新证券法第 163 条对于证券服务机构虚假陈述行为的表现方式采取明确列举的立法模式，根据该条规定，证券服务机构在执业过程的虚假陈述行为主要有以下表现形式：

（一）虚假记载

虚假记载，是指将不真实的事实在证券文件中予以记载的行为。可见，虚假记载行为是虚假陈述行为的一种积极作为形式。禁止虚假记载是法律对证券服务机构信息记载真实性要求的体现。虚假记载包括基于故意的虚构事实，也包括基于过失的错误认定。①

证券服务机构作为证券市场的“看门人”，其制作或出具的文件会极大地影响投资者的投资决定。若虚假记载相关信息，会导致投资者做出错误的投资决策，因此遭受其原本无需遭受的损害。除此之外，证券服务机构作为“声誉中介”，其制作和出具的文件存在虚假记载，也会影响其“声誉资本”，进而影响其在证券市场中的生存与发展。因此，应严格禁止证券服务机构的虚假记载行为。

（二）误导性陈述

误导性陈述，是指证券服务机构制作或出具的证券文件中，语言表述存在缺陷，容易致使他人产生误解，从而导致投资者对影响其投资决定的信息无法作出清晰判断。

禁止误导性陈述是法律对证券服务机构信息记载准确性要求的体现。在证券市场上，相关信息基本都是以语言文字的形式呈现出来，但是语言文字本身存在模糊性，并且语言表达方式的多样性也会影响信息传达的效果，一旦语言表达不慎，就会造成投资者的误解。因此证券服务机构在制作和出具相关文件时，必须确切表达，还原信息的真实性，不得使用容易致人误解的表达。

误导性的虚假陈述主要有两个特征。第一个特征是多解性、歧义性，即对语言表达所反映出来的信息，必须能够产生多种理解或解释，且各种不同的理解或解释都有自身一定的理由。如果对文件中的语言所传达出来的信息只有一种解释，则不属于误导性虚假陈述。第二个特征是非显现性，即语言表达存在

---

① 梁慧星主编：《民商法论丛（第 1 卷）》，法律出版社 1994 年版，第 180 页。

严重误导性，但这种误导性很难被发现，若不具有敏锐的商业判断能力，很容易会对其产生误解。①

（三）重大遗漏

重大遗漏，是指证券服务机构制作或出具的文件中，未将应当记载的重要事项予以充分、完全的记载，应当保障信息记载完整性的要求。重大遗漏与虚假记载相反，属于一种消极不作为的虚假陈述行为。从主观来看，重大遗漏分为主观故意的隐瞒行为和过失引起的疏漏两种；从遗漏程度来看，可以分为部分遗漏和完全遗漏，部分遗漏是指法律规定应该记载、公开的信息没有完全、充分地记载或公开，仅仅记载或公开了其中一部分；完全遗漏则是法律规定应当记载或公开的信息完全没有予以记载或公开。②

由于证券服务机构所制作或出具的文件，对于投资者的判断具有极大的影响作用，为了实现投资者保护的价值目标，证券服务机构所制作和出具的文件之中，应当记载的信息必须保持完整性，贯彻完整原则，为投资者提供尽可能多的相关信息，保障投资者作出理智的投资决定。如果证券服务机构制作或出具相关文件时存在信息记载的重大遗漏，即使已记载的信息具有真实性和准确性，但是由于记载不完全、不充分，同样可能会造成信息传达的虚假性，也会导致内幕交易的发生。③

三、证券服务机构虚假陈述的归责原则

新证券法规定，证券服务机构在提供证券服务的过程中应当遵循诚实信用、勤勉尽责、恪尽职守的原则，当证券服务机构存在虚假陈述行为，并因此对第三人造成损失时，证券服务机构应当与委托人承担连带赔偿责任。但如果证券服务机构能够证明自己没有过错时，不承担连带赔偿责任。由此可见，证券服务机构虚假陈述责任承担是以过错推定作为归责原则，即只要证券服务机构存在虚假陈述行为，法律即推定其具备虚假陈述的过错，且法律在此并未对证券服务机构过错进行故意或过失的区分。如果证券服务机构能举证证明自己没有过错的，不承担连带责任。立法者的初衷是希望通过强化证券服务机构实施证券欺诈等损害投资者利益的行为所承担的法律责任，来增强证券服务机构在审查、认证服务时的独立性，倒逼其“看门人”角色的归位，明确其保护投资者

---

① 朱谦：《虚假陈述行为的表现形式及其认定》，载《政法论丛》2001 年第 2 期。

② 梁慧星主编：《民商法论丛（第 12 卷）》，法律出版社 2004 年版，第 641 页。

③ 朱谦：《虚假陈述行为的表现形式及其认定》，载《政法论丛》2001 年第 2 期。

的角色职能，在提供证券服务时必须尽职尽责、恪尽职守。

相较于一般过错责任原则，过错推定原则是更为严格的责任机制。之所以采取较为严格的责任机制，其原因在于：证券服务机构作为证券市场专业服务机构，相对投资者而言具有专业优势，且投资者处于证券服务机构业务之外的环境中，要求投资者对其提供证券服务行为中的过错举证非常困难，既不利于投资者利益的保护，也会纵容虚假陈述行为的泛滥。但如果对证券服务机构实行严格责任原则，则会导致中介机构动辄承担赔偿责任，使得证券服务机构这一行业成为“高危行业”，承担风险过大会造成人才流失，行业萎缩的不良后果。① 处于中间过渡阶段的过错推定原则成为平衡投资者和证券服务机构利益的最佳方式。

关于“证券服务机构与委托人之间的连带赔偿责任”，即证券服务机构存在虚假陈述行为，导致投资者损害时，应当由与其建立委托关系的发行人、上市公司和证券服务机构共同承担连带赔偿责任。受害人既可以向证券服务机构提出赔偿损失的请求，也可以直接向发行人、上市公司提出赔偿请求。

【适用指引】

新证券法第 163 条规定了证券服务机构的核查验证义务与虚假陈述的责任，对于该法条的适用，应当注意以下事项：

一、证券服务机构虚假陈述连带责任的构成要件

证券服务机构因虚假陈述给他人造成损失所承担的连带责任本质上属于一种侵权责任，在承担责任时，应从侵权行为、损害结果、因果关系和过错四个要件进行考量。

第一，证券服务机构存在虚假陈述行为。包括新证券法第 163 条明确列举的虚假记载、误导性陈述和重大遗漏三种具体行为，前述条文释义部分已经进行阐述，此处不再重复。

第二，证券市场投资者遭受的损害。投资者因虚假陈述而遭受的损害是一种财产损害，这种损害必须符合以下要求：其一，法定性，即投资者遭受的损害事实应当是证券法明确规定或证券法精神禁止的行为所造成的损害。其二，客观性和可确定性，即投资者因虚假陈述遭受的损害是客观存在的，且属于损失赔偿范围，通过计算可以确定数额的，如此才能发挥对投资者损失补偿的

---

① 彭海玮：《证券市场服务机构虚假陈述的民事责任》，北京大学 2007 年硕士学位论文。

功能。其三，可补偿性，证券投资者因虚假陈述遭受的损失属于法律规定的应当补偿的损失，具有可补偿性，对于投资者恶意造成的损失，不属于可补偿范围。①

第三，投资者损失与证券服务机构虚假陈述行为之间存在因果关系。新证券法出于保护投资者的目的，相对减轻了投资者的举证责任，对损害与虚假陈述行为之间的因果关系认定采用过错推定方式。根据《最高人民法院关于审理证券市场因虚假陈述引发的民事赔偿案件的若干规定》（以下简称“虚假陈述若干规定”）第 18 条，投资者只需证明自己持有或卖出的证券与虚假陈述证券相关联，且在法定期限内，则推定因果关系成立。② 但是，“虚假陈述若干规定”第 19 条也赋予了被告对因果关系的抗辩，证券服务机构能够举证证明投资者存在法定情形，法院也应当认定因果关系不成立。③

第四，证券服务机构虚假陈述存在过错。证券法对证券服务机构虚假陈述承担连带责任采取过错推定的归责原则。前述法条释义部分已对证券服务机构的过错推定原则进行阐释，此处不再进行重复论述。

二、证券服务机构虚假陈述损害赔偿范围

证券服务机构虚假陈述承担的连带责任属于侵权责任，而侵权赔偿的目的在于弥补、填平被侵权人的损失，因此证券服务机构虚假陈述损害赔偿的基本原则应当是填平原则，这决定了其赔偿的范围限于投资者因虚假陈述行为而遭受的损失，即证券服务机构仅对其虚假陈述行为在客观上给投资者造成的实际损害进行赔偿，赔偿应以填平虚假陈述所致全部损失为限。④

对于证券服务机构虚假陈述损失赔偿标准及赔偿范围，“虚假陈述若干规定”第 30 条明确规定以投资人因虚假陈述而实际发生的损失为限，包括其投资差额损失和投资差额损失部分的佣金和印花税，以及前述资金的利息，并对资金利息计算标准作出规定。⑤ 投资差额，是指投资者在证券交易市场进行证券

---

① 彭海玮：《证券市场服务机构虚假陈述的民事责任》，北京大学 2007 年硕士学位论文。

② 参见《最高人民法院关于审理证券市场因虚假陈述引发的民事赔偿案件的若干规定》第 18 条。

③ 参见《最高人民法院关于审理证券市场因虚假陈述引发的民事赔偿案件的若干规定》第 19 条。

④ 刘兴华：《证券虚假陈述的因果关系及赔偿问题研究》，载《山西大学学报（哲学社会科学版）》2006 年第 3 期。

⑤ 参见《最高人民法院关于审理证券市场因虚假陈述引发的民事赔偿案件的若干规定》第 30 条。

投资时，因虚假陈述行为而使其买入和卖出证券发生了价格差额，从而遭受的投资利益损失。可见，“虚假陈述若干规定”采用“事后观点”计算标准。但有学者认为，这种计算方式会造成计算结果在客观上多于或少于投资者的实际损失，而违背损失填平原则，因而主张允许诉讼当事人采用“事前观点”来计算损失，认为投资者在买入证券时多支付的金额为其投资差额，即买入股票的价格和股票真实价格之间的差额。① 这种计算方式是否绝对优于“虚假陈述若干规定”所采取的计算方式还需要实践的检验，若这种计算方式更符合实际情况，更能体现法律的公平保护原则，立法应当作相应地调整以引导法律适用。

① 樊健:《论证券虚假陈述投资者损失计算的“事前观点”》，载《清华法学》2017 年第 3 期。

第十一章 证券业协会

本章规定了证券市场自律管理组织——证券业协会。原证券法在第一章第8条规定："在国家对证券发行、交易活动实行集中统一监督管理的前提下，依法设立证券业协会，实行自律性管理。"这次修订时予以删除。原因主要是出于立法技术考虑：一是集中统一监督管理在新证券法第7条已经规定，不必要再重复；二是在第十一章专门规定了证券业协会；三是证券业协会主要是以证券公司为主体会员的自律性组织，其职能作用主要针对会员，一般不直接涉及证券市场其他主体（如发行人、会计师事务所、律师事务所、普通投资者），在总则中规定与总则的立法定位不协调。本章共四条，分别规定了证券业协会的组织属性、组织机构、法定会员、章程制定、职责范围等内容。本次证券法修订突出了证券业协会的行业自律组织属性，充实了证券业协会的职责内容，扩展了证券业协会自律管理范围，丰富了自律管理手段。本章所规定的证券业协会，所对应的机构是"中国证券业协会"（以下简称协会）。

第一节 本章新制度

一、充实协会职责范围，新增诚信建设等五项职责

协会的自律管理，是政府管理的有益补充，具有不可替代性。随着我国证券市场的快速发展和规模扩大，协会的自律管理职责也需要适应形势变化不断丰富。有观点认为，中国证券市场监管中行业自律处于弱势地位的症结，是我国证券市场并非是市场主体"自由竞争"之下培育出来的，行业自律组织没能真正内生于证券市场，这就需要我们在建构和完善证券市场监管体系过程中采取"有意识的选择"，即政府要适当地将监管资源让渡于行业自律机

构。[①] 新证券法第 166 条第 1 项、第 3 项、第 5 项、第 6 项新增协会五项职责：一是组织开展证券行业诚信建设；二是督促证券行业履行社会责任；三是督促会员开展投资者教育和保护活动，维护投资者合法权益；四是制定证券行业业务规范，组织从业人员进行业务培训；五是组织会员就证券行业的发展、运作及有关内容进行研究，引导行业创新发展。本次证券法修订前，协会依据国务院证券监督管理机构的行政授权以及会员授权（以监管文件或章程规定的形式）履行上述职责，本次修订在法律层面确认了上述职责内容。

二、扩充自律管理范围，自律管理对象由会员扩展到从业人员

自律的一般性含义是，某一行业的从业人员自己组织起来共同制定行业规则，借此约束自身的行为，实现这一行业内部的自我管理，保护行业自身的利益。[②] 从历史渊源看，协会对证券从业人员的自律管理职能来源于国务院证券监督管理机构的授权，在法律层面缺乏明确依据。本法第 166 条第 1 项、第 4 项首次在法律层面授权协会对从业人员实施自律管理，证券从业人员和会员一样成为协会的法定自律管理对象，扩充了协会的自律管理范围，体现了自律管理的统一性和公平性。

三、丰富自律管理内容，明确自律规则、自律管理措施的法律地位

协会的性质、职能决定了其主要任务是规范行业发展，应对行业风险，维护会员权益。为此，必须在法律上强化协会的自律监管职能，赋予协会自律管理权力，授权制定行业自律规则，对违规行为进行处分。新证券法在自律管理方面，第 166 条第 1 项规定赋权协会“教育和组织会员及其从业人员遵守证券法律、行政法规”；第 166 条第 5 项从加强证券相关业务活动自律管理的角度，赋权协会“制定证券行业业务规范”，明确了协会对证券相关业务活动实施功能性自律管理的职责。在规则制定方面，第 166 条第 4 项规定赋权协会“制定和实施证券行业自律规则，监督、检查会员及其从业人员行为，对违反法律、行政法规、自律规则或者协会章程的，按照规定给予纪律处分或者实施其他自律管理措施”，明确协会自律规则对会员和从业人员均具有约束力，确立了协会

---

① 郭泽鹏：《中国证券业协会的性质辨析——兼论行业自律在证券市场监管体系中的地位》，载《经济师》2018 年第 4 期。

② 齐萌：《中国证券业自律机制研究》，载《上海金融学院学报》2008 年第 5 期。

自律规则的法律地位。在具体措施方面，第 166 条第 4 项在既有“纪律处分”的基础上，增设惩戒力度相对较轻的“其他自律管理措施”，提高了自律管理的灵活性和适应性；同时，增补自律规则作为实施纪律处分或自律管理措施的依据。

第二节　条款释义

第一百六十四条　证券业协会是证券业的自律性组织，是社会团体法人。

证券公司应当加入证券业协会。

证券业协会的权力机构为全体会员组成的会员大会。

【条文主旨】

本条是关于证券业协会的组织属性、法定会员及其权力机构的规定。

【条文释义】

一、民法典规定的“法人”“社会团体法人”①

民法典第 57 条规定：“法人是具有民事权利能力和民事行为能力，依法独立享有民事权利和承担民事义务的组织。”大陆法系国家的法人一般分为公法人和私法人，私法人分为财团法人和社团法人，社团法人分为营利法人和非营利法人。我国民法典以法人经济属性作为基本划分，再辅以特别法人进行补充，将法人分为营利法人、非营利法人和特别法人。营利法人是指以出资人获取利润分配为目的的组织，以公司法人为典型。非营利法人是指不以成员获取盈余分配为目的的组织，包括事业单位法人、社团法人（行业协会）、捐助法人（慈善、扶贫、宗教），非营利法人可以从事营利活动，但不能向成员分配盈余，这是营利法人与非营利法人的根本区别。其他如机关法人既不营利又不分配，合作社不以

---

① 沈德咏主编：《〈中华人民共和国民法总则〉条文理解与适用》，人民法院出版社 2017 年版，第 446 页、第 634 页。

营利为目的，从事营利活动后又可向成员分配等情形，不能归类于营利法人或非营利法人，为特别法人。教育、医疗、养老等兼具公益和营利属性的机构，应根据目的和性质进行区分。法人应当依法成立，有自己的名称、组织机构、住所、财产或者经费。法人成立的具体条件和程序，依照法律、行政法规的规定。设立法人，法律、行政法规规定须经有关机关批准的，依照其规定。

民法典第90条规定："具备法人条件，基于会员共同意愿，为公益目的或者会员共同利益等非营利目的设立的社会团体，经依法登记成立，取得社会团体法人资格；依法不需要办理法人登记的，从成立之日起，具有社会团体法人资格。"按照民法典的规定：（1）社会团体法人必须具备会员。（2）社会团体法人既有为公益目的设立的，亦有为会员共同利益等非营利目的设立的。（3）社会团体既有依法登记成立的，也有依法不需要办理法人登记而成立的。对于需要办理登记程序的社会团体，依照《社会团体登记管理条例》第7条规定，全国性的社会团体，由国务院的登记管理机关负责登记管理；地方性的社会团体，由所在地人民政府的登记管理机关负责登记管理；跨行政区域的社会团体，由所跨行政区域的共同上一级人民政府的登记管理机关负责登记管理。除了国务院批准可以免予登记的社团之外，其他全国性社团和省级及其以下地方性社团都应该按照《社会团体登记管理条例》的规定办理登记手续。

依照《社会团体登记管理条例》第9条第1款规定，申请成立社会团体，应当经其业务主管单位审查同意，由发起人向登记管理机关申请登记。该条例第10条规定了成立社会团体应当具备的条件：（1）有50个以上的个人会员或者30个以上的单位会员；个人会员、单位会员混合组成的，会员总数不得少于50个；（2）有规范的名称和相应的组织机构；（3）有固定的住所；（4）有与其业务活动相适应的专职工作人员；（5）有合法的资产和经费来源，全国性的社会团体有10万元以上活动资金，地方性的社会团体和跨行政区域的社会团体有3万元以上活动资金；（6）有独立承担民事责任的能力。社会团体的名称应当符合法律、法规的规定，不得违背社会道德风尚。社会团体的名称应当与其业务范围、成员分布、活动地域相一致，准确反映其特征。全国性的社会团体的名称冠以"中国"、"全国"、"中华"等字样的，应当按照国家有关规定经过批准，地方性的社会团体的名称不得冠以"中国"、"全国"、"中华"等字样。

二、关于中国证券业协会的组织构成

（一）组织属性

本条第1款所称的证券业协会，是指中国证券业协会。协会成立于1991年

8 月 28 日，是依据证券法和《社会团体登记管理条例》的有关规定设立的全国性证券业自律组织，是非营利性社会团体法人。协会接受业务主管单位国务院证券监督管理机构和社团登记管理机关国家民政部的业务指导和监督管理，依法对证券行业实施自律管理。

根据民法典的规定，社会团体法人是基于会员共同意愿，为公益目的或者会员共同利益等非营利目的设立的，具有民事权利能力和民事行为能力，依法独立享有民事权利和承担民事义务的社会组织。设立社会团体法人，法律、行政法规规定须经有关机关批准的，依照其规定。我国对法人成立大多采取准则主义，只要符合法律规定的条件，就可经过登记而成立。但有些法人还需经过有关机关的批准才能成立，如特殊行业的公司、外资企业、各种国家机关、全民所有制事业单位等。具体审批程序和条件，应由法律、行政法规设定。

根据《中国证券业协会章程》（以下简称《章程》）的规定，协会履行“自律、服务、传导”三项职能，协会的宗旨是：遵守国家宪法、法律、法规和经济方针政策，遵守社会道德风尚，坚持中国共产党的领导，在国家对证券业实行集中统一监督管理的前提下，进行证券业自律管理；发挥政府与证券行业间的桥梁和纽带作用，为会员服务，维护会员的合法权益；维护证券业的正当竞争秩序，促进证券市场的公开、公平、公正，推动证券市场的健康稳定发展。

（二）会员

协会的会员由单位会员构成。协会根据需要对会员进行分类管理。广义上的协会会员包括法定会员、普通会员、特别会员和观察员。根据本条第 2 款规定，证券公司应当加入协会成为会员，证券公司属于协会的法定会员。目前，属于法定会员的证券公司共有 133 家。除法定会员外，其他相关机构可以按照规定自愿申请加入协会，成为协会的普通会员、特别会员或者观察员。申请加入协会成为会员的机构应当满足“拥护章程”和“符合法律、法规规定并从事证券市场相关业务”等条件。

协会的普通会员包括证券投资咨询机构、证券资信评级机构、证券公司私募投资基金子公司、证券公司另类投资子公司等依法从事证券市场相关业务的机构。目前，属于普通会员的证券投资咨询机构共有 84 家，证券资信评级机构共有 10 家。

协会的特别会员包括证券交易所、金融期货交易所、证券登记结算机构、证券投资者保护基金公司、融资融券转融通机构。

各省、自治区、直辖市、计划单列市的证券业自律组织，依法设立的区域性股权市场运营机构等；协会认可的其他机构。

协会的观察员包括信用增进机构、债券受托管理人、网下机构投资者、境外证券类驻华代表处等依法从事证券市场相关业务的机构。

（三）权力机构

协会的最高权力机构是由全体会员组成的会员大会，负责审议和决定协会的重大事项。会员大会的职权包括：制定和修改章程；审议理事会工作报告和财务报告；审议监事会工作报告；选举和罢免会员理事、监事；决定会费收缴标准；决定协会的合并、分立、终止等事项；决定其他应由会员大会审议的事项。

按照协会《章程》规定，会员大会须有三分之二以上会员出席，其决议须经到会会员三分之二以上表决通过。制定和修改章程以及决定协会的合并、分立、终止，其决议须经三分之二以上会员表决通过。会员大会每四年至少召开一次，理事会认为有必要或由三分之一以上会员联名提议时，可召开临时会员大会。

【适用指引】

一、关于会员管理

2017 年 6 月 17 日中国证券业协会第六次会员大会修订通过《中国证券业协会会员管理办法》，共 6 章 30 条。规定会员享有《章程》规定的会员权利，履行《章程》规定的会员义务。协会会员分为法定会员、普通会员、特别会员。依法从事证券市场相关业务的信用增进机构、债券受托管理人、网下机构投资者、境外证券类驻华代表处等机构申请加入协会，成为观察员。协会根据需要对会员进行分类管理。

申请入会的机构，应在协会网站会员在线注册系统提交注册申请，并提交以下文件：（1）申请书，应载明申请人的名称、法定住所等，并承诺拥护《章程》，承诺最近三年不存在严重违法违规情形以及其他不良诚信记录；（2）按协会要求填写会员登记表；（3）经营业务许可证复印件（如有）、法人营业执照（或法人登记证）复印件或其他法定资格文件；（4）协会要求的其他文件。申请人应当确保申请材料真实、准确和完整。申请人隐瞒情况或提交虚假材料的，不予入会。已经成为会员的，视情节轻重给予自律惩戒措施。协会日常办事机构在收到入会申请材料 20 个工作日内进行初步审核，对符合注册条件的机构报会长办公会审议，确认其会员资格。对不符合申请条件或会长办公会审议未通过的机构，协会日常办事机构应及时通知相关机构并说明情况。

会员入会自愿，退会自由，但法定会员除外。会员有下列情形之一的，其会员资格相应终止：（1）申请退会的，但法定会员除外；（2）不再符合《章程》或相关自律规则规定的会员条件的；（3）主体资格发生终止情形的；（4）非法定会员无正当理由连续两年不交纳会费或不参加协会组织的任何活动的；（5）受到协会取消会员资格处分的；（6）其他导致会员资格取消的情形。会员资格终止时，协会收回其会员证，并在协会网站或公开媒体上公告。对于因上述第1项、第4项、第5项、第6项导致会员资格终止的机构，协会三年内不受理其入会申请。

对为证券业发展、履行社会责任或协会工作做出突出贡献的会员或从业人员，协会可视情形给予书面表扬、公开表彰、授予荣誉称号和协会认为合适的其他形式的奖励。对违反国家法律、行政法规、部门规章及中国证监会授予协会实施自律监察职权的规范性文件或协会自律规则的会员或从业人员，协会可视情节轻重给予惩戒，实施自律管理措施或纪律处分。

二、关于自律措施

为保障协会有效履行自律管理职责，规范实施自律措施，保障自律管理对象正当权利，促进证券业高质量发展，中国证券业协会第六届理事会第十四次会议表决通过、于2019年12月4日发布《中国证券业协会自律措施实施办法》，对违反授权规定或协会自律规则（统称“违规”）的自律管理对象实施自律措施。自律措施，包括自律管理措施和纪律处分。自律管理措施是协会针对较轻违规行为采取的自律措施；纪律处分是协会针对较重违规行为采取的自律措施。协会设自律处分委员会，建立案件调查、审理、复议相分离，职责明确、有效制衡、运转协调的自律处分工作体制。

对从业人员实施的自律管理措施包括：（1）谈话提醒；（2）要求提交书面承诺；（3）要求参加强化培训；（4）警示；（5）责令改正；（6）责令所在机构给予处理；（7）协会规定的其他自律管理措施。以上各项除第1项、第2项、第3项以外，均为书面自律管理措施。

对会员实施的自律管理措施包括：（1）谈话提醒；（2）要求提交书面承诺；（3）要求参加强化培训；（4）警示；（5）责令改正；（6）责令进行合规检查；（7）暂不接受备案或注册；（8）协会规定的其他自律管理措施。以上各项除第1项、第2项、第3项以外，均为书面自律管理措施。

对从业人员实施的纪律处分包括：（1）行业内通报批评；（2）公开谴责；（3）暂停执业；（4）注销执业证书。

第 20 条中规定的对会员实施的纪律处分包括：(1) 行业内通报批评；(2) 公开谴责；(3) 暂停或者取消协会授予的业务资格；(4) 暂停会员权利；(5) 取消会员资格。

有下列情形之一的，不予采取自律措施：(1) 情节轻微并及时纠正，未造成危害后果或不良影响的。(2) 违规行为超过五年的。有下列情形之一的，可以从轻或者减轻采取自律措施：能够配合调查，并如实说明相关违规事实的。(3) 主动自查自纠，或者主动采取措施消除、减轻危害后果或不良影响的。(4) 过失违规的。(5) 当事人双方达成和解或者调解协议的。(6) 其他从轻或减轻的情形。

有下列情形之一的，从重采取自律措施：(1) 不配合调查，伪造、隐匿、毁灭证据材料的；(2) 对投诉人、举报人等进行打击报复的；(3) 拒不整改或敷衍整改、虚假整改的；(4) 12 个月内发生两起以上同类违规行为的；(5) 其他从重情形。

采取书面自律管理措施或纪律处分的，应当记入协会诚信信息管理系统；按照中国证监会有关规定须记入证券期货市场诚信档案数据库的，应当及时记入。纪律处分决定应当在协会网站公开，但是因特殊情况不宜公开的除外。

同一行为既违反法律法规、监管规定又违反协会自律规则，行政机关或司法机关已经采取监管措施、行政处罚或刑事处罚的，协会按照“上位处罚吸收下位处罚、重罚吸收轻罚、避免不必要的重复处罚”原则，根据不同情况，分别做出处理。

三、关于会员的权利义务

按照协会《章程》规定，会员、观察员享有下列权利：(1) 法定会员和普通会员享有选举权、被选举权和审议权、表决权，特别会员享有审议权、表决权，观察员可享有审议权；(2) 要求协会维护其合法权益不受损害的权利；(3) 通过协会向有关部门反映意见和建议的权利；(4) 对协会给予的纪律处分有听证、陈述和申辩的权利；(5) 参加协会举办的活动和获得协会服务的权利；(6) 对协会工作有批评、建议和监督权；(7) 会员大会决议规定的其他权利。

会员、观察员履行下列义务：(1) 遵守协会的章程、自律规则、行业标准和业务规范；(2) 执行协会的决议；(3) 维护协会的声誉；(4) 积极参加协会组织的活动，完成协会交办的工作；(5) 向协会反映情况，按规定提供有关资料；(6) 按规定交纳会费；(7) 服从协会的监督与管理，接受协会的检查与协调；(8) 会员大会决议规定的其他义务。

第一百六十五条　证券业协会章程由会员大会制定，并报国务院证券监督管理机构备案。

【条文主旨】

本条是关于证券业协会章程制定权限和程序的规定。

【条文释义】

章程是设立社会团体法人的法定必备文件，是社会团体法人为了调整其内部关系，规定内部成员的行为而制定的具有明显行为规则性质的文件，是社会团体法人内部管理和活动的根本准则，对社会团体法人具有重要意义。民法典第91条第1款规定："设立社会团体法人应当依法制定法人章程。"《社会团体登记管理条例》第11条规定，申请登记社会团体，发起人应当向登记管理机关提交的文件，其中第5项为"章程草案"。第14条明确了章程必备事项，即"社会团体的章程应当包括下列事项：（一）名称、住所；（二）宗旨、业务范围和活动地域；（三）会员资格及其权利、义务；（四）民主的组织管理制度，执行机构的产生程序；（五）负责人的条件和产生、罢免的程序；（六）资产管理和使用的原则；（七）章程的修改程序；（八）终止程序和终止后资产的处理；（九）应当由章程规定的其他事项。"第18条第2款规定："社会团体修改章程，应当自业务主管单位审查同意之日起30日内，报登记管理机关核准。"

根据本条规定，协会的章程由会员大会制定，并报国务院证券监督管理机构备案。根据社会团体登记管理的有关规定，协会章程须报国家民政部核准后才能生效。

【适用指引】

《中国证券业协会章程》于2017年6月17日中国证券业协会第六次会员大会审议通过，6月28日民政部核准，共8章76条。章程规定了总则、协会的职责范围、会员、组织机构和负责人、财务与资产管理、章程的修改程序、终止程序及终止后的财产处理、附则。章程规定：本协会的名称为中国证券业协会，英文名称为SECURITIES ASSOCIATION OF CHINA，SAC。协会是依据证券法和《社会团体登记管理条例》的有关规定设立的全国性证券业自律组织，是非营利性社会团体法人。协会的住所设在中国北京市。对协会章程的修改，须报中国证监会和民政部预审通过后，再交理事会和会员大会审议。协会修改的章程，须在会员大会通过后 15 个工作日内报中国证监会审查，经同意后，报民政部核准。

第一百六十六条　证券业协会履行下列职责：

（一）教育和组织会员及其从业人员遵守证券法律、行政法规，组织开展证券行业诚信建设，督促证券行业履行社会责任；

（二）依法维护会员的合法权益，向证券监督管理机构反映会员的建议和要求；

（三）督促会员开展投资者教育和保护活动，维护投资者合法权益；

（四）制定和实施证券行业自律规则，监督、检查会员及其从业人员行为，对违反法律、行政法规、自律规则或者协会章程的，按照规定给予纪律处分或者实施其他自律管理措施；

（五）制定证券行业业务规范，组织从业人员的业务培训；

（六）组织会员就证券行业的发展、运作及有关内容进行研究，收集整理、发布证券相关信息，提供会员服务，组织行业交流，引导行业创新发展；

（七）对会员之间、会员与客户之间发生的证券业务纠纷进行调解；

（八）证券业协会章程规定的其他职责。

【条文主旨】

本条是关于证券业协会职责的规定。

【条文释义】

根据本条规定，协会履行以下职责：

一、教育和组织会员及其从业人员遵守证券法律、行政法规，组织开展证券行业诚信建设，督促证券行业履行社会责任

对于协会会员和从业人员而言，依法合规始终是生存发展不可逾越的行为底线，诚实守信、积极履行社会责任是基本的职业道德准则和价值指引。本次证券法修订，在协会既有的“教育和组织会员遵守证券法律、行政法规”职责基础上，新增“组织开展证券行业诚信建设、督促证券行业履行社会责任”的职责，并将协会履行上述自律管理职责的对象范围从会员扩展至从业人员，进一步充实完善了协会职责内容，增强了协会履行上述职责的法律正当性。

二、依法维护会员的合法权益，向证券监督管理机构反映会员的建议和要求

协会是基于会员共同意愿，为会员共同利益而设立的非营利性组织。要利用自身优势，向会员提供及时、全面的行业信息及其分析研究成果，强化信息服务职能。① 要推动会员合理竞争、业务创新。要发挥证券行业与证券监督管理机构之间的桥梁和纽带作用，向证券监督管理机构反映会员的建议和要求，为会员服务、维护会员的合法权益。

三、督促会员开展投资者教育和保护活动，维护投资者合法权益

本法设专章规定了投资者保护制度，有针对性地对投资者权益保护作出安排，包括要求证券公司充分了解投资者情况和揭示风险，区分普通投资者和专业投资者；建立上市公司股东权利代为行使征集制度；建立普通投资者与证券公司纠纷的强制调解制度；完善上市公司现金分红制度和探索适应我国国情的证券民事诉讼制度等。除上述规定外，本法还相应赋予协会“督促会员开展投资者教育和保护活动，维护投资者合法权益”的职责，要求协会既要维护会员的合法权益，又要督促会员开展投资者教育和保护活动，维护投资者的合法权益，正确认识和处理两者的利益关系。

四、制定和实施证券行业自律规则，监督、检查会员及其从业人员行为，对违反法律、行政法规、自律规则或者协会章程的，按照规定给予纪律处分或者实施其他自律管理措施

本项规定明确了协会作为行业自律组织，具有自律规则制定权、监督检查权和自律处分权，为协会有效履行自律管理职责提供了法律保障。在规则制定方面，明确协会自律规则对会员和从业人员均具有约束力，确立了自律规则的法律地位；同时，为保障自律规则得到有效实施，及时发现和纠正违法违规行为，明确了协会可以针对会员和从业人员进行监督检查和自律处分，并且在原证券法规定的“纪律处分”基础上，增设了惩戒力度相对较轻的“自律管理措施”，丰富了协会自律管理的依据和手段。

---

① 米文通：《国内证券市场自律监管问题分析》，载《经济与管理》2009 年第 6 期。

理论观点认为，在自律监管中，自律规则的制定者即是市场的直接参与者，容易更好地理解市场的具体情况，结合这些具体情况来制定符合自律管理的规则，所以也就会自愿接受自律规则的约束，更深刻地理解其内涵，以更高的积极性去实施，只有这样才能不违背制定自律规则的初衷，才能更好地达到自己的效果和目标——追求利润的最大化，促进证券市场的创新与繁荣。①

五、制定证券行业业务规范，组织从业人员的业务培训

本次修订新增了协会“制定证券行业业务规范”的职责，明确了协会对证券相关业务活动实施功能性自律管理。证券业务具有较强的专业性和涉众性，协会组织制定证券行业业务规范，对加强证券业务活动的自律管理，引导证券行业规范经营，具有重要意义。

证券从业人员作为证券市场的重要中介服务人员，是证券市场平稳健康运行的重要微观基础，其职业操守和专业能力，直接关系到证券市场的功能发挥。协会作为行业自律组织，组织从业人员的业务培训，加强从业人员的职业道德建设和专业能力建设，是协会的一项重要职责。

六、组织会员就证券行业的发展、运作及有关内容进行研究，收集整理、发布证券相关信息，提供会员服务，组织行业交流，引导行业创新发展

本次修订新增了协会“引导行业创新发展”的职责。组织会员就证券行业的发展、运作及有关内容进行研究，及时收集整理、发布证券行业相关信息，提供会员服务，组织开展业务交流和研讨，推广行业最佳实践，引导证券行业在坚守合规底线、有效防控风险的前提下高质量创新发展，是协会的一项重要职责内容。

七、对会员之间、会员与客户之间发生的证券业务纠纷进行调解

行业调解是多元化证券纠纷解决机制的重要组成部分。经协会主持调解达成的调解协议，具有民事合同性质，当事人可以申请有管辖权的人民法院确认其效力。经人民法院确认有效的具有明确给付主体和给付内容的调解协议，一方拒绝履行的，另一方当事人可以申请人民法院强制执行②。

---

① 齐萌：《中国证券业自律机制研究》，载《上海金融学院学报》2008 年第 5 期。

② 根据《最高人民法院中国证券监督管理委员会关于全面推进证券期货纠纷多元化解机制建设的意见》（法〔2018〕305 号）规定，11. 调解协议的司法确认制度。经调解组织主持调解达成的调解协议，具有民事合同性质。经调解员和调解组织签字盖章后，当事人可以申请有管辖权的人民法院确认其效力。当事人申请确认调解协议的案件，按照《中华人民共和国民事诉讼法》第十五章第六节和相关司法解释的规定执行。经人民法院确认有效的具有明确给付主体和给付内容的调解协议，一方拒绝履行的，对方当事人可以申请人民法院强制执行。

八、证券业协会章程规定的其他职责

除本法规定和行政机关委托授权的职责外，协会会员大会还可以通过制定修改章程赋予协会其他自律管理和服务的职责。

【适用指引】

一、关于投资者适当性管理

为督促、引导证券行业有效落实适当性管理要求，维护投资者合法权益，中国证券业协会第六届常务理事会第一次会议表决通过、2017 年 7 月 1 日起实施《证券经营机构投资者适当性管理实施指引（试行）》。证券公司及其子公司、证券投资咨询机构（统称“证券经营机构”）向投资者销售金融产品，或者以投资者买入金融产品为目的提供证券经纪、投资顾问、融资融券、资产管理、柜台交易等金融服务，适用本指引。协会对证券经营机构履行适当性义务进行自律管理，对违反适当性管理规定的证券经营机构及人员依法采取自律惩戒措施。

证券经营机构可以通过由投资者填写《投资者基本信息表》等多种方式了解《证券期货投资者适当性管理办法》第 6 条规定的投资者基本信息。符合条件的投资者经核验属实的，证券经营机构可将其直接认定为专业投资者，并将认定结果书面告知投资者。普通投资者申请转化成为专业投资者的，证券经营机构可以要求其提供有关材料，完成申请材料核验后还应该按照《办法》规定对投资者进行审慎评估。符合普通投资者转为专业投资者的，应当说明对不同类别投资者履行适当性义务的差别，警示可能承担的投资风险，书面告知其审查结果和理由；不符合转化为专业投资者的，也应当书面告知其审查结果和理由。符合专业投资者申请转化普通投资者的，证券经营机构应当及时将其变更为普通投资者，按照规定对投资者风险承受能力进行综合评估，确定其风险承受能力等级，履行相应适当性义务。

证券经营机构应当根据普通投资者信息，通过投资者填写《投资者风险承受能力评估问卷》等方法对其风险承受能力进行综合评估。《投资者风险承受能力评估问卷》的设计应当科学、合理、全面、通俗易懂。可以将普通投资者按其风险承受能力等级由低到高至少划分为五级，分别为：C1（含风险承受能力最低类别的投资者）、C2、C3、C4、C5。具体分类标准、方法及其变更应当告知投资者。应当与普通投资者确认其风险承受能力等级结果，并以书面方式记载留存。《投资者基本信息表》《投资者风险承受能力评估问卷》应当由投资

者本人或合法授权人填写。证券经营机构及其工作人员不得以明示、暗示等方式诱导、误导、欺骗投资者，影响填写结果。证券经营机构应当及时将投资者信息录入投资者评估数据库，并根据更新的信息持续评估投资者风险承受能力。

证券经营机构可以将C1中符合下列情形之一的自然人，作为风险承受能力最低类别的投资者：（一）不具有完全民事行为能力；（二）没有风险容忍度或者不愿承受任何投资损失；（三）法律、行政法规规定的其他情形。

证券经营机构可以将产品或服务风险等级由低至高至少划分为五级，分别为：R1、R2、R3、R4、R5。具体划分方法、标准及其变更应当告知投资者。证券经营机构应当根据《产品或服务风险等级名录》列出相对应的产品或服务清单。

证券经营机构向投资者销售产品或者提供服务涉及投资组合或资产配置的，应当按照投资组合或资产配置的整体风险对该产品或者服务进行风险等级评估，确定其风险等级。

证券经营机构向普通投资者销售产品或提供服务，应当在遵守法律、行政法规、中国证监会规定以及投资者准入要求的前提下，根据投资者的风险承受能力等级与产品或服务的风险等级相匹配的原则，对投资者提出适当性匹配意见，履行适当性义务。

证券经营机构对投资者提出的适当性匹配意见不代表其对产品或服务的风险和收益作出实质性判断或保证。投资者在参考证券经营机构适当性匹配意见的基础上，根据自身能力审慎独立决策，独立承担投资风险。

投资者风险承受能力等级是与产品或服务风险等级相匹配的，证券经营机构应当与投资者签署确认适当性匹配结果；不匹配的，应当与投资者签署确认风险警示。

证券经营机构销售产品、提供服务，应当向投资者充分披露产品或服务信息以及有助于投资者作出投资分析判断的其他信息。披露的信息不得含有虚假、误导性陈述或存在重大遗漏，不得欺诈投资者，应当向投资者充分揭示产品或服务的信用风险、市场风险、流动性风险等可能影响投资者权益的主要风险以及具体产品或服务的特别风险，并由投资者签署确认。

二、关于证券经营机构投资者教育

中国证券业协会第六届常务理事会第九次会议表决通过、2019年5月15日发布《关于证券经营机构投资者教育工作指引》，适用于中国证券业协会的证券公司和证券投资咨询公司（统称“证券经营机构”）会员。所称投资者教育工作，是指证券经营机构建立完善相关管理机制和制度流程，面向投资者开展宣传证券政策法规、普及证券知识、传导理性投资理念、揭示投资风险、引导依法维权等活动。协会对证券经营机构开展投资者教育工作进行自律管理，组织对证券经营机构的投资者教育工作进行评估。协会指导地方证券业协会对所在地证券经营机构及证券经营机构的分支机构（包括分公司、证券营业部等）开展投资者教育工作进行统筹、协调、指导和支持。

投资者教育工作的目标包括：(1) 帮助投资者了解宏观经济政策与行业发展动态；(2) 帮助投资者了解资本市场的法律法规和自身权益保护知识，增强风险防范意识，加强对自身权益的保护；(3) 帮助投资者了解资本市场业务和证券产品知识，提升风险识别能力，树立理性投资理念；(4) 引导投资者积极行权，理性维权，自觉维护市场秩序；(5) 推进将投资者教育纳入国民教育体系，提升公众投资理财素养，促进资本市场规范发展。

证券经营机构应当按照协会相关业务规则和本指引的要求切实做好投资者教育工作，引导投资者理性参与证券交易，提高风险防范意识和自我保护能力。应当以贴近市场、贴近大众的方式开展投资者教育工作，努力创新投资者教育方式方法，深入了解投资者需求，切实提高投资者教育效果。证券经营机构应按照中国证监会及协会要求，结合自身特点，开展内容丰富、形式多样的投资者教育工作。投资者教育内容包括但不限于：(1) 证券法律法规、政策；(2) 证券投资知识和投资技能；(3) 证券产品、业务及其风险特征；(4) 证券市场违法违规行为案例；(5) 宏观经济政策与行业发展动态；(6) 投资者权利行使、诉求处理及纠纷解决；(7) 有关投资者教育的其他内容。

证券经营机构开展投资者教育工作的渠道包括但不限于：(1) 公司官方网站、手机 APP、微信公众号等互联网平台；(2) 实体及互联网投资者教育基地；(3) 营业场所的投资者园地、公告栏等；(4) 交易系统客户端及客服中心电话或短信等交易服务渠道；(5) 电视、广播、互联网门户网站及报刊等传媒渠道；(6) 其他监管认可的渠道。

证券经营机构应结合市场发展及市场热点，根据投资者需求，制作内容准确合规、语言通俗易懂、形式喜闻乐见的投资者教育产品。投资者教育产品包括电子、纸质等形式，投资者教育产品的制作与发布应符合知识产权保护以及互联网新闻信息服务管理的有关规定。

证券经营机构在为投资者开立账户、开通交易权限或签订相关服务协议时，应当提示投资者阅读相关协议要点、风险揭示书等，向投资者充分揭示投资风险，提示投资者不参与非法证券活动。证券经营机构应当按照《证券期货投资者适当性管理办法》《证券经营机构投资者适当性管理实施指引》的有关要求，适时提供风险警示及差异化的教育服务内容，尤其应加强对新开户中小投资者的教育工作；对于购买或申请复杂化或高风险的产品或服务的投资者，应当向其充分揭示产品或服务的风险，引导投资者理解对应产品或服务的相关协议、收费等内容，不得为了自身利益对投资者进行诱导性宣传。

三、关于制定实施自律规则

为了规范中国证券业协会自律规则制定工作，健全自律规则制定制度，2014 年 9 月 18 日中国证券业协会第五届理事会第十四次会议审议通过、10 月 14 日发布《中国证券业协会自律规则制定办法》，共 6 章，49 条。自律规则的制定、解释、修改和废止，适用本办法。自律规则应当符合法律、法规、部门规章和中国证监会赋予协会实施自律管理职能的规范性文件以及《章程》规定的权限和程序，从行业长期发展和整体利益出发，维护自律规则的统一性和严肃性。

自律规则根据内容需要，可以采用“公约”“办法”“准则”“规范”“规则”“细则”“守则”“指引”“必备条款”“范本”“指南”等形式。对规范对象有强制性自律约束力的规则，可以采用“办法”“规范”“规则”“守则”“细则”“必备条款”等形式。对规范对象有指导性自律约束力的规则，可以采用“指引”“范本”“指南”等形式。“公约”形式的规则，仅对公约签署人有强制性自律约束力，但全体会员公约除外。对某项特定业务需要在一定时期暂时规范或试规范的，可以采用“暂行”或“试行”形式。

对规范对象有强制性自律约束力的自律规则，原则上应当包含对违反自律规则行为可采取的自律惩戒措施规定。自律规则标题的题注应当载明自律规则制定机构、审议通过机关、公布与生效日期。

协会会员大会、理事会、常务理事会依据《章程》及本办法规定权限行使自律规则制定、修改和废止权。自律规则制定、修改或废止草案征询意见对象可包括专业委员会、会员、证监会及政府有关部门、专家学者、社会团体和社会群众代表等。会员大会、理事会、常务理事会依据《章程》及本办法规定行使自律规则审议权，按照有关议事规则审议表决自律规则审议案。

自律规则审议通过后，应当根据法律、行政法规、部门规章和证监会规范性文件要求提请有关行政机关核准、备案。法律、行政法规、部门规章和证监会规范性文件没有要求的，会长办公会决定是否提请证监会核准或者备案。

自律规则由会长签发，在协会网站公布。在协会网站上刊登的自律规则文本为标准文本。自律规则应当写明实施日期，自规定日期开始实施。自律规则不溯及既往，但有特别规定的除外。

四、关于证券纠纷调解

为妥善解决证券业务纠纷，保护投资者合法权益，维护证券行业整体利益，促进证券市场规范和谐发展，根据证券法、国务院办公厅《关于进一步加强资本市场中小投资者合法权益保护的若干意见》、中央综治委等16部门联合印发的《关于深入推进矛盾纠纷大调解工作的指导意见》《中国证券业协会章程》的规定，参照《人民调解法》，结合证券行业实际，2016年1月8日，中国证券业协会第五届常务理事会第三十九次会议修订通过、1月22日发布《中国证券业协会证券纠纷调解工作管理办法》。

所称证券纠纷调解是指经纠纷各方当事人同意，调解组织通过说服、疏导、调和等方式，促使当事人在平等协商基础上自愿达成和解，解决证券业务纠纷的活动。调解组织是指中国证券业协会证券纠纷调解中心（以下简称调解中心）以及接受调解中心委托转办证券纠纷调解案件的地方证券业协会。协会在中国证监会的指导下开展证券纠纷调解工作，接受社会各界的监督。协会与法院、仲裁、信访、公证等机构建立并完善对接机制，促进证券纠纷有效解决。

调解组织开展证券纠纷调解，应当依据法律、法规、规章、其他规范性文件及自律规则，也可以参考行业惯例。证券纠纷调解，遵循下列原则：（1）自愿、公平、公正；（2）方便、高效、公益；（3）不违背法律、法规和国家政策；（4）尊重当事人的权利，不得因调解而阻止当事人依法通过仲裁、行政、司法等途径维护自己的权利。

协会成立证券调解专业委员会（以下简称专业委员会），研究、指导、处理与证券纠纷调解工作相关的专业问题。协会成立调解中心负责证券纠纷调解工作的具体组织实施，主要职责如下：（1）组织实施证券纠纷调解基本制度，并依据基本制度制定调解工作相关工作规程等；（2）负责证券纠纷调解案件的办理；（3）负责调解员的日常管理等工作；（4）统计分析证券纠纷调解工作的相关信息；（5）开展与法院、仲裁机构以及其他纠纷调解机构的联络交流工作；（6）负责证券纠纷调解业务的宣传、咨询及培训；（7）完成协会交办的其他工作。协会与地方证券业协会开展证券纠纷调解协作，构建“统一协调、属地调解”的工作机制。

调解中心的受理范围包括：（1）会员与投资者之间发生的证券业务纠纷；

（2）会员与会员之间发生的证券业务纠纷；（3）会员与其他利益相关者之间发生的证券业务纠纷。有下列情形之一的，调解中心不予受理：（1）不属于《中国证券业协会证券纠纷调解工作管理办法》第 11 条规定的调解受理范围的；（2）同一争议事项已经或正在由其他调解组织调解的；（3）调解申请无具体相对人、无具体争议事项的；（4）当事人不同意调解的；（5）纠纷已有生效判决、仲裁裁决或其他处理结果的；（6）调解中心认为不适宜调解的其他情形。

经调解，当事人就纠纷解决达成全部或部分一致意见的，可以签署《调解协议书》。《调解协议书》经各方当事人签字或盖章后生效，或者在《调解协议书》约定的生效条件满足后生效。《调解协议书》应当载明下列事项：（1）当事人的基本情况；（2）基本事实及争议事项；（3）调解结果；（4）调解协议书签订时间、签订地点、违约责任等。调解协议经各方当事人签字盖章后具有民事合同性质，各方当事人应当遵守。当事人可以申请调解员及调解组织在《调解协议书》上签字和盖章。《调解协议书》经调解员签字和调解组织盖章后，当事人可以申请有管辖权的人民法院确认其效力。

第一百六十七条　证券业协会设理事会。理事会成员依章程的规定由选举产生。

【条文主旨】

本条是关于证券业协会理事会及其成员产生的规定。

【条文释义】

一、民法典关于社会团体法人设立理事会的规定①

法人的组织机构是对内管理法人事务，对外代表法人进行活动的机构。法人的团体意志只有通过一定的组织机构才能形成和实现。所以，任何社会组织要成为法人，都要有一定的机构。一般而言，法人的组织机构主要有三个：一是决策机构，如股东大会、会员大会等；二是执行机构，如董事会、理事会等；三是监督机构，如监事会等。

---

① 沈德咏主编：《〈中华人民共和国民法总则〉条文理解与适用》，人民法院出版社 2017 年版，第 639 ~ 642 页。

民法典第 91 条第 2 款、第 3 款规定，社会团体法人应当设会员大会或者会员代表大会等权力机构。社会团体法人应当设理事会等执行机构。理事长或者会长等负责人按照法人章程的规定担任法定代表人。

为了健全社会团体法人的内部治理，民法典就此作了具体规定。关于法定代表人的人选范围，并未限定为理事长或者会长等主要负责人。这是因为，社会团体法人情况较为复杂，差异性较大，法定代表人由谁担任，应当交给社会团体法人的设立人通过章程确定规则，不宜一概限定为主要负责人，以体现对社会团体法人意思自治的尊重。法定代表人依章程确定，但须是社会团体法人的负责人。从境外立法来看，一般都规定社员大会（成员大会）为权力机构，理事或理事会为执行机构。如《瑞士民法典》第 64 条第 1 款规定："社员大会为社团的最高机关。"《日本一般社团法人及一般财团法人法》第 35 条第 1 款规定："一般社团法人可以通过章程规定，设置理事会、监事或会计审计员。"第 61 条规定："设置理事会的一般社团法人及设置会计审计员的一般社团法人必须设置监事。"

二、中国证券业协会设理事会作为执行机构

根据协会章程规定，协会理事会是会员大会的执行机构，在会员大会闭会期间领导协会开展日常工作，对会员大会负责。协会理事会由会员理事和非会员理事组成。会员理事由会员单位推荐，经会员大会选举产生。非会员理事由国务院证券监督管理机构委派。

理事会行使以下职权：筹备召开会员大会，向会员大会报告工作和财务情况；贯彻、执行会员大会的决议；审议通过自律规则、行业标准和业务规范；选举或罢免会长、副会长、常务理事，聘任秘书长；在会员大会闭会期间，罢免不履职理事；决定专业委员会的设立、注销和更名；聘任各专业委员会主任委员、副主任委员；提请召开临时会员大会；审议年度工作报告和工作计划；审议年度财务预算和决算；审议会长办公会提请审议的各项议案等。

【适用指引】

《中国证券业协会章程》规定，理事会是会员大会的执行机构，在会员大会闭会期间领导协会开展日常工作，对会员大会负责。理事会由会员理事和非会员理事组成。会员理事由会员单位推荐，经会员大会选举产生。非会员理事由中国证监会委派。非会员理事不超过理事总数的五分之一。理事任期四年，可连选连任。

理事会每年至少召开一次会议，既可采用现场方式，也可采用视频或通信方式召开。常务理事会认为有必要或三分之一以上理事联名提议时，可召开理事会临时会议。理事会会议须有三分之二以上理事出席，其决议须经到会理事三分之二以上表决通过。监事会成员列席理事会会议。

协会设常务理事会，由理事会选举产生。常务理事数量不超过理事会成员数量的三分之一。常务理事会对理事会负责，在理事会闭会期间，行使协会章程第 32 条规定的除第 1 项、第 4 项、第 5 项及第 12 项外的理事会其他职权。常务理事会每半年至少召开一次会议；既可采用现场方式，也可采用视频或通信方式召开。会长办公会认为有必要或三分之一以上常务理事联名提议时，可召开常务理事会临时会议。常务理事会会议须三分之二以上成员出席，其决议须经到会常务理事会成员三分之二以上表决通过。监事长、副监事长列席常务理事会会议。

第十二章　证券监督管理机构

本章共 12 条。围绕监管主体——国务院证券监督管理机构，规定了其监管职能和基本任务；具体监管职责；证券监管执法行为类型；行政执法和解制度，包括中止调查、终止调查、恢复调查的具体措施；进行监督检查或调查时应当遵守的程序；被检查和被调查的单位和个人负有配合检查、调查的义务；证券监管行政公开；证券监督管理机构与有关部门相互配合监管；向证券监督管理机构举报涉嫌证券违法、违规行为，举报奖励及对举报人身份信息保密；跨境监管；证券监管行政权与司法权、监察权的互动衔接；证券监督管理机构工作人员的行为准则和从业限制等。本章的创新法律制度包括：证券行政执法和解制度，举报人制度以及跨境证券监管制度。

第一节　本章新制度

一、证券行政执法和解制度

新证券法第 171 条确立了证券行政执法和解新制度，对进一步完善我国证券监管法律制度具有十分重要的意义。该条规定，证券监督管理机构对涉嫌证券违法的单位或者个人进行调查期间，被调查的当事人书面申请，承诺在证券监督管理机构认可的期限内纠正涉嫌违法行为，赔偿有关投资者损失，消除损害或者不良影响的，证券监督管理机构可以决定中止调查。被调查的当事人履行承诺的，证券监督管理机构可以决定终止调查；被调查的当事人未履行承诺或者有国务院规定的其他情形的，应当恢复调查。

（一）证券行政执法和解的概念、性质和特征

1. 证券行政执法和解的概念

证券行政执法和解是证券行政和解之一种。证券行政和解包括：证券行政复议和解、证券行政诉讼和解和证券行政执法和解。

证券行政复议和解是指申请人与作出具体行政行为的机构达成书面和解协议，并由行政复议机构进行备案，从而终止行政复议案件审理的行为。法律要求该和解协议确属双方真实意思表示，且和解内容不损害社会公共利益和他人合法权益。①

证券行政诉讼和解则是指公民、法人或者其他组织（以下统称"行政相对人"）对中国证监会行使自由裁量权作出的具体行政行为不服而向法院提起行政诉讼后，在法院对行政案件宣告判决或者裁定前原告被告就有关诉讼标的达成书面和解协议，并由原告申请撤诉从而终止行政诉讼案件审理的行为。该诉讼和解协议不得损害国家利益、社会公共利益或者他人合法权益，否则法院不得准许原告的撤诉申请。证券行政诉讼和解主要是根据行政诉讼法第 51 条的规定而推导出来。

证券行政执法和解是指证券行政执法机构在对行政相对人涉嫌违反证券法律、行政法规和相关监管规定行为进行调查执法过程中，根据行政相对人的申请，与其就改正涉嫌违法违规行为，消除涉嫌违法违规行为不良后果，交纳行政和解金补偿投资者损失等进行协商而达成执法和解协议，并据此终止调查执法程序的行为。②

综上可见，证券行政执法和解与证券行政复议和解、证券行政诉讼和解在本质上都是行政机关与相对人达成的和解，但它们在适用条件上是有明显差别的。由于证券行政执法过程中达成的和解协议并没有第三方的审查，因此必须对其设置较为严格的适用条件，如违法违规行为主要是涉及实施虚假陈述、内幕交易、操纵市场或欺诈客户等行为，必须正式立案，且经过了必要的调查程序等。而证券行政复议和解及证券行政诉讼和解，因行政机关在行政相对人提起复议申请或者提起诉讼之前已经进行过调查，并且和解协议要受到复议机关或者人民法院的审查确认，因此，可不必再设置更多的限制条件。

---

① 证券行政复议的法律依据主要包括：《中华人民共和国行政复议法》第 25 条，《行政复议法实施条例》第 40 条，《中国证券监督管理委员会行政复议办法》第 33 ~ 35 条。

② 参见《中国证监会行政和解试点实施办法》第 2 条。

2. 证券行政执法和解的性质和特征

证券行政执法和解的性质与一般行政执法和解的性质是一致的，证券行政执法和解协议是一种公、私法相融合的现代行政合同，我国台湾地区的“行政程序法”称之为“行政契约”,① 其第135条即规定：“公法上法律关系得以契约设定、变更或消灭之。但依其性质或法规规定不得缔约者，不在此限。”既然证券行政执法和解协议属于公、私法相融合的行政合同，自然首先应当适用公法的原则和法律规定，由于并不存在专门的行政合同法。因此，执法和解协议的私法性就必然体现在对民法原则和具体规范的援用上，即行政法未作特别规定时，准用民法规定。例如，民法中的诚实信用、真实意思表示和意思自治等基本原则，合同成立的要件及效力、情势变更、行为能力、代理、法律行为的无效、撤销等具体规范均可适用于证券行政执法和解协议。我国台湾地区的“行政程序法”就明确规定：“行政契约，新证券法未规定者，准用民法相关之规定。”②

证券行政执法和解协议公、私法相融合的行政合同性质决定了证券行政执法和解具有以下主要特征：

（1）主体法律地位的相对平等性。传统行政法的一个重要特征是行政法关系的单方面性，在这种单方面性中行政执法主体享有行政优先权和行政决定权，而当私法中的一些规则逐步引入到公法机制中之后，必然使原来行政法律关系的属性发生一些深刻的变化。其中，行政执法主体与行政相对人之间的关系将由原来的不平等关系变为一种越来越平等的关系，证券行政执法和解协议就是在双方处于相对平等的前提下相互作出一些让步、放弃一些权力（权利）形成“合意”而达成的协议。只有当事人双方地位相对平等，才能够在充分意思自治的基础上形成有质量的“合意”。如果证券行政执法主体以强权为后盾进行胁迫甚至威胁，那么上述“合意”有可能成为一种“强制的自愿”。

当然，这里强调的是主体双方法律地位“相对”平等，证券行政执法主体依然属于强势的一方，所以，证券行政执法和解行为需有相应的监督机制，这种监督机制表现在以下三个方面：第一，和解只是提供了一种（额外的）通过

---

① 我国台湾地区的“行政程序法”第三章即为“行政契约”第135条至第159条，专门规范行政执法和解行为。见林纪东等编纂：《新编基本六法全书》，五南图书出版公司2005年版，第8－1－19页。

② 林纪东等编纂：《新编基本六法全书》，五南图书出版公司2005年版，第8－1－20页。

合意解决纠纷的途径，并非取代各种正式的行政程序。因此，如果个体受到来自证券行政执法机关的强制或胁迫，行政相对人可以转而寻求通过正式程序而对这种行为进行“抵制”。正式行政程序和司法审查的存在，对证券行政执法机关在和解程序中可能存在的权力滥用形成一种潜在的控制，这有助于增加证券行政执法机关与行政相对人追求合意的努力。第二，在和解谈判中法律原则与规则并行发挥作用，因此证券行政执法机关在行使自由裁量权时，还受到各项具体法律和规则的制约，不可能“漫天要价”；相反，通过争议各方当事人的有效沟通，可以为合意的获得提供条件。第三，证券行政执法机关的强势地位并不必然构成获得合意的障碍，真正构成合意障碍的是行政机关滥用其强势地位，而这是为法律原则所禁止的。其实，即便在民事纠纷领域，争议各方当事人之间的地位也会存在资源、信息、情势等方面的差异，而非完全平等，但是只要依据相应的法律原则和规则进行处理，纠纷的解决过程就不会变成“弱肉强食”的游戏。①

（2）合法性。证券行政执法和解必须具有合法性，否则和解协议无效。证券行政执法和解的合法性一般包括以下几个方面：

①证券行政执法机关的公权力与行政相对人私权利的妥协不得侵害公共利益。以妥协合意为基础的证券行政执法和解是否构成对公共利益的威胁？应当说，在某些情况下，行政机关对私方当事人的妥协可能会以牺牲公共利益为代价，这种危险是存在的。但是从整体意义上的行政过程而言，通过妥协合意方式行使公权力，并不必然构成对公共利益的损害。理由如下：第一，法治主义背景下的证券行政执法和解并不是随心所欲的，行政机关越权或滥用职权的行为受到法律原则和规则的制约。例如，下文将要考察许多国家和地区的立法规定，行政机关只有在其认为就维护投资大众的利益或公众利益而言是适当的情况下，达成和解协议。第二，在行政执法资源有限性的条件下，证券行政执法机关在某个个案中所进行的妥协或者让步，并不必然与牺牲公共利益划等号。第三，正式行政程序的较高成本，不仅制约着证券行政执法机关，也制约着私方当事人，因此一个理性的当事人也不大可能怀着“损公肥私”的预期而进行博弈。② 当然，如果存在证券行政执法机关明显地滥用裁量权、对重大公共利

---

① 王锡锌：《规则、合意与治理——行政过程中 ADR 适用的可能性与妥当性研究》，载《法商研究》2003 年第 5 期。

② 王锡锌：《规则、合意与治理——行政过程中 ADR 适用的可能性与妥当性研究》，载《法商研究》2003 年第 5 期。

益的保护未予斟酌、给付与对待给付，亦即当事人相互让步的范围明显不成比例等情形时，则应当认定此种和解违反公共利益。[①]

②不得损害案外第三方利害关系人的利益。证券行政执法和解双方当事人的协议不得有损案外第三方利害关系人的利益，对第三方利害关系人施加负担的证券行政执法和解，须由该第三方利害关系人参加和解并征得其同意，否则即属违法。但是，和解协议未对第三方利害关系人施加任何负担的，则无须征得其同意，对此有些国家或地区的法律只安排该第三方利害关系人参加和解谈判的听证。

③不违反法律、行政法规的禁止性规定。

对于证券行政执法和解的合法性要求，这次中国证监会制定的《行政和解试点实施办法》第5条就明确规定，“行政和解”协议的订立和履行，不得损害国家和社会公共利益，不得损害他人合法权益。其第6条第4项又规定，以“行政和解”方式结案不违反法律、行政法规的禁止性规定，不损害社会公共利益和他人合法权益。这与其他国家和地区已有的相关法律是一致的。

（3）实现手段的复合性。一套完备的证券行政执法和解机制往往由多重法律规范交织而成，即证券行政执法和解实现的手段具有复合性。具体表现如下：

①硬法和软法并举。所谓硬法是指能够依靠国家强制力保证实施的证券法规范，其任务主要是建构一个证券行政执法和解的制度框架。而软法则是指不依靠国家强制力保证实施的证券法规范，主要依靠社会舆论、自律、自治与自愿服从等方式得到遵守，既包括证券法律、法规、规章中的柔性规范，也包括证券监管部门创制的大量规范性文件，如证券行政执法工作手册、指导意见、指南、规划、纲要等。这些软法规范的任务是在硬法建构的证券行政执法和解制度框架下，就细节性问题作出具体规定。[②] 下文将要考察的外国证券行政执法和解制度，大多采用的是这种硬法软法并举的复合模式。

②实体法与程序法并举。其中，实体法规范主要规定证券行政执法和解适用的条件、申请与启动的主体、执法机关的权限等问题，而程序法规范则规定证券行政执法和解谈判方式、期限、实施步骤等问题。

③法律原则与规则并行。一方面证券行政执法机关要在法律原则的前提下

① 刘宗德、彭凤志：《行政诉讼制度》，载翁岳生编：《行政法》（下册），中国法制出版社2002年版，第1466~1467页。

② 宋功德：《证券执法和解机制》，载《甘肃行政学院报》2010年第3期。

行使证券行政执法裁量权，另一方面这种自由裁量权的发挥又受到具体规则的制约。从而保证执法和解符合证券法的立法宗旨。

（二）证券行政执法和解的正当性

目前，证券行政执法和解在美国、欧洲许多国家以及我国香港和台湾地区被广为应用，并卓有成效。综观世界，各国证券行政执法和解制度的立法主要有以下三种模式：① 第一种是行政程序法明确授权的立法模式，以美国、德国和我国台湾地区为典型，但是美国在其1946年的《联邦行政程法》一般规定行政执法和解之后，陆续就证券行政执法和解制定了一些具体的法律规范。第二种是金融法概括授权的立法模式，此以英国为典型。第三种是通过证券期货法具体授权的立法模式，此以新加坡和我国香港地区为典型。

证券行政执法和解存在的正当性与一般行政执法和解存在的正当性是一致的，即只要证成一般行政执法和解成立即可。一种较为传统的观点认为，行政执法和解不具有正当性，理由是行政权力具有不可处分性。② 该理论认为，和解成立的前提是当事人能够自由处分其权利，但是行政权是国家权力，行政机关只有行使国家权力的职责，而无权自由处分国家权力，因为国家权力所代表的公共利益不可出让。行政法律关系双方地位不平等，行政相对人也不能就行政争议涉及的行政权与行政执法主体讨价还价。

然而，从理论与实践的角度来看，行政权力不可处分不能成为禁止行政执法和解的理由。在此需要对"处分"的内涵进行合理的界定。我国台湾地区学者认为，"公法及私法之领域，均有'处分'之用语。处分在行政法，有行政处分一词；在私法则指权利之抛弃、负担及其他权利内容变更之意思表示。"③ 日本学者认为："'处分'这个词，在行政法上，是作为行政行为的同义词来使用的。与此同时，在私法上，'处分'是指放弃、委托或负担直接权利，或者变更其他权利内容的意思表示。但是，实施行政行为，通常却不说'进行处分'"。④ 上述行政权力不可处分中的"处分"显然指的是权力的转让、委托、

---

① 陈共炎主编：《证券投资者保护系列课题研究报告4》，中国财政经济出版社2008年版，第195～196页。

② 谭炜杰：《行政诉讼和解研究》，中国政法大学出版社2012年版，第114页。

③ 徐瑞晃：《行政诉讼撤销之诉在诉讼上之和解》，载台湾行政法学会主编：《行政契约与新行政法》，元照出版公司2002年版，第331页。转引自谭炜杰：《行政诉讼和解研究》，中国政法大学出版社2012年版，第115页。

④ ［日］南博方：《行政诉讼中和解的法理（上）》，杨建顺译，载《环球法律评论》2001年春季号。转引自谭炜杰：《行政诉讼和解研究》，中国政法大学出版社2012年版，第115页。

抛弃、分割等，这种处分的效果只涉及权力本身，而未及于权力行使所指向的对象。[①] 在此语境下的“处分”，的确意味着行政权力不可任意转让和抛弃，因为行政机关的行政权力是基于国家的授权，行政机关必须履行其职责，否则就构成失职或者渎职。

但此种行政权力的不可处分性并不妨碍行政机关在行政执法过程中享有日常处理权，这种处理权不是对行政权力的处分，即并非对行政权力的任意抛弃，而正是行使行政权力的表现。因此，行政机关完全可以在行政执法过程中与相对人进行协商，达成合意后签署执法和解协议，并据此终止执法程序。所以，行政执法和解其实是行政自由裁量的表现形式之一，或者说行政自由裁量权的行使是证券行政执法和解获得正当性的根本原因。

法律之所以授予行政机关行使自由裁量权，我国著名行政法学家王名扬先生将其概括为以下六个方面的原因：[②] 第一，现代社会变迁迅速，立法机关很难预见未来的发展变化，只能授权行政机关根据各种可能出现的情况作出决定；第二，现代社会极为复杂，行政机关必须根据具体情况作出决定，法律不能严格规定强求一致；第三，现代行政技术性高，立法机关缺乏能力制定专业性的法律，只能规定需要完成的任务或目的，由行政机关采取适当的执行方式；第四，现代行政范围大，立法机关无力制定行政活动所需要的全部法律，不得不扩大行政机关的决定权力；第五，现代行政开拓众多的新活动领域，无经验可以参考，行政机关必须作出试探性的决定，积累经验，不能受法律严格限制；第六，制定一个法律往往涉及不同的价值判断，涉及各种利益集团的博弈。从理论上说，价值判断应由立法机关决定，然而由于议员来自不同的党派，代表不同的利益集团，议员的观点和所代表的利益互相冲突，国会有时不能协调各种利益和综合各种观点，得出一个能为多数人接受的共同认识，为了解决这个层面的矛盾，国会可能授权行政机关，根据公共利益或实际需要，行政自由裁量而采取必要的或适当的措施。

随着立法机关的立法日益宽泛，行政机关获得的自由裁量空间也随之不断扩展，行政自由裁量已经遍及公共行政的每一个角落，以至于可以认为一切行政行为都具有自由裁量的空间。行政自由裁量权的扩大不仅来自日益增多的单行实体法的授权，而且法律也认可在法律未作明确规定的情况下，行政机关可

---

① 谭炜杰：《行政诉讼和解研究》，中国政法大学出版社 2012 年版，第 115 页。

② 王名扬：《美国行政法》，中国法制出版社 1995 年版，第 546～547 页。

以直接根据行政机关组织法①规定的权限选择适当的行政手段去主动追求行政目标的实现，而与行政相对人进行执法和解理应属于行政机关选择的一种行政自由裁量手段。具体而言，行政自由裁量是指行政机关对于作出何种决定有很大的自由，可以在各种可能采取的行动方针中进行选择，根据行政机关的判断采取某种行动或不采取行动。行政机关自由选择的范围不限于决定的内容，也可能是执行任务的方法、时间、地点或侧重面，包括不采取行动的决定在内。法律在授予行政机关自由裁量权时，往往规定行政机关认为“可能”“合理”“必要”“符合公共利益”“有助于某一发展”时，得为某些行为或根据自己的判断采取最适当的方式，进行某项活动，完成某项任务等。现代行政的特点是行政职务和行政权力迅速扩张，行政权力扩张的明显表现是行政机关行使巨大的自由裁量权。② 自由裁量权由行政执法人员根据自己的判断行使，具有一定程度人治的外部特征，这似乎与法治原则相冲突。其实，法治并不排除执法人员的主动精神，发挥创造性和积极性，根据自己的判断以最好的方式完成法律的目的。这种方式的“人治”是法律授予执法人员的自由裁量权力，和法治不但不冲突，而且是法治的补充。因为徒法不足以自行，法律是否发生效力，法律效果如何，均取决于执法人员的素质及其责任心和创造性。执法人员如果不具备自由裁量权，则无法实现法律的最佳效果。从这个角度而言，任何政府必须同时具备法治和“人治”两个因素。各种法律不论其内容和性质如何，都必须包含自由裁量的成分，不能刻板地执行。③ 例如，对于最严格的刑法而言，在一件刑事案件中，检察官对于起诉和免予起诉具有自由裁量权，而法官对于量刑轻重同样具有自由裁量权，如果必须严格依法办事的检察官、法官等司法人员尚可行使自由裁量权，对于在证券市场行使证券监管权的行政执法人员而言，更应当具有自由裁量权。总之，证券行政执法和解的正当性来自于行政自由裁量权行使或运用的必需。

（三）不断完善我国证券行政执法和解制度

证券行政执法和解制度是证券市场监管的现实需要。从上市公司大股东监管来看，大股东利益将更多地与股价拴在一起，由此可能引发上市公司大股东非法集中持股等违规动机和出售股份的套现行为。从管理层激励监管来看，越

---

① 行政机关的职权法定，一般有两种形式，一是由行政机关组织法规定，大都以概括性语言，划定各机关的职责范围；二是由单行的实体法规定，某一具体事项由哪一行政机关管辖。见应松年：《依法行政论纲》，载《中国法学》1997 年第 1 期。

② 王名扬：《美国行政法》，中国法制出版社 1995 年版，第 545 页。

③ 王名扬：《美国行政法》，中国法制出版社 1995 年版，第 546 页。

来越多的公司管理层实施激励计划，在客观上容易促成管理层操纵利润的违法违规动机。从公司并购监管来看，公司并购日益活跃，有可能为内幕交易提供土壤，并购中还可能发生收购人无实力、不诚信，原控股股东掏空上市公司后金蝉脱壳等突出问题。从信息披露监管来看，上市公司有可能出现选择性信息披露的新动向，严重损害中小股东的利益。随着机构投资者发展的多元化，不同类型投资者的投资理念、交易行为、盈利模式和操作方法呈现多样化特征，其违法违规的交易特点和方法也表现出千差万别。从市场交易监管来看，内幕交易、市场操纵和利益输送不断以新的形式和手法出现。例如，具有持股优势的大股东和高管人员，可能产生利用信息不对称进行内幕交易的动机和条件；大股东利益与股价的密切联系增加了大股东利用粉饰报表、虚假披露等手段进行市场操纵的可能性，大股东与机构投资者合谋进行市场操纵和利益输送的可能性也在增加。融资融券、金融衍生产品的推出，内幕交易的手法可能更具多样性和隐蔽性。

我国在以往证券行政执法的实践中，执法方式过于刚性，执法手段单一，执法机关对于行政相对人只有处罚或不处罚两种选择，没有其他的中间状态，不利于实现证券法保护投资者的立法宗旨。而证券行政执法和解是证券行政执法机关与行政相对人进行协商，就相对人某些行为的处理达成一致意见，并据此签署和解协议。这种方式不仅有利于解决证券违法行为认定难、执法成本高、证券处罚执行难、监管效果欠佳等问题，而且还能够让违法违规者付出经济代价，直接实现制裁和惩戒的目的，并对受害人的经济损失作出补偿，从而及时化解社会矛盾，稳定市场预期。证券行政执法和解是一种兼顾对违法违规者经济制裁和对利益受损投资者经济补偿的执法方式。①

制定行政程序法已列入十届全国人大常委会的立法规划，全国人大常委会法制工作委员会已经开始征求意见，进行立法调研，启动了具体的立法工作，必然要研究在行政程序法中设专章对行政合同与行政和解作出相应规定，尽管这一行政程序法的出台尚待时日，但对于行政执法和解制度的理论构建无疑具有巨大的推动作用。2006 年中共中央办公厅、国务院办公厅联合下发了《关于预防和化解行政争议、健全行政争议解决机制的意见》（中办发〔2006〕27 号），2013 年又发布《国务院办公厅关于进一步加强资本市场中小投资者合法

---

① 《关于〈行政和解试点实施办法（征求意见稿）〉的起草说明》，载中国证券监督管理委员会网站，http：//www. csrc. gov. cn/pub/zjhpublic/zjh/201412/t20141219_ 265265. htm，最后访问时间：2020 年 6 月 23 日。

权益保护工作的意见》(国办发〔2013〕110号),提出“探索建立证券期货领域行政和解制度,开展行政和解试点”。为落实这一工作要求,中国证监会就在证券期货领域开展行政和解试点工作进行了认真研究,并与全国人大常委会法工委、最高人民法院和国务院法制办等相关单位进行了专门论证,于2014年正式向国务院请示,在证券期货行政执法领域进行行政执法和解试点。

据此,2015年2月17日,中国证监会发布《行政和解试点实施办法》,以规范试点相关工作,《行政和解试点实施办法》自2015年3月29日起施行。《行政和解试点实施办法》共39条,分为“总则”“行政和解的适用范围与条件”“行政和解的实施程序”“行政和解金的管理和使用”“附则”5章。《行政和解试点实施办法》规定,行政相对人涉嫌实施虚假陈述、内幕交易、操纵市场或欺诈客户等违反证券期货相关法律、行政法规和相关监管规定的行为,并同时符合以下全部条件的,可以适用行政和解程序:(1)中国证监会已经正式立案,且经过了必要调查程序,但案件事实或法律关系尚难完全明确;(2)采取行政和解方式执法有利于实现监管目的,减少争议,稳定和明确市场预期,恢复市场秩序,保护投资者合法权益;(3)行政相对人愿意采取有效措施补偿因其涉嫌违法行为受到损失的投资者;(4)以行政和解方式结案不违反法律、行政法规的禁止性规定,不损害社会公共利益和他人合法权益。行政相对人交纳的行政和解金由行政和解金管理机构进行专户管理。行政相对人因行政和解协议所涉行为造成投资者损失的,投资者可以向行政和解金管理机构申请补偿。投资者可以通过行政和解金补偿程序获得补偿,或者按照我国民事诉讼法的规定对行政相对人提起民事损害赔偿诉讼请求赔偿。但投资者已通过行政和解金补偿程序获得补偿的,不应就已获得补偿部分再行请求民事损害赔偿。行政和解金管理和使用的具体办法由中国证监会会同财政部另行制定。

《行政和解试点实施办法》是在大量学习和借鉴有关国家和地区的相关制度和立法经验并结合我国实际的基础上而制定的一部部门规章,应当说,有关证券行政执法和解精髓和核心制度在其中都得到了体现,不仅为修订的证券法创设此项制度提供了参照,而且对我国行政程序法创设行政执法和解制度也具有十分积极的意义。①

---

① 该“办法”的不足也是明显存在的,如本文前面所述行政执法和解是行政和解的一种,它与行政复议和解、行政诉讼和解共同构成行政和解的概念,而《行政和解试点实施办法》无论从其文件标题,还是其实际内容都使用“行政和解”的表述,这是将行政和解等同于行政执法和解,缺乏合理性和科学性。

二、举报人制度

新证券法第176条规定了举报人制度，这是首次在证券法中对该制度进行规定。举报人制度正式入法，不仅表明了中国证监会继续推进举报人制度建设的决心，也为今后更多配套措施的出台和完善提供了法律基础。举报人制度对加强证券监督，推进证券法律实施，落实公民宪法权利具有重要意义。证券举报人制度是我国证券监督管理机关行使国家行政管理权的重要补充部分，有利于更好地规范证券发行和交易行为，保护投资者合法权益。2020年中国证监会发布7号公告，重新修订了《证券期货违法违规行为举报工作暂行规定》，进一步细化了证券举报程序，扩大有奖举报的适用范围，提高了有奖举报的奖励额度。尽管在制度构建上大体变化不大，但也在一定程度上体现了中国证监会对举报人制度的重视，这使得举报制度在中国证券市场上的深入应用成为可能。

（一）举报人制度在我国证券监管中的运用

我国对证券期货违法行为举报人制度的探索最早可以追溯至2001年中国证监会发布的《关于有奖举报证券期货诈骗和非法证券期货交易行为的通告》（以下简称《通告》），全文共6条。《通告》旨在鼓励知情人举报证券期货诈骗和非法证券期货交易行为，“严厉打击证券期货诈骗和非法证券期货交易行为，维护证券期货市场正常秩序，切实保护广大人民群众的合法权益”。在举报人激励方面，《通告》根据举报的证券期货诈骗和非法证券期货交易行为所涉及的“金额大小、人员规模和影响大小”，分别规定了“不高于3000元”、“不高于20000元”和“可予重奖”三档奖励。

2014年，中国证监会出台了《证券期货违法违规行为举报工作暂行规定》（以下简称2014年《暂行规定》），在《通告》的基础上，从举报受理、举报答复、举报信息的保密与管理和举报奖励四方面搭建举报制度的基本框架。在举报受理方面，确定了“证券期货违法违规行为举报中心（以下简称举报中心）负责举报的受理、审查、提请调查、举报奖励等工作”，除举报中心外，中国证监会的派出机构也可以受理和处理举报工作。同时还明确了举报应当符合的条件；在举报答复方面，规定了受理人答复责任；在举报信息的保密和管理方面，细化了举报人信息的管理方式举报工作人员的义务；在举报奖励方面，将举报奖励限于内幕交易、操纵市场、信息披露违法和证券发行欺诈4类违法违规行为的实名举报。而奖励幅度较《通告》有所提升，具体来说，“经调查属实，已依法作出行政处罚且罚没款金额在10万元以上的，按罚没款金额的1%对举报人进行奖励；已依法移送司法机关后作出生效的有罪判决的，酌情给予奖励，奖励金额不超过10万元。对于举报在全国有重大影响，或涉案数额巨大的案件线索，经调查属实的，奖励金额不受前款规定的限制，但最高不超过30万元”。

在实践中，由于举报范围有限，举报奖励偏低，举报人保护不足等原因，举报人制度反响平平，并未发挥其应有的作用。我国证券市场上的举报人制度仍处于较为初级的阶段，关于举报人激励和保护的规定不到位，不完善，甚至不符合举报人制度的立法逻辑，这是举报人制度在我国低效甚至无效的重要原因。我国证券市场要想真正发挥举报人制度的作用，就应当在制度构建上遵循奎谭规则，构建“罚没款分成机制”。同时也要积极探究举报人制度存在的合理性和必要性，为举报人制度的实施扫除理论障碍。而当代证券举报人制度又以美国为主要代表，了解其相关规定并学习借鉴，对于完善我国的证券举报人制度，巩固举报人制度的立法成果大有裨益。

（二）举报人制度溯源

举报人，又称为吹哨人（Whistleblower）或检举人，是指拥有关于违法活动的信息并将该信息进行报告的人①。举报人制度就是围绕举报人的激励和保护问题而建立起来的一套制度。该制度起源于安格鲁撒克逊（Anglo - Saxon）的立法传统，最初是鼓励自然个人协助国王起诉并分享罚金作为奖励，表现为罚没款分成令状（writ Qui Tam），后来演变为鼓励私人参与执行公共事务并分享执法成果的奎谭规则（qui tam），成为普通法的一部分。在执法力量不足的英国和美国殖民地，政府往往通过与私人部门合作，将执法罚款与私人分享以实现私人帮助国家执行公共事务的目的，这也被称为“罚没款分成机制”而成为政府执法机制的重要补充。② 因此，奎谭规则具体表现为“罚没款分成”。

最早将“罚没款分成机制”成文法化的是美国1863年《反欺骗政府法》（False Claims Act，lse），该法针对美国政府供应商的欺诈行为，规定拥有相关信息的个人可以以政府的名义起诉，并承诺给予判决金额的部分作为奖金，且保护个人免受报复。直到1983年，美国最高法院在判决中第一次引入举报人的

---

① 郭雳：《证券违法活动检举人的激励与保护机制——美国的相关实践及启示》，载《江汉论坛》2016年第4期。

② 仇晓光、杨硕：《证券举报人制度：价值源流、规则构成与启示》，载《社会科学战线》2016年第11期。

概念，并采用了“吹哨人”（the Whistleblower）这一形象的称谓，[①] 举报人制度才开始被用来指代这种以“罚没款分成机制”为基础的公私协同执法制度。1986 年，在里根总统执政期间，《反欺骗政府法》进行了大幅度修订，扩大了适用范围，时任参议员霍华德坦言，“建立在传统的‘诱之以利’和‘以贼捉贼’理念基础上的《反欺骗政府法》，是将恶棍绳之以法的最安全、快捷的方式。”[②] 截至 2013 年，美国政府依据《反欺骗政府法》共收回 389 亿美元赔偿金，这一数额的 70% 即 272 亿美元是举报者参与政府对欺诈政府行为的索赔诉讼追回的。[③] 此后，举报人制度广泛地应用于美国各个领域的法律中。

早在 1988 年《内幕交易和证券欺诈行为法》中就规定，向内幕交易举报者提供内幕交易所得的 10% 作为举报奖励。2002 年，为了应对安然和世通财务造假的丑闻，美国国会颁布了《上市公司会计改革与投资者保护法案》（Sarbanes - Oxley Act，SOX，萨班斯法），其中保护财务欺诈举报人的反报复条款旨在打破企业员工沉默的僵局，鼓励知情员工举报。2008 年金融危机再次暴露了美国金融证券监管体系的薄弱，金融监管急需改善。以此为契机，2010 年奥巴马总统签署了《多德 - 弗兰克华尔街改革和消费者保护法》（Dodd - Frank Act，多德 - 弗兰克法案），其中第 922 条对 1934 年《证券交易法》（Securities Exchange Act of 1934）作出修订，新增了名为“证券举报人奖励与保护”的 21F 条，该法的立法目的之一就是要“奖励举报不法行为，保护举报者”。[④] 至此，美国在证券市场领域建立了一套较为完善的举报人制度，收效颇丰。根据美国证监会（以下简称 SEC）的统计，自 2011 年 8 月以来，SEC 共收到 33300 条举报信息。截至 2019 年，SEC 共向 67 名举报人授予了约 3.87 亿美元的奖励，其中历史最高的举报奖励金额高达 5000 万美元。与之对应的，根据举报人提供的举报信息，SEC 对外作出的罚金已超过 20 亿美元，其中追缴违法所得超过 10 亿美元。

美国举报人制度的建设是以举报信息、举报人奖励和举报人保护为核心的。从萨班斯法到多德 - 弗兰克法案，举报人奖励和举报人保护一直是升级完善的

---

① 马一：《金融举报者激励和反报复保护法律制度研究——以美国萨班斯法和多德 - 弗兰克法为核心》，载《比较法研究》2017 年第 2 期。

② 李虹：《美国证券违法举报者“罚没款分成”机制及借鉴》，载《证券市场导报》2012 年第 12 期。

③ 马一：《金融举报者激励和反报复保护法律制度研究——以美国萨班斯法和多德 - 弗兰克法为核心》，载《比较法研究》2017 年第 2 期。

④ 马一：《金融举报者激励和反报复保护法律制度研究——以美国萨班斯法和多德 - 弗兰克法为核心》，载《比较法研究》2017 年第 2 期。

重中之重。证券举报人制度的基础是奎谭规则，具体表现为“罚没款分成”，主要是通过允诺与举报人分享罚款金额的方式，鼓励私人以举报的方式协助国家查处违法行为。其实质是私人参与执行公共事务，弥补国家的监管缺口，形成公私协同处理公共事务的局面，因此也是国家执法机制的重要补充部分。具体到证券监管上，举报人制度就是一种私人监督，其目的在于形成证券监管机关与私人共同监督的局面。但是，这里的私人监督只是作为证券监督中政府监管权的补充部分存在，证券监督的主力还是国家证券监督管理机关和证券自律监管机关。[①] 私人监督作为法律监督的重要组成部分，其法律地位与作用不可忽视。私人监督就是第三人监视违法行为、收集违法信息、提供给国家机关，以便追究违法者法律责任的行为，对国家机关调查和追诉违法行为具有重要的辅助作用。英美国家普遍重视私人监督的重要作用，为发挥私人监督的功能建立了专门的激励和保护机制，举报人制度就是其中重要的一种。

（三）举报人制度的价值

举报是检测证券欺诈的最有效的方法。统计表明，举报有利于“更好、更早地获得有关公司欺诈的信息”。[②] 举报人制度的价值在于其证券监管的效果，即打击证券期货违法性的激励效果、威慑效果和杠杆效果。这使得举报人制度作为我国证券监管执法中的重要补充部分具有必然性。

1. 激励效果

证券违法是资源优势型违法，往往是处于优势地位的主体滥用其信息、资金优势从事违法行为。[③] 例如，利用雄厚的资金实力操纵市场，或者是利用内部信息进行内部交易。因此，证券期货违法行为往往由专业人士操作，违法手段多样，形式复杂难辨，从而使其具有专业性、复杂性和隐蔽性的突出特点。证券监督管理机关作为外部监管者，很难在第一时间洞悉违法情况，主要原因是监管者与被监管者之间存在信息偏差。即使监管机关依靠专业调查和审计手段，依然难以在短时间内获取违法信息。

相比之下，内部知情人能够接触到内部信息，在违法信息的获取上具有天然优势。举报制度所起到的激励效果可以调动内部知情人协助证券执法的积极

---

① 李东方：《证券监管法论》，北京大学出版社 2019 年版，第 4 页。

② 马一：《金融举报者激励和反报复保护法律制度研究——以美国萨班斯法和多德 - 弗兰克法为核心》，载《比较法研究》2017 年第 2 期。

③ 李虹：《美国证券违法举报者“罚没款分成”机制及借鉴》，载《证券市场导报》2012 年第 12 期。

性，及时披露违法行为，从而缓解证券执法中信息不对称的困境。但是内部人士是否愿意揭发违法现象还受到其他因素的影响，例如公司的恶意解雇。因此，要激励知情人举报，不仅需要适当的激励措施，也需要充足的反报复措施。同时引导举报人本着对社会负责的观念关注企业发展，恪尽职守地维护正常秩序，及早披露企业的相关违法信息，成为证券监管者的有效支持者。①

2. 威慑效果

举报人制度的威慑效果主要来自两方面：一是监管机关获得线索后制裁的可能性，二是违法信息被发现并举报的可能性，后者的威慑效果尤为显著。举报人制度能够调动私人监督的积极性，大大增加违法行为被举报的可能性，也就增加了监管机关制裁的可能性。总地来说，违法行为被发现的可能性越大，威慑效果越强。根据美国非盈利组织“纳税人反欺诈”为纪念《反政府欺诈法》实施十周年而撰写的报告称，虽然政府根据该法为违法者征收的罚款金额不过数十亿美元，但其威慑效果却相当于征收了数千亿美元。②

从更长远的角度来看，举报人制度的威慑效果有可能促进被监管公司的内部治理，培养金融自律文化。证券领域中有私人监督的存在，必然会推进公司不断检视自己以保护自己免受举报，在内部监督中自我审查违法问题，使得金融从业者能够不断提高自己的守法意识，间接增进自身对公共利益的关涉。这种内部治理水平的提高反过来又能培养更多守法的从业者，从而提升整个证券金融行业的道德标准，最终受益的是广大金融消费者、投资者。

3. 杠杆效果

证券违法行为频发同证券监管执法资源的有限性是一对无法化解的矛盾。一方面，金融证券的全球化大大拓宽了证券监管的范围，层出不穷的金融创新增加了监管对象的复杂多样性；另一方面，受制于人力、物力、财力和技术手段的有限性，监管者仅凭手中有限的资源无法实现有效监管。因此，要及时转变监管思路，利用市场机制，将监管嵌入市场机制本身，从而提高监管效能。举报人制度的杠杆效果就体现在通过激励私人监督，吸引更多的私人主体加入监管大军，撬动起分布在市场每个角落的监管资源，编制成一道无处不在、疏而不漏的恢恢法网，从而成倍地增加证券监管的执法效能。利用举报人制度中

---

① 俞志方、刘沛佩：《“罚没分成”的证券监管有奖举报制度构建》，载《江西社会科学》2018 年第 5 期。

② 李虹：《美国证券违法举报者“罚没款分成”机制及借鉴》，载《证券市场导报》2012 年第 12 期。

“罚没款分成”的市场机制，举报人的成本可以通过与监管机关分享执法成果的方式得到补偿。这使得无论是举报人还是监管机关，二者的总收益均大于总成本，实现了效率。

（四）举报人制度的完善

1. 举报信息

我国举报人制度并没有关于原生信息的规定，在面对不实信息和无效信息时，也缺乏类似美国律师作为“看门人”的制度基础和完善的公司内部举报机制。通过实名举报的方式来提高举报门槛，保证举报质量是我国当前的较为实用的方式。实际上，有数据显示，在2014《暂行规定》发布实施后半个月内收到的494件举报材料中，有70%的材料不属于稽查案件调查事项。[①] 一方面，举报信息标准不明确最直接的结果就是大量信息的涌入，这无疑会加大监管机构的审查成本，限制监管资源的调配，最终抑制举报人制度的发挥。另一方面，标准的缺失也有可能招惹恶意举报，使得举报人制度成为某些人制造麻烦，进行不正当竞争的手段，轻则损害他人信誉，重则影响社会稳定。尽管采用实名举报的方式能起到缓冲作用，但随之带来的问题是，实名要求会打击一部分举报人的积极性，同时对监管机构的保密义务也是一种考验。一旦举报人信息泄露，可能会招致来自公司内部或者他人的报复打击，这反过来又进一步打击了举报人的积极性。

2. 举报人奖励

（1）奖励金额。举报人奖励是举报人制度的重中之重，是“罚没款分成机制”的具体表现。例如，前美国司法部部长霍尔德所言：“如果缺少明确可预知的奖金汇报，举报人并不值得以事业、声誉以及社会地位来冒险。”对于符合举报条件的，举报人有机会获得SEC罚款总金额的10%～30%部分作为奖励，最终的奖励数额由SEC自由裁量。这里的自由裁量是将奖励金额同举报信息挂钩，进行“比例加幅度调节”。相比之下，我国对举报人的激励程度远远不够。尽管2020年新修订了《暂行规定》，但也仅仅是增加了对内部知情人员最高奖励金额不超过60万元这一梯度，对于其他举报人，最高奖励金额依然不得超过30万元。这对承担了社会风险和精神压力的举报人来说缺乏足够的吸引力。另外，奖励金额划分标准模糊不清，奖励金额与案件的关联性也不确定，很难对举报人产生稳定的、可预期的激励，举报人本身也就无法权衡举报成本和收益，

---

① 刘沛佩：《论我国证券监管中有奖举报制度的完善》，载《证券市场导报》2017年第5期。

从而作出理性选择。①

（2）奖金来源。SEC主要是在美国证券违法行为非法收入的“吐赃制度”的基础上为举报者授予奖金。依据1990年的《证券执法救济与廉价股票改革法》，SEC有权将查处的证券违法行为的非法所得分配给受损失的投资者。2002年的萨班斯法在此基础上设立了投资者公平基金，明确了SEC有权向法院提议或酌情决定将部分收缴的非法所得和罚没款注入基金，再由该基金按照监管机构确定的比例赔偿投资者或者用于奖励举报者。截至2019年，该基金余额为4.03亿美元。

相比之下，我国的举报奖励来源分为两条路径。依照现行法律，证券监管部门的罚没款收入要作为财政收入的一部分上缴国库，具体需要开支费用时再按照收支两条线的原则由财政部门拨付。② 因此，证监会对举报者授予的奖金需要事先得到财政部门的核定和批准。跨部门的资金协调在实践中无疑需要耗费大量的程序和时间，而且往往与资金多少呈正相关，不仅影响效率，也难保不出现部门利益冲突，这无疑是举报人制度推行中的一大障碍。

3. 举报人保护

举报人保护是举报制度有效运转的保障。举报人往往要承担来自公司内部或者他人打击报复的风险，如果不能有效保障举报人的合法权益，举报人制度的激励作用将会大打折扣。多德－弗兰克法案对举报人的保护主要体现在反报复条款和保密条款两方面。反报复条款规定任何雇主不能因任何举报人提供举报信息、协助调查等行为对举报人直接或间接做出解雇、降职、停职、威胁、骚扰及其他歧视行为。举报人对以上雇主的违法行为可以依据本条提起诉讼，SEC也可以对雇主主动提起诉讼。保密条款则允许举报人匿名举报，只提交代理律师的身份信息，但是在领取奖金之前必须向SEC披露身份，即只要不领奖，举报人可以一直保持匿名。③ 相比之下，我国对举报人的保护无论是在法律上还是在制度环境上都有所欠缺。在我国实行实名举报的背景下，仅通过强调监管部门的保密责任及要依法追究打击报复举报人行为的宣誓性条款，缺少

① 李俊峰：《法律实施中的私人监督——“罚款分享”制度的经验与启示》，载《社会科学》2008年第6期。

② 俞志方、刘沛佩：《“罚没分成”的证券监管有奖举报制度构建》，载《江西社会科学》2018年第5期。

③ 郭雳：《证券违法活动检举人的激励与保护机制——美国的相关实践及启示》，载《江汉论坛》2016年第4期。

配套的法律保护体系和救济措施，无法为举报人提供强有力的保护，也就无法为举报人提供足够的激励。

三、跨境证券监管制度

新证券法第 177 条规定了我国的跨境证券监管制度。第 177 条第 1 款确认了证券监督管理机构在跨境证券监督合作体制中的主体地位，即“国务院证券监督管理机构可以和其他国家或者地区的证券监督管理机构建立监督管理合作机制，实施跨境监督管理。”第 2 款则对境外证券监督管理机构在中国境内进行调查取证的问题作出了规定：“境外证券监督管理机构不得在中华人民共和国境内直接进行调查取证等活动。未经证券监督管理机构和国务院有关主管部门同意，任何单位和个人不得擅自向境外提供与证券业务活动有关的文件和资料。”跨境证券监管的目的是保护跨境投资者权益、促进资本形成、发展国民经济、维护国家金融安全。①

证券市场是市场经济走向发达的产物，是一个具有高流动性和高风险性的市场。证券市场为社会财富增加和国民经济发展做出良好贡献的同时，也将财富和财富所有者拖入越垒越高的虚拟泡沫中。高风险是金融市场无法弥合的短板，随着经济发展和金融市场的活跃，风险只会随之加速扩大。随着我国金融业不断发展壮大，风险种类增加，风险成因和表现越发复杂，各方主体矛盾纷繁，此时尤其需要金融监管力量的有效介入。

20 世纪 60、70 年代始，世界主要发达国家的证券市场进入国际化阶段，跨国交易和跨国不法行为即伴随出现。我国证券市场也进入面临国际化挑战的新阶段。证券市场国际化扩大了证券合法行为的舞台，也扩大了证券不法行为的发挥空间，进一步扩大了风险，深化了矛盾。互联网金融的飞速发展增加了金融市场结构的复杂性，同时也带来很多亟待解决的法律问题。互联网金融保留了金融风险的本质属性，异化了金融行为（如 P2P 借贷异化为影子银行），同时由于互联网的特性导致金融行为双方信息不对称加剧，加速金融市场全球化。

在证券市场发展过程中，我国已经有了跨境证券监管的立法和执法实践。随着沪港通、深港通、沪伦通、一带一路倡议的推进，粤港澳大湾区的建成，我国金融产业发展面临新形势，跨法域证券监管交互机制也逐渐出现在实践中。

---

① 刘远志：《跨境证券交易法律监管研究》，法律出版社 2019 年版，第 30 页。

我国最早建立的跨法域证券监管交互机制是2002年内地与香港的QFII，其后是2006年的QDII和2011年的RQFII，但这些都是单向的，并不能称为严格意义上的“互联互通”。直至2014年和2016年“沪港通”和“深港通”先后实施，2017年“债券通”上市，2019年“沪伦通”启动和“沪德通”预备启动。中国法域内与法域外金融联系日趋紧密，随之而来的是交互频率越来越高的信息和资产流、越来越高的国际金融风险。面对这一形势，从立法上确定证券业跨境监管体制的需求显得尤为必要。

（一）跨境证券监管的概念

在理论和实践中，“跨境证券监管”与“证券法域外适用”的概念常常共同出现，因此可以通过对二者的比较分析来明确跨境证券监管的定义。

证券法的域外适用是指一个国家或地区赋予其国内证券法律规范以域外效力，使领域内规范对领域外证券活动或证券活动当事人产生管辖权的法律制度。① 国际上域外适用的实践首先出现于反垄断领域，之后逐渐被适用于经济法的各个领域，包括银行、外汇管理及证券等。最典型的是1945年的美国联邦政府诉美洲铝业公司垄断案，该案判决确立了美国反托拉斯法长臂管辖的“效果原则”，即任何在美国领域内产生了限制竞争效果的行为，不论其发生地是否在域内，也不论其行为人是否是域内人，均需接受美国反托拉斯法的管辖，并依据规范承担后果。“效果原则”确立之后成为美国处理涉外经济纠纷的基本原则，在证券领域，1968年的Shoenbaum诉Firstbrook证券登记案也适用了该原则。该案中，美国股东认为一家已经在美国注册登记的加拿大公司在美国境外的证券交易违反了美国1934年《证券交易法》，因此请求法院作出判决。法院通过适用“效果原则”认为美国法律规范对于该案有管辖权。金融危机后，美国还提出了“沃尔克规则”（Volcker Rule），这是美国多德－弗兰克法案中的一部分，主要内容是限制商业银行从事自营交易以及投资于对冲基金和私募基金。沃尔克规则具有较强的域外管辖权。

国内法的域外适用随后也被欧洲效仿，如《罗马条约》的第85条和第86条即体现了反不正当竞争的域外适用原则。《欧洲市场基础设施监管规则》（E-MIR）法案对于场外衍生品市场也具有一定的域外适用性。

证券法的域外适用是证券市场国际化和证券违法行为国际化背景下证券监管的出路之一，也是跨境证券监管的手段之一。其深层的意义是各国通过扩大

---

① 周振春：《论美国证券法的域外适用及其必然性》，载《中北大学学报》2006年第2期。

国家主权的影响力范围，从而抢占国际金融市场，为本国在国际金融双边或多边关系中占据有利地位而服务，欧美国家力图通过扩大国内法的域外适用效力来维持自己的金融优势地位。尤其是在金融危机后，各国认识到了对本国内部金融机构的监管无法阻断全球性金融危机对经济的负面影响。

因此，依据是否包含证券法域外适用，可以将跨境证券监管的概念分为广义、中义与狭义。广义上的跨境证券监管泛指涉及领域外因素的一切证券市场、证券交易的监管行为和监管制度。中义上的跨境证券监管是指证券监管机构将本国证券监管规范运用于域外或各地区证券监管机构进行双边、多边、区域性或全球性合作，以实现有效的证券监管机制。狭义上的证券跨境监管是指证券监督管理机构为了实现证券跨境有效监管，通过双边合作、区际性合作或全球合作的模式与境外证券监管部门就证券监管标准、监督检查活动、信息与监管学术、经验的交流反馈等内容所进行的协调和联系，① 建立起跨境监管合作机制。因此狭义的跨境证券监管强调监管合作，不包括证券法的域外适用。

理论界普遍采用中义上的跨境证券监管概念，此时证券法的域外效力是跨境证券监管的下位概念。中义的跨境证券监管主要包括四种模式：单边监管模式（即证券法律规范的域外适用）、双边合作监管模式、超国家监管模式及国际组织牵头的多边监管模式。

（二）证券跨境监管的模式

世界范围内，跨境证券监管目前存在四种模式，分别为单边监管模式、双边协作监管模式、超国家监管模式及国际组织牵头的多边监管模式。

1. 单边监管模式

指监管国将自己法域内的证券监管法律规范运用于域外。这是国家经济主权原则在跨境证券交易监管领域的具体体现，在国际上普遍适用。单边监管存在不可避免的国家之间管辖权的冲突，造成国家主权的交叉。一国一味地强调自己的单边监管，必然会引起对别国主权的侵入，从而造成别国的反感，引发矛盾。同时过分强调单方监管也是缺失国际社会责任感的表现。

面对这一问题，美国通过2010年“莫里森诉澳大利亚国民银行案”②（以下简称“莫里森案”）确立了“交易标准”原则，以限缩美国证券监管法的域外适用效力。美国联邦最高法院认为在莫里森案中，针对被告所为在外国证券

---

① 王宝杰：《论金融监管的国际合作及我国的法律应对》，载《政治与法律》2009年第6期。

② See Morrison et al. *V. National Australia Bank Ltd. et al.* (Decided June 24, 2010).

交易所交易证券过程中的不法行为，原告无法通过 1934 年《美国证券交易法》第 10 条（b）款获得诉讼资格与提出诉求。“交易标准”原则要求法律适用者仅能在美国辖区内发生的证券交易中适用 1934 年《美国证券交易法》。莫里森案推翻了此前美国一直沿用的“效果原则”和“行为原则”转而采用“交易标注”原则，实质上使 1934 年《美国证券交易法》第 10 条（b）款很难进行域外适用。① 尽管 2010 年美国随后又通过《多德—弗兰克华尔街改革与消费者保护法》修正了莫里森案中的“交易标准”，使之向“效果标准”回归，但是这种制度摇摆也体现了本国对于单边监管模式的游移态度。

但是，由于目前国际间合作监管的模式条款过于原则化，无法指引具体监管，金融危机后各国对自己域内金融市场监管的加强也强化了国内法域外适用的意识，各国仍以国家利益而非满足国际的司法需求来进行跨境证券监管，② 单边监管模式在一定意义上存在必然性，甚至是目前国际金融环境下相对切实可行的监管模式。为完善我国单边监管的制度，有学者提出要“出台适用于跨境证券监管的专门法规，对证券法未规定的域外适用情形做出合理安排。”③ 同时有必要进一步突出证监会的特殊地位，在立法上明确给予其有别于一般行政机关的“法定特设机构”地位④，为提高跨境证券监管合作的效率和水平提供法律保障。

2. 双边协作监管模式

实践中通常表现为两国或两地区的证券监管机关、证券交易所、证券行业自律组织及其他有证券监管职能的机关以备忘录的形式，进行执法合作和信息互通的监管模式。

双边监管合作是当前国际上跨境证券监管的主要模式，合作形式包括谅解备忘录、监管对话、技术援助项目及其他双边合作文件和协议。⑤ 谅解备忘录的具体内容依合作的内容各有不同，大多涉及双方证券监管执法权力分配和执

---

① 杜涛：《美国证券法域外管辖权：终结还是复活？——评美国联邦最高法院 Morrison 案及〈多德—弗兰克法〉第 929P（b）条》，载张育军、徐明主编：《证券法苑》（第 7 卷），法律出版社 2012 年版，第 910 页。

② 杨峰：《我国证券法域外适用制度的构建》，载《法商研究》2016 年第 1 期。

③ 干云峰：《我国跨境证券监管协作机制的改革和完善研究》，载《现代经济探讨》2016 年第 7 期。

④ 王建文：《中国证监会的主体属性与职能定位：解读与反思》，载《法学杂志》2009 年第 12 期。

⑤ 廖凡：《跨境金融监管合作：现状、问题和法制出路》，载《政治与法律》2018 年第 12 期。

法信息交互联络基站的设置，虽然通常不具有强制执行力，但签署双方出于合作共赢的善意和自身的切实利益，通常都会积极推动备忘录的落实。监管对话表现为各种形式的国际论坛和会议，合作双方在定期举行的双边会议中尽量达成监管标准的一致，并磋商跨境证券监管执法信息的交流机制。因此，监管对话常常成为合作双方开启合作项目或签订备忘录的契机，也会成为多边合作会谈的开端。① 技术援助项目是美国 SEC 采用的监管合作模式，通过“证券市场发展国际学院”（International Institute for Securities Market Development）项目和“证券执法与市场监管学院”（Institute for Securities Enforcement and Market Oversight）项目分享美国证券违法行为调查手段与市场监督的方法，② SEC 的 OIA 还针对新兴市场开展区域性和有针对性的培训，派员前往相关国家帮助其改进证券监管体系以满足国际监管标准。③

3. 超国家监管模式

超国家联盟的成员将自己领域内的证券监管权力让渡给超国家联盟行使，或与超国家联盟一起行使。其典型代表是欧盟的超国家监管模式，其在很大程度上统一了各成员国的证券监管规则的标准，为证券市场的国际化规范提供了丰富的制度经验。但是因欧盟经济体制的特殊性，建立在欧盟一体化经济之上的超国家监管模式很难对中国的跨境证券监管实践产生借鉴意义。

4. 国际组织牵头的多边监管模式

多边监管强调信息共享，强调合作打击内幕交易、证券欺诈等不法行为。这种监管方式具有可预测性强、高度统一性和全球化的特质，这些特质是“跨境证券交易监管的终极目标”④。但是国际上存在对于证券监管国际组织的抵制，因为这可能涉及主权的让渡，因此多边监管模式显得过于理想化。

国际证券监管遵循统一的目标原则，由国际证监会组织在 1998 年通过的《证券监管的目标和原则》文件中确立，分别是：保护投资者、确保市场公平有效和透明、减少系统风险。其中保护投资者、确保市场公平有效透明有利于减少系统风险，减少系统风险又促进投资者保护和建设公平有效和透明的证券

---

① See Chris Brummer, *Post – American Securities Regulation*, p. 338.

② 廖凡：《跨境金融监管合作：现状、问题和法制出路》，载《政治与法律》2018 年第 12 期。

③ See Chris Brummer, *Post – American Securities Regulation*, p. 341.

④ 何仲新、刘远志：《跨境证券交易法律监管模式研究》，载《广西民族大学学报（哲学社会科学版）》2017 年第 5 期。

市场，三大原则互相促进，成为一个整体。① 而本次证券法修改新增“投资者保护”章节也正是遵循原则的结果。

多边监管合作的途径包括政府间国际组织模式、非正式国家集团模式和跨政府监管网络模式。政府间国际组织模式是以国际金融组织（如国际货币基金组织和世界银行）为主导设立国际标准。设置证券监管标准不是正式政府间国际组织的传统职责，但是可以附带设置。非正式国家集团的典型代表是 20 国集团（G20），是经济领域最具代表性的国家部长和首脑定期举行峰会进行合作洽谈的集团。这些集团通过政治协议组建非正式的合作体系，这样的合作体系具有可实现价值和直接对话性，在全球金融体系监管中具有不可或缺的作用。② 跨政府监管网络模式是我们通常理解的国际证监会组织（International Organization of Securities Commissions，IOSCO）牵头的全球证券监管机构参与的合作体系，其基于没有强制约束力的章程和协议运作。中国证监会是国际证监会组织（IOSCO）的正式会员，并于 2007 年签署了《关于咨询、合作与信息交换的多边备忘录》。

（三）证券跨境监管的实践

1. 美国跨境证券监管实践

美国证券监管系统由美国证券交易委员会（SEC）、美国商品期货交易委员会（CFTC）及金融业监管局（FINRA）组成。其中，美国证券交易委员会下设的国际事务办公室（Office of International Affairs）是专事跨境证券监管合作的机构。通过 OIA，SEC 与其他国家监管部门就跨境执行证券法规和制定共同实体政策进行协调及合作，多年来，OIA 致力于推广各种非正式合作安排和无约束力框架协议，也通过谅解备忘录、监管对话、技术援助等方式进行双边监管合作。在国内法方面，美国的证券业务监管体系和规则较为完善和健全，在准入和交易市场领域均实行严格的持牌经营要求，严禁未在美国注册、持牌的金融机构向美国人服务，否则会被认为是金融欺诈受到重罚，处罚包括罚款、禁令甚至严重的有期徒刑。因此结合其“效果原则”与“行为原则”的域外金融法律适用原则，涉及美国的证券跨境违法行为一旦进入诉讼很大程度上可能面临承担严重的责任。

---

① 余劲松、吴志攀主编：《国际经济法》，北京大学出版社 2014 年版，第 426 页。

② See Anne - Marie Slaughter & David Zaring, *Networking Goes International: An Update*, 2 *Annual Review of Law and Social Science*, 211, 215 (2006).

2. 欧盟跨境证券监管实践

欧盟制定了 MiFID II（“Market in Financial Market Directive II”《金融工具市场指令 2》）。该指令由两部分构成，分别是欧盟委员会制定的 MiFID 与欧洲议会制定的 MiFIR，上述规定不仅对欧盟内部成员国有约束力，还赋予了欧盟执法机构证券监督执法权。MiFID II 的核心是信息披露，因此欧盟证券监管合作中尤其强调执法信息的交互，并对市场主体在信息披露上作出了较高要求。MiFID 与 MiFID II 是欧盟超国家监管体制的制度核心。① 在执法机构上，欧盟建立了“一会三局”的宏观与微观监管结合的监管体系，包括欧洲系统风险管理委员会（ESRB）与三个欧洲监管局（ESA）［欧洲银行业监管局（EBA）、欧洲保险与职业年金监管局（EIOPA）与欧洲证券与市场监管局（ESMA）］。尽管各国目前还是以国家为单位与外国签订双边合作备忘录，但欧盟的证券监管逐渐呈现“集中化”趋势，若干监管职责逐渐从成员国转移到欧盟层面，② 这意味着，随着欧盟一体化程度的加深，域内证券监管逐渐被跨领域证券监管取代，欧盟的证券市场将以超国家监管体系为表现展示出与其他地区国家迥然不同的特征。从长远来看，可以将这种欧盟式的超国家证券监管体制看成一个缩小版的未来国际证券监管统一组织，具有比现有国际证券监管更强有力的“硬约束”，从这一层面看，欧盟的证券监管制度有深刻的实践意义。

3. 我国跨境证券监管实践

我国同时采用单边监管模式、双边监管模式和国际组织牵头的多边监管模式进行跨境证券监管。关于单边监管机制，现行涉外民事关系法律适用法第 39 条关于有价证券的法律适用规则适用“权利实现地”法律，以及其他与该有价证券“有最密切联系”的法律机制，但这并不能有效解决“所在地”不确定性的问题，即现行立法并没有为证券行为当事人及证券法律适用机关给出一个确定的连结点，以至于有人提出可以用“意思自治”的原则确定准据法。③“意思自治替代准据法”的规范可以追溯至 1994 年国务院颁布的《关于股份有限公司境外募集股份及上市的特别规定》，其中第 29 条规定：“境外上市外资股股东与公司之间，境外上市外资股股东与公司董事、监事和经理之间，境外上市外资股股东与内资股股东之间发生的与公司章程规定的内容以及公司其他事务有关

---

① 朱伟一：《MiFID Ⅱ：欧盟证券监管的新利》，载《清华金融评论》2018 年第 6 期。

② 廖凡：《跨境金融监管合作：现状、问题和法制出路》，载《政治与法律》2018 年第 12 期。

③ 王克玉：《跨境证券交易的冲突法逻辑与法律适用规则的完善》，载《证券法律评论》2017 年卷，第 563 ~ 572 页。

的争议，依照公司章程规定的解决方式处理。解决前款所述争议，适用中华人民共和国法律。”该规定将境外上市公司内部纠纷和其他公司章程规定的事务纳入中国法的域外管辖。另外，原国务院证券委与原国家体改委于1994年还发布了《到境外上市公司章程必备条款》，其中第163条规定，凡境外上市外资股股东与公司之间，境外上市外资股股东与公司董事、监事、经理或者其他高级管理人员之间，境外上市外资股股东与内资股股东之间，基于公司章程及有关法律、行政法规所规定的权利义务发生的与公司事务有关的争议或者权利主张，国务院证券主管机构未就争议解决方式与境外有关证券监管机构达成谅解、协议的，有关当事人可以依照法律、行政法规规定的方式解决，也可以双方协议确定的方式解决。到香港上市的公司应当将下列内容载入公司章程：凡境外上市外资股股东与公司之间发生争议，应当提交仲裁解决，可选择中国国际经济贸易仲裁委员会或香港国际仲裁中心仲裁。上述条文将证券监管的法律适用选择权完全赋予公司章程，无法充分保护国内金融安全。且1994年的规范中部分条文已经与证券法的规定产生冲突。因此，我国单边跨境证券监管法制存在缺位的状况。法院在判决此类案件时也无法进行实质性审查，只能作出驳回的裁决。①

我国跨境证券监管的主要形式是双边监管。《关于股份有限公司境外募集股份及上市的特别规定》首先赋予了中国证监会进行双边监管合作的权力，其中第2条第1款规定：“股份有限公司经国务院证券委员会批准，可以向境外特定的、非特定的投资人募集股份，其股票可以在境外上市。”第4条规定：“国务院证券委员会或者其监督管理执行机构中国证券监督管理委员会，可以与境外证券监督管理机构达成谅解、协议，对股份有限公司向境外投资人募集股份并在境外上市及相关活动进行合作监督管理。”在立法上赋予中国证监会与境外证券监管机构签订谅解备忘录，开展跨境执法合作的权限。2005年证券法修订，进一步在法律层面上确立了中国证监会开展跨境执法合作的权限。

截至2019年12月25日，中国证监会已与64个国家和地区的证监会、财政部、金融管理局、交易委员会等有金融监管职能的机关和组织签订了谅解备忘录或相互合作函。② 许多双边合作也在逐渐深入和完善。例如，中国证监会

---

① 参见山东省济南市中级人民法院（2017）鲁01民初1913号民事裁定书。

② 《中国证监会与境外证券（期货）监管机构签署的备忘录一览表（2019年12月）》，载证监会网站，http：//www.csrc.gov.cn/pub/newsite/gjb/jghz/201912/t20191225_368346.html，最后访问时间：2020年2月14日。

与德国联邦金融监管局于 2019 年 3 月 18 日在法兰克福签署了《关于衍生品监管合作与信息交换的备忘录附函》，其作为中德双边《证券期货监管合作谅解备忘录》的组成部分和重要补充，将为推进两国资本市场务实合作，促进中德合资交易平台“中欧国际交易所”健康发展，提供监管合作保障，标志着中德两国证券期货监管机构的合作进入了一个新的阶段。[①] 同时，我国从 2002 年起先后建立了内地与香港的 QFII、QDII 和 RQFII，此后“沪港通”“深港通”先后实施，2017 年“债券通”上市，2019 年“沪伦通”启动和“沪德通”预备启动都是双边监管机制的合作成果。

我国也参与了国际组织牵头的多边监管模式建设。中国证监会于 2007 年 5 月签署国际证监会组织《磋商、合作及信息交换多边谅解备忘录》（MMoU），开始在双多边监管合作框架下，开展与境外监管机构的跨境监管执法合作。此外，民事诉讼法、刑事诉讼法、保守国家秘密法、审计法等有关法律、行政法规也对跨境司法协助、对外提供信息等事项作了明确规定，为跨境监管执法协作，提供了路径、依据和保障。新证券法明确了在中华人民共和国境外的证券发行和交易活动，扰乱中华人民共和国境内市场秩序，损害境内投资者合法权益的，依照证券法有关规定处理并追究法律责任。

中国证券市场的跨境证券监管目前存在从多边监管走向双边监管的趋势。中国证监会于 1995 年成为（IOSCO）的正式会员，于 2007 年签署了《关于咨询、合作与信息交换的多边备忘录》。截至目前，IOSCO 共有成员 221 名，其中其中包括 128 个正式会员（ordinary member），29 个联系会员（associate member）和 64 个附属会员（affiliate member）。[②] 在 IOSCO 及多边备忘录的模式下，各个国家的机构就打击证券市场不法行为（包括内幕交易、市场操纵、虚假陈述和其他证券欺诈或操纵行为）及跨境证券犯罪、提供证券及其衍生品交易资金信息等领域加强合作。但 IOSCO 制定的文件基本上是多边的框架性、原则性的规范，缺乏具体的实施细则和统一的实施标准，真正有效的跨境证券监管仍需要通过双边机制落实，但是寻求统一的跨境证券监管标准、扩大跨境证券监管合作及以积极态度强化国际规则约束力已经成为共识。在 2013 年至 2014 年间，中国证监会向美国证监会提供 4 家“中概股”公司的会计审计底稿以及配

---

① 《中德两国证券期货监管机构合作进入新阶段》，载新浪财经网，https：//finance. sina. com. cn/roll/2019 - 03 - 26/doc - ihsxncvh5529569. shtml，最后访问时间：2020 年 2 月 14 日。

② 参见 https：//www. iosco. org/about/？ subsection = membership&memid = 1。

合向香港证监会提供“标准水务”一案的会计底稿，即是在 IOSCO 框架下监管合作的典型体现。

尽管新证券法将跨境证券监管体制纳入其中，但是证券法是否具有域外效力还未明确，并且相关规定依然十分简略，可操作性不足。目前跨域证券交易（“沪港通”“深港通”）依据的是证监会发布的政策和交易所发布的行业指引，法律效力层次不高，中国证监会于 2016 年 9 月 30 日发布的《内地与香港股票市场交易互联互通机制若干规定》“都是概念性及职责性的规定，惩罚性规定也是宣誓性的”①。我国证券监管跨境执法能力有限。传统上，中国证监会缺少跨境交易行为的主动监管意识，多被动审核而非主动管理，面对逐渐专业化的跨境违法证券活动缺乏管制力。另外，域外管辖权冲突与证券法的域外管辖效力也是证券跨域监管制度的重要问题。探索我国证券法如何适度进行域外管辖，以及完善冲突法中证券监管相关规则具有现实意义。

第二节　条款释义

第一百六十八条　国务院证券监督管理机构依法对证券市场实行监督管理，维护证券市场公开、公平、公正，防范系统性风险，维护投资者合法权益，促进证券市场健康发展。

【条文主旨】

本条是关于证券监管机构监管职能和基本任务的规定。

【条文释义】

证券市场以证券发行和交易的方式实现了筹资与投资的对接，有效地化解了资本的供求矛盾和资本结构调整的难题。但证券市场在促进国民经济发展的同时，也存在很大的风险。为了防范证券风险特别是系统性风险的发生，需要加强对证券市场的监管。同时，证券市场中又存在多个利益主体，各个利益主

① 刘远志：《强化证券市场互联互通监管合作》，载《中国金融》2019 年第 12 期。

体之间彼此博弈，产生了种种矛盾和冲突，这就需要有一个权威、高效的机构来规范各个主体。从我国的实际情况出发，为了使证券市场能够公开、公平、公正地运转，更好地保护投资者的合法权益，新证券法在总则中确立了集中统一监管的原则，规定证券监督管理机构依法对全国证券市场实行集中统一监督管理。本条概括性地规定了证券监督管理机构的职能和基本任务。

一、证券监督管理机构依法对证券市场实行监督管理

对证券市场强有力的监管需求，决定了我国应当设置专门的监管机构，来实现对证券市场的有效监管。为此，国家设置了证监会依法对证券市场实行监管。中国证监会还在全国中心城市设立了36个证券监管局和上海、深圳两个专员办，作为派出机构，履行监管职责。

证券监督管理机构对证券市场进行监督管理必须依法进行。依法指必须遵守《中华人民共和国宪法》、《中华人民共和国证券法》和其他法律、行政法规的规定。首先，监管范围要合法。对证券市场的监管，必须以法律、行政法规的规定为界限。除证券法，其他法律、行政法规外，甚至国务院的决定和命令也赋予证监会职责，如证券投资基金法赋予证监会对于证券投资基金管理公司、基金托管人和基金同业协会的监督管理职权。其次，监管方式要合法。对符合监管权限内的对象进行监管时，应严格按照法律规定的方式和程序进行监管，包括依法实施行政许可、进行检查监督、给予行政处罚、实施行政强制措施、给予行政救济（如行政复议）以及保守被监管对象的商业秘密等。

二、证券监督管理机构对证券市场进行监督管理的基本任务

证券监督管理机构对证券市场进行监督管理的基本任务，是维护证券发行、证券交易的正常秩序，保障证券发行、证券交易活动按照法律的规定进行，防范系统性风险，维护投资者合法权益，从而使我国的证券市场健康有序地发展。

（一）维护证券市场公开、公平、公正。公开包括两个方面：一方面是证券市场本身要公开。证券监督管理机构应当依法保证证券发行人的资格及其基本经营情况、证券的性质及发行量、上市证券的各种详细信息，以及各类证券得以发行的条件能够完全地公之于众，使得广大投资者都能充分地掌握不同发行者发行的不同证券的所有能够公开的市场信息；应确保证券市场各种信息的真实性。另一方面是证券监管要公开。监管法律、法规及相关政策要公开，市场监管活动与执法活动也要公开，以此保证监管活动的正当性、合法性和合理性。①

---

① 李东方：《论证券监管法律制度的基本原则》，载《北京大学学报》2001年第6期。

公平主要包括市场参与者的地位、机会、权利和责任公平。对证券监管而言，公平的目的是保障自愿参加、自愿交易、平等竞争和风险自担的市场环境，由此使证券参与者能在证券市场中受到平等对待，从而维护证券市场的健康发展。[①]

公正包括三个方面：第一，监管者在履行职责时，必须根据法律赋予的权限进行，既不能超越权限，也不能懈怠职责，否则证券市场就可能由于监管者的行为不当而丧失公正。第二，监管者对所有被监管对象都应给予公正待遇，不偏护任何人，在适用法律上当事人一律平等；在依据证券法和有关行政法规来制定各项规章制度时，证券监管机关必须站在公正的立场上，不得将利益向任何单位和个人倾斜；在证券纠纷与争议的调解或对证券违法行为的处罚时，应当秉公执法，不徇私情。第三，必须对监管者的权力进行制约，防止权力的过度扩张，侵害证券市场行为主体的独立性、自由性。[②]

（二）防范系统性风险。系统性风险对市场上所有参与者都有影响，无法通过分散投资来加以消除。近年来频繁显露的局部风险特别是资本市场的剧烈波动说明，现行监管框架存在不适应我国金融业发展的体制性矛盾。也再次提醒我们必须通过改革保障金融安全，有效防范系统性风险，坚守住不发生系统性风险的底线。在证券市场，一旦发生系统性风险，所有证券均下跌且不可能通过购买其他证券保值，会对证券市场造成巨大损失，影响整个国民经济。

（三）维护投资者合法利益。证券法一方面对证券公司和投资者分别作出规范要求，区分了专业投资者和普通投资者，另一方面规定了证券监督管理机构具有维护投资者合法权益的义务。2011 年中国证监会专门设立投资者保护局，负责投资者保护工作的统筹规划、组织指导、监督检查、考核评估；推动建立健全投资者保护相关法规政策体系；统筹协调各方力量，推动完善投资者保护的体制机制建设；督导促进派出机构、交易所、协会以及市场各经营主体在风险揭示、教育服务、咨询建议、民事纠纷多元化解等方面，提高服务投资者的水平；推动投资者受侵害权益的依法救济；组织和参与监管机构间投资者保护的国内国际交流与合作。[③] 同时在其官网首页的“服务”栏中专设“投资者保护”一栏，保护中小投资者合法权益，促进资本市场健康发展。

---

① 郝旭光：《论证券市场监管的“三公”原则》，载《学者论坛》2011 年第 2 期。

② 李东方：《论证券监管法律制度的基本原则》，载《北京大学学报》2001 年第 6 期。

③ 《职能介绍》，载中国证券监督管理委员会网站，http：//www. csrc. gov. cn/pub/newsite/tzzbhj/，最后访问时间：2020 年 2 月 25 日。

第一百六十九条 国务院证券监督管理机构在对证券市场实施监督管理中履行下列职责：

（一）依法制定有关证券市场监督管理的规章、规则，并依法进行审批、核准、注册，办理备案；

（二）依法对证券的发行、上市、交易、登记、存管、结算等行为，进行监督管理；

（三）依法对证券发行人、证券公司、证券服务机构、证券交易场所、证券登记结算机构的证券业务活动，进行监督管理；

（四）依法制定从事证券业务人员的行为准则，并监督实施；

（五）依法监督检查证券发行、上市、交易的信息披露；

（六）依法对证券业协会的自律管理活动进行指导和监督；

（七）依法监测并防范、处置证券市场风险；

（八）依法开展投资者教育；

（九）依法对证券违法行为进行查处；

（十）法律、行政法规规定的其他职责。

【条文主旨】

本条是关于证券监督管理机构的监管职责的规定。

【条文释义】

总体而言，证券监督管理机构的职责包括规章制度的制定权、行政许可权、监督检查权、行政强制措施实施权、行政处罚权等①。具体体现在以下方面。

一、依法制定有关证券市场监督管理的规章、规则，并依法进行审批、核准、注册，办理备案。

证券法作为证券市场基新证券法，具有概括性，无法将所有监管规则都纳入法律中，必须依靠证券监督管理机构依法制定规章、规则和相关实施细则。

① 全国人大证券法修改起草工作小组：《中华人民共和国证券法释义》，中国金融出版社2006年版，第182页。

因此本款明文授权证券监督管理机构可以制定相关的规章制度，内容涵盖发行、上市、交易、登记等各个层面。证券监督管理机构的规章制度制定权应该在宪法、法律及相关行政法规的范围内，不得违反上位法的规定。

除此之外，证券监督管理机构还被授予依法审批、核准、注册，办理备案的权力。公开发行证券，必须符合法律、行政法规规定的条件，并依法报经证券监督管理机构或者国务院授权的部门注册。未经依法注册，任何单位和个人不得公开发行证券。① 相比原证券法中第 179 条第 1 项的规定："依法制定有关证券市场监督管理的规章、规则，并依法行使审批或者核准权"，随着科创板的注册制试点获得成果和社会认可，新证券法新增了关于注册、办理备案的授权规定，此处修改就是将注册制正式写入证券法的体现之一，做到前后衔接，有法可依。

二、依法对证券的发行、上市、交易、登记、存管、结算等行为，进行监督管理。

证券监督管理机构依法对证券的发行、上市、交易、登记、存管、结算等行为，进行审批、核准、注册、办理备案等监管。比如，设立股份有限公司公开发行股票，公司首次公开发行新股，申请公开发行公司债券，应当符合相关法律规定的条件及经国务院批准的证券监督管理机构规定的其他条件，并且向证券监督管理机构报送募股申请和相关文件②。公开发行股票，代销、包销期限届满，发行人应当在规定的期限内将股票发行情况报证券监督管理机构备案③。证券交易所决定终止证券上市交易的，应当报证券监督管理机构备案④。以协议方式收购上市公司时，达成协议后，收购人必须在 3 日内将该收购协议向证券监督管理机构及证券交易所作出书面报告，并予公告⑤。发生可能对上市公司、股票在国务院批准的其他全国性证券交易场所交易的公司的股票交易价格产生较大影响的重大事件，投资者尚未得知时，公司应当立即将有关该重大事件的情况向证券监督管理机构和证券交易场所报送临时报告，并予公告，说明事件的起因、目前的状态和可能产生的法律后果⑥。发生可能对上市交易

---

① 参见《中华人民共和国证券法》第 9 条。
② 参见《中华人民共和国证券法》第 11 条、第 12 条、第 16 条。
③ 参见《中华人民共和国证券法》第 34 条。
④ 参见《中华人民共和国证券法》第 48 条。
⑤ 参见《中华人民共和国证券法》第 71 条。
⑥ 参见《中华人民共和国证券法》第 80 条。

公司债券的交易价格产生较大影响的重大事件，投资者尚未得知时，公司应当立即将有关该重大事件的情况向证券监督管理机构和证券交易场所报送临时报告，并予公告，说明事件的起因、目前的状态和可能产生的法律后果①。证券交易所章程的制定和修改，必须经证券监督管理机构批准②。证券交易所设总经理一人，由证券监督管理机构任免③。因不可抗力、意外事件、重大技术故障、重大人为差错等突发性事件而影响证券交易正常进行时，证券交易所可以按照业务规则采取技术性停牌、临时停市等处置措施，并应当及时向证券监督管理机构报告④。出现重大异常波动的，证券交易所可以按照业务规则采取限制交易、强制停牌等处置措施，并向证券监督管理机构报告⑤。设立证券公司，应当经证券监督管理机构批准⑥。证券公司变更证券业务范围，变更主要股东或者公司的实际控制人，合并、分立、停业、解散、破产，应当经证券监督管理机构核准⑦。证券公司任免董事、监事、高级管理人员，应当报证券监督管理机构备案⑧。证券公司应当按照规定向证券监督管理机构报送业务、财务等经营管理信息和资料。⑨。证券监督管理机构认为有必要时，可以委托会计师事务所、资产评估机构对证券公司的财务状况、内部控制状况、资产价值进行审计或者评估⑩。证券公司的治理结构、合规管理、风险控制指标不符合规定的，证券监督管理机构应当责令其限期改正；逾期未改正，或者其行为严重危及该证券公司的稳健运行、损害客户合法权益的，证券监督管理机构可以区别情形，采取相关措施⑪。证券公司的股东有虚假出资、抽逃出资行为的，证券监督管理机构应当责令其限期改正，并可责令其转让所持证券公司的股权⑫。证券公司的董事、监事、高级管理人员未能勤勉尽责，致使证券公司存在重大违法违

---

① 参见《中华人民共和国证券法》第 81 条。
② 参见《中华人民共和国证券法》第 99 条。
③ 参见《中华人民共和国证券法》第 102 条。
④ 参见《中华人民共和国证券法》第 111 条。
⑤ 参见《中华人民共和国证券法》第 113 条。
⑥ 参见《中华人民共和国证券法》第 118 条。
⑦ 参见《中华人民共和国证券法》第 122 条。
⑧ 参见《中华人民共和国证券法》第 124 条。
⑨ 参见《中华人民共和国证券法》第 138 条。
⑩ 参见《中华人民共和国证券法》第 139 条。
⑪ 参见《中华人民共和国证券法》第 140 条。
⑫ 参见《中华人民共和国证券法》第 141 条。

规行为或者重大风险的，证券监督管理机构可以责令证券公司予以更换①。证券公司违法经营或者出现重大风险，严重危害证券市场秩序、损害投资者利益的，证券监督管理机构可以对该证券公司采取责令停业整顿、指定其他机构托管、接管或者撤销等监管措施②。证券登记结算机构设立、申请解散必须经证券监督管理机构批准③。从事证券投资咨询服务业务，应当经证券监督管理机构核准。从事其他证券服务业务，应当报证券监督管理机构和国务院有关主管部门备案④。证券业协会章程报证券监督管理机构备案⑤。

相对于原证券法第 179 条第 2 项："依法对证券的发行、上市、交易、登记、存管、结算，进行监督管理"，新证券法在列举证券的各环节之后增加了"等行为"的表述，在原意上进行了扩大性的补充，是为证券市场的监管新制度留有余地。

三、依法对证券发行人、证券公司、证券服务机构、证券交易场所、证券登记结算机构的证券业务活动，进行监督管理。

从逻辑上讲，证券监督管理机构对证券的发行、上市、交易、登记、存管、结算等行为进行监督管理的过程中，也当然地对证券市场的活动主体进行监督管理，这些主体包括证券发行人、证券公司、证券服务机构（主要包括会计师事务所、律师事务所以及从事证券投资咨询、资产评估、资信评级、财务顾问、信息技术系统服务的证券服务机构⑥）、证券交易场所、证券登记结算机构。相比原证券法第 179 条第 3 项中的规定："依法对证券发行人、上市公司、证券公司、证券投资基金管理公司、证券服务机构、证券交易所、证券登记结算机构的证券业务活动，进行监督管理"，修订后删除了原条文中"上市公司"和"证券投资基金管理公司"。一方面，意味着新证券法中"发行人"的概念已经涵盖"上市公司"，不需要重复提及，新证券法将上市公司的员工持股计划排除在上市公司"公开发行"的概念之外，从侧面也可见一斑。另一方面，对于"证券投资基金管理公司"的监督管理在证券投资基金法中已经有了相关规定，出于立法简化的考虑，则不再重复规定。

---

① 参见《中华人民共和国证券法》第 142 条。
② 参见《中华人民共和国证券法》第 143 条。
③ 参见《中华人民共和国证券法》第 145 条、第 156 条。
④ 参见《中华人民共和国证券法》第 160 条第 2 款。
⑤ 参见《中华人民共和国证券法》第 165 条。
⑥ 参见《中华人民共和国证券法》第 160 条第 1 款。

四、依法制定从事证券业务人员的行为准则，并监督实施。

证券市场具有高收益，高风险，具有投机性的特点，而证券从业人员相比投资者掌握更多的信息，出于理性人的自利心理，难免有人会进行非法谋利。证券市场的参与主体种类多，经营活动繁杂，对从业人员的业务能力和业务执行成果有一定的要求，因此必须要求证券市场内的相关从业人员遵循一定的业务标准，才能够控制风险，这也是证券监管法的秩序原则的要求和具体体现。证券监督管理机构可以依照相关法律法规，制定从业人员在证券市场内业务行为准则，也是本条第1款规定的具体体现。此处删去了原证券法第179条第4项的“资格标准”，证监会发布的《证券业从业人员资格管理办法》仅是原则性、概括性的规定，《证券业从业人员资格管理实施细则（试行）》由中国证券业协会发布，各地证券交易所也发布各自的会员管理规则①，因此本款删去体现了由政府介入转变为自律监管的导向。

五、依法监督检查证券发行、上市、交易的信息披露。

新证券法第1条就开宗明义地指出证券法的宗旨是“规范证券发行和交易行为，保护投资者的合法权益，维护社会经济秩序和社会公共利益，促进社会主义市场经济的发展”。② 中小投资者获取信息的能力和渠道不足，处于信息劣势，在信息不充分、不均衡的情况下，证券市场难以实现良性发展，必须通过证券监管法的倾斜性信息配置进行矫正，因此新证券法要求证券市场各主体进行各环节、层次的信息公开和披露。此条规定也是证券市场公开原则的要求，公开原则要求“证券监督管理机构依法保障证券发行人和证券市场上的其他市场主体的相关信息持续公开，为投资者提供全面、准确的证券信息，从而使投资者在做出投资的判断和选择时能获得公平的信息资源。”③ 因此，为保障证券发行、上市、交易的信息及时、准确、真实，证券监督管理机构应当依法监督全环节的信息披露。相比原证券法，本款仅将“信息公开情况”更改为“信息披露”，因为当前“信息披露”已经成为证券领域的具有特殊含义的名词，新证券法第五章也予以专章的形式规定“信息披露”，为了保证新证券法体系内的一致性，更换原来的表述。

---

① 参见上证发〔2019〕106号《上海证券交易所会员管理规则（2019年修订）》，深证会〔2019〕408号《深圳证券交易所会员管理规则（2019年修订）》。

② 参见《中华人民共和国证券法》第1条。

③ 李东方：《论证券监管法律制度的基本原则》，载《北京大学学报（哲学社会科学版）》2001年第6期。

六、依法对证券业协会的自律管理活动进行指导和监督。

新证券法第164条第1款规定：“证券业协会是证券业的自律性组织，是社会团体法人。”证券业协会履行教育会员，维护会员合法权益，制定和实施行业自律规则，监督、检查会员及其从业人员等法定职责①。证券监督管理关系不仅包括证券监督管理机构介入证券市场进行的监督管理，也包括证券业的自律监管关系。证券业协会的自律监管一方面可以减轻政府监管负担，便于解决市场政府双失灵的问题；另一方面也为证券监督管理机构提供丰富的信息资源和咨询意见。② 建立完善的证券市场监管体系，必须重视证券业协会的自律监管。证券业协会作为自律性组织，其首要宗旨就是维护会员的权益，在证券业从业者和投资者的利益出现冲突时，其功能可能会发生异化，自律管理活动可能损害广大投资者的利益。证券监督管理机构应当对这种自律管理进行必要的指导和监督。新证券法将原证券法中的“活动”限定表述为“自律管理活动”，再次强调了证券业协会的自律性质。

七、依法监测并防范、处置证券市场风险。

防范、化解金融风险是资本市场治理的重要任务，资本市场牵一发而动全身，风险具有传导性，尤其应该防止系统性金融风险的发生。本款是新增加的证券监督管理机构职责的具体内容，原则性地规定证券监督管理机构具有监测、防范证券市场的职责，相应地具有处置证券市场风险的权力。③ 2016年2月6日实施的《证券公司风险处置条例》以及2016年10月1日实施的配套规定《证券公司风险控制指标管理办法》中已经实质性地规定了证券监督管理机构防范、处置证券市场风险的细则，如证券监督管理机构发现证券公司存在重大风险隐患，可以进行专项检查，对证券公司经营、管理活动进行监控，责令证券公司停止部分或者全部业务进行整顿，进行托管或接管，行政重组等多种防范、处置措施。④ 因此，此处是原则性的规定，目的在于使实践中已经存在的国家证券监管机构的监测、防范、处置证券市场风险的职责明文体现在法律中，做到有法可依。

---

① 参见《中华人民共和国证券法》第166条。

② 李东方：《证券监管法的理论基础》，载《政法论坛》2019年第3期。

③ 《董少鹏：“升级版”证券法护航强大资本市场》，载证券日报，https：//mp. weixin. qq. com/s/cE7BnhHHjhxefhPr90bkWg，最后访问时间：2020年2月12日。

④ 参见国务院令第666号《证券公司风险处置条例》第2章。

八、依法开展投资者教育。

本款是本次修订新增的条款，具有其现实意义，也体现了证券法保护投资者利益的宗旨。根据中国证券登记结算公司发布的2019年12月统计月报①的数据，截至12月底，期末投资者数量②为15975.24万人，其中自然人投资者为15937.22万人，约占总投资者的99.76%，可以说，我国的投资者大部分都是自然人，特别是中小投资者。中小投资者相对于其他参与证券市场活动的主体而言，参与度高，交易活跃，但对新技术、新产业、新业态、新模式的认知能力比较弱，处于信息劣势，应对风险能力差，投资决策不理性。另外，受到经济结构改革和资本市场全球化背景下国外经济形势影响，证券市场风险凸显，各种违法违规操作频发，保护投资者尤其是中小投资者是证券监管层面的重中之重。实践中，证券监督管理机构以及其他很多证券市场的参与者已经为加强投资者教育做了一系列的工作。2011年证监会成立了投资者保护局③。2005年6月出台的《证券投资者保护基金管理办法》规定设立证券投资者保护基金，防范和处置证券公司风险，主要用于保护证券投资者利益，按照国家有关政策规定对债权人予以偿付④，并设立了国有独资的中国证券投资者保护基金有限责任公司管理证券投资者保护基金。2014年12月，中证中小投资者服务中心有限责任公司（以下简称投服中心）成立，是归属中国证监会直接管理的证券金融类公益机构。投服中心的主要职责包括：开展公益性宣传和教育；公益性持有证券等品种；受委托提供纠纷解决服务；提供公益性诉讼支持等⑤。2015年12月正式施行《中国证监会派出机构监管职责规定》，予以专章的形式规定了投资者教育与保护，规定中国证监会派出机构应该履行组织、督促、引导开展投资者教育的职责，推动将投资者教育纳入国民教育体系，做好资本市场知识普及工作⑥。

---

①《投资者统计》，载中国结算网，http://www.chinaclear.cn/zdjs/tjyb2/center_tjbg.shtml，最后访问时间：2020年2月12日。

② 期末投资者数量指持有未注销、未休眠的A股、B股、信用账户、衍生品合约账户的一码通账户数量。

③《职能介绍》，载中国证券监督管理委员会网站，http://www.csrc.gov.cn/pub/newsite/tzzbhj/，最后访问时间：2020年2月12日。

④ 参见《证券投资者保护基金管理办法》第1章。

⑤《中心介绍》，载中证中小投资者服务中心网，http://www.isc.com.cn/html/gywm/，最后访问时间：2020年2月12日。

⑥ 参见《中国证监会派出机构监管职责规定》第33条。

九、依法对证券违法行为进行查处。

证券市场的参与者包括证券发行人、证券公司、证券服务机构、证券交易场所、证券登记结算机构的众多证券市场参与者以及中小投资者，涉及公共利益，证券监督管理机构应当依法进行监督管理。任何主体违反证券市场监督管理相关的法律、法规，都应该承担相应的责任，“国家监督管理机构作为依法对全国证券市场进行集中统一监督管理的机构，有责任和义务，也有能力和条件对证券违反行为进行调查、处理。”① 原证券法第 179 条第 7 项为：“依法对违反证券市场监督管理法律、行政法规的行为进行查处”，新证券法采取了“证券违法行为”的表述，证券违法行为指证券发行和交易过程中违反法律、行政法规的行为。② 可以看出语言更为简洁，同时也保留了原意。

十、法律、行政法规规定的其他职责。

证券市场瞬息万变，而法律修订存在一定的滞后性，难以应对证券市场可能出现的变化和问题，新证券法也难以逐一列举证券监督管理机构的职责，但证券监督管理机构有责任也有能力应对变化，解决现行证券法未能涵盖的问题。另外，证券监管法律制度不仅包含证券法，还需要和证券投资基金法、期货交易管理条例等法律法规相互配合，才能保障证券市场平稳发展，更好地保护公共利益。因此，此处的规定一方面为新证券法修订之后的证券监管法律制度授权证券监督管理机构留有余地，另一方面也体现了证券监管各法律制度之间的联动配合。

此外，原证券法第 179 条第 2 款还规定：“国务院证券监督管理机构可以和其他国家或者地区的证券监督管理机构建立监督管理合作机制，实施跨境监督管理。”根据立法逻辑和内容的一致性，关于跨境管理的规定分立至新证券法第 177 条，补充了关于境外证券监督管理机构在我国境内调查取证的规定。

---

① 全国人大证券法修改起草工作小组：《中华人民共和国证券法释义》，中国金融出版社 2006 年版，第 187 页。

② 依照证券违法的性质和危害程度不同，分为严重的证券违法行为——证券犯罪和一般的证券违法行为——狭义的证券违法。证券犯罪行为主要包括：擅自发行股票和公司、企业债券；内幕交易、泄露内幕信息；编造并传播证券交易虚假信息；诱骗投资者买卖证券；操纵证券交易价格。狭义的证券违法行为是指行为人具有违反国家权力机关和行政机关颁布的有关证券法律、法规但是尚未触犯刑律而应受到行政处罚和民事处罚的行为，包括违反证券法的违法行为和违反其他证券法律法规的违法行为。参见《北京大学法学百科全书》编委会：《北京大学法学百科全书 · 民法学Ⅱ商法学》，北京大学出版社 2004 年版。

【适用指引】

证券监督管理机构应当履行新证券法所授予的审批、核准、注册，办理备案的职责，具体履行相关的行政许可权时，除遵守新证券法规定外，还应当遵守《中华人民共和国行政许可法》《国务院对确需保留的行政审批项目设定行政许可的决定》《中国证券监督管理委员会行政许可实施程序规定》等法律规定①。

证券监督管理机构依法对证券市场发行、上市、交易、登记、存管、结算等各环节、各层面进行监督管理，相关的各部门规章和规范性文件包括：《证券公司股票质押贷款管理办法》《证券发行上市保荐业务管理办法》《上市公司收购管理办法》《公司债券发行与交易管理办法》《首次公开发行股票并上市管理办法》等。证券监督管理机构依法履行监督管理职责，针对证券市场不同主体分别制定了监督管理规定：《证券公司董事、监事和高级管理人员任职资格监管办法》《证券公司治理准则》《证券、期货投资咨询管理暂行办法》《上市公司重大资产重组管理办法》等。

为保证信息披露在实践中的具体落实，证券监督管理机构除依据新证券法的规定外，还应该注意与其他法律法规的衔接，如《中华人民共和国证券投资基金法》《股票发行与交易管理暂行条例》《上市公司信息披露管理办法》《公开发行证券的公司信息披露内容与格式准则第1号——招股说明书》《首次公开发行股票并在创业板上市管理办法》《优先股试点管理办法》《公司债券发行与交易管理办法》《上市公司章程指引》《上市公司股东大会规则》《注册制下创新试点红筹企业财务报告信息特别规定》等。

对于证券监督管理机构新增加的“监测并防范、处置证券市场风险”和“开展投资者教育”两方面的职责，除新证券法的概括性规定外，还包括《证券公司风险处置条例》《证券公司风险控制指标管理办法》《证券投资者保护基金管理办法》《中国证监会派出机构监管职责规定》等法律依据。

证券监督管理机构对被监管的对象采取查处等行政处罚和行政救济的法律依据有：《中国证券监督管理委员会关于进一步完善中国证券监督管理委员会行政处罚体制的通知》《中国证券监督管理委员会关于加强中国证券监督管理委员会行政处罚执行监督工作的通知》《中国证券监督管理委员会关于进一步加

---

① 全国人大证券法修改起草工作小组：《中华人民共和国证券法释义》，中国金融出版社2006年版，第184页。

强稽查执法工作的意见》《中国证券监督管理委员会冻结、查封实施办法》《中国证券监督管理委员会行政复议办法》《中国证券监督管理委员会行政处罚听证办法》《证监会行政处罚听证规则》等。

第一百七十条 国务院证券监督管理机构依法履行职责，有权采取下列措施：

（一）对证券发行人、证券公司、证券服务机构、证券交易场所、证券登记结算机构进行现场检查；

（二）进入涉嫌违法行为发生场所调查取证；

（三）询问当事人和与被调查事件有关的单位和个人，要求其对与被调查事件有关的事项作出说明；或者要求其按照指定的方式报送与被调查事件有关的文件和资料；

（四）查阅、复制与被调查事件有关的财产权登记、通讯记录等文件和资料；

（五）查阅、复制当事人和与被调查事件有关的单位和个人的证券交易记录、登记过户记录、财务会计资料及其他相关文件和资料；对可能被转移、隐匿或者毁损的文件和资料，可以予以封存、扣押；

（六）查询当事人和与被调查事件有关的单位和个人的资金账户、证券账户、银行账户以及其他具有支付、托管、结算等功能的账户信息，可以对有关文件和资料进行复制；对有证据证明已经或者可能转移或者隐匿违法资金、证券等涉案财产或者隐匿、伪造、毁损重要证据的，经国务院证券监督管理机构主要负责人或者其授权的其他负责人批准，可以冻结或者查封，期限为六个月；因特殊原因需要延长的，每次延长期限不得超过三个月，冻结、查封期限最长不得超过二年；

（七）在调查操纵证券市场、内幕交易等重大证券违法行为时，经国务院证券监督管理机构主要负责人或者其授权的其他负责人批准，可以限制被调查的当事人的证券买卖，但限制的期限不得超过三个月；案情复杂的，可以延长三个月；

（八）通知出境入境管理机关依法阻止涉嫌违法人员、涉嫌违法单位的主管人员和其他直接责任人员出境。

为防范证券市场风险，维护市场秩序，国务院证券监督管理机构可以采取责令改正、监管谈话、出具警示函等措施。

【条文主旨】

本条是关于证券监督管理机构实施的证券监管执法行为类型的规定。

【条文释义】

一、证券监管执法的概念及种类

证券监管执法是指证券监督管理机构为了实现证券监管立法目的而依法实施的直接影响被监管主体权利义务的行为。① 证券监管执法是证券监督管理机构对证券业介入或干预的重要方式之一。② 证券监管执法属于政府监管。政府监管是指国家证券监督管理机构与其他市场参与者之间形成具有强制性的社会关系。由此产生的争议，依照行政诉讼程序加以解决。

证券监管执法分为证券行政执法和证券监管措施。证券行政执法又分为证券行政许可行为、证券行政强制行为和证券行政处罚行为。证券行政执法行为是证券监管机关依法定的职责（或职权）和程序具体实施立法机关制定的证券法律的活动③，其本质上是行使行政权。在行政执法的过程中，相关行政行为应当受到行政许可法、行政处罚法和行政强制法的规范和约束；证券监管措施在这里是狭义的概念，指在行政许可、行政处罚和行政强制三种类型化的行政行为之外的诸如监管谈话、出具警示函、责令暂停履行职务等非类型化的行政执法行为。虽然证券监管措施在我国行政法中没有独立的地位，现有行政法律规范无法直接对其制约和规范。但是其本质上是证券监管机构对证券监管权的运用，是行使政府公权力的行为。因此，证券监督执法行为必然受到其他法律规范的制约。

---

① 李东方：《证券监管执法类型及其规范研究》，载《行政法学研究》2018 年第 6 期。

② 李东方：《证券监管法的理论基础》，载《政法论坛》2019 年第 37 卷第 3 期。

③ 李东方：《证券监管执法类型及其规范研究》，载《行政法学研究》2018 年第 6 期。

二、本条规定的证券监管执法行为

本条规定了证券监督管理机构享有的现场检查权、调查取证权、询问权、查阅、复制权、文件、资料封存权、冻结、查封权、限制交易权、限制出境权以及其他证券监管措施。其中冻结、查封权属于证券监管执法中的证券行政执法，是一种行政强制措施；其余的均属于证券监管措施。

（一）现场检查权

现场检查是指证券监督管理机构进入发行人、上市公司、证券公司、证券投资基金管理公司、证券服务机构、证券交易所、证券登记结算机构工作场所，通过实地查阅各类财务报表、文件档案、原始凭证和规章制度等文件和资料，核实、检查、评价有关公司和机构报表、报告的真实性和准确性，有关公司和机构的总体经营状况，管理层能力，非现场监管和以往现场检查发现的问题及整改情况，以及有关公司和机构的合法经营情况等。① 通过现场检查有助于防范、查明和打击被监管人可能将要或正在进行的证券违法行为。证券监督管理机构在实施现场检查时要符合比例原则，不得损害企业经营自主权。

（二）调查取证权

调查取证权是指证券监督管理机构及其工作人员进入违法行为现场调查取证的权利。该权利是行使监管职权的基础，只有取得相关证据，才能判定是否需要进一步采取其他监管措施。在行使调查取证权时，检查工作可采取定期或者不定期方式，既可针对涉嫌违法行为，也可是例行检查。②

（三）询问、要求说明权

询问权是指证券监督管理机构询问当事人和与被调查事件有关的单位和个人，要求其对与被调查有关的事项作出说明或要求其按照指定的方式报送与被调查事件有关的文件和资料的权利。在询问和调查的过程中，当事人和与被调查事件有关的单位和个人应予以协助。询问与传唤不同，传唤是我国刑事诉讼法上的概念，专指侦查机关对不需要逮捕、拘留的犯罪嫌疑人，可以要求其到所在市、县内的指定地点或者到他的住处，并对其进行询问的权利。而证券监督管理机构实施询问权的对象不限于犯罪嫌疑人，也不能要求被询问人在指定地点接受询问，在强制力方面弱于侦查机关的传唤。

---

① 全国人大证券法修改起草工作小组：《中华人民共和国证券法释义》，中国金融出版社 2006 年版，第 189 页。

② 叶林：《证券法》（第四版），中国人民大学出版社 2008 年版，第 21 页。

要求说明权是指证券监督管理机构要求被监管人对与被调查有关的事项作出说明或要求其按照指定的方式报送与被调查事件有关的文件和资料的权利。这是证券法修订后新增的内容。要求说明权与上市公司的信息披露义务不同。信息披露义务是指发行人为了出售所发行的证券，按照法定方式和法定程序，向投资者发布相关信息或者发行人在证券发行后，按时或及时公开与已发行证券投资价值有关的信息。而要求说明权是证券监督行政执法行为，是证券监督管理机构行使自由裁量权的方式。

（四）查阅、复制权

证券监督管理机构有权查阅、复制与被调查事件有关的单位和个人的财产权登记、通讯记录、资金账户、证券账户、银行账户以及其他具有支付、托管、结算等功能的账户信息、个人的证券交易记录、登记过户记录、财务会计资料等文件和资料。通过查询有关文件或资料，可以比较容易地了解当事人证券交易情况和利益获得情况等，有助于发现违法行为。但是在查阅和复制时，不得损坏相关文件和资料。

（五）文件、资料封存权

证券监督管理机构在行使查阅、复制权的过程中，对可能被转移、隐匿或者毁损的文件和资料，可以予以封存、扣押。未经证券监督管理机构允许，任何人不得解除封存、扣押。

（六）冻结、查封权

冻结、查封权是指证券监督管理机构对有证据证明已经或者可能转移或者隐匿违法资金、证券等涉案财产或者隐匿、伪造、毁损重要证据的，经证券监督管理机构主要负责人或者其授权的其他负责人批准，进行冻结或者查封的权利。根据行政强制法第2条："……行政机关在行政管理过程中，为制止违法行为、防止证据损毁、避免危害发生、控制危险扩大等情形，依法对公民的人身自由实施暂时性限制，或者对公民、法人或者其他组织的财物实施暂时性控制的行为。"证券监督管理机构冻结、查封的行为属于行政强制措施。因此，证券监督管理机构进行冻结、查封时不仅遵守证券法的规定，还同时受到行政强制法的约束。

只有得到证券监督管理机构主要负责人批准，证券监督管理机构才能进行冻结、查封，且其应当依照法定程序实施，不得委托给其他单位或个人，不得重复冻结、查封。查封应限于涉案的场所、设施或者财物，不得查封与违法行为无关的场所、设施或者财物，不得查封公民个人及其所扶养家属的生活必需品。因查封、冻结发生的保管费用应由证券监督管理机构承担。由于证券市场瞬息万变。资金和财产转移方式迅捷，赋予监管机构以冻结、查封权，可以避免延误时机引起的损失。但相应地，如果被监管人并不存在违法行为或违法行为很轻微，查封、冻结无疑会对被监管人的营业、声誉等造成相当的损害。因此，证券法新增了对查封、冻结期限，防止证券监督管理机构滥用权力，以保护被监管人利益。即限制证券监督管理机构查封、冻结的期限为 6 个月；因特殊原因需要延长的，每次延长期限不得超过 3 个月，冻结、查封期限最长不得超过 2 年。

(七) 限制交易权

限制交易权是指证券监督管理机构在调查操纵证券市场、内幕交易等重大证券违法行为时，经证券监督管理机构主要负责人或者其授权的其他负责人批准，可以限制被调查的当事人的证券买卖的权利。

由于操纵市场、内幕交易等重大证券违法行为一旦发生，将会给证券市场造成极大的动荡，对投资者合法权益造成严重后果。因此，为避免此类行为带来的严重后果，赋予证券监督管理机构暂时取消被调查事件当事人证券买卖的权利。但是如果在限制期限内不能查明实据，也不得无限期禁止有关当事人进行证券交易。值得注意的是，证券法将限制期由 15 个交易日改为 3 个月，延长了限制交易的期限。这是由于实践中操纵市场、内幕交易等证券违法行为的交易对象、交易手段等往往十分隐蔽，一旦实施成功造成的后果非常恶劣。在操纵市场、内幕交易等违法行为所损害的社会公共利益与被监管人的证券交易自由利益之间，应倾向于保护利益更大的前者。

(八) 限制出境权

限制出境权是指证券监督管理机构对涉嫌违法人员、涉嫌违法单位的主管人员和其他直接责任人员，有通知出入境管理机关依法阻止其出境的权利。

限制出境权类似但不同于行政强制执行。首先，限制出境权与行政强制执行的前置措施类似，都要求行政机关先做出具体行政行为，并依法催告当事人履行义务，在义务人拒不履行该义务时，行政机关才能依法进行行政强制执行。对于限制出境权，一般证券监督管理机构事先已作出相应行政行为并催告义务人履行，义务人往往出于逃避法律责任的目的潜逃出境，满足行政机关实施行政强制措施的先决条件；其次，限制出境权与间接行政强制执行类似，都无法自行实施行政强制执行，而需要依赖于其他机关；最后，间接强制执行的实施，要求没有行政强制执行权的行政机关向人民法院申请强制执行。而限制出境权的实施，要求证券监督管理机构向出入境管理机关通知协助执行。因此，尽管限制出境权与间接行政强制执行有诸多类似之处，也不能将其作为行政强制对待。将限制出境权列入非类型化的证券监管措施似乎更为妥当。

除上述八种证券执法行为外，本条第 2 款还规定了责令改正、监管谈话、出具警示函的证券执法措施，并用一个“等”囊括本条“未尽之事”，起到兜底条款的作用。弥补了法律滞后性的缺陷，为证券监督管理机构未来实施监管职能时可能采取的其他证券监管措施提供法律依据。扩大了该条的适用范围，在立法技术上具有前瞻性。

【适用指引】

除本条外，涉及证券监督管理机构实施证券监管执法行为的法律规范还包括行政许可法、行政处罚法、行政强制法、证券投资基金法、《期货交易管理条例》、《证券公司监督管理条例》、《证券发行与承销管理办法》。其中《证券期货市场监督管理措施实施办法（试行)》第 2 章第 9 条至第 26 条共规定了 18 项不同种类的证券监管措施。此外，针对证券监督管理机构不当或违法的行政行为，行政相对人可依行政诉讼法、行政复议法和国家赔偿法寻求救济和赔偿。

第一百七十一条 国务院证券监督管理机构对涉嫌证券违法的单位或者个人进行调查期间，被调查的当事人书面申请，承诺在国务院证券监督管理机构认可的期限内纠正涉嫌违法行为，赔偿有关投资者损失，消除损害或者不良影响的，国务院证券监督管理机构可以决定中止调查。被调查的当事人履行承诺的，国务院证券监督管理机构可以决定终止调查；被调查的当事人未履行承诺或者有国务院规定的其他情形的，应当恢复调查。具体办法由国务院规定。

国务院证券监督管理机构决定中止或者终止调查的，应当按照规定公开相关信息。

【条文主旨】

本条为 2019 年修订新增条款，是关于证券监督管理机构行政执法和解制度的规定，包括中止调查、终止调查、恢复调查的具体措施。

【条文释义】

一、立法背景及制度价值

（一）立法背景

本条所规定的中止调查、终止调查和恢复调查制度本质上是证券行政执法和解制度在法律层面的落实。证券行政执法和解，是指证券行政执法机构在对行政相对人涉嫌违反证券法律、行政法规和相关监管规定行为进行调查执法过程中，根据行政相对人的申请，与其就改正涉嫌违法、违规行为，消除涉嫌违法、违规行为不良后果，交纳行政和解金补偿投资者损失等进行协商而达成执法和解协议，并据此终止调查执法程序的行为。[①] 证券行政执法和解在国外以及我国港台地区已早有应用，尽管规范方式不同，但已成为一种有效的争议解决方式。2013 年国务院办公厅发布了《关于进一步加强资本市场中小投资者合法权益保护工作的意见》，其中提出“探索建立证券期货领域行政和解制度，开展行政和解试点”的要求。据此，2015 年，证监会制定《行政和解试点实施办法》，确立了证券领域的行政执法和解制度，但自该办法施行以来，证监会仅于 2019 年达成了两次和解协议。[②] 本次证券法修改新增了该项制度，一方面可以衔接《行政和解试点实施办法》，为证券监管领域实施行政执法和解提供法律层面的依据；另一方面可以作为行政处罚和证券民事赔偿诉讼的替代机制，化解纠纷，保护投资者合法权益。

（二）制度价值

本条所规定的证券行政执法和解制度，意在探索新型行政执法方式，有利于促使被调查的当事人及时纠正涉嫌违法行为，消除行为影响，避免上市公司因长期处于被调查状态而导致股价下跌、融资困难。此外，该制度有利于及时弥补投资者损失，按照传统的行政执法模式，对于侵害投资者权益的违法违规行为，监管机构只能采取罚款等行政处罚措施了事。“这对于保护投资者的目标来说，充其量只是实现了一半，即让侵害者承担了法律上的不利后果，付出了

---

① 李东方：《论证券行政执法和解制度——兼评中国证监会〈行政和解试点实施办法〉》，载《中国政法大学学报》2015 年第 3 期。

② 《证监会与相关申请人达成行政和解协议》，载中国证券监督管理委员会网站，http：//www. csrc. gov. cn/pub/newsite/zjhxwfb/xwdd/201904/t20190423_ 354755. html，最后访问时间：2020 年 2 月 5 日；《证监会公告〔2020〕1 号》，载证监会官方网站，http：//www. csrc. gov. cn/pub/zjhpublic/zjh/202001/t20200120_ 370183. htm，最后访问时间：2020 年 2 月 5 日。

必要的代价，但却未能让受害者得到补偿。”① 尽管受损的投资者可以提起民事赔偿诉讼，但民事赔偿诉讼耗时耗力，被告的行为是否构成证券违法行为存在很大的诉争空间，因此，如果被调查的当事人能够履行其提出的承诺，则有关投资者的损失可以及时得到赔偿。从投资者的角度看，虚假陈述、内幕交易或者操纵市场等违法违规行为，对相关证券交易的价格具有重要影响，一旦发现涉案线索，投资者基于自身利益考虑，普遍较为关注监管机构查明事实、依法处理执法活动的时效性，期待涉案行为能够及时得到处理。②

总之，如果经过违法、违规当事人的承诺，最终能够终止调查，在微观层面上，可以提高证券监督管理机构的监管效率，减少调查成本，及时赔偿投资者损失；在宏观层面上，该制度有利于稳定证券市场秩序，恢复投资者对资本市场的信心，保障证券市场的稳健运行。

二、条文内容释义

（一）中止调查

首先，中止调查的时间应当是在证券监督管理机构对涉嫌证券违法的单位或者个人进行调查期间，这意味着如果调查已经结束，则被调查当事人不能再提出中止调查的申请。其次，监管机构不能主动提出中止调查，而需要对涉嫌违法案件进行一定调查并有了初步判断之后，由被调查的当事人书面申请。再次，中止调查有期限限制，被调查的当事人需要在监管机构认可的期限内，纠正涉嫌违法行为，赔偿有关投资者损失，消除损害或者不良影响。最后，是否可以中止调查最终由证券监督管理机构决定，并非相对人申请之后当然会引起中止调查的效果。

（二）终止调查和恢复调查

被调查的当事人履行承诺，则意味着相关违法行为的损害后果已经一定程度上消除，监管机构可以决定终止调查，但并非应当终止调查，具体情况仍由监管机构自行裁量。被调查的当事人履行承诺，调查终止后，实际上具有代替行政处罚的效果，但其他的法律后果，如是否可以二次申请中止调查，本条并未明确规定，有待配套法规、规章的完善。

恢复调查的情形有两种，一是被调查的当事人未履行承诺；二是有国务院规定的其他情形。对于第一种情形，仅规定了被调查的当事人未履行承诺时应

---

① 肖钢：《积极探索监管执法的行政和解新模式》，载《行政管理改革》2014 年第 1 期。

② 肖钢：《积极探索监管执法的行政和解新模式》，载《行政管理改革》2014 年第 1 期。

当恢复调查，但结合立法背景和条文主旨分析，如果当事人在规定的期限内只部分履行了承诺，或者履行的承诺未达到一定标准，致使最终的制度功能和价值未实现，此种情况下亦可以视为“未履行承诺”，此时监管机构应当恢复调查。第二种情形作为兜底条款，由国务院规定具体办法，具有一定的灵活性，使监管机构可以在实践中探索执法方式。

（三）公开信息

证券监督管理机构决定中止调查或终止调查后，应当按照规定公开相关信息。由于证券市场的复杂性，监管机构和违法行为人达成的契约往往是秘密进行，此时存在监管机构权力滥用的风险，因此为了保障投资者的知情权，需要进一步制定法规、规章，具体确定应当公开信息的内容、方式、时间。

【适用指引】

与《行政和解试点实施办法》的衔接问题

1. 适用范围与条件。本条未明确规定适用的积极条件或消极条件，但《行政和解试点实施办法》中规定了可以适用和解程序的案件范围，因此在实践中可以参考《行政和解试点实施办法》，对适用本条规定的案件范围进行限制。①

2. 具体实施部门。《行政和解试点实施办法》中规定设立专门负责行政执法和解的实施部门，与案件调查部门、案件审理部门相互独立，结合本条规定，“证券监督管理机构”亦应当细化其内部职责，实现部门之间相互独立、相互监督的效果。

3. 承诺的内容。《行政和解试点实施办法》中关于行政和解协议内容的规定未明确要求行政相对人承认其行为违法，本条所规定的“承诺”也可以采取

① 参见《行政和解试点实施办法》第6条：“行政相对人涉嫌实施虚假陈述、内幕交易、操纵市场或者欺诈客户等违反证券期货法律、行政法规和相关监管规定的行为，案件符合下列情形的，可以适用行政和解程序：（一）中国证监会已经正式立案，且经过了必要调查程序，但案件事实或者法律关系尚难完全明确；（二）采取行政和解方式执法有利于实现监管目的，减少争议，稳定和明确市场预期，恢复市场秩序，保护投资者合法权益；（三）行政相对人愿意采取有效措施补偿因其涉嫌违法行为受到损失的投资者；（四）以行政和解方式结案不违反法律、行政法规的禁止性规定，不损害社会公共利益和他人合法权益。中国证监会派出机构负责查处的案件，试点期间不适用行政和解程序。”第7条：“案件有下列情形之一的，中国证监会不得与行政相对人进行行政和解：（一）行政相对人违法行为的事实清楚，证据充分，法律适用明确，依法应当给予行政处罚的；（二）行政相对人涉嫌犯罪，依法应当移送司法机关处理的；（三）中国证监会基于审慎监管原则认定不适宜行政和解的。”

被调查的当事人“既不承认亦不否认”其涉案行为的违法、违规性。①

第一百七十二条　国务院证券监督管理机构依法履行职责，进行监督检查或者调查，其监督检查、调查的人员不得少于二人，并应当出示合法证件和监督检查、调查通知书或者其他执法文书。监督检查、调查的人员少于二人或者未出示合法证件和监督检查、调查通知书或者其他执法文书的，被检查、调查的单位和个人有权拒绝。

【条文主旨】

本条是关于证券监督管理机构进行监督检查或调查时应当遵守的程序的规定。

【条文释义】

一、监督检查或调查权的概念、性质与特征

证券监督管理机构的监督检查或调查权，是指证券监督管理机构对证券的发行和交易等活动以及参与证券市场活动的主体所进行经常性的督促、检查、协调和控制等行为的权力，是证券监督管理机构对证券业介入或干预的权力②，是证券监管的主要方式之一。对当事人及有关的单位和个人进行监督检查或调查，是证券监督管理机构在依法履行职责的过程中有权采取的措施。

从实践上来说，证监会行使我国证券监督管理机构职能，具有法定的管理公共事务职能，可以在法定授权范围内实施行政行为③。从本质上来说，证券监督管理机构的监管权力是行政权力；同时，该监管权力规定在了证券法中，具有经济法规范的属性。因此，该条中规定的权力的行使程序既体现行政法的比例原则，又体现以社会利益为本位的公共服务性。

二、监督检查或调查的程序

证券监督管理机构进行监督检查或调查必须按照法定程序进行，如果违反了法律或者行政法规的规定，被检查、调查的单位或个人有权拒绝接受检查或

---

① 李东方:《证券行政执法和解制度比较研究》，载《证券法律评论》2015 年第 0 期。

② 李东方:《证券监管执法类型及其规范研究》，载《行政法学研究》2018 年第 6 期。

③ 法定授权的范围参见 2019 年新修改的证券法第 169 条至第 171 条。

者调查。这体现了维护行政相对人合法权益的立法理念，也体现了行政行为的程序正义。

新证券法第172条规定的具体程序包括：（1）现场检查时，检查人员不得少于2人。这与行政处罚法①、行政强制法②的规定具有一致性，一方面从立法上证明了证券监督管理机构的监管权力属于行政权力，立法者力求二者在行政法的体系内保持制度的一致；另一方面也可以保证监管行为的公正性，增强监管行为的权威性，避免行政执法人员出现徇私舞弊的行为，抑制证券市场的不诚信行为。（2）监管过程中，执法人员应当出示合法证件和监督检查或调查通知书及其他执法文书。合法证件是为证明执法人员有权代表证券监督管理机构履行职权的身份凭证。根据立法释义③，监督检查或调查通知书应当由证券监督管理机构负责人签发、加盖公章。根据体系解释，为保证行政文书效力的统一，本条新增“其他执法文书”也应当是由证券监督管理机构负责人签发的、加盖公章的文书。监督检查或调查通知书及其他执法文书是执法人员作出执法行为的依据，执法人员出示合法证件和监督检查或调查通知书及其他执法文书有助于相对人对执法人员身份和执法行为产生信赖，有助于相对人对监督检查、调查行为的配合，有助于证券监督执法人员更好地维护证券市场秩序。（3）如果监督检查或调查的人员少于二人，或监督检查、调查时未出示合法证件和合法文书，被检查、调查的有关单位和个人有权拒绝对其进行检查、调查。在此情况下拒绝被检查、调查，有关单位和个人不为此承担任何法律后果。

三、监督检查或调查的告知义务

本条“应当出示合法证件和监督检查、调查通知书或者其他执法文书”的规定体现了证券监督管理机构在监管过程中的告知义务。

---

① 参见行政处罚法第37条规定，行政机关在调查或者进行检查时，执法人员不得少于两人，并应当向当事人或者有关人员出示证件。当事人或者有关人员应当如实回答询问，并协助调查或者检查，不得阻挠。询问或者检查应当制作笔录（执法检查的程序）。

② 参见行政强制法第18条规定，行政机关实施行政强制措施应当遵守下列规定：（一）实施前须向行政机关负责人报告并经批准；（二）由两名以上行政执法人员实施；（三）出示执法身份证件；（四）通知当事人到场；（五）当场告知当事人采取行政强制措施的理由、依据以及当事人依法享有的权利、救济途径；（六）听取当事人的陈述和申辩；（七）制作现场笔录；（八）现场笔录由当事人和行政执法人员签名或者盖章，当事人拒绝的，在笔录中予以注明；（九）当事人不到场的，邀请见证人到场，由见证人和行政执法人员在现场笔录上签名或者盖章；（十）法律、法规规定的其他程序。

③ 全国人大证券法修改起草工作小组：《中华人民共和国证券法释义》，中国金融出版社2006年版，第192页。

行政告知是行政程序的重要组成部分。行政处罚法第 31 条规定：“行政机关在作出行政处罚决定之前，应当告知当事人作出行政处罚决定的事实、理由及依据，并告知当事人依法享有的权利。”行政告知是行政主体的法定职责，行政主体在作出行政行为时必须履行告知义务，否则就要承担因行政不作为所致的责任和产生的不利法律后果；而行政相对人也可因未被告知而不承担相应的义务，或要求行政主体承担因未告知而减损的利益。

另外，本条中证券监督管理机关的告知义务主要体现在监管行为作出前有关文件的出示行为，这一程序限缩了证券监管机关行政行为的自由裁量范围，有利于证券监管执法规范化、法治化进行，有利于证券市场规范化运作。

四、个人的拒绝被调查、检查权

行政行为具有公定力、拘束力和执行力，因此一个行政行为一旦做出，其对相对人通常产生很大的影响。本条规定了对相对人权利的程序性救济，赋予了被检查、调查人面对不当或不符合法定程序的检查、调查时的拒绝权。

新证券法在原证券法基础上将本条从“被检查、调查的单位有权拒绝”修改为了“被检查、调查的单位和个人有权拒绝”，一方面与证券法前文规定中的个人（如公司董事、监事、高级管理人员或其他直接责任人员）监管与后文的个人责任进行了衔接，对整体立法逻辑进行了完善；另一方面扩大了行政相对人的权利救济范围，更好地体现了证券监管行为的合法行、合理性。

另外，证券监督管理机构可能存在执法的不透明和对证券法适用与解释的主观任意性，这可能造成在查处范围、处罚方式与力度等方面人为而非合法性地扩大，让市场主体对国务院证券监督管理委员会的执法行为失去信心①。考虑到新证券法对于执法程序的规定过于简略，《证券期货市场监督管理措施实施办法（试行)》虽然有详细的程序规定，但该规范位阶过低，因此，关于证券监管执法程序的规定还需要在更高法律位阶上进一步明确。

【适用指引】

除本条外，涉及证券监督管理机构监督检查或调查程序的法律规范还包括行政许可法、行政处罚法、行政强制法、上市公司现场检查办法、证券公司检查办法等。实务中，可以根据案件的具体情况和相对人所处的具体领域选择适用不同的规范。

---

① 洪艳蓉：《我国证券监管独立性的检讨与制度完善》，载《法律适用》2018 年第 3 期。

另外，行政相对人可以根据《行政诉讼法》对不当或违反程序的证券监管行为提起行政诉讼。

第一百七十三条　国务院证券监督管理机构依法履行职责，被检查、调查的单位和个人应当配合，如实提供有关文件和资料，不得拒绝、阻碍和隐瞒。

【条文主旨】

本条是对被检查和被调查的单位和个人负有配合检查、调查的义务的规定。

【条文释义】

对当事人及相关单位和个人进行检查和调查，是证券监督管理机构在依法履行职责的过程中有权采取的方式。为了保证证券监督管理机构检查和调查的顺利进行，本条规定被检查和被调查的单位和个人负有配合检查、调查的义务。

一、被检查、调查的单位和个人应当配合

对于证券监督管理机构依法进行的检查和调查，被检查和被调查的单位和个人，应当积极主动配合，为证券监督管理机构查明事实真相提供便利条件，提供证券交易记录、登记过户记录、财务会计资料等真实的材料。

二、被检查、调查的单位和个人对证券监督管理机构依法进行的检查、调查不得拒绝、阻碍和隐瞒

证券监督管理机构依法进行检查、调查时，如果要求被检查、被调查的单位和个人应当主动配合，如实提供有关文件和资料，被检查、调查的单位和个人不得以任何借口拒绝，不予提供，也不得通过各种手段来阻碍证券监督管理机构获得真实可靠的文件和资料，更不得隐瞒有关的文件和资料，掩盖事实真相。被检查和被调查的单位和个人不配合证券监督管理机构履行职责的，应当依法承担相应的法律责任。

【适用指引】

关于证券监督管理机构依法履行职责时被检查、被调查的单位和个人具体的配合义务，还涉及《上市公司现场检查办法》等政策法规。针对不同被检查、调查对象所在领域及其特性，相关法规具体明确了被检查的单位和个人需要提供的文件名称、种类，以及对不配合、不如实反映情况、隐瞒情况等行为将作出的处罚。在实践中，应当根据被检查、调查的单位和个人所处的具体领域选择适用不同的规范。

第一百七十四条　国务院证券监督管理机构制定的规章、规则和监督管理工作制度应当依法公开。

国务院证券监督管理机构依据调查结果，对证券违法行为作出的处罚决定，应当公开。

【条文主旨】

本条是关于行政公开的规定。

【条文释义】

一、立法背景及制度价值

在证券监管相关法律制度建设和行政执法中，证券监督管理机构发挥着关键引领作用，所以对监管机构进行程序性制约非常重要。监管机构的日常活动始终应当受到行政程序法的程序性制约。监管机构依法进行行政公开一方面能够让被监管对象了解行政活动过程及其结果，是促进证券市场经济健康、有序发展的重要手段。另一方面依法公开也能够增强对证券监督管理机构履行职责的监督。

首先，证券监管机构行政公开是促进市场经济健康、有序发展的手段。在计划经济模式下，个体自由受到压制，权力与社会生活主体处于失衡状态，权力的运行不规范。而在市场经济背景下，市场主体享有相应生产、经营、交换的自由权利。社会生活主体在市场经济中可以发挥出前所未有的活力，市场经济的自由性与个体的创造力不断促使平等成为牵制权力的重要因素。证券监管机构的行为规则和处罚决定如果不依法进行公开，权力不规则运行很容易导致证券市场相关规则的不稳定，不仅不能使国务院证券管理机构顺利履行其职能，反而会导致证券市场各种乱象失控。因此公开要求作为对证券监管机构权力制约的制度设计之一具有重要意义。

其次，资本市场具有的诱惑力大，而证券监管机构拥有广泛的权力，因此对其进行制约十分必要。我国的证券监督管理机构承担的是国家行政职能，不仅和其他领域的行政权一样应当依法行政，也因资本市场的特殊性而更加应当增加其行政行为的透明度。证券监管机构的行为能够受到各个层次的全面监督，将会反向促进其在制定规则和做出处罚行为时更加严谨和审慎，让不合法的监管行为在第一时间得到纠正，以保证证券监管机构能够发挥维护证券市场秩序的作用。

二、条文内容释义

（一）行为规则应当公开

公开、公平、公正原则是证券市场的基本原则，而公开原则是首要前提。公开原则既要求证券发行、证券交易的有关信息公开，也要求有关的行为规则公开，这样才能使证券市场的所有参与者都知晓并遵照执行，也才能使证券监督管理机构的运行具有透明度，避免暗箱操作，防止各种违法行为的发生，保证证券市场能够健康、有效地运行。因此，本条规定，证券监督管理机构依照宪法、法律、行政法规制定的规章、规则以及证券监督管理机构本身的监督管理工作制度应当公开，不得秘而不露。

（二）处罚决定应当公开

证券监督管理机构在对证券市场实施监督管理中，依法对违反证券市场监督管理法律、行政法规的行为进行查处是其职责。证券监督管理机构在履行其职责时，依据其调查结果，对证券违法行为依法作出处罚决定的，由于其处罚决定除了影响到被处罚的当事人外也可能会波及整个证券市场，使证券市场出现较大幅度的波动，所以，本条规定证券监督管理机构依据调查结果，对证券违法行为作出的处罚决定，应当公开，这样既便利当事人行使其权利，对处罚决定不服的，依法申请复议，或者依法直接向人民法院提起诉讼，也可以使证券市场的其他参与者受到教育，并维持稳定的证券交易秩序，保证证券市场健康发展。

【适用指引】

除本条外，涉及证券监督管理机构行为规则及处罚决定公开的法律规范还包括行政许可法、行政处罚法、行政强制法等，行政相对人也可以根据行政诉讼法对不当或违反程序的证券监管行为提起行政诉讼。除了证券监督管理机构应当公开处罚决定外，被检查、调查的单位和个人还依法享有要求听证等权利。如《证监会行政处罚听证规则》规定了拟对当事人作出部分行政处罚的，应当在向当事人送达的《行政处罚事先告知书》中载明当事人享有要求听证的权利。实务中，可以根据案件的具体情况和相对人所处的具体领域选择适用不同的规范。

第一百七十五条　国务院证券监督管理机构应当与国务院其他金融监督管理机构建立监督管理信息共享机制。

国务院证券监督管理机构依法履行职责，进行监督检查或者调查时，有关部门应当予以配合。

【条文主旨】

本条是关于证券监督管理机构与有关部门应该相互配合进行监管的规定。

【条文释义】

一、与国务院其他金融监督机构建立监督管理信息共享机制

金融监督管理协调机制是指在国务院各金融监管机构之间建立的协调合作机制。国务院各金融监管机构，包括中国人民银行、中国银行保险监督管理委员会、证监会等部门。针对维护金融稳定、重大监管事项和跨行业监管等问题参与协调机制的有关各方定期进行协商，目的是在货币政策和金融监管以及对银行业、证券业和保险业的监管政策之间进行协调，为金融机构创造公平竞争的环境，避免出现监管真空和重复监管，降低监管成本，提高监管效率，从而维护整个金融体系的稳定、效率和竞争力。

监管协调机制的一项重要内容是参与协调机制的有关各方建立信息共享机制。为确保各方充分获取足够的信息来履行职责，同时又避免向同一机构重复收取数据，增加金融机构的负担，参与协调机制的各方应当达成协议，根据职责分工，明确不同种类信息的收取对象，同时建立高效稳定的信息交流和共享机制，以低成本、高效率的方式实现各方的数据需求。

随着金融创新以及金融控股公司的发展，不同种类金融机构业务的日益交叉，金融业综合经营、混业经营成为一种趋势。交叉性金融业务的出现，既可能导致监管重复，也可能出现监管缺位。因此，对各个监管机构的职能进行明确分工，对交叉业务协调配合落实监管职责是有必要的，同时需要国务院各个金融监管机构之间建立信息共享和监督管理协调机制。

二、有关部门应当配合和协助证监会的监管活动

证券监督管理机构依法履行职责，进行监督检查或者调查时，有关部门应当予以配合。这句话可以从以下三个角度来理解：

首先，各级政府部门在证监会向其提出需要协助与配合的要求时，不应该拒绝。证监会对证券从业机构监管时，会遇到各种困难与阻力，仅仅依靠证监会的力量很难达到理想监管效果，又或者监管成本过高。对证券从业机构的监管，牵涉到的人员和资金较多，监管工作又是综合性比较强的工作，涉及多个部门。只有各部门互相配合，通力协作，才能做到有效监管。

其次，证监会没有提出配合与协作的要求时，各级政府部门不得干涉证监会的监管工作。即使证监会提出了要求时，各级政府部门也只能协助证监会开展工作，而不能干涉其正常工作，更不能取而代之接手监管工作。各级部门应该在证监会要求的范围之内履行协助与配合的义务，不能超越范围。也就是说，各级政府部门即使在协助时，也只有监管的义务，而没有监管的权利。

最后，各级政府部门不得进行证券违法活动，也不得对证券违法活动进行变相的鼓励、纵容、包庇。地方政府部门与证券从业机构在长期的合作中很容易形成某种利益共同的关系，地方政府需要证券从业机构的资金支持，证券从业机构也需要地方政府部门的特殊照顾。这种互利行为必然使得地方政府部门与证券从业机构具有千丝万缕的联系，对证券从业机构的监管必然牵涉到地方政府与部门的利益。有鉴于此，各级政府部门应该严格执行新证券法的规定，摒弃地方和部门保护主义，在协助监管之前保证自身不牵涉证券违法行为。

各级政府部门在协助与配合证监会的监管活动时，应当遵循相应的协助范围，符合要求地履行协助义务。所谓协助与配合的范围，是按照证监会提出的要求在合法范围内应该履行协助义务的活动，是属于证监会监管职责且可以予以协助的活动，主要包括：（1）信息协助，即各级政府部门依据自己的信息优势，有义务为证监会提供属于证监会监管职责所应当知晓的信息。（2）行动协助，即各级政府部门在证监会进行监管活动时，应当采取有力的措施帮助证监会履行监管职能。（3）保障协助，指各级政府部门应该采取行为保障证监会的监管活动不受干涉并顺利开展。

证监会的监管工作必然牵涉众多的政府部门，这些部门应该在合法的范围内接受证监会的要求协助开展监管活动，主要包括：（1）财政部门，主要协助证监会了解有关资金与经营信息；（2）司法部门，主要协助证监会落实监管措

施；(3) 人事部门，主要协助证监会了解有关人员的信息；(4) 其他部门，主要为证监会的活动提供保障与便利。

【适用指引】

为完善我国系统重要性金融机构监管框架，防范系统性风险，有效维护金融体系稳健运行，中国人民银行、中国银行保险监督管理委员会、中国证券监督管理委员会联合印发《关于完善系统重要性金融机构监管的指导意见》(以下简称《指导意见》)。

《指导意见》明确了在监管过程中，各部门应当协调配合，交流信息，做到宏观审慎管理与微观审慎监管相结合。

第一百七十六条　对涉嫌证券违法、违规行为，任何单位和个人有权向国务院证券监督管理机构举报。

对涉嫌重大违法、违规行为的实名举报线索经查证属实的，国务院证券监督管理机构按照规定给予举报人奖励。

国务院证券监督管理机构应当对举报人的身份信息保密。

【条文主旨】

本条是关于向证券监督管理机构举报涉嫌证券违法、违规行为，举报奖励及对举报人身份信息保密的规定。

【条文释义】

一、举报和举报处理工作

在主体方面，任何单位和个人均可作为举报人，举报有关单位或个人涉嫌违反证券法律和行政法规的行为，但举报人陈述的事实及提供的材料应当客观真实。根据《证券期货违法违规行为举报工作暂行规定》第22条的规定，故意捏造事实诬告陷害他人、利用举报敲诈勒索的，依法承担法律责任；涉嫌构成犯罪的，依法移送司法机关追究刑事责任。举报人不得利用网络举报系统进行恶意举报、重复举报或者没有具体证据随意举报。

证券监督管理机构负责涉嫌证券违法、违规行为的举报处理工作。具体而言，举报人可以向中国证监会证券期货违法违规行为举报中心（以下简称举报中心）或证监局举报。

根据《证券期货违法违规行为举报工作暂行规定》第 3 条、第 4 条规定，举报中心通过证券期货违法线索网络举报系统或信函方式接收举报，并负责提请调查、举报奖励等工作。通过网络举报系统举报的，举报人应当准确提供举报人的姓名、有效身份证件、联系方式和地址等信息。举报人为单位的，提供单位名称、统一社会信用代码、通讯地址、授权委托书及代理人身份、联系方式等信息。举报人向证监局举报的，证监局负责举报的接收、调查工作，但对于符合奖励条件的举报，奖励执行需由举报中心负责。

在具体工作程序方面，《证券期货违法违规行为举报工作暂行规定》第 8 条规定："举报中心负责处理可以作为稽查案件调查线索的举报，对于符合举报条件的稽查案件调查线索，予以登记；对于其他材料，按规定转中国证监会相关部门处理，相关部门可以按照职责分工转证监局、交易所等单位处理。对于经登记的举报，中国证监会综合监管执法情况决定是否启动调查。"

二、举报的条件

根据《证券期货违法违规行为举报工作暂行规定》第 6 条的规定，举报应当符合下述条件，不符合条件的，举报中心不予登记，可予以存档处理。

（一）举报事项属于证券法律法规明确禁止的、并规定行政法律责任的违法违规行为；

（二）提供被举报人的姓名（名称）、身份、地址等信息；

（三）提供违反证券法律法规的具体事实、详细线索和客观证据，可供证券监管机构进行核查。

三、举报奖励的适用条件

举报奖励的适用条件在《证券期货违法违规行为举报工作暂行规定》中具有明确规定。

其中第 12 条规定，举报奖励适用于举报下列违法行为的实名举报：（一）欺诈发行证券；（二）信息披露违法；（三）操纵证券、期货市场；（四）内幕交易或利用未公开信息交易；（五）其他重大证券违法行为。

此外，第 16 条规定了不予奖励的几种具体情形，即（一）匿名举报或冒用他人名义进行举报的；（二）举报的违法违规行为已被发现或正在查处的；（三）举报的违法事实与线索已经新闻媒体、网络信息等公开报道或披露的；（四）举报人本人参与其举报的证券违法违规行为的；（五）国家机关工作人员利用工作便利获取信息用于举报，或将信息告知他人用于举报的；（六）举报人放弃奖励的；（七）中国证监会认定的其他情形。

四、保护举报人合法权益的原则

举报处理工作遵循保密原则，保护举报人的合法权益。该原则具体表现在下述两个层面。

在举报处理工作整体层面，《证券期货违法违规行为举报工作暂行规定》第9条、第10条规定，对于举报人的姓名、年龄、住所、电话及其他可以识别举报人身份的信息，除依法使用外，均予严格保密。在调查、处罚或举报奖励发放工作中，相关部门和单位应当全程做好举报保密工作，保护举报人身份信息。举报中心对网络举报人的身份信息实行编码管理，在调查、处罚以及举报奖励评审阶段使用编码。因调查、处罚或举报奖励发放等工作需要查询举报人身份信息的，应当履行登记手续。

在具体工作人员层面，《证券期货违法违规行为举报工作暂行规定》第11条规定："负责处理举报的工作人员及其他相关人员应当严格遵守以下制度：（一）在办理举报事项时，应严格遵守工作程序，妥善保管举报材料，严禁向被举报人及其他无关人员泄露举报人身份信息及举报内容；（二）不得私自摘抄、复制、扣压和销毁举报材料；（三）禁止其他可能泄露举报人身份信息或举报内容的行为。"违反上述规定造成举报信息泄露及其他后果的责任人员，依情节轻重，按照相关规定追究行政责任；涉嫌构成犯罪的，依法追究刑事责任。

【适用指引】

一、关于多人举报同一违法违规行为

对于多人举报同一违法违规行为时的举报奖励奖金分配问题，《证券期货违法违规行为举报工作暂行规定》分两种情形作出了规定。根据该规定第17条，多人分别举报同一违法违规行为并提供有效线索的，综合考虑各举报人提供线索的重大性、有效性、充分性、及时性等因素，对举报人分配奖金。多人联名举报同一违法违规行为的，奖金发放给第一署名人，奖金分配由联名举报人自行协商解决。

二、关于举报人本人参与其举报的证券违法违规行为

对于主动交代其本人参与的证券违法违规行为事实的举报人，《证券期货违法违规行为举报工作暂行规定》第18条规定，在对其作出行政处罚时，可依法从轻、减轻或不予处罚；或者向有关司法机关提出对其给予从轻、减轻处理的建议。

第一百七十七条 国务院证券监督管理机构可以和其他国家或者地区的证券监督管理机构建立监督管理合作机制，实施跨境监督管理。

境外证券监督管理机构不得在中华人民共和国境内直接进行调查取证等活动。未经国务院证券监督管理机构和国务院有关主管部门同意，任何单位和个人不得擅自向境外提供与证券业务活动有关的文件和资料。

【条文主旨】

本条是关于国务院证券监督管理机构实施跨境监管的规定。

【条文释义】

一、证券跨境监管的制度意义

随着金融市场的全球化，金融机构及其业务活动跨越了国界的局限，资本市场的对外开放，跨境投融资、金融交易以及相应的金融产品、业务越来越多，在金融监管上有了跨境监管的现实需求，既要放得开也要管得住。本条明确规定证券监督管理机构是跨境监管合作的监管主体，应当实施跨境监管，对证券机构在世界各地的业务进行充分有效的监管；同时，也应当对境内的外国证券机构实施有效监管。目的是促使我国证券市场监管国际化的实现，确保所有的跨境证券经营都能得到母国和东道国监管当局的有效监管。① 本条对外提供信息与调查取证的规定，是对原证券跨境监管制度的补充，完善了跨境监管过程中调查取证可能会存在信息泄露之类的问题，充分保护境内外投资者的合法权益、信息安全，确保证券市场公正、有效和透明。

二、证券跨境监管的界定

证券跨境监管是指证券监督管理机构为实现证券跨境有效监管的目的，通过双边合作、区际性合作或全球合作的模式与境外证券监管部门就证券监管标准、监督检查活动、信息与监管学术、经验的交流反馈等内容所进行的协调和

---

① 许健：《中华人民共和国证券法释义》，中国金融出版社 2006 年版，第 187 页。

联系,[①] 建立起跨境监管合作机制。

根据本条规定，证券监督管理机构是跨境监管合作的权力主体。目前我国内地的证券跨境监管体系主要是以证监会为缔约方与境外证券监督管理机构之间签订的条约、谅解备忘录，也包括司法互助协议。实践中，以沪港通、深港通为例，在证监会主导下，深交所与上交所均与港交所建立了联合监管机制。[②]

三、证券跨境监管的模式

证券跨境监管是相对于境内证券监管而存在的监管模式，是对境内证券监管的有益补充。目前，我国证券跨境监管模式主要体现在三个层次上，即双边合作、区际性合作和全球合作。[③]

1. 双边合作。是指国家通过国内法授权证券监督管理机构展开证券跨境监管合作，并通过订立双边谅解备忘录或者多边谅解备忘录的方式，展开监管协作。谅解备忘录是两国证券主管机关针对证券监管合作事项而签订的意向性文件，其对于双方的制约体现为善意的道义性约束。其主要目的在于就信息共享、跨境执法协助和经验交流等方面进行有效的合作。根据中国证监会2019 年年报,[④] 证监会已经与61 个国家的证券监管机构签署了78 个监管合作谅解备忘录。

2. 区际性合作。是指基于特定的地缘关系，我国内地、香港、台湾三个地区，分别属于不同法域，在“一国两制”的基础上建立区际性证券监管合作。其中，内地与台湾于2009 年签署了《海峡两岸证券及期货监督管理合作谅解备忘录》，与香港在1993 年、1995 年、2016 年、2017 年，先后签署了《监管合作备忘录》《有关期货事宜的监管合作备忘录》《内地与香港股票市场交易互联互通机制下中国证监会与香港证监会加强监管执法合作备忘录》《关于期货事宜的监管及执法合作备忘录》。《监管合作备忘录》既是陆港证券监管合作的基石性文件，也是中国证监会成立以来所签署的首个双边备忘录。称其为中国证券监管国际化的第一步并不为过。签署《监管合作备忘录》的主要目的是通过双边协助与信息交换以实现对投资者的保护，保持证券市场的公平、有序与高

---

① 王宝杰：《论金融监管的国际合作及我国的法律应对》，载《政治与法律》2009 年第6 期。

② 《跨境监管合作再进一步 沪深港交易所已建联合监管机制》，载中国经济网，http：//finance. ce. cn/rolling/201703/23/t20170323_ 21293049. shtml，最后访问时间：2020 年2 月11 日。

③ 中国政法大学课题组：《证券监督管理机构法律制度完善研究》，载《证券法苑》2014 年第1 期。

④ 《中国证监会与境外证券（期货）监管机构签署的备忘录一览表（2019 年12 月）》，载证监会网，http：//www. csrc. gov. cn/pub/newsite/gjb/jghz/201912/t20191225_ 368346. html，最后访问时间：2020 年2 月8 日。

效，并且确保两地域内法律法规均得以妥善遵守。自《监管合作备忘录》签署以来，两地证监会的有关部门人员每年就《监管合作备忘录》的执行情况在内地与香港两地举办会议。①

3. 全球合作。全球的证券监管合作主要是由国际证监会组织（IOSCO）进行，中国证监会于1995年加入国际证监会组织，并于2002年当选为该委员会的副主席②，其为非正式国际组织，强调非政治原则，在国际监管层面的贡献主要体现在确定国际监管基准，确立国际合作标准等方面。

四、证券跨境监管的内容

我国作为实施全球性的证券跨境监管的一部分，证券监管者必须对证券机构在世界各地的所有业务进行适当的监测并执行审慎监督原则。证券跨境监管的一项关键内容是与其他有关的监管者包括母国监管当局，建立联系并交换信息。这种联系应表现为，在东道国监管当局发照之前要征求其母国监管当局意见。在一些情况下，有些监管当局之间已达成了双边协议，这些协议可以帮助确定分享信息的范围和在一般情况下分享信息的条件。

除此之外，证券监督管理机构可以依法开展与证券行业监督管理有关的其他国际交流、合作活动。与证券业监督管理有关的国际交流主要是指参与有关证券业监督管理的国际监管学术与监管经验交流、有关跨境监管规则与协定的讨论、举办有关国际会议等。与证券业监督管理有关的国际合作则主要是指跨境监督管理合作。

证券监督管理机构参与证券业监督管理有关的国际交流、合作活动时，代表的是国家对证券业监督管理的机构以及中国证券业整体。证券监督管理机构代表国家参加国际证券监管交流与合作时，其行动具有国际法效力。也就是说，证券监督管理机构参与的交流与合作中的意见，代表了我国对证券业监督管理的意见，证券监督管理机构签订有关国际协定时代表了我国政府，其效力相当于我国政府签订的国际协定，对我国证券业具有法律效力。③

五、跨境监管的调查取证与对外信息交换规定

该条第2款对证券跨境监管过程中发生的调查取证和对外交换信息的问题

---

① 黄辉：《“一国两制”背景下的香港与内地证券监管合作体制：历史演变与前景展望》，载《比较法研究》2017年第5期。

② 王宝杰：《论金融监管的国际合作及我国的法律应对》，载《政治与法律》2009年第6期。

③ 全国人大证券法修改起草工作小组：《中华人民共和国证券法释义》，中国金融出版社2006年版，第188页。

进行了完善：首先，任何境外证券监督管理机构在我国境内进行调查取证等活动，则应当事先向我国证券监督管理机构和有关主管部门报告，取得有关部门的批准，在我国境内的调查取证应在我国监管机构的主导下进行或者信赖我国监管机构的检查结果。其次，任何单位和个人未经证券监督管理机构和国务院有关主管部门同意，不得直接向境外提供与证券业务活动有关的文件和资料。证券市场具有突出的双重性，既高效，又脆弱。如果没有规范和有效的规则，深蕴逐利本性的资本就会冲破诚信的底线。尤其是在经济全球化、金融自由化推动下形成的国际化证券市场，其蕴含的脆弱性更加明显，更容易遭受投机资本的冲击。①

【适用指引】

1. 适用范围。本条未明确规定跨境监管的范围，根据新证券法的立法目的、逻辑，跨境监管的范围主要是对所有的跨境证券经营进行有效的监督管理。为此，母国监管者应当实施全球并表监管，即对境内的证券机构在世界各地的所有业务进行监管；同时，东道国监管者也对境内的外国证券机构进行监管。母国与东道国监管者建立监管合作机制。②

2. 具体实施部门。本条规定了证券监督管理机构是证券跨境监管合作的有权主体。在实践中，以沪港通、深港通为例，在证监会主导下，深交所与上交所均与港交所建立了两地联合监管机制。

3. 关于调查取证与对外信息交换的规定。任何境外证券监督管理机构在我国境内进行调查取证等活动，则应当事先向我国证券监督管理机构和有关主管部门报告，并取得有关部门的批准；任何单位和个人未经证券监督管理机构和国务院有关主管部门同意，不得直接向境外提供与证券业务活动有关的文件和资料。

第一百七十八条　国务院证券监督管理机构依法履行职责，发现证券违法行为涉嫌犯罪的，应当依法将案件移送司法机关处理；发现公职人员涉嫌职务违法或者职务犯罪的，应当依法移送监察机关处理。

---

① 刘远志：《美国跨境证券交易执法及启示》，载《证券法苑》2016 年第 2 期。

② 全国人大证券法修改起草工作小组：《中华人民共和国证券法释义》，中国金融出版社 2006 年版，第 188 页。

【条文主旨】

本条是对证券监管中的证券行政权与司法权、监察权的互动衔接的规定。

【条文释义】

证券监督管理机构属于政府监管机构①，依照法律、法规和国务院授权，统一监管全国证券期货市场，行使行政管理权。在监管过程中，发现某项证券违法行为中有涉嫌犯罪的情节，就应当依法将该案件移送到有关的司法机关，由有关司法机关介入处理；发现有公职人员涉嫌职务违法或者职务犯罪的，就应当依法将该案件移送到监察机关，由监察机关介入处理。例如，涉嫌证券犯罪的案件，应当向公安部门证券犯罪侦查局移送，由公安机关进行立案侦查；涉嫌公职人员贪污贿赂、失职渎职等职务违法或者职务犯罪的案件，应当移送监察机关，由监察机关依法调查处置。司法机关对移送的案件，依据法律的规定立案侦查；监察机关对移送的案件，依照法律的规定调查处置，对提起公诉的，由人民法院依法进行审理，作出判决。② 从而形成证券行政权与司法权、监察权的沟通协调机制。

本条规定证券监督管理机构的证券行政权与司法权、监察权的互动衔接，其目的在于要求证券监督管理机构在查处违法案件时，严格依法办案，明确证券行政权的界限，发现涉嫌相关犯罪的，应当由司法机关、监察机关依法介入处理，构成犯罪的，由人民法院依法判处刑罚，而绝不能让证券监督管理机构以行政执法职能代替司法、监察职能，以维护国家法律的尊严。

【适用指引】

一、国家证券监督管理机构在移送相关案件给司法机关或监察机关时，要注意依法移送

这是 2019 年证券法新增强调的。为了规范行政执法机构向公安机关移送涉嫌犯罪案件的程序和文件材料，做到依法移送案件，2001 年 7 月 9 日国务院以 310 号令公布了《行政执法机关移送涉嫌犯罪案件的规定》，证券监督管

---

① 李东方：《证券监管法论》，北京大学出版社 2019 年版，第 142 页。

② 全国人大证券法修改起草工作小组：《中华人民共和国证券法释义》，中国金融出版社 2006 年版，第 200 页。

理机构发现证券违法行为涉嫌犯罪的应当按此规定办理移交手续，并附具相关材料。此外为加强在查处证券期货违法犯罪案件中的配合和协调，1999 年 2 月 14 日证监会和公安部共同发布了《证监会、公安部关于在查处证券期货违法犯罪案件中加强协调配合的通知》，该通知就建立案件移送制度、加强办案协调和配合、建立信息通报交流制度等作出了规定，证监会及其派出机构应当遵照执行。①

2018 年 3 月 11 日全国人民代表大会发布了《中华人民共和国监察法》，该法规定了国家机关在工作中发现公职人员涉嫌贪污贿赂、失职渎职等职务违法或者职务犯罪的问题线索，应当移送监察机关，由监察机关依法调查处置。国家证券监督管理机构应当依法移送相关问题线索。②

二、国家证券监督管理机构在履行职责的过程中应当注意证券行政权与司法权、监察权的互动衔接问题

2019 年证券法主要新增了国家证券监督管理机构在履行职责的过程中与监察机关的衔接问题，同时也涉及司法机关同监察机关在刑事案件管辖上的衔接问题。对于国家证券监督管理机构发现的公职人员涉嫌职务违法或者职务犯罪的，应当依法移送监察机关处理。除职务违法案件外的其他涉嫌犯罪的证券违法行为，应当移送公安机关或者检察机关处理。

第一百七十九条　国务院证券监督管理机构工作人员必须忠于职守、依法办事、公正廉洁，不得利用职务便利牟取不正当利益，不得泄露所知悉的有关单位和个人的商业秘密。

国务院证券监督管理机构工作人员在任职期间，或者离职后在《中华人民共和国公务员法》规定的期限内，不得到与原工作业务直接相关的企业或者其他营利性组织任职，不得从事与原工作业务直接相关的营利性活动。

---

① 全国人大证券法修改起草工作小组：《中华人民共和国证券法释义》，中国金融出版社 2006 年版，第 200 页。

② 《［监察法释义（34）］职务违法犯罪问题线索移送制度和管辖》，载中央纪委国家监委网站，http：//www. ccdi. gov. cn/yaowen/201805/t20180521_ 172282. html，最后访问时间：2020 年 2 月 10 日。

【条文主旨】

本条是关于证券监督管理机构工作人员的行为准则和从业限制的基本规定。

【条文释义】

一、证券监督管理机构工作人员的行为准则

作为全国证券期货市场管理部门的证券监督管理机构，其证券监管权力通过证券监管机构工作人员的监管行为得以实现，为保证监管主体公正地行使法律赋予的权力，一方面需要从事具体工作的监管人员具有高度的品格修养，另一方面则需要从制度上对权力进行合理的监督与制约。

本条第1款是对证券监督管理机构工作人员行为准则的规定。证券监督管理机构工作人员代表国家行使证券市场监管职能，其肩负职责攸关全国证券业的稳定与发展。然而，证券交易市场瞬息万变，职责事务也随之千变万化，难以用抽象的条文将其囊括无遗，这就要求机构人员必须做到忠于职守、依法办事。机构工作人员行使监管职权都应当依据法律、法规，包括实体性规定和程序性规定，即机构人员在市场准入、日常监管和市场退出等监督工作中，实施行政许可、现场检查和非现场监管、行政处罚等具体行政行为时，必须遵循法律、行政法规和规章①。而依法办事乃忠于职守的具体表现，因此，严格地依循法律行事，就能够做到忠于职守。另外，证券监督管理机构人员必须具备公正廉洁的情操，才能维护证券监督管理机构的公信力和权威性。总之，不论是忠于职守、依法办事还是公正廉洁皆意味着证券监督管理机构人员不能以权谋私，不得利用职务便利谋取不正当利益。为了确保上述义务的履行，也需要对机构人员在履职过程中的违法行为规定相应的法律责任。

证券监督管理机构人员负有保密的义务，不得泄露所知悉的有关单位和个人的商业秘密。工作人员在依法履行职责，进行监督检查和调查的过程中，有可能知悉被监督检查或调查单位及个人的商业秘密，而商业秘密一经泄露往往会给原拥有商业秘密的单位和个人带来不利的影响，进而造成经济上的损失。所谓商业秘密，根据《国家工商行政管理局关于禁止侵犯商业秘密行为的若干规定》（1998修订）第2条规定："本规定所称商业秘密，是指不为公众所知

---

① 巫文勇：《金融监管机构的监管权力与监管责任对称性研究》，载《社会科学家》2014年2月。

悉、能为权利人带来经济利益、具有实用性并经权利人采取保密措施的技术信息和经营信息。”商业秘密须符合五个要件：（1）必须是不为公众知悉的秘密；（2）必须能给权利人带来经济利益，不能带来利益的则无保护的必要；（3）必须具有实用性，无实用性即无泄密之隐患；（4）必须采取了保密措施，即防止泄密的必要措施；（5）必须是信息，而非实物，但若实物已经负载了信息，则不在排除之列。① 作为依法取得信息收集、调查权的机构人员，对于单位或个人之商业秘密有着一定的掌握，其不应使用或传播所知悉的信息数据，损害国家、集体或其他当事人利益。

二、证券监督管理机构工作人员的从业限制

本条第2款为2019年修订新增条款，是对证券监督管理机构工作人员从业限制的规定。证券监督管理机构人员依法授权执行监督管理职务，系属国家工作人员，执法过程中受《中华人民共和国公务员法》等组织法规范。证券监督管理机构工作人员从业限制的期限为任职期间或者离职后在《中华人民共和国公务员法》规定的期限内。前者，鉴于证券监督管理机构人员代表国家行使证券市场监管职能，任职期间因职务所需依法取得众多信息，有必要对其进行监督和制约，对此，《中国证监会工作人员行为准则》第7章回避也明确规定机构人员从业的限制，以建立作风优良、公正廉洁、纪律严明的监管队伍；后者，根据《中华人民共和国公务员法》第107条规定：“公务员辞去公职或者退休的，原系领导成员、县处级以上领导职务的公务员在离职三年内，其他公务员在离职两年内，不得到与原工作业务直接相关的企业或者其他营利性组织任职，不得从事与原工作业务直接相关的营利性活动。”因此，原系领导成员、县处级以上领导职务的工作人员从业限制的期限为离职后3年内，其他工作人员的期限为2年内。

对离职后的工作人员进行从业限制目的在于约束其“剩余权力”。由于权力的惯性，离职后理论上已不再受到相关部门的管理，但离职后很长一段时间依然存在“剩余权力”，这种“剩余权力”作为机构人员离职后的剩余资源容易成为谋取私利的绝佳途径，因此需要加强约束监督，从根源上杜绝腐败的发生，维护人民群众和国家的公共利益，实现离职后权力消磁。如果任由离职机构人员对“剩余权力”的利用而不加约束，后果会不堪设想。市场经济体制下

---

① 全国人大证券法修改起草工作小组：《中华人民共和国证券法释义》，中国金融出版社2006年版，第194页。

的企业或组织利用聘任的离职机构人员获取相关内部信息，将造成信息不对称，形成不正当竞争关系，扰乱市场秩序，直接影响国家对经济的宏观调控，进而对普通民众生活产生负面影响。新增从业限制有助于加强对离职机构人员“剩余权力”的约束，以维护证券市场健康公正的市场秩序。

证券监督管理机构工作人员从业限制规定的义务包括不得到与原工作业务直接相关的企业或者其他营利性组织任职，不得从事与原工作业务直接相关的营利性活动，其应与《中华人民共和国劳动合同法》第24条竞业限制一并理解。在竞业限制法律关系中，对用人单位而言，商业秘密权是其掌握和支配商业秘密的权利，商业秘密价值既是企业创造利润的重要资本和来源，也是参与市场经济的核心竞争力；而劳动者，为商业秘密的承载者和使用者，其对用人单位商业秘密权益的侵犯将会使用人单位的经济利益遭受损失。因此，有必要对掌握商业秘密的劳动者进行适当的择业限制，一般于用人单位与劳动者于劳动合同或保密协议中约定，劳动者在职期间或者用人单位解除劳动关系后的一定期间内，不得到与原单位从事相同营业、有竞争关系的单位工作，自己也不得从事与原单位相同的营业，以维护用人单位的合法权益。证券监督管理机构人员在履行职责时，往往涉及有关单位、个人的权益，致使机构人员于证券市场具有一定的影响力，为避免权力过度扩张，有必要对机构人员的权力进行制约，设立从业限制。须注意的是，竞业禁止的目的是防止商业竞争对手之间的利益冲突，而从业限制是为了防止侵犯国家利益和公共利益。另外，机构工作人员代表国家行使监督管理权，其授之于法，应从之于法，而非以意思自治于合同或协议中达成从业限制的约定。

【适用指引】

一、适用主体是否涵盖证券交易所（以下简称证交所）的工作人员

本条适用主体为证券监督管理机构工作人员即证监会的工作人员，包括内设部门及其派出机构。而证交所的工作人员不能直接适用《中华人民共和国证券法》的规定，证交所虽归属证券监督管理机构管理，但本质上是自律组织，因此，笔者认为，证券交易所的工作人员不适用本条规定。证交所的行为准则适用需经内部文件转化，加上我国对证交所的监管属于复合型模式，侧重政府的统一监管，关于交易所从业人员规定后续还需报经证券监督管理机构批准①。

① 李东方：《证券监管法论》，北京大学出版社2019年版，第537页。

二、如何定义利用职务便利、不正当利益

《最高人民法院关于印发〈全国法院审理经济犯罪案件工作座谈会纪要〉的通知》（法发〔2003〕167 号）（以下简称《通知》）中将证券监督管理机构工作人员认定为国家机关工作人员，适用贪污贿赂犯罪和渎职犯罪的规定，因此，对于“利用职务便利”的理解应结合受贿罪的这一本质特征，《通知》指出“刑法第三百八十五条第一款规定的‘利用职务上的便利’，既包括利用本人职务上主管、负责、承办某项公共事务的职务，也包括利用职务上有隶属、制约关系的其他国家工作人员的职权。担任单位领导职务的国家工作人员通过不属于自己主管的下级部门的国家工作人员的职务为他人谋取利益的，应当认定为‘利用职务上的便利’为他人谋取利益。”据此，利用职务上的便利主要表现为两种形式：一是直接利用职权，即利用本人职务范围内直接处理某项事务的权力；二是利用职务上存在隶属、制约关系的其他国家工作人员的职权。综观《中华人民共和国证券法》修改进程，是支持此一说法的，于 2005 年删除“自己的”三字，不再仅局限于个人职务上的便利。

我国司法解释等相关文件中关于“不正当利益”的规定则比较零散，目前司法实践中以《最高人民法院、最高人民检察院关于办理行贿刑事案件具体应用法律若干问题的解释》（法释〔2012〕22 号）第 12 条作为认定依据，即“行贿犯罪中的‘谋取不正当利益’，是指行贿人谋取的利益违反法律、法规、规章、政策规定，或者要求国家工作人员违反法律、法规、规章、政策、行业规范的规定，为自己提供帮助或者方便条件。违背公平、公正原则，在经济、组织人事管理等活动中，谋取竞争优势的，应当认定为‘谋取不正当利益’”

三、如何界定“原工作业务”及工作相关性

关于“原工作业务”的界定源于《中国共产党中央委员会组织部、人力资源和社会保障部、国家工商行政管理总局、国家公务员局关于规范公务员辞去公职后从业行为的意见》（组通字〔2017〕22 号）中提到“原任职务”或“原工作业务”，一般应包括辞去公职前 3 年内担任过的职务或从事过的工作业务。而鉴于工作业务上的相关性，对于“直接相关”用词含义界定不清，存在操作上的困难，待完善从业限制的相关立法。

第十三章　法律责任

新证券法在原法“法律责任”一章53个条文的基础上进行了修改，删除了部分在实践中从未或极少使用的条文，并结合实践需要增设了部分新条款。修订后本章共44个条文，是目前证券法中条文最多的一章。其中，新增的内容主要分为如下两类：其一，扩大监管范围，新增以下若干违法行为的法律责任：采取程序化交易影响证券交易所系统安全或正常交易秩序（第190条），利用内幕信息以外的其他未公开的信息交易（第191条第2款），传播媒介及其相关工作人员从事有利益冲突的证券买卖（第193条第3款），证券公司未履行或者未按规履行投资者适当性管理义务（第198条），违法征集股东权利（第199条），证券交易所允许非会员直接参与股票的集中交易（第200条第2款），证券公司未核对投资者开立账户提供的身份信息或将投资者的账户提供给他人使用（第201条），证券公司未采取有效隔离措施防范利益冲突或未分开办理相关业务、混合操作（第206条），证券公司允许他人以证券公司的名义直接参与证券集中交易（第209条第2款）；其二，对证券市场诚信档案制度作出授权性规定，以完善违法行为的综合治理体系。

除上述条文数目的变动外，大部分条文亦有细节上的修订，这些修订体现出如下特点。第一，强化对不法行为的惩戒，提高违法成本。其一，大幅提高行政罚款力度，包括提高罚款倍数或金额下限，将“买卖证券等值”作为罚款上限，部分实行双罚制等。其二，增加惩戒措施，在原有行政处罚措施的基础上，新增记入证券市场诚信档案措施。其三，扩大证券市场禁入的范围，将业务禁止扩展至证券服务业务，资格禁止扩展至在交易（场）所交易证券。第二，围绕注册制对若干项制度进行修订，以保障注册制顺利推行。其一，强化证券发行相关的法律责任，包括大幅提高欺诈发行的发行人及其控股股东的处罚力度。压实中介机构的责任，促使其履行“看门人”责任等。其二，完善信息披露制度，包括大幅提高虚假陈述处罚力度，区分“未按规定报送或披露”

与“信息虚假”的处罚标准，以体现处罚差异化，明确包括“传播媒介及其相关工作人员”在内的任何单位和个人违反消极信息披露义务的行政责任等。其三，增强投资者保护，包括新增违法征集股东权利、证券公司未履行或者未按规履行投资者适当性管理义务的行政责任；同时，再次强调民事赔偿优先原则。第三，赋予证监会对拒绝、阻碍监督检查、调查的行为直接予以罚款的权力，改变原本须由公安机关作出治安管理处罚的窘境，便利行政执法，保障法律实施效率。

第一节　本章新制度

一、大额、巨额罚款制度

马克思对资本的本质有一段淋漓尽致的描述：资本如果有50%的利润，它就会铤而走险；资本如果有100%的利润，它就敢践踏人间一切法律；资本如果有300%的利润，它就敢犯下任何罪行，甚至面临被绞死的风险。根据原证券法，上市公司即使涉嫌千万元甚至亿万元的财务造假，也仅面临顶格六十万元的行政处罚。相比于巨大的违法收益，上市公司通过违法行为获得的“利润”何止300%！资本的本质是逐利、贪婪的，我国证券市场自诞生之日起，违法违规行为层出不穷、屡禁不止的乱象离不开行政处罚力度过小、违法违规成本过低、证券监管威慑力不足的深层制度原因。

正是在这一背景下，众多法学学者以及实务人士呼吁提高证券法罚款额度以遏制猖狂的证券市场违法行为。证监会主席易会满于2019年2月27日在新闻发布会上也提出要大幅提升资本市场违法违规成本，促使上市公司及大股东讲真话、做真账、及时讲话，不做违法违规之事，净化市场生态①。本次证券法修订很好地回应了各界人士的建议，大幅提高了违法行为的处罚力度，出现了诸如并处违法所得10倍、处以百万元甚至千万元的大额巨额罚款。

（一）大额、巨额罚款制度的必要性

国外有引发全球金融动荡的2008年美国次贷危机，国内有獐子岛扇贝五年

① 《易会满首秀谈“坐火山口”感受：10大金句20大要点》，载新浪财经网，http：//finance. sina. com. cn/stock/y/2019－02－27/doc－ihrfqzka9702746. shtml，最后访问时间：2020年2月21日。

四次“跑路”①、长春长生因疫苗事件黯然退市②等一系列上市公司恶性违法违规事件。这些事件都揭示了市场主体的私利性及贪婪性而引发的道德风险、违约风险及欺诈风险会对市场规则产生冲击与破坏，而这些风险并不能依靠市场主体的自律约束或市场竞争而自动避免，需要借助更有效的外部力量进行约束与调整，这种外部的力量就是政府的监管。从全球范围的监管实践来看，世界各国对证券市场的监管态度并不是要不要监管，而是在于如何制定有效的监管制度③。

基于制度对商业“造成了实际成本（和利益）”④，市场主体对于规则的遵守主要取决于违法成本与违法收益的比较。如果制度设计使得从事证券违法活动的单位成本小于从事证券守法活动的单位成本，则会产生证券违法活动对证券守法活动的替代效应、收入效应以及示范效应，这是市场经济条件下证券违法现象得以产生甚至泛滥的经济学原因⑤。国内学者针对我国证券市场的实证研究表明，原证券法中规定的罚款额度过轻，证券监管并没有达到对违法者形成威慑，阻却新违法行为发生，维护证券市场秩序的效果。证券监管执法威慑不足，主要原因之一是处罚金额太低与违法收益严重不匹配⑥。因此，从“成本—收益”角度判断，本次证券法修订新增大额、巨额罚款制度显著提升了违法成本，加强证券监管执法的威慑力，有利于证券市场主体形成认同与遵守法律法规的习惯与传统。

大额、巨额罚款制度符合我国目前证券市场发展阶段的需求，有其独特意义。首先，提高行政罚款数额对于增加违法成本树立监管威慑力而言，是目前最立竿见影的手段。证券法律责任体系由民事责任、行政责任和刑事责任构成。

---

① 《獐子岛去年预亏超3.5亿元，称海洋牧场发生重大自然灾害》，载新浪财经网，https：//baijiahao.baidu.com/s？id=1656429278335412841&wfr=spider&for=pc，最后访问时间：2020年2月21日。

② 《长生生物疫苗案457天：高俊芳家族遭免职—ST长生黯然退市》，载新浪财经网，https：//baijiahao.baidu.com/s？id=1647428695978842782&wfr=spider&for=pc，最后访问时间：2020年2月21日。

③ 郑彧：《证券市场有效监管的制度选择——以转轨时期我国证券监管制度为基础的研究》，法律出版社2012年版，第25~26页。

④ ［美］A.爱伦·斯密斯：《财产、权力和公共选择——对法和经济学的进一步思考》，黄祖辉、蒋文华、郭红东、宝贡敏译，上海人民出版社2006年版，第402页。

⑤ 李鸣、昌忠泽：《证券执法的经济学分析》，载《经济研究》2001年第7期。

⑥ 王瑞方、先明：《证券监管执法的市场反应研究——来自中国A股的证据》，载《证券市场导报》2019年第9期。

对于民事责任，由于民事赔偿制度尚不完善，难以在短期内发挥普遍性的惩戒功效；对于刑事责任，只有极少数非常严重的违法违规行为能够受到刑事追责；因此，无论是从惩戒措施的普遍性，还是从技术上的可操作性和便捷性来看，行政处罚都具有不可替代的作用①。其次，新证券法修订的核心是注册制全面推行。注册制区别于核准制的精髓就在于弱化事前控制而强化事中、事后控制②。罚款作为事后控制的主要手段之一，大幅提高罚款数额、新增多项大额巨额罚款是我国证券监管强化事后控制的体现。

（二）大额、巨额罚款制度概述

1. 新证券法罚款制度介绍

新证券法规定了四种罚款方式：

（1）数距式（设定了某个区间，上限和下限为两个确定数额）共 20 项，如新证券法第 197 条第 1 款规定，对于信息披露义务人未按规定履行信息披露义务行为的罚款为 50 万元以上 500 万元以下；

（2）倍数式（以某个基准计算整数倍的罚款方式）共 5 项，如新证券法第 182 条规定，对于作出虚假陈述或遗漏重要信息的保荐人处以业务收入 1 倍以上 10 倍以下的罚款；

（3）计算方法式（以某一可度量的数额为基准，通过百分比的计算方法确定罚款数额）共 1 项，如新证券法第 180 条规定对于擅自或变相公开发行证券的处以非法所募资金金额 5% 以 50% 以下的罚款；

（4）倍数式/计算方法式和数距式的结合（在倍数式/计算方法式罚款的基础上设置数距式罚款作为下限或者较轻情形），共 19 项，如新证券法第 183 条规定，证券公司承销或者代理买卖未经核准擅自公开发行的证券的，没收违法所得，并处以违法所得 1 倍以上 10 倍以下的罚款；没有违法所得或者违法所得不足 100 万元的，处以 100 万元以上 1000 万元以下的罚款。

---

① 《上证联合研究计划第十五期课题报告——证券违法违规惩戒实效与制度成本研究》，载上海证券交易所官网，http：//www. sse. com. cn/aboutus/research/jointresearch/c/plan20061024h. pdf，最后访问时间：2020 年 2 月 21 日。

② 黄辉：《注册制改革背景下的虚假陈述赔偿制度现状与未来》，载《经济法研究》2016 年第 2 期。

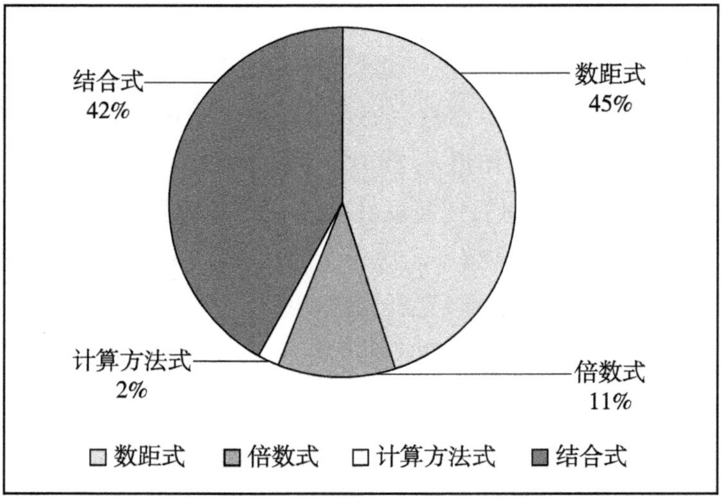

新证券法罚款设定方式比例图

可见，数距式和结合式是新证券法最常用的两种处罚设定方式。

此外，新证券法广泛实行双罚制，比例达74%，即同时对“直接负责的主管人员和其他直接责任人员”或“发行人（上市公司）的控股股东、实际控制人”处以罚款。单独对直接责任人员处以罚款实行双罚制的共有23项，都采用数距式罚款方式；同时对直接责任人员以及发行人的控制人处以罚款实行双罚制的共有3项，主要采用数距式罚款方式，新证券法第181条还对发行人的控股股东、实际控制人指使发行人欺诈发行的行为采用结合式罚款方式。

2. 新证券法大额、巨额罚款制度分析

所谓“大额、巨额”并没有一个绝对的标准，如果以原证券法所列罚款幅度为参照，那么新证券法的大额、巨额罚款制度为：（1）相较于原证券法倍数式①罚款的5倍上限，新证券法提高到了10倍；（2）相较于原证券法数距式罚款最高额为第203条规定的300万上限，新证券法的罚款区间普遍提高到了百万级和千万级。对于本次证券法修订带来的数距式罚款区间的变化，请见下图：

① 本节所列“倍数式”“数距式”罚款都包括“结合式”罚款中的相应内容。

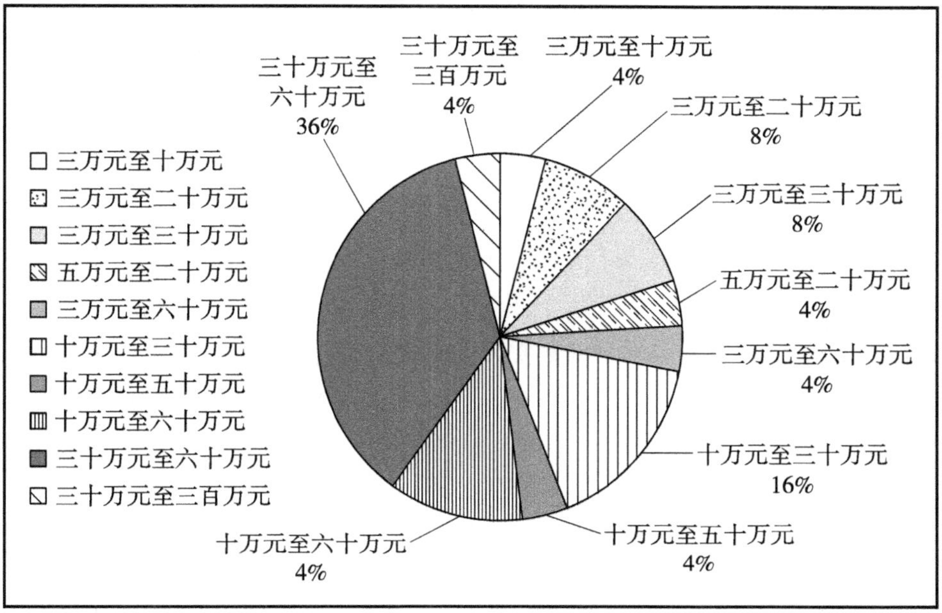

2014 年证券法数距式罚款区间分布

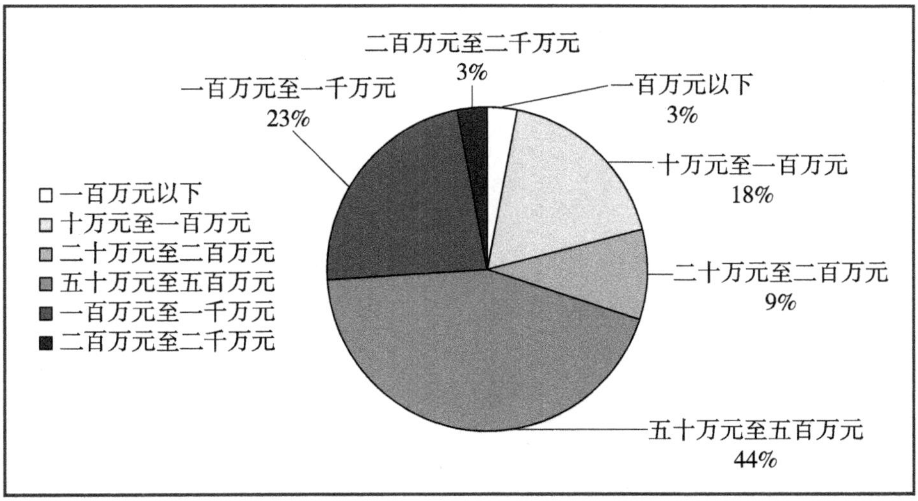

新证券法数距式罚款区间分布

可见，本次证券法修订显著提高了罚款的力度。新证券法中数距式罚款的上限全部提高到 100 万元以上；占比前两位的罚款幅度为“五十万元以上五百万元以下”占 44%、“一百万元以上一千万元以下”占 23%，对比 2014 年证券法“三十万元以上六十万元以下”占 36%、“十万元以上六十万元以下”占

12%；对保荐人不履行法定职责[①]增设下限“没有业务收入或者业务收入不足一百万元的，处以一百万元以上一千万元以下的罚款”，对擅自设立证券登记结算机构[②]、证券投资咨询机构擅自/违规从事证券服务业务[③]增设下限“没有违法所得或者违法所得不足五十万元的，处以五十万元以上五百万元以下的罚款”。罚款力度最大违法行为由原证券法第203条规定的操纵市场“没收违法所得，并处以违法所得一倍以上五倍以下的罚款；没有违法所得或者违法所得不足三十万元的，处以三十万元以上三百万元以下的罚款”变为新证券法第181条规定的发行人隐瞒或编造重要事实，“尚未发行证券的，处以二百万元以上二千万元以下的罚款；已经发行证券的，处以非法所募资金金额百分之十以上一倍以下的罚款。”这一变化体现了我国证券市场从核准制转向注册制、严惩欺诈发行的变革方向。

此外，双罚制中对直接责任人和发行人/上市公司实际控制人的罚款幅度也有显著提高。本次证券法修订对处罚直接责任人的罚款区间变化请见下图：

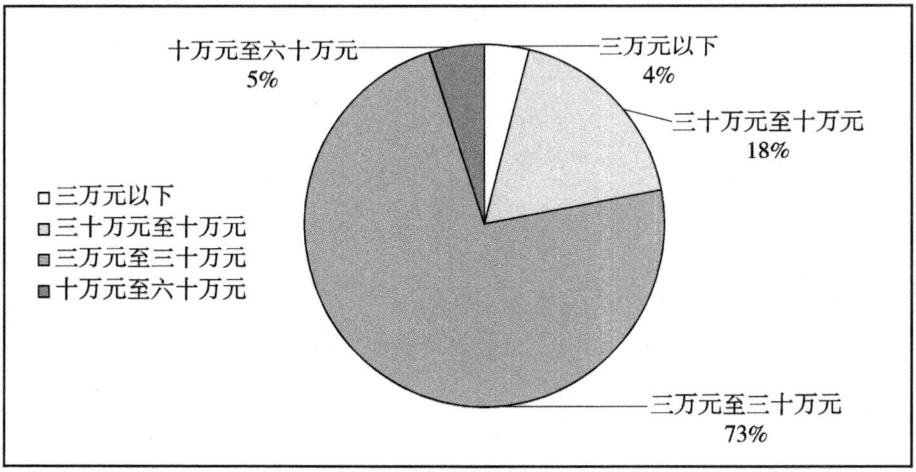

2014年证券法直接责任人罚款区间分布

---

① 参见《中华人民共和国证券法》（2014年修正）第192条、《中华人民共和国证券法》（2019年修订）第182条。

② 参见《中华人民共和国证券法》（2014年修正）第226条，《中华人民共和国证券法》（2019年修订）第212条。

③ 参见《中华人民共和国证券法》（2014年修正）第226条，《中华人民共和国证券法》（2019年修订）第213条。

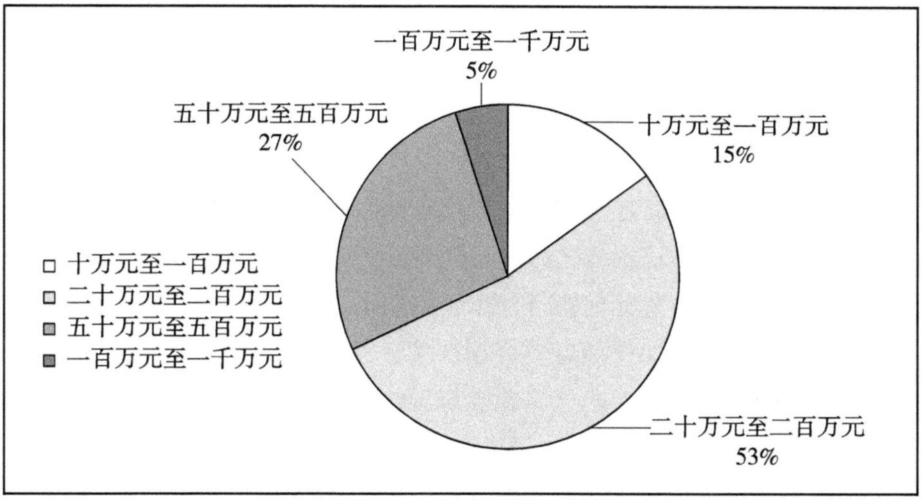

新证券法直接责任人罚款区间分布

本次修法提高直接责任人的处罚力度体现在：（1）2014 年证券法顶格罚款为 60 万元，而新证券法所有罚款上限全部提高到 100 万元以上；（2）占比前两位的罚款幅度为“二十万元以上二百万元以下”占 53%、“五十万元以上五百万元以下”占 27%，对比 2014 年证券法主要是“三万元以上三十万元以下”占 73%；（3）罚款力度最大的由 2014 年证券法第 203 条规定的操纵市场“处以十万元以上六十万元以下的罚款”变为新证券法第 181 条规定的发行人隐瞒或编造重要事实，“处以一百万元以上一千万元以下的罚款”，这一变化同样体现了我国证券市场转向注册制、严惩欺诈发行的变革方向。

对于发行人/上市公司实际控制人的处罚，2014 年证券法全部参照直接责任人的规定，而新证券法罚款幅度全部高于直接责任人，意味着发行人/上市公司实际控制人将要承担更多的法律责任。

（三）大额、巨额罚款制度的落实

通过梳理可以看到，证券法罚款上限下限大幅增加的同时，处罚区间也显著增长。以数距式罚款①为例，之前处罚区间绝大多数在几十万元之间，而如今处罚区间绝大多数在几百万元甚至几千万元之间。处罚区间拉大意味着赋予行政机关更大的自由裁量权，对行政机关在决定罚款数额时如何运用比例原则及过罚相当原则以实现执法目的提出更高要求。

---

① 包括结合式罚款中的数距式罚款部分。

二、证券市场诚信档案制度

（一）证券市场诚信档案制度概述

1. 制度背景及意义

新证券法第215条就证券市场诚信档案制度作出规定，授权证监会可依法将有关市场主体遵守本法的情况纳入证券市场诚信档案。这是一项宣示性规定，对于诚信档案制度具体应如何操作并未予以明确。事实上，证券市场诚信档案制度在我国早已有之：2012年证监会颁行《证券期货市场诚信监督管理暂行办法》（以下简称《暂行办法》），对建立全国统一的证券期货市场诚信档案数据库作出制度上的尝试，以期加强市场诚信建设，保护投资者合法权益。《暂行办法》对纳入档案的诚信信息的范围作出了界定，并就整个资本市场各类主体诚信信息的采集、管理、公开、查询以及如何进行诚信约束、激励与引导等进行了规定。此后，《暂行办法》于2014年作出修订，缩短违法失信信息在诚信档案中的效力期限，并赋予“遗忘权”，即不再对超过效力期限的信息进行公开和查询；同时对失信信息公开查询平台作出补充，建立了违法失信信息互联网查询制度。2018年，证监会在《暂行办法》的基础上出台了《证券期货市场诚信监督管理办法》（以下简称《办法》），《暂行办法》随即失效。《办法》对诚信信息覆盖的主体范围、内容覆盖面均作出扩充，补充建立了包括诚信承诺、诚信积分管理、行政许可“绿色通道”、重大违法失信信息公示等在内的新制度，并强化了市场交易活动及事后监管环节的诚信约束。而此次证券法修订将诚信档案制度纳入“法律责任”一章，则是首次将证券市场诚信档案制度以法律形式固定下来。

市场经济是信用经济，而资本市场的交易模式和交易机制普遍建立在委托、信托等法律关系之上，对诚信尤为依赖①。近年来，随着《社会信用体系建设规划纲要（2014～2020年）》《关于建立完善守信联合激励和失信联合惩戒制度加快推进社会诚信建设的指导意见》《关于加强个人诚信体系建设的指导意见》等诚信建设相关专门文件的出台，加强社会诚信建设的重要性日益凸显。证券市场诚信档案制度作为资本市场诚信建设的重要制度探索，在约束市场主体、改善市场环境等方面发挥了重要作用，也成为监管“工具箱”中的有效一环。

新证券法全面推行注册制，这将直接使得证券市场的准入进一步宽松。这

---

① 安宁：《资本市场诚信建设需再“升级”》，载《证券日报》2017年11月29日。

种情况下，事中阶段的诚信监管就显得尤为重要。诚信档案制度通过建立市场主要主体的诚信积分制度，实施诚信分类管理，可以为事中监管提供重要帮助。同时，证券市场日新月异，对于市场上某些仅行政处罚还不够的违法失信行为，以及某些游离在传统监管手段之外的领域，诚信档案制度可以通过公开曝光、限制交易等实施约束，从而对传统监管“工具箱”起到补充、补强的作用①。在此意义上而言，将证券市场诚信制度纳入证券法，确有积极意义。

2. 主要制度内容：以《办法》为中心展开

就证券市场诚信档案制度的立法现状而言，基本是以证券法第215条为授权规定，遵照《办法》进行具体实施。

对于诚信信息覆盖的主体，目前《办法》中规定得较为广泛，不仅包括主要的市场参与主体如发行人、上市公司及其相关人员，中介服务机构、传播媒介机构、相关行业从业人员等，还包括投资者；不仅关注场内市场参与者，还对在全国中小企业股份转让系统、区域性股权市场挂牌的公司及其相关人员予以规制。对于诚信信息的范围，《办法》通过列举式规定作出界定，归纳而言，主要包括如下几类：其一是基本身份信息；其二是积极信息，包括获得的表彰、奖励、行政许可等；其三是消极信息，包括行政处罚、纪律处分、民刑事责任，对公开承诺、调解协议或在信用交易中的违约失信信息等；其四是信用评级机构、诚信评估机构作出的信用评级、诚信评估。同时，为减少对私权的侵害，《办法》特别规定诚信信息不包括公民的宗教信仰、病史等隐私信息以及法律行政法规禁止采集的其他信息。

为强化诚信约束，《办法》建立了主要市场主体诚信积分制度，并实行基本分类监督管理。诚信档案将对市场主体的诸多方面产生影响：在市场准入阶段，申请行政许可须先提交书面诚信承诺；在市场交易活动中，证券登记结算机构或证券、期货公司受客户委托开立证券账户时，证券公司在办理信用类业务时，以及各参与公司、中介服务机构等在聘任高管或从业人员时，均须查询相关对方的诚信档案，根据诚信状况作出决定；在事中事后监管方面，监管机构在开展日常监督检查以及作出行政处罚、实施市场禁入和采取监督管理措施时，也均应查阅被监管方的诚信档案，在综合考虑各项因素的基础上依法作出处理。

对于守信主体，《办法》予以守信激励，开通“绿色通道”：相关机关可对

① 参见中国证券监督管理委员会：《关于〈证券期货市场诚信监督管理办法〉的起草说明》。

守信主体的行政许可事项进行优先审查，或可对其业务创新试点予以优先安排。反之，对于失信主体，《办法》则予以惩戒：相关机关可责令部分提出行政许可申请的失信主体先行提供书面反馈意见，就其失信行为的相关事实、后续情况及对行政许可的可能影响作出说明；也可暂缓或不予安排部分失信主体的业务创新试点；或避免某些失信公民担任负有审核、监督、咨询职责的职务；并对重大违法失信信息予以公示。同时，《办法》还规定由证监会会同国务院其他部门、地方人民政府、司法机关及相关组织建立“联动奖惩”制度，即对守信主体作出联合激励，对失信行为实行联合惩戒，从而更好助推证券市场诚信建设。

（二）证券市场诚信制度的进一步思考

自 2012 年实行以来，证券市场诚信档案制度已经实现了较好的实施成果，带来一定制度收益①。但其毕竟是一项较为新颖的制度，且仅依靠证券法第 215 条的宣示性规定以及《办法》的补充，仍有许多问题难以被覆盖。因此，对于该制度仍有进一步思考探讨之必要。

1. 部分子制度暂缺配套规定

尽管《办法》对诚信信息的界定、采集与管理、公开与查询、约束、激励与引导等作出了较为详细的规定，但仍有部分子制度未予以配套规定。其一，《办法》提出证监会应建立“主要市场主体的诚信积分制度，实行诚信分类监督管理”，同时亦提出建立“失信联合惩戒和守信联合激励制度机制”，但均未制定具体实施办法，实务操作上欠缺指导性规范，有待于后期作出补充。其二，目前对守信激励的“绿色通道”和对失信主体的惩戒手段，《办法》中基本仅限于对当事人行政许可申请和业务创新试点两项业务的办理予以优先或施加约束，难以完全实现激励或惩戒之目的。因此，为更好地发挥诚信监管作用，守信激励和失信惩戒手段还需进一步完善。证券市场诚信档案制度作为一项系统性工程，需要全面完善的制度配套协同，立法也应尽快对此作出回应。

2. 失信惩戒与“一事不再罚之辨”

在由证监会对失信主体采取惩戒措施的过程中，一个可能的质疑是，该惩戒措施是否会造成对失信主体的二次处罚？

“一事不再罚”是行政处罚法上的重要原则，具体而言包含以下几层意思：

---

① 关于我国证券期货市场诚信建设发展，可参见证监会自 2015 年起每年对外通报的前一年度《证券期货市场诚信情况》。

(1) 对符合一个违法构成要件的行为，对相对人一次处罚成立后，任何行政主体（包括原行政主体，下同）不得对相对人再行处罚（包括补充处罚）。即使原处罚是一个无效的行政行为，也必须经法定程序对其效力予以否定后方能对相对人重新处罚，除非具体法律另有规定；(2) 一次处罚原则上只能给予一种处罚，除非具体法律另有规定；(3) 作为例外，已经一次处罚，其他行政主体仍可依不同法律规定之性质不同的处罚种类甚至同一种类在合理限度内为第二次处罚①。在此定义下，对于失信惩戒的实施是否会违背"一事不再罚"原则，可以进行如下解释。

可以明确的是，失信信息的公示和查询并不构成二次处罚。依据《办法》第14条、第15条，应当被公示的失信信息类型包括证监会及其他相关行政机关作出的行政处罚、证监会作出的市场禁入措施、法院判决判处的刑罚、到期拒不执行行政处罚及其他严重违法信息。在大多数情况下，这些信息本身均是由相关机关公开作出。《国务院办公厅关于运用大数据加强对市场主体服务和监管的若干意见》亦规定，除法律法规另有规定外，应当将行政许可、行政处罚的信息自作出行政决定之日起7日内在网上公开，以提高行政管理的透明度和公信力。由此可见，对行政处罚、法院判决的刑罚等重大违法失信信息进行公示本质上是将散落各处的公开信息归集在一个平台以便于查询和应用，这一过程本身并不构成二次处罚。② 同时，依据《办法》第17条、第18条的规定，证监会提供的信息平台并非无条件向所有主体开放，只有在查询申请人符合查询条件并已如实提供相关材料后，证监会才会对其申请予以反馈。并且，对于属于国家秘密、商业秘密及个人隐私的信息，证监会将不予查询。由此，在平台提供其他失信信息的查询也不构成二次处罚。

另外，对于联合奖惩制度中的联合惩戒，浏览相关文章，不难见到"一处失信，处处受限""让失信者寸步难行"语句③，这些表述似有二次处罚之嫌。但事实上，诚如"一事不再罚"原则的定义所示，该原则中"不再罚"的"罚"是指对同一违法行为不得处两次以上的行政处罚；然而，失信惩戒从性质上来看并不属于法定行政处罚的一类，只是一种监督管理措施。实质上，实施失信惩戒只是增加失信主体的行为成本，降低其获利能力，使其减少或者不

---

① 朱新力：《论一事不再罚原则》，载《法学》2001年第11期。

② 罗培新：《善治须用良法：社会信用立法论略》，载《法学》2016年第12期。

③ 《一处失信处处受限 资本市场诚信监管将全覆盖》，载中国金融新闻网，https://mp.weixin.qq.com/s/6Vl7Ls5oRPVDXR-pDJZvUg，最后访问时间：2020年2月13日。

能获得经济效益，而不是使其两次受罚，承担另一法律责任。

可见，失信惩戒并不会违背“一事不再罚”原则，该制度本身具有合法性。

3. 联动奖惩中的合法行政、合理行政与比例原则

《办法》第 34 条规定由证监会与国务院其他部门、地方人民政府、国家司法机关和有关组织（以下合称联动机构）建立对证券期货市场参与主体的失信联合惩戒和守信联合激励制度，依法实施联合惩戒、激励。虽然失信惩戒并非“处罚”，但毕竟也是一种监督管理措施，会对相对方的利益产生影响。证监会及其联动机构在运用奖惩措施时，也应遵循行政执法的基本原则。

如前所述，关于联动奖惩手段，目前《办法》基本限于行政许可申请及创新业务试点两个方面。但可以预见的是，伴随证券市场的迅速发展，实务中必将出现新型奖惩措施。这就要求证监会及其联动机构在缺少立法指导的情况下，创新奖惩方式时首先不可与立法法、行政处罚法等上位法的禁止性规定相抵触，以免陷入违法行政之虞。同时，证监会及其联动机构应当允许并保障相对方提出救济的权利，这是合法行政的应有之义。在这方面，目前《办法》已经有较为完善的规制，如赋予相关主体对已经法定程序撤销、变更的诚信信息申请删除、修改的权利；为给失信主体改过自新的机会，对违法失信信息设定效力期限，超过效力期限的将不再予以公开和提供查询等。证监会及其联动机构应当严格遵守这些规定，尊重市场主体的应有权利。

如前文所述，目前联动奖惩制度仍欠缺配套规定，这将损害法律的明确度和确定性，不利于市场主体作出事先预期，甚至可能致使证监会及其联动机构在执法时考虑不相关因素，不合理地行使其行政权。对此，除了呼吁立法尽快对此作出回应，还需要证监会及其联动机构明确各机构关联的诚信信息范围，作为开展联动奖惩的依据①，从而更好保证市场主体的知情权，合理预期一项某领域的失信行为可能在其他领域产生的联动后果。

当前《办法》中，比例原则已经有所体现，如对于一般违法失信信息，其在诚信档案中的效力期限为 3 年，须提出申请且满足一定条件才得以查询；对于如行政处罚、刑事处罚等严重违法失信信息，其效力期限为 5 年，且直接予以专项公示。除《办法》已有明确规定的外，证监会及联动执法机构在实施监管时，也应遵循比例原则，针对具体的失信情形，作出相应程度的惩戒措施，以免为被监管方设定过高的行政负担。

---

① 罗培新：《善治须用良法：社会信用立法论略》，载《法学》2016 年第 12 期。

第二节　条款释义

第一百八十条　违反本法第九条的规定，擅自公开或者变相公开发行证券的，责令停止发行，退还所募资金并加算银行同期存款利息，处以非法所募资金金额百分之五以上百分之五十以下的罚款；对擅自公开或者变相公开发行证券设立的公司，由依法履行监督管理职责的机构或者部门会同县级以上地方人民政府予以取缔。对直接负责的主管人员和其他直接责任人员给予警告，并处以五十万元以上五百万元以下的罚款。

【条文主旨】

本条是关于擅自发行证券行为应承担法律责任的规定。

【条文释义】

一、违反本法第9条规定的具体情况

根据证券法第9条关于证券发行的规定①，公开发行证券，必须符合法律、行政法规规定的条件，并依法报经国务院证券监督管理机构或者国务院授权的部门注册；未经依法注册，任何单位和个人不得公开发行证券。证券发行注册制的具体范围、实施步骤，由国务院规定。由于本次证券法修订，作出了一系列新的制度改革完善，全面推行证券发行注册制度，因此，证券发行不再需要经法定机关核准，而是依照公司法规定的条件和经国务院批准的国务院证券监督管理机构规定的其他条件，向证券监督管理机构报送募股申请的有关文件。未向证券监督管理机构或者国务院授权的部门报送有关文件，或报送文件不符

---

① 《中华人民共和国证券法》第9条："公开发行证券，必须符合法律、行政法规规定的条件，并依法报经国务院证券监督管理机构或者国务院授权的部门注册。未经依法注册，任何单位和个人不得公开发行证券。证券发行注册制的具体范围、实施步骤，由国务院规定。有下列情形之一的，为公开发行：（一）向不特定对象发行证券；（二）向特定对象发行证券累计超过二百人，但依法实施员工持股计划的员工人数不计算在内；（三）法律、行政法规规定的其他发行行为……"

合规定，而擅自公开或变相公开发行证券，应依法承担相应的法律责任。

二、“擅自公开或变相公开发行证券”的认定和情形

根据证券法第9条规定，公开发行主要有三种情形：（一）向不特定对象发行证券；（二）特定对象发行证券累计超过200人，但依法实施员工持股计划的员工人数不计算在内；（三）法律、行政法规规定的其他发行行为。非公开发行证券，不得采用广告、公开劝诱和变相公开方式。

界定证券发行是否属于公开发行时，发行面向的对象和规模将成为重要考量因素。其背后逻辑在于，区分风险识别能力和风险承担能力不同的投资者，进行不同强度的管制，提供相应力度的保护。

针对“公开或变相公开发行证券”的认定，最高人民法院、最高人民检察院、公安部、中国证券监督管理委员会《关于整治非法证券活动有关问题的通知》和《国务院办公厅关于严厉打击非法发行股票和非法经营证券业务有关问题的通知》将向不特定对象发行股票或向特定对象发行股票后股东累计超过200人的，认定为公开发行。向特定对象发行股票后股东累计不超过200人的非公开发行股票及其股权转让，采用广告、公告、广播、电话、传真、信函、推介会、说明会、网络、短信、公开劝诱等方式，认定以公开方式或变相公开方式向社会公众发行。同时，股权转让行为也属于此条规制的证券发行行为。

此次证券法修订还在注册发行制度之外增加了员工持股计划豁免。证券法的立法目的在于保护投资者和便利企业融资，在投资者保护的价值之外，还需要考虑降低企业融资成本，以提升资本市场活力，形成良性循环。[①] 具体到证券发行环节，在投资者保护需求不是很高之时，就需要提供相对简化、成本更低的发行渠道，即证券法上的发行豁免制度。一审稿和三审稿中曾经存在的小额发行豁免和网络股权众筹豁免，在最终修改中取消，仅保留员工持股计划豁免，即依法实施员工持股计划的员工人数不计算在认定公开发行的200人标准之内。

【适用指引】

最终修订的证券法删除了一审稿和三审稿中的网络股权众筹豁免。股权众筹的合法化只能走私募之路，难以体现众筹多人小额的优势[②]。股权众筹如不

---

① 彭冰：《股权众筹的法律构建》，载《财经法学》2015年第3期。

② 彭冰：《股权众筹的法律构建》，载《财经法学》2015年第3期。

符合私募标准，则通过互联网形式向社会公众发行证券式回报产品依然存在擅自发行证券的风险①，甚至可能受到刑法层面的规制。

然而，由于注册制的推行以及处罚力度的提高，刑法相关规定与证券法衔接仍待完善。刑法第179条擅自发行股票、公司、企业债券罪规定："未经国家有关主管部门批准，擅自发行股票或者公司、企业债券，数额巨大、后果严重或者有其他严重情节的，处五年以下有期徒刑或者拘役，并处或者单处非法募集资金金额百分之一以上百分之五以下罚金。单位犯前款罪的，对单位判处罚金，并对其直接负责的主管人员和其他直接责任人员，处五年以下有期徒刑或者拘役。"其中，由于注册制的推行，发行股票、债券不再由国家有关主管部门批准。相较于证券法对于擅自公开或者变相公开发行证券行为以非法所募资金金额百分之五以上百分之五十以下进行罚款，刑法目前规定的罚金远远低于证券法处罚力度，与刑法保障法的性质不尽相符，还需尽快推动刑法相应条文的修订工作。

第一百八十一条 发行人在其公告的证券发行文件中隐瞒重要事实或者编造重大虚假内容，尚未发行证券的，处以二百万元以上二千万元以下的罚款；已经发行证券的，处以非法所募资金金额百分之十以上一倍以下的罚款。对直接负责的主管人员和其他直接责任人员，处以一百万元以上一千万元以下的罚款。

发行人的控股股东、实际控制人组织、指使从事前款违法行为的，没收违法所得，并处以违法所得百分之十以上一倍以下的罚款；没有违法所得或者违法所得不足二千万元的，处以二百万元以上二千万元以下的罚款。对直接负责的主管人员和其他直接责任人员，处以一百万元以上一千万元以下的罚款。

【条文主旨】

本条是关于发行人在其公告的证券发行文件中隐瞒重要事实或者编造重大虚假内容应当承担的法律责任的规定。

---

① 盛学军、刘志伟：《证券式众筹：监管趋势与法律进路》，载《北方法学》2015年第4期。

【条文释义】

一、发行人不得在其公告的证券发行文件中隐瞒重要事实或者编造重大虚假内容

证券法第12条规定了公司首次公开发行新股应当符合的5个条件。上市公司发行新股，应当符合经国务院批准的国务院证券监督管理机构规定的条件。公开发行存托凭证的，应当符合首次公开发行新股的条件以及国务院证券监督管理机构规定的其他条件。证券法第15条规定了公开发行公司债券应当符合的3个条件。此外，对公开发行公司债券筹集的资金的使用、上市公司发行可转换为股票的公司债券，也提出了要求。证券法第29条规定，对发行人报送的证券发行申请文件，为证券发行出具有关文件的证券服务机构和人员所出具文件，均需符合真实性、准确性和完整性要求。

二、证券发行人在其公告的证券发行文件中隐瞒重要事实或者编造重大虚假内容应当承担的法律责任

（一）发行人

如果发行人在其公告的证券发行文件中隐瞒重要事实或者编造重大虚假内容，但尚未发行证券的，应当承担一项行政责任，即由证券监督管理机构或者国家授权的部门处以200万元以上2000万元以下的罚款；如果发行人已经发行证券，包括已发行部分证券，将承担一项行政责任，即由证券监督管理机构或者国家授权的部门处以非法所募资金金额10%以上1倍以下的罚款。

（二）直接负责的主管人员和其他责任人员

发行人的直接负责的主管人员和其他直接责任人员，应当承担一项行政责任，即由证券监督管理机构或者国家授权的部门处以100万元以上1000万元以下的罚款。

（三）发行人的控股股东、实际控制人

发行人的控股股东、实际控制人组织、指使发行人在其公告的证券发行文件中隐瞒重要事实或者编造重大虚假内容的，应当承担以下行政责任，即有违法所得的，由证券监督管理机构或者国家授权的部门没收违法所得，并处以违法所得10%以上1倍以下的罚款；没有违法所得或者违法所得不足2000万元的，处以200万元以上2000万元以下的罚款。

此外，发行人的控股股东、实际控制人组织的直接负责的主管人员和其他直接责任人员应当承担一项行政责任，即由证券监督管理机构或者国家授权的部门处以100万元以上1000万元以下的罚款。

第一百八十二条　保荐人出具有虚假记载、误导性陈述或者重大遗漏的保荐书，或者不履行其他法定职责的，责令改正，给予警告，没收业务收入，并处以业务收入一倍以上十倍以下的罚款；没有业务收入或者业务收入不足一百万元的，处以一百万元以上一千万元以下的罚款；情节严重的，并处暂停或者撤销保荐业务许可。对直接负责的主管人员和其他直接责任人员给予警告，并处以五十万元以上五百万元以下的罚款。

【条文主旨】

本条是关于保荐人不依法行使职责应当承担的法律责任的规定。

【条文释义】

一、保荐人应当依法行使职责

证券法第 10 条规定了保荐制度和保荐人应当遵守业务规则和行业规范等内容。保荐制度目的是通过连带责任机制把发行公司的质量和保荐机构及其保荐人的利益形成直接挂钩，防范市场风险，规范上市公司行为，保护投资者合法权益。保荐人如果不按照证券法的规定行使职权，出具虚假记载、误导性陈述或者重大遗漏的保荐书，或者不履行其他法定职责，将会造成不符合要求的证券大量流入证券市场，误导投资者的决策，给证券市场带来巨大的危害。

二、保荐人不依法履行法定职责应承担的法律责任

根据规定，保荐人出具虚假记载、误导性陈述或者重大遗漏的保荐书，或者不履行其他法定职责的，应当承担一定的法律责任。

（一）保荐人应当承担的法律责任

保荐人不依法履行职责，应当承担三项行政责任：（1）由证券监督管理机构或者国家授权的部门给予警告处分；（2）保荐人已经获得业务收入的，由证券监督管理机构或者国家授权的部门没收业务收入；（3）对于已经获得业务收入的，由证券监督管理机构或者国家授权的部门并处以业务收入 1 倍以上 10 倍以下的罚款；没有业务收入或者业务收入不足 100 万元的，由证券监督管理机构或者国家授权的部门处以 100 万元以上 1000 万元以下的罚款。

保荐人不依法履行职责，如果情节严重，除上述行政责任外，还必须承担一项行政责任，即由证券监督管理委员会或者国家授权的部门暂停或者撤销保荐业务许可。

（二）直接负责的主管人员和其他直接责任人员应当承担的法律责任

直接负责的主管人员和其他直接责任人员应当承担两项行政责任：（1）由证券监督管理机构或者国家授权的部门给予警告处分；（2）由证券监督管理机构或者国家授权的部门对其处以 50 万元以上 500 万元以下的罚款。

第一百八十三条 证券公司承销或者销售擅自公开发行或者变相公开发行的证券的，责令停止承销或者销售，没收违法所得，并处以违法所得一倍以上十倍以下的罚款；没有违法所得或者违法所得不足一百万元的，处以一百万元以上一千万元以下的罚款；情节严重的，并处暂停或者撤销相关业务许可。给投资者造成损失的，应当与发行人承担连带赔偿责任。对直接负责的主管人员和其他直接责任人员给予警告，并处以五十万元以上五百万元以下的罚款。

【条文主旨】

本条是关于证券公司承销或销售非法证券行为应承担的法律责任的规定。

【条文释义】

一、“销售”的具体含义

证券法第 2 条新增第 3 款规定：“资产支持证券、资产管理产品发行、交易的管理办法，由国务院依照本法的原则规定”，该条意味着将资产支持证券、资产管理产品视作“准证券”。修订后的第 2 条与原文相比，扩大了证券的定义，扩展了本法的适用范围。因此，证券公司对应的证券业务范围也从“代理买卖（经纪）”扩展到“销售”，以对应新增的“资产支持证券、资产管理产品”。

二、“相关业务许可”包含哪些

根据证券法第119条①、《证券公司监督管理条例》第17条②规定，证券公司应当向证券监督管理机构申请经营证券业务许可证。未取得经营证券业务许可证，证券公司不得经营证券业务。根据《中国证券监督管理委员会公告〔2016〕4号》规定：“自2016年5月1日起，中国证监会及其派出机构向证券期货经营机构颁发的《经营证券业务许可证》、《证券投资咨询业务资格证书》、《经营外资股业务资格证书》、《合格境外机构投资者证券投资业务许可证》、《证券投资业务许可证》、《基金管理资格证书》、《特定客户资产管理业务资格证书》、《基金销售业务资格证书》、《经营期货业务许可证》、《期货公司营业部经营许可证》等10项许可证统一为《经营证券期货业务许可证》。”因此，此处的“相关业务许可”主要是指《经营证券期货业务许可证》。

【适用指引】

此次证券法修订加大了违法行为的处罚力度。在证券公司承销或销售非法证券行为应承担的法律责任中，一方面，调高罚款倍数，将原1倍至5倍的罚款改为1倍至10倍，没有违法所得或者违法所得不足一百万元的，将原30万元至60万元的罚款改为100万元以上1000万元以下。另一方面，丰富处罚方式，增加暂停或者撤销相关业务许可的资格罚，提高违法成本，形成对违法行为的震慑，从根本上保证证券的交易安全和证券市场的正常秩序。

第一百八十四条　证券公司承销证券违反本法第二十九条规定的，责令改正，给予警告，没收违法所得，可以并处五十万元以上五百万元以下的罚款；情节严重的，暂停或者撤销相关业务许可。对直接负责的主管人员和其他直接责任人员给予警告，可以并处二十万元以上二百万元以下的罚款；情节严重的，并处以五十万元以上五百万元以下的罚款。

---

① 《中华人民共和国证券法》第119条第3款规定：“证券公司应当自领取营业执照之日起十五日内，向国务院证券监督管理机构申请经营证券业务许可证。未取得经营证券业务许可证，证券公司不得经营证券业务。”

② 《证券公司监督管理条例》第17条第2款规定：“证券公司在取得公司登记机关颁发或者换发的证券公司或者境内分支机构的营业执照后，应当向国务院证券监督管理机构申请颁发或者换发经营证券业务许可证。”

【条文主旨】

本条是关于证券公司违反承销业务规定应承担的法律责任的规定。

【条文释义】

一、证券公司不得从事任何违反承销业务规定的行为

证券法第29条规定："证券公司承销证券，应当对公开发行募集文件的真实性、准确性、完整性进行核查。发现有虚假记载、误导性陈述或者重大遗漏的，不得进行销售活动；已经销售的，必须立即停止销售活动，并采取纠正措施。证券公司承销证券，不得有下列行为：（一）进行虚假的或者误导投资者的广告宣传或者其他宣传推介活动；（二）以不正当竞争手段招揽承销业务；（三）其他违反证券承销业务规定的行为。证券公司有前款所列行为，给其他证券承销机构或者投资者造成损失的，应当依法承担赔偿责任。"

公开发行证券的发行人选择承销的证券公司时，依法享有自主选择权。证券公司亦不得以任何不正当的竞争手段招揽证券承销业务，如对客户证券买卖的收益或者赔偿证券买卖的损失作出承诺；以及以虚假的或具有误导投资者性质的广告或者其他宣传推介活动来招揽证券承销业务。

证券公司主要收入来源之一为承销业务，也以此业务的展开树立市场地位、积累业务资历。然而，在开展招揽承销项目的过程中，存在一些证券公司采取各种不正当竞争手段的现象。除证券法第29条列举的两项违法行为外，还要注意第3项兜底条款的存在，从现有证监会处罚来看，倾向于对该兜底条款作宽泛解释，如证券公司在承销过程中未充分履行核查程序的违法行为也被纳入第3项兜底条款的情形①。证券公司的违法承销行为会导致上市证券的质量参差不齐，扰乱市场秩序，损害投资者利益，故须对其严厉禁止。

二、证券公司违反承销业务规定应承担的法律责任

（一）证券公司应承担的法律责任

证券公司违法承销证券行为，须承担的行政责任如下：（1）责令改正；（2）给予警告；（3）没收违法所得。同时，证监会还可以视违法情况追加50万元以上500万元以下的罚款这一项行政处罚。该罚款额度较修订前规定的

---

① 《中国证监会行政处罚决定书》（〔2019〕121号），中国证监会认为，从体系解释和目的解释的角度来看，均宜对该项作宽泛解释。

“三十万元以上六十万元以下”有大幅提升，设置了更高的财产罚款。另外，证券公司违法承销证券行为，若情节严重，则除上述行政责任外，证监会还可另外施以“暂停或者撤销相关业务许可”的行政处罚。

（二）直接负责的主管人员和其他责任人员应承担的法律责任

直接负责的主管人员和其他责任人员，则由证监会予以警告，同时，证监会还可以追加一项行政处罚，即20万元以上200万元以下的罚款。然而，对于情节严重者，其面临的行政处罚不再是之前的“撤销任职资格或者证券从业资格”的能力罚，而是“并处以五十万元以上五百万元以下的罚款”的财产罚。

第一百八十五条 发行人违反本法第十四条、第十五条的规定擅自改变公开发行证券所募集资金的用途的，责令改正，处以五十万元以上五百万元以下的罚款；对直接负责的主管人员和其他直接责任人员给予警告，并处以十万元以上一百万元以下的罚款。

发行人的控股股东、实际控制人从事或者组织、指使从事前款违法行为的，给予警告，并处以五十万元以上五百万元以下的罚款；对直接负责的主管人员和其他直接责任人员，处以十万元以上一百万元以下的罚款。

【条文主旨】

本条是关于发行人擅自改变公开发行证券所募集资金用途以及发行人的控股股东、实际控制人从事或者组织、指使前述违法行为应当承担的法律责任的规定。

【条文释义】

一、募集资金的概念

募集资金系指上市公司通过公开发行证券（包括首次公开发行股票、配股、增发、发行可转换公司债券、发行分离交易的可转换公司债券等）以及非公开发行证券向投资者募集的资金，但不包括上市公司实施股权激励计划募集的资金。①

① 参见上海证券交易所《上市公司募集资金管理办法》（2013年修订）第2条规定。

二、有关募集资金使用的原则性规定

根据证监会制定的《上市公司监管指引第2号——上市公司募集资金管理和使用的监管要求》第6条，上市公司募集资金原则上应当用于主营业务。

三、有关募资资金使用的信披规定

根据证监会制定的《上市公司监管指引第2号——上市公司募集资金管理和使用的监管要求》第11条，上市公司应当真实、准确、完整地披露募集资金的实际使用情况。董事会应当每半年全面核查募集资金投资项目的进展情况，出具《公司募集资金存放与实际使用情况的专项报告》并披露。年度审计时，上市公司应聘请会计师事务所对募集资金存放与使用情况出具鉴证报告。

募集资金投资项目实际投资进度与投资计划存在差异的，上市公司应当解释具体原因。当期存在使用闲置募集资金投资产品情况的，上市公司应当披露本报告期的收益情况以及期末的投资份额、签约方、产品名称、期限等信息。

上交所、深交所的相关制度亦对募集资金使用的信息披露要求进行了相应补充规定。

四、募集资金的用途变更

根据《上市公司规范运作指引》《交易所股票上市规则》等法规要求，上市公司存在下列情形的，视为募集资金用途变更：（1）取消原募集资金项目，实施新项目；（2）变更募集资金投资项目实施主体（实施主体由上市公司变为全资子公司或者全资子公司变为上市公司的除外）；（3）变更募集资金投资项目实施方式；（4）交易所认定为募集资金用途变更的其他情形。

五、发行人不得擅自改变公开发行证券所募集资金的用途；如确系因发展需要而改变资金用途的，必须经过合法合规的变更程序

证券法第14条规定："公司对公开发行股票所募集资金，必须按照招股说明书或者其他公开发行募集文件所列资金用途使用；改变资金用途，必须经股东大会作出决议。擅自改变用途，未作纠正的，或者未经股东大会认可的，不得公开发行新股。"公开发行公司债券筹集的资金，必须按照公司债券募集办法所列资金用途使用；改变资金用途，必须经债券持有人会议作出决议。公开发行公司债券筹集的资金，不得用于弥补亏损和非生产性支出。

综合上市公司募集资金用途相关规则，变更募集资金投资项目、实施主体、实施方式的，应当经公司董事会、股东大会审议通过，同时需独立董事、监事会、保荐机构发表意见，变更实施地点的，需要董事会审议、保荐机构发表意见，上述变更均需遵循信披规定，且原则上应该在公司主营业务范围内变更。

六、发行人违反规定擅自改变募集资金用途应承担的法律责任

（一）发行人、直接负责人员的法律责任

发行人违反规定擅自改变公开发行证券所募集资金的用途的，须承担的法律责任如下：（1）被证监会责令改正；（2）50 万元以上 500 万元以下的罚款。直接负责的主管人员和其他直接责任人员须承担的法律责任如下：（1）由证监会实施警告；（2）10 万元以上 100 万元以下的罚款。

相比较修订前的规定，修订后的证券法对于发行人本身增设了“五十万元以上五百万元以下”罚款的行政处罚，对于直接负责的主管人员和其他直接责任人员的罚款金额也从“三万元以上三十万元以下”提升至“十万元以上一百万元以下”，大幅增加了擅自改变募集资金用途的违法成本。

（二）发行人的控股股东、实际控制人、直接负责人员的法律责任

发行人的控股股东、实际控制人从事或者组织、指使从事前述违法行为的，给予警告，并处以 50 万元以上 500 万元以下的罚款；对直接负责的主管人员和其他直接责任人员，处以十万元以上一百万元以下的罚款。

上述罚款额度较修订前证券法的规定均有相应的提升。并且对于直接责任人员的处罚，“警告”这项申诫罚被删除，只施以“罚款”这项财产罚。申诫罚，是从精神和名誉方面对违法者予以警示或惩治的一类行政处罚，立法中申诫罚使用频繁，一般采用“警告并处罚”的表述。[①] 往后修法上也可考虑将“警告”予以恢复，结合罚款，提高行政处罚力度，让违法者心理上承受压力以及财产所有上承担代价，体现国家对于证券违法行为以及行为者的否定性评价，恢复被证券违法行为破坏的证券市场秩序以及受到损伤的公众的投资信心。[②]

> **第一百八十六条**　违反本法第三十六条的规定，在限制转让期内转让证券，或者转让股票不符合法律、行政法规和国务院证券监督管理机构规定的，责令改正，给予警告，没收违法所得，并处以买卖证券等值以下的罚款。

---

① 刘平：《行政处罚罚款数额和幅度研究》，载《政府法制研究》2018 年第 6 期。

② 薛峰：《论证券市场中的法律责任》，载《首都师范大学学报》2002 年第 5 期。

【条文主旨】

本条是关于在限制转让期限内转让证券应承担的法律责任的规定。

【条文释义】

一、违反本法第36条规定的具体情形

证券法第36条规定，依法发行的证券，《中华人民共和国公司法》和其他法律对其转让期限有限制性规定的，在限定的期限内不得转让。明确持股5%以上股东、实际控制人、董监高以及其他“特定股东”转让上市公司股票，需要遵守相关法律、法规以及交易所相关规定。

本条规定具体情形：本条是对违反法律规定在限制转让期限内买卖证券行为应承担的法律责任的规定。为了维护证券市场的正常秩序，保护社会公众投资者利益，防止操纵股市、转嫁风险等证券违法行为，本法和公司法对依法发行的证券在特定情况下规定有一定的转让期限的限制，如根据本法的规定，依法发行的股票、公司债券及其他证券，法律对其转让期限有限制性规定的，在限定的期限内不得转让。在上市公司收购中，收购人持有的被收购的上市公司的股票，在收购行为完成后的12个月内不得转让。根据公司法的规定，发起人持有的本公司股份，自公司成立之日起1年内不得转让。公司股票在证券交易所上市交易的，公开发行股份前的股东持有的股份自上市交易之日起一年内不得转让。公司董事、监事、高级管理人员应当向公司申报所持有的本公司的股份及其变动情况，在任职期间每年转让的股份不得超过其所持有本公司股份总数的25%；所持本公司股份自公司股票上市交易之日起一年内不得转让。上述人员离职后半年内，不得转让其所持有的本公司股份。公司章程可以对公司董事、监事、高级管理人员转让其所持有的本公司股份作出其他限制性规定。这些都是对在法定限制转让期限内转让证券行为的禁止性规定。对违反上述法律规定，在限制转让期限内转让证券的行为应给予相应的处罚。

二、在限制期内转让证券应当承担的责任

持股5%以上股东、实际控制人、董监高以及其他“特定股东”转让其持有股份时违反证券法或公司法的有关规定，在限制转让期限内转让证券的，应承担以下行政责任：（1）由国务院证券监督管理机构责令改正，给予警告处分并没收违法所得；（2）由国务院证券监督管理机构对其处以买卖证券等值以下的罚款。

第一百八十七条　法律、行政法规规定禁止参与股票交易的人员，违反本法第四十条的规定，直接或者以化名、借他人名义持有、买卖股票或者其他具有股权性质的证券的，责令依法处理非法持有的股票、其他具有股权性质的证券，没收违法所得，并处以买卖证券等值以下的罚款；属于国家工作人员的，还应当依法给予处分。

【条文主旨】

本条是关于参与股票交易人员持有、买卖股票或者其他具有股权性质的证券时违反规定应承担法律责任的规定。

【条文释义】

一、违反本法第40条规定的具体情形

证券法第40条规定："证券交易场所、证券公司和证券登记结算机构的从业人员，证券监督管理机构的工作人员以及法律、行政法规规定禁止参与股票交易的其他人员，在任期或者法定限期内，不得直接或者以化名、借他人名义持有、买卖股票或者其他具有股权性质的证券，也不得收受他人赠送的股票或者其他具有股权性质的证券。任何人在成为前款所列人员时，其原已持有的股票或者其他具有股权性质的证券，必须依法转让。实施股权激励计划或者员工持股计划的证券公司的从业人员，可以按照国务院证券监督管理机构的规定持有、卖出本公司股票或者其他具有股权性质的证券。"由以上可知：（1）本条规定进一步限制证券从业人员等持有或买卖证券的范围；（2）本条规定新增证券公司实施股权激励计划时，证券公司员工可以购买本公司股票的除外。

二、"具有股权性质"证券的含义

"具有股权性质"的证券应包括个股期权、可转债、可交债、存托凭证等，但不应包括股票类基金。

三、禁止参与股票交易的人员不得持有、买卖股票或者其他具有股权性质的证券

根据证券法的规定，证券交易所、证券公司、证券登记结算机构从业人员，证券监督管理机构工作人员和法律、行政法规禁止参与股票交易的其他人员，在任期或者法定期限内，不得直接或者以化名、借他人名义持有、买卖股票或者其他具有股权性质的证券，也不得收受他人赠送的股票或者其他具有股权性质的证券。任何人在成为前述所列人员后，其原已持有的股票，必须依法转让。这是对证券业从业人员、证券监督管理机构工作人员和法律、行政法规禁止参与股票交易的其他人员参与股票交易从中牟利行为的禁止性规定。

由于法定职责而参与证券交易的社会中介机构或者证券登记结算机构、证券交易服务机构的从业人员，证券监督管理机构工作人员以及由于法定职责对证券交易进行管理的其他人员属于法律规定的知悉证券交易内幕信息的知情人，也就是法律、行政法规规定禁止参与股票交易的人员，不允许他们直接或者以化名，靠他人名义持有、买卖股票或者其他具有股权性质的证券，其目的是保护广大投资者的合法权益，维护证券市场公开、公正、公平的原则，也是防止内幕交易的重要措施之一。

四、参与股票交易的人员持有、买卖股票或者其他具有股权性质的证券应承担的法律责任

法律、行政法规规定禁止参与股票交易的人员，直接或者以化名、借他人名义持有、买卖股票或者其他具有股权性质的证券的，应承担三项行政责任：（1）由国务院证券监督管理机构责令依法处理非法持有的股票或者其他具有股权性质的证券，即将股票或者其他具有股权性质的证券依法转让；（2）由国务院证券监督管理机构没收责任人员的违法所得；（3）由国务院证券监督管理机构对其处以所买卖股票等值以下的罚款。上述人员中，属于国家工作人员的，还应当由上级机关依法给予一定的行政处分。

第一百八十八条　证券服务机构及其从业人员，违反本法第四十二条的规定买卖证券的，责令依法处理非法持有的证券，没收违法所得，并处以买卖证券等值以下的罚款。

【条文主旨】

本条是关于证券服务机构及其从业人员违反规定买卖证券应承担的法律责任的规定。

【条文释义】

一、违反本法第 42 条规定的具体情形

1. 有关专业中介机构和人员不得违反规定买卖股票。根据规定，为证券发行出具审计报告或者法律意见书等文件的证券服务机构和人员，在该证券承销期内和期满后 6 个月内，不得买卖该证券。为发行人及其控股股东、实际控制人，或者收购人、重大资产交易方出具审计报告或者法律意见书等文件的证券服务机构和人员，自接受委托之日起至上述文件公开后 5 日内，不得买卖该证券。这是对为证券发行、为发行人及其控股股东、实际控制人，或者收购人、重大资产交易方出具审计报告或者法律意见书等文件的证券服务机构和人员在一定期限内不得买卖该证券的禁止性规定。实际开展上述有关工作之日早于接受委托之日的，自实际开展上述有关工作之日起至上述文件公开后 5 日内，不得买卖该证券。

2. 明确将为发行人及其控股股东、实际控制人，或者收购人、重大资产交易方出具审计报告或者法律意见书等文件的证券服务机构和人员作为在一定期限内买卖该证券的受限人员。

二、"证券服务机构及其从业人员"的范畴

根据证券法第 42 条的规定，"证券服务机构及其从业人员"的范畴应为证券发行及为发行人及其控股股东、实际控制人，或者收购人、重大资产交易方出具审计报告或者法律意见书等文件的证券服务机构和人员。

三、证券服务机构及其从业人员违反规定买卖证券应承担的法律责任

为证券发行及为发行人及其控股股东、实际控制人，或者收购人、重大资产交易方出具审计报告或者法律意见书等文件的证券服务机构和人员，违反本法第 42 条规定应承担三项行政责任：(1) 由国务院证券监督管理机构责令依法处理非法持有的证券，即将股票依法转让；(2) 由国务院证券监督管理机构没收责任人员的违法所得；(3) 由国务院证券监督管理机构对其处以买卖证券等值以下的罚款。

第一百八十九条　上市公司、股票在国务院批准的其他全国性证券交易场所交易的公司的董事、监事、高级管理人员、持有该公司百分之五以上股份的股东，违反本法第四十四条的规定，买卖该公司股票或者其他具有股权性质的证券的，给予警告，并处以十万元以上一百万元以下的罚款。

【条文主旨】

本条是关于上市公司内部人短线交易行为处罚的规定。

【条文释义】

上市公司董事、监事、高级管理人员乃公司重大决策制定者以及公司的实际运营者，主要负责公司的业绩；而持有上市公司5%以上股份的股东，很有可能通过手中掌握的大量股权在上市公司最高权力机构股东大会上获取更多表决权，从而影响公司重大事项的决定。若上述人员利用自身信息优势从事内幕交易，不仅会致使公司利益和投资者的合法权益受损，证券市场的正常秩序也会被严重扰乱。因此，禁止上市公司内部人短线交易便是预防内幕交易的措施之一。

证券法第44条规定："上市公司、股票在国务院批准的其他全国性证券交易场所交易的公司持有百分之五以上股份的股东、董事、监事、高级管理人员，将其持有的该公司的股票或者其他具有股权性质的证券在买入后六个月内卖出，或者在卖出后六个月内又买入，由此所得收益归该公司所有，公司董事会应当收回其所得收益。但是，证券公司因购入包销售后剩余股票而持有百分之五以上股份，以及有国务院证券监督管理机构规定的其他情形的除外。前款所称董事、监事、高级管理人员、自然人股东持有的股票或者其他具有股权性质的证券，包括其配偶、父母、子女持有的及利用他人账户持有的股票或者其他具有股权性质的证券。公司董事会不按照第一款规定执行的，股东有权要求董事会在三十日内执行。公司董事会未在上述期限内执行的，股东有权为了公司的利益以自己的名义直接向人民法院提起诉讼。公司董事会不按照第一款的规定执行的，负有责任的董事依法承担连带责任。"

结合本条规定和证券法第44条的规定，短线交易行为明显受到更严格的约束：短线交易的行为主体上，除上市公司外，新增"股票在其他全国性证券交易场所交易的公司"持股5%以上的股东及其董事、监事、高级管理人员；短线交易的客体上，除"股票"外，将"其他具有股权性质的证券"也纳入监管；短线交易对象的持有人上，由持股5%以上的股东及董监高扩大到其配偶、父母、子女及代持主体；处罚措施上，由"可以并处罚款"改为"并处罚款"。

一、短线交易的主体

短线交易的主体认定上，为上市公司、股票在国务院批准的其他全国性证券交易场所交易的公司的董事、监事、高级管理人员、持有该公司5%以上股份的股东，并且采用了“实际持有”标准，将其配偶、父母、子女及代持主体的股份全部计算在内。“实际持有”计算标准在证券法中正式予以确认，既与域外成熟市场保持了一致，也是对此前实践中普遍做法的呼应。当前，美国、日本、韩国和我国台湾地区在证券短线交易主体的认定上，均采取了“实际持有”标准[①]。而我国大陆此前在规制短线交易时，无论是司法判例、证监会的监管，还是证券交易所的自律监管，均采用了“实际持有”的认定标准。

然而，短线交易的买入和卖出的两个时点是否均需符合公司内部人的身份，仍未有明确规定。实务操作中倾向于对股东身份和董事、监事、高级管理人员身份采取不同的认定标准，对于股东身份，华夏建通案例在司法层面上确立了“两端说”标准，即对于持有公司5%以上股份的股东，需在买入和卖出两个时点均符合该身份。而对于董事、监事、高管身份，基本采“一端说”认定标准。如此区别对待，在于公司的董事、监事、高管比起股东更易于获取内幕信息从事内幕交易，因此需要更严格的监管。

二、短线交易的客体

短线交易的客体认定上，明确拓宽监管范围，除“股票”外，将“其他具有股权性质的证券”也纳入监管。域外成熟市场做法在界定短线交易的客体时，均规定包括股票及其他具有股权性质的证券。如美国规定，短线交易对象“股权证券”是指任何股票或类似的证券，范围非常广。扩展短线交易的外延，将其他一些具有股权性质的证券纳入规制范畴，填补监管中存在的真空。

三、上市公司内部人短线交易行为的处罚

公司内部人实施短线交易行为的所得收益，公司具有归入权，由公司董事会来行使该项权利。若公司董事会不收回收益，使公司利益受损，则负有责任的董事须承担连带赔偿责任。为切实保障归入权的行使，还在证券法第44条规定了股东的代位诉讼制度。

此外，本条主要规定的是上市公司、股票在国务院批准的其他全国性证券交易场所交易的公司的董事、监事、高级管理人员、持有该公司5%以上股份的股东，这些人员的违法行为所应承担的行政责任，即由证监会予以警告处分，并处10万元以上100万元以下的罚款。

---

① 邱永红：《证券短线交易规制的司法与监管案例实证》，载《金融服务法评论》2015年第1期。

【适用指引】

证券账户的实际控制人的认定标准

在明确短线交易主体的认定采用“实际持有”标准后，股东、董事、监事、高级管理人员所实际持有的股份包括以自己的名义和以他人名义持有的股份。一般而言，对于配偶、父母、子女等家属持有的股份，比较好认定；而对于其他人代持股份，如何认定证券账户的实际控制人，并进而认定是否构成短线交易行为，往往是实践中的争议所在。在李某与中国证券监督管理委员会处罚决定上诉案①中，法院认为，认定行为人实际控制某一账户，关键在于判断行为人是否对该账户具有管理、使用或处分的权益。“行为人虽非账户的名义持有人，但通过投资关系、协议或者其他安排能够实际管理、使用或处分他人账户的，也可以视为行为人实际控制该账户。”因此，在认定证券账户的实际控制人时，应通过综合比较分析得出判断，结合账户名义持有人与公司内部人之间的身份关系、账户资金关系尤其是涉嫌短线交易时的资金流向、交易下单地址的重合情况等作出认定。

第一百九十条　违反本法第四十五条的规定，采取程序化交易影响证券交易所系统安全或者正常交易秩序的，责令改正，并处以五十万元以上五百万元以下的罚款。对直接负责的主管人员和其他直接责任人员给予警告，并处以十万元以上一百万元以下的罚款。

【条文主旨】

本条是关于采取程序化交易影响证券交易所系统安全或者正常交易秩序应当承担的法律责任的规定。

【条文释义】

一、有关程序化交易的潜在风险

程序化交易给证券市场带来的潜在风险如下：（1）程序化交易条件下批量

---

① 李某与中国证券监督管理委员会处罚决定上诉案，北京市高级人民法院（2017）京行终2138号行政判决书。

操作与事先制定的买卖策略相结合，容易形成抛售的恶性循环；(2) 电子交易系统出现故障的“黑天鹅事件”；(3) 高频交易的速度极快，人工错误一旦发生难以及时纠正；(4) 高频交易商通过制造波动从中渔利；(5) 高频交易便利了市场操纵，如“幌骗”“塞单”。①

二、有关程序化交易者的合法合规性管理

程序化交易风险监管的重要方法是做好流程控制，包括事前、事中和事后监控。

《上海证券交易所程序化交易管理实施细则（征求意见稿）》从事前、事中、事后管理的三个维度设置了程序化交易者风险防控制度。具体内容如下：(1) 程序化交易者的申报及报备管理；(2) 程序化交易系统的接入管理；(3) 净买入额度管理；(4) 交易监督；(5) 交易异常情况处理；(6) 监管措施和纪律处分。

上述监管规定整体上参照了欧美程序化交易监管模式，在充分考虑到我国证券市场发展特点的前提下选择了适当的监管力度和相应的监管手段，同时也对于交易所的前端控制提出了更高要求。②

三、有关违规程序化交易的法律责任

此次证券法修订首次增设了程序化交易的法律责任条款，从法律的层面对程序化交易的监管依据予以确定，使得监管执法部门有了执行的依据和手段，同时也弥补了现行法律制度的缺失。

证券法第 45 条规定：“通过计算机程序自动生成或者下达交易指令进行程序化交易的，应当符合国务院证券监督管理机构的规定，并向证券交易所报告，不得影响证券交易所系统安全或者正常交易秩序。”

违反上述规定进行程序化交易影响交易所系统安全或者正常交易秩序的交易行为人，须承担的法律责任如下：(1) 被证监会责令改正；(2) 50 万元以上 500 万元以下的罚款。直接负责的主管人员和其他直接责任人员须承担的法律责任如下：(1) 由证监会实施警告；(2) 10 万元以上 100 万元以下的罚款。

---

① 邢会强：《证券期货市场高频交易的法律监管框架研究》，载《中国法学》2016 年第 5 期。
② 张银旗：《程序化交易风险管理及境外相关经验借鉴》，载《中国证券》2016 年第 11 期。

第一百九十一条 证券交易内幕信息的知情人或者非法获取内幕信息的人违反本法第五十三条的规定从事内幕交易的，责令依法处理非法持有的证券，没收违法所得，并处以违法所得一倍以上十倍以下的罚款；没有违法所得或者违法所得不足五十万元的，处以五十万元以上五百万元以下的罚款。单位从事内幕交易的，还应当对直接负责的主管人员和其他直接责任人员给予警告，并处以二十万元以上二百万元以下的罚款。国务院证券监督管理机构工作人员从事内幕交易的，从重处罚。

违反本法第五十四条的规定，利用未公开信息进行交易的，依照前款的规定处罚。

【条文主旨】

本条是关于内幕交易和利用未公开信息交易行为应承担的法律责任的规定。

【条文释义】

一、禁止内幕交易行为

内幕交易损害了投资者平等获取信息的权利，破坏了市场公平，且禁止内幕交易能够避免内部人士为了利用内幕信息交易而拖延信息披露时间，进而促进信息流通。[①] 证券法第 53 条对内幕交易行为作出了禁止性规定，违反该规定则适用本条第 1 款承担行政责任。

内幕交易的主体包括法定内幕信息知情人和非法获取内幕信息的人。修订后的证券法第 54 条显著扩大了法定内幕信息知情人的范围，发行人本身、与公司存在业务往来的人员、上市公司收购人或重大资产交易方及其控股股东、实际控制人、董事、监事和高级管理人员等都有可能成为承担内幕交易行政责任的主体。非法获取内幕信息的人员包括利用窃取等非法手段获取内幕信息的人员，或者涉及明显异常交易行为且无正当理由或者正当信息来源的内幕信息知情人的（1）近亲属、（2）其他关系密切的人员以及（3）在内幕信息敏感期内

---

① 彭冰：《中国证券法学》（第二版），高等教育出版社 2007 年版，第 380 页。

与其联络、接触的人员。① 此外，虽然我国理论界和司法界有观点认为因运气等偶然因素获得内幕信息的人员不构成内幕交易主体，② 但监管实践则认为不能一概而论，如意外获知者相信相关信息属实并且未对外公开，可能带来投资收益，也应当作为内幕交易行为人予以规制。③

内幕信息是指证券交易活动中，涉及发行人的经营、财务或者对该发行人证券的市场价格有重大影响的尚未公开的信息。新证券法第52条删除了原证券法第75条对内幕信息的专门列举，将其引导至证券法第80条第2款和第81条第2款关于上市公司临时披露义务之信息范围的规定，统一了内幕信息与重大事件的认定标准。当然，除证券法明确列举的“重大事件”外，其他符合证券法第52条规定的信息，也可能构成内幕信息。

内幕交易行为包括行为人在内幕信息公开前进行证券交易，或泄露该信息，或建议他人买卖该证券。泄露者或建议者本人虽然不一定有直接的股票买卖行为，但通过为他人提供内幕信息，间接参与了股票交易，其行为对证券交易市场、投资者及相关公司造成的损失可能更为严重，因此与本人买卖证券一样应给予相应处罚。④

---

① 《最高人民法院、最高人民检察院关于办理内幕交易、泄露内幕信息刑事案件具体应用法律若干问题的解释》（法释〔2012〕6号）第2条规定：“具有下列行为的人员应当认定为刑法第一百八十条第一款规定的‘非法获取证券、期货交易内幕信息的人员’：（一）利用窃取、骗取、套取、窃听、利诱、刺探或者私下交易等手段获取内幕信息的；（二）内幕信息知情人员的近亲属或者其他与内幕信息知情人员关系密切的人员，在内幕信息敏感期内，从事或者明示、暗示他人从事，或者泄露内幕信息导致他人从事与该内幕信息有关的证券、期货交易，相关交易行为明显异常，且无正当理由或者正当信息来源的；（三）在内幕信息敏感期内，与内幕信息知情人员联络、接触，从事或者明示、暗示他人从事，或者泄露内幕信息导致他人从事与该内幕信息有关的证券、期货交易，相关交易行为明显异常，且无正当理由或者正当信息来源的。”

② 彭冰：《中国证券法学》（第二版），高等教育出版社2007年版，第384页；《严厉打击内幕交易 维护市场公平 保护投资者利益——最高法院发布〈关于办理内幕交易、泄露内幕信息刑事案件具体应用法律若干问题的解释〉》，载中国证券监督管理委员会官网，http：//www. csrc. gov. cn/pub/sichuan/xxfw/tzzsyd/201206/t20120627_ 212008. htm，最后访问时间：2020年2月8日。

③ 中国证券监督管理委员会行政处罚委员会编：《证券期货行政处罚案例解析》（第一辑），法律出版社2017年版，第93～94页；《中国证监会行政处罚决定书（杨某）》（〔2015〕17号），《中国证监会行政处罚决定书（岳远斌）》（〔2011〕57号，《国证监会行政处罚决定书（北孚集团、秦某秋、某锋、柳某威）》（〔2010〕40号），《中国证监会行政处罚决定书（夏某伟）》（〔2009〕26号）。

④ 全国人大常委会法制工作委员会副主任李飞主编：《中华人民共和国证券法（修订）释义》，法律出版社2005年版，第310页。

二、内幕交易行为的行政责任

本次证券法修订极大加重了内幕交易的行政责任，通过大幅提高行政违法成本，保护处于信息劣势的中小投资者免受不法侵害，力图维护公平透明的市场交易秩序。内幕交易行为对应的行政责任因行为主体和违法所得情况而有所不同，具体包括：

（一）责令依法处理非法持有的证券

证券监管机构在对内幕交易行为作出行政处罚时，如果行为人因内幕交易而持有的证券并未卖出或未全部卖出，则证券监管机构应当责令其依法处理非法持有的证券。

（二）没收违法所得，并处以相应罚款

“没收违法所得”是基于“不能让违法行为人从其违法行为中获利”的原理，[①] 同时为了让违法者赔偿因其违法行为给公共利益带来的损害。[②] 根据证券法第 222 条的规定，没收的违法所得全部上缴国库。有观点认为，证监会没收的违法所得实质上是其他投资者蒙受的损失，将违法所得上缴国库导致对行为人的惩罚功能和对受损投资者的救济功能处于完全割裂状态，还会降低行为人对投资者承担民事赔偿责任的能力，因此建议将没收的违法所得全部或提取一定比例设立投资者保护基金。[③] 例如，美国的“公平基金”（Fair Fund）即由 SEC 向违法行为人追缴的违法所得（或行为人在证券和解中支付的和解金）和 SEC 判罚的民事罚款两部分组成，旨在高效、有力、公平地为因证券欺诈受害的投资者提供补偿。[④] 对此，本次修订后的证券法第 220 条就“民事赔偿优先原则”的适用增加了“违法所得”，或可在一定程度上减轻违法所得上缴国库对投资者保护带来的影响。

在内幕交易行为人无违法所得或者亏损的情况下，之所以仍对其处罚，是因为禁止内幕交易的目的是禁止不公平交易，只要行为人存在内幕交易，无论其是否获益，都不影响其违反公平原则的行为实质。而且，内幕交易亏损往往

---

① 彭冰：《建立补偿投资者的证券行政责任机制——针对内幕交易和市场操纵行为》，载《中外法学》2004 年第 5 期。

② 肖泽晟：《违法所得的构成要件与数额认定——以内幕交易为例》，载《行政法学研究》2013 年第 4 期。

③ 张东昌：《证券市场没收违法所得与民事赔偿责任的制度衔接》，载《证券法苑》2017 年第 5 期。

④ 汤欣、谢日曦：《美国证券执法中的公平基金：问题与出路》，载《中国商事争议解决年度观察（2012）》，法律出版社 2012 年版，第 96 ~ 104 页。

基于两个原因：一是市场因素对股价的影响，二是内幕交易人错误估计了内幕信息对股价的影响，以上无论哪个原因都不能阻却内幕交易的违法性。①

大幅提升内幕交易罚款力度是本次证券法修订的一大亮点。新证券法将内幕交易罚款数额由违法所得的1倍至5倍提升为1倍至10倍，将原证券法“没有违法所得或者违法所得不足三万元的，处以三万元以上六十万元以下的罚款”的规定调整为“没有违法所得或者违法所得不足五十万元的，处以五十万元以上五百万元以下的罚款”，显著加重了内幕交易的行政处罚力度。

（三）单位内幕交易行为的行政责任

根据证监会《证券市场内幕交易行为认定指引（试行）》第15条的规定，单位内幕交易行为是指以单位名义实施内幕交易且违法所得归单位所有的行为。有观点指出，是否构成单位内幕交易行为可以从以下四个方面判断：（1）以单位名义实施；（2）违法所得归单位所有；（3）为了单位利益；（4）体现为单位意志。②

单位从事内幕交易的，除对单位依据本条进行行政处罚外，还应当对直接负责的主管人员和其他直接责任人员处以警告、罚款。直接负责的主管人员，是指在内幕交易中起决定、批准、指挥、授意、纵容等作用的人员，一般是单位的主管负责人，包括法定代表人；其他直接责任人员，是指在内幕交易中具体实施内幕交易行为并起较大作用的人员，既可以是单位的经营管理人员，也可以是单位的职工，包括聘任、雇佣的人员。③ 上述认定标准与刑事审判领域的认定标准基本一致。④ 本次证券法修订，对单位直接负责的主管人员和其他直接责任人员的罚款范围由3万元至30万元提升至20万元至200万元，亦是

---

① 彭冰：《内幕交易行政处罚案例初步研究》，载《证券法苑》2010年第2期。

② 张子学：《雇员证券违法引致的证券机构行政法律责任》，载《证券法苑》2013年第2期。

③ 《证券市场内幕交易行为认定指引（试行）》第15条第2款规定：“单位实施内幕交易行为的，直接负责的主管人员和其他直接责任人员按照下列规定认定：（一）直接负责的主管人员，是指在内幕交易中起决定、批准、指挥、授意、纵容等作用的人员，一般是单位的主管负责人，包括法定代表人。（二）其他直接责任人员，是指在内幕交易中具体实施内幕交易行为并起较大作用的人员，既可以是单位的经营管理人员，也可以是单位的职工，包括聘任、雇佣的人员。”

④ 《最高人民法院关于全国法院审理金融犯罪案件工作座谈纪要》在“关于单位犯罪问题”一节中指出：“以单位名义实施犯罪，违法所得归单位所有的，是单位犯罪。”“直接负责的主管人员，是在单位实施的犯罪中起决定、批准、授意、纵容、指挥等作用的人员，一般是单位的主管负责人，包括法定代表人。其他直接责任人员，是在单位犯罪中具体实施犯罪并起较大作用的人员，既可以是单位的经营管理人员，也可以是单位的职工，包括聘任、雇佣的人员。”另参见《就落实全国法院审理金融犯罪案件工作座谈纪要最高法院刑二庭负责人答本报记者问》，载《人民法院报》2001年3月20日。

加大内幕交易打击力度的体现。

需要注意的是，“违法所得”应限定于“违法行为人”所得利益，而非基于“违法行为”所获取的全部利益。因此，对于基金公司、信托公司、投资顾问公司等提供资产管理类服务的公司，其“违法所得”不应包括内幕交易行为获得的全部收益（如对基金财产、信托财产的增益），而应仅限于管理人、投资顾问因内幕交易行为所获得的利益，如超额收益所带来的业绩报酬。①

（四）国务院证券监督管理机构工作人员内幕交易的行政责任

对国务院证券监督管理机构工作人员的内幕交易行为从重处罚，是因为上述人员负有对证券市场实施监管的重要职责，所处的监督管理地位使其能够接触并且获得有关证券交易的内幕信息。如果他们利用自身职务便利从事内幕交易牟取非法利益，行为性质更为恶劣、危害后果更为严重。②

三、禁止利用未公开信息交易行为

“利用未公开信息交易”又称“老鼠仓”，本次修订首次在证券法层面对利用未公开信息交易作出了禁止性规定。根据证券法第 54 条规定，利用未公开信息交易是指证券交易场所、证券公司、证券登记结算机构、证券服务机构和其他金融机构的从业人员、有关监管部门或者行业协会的工作人员，利用因职务便利获取的内幕信息以外的其他未公开的信息，违反规定，从事与该信息相关的证券交易活动，或者明示、暗示他人从事相关交易活动。“未公开信息”与内幕交易中的“内幕信息”不同，内幕信息一般指发行人的经营状况、财务信息等，而“未公开信息”主要指证券、期货的投资决策、交易执行信息，证券持仓数量及变化、资金数量及变化、交易动向信息以及其他可能影响证券、期货交易活动的信息。③

此次证券法修订极大拓展了对传统老鼠仓的打击范围，将违法主体从传统意义上的资产管理机构从业人员扩大至证券交易场所、证券登记结算机构、证

---

① “管理费”是否属于“违法所得”，监管实践中尚存在一定争议，参见《中国证监会行政处罚决定书（深圳财富成长投资有限公司、唐某来、肖某）》（〔2014〕1 号），《中国证监会行政处罚决定书（深圳市金中和投资管理有限公司、曾某）》（〔2015〕19 号）。

② 《〈中华人民共和国证券法〉释义及实用指南》编写组编：《〈中华人民共和国证券法〉释义及实用指南》，中国民主法制出版社 2012 年版，第 418 页。

③ 《最高人民法院、最高人民检察院关于办理利用未公开信息交易刑事案件适用法律若干问题的解释》第 1 条规定：“刑法第一百八十条第四款规定的‘内幕信息以外的其他未公开的信息’，包括下列信息：（一）证券、期货的投资决策、交易执行信息；（二）证券持仓数量及变化、资金数量及变化、交易动向信息；（三）其他可能影响证券、期货交易活动的信息。”

券服务机构等的从业人员和监管部门或行业协会的工作人员，甚至相较于刑法对利用未公开信息交易罪之犯罪主体的规定都更为广泛；[①] 将违法行为从传统的抢先交易延伸至一切利用职务便利获取未公开信息后从事的证券交易活动或明示、暗示他人从事相关交易的行为。[②] 事实上，此前监管实践和刑事审判实践对老鼠仓的认定就已经出现泛化趋势，主体方面曾认定证券登记结算机构的工作人员构成未公开信息交易罪，[③] 行为方面甚至包括晚于基金投资的交易。[④] 尽管对于将各类违法行为都纳入"老鼠仓"的规制范围并适用统一的责任后果尚存争议，[⑤] 但新证券法的出台无疑是在资本市场基本法层面填补了立法空白，为利用未公开信息交易的行政监管提供了明确的上位法依据，也给学术研究带来了更大的探讨空间。

四、利用未公开信息交易行为的行政责任

在此次证券法修订前，监管部门通常适用证券投资基金法和证监会《私募投资基金监督管理暂行办法》打击老鼠仓。证券投资基金法第 20 条禁止公募基金管理人及其董监高、其他从业人员利用未公开信息交易，违反该条款的行政责任规定在第 123 条中，最高处以违法所得 5 倍罚款或 100 万元罚款；[⑥]《私募投资基金监督管理暂行办法》第 23 条对私募基金管理人、私募基金托管人、私

---

① 《中华人民共和国刑法》第 180 条第 4 款规定："证券交易所、期货交易所、证券公司、期货经纪公司、基金管理公司、商业银行、保险公司等金融机构的从业人员以及有关监管部门或者行业协会的工作人员，利用因职务便利获取的内幕信息以外的其他未公开的信息，违反规定，从事与该信息相关的证券、期货交易活动，或者明示、暗示他人从事相关交易活动，情节严重的，依照第一款的规定处罚。"

② 关于传统意义下的"老鼠仓"行为，参见彭冰：《重新定性"老鼠仓"——运动式证券监管反思》，载《清华法学》2018 年第 6 期。

③ 广东省高级人民法院（2018）粤刑终 479 号《刑事裁定书》。

④ 《中国证监会上海监管局行政处罚决定书（钟某婧)》（沪〔2014〕1 号），《中国证监会市场禁入决定书（马某)》（〔2015〕1 号），《中国证监会市场禁入决定书（厉某超)》（〔2016〕14 号）。

⑤ 彭冰：《重新定性"老鼠仓"——运动式证券监管反思》，载《清华法学》2018 年第 6 期，《中国证监会行政处罚决定书（唐某)》（〔2008〕22 号）。

⑥ 《中华人民共和国证券投资基金法》第 20 条规定："公开募集基金的基金管理人及其董事、监事、高级管理人员和其他从业人员不得有下列行为……（六）泄露因职务便利获取的未公开信息、利用该信息从事或者明示、暗示他人从事相关的交易活动……"第 123 条规定："基金管理人、基金托管人及其董事、监事、高级管理人员和其他从业人员有本法第二十条所列行为之一的，责令改正，没收违法所得，并处违法所得一倍以上五倍以下罚款；没有违法所得或者违法所得不足一百万元的，并处十万元以上一百万元以下罚款；基金管理人、基金托管人有上述行为的，还应当对其直接负责的主管人员和其他直接责任人员给予警告，暂停或者撤销基金从业资格，并处三万元以上三十万元以下罚款……"

募基金销售机构及其他私募服务机构及其从业人员利用未公开信息交易作出了禁止性规定，并在第 38 条中规定了相应罚则，最高处以 3 万元罚款。① 根据本条第 2 款规定，利用未公开信息交易的依照内幕交易的行政责任规定进行处罚，相较于上述规定极大提高了对老鼠仓的行政处罚力度。

【适用指引】

一、关于“处理非法持有的证券”应当“依法”的问题

就“责令依法处理非法持有的证券”的行政责任，监管实践的把握尺度并不统一，在行为人因内幕交易所得证券还有余仓的情况下，有些案例也并未对行为人实施“责令依法处理”的行政责任，具体原因在行政处罚决定书中亦并未体现。

但适用该罚则更需注意的是，“处理证券”应当“依法”，如果行为人由于任职或持股比例而具有了特定身份，则在责令其处理证券时应避免违反公司法、证券法及交易规则关于特定主体限制交易的相关规定，例如公司法第 141 条第 2 款关于董监高在任职期和离职半年内转让股份的限制性规定，② 证券法第 44 条关于持股 5% 以上的股东、董监高及其配偶、父母、子女禁止“短线交易”的规定，证监会关于董监高减持“窗口期”的规定，③ 证监会《上市公司股东、

---

① 《私募投资基金监督管理暂行办法》第 23 条规定：“私募基金管理人、私募基金托管人、私募基金销售机构及其他私募服务机构及其从业人员从事私募基金业务，不得有以下行为：……（五）泄露因职务便利获取的未公开信息，利用该信息从事或者明示、暗示他人从事相关的交易活动……”第 38 条规定：“私募基金管理人、私募基金托管人、私募基金销售机构及其他私募服务机构及其从业人员违反本办法第七条、第八条、第十一条、第十四条至第十七条、第二十四条至第二十六条规定的，以及有本办法第二十三条第一项至第七项和第九项所列行为之一的，责令改正，给予警告并处三万元以下罚款；对直接负责的主管人员和其他直接责任人员，给予警告并处三万元以下罚款；有本办法第二十三条第八项行为的，按照《证券法》和《期货交易管理条例》的有关规定处罚；构成犯罪的，依法移交司法机关追究刑事责任。”

② 《中华人民共和国公司法》第 141 条第 2 款规定：“公司董事、监事、高级管理人员应当向公司申报所持有的本公司的股份及其变动情况，在任职期间每年转让的股份不得超过其所持有本公司股份总数的百分之二十五；所持本公司股份自公司股票上市交易之日起一年内不得转让。上述人员离职后半年内，不得转让其所持有的本公司股份。公司章程可以对公司董事、监事、高级管理人员转让其所持有的本公司股份作出其他限制性规定。”

③ 《上市公司董事、监事和高级管理人员所持本公司股份及其变动管理规则》第 13 条规定：“上市公司董事、监事和高级管理人员在下列期间不得买卖本公司股票：（一）上市公司定期报告公告前30 日内；（二）上市公司业绩预告、业绩快报公告前 10 日内；（三）自可能对本公司股票交易价格产生重大影响的重大事项发生之日或在决策过程中，至依法披露后 2 个交易日内；（四）证券交易所规定的其他期间。”

董监高减持股份的若干规定》及沪深交易所相应实施细则关于董监高减持股份的规定。[①]

二、关于内幕交易违法所得的计算

内幕交易违法所得的计算与当事人的权益密切相关，不仅关乎行政处罚的罚款数额，更是是否移送司法机关追究刑事责任和量刑的重要参考依据。内幕交易的违法所得是指通过内幕交易行为所获得的利益或者避免的损失，但就内幕交易违法所得的计算原则和方法，证券法、刑法及相关司法解释均未作出明确规定。[②] 证监会在2007年出台的《证券市场内幕交易行为认定指引（试行）》提出了可供参考的公式，[③] 但遗憾的是，证监会在行政处罚决定书中从未引用过该规定作为内幕交易违法所得的计算依据，而且该指引作为证监会内部发文，其效力也一直广受社会质疑。[④]

根据内幕信息的性质，可以将内幕交易分为获利型内幕交易和避损型内幕交易，前者更为常见，涉及违法所得的计算也存在更多问题和争议。在证券行政监管实践中，涉案证券可能全部或部分卖出，对此通常会分别计算卖出部分的实际获利和持有部分的账面获利，前者采用"实际所得法"，即以实际卖出金额减去买入成本及交易费用的方法计算违法所得，后者则以内幕信息公开日或首个涨跌停板打开日的收盘价为标准进行计算。其中，"实际所得法"更是

---

① 此处需注意的是，《上市公司股东、董监高减持股份的若干规定》第2条第2款规定："大股东减持其通过证券交易所集中竞价交易买入的上市公司股份，不适用本规定。"因此，如行为人属于大股东或因内幕交易而成为大股东，则其通过证券交易所集中竞价内幕交易买入的上市公司股份，在被"责令依法处理"时不适用该规定。

② 《最高人民法院、最高人民检察院关于办理内幕交易、泄露内幕信息刑事案件具体应用法律若干问题的解释》第10条第1款规定："刑法第一百八十条第一款规定的'违法所得'，是指通过内幕交易行为所获利益或者避免的损失。"

③ 《证券市场内幕交易行为认定指引（试行）》第22条规定："违法所得的计算，应以内幕交易行为终止日、内幕信息公开日、行政调查终结日或其他适当时点为基准日期。"第23条规定："违法所得数额的计算，可参考下列公式或专家委员会建议的其他公式：违法所得（获得的收益）＝基准日持有证券市值＋累计卖出金额＋累计派现金额－累计买入金额－配股金额－交易费用；违法所得（规避的损失）＝累计卖出金额－卖出证券在基准日的虚拟市值－交易费用。前款所称交易费用，是指已向国家交纳的税费、向证券公司交付的交易佣金、登记过户费、及交易中其他合理的手续费等。"

④ 张子学：《雇员证券违法引致的证券机构行政法律责任》，载《证券法苑》2013年第2期；汤欣、高海涛：《我国内幕交易案件违法所得的算定及判罚——兼论域外法律实践及其启示》，载《证券法律评论》（2015年卷）。

证监会和人民法院已经基本统一的适用规则，[①] 该方法在计算截止日（通常是调查部门请交易所进行计算的发函日）前不设基准日，也不剔除市场风险对股价的影响，相关审判人员认为，“这种方法便于计算，也为大多数学者及司法机关普遍接受”[②]。

“实际所得法”虽然非常简便，具有较强的可操作性，但无论是其理论基础本身，还是在监管逻辑上，乃至从结果的公平性而言，均存在难以自洽之处。首先，“实际所得法”未考虑行为人信息优势的时效性、忽视了市场对内幕信息的消化能力，将信息优势结束后和内幕信息对市场失去影响力后的收益也一并认定为违法所得，同时未剔除系统风险及非系统风险因素对收益的影响，违反了违法所得因果关系的基本法理；其次，对于避损型内幕交易，监管机构系将利空信息对股价的影响期间限制在了一定的范围内，而非认为行为人任何时段规避的损失均属于“违法所得”，[③] 难免有学者质疑，为何在获利型内幕交易中，监管机构却弃此方法不用，而改用直接计算买卖差价的简单方法，导致监管逻辑不一致；[④] 最后，采用“实际所得法”计算内幕交易的违法所得，既可能导致计算的违法所得畸高或畸低，甚至在明明存在违法所得的案件中将违法所得计算为零，明显不公平，有违行政处罚法的“过罚相当”原则和刑法的“罪刑相适应”原则。[⑤] 总体而言，虽然监管实践和司法实践对“实际所得法”已基本达成共识，但理论界和实务界对此仍多有不同的声音，[⑥] 随着金融理论研究的深入和实践的不断探索，如何确立更为科学的认定规则和计算方法，是证券监管机构和司法机关面临的新课题与挑战。

---

① 杨子良：《如何计算内幕交易案件中的违法所得》，载《法律适用·司法案例》2017年第24期。

② 赵靓：《内幕交易案件法律适用疑难问题解析》，载《人民法院报》2016年9月14日。

③ 以内幕信息公告日为基准日，以实际卖出金额减去卖出股票在基准日的虚拟市值（卖出股票数量×基准日该股收盘价）计算违法所得，参见中国证券监督管理委员会行政处罚委员会主编：《证券行政处罚案例判解》（第1辑），法律出版社2009年版，第20页。

④ 彭冰：《内幕交易行为处罚案例初步研究》，载《证券法苑》2010年第2期。

⑤ 例如，赵某某内幕交易“ST黄海”案，参见《中国证监会行政处罚决定书（ST黄海赵某某）》（〔2009〕17号）；冯某某等内幕交易“德赛电池”案，参见广东省高级人民法院（2013）粤高法刑二终字第274号《刑事裁定书》；另参见万志尧：《内幕交易刑事案件“违法所得”的司法认定》，载《政治与法律》2014年第2期。

⑥ 刘宪权：《内幕交易违法所得司法判断规则研究》，载《中国法学》2015年第6期；王越、郭献朝：《内幕交易罪违法所得的计算方法》，载《人民司法（应用）》2016年第22期。

第一百九十二条　违反本法第五十五条的规定，操纵证券市场的，责令依法处理其非法持有的证券，没收违法所得，并处以违法所得一倍以上十倍以下的罚款；没有违法所得或者违法所得不足一百万元的，处以一百万元以上一千万元以下的罚款。单位操纵证券市场的，还应当对直接负责的主管人员和其他直接责任人员给予警告，并处以五十万元以上五百万元以下的罚款。

【条文主旨】

本条是关于操纵证券市场行为应承担的法律责任的规定。

【条文释义】

一、禁止操纵证券市场行为

所谓操纵证券市场，是指操纵者背离证券市场的自由竞争和供求关系，以不正当手段制造虚假的市场现象，诱导投资者在不了解事实真相的情况下作出错误的投资决定，以牟取私利或者转嫁风险的行为。[①] 证券的公平价格取决于证券市场实际供求状况，其形成以证券市场正常的运转为基础。操纵者在证券市场利用信息、资金等优势或行政权力等人为因素，或哄抬股价，或压低股价来影响证券市场的供求关系，扭曲价格机制，以达到谋取非法利益的目的。[②] 证券法第 55 条对操纵证券市场作出了禁止性规定，违反该规定则适用本条承担行政责任。

操纵证券市场包括两类手段，一是炒作股票，即“交易/行为型操纵”；二是散布信息，即“信息型操纵”。[③] 本次证券法修订吸收了监管实践和刑事司法

---

① 我国证券立法没有对“操纵证券市场行为”作出定义，立法中较为完整的界定是 1993 年国务院《禁止证券欺诈行为暂行办法》（已失效）。其中第 7 条规定：“禁止任何单位或者个人以获取利益或者减少损失为目的，利用其资金、信息等优势或者滥用职权操纵证券市场，影响证券市场价格，制造证券市场假象，诱导或者致使投资者在不了解事实真相的情况下作出证券投资决定，扰乱证券市场程序。”该规定具有一定启示意义。另参见彭冰：《中国证券法学》（第二版），高等教育出版社 2007 年版，第 391 页。

② 全国人大证券法修改起草工作小组：《中华人民共和国证券法释义》，中国金融出版社 2006 年版，第 223 页。

③ 朱锦清：《证券法学》（第四版），北京大学出版社 2019 年版，第 266 页。

领域的经验，对操纵手段进行了增补。操纵证券市场的行为类型主要包括：

连续交易操纵，约定交易操纵，虚假申报操纵，蛊惑交易操纵，“抢帽子”操纵，跨市场操纵，操纵证券市场的其他手段，如定时间的价格或价值操纵、尾市交易操纵行为等。

二、操纵证券市场的行政责任

随着市场的发展和监管的加强，操纵证券市场案件不断发生新的变化，通过打击市场操纵行为，能够有效抑制市场过度投机、跟风炒作氛围，倡导价值投资理念，消除市场风险隐患，营造安全、稳定、公平的市场环境。此次证券法修订显著加大了对证券市场操纵行为的处罚力度，妥善落实了本次修订提高证券违法成本、充分保护投资者合法权益的立法目的。操纵证券市场的责任承担方式包括：

（一）责令依法处理其非法持有的证券

无论是交易型操纵还是信息型操纵，最终行为人都需要通过证券交易行为谋取非法利益或转嫁风险。因此，在证券监管机构作出行政处罚时，如果行为人仍基于其操纵行为而持有相关证券，则证券监管机构应当责令其依法处理非法持有的证券。

（二）没收违法所得，并处以相应罚款

违法所得，是指行为人实施操纵行为获取的不正当利益，包括行为人因操纵行为取得的积极收益和因操纵行为转嫁风险所避免的消极损失。不正当利益的形式，既可以表现为持有的现金，也可以表现为持有的证券。

新证券法将操纵证券市场罚款数额由违法所得的 1 倍至 5 倍修改为 1 至 10 倍，将原证券法“没有违法所得或者违法所得不足三十万元的，处以三十万元以上三百万元以下的罚款”的规定调整为“没有违法所得或者违法所得不足一百万元的，处以一百万元以上一千万元以下的罚款”，提高了行为人违法成本。对于未来涉案金额及违法所得数额巨大、社会影响极其恶劣的操纵市场行为，证券监管机构极有可能开出“天价罚单”，以严厉打击操纵证券市场，有效震慑其他市场主体。

另外，本次修订后的证券法针对没有违法所得或者违法所得较少的情形，对操纵证券市场的处罚力度（没有违法所得或者违法所得不足 100 万元的，处 100 万元以上 1000 万元以下的罚款）仍然高于对内幕交易的处罚力度（没有违法所得或者违法所得不足 50 万元，处以 50 万元以上 500 万元以下的罚款），与原证券法的立法逻辑保持了一致，一定程度上体现出操纵证券市场恶劣程度更高、对其处罚力度更大的立法倾向。实践中，部分操纵证券市场行为与内幕信息或内幕交易相关联，尤其是在“信息型操纵”的情况下，[①] 未来行政执法可能会面临监管规范竞合的情况。就同一违法行为具体应适用内幕交易还是操纵证券市场进行处罚时，监管机构除应当综合个案事实情况判断外，两项违法行为所对应的不同程度的行政责任也可能成为重要参考因素之一。

（三）单位操纵证券市场的行政责任

单位操纵证券市场的，除对单位依据本条进行行政处罚外，还应当对其直接负责的主管人员和其他直接责任人员处以警告、罚款。本次证券法修订进一步提高了对单位操纵证券市场相关责任人员的处罚力度，对单位直接负责的主管人员和其他直接责任人员的罚款范围由 10 万元至 60 万元提升至 50 万元至 500 万元，也是显著提高违法成本的体现。

操纵证券市场行为通常需要调集大量资金或证券并控制多个证券账户协同进行违法操纵行为，而特定证券投资单位具备资金、证券调集的便利性，且有一定隐蔽性，亦有可能成为操纵证券市场的行为主体。但单位的操纵行为实际上是由对单位直接负责的主管人员和其他直接责任人员组织、实施的，如果仅处罚单位无法充分实现处罚目的，反而使真正的幕后责任人员逃脱法律制裁。监管实践中，证券监管机构在查处单位操纵证券市场案件时，也都会对单位直接负责的主管人员和其他直接责任人员一并作出处罚。[②]

证监会《证券市场操纵行为认定指引（试行）》对“单位操纵证券市场”“直接负责的主管人员”“其他直接责任人员”的认定与单位内幕交易的相关认定基本一致，鉴于在内幕交易行政责任条款解读部分已有涉及，故此处不再展开。

【适用指引】

一、关于操纵证券市场行政处罚的证明标准

操纵证券市场行政处罚案件中，证券监管机构认定当事人构成操纵行为并

---

① 例如，刘某等内幕交易“恒康医疗”案与谢某、阙某等操纵“恒康医疗”案，参见《中国证监会行政处罚决定书（刘某）》（〔2017〕89 号）、《中国证监会行政处罚决定书（王某）》（〔2017〕90 号）、《中国证监会行政处罚决定书（薛某）》（〔2017〕91 号）、《中国证监会行政处罚决定书（蝶彩资产管理（上海）有限公司、谢某、阙某）》（〔2017〕80 号）。

② 《中国证监会行政处罚决定书（广州市创势翔投资有限公司、黄某、张某）》（〔2016〕120 号）、《中国证监会行政处罚决定书（上海永邦投资有限公司、朱某、杨某等 4 名责任人员）》（〔2016〕32 号）、《中国证监会行政处罚决定书（北京艾亿新融资本管理有限公司、张某林、张某恒）》（〔2015〕90 号）。

对其实施行政处罚，应当达到法定证明标准。近年来经过理论界、实务界的不断总结和反思，逐渐形成了应以“明显优势证明标准”作为证券违法行政处罚证明标准的主流观点。①《证券市场操纵行为认定指引（试行)》第54条明确规定：“操纵行为的认定，应当适用明显优势证明标准。”该规定与《证券市场内幕交易行为认定指引（试行)》关于内幕交易行为证明标准的规定（同样为“明显优势证明标准”），是证券行政监管领域为数不多的对行政处罚证明标准作出明确规定的条款。

所谓明显优势证明标准，是指对“违法事实”负有举证责任的证券监管机构所举证据相对于行为人就“相反事实”所举证据应当具有明显优势，两者的量化比例应当超过75%:25%。② 相应地，如果涉嫌操纵证券市场的行为人就其不存在操纵证券市场行为事实所举证据使得监管机构主张的操纵事实陷入“真假难辨（≈假难%）”或“不具有明显可能性（≤具有明)”的状态时，则意味着监管机构的证据无法达到明显优势证明标准，此时就不能认定行为人存在操纵行为并据此追究其行政责任。需要注意的是，行为人并非必须举证，也不需要证明其所主张的相反事实“足已成立”或者“足以推翻”监管机构所主张的违法事实，因为“推翻”意味着扭转，意味着行为人对相反事实的证明至少应达到51%，而事实上，只要监管机构对违法事实盖然性的证明未达到75%，或者行为人的举证使其低于75%，即不能对行为人进行行政处罚。

此外，本次证券法修订在第55条中增加了“意图影响”证券交易价格或交易量的，也构成操纵证券市场的规定，进一步明确了操纵证券市场的构成要件应当包括主观上具有操纵的故意，即行为人须具有诱使他人进行证券交易的欺诈意图。③ 尽管对操纵意图的证明标准达到“明显优势证明标准”存在一定难度，但操纵证券市场本就是一种故意行为，“如果行为人不知道自己所实施的是操纵市场行为，或者虽然在客观上实施了操纵市场行为，但行为不具有上述目

---

① 高基生：《证券行政处罚证明标准探讨》，载《证券市场导报》2007年1号；欧阳振远：《行政处罚证明标准研究》，载《证券法苑》2013年第2期。

② 沈德咏主编：《最高人民法院民事诉讼法司法解释理解与适用》，人民法院出版社2015年版，第357～359页；［德］汉斯·普维庭：《现代证明责任问题》，吴越译，法律出版社2000年版，第108～109页。

③ 中国证券监督管理委员会稽查局编：《证券期货稽查典型案例分析》(2008年卷)，科学出版社2012版，第85页。

的，则不构成操纵市场"①。因此，简单机械地看交易本身或价量变化都是不可取的，② 在法律明确对主观要件作出规定的情况下，如无直接证据证明行为人具有主观故意，监管机构应当注意结合当事人提出的申辩理由，综合客观行为判断其主观状态，充分举证证明行为人具有"操纵意图"，并达到"明显优势证明标准"的程度。

二、关于操纵证券市场违法所得的计算

操纵证券市场违法所得计算是证券行政稽查执法的难点之一。根据《证券市场操纵行为认定指引（试行）》第 50 条规定，操纵证券市场违法所得的计算，应以操纵行为的发生为起点，以操纵行为终止、操纵影响消除、行政调查终结或其他适当时点为终点；第 51 条则提供了可供参考的公式：违法所得 = 终点日持有证券的市值 + 累计卖出金额 + 累计派现金额 - 累计买入金额 - 配股金额 - 交易费用。

监管实践通常认为，操纵行为"起点日"是行为人开始建仓的时间，而操纵行为"终点日"则是操纵行为结束的时间，不是行为人抛售完毕全部违法持有证券的时间，③ 也即如果行为人在违法所得计算截止日（通常是调查部门请交易所进行计算的发函日）前仍有余券未卖出，则以"操纵行为终点日"当天有关证券的收盘价计算"终点日持有证券的市值"。这一违法所得计算方式亦在行政诉讼中获得司法审判的认可。④ 就"操纵行为结束时点"的认定，应当综合考察违法行为的完整性、目的和结果，不能机械地认定"动作停止日"就是"行为停止日"。例如，在"大连电瓷"操纵案中，操纵行为之一是"当事人在上市公司股价连续跌停的情况下决策紧急停牌启动重大资产重组规避上市公司股价继续下跌"，《行政处罚事项告知书》据此以停牌前一天作为操纵行为终点日，但考虑到停牌应对应复牌的行为完整性、停牌的目的只有在复牌后才能显现、复牌后的股价才能决定操纵行为盈亏等因素，最终《行政处罚决定书》改变了此前对操纵行为终点日的认定，改以补充调查日为基准日，按照账

---

① 中国证券监督管理委员会稽查局编：《证券期货稽查典型案例分析》（2009 年卷），科学出版社 2013 版，第 177 页。

② 中国证券监督管理委员会稽查局编：《证券期货稽查典型案例分析》（2009 年卷），科学出版社 2013 版，第 167 页。

③ 中国证券监督管理委员会行政处罚委员会编：《证券期货行政处罚案例解析》（第二辑），法律出版社 2019 年版，第 171 ~ 172 页。

④ 最高人民法院（2015）行监字第 1728 号《行政裁定书》、北京市高级人民法院（2014）高行终字第 3800 号《行政判决书》。

户组实际卖出情况计算违法所得。①

第一百九十三条 违反本法第五十六条第一款、第三款的规定，编造、传播虚假信息或者误导性信息，扰乱证券市场的，没收违法所得，并处以违法所得一倍以上十倍以下的罚款；没有违法所得或者违法所得不足二十万元的，处以二十万元以上二百万元以下的罚款。

违反本法第五十六条第二款的规定，在证券交易活动中作出虚假陈述或者信息误导的，责令改正，处以二十万元以上二百万元以下的罚款；属于国家工作人员的，还应当依法给予处分。

传播媒介及其从事证券市场信息报道的工作人员违反本法第五十六条第三款的规定，从事与其工作职责发生利益冲突的证券买卖的，没收违法所得，并处以买卖证券等值以下的罚款。

【条文主旨】

本条是关于编造、传播虚假信息或者误导性信息扰乱证券市场行为、在证券交易活动中作出虚假陈述或者信息误导行为，以及传播媒介及其从事证券市场信息报道的工作人员从事与其工作职责发生利益冲突的证券买卖行为应承担的法律责任的规定。

【条文释义】

一、编造、传播虚假信息或者误导性信息扰乱证券市场行为应承担的行政责任

在证券市场上，信息的真实、准确、完整、客观是投资者进行投资判断的基础，编造、传播虚假信息或者误导性信息的行为，会误导投资者作出错误的投资决策，损害投资者的合法权益。因此，证券法第56条对“消极信息披露义务”作出了规定，其中第1款和第3款规定禁止任何单位和个人编造、传播虚假信息或者误导性信息，扰乱证券市场，并要求各种传播媒介传播证券市场信

① 《中国证监会行政处罚决定书（上海阜兴金融控股（集团）有限公司、朱某、李某等5名责任人员）》（〔2018〕77号）。

息时必须真实、客观，禁止误导。

根据原证券法第78条第1款规定，编造、传播虚假信息或者误导性信息行为的行政责任主体为特殊主体，即国家工作人员、传播媒介从业人员和有关人员。本次证券法修订将责任主体由特殊主体扩大为一般主体，即编造、传播虚假信息或者误导性信息扰乱证券市场的“任何单位或个人”，均可能适用本条第1款被追究行政责任。

编造、传播虚假信息或者误导性信息的行为方式有三种：（1）编造并传播；（2）仅编造；（3）仅传播。编造是指无中生有地捏造或者捕风捉影地夸大有关影响证券交易的信息，传播是指通过口头、书面、网络等方式予以扩散。[①]

本条第1款所涉行政责任的构成要件包括“扰乱证券市场”的行为后果，“扰乱证券市场”通常是指虚假信息或者误导性信息引起了大盘指数或个股股价重大波动，或者在股民中引起了心理恐慌，大量抛售或者买进某种股票，给股民造成重大经济损失或者影响上市公司正常经营秩序和信息披露秩序，或者造成恶劣社会影响等。[②]

任何单位和个人编造、传播虚假信息或者误导性信息，扰乱证券市场，由证券监管机构没收违法所得，并处以罚款。相较于原证券法，新证券法大幅提升了罚款金额的区间和上限。具体为：（1）罚款由违法所得的1倍到5倍修改为1倍到10倍；（2）对于没有违法所得或者违法所得较少的，原证券法规定没有违法所得或者违法所得不足3万元的，罚款3万元至20万元，新证券法修改为没有违法所得或者违法所得不足20万元的，罚款20万元至200万元。

二、证券交易活动中作出虚假陈述或者信息误导行为应承担的行政责任

由于证券交易场所、证券公司、证券登记结算机构、证券服务机构及其从业人员，证券业协会、证券监督管理机构及其工作人员具有特殊身份，使得其所作的陈述和发布的信息具有相当程度的公信力且对证券市场的影响较大，投资者对其所作的陈述和发布的信息通常较为信赖，一旦上述主体在证券交易活动中作出虚假陈述或者信息误导行为，就会造成证券市场的巨大混乱，严重影

---

① 全国人大证券法修改起草工作小组：《中华人民共和国证券法释义》，中国金融出版社2006年版，第226页。

② 全国人大常委会法制工作委员会副主任李飞主编：《中华人民共和国证券法（修订）释义》，法律出版社2005年版，第315页。

响投资者的投资判断，损害投资者的合法权益。[①] 因此，证券法第 56 条第 2 款规定，禁止上述人员在证券交易活动中作出虚假陈述或者信息误导。

所谓虚假陈述或者信息误导，是指证券市场的管理者、参与者违反法律的规定，在从事证券的发行、交易、管理或者其他相关活动中，对证券发行、交易及其相关活动的事实、性质、前景、法律等事项作出不实、严重误导或者有重大遗漏的陈述或者诱导，致使投资者在不了解事实真相的情况下作出证券投资决定的行为。[②] 需要注意的是，本条第 2 款所涉行政责任的构成要件，相较于本条第 1 款，并不需要具有“扰乱证券市场”的行为后果，体现出对具有市场公信力和影响力的特殊主体从严规制的立法思路。

证券交易场所、证券公司、证券登记结算机构、证券服务机构及其从业人员，证券业协会、证券监督管理机构及其工作人员，在证券交易活动中作出虚假陈述或者信息误导的，由证券监管机构责令改正，并处以罚款。相较于原证券法，新证券法加大处罚力度，将罚款区间由 3 万元至 20 万元提升为 20 万元至 200 万元。此外，如果属于国家工作人员的，还应当区分违法情节，依法给予警告、记过、记大过、降级、撤职、开除等处分。

三、传播媒介及其从事证券市场信息报道的工作人员从事与其工作职责发生利益冲突的证券买卖行为应承担的行政责任

证券法第 56 条第 3 款新增规定：“……传播媒介及其从事证券市场信息报道的工作人员不得从事与其工作职责发生利益冲突的证券买卖。”本条第 3 款据此增加行政责任条款，违反上述规定的，由证券监管机构没收违法所得，并处以买卖证券等值以下的罚款。

对于“买卖证券等值以下的罚款”的罚则，理论界长期以来都存在“裁量幅度过大”的声音，[③] 本次证券法修订对本条第 3 款所述违法行为科以“买卖证券等值以下的罚款”，同样有观点认为处罚过重，有违行政法的比例原则。

---

① 《〈中华人民共和国证券法〉释义及实用指南》编写组编著：《〈中华人民共和国证券法〉释义及实用指南》，中国民主法制出版社 2012 年版，第 425～426 页。

② 《证券法释义》编写组：《中华人民共和国证券法释义》，中国法制出版社 2005 年版，第 320 页。

③ 龚浩川：《论敌意收购中大额持股变动违法之法律责任》，载《当代法学》2019 年第 2 期；李振涛：《我国上市公司大额持股变动的法律责任探析》，载《法律适用》2016 年第 1 期。

【适用指引】

一、关于编造、传播虚假信息或者误导性信息扰乱证券市场行为的行政责任主体

对于编造、传播虚假信息或者误导性信息扰乱证券市场行为的行政责任主体，1998 年证券法并未将其限定为特殊主体，直到 2005 年证券法第一次修订，才将其限定为“国家工作人员、传播媒介从业人员和有关人员”。其中，根据立法机关的释义，“有关人员”主要是指以各种方式参与证券活动的人员，如在各种传播媒介上发表证券市场评论的人员、证券业务研究人员、教学人员等。① 之所以如此规定，是因为只有具备特殊职位和影响力的特定主体发布的虚假信息或者误导性信息，才可能实现“扰乱证券市场”的后果，才符合证券信息规制的原理，否则就会产生普通主体的言论和法定披露主体的陈述对市场具有同等重要性的荒谬结论。②

但是，证监会《上市公司信息披露管理办法》第 67 条将该条款的责任主体泛化到了“任何机构和个人”，③ 监管实践更是实施了扩张性处罚，将责任主体扩大到任何人员。④ 可见，证监会在该案中实际是“以行为论责”，而并没有对其主体适格问题进行考察。

本次证券法的修订吸收了监管实践经验，恢复到最初证券法的规制逻辑，将编造、传播虚假信息的行政责任主体扩大到一般主体。但有观点认为，将编造、传播虚假信息的责任主体扩大到一般人，会导致法网过紧、强化不实言论的公法责任、妨碍市场信息的必要流通和反馈；⑤ 也有观点指出，应当取消该条款，如果无法取消，应当明确主体范围为国家工作人员和传播媒介从业人员

---

① 全国人大常委会法制工作委员会副主任李飞主编：《中华人民共和国证券法（修订）释义》，法律出版社 2005 年版，第 116 页。

② 缪因知：《证券虚假信息规制的原理反思与实证评价》，载《北方法学》2018 年第 4 期。

③ 《上市公司信息披露管理办法》第 67 条第 1 款规定：“任何机构和个人编制、传播虚假信息扰乱证券市场；媒体传播上市公司信息不真实、不客观的，中国证监会按照《证券法》第二百零六条处罚。”

④ 例如，在陈某、王某坚、刘某、王某所编造、传播虚假信息等案中，证券监管机构即处罚了不具有任何特殊身份甚至并非“网络大 V”的普通网民。在刘某编造、传播虚假信息案中，刘某申请行政复议称其不是适格的责任主体，证监会则认为“申请人借助互联网工具编造、传播虚假信息并对市场秩序造成重大不利影响，属于证券法第七十八条第一款规定的‘有关人员’”，参见《中国证监会行政复议决定书（刘某）》（〔2016〕39 号）。

⑤ 缪因知：《证券虚假信息规制的原理反思与实证评价》，载《北方法学》2018 年第 4 期。

以及“类似人员”。[①] 在证券法明确赋权的情况下，考虑到本条款适用范围过宽，证券监管机构在执法层面宜从严把握，综合考虑当事人主观状态、行为表现和影响结果，在依法监管的同时兼顾行政处罚的比例原则，做到合理行政、过罚相当。

二、关于传播媒介及相关工作人员从事与其工作职责发生利益冲突的证券买卖行为可能涉及的其他行政责任

证券法第 56 条第 3 款之所以新增规定禁止传播媒介及相关工作人员从事与其工作职责发生利益冲突的证券买卖，有观点认为，是因为上述主体由于工作原因，容易接触到上市公司的内幕信息，为避免其利用内幕信息进行交易，故作出禁止性规定。[②] 可见，上述主体的利益冲突行为，还有可能构成内幕交易并据此承担行政责任。

此外，违反传播媒介及其相关工作人员的利益冲突行为，还有可能构成证券法第 55 条第 1 款第 6 项所述“抢帽子”操纵，并因此承担操纵证券市场的行政责任。如传播媒介工作人员利用其新闻影响力，公开评价、推荐股票，并在荐股前先行买入，在推荐他人买入以推高股价后再行卖出，牟取短期价差，则有可能构成“抢帽子”操纵。监管实践中，已有案例认定此类违法行为构成操纵证券市场，并据此追究行为人操纵证券市场的行政责任。[③]

第一百九十四条　证券公司及其从业人员违反本法第五十七条的规定，有损害客户利益的行为的，给予警告，没收违法所得，并处以违法所得一倍以上十倍以下的罚款；没有违法所得或者违法所得不足十万元的，处以十万元以上一百万元以下的罚款；情节严重的，暂停或者撤销相关业务许可。

---

① 彭冰：《魔鬼隐藏在细节中：证券法大修中的小条款》，载《中国法律评论》2019 年第 4 期。

② 《修订后的证券法来了！证券从业者不得持股，券商股权激励成难题？看这条规定》，载凤凰网，https：//finance. ifeng. com/c/7snRImpwCA4，最后访问时间：2020 年 2 月 13 日。

③ 《中国证监会行政处罚决定书（廖某）》（〔2018〕22 号），另参见《2018 年证监稽查 20 起典型违法案例》，载中国证券监督管理委员会官网，http：//www. csrc. gov. cn/pub/newsite/jcj/aqfb/201901/t20190116_ 349889. html，最后访问时间：2020 年 2 月 13 日。

【条文主旨】

本条是关于证券公司及其从业人员损害客户利益行为应承担的法律责任的规定。

【条文释义】

一、禁止证券公司及其从业人员损害客户利益行为

本条是关于证券公司及其从业人员在证券经纪业务活动中损害客户利益行为应承担的行政责任的规定。1998 年证券法曾将证券公司分为综合类证券公司和经纪类证券公司，可见证券经纪作为传统证券业务之首的特殊地位。证券经纪业务是指在证券交易活动中，接受投资者委托，处理交易指令、办理清算交收的经营性活动，[①] 其本质是证券公司代理客户买卖证券，并从中收取佣金的中介行为。[②] 证券公司及其从业人员在证券经纪业务活动中，应当遵循诚实信用原则，切实维护投资者信息知情权、财产安全权、公平交易权等合法权益。证券法第 57 条禁止证券公司及其从业人员从事下列损害客户利益的行为：违背客户的委托为其买卖证券；不在规定时间内向客户提供交易的确认文件；未经客户的委托，擅自为客户买卖证券，或者假借客户的名义买卖证券；为牟取佣金收入，诱使客户进行不必要的证券买卖；其他违背客户真实意思表示，损害客户利益的行为。

本条修订的前身为原证券法第 210 条和第 211 条，这两条规定的行政责任均对应原证券法第 79 条（修订后的第 57 条）规定的损害客户利益的欺诈行为。本次修订后新法第 57 条删去了原第 79 条规定的“挪用客户所委托买卖的证券或者客户账户上的资金”和“利用传播媒介或者通过其他方式提供、传播虚假或者误导投资者的信息”两种行为，相应的违法行为将不再适用本条追究行政责任。

二、损害客户利益行为的行政责任

原证券法第 210 条是关于证券公司违背客户委托意愿买卖证券应承担的行

---

① 证监会《证券经纪业务管理办法（征求意见稿）》第 2 条第 2 款规定：“本办法所称证券经纪业务，是指在证券交易活动中，接受投资者委托，处理交易指令、办理清算交收的经营性活动。”

② 全国人大证券法修改起草工作小组：《中华人民共和国证券法释义》，中国金融出版社 2006 年版，第 115 页。

政责任的规定，原第211条是关于证券公司挪用客户资金或证券、擅自为客户买卖证券行为应承担的行政责任的规定，本次证券法修订将上述两条进行了一定的合并，不再区分具体行为表现，在本条统一为“损害客户利益的行为”并根据有无违法所得、情节严重程度确定行政责任。

（一）警告，没收违法所得并处以相应罚款

证券公司及其从业人员违反证券法第57条规定损害客户利益，由证券监管机构给予警告、没收违法所得，并处违法所得1倍以上10倍以下罚款，处罚力度较原证券法第211条规定的违法所得1倍以上5倍以下罚款有明显提升。本条中的“违法所得”，是指行为人因其损害客户利益行为所产生的各类非法收益，包括但不限于佣金、违法证券交易产生的收益或基于其他安排所获得的不当利益。

对于没有违法所得或者违法所得不足10万元的，证券监管机构处以10万元以上100万元以下罚款。该处罚较原证券法第210条规定“处以一万元以上十万元以下的罚款”和原证券法第211条规定“没有违法所得或者违法所得不足十万元的，处以十万元以上六十万元以下的罚款”亦有大幅提升。上述行政责任较为严厉，具有明显的惩罚色彩，有助于规范证券公司及其从业人员行为，净化证券市场环境。

（二）情节严重的，暂停或者撤销相关业务许可

证券公司及其从业人员损害客户利益行为情节严重的，将被处以暂停或者撤销相关业务许可的行政处罚。撤销相关业务许可包括撤销证券公司及其从业人员的从业资格以及开展特定业务的资格。

原证券法第210条就“违背客户的委托买卖证券、办理交易事项，或者违背客户真实意思表示，办理交易以外的其他事项”的违法行为没有规定“暂停或撤销相关业务许可”的行政责任；原证券法第211条就“挪用客户的资金或者证券，或者未经客户的委托，擅自为客户买卖证券”的违法行为规定了“责令关闭或者撤销相关业务许可”的行政责任，体现出原证券法认为前者严重程度轻于后者的立法逻辑。

本次证券法修订统一了证券公司及其从业人员损害客户利益行为的行政责任尺度，即只要相关违法行为满足“情节严重”的条件，便可处以暂停或撤销相关业务许可的行政处罚，赋予证券监管机构更多裁量权限，有助于震慑证券公司及相关从业人员依法依规开展证券经纪业务，杜绝损害客户利益的行为。

【适用指引】

一、关于证券监管实践中本条款独立适用的空间

根据证监会既往执法实践，没有一起单纯因为违背客户委托意愿买卖证券而适用原证券法第 210 条进行处罚的案例，在适用原证券法第 211 条进行处罚时，案涉行为均包括“挪用客户所委托买卖的证券或者客户账户上的资金”①，也没有一起仅仅因为未经客户委托擅自为客户买卖证券而遭到行政处罚的案例。挪用客户交易结算资金是我国证券市场建立初期出现的现象，带有一定的普遍性，② 本次证券法修订将“挪用客户所委托买卖的证券或者客户账户上的资金”从第 57 条中删除，故挪用行为将不再适用本条规定进行行政处罚（适用证券法第 208 条，具体适用指引见下文），未来执法领域将如何单独适用本条款，还有待监管实践的进一步明确。

二、关于损害客户利益行为与挪用客户资金或证券行为的行政责任条款适用

对于证券公司及其从业人员挪用客户所委托买卖的证券或者客户账户上的资金的，在既往监管实践中，对于挪用期限长、挪用金额大、挪用目的严重违

---

① 《中国证监会行政处罚决定书（钟某、符某、叶某）》（〔2010〕51 号）、《中国证监会行政处罚决定书（健桥证券李某清、李某路）》（〔2010〕20 号）、《中国证监会行政处罚决定书（中科证券张某等 4 名责任人员）》（〔2009〕8 号）、《中国证监会行政处罚决定书（中富证券郭某）》（〔2009〕2 号）、《中国证监会行政处罚决定书（德恒证券张某光、郭某伟、王某）》（〔2009〕1 号）、《中国证监会行政处罚决定书（昆仑证券王某洁、季某）》（〔2008〕51 号）、《中国证监会行政处罚决定书（隋某、刘某、张某洲）》（〔2008〕30 号）、《中国证监会行政处罚决定书（姜某、吕某、宋某）》（〔2008〕8 号）、《中国证监会行政处罚决定书（成都沙湾路营业部、崔某）》（〔2008〕7 号）、《中国证监会行政处罚决定书（徐某等人）》（证监罚字〔2007〕4 号）、《中国证监会行政处罚决定书（鄢某、谭某、李某华）》（证监罚字〔2006〕33 号）、《中国证监会行政处罚决定书（欧某、聂某、徐某华、别某）》（证监罚字〔2006〕27 号）、《中国证监会行政处罚决定书（贺某）》（证监罚字〔2006〕23 号）、《中国证监会行政处罚决定书（孙某、易某）》（证监罚字〔2006〕19 号）、《中国证监会行政处罚决定书（李某宽、范某、陈某、陈某高）》（证监罚字〔2006〕13 号）、《中国证监会行政处罚决定书（天同证券）》（证监罚字〔2006〕10 号）、《中国证监会行政处罚决定书（兴安证券）》（证监罚字〔2005〕42 号）、《中国证监会行政处罚决定书（西北证券）》（证监罚字〔2005〕40 号）、《中国证监会行政处罚决定书（天勤证券）》（证监罚字〔2005〕38 号）。

② 朱锦清：《证券法学》（第四版），北京大学出版社 2019 年版，第 281 页。

反法律规定的[①]，则可能被认定为“情节严重”，行为人会遭到取消业务许可、责令关闭等更为严重的行政处罚。

但需注意的是，本次证券法修订删除了原证券法第79条第1款第3项规定的“挪用客户所委托买卖的证券或者客户账户上的资金”，将禁止挪用行为统一规定在证券法第131条中，进而适用证券法第208条追究挪用行为的行政责任，该条的法律责任为“责令改正，给予警告，没收违法所得，并处以违法所得一倍以上十倍以下的罚款；没有违法所得或者违法所得不足一百万元的，处以一百万元以上一千万元以下的罚款；情节严重的，并处撤销相关业务许可或者责令关闭”，同时还会对直接负责的主管人员和其他直接责任人员进行处罚。相较于本条，该条在没有违法所得或者违法所得较少时的罚款区间更大、上限更高，且单位责任人员亦负有行政责任。本次修订之后，在针对行为人不同违法行为适用行政责任条款时，应注意做好识别和区分，对于因一般损害客户利益行为而违反证券法第57条的，应适用本条确定其行政责任；而对于违反证券法第131条“禁止任何单位或者个人以任何形式挪用客户的交易结算资金和证券”的，则应适用证券法第208条追究行政责任。

第一百九十五条　违反本法第五十八条的规定，出借自己的证券账户或者借用他人的证券账户从事证券交易的，责令改正，给予警告，可以处五十万元以下的罚款。

【条文主旨】

本条是关于违规出借自己的证券账户或者借用他人的证券账户从事证券交易行为应承担的法律责任的规定。

【条文释义】

一、禁止违规出借自己的证券账户或者借用他人的证券账户从事证券交易

针对出借自己的证券账户或借用他人的账户从事证券交易的行为，我国证

---

① 例如，在天勤证券挪用客户交易结算资金案件中，天勤证券挪用资金为大股东道勤控股有限公司提供融资，数额较大，被证监会认定系严重违法行为，参见《中国证监会行政处罚决定书(天勤证券)》(证监罚字〔2005〕38号)。

券法限制的主体和行为方式逐步扩大。1998 年证券法制定时，针对当时证券市场上部分法人企业特别是国有企业和上市公司为了逃避监管，以个人名义开立账户买卖证券，有的甚至把生产经营资金和从银行取得的信贷资金也用于炒作股票的行为，[①] 为了加强对企业的管理、防止国有资产流失，明确规定禁止法人以个人名义开立账户。[②]

2005 年证券法修订时，延续了 1998 年证券法对主体的限制性规定，限制的主体仍为法人，但对限制的行为方式进行了扩展，将“禁止法人以个人名义开立账户”修改为“禁止法人非法利用他人账户”，并增加了“禁止法人出借自己或者他人的证券账户”的规定，对借用和出借两种行为均予以禁止，但是，对于法人出借自己或者他人的证券账户行为，2005 年证券法并没有增加相应罚则，而是仅处罚法人以他人名义设立账户或者利用他人账户买卖证券的行为。[③]

本次证券法修订，基于完善证券交易制度、强化证券交易实名制的要求，[④] 将出借自己的证券账户或者借用他人的证券账户从事证券交易行为的限制主体，由法人扩大为任何单位和个人，违反上述规定的，适用本条追究行政责任。

二、违规出借自己的证券账户或者借用他人的证券账户从事证券交易行为的行政责任

根据本条规定，任何单位和个人违反规定，出借自己的证券账户或者借用他人的账户从事证券交易的，由证券监管机构责令改正，并给予警告。同时，根据案件具体情况，证券监管机构可以并处出借人或借用人 50 万元以下的罚款，需注意本条对罚款由原证券法规定的“并处”改为“可以处”，故监管机

---

① 《中华人民共和国证券法释义》，载中国人大网，http：//www. npc. gov. cn/npc/c2202/200011/09c3c2c186e64321a554a68ae52f04e1. shtml，最后访问时间：2020 年 2 月 17 日。

② 《中华人民共和国证券法》（1998 年）第 74 条规定：“在证券交易中，禁止法人以个人名义开立账户，买卖证券。”第 190 条规定：“违反本法规定，法人以个人名义设立帐户买卖证券的，责令改正，没收违法所得，并处以违法所得一倍以上五倍以下的罚款；其直接负责的主管人员和其他直接责任人员属于国家工作人员的，依法给予行政处分。”

③ 《中华人民共和国证券法》（2005 年修订）第 80 条规定：“禁止法人非法利用他人账户从事证券交易；禁止法人出借自己或者他人的证券账户。”第 208 条第 1 款规定：“违反本法规定，法人以他人名义设立账户或者利用他人账户买卖证券的，责令改正，没收违法所得，并处以违法所得一倍以上五倍以下的罚款；没有违法所得或者违法所得不足三万元的，处以三万元以上三十万元以下的罚款。对直接负责的主管人员和其他直接责任人员给予警告，并处以三万元以上十万元以下的罚款。”

④ 《新证券法明年 3 月起施行 十方面制度将更趋完善》，载中国证券监督管理委员会官网，http：//www. csrc. gov. cn/pub/shenzhen/xxfw/mtzs/202001/t20200107_ 369219. htm，最后访问时间：2020 年 2 月 17 日。

构对此拥有自由裁量权。

相较于2005年证券法第208条第1款，本次证券法修订增加了“警告”的处罚方式，删除了“没收违法所得”，将罚款由“违法所得的1到5倍、没有违法所得或者违法所得不足3万元时的3万元至30万元”，统一调整为50万元以下，删除了对法人直接负责的主管人员和其他直接责任人员的处罚。可见，新证券法虽然全面扩大了“不得出借和借用证券账户”的适用范围，但降低了罚款上限，一定程度上兼顾了打击范围和打击力度的平衡。

此外，本条还删除了2005年证券法第208条第2款关于“证券公司为前款规定的违法行为提供自己或者他人的证券交易账户的”，对其直接负责的主管人员和其他直接责任人员撤销任职资格或证券从业资格的特殊规定，改由第107条第2款规定“证券公司不得将投资者的账户提供给他人使用”，并在第201条第2款中对相应对行政责任作出规定。

【适用指引】

一、关于处罚出借自己的证券账户或者借用他人的证券账户从事证券交易行为的限制条件

针对是否应当禁止自然人出借或借用证券账户的问题，理论界和实务界存在不同看法。虽然原证券法并未将违反证券账户实名制予以行政处罚的适用范围扩大到自然人，但监管层面已经出台了具体规则对此进行限制。[①]

本次证券法三审稿第66条的规定为：“禁止利用他人账户从事证券交易；禁止出借自己或者他人的证券账户。”理论界有观点指出，利用他人账户的弊端可以通过强化证券公司和证券登记结算公司落实证券账户实名制责任、运用大数据技术进行穿透监管等手段解决，将禁止利用他人账户的主体范围扩展到所有人，限制了交易自由、浪费了监管资源；[②] 也有观点认为，自然人投

---

① 例如，证监会《证券登记结算管理办法》第22条规定：“投资者不得将本人的证券账户提供给他人使用。”证监会《关于清理整顿违法从事证券业务活动的意见》第5条规定：“……任何机构和个人不得出借自己的证券账户，不得借用他人证券账户买卖证券。”《中国证券登记结算有限责任公司证券账户管理规则》第23条第2款规定：“投资者应当使用以本人名义开立的证券账户，不得违规使用他人证券账户或将本人证券账户违规提供给他人使用。”《中国证券登记结算有限责任公司关于对证券违法案件中违反账户实名制行为加强自律管理的通知》规定：“……对证券违法案件中违反账户实名制管理的相关当事人，除采取注销账户、限制使用等措施外，将同时采取一定时期内限制新开账户、列为重点关注对象等处罚措施……”

② 彭冰：《魔鬼隐藏在细节中：证券法大修中的小条款》，载《中国法律评论》2019年第4期。

资者存在亲友之间的委托理财和账户借用的合理需求，不应当“一刀切”地禁止借用账户行为。[①] 最终本次证券法修订时吸收了部分意见，在第 58 条中增加了“不得违反规定”出借或借用证券账户这一限制条件，因此，监管机构在适用本条进行行政处罚，须以行为人“违反规定”为前提条件。考虑到目前已有前文所述禁止自然人出借或借用证券账户的“规定”，可能需要立法或监管进一步明确该“规定”的效力层级，才能使得该限制条件在实践中被激活。

二、关于借用他人的证券账户从事其他证券违法行为所涉行政责任的认定

监管实践中，借用、控制他人的证券账户从事证券违法行为的情形时有发生，特别是在内幕交易、操纵证券市场案件中。有研究者统计，2016 年证监会共行政处罚 241 件，其中涉及借用他人账户从事违法活动的 95 件，而该 95 件案件中，有 92 件案件（包括内幕交易案 51 件、操纵市场案 29 件、超比例增减持案 6 件、从业人员借用他人账户持有或买卖股票案 6 件）虽然对证券账户借用人作出了处罚，但相关处罚事项针对的是其操纵市场或内幕交易等违法行为，并未将借用证券账户这一行为本身作为违法行为予以认定并处罚；仅有 3 件因法人借用他人账户买卖股票而受到行政处罚。[②] 这是因为原证券法并未规定自然人出借或借用证券账户应当承担行政责任。

此次证券法修订将禁止借用他人账户的主体扩展到自然人后，对于自然人借用他人的证券账户从事内幕交易、操纵证券市场等违法行为的，按照既往监管逻辑，[③] 除了“借用他人账户从事的证券交易”与其他违法行为涉及的证券交易，上述两种违法行为所涉及的标的股票、动用的资金、实施的买卖行为及其违法所得结果完全重合，此时处罚力度更轻的被更重的吸收，否则会区分两者具体行为，并适用相应行政责任条款分别进行处罚。

---

① 陈剑、王志明、蒋迅锋：《关于借用证券账户行为的问题分析与监管思考》，载《证券法苑》2018 年第 2 期。

② 中国证监会法律部（诚信办）：《关于行政处罚案件中利用他人账户从事违法交易情况的分析报告》，载《证券法制通讯》2017 年第 5 期，转引自陈剑、王志明、蒋迅锋：《关于借用证券账户行为的问题分析与监管思考》，载《证券法苑》2018 年第 2 期。

③ 《中国证监会行政处罚决定书（金宇轮胎集团有限公司、延某）》（〔2018〕94 号）、《中国证监会行政处罚决定书（北京市大地科技实业总公司、于某）》（〔2016〕103 号）、《中国证监会行政处罚决定书（浙江恒逸集团有限公司、楼某）》（〔2014〕41 号）。

第一百九十六条 收购人未按照本法规定履行上市公司收购的公告、发出收购要约义务的，责令改正，给予警告，并处以五十万元以上五百万元以下的罚款。对直接负责的主管人员和其他直接责任人员给予警告，并处以二十万元以上二百万元以下的罚款。

收购人及其控股股东、实际控制人利用上市公司收购，给被收购公司及其股东造成损失的，应当依法承担赔偿责任。

【条文主旨】

本条是关于收购人未依法履行上市公司收购的公告、发出收购要约义务，以及利用上市公司收购损害被收购公司及其股东合法权益行为应承担的法律责任的规定。

【条文释义】

一、应当履行的上市公司收购公告、发出收购要约义务

上市公司收购，是企业资产重组、优化资源配置、调整产业结构的有效途径。① 证券法设专章对上市公司收购的收购方式、条件和程序等作出明确规定。根据证券法、证监会《上市公司收购管理办法》等规定，收购人应履行上市公司收购公告、发出收购要约义务的主要情形如下：

1. 通过证券交易所的证券交易达到30%持股比例后继续收购：投资者持有上市公司已发行的有表决权股份达到30%时，继续收购的，应发出全面要约或部分要约，并公告上市公司收购报告书。

2. 采用协议收购方式达到30%持股比例后继续收购：收购人收购上市公司已发行的有表决权的股份超过30%，拟申请证监会豁免要约收购的，应在达成收购协议后3日内公告收购协议和上市公司收购报告书摘要，并在取得豁免之日起3日内公告其收购报告书等文件；在不申请豁免的情况下，持股比例达到30%时，继续收购的，应发出全面要约或部分要约，并在达成收购协议后3日内公告收购协议和要约收购报告书摘要，同时免于公告上市公司收购报告书。

---

① 《〈中华人民共和国证券法〉释义及实用指南》编写组编：《〈中华人民共和国证券法〉释义及实用指南》，中国民主法制出版社2012年版，第435页。

3. 采用间接收购方式达到 30% 持股比例后继续收购：收购人虽不是上市公司股东，但通过投资关系、协议、其他安排导致其拥有权益的股份超过上市公司已发行的有表决权股份 30% 的，应发出全面要约；拟申请豁免要约收购的，应按照协议收购申请豁免时的相关规定履行公告义务。

4. 通过其他合法方式超过 30% 持股比例：应当公告上市公司收购报告书，并在其中载明相应事项。

5. 要约收购应当履行的公告义务：包括但不限于要约收购报告书摘要提示性公告、要约收购报告书，如取消收购计划或变更收购要约应当公告取消原因及变更事项。

6. 收购行为完成后的公告义务：收购人应在 15 日内公告收购情况。

二、未依法履行上市公司收购公告、发出收购要约义务的表现形式

证券监管实践中，未依法履行上市公司收购公告、发出收购要约义务的违法行为表现形式主要有两种：一是收购人通过证券交易所交易、协议安排实际控制等方式持有上市公司股份达到 30% 后，未履行上市公司收购的公告、发出收购要约义务，而继续增持或收购；① 二是在达成收购协议后 3 日内未及时公告收购协议。②

三、未依法履行上市公司收购公告、发出收购要约义务的行政责任

收购人未依法履行上市公司收购的公告、发出收购要约义务，将由证券监管机构责令改正，并承担警告、罚款的行政责任。

相较于原证券法，本次证券法大幅提升了罚款金额区间和上限。具体而言，收购人未按照规定履行上市公司收购的公告、发出收购要约义务，对收购人的罚款由 10 万元至 30 万元提高至 50 万元至 500 万元，对直接负责的主管人员和其他责任人员的罚款由 3 万元至 30 万元提高至 20 万元至 200 万元。

本次证券法修订前，原证券法对收购公告违法行政责任（10 万元以上 30 万元以下罚款）和信息披露违法行政责任（30 万元以上 60 万元以下罚款）的

---

① 《中国证监会行政处罚决定书（越野一族（北京）投资管理有限公司、辛某、任某）》（〔2019〕49 号），《中国证监会行政处罚决定书（京博控股、马某）》（〔2012〕6 号），《中国证监会行政处罚决定书（北海港、天津德利得、王某等 15 名责任人员）》（〔2011〕3 号），《中国证监会行政处罚决定书（银河集团、苏州银河、盛银投资、潘某等 5 名责任人员）》（〔2010〕36 号）。

② 《中国证监会江苏监管局行政处罚决定书（北京非凡领驭投资管理有限公司等）》（〔2018〕9 号）、《中国证监会宁波监管局行政处罚决定书（深圳市勤诚达投资管理有限公司、廖某）》（〔2018〕2 号）、《中国证监会行政处罚决定书（吉林敖东、延边公路及李某等人）》（证监罚字〔2007〕19 号）。

规定并不一致，本次修订后的证券法对收购公告违法的处罚力度（50万元以上500万元以下罚款）虽仍轻于对信息披露存在虚假记载、误导性陈述或重大遗漏的处罚力度（100万元以上1000万元以下罚款），但对齐了未按照证券法规定履行信息披露义务的处罚尺度（50万元以上500万元以下罚款）。事实上，“未依法履行上市公司收购公告”也是“未按规定履行信息披露义务”的一种，新证券法将两者处罚标准齐平，体现出更为周延的立法逻辑。

四、利用上市公司收购损害被收购公司及其股东应承担的民事责任

由于收购人及其控股股东、实际控制人利用上市公司收购，给被收购公司及其股东造成损失的，构成民法上的侵权行为。因此，收购人及其控股股东、实际控制人应承担民事赔偿责任。

但是，公开渠道检索并未发现任何一起人民法院适用本条第2款（原证券法第214条）判决收购人或其控股股东承担民事赔偿责任的案例。在监管机构寥寥无几适用原证券法第214条对收购人进行行政处罚的案例中，此后上市公司投资者对收购人提起的民事诉讼也被归为“证券虚假陈述责任纠纷”，审理法院最终认定收购人违反了关于保证提供信息真实、准确、完整的承诺，操纵上市公司进行虚假陈述，侵犯投资者权益，构成共同侵权，并判决收购人就“证券虚假陈述民事赔偿责任”承担连带赔偿责任。[①] 因此，本条第2款关于民事责任的规定将如何落地，还有待于司法实践的进一步探索。

本次证券法修订改变了原证券法第214条将收购人利用上市公司收购损害被收购公司及其股东合法权益应承担的行政责任和民事责任杂糅在一条的做法，设专款明确规定收购人滥用收购时应承担民事赔偿责任，对规范上市公司收购提供了更清晰的制度保障，也给中小投资者提供了更明确的权利救济基础。

此外，由于实践中收购人滥用收购通常是在实际控制人组织、指使下进行的，故新证券法将滥用上市公司收购的民事责任主体由“收购人及其控股股东”扩展到“收购人及其控股股东、实际控制人”，加大了对上市公司及其股东利益的保护力度，也有利于进一步遏制收购乱象。

---

① 《中国证监会行政处罚决定书（江苏保千里视像科技股份有限公司、庄某、陈某等12名责任人员）》（〔2017〕78号），广东省高级人民法院（2018）粤民终439号民事判决书。

【适用指引】

一、关于收购人未履行上市公司收购公告、发出收购要约义务取得的股份是否应限制其表决权

关于违规增持取得的股份是否享有表决权，一直是上市公司收购纠纷，尤其是敌意收购纠纷中的法律争议焦点。由于原证券法是将限制表决权规定在第213条行政责任条款中。因此，司法实践通常认为，限制表决权的权力仅限于证券监管机构，即对违规增持责令改正事项由证券监管机构作出，而是否全面履行改正义务也应由证券监管机构予以审查认定，故在证券监管机构未作出限制表决权决定的情况下，上市公司及董事会无权限制股东违规增持部分的股东权利。原证券法的规定以及司法实践的态度，使得在上市公司敌意收购过程中，即使收购人因违规收购被行政处罚，其股东权利的行使也不会受到实质性影响。

此次证券法修订改变了将限制表决权规定在行政责任条款的做法，本条第1款删除了原证券法第213条关于“在改正前，收购人对其收购或者通过协议、其他安排与他人共同收购的股份不得行使表决权”的规定，同时证券法在第63条第4款新增规定，违规增持的股份36个月内对超比例部分的股份不得行使表决权。

但是，本条所规制的是收购人未履行上市公司收购公告、发出收购要约义务的行为，而第63条第4款针对的则是投资者持有表决权股份达到5%时以及之后每变动5%时，违反权益变动披露规则、静默期内停止买卖要求的行为，二者在适用主体、规制行为上均不相同。因此，根据文义解释，收购人在未履行上市公司收购公告、发出收购要约义务的情况下继续增持的股份，在本条第1款删除了原证券法第213条对违规收购的股份限制表决权之规定的情况下，难以适用证券法第63条第4款限制其表决权。不过，从目的解释角度看，立法或许认为未履行上市公司收购公告、发出收购要约义务的收购人通常也存在权益披露变动公告违法的情形，由于在权益变动阶段违规超比例持股部分就可以被限制表决权，由此也足以使得违反收购公告或发出收购要约义务的收购人超比例持股部分的表决权受到限制。

新证券法对违规增持股份的表决权限制问题已摆脱行政权力前置的困局，为司法机关和上市公司等民事权利主体限制表决权提供了法律依据，亦将对上市公司敌意收购引发的一系列问题有所规制。具体如何适用及效果如何，还有待资本市场的检验和司法实践的进一步明确。

二、关于收购人损害被收购公司及其股东合法权益的行政责任

原证券法第214条将收购人或收购人的控股股东滥用上市公司收购的行政责任和民事责任杂糅在一条中，既规定需承担警告、罚款的行政责任，又规定应当依法承担民事赔偿责任。在既往执法实践中，收购人滥用上市公司收购通常表现为收购人通过虚增资产评估值等方式获得上市公司多支付的股份，监管机构据此认定收购人损害了上市公司及其股东的合法权益，并依据原证券法第214条对收购人予以行政处罚。①

本次证券法修订删除了原证券法第214条中关于收购人滥用上市公司收购应承担行政责任的规定，仅保留了关于民事责任的规定。据此，收购人及其控股股东、实际控制人利用上市公司收购损害上市公司及其股东合法权益的，不能再适用本条第2款的规定追究行政责任。但是，实践中收购人滥用收购主要采用提供虚假文件、作出虚假承诺等方式，如果收购人披露的信息存在虚假陈述，在新证券法全面扩大信息披露违法行政责任主体范围的背景下，收购人作为信息披露义务人同样可能适用证券法第197条被追究信息披露违法的行政责任，并不会导致制度真空的情况出现。

第一百九十七条　信息披露义务人未按照本法规定报送有关报告或者履行信息披露义务的，责令改正，给予警告，并处以五十万元以上五百万元以下的罚款；对直接负责的主管人员和其他直接责任人员给予警告，并处以二十万元以上二百万元以下的罚款。发行人的控股股东、实际控制人组织、指使从事上述违法行为，或者隐瞒相关事项导致发生上述情形的，处以五十万元以上五百万元以下的罚款；对直接负责的主管人员和其他直接责任人员，处以二十万元以上二百万元以下的罚款。

信息披露义务人报送的报告或者披露的信息有虚假记载、误导性陈述或者重大遗漏的，责令改正，给予警告，并处以一百万元以上一千万元以下的罚款；对直接负责的主管人员和其他直接责

① 《中国证监会行政处罚决定书（深圳市中恒汇志投资有限公司、涂某）》（〔2019〕46号）、《中国证监会行政处罚决定书（江苏保千里视像科技股份有限公司、庄某、陈某等12名责任人员）》（〔2017〕78号）。

任人员给予警告，并处以五十万元以上五百万元以下的罚款。发行人的控股股东、实际控制人组织、指使从事上述违法行为，或者隐瞒相关事项导致发生上述情形的，处以一百万元以上一千万元以下的罚款；对直接负责的主管人员和其他直接责任人员，处以五十万元以上五百万元以下的罚款。

【条文主旨】

本条是关于信息披露义务人未按规定报送报告、履行信息披露义务，或者报送的报告、披露的信息有虚假记载、误导性陈述或重大遗漏的行为应承担的法律责任的规定。

【条文释义】

一、应当履行的信息披露义务

信息披露制度是证券市场健康发展的基石，亦是公开原则的体现，有助于保护投资者利益，解决信息不对称问题，防止操纵市场、内幕交易等不公平现象发生。[①] 而注册制的基本特点更是以信息披露为中心，通过要求证券发行人真实、准确、完整地披露公司信息，使投资者可以获得必要的信息对证券价值进行判断并作出是否投资的决策。[②]

就信息披露的要求而言，证券法确立了以下披露标准：（1）及时；（2）真实、准确、完整；（3）简明清晰、通俗易懂；（4）境外披露的信息境内同步披露；（5）公平披露；（6）形式合法。就本条而言，虚假记载、误导性陈述或者重大遗漏的信息披露违法行为属于违反“真实、准确、完整”的披露义务，如果未达到除此之外的其他要求，则可能构成本条“未按照本法规定履行信息义务”所述情形。

就信息披露的类型而言，信息披露制度包括强制性信息披露和自愿性信息

---

① 全国人大证券法修改起草工作小组：《中华人民共和国证券法释义》，中国金融出版社2006年版，第210页。

② 《证监会有关负责人就设立科创板并试点注册制有关问题答记者问》，载中国证券监督管理委员会网站，http://www.csrc.gov.cn/pub/newsite/zjhxwfb/xwdd/201906/t20190628_358403.html，最后访问时间：2020年2月24日。

披露。强制性信息披露可进一步分为发行时的信息披露和上市后的持续信息披露。发行时的信息披露区分为首次公开发行和上市后发行；上市后的持续信息披露包括定期报告和临时报告两类，前者包括年度报告、半年度报告和季度报告；临时报告则可以区分为交易性质的报告和非交易性质的报告①。

二、违反信息披露义务的表现形式

长期以来，信息披露违法行为一直是我国证券监管部门的重点打击领域。信息披露违法行为的主要表现形式包括以下几类：

1. 虚假记载：是指将不存在的事实在信息披露文件中予以记载的行为。虚构交易等财务造假行为或提前确认收入等会计差错导致的虚增收入、利润，均属此列。

2. 误导性陈述：是指作出使投资人对其投资行为发生错误判断并产生重大影响的陈述。例如，选取使财务指标表现更好而非使财务情况体现更全面的统计区间、对公司前景的描绘和设想缺乏相应的事实基础等。②

3. 重大遗漏：是指未将应当记载的事项完全或者部分予以记载。例如，在定期报告中未披露或未完整披露关联交易事项、对外担保事项、重大诉讼事项等。

4. 未及时披露：是指未在适当期限内公开披露应当披露的信息。例如，在触及重大事件披露时点③后的法定期限内未进行临时公告。

5. 披露形式不合法：是指未以法定方式公开披露应当披露的信息。上市公司披露信息应当在国务院证券监管机构指定的媒体上发布，而不应以新闻发布会的形式发布，或者在公司官网、微博、微信公众号等平台上发布。

6. 其他未按规定披露信息的情形：主要包括违反“简明清晰、通俗易懂、同步披露、公平披露”标准的情形，但由于上述要求系本次证券法修订新增的信息披露标准，监管实践中要如何把握，还有待于执法部门的进一步落实。

---

① 深圳证券交易所编：《董秘信息披露实用手册》，2015 年 9 月。

② 《中国证监会行政处罚决定书（珠海中富实业股份有限公司、陈某、王某、招某、陈某上）》（〔2015〕2 号），《中国证监会行政处罚决定书（上海安硕信息技术股份有限公司、高某、曹某）》（〔2016〕138 号）。

③ 证监会《上市公司信息披露管理办法》第 31 条规定：“上市公司应当在最先发生的以下任一时点，及时履行重大事件的信息披露义务：（一）董事会或者监事会就该重大事件形成决议时；（二）有关各方就该重大事件签署意向书或者协议时；（三）董事、监事或者高级管理人员知悉该重大事件发生并报告时。在前款规定的时点之前出现下列情形之一的，上市公司应当及时披露相关事项的现状、可能影响事件进展的风险因素：（一）该重大事件难以保密；（二）该重大事件已经泄露或者市场出现传闻；（三）公司证券及其衍生品种出现异常交易情况。”

三、信息披露违法的行政责任

（一）违反信息披露义务的行政责任承担主体

原证券法第63条确立了以“发行人、上市公司”为信息披露第一责任人的信息披露责任主体制度，虽然强化了发行人、上市公司的责任，却弱化了上市公司收购人、交易对手、大股东等相关主体的信息披露责任，也引发了监管实践中的诸多问题。例如，在上市公司持股5%以上的大股东未履行信息披露义务的违规案例中，有的仅处罚大股东，[①] 有的则既对上市公司和大股东均进行了行政处罚。[②] 本次修订后的证券法彻底解决了此类争议。

新证券法第78条从根本上突破了“发行人、上市公司”为第一责任人的规范逻辑，确立了以“信息披露义务人”为中心的监管原则。这意味着我国证券市场对信息披露主体的监管进入“大一统时代”，各领域、各主体的信息披露标准被全面统一，无论是法律、法规还是证监会规定，只要是被施以信息披露义务的主体，都属于“信息披露义务人”，如违反信息披露相关规则，均可能承担信息披露违法违规的行政责任。

（二）信息披露义务人信息披露违法的行政责任

本次证券法修订前，原证券法第193条虽然划分了“披露”行为和“报送”行为，却未在行政责任上进行区分。本条修改了原证券法的上述处罚逻辑，以“未按照本法规定报送有关报告或者履行信息披露义务”和“报送的报告或者披露的信息有虚假记载、误导性陈述或者重大遗漏”为尺度，对两种情形规定了差异化的行政责任，并对后者科以更重的行为后果，可见新证券法的处罚逻辑更加合理。

信息披露义务人违反信息披露义务，将由证券监管机构责令改正，并承担警告、罚款的行政责任。相较于原证券法，新证券法大幅提升了信息披露违法的罚款金额区间和上限。具体而言：信息披露义务人未按照规定报告或履行信息披露义务，信息披露义务人的罚款由30万元至60万元提高至50万元至500万元，直接负责的主管人员和其他责任人员的罚款由3万元至30万元提高至20万元至200万元；信息披露义务人报告或披露的信息有虚假记载、误导性陈述或者重大遗漏的，信息披露义务人的罚款由30万元至60万元提高至100万元

---

① 《中国证监会上海监管局行政处罚决定书（代某）》（沪〔2017〕1号）、《中国证监会上海监管局行政处罚决定书（刘某）》（沪〔2017〕2号）。

② 《中国证监会行政处罚决定书（北大医药股份有限公司、北京政泉控股有限公司、北大资源集团控股有限公司等8名责任人员）》（〔2017〕44号）。

至1000万元，直接负责的主管人员和其他责任人员的罚款由3万元至30万元提高至50万元至500万元。

（三）发行人控股股东、实际控制人信息披露违法的行政责任

原证券法规定发行人的控股股东、实际控制人只有在“指使”信息披露义务人从事信息披露违法行为时，才应当承担行政责任。新证券法在“指使”的基础上，吸收了证监会《信息披露违法行为行政责任认定规则》中对“指使”行为的扩张解释，[①] 增加了“隐瞒”行为作为发行人控股股东和实际控制人承担行政责任的情节，进一步扩大了控股股东和实际控制人承担行政责任的范围，更加周延地规范了上述主体在发行人信息披露过程中实施的各种作为或不作为的违法行为。

发行人的控股股东、实际控制人组织、指使从事信息披露违法行为或者隐瞒相关事项导致信息披露违法行为发生的，发行人的控股股东、实际控制人及其直接负责的主管人员和其他直接责任人员，处以罚款，罚款区间与信息披露义务人及其直接负责的主管人员和其他直接责任人员的罚款区间一致。

【适用指引】

一、关于违反“简明清晰、通俗易懂”之信息披露标准的行政责任

“简明清晰、通俗易懂”，是在保证公告完整性、准确性的同时增强公告的“可读性”和“易解性”，这对信息披露义务人提出了更高的要求。但由此带来的问题是，信息披露义务人如果没有达到“简明清晰、通俗易懂”的标准，同样可能构成本条所述“未按照本法规定履行信息披露义务的”，从而面临被行政处罚的后果。

此处需特别注意的是，根据行政处罚法规定，并非所有的行政违法行为均应予以行政处罚，行政违法行为轻微的，应不予行政处罚。[②]“简明清晰、通俗易懂”的标准难以精准量化，上市公司在披露涉及专业领域信息时不可避免需使用行业术语，难免给普通投资者带来一定的理解困难。考虑到上市公司日常

---

① 《信息披露违法行为行政责任认定规则》第18条第2款规定：“控股股东、实际控制人直接授意、指挥从事信息披露违法行为，或者隐瞒应当披露信息、不告知应当披露信息的，应当认定控股股东、实际控制人指使从事信息披露违法行为。”

② 《中华人民共和国行政处罚法》第38条第1款规定：“调查终结，行政机关负责人应当对调查结果进行审查，根据不同情况，分别作出如下决定……（二）违法行为轻微，依法可以不予行政处罚的，不予行政处罚……”

信息披露工作的严格性、复杂性和专业性，违反该标准之行为性质、情节和社会危害程度的轻微性以及信息披露违法被行政处罚后果的严重性，证券监管机构应严格限缩对披露信息“不够简明清晰或通俗易懂”的行政处罚权力边界，从严把握执法尺度。

二、关于自愿性信息披露行为是否可能承担行政责任的问题

证券法第 84 条第 1 款规定：“除依法需要披露的信息之外，信息披露义务人可以自愿披露与投资者作出价值判断和投资决策有关的信息，但不得与依法披露的信息相冲突，不得误导投资者。”有观点认为应对此给出“安全港”规则，在善意自愿披露的情况下，可以免除虚假陈述的责任。

美国证券法的“安全港”规则主要是与前瞻性信息披露制度配套实施的，在行政层面有 SEC 安全港（SEC safe harbor），[①] 在民事层面有法定安全港（statutory safe harbor），[②] 旨在使特定条件下发行人或其他相关人的前瞻性陈述不被认为是欺诈陈述或不需要在私人证券诉讼中承担民事赔偿责任。但是，上述豁免规则有严格的适用条件，SEC 安全港不保护没有合理基础或并非善意的披露，法定安全港则要求相关信息必须附有有意义的警示性声明、不重要或行为人并不知悉信息存在虚假或误导。可见，即使是自愿披露的信息，如果违背诚实信用原则、没有合理基础，亦不受法律保护。

因此，无论我国证券法或相关监管规定是否设立“安全港”规则，信息披露义务人自愿披露的信息，也应当遵守真实、准确、完整的信息披露基本要求，不得有虚假记载、误导性陈述或者重大遗漏等误导投资者的情形，否则同样应当承担信息披露违法的行政责任，更有可能承担虚假陈述民事赔偿责任。[③]

另外，制度的设计与执行应兼顾公平与效率，尽快设立与自愿披露原则配套的“安全港”规则，可以保护善意发行人免受行政责任和民事诉讼的威胁，从而实现自愿披露规则鼓励信息披露、提高市场效率的制度初衷。在“安全港”规则出台前，证券监管部门在判断自愿披露信息的行为是否构成信息披露违法时，也宜适度收敛监管强度，除应考察信息披露义务人在主观上是否存在

---

① See SEC Rule 175.

② See Section 27A, *Securities Act of* 1933, *the same as Section* 21*E*, Securities Exchange Act of 1934. See Jeanne Calderon, Rachel Kowal, *Safe Harbors: Historical and Current Approaches to Future Forecasting*, 36 J. Corp. L. 653, 1997. 转引自魏俊：《证券法上的安全港及其制度价值——以前瞻性信息披露为例》，载《证券法苑》2014 年第 3 期。

③ 贾纬：《证券市场侵权民事责任之完善》，载《法律适用》2014 年第 7 期。

恶意外，还应特别注意辨别信息是否具有真实客观基础、是否具有现实可行性、是否充分揭示风险，[①] 在综合全案情况的基础上，审慎对自愿性信息披露行为的合规性作出判断。

第一百九十八条 证券公司违反本法第八十八条的规定未履行或者未按照规定履行投资者适当性管理义务的，责令改正，给予警告，并处以十万元以上一百万元以下的罚款。对直接负责的主管人员和其他直接责任人员给予警告，并处以二十万元以下的罚款。

【条文主旨】

本条是关于证券公司未履行或者未按照规定履行投资者适当性管理义务行为应承担的法律责任的规定。

【条文释义】

一、证券公司应当履行的投资者适当性管理义务

自2007年以来，证监会在创业板、全国股转系统、金融期货、融资融券、私募基金等市场、业务、产品或服务中逐步建立起投资者适当性管理制度。[②] 2016年5月，证监会发布适用范围包括整个证券期货市场的《证券期货投资者适当性管理办法》，[③] 成为当时证券监管制度中投资者适当性制度的“基本法”。本次证券法修订新增“投资者保护”专章，章节第1条即为“证券公司的投资者适当性管理义务”，意味着该制度首次在证券法层面得到了确立。

投资者适当性管理是现代金融服务的基本原则和要求，也是成熟市场普遍采用的保护投资者权益和管控创新风险的做法。[④] 投资者适当性管理义务是指

---

① 杜勇波、吴文光：《证券市场“讲故事”行为的认定与识别——兼谈上市公司信息披露原则》，载《证券法苑》2017年第3期。

② 李东方、冯睿：《投资者适当性管理制度的经济和法律分析》，载《财经法学》2018年第4期。

③ 《证券期货投资者适当性管理办法》第2条规定：“向投资者销售公开或者非公开发行的证券、公开或者非公开募集的证券投资基金和股权投资基金（包括创业投资基金，以下简称基金）、公开或者非公开转让的期货及其他衍生产品，或者为投资者提供相关业务服务的，适用本办法。”

④ 中国证券监督管理委员会：《〈证券期货投资者适当性管理办法〉起草说明》。

证券公司在向投资者销售证券、提供服务时，应按照规定充分了解投资者各类相关情况，进而决定是否向其销售证券、提供服务，以及销售、提供与投资者上述状况相匹配的何种证券、服务。证券公司作为证券市场面向投资者大门的主要“看门人”，其投资者适当性管理义务是展开后续其他证券业务的前提和基础，只有充分掌握投资者具体情况，才能匹配适当的金融产品和金融服务。结合证券法第 88 条规定，证券公司的投资者适当性管理义务主要包括以下几个方面：

1. 充分了解投资者信息：证券公司应当按照规定充分了解投资者的基本情况、财产状况、金融资产状况、投资知识和经验、专业能力等相关信息，这些信息不仅是证券公司提供相匹配金融产品和服务的依据，也是区分普通投资者和专业投资者的重要指标。

2. 如实说明证券、服务内容，充分提示风险：证券公司应当向投资者如实说明证券、服务的重要内容，充分揭示投资风险，以便让投资者在了解产品或者服务情况，听取经营机构适当性意见的基础上，根据自身能力审慎决策，独立承担投资风险。① 证券公司对投资者进行告知、警示，内容应当真实、准确、完整，语言应当通俗易懂；告知、警示应当采用书面形式送达投资者，并由其确认投资者已充分理解和接受。②

3. 销售、提供与投资者相关状况相匹配的证券、服务：充分了解信息、如实说明情况、充分提示风险都是为了向投资者提供与其状况相匹配的证券和服务。如果证券公司在妥善履行前两项义务后未能销售或提供相匹配的证券或服务，则仍不符合投资者适当性管理义务的要求。根据《证券期货投资者适当性管理办法》第 22 条规定，证券公司“未履行适配义务”体现为：（1）向不符合准入要求的投资者销售产品或者提供服务；（2）向投资者就不确定事项提供确定性的判断，或者告知投资者有可能使其误认为具有确定性的意见；（3）向普通投资者主动推介风险等级高于其风险承受能力的产品或者服务；（4）向普通投资者主动推介不符合其投资目标的产品或者服务；（5）向风险承受能力最低类别的投资者销售或者提供风险等级高于其风险承受能力的产品或者服务；

---

① 《证券期货投资者适当性管理办法》第 4 条规定：“投资者应当在了解产品或者服务情况，听取经营机构适当性意见的基础上，根据自身能力审慎决策，独立承担投资风险。经营机构的适当性匹配意见不表明其对产品或者服务的风险和收益做出实质性判断或者保证。”

② 《证券期货投资者适当性管理办法》第 24 条规定：“经营机构对投资者进行告知、警示，内容应当真实、准确、完整，不存在虚假记载、误导性陈述或者重大遗漏，语言应当通俗易懂；告知、警示应当采用书面形式送达投资者，并由其确认已充分理解和接受。”

(6) 其他违背适当性要求，损害投资者合法权益的行为。

4. 对拒绝配合的投资者，应告知其后果，并拒绝向其销售证券、提供服务：证券公司了解投资者信息有赖于投资者的配合，如投资者拒绝提供或者未按照要求提供信息，证券公司应明确告知投资者后果，并拒绝向该等投资者销售证券、提供服务。

二、证券公司未依法履行投资者适当性管理义务的表现形式

在既往监管实践中，违反投资者适当性管理义务的案例多发于私募投资基金领域，私募基金管理人、私募基金托管人、私募基金销售机构及其他私募服务机构及其从业人员因违反证监会《私募投资基金监督管理暂行办法》《证券期货投资者适当性管理办法》关于投资者适当性管理义务的各项规定而被施以行政监管措施或遭到行政处罚。① 在为数不多的涉及证券公司的案例中，证券监管机构都只是根据《证券期货投资者适当性管理办法》和证券公司相关规定采取了出具警示函、责令改正的监管措施，而并未追究案涉公司的行政责任。总体而言，证券公司未依法履行投资者适当性管理义务主要表现为：

1. 未真正了解客户情况：未充分了解客户的真实身份、资产、收入、投资经历以及风险承受能力。②

2. 未充分提示风险：营销人员宣传推介时风险揭示不到位。③

3. 销售与风险承受能力不匹配的证券：向风险承受能力较低的保守型客户销售高风险金融产品。④

4. 明知投资者提供信息不实，未告知后果且未拒绝销售：明知该投资者提供的信息不真实、不准确，未告知其后果，也未拒绝向其销售产品。⑤

---

① 《中国证监会福建监管局关于对福建双宇中融投资管理有限公司采取责令改正措施的决定》(〔2019〕37号)、《中国证监会湖南监管局关于对湖南恒途投资有限公司采取责令改正监管措施的决定》(〔2019〕17号),《中国证监会广东监管局行政处罚决定书 (广州亚投股权投资基金管理有限公司、张某、钟某)》(〔2019〕1号)、《中国证监会广东监管局行政处罚决定书 (广东中大创业投资管理有限公司)》(〔2017〕9号)。

② 《中国证监会江苏监管局关于对中信建投证券南京龙园西路证券营业部采取出具警示函措施的决定》(〔2017〕76号)。

③ 《中国证监会广西监管局关于对国海证券股份有限公司采取责令改正措施的决定》(〔2017〕9号)。

④ 《中国证监会北京监管局关于责令国都证券股份有限公司北京朝阳路证券营业部限期改正的决定》(〔2018〕9号)。

⑤ 《中国证监会上海监管局关于对光大证券股份有限公司上海仙霞路营业部采取出具警示函措施的决定》(沪证监决〔2018〕32号)。

三、证券公司未依法履行投资者适当性管理义务的行政责任

（一）责令改正，给予警告，并处以相应罚款

证券公司未依法履行投资者适当性管理义务，多是内控管理不到位造成的。因此，本条中的“责令改正”既应当包括纠正既往因未履行或者未按照规定履行投资者适当性管理义务所造成的错误，更应当包括完善并严格落实内控制度、强化内容管理、提升内控水平，以便对未来的投资者做好适当性管理工作，依法合规地开展证券业务。①

对于未履行或者未按照规定履行投资者适当性管理义务的证券公司，除责令改正、给予警告之外，还应并处以 10 万元以上 100 万元以下的罚款。该罚款额度是本次证券法修订后较低的罚款额度，与证券法第 194 条规定的损害客户利益但没有违法所得或者违法所得金额较低的行政责任一致，一定程度上能够反映出未依法履行投资者适当性管理义务行为的危害程度。

（二）对责任人员给予警告，并处以相应罚款

证券公司被认定未履行或者未按照规定履行投资者适当性管理义务，还应对其直接负责的主管人员和其他直接责任人员，给予警告，并处以 20 万元以下的罚款。对于责任人员的认定，应当根据证券公司业务管理权责分配和销售证券、提供服务的实际情况，确定直接负责的主管人员和其他直接责任人员，例如向投资者销售证券、提供服务业务部门主管人员，具体从事向投资者销售证券、提供服务业务的直接责任人员。此外，本条规定的对责任人员处以 20 万元以下罚款也是本次证券法修订后罚款尺度较低的行政责任条款之一，体现出本次证券法修订法律责任与违法行为相匹配的立法思路。

【适用指引】

一、关于证券公司投资者适当性管理义务的边界

证券公司履行投资者适当性管理义务有赖于投资者配合，需要投资者如实告知其基本信息、提供真实的证明材料。如果投资者故意提供虚假信息或隐瞒

---

① 《证券期货投资者适当性管理办法》第 29 条规定：“经营机构应当制定适当性内部管理制度，明确投资者分类、产品或者服务分级、适当性匹配的具体依据、方法、流程等，严格按照内部管理制度进行分类、分级，定期汇总分类、分级结果，并对每名投资者提出匹配意见。经营机构应当制定并严格落实与适当性内部管理有关的限制不匹配销售行为、客户回访检查、评估与销售隔离等风控制度，以及培训考核、执业规范、监督问责等制度机制，不得采取鼓励不适当销售的考核激励措施，确保从业人员切实履行适当性义务。”

真实信息，证券公司据此作出了与其实际风险承受能力不匹配的适当性判断，是否仍应承担行政责任？对此，既往监管实践曾有因客户填列投资经历与实际投资经历不一致而认定证券公司未履行客户适当性管理工作的案例，① 在《证券期货投资者适当性管理办法》出台后，地方证券业协会对于证券公司的审查义务也做出过“普通投资者转化为专业投资者要严格落实实质审查的要求”的解读，② 体现出实践层面对证券公司投资者信息审查义务“实质化”要求的趋势。

但是，行政处罚惩治的是“违法行为”，从现行规定来看，涉及投资者适当性管理义务的规定多为证券公司应当履行的各项程序和步骤，如《证券期货投资者适当性管理办法》就证券公司“应当了解投资者的信息”③“如何划分产品或者服务风险等级”④“应向投资者告知信息范围”⑤ 等均作出了较为详尽的规定。因此，只要证券公司按照法律规定和监管要求，妥善履行必要的适当性审查程序，包括采集必要信息、提示风险、匹配销售证券或提供服务等，将法律规定和监管要求的各项“规定动作”予以落实，就应当认为其已经履行了投

---

① 《中国证监会北京监管局关于责令国都证券股份有限公司北京朝阳路证券营业部限期改正的决定》（〔2018〕9号）。

② 《7月1日迫在眉睫！43个问答全角度解读〈证券期货投资者适当性管理办法〉，新老划断积极拥抱“三新”客户》，载江苏省证券业协会微信公众号，https：//mp. weixin. qq. com/s? src = 3&timestamp = 1581673098&ver = 1&signature = TLo7uN6gwp4bz4gFBHqa5cDN7 * bDkoAXK1Rf65 – bPoQi-UAZS3xQJkpo70a8SzUO26XzvZdKUpoA3COcLZjrOI3D7ihhGfB813smvXepeZlnwY6bZweWaNNiUJFfz5FioJzPXXq6f33OJeni2Kn4Eu0M0t7UzrqsRHsvG8XN13Oc =，最后访问时间：2020年2月14日。

③ 《证券期货投资者适当性管理办法》第6条规定：“经营机构向投资者销售产品或者提供服务时，应当了解投资者的下列信息：（一）自然人的姓名、住址、职业、年龄、联系方式，法人或者其他组织的名称、注册地址、办公地址、性质、资质及经营范围等基本信息；（二）收入来源和数额、资产、债务等财务状况；（三）投资相关的学习、工作经历及投资经验；（四）投资期限、品种、期望收益等投资目标；（五）风险偏好及可承受的损失；（六）诚信记录；（七）实际控制投资者的自然人和交易的实际受益人；（八）法律法规、自律规则规定的投资者准入要求相关信息；（九）其他必要信息。”

④ 《证券期货投资者适当性管理办法》第16条规定：“划分产品或者服务风险等级时应当综合考虑以下因素：（一）流动性；（二）到期时限；（三）杠杆情况；（四）结构复杂性；（五）投资单位产品或者相关服务的最低金额；（六）投资方向和投资范围；（七）募集方式；（八）发行人等相关主体的信用状况；（九）同类产品或者服务过往业绩；（十）其他因素。涉及投资组合的产品或者服务，应当按照产品或者服务整体风险等级进行评估。”

⑤ 《证券期货投资者适当性管理办法》第23条规定：“经营机构向普通投资者销售产品或者提供服务前，应当告知下列信息：（一）可能直接导致本金亏损的事项；（二）可能直接导致超过原始本金损失的事项；（三）因经营机构的业务或者财产状况变化，可能导致本金或者原始本金亏损的事项；（四）因经营机构的业务或者财产状况变化，影响客户判断的重要事由；（五）限制销售对象权利行使期限或者可解除合同期限等全部限制内容；（六）本办法第二十九条规定的适当性匹配意见。”

资者适当性审查义务。如果投资者为实现其非法目的，刻意告知虚假信息，或者提供不真实的材料以规避证券公司的适当性审查、以期从事更高风险的证券投资或相关金融服务，则不应一概归咎于证券公司事前适当性审查不力。如果要求证券公司对投资者提供的信息内容或证明材料的真实性逐一核实，无异于因噎废食，不仅过分增加交易成本、过分降低交易效率，更是突破了证券市场各方的责任边界，有损资本市场的基本诚信体系的构建。因此，证券公司只要"尽职"，就应"免责"。

另外，证券投资者适当性管理也是通过规制证券公司的行为，构建其向投资者销售证券产品或提供投资建议的行为规范，防止其滥用投资者的信赖来损害投资者权益，亦即一种对证券公司的行为监管，旨在抑制券商的自利冲动，防止其因短期利益而忽视长期利益，最终损害投资者的利益。① 从这一角度而言，证券公司也唯有"尽职"，才能"免责"。

二、关于注册制背景下证券公司投资者适当性管理义务的重要性

本次证券法修订最为重要的内容之一即证券发行的注册制改革，注册制的核心是在信息披露充分、中介机构尽责的情况下，由投资者自行对发行人商业质量的好坏、股票是否值得投资、股票的投资价格与价值等事项做出价值判断。这不仅要求发行人披露的信息真实、准确、完整，还要求投资者能"看懂"发行人披露的信息；不仅要求中介机构运用专业知识和专门经验对发行人的各项情况进行全面核查并作出专业判断，还要求投资者能够"使用"该判断作为投资决策的参考。注册制在一定程度上提高了对投资者甄别市场风险能力的要求，在此背景下，强调证券公司的投资者适当性管理义务就更加具有现实意义。②

美国资本市场在20世纪20年代的金融危机之后，明确了政府对资本市场的立法监管，其核心是要解决公众对自由资本市场在"告知投资者"上的不满，由此确立了投资者适当性原则；③ 2008年在我国香港地区发生的雷曼"迷你债"风波也是一个因金融产品与投资者风险承受能力不匹配而引发的典型案例，由此引入了投资者适当性规则。④ 境外成熟证券市场均将投资者适当性管

---

① 张付标、李玫：《论证券投资者适当性的法律性质》，载《法学》2013年第10期。

② 蒋大兴：《隐退中的"权力型"证监会——注册制改革与证券监管权之重整》，载《法学评论》2014年第2期。

③ 武俊桥：《证券市场投资者适当性原则初探》，载《证券法苑》2010年第2期。

④ 王天习、田忠洪：《证券投资者适当性规则研究——兼论我国投资者适当性规则的完善》，载《经济法论丛》2013年第1期。

理作为降低市场风险、防范金融危机的有效手段。在我国证券市场逐步走向成熟、更多发行人将通过注册制进入证券市场的同时，本次证券法修订特别完善了以证券公司投资者适当性管理义务为首的投资者保护制度和法律责任体系，无疑有助于保障我国证券市场既快又稳地进入注册制新时代。

第一百九十九条 违反本法第九十条的规定征集股东权利的，责令改正，给予警告，可以处五十万元以下的罚款。

【条文主旨】

本条是关于违法征集股东权利行为应承担的法律责任的规定。

【条文释义】

一、征集股东权利制度的发展历程

征集股东权利，是指征集者为了在公司股东大会上通过对其有利的方案，甚至达到控制公司的目的，以公开方式请求股东委托征集者代为行使提案权、表决权等股东权利的行为。征集股东权利制度，有助于少数股东通过征集到足够数量的提案权、投票权等权利，影响乃至控制股东大会，从而对现任经营者形成外部压力与制衡，促进公司治理结构的优化，强化对股东尤其是中小股东权利的保护。①

在新证券法出台前，公司法、证券法并未直接对征集股东权利行为作出规定，相关规定主要散见于行政法规、部门规章或规范性文件中，且仅为原则性规定。1993 年，国务院《股票发行与交易管理暂行条例》第 65 条首次对征集股东权利作出规定，即股票持有人可以授权他人代理行使其同意权或者投票权，但征集 25 人以上的投票权时应当遵守证监会有关信息披露和作出报告的规定；② 2001 年，证监会《关于在上市公司建立独立董事制度的指导意见》第 5

---

① 贺大伟、董娜：《论代理权征集中的法律责任与股东权利救济》，载《兰州工业学院学报》2017 年第 6 期。

② 《股票发行与交易管理暂行条例》第 65 条规定："股票持有人可以授权他人代理行使其同意权或者投票权。但是，任何人在征集二十五人以上的同意权或者投票权时，应当遵守证监会有关信息披露和作出报告的规定。"

条规定独立董事有权在股东大会召开前向股东征集投票权；① 2002年，证监会、原国家经济贸易委员会在《上市公司治理准则》（已失效）第10条规定董事会、独立董事和符合有关条件的股东可以向上市公司股东征集其在股东大会上的投票权，征集应采取无偿的方式，并应向被征集人充分披露信息。② 其后，证监会通过《上市公司股东大会规则》《上市公司章程指引》等重申董事会、独立董事和符合相关规定条件的股东可以公开征集股东投票权，要求征集股东投票权应当向被征集人充分披露具体投票意向等信息，并禁止以有偿或者变相有偿的方式征集股东投票权，且要求公司不得对征集投票权提出最低持股比例限制。③

新证券法在增设的“投资者保护”章节第90条新增征集股东权利条款，以法律形式正式确立了股东权利公开征集制度。根据该条规定，征集人为上市公司董事会、独立董事、持有1%以上有表决权股份的股东或者依照法律、行政法规或者国务院证券监督管理机构的规定设立的投资者保护机构，征集方式为自行或者委托证券公司、证券服务机构公开征集，征集内容为代为出席股东大会并代为行使提案权、表决权等股东权利，征集时应当披露征集文件。此外，禁止以有偿或变相有偿方式征集。

二、禁止违法征集股东权利行为

有学者通过梳理上海证券交易所网站上2004年至2017年14年间共计415个征集投票权实例，总结出我国征集股东权利制度实践存在以下特点：（1）主

① 《关于在上市公司建立独立董事制度的指导意见》第5条规定：“为了充分发挥独立董事的作用，独立董事除应当具有公司法和其他相关法律、法规赋予董事的职权外，上市公司还应当赋予独立董事以下特别职权……6. 可以在股东大会召开前公开向股东征集投票权……”

② 《上市公司治理准则》（证监发〔2002〕1号）第10条规定：“上市公司董事会、独立董事和符合有关条件的股东可向上市公司股东征集其在股东大会上的投票权。投票权征集应采取无偿的方式进行，并应向被征集人充分披露信息。”2018年9月30日，证监会发布《上市公司治理准则》（中国证券监督管理委员会公告〔2018〕29号），废止了《上市公司治理准则》（证监发〔2002〕1号），但其中第16条规定与此前第10条规定基本一致：“上市公司董事会、独立董事和符合有关条件的股东可以向公司股东征集其在股东大会上的投票权。上市公司及股东大会召集人不得对股东征集投票权设定最低持股比例限制。投票权征集应当采取无偿的方式进行，并向被征集人充分披露具体投票意向等信息。不得以有偿或者变相有偿的方式征集股东投票权。”

③ 《上市公司章程指引》第78条第4款规定：“公司董事会、独立董事和符合相关规定条件的股东可以公开征集股东投票权。征集股东投票权应当向被征集人充分披露具体投票意向等信息。禁止以有偿或者变相有偿的方式征集股东投票权。公司不得对征集投票权提出最低持股比例限制。”《上市公司股东大会规则》第31条第4款规定：“公司董事会、独立董事和符合相关规定条件的股东可以公开征集股东投票权。征集股东投票权应当向被征集人充分披露具体投票意向等信息。禁止以有偿或者变相有偿的方式征集股东投票权。公司不得对征集投票权提出最低持股比例限制。”

要是强制性征集①，自发性征集比例较低，14年间自发性征集稳定在每年平均1.8例；（2）征集主体单一、中小股东参与较少，征集主体中独立董事、董事会、股东发起频率占比分别为83%、17%、1%；（3）信息披露不充分，披露内容较少、类型化倾向明显。② 结合既往征集股东权利实践，违法征集股东权利的表现形式可能包括以下三种：

1. 征集主体违规：早在2004年，由于我国法律未对征集主体作出严格限制，曾出现过股东和管理层之外的第三方出面征集股东权利的案例，由此引发了“非关联的第三方是否具有合法征集主体资格”的广泛讨论。③ 在新证券法第90条明确规定征集主体的情况下，该问题应不存争议，法定主体以外的人公开征集上市公司股东权利构成违规征集股东权利。

2. 信息披露违规：征集人为征集到更多股东委托书有时会进行选择性披露，将对己不利之信息予以隐瞒，甚至有的征集人为使征集成功披露虚假信息。④ 如在公开征集公告中出现虚假记载、误导性陈述或重大遗漏，则构成违规征集股东权利。上海证券交易所在临时公告格式指引中曾对上市公司公开征集投票权公告应当披露的信息内容作出规定，⑤ 未来证监会或交易所可能会对公开征集公告的格式准则给予进一步明确。

3. 有偿或变相有偿征集：禁止有偿征集可以有效避免“权”钱交易，抑制行贿受贿，维护公司和股东的整体利益。⑥ 但也有观点认为，应允许投票代理

---

① 例如，证监会《上市公司股权激励管理办法》第40条规定：“上市公司召开股东大会审议股权激励计划时，独立董事应当就股权激励计划向所有的股东征集委托投票权。”

② 张钦昱：《我国公开征集投票权规范性研究》，载《投资者》2018年第3期。

③ 2004年8月，宝钢股份董事会在股市低迷之际抛出增发280亿元A股的方案，并提交股东大会审议，直接将股市从1400点拖到1300点附近，激起了众多股民的愤慨，今日商报《大众证券周刊》和新浪财经网为抵制宝钢股份增发新股，联合发起征集活动。参见李红润：《表决代理权征集规则研究》，载《广西社会科学》2016年第12期；韩梅：《表决权代理主体资格探讨》，载《唯实》2012年第1期。

④ 李博翔、吴明晖：《论股东表决权征集制度的立法完善》，载《证券法苑》2017年第2期。

⑤ 根据上海证券交易所《上市公司日常信息披露工作备忘录——第一号临时公告格式指引》之第77号《上市公司公开征集投票权公告》，应当披露以下信息：（1）征集人的基本情况、对表决事项的表决意见及理由；（2）本次股东大会的召开时间、地点、会议议案；（3）征集方案，包括征集对象、征集起止时间、征集程序等，征集对象决定委托投票的，应当填写授权委托书，并向征集人提供证明其股东身份、委托意思表示的文件（征集对象为法人股东的，提交法人营业执照复印件、法定代表人身份证明复印件、授权委托书原件、股东账户卡复印件；征集对象为个人股东的，应提交本人身份证复印件、授权委托书原件、股票账户卡复印件），并说明征集人接受上述文件的方式、地址、收件人姓名或名称、邮政编码、联系电话等。

⑥ 张钦昱：《我国公开征集投票权规范性研究》，载《投资者》2018年第3期。

权的有偿转让，因为它是利益再分配的一种有效方式。[①] 我国新证券法的规定与绝大多数国家及地区保持一致，禁止有偿或变相有偿征集。

三、违法征集股东权利行为的行政责任

违反证券法第 90 条规定征集股东权利，将由监管机构责令改正、给予警告，可以并处 50 万元以下的罚款。需注意本款对罚款规定的是“可以并处”，是本次证券法修订为数不多的“可以并处罚款”的情形之一，监管机构在责令其改正后是否处以罚款，拥有自由裁量权。

【适用指引】

关于征集人在征集过程中违反信息披露义务应承担的行政责任

信息披露是股东权利征集制度的核心，被征集股东应在充分了解委托授权所需的必要信息的前提下做出理性的决定，以保障被征集股东的利益和意志通过征集人的代理行为充分体现。[②] 如果征集人发布的征集公告存在虚假记载，导致股东在错误认知的情况下委托其行使表决权，则在违反证券法第 90 条规定、构成本条所述情形的同时，还违反了证券法第 78 条规定、构成第 197 条所述信息披露违法情形，此时应当适用何者追究行为人行政责任？

证监会《信息披露违法行为行政责任认定规则》第 14 条第 1 款第 3 项对于“信息披露违法责任是否能被其他违法行为责任所吸收”的问题，认为应当考虑“认定其他违法行为行政责任、刑事责任是否能更好体现对违法行为的惩处”，鉴于本条规定的处罚力度远远轻于第 197 条，故从惩处效果而言，不宜以本条行政责任吸收信息披露违法的行政责任。

应当认为，要求信息披露真实、准确、完整和合法征集股东权利制度所欲保护的“股东的权利”并不完全相同，前者更侧重于股东的知情权，试图保证股东能够及时、准确、充分地了解上市公司的重要信息，后者则更关注股东的表决权，尽量避免表决权的行使有悖于股东自己的真实意思。如果征集人通过发布虚假的征集公告征集到股东的表决权，则类似于刑法理论中的想象竞合，即一个行为同时侵犯数个法益、构成数罪，应从一重罪处罚。行政处罚法在我国刑法学界本就一直有“小刑法”之称，[③] 故此时参照刑法理论按照处罚力度

---

① 伏军：《公司投票代理权制度研究》，载《西南政法大学学报》2005 年第 4 期。

② 李博翔、吴明晖：《论股东表决权征集制度的立法完善》，载《证券法苑》2017 年第 2 期。

③ 李晓明：《论行政刑法教义学的前提和基础》，载《法治现代化研究》2017 年第 4 期。

更重的确定行政责任，具有一定合理性。

然而，考虑到我国既往监管实践，无论是对于手段行为和结果行为分别触犯证券法不同罚则的“类牵连犯”,① 还是对于同一行为同时违反证券法不同规定的“类想象竞合犯”,② 证监会都有过根据不同行为分别作出处罚而非“从重罪处罚”的先例，由此可见，证监会的行政处罚思路与定罪量刑并不完全一致。故对于征集股东权利过程中的信息披露违法行为应如何确定行政责任，还有待监管部门的进一步明确。

第二百条 非法开设证券交易场所的，由县级以上人民政府予以取缔，没收违法所得，并处以违法所得一倍以上十倍以下的罚款；没有违法所得或者违法所得不足一百万元的，处以一百万元以上一千万元以下的罚款。对直接负责的主管人员和其他直接责任人员给予警告，并处以二十万元以上二百万元以下的罚款。

证券交易所违反本法第一百零五条的规定，允许非会员直接参与股票的集中交易的，责令改正，可以并处五十万元以下的罚款。

【条文主旨】

本条是关于非法开设证券交易场所、实行会员制的证券交易所允许非会员直接参与股票集中交易行为应承担的法律责任的规定。

【条文释义】

一、禁止非法开设证券交易场所

交易场所是为所有市场参与者提供平等、透明的交易机会，进行公开、公平、公正交易的平台，具有较强的社会性和公开性，需要依法规范管理，确保安全运

---

① 例如，在鲜言操纵“多伦股份”案中，对于鲜言利用信息优势控制信息披露节奏及内容、操纵股价的行为，证监会既认定构成操纵证券市场，又认定相关信息披露行为违法，并分别给予行政处罚。参见《中国证监会行政处罚决定书（鲜言）》（〔2017〕29 号），《中国证监会行政处罚决定书（匹凸匹金融信息服务（上海）股份有限公司、鲜言）》（〔2017〕52 号）。

② 例如，在李某操纵“元力股份”案中，证监会认定李某同期的交易行为同时构成短线交易和操纵证券市场，并分别给予行政处罚。参见《中国证监会行政处罚决定书（李某）》（〔2016〕39 号）。

行。非法开设证券交易场所、违法开展证券交易活动极易扰乱证券市场的正常秩序，引发系统性和区域性金融风险，甚至威胁金融安全、影响社会稳定。

我国对开设证券交易场所实行严格的准入管理。根据证券法第96条、第98条的规定，针对证券集中交易的证券交易所、其他全国性证券交易场所的设立、变更和解散由国务院决定，为非公开发行证券的发行、转让提供场所和设施的区域性股权市场按照国务院的规定设立。

二、非法开设证券交易场所的行政责任

非法开设证券交易场所的，由县级以上人民政府予以取缔，没收违法所得，并处罚款。相较于原证券法，新证券法提升了非法开设证券交易场所行为的处罚力度，罚款金额区间和上限均有大幅提升。具体而言：（1）罚款由违法所得的1倍至5倍修改为1倍至10倍；（2）对没有违法所得或者违法所得较少的，原证券法规定没有违法所得或者违法所得不足10万元的，罚款10万元至50万元，新证券法修改为没有违法所得或者违法所得不足100万元的，罚款100万元至1000万元；（3）针对直接负责的主管人员和其他直接责任人员，罚款由3万元至30万元修改为20万元至200万元。

三、实行会员制的证券交易所允许非会员直接参与股票集中交易的行政责任

证券交易所的组织形式有会员制和公司制两种。会员制的证券交易所属于非营利性事业法人，由券商在自愿的基础上组合而成，这些券商就是交易所的会员，只有会员才有资格向交易所申请交易席位，进入交易所从事证券交易活动，不是会员的普通投资者不能进入交易所直接买卖证券，只能委托会员券商代理买卖。公司制的证券交易所属于营利性企业法人，由股东投资兴建，股东可以是投资者，但股东不一定具备进入交易所从事证券活动的资格，取得这种资格的只能是符合交易所规定条件的券商。

我国大陆地区的证券交易所目前有上海证券交易所、深圳证券交易所两家，根据证监会《证券交易所管理办法》第17条①、第50条②的规定，我国证券交易所实行会员制，证券交易所的会员应当是经批准设立并具有法人地位的证券

---

① 《证券交易所管理办法》（2020年修正）第17条规定："实行会员制的证券交易所设会员大会、理事会、总经理和监事会。"

② 《证券交易所管理办法》（2020年修正）第50条规定："证券交易所接纳的会员应当是经批准设立并具有法人地位的境内证券经营机构。境外证券经营机构设立的驻华代表处，经申请可以成为证券交易所的特别会员。证券交易所的会员种类，会员资格及权利、义务由证券交易所章程和业务规则规定。"

经营机构或境外证券经营机构设立的驻华代表处（特别会员）。

证券法第105条在重申原证券法关于参与集中交易的必须是证券交易所的会员的规定基础上，进一步强调证券交易所不得允许非会员直接参与股票的集中交易，并在本条第2款中相应增加了行政责任，违反上述规定的，责令改正，可以并处50万元以下的罚款。需注意本款对罚款规定的是“可以并处”，是本次证券法修订为数不多的“可以并处罚款”的情形之一，监管机构在责令其改正后是否处以罚款，拥有自由裁量权。

【适用指引】

关于非法开设证券交易场所的属地管辖原则

非法开设证券交易场所隐藏着极大的金融风险，极易诱发影响社会稳定的事端，打击场外非法交易一直都是国务院、证监会等相关部门的工作重心之一，早在1998年，经国务院批准，在证监会的统一组织、指导下，各地方政府曾就全国26家地方“证券交易中心”和1家地方“证券登记有限公司”开展过清理整顿工作。①

需要注意的是，本条第1款就“非法开设证券交易场所”的行政处罚机关规定的是“县级以上地方人民政府”，与一般由证券监管机构作出行政处罚的规定不同。国务院相关文件对此亦有明确规定。2011年，国务院建立由证监会牵头，有关部门参加的“清理整顿各类交易场所部际联席会议”（以下简称“联席会议”）制度，联席会议的主要任务包括统筹协调有关部门和省级人民政府清理整顿违法证券期货交易工作，但联席会议不代替国务院有关部门和省级人民政府的监管职责，地方交易场所均由省级人民政府按照属地管理原则负责日常监管、违规处理和风险处置；② 各类交易场所已设立的分支机构，亦按照属地管理原则，由各分支机构所在地省级人民政府负责清理整顿。③ 省级人民政府等对交易场所涉嫌从事违法证券期货交易活动的性质认定存疑的，可提交联席会议认定，由证监会在征求相关单位意见的基础上依法出具认定意见。④证监会明确，其出具的性质认定意见，本质上是应有权机关的请求，对其查处

---

① 《国务院办公厅转发证监会关于〈清理整顿场外非法股票交易方案〉的通知》《国务院办公厅转发证监会〈清理整顿证券交易中心方案〉的通知》。

② 国务院《关于清理整顿各类交易场所切实防范金融风险的决定》。

③ 国务院办公厅《关于清理整顿各类交易场所的实施意见》。

④ 《国务院关于同意建立清理整顿各类交易场所部际联席会议制度的批复》。

违法证券期货活动提供的专业支持，仅供有权机关参考，不能代替其依法作出的认定结论。①

可见，证监会作为联席会议牵头单位，在清理整顿各类交易场所工作中承担的更多是部署、统筹和协调的工作，② 而非对非法开设的交易场所清查整顿、实地取缔的工作。考虑对辖区的具体了解情况和地方维稳的实际需要，对非法开设证券交易场所有必要确立属地管辖原则。地方各类交易场所类别多样，交易品种众多，情况比较复杂，地方交易场所管理制度既要兼顾统分关系，做好统一的交易场所管理制度与具体类别交易场所行业监管制度协调衔接，也要兼顾地方金融领域同非金融领域的监管适配，在地方事权范围内进行研究论证，③ 如此才能因地制宜，切实发挥各类交易场所服务实体经济的真正功能。

第二百零一条 证券公司违反本法第一百零七条第一款的规定，未对投资者开立账户提供的身份信息进行核对的，责令改正，给予警告，并处以五万元以上五十万元以下的罚款。对直接负责的主管人员和其他直接责任人员给予警告，并处以十万元以下的罚款。

证券公司违反本法第一百零七条第二款的规定，将投资者的账户提供给他人使用的，责令改正，给予警告，并处以十万元以上一百万元以下的罚款。对直接负责的主管人员和其他直接责任人员给予警告，并处以二十万元以下的罚款。

【条文主旨】

本条是关于证券公司未核对投资者开立账户提供的身份信息、将投资者的账户提供给他人使用行为应承担的法律责任的规定。

---

① 《2015年10月16日新闻发布会》，载中国证券监督管理委员会官网，http：//www.csrc.gov.cn/pub/newsite/zjhxwfb/xwfbh/201510/t20151016_285243.html，最后访问时间：2020年2月15日。

② 中国证券监督管理委员会：《清理整顿各类交易场所部际联席会议第三次会议纪要》《关于做好清理整顿各类交易场所"回头看"前期阶段有关工作的通知》。

③ 中国证券监督管理委员会：《对十三届全国人大二次会议第4439号建议的答复》，载中国证券监督管理委员会官网，http：//www.csrc.gov.cn/pub/zjhpublic/G00306201/201911/t20191129_366678.htm，最后访问时间：2020年2月15日。

【条文释义】

一、证券公司应对投资者开立账户提供的身份信息进行核对

为了进一步强化证券公司投资者适当性管理责任，有效遏制利用他人账户掩盖证券违法违规行为的现象，实现穿透式监管，本次修订证券法进一步强化了证券账户实名制相关要求。证券法第 107 条第 1 款规定："证券公司为投资者开立账户，应当按照规定对投资者提供的身份信息进行核对。"这里的"规定"主要指的是国务院、证监会、中国证券登记结算有限责任公司颁布的一系列行政法规、部门规章及规范性文件。① 根据相关规定，证券登记结算机构对证券账户实施统一管理，但具体账户业务可以委托开户代理机构办理。所谓开户代理机构，是指取得证券登记结算机构开户代理资格，与其签订开户代理协议，代理其办理证券账户业务的证券公司等机构。② 证券公司应当履行好"看门人"职责，落实证券账户实名制要求，在为投资者开立证券账户时注意审核投资者提供身份信息的真实性、准确性、一致性。

证券公司未履行开户身份信息核对义务的表现形式，既包括在客户办理开户业务时，未通过身份证阅读器或公安部身份核查系统核验自然人投资者或机构投资者经办人的居民身份证，未通过中国结算机构信息核查系统对机构投资者的信息进行辅助核验；③ 也包括在客户通过外部接入交易终端软件买卖证券时，未按要求采集客户交易终端信息，未能确保客户交易终端信息的真实性、准确性、完整性、一致性、可读性，未采取可靠措施采集、记录与客户身份

---

① 主要包括但不限于：《证券公司监督管理条例》《证券登记结算管理办法》《关于清理整顿违法从事证券业务活动的意见》《关于加强证券期货经营机构客户交易终端信息等客户信息管理的规定》《中国证券登记结算有限责任公司证券账户管理规则》《中国证券登记结算有限责任公司证券账户业务指南》等规范。

② 《中国证券登记结算有限责任公司证券账户管理规则》第 4 条规定："本公司对证券账户实施统一管理，具体账户业务可以委托开户代理机构办理。本规则所称开户代理机构，是指取得本公司开户代理资格，与本公司签订开户代理协议，代理本公司办理证券账户业务的证券公司等机构。本公司对开户代理机构实行自律管理。"

③ 《中国证券登记结算有限责任公司证券账户业务指南》第 1.10 条规定："开户代理机构在为投资者办理证券账户开立、查询、变更、注销等业务时，应当核实投资者身份。开户代理机构在办理开户业务时，应通过身份证阅读器或公安部身份核查系统核验自然人投资者或机构投资者经办人的居民身份证，并通过中国结算机构信息核查系统对机构投资者的信息进行辅助核验。开户代理机构在办理查询、变更等其他账户业务时，应通过上述核验手段或密码核验方式，核验投资者身份信息。"

识别有关的信息。①

二、证券公司未履行开户身份信息核对义务的行政责任

2016 年，证监会曾认定部分证券公司通过对外部第三方交易终端软件（如 HOMS 系统、同花顺系统等）接入的客户身份未能采取有效措施采集、记录及识别，未按规定对客户身份进行审查和了解，依据《证券公司监督管理条例》第 84 条②对四家证券公司分别给予行政处罚。③

本次证券法修订将原规定在行政法规中的行政处罚上升到法律层级。相较于《证券公司监督管理条例》第 84 条，新证券法在“责令改正、给予警告”的基础上，删除了“没收违法所得”的行政处罚方式，将罚款由“违法所得的 1 倍到 5 倍、没有违法所得或者违法所得不足 3 万元时的 3 万元至 30 万元”，统一调整为 5 万元到 50 万元，降低了罚款上限；对于直接负责的主管人员和其他直接责任人员给予警告，罚款数额取消了 3 万元的下限，上限维持 10 万元不变，同时未吸收《证券公司监督管理条例》第 84 条“情节严重的，撤销任职资格或者证券从业资格”的罚则。

三、禁止证券公司将投资者账户提供给他人使用

证券法第 107 条第 2 款规定：“证券公司不得将投资者的账户提供给他人使用。”证券公司将投资者账户提供给他人使用主要表现为：将投资者账户直接提供给他人使用，或者为投资者账户出借提供中介或其他便利。

---

① 《关于加强证券期货经营机构客户交易终端信息等客户信息管理的规定》第 6 条规定：“证券期货经营机构向客户提供的交易终端软件，应当采取适当的技术，确保软件能够采集到客户交易终端信息。由第三方提供交易终端软件的，证券期货经营机构应当建立软件认证许可制度，要求第三方采取适当的技术，确保软件能够采集到客户交易终端信息。客户交易终端软件应当具备先提醒升级、再自动升级为最新版本的功能。”第 8 条规定：“证券期货经营机构应当确保存储在集中交易系统和记录在外围信息系统的客户交易终端信息的真实性、准确性、完整性、一致性、可读性。”第 13 条第 1 款规定：“证券期货经营机构应采取可靠的措施，采集、记录、存储、报送与客户身份识别有关的信息，不得以任何理由拒绝承担相应职责。”

② 《证券公司监督管理条例》第 84 条规定：“证券公司违反本条例的规定，有下列情形之一的，责令改正，给予警告，没收违法所得，并处以违法所得 1 倍以上 5 倍以下的罚款；没有违法所得或者违法所得不足 3 万元的，处以 3 万元以上 30 万元以下的罚款。对直接负责的主管人员和其他直接责任人员单处或者并处警告、3 万元以上 10 万元以下的罚款；情节严重的，撤销任职资格或者证券从业资格……（四）未按照规定程序了解客户的身份、财产与收入状况、证券投资经验和风险偏好……”

③ 《中国证监会行政处罚决定书（方正证券股份有限公司）》（〔2016〕129 号），《中国证监会行政处罚决定书（广发证券股份有限公司）》（〔2016〕128 号），《中国证监会行政处罚决定书（海通证券股份有限公司）》（〔2016〕127 号），《中国证监会行政处罚决定书（华泰证券股份有限公司）》（〔2016〕126 号）。

近年来，证券公司将投资者账户提供给他人使用主要出现在违规场外配资情形下。2015 年证监会严查场外配资后，场外配资就逐渐走向了“个人账户配资”模式，即配资客户将保证金打入配资公司账户，然后配资公司将一个已开设并划转入相关款项的证券账户出借给客户使用，客户以此账户进行交易，配资公司则将在到期后收回账户，并同客户进行盈亏结算。[①] 其中，有部分证券公司及其营业部违规与配资公司合作，为配资公司提供账户或为配资公司借用他人账户提供中介或便利。

四、证券公司将投资者账户提供给他人使用的行政责任

原证券法对“证券公司将投资者账户提供给他人使用”的行政责任，规定在原证券法第 208 条“法人以他人名义设立账户或者利用他人账户买卖证券”的行政责任条款第 2 款中，即“证券公司为前款规定的违法行为提供自己或者他人的证券交易账户的”，适用前款规定处罚。虽然未检索到监管实践适用该款规定对证券公司进行处罚的案例，但 2019 年浙江证监局、内蒙古证监局分别对违规为配资活动出借账户或提供出借便利的相关证券公司营业部负责人作出认定为不适当人选的行政监管措施。[②]

相较于原证券法第 208 条第 2 款，本次证券法修订在保留“责令改正”的基础上，增加了“警告”的处罚方式，删除了“没收违法所得”，将罚款由“违法所得的 1 倍到 5 倍、没有违法所得或者违法所得不足 3 万元时的 3 万元至 30 万元”，统一调整为 10 万元到 100 万元，降低了罚款上限；将对直接负责的主管人员和其他直接责任人员给予警告，罚款区间由“3 万元以上 10 万元以下”修改为“20 万元以下”，同时取消了原证券法第 208 条第 2 款规定的对责任人员“撤销任职资格或者证券从业资格”的罚则。

【适用指引】

关于证券公司未履行开户身份信息核对义务的行政处罚适用边界

从文义解释角度而言，针对证券公司未履行开户身份信息核对义务的行为，

---

① 《严管配资再追踪：证监会重罚券商参与场外配资“个人账户配资”监管盲点待解》，载新浪财经网，https：//finance. sina. com. cn/roll/2019 – 03 – 20/doc – ihrfqzkc5278208. shtml，最后访问时间：2020 年 2 月 18 日。

② 《中国证监会浙江监管局关于对金炜棋采取认定为不适当人选措施的决定》，载中国证券监督管理委员会网站，http：//www. csrc. gov. cn/pub/zhejiang/zjcxxx/201903/t20190318_352354. htm，最后访问时间：2020 年 2 月 18 日；《中国证监会内蒙古监管局关于对刘强采取认定为不适当人选行政监管措施的决定》（〔2019〕3 号）。

不需要以违法行为对投资者或证券市场等造成损害后果为要件，即可对其作出行政处罚。但是，行政处罚除以“事实为依据”外，还应当与违法行为“性质、情节以及社会危害程度相当”，违法行为轻微的，也可以不予行政处罚。因此，如证券公司未履行开户身份信息核对义务并非基于故意或重大过失，也未造成严重损害后果，可以通过事后对不合格账户及时采取单独管理、限制使用措施等方法避免产生或继续产生损害后果,① 而不宜一并施以行政处罚。

第二百零二条　违反本法第一百一十八条、第一百二十条第一款、第四款的规定，擅自设立证券公司、非法经营证券业务或者未经批准以证券公司名义开展证券业务活动的，责令改正，没收违法所得，并处以违法所得一倍以上十倍以下的罚款；没有违法所得或者违法所得不足一百万元的，处以一百万元以上一千万元以下的罚款。对直接负责的主管人员和其他直接责任人员给予警告，并处以二十万元以上二百万元以下的罚款。对擅自设立的证券公司，由国务院证券监督管理机构予以取缔。

证券公司违反本法第一百二十条第五款规定提供证券融资融券服务的，没收违法所得，并处以融资融券等值以下的罚款；情节严重的，禁止其在一定期限内从事证券融资融券业务。对直接负责的主管人员和其他直接责任人员给予警告，并处以二十万元以上二百万元以下的罚款。

【条文主旨】

本条是关于擅自设立证券公司、非法经营证券业务或者未经批准以证券公司名义开展证券业务活动，以及证券公司违法提供证券融资融券服务行为应承担的法律责任的规定。

---

①《中国证券登记结算有限责任公司证券账户管理规则》第 49 条规定：“符合下列情形之一的证券账户为不合格账户：（一）违规以他人名义或利用虚假身份开立的账户；（二）违规使用他人账户或使用虚假身份开立的账户；（三）代理关系不规范；（四）账户关键信息不全、不准确或关键凭证缺失；（五）本公司规定的其他情形。”第 50 条规定：“证券公司应当定期检查证券账户使用情况，发现不合格账户的应当按本公司有关规定及时规范；对不能及时规范的，应当按本公司有关规定在其柜面系统采取限制使用措施并向本公司报送。本公司有权对不合格账户采取单独管理、限制使用措施。”

【条文释义】

一、禁止擅自设立证券公司、非法经营证券业务或者未经批准以证券公司名义开展证券业务活动

证券业是国家重要金融板块，经营主体需经国务院证券监督管理机构批准方可开展相关证券业务。为规范证券业务经营主体的设立和运行，证券法第118条、第120条第1款、第4款对证券公司的设立及经营相关业务条件作出规定。不满足法定条件、未经国务院证券监督管理机构批准，任何单位和个人不得设立证券公司、经营证券业务或者以证券公司名义开展证券业务，特别是不得从事证券承销、证券保荐、证券经纪和证券融资融券这四类证券公司的专属业务。

本次证券法修订在原证券法第197条规定的"擅自设立证券公司或者非法经营证券业务"两种违法行为的基础上，增加了"未经批准以证券公司名义开展证券业务活动"的违法行为类型，进一步完善了违法开展证券业务的行为规范体系。

二、擅自设立证券公司、非法经营证券业务、未经批准以证券公司名义开展证券业务活动的行政责任

监管实践中，证监会适用原证券法第197条作出过十余起行政处罚，涉及的违法行为主要有三类：(1) 不具备证券投资咨询业务许可，却从事荐股等证券投资咨询服务；① (2) 配资公司不具备证券业务经营许可，为客户提供开立子账户、进行证券、资金清算等非法证券业务；② (3) 向不具有经营证券业务资质的客户销售包含证券业务属性的系统，提供相关服务并获取收益。③

---

① 《中国证监会行政处罚决定书（马某亚、王某）》（〔2019〕103号）、《中国证监会行政处罚决定书（刘某）》（〔2019〕95号）、《中国证监会行政处罚决定书（上海天力、深圳前沿、熊某等13名责任人员）》（〔2010〕25号）、《中国证监会行政处罚决定书（金股之王王某娟、孙某、马某、刘某威）》（〔2009〕11号）、《中国证监会行政处罚决定书（李某）》（〔2008〕16号）。

② 《中国证监会行政处罚决定书（杭州米云科技有限公司、柳某）》（〔2016〕135号）、《中国证监会行政处罚决定书（黄某）》（〔2016〕134号）、《中国证监会行政处罚决定书（臣乾金融信息服务（上海）有限公司、孙某）》（〔2016〕133号）、《中国证监会行政处罚决定书（浙江丰范资本管理有限公司、石某）》（〔2016〕132号）、《中国证监会行政处罚决定书（南京致臻达资产管理有限公司、马某）》（〔2016〕131号）、《中国证监会行政处罚决定书（湖北福诚澜海资产管理有限公司、丁某、罗某等4名责任人员）》（〔2016〕130号）。

③ 《中国证监会行政处罚决定书（上海铭创软件技术有限公司、刘某、谢某）》（〔2016〕125号）、《中国证监会行政处罚决定书（浙江核新同花顺网络信息股份有限公司、朱某、郭某）》（〔2016〕124号）、《中国证监会行政处罚决定书（杭州恒生网络技术服务有限公司、刘某峰、官某）》（〔2016〕123号）。

本次证券法修订提高了对此类违法行为的处罚力度，相较于原证券法第197条，增加“责令改正”，将罚款数额由违法所得的1至5倍修改为1至10倍，将原证券法“没有违法所得或者违法所得不足三十万元的，处以三十万元以上六十万元以下的罚款”的规定调整为“没有违法所得或者违法所得不足一百万元的，处以一百万元以上一千万元以下的罚款”。对直接负责的主管人员和其他直接责任人员给予警告，罚款区间则由“对万元以上30万元以下”增加到“加到万元以上200万元以下”。对擅自设立的证券公司保留了“予以取缔”的规定。

三、禁止证券公司违法提供证券融资融券服务

所谓“融资融券”，又称信用交易，是指证券公司向客户出借资金供其买入证券或者出借证券供其卖出，并收取担保物的经营活动。① 客户融资买进证券为买空，融券卖出证券为卖空。融资融券交易存在较大的风险，但具有合理的经济功能，能够扩展银行信贷资金的趋向，满足不同市场主体的投资需要和风险偏好，激励投资者参与证券交易的积极性。②

我国证券法对证券公司融资融券业务的态度逐渐开放。1998年证券法明确禁止证券公司从事融资融券业务，③ 2005年证券法修订时增加了证券公司提供融资融券业务的相关规定，采取了有限度放开的精神，为证券市场的创新发展预留了法律空间。④ 2006年证监会出台《证券公司融资融券业务管理办法》

---

① 《证券公司融资融券业务管理办法》第2条第2款规定：“本办法所称融资融券业务，是指向客户出借资金供其买入证券或者出借证券供其卖出，并收取担保物的经营活动。”

② 全国人大证券法修改起草工作小组：《中华人民共和国证券法释义》，中国金融出版社2006年版，第225页。

③ 《中华人民共和国证券法》（1998年）第36条规定：“证券公司不得从事向客户融资或者融券的证券交易活动。”第141条规定：“证券公司接受委托卖出证券必须是客户证券账户上实有的证券，不得为客户融券交易。证券公司接受委托买入证券必须以客户资金账户上实有的资金支付，不得为客户融资交易。”第186条规定：“证券公司违反本法规定，为客户卖出其账户上未实有的证券或者为客户融资买入证券的，没收违法所得，并处以非法买卖证券等值的罚款。对直接负责的主管人员和其他直接责任人员给予警告，并处以三万元以上三十万元以下的罚款。构成犯罪的，依法追究刑事责任。”

④ 《中华人民共和国证券法》（2005年修订）第142条规定：“证券公司为客户买卖证券提供融资融券服务，应当按照国务院的规定并经国务院证券监督管理机构批准。”第205条规定：“证券公司违反本法规定，为客户买卖证券提供融资融券的，没收违法所得，暂停或者撤销相关业务许可，并处以非法融资融券等值以下的罚款。对直接负责的主管人员和其他直接责任人员给予警告，撤销任职资格或者证券从业资格，并处以三万元以上三十万元以下的罚款。”

(已失效)①，对融资融券业务的规范开展作出专门规定。

四、证券公司违法提供证券融资融券服务行为的行政责任

原证券法第142条规定的是“证券公司为客户买卖证券提供融资融券服务，应当按照国务院的规定并经国务院证券监督管理机构批准”，并在第205条规定了相应罚则；新证券法将证券公司从事“证券融资融券业务”应经核准的要求与其他证券业务一并规定在了证券法第120条第1款中，从而适用本条第1款追究行政责任。同时，新证券法第120条第5款新增“证券公司从事证券融资融券业务，应当采取措施，严格防范和控制风险，不得违反规定向客户出借资金或者证券”的规定，并在本条第2款中规定了相应行政责任。

相较于原证券法第205条对“违反规定从事证券融资融券业务”行政责任的规定，本次证券法修订对违法提供融资融券服务的处罚尺度更为合理，在保留“没收违法所得”和“并处以融资融券等值以下罚款”的基础上，删除了原法第205条不区分情节轻重一律“暂停或者撤销相关业务许可”的处罚，改为“情节严重的，禁止其在一定期限内从事证券融资融券业务”。对直接负责的主管人员和其他直接责任人员给予警告，罚款区间由“三万元以上三十万元以下”大幅提高至“二十万元以上二百万元以下”，同时删除了“撤销任职资格或者证券从业资格”的罚则。

【适用指引】

关于技术服务商构成非法经营证券业务的风险

2015年证监会强势清理场外配资的风暴中，曾认定三家软件提供商构成非法经营证券业务。尽管当事人在听证时逐项陈述了软件功能与证券业务属性的不同、强调了其提供技术服务的经营实质，但证监会最终仍对其作出行政处罚，由此引发了广泛的争议。有观点指出，案涉软件系统不能代理投资者买卖证券，也不能办理登记结算业务，不符合证券经纪业务的本质；② 也有观点认为，尽管外接系统的使用助长了2015年的过度杠杆化，但在清理之前至少得到了监管

---

① 2015年7月1日证监会发布《证券公司融资融券业务管理办法》(中国证券监督管理委员会令第117号)，同时废止了2006年6月30日发布、2011年10月26日修订的《证券公司融资融券业务管理办法》(证监会公告〔2011〕31号)。

② 吕特：《混业经营背景下的金融服务法治——北京市金融服务法学研究会2016年年会综述》之“邢会强：何为‘经营证券业务’？——证监会对配资的系列行政处罚案之评析”，载《金融服务法评论》2018年第1期。

者的默许，也符合当时鼓励互联网技术创新的宏观氛围，草率认定对证券信息服务业和市场的发展造成损害，也对投资者福祉不利。①

近年来，越来越多的金融科技产品进入大众视野并在投资者的证券交易中发挥实际作用，但按照既往监管逻辑，其技术服务商的本质可能难以避免被认定构成“从事证券业务”，近年来频繁出现的“智能投顾”可能面临同样的风险。所谓智能投顾，是指基于客户自身的理财需求、资产状况、风险承受能力、风险偏好等因素，运用现代投资组合理论，通过算法搭建数据模型，利用人工智能技术和网络平台提供理财顾问服务。② 但是，根据证监会《关于加强对利用“荐股软件”从事证券投资咨询业务监管的暂行规定》，③ 该项技术服务属于“证券投资咨询业务”范畴，应经证监会许可。未经证监会许可擅自提供涉及证券期货的智能投顾服务，可能构成非法从事证券业务。

在大数据应用和人工智能蓬勃发展的当下，证券监管在贯彻“穿透监管”“实质监管”稽查处罚理念的同时，也不宜对金融科技、互联网金融领域的技术革新施以过为严格的管控或有失谦抑的干涉。监管者在技术层面宜对当代交易的自动化程度有更充分的认识，从业务角度可更多关注信息化背景下证券交易的整体发展，就法理而言则应对复杂经济法律关系有更深的辨识，对金融创新可能对传统交易模式的挑战和突破适度容忍，以避免抑制创新，适应社会和时代的发展。

第二百零三条　提交虚假证明文件或者采取其他欺诈手段骗取证券公司设立许可、业务许可或者重大事项变更核准的，撤销相关许可，并处以一百万元以上一千万元以下的罚款。对直接负责的主管人员和其他直接责任人员给予警告，并处以二十万元以上二百万元以下的罚款。

---

① 缪因知：《外部接入信息系统服务商非法证券经营责任研究》，载《金融法苑》2018 年第 1 期。

② 《警惕“智能投顾”非法投资咨询陷阱》，载中国证券监督管理委员会陕西监管局官网，http://www.csrc.gov.cn/pub/shanxidong/ztzl/djffzqhd/201608/t20160801_301505.htm，最后访问时间：2020 年 2 月 18 日。

③ 《中国证券监督管理委员会关于加强对利用“荐股软件”从事证券投资咨询业务监管的暂行规定》第 2 条规定：“向投资者销售或者提供‘荐股软件’，并直接或者间接获取经济利益的，属于从事证券投资咨询业务，应当经中国证监会许可，取得证券投资咨询业务资格。未取得证券投资咨询业务资格，任何机构和个人不得利用‘荐股软件’从事证券投资咨询业务。”

【条文主旨】

本条是关于骗取证券公司设立许可、业务许可或重大事项变更核准的行为应承担法律责任的规定。

【条文释义】

一、禁止提交虚假证明文件或者采取其他欺诈手段骗取证券公司的设立许可、业务许可或者重大事项变更核准

根据证券法规定，设立证券公司、经营证券业务及证券公司重大事项变更，应当遵守证券法第 8 章相关规定，提交真实、合法、有效的材料，取得国务院证券监督管理机构的设立许可、业务许可或者变更核准。行为人提交虚假文件或者采取其他欺诈手段隐瞒重要事实骗取相关许可或核准，不仅破坏了国家对证券公司的管理制度，而且存在巨大经营风险，极易损害投资者权益，属于严重违法行为，依法应当承担相应法律责任。[①] 因此，本条规定禁止提交虚假证明文件或者采取其他欺诈手段骗取证券公司设立许可、业务许可或者重大事项变更核准。具体而言：

1. 对于设立证券公司：证券法第 118 条明确规定了设立证券公司应当具备的条件。我国对于证券公司的准入一向采取许可制原则，这也是符合我国证券市场发展阶段的较好选择。[②] 行为人应当确保提交相关证明文件真实、准确、完整，杜绝任何形式的欺诈。

2. 对于证券公司业务许可：证券法第 119 条和第 120 条明确规定，证券公司设立后应当申请经营证券业务许可证，取得经营证券业务许可证后方可开展有关证券业务。证券法第 121 条规定了经营特定证券业务所需满足的条件。与设立证券公司一样，我国对于经营证券业务同样也是采取许可制。证券公司在向国务院证券监督管理机构申请经营证券业务许可证时，亦应严格按照有关规定如实申请。

3. 对于证券公司重大事项变更核准：证券法第 122 条规定："证券公司变更证券业务范围，变更主要股东或者公司的实际控制人，合并、分立、停业、

---

① 全国人大常委会法制工作委员会副主任李飞主编：《中华人民共和国证券法（修订）释义》，法律出版社 2005 年版，第 338 页。

② 华东政法大学课题组：《证券公司与证券服务机构法律制度完善研究》，载《证券法苑》2014 年第 1 期。

解散、破产，应当经国务院证券监督管理机构核准。”故对于上述证券法规定的重大变更、终止事项，行为人亦应提交真实、准确、完整的申请材料报请国务院证券监督管理机构核准。

另外，本条较原证券法第 221 条，删除了就“证券公司在证券交易中有严重违法行为，不再具备经营资格的由证券监管机构撤销证券业务许可”的规定，证券公司在证券交易中的具体违法行为已基本由其他禁止性条款和法律责任条款所涵盖，此处过于笼统的表述并无实际意义。同时，本条将原证券法第 221 条中规定的骗取“证券业务许可”扩展为骗取“证券公司设立许可、业务许可或者重大事项变更核准”三方面，丰富了本条适用的范围。

二、提交虚假证明文件或者采取其他欺诈手段骗取证券公司的设立许可、业务许可或者重大事项变更核准的行政责任

证券监督管理机构批准设立证券公司、许可经营证券业务或者核准证券公司重大事项变更的，属于行政许可行为。行政许可法第 69 条规定，对于被许可人以欺骗等不正当手段取得行政许可的，应当予以撤销。原证券法第 221 条的立法逻辑与该规定一致，即对于提交虚假证明文件或者采取其他欺诈手段隐瞒重要事实骗取证券业务许可的，由证券监管机构撤销证券业务许可。不过证监会既往并未依据原证券法第 221 条作出过行政处罚。

本次证券法修订后，对于以欺诈手段骗取证券公司设立许可、业务许可或者重大事项变更核准的行为，本条保留了原证券法第 221 条规定的“撤销许可”这一行政责任类型。这可在根本上纠正证券监管机构因受到欺骗而作出的不当许可行为，防止行为人因其违法行为而获得非法利益，维护证券市场和交易秩序的稳定。

在“撤销许可”这一“纠正性”罚则的基础上，本条新增了“罚款”这种“惩治性”的行政处罚，并规定了“行政处一万元以上至一千万元以下”的区间，极大提高了违法成本。同时新增对直接负责的主管人员和其他直接责任人员“给予警告，并处以二十万元以上二百万元以下的罚款”的行政责任，进一步完善了本条责任主体范围，确保精准打击有关违法行为主体及其背后指使、组织、经办有关违法申请活动的具体责任人员。

第二百零四条 证券公司违反本法第一百二十二条的规定，未经核准变更证券业务范围，变更主要股东或者公司的实际控制人，合并、分立、停业、解散、破产的，责令改正，给予警告，没收违法所得，并处以违法所得一倍以上十倍以下的罚款；没有违法所得或者违法所得不足五十万元的，处以五十万元以上五百万元以下的罚款；情节严重的，并处撤销相关业务许可。对直接负责的主管人员和其他直接责任人员给予警告，并处以二十万元以上二百万元以下的罚款。

【条文主旨】

本条是关于证券公司未经核准变更证券业务范围，变更主要股东或者公司的实际控制人，合并、分立、停业、解散、破产的行为应承担的法律责任的规定。

【条文释义】

一、禁止证券公司未经核准变更证券业务范围，变更主要股东或者公司的实际控制人，合并、分立、停业、解散、破产

证券业是一个高风险性的行业，证券公司作为这个行业和市场中重要的参与者，其设立、变更或者终止都与公共投资者的利益和证券市场的稳定息息相关，直接影响到投资者券款的安全，证券交易的顺利，证券市场公平、公正、公开原则的贯彻，整个证券业的正常运作和稳定发展。因此，为了防范风险的发生、保护投资者利益、维护证券市场秩序的稳定，必须对证券公司的变更、终止等行为予以严格管理。① 证券法第 122 条规定了应当由国务院证券监督管理机构核准的证券公司以下变更、终止事项：

1. 变更证券业务范围：证券公司的证券业务范围由证监会及其派出机构颁

① 全国人大证券法修改起草工作小组：《中华人民共和国证券法释义》，中国金融出版社 2006 年版，第 239 页。

发的“经营证券期货业务许可证”载明,[①] 如证券公司拟变更其证券业务范围，应当经证券监管机构核准并由证券监管机构换发经营证券期货业务许可证，载明其变更后的证券业务范围。

2. 变更主要股东或者公司的实际控制人：为加强对证券公司监管，证券公司主要股东、实际控制人发生变更的，也应经证券监管机构核准。所谓“主要股东”，是指“持有证券公司25%以上股权的股东或者持有5%以上股权的第一大股东”。[②]

3. 合并、分立、停业、解散、破产：证券公司的终止包括证券公司被依法宣告破产；因公司章程规定的营业期限届满或其他事由出现而解散，或者因股东大会决议、合并或分立的需要而解散。证券公司破产应当依照企业破产法有关规定进行，证券公司解散的，应当组织清算组进行清算。为了保护投资者利益，防止证券公司破产、解散引发证券市场动荡，证券公司破产、解散必须经证券监管机构核准，未经批准证券公司不得擅自停业。[③]

二、证券公司未经核准变更证券业务范围，变更主要股东或者公司的实际控制人，合并、分立、停业、解散、破产应承担的行政责任

原证券法第218条规定根据违法行为性质的不同，就证券公司擅自终止等行为和擅自变更行为规定了不同的行政责任：一类是该条第1款规定的“擅自设立、收购、撤销分支机构，或者合并、分立、停业、解散、破产，或者在境外设立、收购、参股证券经营机构”，规定的行政责任相对较重（责令改正，没收违法所得，并处以违法所得1倍以上5倍以下的罚款；没有违法所得或者违法所得不足10万元的，处以10万元以上60万元以下的罚款。对直接负责的

---

① 《证券公司监督管理条例》第17条规定：“公司登记机关应当依照法律、行政法规的规定，凭国务院证券监督管理机构的批准文件，办理证券公司及其境内分支机构的设立、变更、注销登记。证券公司在取得公司登记机关颁发或者换发的证券公司或者境内分支机构的营业执照后，应当向国务院证券监督管理机构申请颁发或者换发经营证券业务许可证。经营证券业务许可证应当载明证券公司或者境内分支机构的证券业务范围。”2016年3月1日，证监会发布《关于整合证券、基金、期货业务许可证的公告》，公告将《经营证券业务许可证》等10项许可证统一为《经营证券期货业务许可证》。

② 《证券公司股权管理规定》第5条规定：“根据持股比例和对证券公司经营管理的影响，证券公司股东包括以下四类：（一）控股股东，指持有证券公司50%以上股权的股东或者虽然持股比例不足50%，但其所享有的表决权足以对证券公司股东会的决议产生重大影响的股东；（二）主要股东，指持有证券公司25%以上股权的股东或者持有5%以上股权的第一大股东；（三）持有证券公司5%以上股权的股东；（四）持有证券公司5%以下股权的股东。”

③ 全国人大证券法修改起草工作小组：《中华人民共和国证券法释义》，中国金融出版社2006年版，第120～121页。

主管人员给予警告，并处以 3 万元以上 10 万元以下的罚款)；另一类则是该条第 2 款规定的“擅自变更有关事项”（变更业务范围，增加注册资本且股权结构发生重大调整，减少注册资本，变更持有百分之五以上股权的股东、实际控制人，变更公司章程中的重要条款)，规定的行政责任相对较轻（责令改正，并处以 10 万元以上 30 万元以下的罚款。对直接负责的主管人员给予警告，并处以五万元以下的罚款)。

本次证券法修订对原证券法第 218 条进行了诸多调整，第一，改变了原法第 218 条根据行为类型确定行政责任的归责逻辑，统一了对证券公司擅自变更或终止行为的行政责任的规定，将罚则的具体适用交由监管实践把握。第二，相较于原证券法第 218 条对擅自终止等行为的行政责任，本条大幅提高了行政处罚力度，在责令改正、没收违法所得的基础上，增加了“警告”的罚则，罚款数额由违法所得的 1 倍至 5 倍提升为 1 倍至 10 倍，将原证券法“没有违法所得或者违法所得不足十万元的，处以十万元以上六十万元以下的罚款”的规定调整为“没有违法所得或者违法所得不足五十万元的，处以五十万元以上五百万元以下的罚款”。第三，增加了“情节严重的，并处撤销相关业务许可”的特殊规定。第四，对于直接负责的主管人员和其他直接责任人员，在给予警告的基础上，将罚款区间由“并处三万元以上十万元以下的罚款”提升为“并处二十万元以上二百万元以下的罚款”。第五，由于证券法第 122 条删除了原法第 129 条关于证券公司设立、收购或撤销分支机构以及在境外设立、收购或者参股证券经营机构的行政审批事项，故本条作为法律责任条款，也删除了就上述事项未经核准的行政责任规定。

第二百零五条　证券公司违反本法第一百二十三条第二款的规定，为其股东或者股东的关联人提供融资或者担保的，责令改正，给予警告，并处以五十万元以上五百万元以下的罚款。对直接负责的主管人员和其他直接责任人员给予警告，并处以十万元以上一百万元以下的罚款。股东有过错的，在按照要求改正前，国务院证券监督管理机构可以限制其股东权利；拒不改正的，可以责令其转让所持证券公司股权。

【条文主旨】

本条是关于证券公司违法为其股东或者股东的关联人提供融资或者担保行为应承担法律责任的规定。

【条文释义】

一、禁止证券公司为其股东或者股东的关联人提供融资或者担保

尽管我国公司法允许公司经过股东会或者股东大会决议，可以为其股东或者实际控制人提供担保，① 证券法规定证券公司经国务院证券监督管理机构核准、取得经营证券业务许可证后，可以为客户提供融资融券服务，但是考虑到证券公司在我国证券市场的重要作用和证券市场的高风险性，我国严格禁止证券公司为其股东或者股东的关联人提供融资或担保，以避免引发掏空证券公司、关联交易等违法行为，规范证券公司的运作，维护广大投资者的利益，保证证券市场的经营秩序。②

证券法第 123 条第 2 款规定："证券公司除依照规定为其客户提供融资融券外，不得为其股东或者股东的关联人提供融资或者担保。"此外，证券公司不仅不能以自有资金为其股东或者股东的关联人提供融资或者担保，亦不得利用证券经纪客户或者证券资产管理客户的资产为其股东或者股东的关联人提供融资或者担保。③

二、证券公司为其股东或者股东的关联人提供融资或者担保的行政责任

监管实践中，我国证券公司违法为其股东或者股东的关联人提供融资或者担保的案例较为少见，2019 年证监会在华信证券案中，认定华信证券存在"将自有资金为股东提供融资""以购买和租赁房产名义向股东关联方划款""以证

---

① 《中华人民共和国公司法》第 16 条规定："公司向其他企业投资或者为他人提供担保，依照公司章程的规定，由董事会或者股东会、股东大会决议；公司章程对投资或者担保的总额及单项投资或者担保的数额有限额规定的，不得超过规定的限额。公司为公司股东或者实际控制人提供担保的，必须经股东会或者股东大会决议。前款规定的股东或者受前款规定的实际控制人支配的股东，不得参加前款规定事项的表决。该项表决由出席会议的其他股东所持表决权的过半数通过。"

② 全国人大证券法修改起草工作小组：《中华人民共和国证券法释义》，中国金融出版社 2006 年版，第 245 页。

③ 《证券公司监督管理条例》第 61 条规定："证券公司不得以证券经纪客户或者证券资产管理客户的资产向他人提供融资或者担保。任何单位或者个人不得强令、指使、协助、接受证券公司以其证券经纪客户或者证券资产管理客户的资产提供融资或者担保。"

券资产管理客户的资产为股东提供融资”的行为，并对华信证券及相关责任人员作出处罚。[①]

根据本条规定，证券公司为其股东或者股东的关联人提供融资或者担保的，首先应责令其改正，即正在进行的融资或者担保行为应当停止，已经完成的融资或者担保行为应当撤销，[②] 同时给予警告，并处50万元至500万元的罚款，相较于原证券法第222条第2款规定的“十万元以上三十万元以下的罚款”大幅提高了惩处力度，一定程度上能够避免如华信证券案中违法融资金额高达数10亿元、最终多项违法行为并罚才仅有120万元的“尴尬”。此外，本条增加了对直接负责的主管人员和其他直接责任人员“警告”的处罚类型，并将罚款区间从“处三万元以上十万元以下”提高至“处以十万元以上一百万元以下”。

证券公司违法为其股东或者股东的关联人提供融资或者担保，往往是股东利用其在公司中的优势地位，通过其代理人如董事而使公司作出的，股东的意愿是证券公司实施违法行为的根本原因。[③] 因此，本条与原证券法保持一致，对于有过错的股东，在其按照要求改正前，国务院证券监督管理机构可以限制其股东权利，如限制其表决权的行使、限制其获得分红等；对于拒不改正其违法行为的股东，证券监管机构可以责令其转让所持证券公司股权。尽管学界有观点认为，对于证券公司股东的违法行为以通过公司制度构造和追究法律责任等司法介入的方式实现规制为宜，不宜直接干预其股权转让或者限制有关股东行使股东权利，[④] 但是，证券公司对于一国证券市场的稳定繁荣、投资者券款的安全具有重大意义，禁止证券公司为其股东或者股东的关联人提供融资或者担保，能够有效预防证券公司股东利用股东优势地位可能对证券市场平稳运行及投资者券款安全造成的潜在风险。证券法赋予国务院证券监督管理机构以其行政权力介入证券公司治理，其法理基础在于行政机关有权出于对维护公共利益和市场秩序的考量，对具有较高公共属性的民事主体进行管理和直接干预。其本质是国家立法对交易效率与交易安全二者权衡后作出的倾向于后者的选择，也是符合我国证券市场目前发展阶段的适当选择。

---

① 《中国证监会行政处罚决定书（华信证券）》（〔2019〕122号）。

② 全国人大常委会法制工作委员会副主任李飞主编：《中华人民共和国证券法（修订）释义》，法律出版社2005年版，第341页。

③ 全国人大常委会法制工作委员会副主任李飞主编：《中华人民共和国证券法（修订）释义》，法律出版社2005年版，第341页。

④ 胡智强：《公司控制权的法律透视》，载《安徽大学学报（哲学社会科学版）》2009年第1期。

第二百零六条　证券公司违反本法第一百二十八条的规定，未采取有效隔离措施防范利益冲突，或者未分开办理相关业务、混合操作的，责令改正，给予警告，没收违法所得，并处以违法所得一倍以上十倍以下的罚款；没有违法所得或者违法所得不足五十万元的，处以五十万元以上五百万元以下的罚款；情节严重的，并处撤销相关业务许可。对直接负责的主管人员和其他直接责任人员给予警告，并处以二十万元以上二百万元以下的罚款。

【条文主旨】

本条是关于证券公司未采取有效隔离措施防范利益冲突行为，以及混合操作行为应承担的法律责任的规定。

【条文释义】

一、证券公司应采取有效隔离措施防范利益冲突，分开办理相关业务，避免混合操作

证券法第128条规定："证券公司应当建立健全内部控制制度，采取有效隔离措施，防范公司与客户之间、不同客户之间的利益冲突。证券公司必须将其证券经纪业务、证券承销业务、证券自营业务、证券做市业务和证券资产管理业务分开办理，不得混合操作。"

证券公司完善的内部控制制度应当符合健全、合理、制衡、独立的原则，主要包括证券公司经营与管理中的授权与审批、复核与查证、业务规程与操作程序、岗位权限与职责分工、相互独立与制衡、应急与预防等措施。① 要求做到事前、事中、事后控制相统一，覆盖所有业务、部门和人员，渗透到决策、执行、监督、反馈各个环节，各部门和岗位权责分明、相互牵制，前台业务运作与后台管理支持适当分离，内控监督部门独立于其他业务部门。② 证券公司

① 全国人大常委会法制工作委员会副主任李飞主编：《中华人民共和国证券法（修订）释义》，法律出版社2005年版，第209~210页。

② 全国人大证券法修改起草工作小组：《中华人民共和国证券法释义》，中国金融出版社2006年版，第128页。

的隔离措施，既包括各类证券业务之间相对独立，也包括电脑部门、财务部门、监查部门与业务部门的人员独立，资金清算人员与电脑部门人员和交易部门人员独立，① 还有针对研究咨询业务②、控制敏感信息的流动③等特殊事项而重点采取的隔离措施。

二、证券公司未采取有效隔离措施防范利益冲突或混业操作行为应承担的行政责任

原证券法未规定证券公司做市业务，导致新三板做市商制度长期缺乏法律层面的依据，④ 本次证券法修订在第 120 条中增加了“证券做市交易”业务，第 128 条第 2 款相应增加了对做市业务的独立性要求，故做市业务与其他业务混合操作的，同样适用本条追究行政责任。

原证券法第 220 条只规定了混业操作的行政责任，新证券法将“未采取有效隔离措施防范利益冲突”一并纳入行政处罚的范围，在保留“责令改正”的基础上，罚则方面增加了对公司“警告”的行政责任，同时大幅提升了罚款的金额区间和上限，具体而言：证券公司的罚款由 30 万元至 60 万元提高至违法所得的 1 倍至 10 倍，没有违法所得或者违法所得不足 50 万元的，处以 50 万元至 500 万元的罚款，直接负责的主管人员和其他直接责任人员的罚款由 3 万元至 10 万元提高至 20 万元至 200 万元。同时，新法保留了对公司“情节严重的，并处撤销相关业务许可”的行政处罚，删除了对个人“撤销任职资格或者证券从业资格”的规定，保留了对个人“给予警告”的罚则。

【适用指引】

关于未采取有效隔离措施防范利益冲突与混业操作行为行政责任的统一

证券公司内部控制、采取有效隔离、防止利益冲突、禁止混业操作具有不

---

① 《证券公司内部控制指引》第 16 条规定：“证券公司主要业务部门之间应当建立健全隔离墙制度，确保经纪、自营、受托投资管理、投资银行、研究咨询等业务相对独立；电脑部门、财务部门、监督检查部门与业务部门的人员不得相互兼任，资金清算人员不得由电脑部门人员和交易部门人员兼任。”

② 《证券公司内部控制指引》第 3 章“主要控制内容”之第 5 节“研究咨询业务内部控制”。

③ 中国证券业协会《证券公司信息隔离墙制度指引》第 2 条规定：“本指引所称信息隔离墙制度，是指证券公司为控制内幕信息及未公开信息（以下统称‘敏感信息’）的不当流动和使用而采取的一系列管理措施。”

④ 邢会强：《新三板市场的法律适用与“新三板监管法”的制定》，载《现代法学》2018 年第 1 期。

同的内涵和要求，既往实践中，曾有观点认为，原证券法第220条规定的“混合操作”，是指违反原法第136条第2款“分开办理业务、不得混合操作”的行为，而不包括信息隔离等其他内控制度不健全的问题，对于违反原法第136条第1款“未健全内控制度、采取有效隔离措施”的行为，不应适用证券法第220条规定予以行政处罚。

也正因为对未采取有效隔离措施防范利益冲突行为的处理无法简单套用关于禁止混业操作的罚则，既往监管实践对此通常只能适用《证券公司监督管理条例》第70条①的规定以内控不完善等为由对证券公司及相关责任人员采取行政监管措施。②

此次证券法修订在本条增加“未采取有效隔离措施防范利益冲突”与“未分开办理相关业务、混合操作”呈并列关系，印证了上述争议观点的合理性。新法统一了两者的行政责任，但根据证监会既往执法实践，尚未有一例适用原证券法第220条进行行政处罚的案例，故未来证券公司是否会因隔离制度不到位而遭受行政处罚，还有待实践的进一步检验。

第二百零七条 证券公司违反本法第一百二十九条的规定从事证券自营业务的，责令改正，给予警告，没收违法所得，并处以违法所得一倍以上十倍以下的罚款；没有违法所得或者违法所得不足五十万元的，处以五十万元以上五百万元以下的罚款；情节严重的，并处撤销相关业务许可或者责令关闭。对直接负责的主管人员和其他直接责任人员给予警告，并处以二十万元以上二百万元以下的罚款。

---

① 《证券公司监督管理条例》第70条规定：“国务院证券监督管理机构对治理结构不健全、内部控制不完善、经营管理混乱、设立账外账或者进行账外经营、拒不执行监督管理决定、违法违规的证券公司，应当责令其限期改正，并可以采取下列措施……”

② 《中国证监会关于对国海证券股份有限公司采取限制业务活动、责令处分有关责任人员并增加内部合规检查次数措施的决定》，载中国证券监督管理委员会官网，http：//www. csrc. gov. cn/pub/newsite/zqjjjgjgb/zqjjjgjgbxzjgcs/zqjjjgjgbxzjgcszql/201707/t20170728_ 321194. html，最后访问时间：2020年2月19日；《中国证监会关于对国融证券股份有限公司采取限制业务活动措施的决定》，载中国证券监督管理委员会官网，http：//www. csrc. gov. cn/pub/newsite/zqjjjgjgb/zqjjjgjgbxzjgcs/zqjjjgjgbxzjgcszql/201905/t20190521_ 356171. html，最后访问时间：2020年2月19日。

【条文主旨】

本条是关于证券公司违规从事自营业务行为应承担的法律责任的规定。

【条文释义】

一、证券公司从事自营业务不得违反证券法规定

证券自营业务，是指证券公司以自己的名义和资金进行证券买卖从而获取利润的业务活动。① 证券法第129条从开展业务的资金和名义方面对证券公司从事自营业务作出了三项限制性规定：

1. 证券公司从事自营业务必须以自己的名义进行。实践中曾发生过多起证券公司以他人名义或个人名义炒作股票、操纵证券市场的案例，严重扰乱了证券市场秩序。② 为了防止证券公司违反有关交易规则开展自营业务，逃避责任和监管，证券公司必须以自己的名义从事自营业务，不得假借他人名义或者以个人名义进行。

2. 证券公司的自营业务必须使用自有资金和依法筹集的资金。证券公司从事自营业务的资金来源只能是证券公司资本金及其产生的收益或是依法筹措的资金，包括证券公司通过发行公司债券、通过同业拆借等合法方式筹集的资金，不得挪用客户交易结算资金或者通过其他非法渠道获取资金从事证券自营业务。③

3. 证券公司不得将其自营账户借给他人使用。证券自营业务是证监会核准的一项证券业务，不符合法律规定条件的企业或个人以证券公司的名义从事证券自营买卖，逃避了证券监督管理机构的监管，扰乱证券市场秩序，而且可能因账户借入人投资失利导致证券公司资产受损，因此证券法禁止证券公司将其自营账户借给他人使用。④

---

① 全国人大证券法修改起草工作小组：《中华人民共和国证券法释义》，中国金融出版社2006年版，第117页。

② 《为什么证券公司的自营业务必须以自己的名义进行，不得假借他人的名义或者以他人的名义进行?》，载中国人大网，http：//www. npc. gov. cn/npc/c2299/200012/ab520aeb659e495da7349303e6da532f. shtml，最后访问时间：2020年2月15日。

③ 全国人民代表大会常务委员会法制工作委员会副主任李飞主编：《中华人民共和国证券法（修订）释义》，法律出版社2005年版，第211页。

④ 《为什么证券公司不得将其自营账户借给他人使用?》，载中国人大网，http：//www. npc. gov. cn/npc/c2299/200012/c7b92d1e576b4beb9dfe70fb0932881b. shtml，最后访问时间：2020年2月15日。

二、证券公司违规从事自营业务的表现形式

原证券法第 209 条规定，证券公司“假借他人名义或者以个人名义从事证券自营业务的”才承担相应法律责任，而新证券法扩大了对证券公司违规从事自营业务的打击范围，将本条的适用前提更改为“证券公司违反本法第一百二十九条的规定从事证券自营业务”，意味着本条涵盖了三种违法情形：（1）假借他人名义或者以个人名义从事证券自营业务；（2）证券公司未使用自有资金或依法筹集资金从事自营业务；（3）证券公司将其自营账户借给他人使用。证券公司存在上述任何一种违法情形都可能导致监管机构适用本条追究其行政责任。

三、证券公司违规从事自营业务的行政责任

证券公司违反证券法第 129 条的规定从事证券自营业务，由证券监管机构责令改正，给予警告，没收违法所得，并处相应罚款；情节严重的，还将承担被撤销相关业务许可或者被责令关闭的行政责任。除证券公司承担行政责任外，证券公司直接负责的主管人员和其他直接责任人员也须承担警告和罚款的行政责任。

相较于原证券法的规定，此次证券法修订对证券公司违规从事自营业务的处罚更加严厉，具体而言：（1）原证券法只规定了对证券公司的相关责任人员给予警告，而新证券法增加了对证券公司予以警告的行政责任；（2）新证券法大幅提高了对证券公司及其相关责任人员的罚款额度，对证券公司的罚款范围由违法所得的 1 倍至 5 倍提高为 1 倍至 10 倍，将原法“没有违法所得或者违法所得不足三十万元的，处以三十万元以上六十万元以下的罚款”的规定调整为“没有违法所得或者违法所得不足五十万元的，处以五十万元以上五百万元以下的罚款”，对证券公司相关责任人员的罚款由 3 万元至 10 万元提升为 20 万元至 200 万元；（3）在违法情形严重的情况下，原证券法规定对证券公司并处“暂停或者撤销证券自营业务许可”，而新证券法修改为“撤销相关业务许可或者责令关闭”，惩处力度显著加大。

新证券法删除了可对个人采取的“撤销任职资格或者证券从业资格”的处罚，但从严格监管的角度考虑，监管部门仍可以对个人采取证券市场禁入措施。总体而言，证券法加重了证券公司违规从事自营业务应承担的行政责任。

【适用指引】

一、关于证券公司从事自营业务中可能引发的其他行政责任

根据国务院《证券公司监督管理条例》、中国证券业协会《证券公司证券自营业务指引》等规定，证券公司从事证券自营业务，除应遵守证券法第 129

条的三项限制性规定外，还应当符合其他要求，包括但不限于投资品种需符合规定、建立自营业务决策机构、授权制度和管理体系、证券池制度和止盈止损机制，对自营资金独立清算，符合风险控制指标的相关规定，交易行为合法合规。

需要注意的是，并非所有自营业务中的违法违规行为都会被追究行政责任或者适用本条追究行政责任，本条只针对违反证券法第 129 条的行为，案涉行为是否需要进行行政处罚以及进行何种处罚，应当依据具体法律法规作出判断。例如，从事证券自营业务，投资范围或者投资比例违反规定的，应当适用《证券公司监督管理条例》第 83 条进行行政处罚，① 该条款处罚力度相较于本条更轻；如果从事证券自营业务的交易行为构成内幕交易、操纵证券市场的，则应适用证券法第 191 条、第 192 条追究相应行政责任。

二、关于“情节严重”的参考依据

在违反证券法第 129 条规定情节严重的情况下，监管部门可对证券公司采取撤销相关业务许可或者责令关闭的处罚措施。因此，如何认定“情节严重”对证券公司的权益影响重大，关乎证券公司能否继续开展相关业务、保留法人主体的问题。但是，证券法未对“情节严重”作出更明确的规定，此前的立法释义也认为鉴于在实际生活中发生的情况复杂多样，“对于情节严重如何掌握，还有待于证券监督管理机构在执法实践中总结经验以作出具体规定。”② 通过对证券公司因假借他人名义或者以个人名义从事证券自营业务而受到行政处罚的案例进行分析，以下几个要素可能影响监管部门对是否构成“情节严重”的认定：(1) 证券公司是否存在多个违法行为；(2) 违法从事证券自营业务涉及的金额是否特别巨大；(3) 投资者利益是否遭受了较为严重的损害。③ 目前，监管部门适用该条对证券公司作出行政处罚的案例有限，如何认定违规从事自营业务构成“情节严重”，仍有待具体的规定和监管实践的进一步探索。

---

① 《证券公司监督管理条例》第 83 条规定：“证券公司违反本条例的规定，有下列情形之一的，责令改正，给予警告，没收违法所得，并处以违法所得 1 倍以上 5 倍以下的罚款；没有违法所得或者违法所得不足 10 万元的，处以 10 万元以上 30 万元以下的罚款；情节严重的，暂停或者撤销其相关证券业务许可。对直接负责的主管人员和其他直接责任人员，给予警告，并处以 3 万元以上 10 万元以下的罚款；情节严重的，撤销任职资格或者证券从业资格……（四）从事证券自营业务、证券资产管理业务，投资范围或者投资比例违反规定……”

② 全国人大常委会法制工作委员会副主任李飞主编：《中华人民共和国证券法（修订）释义》，法律出版社 2005 年版，第 319 页。

③ 《中国证券监督管理委员会行政处罚决定书（大连证券）》（证监罚字〔2003〕4 号）、《中国证监会行政处罚决定书（河北证券、武某等 8 名责任人员）》（〔2008〕38 号）。

第二百零八条　违反本法第一百三十一条的规定，将客户的资金和证券归入自有财产，或者挪用客户的资金和证券的，责令改正，给予警告，没收违法所得，并处以违法所得一倍以上十倍以下的罚款；没有违法所得或者违法所得不足一百万元的，处以一百万元以上一千万元以下的罚款；情节严重的，并处撤销相关业务许可或者责令关闭。对直接负责的主管人员和其他直接责任人员给予警告，并处以五十万元以上五百万元以下的罚款。

【条文主旨】

本条是关于将客户资金和证券归入自有财产或者挪用客户的资金和证券行为应承担的法律责任的规定。

【条文释义】

一、禁止证券公司将客户的资金和证券归入自有财产或者挪用客户的资金和证券

证券公司客户的交易结算资金和证券具有独立性，是客户委托证券公司的财产，其所有权不属于证券公司，与证券公司的自有财产相区别，因此证券公司不得将其归入自有财产或进行挪用。[①] 所谓不得归入证券公司自有财产，是指证券公司不得将客户的交易结算资金和证券由客户的账户划入自己的账户，作为自己的财产；所谓挪用客户的交易结算资金和证券，是指接受客户委托的证券公司或者其他单位、个人将客户的交易结算资金或者证券用于为客户买卖证券以外的其他用途，在实践中主要包括用于证券公司的自营业务、用于其他客户的证券买卖、用作证券公司或其他客户借款的担保物等。[②] 为规范此类现象，我国逐步加强了证券市场方面的立法和监管，最终建立了证券公司的自有

---

① 伊秀芝：《论我国证券公司破产中的客户权益保护以美国立法为参照》，载《中财法律评论》2010 年第 1 期。

② 全国人民代表大会常务委员会法制工作委员会副主任李飞主编：《中华人民共和国证券法（修订）释义》，法律出版社 2005 年版，第 214 页。

资金与客户的交易结算资金分账管理的制度。① 新证券法第131条对客户的交易结算资金和证券的独立管理作出了具体规定。

二、将证券公司客户资金和证券归入自有财产或进行挪用应承担的行政责任

（一）本条规制的违法行为表现形式

原证券法第211条涵盖了以下两种违法行为类型并设置了统一的行政责任：（1）挪用客户的资金或者证券；（2）未经客户的委托，擅自为客户买卖证券。新证券法将“未经客户的委托，擅自为客户买卖证券”的行为从本责任条款中删除，改由第194条规定，同时在本条增加了“将客户的资金和证券归入自有财产”的违法情形。相比本条的行政责任规定，证券法第194条规定的处罚力度更轻（没有违法所得或者违法所得不足10万元的，处以10万元至100万元罚款；情节严重的，暂停或者撤销相关业务许可；未规定对责任人员进行处罚）。将“未经客户的委托，擅自为客户买卖证券”的行政责任移至处罚力度更轻的第194条，反映出将客户资金和证券归入自有财产或进行挪用比未经客户的委托擅自为客户买卖证券的行为性质更加恶劣，危害后果更加严重。

（二）适用本条承担行政责任的主体

原证券法规定，因挪用客户的资金或证券而承担行政责任的主体是“证券公司、证券登记结算机构”，此次证券法修订在本条中删除了上述责任主体的明确表述，而将适用主体引导至证券法第131条的规定。根据证券法第131条的规定，禁止将客户的交易结算资金和证券归入其自有财产的主体是“证券公司”，禁止挪用客户的资金和证券的主体是“任何单位或者个人”。据此，因将客户的资金和证券归入自有财产而适用本条承担行政责任的主体只有证券公司，因挪用客户的资金和证券而适用本条承担行政责任的主体则可能是任何单位或者个人，不限于证券公司或者证券登记结算机构，还可能包括商业银行等机构以及相关机构的工作人员等。新证券法的这一调整扩大了适用本条承担行政责任的主体范围，加大了对挪用客户的资金和证券行为的打击力度。

（三）将客户资金和证券归入自有财产或进行挪用的行政责任

将客户的资金和证券归入自有财产或者挪用客户的资金和证券，由证券监管机构责令改正，给予警告，没收违法所得，并处相应罚款；情节严重的，

---

① 朱晓喆：《存款货币的权利归属与返还请求权》，载《法学研究》2018年第2期；华东政法大学课题组：《证券公司与证券服务机构法律制度完善研究》，载《证券法苑》2014年第1期。

还将被撤销相关业务许可或者责令关闭。除公司承担行政责任外，证券公司直接负责的主管人员和其他直接责任人员也须承担警告和罚款的行政责任。

本次修订后的证券法相较于原证券法加大了对本条所涉违法行为的处罚力度：一方面，新证券法增加了“警告”的行政责任；另一方面，新证券法显著提高了罚款数额，将原证券法规定的“处以违法所得一倍至五倍的罚款”提升为“处以违法所得一倍至十倍的罚款”，将“没有违法所得或者违法所得不足十万元的，处以十万元以上六十万元以下的罚款”修改为“没有违法所得或者违法所得不足一百万元的，处以一百万元以上一千万元以下的罚款”，对违法单位直接负责的主管人员和其他直接责任人员的罚款由 3 万元至 30 万元提升为 50 万元至 500 万元。此外，新法删除了对个人采取的“撤销任职资格或者证券从业资格”的处罚。

【适用指引】

关于未将客户的交易结算资金存放在商业银行单独立户管理的行政责任

除禁止证券公司将客户的资金和证券归入自有财产或挪用客户的资金和证券外，证券法第 131 条还要求证券公司应将客户的交易结算资金存放在商业银行，以每个客户的名义单独立户管理。尽管有观点提出，应允许客户交易结算资金存放在商业银行以外的其他金融机构，而且在客户同意的情况下，应允许证券公司可以在商业银行或者其他金融机构开立客户资金汇总账户，客户资金汇总账户内的交易结算资金以证券公司的名义立户管理。① 但是，本次修订后的证券法基本延续了此前规定，要求证券公司应将客户的交易结算资金存放在商业银行，以每个客户的名义单独立户管理。

关于未将客户的交易结算资金存放在商业银行单独立户管理应当承担的行政责任，虽然本条的适用前提是“违反本法第一百三十一条的规定”，但其后又特别指出是针对“客户的资金和证券归入自有财产，或者挪用客户的资金和证券的”，因此，仅违反证券法第 131 条“证券公司客户的交易结算资金应当存放在商业银行，以每个客户的名义单独立户管理”的规定，而没有出现归入自

---

① 反对原因是将客户交易结算资金的存放范围局限于商业银行，可能会在交易结算流程中形成不必要的中间环节，增加交易结算成本，降低运行效率，而且可能导致客户信息和资金存量被银行完全掌握，在证券公司与银行业务日益同质的趋势下，不利于证券公司公平参与金融市场竞争。参见中国证券法学研究会：《中国证券法学研究会对〈证券法〉修改草案的意见》，载《金融服务法评论》2016 年第 1 期。

有财产或者进行挪用的情形，则不应适用本条承担行政责任。

本条规定的行政责任不应适用，并不意味着未将客户的交易结算资金存放在商业银行单独立户管理的行为无需承担行政责任。国务院《证券公司监督管理条例》以及证监会制定的《客户交易结算资金管理办法》都对此作出了更为具体的规定，并专门设立了相应的罚则。根据《证券公司监督管理条例》第 84 条规定，证券公司未按照规定存放、管理客户的交易结算资金的，责令改正，给予警告，没收违法所得，并处以违法所得 1 倍以上 5 倍以下的罚款；没有违法所得或者违法所得不足 3 万元的，处以 3 万元以上 30 万元以下的罚款，直接负责的主管人员和其他直接责任人员单处或者并处警告、3 万元以上 10 万元以下的罚款；情节严重的，甚至可能撤销任职资格或者证券从业资格。

第二百零九条　证券公司违反本法第一百三十四条第一款的规定接受客户的全权委托买卖证券的，或者违反本法第一百三十五条的规定对客户的收益或者赔偿客户的损失作出承诺的，责令改正，给予警告，没收违法所得，并处以违法所得一倍以上十倍以下的罚款；没有违法所得或者违法所得不足五十万元的，处以五十万元以上五百万元以下的罚款；情节严重的，并处撤销相关业务许可。对直接负责的主管人员和其他直接责任人员给予警告，并处以二十万元以上二百万元以下的罚款。

证券公司违反本法第一百三十四条第二款的规定，允许他人以证券公司的名义直接参与证券的集中交易的，责令改正，可以并处五十万元以下的罚款。

【条文主旨】

本条是关于证券公司办理经纪业务时接受客户的全权委托买卖证券、对客户的收益或赔偿损失作出承诺，或者允许他人以证券公司的名义直接参与证券的集中交易的行为应承担的法律责任的规定。

【条文释义】

一、证券公司办理经纪业务不得接受客户的全权委托买卖证券，不得对客户的收益或者赔偿客户的损失作出承诺，也不得允许他人以证券公司的名义直接参与证券的集中交易

根据证券法第 134 条第 1 款的规定，证券公司在办理经纪业务时禁止接受客户的全权委托买卖证券。全权委托是指客户出于投资获利的愿望，在委托证券公司代其买卖证券时对证券的买进或者卖出或者买卖证券的种类、数量、价格不加任何限制，完全由证券公司代为决定。[①] 是否应当允许证券公司接受客户的全权委托在理论界和实务界存在争议，支持开放全权委托的观点主要是基于境外立法的主流趋势、促进行业竞争、提高服务质量以及尊重当事人意思自治等理由。[②] 但是，证券交易存在极高的风险，即使投资经验较为丰富的证券公司也难以避免判断失误。而且，全权委托需要证券公司忠实履行诚信义务，无法保证所有证券公司及从业人员都能做到，证券公司可能利用全权委托来集中资金买卖证券、操纵证券市场。[③] 因此，我国证券法禁止证券公司接受客户的全权委托买卖证券。

根据证券法第 135 条的规定，证券公司不得对客户证券买卖的收益或赔偿证券买卖的损失作出承诺。证券经纪业务中，投资者与证券公司之间构成委托人与被委托人的代理关系，代理人在代理权限内以被代理人名义实施法律行为，其后果应由被代理人承担。[④] 证券投资应当由投资者风险自负，证券公司并不能承担客户的投资风险。[⑤] 而且，证券交易属于投资风险较高的金融活动，证券公司难以保证投资者一定获利，故此类承诺的实质是对客户的诱骗。[⑥] 因此，

---

① 全国人大常委会法制工作委员会副主任李飞主编：《中华人民共和国证券法（修订）释义》，法律出版社 2005 年版，第 219 页。

② 卢文道、武俊桥等：《成熟市场视野下的证券法修改完善论纲》，载《证券法苑》2012 年第 1 期；中国证券法学研究会：《中国证券法学研究会对〈证券法〉修改草案的意见》，载《金融服务法评论》2016 年第 1 期。

③ 全国人大常委会法制工作委员会副主任李飞主编：《中华人民共和国证券法（修订）释义》，法律出版社 2005 年版，第 220 页。

④ 全国人大常委会法制工作委员会副主任李飞主编：《中华人民共和国证券法（修订）释义》，法律出版社 2005 年版，第 221 页。

⑤ 彭冰：《中国证券法学》（第二版），高等教育出版社 2007 年版，第 193 页。

⑥ 全国人大常委会法制工作委员会副主任李飞主编：《中华人民共和国证券法（修订）释义》，法律出版社 2005 年版，第 221 页。

证券法禁止证券公司向客户承诺收益或承诺赔偿损失。

此外，新证券法增加第134条第2款规定，要求证券公司不得允许他人以证券公司名义直接参与证券集中交易。我国大陆地区的证券交易所实行会员制，只有证券交易所会员才能直接参与股票的集中交易，证券交易所接纳的会员应当是经批准设立并具有法人地位的证券经营机构或境外证券经营机构设立的驻华代表处（特别会员）。[①] 证券交易所会员有权取得会员席位，证券交易所对席位实行总量限制，会员可通过从其他会员处受让的方式取得席位，其取得的席位经证券交易所同意也可以转让，但不得退回交易所，也不得用于出租和质押。[②] 新增的此款规定在证券法层面明确要求证券公司不得允许他人以证券公司的名义直接参与证券的集中交易，进一步禁止了证券公司违法出租席位的现象，[③] 加大了对证券业务活动的监管力度。

二、证券公司接受客户的全权委托买卖证券，或者对客户的收益或赔偿客户的损失作出承诺应承担的行政责任

证券公司接受客户的全权委托买卖证券，或者对客户的收益或赔偿客户的损失作出承诺的，责令改正，给予警告，没收违法所得，根据违法所得情况并处罚款。新证券法在保留“责令改正”和“没收违法所得”的基础上，新增了“给予警告”的处罚方式，同时提高了罚款的惩处力度，由原法规定的5万元至20万元的固定区间调整为违法所得的1倍以上10倍以下，没有违法所得或者违法所得不足50万元的，处以50万元至500万元的罚款。此外，新证券法将原法不区分情节轻重“可以暂停或撤销相关业务许可”修改为“情节严重的，并处撤销相关业务许可”，处罚逻辑更加清晰。对直接负责的主管人员和其他直接责任人员给予警告，罚款区间由“处以三万元以上十万元以下”大幅提高至“处以二十万元以上二百万元以下”，同时删除了“可以撤销任职资格或者证券从业资格”的罚则。

---

① 《证券交易所管理办法》第17条、第46条。

② 《上海证券交易所会员管理规则》第2.2.1~2.2.3条，《深圳证券交易所会员管理规则》第3.1~3.4条。

③ 证券经营机构出租交易席位并非一律被禁止，根据相关规定在特定情况下可以依法租给有资质的主体，例如，《上海证券交易所关于保险机构投资者股票交易专用席位有关事项的通知》第2条规定：“保险公司可向证券经营机构租用股票交易专用席位，保险资产管理公司可通过向本所申请新设或受让证券经营机构席位方式取得股票交易专用席位，也可以租用证券经营机构的席位，作为股票交易专用席位。”

三、证券公司允许他人以证券公司的名义直接参与证券集中交易应承担的行政责任

证券公司允许他人以证券公司的名义直接参与证券集中交易的，责令改正，并处50万元以下罚款。从处罚力度来看，本款设立的罚款金额上限远低于第1款设立的罚款金额上限，而且也未规定撤销证券公司业务许可或对相关责任人员的处罚措施，可见接受客户的全权委托买卖证券，或者对客户的收益或赔偿客户的损失作出承诺的行为性质更为恶劣，危害后果更加严重。

第二百一十条　证券公司的从业人员违反本法第一百三十六条的规定，私下接受客户委托买卖证券的，责令改正，给予警告，没收违法所得，并处以违法所得一倍以上十倍以下的罚款；没有违法所得的，处以五十万元以下的罚款。

【条文主旨】

本条是关于证券公司的从业人员私下接受客户委托买卖证券应当承担的法律责任的规定。

【条文释义】

一、禁止证券公司的从业人员私下接受客户委托买卖证券

证券法第136条第2款禁止证券公司的从业人员私下接受客户委托买卖证券。按照证券法的规定，投资者应当与证券公司签订证券交易委托协议，以书面、电话、自助终端、网络等方式委托该证券公司代其买卖证券，证券公司再根据投资者的委托提出交易申报，参与证券交易所场内的集中交易。因此，有权接受投资者委托的主体是证券公司，而非证券公司的从业人员。

证券公司从业人员因其身份和职务可以获取大量的内幕信息，如果允许证券公司从业人员私下接受客户委托买卖证券，可能导致证券公司从业人员利用所掌握的内幕信息为客户牟取不正当利益，损害证券市场秩序。即使证券公司从业人员不掌握相关内幕信息，也可能会因其所处地位和方便条件为客户带来更多的获利机会，增加其他投资者蒙受损失的可能。而且，私下接受客户的委托可能导致证券公司从业人员与客户约定收益共享、风险共担，滋生法律禁止的损益承诺甚至是盗走资金和股票、欺诈客户的现象。[①] 因此，为了保障证券市场的公平、公正和公开，防止证券公司从业人员和客户进行私下委托，必须对证券公司从业人员私下接受客户委托买卖证券的行为加以限制。[②]

二、证券公司的从业人员私下接受客户委托买卖证券应承担的行政责任

原证券法第145条规定的是“证券公司及其从业人员”不得未经过其依法设立的营业场所私下接受客户委托买卖证券，新证券法第136条第2款将其修改为“证券公司的从业人员不得私下接受客户委托买卖证券”，由此本条作为该款的法律责任条款，将不再适用于证券公司。这种调整可能是因为监管实践中，几乎均为证券公司从业人员私下接受客户委托买卖证券的情形，[③] 而少见证券公司私下接受委托的案例。

证券公司的从业人员私下接受客户委托买卖证券，由证券监管机构责令改正，给予警告，没收违法所得，并根据违法所得情况处以罚款。新证券法将原证券法“违法所得1－5倍”的罚款区间大幅提高到“违法所得的1－10倍”，将“没有违法所得或者违法所得不足十万元的，处十万元以上三十万元以下罚款”调整为“没有违法所得的，处以五十万元以下的罚款”。此处“违法所得”，是指证券公司从业人员因接受委托而收取的固定报酬或者因共享收益而获得的交易盈利，并不包括证券公司从业人员所操作的证券账户的账户盈利。因此，如证券公司从业人员从始至终都无偿接受客户委托，即使其所操作的账户有实际盈利，也属于“没有违法所得”的情形。[④]

此外，本条规定只有在“没有违法所得”的情况下，才适用50万元以下罚款的规定，这也是本次证券法修订后唯一一条对“违法所得较少”的情况未与“没有违法所得”的情况适用同一行政责任的罚则。该等安排可能导致在违法所得金额极低时，顶格适用违法所得10倍确定罚款仍畸低；反而在没有违法所得的情况下，可以适用最高达50万元的罚款，由此出现执法不统一、过罚不相当的情形，可见其合理性有待商榷。

---

① 姚珺、张凤翔：《股票、股份侵权纠纷的几个法律问题》，载《人民司法》2000年第3期。

② 全国人大常委会法制工作委员会副主任李飞主编：《中华人民共和国证券法（修订）释义》，法律出版社2005年版，第328～329页。

③ 《中国证监会行政处罚决定书（李某）》（〔2019〕145号），《中国证监会行政处罚决定书（贺某哲、贺某）》（〔2018〕105号），《中国证监会行政处罚决定书（广某）》（〔2017〕63号），《中国证监会行政处罚决定书（赵某）》（〔2016〕137号），《中国证监会行政处罚决定书（顾某）》（〔2014〕4号）。

④ 《中国证监会行政处罚决定书（赵某）》（〔2016〕137号）。

【适用指引】

关于证券公司从业人员已赔偿客户损失是否构成“主动消除或者减轻违法行为危害后果”的行政处罚从轻或减轻情节

证券公司从业人员私下接受客户委托买卖证券，在投资亏损的情况下，还有可能会与客户产生民事纠纷。如证券从业人员在民事纠纷中主动赔偿了客户的损失，是否构成行政处罚法第 27 条第 1 款第 1 项“主动消除或者减轻违法行为危害后果”的情形，从而从轻或减轻处罚？

既往监管实践对该问题持肯定态度,① 具有一定合理性。从前述立法目的而言，禁止证券公司从业人员私下接受客户委托买卖证券一是为了防止证券公司从业人员利用内幕信息或其他优势条件为客户提供更加便利的交易机会，从而导致对其他投资者的不公；二是为了避免委托的投资者遭受欺诈。前者是为了保护证券市场公平秩序这一“抽象的法益”，后者则是为了保护个体投资者财产权益这一“具体的法益”。理论上，只要证券公司从业人员私下接受了客户的委托买卖证券，就已经违反了前者所要保护的法益，证券公司从业人员向作出委托的客户赔偿损失，难以减轻其对证券市场公平秩序造成的损害。但是，就后者所欲保护的法益而言，向客户履行赔偿义务也确实属于对“损害结果”的填平，能够避免个体投资者因欺诈而受损。从这一角度来说，至少可以认为赔偿客户损失属于“主动‘减轻’违法行为危害后果”。

第二百一十一条　证券公司及其主要股东、实际控制人违反本法第一百三十八条的规定，未报送、提供信息和资料，或者报送、提供的信息和资料有虚假记载、误导性陈述或者重大遗漏的，责令改正，给予警告，并处以一百万元以下的罚款；情节严重的，并处撤销相关业务许可。对直接负责的主管人员和其他直接责任人员，给予警告，并处以五十万元以下的罚款。

① 《中国证券监督管理委员会行政复议决定书（肖某)》（〔2013〕7 号)。

【条文主旨】

本条是关于证券公司及其主要股东、实际控制人违反信息报送义务应承担的法律责任的规定。

【条文释义】

一、证券公司及其主要股东、实际控制人应当履行的信息报送义务

证券法对证券公司监管作出了一系列规定，证券公司及其股东、实际控制人向国务院证券监督管理机构报送、提供有关信息和资料是重要监管举措之一，更是开展其他监管方式的前提和基础。① 对证券公司及其股东、实际控制人规定信息报送义务，旨在让证券监管机构及时、准确、高效地了解证券公司的运营情况，发现并纠正证券公司存在的问题，监督证券公司合法规范运营，并根据证券公司的整体情况制定有关规定。② 根据证券法第 138 条的规定，证券公司及其股东、实际控制人应当履行以下信息报送义务：

1. 按照规定向证监会报送经营管理信息和资料。据统计，截至 2018 年，证券公司应报送的信息和资料涉及 93 个具体事项。③ 证券公司应当根据我国法律法规、部门规章、规范性文件等规定向证监会报送业务、财务等经营管理信息和资料。

2. 根据证监会要求在指定期限内提供有关信息和资料。证监会有权要求证券公司及其主要股东、实际控制人在指定的期限内提供与证券公司经营管理和财务状况有关的信息和资料。例如，证监会在对证券公司进行检查的过程中，有权要求证券公司提供会计报表、公司业务开展的交易记录、电脑数据、合同文本、公司有关管理制度文件、三会文件等资料。④

3. 报送或提供的信息、资料必须真实、准确、完整。证券公司报送或提供的信息和资料必须达到真实、准确、完整的标准，才能使监管部门了解证券公司的实际情况，以便开展后续监管工作。

---

① 《〈中华人民共和国证券法〉释义及实用指南》编写组编：《〈中华人民共和国证券法〉释义及实用指南》，中国民主法制出版社 2012 年版，第 448 页。

② 全国人大常委会法制工作委员会副主任李飞主编：《中华人民共和国证券法（修订）释义》，法律出版社 2005 年版，第 225 页、第 340 页。

③ 王宏宇、刘刊：《证券公司行政备案监管的权责及边界研究》，载《金融监管研究》2018 年第 5 期。

④ 证监会《证券公司检查办法》第 4 条、第 5 条、第 9 条；《证券公司监督管理条例》第 67 条。

二、证券公司及其主要股东、实际控制人违反信息报送义务的表现形式

原证券法第 222 条涵盖两类违法行为：一是证券公司或者其股东、实际控制人违反信息报送义务，二是证券公司为其股东或者股东的关联人提供融资或者担保。新证券法改变了将上述两类违法行为的行政责任杂糅在一起的做法，将证券公司为其股东或者股东的关联人提供融资或者担保的行为从本条中剔除，改由第 205 条规定。修订后的本条专门规制证券公司及其主要股东、实际控制人违反信息报送义务的行为，包含以下三种表现形式：（1）证券公司未按照规定向证监会报送业务、财务等经营管理信息和资料；①（2）证券公司及其主要股东、实际控制人未按照证监会要求在指定期限内提供有关信息和资料；（3）证券公司及其主要股东、实际控制人报送或提供的信息、资料存在虚假记载、误导性陈述或者重大遗漏。② 对于第一种违法行为的表现形式，原法第 222 条第 1 款的表述为"拒不向证券监督管理机构报送或者提供经营管理信息和资料"，新证券法调整为"未报送、提供信息和资料"，规制情形更加全面。

三、证券公司及其主要股东、实际控制人违反信息报送义务的行政责任

原证券法规定适用本条承担行政责任的主体是"证券公司或者其股东、实际控制人"，新证券法第 138 条调整为"证券公司及其主要股东、实际控制人"。所谓"主要股东"，是指"持有证券公司 25% 以上股权的股东或者持有 5% 以上股权的第一大股东"。③

相较于原证券法的规定，此次证券法修订对证券公司及其主要股东、实际控制人违反信息报送义务的处罚更加严厉，在责令改正，给予警告的同时，将原证券法规定的 3 万元至 30 万元的罚款范围提升至 100 万元以下。此外，新证券法将原法不区分情节轻重"可以暂停或撤销相关业务许可"修改为"情节严重的，并处撤销相关业务许可"，处罚逻辑更加清晰。对直接负责的主管人员和

---

① 《中国证监会深圳监管局关于对汤迎旭采取监管谈话措施的决定》（〔2017〕24 号），《中国证监会福建监管局关于东海证券股份有限公司福清中环路证券营业部采取责令改正监督管理措施的决定》（〔2019〕49 号），《中国证监会内蒙古监管局关于对国融证券股份有限公司采取责令增加内部合规检查次数措施的决定》（〔2018〕11 号）。

② 《中国证监会深圳监管局关于对长城证券股份有限公司采取出具警示函监督管理措施的决定》（〔2019〕169 号）。

③ 《证券公司股权管理规定》第 5 条规定："根据持股比例和对证券公司经营管理的影响，证券公司股东包括以下四类：（一）控股股东，指持有证券公司 50% 以上股权的股东或者虽然持股比例不足 50%，但其所享有的表决权足以对证券公司股东会的决议产生重大影响的股东；（二）主要股东，指持有证券公司 25% 以上股权的股东或者持有 5% 以上股权的第一大股东；（三）持有证券公司 5% 以上股权的股东；（四）持有证券公司 5% 以下股权的股东。"

其他直接责任人员给予警告，罚款由 3 万元以下提升至 50 万元以下，同时删除了“可以撤销任职资格或者证券从业资格”的罚则。

第二百一十二条 违反本法第一百四十五条的规定，擅自设立证券登记结算机构的，由国务院证券监督管理机构予以取缔，没收违法所得，并处以违法所得一倍以上十倍以下的罚款；没有违法所得或者违法所得不足五十万元的，处以五十万元以上五百万元以下的罚款。对直接负责的主管人员和其他直接责任人员给予警告，并处以二十万元以上二百万元以下的罚款。

【条文主旨】

本条规定擅自设立证券登记结算机构的行政处罚。

【条文释义】

本条文为本次证券法修改新增加内容，原证券法第 226 条第 1 款规定：“未经国务院证券监督管理机构批准，擅自设立证券登记结算机构的，由证券监督管理机构予以取缔，没收违法所得，并处以违法所得一倍以上五倍以下的罚款。”本次立法将其独立出来，加强了对擅自设立证券登记结算机构违法行为的处罚力度。

一、立法背景

证券登记结算活动涉及登记、托管、清算和交收等一系列环节，是证券交易目的实现的保障，直接关系到当事人的经济利益，涉及证券登记结算机构、发行人、投资者、证券公司等多方参与主体，是我国资本市场最重要的金融基础设施。因此，证券登记结算机构的设立与一般的商业公司不同，法律规定了严格的条件与程序。在我国，证券登记结算机构的设立采取核准主义原则。证券登记结算机构属于必须经过中国证监会批准才可以设立的特定经营主体，任何组织和个人不得擅自设立。证券法第 145 条第 2 款规定，设立证券登记结算机构必须经国务院证券监督管理机构批准。《证券登记结算管理办法》第 7 条规定：“证券登记结算机构的设立和解散，必须经中国证监会批准。”

2001 年 3 月 30 日，经中国证券监督委员会批准，中国证券登记结算有限责任公司设立，公司是依据《中华人民共和国公司法》和《中华人民共和国证券法》设立的不以营利为目的的企业法人。上海证券交易所与深圳证券交易所分别持有公司50%的股份。自2001年10月1日起，上交所、深交所承担的全部证券登记结算业务划归中国证券登记结算有限责任公司承担，证券法规定的全国集中统一运营的证券登记结算体制由此形成。

二、适用要点

本次修改加大了对擅自设立证券登记结算机构违法行为的处罚力度，体现在以下几个方面：

一是提高了罚款倍率。对于未经批准设立的证券登记阶段机构由国务院证券监督管理机构予以取缔，没收违法所得，并处以违法所得一倍以上十倍以下的罚款。旧法规定“处以违法所得一倍以上五倍以下的罚款”。

二是规定罚款不以是否有违法所得为前提。旧法对擅自设立证券登记结算机构没有违法所得和违法所得较少，没有规定处以罚款。本次修法增加相关规定：“没有违法所得或者违法所得不足五十万元的，处以五十万元以上五百万元以下的罚款。”填补了立法漏洞，进一步加大了对该类违法行为的处罚。

三是对该类违法行为采取“双罚制”。对于擅自设立证券登记结算机构的违法行为，除对相关单位处以上述罚款的经济处罚外，还规定了对负有相关责任的自然人予以处罚。“对直接负责的主管人员和其他直接责任人员给予警告，并处以二十万元以上二百万元以下的罚款。”不仅对单位和个人予以“双罚”，还对负有直接责任的人员同时处以警告与罚款的“双罚”。

第二百一十三条　证券投资咨询机构违反本法第一百六十条第二款的规定擅自从事证券服务业务，或者从事证券服务业务有本法第一百六十一条规定行为的，责令改正，没收违法所得，并处以违法所得一倍以上十倍以下的罚款；没有违法所得或者违法所得不足五十万元的，处以五十万元以上五百万元以下的罚款。对直接负责的主管人员和其他直接责任人员，给予警告，并处以二十万元以上二百万元以下的罚款。

会计师事务所、律师事务所以及从事资产评估、资信评级、财务顾问、信息技术系统服务的机构违反本法第一百六十条第二款的规定，从事证券服务业务未报备案的，责令改正，可以处二十万元以下的罚款。

证券服务机构违反本法第一百六十三条的规定，未勤勉尽责，所制作、出具的文件有虚假记载、误导性陈述或者重大遗漏的，责令改正，没收业务收入，并处以业务收入一倍以上十倍以下的罚款，没有业务收入或者业务收入不足五十万元的，处以五十万元以上五百万元以下的罚款；情节严重的，并处暂停或者禁止从事证券服务业务。对直接负责的主管人员和其他直接责任人员给予警告，并处以二十万元以上二百万元以下的罚款。

【条文主旨】

本条是对证券投资咨询机构未经核准从事证券投资咨询业务或从事禁止性业务，其他证券服务机构从事证券服务业务未依法报备案以及证券服务机构违反本法规定或者依法制定的业务规则而应承担的法律责任的规定。

【条文释义】

一、第1款——证券投资咨询机构违规法律责任

（一）规则背景

证券投资咨询机构基于其业务的特殊性，在优化社会资源配置、开展市场纠错和保护投资者等方面发挥着重要作用。证券投资咨询行业虽然取得一定发展，但也存在诸多问题，合规内控体系不健全，尚未形成可持续的商业模式。互联网科技赋能投资咨询业务的同时也极大加剧了金融风险，“荐股骗局”、“黑嘴”、市场操纵等传统问题进一步演化升级。[①] 故仍有必要对其市场准入实施核准制，以保护投资者及相关当事人的合法权益。

依照证券法第160条第2款的规定，从事证券投资咨询服务业务，应当经国务院证券监督管理机构核准；未经核准，不得为证券的交易及相关活动提供服务。未经核准从事投资咨询服务业务的，属于违法行为。同时，根据证券法第161条的规定，证券投资咨询机构违反从业禁止性规定，也属于违法行为。

---

① 林雯、黄坤、王琦：《互联网环境下证券投资咨询乱象分析及监管建议》，载《证券市场导报》2019年第7期。

（二）处罚规则

根据本款规定，证券投资咨询机构未经核准擅自从事证券投资咨询服务业务的或者从事禁止性业务的，由国务院证券监督管理机构责令改正，没收违法所得，并处以违法所得1倍以上10倍以下的罚款；没有违法所得或者违法所得不足50万元的，处以50万元以上500万元以下的罚款。对直接负责的主管人员和其他直接责任人员，给予警告，并处以20万元以上200万元以下的罚款。

二、第2款——其他证券服务机构从事证券服务业务未报备案的法律责任

（一）规则背景

在政府简政放权的背景下，一系列放管服政策推动证监会监管体系进行结构性调整。我国证券监管的模式逐步从“监护式监管”向“功能性监管”方向转变。[①] 证监会将部分监管职能逐步下放到证券服务机构，但在政府主导的“监护式监管”下，证券市场服务业务主要被一些传统大型机构所垄断，市场活力明显不足。新证券法对除从事证券投资咨询业务外的证券服务机构采取备案制，并非降低监管标准，而是顺应市场化趋势，刺激证券服务行业适度性增长。发挥备案制刺激证券服务机构市场活力的作用，助推优质中小机构积蓄力量，活跃证券服务市场。同时要求传统大型机构在这场市场化改革中更加重视专业素质以及风控管理，增强核心竞争力。遵循“宽进严出”的市场政策，配套加强对证券服务机构违法处罚力度。这一举措适应了资本市场全面推行证券发行注册制改革的要求，改变监管方式、贯彻监管要求、强化监管力度，将行政监管资源从事前审批逐步向强化事中事后监管过渡的具体表现。

依照证券法第160条第2款的规定，从事其他证券服务业务，应当报证券监督管理机构和国务院有关主管部门备案。这一规定，取消其他证券服务机构事前准入审批制，改为“双备案制”。同时，为落实新证券法关于证券服务机构从事证券服务业务向证券监督管理机构备案的新要求，证监会在广泛听取各方意见的基础上，起草了《证券服务机构从事证券服务业务备案管理规定（征求意见稿）》（以下简称《备案规定》），于2020年2月29日公开向社会征求意见。[②]《备案规定》共20条，主要包括备案主体、备案范围、备案时点以及备案

① 侯东德、龙潇：《放管服视角下证券服务机构自律治理的法理思考》，载《重庆社会科学》2020年第1期，第123页。

② 关于就《证券服务机构从事证券服务业务备案管理规定（征求意见稿）》公开征求意见的通知，载中国证券监督管理委员会官网，http://www.csrc.gov.cn/pub/zjhpublic/zjh/202002/t20200229_371306.htm，最后访问时间：2020年4月29日。

程序的相关规定。完善建立证券服务机构从事证券服务的备案规定，是配合新证券法实施，获取证券服务机构从事证券服务业务基础信息，强化事中事后监管的有效途径，也是证监会进行风险监测与预警、提高监管效能的基础性安排。①

（二）处罚规则

根据本款规定，对备案管理的主体进行了明确，即“会计师事务所、律师事务所以及从事资产评估、资信评级、财务顾问、信息技术系统服务的机构”，以上机构从事证券服务业务未报备案的，责令改正，可以处20万元以下的罚款。

三、第3款——证券服务机构违反信义义务的法律责任

（一）规则背景

勤勉尽责、恪尽职守是信义义务的本质内涵，是证券服务机构作为受托人进行证券服务业务的原则要求。新证券法强化证券服务机构信义义务责任，进一步压实“看门人”职责，维护证券市场的公平公正。

根据新证券法第160条的相关规定，会计师事务所、律师事务所以及从事证券投资咨询、资产评估、资信评级、财务顾问、信息技术系统服务的证券服务机构，应当勤勉尽责、恪尽职守，按照相关业务规则为证券的交易及相关活动提供服务。例如，律师事务所出具的法律意见书是针对委托人委托事项的合法性评估，其所出具的明确结论性意见，是委托人、投资者及证券监督管理机构确认相关事项是否合法的重要依据。再如，会计师事务所出具的审计报告，不仅要对委托公司的投资者和债权人负责，还要面向社会行使社会公证职能。

证券服务机构是证券市场监督体系中不可缺少的组成部分，它们为投资者提供信息认证服务，有效平衡证券市场各主体之间的信息不对称，是证券市场的“看门人”，是证券市场形成公开、公平、公正市场环境的必要环节。因此，证券法第163条规定，证券服务机构未勤勉尽责，所制作、出具的文件有虚假记载、误导性陈述或者重大遗漏的，应该承担相应的法律责任。另外，原证券法未规定公司成功上市前尚未取得业务收入的中介机构从事违法行为的责任，新证券法对此规定作了重大调整，针对没有业务收入的情形也规定了相应的惩罚措施，为形成足够的威慑作用建立了制度保障。这一修订弥补了证券法的缺憾，对证券服务机构业务违法违规行为的惩处更为严厉与全面，是证券法的一大进步。

（二）处罚规则

对于违法制作、出具有关文件的证券服务机构，根据本款规定，首先应责

① 王君晖：《证券服务机构从事相关业务将开启备案管理》，载《证券时报》2020年3月2日。

令其改正，此外还要承担以下法律责任：（1）没收违法所得，即由证券监督管理机构将上述专业机构通过违法行为所获取的一切非法业务收入，依法收归国有；（2）罚款，罚款的数额是其非法业务收入的1倍以上10倍以下；（3）没有业务收入或者业务收入不足50万元的，处以50万元以上500万元以下的罚款；（4）情节严重的，暂停或者禁止从事证券服务业务。

同时，对于存在本条规定的违法行为的证券服务机构，根据本款规定还要对其直接负责的主管人员和其他直接责任人员给予警告，并处以20万元以上200万元以下的罚款。

【适用指引】

证券服务机构是证券市场的重要参与者，其联接着证券市场的重要主体：上市公司及投资者。而随着金融资本的发展，原有法律责任日渐微弱，面对巨大的现实利益诱惑，不断有公司铤而走险对财务数据等信息大肆造假，而“理性”的证券服务机构出于利益考量会默许甚至主动帮助上市公司欺骗投资者，投资者利益将会遭受沉重损失，但反观责任方所受到的惩处却远不足以对其形成震慑作用。实践中，如康得新、康美药业等案件中，企业多年财务造假，相关会计师事务所却没有发现问题，暴露出“看门人”监督机制的严重失灵。大幅提高违法违规成本成为制度改革的重要突破点，以避免证券服务机构将其“看门人”职责抛诸脑后，与上市公司同流合污，扰乱证券市场，损害投资者利益。

一、加大对证券服务机构违反市场准入规则的处罚力度

根据本条第1款规定，一是加大了证券投资咨询机构未经核准擅自从事证券投资咨询服务业务的罚款力度，由原来的“并处以违法所得一倍以上五倍以下的罚款”加大到“并处以违法所得一倍以上十倍以下的罚款”；二是细化增加了“没有违法所得或者违法所得不足五十万元的”情形下的处罚规则；三是增加了对直接负责人员的处罚规定。

为规范其他证券服务机构备案管理规定，本条第2款配套新增从事证券服务业务未报备案情况下的处罚规定，即“责令改正，可以处二十万元以下的罚款”。

二、大幅提高证券服务机构未履行勤勉尽责义务的违法处罚幅度

根据本条第3款规定，证券服务机构未履行勤勉义务的法律责任主要包括三个方面：一是对于证券服务机构未勤勉尽责，所制作、出具的文件有虚假记载、误导性陈述或者重大遗漏的，由原来的“并处业务收入一倍以上五倍以下的罚款”提高到“并处业务收入一倍以上十倍以下的罚款”；二是细化增加

“没有业务收入或者业务收入不足五十万元的”情形下的处罚规则；三是对于直接负责人员的处罚，由原来的“并处以三万元以上十万元以下的罚款”加重为“并处以二十万元以上二百万元以下的罚款”。

三、证券服务机构约束机制的系统性完善

对于证券服务机构约束机制的系统性完善，需要外部责任约束和内部自律治理的协同发力。

良好的外部约束机制应当是民事责任、行政责任和刑事责任有机衔接的责任体系。我国法律对证券服务机构 IPO 违法违规行为规定了相应的民事责任、行政责任和刑事责任。但从实践上看，大部分案件主要科以行政责任，民事责任和刑事责任未能发挥实质性作用。[①] 强化行政责任是就目前而言的理性选择。新证券法大幅提高了证券服务机构违法违规行为的行政处罚力度，而民事责任和刑事责任对于规范证券服务行业作用的发挥仍存在大量实践难题亟待解决。

行政监管处罚更加严格，职业风险明显增加，证券服务机构内部自律治理重要性进一步凸显。在简政放权，放管结合，优化服务改革的市场要求下，证券服务机构自律治理也更加符合证券服务行业市场良性发展的本质需求。而在放管服视角下证券服务机构自律治理可以从明确自己在监管结构中的定位、落实严格审核机制以及实质保护投资者权益这三个路径进行探索。[②]

第二百一十四条 发行人、证券登记结算机构、证券公司、证券服务机构未按照规定保存有关文件和资料的，责令改正，给予警告，并处以十万元以上一百万元以下的罚款；泄露、隐匿、伪造、篡改或者毁损有关文件和资料的，给予警告，并处以二十万元以上二百万元以下的罚款；情节严重的，处以五十万元以上五百万元以下的罚款，并处暂停、撤销相关业务许可或者禁止从事相关业务。对直接负责的主管人员和其他直接责任人员给予警告，并处以十万元以上一百万元以下的罚款。

---

① 刘志云、史欣媛：《论证券市场中介机构“看门人”角色的理性归位》，载《现代法学》2017 年第 7 期，第 103 页。

② 侯东德、龙潇：《放管服视角下证券服务机构自律治理的法理思考》，载《重庆社会科学》2020 年第 1 期，第 128 ~ 134 页。

【条文主旨】

本条是对有关机构未按规定保存有关文件和资料的违法行为应承担的法律责任的规定。

【条文释义】

一、资料妥善保存义务

根据本法的有关规定，证券监督管理机构在依法履行对证券市场的监管中，有权查阅、复制当事人和与被调查事件有关的单位和个人的证券交易记录、登记过户记录、财务会计资料及其他相关文件和资料。相关文件的查阅是证券监督管理机构查明所调查事项的真实情况，履行监督职责的重要方式，是发现有关机构在证券业务活动中违法行为线索的途径之一。为确保监管方式实现，维护证券市场的秩序，有关机构应当妥善保存有关文件和资料。

本法和有关法律、法规、规章，对发行人、证券公司、证券登记结算机构、证券服务机构保存有关文件和资料提出了要求。如本法第 137 条规定，证券公司应当妥善保存客户开户资料、委托记录、交易记录和与内部管理、业务经营有关的各项信息，任何人不得隐匿、伪造、篡改或者毁损。上述信息的保存期限不得少于 20 年。本法第 153 条规定，证券登记结算机构应当妥善保存登记、存管和结算的原始凭证及有关文件和资料。其保存期限不得少于二十年；第 162 条规定，证券服务机构应当妥善保存客户委托文件、核查和验证资料、工作底稿以及与质量控制、内部管理、业务经营有关的信息和资料，任何人不得泄露、隐匿、伪造、篡改或者毁损。上述信息和资料的保存期限不得少于 10 年，自业务委托结束之日起算。对于其他法律、行政法规和规章关于文件和资料保存的要求，有关机构也应遵守，违反者要根据本条的规定承担相应的法律责任。

二、处罚规则

根据本条规定，处罚规则主要包括两个方面：

一是有关机构未按照有关规定保存文件和资料的，由证券监督管理机构责令改正，给予警告，并对其处以 10 万元以上 100 万元以下的罚款，具体罚款数额根据其违法行为的情节等实际情况决定。

二是有关机构泄露、隐匿、伪造、篡改或者毁损有关文件和资料的，由证券监督管理机构给予警告，并处以 20 万元以上 200 万元以下的罚款；情节严重的，处以50万元以上500万元以下的罚款，并处暂停、撤销相关业务许可或者禁止从事相关业务。同时，对直接负责的主管人员和其他直接责任人员给予警告，并处以10万元以上100万元以下的罚款。

【适用指引】

相关文件和资料的妥善保存，不仅是监管机构评价服务机构业务水平的重要依据，也是事中事后监管判断机构及其负责人员是否勤勉尽责的证据材料。同时，由于信息技术的广泛应用，电子文件和电子档案的数量也在不断增加，证券服务机构还应该重视电子文件归档和电子档案的保存管理。①

一、强化对未按规定保存有关文件和资料等行为的机构责任

根据本条规定，对未按规定保存有关文件和资料的行为的法律责任主要包括两个方面：

一是发行人、证券登记结算机构、证券公司以及证券服务机构未按照规定保存有关文件和资料的，由原来的“并处三万元以上三十万元以下的罚款”修改为“并处以十万元以上一百万元以下的罚款”。

二是泄露、隐匿、伪造、篡改或者毁损有关文件和资料的，由原来的“给予警告，并处以三十万元以上六十万元以下的罚款”结构性调整为“给予警告，并处以二十万元以上二百万元以下的罚款；情节严重的，处以五十万元以上五百万元以下的罚款，并处暂停、撤销相关业务许可或者禁止从事相关业务。”

二、增加对未按规定保存有关文件和资料等行为的直接责任人的处罚规定

根据本条规定，新增对于未按规定保存、泄露、隐匿、伪造、篡改或者毁损有关文件和资料的直接责任人的处罚规定，即“给予警告，并处以十万元以上一百万元以下的罚款”。

三、加强证券业务档案的规范化管理

为规范证券公司业务档案的管理与利用，2019年12月16日国家档案局官网发布了由国泰君安证券股份有限公司牵头制定的我国证券行业档案管理标准《证券业务档案管理规范》。② 该规范规定了证券业务档案工作总则、管理体

---

① 彭蒙蒙：《数字时代下企业电子文件归档和电子档案管理模式研究——以国泰君安证券股份有限公司为例》，载《档案与建设》2018年第6期。

② 《DA/T 79—2019 证券业务档案管理规范》，载中华人民共和国档案管理局官网，http://www.saac.gov.cn/daj/hybz/201912/cab566059fea40d6aeba70af7ccaa462.shtml，最后访问时间：2020年4月29日。

制、管理岗位职责，以及在办理证券业务活动中产生的且具有保存价值的业务文件的整理、归档，证券业务档案的保管、利用、鉴定与处置的要求和方法，以及业务电子文件归档与电子档案管理，为科学化、系统化和规范化管理证券业务档案提供了行业推荐标准。[①] 在新证券法要求落实发行人、证券登记结算机构、证券公司以及证券服务机构妥善保存相关文件和资料义务，建议可以参照该规范进行妥善保存管理，增强文件资料的真实性、完整性、有效性和安全性。

第二百一十五条　国务院证券监督管理机构依法将有关市场主体遵守本法的情况纳入证券市场诚信档案。

【条文主旨】

本条是关于证券市场诚信档案的规定。

【条文释义】

一、证券市场诚信档案制度的发展历程

证券市场诚信档案制度，是证监会通过构建全国统一的证券期货市场诚信档案数据库，全面归集证券期货市场的监管执法、自律管理和司法等公共诚信信息，并通过诚信信息的公开、查询以及实施诚信约束、激励与引导的相关举措，褒扬守信、惩戒失信。诚信档案制度的实施，一方面可以加强资本市场主体对于其诚信记录的重视程度，提高诚信意识，实现对于资本市场主体诚信的内在约束，另一方面也可以通过诚信信息的公开产生的社会评价，以及基于不同诚信水平的分类监管对资本市场主体的诚信形成外部约束。[②]

2008 年 11 月，证监会启动运行我国证券期货市场首个统一的诚信档案，标志着证券期货市场发挥诚信约束作用、实现有效监管有了依托平台。[③] 2012

---

① 王英玮、黄峰：《〈证券业务档案管理规范〉（DA/T79－2019）的内容及相关问题的思考》，载《北京档案》2020 年第 4 期。

② 袁康：《资本市场诚信建设的制度逻辑与实现路径》，载《证券法苑》2012 年第 7 期。

③ 《我国证券期货市场首个统一的诚信档案启动运行》，载中国政府网，http：//www.gov.cn/jrzg/2008－11/14/content_ 1149847.htm，最后访问时间：2020 年 2 月 11 日。

年9月，证监会发布《证券期货市场诚信监督管理暂行办法》（已失效），并于2014年进一步修改完善，就加强我国资本市场的诚信建设进行了制度上的努力。

2018年7月，证监会发布的《证券期货市场诚信监督管理办法》对证券市场诚信档案制度进行完善并废止了《证券期货市场诚信监督管理暂行办法》。《证券期货市场诚信监督管理办法》扩充了诚信信息覆盖的主体范围和信息内容范围，建立了重大违法失信信息公示的"黑名单"制度、市场准入环节的诚信承诺制度、主要市场主体诚信积分管理制度、行政许可"绿色通道"制度、市场主体之间的诚信状况查询制度并强化了事后监管的诚信约束。①

本次证券法修订将证券市场诚信档案制度增补为正式条文，是该制度在法律层面的首次确立，为进一步完善我国诚信档案建设提供了上位法依据，对构建立体式的资本市场诚信监管制度具有积极的意义。

二、证券市场诚信档案的适用主体和信息内容

记入证券市场诚信档案的主体为从事证券期货市场活动的公民、法人或者其他组织，包括证券业期货基金从业人员，普通投资者，发行人及其董监高、主要股东和实际控制人，区域性股权市场的运营机构及其董监高，证券公司、期货公司及其董监高、主要股东和实际控制人，证券服务机构及其相关从业人员等。②

记入证券市场诚信档案的诚信信息包括公民、法人或其他组织的基本信息

---

① 《证监会发布修订后的〈证券期货市场诚信监督管理办法〉》，载中国证券监督管理委员会官网，http：//www. csrc. gov. cn/pub/newsite/zjhxwfb/xwdd/201803/t20180330_ 335997. html，最后访问时间：2020年2月11日。

② 《证券期货市场诚信监督管理办法》第7条规定："下列从事证券期货市场活动的公民、法人或者其他组织的诚信信息，记入诚信档案：（一）证券业从业人员、期货从业人员和基金从业人员；（二）证券期货市场投资者、交易者；（三）证券发行人、上市公司、全国中小企业股份转让系统挂牌公司、区域性股权市场挂牌转让证券的企业及其董事、监事、高级管理人员、主要股东、实际控制人；（四）区域性股权市场的运营机构及其董事、监事和高级管理人员，为区域性股权市场办理账户开立、资金存放、登记结算等业务的机构；（五）证券公司、期货公司、基金管理人、债券受托管理人、债券发行担保人及其董事、监事、高级管理人员、主要股东和实际控制人或者执行事务合伙人，合格境外机构投资者、合格境内机构投资者及其主要投资管理人员，境外证券类机构驻华代表机构及其总代表、首席代表；（六）会计师事务所、律师事务所、保荐机构、财务顾问机构、资产评估机构、投资咨询机构、信用评级机构、基金服务机构、期货合约交割仓库以及期货合约标的物质量检验检疫机构等证券期货服务机构及其相关从业人员；（七）为证券期货业务提供存管、托管业务的商业银行或者其他金融机构，及其存管、托管部门的高级管理人员；（八）为证券期货业提供信息技术服务或者软硬件产品的供应商；（九）为发行人、上市公司、全国中小企业股份转让系统挂牌公司提供投资者关系管理及其他公关服务的服务机构及其人员；（十）证券期货传播媒介机构、人员；（十一）以不正当手段干扰中国证监会及其派出机构监管执法工作的人员；（十二）其他有与证券期货市场活动相关的违法失信行为的公民、法人或者其他组织。"

和符合特定条件的以下信息：表彰、奖励、评比及信用评级、诚信评估；证券监管机构的行政许可决定；资本市场相关主体公开承诺的履行情况；行政处罚、市场禁入决定、监督管理措施和清理整顿措施；纪律处分措施和管理措施；被调查及采取强制措施；拒不执行、配合、履行相关义务；违约行为；被移送刑事或被判处刑罚；干扰监管执法工作；承担较大民事赔偿责任；因违法失信行为被开除等。①

此外，诚信档案不得采集公民的宗教信仰、基因、指纹、血型、疾病和病史信息以及法律、行政法规规定禁止采集的其他信息。②

三、证券市场诚信档案的影响

证券市场诚信档案中的诚信信息具有正面影响，失信信息则带来负面影响，具体体现在：（1）建立主要市场主体的诚信积分制度，实行诚信分类监督管理；（2）作为审查行政许可申请、业务创新试点申请的考察因素；（3）进行行政

---

① 《证券期货市场诚信监督管理办法》（2020 年修正）第 8 条规定："本办法所称诚信信息包括：（一）公民的姓名、性别、国籍、身份证件号码，法人或者其他组织的名称、住所、统一社会信用代码等基本信息；（二）中国证监会、国务院其他主管部门等其他省部级及以上单位和证券期货交易场所、证券期货市场行业协会、证券登记结算机构等全国性证券期货市场行业组织（以下简称证券期货市场行业组织）作出的表彰、奖励、评比，以及信用评级机构、诚信评估机构作出的信用评级、诚信评估；（三）中国证监会及其派出机构作出的行政许可决定；（四）发行人、上市公司、全国中小企业股份转让系统挂牌公司及其主要股东、实际控制人，董事、监事和高级管理人员，重大资产重组交易各方，及收购人所作的公开承诺的未履行或者未如期履行、正在履行、已如期履行等情况；（五）中国证监会及其派出机构作出的行政处罚、市场禁入决定和采取的监督管理措施；（六）证券期货市场行业组织实施的纪律处分措施和法律、行政法规、规章规定的管理措施；（七）因涉嫌证券期货违法被中国证监会及其派出机构调查及采取强制措施；（八）违反《证券法》第一百七十一条的规定，由于被调查当事人自身原因未履行承诺的情况；（九）到期拒不执行中国证监会及其派出机构生效行政处罚决定及监督管理措施，因拒不配合中国证监会及其派出机构监督检查、调查被有关机关作出行政处罚或者处理决定，以及拒不履行已达成的证券期货纠纷调解协议；（十）债券发行人未按期兑付本息等违约行为、担保人未按约定履行担保责任；（十一）因涉嫌证券期货犯罪被中国证监会及其派出机构移送公安机关、人民检察院处理；（十二）以不正当手段干扰中国证监会及其派出机构监管执法工作，被予以行政处罚、纪律处分，或者因情节较轻，未受到处罚处理，但被纪律检查或者行政监察机构认定的信息；（十三）因证券期货犯罪或者其他犯罪被人民法院判处刑罚；（十四）因证券期货侵权、违约行为被人民法院判决承担较大民事赔偿责任；（十五）因违法开展经营活动被银行、保险、财政、税收、环保、工商、海关等相关主管部门予以行政处罚；（十六）因非法开设证券期货交易场所或者组织证券期货交易被地方政府行政处罚或者采取清理整顿措施；（十七）因违法失信行为被证券公司、期货公司、基金管理人、证券期货服务机构以及证券期货市场行业组织开除；（十八）融资融券、转融通、证券质押式回购、约定式购回、期货交易等信用交易中的违约失信信息；（十九）违背诚实信用原则的其他行为信息。"

② 《证券期货市场诚信监督管理办法》第 9 条规定："诚信档案不得采集公民的宗教信仰、基因、指纹、血型、疾病和病史信息以及法律、行政法规规定禁止采集的其他信息。"

处罚、实施市场禁入和采取监督管理措施时，作为综合考虑因素之一；（4）可能影响日常监管工作的安排；（5）证券登记结算机构、证券公司、证券服务机构提供服务时的考察因素；（6）在上市公司、证券公司、证券期货服务机构、证监会及其派出机构、证券期货市场行业组织等任职时决定是否聘任的依据；（7）作为投资者选股的重要参考依据等。①

【适用指引】

一、关于证券市场诚信档案信息的公开与查询

向社会公开的诚信信息包括：（1）符合特定条件的表彰、奖励、评比以及信用评级、诚信评估；（2）证券监管机构的行政许可决定；（3）资本市场相关主体公开承诺的履行情况；（4）证券监管机构作出的行政处罚、市场禁入决定和采取的监督管理措施；（5）证券期货市场行业组织实施的纪律处分措施和法律、行政法规、规章规定的管理措施。②

证监会建立了“证券期货市场失信记录查询平台”③，社会公众可以通过该平台查询行政处罚、市场禁入决定、纪律处分措施等违法失信信息，同时，证监会还对存在严重违法失信情形的市场主体进行为期一年的专项公示。④ 上述依法公开信息之外的诚信信息，公民、法人或者其他组织可以根据本办法规定向证监会及其派出机构申请查询。⑤

---

① 《证券期货市场诚信监督管理办法》第4章。

② 《证券期货市场诚信监督管理办法》第14条规定：“本办法第八条第（二）、（三）、（四）、（六）项信息和第（五）项的行政处罚、市场禁入信息依法向社会公开。中国证监会在其网站建立证券期货市场违法失信信息公开查询平台，社会公众可通过该平台查询本办法第八条第（五）项行政处罚、市场禁入决定信息，第（六）项信息等违法失信信息。”

③ “证券期货市场失信记录查询平台”的网址为：http：//neris. csrc. gov. cn/shixinchaxun/。

④ 《证券期货市场诚信监督管理办法》第15条规定：“中国证监会对有下列严重违法失信情形的市场主体，在证券期货市场违法失信信息公开查询平台进行专项公示：（一）因操纵市场、内幕交易、欺诈发行、虚假披露信息、非法从事证券期货业务、利用未公开信息交易以及编造、传播虚假信息被中国证监会及其派出机构作出行政处罚；（二）被中国证监会及其派出机构采取市场禁入措施；（三）因证券期货犯罪被人民法院判处刑罚；（四）因拒不配合中国证监会及其派出机构监督检查、调查被有关机关作出行政处罚或者处理决定；（五）到期拒不执行中国证监会及其派出机构生效行政处罚决定；（六）经责令改正仍逾期不履行《证券法》第八十四条规定的公开承诺；（七）严重侵害投资者合法权益、市场反应强烈的其他严重违法失信情形。严重违法失信主体的专项公示期为一年，自公示之日起算。中国证监会对有第（五）、（六）项情形的市场主体，统一归集至全国信用信息共享平台安排公示的，按照相关规定办理。”

⑤ 《证券期货市场诚信监督管理办法》第16条规定：“除本办法第十四条、第十五条规定之外的诚信信息，公民、法人或者其他组织可以根据本办法规定向中国证监会及其派出机构申请查询。”

二、关于证监会跨领域诚信约束的探索

在建立健全社会诚信制度、增强社会成员诚信意识、营造优良信用环境的社会背景下，近年来证监会与发改委、最高法、最高检、司法部、财政部、交通运输部等多部门建立联合惩戒的合作机制，积极推进跨领域诚信约束。

2019 年，证监会参与签订了 8 份联合惩戒和激励备忘录；2018 年，证监会参与签订了 15 份联合惩戒和激励备忘录，其中对拒不缴纳罚没款当事人和不履行公开承诺的上市公司相关责任主体开展联合惩戒，限制其乘坐火车高等级席位和民用航空器，取得了突出效果。①

第二百一十六条　国务院证券监督管理机构或者国务院授权的部门有下列情形之一的，对直接负责的主管人员和其他直接责任人员，依法给予处分：

（一）对不符合本法规定的发行证券、设立证券公司等申请予以核准、注册、批准的；

（二）违反本法规定采取现场检查、调查取证、查询、冻结或者查封等措施的；

（三）违反本法规定对有关机构和人员采取监督管理措施的；

（四）违反本法规定对有关机构和人员实施行政处罚的；

（五）其他不依法履行职责的行为。

【条文主旨】

本条是关于国务院证券监督管理机构或者国务院授权的部门不依法履行职责应承担的法律责任的规定。

【条文释义】

国务院证券监督管理机构或者国务院授权的部门作为证券市场的监管主体，应在法定职权范围内实施各项行政行为，未依法履行职责的，直接负责的主管

---

① 《证监会通报 2018 年证券期货市场诚信情况》，载中国证券监督管理委员会官网，http：//www. csrc. gov. cn/pub/newsite/zjhxwfb/xwdd/201905/t20190510_ 355534. html，最后访问时间：2020 年 2 月 11 日。

人员和其他直接责任人员应受到相应的处分。本条列举了其中几种情形：

1. 未依法实施行政许可等。发行证券应当依法报经证监会或者国务院授权的部门注册，证券公司设立、构成借壳上市的上市公司重大资产重组、申请合格境外机构投资者资格等则属于证监会行政许可事项，2009 年证监会发布《中国证券监督管理委员会行政许可实施程序规定》并在 2018 年修订，对行政许可实施程序作出专门规定，违反法定条件和程序要求实施行政许可的，适用本条追究责任。

2. 违法实施行政检查或行政强制措施。证券监管机构有权实施现场检查、调查取证、查询、冻结或者查封等措施，但应当依法进行。例如，证券法第 170 条规定，在冻结、查封当事人账户或者限制当事人证券买卖时，应经主要负责人或者其授权的其他负责人批准，并在法定期限内实施；第 172 条规定，进行监督检查或者调查时不得少于 2 人，且应当出示合法证件和其他执法文书。违反相关规定实施相应措施的，应对相关责任人员予以处分。

3. 违法采取监督管理措施。系新增规定。根据证券法第 170 条规定，证券监管机构可以采取责令改正、监管谈话、出具警示函等监管措施。2008 年证监会出台《证券期货市场监督管理措施实施办法（试行）》，对监管措施的种类、实施程序等进一步作出明确，违反相关规定实施监管措施的，应对相关责任人员予以处分。

4. 违法实施行政处罚。对于证券违法行为，证券监管机构有权根据证券法等作出警告、没收违法所得、罚款、撤销证券服务业务许可直至责令关闭等行政处罚。证券违法行为具有严格的认定标准，行政处罚的作出也有严格的程序要求，违法实施行政处罚，应对相关责任人员予以处分。

5. 其他不依法履职行为。为兜底条款，既应当包括违法履职或履职不合法的积极作为行为，也包括不履职的消极不作为行为。

根据本条规定，未依法履职所处分的对象为直接负责的主管人员和其他直接责任人员，上述人员可能受到的处分包括：警告、记过、记大过、降级、撤职、开除，采取的处分种类应根据其具体的违法情节确定。

【适用指引】

关于违法采取监督管理措施被处分的主要情形

新证券法第 170 条新增证券监管机构可以采取“责令改正、监管谈话、出具警示函”等措施的规定，本条也在原证券法第 227 条的基础上增加“违反本法规定采取监督管理措施”的情形，明确对于违法采取行政监管措施的应当依法予以处分。

根据证监会《证券期货市场监督管理措施实施办法（试行）》第53条的规定，违法采取监管措施的情形表现为：（1）应当实施监管措施而未实施；（2）以监管措施代替证券期货市场禁入、行政处罚或者风险处置；（3）没有法定依据实施监管措施；（4）违反规定程序实施监管措施；（5）实施监管措施确有错误。情节严重的，对有关责任人员依法给予行政处分。

值得注意的是，与《证券期货市场监督管理措施实施办法（试行）》第53条不同，新证券法并未将“情节严重”作为对违法实施监管措施的相关责任人员进行处分的要件之一。考虑到监管措施作为“非行政处罚”行为，并不能像行政处罚一样受到行政处罚法的严格程序约束,[①] 应当认为，新证券法未将“情节严重”作为构成要件的立法思路，更符合对证券监管机构采取监管措施从严要求的内在逻辑。

第二百一十七条　国务院证券监督管理机构或者国务院授权的部门的工作人员，不履行本法规定的职责，滥用职权、玩忽职守，利用职务便利牟取不正当利益，或者泄露所知悉的有关单位和个人的商业秘密的，依法追究法律责任。

【条文主旨】

本条是关于国务院证券监督管理机构或者国务院授权的部门的工作人员不依法履行职责的行为应承担的法律责任的规定。

【条文释义】

一、关于对国务院证券监管机构和国务院授权部门的工作人员依法履职的要求

国务院证券监督管理机构或者国务院授权的部门工作人员依法履行职责是保障证券法正确实施、促进资本市场稳定健康发展的关键所在，根据证券法、《中国证监会工作人员行为准则》等规定，国务院证券监督管理机构工作人员

---

① 彭冰：《中国证券法学》（第2版），高等教育出版社2007年版，第441页。

必须忠于职守、依法办事、勤勉尽责、公正廉洁，不得利用职务便利牟取不正当利益，不得泄露所知悉的有关单位和个人的商业秘密。

新证券法全面推行注册制，取消发行审核委员会制度，故本条原适用主体中的“发行审核委员会的组成人员”也相应修改为“国务院授权的部门的工作人员”。除国务院证券监督管理机构工作人员外，国务院授权的部门的工作人员不依法履行职责的，也应依法追究相应的法律责任。

二、国务院证券监管机构和国务院授权部门的工作人员不依法履行职责的主要表现形式

本条列示了国务院证券监管机构和国务院授权部门的工作人员不依法履行职责的四种主要表现形式：

1. 滥用职权。是指故意逾越职权，不按或违反法律决定或者处理其无权决定、处理的事项。

2. 玩忽职守。是指严重不负责任，不履行或不正确履行职责的行为，往往表现为擅离职守或对职责范围内的事不检查、不报告、不执行等。

3. 利用职务便利牟取不正当利益。是指利用行使证券监管职权的便利条件谋取私利，通常主要体现在利用职务上的便利为本人、亲属和他人谋取不正当利益，利用职务上的便利收受礼金和各种有价证券、支付凭证以及礼品等。

4. 泄露所知悉的有关单位和个人的商业秘密。是指违法泄露在履职过程中所知悉的不为公众所知悉，能为有关单位和个人带来经济利益，具有实用性并经有关单位和个人采取保密措施的技术信息和经营信息，侵害商业秘密所有人利益的违法行为。①

三、国务院证券监管机构和国务院授权部门的工作人员不依法履行职责应承担的法律责任

国务院证券监督管理机构或者国务院授权部门的工作人员不依法履行职责的，应当依法承担行政责任、民事责任，构成犯罪的，还将承担刑事责任。

1. 行政责任。对于不依法履行职责的，应依法作出警告、记过、记大过、降级、撤职、开除等政务处分决定，对于情节较轻的，可以进行谈话提醒、批

---

① 全国人大证券法修改起草小组许健主编：《中华人民共和国证券法释义》，中国金融出版社 2006 年版，第 253 页。

评教育、责令检查，或者诫勉。①

2. 刑事责任。不依法履行职责，对情节严重、涉嫌职务犯罪的，应根据刑法“渎职罪”章节的相关条款追究其刑事责任。根据证券法第 178 条的规定，国务院证券监管机构发现公职人员涉嫌职务违法或者职务犯罪的，应当依法移送监察机关处理。

3. 民事责任。不依法履行职责侵犯公民、法人和其他组织合法权益，如被认定为职务行为且存在故意或者重大过失的，在赔偿义务机关赔偿相关主体损失后应当依法承担部分或者全部赔偿费用。②

【适用指引】

关于国务院证券监管机构和国务院授权部门的工作人员渎职行为的定罪处罚

根据刑法规定，国务院证券监管机构和国务院授权部门的工作人员的渎职行为可能构成滥用职权罪、玩忽职守罪③等，刑法关于滥用职权罪、玩忽职守罪的规定属于普通条款，除此之外，刑法还规定了其他关于滥用职权、玩忽职守的特别条款，在同时触犯的情况下，应按照特别条款优于普通条款的原则适用。④ 例如，滥用管理公司、证券职权罪⑤是滥用职权罪的特别规定，在构成滥用管理公司、证券职权的情况下虽当然地构成滥用职权，应认定为滥用管理

---

① 《中华人民共和国监察法》第 45 条规定：“监察机关根据监督、调查结果，依法作出如下处置：（一）对有职务违法行为但情节较轻的公职人员，按照管理权限，直接或者委托有关机关、人员，进行谈话提醒、批评教育、责令检查，或者予以诫勉；（二）对违法的公职人员依照法定程序作出警告、记过、记大过、降级、撤职、开除等政务处分决定……”

② 《中华人民共和国国家赔偿法》第 2 条规定：“国家机关和国家机关工作人员行使职权，有本法规定的侵犯公民、法人和其他组织合法权益的情形，造成损害的，受害人有依照本法取得国家赔偿的权利……”第 16 条规定：“赔偿义务机关赔偿损失后，应当责令有故意或者重大过失的工作人员或者受委托的组织或者个人承担部分或者全部赔偿费用……”

③ 《中华人民共和国刑法》第 397 条规定：“国家机关工作人员滥用职权或者玩忽职守，致使公共财产、国家和人民利益遭受重大损失的，处三年以下有期徒刑或者拘役；情节特别严重的，处三年以上七年以下有期徒刑……”

④ 《最高人民法院、最高人民检察院关于办理渎职刑事案件适用法律若干问题的解释（一）》第 2 条规定：“国家机关工作人员实施滥用职权或者玩忽职守犯罪行为，触犯刑法分则第九章第三百九十八条至第四百一十九条规定的，依照该规定定罪处罚……”

⑤ 《中华人民共和国刑法》第 403 条规定：“国家有关主管部门的国家机关工作人员，徇私舞弊，滥用职权，对不符合法律规定条件的公司设立、登记申请或者股票、债券发行、上市申请，予以批准或者登记，致使公共财产、国家和人民利益遭受重大损失的，处五年以下有期徒刑或者拘役。上级部门强令登记机关及其工作人员实施前款行为的，对其直接负责的主管人员，依照前款的规定处罚。”

公司、证券职权定罪。

当证券监管渎职犯罪与其他犯罪有重合时，按照以下原则处理：实施渎职犯罪并收受贿赂，同时构成受贿罪的，应以渎职犯罪和受贿罪数罪并罚；[①] 实施渎职行为，放纵他人犯罪或者帮助他人逃避刑事处罚，应以渎职罪定罪处罚；与他人共谋，利用其职务行为帮助他人实施其他犯罪行为，同时构成渎职犯罪和共谋实施的其他犯罪共犯的，应定较重的罪；与他人共谋，既利用其职务行为帮助他人实施其他犯罪，又以非职务行为与他人共同实施其他犯罪行为，同时构成渎职犯罪和其他犯罪的共犯的，依照数罪并罚的规定定罪处罚。[②]

关于责任主体，证券监管机构负责人员违法决定或者指使、授意、强令其他国家机关工作人员违法履行职务或者不履行职务，构成犯罪的，应当依法追究其刑事责任；以“集体研究”形式实施的渎职犯罪，应追究负有责任的人员的刑事责任，对于具体执行人员，应在综合认定其行为性质、是否提出反对意见、危害结果大小等情节的基础上决定是否追究刑事责任和应当判处的刑罚。[③]

第二百一十八条　拒绝、阻碍证券监督管理机构及其工作人员依法行使监督检查、调查职权，由证券监督管理机构责令改正，处以十万元以上一百万元以下的罚款，并由公安机关依法给予治安管理处罚。

---

① 《最高人民法院、最高人民检察院关于办理渎职刑事案件适用法律若干问题的解释（一）》第3条规定：“国家机关工作人员实施渎职犯罪并收受贿赂，同时构成受贿罪的，除刑法另有规定外，以渎职犯罪和受贿罪数罪并罚。”

② 《最高人民法院、最高人民检察院关于办理渎职刑事案件适用法律若干问题的解释（一）》第4条规定：“国家机关工作人员实施渎职行为，放纵他人犯罪或者帮助他人逃避刑事处罚，构成犯罪的，依照渎职罪的规定定罪处罚。国家机关工作人员与他人共谋，利用其职务行为帮助他人实施其他犯罪行为，同时构成渎职犯罪和共谋实施的其他犯罪共犯的，依照处罚较重的规定定罪处罚。国家机关工作人员与他人共谋，既利用其职务行为帮助他人实施其他犯罪，又以非职务行为与他人共同实施该其他犯罪行为，同时构成渎职犯罪和其他犯罪的共犯的，依照数罪并罚的规定定罪处罚。”

③ 《最高人民法院、最高人民检察院关于办理渎职刑事案件适用法律若干问题的解释（一）》第5条规定：“国家机关负责人员违法决定，或者指使、授意、强令其他国家机关工作人员违法履行职务或者不履行职务，构成刑法分则第九章规定的渎职犯罪的，应当依法追究刑事责任。以‘集体研究’形式实施的渎职犯罪，应当依照刑法分则第九章的规定追究国家机关负有责任的人员的刑事责任。对于具体执行人员，应当在综合认定其行为性质、是否提出反对意见、危害结果大小等情节的基础上决定是否追究刑事责任和应当判处的刑罚。”

【条文主旨】

本条是关于拒绝、阻碍证券监督管理机构及其工作人员依法行使监督检查、调查职权行为应承担的法律责任的规定。

【条文释义】

一、配合证券监管执法的义务

为了防范证券市场风险、维护证券市场秩序、促进证券市场健康稳定发展，证券法规定证券监管机构依法对证券市场实行监督管理，并赋予证券监管机构广泛的行政职权，主要包括监督检查权和调查权。根据证券法第 173 条的规定，国务院证券监管机构在依法履行职责时，被检查、调查的单位和个人应当配合，如实提供有关文件和资料，不得拒绝、阻碍和隐瞒。对于拒绝、阻碍证券监管机构及其工作人员依法行使监督检查、调查职权的，应适用本条追究法律责任。

二、抗拒证券监管执法的情形

本次证券法修订在原证券法第 230 条的基础上，删去了关于拒绝、阻碍证券监管执法中“未使用暴力、威胁方法的”的表述。根据新证券法的规定，无论是否采取了暴力、威胁方法，只要违法行为人抗拒、阻碍证券监管执法，均可按本条规定对相关责任人员予以处罚。根据证券监管执法实践，拒绝、阻碍证券监管机构及其工作人员依法行使监督检查、调查职权的常见情形主要包括：

1. 阻碍调查、检查程序的启动。例如，无正当、合理理由多次拒绝签收检查、调查通知书，拒绝或者推脱接受询问、谈话以及提供证券监管部门要求调取的文件、资料等。

2. 蓄意干扰、破坏调查、检查过程。例如，通过强行打断或人为设置障碍等方式干扰、阻断询问过程，在调查人员开展调查工作的场所内安装录音、录像设备进行窃听，抢夺、破坏执法工作仪器等。

3. 威胁、恐吓证券监管执法人员。例如，采取语言、行动方式（辱骂、殴打、跟踪、寄恐吓信等）挑衅、威胁、恐吓检查、调查人员等。

三、抗拒证券监管执法的法律责任

由于原证券法并未规定证券监管机构有权对拒绝、阻碍证券监管执法行为直接作出处罚，证券监管机构在实践中往往只能以违法行为人构成隐匿、伪造、篡改或者毁损有关文件和资料为由，依据原证券法第 225 条（新证券法第 214

条）进行处罚。[1] 本次证券法修订正式赋予证券监管机构对拒绝、阻碍证券监管执法行为的行政处罚权，降低了执法成本，有利于增强证券监管执法的震慑力和提高证券监管的执法效率。

根据本条规定，拒绝、阻碍证券监管执法，将面临证券监管机构与公安机关的双重行政处罚。一方面，证券监管机构有权责令改正并处10万元以上100万元以下的罚款；另一方面，公安机关有权依法作出治安管理处罚，处警告或者200元以下罚款，情节严重的，处5日以上10日以下拘留，可并处500元以下罚款。[2] 不过，根据“一事不再罚”原则，证券监管机构和公安机关不能对同一违法行为同时处以罚款的行政处罚。[3]

【适用指引】

一、关于“隐瞒”行为是能否适用本条规定追究法律责任

证券法第173条要求被检查、调查的单位和个人“如实提供”有关文件和资料，“不得拒绝、阻碍和隐瞒”，而本条仅规定了“拒绝、阻碍”的法律责任。由此，有观点认为诸如提供虚假材料、不如实回答询问，或者隐瞒材料、事实真相等“隐瞒”情形，是否构成“拒绝、阻碍”，能否适用本条（原证券法第230条）追究责任，有待进一步明确。[4]

从体系解释层面来看，证券法第173条行为规范条款所对应的法律责任条款应为本条；就文义解释角度而言，对监管部门的检查、调查时所作的“隐瞒”，属于以不作为的行为“拒绝、阻碍”证券监管执法，应当依据本条追究法律责任。当然，为进一步规范证券监管机构执法权，使行政相对人更能明确预见自身行为的法律后果，在本条新增行政责任的同时，证券监管机构宜通过部门规章或者其他配套规范性文件对“拒绝、阻碍”的具体情形、认定以及裁量标准作进一步明确。

---

① 《中国证监会行政处罚决定书（深圳大通实业股份有限公司）》（〔2019〕129号）。

② 《中华人民共和国治安管理处罚法》第50条规定：“有下列行为之一的，处警告或者二百元以下罚款；情节严重的，处五日以上十日以下拘留，可以并处五百元以下罚款……（二）阻碍国家机关工作人员依法执行职务的……”

③ 《中华人民共和国行政处罚法》第24条规定：“对当事人的同一个违法行为，不得给予两次以上罚款的行政处罚。”

④ 彭冰：《中国证券法学》（第2版），高等教育出版社2007年版，第417页。

二、对抗拒证券监管执法行为在适用本条作出行政处罚时，能否同时认定构成其他证券违法行为的“从重情节”

实践中，证券监管部门在对如信息披露违法、内幕交易、操纵证券市场等证券违法行为作出处罚时，对于存在拒绝、阻碍证券监管执法情形的，通常作为从重情节加重处罚，如处以较高金额的罚款或适用“情节严重”的特殊罚则。新证券法实施后，对于抗拒执法的行为在依据本条作出行政处罚的情况下，能否同时将其作为其他证券违法行为的从重情节予以考量？

对于从重情节加重处罚，是基于“过罚相当”的行政处罚原则，就严重的违法行为在法定罚则范围内施以更重的责任。但是，如果该“从重情节”足以构成一个单独的违法行为，从而能够适用独立的罚则追究行政责任，则应当认为该等违法情形已经得到了与之行为定性和危害程度相匹配的惩罚，实现了“过罚相当”的目的，如果再将其作为其他证券违法行为的“从重情节”考虑，不免有对同一违法事实重复评价之嫌。

从另一角度而言，本条与刑法中的“妨害公务罪”有类似属性。根据刑事审判相关司法解释规定，行为人在构成其他罪名时有“拒绝、阻碍公安机关依法检查”的情形，在“尚未构成其他犯罪的”时，应当“从重处罚”；如“以暴力、威胁方法阻碍公安机关依法检查”已经构成妨害公务罪的，应当依照数罪并罚的规定处罚。① 可见，妨害执法行为只有在其严重程度尚未构成其他犯罪时，才能作为其他罪名的从重情节，如果妨害执法行为已经严重到足以独立入罪时，则不再属于其他罪名的从重情节。由此，亦可在一定程度上证明上述观点的合理性。

当然，拒绝、阻碍证券监管执法与信息披露违法、内幕交易、操纵证券市场等典型证券违法行为本身属于不同的违法行为，对其分别予以处罚，并不违反“一事不再罚”的法律原则。在分别予以处罚的情况下，如上述典型证券违法行为具有除抗拒执法行为之外的其他从重情节，在确定该等违法行为行政责任时，应当从重处罚。

---

① 《最高人民法院、最高人民检察院、公安部关于办理醉酒驾驶机动车刑事案件适用法律若干问题的意见》第 2 条规定：“醉酒驾驶机动车，具有下列情形之一的，依照刑法第一百三十三条之一第一款的规定，从重处罚……（六）逃避公安机关依法检查，或者拒绝、阻碍公安机关依法检查尚未构成其他犯罪的……”第 3 条规定：“醉酒驾驶机动车，以暴力、威胁方法阻碍公安机关依法检查，又构成妨害公务罪等其他犯罪的，依照数罪并罚的规定处罚。”

第二百一十九条 违反本法规定，构成犯罪的，依法追究刑事责任。

【条文主旨】

本条是对证券市场违法犯罪行为追究刑事责任的规定。

【条文释义】

一、证券犯罪

（一）证券犯罪的概念

大陆法系犯罪概念分为形式犯罪和实质犯罪；英美法系犯罪概念分为自然犯罪和法律犯罪。[①] 我国刑法中的犯罪概念既是一个实质概念，也是一个形式概念，是两者的有机统一。[②] 同时，我国刑法概念中明确提出了犯罪的定量因素，揭示了犯罪质与量规定性的统一。大陆法系和英美法系的犯罪概念都没有定量因素，所规定的犯罪构成一般也都没有明确犯罪量的规定性，对危害性程度的判断不通过立法规定，而在司法实践中根据案情具体判断。即所谓“立法定性，司法定量”。[③]

证券刑事责任是最为严厉的证券法律责任，是证券犯罪行为的法律后果。作为刑事犯罪具体表现形态之一的证券犯罪，现行刑法未设立专门章节进行规定，而是分别设在妨害对公司、企业的管理秩序罪和破坏金融管理秩序罪两大类罪之中。因此，证券犯罪的概念主要存在于学理解释中，有三种定义：其一，形式定义。证券犯罪指证券刑事法律规范规定应当负刑事责任的行为。其二，实质定义。证券犯罪指严重危害证券管理秩序的行为。其三，综合定义。证券犯罪指严重危害证券管理秩序、证券刑事法律规范规定应当负刑事责任的行为。[④] 笔者认为，采综合定义，可以揭示证券犯罪质与量的统一。

（二）刑法关于证券犯罪的规定

刑法关于证券犯罪的规定主要有17种，具体如下：（1）第160条规定的欺

---

① 包雯、翟海峰、王涛：《刑法总论专题研究》，人民法院出版社2003年版，第55～60页。
② 陈兴良：《刑法适用总论（上卷）》，法律出版社2017年版，第74～79页。
③ 包雯、翟海峰、王涛：《刑法总论专题研究》，人民法院出版社2003年版，第58页。
④ 祝二军：《证券犯罪的认定与处理》，人民法院出版社2000年版，第179～182页。

诈发行股票、债券罪；（2）第161条规定的违规披露、不披露重要信息罪；（3）第169条之一规定的背信损害上市公司利益罪；（4）第174条第1款规定的擅自设立金融机构罪；（5）第174条第2款规定的伪造、变造、转让金融机构经营许可证、批准文件罪；（6）第178条第1款规定的伪造、变造国家有价证券罪；（7）第178条第2款规定的伪造、变造股票、公司、企业债券罪；（8）第179条规定的擅自发行股票、公司、企业债券罪；（9）第180条第1款、第2款、第3款规定的内幕交易、泄露内幕信息罪；（10）第180条第4款规定的利用未公开信息交易罪；（11）第181条第1款规定的编造并传播证券、期货交易虚假信息罪；（12）第181条第2款规定的诱骗投资者买卖证券、期货合约罪；（13）第182条规定的操纵证券、期货市场罪；（14）第185条第1款规定的背信运用受托财产罪；（15）第185条第2款规定的违法运用资金罪；（16）第229条第2款规定的提供虚假证明文件罪；（17）第229条第3款规定的出具证明文件重大失实罪。

二、我国证券犯罪刑事立法变迁

证券刑事责任，是在证券发行和交易的过程中，证券法律关系主体因其证券犯罪行为所必须承受的不利法律后果。证券刑事责任所体现的是国家和犯罪行为人之间的刑事法律关系。与证券民事责任和证券行政责任相比，证券刑事责任是最严厉的证券法律责任。

纵观世界各国和地区，证券犯罪的立法模式主要有三种：刑法典规定型、单行刑法规定型、附属刑法规定型。一般来说，这三种模式之间并不是相互排斥和矛盾的，一个国家可以根据自己的国情选择最适合的证券犯罪立法模式。英美法系国家一般没有成文的刑法典，因此多采用附属刑法与单行刑法相结合的模式。例如，美国在1933年证券法和1934年《证券交易法》之中以附属刑法规范对各种证券犯罪做出了规定，之后又在1984年《内幕交易制裁法》和1988年的《内幕交易与证券欺诈实施法》这两部单行刑法之中对特定证券犯罪做出了规定。大陆法系国家则多采用附属刑法模式。例如，日本在1948年《证券交易法》之中以附属刑法规范对各种证券犯罪做出了规定。

我国是为数不多的采用刑法典立法模式的国家之一。[①] 我国证券犯罪立法采用“以刑法典为主，附属刑法为辅”的模式，这一立法模式符合我国刑事立

① 赵秉志、陈志军：《证券内幕交易犯罪若干问题比较研究》，载《比较法研究》2005年第3期。

法传统，有利于证券市场的稳定发展，能更好地预防犯罪，便利司法的适用，有利于证券市场的稳定发展。① 证券犯罪的刑事立法是随着社会经济的发展而不断变化的，随着我国证券市场的建立、发展和完善，证券犯罪的刑事立法以1997年刑法为分界线，经历了一个逐渐发展演进的过程。

我国证券犯罪刑事立法发展阶段

1. 附属刑法与单行刑法并行阶段

1993年4月国务院发布《股票发行与交易管理暂行条例》，针对证券发行、欺诈客户、虚假陈述等行为作出了禁止性规定，在第78条明确指出，违反本条例规定，构成犯罪的，依法追究刑事责任。1993年9月证券监督管理机构发布《禁止证券欺诈行为暂行办法》，对上述几种证券违法行为做出了更为详尽的描述与界定。1993年12月第八届全国人大常委会第5次会议通过《中华人民共和国公司法》，在第十章“法律责任”中首次以非严格意义上的附属刑法规范对公司监管过程中可能出现的证券犯罪，如欺诈发行股票、债券罪，擅自发行股票、债券罪等犯罪作出了规定，具体规定模式为：“……构成犯罪的，依法追究刑事责任。”上述规定仅限于证券犯罪的“罪状”，缺乏明确的“法定刑”。同时，我国1979年刑法也没有与此相关的犯罪条文，内容上无法与之衔接，相关的证券犯罪无法得到应有的刑事处罚。为了摆脱这一困境，立法机关采取了发布单行刑法的方式使上述附属刑法规范的处罚确定化。1995年2月第八届全国人大常委会第12次会议通过并实施了《关于惩治违反公司法的犯罪的决定》，对欺诈发行股票、债券罪，擅自发行股票、债券罪等犯罪的法定刑做出了补充规定。

2. 刑法典为主、附属刑法为辅阶段

1997年，立法机关将1979年刑法实施以来全国人大常委会做出的有关刑法的修改补充规定和决定（即单行刑事法律）研究修改后编入了新刑法典，并将一些民商事法、行政法等法律中“依照”“比照”年刑法有关条文追究刑事责任的规定（即附属刑法规范），改为新刑法典的具体条款。② 这就完成了包括有关证券犯罪规定在内的单行刑法、附属刑法的法典化。具体来说，我国1997年刑法规定的证券犯罪有两大类共六个罪名：证券发行过程中的两个罪名，即欺诈发行股票、债券罪（第160条），擅自发行股票、公司、企业债券罪（第179

---

① 高铭暄、王剑波：《我国证券犯罪立法的本土化与国际化思辨》，载《法学家》2008年第1期。

② 《关于〈中华人民共和国刑法（修订草案）〉的说明》，载中国人大网，http://www.npc.gov.cn/wxzl/gongbao/2000-12/07/content_5003708.htm，最后访问时间：2020年2月10日。

条)；证券交易过程中的四个罪名，即内幕交易、泄露内幕信息罪（第 105 条)，编造并传播证券交易虚假信息罪（第 181 条第 1 款)，诱骗投资者买卖证券罪（第 181 条第 2 款)，操纵证券交易价格罪（第 182 条)。

1998 年 12 月通过的《中华人民共和国证券法》沿袭了公司法的立法模式，在第 11 章“法律责任”中以非严格意义上的附属刑法规范对证券犯罪作出了规定。证券法在保持与 1997 年刑法相应规范相互衔接的同时，又增加了一些证券犯罪。具体来说，新增的证券犯罪共有 7 种：公司承销、代理买卖擅自发行的证券犯罪（第 176 条)、证券发行人不依法披露信息犯罪（第 177 条)、非法开设证券交易场所犯罪（第 178 条)、擅自设立证券公司经营证券业务犯罪（第 179 条)、非法融资融券交易犯罪（第 186 条)、证券交易虚假陈述、信息误导犯罪（第 189 条)、擅自处置客户证券犯罪（第 193 条)。证券法第 11 章“法律责任”中共有 16 条有“构成犯罪的，依法追究刑事责任”的规定，但 1997 年刑法典中能够找到对应的罪刑条款的只有 9 条，新增加的 7 条在刑法中无相应的规定，在实践中无法适用。

1999 年，全国人大常委会通过了《中华人民共和国刑法修正案（一)》。修正案第 3 条对 1997 年刑法第 174 条进行了修改，把证券法规定的非法开设证券交易场所犯罪（第 178 条）与擅自设立证券公司经营证券业务犯罪（第 179 条）归入擅自设立金融机构罪之中。

2006 年，全国人大常委会通过《中华人民共和国刑法修正案（六)》。该修正案第 5 条对 1997 年刑法第 161 条进行了修改，从而把证券法规定的证券发行人不依法披露信息犯罪（第 193 条）归入不依法披露重要信息罪之中；修正案第 12 条新增了金融机构擅自运用客户资产，从而把擅自处置客户证券罪（第 211 条）归入其中。

为了摆脱上述困境，2005 年立法机关修订证券法时，对证券刑事责任的规定方式做了变动，改变了 1998 年证券法的做法，对于每一种类型的证券违法行为只明确规定了民事责任或行政责任，而未规定承担刑事责任，只是在第 231 条规定：“违反本法规定，构成犯罪的，依法追究刑事责任”。这一仅有的证券犯罪“附属条款”消除了刑法条文与证券法条文之间互不照应、相互矛盾的状况，转而把认定证券犯罪的任务移交给了刑法，实现了刑法与证券法之间的协调统一。新证券法继续沿用了这种立法主义。

三、我国证券犯罪刑事立法的进一步完善

有观点认为，我国对证券市场的治理，出现了实行大额、巨额行政处罚，较轻刑事处罚，即行政监管偏重、轻刑化的倾向。观察研究证券刑事案件与行政处罚案件的情况，可以发现，刑事处罚案件在所有证券违法案件中占比不高，行政处罚案件较多而刑事起诉率不高。原因在于：一是证券违法与证券犯罪之间，存在危害程度与责任轻重的递进关系，但许多证券违法犯罪行为在刑法中有规定，但在证券法中没有规定。证券处罚最高发的事项是违法披露、非法获取内幕信息、非法操纵市场、证券服务机构失职这四个行政违法事由，而这四个行政违法事由均可以根据情节升格成刑事处罚。但在司法实践中没有实现。二是部分证券犯罪刑事责任偏轻。现行刑法中，内幕交易罪的最高刑期为十年，而盗窃罪、贪污罪等经济犯罪的最高刑为死刑，内幕交易带来的社会危害性并不比其他经济犯罪少，且适当加重内幕交易的法律责任是当前各国反内幕交易立法的共同趋势。欺诈发行和违规披露信息等证券犯罪行为的处罚更低，其中，欺诈发行股票、债券罪最高可判处有期徒刑五年，违规披露、不披露重要信息罪仅为三年。与其他经济犯罪相比，存在量刑偏轻、与犯罪获益不匹配的问题，违法成本和处罚力度亟待提高。

进一步完善我国证券刑事责任制度，可从三方面入手。一是进一步完善我国证券犯罪刑法规制体系。涉及：(1) 自由刑。目前我国在证券犯罪自由刑上主要有拘役和有期徒刑。拘役因其时间较短，在司法实践中几乎没有适用，而有期徒刑主要以较短自由刑为主。对于不同的证券犯罪罪名，自由刑大多划分为两个梯度：5 年以下、5 年以上 10 年以下，未加以区分不同类型的证券犯罪行为社会危害性的大小、同一标准的刑罚幅度不合理，存在档次少、跨度大的问题。(2) 罚金刑。从世界范围来看，普遍比较重视通过适用罚金刑来达到惩治犯罪的目的，起到震慑证券犯罪的效果。如德国刑罚的通说观点，罚金刑比短期自由刑更能让人感受到痛苦，更能起到预防的效果。为增强罚金刑的震慑效果，在立法中应加大比例罚金的比例额度。目前立法上对于百分比的认定上主要在 1% ~5%，比例额度低，在百分比的设定上应根据危害程度适度增加。对于比例额度的基准应为犯罪数额而非犯罪违法所得。应加大对单位罚金的处罚力度，可采取倍数确定法，其基准应是犯罪数额。

二是采用附属刑法的立法模式。有学者认为，我国以刑法典为主的立法模式不够灵活，无法对证券犯罪作出及时回应。新型证券犯罪类型层出不穷，刑法典的稳定性又意味着不能经常发生变动，同时，我国证券市场刑法规制理论研究的前瞻性不够，立法条款存在滞后性。现行刑法虽经过修改及修正案的颁布实施，对证券犯罪的行为方式和罪名作出了一些新的规定，但仍停留在传统的股票发行和交易层面，导致许多新型证券犯罪行为难以在法律上对其准确界定，更难以加以刑事上的处罚，从而无法进入司法程序。在证券刑事保护领域采用真正意义上的附属刑法的规定既不违背我国刑法体系，也能使附属刑法发挥其应有的作用。

三是适应这次证券法修改，进一步完善证券刑事责任制度。（1）扩大证券犯罪的对象范围。扩大对证券领域的犯罪类型的规定，将传统的对“股票”“债券”的描述扩大为“股票、债券、基金、期货、存托凭证、资产支持证券、资管产品和其他金融衍生品”。统一证券期货在刑事方面的立法规定。（2）解决证券法、刑法犯罪构成要件存在的冲突。例如，刑法第161条规定：“依法负有信息披露义务的公司、企业向股东和社会公众提供虚假的或者隐瞒重要事实的财务会计报告，或者对依法应当披露的其他重要信息不按照规定披露，严重损害股东或者其他人利益的行为”，是为违反信息披露的行为。新证券法第78条规定：“发行人及法律、行政法规和国务院证券监督管理机构规定的其他信息披露义务人，应当及时依法履行信息披露义务。”其他相关条款对信息披露作了具体规定。刑法和证券法在违反信息披露义务的主体、披露内容上存在较大差别。

【适用指引】

一、虚假陈述的刑事责任

在虚假陈述的证券犯罪中，单位和个人都可能成为犯罪主体。自然人除可能被处于有期徒刑或者拘役外，还可能被单处或并处罚金。单位一般以罚金作为处罚方式。刑法的相关规定和证券法的条款相对应，主要体现在：

1. 第160条规定的欺诈发行股票、债券罪

在招股说明书、认股书、公司、企业债券募集办法中隐瞒重要事实或者编造重大虚假内容，发行股票或者公司、企业债券，数额巨大、后果严重或者有其他严重情节的，处5年以下有期徒刑或者拘役，并处或者单处非法募集资金金额1%以上5%以下罚金。

单位犯前款罪的，对单位判处罚金，并对其直接负责的主管人员和其他直接责任人员，处五年以下有期徒刑或者拘役。

2. 第161条规定的违法披露、不披露重要信息罪

依法负有信息披露义务的公司、企业向股东和社会公众提供虚假的或者隐瞒重要事实的财务会计报告，或者对依法应当披露的其他重要信息不按照规定

披露，严重损害股东或者其他人利益，或者有其他严重情节的，对其直接负责的主管人员和其他直接责任人员，处 3 年以下有期徒刑或者拘役，并处或者单处 2 万元以上 20 万元以下罚金。

3. 第 181 条第 1 款规定的编造并传播证券、期货交易虚假信息罪

编造并且传播影响证券、期货交易的虚假信息，扰乱证券、期货交易市场，造成严重后果的，处 5 年以下有期徒刑或者拘役，并处或者单处 1 万元以上 10 万元以下罚金。

4. 第 229 条第 2 款规定的提供虚假证明文件罪

承担资产评估、验资、验证、会计、审计、法律服务等职责的中介组织的人员故意提供虚假证明文件，情节严重的，处五年以下有期徒刑或者拘役，并处罚金。前款规定的人员，索取他人财物或者非法收受他人财物，犯前款罪的，处五年以上十年以下有期徒刑，并处罚金。

前款规定的人员，严重不负责任，出具的证明文件有重大失实，造成严重后果的，处三年以下有期徒刑或者拘役，并处或者单处罚金。

二、内幕交易的刑事责任

刑法第 180 条对内幕交易、泄露内幕信息罪作了规定，涵盖内幕交易主体、内幕信息、内幕交易行为、行为情节等四个方面。

证券、期货交易内幕信息的知情人员或者非法获取证券、期货交易内幕信息的人员，在涉及证券的发行，证券、期货交易或者其他对证券、期货交易价格有重大影响的信息尚未公开前，买入或者卖出该证券，或者从事与该内幕信息有关的期货交易，或者泄露该信息，或者明示、暗示他人从事上述交易活动，情节严重的，处 5 年以下有期徒刑或者拘役，并处或者单处违法所得 1 倍以上 5 倍以下罚金；情节特别严重的，处 5 年以上 10 年以下有期徒刑，并处违法所得 1 倍以上 5 倍以下罚金。单位犯前款罪的，对单位判处罚金，并对其直接负责的主管人员和其他直接责任人员，处五年以下有期徒刑或者拘役。

三、操纵市场的刑事责任

刑法第 182 条规定了操纵证券、期货市场罪。

有下列情形之一，操纵证券、期货市场，情节严重的，处五年以下有期徒刑或者拘役，并处或者单处罚金；情节特别严重的，处五年以上十年以下有期徒刑，并处罚金：(1) 单独或者合谋，集中资金优势、持股或者持仓优势或者利用信息优势联合或者连续买卖，操纵证券、期货交易价格或者证券、期货交易量的；(2) 与他人串通，以事先约定的时间、价格和方式相互进行证券、期

货交易，影响证券、期货交易价格或者证券、期货交易量的；（3）在自己实际控制的账户之间进行证券交易，或者以自己为交易对象，自买自卖期货合约，影响证券、期货交易价格或者证券、期货交易量的；（4）以其他方法操纵证券、期货市场的。

单位犯前款罪的，对单位判处罚金，并对其直接负责的主管人员和其他直接责任人员，依照前款的规定处罚。

四、欺诈客户的刑事责任

根据刑法第181条第1款的规定，编造并且传播影响证券、期货交易的虚假信息，扰乱证券、期货交易市场，造成严重后果的，处五年以下有期徒刑或者拘役，并处或者单处1万元以上10万元以下罚金。证券交易所、期货交易所、证券公司、期货经纪公司的从业人员，证券业协会、期货业协会或者证券期货监督管理部门的工作人员，故意提供虚假信息或者伪造、变造、销毁交易记录，诱骗投资者买卖证券、期货合约，造成严重后果的，处5年以下有期徒刑或者拘役，并处或者单处1万元以上10万元以下罚金；情节特别恶劣的，处5年以上10年以下有期徒刑，并处2万元以上20万元以下罚金。

单位犯前两款罪的，对单位判处罚金，并对其直接负责的主管人员和其他直接责任人员，处5年以下有期徒刑或者拘役。

第二百二十条　违反本法规定，应当承担民事赔偿责任和缴纳罚款、罚金、违法所得，违法行为人的财产不足以支付的，优先用于承担民事赔偿责任。

【条文主旨】

本条是关于民事赔偿责任优先原则的规定。

【条文释义】

一、民事赔偿责任优先原则的立法价值取向

保护投资者权益是证券法的核心宗旨与基本原则，证券民事赔偿责任优先原则是实现这一宗旨的重要机制。刑法的财产刑和行政法的财产罚均为公法上的财产责任，而民事赔偿责任则为私法责任，在公法责任与私法责任存在冲突时，赋予投资者获得民事赔偿的优先权，给予受损害的投资者以充分的救济和保护，增强投资者对其财富的安全感，不仅顺应了“国不与民争利”的私权优先理念，也体现了证券法以投资者为本的立法价值取向。

二、民事赔偿责任优先原则的基本内涵

现代社会法律责任体系是由行政责任、刑事责任和民事责任组成的。当行为人因同一个违法行为既要承担刑罚上的罚金、没收财产责任，或者行政处罚中的罚款、没收违法所得的财产责任，又要承担损害赔偿的民事责任时，就会发生财产性的行政责任、刑事责任与民事责任之竞合情形。① 受责任人财产能力的限制，三种不同性质的财产责任在具体实现时可能发生冲突。这就需要法律确定多种性质的财产责任并存且责任人不能全部承担时的责任承担顺序规则。②

本条规定的民事赔偿责任优先原则的基本含义是，当存在几种不同性质、相互冲突的财产责任，且违法行为人无法全部支付时，民事赔偿责任的承担具有优先性，应当排在第一顺位。除证券法外，与证券民事赔偿责任优先原则直接相关的立法依据还主要包括刑法第 36 条③、公司法第 214 条④。

三、民事赔偿责任优先原则的适用条件

一般来说，适用民事赔偿责任优先原则需同时满足两个要件：一是公法性质的财产责任和民事赔偿责任存在竞合；二是违法行为人的财产不足以承担全部责任。针对实践中民事诉讼周期长且往往滞后于行政处罚程序和刑事审判程序等问题，新证券法对民事赔偿责任优先原则的适用条件进一步予以明确和完善。

一方面，新证券法将“不足以同时支付”修改为“不足以支付”，摒弃了同时性要件，摆脱了民事赔偿责任司法执行滞后的困境，为证券民事赔偿责任优先原则的有效实施创造了条件；另一方面，新证券法扩大了民事赔偿责任优先原则适用的财产范围外延，在原证券法规定的罚款、罚金基础上，增加了违法行为人的违法所得。

---

① 陈洁：《证券民事赔偿责任优先原则的实现机制》，载《证券市场导报》2017 年第 6 期。

② 李明发：《论民事赔偿责任优先原则的适用——我国〈侵权责任法〉第 4 条第 2 款规定之解读》，载《南京大学学报（哲学·人文科学·社会科学版）》2015 年第 2 期。

③ 刑法第 36 条规定：“由于犯罪行为而使被害人遭受经济损失的，对犯罪分子除依法给予刑事处罚外，并应根据情况判处赔偿经济损失。承担民事赔偿责任的犯罪分子，同时被判处罚金，其财产不足以全部支付的，或者被判处没收财产的，应当先承担对被害人的民事赔偿责任。”

④ 公司法第 214 条规定：“公司违反本法规定，应当承担民事赔偿责任和缴纳罚款、罚金的，其财产不足以支付时，先承担民事赔偿责任。”

第二百二十一条 违反法律、行政法规或者国务院证券监督管理机构的有关规定，情节严重的，国务院证券监督管理机构可以对有关责任人员采取证券市场禁入的措施。

前款所称证券市场禁入，是指在一定期限内直至终身不得从事证券业务、证券服务业务，不得担任证券发行人的董事、监事、高级管理人员，或者一定期限内不得在证券交易所、国务院批准的其他全国性证券交易场所交易证券的制度。

【条文主旨】

本条是关于证券市场禁入制度的规定。

【条文释义】

一、证券市场禁入制度的立法变迁

针对证券领域存在的信息披露违规、内幕交易、操纵证券市场等违法行为，证券监管机构除作出警告、罚款等行政处罚外，还可以同时采取一定期限内直至终身的证券市场禁入措施。在证券监管领域，证券市场禁入已经成为规范证券市场交易活动、稳定证券市场发展秩序、保护投资者权益的一项重要法律制度。

市场禁入制度，最早可以追溯到1996年国务院批转的国务院证券委员会、中国证券监督管理委员会《关于进一步加强期货市场监管工作请示》，该文件中明确提出各期货交易所要结合各自的具体情况建立“市场禁止进入制度”。①1997年3月，证监会发布《证券市场禁入暂行规定》(已失效)，详细阐释了证券市场禁入的相关规则，我国证券市场禁入制度由此建立。

---

① 《国务院批转国务院证券委员会、中国证券监督管理委员会关于〈进一步加强期货市场监管工作请示〉的通知》第5条规定：“各期货交易所要结合各自的具体情况建立‘市场禁止进入制度’。对于操纵市场或者进行期货欺诈造成严重后果的机构和个人，一经查实，要宣布其为‘市场禁入者’，并报证监会，由证监会通报各交易所；除平仓指令外，各期货交易所和期货经纪机构要立即停止接受其新的交易指令；对触犯刑律的，移交司法机关追究刑事责任。对受到证监会通报的‘市场禁入者’，各期货交易所和期货经纪机构3年内不得为其办理期货交易开户手续。对违反规定接受‘市场禁入者’的期货交易所和期货经纪机构，证监会将对其作出责令改正、没收非法所得、罚款、停业整顿、取消试点交易所资格或取消期货经纪业务资格的处罚，并追究主要负责人的责任。”

1998年证券法并未规定证券市场禁入制度，直到2005年证券法第一次修订，才在第233条中规定了“违反法律、行政法规或者国务院证券监督管理机构的有关规定，情节严重的，国务院证券监督管理机构可以对有关责任人员采取证券市场禁入的措施”，至此，证券市场禁入制度正式以法律的形式确定下来。

2006年6月，证监会发布的《证券市场禁入规定》更新了证券市场禁入制度并废止了《证券市场禁入暂行规定》。《证券市场禁入规定》扩大了证券市场禁入措施的适用范围，不仅增加了发行人、上市公司实际控制人、控股股东以及其他信息披露义务人，并且将近覆盖了所有的证券从业人员。2015年5月，证监会修订《证券市场禁入规定》，完善了终身禁入证券市场的适用条件，扩大了证券市场禁入的适用范围，将非上市公众公司董监高、控股股东、实际控制人等主体纳入了证券市场禁入的适用范围，并突破原证券法规定，增加了非上市公众公司董监高的任职禁入类型。

本次证券法修订在原证券法第233条的基础上进一步扩大了适用主体和禁入范围，回应了理论界和实务界长期以来的争议。例如，新证券法填补了前述“非上市公众公司”任职禁入类型缺失的上位法漏洞，修正了《证券市场禁入规定》的合法性瑕疵。

二、证券市场禁入制度的适用主体

根据《证券市场禁入规定》第3条的规定，下列人员属于可能被认定为市场禁入者的范围：（一）发行人、上市公司的董事、监事、高级管理人员，其他信息披露义务人或者其他信息披露义务人的董事、监事、高级管理人员；（二）发行人、上市公司控股股东、实际控制人或者发行人、上市公司控股股东、实际控制人的董事、监事、高级管理人员；（三）证券公司的董事、监事、高级管理人员及其内设业务部门负责人、分支机构负责人或者其他证券从业人员；（四）证券公司的控股股东、实际控制人或者证券公司控股股东、实际控制人的董事、监事、高级管理人员；（五）证券服务机构的董事、监事、高级管理人员等从事证券服务业务的人员和证券服务机构的实际控制人或者证券服务机构实际控制人的董事、监事、高级管理人员；（六）证券投资基金管理人、证券投资基金托管人的董事、监事、高级管理人员及其内设业务部门、分支机构负责人或者其他证券投资基金从业人员；（七）中国证监会认定的其他违反法律、行政法规或者中国证监会有关规定的有关责任人员。

三、证券市场禁入制度的禁入范围

证券市场禁入范围包括证券业务禁入、公司任职禁入与证券交易禁入三种类型。针对这三种类型的禁入，根据既往监管实践，证券监管机构无需择一适用，可以并行适用。

新证券法对证券市场禁入制度的修改要点之一是将公司任职禁入中的“上市公司”修改为“证券发行人”，这意味着公司任职禁入类型不仅包括《证券市场禁入规定》中“非上市公众公司”，甚至将范围延伸至所有以发行股票、公司债券以及其他证券方式筹集资金的非上市的股份有限公司、有限责任公司以及金融机构等其他法人。①

新证券法对证券市场禁入制度的另一修改要点是增加了证券市场禁入的禁入类型，在“不得从事证券业务”的基础上增加了“不得从事证券服务业务”和“不得交易证券”的规定。自 2005 年证券法修订以来，“不得从事证券业务”中“证券业务”的内涵一直饱受争议。② 1997 年《证券市场禁入暂行规定》（已失效）曾将其定义为“为证券发行人和投资者进行证券发行、交通及其相关活动提供中介服务或者专业服务的行为”，《证券市场禁入规定》则删除了该条定义，只是规定“不得在‘其他任何机构中’从事证券业务”。监管实践中，有的《市场禁入决定书》表述为“不得在任何机构中从事证券业务”，③有的则与证券法表述保持一致，即“不得从事证券业务”，④ 由此引发的争议是，普通投资者不依托于机构进行的证券买卖是否属于“从事证券业务”。⑤ 本次证券法修订就证券市场禁入范围在“不得从事证券业务”之外增加了“不得交易证券”的规定，明确解决了上述问题。“证券服务业务”作为本条与“证券业务”呈并列关系的规定，应当是指在会计师事务所、律师事务所以及从事证券投资咨询、资产评估、资信评级、财务顾问、信息技术系统服务的证券服务机构中从事的相关业务。

---

① 沈福俊、许海建：《证券市场禁入制度合法性考察及其控制路径》，载《上海财经大学学报》2019 年第 5 期。

② 郭昌盛：《我国证券市场禁入制度的发展与实践》，载《证券法苑》2017 年第 5 期。

③ 《中国证监会市场禁入决定书（周某、傅某）》（〔2019〕2 号）。

④ 《中国证监会市场禁入决定书（鲜某）》（〔2017〕8 号）。

⑤ 黄辉、李海龙：《强化监管背景下的中国证券市场禁入制度研究：基于实证与比较的视角》，载《比较法研究》2018 年第 1 期；熊锦秋：《对市场禁入者“不得从事证券业务”应有明确定义》，载《证券时报》2018 年 1 月 22 日。

【适用指引】

一、关于证券市场禁入期限的裁量标准

根据《证券市场禁入规定》第5条的规定,[①] 证券市场禁入的期限分为3至5年、5至10年、终身三个档位。其中,(1)对于情节严重的人员,可以采取3至5年的证券市场禁入措施;(2)对于行为恶劣、严重扰乱证券市场秩序、严重损害投资者利益或者在重大违法活动中起主要作用等情节较为严重的,可以对有关责任人员采取5至10年的证券市场禁入措施;(3)对于严重违法、构成犯罪的;负有法定职责的人员故意不履行义务并造成特别严重后果的;行为特别恶劣,严重扰乱证券市场秩序并造成严重社会影响的;阻碍、抗拒监督检查的;组织、策划、领导或者实施重大违法行为的;多次违法、屡罚不改的人员,则可以采取终身的证券市场禁入措施。

对于新证券法增加的证券交易禁入的禁入期限问题,《证券市场禁入规定》尚未规定,有待证监会在修订《证券市场禁入规定》时予以明确。值得注意的是,对于证券业务禁入和公司任职禁入,禁入期限都是"一定期限内直至终身",但对新增的证券交易禁入,禁入期限仅为"一定期限内",并不包括"终身",由此可见证券交易禁入属于可适用范围较广、惩处程度较高的监管手段,故立法在适用期限上进行了限制。

---

① 《证券市场禁入规定》第5条规定:"违反法律、行政法规或者中国证监会有关规定,情节严重的,可以对有关责任人员采取3至5年的证券市场禁入措施;行为恶劣、严重扰乱证券市场秩序、严重损害投资者利益或者在重大违法活动中起主要作用等情节较为严重的,可以对有关责任人员采取5至10年的证券市场禁入措施;有下列情形之一的,可以对有关责任人员采取终身的证券市场禁入措施:(一)严重违反法律、行政法规或者中国证监会有关规定,构成犯罪的;(二)从事保荐、承销、资产管理、融资融券等证券业务及其他证券服务业务,负有法定职责的人员,故意不履行法律、行政法规或者中国证监会规定的义务,并造成特别严重后果的;(三)违反法律、行政法规或者中国证监会有关规定,采取隐瞒、编造重要事实等特别恶劣手段,或者涉案数额特别巨大的;(四)违反法律、行政法规或者中国证监会有关规定,从事欺诈发行、内幕交易、操纵市场等违法行为,严重扰乱证券、期货市场秩序并造成严重社会影响,或者获取违法所得等不当利益数额特别巨大,或者致使投资者利益遭受特别严重损害的;(五)违反法律、行政法规或者中国证监会有关规定,情节严重,应当采取证券市场禁入措施,且存在故意出具虚假重要证据,隐瞒、毁损重要证据等阻碍、抗拒证券监督管理机构及其工作人员依法行使监督检查、调查职权行为的;(六)因违反法律、行政法规或者中国证监会有关规定,5年内被中国证监会给予除警告之外的行政处罚3次以上,或者5年内曾经被采取证券市场禁入措施的;(七)组织、策划、领导或者实施重大违反法律、行政法规或者中国证监会有关规定的活动的;(八)其他违反法律、行政法规或者中国证监会有关规定,情节特别严重的。"

二、关于“情节严重”的参考依据

证券市场禁入制度的构成要件包括两方面内容，一是违反法律、法规或者证监会规定；二是满足“情节严重”要件。在判断“情节严重”要件时，证券监管机构通常会参考以下要素：具备特殊主体身份、存在多种违法行为、使用多种违法手段、违法行为持续时间、主观过错程度、处罚次数、涉案交易金额较大、造成后果严重、社会影响较大、违法行为人事后表现等。[①] 需要注意的是，作为构成要件中的“情节严重”是对违法行为的整体法律评价，不同于前述禁入期限裁量标准中的“情节严重”。前者是定罚标准，后者是量罚标准，不可将两者混同。

三、关于证券市场禁入的适用程序和救济途径

根据《证券市场禁入规定》的规定，证监会可以单独对有关责任人员采取证券市场禁入措施，也可以一并依法进行行政处罚；涉嫌犯罪的，依法移送公安机关、人民检察院，并可同时采取证券市场禁入措施；[②] 证监会在采取证券市场禁入措施前，应当告知当事人事实、理由及依据，并告知当事人有陈述、申辩和要求举行听证的权利；[③] 当事人要求就拟采取的证券市场禁入措施举行听证的，听证程序应参照适用行政处罚的听证程序规则；[④] 被证监会采取证券市场禁入措施的人员，证监会将通过证监会网站或指定媒体向社会公布，并记入被认定为证券市场禁入者的诚信档案。[⑤] 对证券市场禁入决定不服的，可以向证监会申请行政复议[⑥]或直接提起行政诉讼。

---

① 沈福俊、许海建：《证券市场禁入制度合法性考察及其控制路径》，载《上海财经大学学报》2019年第5期。

② 《证券市场禁入规定》第6条规定：“违反法律、行政法规或者中国证监会有关规定，情节严重的，可以单独对有关责任人员采取证券市场禁入措施，或者一并依法进行行政处罚；涉嫌犯罪的，依法移送公安机关、人民检察院，并可同时采取证券市场禁入措施。”

③ 《证券市场禁入规定》第9条规定：“中国证监会采取证券市场禁入措施前，应当告知当事人采取证券市场禁入措施的事实、理由及依据，并告知当事人有陈述、申辩和要求举行听证的权利。”

④ 《中国证券监督管理委员会行政处罚听证规则》第25条规定：“中国证监会及其派出机构拟对当事人采取市场禁入措施的，当事人可以要求举行听证，听证程序参照本规则的规定执行。”

⑤ 《证券市场禁入规定》第11条规定：“被中国证监会采取证券市场禁入措施的人员，中国证监会将通过中国证监会网站或指定媒体向社会公布，并记入被认定为证券市场禁入者的诚信档案。”

⑥ 《中国证券监督管理委员会行政复议办法》第7条规定：“公民、法人或者其他组织对中国证监会或其派出机构、授权组织作出的具体行政行为不服，有下列情形之一的，可以向中国证监会申请行政复议……（二）对中国证监会或其派出机构作出的证券、期货市场禁入决定不服的……”

长期以来，我国理论界一直存在“证券市场禁入措施”究竟属于“行政处罚”还是“行政监管措施”之争，如果属于前者，则在适用时需要进行更为严格的程序检验。监管实践中，通常认为证券市场禁入措施不属于行政处罚。根据上述可见，由于证券市场禁入对当事人权益影响较大，同时亦属于可复议、可诉讼的行政行为，故无论是证监会内部的适用程序（应当事先告知且当事人享有陈述、申辩和听证的权利），还是禁入决定作出后的救济途径（可申请复议或直接提起行政诉讼），都与行政处罚基本一致。因此，关于证券市场禁入措施的性质之争在实践层面并无太大意义。

第二百二十二条 依照本法收缴的罚款和没收的违法所得，全部上缴国库。

【条文主旨】

本条是关于依法没收的违法所得和罚款全部上缴国库的规定。

【条文释义】

行政处罚是国家行政管理制裁体系的重要组成部分，是国家进行社会控制的强制性保障手段之一。本章法律责任部分规定了证券监管机构对违反证券法的行为人应给予的行政处罚，涵括本条所涉及的罚款、没收违法所得两类财产罚。罚款是对违法行为人合法财产的惩罚性剥夺，没收违法所得则是对违法行为人非法取得财产的剥夺，两者均是通过给违法行为人施加经济上的负担，以预防、遏制证券市场违法行为，营造证券市场的公平环境、促进证券市场健康有序发展。

本条将证券监管机构决定对违法行为人收缴的罚款和没收的违法所得认定为公法上的财产，并全部上缴国库，作为财政收入的一部分。

【适用指引】

关于罚款、没收违法所得上缴制度与民事赔偿责任优先原则的衔接问题

本条规定对违法行为人收缴的罚款和没收的违法所得应全部上缴国库，同时，新证券法第220条规定应当承担民事赔偿责任和缴纳罚款、罚金、违法所得的违法行为人，其财产不足以支付的，优先用于承担民事赔偿责任。关于罚款、违法所得上缴制度和民事赔偿责任优先原则如何衔接适用的问题，新证券法尚未规定暂缓入库制度或者财政回拨制度等配套机制，有待财政部、证监会等出台相关规定予以明确。

长期以来，学界一直在呼吁对违法行为人的罚没所得应当参照美国设立“公平基金”，用于投资者赔偿，而非上缴国库，由此才能真正实现民事赔偿责任优先原则的落地，① 但多年来证券监管实践却从未对此做过任何回应。理论界和实务界未形成有效互动的重要原因，是在既往监管实践和民事赔偿领域，“行政罚没”和“民事赔偿”尚未发生真正的冲突。

我国现行证券欺诈民事责任框架下，虽然包括虚假陈述民事赔偿责任、内幕交易及利用未公开信息交易民事赔偿责任、操纵证券市场民事赔偿责任以及证券公司欺诈客户民事赔偿责任多种责任类型，但因只有针对证券虚假陈述民事赔偿责任最高人民法院出台了专门的司法解释，② 故实践中该类型的纠纷最为常见。近年来，在持续的高压监管状态下，随着立案登记制的确立、维权律师队伍的壮大、互联网科技的发展、第三方社会资本的介入和投资者保护机构的兴起，证券虚假陈述民事诉讼案件数量持续增长，最终赔付金额动辄数千万元甚至上亿元。但是，原证券法对于信息披露违法行为的罚款金额极低，最高只能处以60万元罚款，该罚款金额对于千万级的民事赔偿款而言无异于九牛一毛、杯水车薪，确实不存在“何者优先”的实际冲突。而在证券监管实践中，容易开出“天价罚单”的往往是内幕交易或者操纵证券市场的案件，由于行为人的违法交易行为可能获得极高收益，故即使是适用原证券法规定的“违法所得的5倍”处以罚款，罚没金额也常常高达上亿元甚至数十亿元。但是，由于针对内幕交易和操纵证券市场最高人民法院并未出台专门的司法解释，故司法实践中此类案件十分罕见，③ 换言之，确有可能实际影响民事赔偿的“高额罚没”，后续却并不会引发真正的民事赔偿诉讼。

---

① 黄辉、黄江东、李海龙、肖宇：《证券民事赔偿责任优先的法理逻辑与实现路径》，载《投资者》2019年第2期；郭雳：《证券执法中的公共补偿》，载《清华法学》2018年第6期；徐文鸣：《证券民事诉讼制度实施效果的实证研究——以虚假陈述案件为例》，载《证券市场导报》2017年4月号。

② 《最高人民法院关于审理证券市场因虚假陈述引发的民事赔偿案件的若干规定》。

③ 《我国内幕交易民事赔偿第一案——“8·16光大证券乌龙指”引发的内幕交易赔偿系列案回顾》，载中国审判官网，http：//www. chinatrial. net. cn/news/9997. html，最后访问时间：2020年2月19日；《全国首单操纵市场民事赔偿支持诉讼案一审宣判，投资者胜诉》，载澎湃新闻，https：//www. thepaper. cn/newsDetail_ forward_ 5577208，最后访问时间：2020年2月19日。

本次证券法修订后这种微妙的平衡将被打破。第一，从行政责任层面，信息披露违法行为的行政处罚力度显著升级，最高可处1000万元罚款，欺诈发行的罚款金额更是可达募集资金的1倍，内幕交易和操纵证券市场的罚款上限则改为违法所得的10倍，可以预见未来必将有更巨额的罚单出现；第二，就制度缺失问题，关于证券虚假陈述司法解释的规定出台已近20年，该司法解释的更新和就内幕交易和操纵证券市场民事赔偿司法解释的出台已是箭在弦上，专门司法解释的颁布将改变内幕交易和操纵证券市场民事赔偿案件屈指可数的现状；第三，新证券法第95条第3款确立了“默示加入、明示退出”的“中国式证券集团诉讼”，一旦该制度正式落地，虚假陈述等证券民事赔偿诉讼在常态化的同时，在最终赔偿金额上也很可能呈现几十倍甚至上百倍的激增。在信息披露违法罚款金额与虚假陈述民事赔偿体量同步骤升、内幕交易和操纵证券市场民事赔偿案件快速增长的情况下，民事赔偿责任优先原则将被真正激活，罚没所得一律上缴国库也将面临合理性考验，如何衔接罚没上缴制度与民事赔偿责任优先原则，将成为监管和司法无法回避的现实挑战。

第二百二十三条　当事人对证券监督管理机构或者国务院授权的部门的处罚决定不服的，可以依法申请行政复议，或者依法直接向人民法院提起诉讼。

【条文主旨】

本条是关于当事人不服行政处罚决定的法律救济的规定。

【条文释义】

一、证券行政处罚的法律救济手段

为促进证券市场的健康发展、维护投资者的合法权益，本章规定了相当数量的法律责任条款，违反证券法相关规定的行政相对人应当依法承担行政责任、履行行政处罚决定。但是，如果行政相对人认为证券监管机构或者国务院授权部门作出的处罚决定存在主要事实不清、证据不足，适用法律、法规错误、违反法定程序、超越或者滥用职权、明显不当等情形的，本条赋予了行政相对人申请行政复议或者提起行政诉讼的救济权利，即当事人对行政处罚决定不服时，有权依法申请行政复议或者直接提起行政诉讼。

行政复议是指行政相对人认为行政机关的具体行政行为侵犯其合法权益，依法向行政复议机关提出复查该行政行为的申请，行政机关依照法定程序对被申请的行政行为进行合法、适当性审查，并作出行政复议决定的法律制度。行政诉讼是指受到行政处罚的当事人因不服行政机关的处罚决定，认为行政机关和行政机关工作人员的行政行为侵犯了其合法权益，在一定期限内，依法向人民法院提起诉讼，由人民法院对行政行为是否合法进行审查并作出裁判的诉讼行为。①

行政复议制度和行政诉讼制度在监督证券监管机构的执法行为、维护行政相对人的合法权益方面发挥了重要作用，但为了保证证券监管机构行政处罚的权威性和严肃性，行政处罚决定在复议期间和行政诉讼期间不停止执行。

二、证券行政处罚救济机制的程序衔接

根据本条规定，申请行政复议与提起行政诉讼是二元并立的救济机制，启动何种救济程序由行政相对人自由选择。

若选择行政复议机制，根据行政复议法、国务院《行政复议法实施条例》《中国证券监督管理委员会行政复议办法》的规定，当事人对证监会及其派出机构的行政处罚不服的，可向证监会申请行政复议。对行政复议决定不服的，可以向人民法院提起行政诉讼，或者向国务院申请最终裁决。

若选择行政诉讼机制，根据行政诉讼法的规定，诉讼为终局救济机制，诉讼程序结束后，不可再选择行政复议程序进行重复救济。

【适用指引】

一、申请行政复议和提起行诉讼的时限要求

根据行政诉讼法、行政复议法、《行政复议法实施条例》、《中国证券监督管理委员会行政复议办法》的规定，行政相对人申请行政复议的，应当在知道具体行政行为（行政处罚决定）之日起60日内提出；② 行政相对人直接向人民法院提起诉讼的，应当在知道或者应当知道具体行政行为（行政处罚决定）之

① 全国人大证券法修改起草工作小组：《中华人民共和国证券法释义》，中国金融出版社2006年版，第259页。

② 《中华人民共和国行政复议法》第9条规定："公民、法人或者其他组织认为具体行政行为侵犯其合法权益的，可以自知道该具体行政行为之日起六十日内提出行政复议申请；但是法律规定的申请期限超过六十日的除外。因不可抗力或者其他正当理由耽误法定申请期限的，申请期限自障碍消除之日起继续计算。"

日起6个月内提出;[①] 行政相对人对行政复议决定不服的，应当在收到复议决定书之日起15日内向人民法院起诉，复议机关逾期不作决定的，可以在复议期满之日起15日内向人民法院提起诉讼。[②]

二、关于行政复议和解调解制度适用

调解方式的认可与和解程序的扩张，能够更加灵活、便捷地处理特殊类型的行政案件。扩大和解、调解程序的适用范围，在遵循自愿、合法原则的前提下促进行政争议的实质性化解，能够真正发挥行政复议的“分流”作用。[③]

根据《行政复议法实施条例》第40条和《中国证券监督管理委员会行政复议办法》第33条、第34条、第35条的规定，经行政复议被申请人同意，原承办部门、派出机构或者授权组织和申请人可以在作出行政复议决定之前自愿达成和解，并向行政复议机构提交书面和解协议。和解确属双方真实意思表示，和解内容不损害社会公共利益和他人合法权益的，行政复议机构应当准许和解，终止行政复议案件的审理。

根据《行政复议法实施条例》第50条和《中国证券监督管理委员会行政复议办法》第36条、第37条、第38条的规定，行政复议机关可以对符合以下要求的复议案件适用调解制度并制作复议调解书：（1）公民、法人或者其他组织对中国证监会行使自由裁量权作出的具体行政行为不服申请行政复议的；（2）行政赔偿或者行政补偿纠纷。

---

① 《中华人民共和国行政诉讼法》第46条规定：“公民、法人或者其他组织直接向人民法院提起诉讼的，应当自知道或者应当知道作出行政行为之日起六个月内提出。法律另有规定的除外。因不动产提起诉讼的案件自行政行为作出之日起超过二十年，其他案件自行政行为作出之日起超过五年提起诉讼的，人民法院不予受理。”

② 《中华人民共和国行政诉讼法》第45条规定：“公民、法人或者其他组织不服复议决定的，可以在收到复议决定书之日起十五日内向人民法院提起诉讼。复议机关逾期不作决定的，申请人可以在复议期满之日起十五日内向人民法院提起诉讼。法律另有规定的除外。”

③ 章志远：《行政复议与行政诉讼衔接关系新论——基于解决行政争议视角的观察》，载《法律适用》2017年第23期。

第十四章　附　则

本章共有3个条文。其中，第224条和第225条涉及境内企业跨境及涉外证券活动的监管制度，第226条明确了本法施行的起始日期。

在证券市场国际化和对外开放的意义上，由我国政府实施属地管辖的涉及各类主体的跨境和涉外证券活动主要包括以下几类：（1）对于境外发行人准入资格的放开：例如沪伦通项下的伦敦证券交易所挂牌企业到A股市场发行中国存托凭证（CDR），红筹企业回归试点项下的中概股创新企业到科创板发行股票或CDR。[①]（2）对于境外投资者准入资格的放开：例如B股项下的境外机构与个人投资B股市场，QFII和RQFII试点项下的境外合格机构投资者投资A股市场，沪港通和深港通项下的香港投资者通过证券服务机构买卖A股上市公司股票。(3）对于境内发行人出境资格的放开：如境外直接上市模式下的H股上市以及间接上市模式下的红筹股模式上市，沪伦通项下的A股发行人赴伦敦证券交易所发行全球存托凭证（GDR）。（4）对于境内投资者出境资格的放开：例如QDII试点项下的境内合格机构投资者在核准的外汇额度内赴境外证券市场投资，沪港通和深港通项下的境内投资者通过证券服务机构买卖香港联交所上市公司股票。除此以外，还有对于境外证券服务机构的准入资格与业务范围，以及境内证券服务机构股权结构中的外资比例等事项的放开。

新证券法一审稿曾为跨境证券发行、上市与交易活动特别增加了一个专章，即第4章“跨境证券发行与交易”，共8条。其中的六条均与境外企业到境内进行证券发行、上市、交易以及境外投资者到境内进行证券投资的规制相关，其他两条则与境内企业赴境外进行证券发行和上市交易的规制相关，也即新法附则第225条所规制的对象。[②]

然而，在证券法修订的二审稿、三审稿直至四审稿通过的新法中，一审稿

---

① 中国证监会：《关于开展创新企业境内发行股票或存托凭证试点若干意见的通知》。

② 证券法修订一审稿，2015年4月，第4章“跨境证券发行与交易”。

中的上述专章均难寻踪迹。新法附则中对跨境证券活动的规制条款，只写入了两条，只覆盖了境内企业的跨境和涉外证券活动，未纳入境外企业在境内的证券发行、上市和交易活动。

尽管条文不多，但本章的主要内容和新引入的变化仍然引人关注。与旧法相比，证券活动的旧法条文，并在内容上进行了一项重要调整。其中，第224条规制境内企业“出海”在境外进行证券发行或上市交易的行为，第225条处理境内公司的股票以外币进行认购和交易的情形。第224条项下境内企业跨境融资活动管制尺度放宽，从旧法规定的“必须经国务院证券监督管理机构依照国务院的规定批准”，到新法的“应当符合国务院的有关规定”。一方面，本条继续确认了境内企业跨境融资活动应当受制于境内监管的制度安排，由国务院作为主管部门，以其颁布的各项规定作为监管依据。另一方面，本条从文字上淡化了境内监管以事前的实质审核为主要方式的强制性色彩（“必须”改成了“应当”），呼应了其在实践中正在逐渐转向事后的备案制以及事前的报告制的改革趋势，鼓励和便利境内企业赴境外开展融资活动，为我国实体经济的发展和产业结构的转型吸纳丰富的国际资本。

没有发生变化的制度保留于第225条，涉及对于境内公司股票以外币认购和交易的行为的规制，仍然适用“具体办法由国务院另行规定”的要求。其调整对象为境内上市外资股，主要类别是历史上的B股，其作为人民币特种股票的出台初衷，是为了在我国证券市场发展早期为境内企业引入当时比较稀缺的境外资金。

第一节　本章新制度

境内企业赴境外进行证券发行或上市交易按国务院规定执行

本章新制度集中体现为一项：境内企业赴境外进行证券发行或上市交易活动，在仍然保留境内属地监管所要求的发行人资质要求和前置审批程序的同时，不再单维突出审批制的实质审核和行政强制色彩，而是同时为实践中正在扩大适用范围的事后备案制或者事前报告制留出了默示确认的空间。

修法之前的审批制规定于旧法附则的第238条：“境内企业直接或者间接到境外发行证券或者将其证券在境外上市交易，必须经国务院证券监督管理机构依照国务院的规定批准。”内意即境内企业以资产或者业务“出海”的方式进行的跨境融资活动，需要报请中国证监会审查并获得批文后方可进行。这一条并未在调整主体上区分国有企业和民营企业，而是一律要求“必须”报批。这与近年来境内企业、特别是境内民营企业境外间接发行上市的监管与合规实践已经有所偏离。

审批制施行多年，有其深刻的政治经济背景。一方面，这是中国经济改革和转型过程中证券市场一度经历了对外开放程度不高、发行人和投资者“走出去”均面临严苛的制度壁垒的体现；另一方面，审批制下的监管关切主要在于防范资产转移和财富流失，甚至一度上升到了维护国家经济安全的认知层面。①特别值得指出的是，国有企业的跨境融资活动所遭遇到的远远高于民营企业的放行门槛，背后隐含的是监管机构对于国有资产跨境流失之可能性的警惕。很难说，以上的监管关切在近年来发生了根本的转向或者淡出。那么法条的修改体现的是何种意图呢？

新法删除了体现审批制的文字，只在第224条中规定：“境内企业直接或者间接到境外发行证券或者将其证券在境外上市交易，应当符合国务院的有关规定。”从性质上看，本条属于委任性规范。而“国务院的有关规定”所规范事项触及跨境发行实务的方方面面，包括资产和业务状况、公司治理架构、股权结构、产业与行业规范、外商投资事项、外汇事项、税务事项等，内容细杂且调整比较频繁，历来是实务中的合规难点。其中，尤其引起各方关注的问题是民营企业采用红筹模式在境外间接上市的审批程序，特别是其通过“可变利益实体”（variable interests entity 或 VIE）架构赴境外发行上市的合法合规性。由于政策和法律、规范层面的变化和现存规则的不确定性，民营企业VIE架构境外上市的规制前景和因此在境外市场可能面临的风险在新法施行之后将仍然难料。

新法语境下，在全面满足了第224条指向的国务院相关规范所要求的发行人资质条件之后，境内企业赴境外进行证券发行和上市交易，将区分情况履行审批程序：（1）国有企业和民营企业通过H股模式直接上市均必须履行审批程序，且两者差别不大；（2）国有企业红筹模式间接上市（大红筹模式）也必须履行审批程序，且监管严、审批成本高；（3）民营企业红筹模式间接上市（小

---

① 唐应茂：《独角兽、法律周期论与民族国家建构：红筹企业中国存托凭证制度的初步研究》，载《中外法学》2019年第2期，第506页。

红筹模式)，是否需要审批以及审批的宽严要区分具体情况，后文将对此有所讨论；（4）国有企业和民营企业已经在境内上市的，在沪伦通项下赴伦敦证券交易所发行全球存托凭证（GDR），也需要履行审批程序。

新法第224条试图默示认可的审批程序中的备案制和报告制，都淡化了审批程序中核准制的行政强制色彩。虽然新证券法第224条在删除审批制字样的同时，并未明确写入备案制或者报告制，但其放宽行政管制、淡化事前审批的核准制色彩的意图与一审稿是一致的。

第二节　条款释义

第二百二十四条　境内企业直接或者间接到境外发行证券或者将其证券在境外上市交易，应当符合国务院的有关规定。

【条文主旨】

本条是关于境内企业赴境外跨境融资需要满足的境内监管要求的规定。

【条文释义】

本条属委任性规范，明确我国境内企业境外融资活动的监管规则由国务院制定。当前，这类规则的发布主体包括国务院及其所属行业主管部门，主要有商务部、国家外汇管理局、发改委、国资委和证监会。实践中国务院的原则性、概括性规定在部门规章及规范中得到细化是普遍现象，也是证券监管及执法的重要依据。

一、“境内企业”与“境外”的含义

首先，需要厘清“境内企业”“境外”这两个概念的含义。如同旧法一样，新证券法未对这两个名词进行明确的定义。以修法之前附则相关条款的解释和适用情况来理解，第224条中的“境内企业”主要是指依据中国内地法律的规定，经工商行政管理部门注册成立的企业。①

---

① 于绪刚：《论海外间接上市及其监管》，载《证券市场导报》2000年4月号。

我国证券法界定第224条语境下“境内企业”的方式，应与现行《公司法》第191条界定“外国公司”（即“依照外国法律在中国境外设立的公司”）的方式，在标准上应当一致。

例如，在卡曼群岛注册的阿里巴巴集团（下称“阿里巴巴”），其在赴纽约证券交易所上市后的股权结构中，以日本软银集团和美国雅虎两家外资投资者的持股比例最高——软银持股32.4%，雅虎持股16.3%，共计48.7%，毫无疑问是大股东；阿里巴巴经营团队持股仅占14.6%，包括阿里巴巴创办人马云8.8%和阿里巴巴集团执行副主席蔡崇信3.6%的持股。[①] 如此，除注册地在境外，阿里巴巴的大股东也是境外主体，在公司法第191条项下应被界定为“外国公司”。

国家外汇管理局于2015年2月15日发布的《2014年中国跨境资金流动监测报告》（以下简称《报告》）。在题为“阿里巴巴不含在我境内企业境外上市统计中”的专栏里，国家外汇管理局指出，2014年，在美国上市的阿里巴巴、京东、陌陌等14家企业，在统计口径上，属于境外企业而非境内企业，因此不属于境内企业海外上市范畴。[②] 阿里巴巴之所以被国家外汇管理局认定为境外企业，是因为在纽约证券交易所上市的主体是“里巴巴之所以被国家外汇管理局认定为境外企业，是因为在（阿里巴巴集团控股有限公司），该公司注册在开曼群岛，是特殊目的公司（Special Purpose Vehicle或SPV），在统计口径上，该公司是境外企业而非境内企业，因此不属于境内企业海外上市范畴。[③] 该报告进一步定义：“境内企业境外上市的统计对象是指在中国大陆注册的法人机构，而非中国背景的公司。”

迄今为止，国内企业海外上市有两种途径：一是经证监会批准直接在海外上市，也称H股模式；二是红筹模式间接上市，即国内企业股东首先在境外或中国香港、中国澳门或者中国台湾地区注册一家特殊目的公司（SPV），通过股权收购或协议方式控制国内企业，SPV再到境外证券市场上市。该报告指称的

---

① 杨鑫倢、张秋婷：《马云赴台“救火”：阿里是陆资还是外资他也糊涂了》，载澎拜新闻，https：//www.thepaper.cn/newsDetail_forward_1307443，最后访问时间：2020年5月12日。

② 国家外汇管理局：《2014年中国跨境资金流动监测报告》，2015年2月15日发布，第39～40页，http：//www.gov.cn/xinwen/site1/20150216/43231424054959763.pdf，最后访问时间：2020年5月12日。

③ 国家外汇管理局：《2014年中国跨境资金流动监测报告》，2015年2月15日发布，第40页，http：//www.gov.cn/xinwen/site1/20150216/43231424054959763.pdf，最后访问时间：2020年5月12日。

统计口径上的“境内企业境外上市”，仅指前一种情况，即 H 股模式。[①]

而本条中的“境外”一词，指的是中国内地之外的世界主要证券市场，在地理范围上包括中国香港特别行政区、中国澳门特别行政区和我国台湾地区。其中，香港联交所、纽约证券交易所、纳斯达克、伦敦证券交易所、法兰克福证券交易所、新加坡证券交易所和东京证券交易所颇具代表性。

二、境内企业跨境证券活动的类别与境外监管要求

下文简要介绍境内企业跨境证券活动的类别和分别对应的境外监管要求。

（一）境内企业到境外发行证券（issuing 或者 offering）

境外证券发行活动首先涉及境内的监管要求，即境内企业的资产和证券能否“出海”，其次才涉及境外的监管要求。

境内企业的境外证券发行活动，需要接受境外市场的证券监管机构对于准入资格的审核，无论是在实行以信息披露质量为主要审查标准的市场（disclosure-based systems），还是在实行以发行人实体资质（包括财务状况、盈利能力和投资价值）为主要审查标准的市场（merit-based systems）。无论在哪种市场，无论以何种名义，发行审核的性质均普遍体现为政府监管部门对于市场准入资格行使的行政许可权。因此，这是一种单方行为，发行人和审核机关的地位并不对等，没有明显的平等谈判和讨价还价的空间。

（二）境内企业将其证券在境外上市交易（listing）

境外证券上市交易活动，需要接受境外证券交易场所、主要是证券交易所对于发行人准入资格和其已经发行的证券的质量的审查。在全球主要证券市场上，这种准入审查的结果，在形式上均体现为表面平等的主体之间所签订的合同，即上市协议。当然，证券交易所和发行人之间的缔约地位往往并不平等，多体现为交易所的相对强势，尤其是如纽约证券交易所和纳斯达克这样体量大、声誉高、流动性强、透明度高、监管力度强、监管绩效突出、全球投资者认同度较高的交易所。

除登陆证券交易所这一平台实现上市交易外，境内发行人的证券也可以在境外的场外市场挂牌交易（quoting），如美国的 OTCBB（Over the Counter Bulletin Board，即场外柜台交易系统）和粉单市场（Pink Sheets）。OTCBB 的主要功

---

① 国家外汇管理局：《2014 年中国跨境资金流动监测报告》，2015 年 2 月 15 日发布，第 40 页，http://www.gov.cn/xinwen/site1/20150216/43231424054959763.pdf，最后访问时间：2020 年 5 月 12 日。

能是为做市商提供一个其所经销股票的即时报价系统，多为一些尚不符合纳斯达克上市条件的中小企业所青睐：只要其具备了健全的财务报表，在聘请审计师对相关报表进行审阅、并由律师制作并提交申请文件之后，就可以联系 OTCBB 的做市商，进而申请在 OTCBB 市场上挂牌交易。[①] 近年来频频因为财务造假和公司治理缺陷而在美股市场上遭遇做空机构阻击、监管机构调查与处罚以及投资者集团诉讼的中概股，有不少是通过俗称“后门上市”（backdoor listing）的反向收购手段（reverse takeover 或 RTO）登陆 OTCBB 的，有的发行人还顺利实现了向纽交所或纳斯达克的转板。而粉单市场则是比 OTCBB 更低一级的报价（quoting）系统，其对挂牌公司财务报表所设定的要求更加宽松，通常也并不需要注册会计师对报表进行审计，故重要性和融资能力较低。[②] 严格说来，在 OTCBB 或者粉单市场上“挂牌”（quoting），并不等同于“上市”（listing）。所以，第 224 条应该解读为并不覆盖这两种平台上发生的交易。

（三）“发行”与“上市”的联动与分离

上述第一类和第二类的境外证券活动在实践中可以联动——证券在一级市场发行之后，再到二级市场上市，并供投资者公开交易；也可以不联动——证券在一级市场发行之后，并未继续在二级市场上挂牌上市，也未发生公开交易。不联动的情况在不针对公众投资者的私募发行活动（private placement）中比较常见。例如，根据美国证监会颁布的第 144A 条例（Rule 144A），允许发行人向符合资格机构投资者（qualified institutional investors 或 QIBs）再发售某些证券而无需向美国证监会注册。通过豁免注册手续，第 144A 条例显著提高了美国机构投资者买入外国公司证券的机会。。

由此可见，“发行”和“上市”这两个概念分别对应着不同性质的交易结构和法律关系。两者虽然经常相提并论，但确实可以在交易流程中实现分离。如上所述，“发行”是私人商事主体（发行人）向行使公权力的政府监管部门（审核机构）提出申请，并在满足门槛条件而获得准入批文之后发生的融资事实，是行政许可权的行使结果。“上市”是满足上市平台条件的发行人和通常作为自律监管组织的证券交易所之间，在签订当事人地位表面“平等”的契约（以上市协议为主）之后，将已经发行的证券纳入交易所的交易平台进行挂牌，供广大投资者进行公开买卖的事实。

---

① 尚宏金：《企业境外上市之路》，中国政法大学出版社 2015 年版，第 163 页。

② 尚宏金：《企业境外上市之路》，中国政法大学出版社 2015 年版，第 163～164 页。

三、境内监管针对的交易类别

根据上文关于境外“发行”与境外“上市”概念关系的分析，可以得知，针对第224条项下“境内企业直接或者间接到境外发行证券或者将其证券在境外上市交易”的行为，触发境内监管的情形包括以下场景中的交易类别。

第一类，境内企业赴境外首次公开发行股票或者存托凭证等其他证券，并就已发行的证券向境外证券交易所申请上市交易。这是迄今为止绝大多数赴境外融资的境内企业所进行的活动，也是第224条项下的监管重点。

第二类，境内企业赴境外向合格机构投资者（QIBs）不公开发行股票或者存托凭证等其他证券，所发行的证券也不在境外的证券交易所上市交易，如美国1933年证券法 Rule 144A 项下的私募发行。严格说来，按照第224条的文义解释，这类交易本应包括在调整范围之内，但实践中这类交易比较稀少，对境内市场秩序和境内投资者利益的影响比较微弱，因此所受到的监管关注也很淡薄，一直未有对口的监管规范出台。

第三类，境内上市公司以其新增股票为基础证券在境外发行存托凭证，或者以其非新增股票为基础证券在境外上市存托凭证，如沪伦通项下的 GDR。

第四类，境内上市公司赴境外发行证券或者两地、多地上市，特别是境内上市公司享有控制权的所属企业到境外公开发行股票并上市，即A股公司境外分拆上市。根据中国证监会于2004年7月21日发布的《关于规范境内上市公司所属企业到境外上市有关问题的通知》，A股上市公司境外分拆上市虽然没有政策上的障碍，但必须履行事前审批程序获得中国证监会的行政许可，并且该审批程序的核准制色彩非常浓重，体现出严格的实质审查，表达了趋紧的监管态度。这种严重的监管关切，主要源于实践中曾经出现A股上市公司实际控制人搞垮境内上市公司以后，再分拆出一个公司到境外圈钱的恶性循环案例。①

四、境外直接上市与境外间接上市的概念

如前所述，国家外汇管理局在其2014年发布的中国跨境资金流动监测报告中，将“境内企业境外上市”的统计对象限定为在中国内地注册的法人机构，而非中国背景的公司（即“中概股”公司）。报告指出了目前国内企业（包括境内注册的内地法人和境外注册的中概股公司）海外上市的两种主要途径：一种是直接上市的H股模式，另一种是间接上市的红筹模式，包括主要为国有控

① 尚宏金：《企业境外上市之路》，中国政法大学出版社2015年版，第51页。

股企业采用的“大红筹”模式和主要由民营控股企业采用的“小红筹”模式。①

直接上市的H股模式下，所发行的股票即通常所称的H股（上市平台为香港联交所）、N股（上市平台为纽约证券交易所）、S股（上市平台为新加坡交易所）、L股（上市平台为伦敦证券交易所）等。可见，“H股”和“H股模式”是两个概念。直接上市的流程是在中国注册公司，获得相关政府部分批准后，发行H股，即“境外上市外资股”，然后将H股在香港联交所挂牌上市，或者将H股转换成美国存托凭证（ADR）并在美国的证券交易所上市。中国电信、中国人寿、中国工商银行上市采用的就是H股模式。②

间接上市可以采取造壳上市和买壳上市两种途径。造壳上市指的是境内企业在境外注册一家境外公司，通过收购、置换等方式将境内企业的资产注入境外公司，以境外公司上市的方式实现境内资产的上市。造壳上市的流程是由中国境内的企业或者个人在境外的离岸中心（一般是开曼群岛、英属维尔京群岛、百慕大等地）设立一家控股公司，控股公司再返程收购中国境内运营企业的股权，然后控股公司发行股票并在香港联交所或者美国的证券交易所上市。中国移动、中国联通等国有企业，以及新浪、搜狐、百度、新东方、京东、阿里巴巴等民营企业采用的就是这种造壳上市的红筹模式。③ 而买壳上市则是指通过反向收购（reverse takeover）的方式获得一家已经上市的壳公司的控制权，实现境内资产的上市。造壳上市与买壳上市的本质，都是通过将境内资产注入壳公司的方式，达到利用境内资产境外上市的目的。④

下表列出了直接上市的H股模式与间接上市的红筹模式的特征比较，体现出两类模式对于发行人的相对优点和相对缺点。⑤

---

① 国家外汇管理局：《2014年中国跨境资金流动监测报告》，2015年2月15日发布，第40页，载中国政府网，http：//www.gov.cn/xinwen/site1/20150216/43231424054959763.pdf，最后访问时间：2020年5月12日；陈思远：《内地企业香港上市操作实务与图解》，法律出版社2019年版，第134页。

② 唐应茂：《私人企业为何去海外上市——中国法律对红筹模式海外上市的监管》，载《政法论坛》2019年第4期。

③ 唐应茂：《私人企业为何去海外上市——中国法律对红筹模式海外上市的监管》，载《政法论坛》2019年第4期。

④ 尚宏金：《企业境外上市之路》，中国政法大学出版社2015年版，第6页。

⑤ 陈思远，《内地企业香港上市操作实务与图解》，法律出版社2019年版，第110～112页。

比较方面	H 股模式	红筹模式
发行方式	以在中国内地设立的股份有限公司运营资产及业务，并申请在境外市场上市	以在境外（香港、百慕大、开曼群岛、英属维京群岛）设立的公司，通过直接设立或返程收购的方式来控制中国内地的运营资产及业务，并申请在境外市场上市
优点	无需在境外成立公司进行返程收购；避免境内外重组带来的税务负担	现有大股东的禁售期很短（6～12 个月），期后可自由转让，套现方便；后续融资方便，董事会每年有总股本一定比例的一般发行授权，配股、供股等资本市场运作的灵活性相对较高；审批程序相对简单
缺点	中国证监会可能要求公司大股东作出一年以上的禁售承诺，不利于套现；H 股全流通试点短期内对大股东未来套现具有相当的风险；后续融资需中国证监会审批，加大了发行的难度和不确定性	对于内地股东而言，需要搭建不受“于内号文”限制的红筹架构；返程收购的审批和重组程序比较繁琐；重组时可能面临较高的税费
境内审批程序及要求	可直接向中国证监会提交申请，近年也简化了申请文件的要求；核准文件的有效期为 12 个月	根据规定，重组中的返程收购需经商务部及中国证监会核准，同时需要符合允许的红筹架构的要求
上市后流通量	只有 H 股为流通股，其他为不流通的内资股，直至 2018 年 4 月 H 股全流通试点正式开闸①	新旧股全部为流通股，大股东可以在禁售期结束后自由买卖股票

五、境外直接上市和境外间接上市的境内监管

下文将梳理第 224 条项下境内监管的原因、特点以及具体要求与流程。

---

① H 股“全流通”试点项目是 2017 年年底由中国证监会推出的一项全新试点业务，主要针对 H 股上市模式下，在港上市的内地企业面临内资股无法在境外流通，从而造成内资外资股东不一致的问题。所谓“全流通”，即通过制度设计，使这部分不能流通的内资股跨境转登记至香港市场，转化为 H 股在港交所上市交易。因 H 股“全流通”有利于统一内外资股东利益，提高港股市场成交量和流动性，降低交易的冲击成本，且有利于折价收敛，使港股的配置价值提升，对 H 股上市的内地公司而言，其意义不亚于在港二次上市。

（一）为何监管？

由于境内企业境外发行上市主要并不涉及对我国境内证券市场秩序的冲击和对境内投资者权益的影响，则境内监管的目的何在？有学者认为，对境内企业境外上市实行境内监管，首要目的不宜定位于保护海外市场的投资者——对此自有境外的证券监管机构和各类证券法执行机制去处理，而宜定位为减少我国金融制度的风险。原因在于，境内企业境外发行与上市无疑会增加内地市场的货币投放量，尤其将对人民币升值带来压力，必然影响国家外汇储备的变化，从而影响国家的外汇与货币政策。因此，对境内企业境外上市进行监管的目的应在于减少对我国外汇市场等金融市场造成的冲击风险。①

近年来，随着采取红筹模式间接上市的企业数量激增，所涉产业不乏创新型和高技术产业，我国境内监管的理据和方向出现了明显的变化，逐渐开始强调限制国民财富的转移和国有资产的流失，并开始上升到了维护国家经济安全的高度。

在上述背景下解读第224条的规定，更加能够体会主管机关对意在规避中国境内法律规制的红筹模式的监管动机。

（二）监管的双轨制

中国政府主管机构对于境内企业赴境外发行上市活动的监管体现出双轨制的特点：一方面，对于国有企业的监管严格，无论是直接上市还是间接上市，均体现为审批难度大、审批成本高，且监管力度一直未呈放松迹象，规则相对明确，法律上的灰色地带非常有限。另一方面，对于民营企业的监管相对宽松，并经历了政策宽严起伏变动的几个阶段，法律上存在规则缺位或者规则不明确带来的灰色地带，集中体现为红筹模式间接上市实践中VIE架构的合法性。

（三）针对直接上市的境内监管要求

如前所述，无论是采取直接上市还是间接上市的方式，国有企业均需接受严格监管和审批。在H股模式下，最主要的行政法规依据为1994年8月8日发布的《国务院关于股份有限公司境外募集股份及上市的特别规定》，其中设置了严格的审批标准和审批流程。在证券市场建设早期阶段，境内监管的服务对象就是急需从资金困境中解脱的国有企业群体。因此，这一阶段的规范性文件中，常见的是专门适用于国有企业的术语，如“主管机关”“中央企业”“地方

① 于绪刚：《论海外间接上市及其监管》，载《证券市场导报》2000年4月号。

企业”等。①

世纪之交以来，民营企业和外资企业发展迅速，境外资金的需求显著增加，证监会于1999年发布《关于企业申请境外上市有关问题的通知》（“四五六规定”），改境外上市申报预选制为自愿申请制，调整了境外上市以国有企业为主体的倾斜性政策；同时期也发布了《境内企业申请到香港创业板上市审批与监管指引》，明确了H股上市的条件与程序。这一时期吸引了包括中石油、中国银行和中国建设银行等大型国有企业H股上市。

2011年以来，A股IPO出现“堰塞湖”现象，H股上市成为疏导A股股票发行压力的重要途径。2012年，证监会发布《关于股份有限公司境外发布股票和上市申报文件及审核程序的监管指引》（以下简称《2012年指引》），取消“四五六规定”，不再设盈利、规模等门槛，同时简化了境外上市的文件要求和程序。②

综合《2012年指引》和新证券法第224条的规定，实践中，寻求H股模式下境外直接上市的企业一般需要经历以下境内审批程序：

（1）企业向中国证监会报送相关行政许可申请文件。

（2）中国证监会对企业提交的行政许可申请文件进行受理、审查，作出行政许可决定。

（3）中国证监会在收到申请文件后，可以就涉及的产业政策、利用外资政策和固定资产投资管理规定等事宜征求有关部门意见，如发改委、商务部、国家外汇管理局、国务院国资委和地方各级国资委、企业所在产业的行业主管部门。

（4）企业在收到中国证监会的受理通知后，可向境外证券监管机构或交易所提交发行上市初步申请；收到中国证监会行政许可核准文件后，可向境外证券监管机构或交易所提交发行上市正式申请。

（5）企业应在完成境外发行股票和上市后15个工作日内，就境外发行上市的有关情况向中国证监会提交书面报告。

（6）中国证监会关于企业境外发行股票和上市的核准文件有效期为12个月。

（7）境外上市公司在同一境外交易所转板上市的，应在完成转板上市后15

① 唐应茂：《私人企业为何去海外上市——中国法律对红筹模式海外上市的监管》，载《政法论坛》2019年第4期。

② 尚宏金：《企业境外上市之路》，中国政法大学出版社2015年版，第9页。

个工作日内，就转板上市的有关情况向中国证监会提交书面报告。

可见，H 股模式下，由证监会牵头、征求多部门意见的“事前核准 + 事后报告”是最主要的监管手段。第 224 条删除了旧法中“必须”经中国证监会“批准”的字样，其意并不在于松动对于国有企业采用 H 股模式直接上市的审批程序，而主要是为了淡化审批过程中的行政强制色彩，为证券监管的“服务”色彩留出一定的空间。同时，这一删除还体现了对民营企业境外间接上市加强支持和提供服务，而非单维侧重于“管理”的立场。

（四）针对境外间接上市的境内监管要求

1. 相关概念

（1）境外间接上市

如前所述，境外间接上市指的是境内企业以与自己存在控股关系的境外公司的名义到境外发行证券从而为自己筹集资金或因与境外公司存在控股关系而将自己的资产以境外公司的证券形式到境外证券市场上市流通的活动。[①] 该模式即“红筹模式”。

（2）红筹企业

根据 2018 年 3 月 22 日由国务院办公厅转发的中国证监会《关于开展创新企业境内发行股票或存托凭证试点若干意见的通知》（以下简称《创新企业通知》）以及中国证监会于 2018 年 6 月 14 日发布的《创新企业境内发行股票或存托凭证上市后持续监管实施办法》（以下简称《创新企业办法》），红筹企业是指“在境外（如开曼群岛、英属维京群岛等）注册，主要营业地位于境内的公司”。

（3）红筹模式

根椐商务部官方网站，红筹模式指境内企业实际控制人以个人名义在开曼群岛、维京、百慕大等离岸中心设立壳公司，再以境内股权或资产对壳公司进行增资扩股，并收购境内企业的资产，以境外壳公司名义达到曲线境外上市的目的。

（4）红筹架构

红筹企业在模式上采用红筹架构，即通过离岸壳公司以各种方式控制境内资产权益进行融资的方式。实务中的红筹架构搭建主要有两种模式：一种属于限制外商投资领域，如新浪等信息类的产业或阿里巴巴等涉第三方支付类的产

---

① 于绪刚：《论境外间接上市及其监管》，载《证券市场导报》2004 年第 4 号。

业，一般通过协议控制方式实现会计并表以达成境外上市的目的；另一种则适用于普通企业，直接通过股权并购的方式将境内权益转移至境外实体，实现上市。

2. 国有企业间接境外上市的境内监管要求

国有企业间接境外上市（大红筹模式）的主要法律依据为国务院在1997年发布的《关于进一步加强在境外发行股票和上市管理的通知》。业界通常认为，该文件是为了规范国有企业通过境外设立控股公司间接上市的行为，不适用于民营企业境外间接上市。能够采用大红筹模式赴海外上市的国有企业，往往都是中央政府直接管理的大企业，如中国移动、中国联通这样的企业。① 鉴于大红筹模式下海外上市的审批成本高，程序复杂，存在很大的不确定性，不少国有企业、尤其是地方政府管理的国有企业，往往就放弃了这种方式，或者放弃了对国有企业的控制权，转由私人企业采取红筹模式来实现海外上市。近年来，国有企业中只有中国重汽于2007年采用了大红筹模式在香港上市。②

国有企业红筹上市通常都会采用以下流程：国内企业设立离岸公司，然后用该公司通过股权并购或资产并购的方式建立对国有企业的控股关系，再以离岸公司的名义在境外申请上市。因国有企业的实际控制人为各级国资委，而国资委直接到境外设立离岸公司，再通过离岸公司返程并购国内企业的可能性非常小，所以实务中通常由国有企业设立离岸公司，再进行后续操作。当然，有的国有企业早已是跨国公司或在境外有分支机构，故只需对境外的子公司进行分拆或者重组后便可实行境外上市。③ 值得指出的是，随着我国证券市场的不断完善，国有企业通过红筹模式境外上市基本上已经退出了历史舞台。④

3. 民营企业间接境外上市的境内监管要求

民营企业间接境外上市的途径通常包括股权控制模式和协议控制模式，统称"小红筹模式"。⑤ 总体而言，境内主管机关对民营企业红筹模式境外间接上市的态度，经历了从几乎完全放任到试图严格监管，再到支持松绑的过程。具体而言，有以下几个监管阶段。

---

① 唐应茂：《私人企业为何去海外上市——中国法律对红筹模式海外上市的监管》，载《政法论坛》2019年第4期。

② 唐应茂：《私人企业为何去海外上市——中国法律对红筹模式海外上市的监管》，载《政法论坛》2019年第4期。

③ 张朝元（主编）：《境外上市实务》，中国金融出版社2011年版，第115页。

④ 张朝元（主编）：《境外上市实务》，中国金融出版社2011年版，第67页。

⑤ 陈思远：《内地企业香港上市操作实务与图解》，法律出版社2019年版，第134页。

第一阶段为区别对待、优惠待遇，甚至“完全不管”时期（1998～2005年）。在2006年以前，与境外上市有关的文件仅针对国有企业，私人企业红筹模式境外上市的监管并不明确，存在操作空间。因此，从1999年到2006年的这段时间，国内出现了私人企业采用红筹模式到海外上市的浪潮，从早期的新浪、搜狐，到后来的百度、新东方、阿里巴巴，都采用了红筹模式到海外上市。①

2000年，证监会发布《关于涉及境内权益的境外公司在境外发行股票和上市有关问题的通知》，要求境外发行股票和上市的企业需要向证监会披露相关情况并取得“无异议函”。该制度虽然实际上对私人企业红筹模式海外上市在一定程度上进行了监管，但实行时间不长。2003年，证监会废除了“无异议函”制度。而在这之后的几年时间里，私人企业海外上市是否需要得到证监会的审批，一直处于类似真空的状态。②

总结而言，这段时间的监管立场可以概括为从友好实行“无异议函”制度到彻底取消“无异议函”的“无障碍时期”的到来。在无障碍时期，民营企业境外红筹上市，不受境内任何证券监管机构的审批限制。③

第二阶段为限制时期（2006年～2013年）。这段时期的监管态度以2006年商务部、国资委、证监会等六部委出台的《关于外国投资者并购境内企业的规定》（以下简称“规定”）为标志，要求特殊目的公司境外上市须经中国证监会批准。为保证规定与反垄断法和《国务院关于经营者集中申报标准的规定》相一致，2009年6月22日，商务部发布“商务部令2009年第6号”，对规定作了3项修改（以下简称“6号令”）。

这一阶段，2005年证券法第238条将境外上市的审批权力配置给了中国证监会；2006年9月，“规定”的出台则成为证监会行使该权力的操作办法：境内私人企业设立或控制境外公司的核心目的在于购买境内公司股东的股权或者境内公司增发的股份，以实现境外公司的上市。该操作需要符合“规定”的要求，得到证监会审批。

---

① 唐应茂：《私人企业为何去海外上市——中国法律对红筹模式海外上市的监管》，载《政法论坛》2019年第4期。

② 唐应茂：《私人企业为何去海外上市——中国法律对红筹模式海外上市的监管》，载《政法论坛》2019年第4期。

③ 唐应茂：《独角兽、法律周期论与民族国家建构：红筹企业中国存托凭证制度的初步研究》，载《中外法学》2019年第2期。

也就是说，从逻辑上讲，于开曼设立的阿里巴巴集团控股公司，如果作为上市主体赴美上市，在“规定”和“6 号令”的要求下须经中国证监会审批。这是2005 年出台的、要求对中国企业或个人设立境外企业以及境外企业返程收购境内企业等环节实行严格审批的“外管 11 号文”和“外管 25 号文”的延续。阿里巴巴之所以未经历审批程序，最主要的原因应该不是其赴美上市的律师意见书里列出了一系列无须审批的理由，而是出台的“规定”和“6 号令”从未真正实施，中国证监会没有根据该文件审批过一单中国企业境外上市。[①]

第三阶段为再度松绑、再度支持时期（2014 年至今）。这一时期的代表性事件有两件。一是证券法修订进程中所体现出来的对中国企业间接上市的监管松绑——如前所述，2015 年4 月公布的修订草案一审稿曾经在第4 章“跨境证券发行与交易”中，规定境内企业境外上市实行向中国证监会的备案制和报告制，不再实行核准制。二是外商投资法修订进程中，立法者曾经试图在草案中创设“中国人控制”的概念，规定由中国人控制的境外实体包括“特殊目的公司”应被认定为中国公司而非外资企业，以此便利其返程收购境内中资企业。但是，2019 年3 月正式出台的外商投资法却并未纳入草案的这一尝试，仍然在VIE 架构的合法性问题上留白，继续维持了立法层面的不确定性。

【适用指引】

一、协议控制模式的合法性

如前所述，境外间接上市的红筹模式普遍采用了协议控制模式。Variable Interest Entities（VIE），直译为“可变利益实体”，在国内投资界被称为“协议控制”，是指境外注册的上市实体与境内的业务运营实体相分离，境外的上市实体通过协议的方式控制境内的业务实体。其合法性在10 号文出台以来一直处于不明确的灰色地带。

（一）协议控制的由来与法律风险

协议控制首创于2000 年新浪网赴美上市，经过了新浪网和信息产业部的直接沟通，最终放行。过去20 余年间，这成为在境外上市中国公司的一种常见合规性安排，赴美上市的几乎所有互联网、教育类等公司都采取了协议控制的模式。国家发改委和商务部联合颁布的《外商产业投资指导目录》中，将中国的

---

① 唐应茂：《独角兽、法律周期论与民族国家建构：红筹企业中国存托凭证制度的初步研究》，载《中外法学》2019 年第2 期。

产业领域划分为鼓励外资进入、限制外资进入和禁止外资进入三类。协议控制的办法，使这些公司能合乎中国法律地实现两个目的——既能在外融资，又能获得或保有限外行业的准入。过去10余年间，中国最优秀的互联网公司得以通过协议控制登陆海外资本市场。协议控制形式合规，实践有效，是中国变通式开放的标志性产物。① 目前的境外上市操作中，受限于外资准入限制、权益融资不畅、商务部等六部委发布前的境号文规制境外间接上市等原因，采用协议控制架构几乎成为境内电信、媒体、科技类企业海外上市的默认途径。

例如，由于协议控制模式对于发行人的便利，在2019年总共32家“中国概念股”企业赴美上市的过程中，包括于2020年4月爆出财务造假丑闻的瑞幸咖啡，共有28家采取了协议控制（VIE）架构作为上市方式，即境外上市主体通过境内设立的外商独资企业（WFOE）与境内业务实体签订的一系列协议，对境内业务实体进行控制，从而实现境外上市的目标。②

但是，正如新浪、阿里巴巴及其他采用协议控制的公司曾在其招股说明书中表达过的一样，这一结构并不完全稳定。它面临来自政府监管和合作方违约这两个方面的风险挑战。例如，有学者指出，协议控制和可变利益实体（VIE）在中国民营企业境外间接上市实践中的“完美结合”是一种规避中国境内法律的行为，是误解了或者回避了VIE在其发源地美国作为否定当事人合同自治的监管工具的实质。③

确实，民营企业采用协议控制模式在境外间接上市的动机显然是规避法律监管，因此尽管备受追捧，但存在规避监管、以合法形式掩盖非法目的等诸多问题，并且已经陷入了监管困境。这种监管困境在实践中主要表现为以下几个方面的法律风险：（1）来自监管层面的挑战；（2）源于合同层面的风险；（3）可变利益实体（VIE）合并规则的失效。有学者由此建议，突破监管困境的路径是调整监管思路，降低审批成本，引导企业放弃协议控制模式，恢复正常的股权控制状态。④

---

① 王啸：《别让阿里巴巴成为VIE终结者》，2014年6月26日，载财新网，http：//opinion. caixin. com/2014－06－26/100695679. html，最后访问时间：2020年4月30日。

② 申林平律师团队：《中国企业美国上市2019年度报告》，载“并购与上市研究院”微信公众号，2020年1月1日，最后访问时间：2020年5月12日。

③ 刘燕：《企业境外间接上市的监管困境及其突破路径——以协议控制模式为分析对象》，载《法商研究》2012年第5期。

④ 刘燕：《企业境外间接上市的监管困境及其突破路径——以协议控制模式为分析对象》，载《法商研究》2012年第5期。

(二) 境外市场对于协议控制法律风险的警惕

美国美中经济与安全审查委员会（USCC）曾经于阿里巴巴赴纽约证券交易所上市前夕发布了一份题为“在美上市中国互联网公司的风险（The Risks of China前夕发布了一份题为调整监管思路，降低审批成本，引导企业放弃协议控制模式，恢复正常的股权控制）”的评估报告。这份报告旨在警示投资者阿里巴巴等美国上市中国互联网企业存在重大风险，包括可变利益实体（VIE）结构、受贿现象等，还特别专题分析了刚刚更新赴美上市招股书的阿里巴巴。报告重点探讨的“可变利益实体”（Variable Interest Entities，即VIE，在中国称为“协议控制”，即中国企业通过协议获取外国投资者投资，但业务却不受外国股东控制）问题，远不局限于阿里巴巴一家，是自2000年新浪赴美上市以来中国互联网公司普遍采取的做法。① 报告忧心忡忡地总结道，如果中国的大公司继续在美国交易所上市，VIE不见得是一种可持续的模式。

招股书中曾经披露过阿里巴巴集团的VIE协议控股架构——阿里巴巴集团共有202个附属子公司和业务实体。根据美国上市要求，阿里主要披露了C2C业务淘宝、B2C业务天猫和海外B2B业务alibaba.com、国内B2B业务1688.com以及海外B2C业务速卖通的VIE股权架构。这些业务的VIE结构都多达四层。② 不过，至2014年9月12日，阿里巴巴集团在美国总部所在地旧金山进行路演时，现场涌入的300多名机构投资者最关心的问题仍是移动如何变现，以及社交网络时代的营利方式，完全没有就VIE结构特别提问。说明美国投资者对阿里巴巴VIE股权架构的风险采取了选择性忽视的立场。③

VIE自2006年六部委“六部号文”之后盛行，中国并没有明确法律说明不能使用（唯一的例外是新闻出版总署明确说明新闻出版业不允许使用）。关于VIE风险的讨论在中国也一直存在。但中国政府至今没有对VIE政策明确表态。如今，300多家海外上市的中国企业，市值之巨，任何一个政策变动都可能引

---

① 张翃、南皓：《美政府报告，阿里被针对还是“躺枪”?》，2014年6月26日，载财新网：http：//companies.caixin.com/2014-06-26/100695662_all.html#page2，最后访问时间：2020年5月12日。

② 《阿里巴巴赴纽约证券交易所上市招股说明书（第三版）》，2014年7月12日；屈运栩、南皓：《阿里新招股书首披VIE及支付宝详细架构》，2014年7月12日，载财新网，http：//companies.caixin.com/2014-07-12/100703116.html，最后访问时间：2020年4月30日。

③ 曹文姣：《那明器：阿里VIE股权架构风险被选择性忽视》，载财新网，2014年9月17日，http：//finance.caixin.com/2014-09-17/100729610.html，最后访问时间：2020年4月30日。

发轩然大波，更加大了改革的难度。①

使用 VIE 结构的中国互联网公司都存在类似的风险。它们通常在开曼群岛等避税天堂注册，从而绕过中国对外资进入企业的限制，但同时也因为法律复杂性让投资者承担风险。这种结构创造的控股公司使用一套复杂的法律合同将外国投资者与中国公司联系在一起，而中国未来很可能不认可这种合同。②

（三）对于协议控制效力的司法认定

在协议控制的使用意图确实出于规避境内法律监管的前提下，一旦遭受质疑并发生纠纷，司法机关的态度至关重要。多年以来，国内并未产生直接涉及对控制性协议进行效力认定的判例，直到 2016 年最高人民法院在一起代表性案例——“亚兴公司案”中作出了终审判决。可以观察到，此案中的司法立场正在呈现出对企业相对友好的倾向：在对于协议控制的效力认定尚缺乏法律和司法解释予以明确的情况下，最高院以判决的形式，在相当程度上维护了协议控制结构的稳定性。③

最高院在本案判决书中，虽未直接认定相关控制性协议的效力，但认定了亚兴公司和安博公司之间签订的《合作框架协议》内容并未违反法律和行政法规的强制性规定，也不存在“以合法形式掩盖非法目的”的情况，因此认定该协议有效。与此同时，最高院也不希望给外界留下协议控制结构已经正式得到最高院承认的印象，而是谨慎地选择了仅在案件讼争的范围内，在合同效力的层面上做出认定，至于该经营模式（本案可能存在外资变相进入义务教育领域、并通过控制学校举办者介入学校管理的行为）所涉及的行政监管，还是交给了归口的行政主管部门（本案中指教育部）处理。

这一判决对于整个中概股公司群体来说，都有重大和深远的影响，让许多业内人士心里感到踏实了一些。虽然今后仍不排除协议控制结构因触发以下使合同归于无效的法律规定、而被司法认定无效的可能：《合同法》第 52 条项下的“以合法形式掩盖非法目的”，以及自 2021 年 1 月 1 日起生效的《民法典》

---

① 张翃、南皓：《美政府报告，阿里被针对还是“躺枪”?》，2014 年 6 月 26 日，载财新网，http：//companies. caixin. com/2014 - 06 - 26/100695662_ all. html#page2，最后访问时间：2020 年 5 月 12 日。

② 李小晓：《阿里上市风云》，载财新《新世纪》2014 年第 36 期，http：//weekly. caixin. com/2014 - 09 - 12/100727954_ all. html#page2，最后访问时间：2020 年 5 月 12 日。

③ 中华人民共和国最高人民法院民事判决书（2015）民二终字第 117 号，即“亚兴公司案”的二审判决书；李靖怡：《资本短歌行：中国概念股的海外上市、退市与回归》，浙江大学出版社 2018 年版，第 69 ~ 72 页。

第143条项下“违反法律、行政法规的强制性规定”。但最高院的这一判决毕竟让这一合法性不确定的灰色地带照进了一抹阳光。①

（四）新修外商投资法对于VIE的处理

针对“特殊目的公司”境外设立、返程投资、境外上市步步要求审批，对中国人控制的“假外资”企业层层设防的态度，曾经于2015年由商务部公布的外商投资法（草案）曾经创设了“中国人控制”这一概念。对于中国人控制的境外实体，包括“特殊目的公司”，外商投资法（草案）将其认定为中国公司，而不是外资企业。如果被认定为中资企业，那么，这类企业返程收购境内中资企业，就属于中资企业收购中资企业，既不需要遵守对外商投资的行业限制要求，也不需要获得商务部的审批。换句话讲，百度虽然是开曼公司，只要李彦宏仍然是中国人，只要李彦宏能够控制开曼公司，那么，百度就被视为中资企业，而不是外资企业，也不再被称为假外资。②

但是，于2019年3月公布、已经于2020年1月1日施行的外商投资法却采取了保守的立场，删除了上述草案中的修改提议，对草案中扩大的“外国投资者”以及“外商投资”的定义进行了限缩——“外国投资者”仅指“外国的自然人、企业或者其他组织”，而“外商投资”仅指由前者直接或间接在中国境内进行的投资活动。③ 中国人控制的境外实体，包括“特殊目的公司”，仍然被定义为外资企业。这使得VIE架构相关问题再次被回避，仍然未能离开法律规制的灰色地带。

2019年11月1日，司法部、商务部和发展改革委公布了《中华人民共和国外商投资法实施条例（征求意见稿）》（以下简称《实施条例征求意见稿》），从投资促进、投资保护、投资管理等方面对外商投资法的实施制定了具体的措施及条例。其中第35条值得我们注意：“中国的自然人、法人或者其他组织在中国境外设立的全资企业在中国境内投资的，经国务院有关主管部门（注：推定为商务部）审核并报国务院批准，可以不受外商投资负面清单规定的有关准入特别管理措施的限制。”

遗憾的是，以上这条相当于在“中国人控制”概念下对VIE境内返程收购

---

① 李靖怡：《资本短歌行：中国概念股的海外上市、退市与回归》，浙江大学出版社2018年版，第71～72页。

② 唐应茂：《独角兽、法律周期论于民族国家建构：红筹企业中国存托凭证制度的初步研究》，载《中外法学》2019年第2期。

③ 《中华人民共和国外商投资法》第2条。

予以放宽管制的条款，在正式发布的实施细则中被删除。VIE 的合法性仍然处于灰色状态。

二、H 股全流通试点

H 股“全流通”试点是 2017 年年底由中国证监会推出的一项全新试点业务，主要针对 H 股上市模式下，在港上市的内地企业面临内资股无法在境外流通的问题。所谓“全流通”，即通过制度设计，使这部分不能流通的内资股跨境转登记至香港市场，转化为 H 股在港交所上市交易。2018 年 4 月 20 日，中国结算和深交所发布了《H 股“全流通”试点业务实施细则》（以下简称《细则》），就 H 股“全流通”试点的登记存管和交易结算业务明确了操作流程，标志着 H 股全流通试点的正式开闸。

试点之前，在部分流通的情形下，H 股上市公司普遍设有国有股和法人股等限售股份，不能转化为 H 股自由流通买卖，导致市场流通的股权比例较低，也不利于限售股的股东套现。根据港交所的统计，截至 2019 年 2 月，有 229 家 H 股公司于主板上市，其中近 130 家仍有非流通股。这些公司的总市值为 3.9 万亿港元，相当于香港股市总市值的 11%，但它们的可交易市值仅为 1.18 万亿港元，约占这些公司总市值的 30%。① 自 2005 年 10 月建设银行以 H 股全流通的方式在香港上市以来，多年来再无 H 股全流通案例。

因 H 股“全流通”有利于统一内资股东和外资股东的利益，提高港股市场成交量和流动性，降低交易的冲击成本，且有利于港股配置价值的提升，对 H 股上市的内地公司而言，可以打开融资渠道和提升公司治理水平。可以预计，随着 2018 年《细则》的施行，H 股全流通对香港股市带来的冲击将是深远的：如果日后 H 股全流通得以全面铺开，港股流通总市值近一成的 H 股未流通股票将有望实现全流通，几乎相当于 H 股的再次上市，港股市场的流通性和总市值将出现一个质的飞跃。②

三、沪伦通架构下的全球存托凭证（GDR）

为了扩大我国资本市场双向开放并提高境内市场的国际化水平，中英两国于 2015 年开始就沪伦两地市场互联互通问题开展可行性研究。在该互联互通机制下，境内企业可赴境外发行全球存托凭证（Global Depository Receipt，简称 GDR），境外企业可在境内发行中国存托凭证（China Depository Receipt，简称

---

① 陈思远：《内地企业香港上市操作实务与图解》，法律出版社 2019 年版，第 156～157 页。

② 陈思远：《内地企业香港上市操作实务与图解》，法律出版社 2019 年版，第 157 页。

CDR)。随后的第九次中英经济财金对话以及博鳌亚洲论坛2018年年会上，中英双方都表示将继续推动沪伦通机制的落地施行。[①] 在伦敦时间2019年6月11日，华泰证券股份有限公司发行GDR的招股说明书获得英国金融市场行为监管局（FCA）的批准并成功于2019年6月20日在伦敦证券交易所上市。[②] 这是沪伦通机制下发行的第一支GDR，标志着沪伦通的西向业务的正式开通。

在沪伦通架构下，可以观察到境内和境外市场两个明显的制度差异。

（1）第一个制度差异或者不对称性在于挂牌平台的质量和市场准入门槛。CDR将在上交所的主板挂牌交易（因为上交所只有一个板块，没得选择），而GDR则将在伦交所的“国际板”际挂牌交易，通过International Order Book（国际订单簿）的交易平台来交易。伦交所现有的中国发行人发行的GDR不多，主要发行方式是在港股市场发过H股后再到伦交所发行GDR，其中中石化GDR是第一家在伦交所发行的中国发行人凭证，而且是在主板（Main Board）发行，其他国家企业GDR的发行平台除主板外还包括专业证券市场，即Professional Securities Market。伦交所GDR发行门槛较低，比起主板市场高级上市板块交易的上市公司，有一系列财务及公司治理方面的要求不予适用，因此GDR主要由资深、专业的投资机构而非散户投资者购买，故流动性较低，在公司治理质量、市场信誉、价格等方面均逊于高级上市板块的挂牌证券，也不具备纳入FTSE指数的资格。

（2）第二个制度差异在于沪伦通架构下，CDR必须有保荐人参与，这实际上相当于对发行人多了一层质量控制，多了一个发生问题后承担责任的主体，尤其是在A股市场已经建立了先行赔付制度的情况下；而GDR则不需要保荐人，发生问题后可能被追究责任的主体不包括证券服务机构。

至于GDR作为一种证券品种本身的交易风险，也是企业在发行并上市GDR的过程中需要披露，而投资者需要着重关切的问题，也涉及这一试点机制未来的发展前景。例如，在华泰证券在招股书中提出，GDR是一种极富专业性的金融工具因此只能由具有专业知识的合格投资者购买交易。潜在交易者在作出投资决策之前应当综合考虑各项风险因素。在招股说明书中，华泰证券披露的与

---

① 《上交所就沪伦通机制答记者问》，载上海证券交易所官网，http：//www.sse.com.cn/aboutus/mediacenter/hotandd/c/c_20180831_4631629.shtml，最后访问时间：2020年4月30日。

② 《华泰证券股份有限公司关于发行GDR并在伦敦证券交易所上市交易的公告》，载上海证券交易所官网，http：//www.sse.com.cn/disclosure/listedinfo/announcement/c/2019-06-21/601688_20190621_1.pdf，最后访问时间：2020年4月30日。

GDR 机制本身相关的风险如下。

首先，GDR 市场存续问题。由于在发行前，GDR 尚不存在公共交易市场，企业亦无法保证 GDR 这一证券能否得以进一步发展，也无法保证 GDR 在二级市场上稳定的流动性，这会大大打击投资者购买 GDR 的积极性。其次，纵观 GDR 交易过程，包括给持有人给付的各种收益都以美元计价，则那些不以美元为主要使用货币的投资者将面临外汇风险。美元相对于这种外汇的任何程度的贬值，都会降低对 GDR 的投资价值和收益量。最后，GDR 份额的稀释危机。未来公司为筹措资金势必会发行新股，在此情况下，如果 GDR 持有人未能获得新股或新股所代表的 GDR，则其原持有的份额在公司中的比例将被大大稀释。①

综上，GDR 的发行与上市作为新证券法第 25 条项下的监管对象，由于其暂时未具备对投资者和发行人的吸引力，在伦交所的上市板块层级及其公司治理要求均不高，在未来的发展空间尚很难预期。中国证券法和境内监管机构在推进 GDR 发行上市的过程中到底能起到什么作用，值得继续探讨。

第二百二十五条　境内公司股票以外币认购和交易的，具体办法由国务院另行规定。

【条文主旨】

本条是关于境内公司在境内发行的股票以外币认购和交易的监管规定。

【条文释义】

本条属于委任性规范，调整的是境内公司在境内发行股票的，其股票为投资者以外币进行认购（subscribing）和交易（trading）的行为。本条的调整对象为境内上市外资股，所涉及的证券品种主要指在中国证券市场发展的早期阶段作为人民币特种股票而发行上市的 B 股。

一、法条变迁

证券法自 1999 年 7 月 1 日开始施行，历经了 2004 年、2013 年、2014 年的

---

①　Huatai Securities Co.，LTD，Prospectus dated 11 June 2019，https：//www. htsc. com. cn/htzq/information/gotoCmsInfo. do? type = en，最后访问时间：2020 年 5 月 12 日。

三次修正，以及2005年的第一次修订和2019年的第二次修订。在2005年修订以前，证券法规范B股市场的条文表述为“境内公司股票供境外人士、机构以外币认购和交易的，具体办法国务院另行规定。”由此限定了投资者的境外身份。

2005年的修订删除了对“境外人士、机构”的主体限定字样，改为“境内公司股票以外币认购和交易的，具体办法由国务院另行规定。”该项条文在此后的各次修正和本次修订中均得以原文保留。在规范意义上，这一变化是为了确认自2001年开始的B股市场向境内投资者解禁的政策和现实。

和证券法第224条一样，第225条仍然是委任性规范。本条所指向的国务院规定主要是指1995年《国务院关于股份有限公司境内上市外资股的规定》和《股份有限公司境内上市外资股规定的实施细则》这两份文件。[①] 此外，2001年由证监会发布的《关于境内居民个人投资境内上市外资股若干问题的通知》，虽然低于“国务院规定”的层级，但对于B股的投资资格面向境内投资者的解禁起着主要调整作用。

二、调整对象

本条的调整对象主要是B股，此外还可能涉及其他种类的证券。B股与境内市场的主导性证券品种——以人民币认购和交易的A股相对称。A股的正式名称是“人民币普通股票”。它是由我国境内的公司发行，供境内机构、组织或个人（不含台、港、澳投资者）以人民币认购和交易的普通股股票。[②] A股的投资主体主要是境内投资者，也包括有限范围内的境外机构投资者。与此相对，B股的正式名称是“人民币特种股票”。它是指经中国证监会批准，由我国

---

① B股规则体系中曾经还包括以下由国务院所属政府机构发布的细则性业务规范和交易规范，已经全部失效：由证监会发布的《关于发行B股的企业在分红派息时如何确认利润分配标准的函》《关于境内上市外资股（B股）发行上市过程中有关信息披露问题处理意见的通知》《关于B股上市公司中期财务报告审计问题的通知》《关于企业发行B股有关问题的通知》《关于境内上市外资股（B股）公司非上市外资股上市流通问题的通知》《关于境内居民个人投资境内上市外资股若干问题的通知》《关于印发〈境内上市外资股（B股）公司非上市外资股上市流通的办理程序〉的通知》《关于证券经营机构从事B股业务若干问题的补充通知》；由对外经贸合作部发布的《关于外商投资股份有限公司非上市外资股转B股流通有关问题的补充通知》；由国家外汇管理局发布的《国家外汇管理局关于取消部分资本项目外汇管理行政审批后过渡政策措施的通知》《国家外汇管理局综合司关于QFII外汇管理操作问题的通知》。其他的相关规范还有《合格境外机构投资者境内证券投资管理办法》《B股公司非上市外资股申请上市流通的工作程序》《境内上市外资股（B股）公司非上市外资股上市流通核准》等。

② 中国证监会：《什么是A股、B股、H股?》，载中国证券监督委员会网站，http：//www.csrc.gov.cn/gansu/xxfw/tzzzsyd/200608/t20060821_ 92670.htm，最后访问时间：2020年5月6日。

境内股份有限公司发行的，以人民币标明面值，以外币认购和买卖，在境内的上海证券交易所和深圳证券交易所上市交易的股票。①

（一）对于B股的调整

1. B股的初衷与发展

在证券市场发展初期，在我国资本项目管制尚未松绑、证券市场尚未开放的前提下，B股制度出台的初始意图是为境内企业争取当时比较稀缺的外汇资本，并为外国投资者投资境内企业股票提供有限的购买渠道和一定的结算便利。如此，在人民币还没有实现自由兑换的前提下，既能部分解决国内企业获取外汇的需求，又能避免外资对处于起步阶段的国内证券市场造成冲击。

在2001年2月以前，B股的投资人仅限于以下主体：外国的自然人、法人和其他组织，中国香港、中国澳门、我国台湾地区的自然人、法人和其他组织，定居在国外的中国公民，以及中国证监会规定的其他投资人。2001年2月19日之后，中国证监会宣布对内开放B股市场，准许持有合法外汇的境内居民自由开户买卖B股。②

自1991年年底第一只B股——上海电真空B股发行上市以来，到2007年7月最后一只B股——凌云B股上市以来，累计共有111家B股公司上市（至2020年4月，已有10多家公司退市）。经过多年的发展，中国的B股市场已由地方性市场发展到由中国证监会统一管理的全国性市场。不过，B股市场规模与A股市场相比要小得多。同时，我国境内企业还在B股衍生产品及其他方面进行了一些有益的探索。例如，1995年深圳南玻公司成功地发行了B股可转换债券，蛇口招商港务在新加坡进行了第二上市试点；沪、深两地的数家上市公司还进行了将B股转为一级ADR在美国柜台市场交易的试点等。③

2. B股的衰落

值得注意的是，近年来B股市场针对境内投资者的逐渐开放，也同时伴随着这一证券品种逐渐式微和边缘化的发展趋势，这从B股市场规模占境内股票市场总规模的微不足道的比重即可一窥端倪。

---

① 1995年《国务院关于股份有限公司境内上市外资股的规定》第3条。

② 中国证监会：《什么是A股、B股、H股?》，载中国证券监督委员会网站，http：//www.csrc.gov.cn/gansu/xxfw/tzzzsyd/200608/t20060821_92670.htm，最后访问时间：2020年5月6日；中国证监会：《关于境内居民个人投资境内上市外资股若干问题的通知》，2001年2月21日发布。

③ 中国证监会：《什么是A股、B股、H股?》，载中国证券监督委员会网站，http：//www.csrc.gov.cn/gansu/xxfw/tzzzsyd/200608/t20060821_92670.htm，最后访问时间：2020年5月6日。

截至2020年4月30日，B股上市公司共计97家，只占境内上市公司总数的不到3%。其中，沪市51家，深市46家，这些公司中的绝大多数也同时发行了A股。从市值占比来看，截至2018年年底，沪深两市股票的总市值约为286055.93亿元，其中B股的总市值约为879.38亿元，仅占到总市值的约0.31%。从成交数量来看，截至2018年年底，沪深两市B股的成交量约为66.0338亿股，仅占到A股成交量（38656.012亿股）的约0.17%。从成交金额来看，截至2018年年底，沪深两市B股的成交金额约为414.3945亿股，仅占到A股成交金额（415279.2551亿元）的约0.1%。①

2000年10月，B股市场暂停发行，从2005年起监管机构停止受理B股的增发和配股申请，B股市场的融资功能几近丧失。② 截至2020年4月30日，沪深交易所的B股市场已经有将近20年没有进行增量扩容，市场发展几近停滞。

B股市场发展停滞有着多重的制度原因，分述如下。

（1）资金筹集功能的丧失。鉴于H股市场已经引入了红筹股，境内市场也推行了QFII和RQFII试点，我国跨境和涉外的权益性资金筹集方式发生了根本性的变革，故单纯从筹资功能看，B股市场面临供血不足的巨大挑战。③

（2）资源配置功能的丧失。B股上市公司在行业分布上绝大部分处于传统行业，属于创新性或高技术产业的公司很少。因为规模小、流动性差，投资者主要为境内和境外的个人，缺乏机构投资者的参与。其中，境内个人投资者占比80%以上，而未减持的外资法人股占比非常小，B股市场难以通过股权转让进行并购重组。④ 境内合格机构投资者（qualified domestic institutional invesrotors或QDII）的试点对于B股也是一个利空。境内合格机构投资者在获批的外汇投资额度范围内，可以直接赴境外市场，投资于成长性更好、股东回报更高的优质上市公司，自然不会选择将外汇资金投入B股市场，导致B股市场由境内散户主导的投资者结构失衡局面难以得到扭转。

（3）投资价值的降低。2006年的汇率体制改革后，人民币对美元的累计升

---

① 上海市证券交易所官方网站主板B股公司列表，http：//www.sse.com.cn/assortment/stock/list/share/；深圳市证券交易所官方网站B股列表，http：//www.szse.cn/market/stock/list/index.html；深圳证券交易所市场统计年鉴（2014年～2018年）；上海证券交易所官网B股交易数据（2014年～2018年），最后访问时间：2020年4月30日。

② 杨波、时华伟、沈琳琳、洪国庆、钱向劲：《B股市场的未来出路及相关外汇管理问题研究》，载《浙江金融》2011年第3期。

③ 赵锡军、顾苏秦：《B股市场现状及对未来发展的思考》，载《资本市场》2007年第11期。

④ 赵锡军、顾苏秦：《B股市场现状及对未来发展的思考》，载《资本市场》2007年第11期。

值振幅较大，导致分别以美元和港元计价的上证 B 股和深证 B 股面临着较大的汇率风险，B 股投资受人民币升值的负面影响较大。[①]

（4）交易规则为投资者带来的交易不便与估值障碍，B 股市场与 A 股市场的交易规则有诸多差异，如 B 股实行 T+3 交收制度，沪市 B 股以 1000 股为交易单位等；此外，B 股市场与 A 股市场上的公司适用不同的会计准则，盈利水平等财务数据不一致，导致投资者难以获得一致公允的价值判断依据。[②]

综上，由于规模小、流动性低、投资价值降低、市场结构失衡，B 股对于境内和境外投资者的吸引力持续下降是不可逆转的趋势。

3. A 股的开放对 B 股带来的影响

另一个值得关注的趋势是，B 股对境内投资者的解禁，与 A 股对于境外投资者的解禁前后接替发生：一方面，自 2001 年开始，境内投资者可以认购和交易 B 股；另一方面，我国于 2002 年和 2011 年先后实施了 QFII、RQFII（统称“境外合格机构投资者”）制度试点。[③]两者合力作用的结果，导致初衷在于嵌入“双外”因素（外国投资者和外币股本）的“境内上市外资股”作为一种证券品种的市场基础越来越单薄，已经到了考虑是否要彻底退出历史舞台的临界点。

截至 2018 年年底，QFII 投资总额度为 1500 亿美元（至 2019 年年初已增至 3000 亿美元），共有 309 家境外机构获得 QFII 资格，获批额度 1011 亿美元；RQFII 制度从香港扩大到 19 个国家和地区，投资总额度为 19400 亿元人民币，共有 233 家境外机构获得 RQFII 资格，获批额度 6467 亿元人民币。两项制度总体运行平稳，对引进境外长期资金、优化投资者结构、引导价值投资、改善上市公司治理、促进资本市场稳定健康发展发挥了积极作用。[④] 2019 年 9 月，国家外汇管理局又宣布了进一步解禁的政策：QFII 和 RQFII 的投资额度均被取消。[⑤] 在此形势之下，中国证监会正在尝试将暂时呈双线状态的 QFII 和 RQFII

---

① 赵锡军、顾苏秦：《B 股市场现状及对未来发展的思考》，载《资本市场》2007 年第 11 期。

② 赵锡军、顾苏秦：《B 股市场现状及对未来发展的思考》，载《资本市场》2007 年第 11 期。

③ Qualified Foreign Institutional Investors 或 QFII 是指境外合格机构投资者；RMB Qualified Foreign Institutional Investors 或 RQFII 是指人民币境外合格机构投资者。QFII 与 RQFII 的区别在于：QFII 是指外资机构募集美元获批后，再转换为人民币直接投资于 A 股；RQFII（又称为“小 QFII”），是指境外人民币通过主要设立在香港的中资证券公司及基金公司投资于 A 股。

④ 《关于〈合格境外机构投资者及人民币合格境外机构投资者境内证券期货投资管理办法（征求意见稿）〉及其配套规则的说明》，载中国证券监督委员会网站，http：//www.csrc.gov.cn/pub/zjhpublic/zjh/201901/P020190131645144511526.pdf，最后访问时间：2020 年 5 月 12 日。

⑤ 刘开雄：《国家外汇管理局：取消 QFII 和 RQFII 投资额度限制》，载中国政府网，http：//www.gov.cn/xinwen/2019-09/10/content_5428849.htm，最后访问时间：2020 年 5 月 7 日。

的监管体系进行整合，并在2020年的立法计划中，纳入了出台《合格境外机构投资者及人民币合格境外机构投资者境内证券期货投资管理办法》的事项。①

可以预见，随着QFII和RQFII制度的并轨与持续扩容，以及境内企业赴境外融资活动的持续进行，我国证券市场发展初期出于对尚属匮乏的境外资本的迫切渴求而单列出来的B股制度，将在不断走向衰落的进程中最终消亡。

（二）是否调整H股?

值得讨论的是，从字面上理解，第225条的规制对象是否也应包括H股?H股又称境外上市外资股，是境内上市公司在境外发行上市的股份，首单案例为1993年在香港联交所发行的青岛啤酒H股。② 从多年的实践来看，H股的发行市场特指香港联交所。

香港联交所的《上市规则》分别对中国发行人（PRC issuer）发行的内资股、外资股、H股等概念进行过名词定义。“内资股”（Domestic Shares），是指由中国发行人根据中国法律发行的股票，以人民币标明面值，并以人民币认购。“外资股”（Foreign Shares），是指由中国发行人根据中国法律发行的股票，以人民币标明面值，并以人民币以外的货币认购。“H股”（H Shares），是指在香港联交所上市的中国发行人的境外上市外资股，以人民币标明面值，以港元（后期还有美元）认购和交易。③ 另外还有一些在香港联交所上市的迁册公司，主要是红筹股，其注册地点是一些避税天堂，如英属维京岛、开曼群岛等，其股票往往以美元标明面值，以港币认购和交易。

H股的认购与交易货币主要是港币，而港币是否应定性为“外币”尚处于争论之中。虽然自2001年5月21日起香港联交所也允许H股以美元交易，美元虽然属于“外币”无疑，但这部分市场的份额很小，影响有限。鉴于无论是以港币还是以美元交易H股，与交易币种相关的监管规则均由香港监管机构负责制定，并非中国内地监管机构的权责范围，故本章观点是不将H股的认购与交易视为第225条的调整对象之一。

---

① 《证监会印发2020年度立法工作计划》，载中国证券监督委员会网站，http://www.csrc.gov.cn/pub/newsite/zjhxwfb/xwdd/202004/t20200417_373996.html，最后访问时间：2020年4月30日。

② 《什么是A股、B股、H股?》，载中国证券监督委员会网站，http://www.csrc.gov.cn/gansu/xxfw/tzzsyd/200608/t20060821_92670.htm，最后访问时间：2020年5月6日。

③ 香港联交所《上市规则》，第19A.04条，https://cn-rules.hkex.com.hk/tr/chi/browse.php?id=4416&type=0&oldnode=0，最后访问时间：2020年5月12日。

【适用指引】

B 股的认购和交易规范在适用中的主要合规关切首先是遵守我国外汇管制制度的要求，禁止逃汇和非法套汇行为，其次是对于构成市场主体的境内居民个人投资者的股权转让和股权处置行为进行了限制，禁止境内居民个人与非居民之间的 B 股协议转让和境内居民个人所购 B 股向境外转托管。① 此外，第 225 条在适用中所要处理的未决问题包括 B 股的将来和 CDR 的规制前景。

一、B 股的出路

B 股功能的渐渐丧失和弊端的日益显现促发了政府的改革意向。2014 年 5 月 8 日，国务院印发了《国务院关于进一步促进资本市场健康发展的若干意见》，其中指出："推动境内外交易所市场的连接，研究推进境内外基金互认和证券交易所产品互认，稳步探索 B 股市场改革。"这一表述再次推动了市场人士对于 B 股改革预期的提升和改革构想的热议。以下即为几种获得关注的改革方案。

（一）合并 A 股和 B 股

近年来，B 股市场与 A 股市场并轨的建议逐渐成为市场的主流声音。其理由可以概括为：B 股投资者本土化，与 A 股市场的个人投资者具有同质性，有 A 股股改的成功经验便于操作；B 股与 A 股合并的法律障碍和市场障碍较小，操作起来更容易，引起的社会震动较小。操作层面上的合并路径是三步走：允许发行 B 股投资基金投资允许境内合法持有外汇的投资机构投资 B 股许境实现 A、B 股合并。除此以外，合并过程中需要处理的历史遗留事项还有纯 B 股公司的非流通股问题，B 股公司 ST 问题，B 股账户的清理规范问题，等等。合并所涉及的外汇处理问题也得到了充分讨论。②

（二）B 股转 A 股

B 股转 A 股比较典型的案例迄今为止有两例。第一例是东电 B 股在 2013 年 4 月以一定比例与公司控股股东浙能电力发行的 A 股进行换股，换股后浙能电力于当年 12 月完成上市。第二例是新城 B 股于 2015 年 5 月宣布，新城控股集团将向公司其他股东发行 A 股，并以 1∶0.827 的比例进行 A、B 股换股，之后

---

① 中国证券监督管理委员会：《关于境内居民个人投资境内上市外资股若干问题的通知》相关规定，2021 年 2 月 21 日发布，http：//www.csrc.gov.cn/pub/newsite/flb/flfg/bmgf/wz/jwfx/201012/t20101231_189764.html，最后访问时间：2020 年 5 月 12 日。

② 杨波、时华伟、沈琳琳、洪国庆、钱向劲：《B 股市场的未来出路及相关外汇管理问题研究》，载《浙江金融》2011 年第 3 期。

新城控股集团采取了“先吸收后融合”的方案实现了在A股上市。[①] 不过，这种模式的成功案例仍然很有限，实际操作中涉及的重重政策和法律限制要求付出较高的交易及合规成本，也面临一定的规制风险，因此尚未成为B股改革的主流方式。

（三）B股转H股

2012年12月19日，国内首单B股转H股，案例——中集集团B股转H股正式登陆香港联交所，当天开盘报12.60港元，较转股前的B股价格9.70港元大涨近30%，2013年1月3日，更是报收15.44港元，较转股价上涨了五成，并出现了明显的溢价现象。[②] B股转H股实务案例的成功，意味着企业可以利用中国香港特别行政区资本市场的良好平台来筹资并登陆境外的市场，故有着长远的发展意义，预计会有更多质量上乘的公司选择B股转H股。[③]

二、是否可以延伸适用于CDR？

如上所述，随着QFII和RQFII参与A股市场交易的投资额度也已于2019年9月被取消，具备资格的境外机构投资者只需进行登记即可自主汇入资金，开展符合规定的证券投资，B股对于境外投资者的吸引力越发微弱。[④]

在以上背景下，新证券法一字不差地继续保留了旧法中专门为B股“量身打造”的条款，写入了新证券法附则的第225条，一方面自然是意在为仍然存续的境内特殊证券品种——人民币特种股票保留立法确认与规制空间，另一方面又对其未来的适用前景带来了不确定性。进而言之，鉴于意在规制日趋边缘化的B股市场的第225条原文所明确的证券品种是“股票”，此条在未来是否可能以扩大解释的方法延伸适用于境内公司在境内发行的、以外币认购和交易的中国存托凭证（China Depository Receipt或CDR），值得观望。

以目前CDR发行的监管制度观之，无论是红筹股回归架构下发行的CDR、还是“沪伦通”架构下发行的CDR，均暂时只能以人民币计价，但不排除未来随着市场规模的扩大和交易实践的成熟，引入外币作为交易媒介的可能性。

在此需要指出的是，CDR发行可区分为对应存量股的非融资型发行以及对

---

① 齐梦冉：《我国沪深B股市场发展管理研究》，载《经济研究导刊》2019年第4期，第118页。

② 尹中立：《B股转板为H股存在溢价现象》，载《中国金融》2013年第3期。

③ 齐梦冉：《我国沪深B股市场发展管理研究》，载《经济研究导刊》2019年第4期。

④ 刘开雄：《国家外汇管理局：取消QFII和RQFII投资额度限制》，载中国政府网，http：//www.gov.cn/xinwen/2019-09/10/content_5428849.htm，最后访问时间：2020年5月7日。

应增发股的融资型发行两种情形。在作为证券市场互联互通之制度创新的“沪伦通”的框架下，只允许非融资型发行 CDR，即发行人以已经在境外发行的基础证券作为依托，在境内发行对应数量的存托凭证，不发行新股，也不从境内市场获得新的融资。沪伦通 CDR 境外发行人的激励主要在于为基础证券创造更多的流动性以及提高国际化声誉，其意倒并不在融资，所以对于资金压力较小的发行人来说更有吸引力，其存托凭证的投资者主体是满足投资者适格性要求的境内机构投资者。而与此相对，红筹股 CDR 则允许发行增量新股，属于融资型发行，且由于估值优势，其在境内市场中可以预期的融资功能强大，意向中的投资者也主要针对的是广大散户。①

实务中，CDR 的案例暂时比较稀少，尚未产生首单案例：2018 年 6 月小米集团计划在上交所发行 CDR 的申请为主板首单案例，后来撤回申请；科创板迄今虽尚未产生首单红筹股 CDR 的发行实例，但开曼注册的九号机器人的 CDR 发行申请正在经历上交所的注册审核，若能成功的话，将成为科创板 CDR 首单案例，故颇有观望价值。到了彼时，新证券法附则第 225 条是否需要重写，至少将“境内企业股票”改写为“境内企业证券”，是一个值得思考的问题。

第二百二十六条　本法自 2020 年 3 月 1 日起施行。

【条文主旨】

本条是关于新证券法正式施行的起始日期的规定。

【条文释义】

本条规定也是考虑到与全国人大常委会就注册制改革向国务院就调整适用旧证券法有关规定的授权，进行时效上的衔接。在证券法修订过程中，全国人大常委会就注册制改革先后发布过两次授权国务院调整适用证券法的决定。第一次决定发布于 2015 年 12 月 27 日，体现为由第十二届全国人大常委会第十八次会议通过的《全国人民代表大会常务委员会关于授权国务院在实施股票发行注册制改革中调整适用〈中华人民共和国证券法〉有关规定的决定》。该决定授权国务院对拟在上海证券交易所、深圳证券交易所上市交易的股票的公开发

① 冷静：《中国存托凭证架构下跨境投资者保护中的制度冲突》，载《投资者》2019 年第 4 辑。

行，调整适用《中华人民共和国证券法》关于股票公开发行核准制度的有关规定，实行注册制度。该项决定自2016年3月1日起施行，实施期限为两年，于2018年2月28日届满。①

第二次决定发布于2018年2月24日，正是第一次授权的期限即将届满之时。根据由第十二届全国人大常委会第三十三次会议通过的《全国人民代表大会常务委员会关于延长授权国务院在实施股票发行注册制改革中调整适用〈中华人民共和国证券法〉有关规定期限的决定》，在实施股票发行注册制改革中调整适用《中华人民共和国证券法》有关规定的决定施行期限届满后，期限延长两年，至2020年2月29日截止。②

综上所述，第226条将新证券法的施行起始日期定为2020年3月1日，主要是为了实现注册制在科创板的改革试点与全面推行注册制的无缝衔接。

【适用指引】

本条在实务中的适用意义集中体现为新法与旧法之间的制度衔接和监管规则的调整适应，涉及证监会、司法部、国家发改委等部门对与证券法有关的行政法规和规章的专项清理和立改废释工作。例如，证监会的2020年立法工作规划，就是以清理、修订及新颁与证券法相关的规则为重点的。③

此外，上海证券交易所和深圳证券交易所等市场自律监管主体也需要及时出台或修订相关配套规则。例如，沪深交易所均启动了相关上市规则、交易规则和业务规则的修订或新颁工作，包括发布公开发行公司债券实施注册制的业务安排，依照新证券法进行上市公司信息披露监管，修订交易规则以增加存托凭证作为交易品种、完善交易异常情况和重大异常波动处置规定、明确证券即时行情实时发布，以及修订上市公司规范运作指引等。

---

① 《全国人民代表大会常务委员会关于授权国务院在实施股票发行注册制改革中调整适用〈中华人民共和国证券法〉有关规定的决定》，2015年12月27日第十二届全国人民代表大会常务委员会第十八次会议通过，载中国人大网，http：//www. npc. gov. cn/wxzl/gongbao/2016－02/26/content_ 1987045. htm，最后访问时间：2020年5月12日。

② 《全国人民代表大会常务委员会关于延长授权国务院在实施股票发行注册制改革中调整适用〈中华人民共和国证券法〉有关规定期限的决定》，载中国政府网，http：//www. gov. cn/xinwen/2018－02/24/content_ 5268531. htm，最后访问时间：2020年5月12日。

③ 中国证监会：《证监会印发2020年度立法工作计划》，载中国证券监督管理委员会网站，http：//www. csrc. gov. cn/pub/newsite/zjhxwfb/xwdd/202004/t20200417_ 373996. html，最后访问时间：2020年4月30日。

2020年2月29日，国务院办公厅发布了《关于贯彻实施修订后的证券法有关工作的通知》（以下简称《通知》）。《通知》着重围绕注册制和核准制的衔接做出了部署，提出要“稳步推进”证券公开发行注册制。一是分步实施股票公开发行注册制改革。证监会要会同有关方面，进一步完善科创板相关制度规则，提高注册审核透明度，优化工作程序。研究制定在深圳证券交易所创业板试点股票公开发行注册制的总体方案，并积极创造条件，适时提出在证券交易所其他板块和国务院批准的其他全国性证券交易场所实行股票公开发行注册制的方案，相关方案经国务院批准后实施。在证券交易所有关板块和国务院批准的其他全国性证券交易场所的股票公开发行实行注册制前，继续实行核准制。二是落实好公司债券公开发行注册制要求。依据修订后的证券法规定，公开发行公司债券应当依法经证监会或国家发展改革委注册。三是完善证券公开发行注册程序。①

因此，虽然第226条明确了证券法的施行日期，但可以预期的是，在深交所创业板即将步上交所科创板的后履实行股票公开发行注册制之后，实践中将在一段时期内仍然存在某些市场板块（如上交所主板、深交所中小板）继续实行股票公开发行核准制的过渡措施。

《通知》还强调，要依法惩处证券违法犯罪行为。加大对欺诈发行、违规信息披露、中介机构未勤勉尽责以及操纵市场、内幕交易、利用未公开信息进行证券交易等严重扰乱市场秩序行为的查处力度。加强行政执法与刑事司法衔接，强化信息共享和线索通报，提高案件移送查处效率。公安机关要加大对证券违法犯罪行为的打击力度，形成有效震慑。要加强投资者合法权益保护。采取有力有效措施，依法保护投资者特别是中小投资者合法权益，稳妥推进由投资者保护机构代表投资者提起证券民事赔偿诉讼的制度。② 这些都是证券法于2020年3月1日正式施行之后的执法要点。

---

① 《关于贯彻实施修订后的证券法有关工作的通知》，载中国政府网，http：//www.gov.cn/zhengce/content/2020－02/29/content_ 5485074.htm，最后访问时间：2020年5月12日。

② 《关于贯彻实施修订后的证券法有关工作的通知》，载中国政府网，http：//www.gov.cn/zhengce/content/2020－02/29/content_ 5485074.html，最后访问时间：2020年5月12日。

图书在版编目（CIP）数据

中华人民共和国证券法制度精义与条文评注 / 郭锋等著. —北京：中国法制出版社，2020. 8（2023.3 重印）
ISBN 978 - 7 - 5216 - 1217 - 2

Ⅰ. ①中…　Ⅱ. ①郭…　Ⅲ. ①证券法 - 研究 - 中国
Ⅳ. ①D922. 287. 4

中国版本图书馆 CIP 数据核字（2020）第 134422 号

策划编辑　李小草　王熹
责任编辑　王熹　赵律玮　白天园　王紫晶　　　　封面设计　周黎明

中华人民共和国证券法制度精义与条文评注
ZHONGHUARENMINGONGHEGUO ZHENGQUANFA ZHIDU JINGYI YU TIAOWEN PINGZHU

著者/郭锋等
经销/新华书店
印刷/北京虎彩文化传播有限公司
开本/730 毫米 ×1030 毫米　16 开　　　　总印张/ 68. 75　总字数/ 1011 千
版次/2020 年 8 月第 1 版　　　　2023 年 3 月第 6 次印刷

中国法制出版社出版
书号 ISBN 978 - 7 - 5216 - 1217 - 2　　　　定价：256. 00 元

北京西单横二条 2 号
邮政编码：100031　　　　传真：010 - 66031119
网址：http：//www. zgfzs. com　　　　**编辑部电话：010 - 66010493**
市场营销部电话：010 - 66033393　　　　**邮购部电话：010 - 66033288**

（如有印装质量问题，请与本社印务部联系调换。电话：010 - 66032926）